AN ENGLISH-TIBETAN DICTIONARY

AN ENGLISH-TIBETAN DICTIONARY

Containing A Vocabulary of Approximately Twenty Thousand Words with their Tibetan Equivalents.

Compiled

by

LAMA DAWASAMDUP KAZI

GYAN

Published by

Gyan Publishing House
5, Ansari Road
Daryaganj, New Delhi-110002
Phone: 011-47034999, 9811692060
E-mail: books@gyanbooks.com

Distribution Network
gyanbooks.com
India, USA, Canada, UK, Australia, France

ISBN : 978-81-212-1173-4 (PB)
First Published, 1919

2nd Impression 2021

Printed at: Gyan Press, Delhi.

An
English-Tibetan Dictionary
Compiled by: Lama Dawasamdup Kazi

AN ENGLISH-TIBETAN DICTIONARY

CONTAINING A VOCABULARY OF APPROXIMATELY TWENTY THOUSAND WORDS WITH THEIR TIBETAN EQUIVALENTS.

COMPILED

BY

(LAMA DAWASAMDUP KAZI,)

Head Master, Sikkim State Bhutia Boarding School, Gangtok.

CALCUTTA:

PRINTED AT THE BAPTIST MISSION PRESS, CALCUTTA, AND PUBLISHED BY THE UNIVERSITY.

1919.

༄༅། །འཕགས་པ་འཇམ་དཔལ་གཞོན་ནུར་གྱུར་པ་ལ་ཕྱག་འཚལ་ལོ། །

དབྱིན་ཇིའི་སྐད་ནས་བོད་སྐད་ལ་ཕབ་པའི་སྐད་གཉིས་ཤན་སྦྱར་གྱི་བསྟན་བཅོས་བཞུགས་སོ། །

དེང་འདིར་དབྱིན་བོད་རྣམས་ཀྱི་བློ་གསར་གཞོན་ནུ་བྱུང་བའི་ཚོགས་རྣམས་ལ།
ཡོན་ཏན་ཕྱོགས་ལ་སློབ་སྦྱོང་བྱེད་སྐད་གཉིས་རབ་གསལ་སྒྲོན་མེ་འདི།
དབྱིན་བོད་བརྡ་ཡི་ཚིག་མཛོད་འདི་ལ་ཁོ་བོས་འབད་བརྩོན་ཆེན་པོ་བྱས།
འདི་ལ་རང་བློ་འི་སྐྱོས་པ་མེད་པའི་བརྡ་དག་རྣམས་ལ་བརྟག་དཔྱད་བགྱིས། །

སྔོན་ཆད་རྒྱ་བོད་གཉིས་ཀར་མ་དར་བའི།
དབྱིན་བོད་བརྡ་ཡི་ཤན་སྦྱར་པདྨོའི་ཚལ།
བརྡ་དོན་མཚུངས་པར་སྦྱད་པའི་ཚིག་མཛོད་འདིར།
སྐད་གཉིས་བསླབ་པའི་བློ་གསར་དགའ་སྟོན་མཛོད། །

ཅེས་པ་འདི་ཡང་སྦས་ཡུལ་འབྲས་མོ་འི་ལྗོངས་འདིའི་ལྷོ་མོན་ཡོངས་ཀྱི་དབྱིན་ཡིག་བསླབ་གྲྭའི་དགེ་རྒན་ཟླ་བ་བསམ་འགྲུབ་ཀྱིས་རང་ལུགས་རབ་འབྱུང་བཅོ་ལྔའི་ཆུ་སྟག་ལོ་ནས་བརྩམས་ཏེ་ད་ལོ་ས་ཕོ་རྟའི་བར་འབད་པ་ཆེན་པོས་སྦྱོར་བའི་དགེ་བས་སྐྱེ་འགྲོ་ཡོངས་ལ་ཕན་པར་ཤོག། །

། །རྒྱལ་ས་ཆེན་པོ་ཀ་ལི་ཀ་ཏའི་གཞུང་གི་བསླབ་གྲྭ་ཆེན་པོ་ཡུ་ནི་བྷར་སི་ཊི་ནས་མགོ་འཛིན་མཛད་དེ་བེབྟིསྟི་མི་ཤན་པར་ཁང་དུ་བསྒྲུབ། །

ཡེ་ཤུའི་འདས་ལོ་ ༡༩༡༩ ལ་པར་དུ་བསྒྲུབ་ཟིན་པའོ། །

Preface.

EVER since I was a schoolboy, I have felt the great want of a reliable English-Tibetan Dictionary, and in later years, whenever I came across any Officer,—either directly my superior, such as the late Mr. P. Nolan, Commissioner of Rajshahi Division, under whom I was Chief Tibetan Translator for several years, or to those whom I had the honour of giving a few Tibetan lessons, of whom there were many,—they all seemed to wonder, that with my knowledge of English and of my own native language, I did not try to compile the required Dictionary. They were all pleased to encourage me by saying that I seemed quite able to do so—or rather appeared to be the proper person to do so. It was kind Mr. H. B. Hannah, the author of the latest Grammar of the Tibetan language, published by the Calcutta University in 1912, to whom I was then giving lessons in Tibetan, who persuaded me to take it up seriously. When I was just beginning the compilation in 1902, happening to talk the matter over with Mr. D. Macdonald, now British Trade Agent at Yatung in Tibet (then at Darjeeling), he kindly rendered me the greatest aid at the time by putting some useful papers into my hands to go on with. I had no idea of the difficulties which I was soon to encounter. It was not long before I came across words which I could not express in Tibetan, and had to wait until some chance brought the required word or expression out,—either from myself or from some other person in the course of a talk; then the work would go on for some time, until I was brought to a similar standstill by another hard word. Up to 1906, the only reliable books of reference which I wished to consult—viz. (1) Csoma de Körös's and (2) Jäschkes' Tibetan-English-Dictionaries, and that masterpiece of work, the late Rai Sarat Chandra Das Bahadur's Tibetan-English-Dictionary—were all beyond my means of purchase and could not be borrowed, and I often despaired of being able to complete my self-imposed task. But in 1906, upon my transfer to Sikkim as Headmaster State Bhutia Boarding School, Gangtok, the late Political Officer Mr. J. C. White, C.I.E., of Sikkim, on being apprised of my efforts, was so favourably impressed that he put all the three above books at my disposal, besides several others; and I derived great help from them, especially from the admirable work of my respected teacher the late Rai Sarat Chandra Das Bahadur. Even with the assistance I derived from these works, I experienced such difficulties, that had I not happened to be a teacher I might have found it very difficult to complete the work at all. I found out why it was that such highly learned scholars as the late Csoma de Koros and my respected teacher the late Rai Bahadur had left it unattempted. The work could only be undertaken by a person whose mother language was Tibetan, or a dialect of Tibetan,—in short, one who thought in Tibetan.

It was only at the end of 1911 that the work was in a fair way of being completed. Meanwhile the Political Officer the late Mr. J. C. White, who would have helped me to publish the work, had retired and left for England, and as it was beyond my own means to publish the work, I was again in despair as to whether I could ever hope to have it published. Fortunately, I being one of the suite who accompanied His Highness the late Maharaja of Sikkim, Sir Thutob Namgyal, K.C.I.E., to Delhi, during the last Coronation Durbar (1911-1912), came across Dr. E. Denison Ross (now Sir Edward) there. He, after seeing my work, thought it worth recommending to the notice of The Hon'ble Sir Ashutosh Mukerjee, Kt., the then Vice-Chancellor of the Calcutta University, where I had to go with my work, from Delhi. Sir Ashutosh at once saw the value of the work, and, seeing how useful it would be, put it before the Syndicate meeting, where it was resolved that the work should be published under the University's auspices at the Baptist Mission Press, Calcutta. Having at first been doubtful as to whether it would ever see light or not, I had given only synonyms or one or two Tibetan meanings for each English word, fearing lest a multiplicity of words would cost too much. But when the publication was assured, the proofs ordered to be corrected by myself, and being encouraged to make the work a standard one as far as possible, I took as much pains over it as if I were re-compiling it four times over, adding new words and expressions in all their applicable phases. Nor did I rely upon myself alone, but, as often as possible, obtained the assistance of other English-knowing Tibetan students—e.g., Sardar Bahadur S. W. Laden La, who assisted my late teacher Rai S. C. Das Bahadur in compiling his Tibetan-English Dictionary and at present is Examiner in Tibetan Languages for Government—and Tibetan Officials or learned Lamas whom I came across. I hope that I will not be thought vain if I say that I felt convinced that the nature of my vocation as translator, and as teacher, especially fitted me for this particular task. In my capacity as translator, first to the Government and later to the Tibetan Government in 1910, and again in 1913, and the notes and jottings, when I was working in my previous post under the Rajshahi Commissioner in Darjeeling and at Buxa Duar, helped me much; and my duty brought me into contact with learned Lamas and Tibetan Officials from whom I got great help. The revising of proofs alone took me six years—from 1912 to 1918. I must here express my great obligations to the gentlemen noted below, who helped me ungrudgingly when I was engaged in revising the proofs: the late Geshes Kusho Chozed La, Pandit of the Enche Monastery School in Sikkim, helped me greatly. Mr. H. B. Hannah, a Barrister in the Calcutta High Court, deserves to be remembered for putting the first idea into my head. And to Mr. D. Macdonald I owe great obligations for helping me with useful papers, blank-books, etc., when starting the work. Thanks are due to Negi-Amar Chand Babu, a bright Tibetan scholar from Bashahr State, who studied Tibetan in Sikkim for the last four years, to whom I am deeply obliged for helping me, during the last six or seven months of 1917, in various ways with the proofs; and to my friend Rai Saheb Lobzang Chödan, Private Secretary to His Highness the Maharaja of Sikkim, who also helped me a good deal. In 1914, I was offered a decent post under the Tibet Government. I had to politely refuse it, as the work would have fallen through had I gone away. Upon representing the matter to the Hon'ble Sir Harcourt Butler, then of the Education Department, India Government, he was very kindly pleased to grant me monetary help for eight months, to enable me to stay and complete the proofs of the Dictionary; thus I was able to stay until I was reinstated in my post, and to complete the work. As to the construction of the Dictionary itself, it is a simple English-Tibetan-Dictionary, the meaning being given in Tibetan characters. Care has been taken to give the Tibetan words as correctly spelt where possible, but where colloquial words had to be used in preference to classical words, —because of the former being better understood,—no strictly correct spelling could be adhered to, and such places have been marked (colloquial). Names of trees, plants, fruits, animals, etc., which do not exist in Tibet, but which are to be found in Sikkim or in Bhutan, are given in these languages, and (Sik.) or (Bhut.) put in brackets against such words to show their origin.

Names of scientific products such as machinery, photography, arts and medicines have been explained as clearly as possible. The work has grown much more voluminous than was first intended, and it is nearly a thousand pages and contains as many words as the concise Oxford Dictionary does, or very nearly so. In concluding, I would add, that all through my life my late father's injunction, that I should do something to show my gratitude to the Supreme Government for the free education I had received in my youth in the late Government Bhutia Boarding School at Darjeeling, has impelled me to go on with this work. I thought I could not serve the Government better than by producing a work of this nature, which has taken years and years of labour, which could not be rushed through, even by the most competent scholars, as the result of a life long self-imposed labour. And now that I have, after devoting so many years, been able to contribute my humble product towards the cause of Education, I feel quite happy and satisfied at the thought that it will help my countrymen in studying English; and English students desiring to learn Tibetan will also derive some help from my work.

DOUSAMDUP.

GANGTOK, SIKKIM,
The 1st March, 1919.

Errata.

Page.	Word No.				
1	6	for	ཞིང་	read	གཞིངས་
25	508				
31	632				
53	1116				
75	124				
89	442				
95	586				
1	(7 and 8)	for	འཕོས་པ་ and འཕོས་པའི་	read	སྤྲོ་བ་ and སྤྲོ་བའི respectively.
,,	10	,,	*adv.*	*read*	*adj.*
,,	14	,,	དམད་པ་	,,	སྨད་པ : and དམའ་འབེབས་ *for* དམའ་འབབ།
,,	(15 and 18)	,,	འབབ	*read*	འབེབས
2	(17 and 20) and elsewhere	,,	*v.a.*	,,	*v.t.*
,,	20	*for*	བཅིག་	,,	གཅིག་
,,	,,	,,	འཕབ	,,	འབེབས་
,,	(21 and 22)	,,	འཆག་	,,	ཆག་ and *for* འབབ་ *read* འབེབས་
,,	23	,,	ག་ཤན	,,	ཟ་ཤན་
,,	34	,,	ཀ་ཁ་	,,	ཨིནྡྲ་ཡིགེའི་ཀ་ཁ་
,,	35	,,	དགོང་པ་	in three places *read*	དགོངས་པ་ and *for* བཞུད་པར་ *read* བཞུད་པ ;
3	36	,,	དགོང་ཞུའི་གནང་	,,	དགོངས་ཞུའི་འགྲོ་ལུང ;
,,	49	,,	"Abberration"	,,	'Aberration.'
,,	50	,,	'Abering'	,,	'Aberrating and *for* འཁྲུར་པོ་ ,, འཁྲུར་གྱིན།

Page.	Word No.				
3	54	*for*	མགྲུངས་པ་	*read*	འགྲུངས་པ;
,,	56	,,	ཚོར་སྣང་	,,	འཚོར་སྣང་།
4	58	,,	བྱེད་དེ་	,,	བྱས་དེ་ in last phrase.
,,	(61 and 62)	,,	བསྒྲུགས་སྤྱོད་མཁན་ and བསྒྲུགས་སྤྱོད་ས་ *read* སྤྱོད་མཁན་ and སྤྱོད་ས;		
,,	66	,,	*adv.*	*read*	*adj.*
,,	67	,,	ཐབས་སྟུག་ལུགས་	,,	ཐབས་རྟུག་ལུགས;
,,	(74 and 75) and 83 of p. 5	,,	མན་	,,	མིན་
,,	76	,,	*adj.*	,,	*n.*
5	93	,,	བསྐོལ་	,,	བཀོལ་
,,	96	,,	ཞེ་སྐྱུན་པ	,,	ཞེ་སྲུན་པ་
6	101	,,	མ་བབ་ས་	,,	མ་བབས་པ;
,,	109	,,	བསྡུ་བ་པོ་	,,	སྡུད་པ་པོ་
,,	112	,,	ལེའུ་བཀའ་བརྩིས་མེད་ and ཁྲིཾས་ཡིག་་སྐྱབ་པ་ *read* ལེའུ་འཀའ་རྩིས་ and ཁྲིམས་ཡིག་སྒྲུབ་པ།		
7	114	,,	དྲང་རྩུག་	and	དྲང་བཙུག
,,	115	,,	གཙན་བྲལ་	,,	བཙན་བྲལ་
,,	116	,,	རྟོབ་དེ་	,,	རྟོབ་སྟེ; and *for* བྱས་ *read* བྱེད;
,,	110 and 100	,,	*v.a.* and *n.*	,,	*v.t.*, and *for v.a. read v t.* respectively.
,,	125	,,	རིག་	*read*	རག་
8	143	,,	ཟ་ལྷངས་	,,	ཟ་སྣངས
9	152	,,	བཀྲུ་མཁན and བསྡུ་མཁན་ *read* ཀྲུ་མཁན and སྡུད་མཁན་ respectively.		

Page.	Word No.				
9	158	*for*	བཙོལ་རྩང་ (in the 3rd phrase)	*read*	ཙོལ་རྩང་།
,,	161	,,	ཁ་གཙོག (the 2nd phrase)	,,	ཁ་བཙོག།
,,	160	,,	དཀྱིལ་ཁམས་	,,	དཀྱིལ་ཁྲིམས;
10	173	,,	སླབ་གྲྭ and གྲྭ་ཚངས་	*read*	བསླབ་གྲྭ and གྲྭ་ཚང་།
,,	(176 and 177)	,,	*v.n.*	,,	*v.i.*, and *for v.a. read v.t.*
11	190	,,	བླངས་པ་པོ་	,,	ལེན་པ་པོ; and *for* བླངས་བྱེད་ཀྱི་མཁན་པོ་ *read* ལེན་པ་པོ།
,,	191	,,	དྭངས་ལེན་	*read*	དང་ལེན;
,,	208	,,	གྲིན	,,	གྲེན;
12	209	,,	སྐྱེན་ and བདུལ་	,,	བསྐྱེན and བརྡུལ
,,	210	,,	གནས་ཚང་གཡར་བྱིན་པ; སྒྲིག་པ; གཤོངས་འགྲིག་པ;	*read*	གནས་ཚང་གཡར་སྦྱིན་པ; སྒྲིག་པ; གཤོམ་འགྲིག་པ; (Sik).
,,	213	,,	འབྲཱ་མ་	*read*	སྤྲུག་མ་ and *for* རི་བླ་ *read* ར་མདའ;
,,	226	,,	ལས་ཐར་བསྐྱོལ་བ་	*read*	བྱ་བའི་ལས་མཐར་སྐྱོལ་བ;
,,	228	,,	བརྩིས	,,	རྩིས;
13	229	*for*	ཁག་ཁྲན	*read*	ཁག་འགན།
14	247	,,	བདག་པོའི་སྒྲ་ etc.	,,	རྣམ་དབྱེ་གཉིས་པའམ་ ལས་སུ་བྱ་བའི་སྒྲ; བྱ་ཡུལ;
,,	250	,,	སྐད་ཀོག་ས་	*read*	སྐད་འདོགས་ས;
,,	252	,,	སྒྲིས་	,,	འདྲིས་
,,	254	,,	ཤོག་བག་གི་འདེབས་ནས་ etc.	*read*	ཤོག་་བག་གི་ལྡེབས་ནས་རི་མོ་རྒྱང་པོ;

Page.	Word No.				
15	270	*for*	དཀྲག	*read*	བཀྲག;
,,	272	,,	འགྱུར་བ	,,	སྒྱུར་བ;
16	296	,,	མཐར་བ་	,,	ཐར་བར་བྱེད་པ;
17	316	,,	བཟླས་མོ་བསྟོན etc.	,,	བཟླད་མོ་སྟོན་ etc.
,,	319	,,	མཛོན་	,,	འཛོན་
18	353	,,	སྦྲུར་བ་	,,	འབྲུར་བ་
19	368 and 369	,,	དཔྱད་ཁྲའི་ཁྲམ་	,,	དཔྱད་ཁྲའི་ཁྲམ་
,, ,, ,,	370 371 372	,,	འགྲེལ་པ	,,	འབྲེལ་པ་
20	385	,,	delete the whole sentence given for another word and *read* རྒྱ་གཞུང་ཀྱི་དམག་དཔོན་ཆེ་བ;		
,,	388	,,	(2nd phrase) སྙིང་གདུགས་ *read* སྙིང་སྡུག་		
,,	396, 397, and 399	,,	སྐོག་ and པསླབ་ *read* ལྐོག་ and ལབ་ respectively.		
,,	101	,,	འོ་རྒྱལ་	,,	འོ་བརྒྱལ་
21	403	,,	ཁྲིཙ་	,,	དར་ལ་འབབ་བཞིན་པ;
22	438	,,	ལྟེས་ etc.	,,	སྟེས་ etc.
,,	439	*add*	ཨ་གཡུག་གི་ after the meaning given and (colql.) at the end.		
24 and 48	466 988	*for*	ཏངས etc.	*read*	ཏང་ etc.
24	486	,,	འབྲལ་པ་	,,	འདོགས་པ; and *for*
			བརྟད etc.	,,	བརྟས་ etc.
27	535	,,	ཡིམ་སྐོམ་	,,	ཡོངས་སྐོམ་

Page.	Word No.				
27	(539 and 540)	*for*	བརྙིད་	*read*	སྙད་
,,	544	,,	ལྷབས་	,,	སྣབས་
28	557	,,	གནོ་མཐུན་པ	,,	མནོ་མཐུན་པ་
29	583	*for*	སྦྲན་	,,	འབེན་
,, / 67 / 72 / 87	587 / 417 / 65 / 412	,,	* * འཁྲུལ་	,,	*འཕྲུལ་ etc.
30	603	,,	* * ཞིག་	,,	ཤིག་
,,	607	,,	* * བྱུང་བའི་བརྡའ་བྱ་བི་ etc.	*read*	རྐྱེན་ངན་ འབྱུང་བའི་བརྡ་བྱ་བའི་ལས་དེ;
,,	609	,,	* * བཀྱུལ་	*read*	བསྐྱུལ་
32	640	,,	གཞུན་	,,	གཞན་ etc.
,,	656	,,	'Allary'	,,	'Allay.'
33	663	,,	སྒྲའི་ etc. ཅིང་	,,	སྒྲའི་ and ཤིང་
,,	680	,,	བྲིན་པ་	,,	སྦྲིན་པ་
,,	682	,,	the 3rd phrase སྦྱོང་བྱེད་	*read*	གདོང་བྱེད། etc.
35	711	,,	ད་ལྷ་ནས་	*read*	ད་གི་ནས།
,,	717	,,	ཡུན་དུ་བསྟན་པའི་ etc.	*read*	ཡུན་དུ་བསྟེན་པའི་ etc.
36	735	,,	* * རྐྱོན་	*read*	* སྐྱོན་
,,	740	,,	* * བཀོད etc.	,,	བསྐོས་ etc.
40	842 and 843	,,	འཆུན་	,,	མཆན་ etc.
42	887	,,	གྲུབ་པའི་ etc.	,,	གྲུམ་བུ etc.
43	899	,,	གྲོ་མས་སྤྲུང་པའི་ཐོ་	,,	གྲོག་མས་སྤྲུང་པའི་ས་ སྤུང; and add གྲོག་མཁར;

Page.	Word No.				
50	1034	*for*	** བསྐོས་དེ་	*read*	དམིཊ་དེ་ etc.
51	1062 to 1065	,,	ཐོད་	,,	སྟོང་ etc.
60	1276	,,	ཐོད་	,,	སྟོང་ etc.
73	72	,,	ཐོད་	,,	སྟོང་ etc.
75	121	,,	ཐོད་	,,	སྟོང་ etc.
76	143	insert (Bhut.) at the end of the 2nd line.			
,,	146	*for*	ས་སྤྲང་བ་	*read*	** ས་སྤྱུང་བ་
77	177	,,	རྫིང་བལ་	,,	སྤྲིང་བལ་ or ཤིང་བལ;
80	227	,,	འཚོར་པོ་	,,	མཚོར་པོ།
83	303	,,	དྲིན་གྱི་བཀུངས་པ་	,,	དྲིན་གྱིས་བསྐྱངས་པ;
87	393	,,	ཁྲ་	,,	ཕྲ་
,,	412	,,	** འཁྲུལ་	,,	འཕྲུལ་
90	456 and 457	,,	** འཆོ་ etc.	,,	འཕྱོ་ etc.
91	498	,,	འགྱུར་བ་	,,	སྒྱུར་བ་
93	526	,,	སྒྲིན་པ་	,,	འབྲིན་པ་
96	601	,,	སྒྲེད་བཀབ་	,,	སྐེད་བཀབ་
102	760	,,	མེ་ཏེ་གཏར; རྒྱུའི་ལྕང;	,,	མེ་ཙ་གཏར་རྒྱུའི་ལྕང;
104	769	,,	** གཤུག་	,,	** ཤུགས;
112	964	,,	བསླལ་	,,	བཀལ་ also འགེལ་ etc.
,,	965	,,	བཟི་མོ་	,,	ཟླི་མོ་
113	989	,,	བཟི་མོ་	,,	ཟླི་མོ་

DOUSAMDUP.

PESHAWAR,
GOVERNMENT HOUSE,
16th January, 1919.

New Anglo-Tibetan Dictionary.

A

1 A, An, *art.* ཅིག; ཞིག; ཤིག; གང; { as མི་ཞིག་ { a pathi བྲེ་གང་ / a mana སྲུལ་གང་ }

2 Aback, *ad.* རྒྱབ་ལོགས་ལ; རྒྱབ་ཕྱོགས; ཕྱི་རྒྱུར་རྒྱབ་སྐྱེ;

3 Abaction, *s.* ནོར་ཕྱུགས་འཕྲོག་བཅས་བརྐུས་འགྲོ་བའི་ཛག་འཚོམ;

4 Abacus, *s.* ཀ་བའི་མགོ; ཀ་བའི་ཡ་ཐོད; ཀ་བའི་ཐོག་ནས་ཕར་ལྷག་པ;

5 Abaddon, *s.* བདུད་སྡིག་ཅན; རུ་ཏྲ; འཆི་བདག་དགྲ་བོ;

6 Abaft, *d.* གྲུ་ཟྲིང་གི་གཞུག་ལ; མཇུག་ལ;

7 Abalienate, *v.a.* གཞི་ག་བདག་པོ་འཕོས་པ; གཞིས་བདག་འཕོས་པ;

8 Abalienation, *s.* གཞིས་ཀྱི་བདག་པོ་འཕོས་པའི་སྒྲིགས་ལམ; འགྲོ་ལུགས;

9 Abandon, *v.a.* སྤོང་བ; དོར་བ; འབོར་བ;

10 Abandoned, *s.a.* སྤངས་བཞག་པ; adv. ཡ་མེད; ངན་པ་ལང་ཤོར; འཆལ་པོ;

11 Abandonee, *s.* སྤང་བར་བྱེད་པའི་ཡུལ; སྤང་བྱ;

12 Abandoner, *n.* སྤང་མཁན; དོར་མཁན; བོར་མཁན; སྤང་བྱེད;

13 Abandonment, *n.* སྤོང་བའི་ལས {དེ་ཉིད་ཀྱི་མིང་} སྤོངས་པ་ཉིད;

14 Abase, *v.a.* དམད་པ; དམའ་འབབ་བྱེད་པ;

15 Abased, *a.* དམན་སར་འབེབ་ཟིན་པ;

16 Abasement, *n.* དམའ་འབབ;

17 **Abash**, *v.a.* — ངོ་ཚར་འཛུག་པ;

18 **Abasing**, *ppr.* — དམའ་འབབ་བགྱིད་ཅིང···ཡོད་པ; དམའ་འབབ་པའི;

19 **Abatable**, *a.* — རིན་གོང་མར་ཕབ་འོས་པ; ཉུང་དུར་བཏང་རྒྱུ་ཡོད་པ; མར་བཅག་ཡོད་པ;

20 **Abate**, *v.a.* — རིན་གོང་བཅོག་པ; ཞི་བ; མར་འཕབ་པ; ཞི་བར་བྱེད་པ;

21 **Abated**, *a.* — གོང་འཆག་སོང་ རིན་གོང་མར་འཕབ་ཟིན་པ་ ཆུང་དུར་བཏང་ཟིན་པ;

22 **Abatement.** — གོང་འཆག་པ; མར་བཅག་པ; གོང་བཅག་པའི་གནད་ཉིད; མར་བཅག;

23 **Abattoir**, *s.* — གཤན་ཁང;

24 **Abb**, *n.* — འཕྲག་མཁན་གྱི*སོན་པའི་སྤྱིང་ལ་ཡོད་པའི་བུན*

*སོན་པ་ and བུན་ are Sik.

25 **Abba**, *n.* — ཨ་ཕ; ཕ; ཡབ;

26 **Abbacy**, *s.* — དགོན་གཞིས; ཆོས་གཞིས; བླ་ཁག་ཅིག་གི་གདན་ས;

27 **Abbess**, *n.* — ཨ་ནི་དབུ་མཛད;

28 **Abbey**, *n.* — དགོན་པ;

29 **Abbot**, *n.* — མཁན་པོ; བླ་མའམ་དབུ་མཛད; དབུ་མཛད;

30 **Abbotship**, *s.* — བླ་མའི་གོ་ས;

31 **Abbreviate**, *v.a.* — སྡུད་པ; བསྡུ་བ; ཐུང་དུ་བཏང་བ;

32 **Abbreviation**, *n.* — སྡུད་པར་བྱ་བའི་གནད; བསྡུས་པ་ཉིད; བསྡུ་ཡིག; སྡུད་པ;

33 **Abbreviatory**, *a.* — བསྡུས་བསྡུས;

34 **A. B. C.** — ཀ་ཁ་ ཡི་གེའི་ཐོག་མའི་དབྱང་གསལ;

35 **Abdicate**, *v.a.* — དགོང་པ་ཞུས་པ; དགོང་ཞུས་བྱེད་པ; ཟུར་དུ་བཞུད་པར; དགོང་ཞུས་བྱེད་པ;

36 Abdication, *s.n.* དགོང་ཞུའི་གནད; དགོངས་ཞུས; རྫུར་བཞུར;

37 Abdicative, *a.* དགོང་ཞུའི་སྐོར་གྱི་ཚིག་དང་ལྡན་པ; དགོང་ཞུའི་ཞུ་ཡིག;

38 Abdomen, *s.n.* གྲོད་པ; ལྟོ་བ; སྐྲུ་ཤལ;

39 Abdominal, *a.* གྲོད་པའི; ལྟོ་བའི; ཕོ་བའི;

40 Abduce, *v.a.* དབྱེ་བ་ཕྱེ་བ;

41 Abduct, *v.a.* བཀུས་ནས་འཁྲེར་ཕྱིན་པ;

42 Abduction, *s.n.* འཁྲིད་པ; བཀུས་ནས་འཁྲིད་པར་བྱ་བའི་ལས་ཀ་ཉིད; མི་རྐུན;

43 Abductor, *s.* བཀུས་ནས་འཁྲིད་མཁན; མི་བཀུ་མཁན;

44 Abecedarian, *s.n.* ཀ་ཁ་པ;

45 Abecedary, *a.* ཀ་ཁའི;

46 Abed, *ad.* ཉལ་ས་ལ; ཉལ་སར; མལ་དུ { གཟིམ་མལ་དུ (Hon.)

47 Aberrance, *s.n.* ལམ་ལས་ལོག་པ; ལམ་གོལ་སར་ཤོར་བ;

48 Aberrant. གོལ་བ; ནོར་བ;

49 Abberration, *n.* རྣམ་རྟོག;

50 Aberring, *p.* & *a.* འཁྱུར་པོ; འཁྱམ་པོ;

51 Abet, *v.a.* བསྐུལ་གྲུབས་པ; བསྐུལ་བ; རྒྱུད་བསྐུལ་བྱེད་པ;

52 Abetment, *s.n.* བསྐུལ་བའི་བྱ་པ་ཉིད; རྒྱུད་བསྐུལ; སྐུལ;

53 Abetter, *s.n.* བསྐུལ་མཁན; གཟུང་ཐག་འཐེན་མཁན; རྒྱུད་བསྐུལ་གྲུབ་མཁན;

54 Abeyance, *s.n.* གོ་སའམ་བདག་སྐྱེམ་མགྲུངས་བསྒྲིང་ནས་བཞག་པ; མགྲུངས་པ; འགག་པ;

55 Abhor, *v.a.* ཞེ་ཁྲེལ་བ; ཞེན་ལོག་སྐྱེ་བ; ཞེན་པ་ལོག་པ;

56 Abhorrence, *s.n.* ཞེན་ལོག; ཚོར་སྣང; འཇིགས་སྐྲག; ཞེན་ལོག; ཞེ་ཁྲེལ;

57 **Abhorrent**, *a.* སྐྱུག་བྲོ་བོ ; ཞེ་ཁྲེལ་པོ ;

58 **Abhorrently**, *ad.* སྐྱུག་བྲོ་བཞིན ; སྐྱུག་བྲོ་པོ་བྱེད་དེ ;

59 **Abhorrer**, *s.* ཞེ་ཁྲེལ་མཁན ;

60 **Abide**, *v.a.* གནས་པ ; རྟག་ཏུ་གནས་པ ;

61 **Abider**, *s.* བསྒྲུགས་ནས་སྡོད་མཁན ;

62 **Abiding place**, *s.n.* གནས་ས ; བསྒྲུགས་སྡོད་ས ;

63 **Abidingly**, *ad.* གཏན་གནས་སུ ;

64 **Abigail**, *s.* གཡོག་མོ ; ཞལ་ལྟ་མ ;

65 **Ability**, *s.n.* ནུས་པ ; སྟོབས ; འགྲོན་སྟངས ; ཡོང་སྟངས ;

66 **Abintestate**, *ad.* ཤུལ་མེད་ཀྱི་གཞིས་ནོར་བདག་པ ;

67 **Abject**, *a.* (Sik. མ་རིགས) ; བློ་དམན་པ ; སྐྱོ་བུ ; སྡུག་རྩུབ ;
བློ་ཆུང ; ཞེན་སེམས་ཅན ; ཞན་པ ; ངན་པ ; ཐབས་སྡུག ;

68 **Abjectness**, *s.n.* ཞེན་སེམས ; བྲན་འཁོལ་ལྟའི་བློ་དམན་ཅན ;
དམན་པ་ཉིད ; ཐབས་སྡུག་ལུང ;

69 **Abjection**, *s.* བློ་ཆུང ; སྙིང་མེད ; སྙིང་རྩུབ ;

70 **Abjudicate**, *v.a.* ཁྲིམས་ཐོག་ནས་བདག་པོ་སྤྲོ་བ ;

71 **Abjudication**, *s.n.* ཁྲིམས་སའི་ཐོག་ནས་བདག་པོ་སྤྲོ་བའི་ལས་དེ་ཉིད ;

72 **Abjugate**, *n.a.* བརྐྱལ་ཤིང་ཕུད་པ ;

73 **Abjuration**, *s.n.* རང་གི་བློ་ལ་འཆར་བའི་གོ་རྟོགས་མིན་པར་འདུག་ཅེས་
ཟེར་བ ; རང་གི་རྟོགས་པའི་བདེན་པ་མི་བདེན་ཟེས་
ཟེར་བ ;

74 **Abjure**, *v.a.* མནའ་བོར་ནས་མན་པར་ཁས་ལེན་པ ;

75 **Abjurer**, *s.* མནའ་བོར་ནས་མན་ཞེས་བརྗོད་མཁན ;

76 **Ablative**, *a.* འབྱུང་ཁངས ; འབྱུང་ས ; འབྱུང་གནས་ཀྱི་སྒྲ ;

77 Ablaze, *ad.* མེ་འབར་བཞིན་ཡོད་པ; འབར་ཞིང; འབར་བཞིན་པ;

78 Able, *a.* ཐུབ་པ; ནུས་པ; མཁས་པ; ལྕོགས་པ; གྲུང་པོ;

79 Able (to be), (*inf. v.*) ནུས་པ; ནུས་སྟོབས་ལྡན་པ;

80 Abluent, *a.* གཙང་མོར་བཅོ་བའི་ནུས་པ་ལྡན་པ; དག་པར་བྱ་བའི་ནུས་པ་ཅན;

81 Ablution, *s.n.* ཁྲུས; ཆབ་ཁྲུས;

82 Ably, *ad.* གྲན་འགྲོང་པ་བྱེད་དེ;

83 Abnegate, *v.a.* མན་ཞེས་བརྗོད་པ; ཙ་བ་ཉིད་ནས་མན་པར་བརྗོད་པ;

84 Abnegation, *s.n.* སྤྲོངས་པ; སྤངས་པ;

85 Abnegator, *s.* སྤྲོང་མཁན;

86 Abnormal, *a.* ཚད་ལས་འདས་པ; ཚད་འགལ;

87 Aboard, *ad.* གྲུ་ཟིང་གི་ཐོག;

88 Abode, *s.n.* སྡོད་གནས;

89 Abolish, *a.* མེད་པ་བཟོ་བ; ར་མེད་གཏང་བ; དབྱུང་བ;

90 Abolishable, *a.* ར་མེད་གཏང་འོས་པ; དབྱུང་འོས;

91 Abolishment, *s.n.* ར་མེད་བཏང་བའི་ལས;

92 Abolition, *s.n.* མེད་པ་བཅོས་པའི་ལས;

93 Abolitionist. འཁོལ་བསྐྱལ་རྒྱུའི་སྲོལ་སྤྲོང་དགོས་པར་འདོད་པ་པོ;

94 Abominable, *a.* ཁམས་ལོག་པོ; སྐྱུག་བྲོ་པོ;

95 Abominableness, *s.* སྐྱུག་བྲོ;

96 Abominate, *v.a.* ཞེ་ཁྲེལ་བ; ཞེ་སྡུན་པ; ཞེན་པ་ལོག་པ; ཞེ་ཁྲེལ་བ;

97 Abomination, *s.* དམེ་བཙོག; བཙོག་པ;

98 Aboriginal, *a.* སྔར་ནས་མཆིས་པ; སྔོན་དུས་ནས···གནས་པ;

99 Aborigines, *s.n.* སྔོན་དུས་ནས་ཡོད་པའི་ཡུལ་མི;

100 Abortion, *s.n.* བུ་ཚ་སྐྱེ་དུས་མ་སླེབས་པར་སྐྱེ་བའི། བུ་ཚ་ཤོར་བ་ དུས་མིན་དུ་ཁྲིའུ་བཙས་པ་ཉིད;

101 Abortive, *a.* འབྲུ་མེད་དུ; དོན་མེད་དུ; མ་སྨིན་པ; དོན་མཐར་མ་ཕྱིན་པ; དུས་སུ་མ་བབ་ས་པ;

102 Abound, *v.n.* མང་པོར་མཆིས; དར་ཞིང; འབོལ་ཤིག་ཤིག་ཡོད་པ; (Colql.)

103 About, *pr. ad.* (pr. མཐའ་སྐོར་) ad. ཙམ་ཞིག {ad. སྐོར་ལ

about a yard ག་ཛེ་གང་ཙམ

about a person མི་ཞིག་གི་སྐོར་ལ

about the place ས་དེའི་ཉེ་སྐོར་དུ or ས་དེའི་ཉེ་འདབས་སུ;

104 Above, *pr. ad.* སྟེང་ལ; ཐོག་ལ; གོང་ལ;

105 Abrasion, *s.* བརྡུང་སྨྲམ;

106 Abrasure, *s.* སྒྲོས་སྐྲང;

107 Abreast, *ad.* བྲང་མཉམ; བྲང་ཁོག་གི་ཐད་ཁར;

108 Abridge, *v.a.* ཐུང་དུར་བཅོས་པ; བསྡུས་པ; བསྡུད་པ; སྡུ་ཡིག་སྒྲུབ་པ;

109 Abridger, *s.* བསྡུ་བ་པོ; བསྡུད་མཁན; བསྡུ་མཁན;

110 Abridgment. ཐུང་དུ་བཟོ་ཐབས; བསྡུས་པའི་གཞུང; བསྡུད་པ; སྡུ་ཡིག;

111 Abroad, *ad.* ཕྱིས་སུ;

112 Abrogate, *v.a.* མེད་པར་བཅོས་པ; ཁྲིམས་ཀྱི་ལེའུ་བཀག་བརྩིས་མེད་དུ་གཏང་བ; ཁྲིམས་ཡིག་སྒྲུབ་པ;

113 Abrogation, *s* བརྩིས་མེད་དུ་བཏང་བའི་ལས; ཁྲིམས་ཡིག་སྒྲུབ་པའི་ལས;

114 Abrupt, *a.* ཧར་གྱི; དྲང་ཐུག; དྲང་ལོང; གཏུམ་ལོང; ཧད་ཀྱི;

115 Abruption, *s.n.* ཧར་གྱིས་འཕྲལ་བ; ཧོབ་སྟེ་འཕྲལ་བ; གཙན་བྲལ; གཙན་པོས་འཕྲལ་བ་ཉིད;

116 Abruptness, *s.* ཧོབ་དེ་ཁ་ལ་བྱུས་ཚུལ;
(Colql.) ཧར་ལོང་དྲང་ཚུགས་སུ་གནས་ཚུལ;

117 Abscess, *s.n.* སྤྲོས་སྣང་གི་ནད;

118 Abscond, *v.a.n.* བྲོས་པ; བྲོས་བྱུར; ཆོས་ཐོག་རྒྱབ་པ;

119 Absconder, *s.* བྲོས་མཁན; བྲོས་འགྲོ་མི; ཆོས་ཐོག་རྒྱབ་མི;

120 Absence, *s.n.* མདུན་དུ་མཆོགས་པའི་བྱ་བ; ཆོད་སྲུ་ཚང་མིན; ཆོད་ཆད;

121 Absent, *a.* ཚོགས་ལ་མ་ཚང་བ; མ་འཛོམས;

122 Absent, *v.a.* ཚོགས་ལ་མ་འཛོམ་པ; ཚོད་ལ་མ་འཛོམ་པར་བསྡོད་པ;

123 Absentee, *s.n.* མ་འཛོམ་མཁན;

124 Absinthe, *s.* ཕ་རཾ་སི་ཡུལ་ནས་འཐོན་པའི་ཨ་རག་གར་མོ་ཞིག་གི་མིང;

125 Absinthiated, *a* ཨ་རག་ཨེབ་སྲིན་ཞེས་པས་ཁྱབས་པ; ཨེབ་སིན་ཨ་རིག་གིས་བསྐྱད་པའི;

126 Absolute, *a.* གཅིག་ཆོག; ཐད་ཀྱི; ཐག་ཆོད; (རང་བཞིན་ལྷུན་གྲུབ)
(S. གདོད་རྒྱལ)

127 Absoluteness, *s.n.* གཅིག་གིས་ཆོག་པ་ཉིད; ཅིག་ཆོག; གདོད་རྒྱལ;

128 Absolution, *s n.* འདག་པར་བྱ་བའི་གཞིས; དག་པའི་གནད; བཤགས་པ;

129 Absolutism, *s.* རྒྱལ་བློན་ཁོ་ནས་བློ་འདོད་ལྟར་སྤྱོད་པའི་རྒྱལ་ཁབ་གི་གཞུང་སྲི;

130 Absolutist, *s.* རྒྱལ་པོ་ཁ་བརྒྱང་གིས་ཆོག་པའི་ཁྲིམས་ལ་དད་པ;

131 Absolutory, *a.* སེལ་བྱེད;

132 **Absolve**, *v.a.* བཤགས་པ; སེལ་བ; བཀྲོལ་བ; སྡིག་པ་སོང་འདུག་པར་བྱེད་པ;

133 **Absolver**, *s.* སྒྲོལ་བ་པོ;.

134 **Absonant**, *a.* སྒྲོ་དང་རིག་པར་མི་འཐད་པ;

135 **Absorb**, *v.a.* ནང་ལ་འཐེན་པ; (དཔེར་ན་ཤིང་བལ་གྱིས་བརླན་འཐེན་པ་ལྟར་)

136 **Absorbed**, *p. & a.* འཛིབ་ཟིན་པ; ནང་ལ་འཐེན་ཟིན་པ;

137 **Absorbability**, *s.* འཛིབ་ཏུ་ཡོད་པའི་ཆོས་ཅན; དཔེར་ན་བརླན་ལྟ་བུ;

138 **Absorbent**, *a.* བརླན་འཛིབ་ནུས་པའི་ཅ་ལག; དཔེར་ན་བལ་གོས་ལྟ་བུ་འགོ་ཟོབ; གྲང་དྲོད་འཐེན་ནུས་པའི་རྒྱུ;

139 **Absorption**, *s.* རྡོད་དང་བརླན་ནང་ལ་འཐེན་པ་ཉིད;

140 **Absorptive**, *a.* འཛིབ་ནུས་པའི་ཆོས་ཅན (དཔེར་ན་བལ་གོས་ལྟ་བུ;)

141 **Abstain**, *v.n.* བསྲུང་བ; འཛེམ་པ;

142 **Abstemious**, *a.* ཟ་སྤྱངས་ཟབ་མོ; ཟས་ལ་འཛེམས་པོ; ཟས་སྤྱོད་ཟབ་པོ་འཚམ་མཁས་པོ;

143 **Abstemiousness**, *s.n.* ཟ་ལྟངས་ཟབ་ཚུལ;

144 **Abstention**, *n.* འཛེམ་ཚུལ; འཛེམས;

145 **Absterge**, *v.a.* ཕྱིས་ཏེ་གཙང་མོར་བཅོས་པ;

146 **Abstergent**, *a.* གཙང་མོ་བཅོས་པའི་ནུས་པ་ཅན;

147 **Abstinence**, *n.* སྲུང་བའི་ཚུལ; སྲུང་བྱ; སྡོམ་བྱ; འཛེམས་ཆ; ཟབ;

148 **Abstinent**, *a.* འཛེམ་བྱ་ཟབ་མོ; ཟས་སྤྱོད་ཟབ་པོ;

149 **Abstract**, *v.t.* སོ་སོར་དབྱེ་བ; གཞན་དུ་དབྱེ་བ; དཀའ་མོ; ཟབ་མོ; (S.) མདོར་བསྡུས; སྡུ་བསྡུས; (Abstract Noun, gram.) ལྡན་མིང་འདུ་བྱེད་ཀྱི་མིང་གི་རྣམ་གྲངས;

150 Abstract, *v.a.* མདོར་བསྡུ་བ; བཙུད་བསྡུ་བ; བརྐུ་བ; (to steal).

151 Abstracted, *p. & a.* དྲན་པ་ཉམ་ཉེ་པ; བརྐུས་ཟིན་པ;

152 Abstracter, *s.* བརྐུ་མཁན; བསྡུ་མཁན;

153 Abstraction, *n.* དྲན་མེད; བློ་ཡེངས; ཧད་པོ;

154 Abstractive, *a.* བསྡུར་ནུས་པ; མདོར་བསྡུས་པའི་ནུས་པ་ཅན;

155 Abstruse, *a.* དོན་ཟབ་མོ;

156 Abstruseness, *s.* དོན་ཟབ་ཚུལ; ཟབ་ཚུལ;

157 Absurd, *a.* བློ་ལ་མི་ཤར་པ; རྣ་བར་མི་འགྲོ་བའི་གཏམ; ཚོ་མེད;

158 Absurdity, *n.* ཚོ་མེད་པའི་ཚུལ; ཚོ་མེད; བཅོལ་ཆུང; ཐབ་ཆུང;

159 Abundance, *n.* མང་བ; འབོལ་བ; མང་ལྷུག; འབོལ་ལྷུག;

160 Abundant, *a.* འབོལ་པོ;

161 Abuse, *s.* {(S) ཁ་ངན; ཁ་གཅོག}; v.a. ཁ་ངན་སྨྲ་བ;
ཚིག་རྩུབ་སྨྲ་བ; (Hon.) བཀའ་བཀྱོན་པ;
བཀའ་སྐྱོན་གནང་བ;

162 Abuser, *n.* ཁ་ངན་རྒྱབས་མཁན;

163 Abusive, *a.* ཁ་གཅོག་པོ;

164 Abusiveness, *s.* ཁ་གཅོག;

165 Abut, *v.n.* མཐའ་བདུག་པ; བདུགས་པ;

166 Abutment, *n.* མཐའ་བརྟེན;

167 Abbutal, *s.* ས་མཚམས; མཚམས; མཐའ;

168 Abysm, *n.* རྫ་རོང; རོང; དམྱལ་ཁམས;

169 Abysmal, *a.* རྫ་རོང་གི;

170 Acacia, *n.* ཤིང་སྡོང་གི་རིགས་ཞིག;

171 Academic, *a.* རིག་གནས་སློབ་སའི་བསླབ་གཞི;

172 Academician, *s.* རིག་གནས་སློབ་མཁན;

173 Academy, *n.* སློབ་གྲྭ་ཆེན་པོ; གྲྭ་ཚངས་ལྷུ;

174 Acanthaceous, *a.* ཚེར་མ་ཅན;

175 Acanthus, *s.* མེ་ཏོག་དཀར་པོ ; ལོ་འདབ་ཆེ་ལ་སྔོང་པོ་ཚེར་མ་ཅན་གྱི་ཤིང་སྡོང་རིཏ་གཅིག;

176 Accede, *v.n.* གཉང་བ; ཙུང་ཟར་ཁས་ལེན་པ;

177 Accelerate, *v.a.& n.* ལས་སླ་རྩ་བཏང་བ; ཧུར་བརྩོན་བསྐྱེད་པ; ཤུར་བཅག་སྒྲུབ་པ;

178 Accelerating, *a.& s.* ལས་སོགས་སླ་རྩ་བཏང་བ; སྒྱུ་ཆེར་བཏང་བ; བྱ་བའི་མཐའ་སྒྱུས་བཙུག་པ;

179 Acceleration, *n.* འགྲོས་མགྱོགས་དུ་གཏང་བ; ཤུར་བཅག; ཧུར་བརྩོན;

180 Acceleratory, *a.* འགྲོས་མགྱོགས་སུ་སུ་བཏང་བའི;

181 Accent, *n.* སྐད་ཆ་སྨྲ་བའི་དུས་སུ་དབྱངས་ཀྱི་འགྱུར་སྟངས; སྒྲ་དྲག; ཕོར་འདྲེན་སྟངས; དྲག་པོའི་སྒྲའི་བརྗོད་སྟངས; སྒྲ་དྲག;

182 Accent, *v.a.* སྒྲ་དབྱངས་སོགས་དབྱེ་བ; སྒྲ་དྲག་དུ་འདྲེན་པ;

183 Accentuate, *v.a.* སྒྲ་དབྱངས་སོགས་དག་པོར་དབྱེ་བ; དྲག་པོར་བརྗོད་དགོས་པའི་ཕྲག་བརྡ་བཀོད་པ;

184 Accentuation, *n.* སྒྲ་དབྱངས་དག་པོར་དབྱེ་བའི་གནད; སྒྲ་དྲག་པོར་འདོན་པ་ཉིད;

185 Accept, *v.a.* བླངས་པ; ལེན་པ; (བཞེས་པ་ Respl.)

186 Acceptability, *s.* བླངས་སུ་རུང་བ;

187 Acceptable. (བཞེས་འོས་པ་) བླངས་འོས;

188 Acceptance, *s.* ཕྱག་བཞེས: དགེས་བཞེས;

189 Acceptation, *n.* ཚིག་གི་དོན་ཀུན་གྱིས་བརྩིས་པ་གང་ཡིན ;

190 Accepter, *s.* ལེན་མཁན; བླངས་བ་པོ; བླངས་བྱེད་ཀྱི་མཁན་པོ;

191 Acception. དྭངས་ལེན; བརྩི་འཛིན;

192 Access, *n.* སྐུ་བཅར་···འགྲོ་ཆོག་པ; ནང་དུ་ཚུད་པའི་ཐབས; ཡར་འཕེལ;

193 Accessory, *a.* གང་གི་གྲོགས་སུ་ཕྱིན་པ; བསྟན་མཁན་དུ་འདོད་པ; མཐུན་རྐྱེན་དུ་གྱུར་པ;

194 Accessibility, *s.* ཉེ་རུ་ཡོད་པའི་རྣམ་གྲངས; མཇལ་ཁ་སླ་བ; སུ་འདྲ་ཞིག་ཡིན་རུང་སླ་མོར་མཇལ་ཁ་ཐོབ་པ;

195 Accessible, *a.* ཐར་དུ་ཡོད་པ; ཉེར་ཡོད་པ; མཐུན་ཞིབ་མཁན;

196 Accession, *n.* ཡར་བསྐྱེད; སྐུ་མ་དུན་ཚུད་པའི་བྱ་བ;

197 Accessorily, *ad.* གྲོགས་སུ་ཕན་པར; རྣམ་མདར་ཕན་པོ་བྱེད་དེ;

198 Accidence, *s.* གསུམ་བདག་གི་ཆོས་ཐོག་མ; མིང་ཚིག་འགྱུར་སྟངས་ཀྱི་སྐོར;

199 Accident, *n.* གློ་བུར་བའི་རྐྱེན; (Sik. སྤྲི་རང) བར་རྐྱེན;

200 Accidental, *a.* གློ་བུར་རྐྱེན་ལས་བྱུང་བའི;

201 Accipient, *s.* ལེན་མཁན; ལེན་པའི;

202 Acclaim, *v.a.* ལེགས་སོ་ཞེས་ཀུན་གྱིས་སྒྲ་སྒྲོགས་པ;

203 Acclamation, *s.* ལེགས་སོ་འི་སྒྲ;

204 Acclamatory, *a.* ལེགས་བརྗོད་ཀྱི;

205 Acclimatation, *s.* ཡུལ་གྱི་གྲངས་དྲོད་དང་འདྲིས་པ་ཉིད;

206 Acclimatization, *s.* ཡུལ་གྱི་གྲངས་དྲོད་དང་འདྲིས་པའི་ལས;

207 Acclimatize, *v.a.* ཡུལ་འདྲིས་སུ་བཅུག་པ;

208 Acclivity, *n.* གྱེན;

209 Accolade, *n.* དགེ་སྐྱན་ནོ་དཔའ་བདུལ་གྱི་གྲལ་དུ་བཙུག་པའི་སྐབས་སུ་རལ་གྲིའི་ལེབ་ཀྱིས་དཔུང་པར་ཙབ་ཙབ་བྱས་པའི་སྲོལ་དེའོ;

210 Accommodate, *v.a.* གནས་ཚང་གཡར་བྱིན་པ་སྒྲིག་པ་གཡོངས་འགྲིག་པ;

211 Accommodating, *a.* བློ་ཡངས་མོ་སྒྲིག་ཟིན་པ;

212 Accommodation, *n.* གནས་ཚང; གོམ་འདྲིས་བྱེད་པ; མིག་ཚོད་འཕྲིང་པ;

213 Accompaniment, *s.* འཁྲིལ་བུ; འབྲགས་མ; རམ་བླ; བླ་བོ;

214 Accompanist, *s.* བླ་བོ་བྱེད་མཁན; དཔེར་ན་གླུ་ལེན་དུས་པི་ལྭང་གིས་ར་མདའ་བྱེད་པ་བཞིན;

215 Accompany, *v.a.* མཉམ་པོར་འགྲོ་བ; བླ་བོར་འགྲོ་བ;

216 Accomplice, *n.* ཁ་ཅིག; ཁན་སློམ་པ;

217 Accomplish, *v.a.* ལས་ཐར་བསྐྱུ་ལ་བ; གྲུབ་པ; མཐར་འདོན་པ;

218 Accomplished, *p. & a.* རྩལ་འབྱོངས་པོ; རྩལ་ལྡན;

219 Accomplishment, *n.* ཡོན་ཏན; རྩལ; དཔའ་རྩལ;

220 Accord, *n.* བློ་འདུན; འཆམ་པ; བློ་མཐུན;

221 Accordance, *n.* འཆམ་མཐུན; འཆམ་པ;

222 Accordant, *a.* ཚུལ་མཐུན;

223 According, *pr.* ཉང་ལྟར; བཞིན་དུ; དང་སྦྲུར་ནས; བསྟུན་ནས;

224 Accordion, *s.* སྒྲ་སྙན་གྱི་རིགས་ཞིག; འབབ་བུ་སྒོ་ཆུང;

225 Accost, *v.a.* སྐད་ཆ་ལབ་པ; ཁ་ལབ་པ; ཕྱག་འཕྲུལ་བྱ་བ;

226 Accoucheur, *s.* བུད་མེད་བུ་ཚ་སྐྱེ་བའི་སྐབས་རམ་བླ་བྱེད་མཁན་སྐྱེས་པ་ཡིན་ན་དེ་ལའོ;

227 Accouchement, *s.* སྐྱེ་ཉད;

228 Account, *n.* བརྩིས; ཐོ; ལོ་རྒྱུས;

229 Accountability, *n.* ཁག་ཀྲན; འགན;

230 Accountable, *a.* ཁག་ཀྲན་ཐོག་ཡོད་པ; འགན་ཐོག་པའི;

231 Accountant, *n.* བརྩིས་བཞག་མཁན; ཕྱག་མཛོད་པ;

232 Accoutre, *v.a.* འཁོར་གསུམ་སྒྲོན་པ; གོ་མཚོན་འཁོར་གསུ་ལུས་ལ་
གྱོན་པ;

233 Accoutrement, *s.* དམག་ཆས་འཁོར་གསུ;

234 Accredit, *v.a.* བྱུན་འཚོལ་ནས་བྱིན་པ; གང་གི་ཆེད་བྱུན་འཚོལ་བར་
བྱས་པ་བྱུན་གྱི་ཁིག་འཁྲུག་བྱས་པ;

235 Accretion, *n.* བསྐྱེད; ལུས་བསྐྱེད; ལང་ཚོ;

236 Accroach, *v.a.* དབང་ཡོད་ཀྱིས་ས་ཆ་སོགས་མཐའ་ནས་འཇབ་པ;

237 Accrue, *v.a.* འབྱུང་བ; འཕབ་པ; བབ་པ; འཕེལ་བ;
དཔེར་ན་དངུལ་བསྐྱེད་ལྷུ; བསྐྱེད་ལྷུར་འཁོར་བ;

238 Accumulate, *v.a.* བསགས་པ; བསོག་པ;

239 Accumulation, *n.* བསག་པའི་རྫས;

240 Accumulative, *a.* རང་བཞིན་གྱིས་བསོག་ཡོང་བའི་ཆོས་ཅན; (དཔེར་ན
རྫུལ་ལྷུ) རང་བཞིན་གྱིས་འདུས་ཡོང་བའི;

241 Accuracy, *n.* ངེས་ཚུལ; ཚ་འཁྲོད་པ; གསལ་ཚུལ; {ལག་པ་ཚ་པོ
དཔེར་ན་རྡོ་འི་ མདའི་མེ་མདའ་སོ་ཚ་པོ } དིག་པོ;

242 Accurate, *a.* ངེས་པོ; བདེན་ངེས་པོ; གསལ་པོ; ལག་པ་ཚོད་ཐིག་པོ;
གཏན་གཏན;

243 Accurse, *v.a.* སྡུག་བསྔལ་བ་ སྡུག་པོ་གཏང་བ;

244 Accursed, *p. & a.* (Sik: ཐོད་ནག) Tib. ངན་པ; དཔྲལ་གོག་ནག་པོ;
ལས་ངན; དཔྲལ་གོག་སྡུག་པོ;

245 Accusable, *a.* ཉེས་པ་བརྗོད་དུ་འོས་པ; མི་ཁ་མ་ཐོག་ཉན་ཆེན;

246 **Accusation**, *n.* ཉེས་པ; མི་ཁ; ཁ་གཡོགས; སྐྱེད;

247 **Accusative**, *n.* བདག་པོའི་སྒྲ; དཔེར་ན; {ཀྱི་གྱི་འི་ཡི་གི; ལྟུའོ་}

248 **Accusatory**, *a.* ཁ་གཡོགས་ངན་པ་བརྗོད་པའི;

249 **Accuse**, *v.a.* ཉེས་པ་བརྗོད་པ; སྐད་བཙུགས་པ;

250 **Accused**, *a.* ཉེས་པ་པོ; སྐད་ཀོག་ས;

251 **Accuser**, *n.* ཉེས་པ་བརྗོད་མཁན; སྐད་ཀོག་མཁན་ (Colql.).

252 **Accustom**, *v.a.* སྒྲིས་སུ་བཙུག་པ;

253 **Accustomed**, *p.& a.* གོམས་པ; འདྲིས་པ; གོམས་འདྲིས་ཡོད་པ;

254 **Ace**, *n.* ཤོག་བག་གི་འདེབས་ནས་རི་མོ་བཀྱང་པོ་ཨེ་ཀྭ་དེ་ལ་ཟེར;

255 **Acerb**, *a.* སྐྱུར་པོ་རྩུབ་དང་ལྡན་པོ;

256 **Acerbity**, *n.* རོ་སྐྱུར་བ; དྲག་རྩུབ; རྩིང་པོ;

257 **Acescent**, *a.* སྐྱུར་པོར་འགྱུར་བ;

258 **Acetic**, *a.* ཚུར་ལྡུར་སྐྱུར་པོ;

259 **Acetification**, *n.* སྐྱུར་པོ་བཟོ་བའི་ལས་ཀྱི་མིང;

260 **Acetify**, *v.a.* སྐྱུར་པོར་བཟོ་བ;

261 **Acetose**, *a.* རོ་སྐྱུར་རྩ་ངར་བ་ དཔེར་ན་ ཚུར་ལྡུ;

262 **Acetosity**, *s.* Ditto

263 **Acetous**, *a.* Ditto རོ་སྐྱུར་པོ;

264 **Ache**, *n.* ཟུག་གཟེར;

265 **Achievable**, *a.* སྒྲུབ་ཐུས; འགྲུབ་དུ་ཐུས་པ;

266 **Achieve**, *v.a.* སྒྲུབ་པ; བྱེད་པ; ལག་ལེན་སྒྲུབ་པ;

267 **Achievement**, *n.* བྱ་བ་མགོ་མཐོན; མཐར་ཕྱིན; སྒྲུབ་པ;

268 **Achiever**, *n.* སྒྲུབ་མཁན;

269 **Aching**, *n.* ཟུག་གཟེར; ཟུག་ཟུ;

270 Achromatic, *a.* མདོག་མེད་པ; དཀྲག་མདོག་མེད་པ;

271 Acid, *a.* སྐྱུར་པོ;

272 Acidify, *s.a.* སྐྱུར་པོར་འགྱུར་བ;

273 Acidity, *n.* བད་ཀན;

274 Acidulate, *s.* སྐྱུར་པོ་ལ་བཙོས་པ;

275 Acidulous, *a.* སྐྱུར་རྩ་ཅན;

276 Acknowledge, *v.a.* འགྱོར་བར་ཁས་ལེན་པ; འགྱོར་ཞེས་ལབ་པ;

277 Acknowledging, *p. & a.* ཁས་ལེན་པ;

278 Acknowledgment, *n.* འགྱོར་བ་ཁས་ལེན་པའི་ཚུལ; འགྱོར་འཛིན;

279 Acme, *n.* མཐོ་བོ་འི་གུང་

280 Acolyte. རྣོ་མན་གྱི་དགོན་པའི་ནང་གི་གཡོག་པོ་ཞིག;

281 Aconite, *n.* གཙན་དུག; སྨན་ཆེན;

282 Acorn, *n.* སྤྱོང་ཀས་ཀྱི་འབྲས་བུ; (Sik.) སོག་ཀས་ཆེ་བ་
དེ་ལའང་ཟེར;

283 Acoustic, *a.* སྒྲ་ཡི་སྐོར; སྒྲ་དབྱངས་ཀྱི་སྐོར;

284 Acoustics, *s.* སྒྲ་ཡི་སྐོར་གྱི་རིག་གནས; སྒྲའི་འབྱུང་གནས་འདུ་པོ;

285 Acquaint, *v.t.* ངོ་སྤྲོད་བྱེ་བ;

286 Acquainted, *p. & a.* ངོ་ཤེས་པ; ངོ་རྒྱུས་ཡོད; རྒྱུས་ཅན; རྒྱུས་ཡོད;

287 Acquaintance, *n.* ངོ་ཤེས;

288 Acquiesce, *v.n.* དང་དུ་ལེན་པ; མི་རྒོལ་བ; ཁོ་ཐག་ཆོད་པ;

289 Acquiescence, *n.* དང་ལེན; ཁོ་ཐག་ཆོད་ཚུལ; ཁོ་ཐག་ཆོད་ལུང;

290 Acquiescent, *a.* དང་ལེན་བྱེད་པ་ལྟའི; དང་ལེན་བྱེད་པའི;

291 Acquirable, *a.* བསྒྲུབ་དུ་ཡོད་པ;

292 Acquire བསྒྲུབ་པ;

293 Acquirement, *n.* སྒྲུབ་པར་བྱེད་པའི་རྫས;

294 Acquisition, *n.* སྒྲུབ་པར་བྱེད་པའི་ཐབས;

295 Acquisitiveness, *n.* རྒྱུ་འབབ་ཞིག་བསྒྲུབ་པའི་བློ་འདོད་ཁོ་ན;

296 Acquit, *v.t.* མཐར་བ; སྐྱོད་ནས་བཏང་བ; བཀྲོལ་བ; གྲོལ་བ;
བྱུན་ཕྱེབས་པ;

297 Acquittal, *n.* བདེ་མོར་ཐར་ཚུལ; རྒྱལ་ཁ;

298 Acquittance, *n.* ཐུན་གྱི་ཁ་ནས་ཐར་ཚུལ; འཁྱོར་མཛོན;

299 Acre, *n.* ཞིང་ཚད; སྣྲ་ཛོ་ ༤༨༤༠ གྲུ་བཞིའི་ཚད;

300 Acred, *a.* ཨེ་ཀར་དུ་བགོས་ཟིན་པ;

301 Acrid, *a.* རོ་ཁ་པོ; རོ་བསྐ་བ; རྒྱུད་རྩིང་པ;

302 Acrimonious, *a.* རྩེ་རྙེ་པོ; གདམ་ཟུར་རྣོན་པོ;

303 Acrimony, *n.* གདམ་ཟུར་ཅན; གདམ་ཟུར་རྙ་ཞིང་ངན་པ;

304 Acritude, *n.* རོ་ཚ་མོ;

305 Acrobat, *n.* མི་འཚོང་རྒྱུག་ལ་འབྱོངས་པ;

306 Across, *ad.* ཐྲེད; འཐྲེད་ལ;

307 Acrostic, *s.* ཀ་བརྩམས་

308 Act, *v.a.* བྱས་པ; བྱེད་པ; (Hon. མཛད་པ;)

309 Act, *n.* བྱ་བ; ལས; བྱེད་ལས; (Hon. མཛད་པ་)

310 Acting, *a.* བརྫུ་མ; གཞན་ཞིག་གི་ལུས་ཡིན་ཚུལ་བླངས་དེ་རེས་གང;
བྱས་བྱེད་པ; ལས་དོན; ལས་རོད,

311 Action, *n.* ལས; བྱ་བ; སྤྱོད་པ; (མཛད་པ་ Hon.)

312 Actionable, *a.* ཁྲིམས་ལུགས་ལྟར་ན་ལོག་ཉན་ཅན; ཉེས་པ་ཟག་ཉེན་ཅན;

313 Active, *a.* ལས་ཧུར་པོ; ལས་རིམ་པོ; གྲུང་པོ;

314 Activeness, *n.* ཁྱུག་ལག་བདེ་ཚུལ;

315 Activity, *n.* ཁྱུག་ལག ;

316 Actor, *n.* བལྟས་མོ་བསྟོན་མཁན ;

317 Actress, *n.* སྐྱེས་དམན་ལྟས་མོ་བསྟོན་མཁན ;

318 Actual, *a.* ངོ་མ ; དངོས་གནས ; ངོ་ཐོག ; དངོས་སུ ;

319 Actuality, *n.* དངོས་མཛིན ; དངོས་གསུམ ;

320 Actuate. བཀྱུད་བསྐུལ་བ ;

321 Aculeate, *a.* རྩེའམ་མདུང་དང་ལྡན་པ ; ཚེར་མ་ཅན ;

322 Acumen, *n.* མིག་གི་དབང་པོ་རྣོ་བ་ མཐོང་སྣང་མགྱོགས་པོ ;

323 Acuminate, *v.a.* རྩེ་རྣོན་པོ་བཟོ་བ ; རྣོ་བདར་བ ;

324 Acute. སྤྱང་པོ ; བློ་རྣོ་པོ ; རྣོན་པོ ; ཕྲ་མོ ; བློ་གྲོས་ཅན ;

325 Acuteness, *s.* རྣོ་ཚུལ ; རྣོ་ངར ;

326 Adage, *n.* གཏམ ; ཁ་དཔེ ; གཏམ་དཔེ ;

327 Adagio, *s.* གླུ་ཐའི་སྐབས་མདང་དབྱངས་ཀློད་པོ་ཞིག་ལ་ཟེར ;

328 Adamant, *n.* ཕ་ལམ ;

329 Adamantine, *a.* ཕ་ལམ་ལྟ་བུ ;

330 Adapt, *v.a.* སྒྲིག་པ ; གང་མཚམས་སུ་སྒྲིག་པ ; འདྲིས་སུ་བཅུག་པ ;

331 Adaptability, *n.* སྒྲིག་བདེ་བའི་ཚུལ ; འཇུག་བདེ་ལུང ;

332 Adaptable, *a.* སྒྲིག་བདེ་མོ ;

333 Adaptation, *n.* སྒྲིག ; སྒྲིག་ཚུལ ;

334 Add, *v.a.*, *n.* བསྣན་པ ; སྡོམ་པ ; བྱིན་པ ; སྤྱིར་བ ; ཐུལ་བ ;

335 Adder, *n.* དུག་སྦྲུལ ;

336 Addict, *v.a.* ལང་ཤོར་གཏང་བ ; (Collql.) སྐྱག་ལང་ཤོར་བ ;

337 Addicted, *p.* & *a.* བསྟེན་པ ; ལང་ཤོར ; གོམས་པ ;

(S.) ལང་ཤོར་ཚུད་པ ;

338 Addition, *n.* བསྣན་པའི་སྤོཾ་བའི་བརྩིས ; སྤུལ་བ ; བྲིན་པ ; ཁ་བསྣོན ;
ཁ་སྐོངས ; བསྣོན་པ ;

339 Additional, *n.* བསྣན་ཁ་རྒྱབས་པའི ; ཁ་སྐོང་བའི ;

340 Addle, *a.* ཉོག་པ ; སྙོང་ཉོག ; རྩལ་པ ; སྐམ་པོ ;

341 Address, *n.* སྤྱོད་གནས་དང་མིང་སོགས་ཡི་གེའི་ཁར་རྒྱབ་པ་དེ ;
ཁྲུག་ལག་བདེ་ཚུལ ; སྒམས་སྟངས ;
ཁ་གཞིས་སྐྱན་ཅིང་བདེ་ཚུལ ;

342 Address, *v.a.* ཞུ་བ་འབུལ་བ ;

343 Addresser, *s.* ཞུ་བ་པོ ;

344 Addresses, *s.* ཞུ་དོན ;

345 Adduce, *v.a.* ཡ་ལ་འཇུག་པ ; མདུན་དུ་འདྲར་བ ;

346 Adducible, *a.* ཡ་ལ་འཇུག་དུ་ཡོད་པ ;

347 Adduction, *n.* ཡ་ལ་འཇུག་ཐབས ;

348 Ademption, *s.* འཕྲོག་བཅོམ ;

349 Adept, *a.* གྲུབ་ཐོབ ; འབྱོངས་པོ ; མཁས་པོ ;

350 Adequacy, *s.* དོན་ནམ་ལས་གང་རུང་ཞིག་ཕྱིར་དུ་རན་ཙམ་ཡོད་པ ;
རན་མཆོས ;

351 Adequate, *a.* རན་པོ ; སྤྲམ་པོ ;

352 Adequateness, *s.* རན་པོའམ་སྤྲམ་པོའི་ནཾ་གྲུར ;

353 Adhere, *v.i.* རང་མར་གཞལ་པ ; འབྱོར་པ ; or སྦྱར་བ ;

354 Adherent, *a.* & *n.* ཉེ་འཁོར ; འཁོར ; ཕྱོགས་འཛིན་པ ;

355 Adherence, *n.* ཉེ་ཚུལ ; འབྱར་རྒྱུ ; སྦྱར ;

356 Adhesion, *n.* འབྱར་ཚུལ ;

357 Adhesive, *a.* འབྱར་ཉེན་ཆེན་པོ ;

358 Adhesiveness, *n.* སྦྱར་དུ་ཡོད་པའི་ཚུལ;

359 Adieu, *ad.* འབྲལ་སྐབས་ཀྱི་ཁམས་བདེ་ཞུ་བ་དེ;

360 Adit, *n.* ཁྭ་ནི་སོགས་ཀྱི་ནང་ལ་ཞུགས་ཕྱིར་སྒོ་རི་ལོགས་ནས་ཐད་ཁར་སྟོན་པ་ལ་ཟེར;

361 Adjacency, *n.* ཐག་ཉེ་བའི་ཚུལ;

362 Adjacent, *a.* མཐར་བདུགས; ཉེ་བར; ཉེ་འདབས;

363 Adjective, *n.* མིང་གི་རྣམ་གྲངས་ཀྱི་ནང་ནས་ཁྱད་ཆོས་ཀྱི་རྣཾ་གྲངས; བསྟན་པའི;

364 Adjoin, *v.a.* ཐག་ཉེ་བར་མཆིས་པ;

365 Adjourn, *v.a.* ཕར་འགྱངས་བྱེད་པ;

366 Adjournment, *n.* ཕར་འགྱངས;

367 Adjudge, *v.a.* ཁྲིམས་དཔྱད་ཐོག་ནས་ ཁྲམ་གཏང་བ; བཀའ་གནང་བ;

368 Adjudicate, *v.a.* ཁྲིམས་ལྟར་དཔྱད་ཁྲའི་ཁྲམ་བཏང་བ;

369 Adjudication. ཁྲིམས་ལྟར་དཔྱད་ཁ་གཏོང་རྒྱུ་དེ;

370 Adjunct, *a.* འགྲེལ་པ; ཁ་བསྣན; ཟུར་བཏྟ;

371 Adjunction, *s.* འགྲེལ་པ;

372 Adjunctive, *ad.* འགྲེལ་པར་གྱུར་པ;

373 Adjuration, *s.* མནའ;

374 Adjure, *v.a.* མནའ་སྐྱེལ་ནས་དོཾ་སྒྲག་པ; དོཾ་བཅའ་བསྐུལ་བ;

375 Adjust, *v.a.* སྒོམས་པ;

376 Adjuster, *s.* སྒོམ་པ་པོ;

377 Adjustment, *n.* སྒོམ་རྒྱུ;

378 Adjutant, n. དམག་དཔོན་ཆེ་བའི་གཞིབ་རོགས་དམག་དཔོན་ཆུང་བའི་གོ་ས་ཞིག་གི་མིང;

379 **Admeasurement,** *n.* གཞལ་ཐུགས; འཇལ་བའི་ལས;

380 **Administer,** *v.a.* འདོན་སྐྱོང་སྤྱོལ་བའི་ལས་བགྱིད་པ;

381 **Administrable,** *a.* ཁ་ལོ་བསྒྱུར་དུ་ཡོད་པ;

382 **Administration,** *n.* འདོན་སྐྱོང་སྤྱོལ་ལས;

383 **Administrator,** *n.* འདོན་སྐྱོང་སྤྱོལ་ལས་བྱེད་མཁན;

384 **Admirable,** *a.* ངོ་མཚར་ཅན; ཁྱད་དུ་འཕགས་པ; རྨད་བྱུང;

385 **Admiral,** *n.* ས་འོག་དུ; ཁྲ་ཤིའི་ནང་དུ་ཞུགས་པའི་ལམ; ས་དོང་ཐད་ཀར་ཡོད་པ;

386 **Admiration,** *s.* ངོ་མཚར་

387 **Admire,** *v.a.* ངོ་མཚར་བསྐྱེད་པ;

388 **Admirer,** *s.* ངོ་མཚར་བསྐྱེད་མཁན; སྙིང་གདུགས; སྙིང་གྲོགས;

389 **Admiringly,** *ad.* ངོ་མཚར་བསྐྱེད་ཅིང;

390 **Admissibility,** *s.* གྲལ་དུ་བཙུག་འོས་པའི་ཡོན་ཏན་དང་ལྡན་པའི་ཚུལ;

391 **Admissible,** *a.* གྲལ་དུ་ཚུད་ཐུས;

392 **Admission,** *n.* གྲལ་དུ་བཙུག་པའི་གནང; ནང་དུ་ཚུད་པ་ཉིད;

393 **Admit,** *v.a.* ནང་དུ་བཏང་བ; གྲལ་དུ་བཙུག་པ;

394 **Admittance,** *n.* གྲལ་དུ་ཞུགས་པའི་གནང;

395 **Admix,** *v.a.* སླ་བསྲེ་བ;

396 **Admonish,** *v.a.* བསྐུལ་བ; སློག་གཏེར་བསླབ་པ; ཀློག་གཏེར་རྒྱབ་པ;

397 **Admonisher,** *s.* ཕན་གཏེར་བསླབ་མི; (Sik.) སློགས་རྒྱབ་མཁན;

398 **Admonishment.** (Sik.) ཀློར; ཕན་པའི་སླབ་བྱ; ཕན་གཏེར་བསྐུལ་བ;

399 **Admonition,** *n.* (Sik. སློགས;) བསྐུལ་མ; ཕན་པའི་སླབ་བྱ;

400 **Admonitor,** *s.* སློགས་རྒྱབས་མཁན;

401 **Ado.** འོ་རྒྱལ; འདུ་འཛེ;

402 Adolescence, *n.* བསྐྱེད་འཕར་བའི་ཚུལ;

403 Adolescent, *n.* ཁྱེའུ;

404 Adopt, *v.a.* རང་གིས་བླངས་པ;

405 Adoption, *n.* བླངས་པའི་གཉེར;

406 Adorable, *a.* ཁྱད་དུ་འཕགས་པ; ཕྱག་གི་འོས་སུ་གྱུར་པ;

407 Adoration. ལྷར་སྣང་གི་ངང་ནས་གུས་པའི་མཆོད་བསྟོད; མོས་གུས;

408 Adore, *v.a.* གུས་པས་བསྟོད་པ; མོས་པ;

409 Adorer, *n.* མོས་གུས་ཅན;

410 Adorn, *v.a.* བརྒྱན་པ; འགོད་པ; སྒྲོན་པ; སྤྲ་བ;

411 Adornment, *n.* བརྒྱན་ཆ;

412 Adrift, *ad.* ཆུའི་ཁར་གཡེངས་ཤིང་མཆིས་པ;

413 Adroit, *a.* མཁས་པོ; ཁྲུག་པོ; ཁྲུག་ལྷབས་བདེ་མོ;

414 Adroitness, *s.* ཁྲུག་ལྷབས;

415 Adulation, *n.* ངག་སྙན་པོའི་སྒོ་ནས་ཁོལ་པོས་ཇི་བཞིན་དུ་བསྟོད་ར་
བརྗོད་ཆེས་འདུག་སྨྱོ་པའི་བསྟོད་ར་ཤུད་ཤུད་
ཤ་མོ་དྲང་ནེ་རེ; (Bhut.)

416 Adulator, *n.* བསྟོད་ར་བརྗོད་མཁན;

417 Adulatory. བསྟོད་ར་ཤུགས་ཐལ་མ;

418 Adulatress, *n.* བུད་མེད་བསྟོད་ར་ཤུད་ཐལ་དུ་བརྗོད་མཁན;

419 Adult, *a.* ན་ལོན;

420 Adulterate, *v.a.* རྒྱུ་ངན་དང་བསྲེས་རྒྱབ་པ; སླད་པ;

421 Adulterate, *a.* ཉིས་པ; བསྲེས་ཅན; སླད་ཅན; སྐྱིན་ཅན;

422 Adulterateness. བསླད་ཅན་ཡིན་པའི་ཆོས་ཅན; བསླད་ལྡན;

423 Adulteration, *n.* བསྲེས་རྒྱབ་པའི་ལས; སླད;

424 Adulterer, *n.* ཤར་པོ; སླད་མི; བསྲེ་མཁན; གཡེམ་པོ; ལོག་གཡེམ་པོ;

425 Adulteress, *n.* ཤར་མོ; བསྲེ་མཁན་མོ; བུད་མེད་ཁྲོ་ཤུག་གི་དམ་ཚིག་འཁྲུལ་མི;

426 Adulterine, *a.* ལོག་སྦྱོར་ལས་འབྱུང་བ; ལོག་གཡེམ་ལས་བྱུང་བ;

427 Adulterous, *a.* དྲེ་ཉེས; ལོག་གཡེམ་ལ་ཁ་ཞུར་ཞུར་པ;

428 Adultery, *n.* ཁྲིམས་པས་ཁྲོ་ཤུག་གི་དྲི་ཚིག་ལས་འགལ་བའི་ལས;

429 Adultness, *n.* ཕོ་ཚོད་ལོ་ན་ལོན་པའི་ཚུལ;

430 Advance, *n.* མདུན་དུ་འགྲོ་ཚུལ; གོ་གནས་སྤར་ཚུལ; སྔ་ཆ་སྔོན་ནས་བྱིན་པ་གང་ (སྔོན་བྱིན;)

431 Advance, *v.a.* མདུན་དུ་འགྲོ་བ; སྤར་བ; སྣང་བྱིན་པ; གཏངས་བྱིན་པ;

432 Advancement, *n.* གོ་ས་སྤར་བའི་ལས;

433 Advantage, *n.* ལྷབས་བདེ; བོགས; དོན; འཕྲེར་སོ; རྒྱལ་ཁ;

434 Advantage, *v.a.* རྒྱལ་ཁ་ཐོབ་པ; དོན་བཟང་སྒྲུབ་པ;

435 Advantageous, *a.* ལྷབས་བདེ་མོ; དོན་བཟང་པོ;

436 Advantageousness. ཕན་ཚུལ; ཕན་ཐོགས་ལུགས; སྟབས་བདེ;

437 Advent, *n.* འབྱོན་པ; ཕེབས་པ; འབྱོན་སྐབས;

438 Adventitious, *a.* ལྷེས་དབང་གི་བྱུང་བའི་ལས; དབེན་ཟླ་མཚུངས་མེད; དབང་ཟླ་མཚུངས་མེད; ཕྱི་ནས་ཡོང་མི; ཕྱི་རོལ་ལས་བྱུང་བ; gram. adventitious particles ཕྲད་རང་དབང་ཅན as opposed to ཕྲད་རྣམ་དབྱེ་ཅན;

439 Adventure, *n.v.* ཡས་ཡུད་ཀྱི་ལས; ཡས་ཡུད;

440 Adventurer, *n.* ཡས་ལུད་ལ་བརྩེ་བ་པོ;

441 Adventurous, *a.* ཡས་ཡུད་ལ་བརྩེ་ནུས་མཁན;

442 Adverb, *n.* བྱས་ལས་ཀྱི་ཡོན་བརྗོད་པའི་ཚིག; (gram. དེ་ཉིད་དང་ཚེ་སྐབས་ཀྱི་རྣམ་དབྱེ);

443 Adversary, *a.* དགྲ; ཕ་རོལ་པོ;

444 Adverse, *a.* དགྲ་ཕྱོགས; ཕར་ཕྱོགས;

445 Adversity, *n.* སྐྱག་ངན; རྒུད་པའི་ཚུལ; དར་རྒུད;

446 Advert, *v.n.* རྣ་བ་གཏད་དེ་ཉན་པ; ལྟོས་པ; རིག་པ་སྒྲིམ་པ;

447 Advertence, *n.* མནོ་བསམ; སྦྱང་རིག;

448 Advertise, *v.a.* སྒྲ་སྒྲོག་པ; ཀུན་སྒྲོག་པ;

449 Advertisement, *n.* འཚོང་ཟོག་གི་ཡོན་དན་སྒྲོགས་པའི་ལས;

450 Advertiser, *n.* འཚོང་ཟོག་གི་ཡོན་དན་བརྗོད་མི;

451 Advice, *n.* སྐྱོགས་གཏེ; ཁ་ད; གདམས་པ; བསླབ་བྱ; འདུན་མ;
བཀའ་གདེངས; གྲོས; མན་ངག;

452 Advisable, *a.* ཁ་ད་བྱ་འོས་པ; གྲོས་སུ་མཆིས་པ; གྲོས་འདེབས་འོས་པ;

453 Advisableness, *n.* གདེངས་འོས་ཀྱི་ཆོས་ཅན;

454 Advise, *v.a.* གྲོས་བདབ་པ; བསླབ་བྱ་འདེབས་པ;

455 Adviser, *n.* གྲོས་བསླབ་མི;

456 Advocacy, *n.* སྐྱེལ་མ; གྲོགས་རམ; རྒྱབ་བསྣན;

457 Advocate, *n.* བར་ནས་སྐྱེལ་མ་བྱེད་དེ་ཞུ་བ་པོ;

458 Advocate, *v.a.* ཞུ་བ་པོ་འི་ཚུལ་དུ་སྣན་ཞུ་སྒྲོན་པ;

459 Adz, Adze. སྦྲ་དམ; གཟོ་བོ་འི་ལག་ཆ;

460 Aera, Era, *n.* འདས་ལོ;

461 Aerial, *a.* བར་སྣང་གི;

462 Aeric, *n.* ཁྲུང་ཚང;

463 Aerolite, *n.* གནམ་རྡོ;

464 Aerometer, *s.* རླུང་གི་ཡང་ལྗི་གཞལ་བའི་ལག་ཆ;

465 Aeronaut, *s.* རླུང་ལ་ལྡིང་མཁན; བར་སྣང་ལ་ལྡིང་བའི་ཁྲུལ་འཁོར་གཏང་མཁན;

466 Aesthetic, *a.* དངས་ཁར་འགྲོ་བར་སྤྱོད་པའི་ཆོས; ཡིད་དུ་འོང་བར་སྤྱོད་པའི་ཆོས; སྣང་བ་སྐྱིད་པོར་སྤྱོད་པའི་ཆོས;

467 Afar, *ad.* ཐག་རིངས;

468 Affability, *n.* ཁ་སང་སྙིང་སང་དུ་ཡོད་པའི་ཚུལ;

469 Affable, *a.* སྤྱོད་ལཾ་མཛེས་པོ; སྤྱོད་ལཾ་མཐུན་པོ;

470 Affair, *n.* དོན; ལས; བྱ་བ; གཏཾ་དོན;

471 Affect, *v.a.* བཅོས་པ; ཉེན་པ; གནོད་པ; བརྫུ་བ;

472 Affectation, *n.* ཡིན་ཁུལ་བྱེད་པའི་ལས;

473 Affected, *p.* & *a.* བསྒྱུར་བ; སེམས་ཁྲེལ་བྱུང་བ; བརྫུས་མ; ངོ་ལྐོག་ཅན;

474 Affectedly, *ad.* བརྫུ་བྱེད་དེ; ཡིན་ལྡོག་ཁ་པོ་བྱེད་དེ;

475 Affection, *n.* ཤ་ཚ; བརྩེ་གདུང; བྱམས་སེམས;

476 Affectionate. ཤ་ཚ་ཅན;

477 Affiance, *n.* གཉན་བདགས་ཀྱི་གྲོས;

478 Affidavit, *n.* ཐ་གཏམ; གཏམ་རྒྱ; or གཏན་རྒྱ; ཐ;

479 Affiliate, *st.* བུ་གྲལ་བཙུག་པ; གྲལ་དུ་བཙུག་པ;

480 Affiliation, *s.* གྲས་འཛུག་པའི་ལས;

481 Affinity, *n.* ཉེ་ཚུལ; བསྒྲེ་བྱའི་ནུས་པ;

482 Affirm, *v.a.* བདེན་ངེས་པར་བརྗོད་པ;

483 Affirmation, *n.* ངེས་པར་བརྗོད་པའི་ལས;

484 Affirmative, *a.* ཅང་ངེ; ཡོང་ངེ; ལྷུབ་པོ; ཡིན་ནོ; ཞེས་གང་ཅང་ཁས་ལེན་པའི་ཚིག་ལྟ་བུ་འོ;

485 Affix, *n.* རྗེས་འཛུག;

486 Affix, *v.a.* རྗེས་སུ་འཛུག་པ; བདགས་པ; འབྲལ་པ;

487 Afflation, *s.* ཕུ་འདེབས་པའི་ལས; ཕུས་བརྒྱངས་པའི་ལས;

488 Afflict, *v.a. v.* སྡུག་གཏང་བ;

489 Afflicted, *a.* སྡུག་ཕོག་ནས་ཡོད་པ;

490 Afflictor, *s.* སྡུག་བཏང་མཁན;

491 Affliction, *s.* སྡུག་བསྔལ;

492 Afflictive. སྡུག་བསྔལ་གྱི་རྒྱུར་གྱུར་པ;

493 Affluence, *n.* སྒྲུ་རྒྱལ; ཕྱུག་པ; ནོར་ལྡན;

494 Affluent, *a.* ཕྱུག་པོ; རྒྱས་པ; Ditto རྒྱུག་ཆུ་ཆུང་བ་ཆེ་བའི་ནང་ལ་གང་འབབ་པ;

495 Afford, *v.a.* སྟེར་བ; སྦྱིན་པ; འབྲོན་པ;

496 Affray, *n.* སྤྱི་འཐབ; འཐབ་འཁྲུག;

497 Affright, *n.* འཇིགས་རི་བཀོད་པའི་ལས; (Collql.)

498 Affright, *v.a.* འཇིགས་རི་བཀོད་པ; སྤྲ་ཀོང་བ; འགོང་བ;

499 Affront, *n.* བརྙས་བཅོས; ངན་ཤགས་ཀྱིས་འཐབ་པ;

500 Affront, *v.a.* བརྙད་བདགས་འཚོལ་བ; (Sik.)

501 Affusion, *n.* འབབ་པ; གཟར་པབ;

502 Afire, *ad.* མེ་འབར་ཞིང་ཡོད་པ;

503 Afloat, *ad.* ལྡིང་ཞིང་གནས་པ;

504 Afoot, *ad.* ཀང་ཐང;

505 Aforesaid, *ad.* གོང་དུ་བཤད་པ;

506 Afraid, *a.* འཇིགས་པ; སྐྲག་པ; དངངས་པ;

507 Afresh, *ad.* གསར་དུ;

508 Aft, *ad.* གྲུ་ཟིང་མཇུག་ངོགས་སུ;

509 After, *pr.* སླད་ནས ; རྒྱབ་མ ; རྗེས་ནས ; ཕྱིས་ནས ; རྟིང་ནས ;

510 After all. མཐར ; མཐའ་མའི་མཐའ་མར ;

511 Afterages, *s.* དུས་ཕྱི་མར ;

512 Afterdamp, *s.* རྡོ་སོལ་ཁ་ནའི་ནང་ལ་དུག་རླུང་སློག་འཛོམས་ནུས་པ་ཞིག་ ཡོང་བ་དེ་ལ་ཟེར ;

513 Afterdays, *s.* ཕྱིས་དུས་སུ ; རྗེས་སུ ; རྟིང་སོར ;

514 Afterlife. ཚེ་ཕྱི་མ ;

515 Afternoon, *n.* ཉིན་ཁ་ཡོལ་བའི་དུས ; ཉིན་ཕྱེད་ཁ་ཡོལ ; ཕྱེད་ཡོལ ;

516 Afterpiece, *s.* ཉཾ་ཐར་གྱི་རྗེས་སུ་གཏོང་བྲོ་པའི་བལྟས་མོ་སྟོན་པ ;

517 Afterthought, *n.* ཕྱིས་ཀྱི་བསམ་བློ ;

518 Afterward, *ad.* རྟིང་དུ ; རྗེས ; ཕྱིན་ཆད ; སླར ;

519 Again, *ad.* ཡང་ནས་ཡང་དུ ; ཡང་བསྐྱར ; སླར ;

520 Against, *p.* བྲང་ཡ་རུ ; གདོང་དུ ; བྲང་སྤྲད་དུ ; ཁ་སྤྲོད་དུ ;

521 Agape, *ad.* ཁ་གདང་སྟེ ; ཁ་དང་ངེ་བ ;

522 Agate, *n.* གཡང་གྲི ; མ་ནེ་ཧོ ;

523 Age, *n.* ན་སོ ; ལོ་ན ; རྒ་བ ;

524 Aged, *a.* རྒད་པོ ; རྒན་པོ ; (Resp. སྐུ་འགྲེས ; འགྲེས་པོ་)

525 Agency, *n.* ཚབས ;

526 Agent, *n.* སྐུ་ཚབ ; ངོ་ཚབ ;

527 Agglomerate, *v.a.* གོང་དོག་སྒྲིལ་བ ; རིལ་བུར་དྲིལ་བ ;

528 Agglomeration, *s.* གང་རིལ ;

529 Agglutinant, *s.v.* སྦྱོར་རྩི ;

530 Agglutinate, *v.n.* སྦྱར་བྱེད ;

531 Aggrandize, *v.* རྒྱས་པར་སྤེལ་བ ;

532 Aggrandizement. དར་རྒྱས;

533 Aggravate, *v.a.* སྡུག་བསྔལ་བསྣན་བཞིན་བཀོད་པ; ཟུག་རྔུའི་ཐོག་ཟུག་རྔུ་བསྣན་པ;

534 Aggravation, *v.* ཟུག་རྔུ་བསྣན་པའི་ལས;

535 Aggregate, *n.* ཡོཾ་སྡོཾ; ཡར་མཐུད་མར་བསྡོམ;

536 Aggregate, *v.a.* གཅིག་ཏུ་སྡོཾ་པ;

537 Aggregation, *n.* གཅིག་ཏུ་སྡོཾ་པའི་ལས;

538 Aggress, *v.a.* འཐབ་མོའི་མགོ་འཛུགས་པ;

539 Aggression, *n.* བརྩེད་འདོགས;

540 Aggressive. བརྩེད་སློང་མཁན་གྱི; བརྒོལ་བའི;

541 Aggrieve, *v.a.* སྡུག་བཏང་བ;

542 Aghast, *a.* དངངས་ཅིང་སྐྲག་སྟེ་ཚ་མེར་ལུས་པ;

543 Agile. ཁྲུག་ལག་བདེ་པོ;

544 Agility, *n.* ཁྲུག་ལྷབས;

545 Agitable, *a.* འཁྲུལ་ནུས;

546 Agitate, *v.a.* འཁྲུལ་བ; བསྐྱོད་པ;

547 Agitation, *n.* འཁྲུལ་བའི་ལས;

548 Agitative, *a.* འཁྲུལ་བྱའི་ནུས་པ་དང་ལྡན་པ;

549 Agitator, *n.* འཁྲུལ་མཁན;

550 Agnate, *a.* ཕ་མཚན་ནས་ཉེ་བ;

551 Ago, *ad.* འདས་པ; སྔོན་སོང; སྔ་རོལ་ན;

552 Agog, *ad.* སེམས་གཉན་ཆེ་དྲགས་པའི་གནས་ཚུལ; འདོད་དོན་ཞིག་གི་ཐོག་ལ་ཤིན་ཏུ་ཧུར་བརྩོན་ཆེ་བ;

553 Agoing, *ad.* འགྲོ་ཞིང་ཡོད་པ; རྒྱུ་ཞིང་ཡོད་པ; འགྲུ་བཞིན་པ;

554 **Agonize**, *v.a.* ཟུག་རྡུ་ཚབ་ཆེན་སྐྱོང་བ;

555 **Agony**, *n.* བཟོད་གླག་མེད་པའི་ཟུག་རྡུ;

556 **Agrarian**, *a.* ས་བགོ་བ་ཤའ་འདྲ་འདྲ་བགྱིད་པའི་སྐོར;

557 **Agree**, *v.a.* & *n.* ཐང་ཞེས་ཁས་ལེན་པ; གསོ་མཐུན་པ; ཁ་འཆཾ་པ;
མཐུན་པ; བློ་སྣ་མཐུན་པ;

558 **Agreeable**, *a.* བློ་དང་ལྡན་པ; བློ་ལྡན; ཡིད་མཐུན;

559 **Agreeably**, *ad.* བློ་དང་ལྡན་པོ་བྱེད་དེ;

560 **Agreed**, *ad.* ཁ་འཆཾ་པོ་བྱེད་དེ; ཁ་འཆམས་ཏེ;

561 **Agreement**, *n.* མདུན་མ; འཆིང་སྒྲིག; ནང་བསྟུན;

562 **Agricultural**, *a.* སོ་ནཾ་པའི་སྐོར; ཞིང་ལས་ཀྱི་སྐོར;

563 **Agriculture**, *n.* སོ་ནམ; (ཞིང་ལས་)

564 **Agriculturist**, *n.* སོ་ནཾ་པ; ཞིང་པ;

565 **Aground**, *ad.* ས་ཐོག;

566 **Ague**, *n.* བདར་རེ; གྲང་ཤུཾ;

567 **Ague fit**, *s.* བདར་བའི་ནད; གྲང་ཤུམ;

568 **Aguish**, *a.* གྲང་ཤུཾ་ཤིག་ཤིག;

569 **Ah**, *i.* ཨེ་མ; ཀྱེ་མ; ཀྱེ་ཧུད;

570 **Aha**, *i.* ཀྱེ; ཀྱི; ཀ་ཡེ; ཀྱེ་ཧོ;

571 **Ahead**, *ad.* སྔོན་དུ; མདུན་དུ;

572 **Ahem**, *i.* (ཨེ་ཧེམ) གློ་གསལ་བའི་སྒྲ;

573 **Aid**, *v.a.* གྲོགས་རམ་བྱེད་པ;

574 **Aid**, *n.* གྲོགས་རཾ; མཐུན་རྐྱེན; ར་མདའ;

575 **Aide-de-camp**, *n.* མདའ་དཔོན་དང་རྒྱལ་པོའི་ནང་ལ་གཟིམ་དཔོན་ལྟའི་
གོ་ས་འཛིན་མི་ལ་ཟེར;

576 Aider, *s.* གྲོགས་རི་བྱེད་མཁན;

577 Aidless, *a.* གྲོགས་མེད;

578 Aigrette, *s.* ཆུ་བྱ་མགོ་ལ་ཡོད་དཀར་མོ་བྱ་བཞིག་ལ་ཟེར;

579 Ail, *v.a.* བདེ་མིན་དུ་གྱུར་པ;

580 Ailing, *a.* བདེ་མིན་དུ་གྱུར་པ;

581 Ailment, *n.* ན་ཚ; མི་བདེ་བའི་ཚུལ;

582 Aim, *v.a.* ཚ་གཟེར་བ; ཚ་དཔག་པ; ཚ་སྨིག་པ;

583 Aim, *n.* ཚ; སྣན; མཐར་ཐུག་གི་འབྲས་བུ;

584 Aimer, (*s.*) ཚ་གཟེར་མཁན;

585 Aimless. དོན་མེད; བསྐུལ་ཁྲང་མེད་པའི; གདད་སོ་མེད་པའི;

586 Air, *v.a.* རླུང་ལ་བཀྲི་པ;

587 Air-balloon, *n.* རླུང་གིས་བརྒྱངས་པའི་འཁྲུལ་འཁོར;

588 Air-cushions. གདན; རླུང་གིས་རྒྱངས་བའི་གདན;

589 Air-gun, *n.* རླུང་མདའ;

590 Air-hole. རླུང་འགྲོན་པའི་བུ་ག; ཨི་ཁྲང; རླུང་བུག;

591 Airily, *ad.* རླུང་སེར་སེར་བྱེད་དེ;

592 Airiness, *s.* རླུང་སེར་སེར་ཡིན་པའི་ཚུལ;

593 Airing, *n.* རླུང་ལ་བདུག་པའི་ལས; {འཚི་འཚི; སྤང་སང}

594 Airless, *a.* རླུང་མེད;

595 Airpump, *n.* རླུང་ཕྱིར་བཏོན་པའི་ལག་ཆ;

596 Air-tight, *a.* རླུང་ཐུབ; རླུང་མི་ཤོར་བ;

597 Airy, *a.* རླུང་སེར་སེར;

598 Airy, *n.* (Aerie) *n.* ཁྲུང་ཚང;

599 Aisle, *n.* ཁང་པའི་ག་ཤོག་པ་བདགས་པ་གང་ཡིན་པ་ལ་ཟེར;

600 Ajar, *ad.* ཁ་དང་ངེ ; དཔེར་ན་སྒོ་ཧ་དང་ངེ་ཡོད་པ་ལྟ་བུའོ ;

601 Akimbo, *a.* སྐེད་གཟེར ; ལག་པའི་གྲུ་མོ་ཕྱིར་སྟོན་སྟེ་ལག་པ་སྐེད་པ་
ལ་བརྩུག་ནས་གནས་པ་ལ་ཟེར ;

602 Akin, *a.* ཉེ་བ ;

603 Alabaster *n.* རྡོ་འི་རིགས་ཞིག ; རྡོ་ཕལ་ཆེར་དཀར་པོ་བྱམས་པ་ཞིག་
སྐབས་སུ་དམར་སེར་ཀྱང་ཡོང ;

604 Alack, *i.* ཀྱེ་ཧུད ;

605 Alacrity, *n.* ཧུར་བསྐྱེད ;

606 Al-la-mode, *ad.* ལུགས་སྲོལ་དང་མཐུན་པའི ;

607 Alarm, *v.n.* ཀྱེན་ངན་བྱུང་བའི་བརྡའ་བྱ་བ་ལས་ཀ་དེ ;

608 Alarm, *v.a.* བྱ་བརྡོང་བྱེད་པ ;

609 Alarm bell, *s.* བརྡའ་འཾ་བྱ་བཀྲོལ་བའི་དྲིལ་བུ ;

610 Alarm-post, *s.* དགྲའི་ འཇིགས་ པ་ བྱུང་ སྐབས་ དམག་ མི་ ཉིཾས་ ཚོགས་
པའི་ས ;

611 Alarm clock, *s.* དུས་དུས་སུ་སྒྲ་སྒྲིན་པའི་ཆུ་ཚོད་འཁོར་ལོ ;

612 Alarmist, *s.* རང་འདོད་ཀྱིས་ཀུན་ལ་འཇིགས་སྐྲག་བཀོད་པ་པོ ;

613 Alas, *i.* ཀྱི་ཧུད ; ཨེ་མ་ང ;

614 Albatross, *s.* ཆུ་བྱ་དཀར་པོའི་རིགས་ཆེ་བ་ཞིག་གོ ;
ཁྲུང་ཁྲུང་དཀར་མོ ;

615 Albeit, *ad.* ཡིན་ནའང ;

616 Albino, *s.* མི་ཤ་ཤིན་ཏུ་དཀར་ཞིང་སྐྲ་དང་མིག་ལྤུ་རྣཾ་ཀྱང་དཀར་བ་
ལ་མིག་རྩ་དམར་བ་གང་ཡིན་པ་དག་ལ་ཟེར་རོ ;
ཕལ་སྐད་དུ་བྲམ་ཟེ་ཟེར་བ་དག ;

617 Albion, *s.* སྤུར་སྤུ་མོར་ཨིང་ལྗིན་གྱི་མིང་ཞིག་གོ ;

618 Albugo, *s.* མིག་ལ་དར་ཁ་སྐྱེས་པའི་མིག་ནད ;

619 Album, *n.* འདྲ་པར་བཞག་སའི་གླེག་བུ་ལ་ཟེར་རོ ;
{ཏྭསྦིར་ཀི་དབ ; Hindi.}

620 Albumen, *s.* སྒོ་ངའི་དཀར་ཆའི་གནས་པའི་རྒྱུ་དེའོ ;

621 Alchemist, *s.* གསེར་འགྱུར་གྱི་རྩི་སྒྲུབ་མཁན་དང་འཆི་མེད་ཀྱི་བདུད་
རྩི་བསྒྲུབ་མཁན་རྣམས་ལ་ཟེར ;

622 Alchemy, *n.* གསེར་སྒྱུར་གྱི་རྩིའི་སྒྲུབ་ཐབས ;

623 Alcohol, *n.* ཆང་གི་བཟི་བྱེད་ཀྱི་ནུས་པ་ལྡན་པའི་དངམ་དེ་ལ་ཟེར ;

624 Alcoran, *n.* ཀླ་པ་མུ་སོལ་མན་གྱི་བསྟན་བཅོས་དེ་ལ་ཟེར ;

625 Alcove. གཞིས་ཚུང་ ;

626 Alderman, *n.* ཀྲན་པོ ; མགོ་པ ; འགོ་པ ; གོང་འདུས ;

627 Ale, *n.* འབྲུ་ཆང ; ནས་ཆང ; དཀར་ཆང་བསྙ་མོ ;

628 Ale berry, *s.* ཆང་དང་སྨན་སྣ་དང་ཁྲ་ར་བསྲེས་ནས་བསྐོལ་བའི་བཏུང་
བའི་བྲེ་བྲག ;

629 Ale-house keeper, *s.* ཆང་ཁང་བདག་པོ ;

630 Ale silver, *s.* སྔོན་དུས་སུ་ཆང་ཁྲལ་གྱི་དངུལ་དེ་ལ་ཟེར ;

631 Ale stake, *s.* ཆང་ཁང་གི་བརྟགས་ཀྱི་ཀ་བ་དེ་ལ་ཟེར ; ཆང་ཁང་གི་
སྒོའི་ཤིང་བྱང ;

632 Alee, *ad.* གྲུ་ཟིང་རླུང་ཕྱོགས་ལས་ཐྲོག་སྐྱེ་གནས་པ་ལ་ཟེར ;

633 Alembic, *n.* ཨ་རག་འཚག་སྟོན་བྱས་རྒྱུའི་སྣོད་ཆས་ཞིག ;

634 Alert, *a.* རིག་པ་གྲིམ་པོར་མཆིས་པ ;

635 Alertness, *n.* རིག་པ་གྲིམ་པོར་གནས་པའི་ཚུལ་དེ་ཉིད ; སྤྱང་རིག ;

636 Algebra, *n.* བརྩིས་ཀྱི་ནང་ནས་གྲངས་ཀྱི་ཚབས་སུ་ཡིག་བཀོད་ཅིང་
བརྩི་བ་དེ་ལ་ཟེར ;

637 Alias, *ad.* མིང་གཞན་མ ;

638 Alibi, *n.* གནས་གཞན་དུ་མཆིས་པའི་ཚུལ་དེ་ཉིད ;

639 Alien. ཡུལ་ཕྱི་རིགས་གཞན་མ ;

640 Alienability, *s.* གཞན་དུ་དབྱེ་རྒྱུ་ཡོད་པ་གང་ཡིན་པ ;

641 Alienable, *a.* གཞན་དུ་དབྱེ་ཐུབ་པ ;

642 Alienate, *v.a.* གཞན་དུ་དབྱེ་བ ;

643 Alienation, *n.* གཞན་དུ་དབྱེ་བར་བྱ་བའི་ལས་དེ་ཉིད ; དབྱེ་བྱེད ; དབྱེ་བའི་ལས ;

644 Alight, *v.n.* བབས་པ ; དཔེར་ན་རྟ་ལས་བབ་ལྟ་ལ་ཟེར ;

645 Align, *v.a.* གྲལ་སྒྲིག་པ ;

646 Alike, *a.* འདྲ་བ ; དེའི་ནང་ལྟར ; དེ་བཞིན་དུ ;

647 Aliment, *n.* འཚོ་བ ; འཚོ་བྱེད་ཀྱི་ཟས ;

648 Alimental, *a.* འཚོ་བྱེད ; འཚོ་བྱེད་ཀྱིས་ནུས་ལྡན ;

649 Alimentary, *a.* འཚོ་བ་དང་འཚོ་བྱེད་ཀྱི་སྐོར ;

650 Alimentation, *s.* འཚོ་བས་གསོས་ནས་མཆིས་པའི་ཚུལ་དེ་ཉིད ;

651 Alimony, *n.* གཅན་བདགས་ཀྱི་སྐྱེ་དམན་ ལ་བྲལ་རྗེས་ཀྱི་ཟས་འགྲོ་འམ་རྒྱུ་ཡི་ཐོབ་སྐལ ;

652 Alive, *a.* གསོན་པོ ;

653 Alkali, *n.* ཐལ་ཁྲ ; ཐལ་བ ; གོ་ཐལ ;

654 Alkaline, *a.* ཐལ་ཁའི་ནུས་པ་ཅན ;

655 All. ཐམས་ཅད ;

656 Allary, *v.a.* ཟུག་རྔུ་ཆུང་དུ་གཏང་བ ;

657 Allegation, *n.* གཏཾ་བརྗོད་བྱ ; གཏཾ, ཚིག་ཙ ; ལ་ཡ ;

658 Allege, *v.a.* བརྗོད་པ ; ཡིན་ངེས་ཞེས་སྨྲ་བ ; ཁ་འདྲ་པ ;

659 Allegeable, *a.* བརྗོད་དུ་རུང་བ ;

660 Allegiance. འབང་ནས་རྗེ་ལ་རེ་བའི་བཀའ་ཁར་དྲངས་བླངས ;

661 Allegoric, *a.* བརྡའ་ཡིས་མཚོན་པའི་དཔེ་ལྟ་བུ ;

662 Allegory, *n.* བརྡའ ; སྙན་ངག་གི་དཔེ ;

663 Allegro, *s.* སྒྲིའ་ནང་ན་མགྱོགས་ཅིང་ཧུར་བའི་སྒྲ་ལ་ཟེར ;

664 Alleviate, *v.a,* ཆུང་དུ་གཏང་བ ; འཇཾ་ཡོར་གཏང་བ ;

665 Alleviation, *n.* ཟུག་དུ་ཆུང་དུ་བཏང་བའི་ལས ;

666 Alley, *n.* འདུ་རའི་དཀྱིལ་སེབ་ལམ ;

667 All fours, *s.* ཀྲང་ལག་བཞི་ཀ ;

668 Alliance, *n.* གཉེན་བདགས ; མདུན་མ ;

669 Allied, *a.* འཆིང་སྒྲིག་གིས་འབྲེལ་ཟིན་པ ;

670 Allies, *s.* དཔུང་གྲོགས་སུ་ཕན་པའི་རྒྱལ་ཁག་ཕན་ཚུན ;

671 Alligation, *s.* བཀའ་ཁྲར་དྭངས་བླངས་འབབ་ཀྱི་རྗེ་ལ་རེ་བ་དེ ;
བརྡའ་ཡིས་མཚོན་པའི་དཔེ་ལྟ་བུ ;

672 Alligator, *n.* ཆུ་ནང་གི་སེམས་ཅན་གྲུ་རི་ཡག་ཟེར་བ་དེའོ ;

673 Alliteration, *n.* ཡིག་གཅིག་པོ་དེ་ཀ་ཡང་ཡང་འདོན་པ ;

674 Allocation, *n.* འཇོག་བྱ ; སྡོད་ས་ཅིག་ཁར་བཞག་པ ;

675 Allocution, *n.* ཞུ་བ ; ཞུ་དོན ;

676 Allodial, *a.* སུ་ཡི་ དབང་དུ་ འང་ མ་སོང་ བར་ རང་ དབང་ རང་ ཚོད་
ཡོད་པ ;

677 Allopathy. རྗས་ཀྱི་སྒོ་ནས་སྨན་སྦྱོར ;

678 Allot. བགོ་བཤའ་སྦྱིན་པ ;

679 Allotment, *n.* གནང་ཆ ; བགོ་བཤའ ;

680 Allow, *v.a.* བྱིན་པ ; སྤེར་བ ; འཇུག་པ ;

681 Allowable, *a.* བྱིན་རུང་བ ; སྤེར་དུ་རུང་བ ;

682 Allowance, *n.* ཡང་ཆག ; ཕོགས ; སྤོང་བྱེད་ཀྱི་ཕོཊ ;

683 Allowance, *v.a.* ཕོགས་སྤེར་བ ; ཟས་ཚོད་དུ་ཕབ་པ ;

684 Alloy, *n.* རིན་པོ་ཆེའི་རིགས་བཟང་བ་ཞིག་ཞན་པའི་བསྲེས་རྒྱབ་པ;

685 Allspice, *s.* སྨན་སྣ ;

686 Allude, *v.a.* ཆ་དཔག་སྟེ་ལབ་པ ; ཟུར་དཔག་པ ; ལོ་རྒྱུས་འདྲེན་པ ;

687 Allure, *v.a.* བསླུ་བ ; མགོ་སྐོར་བཏང་བ ;

688 Allurement, *n.* བསླུ་ཁྲིད ;

689 Alluring, *a.* བསླུ་བྱེད ;

690 Allusion, *n.* སྐད་ཆ་ཟུར་དཔག་པ ;

691 Allusive, *a.* ཟུར་དཔག་པ ;

692 Alluvial, *a.* ཆུའི་འགྲོད་ལིཾ་གྱིས་འཚོས་པ ;

693 Alluvian, *n.* ཆུ་ཡིས་འཁུར་ནས་སྐྱུང་ཡོད་པའི་བྱེ་མ ;

694 All wise, *a.* ཀུན་མཁྱེན ;

695 Ally, *n.* དཔུང་གྲོགས ;

696 Ally, *v.a.* དཔུང་གྲོགས་བྱེད་པ ;

697 Almanac, *n.* ལོ་ཐོ ;

698 Almighty, *a.* མཐུ་སྟོབ་ཀྱི་བདག་ཉིད ; སྟོབས་ཐམས་ཅད་དང་ལྡན་པ ;

699 Almond, *n.* ཁཾ་ཟད ; ཁཾ་བུའི་ནང་ཟད ;

700 Almoner, *n.* སྦྱིན་པ་བྱིན་མཁན་གྱི་ལས་སྣེ ;

701 Almost, *ad.* ཏོག་ཚོད་མན་པ ; དེའུ་རང ; ཕལ་ཆེར ;

702 Alms, *n.* སྦྱིན་པ ;

703 Aloe, *n.* ཀ་ཀུལ ;

704 Aloft, *ad.* མཐོ་ཡོར་རེ ; མཐོ་སར ;

705 Alone, *a.* & *ad.* གཅིག་པོར ;

706 Along, *ad.* མཉེ་པོར ; ནར་མར ;

707 Aloof, *ad.* མཇུངས་དེ་ཁ་ལ ; (འཇུངས་སུ་འཁྲིག་སྟེ Sik.)

708 Aloud, *ad.* སྐད་ཆེན་པོ་བྱེད་དེ;

709 Alpaca, *n.* བལ་འཛི་པོའི་རིགས་ཞིག; ཁ་ཆེའི་ར་བལ་འཇམ་པོའི་ཟོང;

710 Alphabet. ཀ་ཁ;

711 Already, *ad.* ད་ལྟ་ནས;

712 Also, *ad.* ཡང;

713 Altar, *n.* མཆོད་བཤམ;

714 Alter, *v.a.* བསྒྱུར་བ; བསྒོར་བ; འགྱུར་པ;

715 Alterable, *a.* སྒྱུར་དུ་ཡོད་པ; འགྱུར་དུ་ཡོད་པ;

716 Alteration, *n.* བརྗེ་བསྒོར;

717 Alterative, *a.* ཡུན་དུ་བསྟན་པའི་བསོ་བྱེད་ཀྱི་སྨན;

718 Altercation, *n.* བརྩོད་གླེང;

719 Alternate, *v.a.* རེ་མོས་ཀྱིས; ཉིན་བར་རམ; ཡང་ན་བར་བ་ཤོལ་ཞིང་བསྟུད་པ;

720 Alternate, *a.* རེ་མོས; ཉིན་བར་རེ་མོས;

721 Alternation, *s.* རེ་མོས་སུ་དབང་བའི་སྤྱོལ;

722 Alternative. ལས་སཾ་གདྃ་ཆོག་གཉིས་ཀྱི་དཀྱིལ་ནས་གདྃ་ཁ་བདང་བ;

723 Although. ཡིན་ཡང; འོན་ཀྱང;

724 Altitude. ཁག་མཐོ་དམན;

725 Alto, *n.* པོ་སྐད་བཟང་ཤོས་ཀྱི་ཚད;

726 Altogether. ཡོཾ་སྨོམ; ཙ་ཚང;

727 Alum, *n.* རྒྱ་ཚྭ;

728 Aluminium, *s.* རྒྱ་ཚྭའི་འབྱུང་ཁུང་རིན་པོ་ཆེ་དེ;

729 Always, *ad.* ཆོ་གང; རྒྱུན་དུ; དུས་རྒྱུན; རྟག་པར;

730 Am, *v.* — ཡིན; or ཡོད;

731 Almalgam, *s.* — དངུལ་ཆུ་དང་རིན་པོ་ཆེ་བསྲེས་མ;

732 Amanuensis, *n.* — ཡིག་བྲིས་པ; དྲུང་ཡིག;

733 Amass, *v.a.* — སྤྱུང་བ;

734 Amateur. — རིག་གནས་གང་ལའང་སྦྱོངས་ཀྱང་མཁས་པར་མ་སོང་བ་དག་ལ་ཟེར;

735 Amatory, *a.* — ཆགས་པའི་ཀྱོན་ཅན; འདོད་སྲེད; སྲེད་ལྡན;

736 Amaze, *v.a.* — ཡ་མཚན་བསྐྱེད་པ; ཧ་ལས་སུ་བཅུག་པ;

737 Amazedly, *ad.* — ཡ་མཚན་དེ;

738 Amazement, *n.* — ཡ་མཚན;

739 Amazing, *a.* — ཡ་མཚན་ཅན; ཡ་མཚན་པོ; ཧ་ལས་པོ;

740 Ambassador, *n.* — རྒྱལ་ཁག་ཐ་དད་དུ་སྐུ་ཚབ་བཀོད་ནས་གཏང་བའི་བློན་པོ་དག་ལ་ཟེར་རོ; ཕྱི་བློན; ཕྱོགས་ཀྱི་བློན་པོ;

741 Amber, *n.* — སྤོས་ཤེལ; སྤུ་ཤེལ; སྤྲོས་ཤེལ;

742 Ambergris, *s.* — སྤྲོས་དཀར;

743 Ambidexter, *a.* — ལག་པ་གཉིས་ཀ་འདྲ་འདྲར་ལས་སུ་རུང་བ;

744 Ambient. — འཁོར་ར་འཁོར་ཡུག;

745 Ambiguity, *n.* — དོན་ནོར་ཉེན་ཆེན་པོ་གང་ཡིན་པ;

746 Ambiguous, *a.* — དོན་ནོར་ཉེན་ཆེན་པོ;

747 Ambition, *n.* — གྲགས་འདོད; ཆེ་འདོད; མཐོ་སར་སྐྱགས་འདོད; མཐོ་འདོད;

748 Ambitious. — གྲགས་འདོད་ཅན; ཆེ་འདོད་ཅན;

749 Amble, *n.* — རྟ་ཡི་བང་འགྲོས;

750 Amble, *v.* — བང་འགྲོས་རྒྱབ་པ;

751 Ambrosia, *n.* — ལྷ་ཡི་བཟའ་བ;

752 Ambulance, *n.* ནད་པའི་རྡོ་ལི; འཁྱོར་དཔུང;

753 Ambuscade, *s.* འཕྲང་ལ་སྒུག་ཅིང་དམག་མི་ཡིབ་ནས་སྡོད་དེ་དགྲ་ཡོང་
བ་ནང་མཚོན་ཆས་བསྣུན་པའི་མིར་སྡོད་ས་དེ་ལ་ཟེར;

754 Ambush, *v.a.* (གོང་དང་འདྲ; Ditto Ditto)

755 Ambushed, *a.* ཚལ་འདུབ་ནང་ལ་ཡིབ་ནས་བསྡད་ཡོད་པ;

756 Ameer, *s.* ཀཱ་བླུལ་གྱི་རྒྱལ་པོ་དེ་ལ་ཟེར;

757 Ameliorate, *v.a.* ཡངས་དུ་གཏང་བ;

758 Amelioration, *n.* ཡངས་དུ་གཏང་བའི་བྱ་བ;

759 Amen, *ad.* དེ་དེ་བཞིན་དུ་གྱུར་ཅིག;

760 Amenable, *a.* ཁག་གཉན་ཐོག་པ;

761 Amend, *v.a.* & *n.* བཅོས་ཁ་རྒྱབ་བ;

762 Amendable, *a.* བཅོས་ཁ་རྒྱབ་དུ་ཡོད་པ;

763 Amendment, *n.* བཅོས་ཁ; ལེགས་བཅོས;

764 Amends, *n.* ཞུ་བཤགས་པ; བསྐང་བསོ;

765 Amenity, *n.* མཐུན;

766 Amerce, *v.a.* ཆད་པ་བཅད་པ;

767 Amercement, *s.* ཆད་པ;

768 Amethyst, *n.* སྤུན་ཤེལ་ཞེས་རྡོ་གོང་ཅན་མདོག་སྨུ་དམར་བྲུས་པ་ཅིག་ལ་
ཟེར;

769 Amiable, *a.* ཡིད་ཁར་འོང་པོ; སྣང་མཐུན་པོ;

770 Amiableness. ཡིད་མཐུན; མཛའ་མཐུན;

771 Amiability, *n.* ཡིད་དང་མཐུན་པའི་ཡོན་ཏན;

772 Amicable, *a.* མཐུན་པོ; མཛའ་མོ; འཆམ་པོ;

773 Amicably, *ad.* མཐུན་པོ་བྱེད་དེ;

774 **Amid,** *pr.* དཀྱིལ་དུ;

775 **Amiss,** *ad.* མི་སྒྲིག་པ; སྒྲིག་མིན; ཕྱི་སྒྱུར་ལོག་གེ; ཕྱིན་ཅི་ལོག་དུ;

776 **Amity,** *n.* གྲོགས་བཤེས་ཀྱི་ལེགས་ལམ; མཐུན་ལམ;

777 **Ammonia,** *n.* ཚྭ་དྲི་ངར་པོ་ཞིག་ལ་ཟེར; ཡ་སྨན་དུ་གྱུར་པའི་ཚྭ;

778 **Ammunition,** *n.* རྫས་རྫིལ;

779 **Amnesty,** *v.a.* གཞུང་ལ་ངོ་ལོག་རྒྱབ་མི་ཀུན་ལ་ཉེས་པ་སོང་རྗེན་ནས་མེད་པར་ཡང་པ་ལ་ཟེར;

780 **Among,** *pr.* དཀྱིལ་དུ; ནང་ན;

781 **Amorous,** *a.* ཆགས་པ་ཅན; སྤྱོད་ལྡན; ཁྲིག་སྤྱོད་ཅན;

782 **Amorousness,** *s.* ཆགས་པ་ཅན་གྱི་ངང་ཚུལ;

783 **Amount,** *n.* སྡོམ་བརྩིས;

784 **Amount,** *v.n.* གཅིག་དུ་སྡོམ་པ;

785 **Amour,** *n.* གསང་བའི་ཚུལ་གྱིས་སྙིང་སྡུག་བསྟེན་པ་གང;

786 **Amphibia,** *s.* ས་དང་ཆུ་གཉིས་ཀ་ལ་སྤྱོད་ནུས་པའི་སེམས་ཅན་གྱི་རིགས;

787 **Ample,** *a.* འབོལ་འབོལ་ཤིག་ཤིག; ཆ་ཆེ་བ;

788 **Ampleness,** *s.* ཆ་ཆེ་བའི་ངང་ཚུལ;

789 **Amplification,** *n.* ཆེ་རུ་བཏང་བའི་བྱ་བ; རྒྱས་སྤྲོས;

790 **Amplify,** *v.a.* ཆེ་རུ་གཏང་བ; རྒྱས་པར་སྤྲོ་བ;

791 **Amplitude,** *n.* རྒྱས་པའི་ངང་ཚུལ;

792 **Amply,** *ad.* རྒྱས་པར;

793 **Amputate,** *v.a.* བཅད་པའམ; བཏོག་པ; ཡན་ལག་བཅད་པ་ལྟ་བུ;

794 **Amputation,** *n.* ཡན་ལག་བཏོག་པའི་ལས;

795 **Amulet,** *n.* སྲུང་བ;

796 **Amuse,** *v.a.* བཞུས་མོ་སྟོན་པ;

797 Amusement, *n.* བལྟས་མོ;

798 Amusing. གད་མོ་ཤོར་བྱ; བལྟས་མོ་ཆེན་པོ;

799 An, art. ཅིག; ཞིག; ཤིག; ནི;

800 Anabaptist, *n.* མི་ཀུན་ཁྲུས་གསོལ་ཞུ་དགོས་པར་འདོད་མི;

801 Anachronism, *n.* འདས་ལོར་ནོར་འཁྲུལ་ཞུགས་པ;

802 Anaesthetic, *a.* ཚོར་བའི་དབང་པོ་འགག་བྱེད་ཀྱི་སྨན;

803 Analogical, *a.* གྲུ་མཐུན་པའི; རིགས་ཅིག་པའི;

804 Analogize, *v.a.* བརྟག་དཔྱད་བྱེད་པ;

805 Analyze, *a.v.* ཐོག་མའི་གྲུ་དཔྱད་པ;

806 Analysis, *n.* གྲུ་ཀྱེན་ཐོག་ཏུ་དཔྱད་པ; བརྟག་ཞིབ;

807 Anarchy, *n.* ཁྲིམས་མེད་པའི་སྐབས་ལ་ཟེར;

808 Anathema. མི་ཐླ་ནས་གཏོན་པ;

809 Anathematize, *v.a.* དམངས་ཕྱུགས་རྒྱབ་པ; (Sik.)

810 Anatomist, *n.* རོ་དྲ་མཁན;

811 Anatomy, *n.* རོ་དྲའི་རིག་གནས;

812 Ancestor, *n.* ཕ་མེས;

813 Ancestry, *s.* རིགས་རྒྱུད;

814 Anchor, *v.a.* & *n.* གཏིང་རྡོ་གཏང་ནས་གྲུ་བཏགས་པ;

815 Anchor, *n.* གཏིང་རྡོ;

816 Anchorage. གཏིང་རྡོ་གཏང་ས;

817 Anchorite, *n.* ཀྲུ་བཏང་བ; རི་ཁྲོད་པ;

818 Anchovy, *n.* བ་ཚ་ཅན་གྱི་རྒྱ་མཚོའི་ཉེའུ་ཆུང;

819 Ancient, *a.* སྔ་མོ་སྔ་མའི;

820 Ancient, *n.* སྔོན་དུས་ཀྱི་དམག་མིའི་ནང་དུ་མགོ་པ་ཞིག;

821 And. དང་;

822 Anecdote, *n.* མི་སོ་སོ་ཚེའི་རིངས་ལ་བྱུང་བའི་ལོ་རྒྱུས;

823 Anemone, *s.* ཀླུང་གི་མྡེ་གོ; ཀླུང་གིས་བསྐྱེད་པའི་མེ་ཏོག;

824 Anew, *ad.* ཡང་བཀྲར; གསར་དུ;

825 Angel, *n.* མཁའ་འགྲོ or ལྷ་ {སྔོན་དུས་ཕྱི་གཞུང་གི་ཊི་ཀ་
ཤི་ལིང་རེ་བ་ཞིག་ལ་ཟེར}

826 Angelic, *a.* མཁྲིར་མ་ལྟ་བུ;

827 Anger, *v.a.* ཁོང་ཁྲོ་བསྐྱེད་པ; ཞེ་སྡང་སློང་བ;

828 Anger, *n.* ཁོང་ཁྲོ; ཞེ་སྡང་;

829 Angle, *n.* ཟྲིག་དྲང་པོ་གཉིས་ཐུག་སའི་གྲི་གུ་དེ་ལ་ཟེར;
ཁྲུག; གྲུ;

830 Angle, *v.a.* ཉ་མོ་ལྕུགས་ཀྱུས་བཟུང་བ;

831 Angler, *n.* ཉ་ལྕུགས་ཀྱུས་བཟུང་མཁན;

832 Anglican, *a.* ཨ་ཌྲི་ཛའི་འམ་ཨིན་ཛའི་ཆོས་ལུགས་འཛིན་མི;

833 Anglicism, *n.* ཨང་གཛི་འམ་ཨིན་ཛི་སྐད་ཀྱི་ལབ་སྟངས;

834 Angrily, *ad.* ཁྲོས་ཏེ; ཁྲོ་བོའི་ངང་ཚུལ་གྱིས;

835 Angry, *ad.* ཁྲོ་བ; ཞེ་སྡང་ལངས་ཏེ་ཡོད་པ;

836 Anguish. སེམས་གནད;

837 Angular, *a.* ཟུར་ཅན་གྱི་གུག་ཅན;

838 Angularity, *s.* ཟུར་རྩེ་གྱི་གུག་དང་ལྡན་པའི་ཉཾ་པ་ཅན;

839 Anhelation. དབུགས་ཐུང་ངུའི་ཚུལ་ཅན;

840 Anil. རཾ་གྱི་ [illegible]གས་ཞིག;

841 Anility. རྒས་ཤིང་གོག་པས་ཚེ་མེད་པའི་ངང་ཚུལ;

842 Animadversion, *n.* འཚུན་བདགས་པའི་ལས་ཀྱི་ཉེ་པ;

843 Animadvert, *v.a.* འཚུན་བདགས་པ;

844 Animal, *n.* སེམས་ཅན;

845 Animalcule, *n.* སྲོག་ཆགས་ཕྲ་མོ;

846 Animate, *v.a.* སྲོག་སྦྱིན་པ; དབུགས་སྦྱིན་པ;

847 Animated, *a.* ཉམས་བདེ་པོ; ཧུར་པོ; ཁྱུག་ལྷབས་བདེ་པོ;

848 Animation, *n.* ལང་ཚོ; ཧུར་སྤྱངས; བདེ་ཉམས;

849 Animator, *n.* སྲོག་སྦྱིན་མཁན;

850 Animosity, *n.* ཁོན; སྙིང་ནད; གདུག་རྩུབ;

851 Ankle, *s.* རྐང་པའི་བོལ་ཚིགས་ཀྱི་མཚམས;

852 Annalist, *s.* ལོ་རྒྱུས་བྲི་བ་པོ;

853 Annals, *n.* ཕྱི་མོ་འི་ལོ་རྒྱུས; གཏེ;

854 Anneal, *v.a.* ངར་གླུད་པ; ཞེལ་ཡི་ལྕགས་སོ་ལི་སོགས་ལ་ངར་གླུད་པ;

855 Annealing, *n.* ངར་གླུད་པའི་ཐབས;

856 Annex, *v.a.* བདག་གིར་བྱེད་པ; བདག་པོ་བྱེད་པ; བཏོག་པ;

857 Annexation. པ་རོལ་པའི་ས་ཆ་སོགས་རང་གིས་དབང་ནས་བདག་པོ་
བྱེད་པ;

858 Annihilate, *v.a.* མེད་པ་འཚོ་བ; ཐེར་བརླག་གཏང་བ;

859 Annihilation. འཇིག་རྩལ; འཇིག་པ;

860 Anniversary, *n.* ལོ་དུས་ཀྱི་གསོལ་ཁའམ་ལོ་ལྟར་གྱི་དུས་ཆེན;

861 Annotate, *v.a.* ཡི་གེར་བཀོད་པ;

862 Announce, *v.a.* བརྗོད་པ; བ་ཤད་པ; སྒྲོག་པ;

863 Announcement, *n.* བརྗོད་པའི་གཏམ; ཁྲིམས་བསྒྲགས;

864 Annoy, *v.a.* གནོད་སྐྱལ་བ; བརྙེད་འཚོལ་བ;

865 Annoyance, *n.* གནོད་འགལ;

866 Annual. ལོ་ལྟར་གྱི; ལོ་ལོ་འི; ལོ་རེ་བཞིན་གྱི;

867 **Annuitant**, *n.* ལོ་ལྟར་ཕོགས་ཐོབ་མཁན;

868 **Annuity**, *n.* ལོ་ལྟར་གྱི་ཕོགས;

869 **Annul**, *v.a.* སྔར་གྱི་གཏཾ་དོན་མེད་དུ་བཏང་བ;

870 **Annular**, *a.* དབྱིབས་སོར་འདུབ་བཞིན་འགོར་འགོར་དུ་ཡོད་པ;

871 **Annunciation.** བརྗོད་པའི་ལམ;

872 **Anodyne**, *a.* ཟུག་རྡུ་བཅོཾ་པའི་སྨན་གྱི་རིགས; ཚ་ཟུག་མནན་བྱེད་ཀྱི་སྨན;

873 **Anoint**, *v.a.* སྣུཾ་གྱིས་བྱུག་པ;

874 **Anointment**, *s.* སྣུཾ་གྱིས་བྱུག་པས་དབང་བསྐུར་བ;

875 **Anomaly**, *n.* སྒྲིགས་ཡིཾ་དང་མི་མཐུན་པ; ཚུལ་མཐུན་མིན་པ;
ཀླི་མི་མཚུངས་པ;

876 **Anon**, *ad.* ཕྱུད་ཙམ་ཞིག་ལ;

877 **Anonymous**, *a.* མིང་མེད་པ; ངོ་མ་འཕྲོད་པ་བྱེད་དེ;

878 **Another**, *a.* གཞན་ཞིག;

879 **Answer**, *n.* ལན;

880 **Answer**, *v.a.* ལན་འདེབས་པ;

881 **Answerable**, *a.* ལན་འདེབས་དུ་ཡོད་པ;

882 **Answerer**, *s.* ལེན་འདེབ་མཁན;

883 **Anwerless**, *a.* ལན་མེད;

884 **Ant**, *n.* འབུ་གྲོ་གམ;

885 **Antagonist**, *n.* ཕ་རོལ་པོ;

886 **Antarctic**, *a.* འཛམ་བུའི་གླིང་གི་ལྷོ་ཕྱོགས་ཀྱི་རྩེ་མ;

887 **Antarthritic**, *a.* གྲུ་པའི་ནད་ཀྱི་སྨན;

888 **Antecedent**, *a.* གོང་དུ་བྱུང་བ; སྔར་བྱུང་བའི་མིག་ལྟོས;
སྔོན་བྱུང་གི་དཔེ;

889 Antecedent, *n.* གོང་དུ་བྱུང་བའི་དཔེ ;

890 Antecessor, *n.* སྔོན་དུ་འགྲོ་མཁན ;

891 Antechamber, *n.* སྒོ་ཡངས་དུ་འགྲོ་བའི་སྣག ; སྒོ་སྣག ;

892 Antedate, *n.* ཆོས་གྲངས་གོང་ནས་བཀོད་པ ; ཕྱིས་ཀྱི་ཆོས་གྲངས་སྔོན་ནས་བཀོད་པ ;

893 Antediluvian, *a.* ས་ཆེན་འདིར་ཆུ་ཡིས་འཇིག་པ་མ་བྱུང་གོང་ནས ;

894 Antelope, *n.* རི་དྭགས་གཙན ;

895 Antemeridian, *a.* ཉིན་ཕྱེད་ཀྱི་གོང་ནས ;

896 Antemundane, *a.* ས་ཆེན་འདི་མ་བྱུང་གོང་ནས ;

897 Anterior, *v.* གོང་ནས ; ཐོག་མ་ནས་མཆིས་པ ;

898 Anteroom, *n.* སྒོ་ཡངས་སྣག ;

899 Ant hill, *n.* གྲོ་མས་སྤྱུང་པའི་ཐོ ;

900 Anthem, *n.* མགུར་མ ; ཆོས་བཞས ; ཆོས་ཀྱི་དབྱངས ; བསྟོད་དབྱངས ;

901 Anthology, *n.* གསུང་མགུར་སྣ་ཚོགས་ཕྱོགས་གཅིག་ཏུ་སྡུས་པ ;

902 Anthropology, *n.* མི་རྒྱུད་སྣ་ཚོགས་ཀྱི་ཁུང་བཙད་པའི་རིག་གནས ;

903 Antic, *a.* གད་མོའི་གནས་སུ་གྱུར་པའི་སྤྱོད་པ ;

904 Antichrist, *n.* ཡི་ཤུའི་ཆོས་ལུགས་ཀྱི་དགྲར་གྱུར་པ ; ཡེ་ཤུ་དང་རྒྱབ་འགལ ;

905 Anticipate, *v.a.* བྱུང་བར་རེ་ནས་བདག་ཏུ་བཟུང་བ ; རྗེས་ཡོང་སྔོན་དྲན་བྱས་པ ;

906 Anticipation, *n.* མ་བྱུང་གོང་ནས་བྱུང་དུ་རེ་བ ;

907 Anticipator, *s.* དངོས་སུ་མ་བྱུང་གོང་ནས་བདག་གིར་བྱེད་མཁན ;

908 Anticipatory, *a.* མ་བྱུང་གོང་ནས་བདག་པའི ;

909 Antidote, *n.* དུག་གི་གཉེན་པོར་གྱུར་པའི་སྨན;

910 Antifebrile, *n.* གཙན་ཚད་ཀྱི་གཉེན་པོར་གྱུར་པའི་སྨན;

911 Antimony, *n.* ས་ལས་བྱུང་བའི་རིན་པ་ཆེ་ཁ་དོག་དཀར་པོ་ཆག་གྱུ་ཤོར་སྣ་མོ་ཞིག; རིན་པོ་ཆེ་ཁ་དོག་དཀར་པོ་ཆག་གྱུ་ཤོར་སྣ་པོ་ཞིག;

912 Antipathy, *n.* རང་བཞིན་གྱི་ཞེ་ཁྲེལ་བའི་སྣང་བ; སྣང་སེམས; (མིག་འགྲིམ Sik. and Bhut.)

913 Antipodes, *n.* ས་ཆེན་པོའི་ཞོགས་སུ་ཁ་སྤྱོད་དུ་གནས་པའི་ས་ཕྱོགས;

914 Antiquarian, *a.* ཅ་ལག་རྙིང་པ་འཚོལ་བར་འབད་མི; སྔ་མོའི་ཅ་ལག་དང་འདོད་ཅན;

915 Antiquated, *pp.* or *a.* དང་པོའི་ཆ་ལུགས་འཛིན་ཅིང་ད་ལྟ་བའི་མི་རྣམས་དང་མི་མཐུན་པ་ལ་ཟེར;

916 Antique, *a.* སྔར་སྔ་མོའི;

917 Antiqueness, *s.* བརྙིང་ཚུལ;

918 Antiquity, *n.* སྔ་མོའི་ཆས; སྔོན་རབས; སྔོན་དུས; གནའ་བོ་འི་མི་རབས;

919 Antiseptic, *a.* རུལ་རྣ་ཀྱི་གཉེན་པོར་གྱུར་པའི་སྨན;

920 Antispasmodic, *a.* རྩ་ཁྲི་ཀྱི་གཉེན་པོ;

921 Antithesis, *n.* ཚིག་དོན་གྱི་གབ་ལོག; གབ;

922 Antitype, *n.* ཐར་དུ་གོང་ནས་འཁོད་པ;

923 Antler, *n.* ར་ཅོ;

924 Anvil, *n.* ཐོ་བ་སྟུན་མ;

925 Anxiety, *n.* སེམས་གནད; སེམས་བྲེལ;

926 Anxious, *a.* སེམས་བྲེལ་ཅན;

927 Any. གང་ཞིག; གང་ཡིན་རུང་; ག་འདྲ་ཞིག་ཡིན་རུང་;

928 Anyhow.. གང་འདྲ་བྱས་ནས་ཀྱང་; གང་ལྟར་ཡང་;

929 Apace, *ad.* མྱུར་དུ; མགྱོགས་པར;

930 Apart, *ad.* སོ་སོར;

931 Apartment, *n.* གཟིམ་ཆུང་ (ཁང་མིག་)

932 Apathy, *n.* ཁོག་དཀར; ཞ་ཆ་མེད་པ;

933 Ape, *v.a.* སྤྲེ; སྤྲེའུའི་རིགས་ཅིག; ཡང་ལས་དོན་བྱས་མཁན་ལའང་ཟེར;

934 Aperient, *a.* འཛིཾ་བཤལ; བཤལ་གྲོན་པའི་སྨན; བཤལ་སྨན;

935 Aperture, *n.* ཡིཾ་འཕྲང; སེར་ག;

936 Apex, *n.* རྩེ་མོ; རྩེ;

937 Aphelion, *s.* རྒྱ་སྐར་གྱི་འགྲུ་ལོ་ཉི་མའི་ངོས་ནས་ཐག་རིང་ཤོས;

938 Aphorism, *n.* གཏཾ་དཔེ; སྙན་ངག་གི་དཔེ;

939 Apiary, *s.* བུང་བ་བཞུགས་ས; སེར་སྦྲང་བཞུགས་ས;

940 Apiarist, *s.* གསེར་སྦྲང་གསོ་མཁན;

941 Apiary (*s.*) སྦྲང་མ་བཞུགས་ས;

942 Apiece, *ad.* རེ་རེ་ལ་བགོ་བཤའ་རེ;

943 Apish, *a.* སྤྲེ་དོར་མཁན; མཚོར་འདོད་མཁན; མཛེས་འདོད་མཁན;

944 Apocalypse, *n.* ལུང་བསྟན;

945 Apocrypha, *n.* བསྡུ་མཁན་ངེས་པོ་མེད་པའི་དཔེ་ཆ;

946 Apogee, *s.* སྐར་མའི་རྒྱ་ཡིཾ་རང་རེའི་འཛམ་གླིང་འདི་ལས་ཐག་རིང་ཤོས;

947 Apologetic, *a.* སྦྲུལ་བདེན་དགོང་དག་བརྗོད་པའི་ཆེད་དུ་གང་ཟེར་བ; སྦྲུལ་བདེན་དགོང་དག་གི་རྣམ་པའི;

948 Apologize, *v.a.* ཐུགས་བདེན་དགོང་དག་ཞུ་བ;

949 Apologue, *n.* སྒྲུང་གཏཾ་དོན་ལྡན; དཔེ་གཏམ; གཏམ་དཔེ;

950 Apology, *n.* ཐུཊ་བདེན་དགོང་དག;

951 Apoplectic, *a.* གཟཾ་སྐྱོན་ཅན;

952 Apoplexy, *n.* གཟཾ་སྐྱོན་གྱི་ནད་ཚ; སྙིང་གདོན་གྱི་ནད་ཚ;

953 Apostasy. ཕྱི་འཐན་རྒྱབ་པ; རང་ཕྱོཊ་སྤངས་ནས་ཕ་རོལ་པའི་ཕྱོཊ་སུ་འགྲོ་བ; བསྟན་གཞིག; བསྟན་དགྲའ་གྱུར་པའི་ལས;

954 Apostate. རང་གི་ཆོས་ལུགས་སྤོང་བ་པོ; བསྟན་དགྲ; བསྟན་པའི་ཟུ་ཏ;

955 Apostatize. རང་གི་གཞུང་སྤོང་བ; རང་བསྟན་སྤོང་བ;

956 Apostle. ཆོས་འཆད་པར་མངགས་པའི་མི; མི་སྣ; ཆོས་སྤེལ་བྱེད;

957 Apostrophe, *n.* བདག་སྒྲ་མཚོན་པའི་ཚིག་དེའོ;

958 Apothecary, *n.* སྨན་བགོ་མཁན; སྨན་སྦྱར་མཁན;

959 Apotheosis, *s.* ཤི་ནས་ལྷ་གྲལ་དུ་བཙུག་པ; མི་ལུས་ལས་གྲོལ་བ;

960 Appal, *v.a.* འཇིག་སྐྲག་བཀོད་པ; དངངས་པ;

961 Appanage, *s.* རྒྱལ་པོ་སོཊ་ཀྱིས་སྲས་བསོས་སོཊ་འཚོ་བའི་ཆེད་དུ་ས་བགོས་ནས་བཞག་པ་དེ་དག་གོ;

962 Apparatus, *s.* ཡབ་ཆ; ལག་ཆ;

963 Apparel. གོས; ན་བཟའ;

964 Apparel, *v.a.* གོས་གྱོན་པ; ན་བཟའ་གསོལ་བ;

965 Apparent, *a.* ཀུན་གསལ; མིག་མཐོང;
(ཀུན་རྫོབ་བདེན་པ = apparent Truth).

966 Apparition, *n.* སྣང་བ; ཞལ་གཟིགས; གཟུཊ་སྣང; གཟུཊ་བརྙན;

967 Apparitor, *s.* ཕྱི་སྡེའི་ཁྲིམས་ཁང་ཚོགས་སྐབས་ཀྱི་བང་ཆེན;

968 Appeal, *n.* ཁྲིམས་ས་མགོ་མར་སྙན་ཞུ་སྐྱོར་པའི་ལས;

969 Appealable. མགོ་མར་སྙན་ཞུ་སྐྱོར་འོས;

970 Appear, *n.* འཆར་བ; སྟོན་པ; སྣང་བ;

971 Appearance, *n.* འཕྲེར་སོ; ཆ་བྱད; ཆ་ལུགས; ཆས; སྣང་ཚུལ;

972 Appeasable, *n.* ཞི་བར་བྱེད་འོས;

973 Appease, *v.a.* ཐུགས་བསོ་འཁྲུལ་བ; ཐུགས་རྗེ་བསྐང་བ;

974 Appeasement, *s.* ཞི་བར་བྱེད; ཞི་བྱེད; ཐུགས་དམ་བསྐོངས་བྱེད;

975 Appellant. སྙན་ཞུ་སྐྱོར་མཁན་གྱི་དོ་བདག་དེ་འོ;

976 Appellation, *n.* མིང; མཚན;

977 Appellative, *n.* ཀུན་ཁྱབས་ཀྱི་མིང; དཔེར་ན་གོ་ར་དམག་མི་ཡོངས་ལ;
ཊོ་མི་ཨེཊ་ཀིན་ཞེས་པ་ལྟ་བུའོ; གོ་ར་དམག་མི་བྱ་བ
ནི་ཨིཝིཌྜི་མི་རིཊ་ཀྱི་དམག་མི; སྤྱི་ལ་ཁྱབས་པའི་མིང;

978 Appellatory, *a.* སྙན་ཞུའི་ཚིག་དང་ལྡན་པ;

979 Appellee, *s.* སྙན་ཞུ་ཞུ་མཁན་དེའི་དགྲ་ཡ་དེ་འོ;

980 Appellor, *s.* སྙན་ཞུ་ཞུ་བ་པོ;

981 Append, *v.a.* བཏཊ་པ; མཐུད་པ; དཔྱང་བ;

982 Appendage, *n.* ཁོན་ཙར་གང་བཏགས་པ; ཟུར་འཕྱང;
ཟུར་དུ་བཏཊ་པ་གང;

983 Appendant, *a.* དཔྱང་ནས་ཡོད་པ;

984 Appendix, *n.* ཁ་བསྐོང;

985 Apperception, *s.* དྲན་པ; དྲན་པ་ཡིངས་མེད་སེམས་ཉིད་རང་ངོ་འཕྲོད་
པའི་ཉམས; དྲན་པའི་རྒྱུན; དྲན་ཐོག་གི་རིག་པ;

986 Appertain. གཏོགས་པ; ཉེ་བ;

987 Appetency, *s.* འདོད་པ; དྲན་སྣང; ཡོད་ལ་འདོད་པ;

988 Appetite, *n.* ཉུངས་ཁ; ཁིཾས; ཟ་ཁིཾས;

989 Applaud, *v.a. n.* བསྟོད་པ; གྲཊ་པ; སྙན་པ་བརྗོད་པ; མངཊ་པ;
བ་ཤིས་བརྗོད;

990 Applauder, *s.* བསྟོད་པ་པོ;

991 Applause, *n.* བསྟོད་ར; མངཊ་པ;

992 Applausive. བསྟོད་རའི; མངགས་པའི;

993 Apple, *n.* ཨ་ཤུ; ཀུ་ཤུ;

994 Apple of the eye, *s* མིག་གི་རྒྱལ་མོ; མིག་འབྲས;

995 Apple pie, *s.* ཀུ་ཤུའི་ཁ་ཟས་མངར་བུ;

996 Apple tree, *s.* ཀུ་ཤུའི་ལྗོང་པོ;

997 Apple-woman, *s.* ཀུ་ཤུ; འཚོང་མཁན་བུ་མོ;

998 Apple-paring, *s.* ཀུ་ཤུའི་ཤུན་པག་བཤུས་པ;

999 Appliable, *a.* འབད་དུ་འོས་པ; འཇུག་དུ་འོས་པ;

1000 Appliance, *n.* འབད་པ; སྦྱོར་བ; སྦྱོར་བྱ;

1001 Applicability. སྦྱར་འོས; འཇུག་རུང; འཇུག་འོས;

1002 Applicable, *a.* སྦྱར་ནུས་ཡོད་པ; སྦྱར་འོས;
(སྦྱར་སྦུབ་པ Bhut. and Sik.)

1003 Applicant. ཞུ་བ་པོ; ཞུ་བ་འབུལ་མཁན;

1004 Application, *n.* འབད་པ; བརྩོན་པ; ཞུ་བ;

1005 Apply, *v.a.* སྦྱར་བ, བཀན་པ; བརྩོན་པ;

1006 Appoint, *s.a.* བཀོད་པ; སྐོ་བ; འགེལ་བ; འཆོལ་བ; འཇུག་པ;

1007 Appointment, *n.* ལས་སྐོ; གོ་ས་བདག་སྐྱེམ;

1008 Apportion, *v.a.* བགོ་བཤའ་རྒྱབ་པ;

1009 Apportionment, *n.* བགོ་བཤའི་ལས;

1010 Apposite, *a.* སྤྲོ་པོ; རིན་པོ; སྤྲིག་པོ; མཐུན་པོ;

1011 Appositness, *s.* སྤྲོ་ཚུལ; སྤྲིག་ཚུལ;

1012 Apposition, *n.* བསྣན་ཁ;

1013 Appraise, *v.a.* གོང་རྒྱབ་པ; སྣང་ཆེན་བཟོ་བ;

1014 Appraisement. སྣང་ཆེན་བཟོ་བའི་ལས;

1015 Appraiser, *n.* གོང་རྒྱབ་མཁན;

1016 Appreciable, *a.* བརྩིས་སུ་བྱ་འོས་པ;

1017 Appreciate, *v.a.* བརྩིས་ཆེན་བྱེད་པ; མཐོང་བྱས་པ;

1018 Appreciation. མཐོང་ཆ་འཇོག; བརྩི་འཇོག; སྣང; མཐོང;

1019 Apprehend. བཟུང་བ; འཛིན་པ; ཧ་གོ་བ;

1020 Apprehensible, *a.* གོ་བདེ;

1021 Apprehension, *n.* འཛིན་འཆང; འཇིག་སྣང;

1022 Apprehensive, *a.* གོ་བ་རྣོ་པོ; འཇིག་སྣང་ཅན;

1023 Apprentice, *n.* ལག་ལེན་ལ་སྦྱང་བའི་སློབ་མ་ལོ་ཚད་དུ་འཆིང་བ;

1024 Apprentice, *v.a.* ལོ་དུས་ཚད་དུ་བཞག་ནས་ལས་ལ་འཛུག་པ;

1025 Apprenticeship, *n.* Ditto Ditto པའི་འཆིངས;

1026 Apprise, *v.a.* སྐན་གསལ་འབུལ་བ;

1027 Approach, *v.a.* & *n.* དྲུང་དུ་བཅར་བ; ཉེ་ལམ; སྒོ;

1028 Approachable, *a.* ཉེ་རུ་ཡོད་པ; བཅར་དུ་ཡོད་པ;

1029 Approaches, *s.* ཡི; ཉེ་ལམ; སྒོ;

1030 Approbation, *n.* ལེགས་སོ; དགེས་པ;

1031 Approbative. ཐུགས་དགེས་པའི་ཉམ་པ་ཅན;

1032 Appropriable, *a.* བླངས་ཆོག་པ; བླངས་འོས;

1033 Appropriate, *v.a.* རང་གི་ཡིན་ཁུལ་བྱས་བླངས་པ; སྤྲོ་པོ; སྤྲིག་པོ;

1034 Appropriateness, *n.* སྤྲོ་ཚུལ; མཛེས་ཚུལ;

1035 Appropriation, *n.* དངུལ་སོགས་ལས་ཀ་འདི་དང་འདི་ལ་ཞེས་བསྔོས་ཏེ་བཞག་པ;

1036 Approval, *n.* ལེགས་སོ; སྟོད་ར;

1037 Approve, *v.a.* ལེགས་སོ་སྦྱིན་པ; སྟོད་ར་ཕུལ་བ; བཞེད་པ; བཀའ་ཡིས་གནང་བ;

1038 Approximate, *a.* ཧ་ལམ; ཆ་ལམ; ཁྲོན་སྐོར; ཉེ་བར;

1039 Approximation, *s.* ཉེ་བར་སླེབས་པ; ཉེ་བར་བབས་པ;

1040 Appurtenance. དགོས་བྱེད་ཀྱི་ཆས; ཡབ་ཙ;

1041 Apricot, *n.* ཨ་ཤུ་ཁི་བུ; ལྷ་རིས་ཁམ་བུ;

1042 April, *n.* ཕྱི་གླིང་པའི་ཟླ་བ་བཞི་པའི་མིང;

1043 Apron, *n.* པང་གདན; པང་ཁེབས;

1044 Apron-string, *s.* པང་གདན་ཐག་པ;

1045 Apt, *a.* འགྲོན་པོ; ཡོང་པོ; རེམ་པོ;

1046 Aptitude, *n.* འགྲོན་སྟངས; ཡོང་སྟངས;

1047 Aqua fortis, *n.* མགྲོན་འབུ་བཞུ་ནུས་པའི་སྨུར་ཚ་ཞིག;

1048 Aquasium, *s.* ཆུ་སྐྱེས་ཀྱི་ཤིང་ལོ་འདི་རིགས་སྣ་ཚོགས་འཛུགས་སའི་ཁྲོན་པ་ལ་ཟེར;

1049 Aquatic, *a.* ཆུ་ནང་གི;

1050 Aqueduct, *n.* ཡུར་བ;

1051 Aqueous, *a.* ཆུ་ཡི་རྣམ་པ་ཅན;

1052 Aquiline, *a.* ཁྱུང་གི་མཆུ་དེ་ལྟུ;

1053 Arabesque, *n.* ཤིང་ལོ་དང་མེ་ཏོག་པ་ཏྲ;

1054 Arable, *a.* ས་ཞིང་རྨོས་ཀོ་བྱ་འོས་པ ; ཞིང་ག་ག་ཞིམ་པོ ; (collql.)

1055 Arbalist, *s.* ཟུར་གཞུ ;

1056 Arbiter. བར་དཔང ; ཁྲིམས་དཔོན ; དཔང་པོ ;

1057 Arbitrary, *a.* དབང་ཡོད ; རང་དབང་ཅན ; འགྱུར་ལྡོག་ཅན ;

1058 Arbitrate, *v.a.* བདེན་བརྫུན་གྱི་དབྱེ་བ་ཕྱེད་པ ;

1059 Arbitration. དཔང་པོ་བྱས་པའི་ལས ;

1060 Arbitrator. དཔང་པོ ; ཁྲིམས་དཔོན ;

1061 Arbitrament. བློ་སྤོབས ; སྙིང་སྤོབས ;

1062 Arboreous, *a.* ཤིང་ལྗོང་གི་སྟེང་ལ་སྐྱེས་པ་གང་ཡིན་པ ;

1063 Arborescent, *a.* ཤིང་ལྗོང་ལྟར་སྐྱེ་མཁན ;

1064 Arboreta, *s.* ཤིང་ལྗོང་ཤ་སྟག་གི་སྐྱེད་ཚལ ;

1065 Arbour, *s.* ལྗོང་པོས་གྲིབ་སིལ་དུ་བརྒྱན་པའི་ཁྲི ;

1066 Arcade, *s.* ལམ་གཡས་གཡོན་འཚོང་ཁང་དང་སྟེང་ནས་གྲིབ་ཡོད་པ;

1067 Arcanum, *s.* གསང་བ ; གསང་ཚིག ;

1068 Arch, *v.a.* གཞུ་ལྟར་བཀུག་པའི་རྡོ་རྩིག་བརྒྱབས་པ ;
ཏོར་སྒོ་འམ་ཏོར་གཞུ་བཟོ་བ ;

1069 Arch, *adj* གཙོ་བོ ; གཞད་གད་ཅན ; (Sik. དཔེ་བྱས་མཁན ;)
ཀྲོད་བྲོ་ཅན ; (n.) སྒོ་འི་ཏོར་གཞུ; རྒྱལ་སྒོ་འི་ཏོར་གཞུ;

1070 Archangel, *n.* མཁའ་འགྲོའི་གཙོ་བོ ;

1071 Archaeology. སྔོན་དུས་ཀྱི་ཁྲིམ་བཟོ་ལ་བརྟག་པའི་རིག་གནས ;

1072 Archaic, *a.* སྔོན་རབས་ཀྱི ; སྔ་རབས་ཀྱི ;

1073 Archbishop. {དཔོན་སློབ ; Bhut} མཁན་ཆེན ; མཁན་པོ ;

1074 Archduke, *n.* རྒྱལ་སྲས ;

1075 Archdukedom. རྒྱལ་སྲས་ཀྱིས་དབང་བའི་ས་ཆ ;

1076 **Archery**, *n.* མདའ་ཚེ;

1077 **Archetypal**, *a.* དཔེ་ཚད་རྩང་བའི;

1078 **Architect**, *n.* བཟོ་པ; རྩིག་དཔོན;

1079 **Architecture**, *n.* ཁྱིམ་བཟོ་འི་ཁྱུན་དང་དཔེ; རྩིག་བཟོ;

1080 **Archives**, *s.* ཡིག་མཚན; དབེ་ཐོ;

1081 **Archivist**, *s.* ཡིག་མཚན་ཉ་ར་བྱེད་མཁན;

1082 **Archness**, *s.* གད་མོ་སླང་དད་མཁན་གྱི་ངང་ཚུལ; གད་མོ་སླང་དད;

1083 **Archstone**, *s.* རྩིག་བཟོ་གཞུ་དབྱིབས་སྟོན་པའི་གུང་རྡོ་རེའོ;

1084 **Archway**, *n.* སྟེང་ལ་གུང་ཐོག་གཞུ་དབྱིབ་ཅན་གྱི་འོག་ན་ལམ་ཡོད་པ;

1085 **Arctic**, *s.* བྱང་ཕྱོགས་ཀྱི; བྱང་ཕྱོགས་ན་དྲོས་རྒྱ་མཚོ་འི་ཁྱག་རོམ་གྱི་གླིང;

1086 **Arcuate**, *a.* གཞུ་དབྱིབས་ཅན;

1087 **Ardency**, *s.* བརྩོན་འགྲུས; གདུང་ཤུགས;

1088 **Ardent**, *a.* ཤ་ཚ་ཅན; གདུང་ཤུགས་ཅན; ཡིངས་མེད; སྙོད་རྟགས་ཅན;

1089 **Ardour**, *n.* ཤ་ཚ; གདུང་ཤུགས;

1090 **Arduous**, *a.* དཀའ་མོ; ལས་ཁག་པོ; དཀའ་ལས་ཅན;

1091 **Arduousness**, *s.* དཀའ་བའི་ཆོས་ཉིད;

1092 **Are**, *v.* ཡོད; དུ་ཡོད; མང་པོ་ཡོད;

1093 **Area**, *n.* ས་རྒྱ; ཁྱོན; རྒྱ་ཁྱོན; དཀྱིལ་འཁོར; ཆུ་ཞེང;

1094 **Arefactions**, *s.* སྐམ་པོར་འགྱུར་བའི་ལས;

1095 **Arena**, *n.* དཔའ་རྩལ་བསྟུར་སའི་ཐང་ངོ་ཡང་ན་སྐྱེ་ཡངས;

1096 **Argent**, *a.* དངུལ་དཀར་ལྷ་བུ;

1097 **Argentine**, *a.* དངུལ་ལྷ་བུ;

1098 Argil, *n.* རྫ་མཁན་གྱི་འཛིམ་པ;

1099 Argillaceous, *a.* འཛིམ་པ་ལྟ་བུ; འཛིམ་པའི་རྣམ་པ་ཅན;

1100 Argosy, *s.* གྲུ་ཟིང་ལ་འཚོང་ཟོག་སྣང་ཅན་བཀལ་ཡོད་པ;

1101 Argue, *v.n.* བརྗོད་པ;

1102 Arguer, *s.* བརྗོད་མཁན;

1103 Argument, *n.* བརྗོད་པ; མངོན་རྟགས; རྟགས;

1104 Argumental. བརྗོད་པའི;

1105 Argumentation, *n.* མངོན་རྟགས;

1106 Argumentative, *a.* མངོན་རྟགས་ཀྱི་རྣམ་པ་ཅན;

1107 Arid, *a.* སྐམ་པོ; ཚད་པ་ཆ་ཞིང་སྐྱོ་དང་རྩྭ་སྔོ་མེད་པ;

1108 Aridity, *s.* སྐམ་པའི་ཚུལ; བརླན་མེད་པའི་ཚུལ;

1109 Aries, *n.* དུས་སྦྱོར་ལུག; ལུག་ཁྲིམ;

1110 Aright, *ad.* དྲང་པོར;

1111 Arise, *v.n.* ཡར་ལངས་པ;

1112 Aristocracy, *n.* མི་དྲག; རྗེ་རིགས;

1113 Aristocrat, *n.* རྗེ་རིགས་པ;

1114 Arithmetic, *n.* བརྩིས; གྲངས་ཀྱི་བརྩིས;

1115 Arithmetician, *n.* གྲངས་བརྩིས་པ;

1116 Ark, *n.* གྲུ; གྲུ་ཟིང; གཟིང;

1117 Arm, *n.* ལག་པ; ལག་ངར; ཕྲག;

1118 Armchair, *s.* ཀྲུ་ཁྲི་ལག་པ་བཀལ་ས་ཡོད་པ;

1119 Arms. ལག་ཆ; མཚོན་ཆ;

1120 Arm, *v.a.* & *n.* མཚོན་སྒྲིན་པ; མཚོན་ཁྲེར་བ; མཚོན;

1121 Armistice, *s.* གཡུལ་སྐྱམ; མདུན་མ་ཡུན་ཐུང་དུ་ཞིག;

1122 Armlet, *n.* དཔུང་གདུབ; or དཔུང་བརྒྱན;

1123 Armour, *n.* གོ་ཁྲབ;

1124 Armour-bearer, *s.* གོ་ཁྲབ་འཁུར་མཁན;

1125 Armourer. གོ་ཁྲབ་བཟུང་མཁན;

1126 Armory, *n.* གོ་ཁྲབ་ཀྱི་མཛོད; གོ་མཛོད;

1127 Army, *n.* དམག་དཔུང;

1128 Aroma, *n.* དྲི་ངད་བཟང་པོ;

1129 Aromatic, *a.* དྲི་ངད་བཟང་པོ་ཅན;

1130 Aromatics. དྲི་ངད་ཅན་གྱི་སྨན་སྣ;

1131 Aromatize. སྨན་རྫས་བདབ་སྟེ་དྲི་ངད་ཅན་དུ་བཟོ་བ;

1132 Around, *ad.* མཐའ་སྐོར་སྟེ;

1133 Arouse, *v.a.* ཡར་སློང་བ;

1134 Arquebuse, *s.* ལག་མདའི་རིགས་ཞིག;

1135 Arrack, *n.* ཨ་རག; བྲུ་རམ་ཆང་གི་ཨ་རག;

1136 Arraign, *v.a.* ཉེས་པ་ཅན་དུ་སྟོན་པ; ཉེས་པ་བརྗོད་པ;

1137 Arraigner, *s.* ཉེས་པ་བརྗོད་མཁན;

1138 Arraignment, *n.* ཉེས་བརྗོད;

1139 Arrant, *a.* ཤིན་དུ་ངན་པ; ངན་ཐལ་ཤོར་བ;

1140 Arras, *n.* ཡོལ་བ་དང་འཕྲུང་དར་རིན་ཐང་ཅན;

1141 Array, *n.* གྲལ; དཔུང;

1142 Arrear, *n.* ལྷག་ལུས; ཡོང་[illegible]གྱི་ལྷག་ལུས;

1143 Arrest, *n.* འཛིན་འཆང; འཛིན་བཟུང;

1144 Arrest, *a.* ལག་བཟུང་རྒྱབ་པ; འཛིན་འཆང་སྤྲད་པ;

1145 Arrested, *a.* བཟུང་ཟིན་པ; འཆང་བཟུང་སྤྲད་ཟིན་པ;

1146 Arrival, *n.* འཕེབ་སྐྱོར ; (བཞུགས་གདན་འབྱོར་ཚུལ ; Respl.)
(ཕྱག་འཕེབས ; Respl.)

1147 Arrive, *v.n.* སླེབས་པ; བྱོན་པ; འབྱོར་བ ;

1148 Arrogance, *n.* ཁྲེད་གསོད; ཧཾ་པ ;

1149 Arrogant, *a.* ཁྲེད་གསོད་ཅན; ཧཾ་པ་ཅན ;

1150 Arrogate, *v.a.* ང་རྒྱལ་གྱིས་ཐོབ་པར་འདོད་པ; ཤུགས་ཀྱིས་བླང་བ ;

1151 Arrogation, *s.* གཙན་ཤུགས་ཀྱིས་བླངས་པའི་ལས ;

1152 Arrogative, *a.* ཧཾ་འཚོང་གིས་ཆོད་མེད་དུ་བླངས་པ ;

1153 Arrow, *n.* མདའ ; ཉག་ཕྲན ;

1154 Arrow-root, *n.* ཀོ་སག ; (Sik)

1155 Arrowy, *a.* མདའ་འདྲ་བུ ;

1156 Arsenal, *n.* མཚོན་ཆའི་མཛོད ;

1157 Arsenic, *n.* བབ་ལ; དུག་བབ་ལི ;

1158 Arson, *n.* ཁང་མེ་རྒྱབ་པའི་ལག་ལེན ;

1159 Art, *n.* ལག་ལེན; ཐབས ; བཟོ ; ཟ་ཐབས ;

1160 Arterial, *a.* རླུང་རྩའི་སྐོར ;

1161 Artery, *n.* ཁྲག་རྩ་ཆེན་པོ ;

1162 Artful, *a.* ཐབས་མཁས ; སྒྱུ་ཅན ;

1163 Artfulness. གཡོ་སྒྱུའི་ལས ; གཡོ་སྒྱུ ;

1164 Artichoke, *n.* སྔོན་ཚོད་ཞིག་གི་མིང ; སྔོ་ཚལ་ཞིག་གི་མིང ;

1165 Article. ཅ་ལག; ཚིག་དོན ;

1166 Articulate, *v.a.* ངག་ནས་བརྗོད་པ ; སྒྲ་འབྱིན་པ ;

1167 Articulateness, *s.* སྒྲ་དག་པོ འི་རྣམ་པ ; སྒྲ་དག;

1168 Articulation, *n.* སྒྲ་དག་པོར་བརྗོད་པའི་ལས ; ཚིགས་གཅིག;

1169 Artifice, *n.* གཡོ་ཁྲམ; གཡོ་ཐབས; ཐབས་ཁྲམ;

1170 Artificer. འཁྲུལ་བཟོ་པ; ཨོཾ་མཛད; བཟོ་པ;

1171 Artificial, *a.* བཅོས་མ; སྤྲོས་ཅན; བཅོས་པ;

1172 Artillery, *n.* མེ་སྒྱོག་ཀུན་གྱི་སྤྱི་མིང;

1173 Artillery-drivers, *s.* མེ་སྒྱོག་འདྲེན་མཁན;

1174 Artillery practice, *s.* མེ་སྒྱོག་སྦྱང་བ; མེ་སྒྱོག་ལག་ལེན་སྦྱང་འདར;

1175 Artisan, *n.* བཟོ་བོ;

1176 Artist, *n.* སྒྲ་དང་བཟོ་ལ་ཞིན་དུ་མཁས་པ;
ལྷ་བཟོ་པ་སོགས་དང་ལྷ་བྲིས་པ་ལ་ཟེར;

1177 Artless, *a.* གཡོ་སྒྱུ་མེད་པ; སྤྲོས་མེད; ལྷུག་པར;

1178 Artlessness, *n.* གཡོ་སྒྱུ་མེད་པའི་ཚུལ; སྤྲོས་མེད;

1179 As. ཇི་ལྟར;

1180 Asafoetida, *n.* ཤིང་ཀུན;

1181 Asbestine, *a.* རྡོ་བལ་ལས་གྲུབ་པ; or རྡོ་བལ་གྱི;

1182 Asbestos, *s.* རྡོ་བལ་ཞེས་མེས་མི་འཇིག་པའི་རྒྱུ་ཞིག;

1183 Ascend, *v.a.* ཡར་འཛེག་པ;

1184 Ascendant. ཡར་དར; ཡར་ངོ;

1185 Ascendency, *n.* ངོ་ཆེ; ཁ་དྲག; དར་རྒྱས; དབང་ཐང་དར་རྒྱས;

1186 Ascension, *n.* ཡར་ངོ; མཁའ་སྤྱོད་དུ་གཤེགས་ཚུལ;

1187 Ascent, *n.* གྱེན;

1188 Ascertain, *v.a.* ངེས་པར་བཙལ་བ; ཞིབ་སོར;

1189 Ascertainment, *n.* རྩིས་གཅོད;

1190 Ascetic, *a.* བྱ་བ་གློས་བཏང་བ; སྒོཾ་ཆེན; བྱ་བཏང་བ;
དཀའ་ཐུབ་བསྟེན་པ;

1191 Ascribe, *v.a.* ཨ་ལ་འདོགས་པ; ཁ་འདྲ་པ;

1192 Ash, *n.* གོ་ཐལ;

1193 Ashes, *n.* སྤུར་ཐལ; གོ་ཐལ;

1194 Ashamed, *a.* ངོ་ཚ་ནས; ངོ་ཚ་སྟེ;

1195 Ashore, *ad.* རྒྱའི་ཚལ་ཁར; རྒྱའི་འགྲམ་ཁར;

1196 Ashy, *a.* ཐལ་མདོག་ཅན;

1197 Aside, *ad.* ཟུར་དུ; ཕག་ཏུ;

1198 Asinine, *a.* བོང་གུའི་རིགས་ཅན; བོང་བུ་ལྟ་བུ;

1199 Ask, *v.a.* དྲི་བ;

1200 Askance, *ad.* ཟུར་མིག་དུ; མིག་འཕྲེས་ལ;

1201 Aslant, *ad.* འཕྲེས་ཉལ་ཁར; འཕྲེས་སུ;

1202 Asleep. གཉིད་ལ་ཤོར་བའི་ཚུལ་དུ;

1203 Aslope, *ad.* ཐུར་དུ;

1204 Asp, *n.* དུག་སྦྲུལ;

1205 Aspect, *n.* སྣང་ཚུལ; ལྟར་སྣང;

1206 Asperity, *n.* རྩུབ་པའི་རྣམ་འགྱུར; རྩུབ་ལྷོག;

1207 Asperse, *v.a.* སྐུར་པ་བཏབ་པ;

1208 Aspersion, *n.* སྤྲོ་སྐུར;

1209 Asphalt, *s.* རྡོ་ཀོན་ཞེས་དཀྲག་རྩི་ནག་པོ་ས་ལས་འབྱུང་ཞིང་བསྐྱ་
མོ་ཡོད་པར་རྟེན་ལཾ་གྱི་འཐིང་གཞི་བྱེད་པ་ཞིག;
ཨར་གའི་རྩི་ནག; རྡོ་བཅལ་ཨར་གའི་དཾ་རྩི་ནག་པོ;

1210 Asphyxia. དབུགས་འགག་ནས་སྲོག་གི་དབང་པོ་འགག་པ;

1211 Aspic. སྦྲུལ་དུག་ཅན་གྱི་རིགས་ཞིག;

1212 Aspirant, *n.* གོ་སར་འཛབ་མི; གོ་སར་སྐུག་མི;

1213 Aspirate, *n.* ཧ་ཡི་སྒྲ་ཅན་གྱི་ཡི་གེ; སྲོག་ལྡན་གྱི་ཡི་གེ;
དཔེར་ན་ཀྵ་གྷ་ཁ་ཛྷ་ལྷ་བུའོ;

1214 Aspirate, *v.a.* ཧའི་སྒྲ་བཅས་ཚིག་འབོད་པ; ཧ་སྒྲ་དང་བཅས་སྒྲ་འབྱིན་པ;

1215 Aspiration, *n.* ལྷ་བ; འདོད་པ; ལྷ་བ;

1216 Aspire, *v.n.* སྐྱིགས་པ;

1217 Asquint, *ad.* མིག་ཟྲ་ཡོ་བྱེད་དེ;

1218 Ass, *n.* བོང་བུ;

1219 Assail, *v.a.* ཕྱིར་རྒོལ་བྱེད་པ;

1220 Assailable, *a.* རྒོལ་དུ་ཡོད་པ;

1221 Assailant, *a.* རྒོལ་བ་པོ;

1222 Assassin, *n.* མི་གསད་ལག་དམར;

1223 Assassinate, *v.a.* ཀུ་བསད་རྒྱབ་པ; ངན་གྱིས་བསྒྲོང་པ;

1224 Assassination, *n.* བཀུ་བསད; གཡོ་ཐབས་ཀྱིས་བཀུམ་པ;

1225 Assault, *n.* རྒོལ་བ; མཚང་པ;

1226 Assault, *v.a.* རྒོལ་བ; གོང་གནོན་བྱེད་དེ་མཚང་པ;

1227 Assay, *n.* རྟག་པ; རྟག་ཞིབ; གསེར་དངུལ་སོར་ཐོན་ཇི་ཡོད་ཀྱི་
རྟག་ཞིབ;

1228 Assay, *v.a.* རྟག་ཞིབ་དཔྱད་པ;

1229 Assayer, *n.* དངུལ་ཁང་དུ་གསེར་དངུལ་གྱི་རྟག་ཞིབ་དཔྱད་མི;

1230 Assegai, *s.* ཨེ་ཤྲི་ཀའི་ཤིང་ཏེ་སྦྱུང་སྟོན་སྟེ་ཀ་དུང་བཙོབ;
ཤིང་གི་མདུང;

1231 Assemblage. མི་ཚོགས; ཁྲོམ་ཚོགས;

1232 Assemble. མི་མང་པོ་ཚོགས་པ; ཚོགས་པ;

1233 Assembly, *n.* བསྡུ་བ; ཚོགས་སྡུ; ཚོཊ་འདུ;

1234 Assent, *n.* ཁ་ཆིཾ་པ; ཁ་མཐུན་པ;

1235 Assent, *v.a.* ཁ་ཆིཾ་པ; ཁ་མཐུན་པ;

1236 Assert, *v.a.* ཡིན་ངེས་ཞེས་བརྗོད་པ;

1237 Assertion, *n.* ཡིན་པར་སྨྲ་བའི་ཚིག; གཏན་ཚེཊ;

1238 Assess, *v.a.* ཁྲལ་བསྡུ་བ;

1239 Assessable, *a.* ཁྲལ་འདུ་འོས་པ;

1240 Assessment, *n.* ཁྲལ་བསྡུད;

1241 Assessor, *n.* ཁྲལ་འདུ་མཁན;

1242 Assets, *n.* ཚོང་ཟོག་ཡོ་བྱད་ཚངས་མ;

1243 Asseverate. ཡིན་ཞེས་ངེས་པར་བརྗོད་པ;

1244 Asseveration, *n.* ཡིན་ངེས་སུ་བརྗོད་བྱ;

1245 Assiduity, *n.* གཉེན་པོ; འབད་བརྩོན; འབད་པ; ནན་ཏན;

1246 Assiduous, *a.* གཉེན་པོ་ཅན; འབད་བརྩོལ་ཅན;

1247 Assign, *v.a.* སྐལ་བ་བགོས་ཏེ་བྱིན་པ; བྱིན་པ;

1248 Assignable, *a.* སྦྱིན་དུ་ཡོད་པ;

1249 Assignation, *n.* སྦྱིན་པར་བྱ་བའི་ལས;

1250 Assignee, *n.* སྦྱིན་ཡུལ;

1251 Assigner, *s.* སྦྱིན་མཁན;

1252 Assignment, *n.* སྐལ་བགོད; དངུལ་སྐྱེད་སྤྲོ་བ;

1253 Assimilate, *v.a.* བསྲེ་བ; བསྲེས་པ;

1254 Assimilation, *n.* བསྲེ་བ; བསྲེས;

1255 Assist, *v.a.* རོགས་བྱེད་པ; གྲོགས་རམ་བྱས་པ;

1256 Assistance, *n.* གྲོགས་རཾ; རཾ་ནྲ;

1257 Assistant, *a.* ལས་རོགས; རམ་ཟླ;

1258 Assize, *v.a.* ཚོང་ཟློག་གི་བཟེད་དག་ཅིང་རིན་གོང་སྒྲིག་པ;

1259 Assizer, *s.* བྲི་སྲུང་གི་དག་ཞིབ་བྱེད་དེ; རིན་གོང་སྒྲིག་མཁན;

1260 Associable, *a.* མཐུན་གཞིབ་མཁན; ཀུན་མཐུན;

1261 Associate, *n.* གྲོགས་མཆེད; མཆེད་གྲོགས; v.a. གྲོགས་སུ་འདེབ་པ;

1262 Association, *n.* སྡེ; མཆེད་གྲོགས;

1263 Assonance, *s.* སྒྲ་ཅིག་པ; སྒྲ་སྒྲིག་ལུགས;

1264 Assonant, *s.* སྒྲ་ཅིག་པ; སྒྲ་སྒྲིག་པོ;

1265 Assort, *v.a.* སོ་སོར་དབྱེ་བ;

1266 Assortment, *n.* སོ་སོར་དབྱེ་ཚུལ;

1267 Assuage, *v.a.* & *n.* འཛིི་ཏུ་གཏང་བ; ཞི་བ;

1268 Assuagement, *n.* མར་བཅག; དགོང་ཡང;

1269 Assume, *v.a.* བླངས་པ; འཆང་བ; ཡིན་པར་འཛིན་པ;

1270 Assuming, *p.* &. *a.* ངར་འཛིན་ཅན; ལྟ་བ་ཅན;

1271 Assumption, *n.* འཛིན་པ; ཡིན་ལྟོག;

1272 Assumptive, *a.* ཡིན་ལྟོག་བྱེད་ཀྱང་རུང་བ; ཡིན་པར་འཛིན་ཚོག་པ;

1273 Assurance, *n.* བློ་གདེངས; བློ་གཏད; གདེངས;

1274 Assure, *v.a.* ཡིན་ཐག་ཆོད་དུ་བརྗོད་པ;

1275 Assured, *a.* ཡིན་ཐག་ཆོད་དུ་ངེས་པ; ཡིན་ཐག་ཆོད;

1276 Aster, *s.* མེ་ཏོག་ལྗོང་པོའི་རིགས་ཞིག;

1277 Asterisk, *n.* ཟུར་ཚུང་ཟེན་བྲིས་ཡོད་པའི་དཔེ་སྐུ་སྐར་རིས་སི་གསུང་
བྱང་བཀོད་ནས་བཞག་པ་དེའོ; དཔེར་ན་ † * * ལྟ་བུའོ;

1278 Asterism, *s.* སྐར་ཕྲན་གྱི་ཚོགས་སྤྲི;

1279 Astern, *ad.* གྲུ་ཐིང་མཇུག་ངོགས;

1280 Asthmatic, *a.* གློ་འཚིཾ་ཅན; གློ་ནད་ཅན; གློ་ནད་ཀྱིས་ཟིན་པ;

1281 Asthma, *n.* དབུགས་ཛང་བ; འཚིཾ་པ;

1282 Astir, *ad.* ཕན་ཚུན་འགྲོ་སྐྱོད་བྱེད་ཅིང་ཡོད་པ;

1283 Astonish, *v.a.* ཧ་ལས་སུ་བཅུག་པ;

1284 Astonishing, *a.* ཧ་ལས་པོ;

1285 Astonishment, *n.* ངོ་མཚར; ཡ་མཚན;

1286 Astound, *v.a.* ཤིན་ཏུ་ཧ་ལས་སུ་བཅུག་པ;

1287 Astral, *a.* ཡིད་ལུས་ཀྱི;

1288 Astray, *a.* ལིཾ་གོལ་དུ་འཁྱུར་བ; ཡན་པར;

1289 Astride, *ad.* སྐེད་པའི་སྟེང་དུ; རྐལ་པའི་སྟེང་དུ; སྒང་དུ;

1290 Astringent, *a.* བསྐ་བ; {སྐྱིག་ཤུག (Sik.)} བསྐ་བའི་རོ;

1291 Astrologer, *n.* སྐར་བརྩིས་པ;

1292 Astrology, *n.* སྐར་བརྩིས;

1293 Astronomer, *n.* སྐར་བརྩིས་པ; སྐར་མ་བརྟག་མཁན;

1294 Astronomy, *n.* སྐར་བརྩིས;

1295 Astute, *a.* སྤྱང་པོ; གྱུ་ཅན; {དྲན་ཉིད་ཅན (Bhut.)} བློ་གཏིང་ཅན;

1296 Asunder, *ad.* ཡ་བྲལ་དུ; སོ་སོར;

1297 Asylum, *n.* དབེན་གནས; ནག་ཅན་སོང་གབ་ནས་སྐྱོད་ས་རྟུང་བ་
དགོན་པ་དང་ལྷ་ཁང་ལྟུ;

1298 At, *pr.* རྩར;

1299 Ataghan, *s.* ཧོར་པའི་རལ་གྲི་འམ་ཡང་ན་མགར་སྒྲོག;

1300 Atheism, *n.* ཆད་ལྟ; སྲུ་སྟེང་ཆད་ལྟའི་ལྟ་བ;

1301 Atheist, *n.* ཆད་ལྟ་བ; ཆད་ལྟ་འཛིན་མི;

1302 Athletic, *a.* རྩལ་འགྲོང་བྱེད; དཔའ་རྩལ;

1303 **Athwart,** *pr.* སྙེད་བཅད་དུ; འཕྲེད་ལ;

1304 **Atilt,** *ad.* སྙེད་པ་ཀོང་ཀང་པ་བསྒྲད་དེ་མདུང་ཐུལ་བའི་འཕྲིང་ལྟར;

1305 **A-tip-toe,** *ad.* ཀང་པའི་ཐེ་བོང་གཙུག་ནས་འགྲོ་བ;

1306 **Atlantic,** *a.* ཨུ་རོབ་དང་ཨེ་མེ་རྀ་ཀའི་བར་གྱི་རྒྱ་མཚོ;

1307 **Atlas,** *n.* ས་ཁྲའི་གླེག་བཾ;

1308 **Atmosphere,** *n.* བར་སྣང; རླུང་གི་དཀྱིལ་འཁོར;

1309 **Atmospheric,** *a.* རླུང་གི;

1310 **Atom,** *n.* སྤྲོག་ཆགས་ཕྲ་མོ; རྡུལ; རྡུལ་ཕྲན; རྡུལ་ཕྲ་རབ;

1311 **Atomic,** *a.* སྤྲོག་ཆགས་ཕྲ་མོའི; རྡུལ་ཕྲན་གྱི;

1312 **Atone,** *v.a.* བཤགས་པ་འབུལ་བ; སྡིག་སྒྲིབ་འདག་པ་བྱེད་པ;

1313 **Atonement,** *n.* བཤགས་པ; སྒྲིབ་པ;

1314 **Atrabilarian,** *n.* གདོང་སྐྱོ་ལྡོག་ཁ་པོ; སྐྱོ་གདོང;

1315 **Atrocious,** *a.* ཤིན་དུ་འཛོབ་ཆེ་བ; འཛོབ་ཆེན;

1316 **Atrocity,** *n.* ལས་ཚབ་ཆེན; མཚམས་མེད་ཀྱི་ལས;

1317 **Atrophy,** *s.* ལུས་ཤ་སྐམ་ཧུས་སྐམ་ལ་འགྲོ་བ;

1318 **Attach,** *a.v.* སྦྱར་བ; འབྲག་པ;

1319 **Attache,** *n.* ཕྱི་བློན་སྐུ་ཚབ་ཀྱི་ཞབས་ཕྱི;

1320 **Attachment,** *n.* ཉེ་སེམས; བརྩེ་གདུང;

1321 **Attack,** *v.a.* ཕར་རྒོལ་བ; རྡུབ་རྒྱབ་པ; འཁྲུག་ལག་སྤྱད་པ;

1322 **Attackable,** *a.* རྡུབ་རྒྱབ་ཀྱང་རུང་བ, རྡུབ་རྒྱབ་དུ་རུང་བ; འཁྲུག་ལག་སྤྱད་པའི;

1323 **Attain,** *v.a.* & *n.* ཐོབ་པ; སློགས་པ;

1324 **Attainable,** *a.* ཐོབ་ས; ཐོབ་དུ་ཡོད་པ; སློགས་སར་ཡོད་པ;

1325 Attainder, *n.* ཡུལ་དུ་མི་གསད་དྲག་ལས་བྱས་པའི་རྐྱེན་གྱིས་རང་གི་
གཞིས་ནོར་ལ་དབང་ཆ་མེད་པར་འགྱུར་བ;
སྐྲོ་ཁྲིམ་ཕོག་པ;

1326 Attainment, *n.* འབྱོང་པ; ཡོན་ཏན་འབྱོངས་ཚད; ཐོབ་པ;

1327 Attaint, *n.* བཀའ་སྐྱོན; མི་ཁ;

1328 Attaint, *n.* སྐྱི་བཟན་ཡིན་པར་ར་ཁྲོད་ནས་ཁྲིམས་ཕོག་པ;
བསྟུན་ག་ཤིག་གི་ཁྲིམས;

1329 Attaintment, *n.* བཀའ་སྐྱོན;

1330 Attar, *s.* མེ་ཏོག་གི་རྩི་བཅུད་སྙིང་པོ་འདུས་པའི་བྱུག་པ;
མེ་ཏོག་གི་བཅུད་ལས་བཟོ་བའི་བྱུག་པ,

1331 Attemper, *v.a.* ངར་ཚོད་ཐིང་པ་བཟོ་བ; གར་སྣ་རན་པར་སྦྱར་དེ་བཟོ་བ;

1332 Attempt, *n.* བརྩོན་པ; འབད་པ; འབད་བརྩོན;

1333 Attend, *v.a.* སྐུ་མདུན་བཅར་བ;

1334 Attendance, *n.* ཚོགས་པའི་བྱུས་ལས;

1335 Attendant, *a.* སྐུ་མདུན་པ;

1336 Attention, *n.* དྲན་པ; བློ་རྩེ; ཐུགས་དགོངས; ཐུགས་དྲན;

1337 Attentive, *a.* ཁ་ལ་ཉན་པོ;

1338 Attenuate, *v.a.* ལུས་སྐམ་དུ་བཙུག་པ; ཀྲུད་དུ་བཙུག་པ;

1339 Attenuated, *pp.* or ཀྲུད་པོ; རིད་པོ; སྦིག་པོ;

1340 Attest, *v.a.* དཔང་པོ་བྱེད་པ;

1341 Attestation, *n.* དཔང་པོ་སྟོན་སྟེ་ར་སྤྲོད་པ;

1342 Attic, *a.* ཁང་པའི་ཡང་ཐོག་གི་ཁང་མིག་གྲུ་བཞི་པ.

1343 Atticism, *s.* གྲིག་ཡིགེའི་སྤེལ་སྦྱོར་དག་པོ;

1344 Attire, *s* ཆ་ལུགས; ཆས; ཆས་གོས;

1345 **Attire**, *v.a.* ཆ་ལུགས་སུ་སྒྲས་པ; སྒྲས་པ;

1346 **Attitude**, *n.* འདུག་སྟངས; འགྲིང་སྟབས;

1347 **Attitudinarian**, *s.* འགྲིང་སྟབས་སྟོན་དད་ཅན;

1348 **Attitudinize**, *v.a.* འགྲིང་སྟབས་སྟོན་པ;

1349 **Attorney**, *n.* ཁྲིམས་སར་ཁྲིམས་བདག་གི་མདུན་ཁ་མཆུའི་སྐབས་སུ་ཁ་ཚབས་པ;

1350 **Attract**, *v.a.* སྣ་འདྲེན་བྱེད་པ; འཁུག་པ; ཡིད་འཁུག་པ;

1351 **Attractability**, *n.* འཁུག་འདྲེན་བྱེད་དུ་ཡོད་པ;

1352 **Attraction**, *n.* སྣ་འདྲེན; འདྲེན; འཁུག་འདྲེན; འདྲེན་པའི་ནུས་པ; འཐེན་པའི་ནུས་པ;

1353 **Attractive**, *a.* ཡིད་ཁར་འོང་པོ; སེམས་ཤོར་པོ; ཡིད་འོང;

1354 **Attractiveness.** ཡིད་ཁར་འོང་བའི་ཉིཾ་པ;

1355 **Attribute**, *v.a.* ཁ་གསོགས་བཏགས་པ; མིང་བཏགས་པ;

1356 **Attribute**, *n.* སྐྱོན་ཡོན་བརྗོད་བྱ; སྐྱོན་ཡོན; མཚན་ཉིད;

1357 **Attribution**, *n.* བརྗོད་བྱ;

1358 **Attributive**, *a.* བརྗོད་བྱ; བཤད་པ;

1359 **Attrition**, *n.* ཉིཾ་སྨིན་ལས་འབྲས་ཚོར་བ་ལས་བྱུང་བའི་མཐོང་འགྱུར;

1360 **Attune**, *v.a.* སྒྲ་སྒྲིག་པ; སྐད་སྒྲིག་པ;

1361 **Auburn**, *a.* དམར་སྨུག;

1362 **Auction**, *n.* ལི་ལཱམ; (Hindi word adopted.)

1363 **Auctioneer**, *n.* ལི་ལཱཾ་གཏང་མཁན;

1364 **Audacious**, *a.* ཡ་མེད; གདོང་བཟང;

1365 **Audacity.** གདོང་བཟང; ཡ་མེད;

1366 **Audible**, *a.* ཐོས་པ; གོ་ནུས་པ; ཐོས་ནུས་པ་ཙམ་ཡོད་པ;

1367 Audibleness, *n.* ཐོས་སུ་ཡོད་ཚུལ;

1368 Audience, *n.* ཚོགས་འཛོམས; དཔོན་ཆེན་པོའི་སྐུ་བཅར;

1369 Audit, *n.* བརྩིས་ཀྱི་ཞིབ་ཏོག;

1370 Auditor, *n.* བརྩིས་ཀྱི་ཞིབ་ཏོག་པ;

1371 Auditorship, *s.* ཞིབ་ཏོག་པའི་གོ་ས;

1372 Auditory, *n.* ཐོས་བྱེད་རྣ་བའི་དབང་པོའི;

1373 Auger, *n.* སྙུང་གྲུ; ཨི་ཁྲང་འབིག་རྒྱུའི་ལག་ཆ;

1374 Aught, *p.n.* ཅི་ཡང; གང་ཡང;

1375 Augment, *v.a.* & *n.* སྤེལ་བ; མང་དུ་གཏང་བ;

1376 Augmentable, *a.* སྤེལ་དུ་ཡོད་པ;

1377 Augmentation, *n.* འཕེལ་བསྐྱེད;

1378 Augmentative, *a.* སྤེལ་བྱེད;

1379 Augury, *s.* ཐུགས་བརྟག་མངོན་ཤེས; ལུང་བསྟན; བརྟེན་འབྲེལ;

1380 Augur, *v.a.* ཐུགས་བརྟག་མངོན་ཤེས་བཤད་མཁན;

1381 August, *a.* དཔའ་བརྗིད་ཅན; བརྗིད་པ;

1382 August, *n.* ཕྱི་ཟླ་བརྒྱད་པ;

1383 Augustness, *s.* དཔའ་བརྗིད་ལྡན་ཚུལ;

1384 Aulic, *a.* རྒྱལ་པོའི་ཕོ་བྲང་གི;

1385 Aunt, *n.* སྲུ; ཕྲུ; (ཨ་ནེ;)

1386 Aunty, *s.* ཨ་ནེ་ལགས; ཕྲུ་ལགས;

1387 Aureola, *n.* མཛའ་གུར; མཛའ་འོད; འོད་གུར;

1388 Auricular, *a.* རྣ་མཆོག་གི; རྣ་བའི་དབང་པོའི;

1389 Auricula, *s.* མེ་ཏོག་རིགས་ཞིག་གི་མིང;

1390 Auri-ferous, *a.* གསེར་ཅན; གསེར་གྱི;

1391 **Aurist,** *s.* རྣ་མཆོག་གི་ཨེམ་ཆི;

1392 **Aurora,** *s.* ཐོ་རེང་གི་ལྷ་མོ; ཉི་སྐྱ་རེང་དུས་ཀྱི་ལྷ་མོ;
ཐོ་རང་འཆར་ཀའི་འོད;

1393 **Auscultation,** *s.* རྣ་བ་གཏད་དེ་ནད་ཀྱི་རྟག་དཔྱད་བྱེད་པ;

1394 **Auspice.** བྱ་སྐད་དང་རྟེན་འབྲེལ་རྟག་དཔྱད་གཞན་ལས་བྱེད་པ;

1395 **Auspicious,** *a.* རྟེན་འབྲེལ་བཟང་པོ; བཀྲ་ཤིས་པོ;

1396 **Auspiciousness,** *s.* རྟེན་འབྲེལ་བཟང་ལུགས; ལེགས་བརྟར; བཀྲ་ཤིས;

1397 **Austere,** *a.* དཀའ་ཐུབ་ཅན; དཀའ་ཐུབ་དྲག་པོ;

1398 **Austerity,** *n.* དཀའ་ཐུབ;

1399 **Austral,** *a.* ལྷོ་ཕྱོགས་ཀྱི;

1400 **Australize,** *v.* ལྷོ་ཕྱོགས་སུ་ཡིད་འགྲོ་བ;

1401 **Authentic,** *a.* ཁུངས་ཅན; ཁུངས་དག་པོ; ཁུངས་དག;

1402 **Authenticate,** *v.a.* ཁུངས་དག་བཟོ་བ;

1403 **Authenticity,** *s.* ཁུངས་དག་ཚུལ;

1404 **Author,** *n.* དཔེ་ཆ་བརྩམས་པ་པོ;

1405 **Authoress,** *s.* སྐྱེ་དམན་དཔེ་ཆ་བརྩོམ་མཁན;

1406 **Authoritative,** *a.* དབང་ཆེ་ལྡོག་ཁ་པོ; ངང་ཡོད་ཚ་པོ;

1407 **Authority,** *n.* ཚད་དབང; ཁུངས; ལུང;

1408 **Authorize,** *v.a.* ཚད་དབང་སྤྲོད་པ; ཁག་ཐྲན་བཀལ་བ;

1409 **Authorship,** *n.* དཔེ་ཆ་བརྩོམ་མཁན་གྱི་གོ་ས;

1410 **Autobiography,** *n.* རང་གི་རྣམ་ཐར་རང་གིས་བྲིས་པ;

1411 **Autocracy,** *n.* རྒྱལ་པོ་ལ་ཚད་དབང་ཐམས་ཅད་ཡོད་པའི་ཁྲིམས;
རྒྱལ་པོས་གང་བྱེད་ཀྱང་ཆོག་པའི་རྒྱལ་ཁབ;

1412 **Autocrat.** རྒྱལ་པོ་རང་ལ་ཚད་དབང་ཐམས་ཅད་ཡོད་པ;

1413 **Autocratic,** *a.* རྒྱལ་པོའི་ཚད་དབང་དང་ལྡན་པ;

1414 **Auto-da-fe,** *s.* ལྷ་ལོག་ཅན་མི་བསྲེག་རྒྱབ་པའི་བདེན་པའི་བཤགས་འདར;

1415 **Autographical,** *a.* མི་ཞིག་གི་ཨིག་ངོ་མ; ཕྱག་བྲིས་ཡིན་ངེས་པའི;

1416 **Automath,** *n.* རང་ཤེས;

1417 **Automaton,** *n.* ཁྲུལ་ཤུགས་བཟོ་བའི་མི་འགྲུལ་བསྐྱོད་བྱེད་རྒྱུས;

1418 **Autonomy,** *n.* རང་དབང་རང་ལ་ཡོད་པའི་རྒྱལ་ཁག;

1419 **Autopsy,** *n.* རང་གིས་རང་བརྟག་པ;

1420 **Autumn,** *n.* སྟོན་ཀ;

1421 **Autumnal,** *a.* སྟོན་ཀའི;

1422 **Auxiliary.** ར་མདའ; གྲོགས; དཔུང་གྲོགས; རམ་ཟླ;

1423 **Auxiliaries,** *s.* དཔུང་གྲོགས; ཕ་རོལ་པའི་དཔུང་རང་གི་གྲོགས་སུ་ཆས་པ;

1424 **Avail,** *n.* ནུས་ལོང; ཡིཾ་ལོང; ནུས་རྒྱུག་པོ;

1425 **Avail,** *v.a.* & *n.* ནུས་རྒྱལ་ནུང་བ; ཡིཾ་ལོང་ནུང་བ; རྒྱལ་བ;

1426 **Available,** *a.* ནུང་རྒྱུ; ཐོབ་རྒྱུ་ཡོད་པ;

1427 **Avalanche,** *n.* ཁ་རུད; གངས་རུད;

1428 **Avarice,** *n.* སེར་སྣ; གཉབ་སེམས;

1429 **Avaricious,** *a.* སེར་སྣ་ཅན;

1430 **Avariciousness,** *a.* སེར་སྣ་ཆེ་ཚུལ;

1431 **Avast,** *intj.* ད་བཞག; ད་བསྡོད;

1432 **Avaunt,** *intj.* ཕྱིར་རྒྱུག; ཕར་རྒྱུག;

1433 **Ave,** *v.* ཡེ་ཤུ་རི་ཡུམ་ལ་གསོལ་བ་འདེབ་པའི་ཞབས་རྟེན;

1434 **Avenge,** *v.a.* དགྲ་ལན་འཇལ་བ; དགྲ་ཤ་ལེན་པ;

1435 Avenger, *n.* དགྲ་ཤ་ལོན་མི;

1436 Avenue, *n.* ལམ;

1437 Aver, *v.n.* ཡིད་ངེས་ཁྲལ་དུ་བརྗོད་པ;

1438 Average, *n.* ཡས་མས་ཆེ་ཆུང་ཁྲོན་སྤྱིཾ;

1439 Averse, *a.* མི་འདོད་པ; སྙིང་ལ་མི་འདོད་པ; སྣང་མི་དགར་བ;

1440 Aversion, *n.* ཞེན་ལོག;

1441 Avert, *v.a. n.* ཕྱིར་ཟློག་པ;

1442 Aviary, *n.* བྱེའུ་རི་ཚང;

1443 Avichity, *n.* ལྷོགས་ལེ;

1444 Avocation, *n.* བྱས་ལས;

1445 Avoid, *v.a.* སྤངས་པ;

1446 Avoidable, *a.* སྤངས་སུ་ཡོད་པ;

1447 Avoidance, *s.* སྤངས་ལུགས; སྤོངས་ལུགས; སྤོངས་པ; བོར་བ; དོར་བ;

1448 Avoir-du-pois, *s.* ཅ་ལག་རང་སྦྱོཾ་གཞལ་ཚད; གྲིས་སྲང་སྦྱོ་དང་ཉ་ག་ལ་སོགས་པའི་འདེའི་ཚད;

1449 Avouch, *v.a.* ཡིན་པ་ར་ཁྲོད་དུ་བརྗོད་པ; ཡིན་ལུགས་མ་དུན་དུ་བརྗོད་པ;

1450 Avow, *v.a.* ཁ་ནས་ཕྱིན་པ; ཁས་ལེན་པ; ཁ་པོ་བྱེད་པ;

1451 Avowal, *n.* ཁ་ཚིག; ཁ་པོ; ཁས་ལེན;

1452 Avowedly, *a.d.* ཁ་ཕྱོན;

1453 Await, *v.a.* བསྒུགས་པ; བསྒྲུགས་པ;

1454 Awake, *v.a.* གཉིད་ནས་ཡར་སློང་བ; གཉིད་གསད་བ;

1455 Awaken, *v.* གཉིད་ནས་ཡར་སློང་བ;

1456 Award, *n.* སྐྱོ་ཡ་བ; གནང་བ; སྦྱིན་པ;

1457 Aware, *a.* ཚོར་བ; རིག་པ; རྒྱུས་ཡོད་པ;

1458 Away. མགྱངས་སུ; འགྱངས་སུ;

1459 Awe, *n.* & *v.t.* དངངས་སྐྲག; འཇིག་སྣང; ཟིལ; *v.t.* ཟིལ་གྱིས་མནན་པ; ཟིལ་གྱིས་ནོན་པ;

1460 Awful, *a.* འཇིག་རྗིས་ཅན; ཟིལ་ཆེན་པོ;

1461 Awless, *a.* འཇིག་རྗིས་མེད་པ; ཟིལ་མེད་པ;

1462 Awhile, *ad.* དར་ཙམ་ཞིག; ཡུད་ཙམ་ཞིག;

1463 Awkward, *a.* (ཁྲོ་ལོག་ལོག; Sik. & Bhut.) རྗོར་པོ;

1464 Awkwardness, *s.* ཁྲོ་ལོག་ཉིས; རྗོར་ཉམས;

1465 Awl, *n.* གཟོང་བཙུས་ཕྱུར་ཅན;

1466 Awning, *n.* གནམ་ཡོལ;

1467 Awry, *ad.* ཉ་རི་ཉི་རི; ཟ་ངེ་ཟེ་ངེ;

1468 Ax; Axe, *n.* སྟ་རེ; སྟ་གྲི;

1469 Axiom, *n.* རང་བཞིན་བདེན་པར་སྣང་བའི་ཆོས་ཉིད; བདེན་བའི་ཆོས་ཉིད་ཅན་གྱི་ཚིག; དཔེར་ན་གཉིས་གཉིས་བཞི་ཡིན་པ་བདེན་ཞེས་པ་ལྟ་བུའོ;

1470 Axis, *n.* དཀྱིལ་ཐིག; འཁོར་ལོའི་ལྟེ་ཤིང; ཚངས་ཐིག;

1471 Axle, *n.* འཁོར་ལོའི་ལྟེ་བ;

1472 Aye, *ad.* ཡིན་ནོ;

1473 Azalea, *s.* མེ་ཏོག་ཞིག་གི་མིང;

1474 Azure. མཐིང་ཁའི་མདོག;

B

1 Baa, *v.n.* ལུག་གི་སྐད;

2 Babble. ཁ་བདག་མེད་ལ་བ་པ; ངག་བཀྱལ;

3 Babbler, *n.* ཁ་བདག་མེད་ལབ་མཁན;

4 **Babe,** *n.* ཁྲིའུ; ཁྲིའུ་ཆུང; (ཨའུ; Colql.) ཕྲིའུ; Respl.

5 **Baboon,** *n.* སྤྲེའུ་སྤྲ་དཀར; སྤྲ་དཀར; སྤྲ;

6 **Baby,** *n.* ཁྲིའུ་ཆུང; འོ་བྲུང; ཨའུ;

7 **Babyhood,** *n.* ཁྲིའུ་ཆུང་གི་སྐབས;

8 **Bachanalian,** *a.* ཕྱི་པའི་ཆང་གི་ལྷ་དེའི་སྐོར; ཆང་དང་གླུ་གར་གྱི་ལྷའི;

9 **Bachelor,** *n.* ཕོ་རྐྱང;

10 **Bachelorship,** *n.* ཕོ་རྐྱང་གི;

11 **Bacillus,** *s.* གཉེན་གྱི་སྲིན; ནད་ཀྱི་སྲིན་འབུ;

12 **Back,** *n.* རྒྱབ; *v.i.* རྒྱལ་གཙུག་པ; རྒྱན་འཛུག་པ;

13 **Back,** *v.a.* འཁྲིལ་སྐྱོང་བ;

14 **Back,** *ad.* ཕྱིར་ལོག་པ; ཕྱི་ནུར་རྒྱབ་པ; རྒྱབ་ལོགས་སུ;

15 **Backbite,** *v.a.* ཁ་གཏང་བ; རྒྱབ་ན་འཕྱར་ཀ་བཏང་བ;

16 **Backbiter,** *n.* ཕགས་ནས་དམད་ར་བརྗོད་པ; སྨྲི་རྒྱབ་པ;
ཕགས་ནས་དམད་ར་བརྗོད་མི;

17 **Backdoor.** རྒྱབ་སྒོ;

18 **Backgammon,** *s.* བརྩེད་མོ་ཞིག་གི་མིང; ཤོ; བག;

19 **Background,** *s.* རྒྱབ་རི;

20 **Backhouse,** *s.* ཁང་པའི་རྒྱབ་ཀྱི་ཁང་མིག;

21 **Backrent,** *s.* ཁྲལ་ཆད;

22 **Backslide,** *vt.* ཕྱི་ནུར་རྒྱབ་པ;

23 **Backslider,** *n.* ཕྱི་ནུར་རྒྱབ་མཁན;

24 **Backward,** *ad.*
25 **Backward,** *a.* } རྒྱབ་ཕྱོགས་སུ; འཕེར་མེད;

26 **Bacon,** *n.* ཕག་ཤ་ཚྭ་བྲོ་ཅན; ཕག་ཤ་ཚ་ཁག; ཕག་ཤ་ཚྭ་སྐམ;

27 Bad, *a.* ངན་པ; མ་ལེགས་པ;

28 Bacteriam, *n.* སྣན་ནད་ཀྱི་ས་བོན; ནད་ཀྱི་སྲིན་འབུ;

29 Badge, *n.* རྟགས;

30 Badger, *n.* ས་ལ་དོང་བྲུས་ནས་སྡོད་མཁན་མཚན་མོར་བཟས་ལ་ཆས་མཁན་གྱི་སེམས་ཅན་ཞིག; *v.a.* བརྙས་བཅོས་བྱས་པ;

31 Badger, *v.t.* ཐླགས་འཚོལ་བ; རྩབ་བཅོས་བྱེད་པ;

32 Badly, *ad.* གདུག་པོ་བྱེད་དེ; སྒྱོ་བུ་བྱེད་དེ;

33 Badminton, *n.* གྲི་འཕེག་དང་དྲ་བས་བརྩེ་བའི་བརྩེད་མོ;

34 Badness, *n.* ངན་ཚུལ; ངན་སྤྱངས;

35 Baffle, *v.t.* ཐམ་བ; མགོ་འཁྲོ་དུ་བཙུག་པ;

36 Bag, *n.* སྒྲོ; ཕད་ཙ; རས་ཁུག;

37 Bag, *v.t.* སྒྲོའི་ནང་དུ་བཙུག་པ;

38 Baggage, *n.* ཅ་ལག; ཡབ་ཆ; དོས་ཆས;

39 Bagpipe, *n.* འབའ་ཛ; སྒྲོ་དང་བཅས་པའི་རྒྱ་གླིང; སྒྲོ་གླིང;

40 Bail, *vt.* ཁྲིག་ཁྲུགས་བྱེད་པ; མི་དཔང་དུ་འཛུལ་བ; ཛ་མ་ནི་བྱེད་དེ་འཛུལ་བ; (Hindi Sikimised term).

41 Bail, *n.* མི་དཔང; ཛ་མ་ནི; (Hindi ,, ,,).

42 Bailable, *a.* མི་དཔང་གཙུག་ཕྱི་གླུར་ཡོད་པ;

43 Bailiff, *n.* ཀོ་ཅག་པ; མི་གཡོག;

44 Bait, *v.t.* ཉ་བཟུང་བའི་འབུ་ལྕུར་ཀྱིའི་སྐང་ལ་བཀོར་ནས་བྱིན་པ;

45 Bait. ཉ་གཟུང་དུས་ལྕགས་ཀྱིའི་ཕྱིང་དུ་འབུ་བཀོར་ནས་སྦྱོད་པ་གང;

46 Baize, *n.* སྒོ་སྒོ་ཚུབ་བུའི་རིགས་ཞིག;

47 Bake, *v.t.* ཁུར་བཟན་བཙོ་བ; ཁུར་བཟན་བསྲེག་པ;

48 **Baker**, *n.* ཁུར་བཟན་གཟོ་མཁན;

49 **Baking**, *n.* ཁུར་བཟན་བཟོ་བའི་ལས་དེའོ; མེ་འཚོད; བཙོ་བསྲེག;

50 **Balance**, *n.* སྲང; ཉ་ག; ལྷག་མ; ལྷག་ལུས; རྒྱ་འཕུར; རྒྱ་མ;

51 **Balance-sheet**, *n.* ཐུན་ལྷག་ལུས་ཀྱི་ཐོ; ཐུན་ཐོ;

52 **Balance**, *v.t.* སྲང་ལ་བདེག་པ; བརྟེད་འདེག་པ;

53 **Balcony**, *n.* རབ་གསལ; འཕྱོང་རྒྱུས;

54 **Bald**, *a.* སྐྲ་མེད; མགོ་རིག་པ; མགོ་ལ་སྐྲ་མེད་པ;

55 **Baldness**, *n.* མགོ་ལ་སྐྲ་མེད་པའི་ཚུལ; དབུ་རིལ;

56 **Bale**, *n.* ཁུར་པོ; དོ་བུ; དོས་པོ;

57 **Bale**, *n.* ཉ་ཡོར་མོའི་རུས་པ;

58 **Baleful**, *a.* གནོད་པ་ཅན; གདོན་ཅན;

59 **Balister**, *n.* ལྕུང་གཞུ་རྣ་ཅན་མ་དཔུང་པ་ལ་མེ་མདའ་བཞིན་བཞག
ནས་རྒྱབ་མི་ཞིག;

60 **Balk**, *v.a.* རེ་འཁང་དུ་གཏང་བ; རེ་བ་བཅག་པ;

61 **Ball**, *n.* རིལ; རིག་རིལ; བཞམ་གར; བྲོ་གར;

62 **Ballad**, *n.* སྒྲུང་གླུ་རྩ་ལེན་པ; དཔེར་ན་གེ་སར་གྱི་སྒྲུང་ལྷ་བུ;

63 **Ballast**, *v.t.* ཞམ་བཟེད; གྲུ་གཟིངས་ཀྱི་ཞམ་དུ་བཟེད་ཅན་གྱི་ཅ་ལག
གླུག་པ;

64 **Ballet**, *n.* བྲོ་དང་གར་དང་ལས་དོད་བཅས་པའི་བཤད་མོ;

65 **Balloon.** གནམ་ལ་ཕུར་རྒྱུའི་འཁྲུལ་འཁོར་ཞིག;

66 **Ballot**, *n.* མིང་ཡིག་གི་རིལ་ཞིག་གིས་མནོ་མཐུན་པའི་བཟར་སྒྲོད་པ;

67 **Balm**, *v.t.* ཤིང་གི་རྩ་བཅུད་ཀྱི་ཞམ་པ; སྨན; སྤོ་སྨན;

68 **Balsam**, *n.* ཐང་རྩི; ཐང་མར; ཕུ་ཤེལ་རྩི་དང་མར་ཁུ;

69 **Balustrade**, *n.* ཀ་བ་བཞིབ་པའི་ར་བ; ཀ་བཞིབ་ཀྱི་ར་བ;

70 **Bamboo**, *n.* སྨྱུག་མ;

71 Ban, *n.* སྒྲ་གྲགས; དར་རས་ཤིན་ཏུ་སྲབ་མོ་ཞིག; ཀུན་ལ་ཁྱབ་པར་བསྒྲགས་པའི་བཀའ་རྒྱ;

72 Banana, *n.* སྐྱེས་ལྡོང་ཞེས་པའི་ཤིང་འབྲས་དེའོ; ངར་ལྷག; (Sik. & Bhut.).

73 Band, *n.* འབའ་ཛ; ཁན་སྡོམ; སྡེ; སྐེ་རག; མདུད་པ; འཆིངས;

74 Band, *v.t.* བསྡོམས་པ; སྐེ་རག་གིས་བསྡོམས་པ; དཀྲི་བ; དཀྲིས; སྐེད་འཆིང་རྒྱབ་པ; ཁ་སྒྲིལ་བ; ཁན་འདེབ་པ;

75 Bandage, *n.* རྨ་ལ་དཀྲི་རྒྱུའི་རས་ཀྱི་ཤགས་མ; རྨའི་ཕྱུར་རས;

76 Bandage, *v.t.* རྨ་སྤྱུར་དཀྲི་བྱེད་པ;

77 Bandbox, *n.* ཤོག་གུའི་ཉ་སྒམ;

78 Bandit, *n.* ཇག་པ; མི་རྐོད; ཙཽ་ར་སི་རྐོད;

79 Bandy, *n.* འཁར་རྒྱུག་ཙེ་གུག་སྐྱོག་ཡོད་པ;

80 Bandy, *v.t.* བརྩོད་གླངས་རྒྱབ་པ;

81 Bane, *n.* དུག; རྐྱེན་ངན; ཁས་མནོན;

82 Baneful, *a.* དུག་ཅན; གནོད་གཡལ་ཅན;

83 Bang, *v.t.* བརྡེག་པ; བརྡུང་བ; (Bhang. ཐ་མག་ཛ་ར་སྲུག;)

84 Bangle, *n.* ལག་གདུབ; or འདུབ; འདུབ་བུ;

85 Banish, *v.t.* མཐའ་འཁྲིག་གཏོང་བ; མཐའུ་འཁྲིག་པ;

86 Banishment, *n.* མཐའ་འཁྲིག; ཕྱིར་འབུད;

87 Bank, *n.* ཆལ་ཁ; རབ་སོ; འགྲི; དངུལ་ཁང; དངུལ་མཛོད;

88 Bank, *v.t.* སའི་ལྟེ་རི་བརྩིག་པ; དངུལ་ཁང་དུ་བལྟམ་པ;

89 Bankrupt, *n.* ཚོང་ཁང་སྟོངས་པ; བུན་མི་འགྱུར་བ; ཚོང་ཁང་ཧ་ལོག; བོང་གུ་འདོན་པའི་ཚོང་ཁང;

90 Bankruptcy, *n.* ཚོང་ཧ་ལོག; བུན་མི་ཐོན་པ;

91 Banner, *n.* ཙུ་དར; རྒྱལ་མཚན;

92 **Banquet**, *n.* ཐུགས་སྟོ; སྐུ་མགྲོན;

93 **Banquet**, *v.t.* སྐུ་མགྲོན་ལ་ཞུ་བ; ཐུགས་སྟོ་བསྐྱེད་པ;

94 **Banter**, *v.t.* ཀུ་རེ་ཞུ་བ;

95 **Banter**, *n.* བརྩེད་མོ; ཀུ་རེ;

96 **Bantling**, *n.* ཕྲིའུ་ཆུང;

97 **Banyan**, *n.* ཤུང་ཚུབ་ལྗོན་ཤིང; ནྱ་གྲོ་དའི་ཤིང་གི་རིགས;

98 **Baobab**, *n.* ཨེ་ཕྲི་ཀའི་ལྗོན་ཤིང་ཆེན་ཞིག; ཤིང་དེ་བས་ཆེ་བ་མེད་སྐད;

99 **Baptism**, *n.* ཁྲུས་གསོལ་དབང་བསྐུར;

100 **Baptismal**, *a.* དབང་བསྐུར་གྱི་བྱ་བར་གཏོགས་པའི;

101 **Baptist**, *n.* དབང་བསྐུར་བ་པོ;

102 **Báptize**, *v.t.* དབང་བསྐུར་བ;

103 **Bar**, *n.* དཀྲུག་པ; སྒྲ་རྒྱུག;

104 **Bar**, *v.t.* བཀག་པ; འགག་པ;

105 **Barb**, *n.* མདའ; མདའ་རྩེ; མདའི་རྩེ་སྐྱུང;

106 **Barb**, *v.t.* རྩེ་སྐྱུང་ཅན་གྱི་མཚོན་ཆས་བརྒྱན་པ;

107 **Barbarian**, *n.* ཀླ་ཀློ;

108 **Barbaric**, *a.* ཀླ་ཀློའི;

109 **Barbarism**, *n.* ཀླ་ཀློའི་སྤྱོད་པ;

110 **Barbarity**, *n.* ཀླ་ཀློ་ལྟ་བུའི་ངན་སྤྱོད;

111 **Barbarous**, *n.* ཀླ་ཀློ་ལྟ་བུ;

112 **Barbarously**, *ad.* ཀླ་ཀློ་བཞིན་དུ;

113 **Barber**, *n.* སྐྲ་བཞར་མཁན;

114 **Bard**, *n.* སྒྲུང་བཤད་མཁན; སྒྲུང་ཚིགས་བཅད་དུ་བརྩོམ་མཁན;

115 **Bare**, *a.* རྗེན་པ; དམར་རྗེང་ངེ; གཅེར་བུ; སྒྲེན་མོ; གཅེར་བུ;

116 Barefaced, *a.* སྤྲ་གསང་མེད་པ; ལྷན་རྫོན་པར་འཆོང་བ་པོ; བལྷན་འཆོང;

117 Barely, *ad.* རྗེན་པར; དམར་རྗེན་དུ; འདངས་ཙམ; ཁྲབ་ཙམ; (ཨ་ལང་མ་ལང Collql.)

118 Bargain, *n.* ཚོང; ཁེ་ཚོང;

119 Bargain, *v.i.* ཚོང་སྒྲིག་པ;

120 Barge, *n.* གྲུ; གཟིངས;

121 Barilla, *n.* ག་ཐལ་ཡག་པོ་འབྱུང་བའི་ཤིང་ལྡོང་ཞིག;

122 Bark, *n.* ཤུན་པ; པགས་པ;

123 Bark, *v.t.* ཁྱི་ཧབ་པ; ཁྱི་འཕྱུང་བ; ཁྱིས་འཕྱུང་བ;

124 Bark or Bargue, *n.* གྲུ་ཟིང; གྲུ་གཟིངས; གཟིངས;

125 Barley, *n.* ནས; ནས་འབྲུ; གྲོ་ནས;

126 Barm, *n.* ཆང་གི་དབུ་བ; ཆང་གི་ལྦུ་བ;

127 Barmy, *n.* ལྦུ་བ་ཅན;

128 Barn. འབྲུ་ཁང;

129 Barnacle, *n.* འགྲོན་བུའི་རིགས་ཞིག; ཧའི་སྣ་སྒྲོག;

130 Barometer, *n.* ཚ་གྲང་བརྟག་པའི་ལག་ཆ་ཞིག; ཚ་གྲང་བརྟག་བྱེད་ཀྱི་འཁོར་ལོ་ཞིག;

131 Baron, *n.* བློན་རིགས;

132 Baronet, *n.* བློན་པོ་ཆུང་བའི་རིགས;

133 Baronetcy, *n.* བློན་རིགས་ཀྱི་གོ་ས;

134 Baronial, *a.* བློན་པོའི; སྡེ་པའི;

135 Baroscope, *n.* ཚ་གྲང་རྟག་བྱེད;

136 Barouche, *n.* འཁོར་ལོ་བཞི་བྱས་པའི་ཤིང་རྟ་ཞིག;

137 Barack, *n.* དམག་མིའི་ཁང་པ;

138 Barrel, *n.* ཆང་ཟེཾ; ལྕགས་རྡུང; ལྕགས་ཟེམ; པི་པ; (Tibetanised Hindi word).

139 Barrel, *v.t.* ཆང་ཟོཾ་ནང་ཀླུག་ནས་ཁ་བཅད་པ; ཆང་པི་པ་ནང་ཀླུག་ནས་ཁ་དམ་པོར་རྒྱབ་པ;

140 Barren, *a.* རབ་ཆད; སྙིཾ་པོ; {སྐམ་ཀྱག; སྐམ་རི་སྒང་ of a place (Sik.)}

141 Barrenness, *n.* སྙིཾ་པོ་ཡིན་ལུགས; { Ditto Ditto } སྐམ་ལུང;

142 Barricade, *n.* } ར་བ; སྟག་ར; གཙན་ཆས;

143 Barricade, *v.t.* } ར་བས་བསྐོར་བ; འགག་པ; སྟག་ར་བཀག་པ; གཙན་ཆས་ཀྱིས་བསྐོར་བ; གཙན་ཆས་བརྩིག་པ;

144 Barrier, *n.* འགག་མཚམས; ར་བ;

145 Barrister, *n.* ཁྲིམས་བདག་གི་མ་དུན་དུ་ཞུ་བ་པོར་འོས་པ; ཁྲིམས་ཁང་ནང་ཁྲིམས་དཔྱད་སྐབས་སུ་དོ་བདག་གི་ཁ་ཚབ;

146 Barrow, *v.t.* རོ་བྲུ་གྱི་གང་ལ་ས་སྤུངས་པ; དུར་ཁང་དུ་བཅུག་ནས་ས་སྤུང་པ;

147 Barrow, *n.* ཤིང་རྟ་འཁོར་ལོ་ཆུང་ཆུང་ཞིག་གི་མིང;

148 Bar shot, *n.* སྒྲོག་རྡེའུ་ཉིས་འབྲེལ་མ;

149 Barter, *v.t.* ཚོང་བརྗེས་རྒྱབ་པ;

150 Basalt, *n.* རྡོ་སྨུག་པོའི་བྲག;

151 Base, *a.* དམན་པ; མ་རབ; ཚུགས་མེད; ནོར་མི་ཉན་པ;

152 Base, *n.* ཞིཾ; ཞབས; རྩ་བ;

153 Base, *v.t.* གཙུག་པ; གཞི་འཛིང་པ; རྐང་བཙུག་པ;

154 Baseless, *a.* ཞབས་མེད; རྩ་བ་མེད་པ;

155 Basely, *ad.* མ་རབས་ཀྱི་སྤྱོད་པ་ལྟར་བྱེད་དེ; མ་རབས་ལྟར;

156 Basement, *n.* འོག་ཐོག, འདུ་ཁང,

157 Bashful, *n.* ངོ་ཚ་ཅན; Sik. གདོང་ཞན་པ;

158 Bashfulness, *n.* ངོ་ཚ; ངོ་དམའ་ལུང;

159 Basil, *n.* གཟེང་གི་ཁའི་ཕབ་མཚམས;

160 Basil, *n.* སྤོ་སྨན་ཞིག་གི་མིང;

161 Basin, *n.* གཞོང་པ; ཁྲིན་པ; རྒྱུག་ཆུ་ཞིག་གིས་ག་ཤོག་པའི་ཡུལ; གཙང་པོ་དང་དེའི་ནང་འབབ་པའི་ཆུ་ཕྲུང་གིས་ག་ཤོག་པའི་ལུང་པ;

162 Basis, *n.* གཞི; རྨངས; སྤྱི་གཞི;

163 Bask, *v.i.* བསྲོ་བ; བསྲོས་པ;

164 Basket, *n.* སླེ་པོ; ཊེས་པོ;

165 Bas-relief, *n.* ལྷ་སྐུ་གྱེང་ལོགས་ནས་ཕྱེད་ཙམ་འབུར་དེ་ཡོད་པ; འབུར་ཕྱེད;

166 Bass, *n.* དབྱངས་ཀྱི་རྗེར; གདང་དབྱངས་པོ་སྐད་ཀྱི་སྟོར; བྲིར་ས་རྡབ (adopted Hindi.)

167 Bass, *n.* འབྲུ་ཚང་ཁག་དཀྲིག་ཞིག་གི་མིང; ཚང;

168 Basoon, *n.* གླིང་བུ་རྗེར་ཆེན་པོ་ཞིག་གི་མིང;

169 Bast, *n.* ཤིང་ཤུན་ནང་མ;

170 Bastard, *n.* སྟོལ; ན་ལེ; (ཧྲ་དཀར; Sik.)

171 Bastard, *a.* ལུང་དང་ཁུང་མེད་པར་འབྱུང་བའི་རྒྱུ་གང་ཡིན;

172 Baste, *v.t.* ཤར་འཚོམ་རྒྱབ་པ; ཞབ་འཚོམ་རྒྱབ་པ;

173 Bastinado, *n.* རྒྱུག་བརྡུང;

174 Bastion, *n.* དགྲ་རྫིང་གི་ཟུར་གཉིས་ནས་ཚུར་ལྷག་པའི་རབ་གསལ;

175 Bat, *n.* བྲ་མ་བྲེ; སྤྲེ་ལོང་དར; སྤྲེ་ལོང; པ་ལྤང; (ཙེ་མོ་ཙེ་རྒྱུའི་རྒྱུག་པ; རྒྱེན་རྒྱུག the stick).

176 Bat, *v.i.* རྒྱེན་རྒྱུག་བསོར་བ;

177 Bat, *n.* རྒྱེན་རྒྱུག་འཆང་མི; ཧྲིང་བལ་གྱི་རས་སྲབ་མོ་འི་ཡུག; ཛ་སྲུག;

178 Batch སྦྱེ་མཚན;

179 Bate, *v.t.* མར་བཅག་པ; གོང་ཆུང་དུ་གཏང་བ;

180 Bathe, *v.t.* ཁྲུས་བྱེད་པ; བཀྲུ་བ;

181 **Bath,** *n.* ཁྲུས;

182 **Baton,** *n.* འཁར་སྤྱིལ; ཞིང་དབྱུག; འཁར་དབྱུག;

183 **Battalion,** *n.* དམག་ཚ་སི་གྲངས་ལྔ་བརྒྱ་ནས་བརྒྱད་བརྒྱ་འི་སྟོང་མཆོ་ ཐུབ་ཡོད་པ;

184 **Batter,** *v.t.* གསིལ་བུར་གཏོར་བ; {འཛག་ཚུ་བརྡུང་བ; Sik.}

185 **Batter,** *n.* གྲོ་ཞྲེ སྣ་ང་དང་འོ་མ་བསྲེས་ནས་སྐྱོ་མག་བཟོས་བཞག་ པ་ལ;

186 **Battering,** *n.* སྒྲོག་རྡོ་འཕང་རྒྱུའི་ཆས; སྒྲོག་རྡོའི་བརྡུང་བརྡེག;

187 **Battery,** *n.* མེ་སྒྲོག་གྲལ་དུ་འགྲིག་པ་དང་དེའི་ཆས;

188 **Battle,** *n.* གཡུལ་ངོ; གཡུལ་འཐབ;

189 **Battlement,** *n.* དགྲ་རྫིང་ཁང་ཐོག་ཏུ་ཡོད་པའི་ལྷུགས་རིའི་བརྩིག་པལ་ ཟེར;

190 **Bauble,** *n.* སྙིང་པོ་མེད་པའི་མིག་ཁར་མཛེས་ཁྲུད་ཅན་གྱི་ཅ་ལག;

191 **Bawd,** *n.* སྨད་འཚོང་མའི་ཚོང་དཔོན;

192 **Bawdy,** *a.* མི་གཙང་བ; བཙོག་པ; རྫེན་གཏམ་ཅན;

193 **Bawl,** *v i.* སྐད་ཆེན་རྒྱབ་པ;

194 **Bay,** *a.* རྟ་ཟག་པ; མདོག་དམར་པོ་བུས་པ;

195 **Bay,** *n.* རྒྱ་མཚོའི་འཁྲི་ཁུག་ཏུ་ཆད་པ; སྨན་ཤིང་གི་ལོ་མ;

196 **Bay,** *n.* ཁྲི་སྐད; བརྩིག་པའི་ནང་ནས་ཨེ་ཁྱང; གག་པ་ཐུག་ནས;

197 **Bay,** *v.i.* སྡུབ་ལོག་རྒྱབ་པ; To turn at bay.

198 **Bayonet,** *n.* མེ་མདའི་རྩེ་མདུང;

199 **Bayonet,** *v.t.* གྲི་མདུང་འཛུལ་བ;

200 **Bayonet,** *v.t.* མདུང; མེ་མདའི་ཁར་བཀྱོན་པའི་མདུང;

201 **Bazaar,** *n.* ཁྲོམ;

202 **Be,** *v.i.* གྱུར; ཡོང; བྱུང;

203 Beach, *n.* མཚོའི་འགྲམ;

204 Beacon, *n.* མེ་ཆག; སྒྲོན་མེ;

205 Bead, *n.* འཕྲེང་བ;

206 Beagle, *n.* རི་བོང་བདའ་རྒྱུའི་ཤ་ཁྱི་ཆུང་ཆུང་གི་རིགས་ཞིག;

207 Beak, *n.* མཆུ་ཐོ;

208 Beaker, *n.* ཆང་འཐུང་སའི་ཟེ་བསྐོད་མཆུ་ཅན་ཞིག་ཡིན;

209 Beam, *n.* ཤིང; (གདུང་མ; གཅལ; (Sik.)

210 Beam, *n.* འོད་ཟེར;

211 Bear, *v.t.* ཁུར་པ; འཁྱེར་བ; ཐེགས་པ;

212 Bear, *n.* གཅན་གཟན་དོཾ;

213 Beard, *n.* ཨག་ཚོཾ;

214 Beard, *v.t.* ཨོག་ཚོཾ་ནས་བཟུང་བ;

215 Bearded, *a.* ཨོག་ཚོཾ་ཅན;

216 Bearer, *n.* གཉེར་ཚུང་པ; འཁུར་མཁན; གཉེར་དཔོན;

217 Bearing, *n.* ཁྱེར་སོ; འཁྱིང་བག;

218 Beast, *n.* དུད་འགྲོ;

219 Beastly, *a.* དུད་འགྲོ་ལྟ་བུ;

220 Beat, *v.t.* བསྣུན་པ; བརྡེག་པ; བརྡུང་བ;

221 Beat, *a.* ཐང་ཆད་པ; ཐོཾ་པ; ཐང་ནད་ཆོད་དུ་སོང་བ;

222 Beater, *n.* བསྣུན་བྱེད; བརྡུང་མཁན;

223 Beatific, *a.* བདེ་བ་བསྐྱེད་བྱེད; བདེ་སྟེར; བདེ་སྦྱིན;

224 Beatify, *v.t.* བདེ་བ་བསྐྱེད་པ; བདེ་བ་བྱིན་པ;

225 Beating, *n.* བརྡུང་བརྡེག; ཉེས་དག;

226 Beatitude, *n.* བདེ་མཆོག; དགའ་བདེ; སྐྱིད་སྣང;

227 **Beau,** *n.* འཚོར་པོ; གཞར་པོ; སྟག་གཞར་མཚོར་འདོད་ཆེན་པོ;

228 **Beau Ideal,** *n.* ཡིད་སྨོན་གྱི་ཚད;

229 **Beauteous,** *a.* སྙིག་པ; མཛེས་པ;

230 **Beautiful.** མཛེས་པོ; སྙིག་པ;

231 **Beautifully.** མཛེས་པོར;

232 **Beautify.** མཛེས་པོར་བྱེད་པ;

233 **Beauty,** *n.* མཛེས་ཚུལ; མཛེས་ཆ; མཛེས་ལུགས;

234 **Beaver.** ཆུའི་བྱི་བ; ཆུ་བྱི; ཆུའི་ཙི་ཙི;

235 **Becalm,** *v.t.* ཐུར་སྐྱོད་དུ་བཅུག་པ; ཞི་རུ་བཅུག་པ; ཞི་བར་བཅོས་པ;

236 **Because,** *c.* དེའི་ཕྱིར; ཅི་ཕྱིར་ཞེ་ན; ཅི་ཕྱིར་ན;

237 **Beck,** *n.* ལག་ཡུད; ལག་བརྡའ; ལག་གཡོབ;

238 **Beck,** *v.i.* ལག་ཡུད་རྒྱབ་པ;

239 **Beckon,** *v.i.* ལག་ཡུག་རྒྱབ་པ;

240 **Becloud,** *v.t.* སྒྲིབས་པ; སྨུགས་པས་འཁྲིབ་པ;

241 **Become,** *v.i.* གྱུར་བ; འགྱུར་བ;

242 **Becoming,** *a.* སྒྲིཾ་པོ; འགྲིག་པོ;

243 **Becomingly,** *ad.* སྒྲིཾ་པོར;

244 **Bed,** *n.* ཉལ་ས; མལ; གཉེར; ཉལ་པོ; འདུཾ་རེ་ས་ཆ་
དུཾ་རེ་དུཾ་རེ་བྱས་བཀོས་པ་དེ་ལ་རང་ཟེར;

245 **Bed,** *v.t.* མལ་དུ་བཅུག་པ; ཉལ་སར་བསྐྱལ་བ;

246 **Bedaub,** *v.t.* ཚོན་རྩི་ཡང་དགར་རི་ཞིག་གིས་གང་བྱུང་བཀུས་པ;

247 **Bedazzle,** *v.t.* མིག་འཆེར་དུ་བཅུག་པ;

248 **Bedding,** *n.* མལ་བཟན; གདན་ཆས; མལ་ཆས;

249 **Bedeck,** *v.t.* བརྒྱན་པ; སྤྲས་པ;

250 **Bedew,** *v.t.* ཟིལ་པས་བྲབས་པར་བྱས་པ;

251 Bedim, *v.t.* སྒྲིབས་པར་བྱས་པ;

252 Bedlam, *n.* སྨྱོན་ཁང;

253 Bedouin, *n.* བྱེ་ཐང་སྒྲིམ་མཁན་གྱི་མི་རིགས;

254 Bedtime, *n.* གཟིམ་དུས; ཉལ་བའི་མཚམས་ཚོགས;

255 Bee, *n.* བུང་བ; སྦྲང་མ; (བྷྲ་མ་ར; Sanskrit word Tibetanised).

256 Beech, *n.* སི་རིས་ཤིང; Sik.

257 Beef, *n.* ནོར་ཤ;

258 Beehive, *n.* བུང་བའི་ཚང;

259 Beer, *n.* ཆང; འབྲུ་ཆང;

260 Beeswax, *n.* སྦྲ་ཚིལ;

261 Beet, *n.* ཉུང་དམར; ཡུང་ཧོག་སྨུག་པོ;

262 Beetle, *n.* འབུ་ཤོག་པ་བསྒྲ་མོ་ཡོད་པའི་རིགས;

263 Beetle, *v.i.* གཡབས་པ; ཟ་བ་ལས་ལྷག་པར་ཚུར་ལུག་པ;
(ལུག་པ; འང་གུག་ཆད་པ Sik.)

264 Befall, *v.t.* ཐོག་ཏུ་བབས་པ; (དཔེར་ན་རྐྱེན་ངན་བཞིན;)

265 Befit, *v.t.* རན་པ; སྦས་པ; འགྲིག་པ;

266 Befool, *v.t.* མགོ་འཕྲོ་ཏུ་བཙུག་པ;

267 Before, *prep. ad.* དེའི་སྔོན་ནས; སྔོན་ནས; ཐོག་མ་ནས; མདུན་དུ;

268 Beforehand, *ad.* ལག་སྔ་བ;

269 Befoul, *v.t.* གཙོག་པ་བཙོས་པ; སྒྲིབ་པ; གཙོག་པོ་བཟོ་བ;

270 Befriend, *v.t.* གྲོགས་བྱེད་པ;

271 Befringe, *v.t.* ཁ་ཚར་བཏགས་པ;

272 Beg, *v.t.* སློང་བ; ཞུ་བ་ཐན་པ;

273 Beget, *v.t.* སྐྱེ་བ; འབྱུང་བ; བཙས་པ;

274 Beggar, *n.* སྤྲང་པོ; སྤྲང་མོ་བ;

275 Beggar, *v.t.* སྤྲང་པོར་བཅོས་པ;

276 Beggarly, *ad.* སྤྲང་པོ་ལྟ;

277 Beggary, *n.* སྤྲང་ལུས;

278 Begin, *v.t.* མགོ་གཙུག་པ;

279 Beginning, *n.* ཐོག་མ་ཉིད; མགོ་སྟོན་ཐོག;

280 Begird, *v.t.* སྐྲེ་རག་བཅིངས་པ;

281 Begirt, *v.i.* མཐའ་བསྐོར་བ; P. P. མཐའ་འཁོར་ཟིན་པ;

282 Begonia, *n.* ཚུ་རྩ; ཚུ་རྩའི་མེ་ཏོག;

283 Begone, *int.* པར་རྒྱུག;

284 Begot, *pp.* of Beget. སྐྱེས་པ; སྐྱེས་ཚར་བ;

285 Begrime, *v.t.* ས་དང་དྲེག་པར་འདྲེས་ནས་ཡོད་པ;

286 Begrudge, *v.t.* སེར་སྣ་བྱེད་པ; བྱིན་མི་འདོད་པ;

287 Beguile, *v.t.* གཡེང་བ; སླུ་བ; མགོ་བསྐོར་བ;

288 Beguilement, *n.* གཡེང་བ;

289 Begun, *v.t.* མགོ་རྩུཊ་པ;

290 Behalf, *ad.* ཆེད་དུ;

291 Behave, *v.* སྤྱོད་པ་སྤྱད་པ;

292 Behaviour, *n.* བྱ་སྤྱོད;

293 Behead, *v.t.* མགོ་བོ་བཅད་པ;

294 Beheld, *v.t.* མཐོང་ཚར་བ;

295 Behemoth, *n.* ཚུ་པག;

296 Behest, *n.* བཀའ་རྒྱ; བཀའ་བསྒོ; བཀའ; བཀའ་སློབ; བཀའ་མངགས;

297 Behind, *prep.* རྒྱབ་ནས; རྒྱབ་ལོཊ་སུ;

298 Behind, *ad.* རྒྱབ་ནས; རྟིང་དུ; ཕྱི་རུ;

299 Behindhand, *a.* རྗེས་སུ་ལུས་པ; ཕྱིས་དྲགས་པ;

300 Behold, *v.t.* བལྟས་པ; མཐོང་བ; (Intjn.) ཀྱེ་ཧོ; (Imp. བལྟོས་དང;)

301 Beholden, *a.* དྲིན་གྱིས་ནོན་པ; དྲིན་ཟག་པ; དྲིན་གྱི་བཀྱངས་པ;

302 Beholder, *n.* བལྟ་མཁན;

303 Behoof, *n.* དོན; ཁེ; བྲུས; ཕན;

304 Behoove, *v.t.* མཁོ་བ; དགོས་གནད་བྱུང་བ;

305 Being, *n.* ལུས་ཅན; སེམས་ཅན; སྲིད་པ; མཆིས་པ; ཡོད་པ;

306 Belabour, *v.t.* བརྟུང་བ; བསྟུན་པ;

307 Belay, *v.t.* སྟེང་དུ་བཀྲམ་པ; ཞི་འགག་པ;

308 Belch, *n.* སྐྱིག་པ་འདོན་པ;

309 Beldam, *n.* ཨ་ཕྱི; མའི་མ; ཕའི་མ; (ཨ་ནགས Sik.; ཛུ་ཛུ Sik.)

310 Beleaguer, *v.t.* དམག་དཔུང་གིས་མཐའ་བསྐོར་བ;

311 Belfry, *n.* དྲིལ་ཁང; དྲིལ་ཆེན་བརྡུང་པའི་དབུ་རྩེ;

312 Belial, *n.* འབྱུང་པོ་ཞུགས་པའི་མི; མི་ངན;

313 Belie, *v.t.* བརྫུན་དུ་བཏང་བ; བརྫུན་དུ་སྨྲ་བ;

314 Belief, *n.* དད་པ; ཡིད་ཆེས;

315 Believable, *n.* དད་པར་འོས; དད་འོས; ཡིད་ཆེས་པོ;

316 Believe, *v.t.* དད་པ་སྐྱེད་པ; བདེན་པར་འཆའ་བ;

317 Believer, *n.* དད་པ་བྱེད་མཁན;

318 Belike, *ad.* འདྲ་སྲིད; འདྲ་ཚོད་པ;

319 Bell, *n.* དྲིལ་བུ; vit. དྲིལ་བུ་བརྡུང་པ;

320 Belle, *n.* སྒེག་མོ;

321 Belles-lettres, *n.* སྙེབ་སྦྱོར་ལེགས་བཤད; སྙན་ངག;

322 Belligerent, *a.* དམག་རྒྱབ་པའི་ཚ་བ; དམག་རྒྱབ་མཁན་དོ་བདག;

323 Bell-metal, *n.* ལི; དྲིལ་བུའི་རྒྱུ; ཁྲོ; ལི་མ་ཁྲོ;

324 Bellow, *v.t.* ཁྲོ་མཆོག་བཞིན་དུ་སྒྲ་སྒྲོག་པ; ངར་སྐད་འདོན་པ; ངར་བ;

325 Bellows, *n.* འབུས་པ; མེ་གདང་རྒྱའི་འབུས་པ;

326 Belly, *n.* ཕོ་བ; ཕོ་རྡང; གྲོད་པ; གསུས་པ; ལྟོ་བ;

327 Belly, *v.i.* གསུས་པ་འཕྱང་བ; ལྟོ་བ་ཕྱུག་ཡ;

328 Belly-band, *n.* ལྟོ་འཆིང;

329 Belong, *v.i.* བདག་པོར་གྱུར་བ; གཏོགས་པ; མངའ་བ; བདོག་པ;

330 Belonging, *n.* བདག་མཛོད་བྱེད་པོ;

331 Beloved, *a.* སྙིང་མཐུན; མཐུན་བ་ཤེས;

332 Below, *prep.* འོག་དུ; བཤི་དུ;

333 Below, *ad.* འོག་དུ;

334 Belt, *ad.* སྐྲེ་རག་ལྟར་སྐེད་པར་བསྐོར་སྡེ;

335 Belt, *v.t.* སྐེ་རག་འཆིང་བ;

336 Bemoan, *v.t.* མྱ་ངན་བྱེད་པ;

337 Bench, *n.* ཀང་ཁྲི;

338 Bend, *v.t.* བཀུག་པ; གསོ་བ;

339 Bend, *n.* གུག; ཡོ; འཁྱོག;

340 Beneath, *prep.* འོག་དུ;

341 Benediction, *n.* བྱིན་འབེབས; རབ་གནས; བཀྲ་ཤིས་རབ་གནས;

342 Benefaction, *n.* དགེ་བ; མཐུན་རྐྱེན; སྐྱེད; ཡོན་སྐྱེད,

343 Benefactor, *n.* སྦྱིན་བདག; དྲིན་ཅན; བཀའ་དྲིན་ཅན; (སྐུ་དྲིན་ཆེན་པོ Respfl.)

344 Beneficent, *a.* ཕན་པའི་རྒྱུ;

345 Benefice, *n.* ཆོས་གཞིས་ས་ཆ;

346 Beneficed ཆོས་གཞིས་ཆ་དང་ལྡན་པ;

347 Beneficial, *a.* ཕན་པའི་རྒྱུ;

348 Benefit, *n.* ཁེ; དོན;

349 Benefit, *v.t.* ཁེ་སྒྲིན་པ;

350 Benevolence, *n.* སེམས་བཟང;

351 Benevolent, *a.* ཕན་སེམས་ཅན;

352 Benevolently, *ad.* ཕན་སེམས་ཀྱིས; ཕན་སེམས་བྱེད་དེ;

353 Benight, *v.t.* མུན་པ་རུབ་པ; ས་རུབ་པ;

354 Benign, *a.* སྙིང་རྗེ་ཅན; ཕན་སེམས་ཅན;

355 Benignant, *a.* ཐུགས་རྗེ; བཀྲིན་ཅན;

356 Benignity, *n.* ཐུགས་རྗེ; དྲིན; ཕན;

357 Bent, *n.* འཁྱོག; དང་པའི་འགྲོ་ཕྱོགས; ཡོ; འགྲོ་ཕྱོགས;
གུག; བློའི་འགྲོ་ཕྱོགས;

358 Bent, grass, *n.* སྤང་རྩྭ་གུག་པོ;

359 Benumb, *v.t.* གྲང་བས་སྦྲིད་པ; འཁྱགས་ནས་ཚོར་རྒྱུ་མེད་པར་སོང་བ;

360 Benzoin, *n.* སྤོས་ཀ་ཙང་སེ་ཁ་དང་བ་ཞིག; ཤིང་གི་ཁ་ཚུ་སྤྲོས་དྲི་ཅན་
ཞིག;

361 Bequeath, *v.t.* ཕ་གཞིས་ཕོག་པ; ཕ་གཞིས་སུ་སྤྲུལ་བ; གཞི་ག་
གནང་བ;

362 Bequest *n.* ཁ་འཆེམ་འཛོག་པའི་ནོར་སྐལ;

363 Bereave *v.t.* དབུལ་པོར་གཏང་བ; འཕྲོག་པ;

364 Bereavement, *n.* མྱ་ངན; སེམས་བྲེལ;

365 Berry, *n.* ཤིང་འབྲས་ཆུང་ཆུང་ཕྱི་ཤ་ནང་ཆ་བཅས་ཡོད་པ;

366 Berry, *v.i.* ཤིང་འབྲས་བཏགས་པ;

367 Berth, *n.* — གོ་ས; གོ་གནས; མལ; མལ་ཁྲི; གྲུ་ཟིང་གི་ཐོག་ཏུ་ཡོད་པའི་ཉལ་ཁྲི;

368 Beryle, *n.* — ཤུ་ཤ་ཀཱ་ར་བྱ་བའི་ནོར་བུའི་བྱེ་བྲག;

369 Beseech, *v.t.* — ཞུ་བ་ཕུལ་བ;

370 Beseem, *v.i.* — མིག་ཁར་མངོན་པ; ཡིན་ཚོད་འདུག;

371 Beset, *v.t.* — མཐའ་བསྐོར་བ; རུབ་པ; རུབ་རྒྱབ་པ; འཁྲིབ་པ;

372 Besetting, *p.a.* — འཁྲིབ་པ; འཁྲིབ་པའི;

373 Beside, *prep.* — འགྲི་དུ; ལོགས་ཁར; ཟུར་དུ; ཉེ་བར; འཇོ་ལོགས་ཁར;

374 Besides, *ad.* — མ་ཚད; དེ་ཕར་བཞག་པའི; ཕར་བཞག; ལྷ་བཞག;

375 Besides, *prep.* — ཕར་བཞག; ཟུར་དུ་བཞག་པའི; ཕར་ཚད; མ་ཟད;

376 Besiege, *v.t.* — དམག་དཔུང་གིས་མཐའ་བསྐོར་བ;

377 Besieger, *n.* — མཐའ་བསྐོར་མཁན;

378 Besmear, *v.t.* — བྱུག་པ; བཀུ་བ; བསྐུས་པ;

379 Besom, *n.* — འཕྱགས་མ; འཕྱགས་མས་འཕྱག་པ;

380 Besot, *v.t.* — གླེན་པར་བཅོས་པ; གླུན་པོར་འགྱུར་བ;

381 Bespangle, *v.t.* — ཐར་ཐོར་དུ་བརྒྱན་པ; ཐ་རེ་ཐོ་རེ་བྱས་བཀོད་པ;

382 Bespatter, *v.t.* — ཐོར་ཐོར་གཏོང་བ;

383 Bespeak, *v.t.* — བཤད་པ; སྐད་ཆ་བྱས་པ;

384 Besprinkle, *v.t.* — ཆུ་ཐོར་རེ་གཏོར་བ;

385 Best, *a.* — ཡག་ཤོས; ལེགས་ཤོས; ཨང་གི་དང་པོ;

386 Best-man, *n.* — བག་མ་གླངས་དུས་མག་པའི་བག་རོགས་དེ་ལ་ཟེར;

387 Bestial, *n.* — དུད་འགྲོ་ལྟ་བུའི;

388 Bestir, *v.t.* — འགུལ་བསྐྱོད་བྱེད་པ; དཀྲུག་པ;

389 Bestow, *v.t.* — གནང་བ; བཞག་པ; ཕྱི་པ;

390 Bestowal, *n.* གནང་སྦྱིན; བྱིན་ཕྱུགས; གནང་ཕྱུགས;

391 Bestrew, *v.t.* གཏོར་བ;

392 Bestride, *v.t.* ཞོན་པ;

393 Bestud, *v.t.* ཁྲ་བཀོད་པ; འབུར་བཀོད་པ;

394 Bet, *n.* རྒྱན; རྒྱལ;

395 Betake, *v.t.* ལས་སུ་འཛུག་པ; འཛུག་པ; འཛིན་པ; བཟུང་བ; འཛུ་བ;

396 Betel, *n.* གུ་ཡུག་ཨ་མ; སྒྲོ་ཉས; པན; སོ་ཙི;

397 Bethel, *n.* མཆོད་ཁང;

398 Bethink, *v.t.* བསམ་མནོ་གཏང་བ; བསཾ་བློ་སྐོར་བ;

399 Bethlehem, *n.* ཡེ་ཤུའི་འཁྲུངས་ཡུལ;

400 Betide, *v.t.* འབབ་པ; འབྱུང་བ;

401 Betimes, *ad.* དུས་སུ; རན་རན; རན་ཙམ་ནས;

402 Betoken, *v.t.* བརྡ་སྟོན་པ;

403 Betray, *v.t.* སྣྱོ་བ;

404 Betroth, *v.t.* གཉན་ཁ་སླས་པ; གཟའ་ཟླ་བུ་རྒྱུའི་ཁ་ཆིག་བཞེ་བ;

405 Betrothal, *n.* སློང་ཚང་སྡེར་ཟླང་བྱེད་པ; ཁྲོ་ཤུག་བུ་རྒྱུའི་ཁ་ཆིག;

406 Better, *ad.* དེ་བས་ཡག་པ; ལྷག་པར་ལེགས;

407 Better, *n.* གོང་མ; དྲག་རིམ;

408 Better, *v.t.* བཟང་དུ་གཏང་བ;

409 Between, *prep.* དཀྱིལ་དུ; དབར; བར་དུ;

410 Betwixt, *prep.* བར་དུ;

411 Bevel, *n.* ཟུར་ཤོག; ཟུར་གཞོག; ཟུར་འཕྲེད་གཞོག; གཟེང་གི་སོ་ལྷ་བུ;

412 Bevel gear, *n.* འཁོར་ལོ་སོ་ཅན་འགྲིག་ནས་ཡོད་པའི་འཁྲུལ་འཁོར;

413 Beverage, *n.* བཏུང་བའི་བྱེ་དྲག;

414 Bewail, *v.t.* མྱ་ངན་བྱེད་པ;

415 Beware, *v.i.* རིག་པ་སྒྲིམ་པ; ཚོད་ཟིན་པ;

416 Bewilder, *v.t.* མགོ་འཁྱོམ་དུ་བཅུག་པ;

417 Bewitch, *v.t.* ངན་སྔགས་བཏབ་ནས་དབང་དུ་བསྡུ་བ;

418 Bey, *n.* ཐུ་སྲུལ་མན་ཏུ་ཙུ་ཀྵ་པའི་རྫོང་བདག་ལ་ཟེར;

419 Beyond, *prep.* ཕ་རོལ་དུ;

420 Bias, *n.* བློའི་ཁ་ཕྱོགས; སེམས་ཀྱི་དཀར་ཕྱོགས;

421 Bias, *v.t.* བློ་སྣ་གསོ་བ; བློ་སྣ་འགུག་པ;

422 Bible, *n.* བསྟན་བཅོས; ཡེ་ཤུའི་ཆོས་ལུགས་ཀྱི་བསྟན་བཅོས;

423 Biblical, *n.* ཡེ་ཤུའི་བསྟན་བཅོས་ཀྱི;

424 Biblist, *n.* ཡེ་ཤུའི་བསྟན་བཅོས་དེ་རང་ལ་མོས་པ;

425 Bibulous, *a.* བཏུང་བསྐྱེམ་དད་ཅན; གཉར་སླང་བདེ་པོ; ཆང་དད་ཅན;

426 Bice, *n.* ཚོན་རྩེ་སྔོན་པོ་ཞིག;

427 Bicker, *v.i.* འཐབ་པ;

428 Bid, *v.t.* བཀའ་བསྒོ་བ; བཀའ་གནང་བ; རིན་སྒྲོགས་པ;
རིན་གོང་སྒྲུར་བ; བཀའ;

429 Bidder, *n.* ཉི་ཁྲམ་གྱི་སྐབས་སུ་གོང་བཀལ་མཁན་དེ་ལ་ཟེར;

430 Bide, *v.i.* འགུགས་པ; འགུགས་ནས་སྡོད་པ;

431 Biennial, *n.* ལོ་གཉིས་གཉིས་བར་ལ་གང་བབས་པ;

432 Bier, *n.* མི་རོ་འདྲེན་པའི་ཤིང་རྟ་ལ་ཟེར;

433 Big, *a.* སྦོམ་པོ; བོང་ཆེན་པོ;

434 Bigamist, *n.* ཕོ་མོ་གང་ཞིག་ལ་ཆུང་མ་འམ་ཁྱོ་ག་གཉིས་དུས་གཅིག
ལ་ཡོད་པ་དེ་དག་ལ་ཟེར་རོ; (གཟའ་གསུམ; Collql.)

435 Bight, *n.* (ཐག་པའི་གཞི་སྐོར་ལ་ཟེར; Sik.) ཛ་བཀུག;

436 Bigly, *ad.* སྦོམ་པོ་བྱེད་དེ;

437 Bigness, *n.* སྦོམ་པའི་རྣམ་གྲུར; བོང་ཆེ་ཚད; སྦོམ་ཚུལ; སྦོམ་ཚད;

438 Bigot, *n.* བློ་ཆུང; རང་ཆོས་ལ་ཧ་ཅང་གི་འཛིན་པ་ཆེ་ཐལ་ཤོར་བ;
བློ་དོག་པོ; ཀ་པ་ལི་མཁྲེགས་པོ;

439 Bigotted, *ad.* རང་གི་ཆོས་ལ་ཧ་ཅང་འཛིན་ཆེས་པ;

440 Bigotry, *n.* བཟུང་མཛོན་གྱི་མདུད་པས་འཆིང་གྲུགས་པ;

441 Bile, *n.* མཁྲིས་པ;

442 Bilge, *n.* གྲུ་ཟིང་གི་ཞམ་ཞེང་ཁ་ཆེ་ཤོས་དེའི;

443 Biliary, *ad.* {མཁྲིས་ནད་ཅན;} མཁྲིས་པའི;

444 Bilious, *a.* མཁྲིས་ནད་ཅན;

445 Bilk, *v.t.* མགོ་བསྐོར་བ; བློ་གཏད་པའི་མི་ཡི་བློར་སླུན་སྦྱིན་པ;
ཡིད་སླུན་དུ་འཇུག་པ; བློ་ཡམ་དུ་བཙུག་པ;

446 Bill, *n.* མཆུ་ཐྲོ;

447 Bill, *n.* ཁྲིམས་བདག་མང་པོ་ཚོགས་པའི་ཞལ་འཛོམ་ལ་ཟེར;

448 Bill, *n.* དངུལ་ཐོབ་པའི་ཐྲོ་ཡིག;

449 Bill, *v.i.* དངུལ་ལོ་ཟུན་ཐྲོ་ཡི་གེར་བཀོད་དེ་བཏང་བ;

450 Billet, *n.* ཡིག་ཆུང; དམག་མི་རང་རང་གི་སྡོད་གནས་སྟོན་པའི་
ཡིག་ཆུང;

451 Billet-doux, *n.* མཛའ་འགྲོགས་མོ་སྙིང་སྡུག་ལ་བཀུར་བའི་ཡི་གེ་དག་སྙིང་
ཅན་ལ་ཟེར; ཡིག་ཚིག་སྙན་པོ;

452 Billiards, *n.* བརྩེད་མོ་ལ་ཟེར;

453 Billion, *n.*— དུང་འཕྱུར; བྱེ་བ་བརྒྱ་ཕྲག་གཅིག་ལ་ཟེར;

454 Billman ཟོར་ཅན; དགྲ་སྟ་གྲུག་གྲུག་འཁྱེར་མི;

455 Billow, *n.* ཆུའི་རྦ་རླབས;

456 Billow, *v.i.* རྦ་རླབས་སུ་སྒྲིལ་བ; རྦ་རླབས་འཚོ་བ;

457 Billow, *v.i.* རྦ་རླབས་སུ་སྒྲིལ་བ ; རྦ་རླབས་འཚོ་བ ;

458 Billowy, *a.* རྦ་རླབས་ཅན ;

459 Bin, *n.* ཤིང་སྒྲོད་བ་ཤོཾ་ཆེ་བ་ལ་ཟེར ;

460 Binary, *a.* གཉིས་འབྲེལ་མ ; ཟུང་འབྲེལ ; འབྲེལ་མ ;

461 Bind, *v.t.* བསྡོཾ་པ ; བཅིང་བ ;

462 Binder, *n.* གླེགས་བཾ་གྱི་འཕྲུས་རྒྱབ་མི ; རྒྱབ་ཤ་སྦྱར་མཁན ;

463 Binding, *n.* ཆོས་ཀྱི་རྒྱབ་ཤ ; དཔེ་ཆའི་རྒྱབ་ཤ ;

464 Binnacle, *n.* ཀྲུ་ཟིང་ནང་ཕྱོགས་བལྟ་དང་སྐང་ཁྲུ་འབྲག་མ ;

465 Binocular, *a.* མཀྱངས་ཤེལ ;

466 Biographer, *n.* རྣཾ་ཐར་བརྩོམ་མཁན ;

467 Biography, *n.* རྣཾ་ཐར ;

468 Biology, *n.* གསོན་པོའི་ཤ་ཟུག་གི་ཚང་སྤྱངས་དབྱེ་བའི་རིག་གནས ;

469 Bipartite, *a.* ཟུང་དུ་གྲུབ་པ ; ཆ་གཉིས་ཡོད་པ ;

470 Biped, *n.* རྐང་གཉིས ;

471 Birch, *n.* སྟག་པ་ཤིང་ལྡོང ; སྟག་པ་ཤིང ;

472 Bird, *n.* བྱིའུ ; (བྱི་རྩུང ; Sik.)

473 Bird's eye, *a.* སྟེང་ནས་མཐོང་ལུགས ;

474 Bird's nest, *n.* བྱིའུའི་ཚང ;

475 Birth, *n.* སྐྱེ་བ ; འཁྲུངས་པ ; བཙས་པ ; ཕྲིའུ་བཙས་པ ;
སྐུ་འཁྲུང ; སྐུ་བལྟཾས ;

476 Birthday, *n.* སྐྱེ་བའི་ཉི་མ ; འཁྲུང་དུས ; སྐུ་བལྟམས་པའི་དུས ;
འཁྲུང་སྐར ;

477 Birthplace, *n.* སྐྱེ་ས་སྐྱེ་ཡུལ ;

478 Birthright, *n.* སྐྱེས་པའི་ཐོབ་ཐྱ ;

479 Biscuit, *n.* བག་ལེབ ; (དྲོ་ཞིན ; Tibetanised Chinese word) ;

480 Bisect, *v.t.* གཉིས་སུ་བགོ་བ ;

481 Bishop, *n.* དཔོན་སློབ; མཁན་པོ;

482 Bishopric, *n.* དཔོན་སློབ་གྱི་གོ་ས; མཁན་པོའི་གདན་ས; མཁན་པོའི་གོ་ས;

483 Bishmuth, *n.* ས་ནས་འབྱུང་བའི་རིན་པོ་ཆེའི་རིགས་གཅིག;

484 Bison, *n.* འབྲོང;

485 Bissoatile, *n.* ཆོས་གྲངས་ལྷག་པ; ཆོས་ལྷག; ཟླ་ལྷག;

486 Bit, *n.* ཏུཾ་བུ; དངུལ་ཊཾ་ཆུང་དུ; སྲབ་ལྷུགས;

487 Bit, *v.t.* སོ་རྒྱབ་པ;

488 Bitch, *n.* ཁྱི་མོ;

489 Bite, *v.t.* སོ་རྒྱབ་པ;

490 Bite, *v.t.* སོ་ཐེབ་ཚུལ;

491 Bitter, *a.* ཁག་པོ; རོ་ཁག་པོ; ཁག་ཐིག;

492 Bitterly, *ad.* ཤིན་ཏུ་སྐྱོ་བཞིན་དུ; ཧ་ཅང་སྐྱོ་པོ་བྱེད་དེ;

493 Bittern, *n.* བྱ་ཁྲའི་རིགས་ཞིག;

494 Bitterness, *n.* ཁག་ཚུལ; སྐྱོ་བ; ཁག་ཚུལ; ཁག་ཞུར;

495 Bitters, *n.* སྨན་རོ་ཁག་པོ་བྱས་པ;

496 Bitter sweet, *n.* མངར་ཁག;

497 Bitumen, *n.* རྡོ་སོལ་ནས་འབྱུང་བའི་བཀྲག་རྩི་ནག་པོ་མེ་ཁ་ཡེན་པོ་ཞིག་གི་མིང;

498 Bituminize བཀྲག་རྩི་ནག་པོར་འགྱུར་བ;

499 Bivalve, *n.* རྒྱང་གི་སྒང་སྦུ་གཉིས་ཡོད་པ; (དཔེར་ན་ཉ་ལྷ་བུ);

500 Bivouac, *n.* དམག་མི་ཞག་གི་ཚ་སོགས་འདབ་རྒྱུ་དེ་ལ་ཟེར;

501 Bivouac, *v.t.* དམག་མིའི་ཞག་བབས་སྡུ་སྡོད་པ;

502 Bi-weekly བདུན་ཕྲག་རེ་ལ་ལན་མ་གཉིས་རེ;

503 Blab, *v.i.* དོན་མེད་ཀྱི་སྨྲ་བ; ཅལ་ཅོལ་དུ་སྨྲ་བ;

504 Black, *a.* ནག་པོ;

505 Blackamoor, *n.* ཨ་ཙ་ར་མདོག་ནག་པོ;

506 Bladder, *n.* ལྒང་བུ;

507 Blade, *n.* གྲི་སོ; གྲི་ཁ;

508 Blamable, *a.* ཁ་ཉེས་རེ་བ; ཁ་ཉེས་ཕོག་ཏུ་རེ་བ; ཁ་འཕུར་འོས་པ;
སྐྱོན་དུ་བཟླ་འོས་པ;

509 Blame, *v.t.* ཁ་ཉེས་གཏང་བ;

510 Blameless, *a.* ཁ་ཉེས་མེད་པ;

511 Blameworthy, *a.* ཁ་ཉེས་རེ་བ;

512 Blanch, *v.t.* ངོ་གདོང་སེར་པོར་སོང་བ; གདོང་དཀྲག་ཉིས་པ;

513 Bland, *a.* ངག་སྙན་པོ; ངག་འཇམ;

514 Blank, *a.* སྟོང་པ;

515 Blanket, *n.* ཀཾ་བུ;

516 Blarney, *n.* ངོ་སྟོད; ངོ་སྟོ; ངོ་སྐྱུང་གི་བསྟོད་ར; (Bhut. ཤ་མོ;)

517 Blaspheme, *v.t.* བཀུར་པ་བཏབ་པ;

518 Blasphemy, *n.* བཀུར་པ;

519 Blasphemous, *a.* བཀུར་པའི་ཚུལ་གྱི; བཀུར་པའི་ཉེ་པ་ཅན;

520 Blast, *n.* བུ་ཡུག; ལྷགས་པ; རླུང་ཚུབ;

521 Blaze, *n.* མེ་ལྕེ; མེ་འོབས; *v.i.* མེ་བཞུར་རྒྱབས་པ;

522 Blazon, *v.t.* ངོཾ་པའི་ཆེད་དུ་ཕྱིར་བཀྲོ་པ; ངཾ་པ; (Sik. and Bhut.
གཡེར་ཟེལ་སྟོན་པ)

523 Bleach, *v. a.* གོས་སོགས་ཡང་ན་ཙ་ལག་གང་ཅུང་རླུང་ལ་སྟར་ནས་
དཀར་པོར་བཟོ་བ;

524 Bleak, *a.* རླུང་སྟང་པོ; བུ་ཡུག་སྟང་པོ;

525 Blear, *v.t.* མིག་ཆུས་མཐོང་སྣང་སྒྲིབས་པ; མིག་སྒྲིབས་པ;

526 Bleat, *v.i.* ལུག་གི་སྐད་སྒྲ་སྒྲོན་པ;

527 Bleed, *v.i.* ཁྲག་གཏང་བ; ཁྲག་ཞབ་པ;

528 Bleeding, *n.* ཁྲག་འཐོན་པ; ཁྲག་ཤོར་བ;

529 Blemish, *v.t.* སྐྱོན་བྱས་པ; *n.* སྐྱོན;

530 Blench, *v.i.* (Bhut. རྒྱབ་བཤུད་རྒྱབ་པ); ཕྱི་ཕྱིས་སོ་ཕྱི་ཤུར་
རྒྱབ་པ;

531 Blend, *v.t.* བསྲེ་བ;

532 Bless, *v.t.* སྨོན་ལམ་བཏབ་པ;

533 Blessing, *n.* སྨོན་ལམ; བཀྲིས; བྱིན་འབེབས:

534 Blest, *a.* སྨོན་ལམ་ཐེབས་ཟིན་པ;

535 Blew, *v.t.* ཕུ་འདེབས་པ;

536 Blight, *v.t.* སད་གཏང་བ;

537 Blind, *a.* ལོང་བ; *v.t.* ལོང་བ་བཅོས་པ; མིག་སྒྲིབ་པ;

538 Blindly, *ad.* ལོང་བ་བཞིན་དུ;

539 Blindness ལོང་ཚུལ; ལོང་བའི་རང་བཞིན;

540 Blink, *v.i.* མིག་ཚུ་ཚུ་བྱེད་པ;

541 Blinker, *n.* རྟའི་སྦབ་ལ་འབྲག་པའི་མིག་སྐྱོར་ཀོ་བ་གཉིས་པོ་དེ་ཡིན;

542 Bliss, *n.* བདེ་བ;

543 Blissful, *a.* བདེ་ལྡན;

544 Blissfully, *ad.* བདེ་མོར; བདེ་སྐྱིད་ལྡན་པོར;

545 Blister, *n.* ཚ་ཐོར; ཐོར་པ;

546 Blister, *v.t.* ཚ་ཐོར་སྟོན་པ;

547 Blithe, *a.* ཉིས་བདེ་མོ;

548 Blithesome, *a.* སྤྲོ་སེང་སེང; བདེ་ཉམས་ཅན;

549 Bloat, *v.t.* ལྦུ་འདེབས་ནས་བརྒྱངས་པ; རླུང་གིས་བརྒྱངས་པ;

550 Bloater, *n.* ཉ་སྐཾ; ཉ་དུ་བའི་ཐོག་སྐཾ་པ; ཉ་དུད་སྐཾ་རྒྱབ་པ་གང;

551 Block, *n.* ཨན་ཅོ; ཤ་གདན; ཤིང་དུམ;

552 Blockade, *n.* དམག་གིས་མཐའ་སྐོར་ནས་ཕྱི་ནང་འགྲུལ་བཅད་པ;

553 Blockhead, *n.* སྐྱོ་འཐོཾ་པོ; བླུན་པ;

554 Blonde, *n.* བུད་མེད་ཤ་ཐེ་ཤིན་དུ་དཀར་ཞིང་སྐྲ་སེར་སྐྱ་མིག་སྔོན་པོ་
བྱས་པ;

555 Blood, *n.* ཁྲག; རཀྟ; ཁྲག་དམར;

556 Bloody, *a.* ཁྲག་རལ་ཤིག་ཤིག;

557 Bloom, *n.* དམར་མདངས; ལང་ཚོ;

558 Blooming, *n.* ལང་ཚོ་དར་བ; དམར་མདངས་རྒྱས་པ;

559 Blossom, *n.* མེ་ཏོག;

560 Blot, *v.t.* གནག་ཛོབ་རྒྱབ་པ; ནག་ཐིག་རྒྱབ་པ;

561 Blotch, *v.t.* ནག་ཁྲེབ་བགོད་པ; ནག་ཐིག་རྒྱབས་པ; ནག་ཁྲེབ;

562 Blotter, *n.* ཕྱིས་མཁན;

563 Blotting paper, *n.* གནག་ཚ་སྣོ་པའི་ཤུ་གུ་འབོ་ཟོབ་ཞིག་ལ་ཟེར;

564 Blow, *n.* (of a fist ཛོག་རིལ; མུར་ཛོག) (Bhut. འབོ་དོ;)

565 Bludgeon, *n.* དབྱུག་པ; དབྱུག་ཐོ;

566 Blue, *n.* སྔོན་པོ;

567 Bluff, *s.* གད་པ; ཀྲོ་ཐོ;

568 Bluff, *a.* གཟུར་པོ་བོང་ཆེ་ལ་སྨྲ་བ་དྲང་གཏམ་ཅན; ཁ་ལབ་སྟོངས་
རྩུབ་པོ; ཀོར་གཏམ་ཅན;

569 Bluffness, *a.* སྨྲ་བ་རྩུབ་པའི་ཚུལ;

570 Bluing, *n.* སྔོ་མདངས་སྦྱིན་པ ; དཔེར་ན་གོས་དཀར་བཀྲུས་ནས་
སྔོ་མདངས་སྦྱིན་པའི་སྲོལ་ཡོད་པ་དེ་ལ་ཟེར ;

571 Bluish, *a.* སྔོན་པོ་ཙམ ; སྔོ་ཤིག་གེ་བ ;

572 Blunder, *v.i.* ནོར་བ ; འཁྲུལ་བ ; (n.) ནོར་འཁྲུལ ;

573 Blunderhead, *n.* གླེན་པོ ; (Sik. idiom) འགྲོ་རྟོས ; གླེན་པ ;

574 Blunderbuss, *n.* ཚ་མདའི་རིཊ་ཅིག ;

575 Blunt, *a.* རྣོན་མེད ; རྣོ་མེད་པ ; རྟུལ་པོ ; *v.t.* རྣོན་ངར་གསད་པ ;
v.t. རྣོན་མེད་བཅོ་བ ;

576 Blur, *v.t.* གནག་ཁྲིབ་བཀོད་ནས་མི་མངོན་པར་བཅོས་པ ;

577 Blurt, *v.t.* བྲོ་ཅོར་ཧོར་གཏོང་དུ་སླས་པ ; ཁ་ནས་ར་འཐོན་ལུག་
འཐོན་འདོན་པ ;

578 Blush, *v.i.* ངོ་ལ་འཛུམ་མདངས་རྒྱུག་པ ;

579 Blushing, *n.* ངོ་འཛུམ ; (ངོ་ཚ་བའི་རྐྱེན་གྱིས་ངོ་ལ་དམར་མདངས་
རྒྱུག་བཞིན་དུ ;

580 Blushingly, *ad.* ངོ་ཚ་བཞིན་དུ ; ངོ་དམར་པོ་བྱེད་བཞིན་དུ ;

581 Bluster, *v.i.* འཇིག་རེ་བཀོད་ཕྱིར་ངར་སྐད་འདོན་པ ; དཔའ་གཏོང་
འདོན ; ངར་ངར་བྱེད ;

582 Blusterer, *n.* ངར་སྐད་འདོན་དད་མཁན ; སྟོང་གཏམ་ཅན ;

583 Boa, *n.* སྦྲའི་ཡང་ན་སྦྲུན་གཟན་པ་པས་སྐྱེ་ལ་གཡོག་རྒྱུའི་གོས་
ཆ་དེ་ལ་ཟེར ; (སྦྲུལ་སྦྲ་ཆེན་=Boa constrictor)
(སྦྲུལ་སྐོས་མ་=Bhut. Ditto)

584 Boar, *n.* རི་ཕག ; (ནགས་ཕག Sik.) ཕག་རྒོད ;

585 Board, *n.* པང་ལེབ ; གཏོ་གླ ;

586 Board, *v.t.* གྲུ་ཟིང་གི་ཐོག་ལ་འཛེག་པ ; གཏོ་གླ་བྱས་ནས་སྡོད་པ ;

587 Boarder, *n.* ལྟོ་གླ་གནས་མལ་གཡར་ནས་ཟླ་གླ་བརྩིས་བྱས་ནས་
སྡོད་མཁན ;

588 Boarding-house, *n.* གདོ་དང་གནས་མལ་གཡར་སའི་ཁང་པ; ཟ་ཁང; —

589 Boarding school, *n.* གདོ་དང་གནས་མལ་སྦྱོར་བའི་སློབ་གྲྭ;

590 Boast, *v.i.* ཁྱེད་ངོཾ་བྱེད་པ; སྟོང་གཏཾ་བྱས་པ;

591 Boaster, *n.* དཔའ་ངོམ་མཁན; སྟོང་གཏམ་ཅན;

592 Boastful, *a.* དཔའ་ངོཾ་ཅན;

593 Boastfully, *ad.* དཔའ་ངོཾ་བྱེད་དེ;

594 Boasting, *n.* ཁྱེད་ངོཾ; སྟོང་གཏམ;

595 Boat, *n.* གྲུ་ཆུང;

596 Bob, *n.* འབུར་དུ་བྲོན་པ་ལའང་ཟེར; ཚོང་རིལ; འཕྱོང་རིལ;

597 Bobbin, *n.* འཚེམ་འགྲུག་གི་ཁབ;

598 Bobtail, *n.* མཇུག་རིལ་ཅན; ཉུ་གུ་ཐྲུམ་ཐྲུམ;

599 Bode, *v.t.* མངོན་ཤེས་བཤད་པ;

600 Bodement, *n.* བཟང་ལྟས་ངན་ལྟས་ཀྱི་རྟེན་འབྲེལ;

601 Bodice, *n.* བུད་མེད་ཀྱི་སྙིང་པར་གྱོན་པའི་གོས་སྟོ་ཞིག; སྙིང་བཀབ;

602 Bodied, *a.* གཟུགས་སུ་གྲུབ་པ;

603 Bodiless, *a.* གཟུགས་མེད;

604 Bodily, *ad.* གཟུགས་ཀྱི; སྐུའི;

605 Bodkin, *n.* སྦུང་གུ་ཕུང་ཅན;

606 Body, *n.* གཟུགས; སྐུ;

607 Bog, *n.* འདི་ལྡིར; འདམ་འཛབ;

608 Boggy, *a.* འདི་མཚོ་ཅན;

609 Bo-hea, *n.* ཛ་ནག་གི་སྤུས་ཚད་ཟོག་པ་ཞིག་ལ་ཟེར;

610 Boil, *v.i.* བཀོལ་བ;

611 Boil, *n.* སྐྲང་འབུར; འབྲོལ་པ;

612 Boiler, *n.* ཆུ་ཚན་བསྐོལ་སའི་སྣོད;

613 Boiling, *n.* ཁོལ་བཞིན་པ;

614 Boisterous, *a.* ཅ་ཅོ་ལ་དགའ་བ;

615 Bold, *a.* རྒོད་པོ; བློ་རྒོད་ཅན; ངར་རྒོད་ཅན;

616 Boldly, *ad.* རྒོད་པོ་བྱེད་དེ; ངར་པོ་བྱེད་དེ;

617 Boldness. རྒོད་སྤུངས; དར; ངར་རྒོད;

618 Bole. ཤིང་སྡོང་དུཾ; འབྲུ་གཞལ་བའི་བྲེ་ཚད;

619 Bolster, *n.* བཏྲས་རིང་པོ;

620 Bolt, *n.* སྒྲོའི་བཀྲའ་ཤིང; ཨེ་ལྷུར;

621 Bolter, *n.* བཀྲའ་ཤིང་རྒྱབས་མི;

622 Bolus, *n.* རིལ་བུ་ཆེནོ་ཁྱུར་མིད་གཏོང་དགོས་པ་ཞིག་ལ་ཟེར;

623 Bomb, *n.* མེ་སྒྲོག་གི་རྡེའུ་ཆེནོ་ལ་ཟེར;

624 Bombard, *v.t.* མེ་སྒྲོག་གི་རྡེའུས་བསྣུན་པའི་བརྡེག་པ;

625 Bombardier, *n.* མི་སྒྲོག་གི་རྡེའུའི་ཚ་བརྡེག་མཁན;

626 Bombardment, *n.* མེ་སྒྲོག་གིས་བརྡུང་བའི་ལས་དེའོ; མེ་སྒྲོག་གིས་རྫོབ་པའི་ལས;

627 Bombast, *n.* སྤྲོང་གཏཾ; ཁ་ལས;

628 Bona fide, *a.* ངོ་མ; དངོས་གནས;

629 Bond. སྤྲ་ཡིག; གམ་རྒྱ; འཛིན; ཐ་གན; གན་རྒྱ;

630 Bonds, *n.* ཐག་དཀྲིས; འཆིང་བ; འཆིང་མདུད; འཁྲི་བ; མདུད་པ; འཆིངས;

631 Bondage, *n.* བཙོན; འཆིང་བ;

632 Bondsman, *n.* བྲན; ཁོལ་པོ;

633 Bone. རུས་པ;

634 Bonfire, *n.* སྲིད་སྲིད་ཀྱི་ཚུལ་དུ་མེ་དཔུང་ཆེན་སྦར་བ་དེའོ;

635 Bonnet, *n.* སྲིས་དམན་གྱི་མགོ་ཁེབས་ཞྭ་ཚུང་ཞྭ་མོ་དག་ལ་ཟེར;

636 Bonny, *a.* སྒེག་པོ; མཛེས་པོ; ཉམས་རྒྱགས་པོ; ལང་ཚོ་དར་མོ;

637 Bonus, *n.* ལོ་ཕོགས་ཀྱི་བསྟན་ཁར་གསོལ་རས་སུ་གང་སྦྱིན་པ་དེའོ;

638 Bony, *a.* རུས་པ་ཁོག་གེ་བ;

639 Booly, *n.* བླུན་པོ; མྱོངས་པོ; ཆུ་བྱ་ཆེན་ཞིག་གི་མིང;

640 Book, *n.* པོ་ཏི; དཔེ་ཆ; གླེགས་བམ; དཔེ;

641 Booking, *n.* ཐོར་བཀོད་པ;

642 Boom, *a.* གྲུ་ཟིང་ཞུགས་སའི་མཚོ་སྐོར་གྱི་སྐེད་བཅད་དུ་ལྕགས་ཐག་
གམ་ཡང་ན་ཤིང་དུམ་བཞག་པ་དེ་ལ་ཟེར;

643 Boom, *v.i.* སྒྲ་རིང་རིང་ཞེས་སྒྲོན་པ; སྐད་ཆེན་པོ་བྱས་པ;

644 Boon, *n.* དངོས་གྲུབ;

645 Boon, *a.* བློ་ཆགས་པོ; ཉམས་དགའ་མོ; དགའ་སྤྲོ་ཅན;
སྐྱིད་ཉམས་ཁ་བྲ;

646 Boor, *n.* མི་ནག་པ; རྟོར་འབྲོག་པ་ལྟ་བུ;

647 Boorishness, *n.* མིག་ལྟོས་མེད་པའི་བྱ་སྤྱོད;

648 Boot, *v.t.* ཁེ་འབྱུང་བ; ཁེ་ཐོབ་པ; ལྷམ་གོག་ཡུ་རིང;

649 Booth, *n.* ཁྲོམ་དུ་གྱུར་རམ་ཡང་ན་ཁང་མིག་ལྟ་བུའི་ཡ་ཅ་བཀྲམ་
ས་དེའོ;

650 Bootless, *a.* ཁེ་མེད; དོན་མེད;

651 Booty, *n.* ཐུགས་ཆ; འཕྲོག་བཅོམ་བྱས་པའི་རྒྱུ་ནོར;

652 Bo-peep, *n.* སྦ་ཡིབ་ཀྱི་རྩེད་མོ;

653 Borax, *n.* ཤོ་ར་ག་ཞེས་པའི་ཚ་ཞིག་ལ་ཟེར; རྒྱ་ཚྭ;

654 Border, *n.* མཐའ;

655 Bore, *v.t.* ཨི་ཁུང་འཐིག་པ;

656 Boreas, *n.* རླུང་ཆེན་གྱི་མིང;

657 Borer, *n.* ཨོ་ཁུང་འཐིག་རྒྱུའི་ལག་ཆ; མི་སྨུན་ or སྨུན་ཐག་ཐག;
སྨུན་འབྲིན་མཁན;

658 Born, *v.i.* སྐྱེ་བ;

659 Borne, *pp.* འཁུར་ཡོད་པ; ཁྱངས་ཡོད་པ; འབག་པ;

660 Borough, *n.* གྲོང་ཚོ; གྲོང་མཚོ;

661 Borrow, *v.t.* གཡར་བ; སྐྱི་བ;

662 Bosh, *n.* ཚོ་མེད་ཀྱི་སྐད་ཆ; ཛབ་ཆུང་གི་སྐད་ཆ;

663 Bosom, *n.* ཁོག་པ; ཁྲང;

664 Boss, *n.* ཁྲ; པོར་ཚུང; འབུར་འབུར; ལྦུག་ལྦུག; འབུར;

665 Botanic. ཤིང་སྨའི་རིག་གནས་ཀྱི་སྐོར;

666 Botanist, *n.* ཤིང་སྨའི་རིག་གནས་ལ་བརྩོན་པ;

667 Botany, *a.* ཤིང་དང་སྔོ་སོགས་དབྱེ་བའི་རིག་གནས;

668 Botch, *n.* ལྷན་པ; ལྷན་པ་གང་བྱུང་འདེབ་པ; གླན་པ;

669 Both, *a.* གཉིས་ཀ;

670 Bother, *v.t.* སྐྱུན་སྒྲིན་པ; སྐྱུན་སྒྲིན་པ; ཁོང་ཁྲོ་སློང་བ;

671 Botheration, *n.* སྐྱུན; ཁོང་ཁྲོ; སེམས་སྐྱུན;

672 Bothersome, *a.* སྐྱུན་པོ; སྐྱུན་པོ;

673 Bottle, *n.* ཤེལ་དམ; ཤེལ་བུམ; བུམ་པ;

674 Bottom, *n.* གཏིང; བ-ཤམ; གཏིང;

675 Bottom, *v.t.* འོག་ཏུ; ཞམ་བཀོད་པ;

676 Bottomless. གཏིང་མེད; གཏིང་རིང་དྲག་ནས་མི་མཐོང་པ;
གཏིང་གཞལ་དུ་མེད་པ;

677 **Bough**, *n.* ཡལ་ག;

678 **Bought**, *n.* ཉོས་ཟིན་པའི་ཅ་ལག་གང; ཅིབ་རྡོ་སྦྲད་ནས་རང་ཕྱོར་སྲུ་འཁྱག་ཟིན་པ;

679 **Bought**, *v.i.* ཉོ་བ; ཉོས; ཉོས་ཟིན་པ;

680 **Bounce**, *v.i.* འཆོང་པ; དཔའ་གཏམ་འགྱུར་བ;

681 **Bound** (part). མཚམས་ཀྱིས་འགག; འགག་པ;

682 **Boundary**, *n.* ས་མཚམས;

683 **Bounden**, *a.* འཆིངས་པ; དྲིན་དོག་ཆུད་པ;

684 **Boundless**, *a.* མཐའ་མེད; མཐའ་ཡས;

685 **Boundlessness**, *n.* མཐའ་མེད་པོའི་ཆོས་ཅན; མཐའ་ཡས་ལྟར;

686 **Bounteous**, *a.* གཏོང་ཕོད་ཅན; ལག་ཡངས; རྒྱ་ཆེར་བྱིན་ནུས;

687 **Bounteously**, *ad.* རྒྱ་ཆེན་པོ་བྱེད་དེ;

688 **Bounteousness**, *n.* གཏང་བྱིན; གནང་བྱིན་རྒྱ་ཆེ་ལུགས;

689 **Bountiful**, *a.* གནང་བྱིན་རྒྱ་ཆེན་པོ;

690 **Bountifully**. གནང་བྱིན་རྒྱ་ཆེན་པོ་བྱེད་དེ;

691 **Bounty**, *a.* གནང་བྱིན; གསོལ་རས; ཐུགས་རྗེ;

692 **Bouquet**, *n.* མེ་ཏོག་ཆག་པར་བཅིང་ནས་ཡོད་པ;

693 **Bourgeois**, *n.* གྲོང་པའི་སྡེབས་ནས་འཚོང་པའི་གྲལ;

694 **Bourgeon**, *v.i.* ཉུ་གུ་སྐྱེས་བ; ཡལ་ག་སྐྱེས་པ;

695 **Bourn**, *n.* ཆུ་ཀླུང; ས་མཚམས་ཆུ་མཚམས;

696 **Bourse**, *n.* ཁྲོཾ;

697 **Bout**, *n.* ལག་ཐེང; (Sik.) ཅབ་ཅིག; ཐང་ཅིག; ལན;

698 **Bow**, *v.t.* ཕྱག་འཚལ་བ; མགོ་གུག་པ;

699 **Bow**, *n.* གཞུ;

700 **Bowel**, *n.* གྲོད་པ; ཕོ་བ; ལྟོ་བ;

701 Bower, *n.* — མེ་ཏོག་གི་གུར་ཁང་; གཟིམ་ཆུང་; ཁང་པ;

702 Bowl, *v t.* — སྒྲིལ་ཅིང་འཕང་པ; བསྒྲིལ་བ;

703 Bowl, *n.* — ཕོར་པ; གཞོང་པ; ལྷུང་བཟེད;

704 Bowlder, *n.* — རྡོ་ཕུང་; ཕ་བོང་;

705 Bow-legged, *a.* — {རྐང་པ་གཞུས་གོར་ཅན; Bhut.} རྐང་པ་ཞ་འཁྱོག་ཅན;

706 Bowler, *n.* — གྲིན་འཕང་མཁན;

707 Bowman, *n.* — གོ་གྲུའི་ནང་ནས་གྲུ་སྐྱ་བཟུང་མི་དང་པོ་དེ;

708 Bowsprit, *n.* — འཕྲེད་ལ་སྐྱལ་ནས་ཡོད་པའི་གྲུའི་ཤིང་;

709 Bowstring, *n.* — གཞུ་ཐག;

710 Bow-wow, *n.* — སྒོ་ཁྱི;

711 Box, *n.* — སྒྲོམ; སྒྲོམ་བཅག;
Bhut. ཀོ་ཀྲོག་མ; གདན་ལྕག་ཕྱི་ལྷས་མ;

712 Boxer, *n.* — རྡོག་རིལ་ལ་འབྱོངས་པ; ཁུ་ཚུར་བརྡེག་པ་ལ་འབྱོངས་པ;

713 Boy, *n.* — བུ་ཚ; ཕྲུ་གུ; བུ; (སྤུ་གུ Collql.)

714 Boyhood, *n.* — ཕྲུ་གུའི་སྐབས;

715 Boyish, *a.* — བྱིས་པ་ལྟ;

716 Boyishly, *ad.* — བྱིས་པ་ལྟར;

717 Brace, *n.* — ཆ; ལག་ངར་གཉིས་པོ་ལ་ཟེར;

718 Brace, *v.t.* — བདེག་པ; འཆིང་བ; བསྡོམས་པ; (ཚ་བཀྲིང་བ Bhut.)

719 Bracelet, *n.* — ལག་གདུབ;

720 Bracing, *n.* — གསོ་ནུས; ཁམས་བདེ་བསྐྱེད་ནུས;

721 Bracken, *n.* — སྐྱེས་མ་ཞེས་པའི་སྔོ་ཞིག་གི་རིགས;

722 Bracket, *n.* — སྔང་ཚུང་; སྐྱང་ཀ་ཚང་དུ;

723 **Brackish,** *a.* ཚྭ་ཅན; ཚྭ་བྲོ་ཅན;

724 **Bract,** *n.* མེ་ཏོག་གི་བཞིན་ན་ཡོད་པའི་ལོ་མ་དེའོ;

725 **Bracteal,** *a.* མེ་ཏོག་བཞིན་ན་ལོ་མ་དང་ལྡན་པ;

726 **Brad,** *n.* ལྕགས་གཟེར་མགོ་མེད་པ;

727 **Brag,** *v.i.* དཔའ་ངོམ་བྱེད་པ;

728 **Braggart,** *n.* དཔའ་ངོཾ་མཁན;

729 **Brahma,** *n.* ལྷ་ཚངས་པ;

730 **Braid,** *v.t.* ཟླས་པ; སླས་པ; ཟླ་བ;

731 **Braid,** *n.* དར་གྱི་སྣ་འཆིང་ལེབ་ཆུང་ངུ་ཞིག;

732 **Brain,** *n.* ཀླད་པ;

733 **Brake,** *a.* བཙུམ་གཟེར་བསྐོར་དབང་འགག་པའི་དེའོ;
ཡང་ཀྱུར་གདུབ་ལའང་ཟེར་རོ;

734 **Brainless,** *n.* ཀླད་མེད;

735 **Bramble,** *n.* ཚེར་མ་ཅན་གྱི་སྡོ་ཕུང;

736 **Bran,** *s. & sp.* ཕྱེ་ཕྲལ;

737 **Branch.** ཡལ་ག;

738 **Branchless.** ཡལ་ག་མེད་པ;

739 **Brarid,** *n.* མེ་ཆག;

740 **Branding-iron,** *n.* མེ་ཙ་གདར; ཀྱུའི་ལྕགས;

741 **Brandish,** *v.t.* མཚོན་ཆ་གཡུག་པ; གཡུག་བ; འཕྱར་ནས་གཡུག་པ;

742 **Brandy,** n. ཆང་ཨ་རག་ཞིག་གི་མིང;

743 **Brass,** *n.* རག; ར་གན;

744 **Brassy.** ར་གན་ལྟ་བུ;

745 **Brat.** སྤྲུག་ཕྲུག;

746 Bravade, *n.* དཔའ་གཏྟིཾ;

747 Brave, *a.* སྙིང་སྟོབ་ཆེནོ;

748 Bravely, *ad.* སྙིང་སྟོབས་ཆེནོའི་ངང་ནས;

749 Bravery, *n.* སྙིང་སྟོབས; སེམས་དཔའ;

750 Bravo, *n.* མི་བཀུ་བསད་རྒྱབས་པའི་ཁས་ལེན་པོ;

751 Bravo, *int.* འོ; ཡག་བྱུང; འོ; ལེགས་སོ;

752 Brawl, *v.i.* སྨུག་འཐབ་རྒྱབ་པ;

753 Brawler, *n.* ཙ་ཙོ་དང་བཅས་ཏེ་འཐབ་མཁན;

754 Brawn. ག་ཤེད; ཁོང་རྩལ; རི་ཕག་གི་ཤ; ཕག་མགོ་ཚོད་པོ;

755 Brawny, *a.* སྒྲུགས་པོ; ག་ཤད་ཅན; རྩལ་ཆེན;

756 Bray, *v.t.* བོང་སྐད་རྒྱབ་པ; ཞིབ་ཏུ་བདག་པ་ལའང་ཟེར;

757 Bray, *n.* བོང་སྐད;

758 Braze, *v.t.* ཚ་ལི་གཏང་བ; རག་ཙི་གཏང་བ;

759 Brazen, *a.* ར་གན་ལྟ; ངོ་ཚ་རྒྱུ་མེད་པ; གདོང་བཟང;

760 Brazen, *v.t.* ར་གན་ཏུ་འགྱུར་བ;

761 Brazier, *n.* ར་གན་གྱི་ལས་བྱེད་མཁན; སོལ་བའི་བསྣོད;

762 Bread. ཁུ་ར; བག་ལེབ;

763 Breadth, *n.* ཞེང་ཁ;

764 Break, *v.t.* བཅག་པ;

765 Breakage. ཆག་སྒྲུཾ;

766 Breaker, *n.* བཅག་མཁན;

767 Breakfast, *n.* ཏྲོ་ཟས; (སྔ་དྲོའི་ཞལ་ལག Hon.)

768 Breakneck, *a.* སྐེ་བཅག་ཉེན་ཆེནོའི་ཕུར་ཐུག; སྐེ་བཅག་ཉེན་ཆེན་པོའི་རྒྱུག་ག་ཤའ;

769 Breakwater, *n.* རྒྱ་མཚོའི་འགྲོ་རྒྱུ་ཆུའི་གཤུག་བཅག་པའི་ཕྱིར; ས་སྤུང་སྤུང་བ་དེ་ལ་ཟེར;

770 Bream, *n.* ཉ; ཆུ་གཙང་མར་གནས་པའི་ཉ;

771 Breast, *n.* བྲང་ཁོག;

772 Breath, *n.* དབུགས;

773 Breathe, *v.t.* དབུགས་བཏང་བ;

774 Breathing. དབུགས་ཀྱི་འགྲུ་བ;

775 Breathless. དབུགས་མི་འཐོན་པ;

776 Breech, *n.* སྨད་ཁོག; མེ་མདའི་ཀྱང་ཤིང;

777 Breeches. དོར་མ; སྨད་གོས;

778 Breechloading. མེ་མདའ་རྫས་རྫིལ་བཞམ་ནས་སྤེར་བ;

779 Breed, *n.* བསྐྱེད་པ; སྐྱེ་བ;

780 Breeding, *n.* ཟ་སྤྱོད་འགྲོ་གསུམ་གྱི་བསླབ་བྱ; མིག་ལྟོས;

781 Breeze, *n.* རླུང་བུ; སྐྱི་སེར;

782 Breezeless, *a.* རླུང་བུ་མེད་པ;

783 Brethren. སྤུན་ཟླ; ཟླ་བོ; རོགས; ཟླ་གྲོགས;

784 Breve, *n.* གོ་ནས་བདག་སྐྱེམ་སྐྱོལ་བའི་གཞུང་གི་བཀའ་རྟེན;

785 Brevier, *n.* པར་ཡིག་ཆེ་ཆུང་གི་ཉི་པ;

786 Brevity, *n.* བསྡུས་ཚུལ; ཐུང་ཚུལ; ཐུ་ལུགས;

787 Brew, *v.t.* ཆང་བརྐྱལ་བ;

788 Brewer. ཆང་བརྐྱལ་མཁན,

789 Brewery, *n.* ཆང་བཟོ་ས;

790 Brewing, *n.* ཆང་བསྐོལ་བ, ཆང་མལ་གཅིག;

791 Bribe, *n.* སྐྱི་ལུག; ཅིབ་རྡོ;

792 Brick, *n.* རྫ་པག; སྦྲུ; ས་སྤག;

793 Brick, *v.t.* སྦྲ་བོས་སྐྱོར་བ;

794 Bridal, *a.* བག་མའི;

795 Bride, *n.* བག་མ;

796 Bridesmaid, *n.* བག་རོགས;

797 Bridge, *n.* ཟཾ་པ;

798 Bridle, *n.* སྲབ;

799 Brief, *a.* ཐུང་ཐུང;

800 Brief, *n.* བསྡུས་པ; བསྡུད་པ;

801 Briefly, *ad.* ཐུང་ངུར;

802 Brier, *n.* ཚེར་འདུབ;

803 Brig, *n.* གྲུ་ཆུང;

804 Brigade, *n.* ཏ་དམག་དེང་མཚོ;

805 Brigadier-general. ཇུ་དཔོན; མདའ་དཔོན;

806 Brigand, *n.* ཇག་པ;

807 Brigandage. ཇག;

808 Bright. འོད་ལྷག་གེ་བ; འོད་ཅན;

809 Brighten. འོད་སྐྱེད་པ;

810 Brightly. འོད་ལྷག་གེར;

811 Brilliancy, *n.* འོད་ཟེར; འོད; མཚེར་མདངས;

812 Brilliant. འོད་ཅན;

813 Brilliantly, *ad.* འོད་ལྷག་གེར;

814 Brim, *a.* སྣོད་ཀྱི་ཁ;

815 Brimful, *a.* ཁ་གང་བར; (ཁ་ཕྱུག་གང; Sik.)

816 Brimming, *a.* ཁ་ཡམ་མེར་ཁེངས་ཏེ་ཡོད་པ;

817 Brimstone, *n.* མུ་ཟི;

818 Brinded, *a.* སྟག་ཁྲ་ཅན་ལྟ; མདོག་སྣ་ཚོགས་ཡིན་པའི་ཐིག་ཁྲ་ནག་པོ་ཡོད་པ;

819 Brindled, *a.* སྟག་ཁྲ་ཅན;

820 Brine, *n.* ཚྭ;

821 Bring, *v.t.* ཁྱེར་ཡོང་བ; འཁྱེར་བ; ཁྱེར་པ; (འབག་པ Sik.)

822 Brinish, *a.* ཚྭ་ཁ་ཅན;

823 Brink, *n.* ཟུར་ཁ;

824 Briny, *a.* ཚྭ་ཅན;

825 Brisk, *a.* ཁྱུག་པོ;

826 Brisket, *n.* ཤ་ཁོག་བྲང; བྲང་ཁོག;

827 Briskly. ཧུར་པོ་བྱེད་དེ;

828 Briskness, *n.* ཧུར་ལུགས;

829 Bristle, *n.* ཕག་ཟེ;

830 Bristle, *v.t.* ཕག་ཟེ་རིང་ངེ་བྱེད་པ;

831 Bristly, *a.* ཕག་ཟེ་རིང་ངེ་བ;

832 Bristol-board, *n.* ཤོག་སྦུར་ཐུག་པོ་བདར་མ་རྒྱབ་པ;

833 Britannic, *a.* ཨིན་ཇི་འམ་ཨང་གི་རྫི་རྒྱལ་ཁབ་ཀྱི;

834 British lion, *n.* ཨང་གི་རྫི་རྒྱལ་ཁབ་ཀྱི་རྟགས་སེངྒེ་དེ;

835 Briton, *n.* དུས་སྔ་མོའི་ཨང་གི་རྫི་ཡུལ་གྱི་མི་རིགས;

836 Brittle, *a.* ཆག་ཉེན་ཆེན;

837 Broach, *n.* གཙུ;

838 Broach, *v.t.* ལོ་རྒྱུས་སོ་གཉེར་སོགས་སྣ་འདྲེན་བྱེད་པ;

839 Broad, *a.* ཞིང་ཁ་ཆེན་;

840 Broadcast. རྒྱ་ཁྱོན་ཆེན་བྱེད་དེ;

841 Broadcloth, *n.* སྣམ་སྣུཾ;

842 Broadly, *ad.* རྒྱ་ཞིང་ཆེན་པོར;

843 Broadness, *n.* རྒྱ་ཞིང་ཆེ་ལུགས;

844 Broadside, *n.* གྲུ་ཟིང་གི་ལོགས་ཀྱི་མེ་སྒྲོག་ཚངས་མ་སྤེལ་ཅིག་ལ་
རྒྱབ་པ་ལ་ཟེར;

845 Broad sword, *n.* གྲི་པ་དྲུཾ་ཞིང་ཁ་ཆེན་པོ;

846 Brocade, *n.* ཀྲིང་གབ; ཞེབ་གན;

847 Broccoli, *n.* སྤོ་ཚོད་ཀོ་བི་འདྲ་པོ་གཅིག;

848 Brochure, *n.* དཔེ་ཆ་མགོ་འཚོམ་ཅན་ཤོག་གྲངས་ཉུང་ངུ;

849 Brocket. ཤ་ཕོ་ལོ་ལོན;

850 Brogue, *n.* ཀོ་ལྷམ;

851 Broider, *n* གོས་མཐའ;

852 Broil, *n.* འཁྲུག་ཟིང;

853 Broil, *v.t.* བསྐོལ་བ; འཚོད་སྤོ་བྱེད་པ;

854 Broke, *v.i.* བཅག་པ;

855 Broken, *a.* ཆག་པ; ཆག་གྲུ་ཅན;

856 Brokenly, *ad.* ཆག་གྲུཾ; དང་བཅས་དེ;

857 Broker, *n* ཚོང་གི་བར་མི;

858 Brokerage. (ད་ལཱ་ལི; ད་ལཱལ; Hindi) ཚོང་འགྲིག་མཁན་བར་མི;

859 Bronchial, *a.* གློ་བའི་རླུང་བུག་གི;

860 Bronchitis, *n.* གློ་འཆམ; གློ་གནད; འཚོ་པ;

861 Bronze, *n.* ལི་མ་ཁྲོ; ཁྲོ; ལི;

862 Bronze, *v.t.* ལི་མདོག་ཏུ་འགྱུར་བ;

863 Brooch, *n.* གཙུ; བྲང་བརྒྱན; (ཀ་ཙུང་ Sik.)

864 Brood, *n.* བྱ་མོས་སྒོ་ངའི་སྟེང་ལ་གབ་པ;

865 Brook, *n.* ཆུ་ཕྲུང;

866 Brook, *v.t.* འགག་པ;

867 Broom, *n.* ཕྱགས་མ; འཇག་མ;

868 Broth, *n.* ཐུག་པ; ཤ་ཁུ; ཤ་ཐུག;

869 Brothel, *n.* སྨད་འཚོང་མའི་ཁང་པ;

870 Brother. སྤུན་ཟླ;

871 Brotherhood. སྤུ; མཆེད་གྲོགས;

872 Brotherly, *n.* སྤུན་ཟླ་ལྟུ;

873 Brougham, *n.* ཤིང་རྟ་སྒོ་ལྡན་ཡང་མོ; ཤིང་རྟ་སྒོ་ཡོད་པ་འཁྱེར་
བདེ་པོ་ཞིག་ལ་ཟེར;

874 Brow, *n.* དཔྲལ་བ;

875 Browbeat, *vt.* དཔྲལ་བ་བཅག་པ;

876 Brown, *n.* དམར་སྨུག;

877 Brownish. སྨུག་པོ་ཚས; སྨུག་ཁ;

878 Brownness, *n.* སྨུག་ཚ;

879 Browse, *v.t.* རྩ་ཟ་བ;

880 Bruise, *v.t.* བརྡུང་སྨྲམ་བཙུག་པ;

881 Bruit, *n.* ངར་བ; ངར་སྐད་འདོན་པ;

882 Brumal, *a.* དགུན་ཀའི;

883 Brunette. བུ་མོ་ཁ་མདོག་སྨུག་མདངས་ཅན; བུ་མོ་ཤ་ཐེ་སྤྲ
དམར་བུས་པ;

884 Brunt, *n.* རྩེ; གཡུལ་ལག་སྤྲོད་པའི་ཤུགས་སྒྲགས; སོ་ཁ;

885 Brush, *n* པིར; པག་ཟེ;

886 Brush, *v.t.* ཕག་ཟེ་རྒྱབ་པ ; ཕྱིས་གཏང་བ; བྱི་དོར་བྱེད་པ ;

887 Brusque, *a.* དྲང་ཐུབ; རྒྱུ་གཞིས་དྲང་པོ་ཡིན་པ་ལ་ཐུབ་ཉི་ཁ་པོ ;

888 Brussels sprouts. སྤྲོ་ཚོས་ཀོ་བིའི་རིགས་གཅིག ;

889 Brustle, *v.i.* ཧྲོག་ཧྲོག་ཞེས་སྒྲ་འབྱིན་པ ; ཧྲག་ཧྲག་གྱུར་བ ;

890 Brutality, *n.* དུད་འགྲོ་ལྟུའི་གྱོང་སྤྱོད ;

891 Brutally, *ad.* དུད་འགྲོ་ལྟ་བུར ;

892 Brute, *ad.* དུད་འགྲོ ;

893 Brutish, *a.* དུད་འགྲོའི་ཉིཾ་པ་ཅན ;

894 Brutishness, *n.* དུད་འགྲོའི་ཉིཾ་པ ;

895 Bubble, *n.* ལྦུ་བ ; དབུ་བ ;

896 Bubble, *v.i.* ལྦུ་བ་ཐོན་པ ;

897 Bubbler, *n.* མགོ་བསྐོར་ཅན ; གཡོ་ཅན ;

898 Bucentaur, *n.* སྒྲུང་གཏམ་གྱི་སེམས་ཅན་ཕྱེད་ཀ་མི་ལ་ཕྱེད་ཀ་གླང་བྱས་པ;

899 Bucephalus, *n.* ཨེ་ལེག་ཟནྡར་གྱི་འཆིབ་ཆེན་གྱི་མིང ;

900 Buck, *n.* ཤ་བ་ཕོ ; རི་དྭགས་ཕོ ;

901 Bucket, *n.* ཆུ་བཅུས་པའི་ལྕུགས་ཀྱི་ཟོ ;

902 Buckle, *n.* ཆབ་རྩེ ;

903 Buckle, *v.t.* ཆབ་རྩེ་བདབ་པ ;

904 Buckler, *n.* དགྲ་ལེ ; ཕུབ ;

905 Buckra, *n.* དཀར་པོ ; བསྲུ་མོ ;

906 Buckram. རས་སྦྲུར་མ ; རས་སྦྲིན་ཆུས་ཕྲག་པོ་བཟོས་པ ;

907 Buckskin, *n.* རི་དྭགས་པགས་པ ; ཤ་པགས་མཉེད་པ ;

908 Buckwheat, *n.* བྲོ་བོ ; འབྲུ་ནག་བྲོ་བོ ;

909 Bud, *n.* མེ་ཏོག་གི་སྦུ་གུ ;

910 **Buddha**, *n.* སངས་རྒྱས;

911 **Buddhism.** སངས་རྒྱས་ཀྱི་ཆོས;

912 **Budding.** སྦྲ་གུ་བདགས་པ;

913 **Budge**, *v.t.* བཤུད་པ;

914 **Budget.** རྩིས་ཀྱི་འཆར་གཞི;

915 **Budlet**, *n.* མེ་ཏོག་ཟུ་གུ་ཆུང་ཆུང;

916 **Buff**, *n.* སྨུག་ནང་མཉེ་བའི་ཀོ་བ;

917 **Buffalo**, *n.* མ་ཧེ;

918 **Buffer**, *n.* སྒྲོག་དང་ཐུབ་སོགས་ཀྱི་ནང་དུ་ཐུག་སྣ་ཐུང་
རོགས་ཀྱི་སྒྲིན་བལ་ཤབ་རྒྱབ་པ་གང;

919 **Buffet**, *n.* རྫོག; རྫོག་རིལ; ཕུར་རྫོག; རྫོག་མགོ;

920 **Buffeting**, *v.i.* ཁ་ཚུར་རོ་འཁྲུམ་བཙག་ཞུས་པ;

921 **Buffoon**, *n.* གད་མོ་སྤྱང་མཁན་གྱི་མི་མལ་མེད་ཆོ་མེད་འདྲ་ལ་ཟེར;

922 **Buffoonery.** ཆོ་མེད་ཀྱི་ལས; ཛབ་ཆུང་གི་ལས;

923 **Bug.** འདྲེ་ཤིག;

924 **Bugbear**, *n.* དོན་མེད་འཇིག་རེ་བསྐྱོད་པའི་མིང;

925 **Buggy**, *n.* ཤིང་རྟ་འཁོར་ལོ་བཞི་ལྡན་ཡང་ཡང་ཞིག་ལ་ཟེར;

926 **Bugle.** དུང་ཀྱོག; དམག་དུང;

927 **Build**, *v.t.* བཟོ་བ; བརྩིག་པ་རྒྱབ་པ;

928 **Building**, *n.* ཁང་པ;

929 **Bulb**, *n.* ལྤྲ་བ, སོང་ལྤ་ཧུའི་ར་རྩ;

930 **Bulge**, *n.* འབུར་འབུར; འབུར;

931 **Bulk**, *n.* བོང; གསོར; འབོར;

932 **Bulkiness**, *n.* བོང་ཆེ་བའི་ཚུལ་ཅན; བོང་ཆེ་ལུགས;

933 Bulky. བོང་ཆེན་པོ;

934 Bull, *n.* གླང;

935 Bullet, *n.* རྡེའུ;

936 Bulletin, *n.* བཀའ་རྒྱ;

937 Bullion, *n.* རྒྱ་དངུལ་ཡི་གསེར;

938 Bullock, *n.* གླང་གོག;

939 Bully, *n.* དབང་ཡོད་མཁན; རང་ལས་ཉམ་དམའ་བ་རྣམས་ནོན་མི;

940 Bulrush, *n.* ཆུའི་འགྲམ་དུ་སྐྱེ་བའི་སྨྱུག་མའི་རྩ; (ཆུ་སྨྱིག་མ; Sik.)

941 Bulwark, *n.* ལྕགས་རི;

942 Bum, *v.i.* འབུང་འབུང་ཅེས་པའི་སྒྲ་སྒྲིན་པ;

943 Bumble-bee, *n.* འབུཾ་འབུཾ་ལྷག་དཀར་ཅེས་པའི་སྦྲང་འབུ; (Sik.)

944 Bump, *n.* འབུར་འབུར; འབུར་དོག;

945 Bumper, *n.* ཚང་ཡོར་བསྐང་དེ་ཁྱོག་པ;

946 Bumpkin, *n.* གླན་པ;

947 Bun, *n.* ཁུར་མངར་མོ; བུ་རི་བག་ལེབ;

948 Bunch, *n.* ཆག་པ; ཆུན་པ;

949 Bunchy, *a.* ཆུན་པོར;

950 Bundle, *n.* ཆག་པ; {སྤྱོད; Sik. }

951 Bung, *n.* ཨི་ཁུང; ཁ་འདིག; ཨི་ཁུང་བཀག་པ;
ཨི་ཁུང་སྲུབ་པ;

952 Bungalow, *n.* མགྲོན་ཁང;

953 Bungle, *v.i.* དཀྲོག་དཀྲོག་བྱེད་པ;

954 Bungle, *n.* ནོར་འཁྲུལ; ནོར་འཛོལ;

955 Bungler, *n.* དཀྲོག་དཀྲོག་བྱེད་མཁན;

956 **Bungling**, *a.* དཀྲོག་དཀྲོག; ཚབ་ཚབ;

957 **Bunt**, *n.* འབྲུའི་སྤུང་རིཊ་གཅིག;

958 **Bunting**, *n.* བྱ་ཐིང་གི་རྩེ་ལ་འཕྱུར་བའི་དར་ཅོག;

959 **Buoy**, *n.* བྱ་ཐིང་བཏང་ནས་བཞག་མའི་ལྕཊ་ཀྱི་སྟོད་ཚུ་སྦུབ;

960 **Buoyant**, *a.* ཡངས་མོ; ཉམས་བདེ་མོ;

961 **Burbat**, *n.* ཉའི་རིཊ་གཅིག;

962 **Burden**, *n.* ཁུར་པོ; དོ་བུ; དོས; ཁུར་ཚ;

963 **Burden**, *n.* ཁུར་པོ; དོ་བུ; དོས; ཁུར་ཚད;

964 **Burden**, *v.t.* དོ་བུ་བསྐལ་བ; ཁུར་པོ་བསྐུར་བ;

965 **Burdensome**, *a.* འཁུར་ཁྲི་མོ;

966 **Bureau**, *n.* གཞུང་གི་ཡིག་ཚང་ཕྱག་ལས་མཛད་མི;

967 **Burg**, *n.* གཞུང་གི་སྐྱེར་གཞིས་པའི་ཁྲལ་པ;

968 **Burgeon**, *v.i.* སྨྱུ་གུ་ཀྲུས་པ;

969 **Burgess**, *n.* གཞུང་གི་སྐྱེར་ཁྲལ;

970 **Burgh.** རྒྱལ་པོའི་སྐྱེར་གཞིས་ཀྱི་གྲོང་མཆོ;

971 **Burgher**, *n.* གཞུང་སྐྱེར་ཁྲལ་པ;

972 **Burglar**, *n.* ཇག་པ;

973 **Burglary**, *n.* ཨར་ཇག;

974 **Burgundy**, *n.* པ་རན་སིའི་ཡུལ་གྲུ་གཅིག་གི་མིང;

975 **Burial**, *n.* ཕུང་པོ་ས་འོག་སྦྲད་པའི་ལས;

976 **Burin**, *n.* གཏྲོ་ཞིམ་ལེ་པའི་གཏོང;

977 **Burke**, *v.t.* སྐྱེ་བསྐམ་དབུགས་འགག་ནས་གསད་པ;

978 **Burl**, *v.t.* གོས་བཀོན་པ;

979 **Burlesque**, *a.* གད་མོ་སྐྱང་བའི་བརྗོད་མོ;

980 Burly, *a.* གཟུགས་པོ་ཆེན་པོ; སྦོམ་པོ;

981 Burn, *v.t.* མེར་བསྲེག་པ;

982 Burning-glass, *n.* མེ་ཤེལ;

983 Burnish, *v.t.* གཡའ་ཕྱི་བ; གཡའ་ཕྱིས་པ; (*n.*) བཀྲག; མདངས;

984 Burnt-offering, *n.* བསང་བསུར;

985 Burr, *n.* ས་བོན་གྱི་ཤུན་པ་ཚེར་མ་རང་ངེ་བ་ཡོད་པ;
སོན་ཤུབ་ཚེར་མ་ཅན;

986 Burrow, *v.i.* དོང་བྲུ་བ;

987 Burst, *n.* ཤད་པ; གས་པ;

988 Burthen, *n.* དོ་ཁུ; འཁུར;

989 Burthensome, *a.* འཁུར་བཟི་མོ;

990 Bury, *v.t.* ས་དོང་དུ་སྦས;

991 Burying-place, *n.* དུར་ས; རོ་སྦས;

992 Bush, *n.* འདུབ;

993 Bushel. གྲོས; གཞལ་བའི་སྣོད;

994 Bushy, *a.* སྤུ་ཐིང་ངེ་བ; སྤུའི་སོན་ཀ་ཅན;

995 Busily, *ad.* ཧུར་པོར;

996 Business, *n.* ལས་ག;

997 Busk, *v.t.* སྐྱེ་དམན་གྱི་སྙིང་པ་བསྐོ་རྒྱུའི་ཀོར་སེད་བྱ་བའི་སྟོད་
འཚོང་གི་མདུན་གྱི་ལྕུང་ལེབ;

998 Buskin, *n.* ཀོ་ལྷམ;

999 Buskined. ཀོ་ལྷམ་གྱོན་པ; ཀོ་ལྷམ་ཅན;

1000 Buss, *n.* འོ; v.a. ཁ་ལྷན་པ;

1001 Bust, *n.* ཁོག་སྟོད་ཡན་གྱི་འདྲ་སྐུ;

1002 **Bustard,** *n.* བྱ་དེའི་རིང་ཞིག ;

1003 **Bustle,** *n.* ཕན་ཚུན་བྲེལ་བ་ཆེ་ཁྲལ་ཀྱིས་འགྲོ་བ ; བྲེལ་བས་ཁོལ་ཁོལ ; བྲེལ་བ ;

1004 **Busy.** ལས་སུ་བྲེལ་བ ;

1005 **But,** *prep.* གལ་སྲི ;

1006 **Butcher,** *n.* གཤན་པ ;

1007 **Butchered,** *pp.* གསད་པ ; དམར་གསད་བཏང་ཟིན་པ ;

1008 **Butcherly,** *a.* གཤན་པ་ལྟ་བུའི ;

1009 **Butchery,** *n.* གཤན་པས་དུད་འགྲོ་གསད་པ་བཞིན་དུ ;

1010 **Butler,** *n.* གཉེར་པ ;

1011 **Butt,** *n.* ཤིང་གི་ཆང་སྣོད་ཆེན ;

1012 **Butter.** མར ;

1013 **Butteris.** རྟའི་རྨིག་ལྷང་བཅད་པའི་གཟོང ;

1014 **Buttery,** *a.* མར་རྫོད ;

1015 **Buttock,** *n.* ཀུབ་དོག ; ཀུབ་ཚོས ;

1016 **Button,** *n.* ཐེབ་ཙུ ;

1017 **Buttress,** *n.* རྩིག་སྐྱོར ; རྩིག་པའི་ཟུར་དུ་རྟན་པའི་ཆེད་དུ་རྩིག་པའི་སྐྱོར་རྒྱབ་པ ;

1018 **Buxom,** *a.* ཁ་ལ་ཉན་པོ ; (རྒྱང་ལེ་པད ; Sik.)

1019 **Buxomly,** *ad.* ཡང་ཆོ་ལྡན་པ ; རྒྱང་ལེ་པད ; ཤ་འཁོར་པོ ; རྒྱང་པ ;

1020 **Buy,** *v.t.* ཉོ་བ ,

1021 **Buyer,** *n.* ཉོ་མཁན ;

1022 **Buzz,** *v.i.* སྦྲང་མའི་སྐད་ལྟ་བུ་གཟི་ཟེར་བ ; སྐོག་དུ་སྐད་ཆ་སྒྲགས་པ ;

1023 **Buzz,** *n.* སྦྲང་མའི་སྐད ; ཁྲིམ་ཚོགས་པའི་སྐད་ལྟ ; སྐོག་དུ་སྒྲིག་པའི་སྐད་ཆ ;

1024 Buzzard. ཁྲའི་རིགས་ཀྱི་བྱ་ལེ་ལོ་ཅན་ཞིག་ལ་ཟེར; ཅེ་མ་ཉུས;

1025 By, *prep.* འགྲིཾ་དུ; ཟུར་དུ; ལོགས་སུ; ཙ་རུ;

1026 Byre, *n* ནོར་ཁྱིམ; བ་ཕྱུགས་ཀྱི་ཁང་པ;

1027 Byzant, *n.* སྦྱོར་ ུས་ཀྱི་གསེར་ཊཾ་དེང་སང་ཕྱི་གཞུང་གི་གསེར་ཊཾ་རེ་བ་ཞིག;

C.

1 Cab, *n.* རྟ་ཁྱོག་པོ་གཅིག་གིས་འདྲེན་པའི་ཤིང་རྟ་ལ་ཟེར;

2 Cab, *n.* ཡ་ཧུ་དའི་གཞལ་སྣོད་ཧྲ་དོ་ལ་ཕྱེད་དོ་ཙམ་པ་གཅིག;

3 Cabal, *n.* ནང་བསྡུན; ངན་ཁ་འདེབས;

4 Cabbage, *n.* པེ་ཙེ་ཚོད་མ; པེ་ཚས;

5 Cabin, *n.* གྲུ་ཟིང་ནང་གི་ཁང་མིག;

6 Cabinet, *n* སྒམ་ཆུང་མང་པོ་སྒྲིག་པའི་སྒྲོམ; ནང་བློན་གྱི་ལྷན་རྒྱས;

7 Cable. (Sik. ཏུ་འབེས); འཐག་པ་ཆེནོ; འཁྲི་ཤིང;

8 Cabman, *n.* ཤིང་རྟ་འདྲེན་མི;

9 Cabriolet, *n.* ཤིང་རྟ་རྟ་གཅིག་མ;

10 Cachexy, *a.* གཟུགས་པོ་བདེ་ཐང་མིན་པ;

11 Cachinnation, *n.* གད་མོ་སྐད་ཆེན་པོ;

12 Cackle, *v.i.* བྱ་མོའི་སྒོང་སྐད་བཞིན་སྒྲུབ་པ;

13 Cacography, *n.* རིབ་འབྱོར་མ་ཚུད་པ;

14 Cactus, *n.* སྐྱུ་ཤིང;

15 Cadaverous, *a.* རོ་གདོང་ཤིག་ཤིག; ངོ་སེར་སྐྱ་མེ;

16 Caddis, *n.* ས་ནང་གི་འབུ;

17 Caddy, *n.* ཇ་སྣོད་སྒམ་ཆུང;

18 Cade, *n.* ཟེ; ཟེམ; ཤིང་གི་ཟེ་ཆེན་ཉ་ལྐུག་པ;

19 Cadence or cadency, *n.* སྐད་འགྱུར; མདངས་དབྱངས་འགྱུར་སྟངས;

20 Cadence, *v.t.* or Cadency. དབྱངས་འགྱུར་རྒྱབ་པ;
མདང་དབྱངས;

21 Cadet, *n.* དམག་སྦྱོང་སློབ་གྲྭའི་སློབ་མ་ཞིག;

22 Cadi, *n.* ཧོར་པའི་ཁྲིམས་དཔོན་ནི་ཁྲིམས་བདག;
མུ་སུལ་མ་ནིའི་ཁྲིམས་བདག;

23 Cadmium, *n.* རིག་ཚའི་དཀྱིལ་དུ་རྟེན་པའི་རིན་པོ་ཆེ་དཀར་པོ་ཞིག་ལ
ཟེར; ཀོན་ཌི་སེར་པོ;

24 Caesura. ཚིག་བཅད་འདོན་སྒྲོར་བཤོལ་བའམ་བཅད་པ;

25 Cage, *n.* བྱིའུ་འཇུག་པའི་ཚང;

26 Cage, *v.t.* བྱིའུ་ཚང་དུ་བཅུག་པ;

27 Caique, *n.* ཧོར་པའི་གྲུ་ཟིང་ཆུང་ངུའི་རིགས་ལ་ཟེར;

28 Cairn, *n.* ཐོ; རྡོ་རྩིག་རྩེ་སྒང་ཅན་དུ་བརྩིགས་པ;

29 Caisson, *n.* སྒམ; སྒོད;

30 Caitiff, *n.* མི་ངན; སྐྱ་བོ; མ་རིགས; མི་སྡུག་རུ;

31 Cajole, *v.t.* ཁ་འཇམ་གྱིས་སླུ་བ; ཁ་འཇིཾ་གྱིས་བསླུལ་བ;

32 Cajolery, *n.* སླུ་ཁྲིད; ཁ་འཇམ;

33 Cake, *n.* ཁུ་ར; མར་དང་སྒོ་ངའི་ཁུ་ར་མངར་མོ; རྒྱུན་འབྲུ་ཁུར;

34 Cake, *v.t.* ཁུ་ར་ལྟར་བརྩིག་པ;

35 Calabash, *n.* ཀ་བ་བསྲུ་མོའི་རིགས་ཞིག;

36 Calamitous, *adj.* རྐྱེན་སྡང་པོར;

37 Calamity, *n.* རྐྱེན་ངན; བར་ཆད;

38 Calamitously, *ad.* རྐྱེན་ངན་དུ; གེགས་སུ;

39 Calamus, *n.* སྤྲ; བྱ་སྒྲོའི་རྩ་བ་ཡའང་ཟེར;

40 Calash, *n.* ཤིང་རྟ་འཁོར་ལོ་བཞི་ལྡན་འདི་ཧི་མིའི་ཡུལ་ནས་ཐོན་པ;

41 Calcify, *v.t.* རྡོ་ལྷུར་གྱུར་བ;

42 Calcine, *v.t.* བརྫོས་ནས་ཕྱེ་མར་བཏག་པ;

43 Calcography, *n.* ས་དཀར་གྱིས་རི་མོ་བྲི་བ;

44 Calculable, *a.* བརྩིས་སུ་ཡོད་པ;

45 Calculate, *v.t.* བརྩི་བ; བགྲངས་པ;

46 Calculator, *n.* བརྩི་མཁན;

47 Calculous, *a.* རྡོ་འདུ་པོ;

48 Caldron, *n.* ཁྲོ་ཆེན;

49 Calefacient. བསྲོ་བའི; དྲོད་བསྲོ་བའི;

50 Calefactor, *n.* བསྲོ་བྱེད; བསྲོ་མཁན;

51 Calefy, *v.i.* བསྲོས་པ;

52 Calendar, *n.* ཟླ་ཐོ; བརྩིས་པ;

53 Calends. རོ་མན་ལུགས་སུ་ཟླ་བའི་ཚེས་གྲངས་ཐོག་མ;

54 Calf. བེའུ;

55 Calibre, *n.* ཐུག་སྲབ; སྲབ་ཐུག;

56 Calico, *n.* རས་སྦྲུར་མ; རས་པར་མ;

57 Calid, *a.* དྲོན་པོ; ཚ་པོ; ཚ་བའི་རིགས་བྱ་ཅན;

58 Caliginous, *a.* སྨུན་རྡུཾ་ཅན; གནག་རྡུཾ་ཅན;

59 Caligraphy, *n.* ཡིག་གཟུགས་ཀྱི་ཁྲེར་སོ;

60 Calipers, *n.* ཀམ་པ;

61 Caliph, *n.* མུ་སུལ་མན་གྱི་རྒྱལ་པོའི་མིང;

62 Calisthenics, *n.* གཟུགས་ཀྱི་འགྲིང་བག་མཛེས་ཤིང་འགྱུར་བའི་འཁྲུལ་
འཁོར་སྦྱོངས;

63 Calix, *n.* སྡོག་གི་ཁྲིའ་མེ་ཏོག་གི་ཕྲེའུ་འམ་རྩ་བའི་ཕོར་པའི་བཟོ་ཅན་གྱི་ཤུན་པར;

64 Calk, *v.t.* རྟའི་རྨིག་ལྕགས་སྒྲི་བདག་མི་ཤོར་བའི་ཆེད་དུ་རྒྱབ་པ;

65 Call, *v.t.* བོས་པ; འབོད་པ; སྐད་གཏོང་བ;

66 Callid, *a.* སྐུང་པོ; སྐྱུང་པོ;

67 Calling, *n.* ལས་བསྐལ; སྐལ་བ; བསྐོད་ཐང;

68 Callous, *a.* ཀྲུ་བོ; (Sik. ཁོག་དཀར;)

69 Callously, *ad.* ཤ་ཚ་མེད་པ་བྱེད་དེ;

70 Callousness, *n.* ཤ་ཚ་མེད་པའི་ཚུལ;

71 Callow, *adj.* ཤོག་སྒྲོ་མ་རྒྱས་པ; ཁ་སྤུ་མེད་པ;

72 Calm, *a.* ཞི་བ;

73 Calmly, *ad.* ཞི་བའི་ཚུལ་གྱི;

74 Calomel, *n.* འབྱོར་སྨན་ཞིག་གི་མིང;

75 Calorific, *a.* དྲོད་ཀྱི་སྐྱིང་པོ;

76 Caltrop, *n.* རྟ་དམག་འགོག་བྱེད་ཀྱི་མཚོན་ཆ་ལྕགས་ཀྱི་ར་བ་ལྟ་བུ་ཞིག;

77 Calumniate, *v.t.* སྐུང་འདེབས་པ; འཕྲུར་ཁ་བརྗོད་བ;

78 Calumniation, *n.* སྐུང; སྐྲི; བཀྱལ་ཁ; བཀུར་པ;

79 Calumnious, *adj.* སྐུང་ཅན; སྐྲི་ཅན;

80 Calvary, *n.* ཡེ་ཤུ་གསལ་ཤིང་གི་རྩེར་བཀྱོན་ནས་སྐྲོང་པའི་ས་དེའི་མིང་ཡིན;

81 Calve, *v.i.* བེའུ་སྐྱེས་པ; བེའུ་བཙས་པ;

82 Calvinism, *n.* ཛོན་ཀལ་བིན་ཞེས་པའི་ཆོས་ལུགས;

83 Calx, *n.* ས་དཀར་རྩི; ཚུ་ཏི;

84 Calyx, *n.* མེ་ཏོག;

85 Cambric. རས་དཀར་སྲབ་མོ་ཞིག་གི་མིང;

86 Came. འོངས་བ; འོངས་པ;

87 Camel. རྔ་མོང;

88 Camelopard. རྔ་མོང་ལྷ་བུའི་རིགས་དྭགས་སྐེ་ཤིན་དུ་རིང་ཞིང་རི་མོ་
གཟིག་ཁྲ་ལྟ་བུ་ཡོད་པ;

89 Camel's hair, *n* རྔ་མོང་གི་སྤུ;

90 Cameo, *n.* གཟི་འམ་སྤྲིང་སོར་ལ་བཀོས་རྒྱབ་ནས་བཟོས་པའི་མིའི་
པར་འབུར་སུ་དོད་པོ་ཡོད་པ;

91 Camera. འདྲ་པར་བླང་བྱེད་ཀྱི་འཁྲུལ་འཁོར; པར་ཆས;

92 Camomile, *n.* སྤོ་སྨན་གྱི་མེ་ཏོག་སྐྱེ་ནས་སྨན་ལ་འགྲོ་བ;

93 Camp, *n.* མགར; མཁར;

94 Campaign, *n.* དམག་འདྲེན་པའི་མགོ་ནས་འཇུག་ཐུབ་ཀྱི་གནས་ཡུན་དེ་
ལ་ཟེར; དམག་གཅིག་གི་ཐེང་རྒྱུན;

95 Camphor, *n.* ག་བུར;

96 Camwood, *n.* ཚོས་རྒྱབ་རྒྱུའི་ཤིང;

97 Can, *n.* ཟོ; v.i. ཐུབ; ཚུགས; ནུས་པ;

98 Canadian, *n.* ཀེ་ན་ཌ་བྱ་བའི་ཡུལ་མི;

99 Canal, *n.* ཆུ་ཡུར; ཆུ་ལམ་མིས་བཀོས་པ; ཡུར་བ་ཆེན་པོ;

100 Canary, *n.* ཀེ་ནེ་རིའི་མཚོ་གླིང་ནས་བྱུང་བའི་ཆང་མདངར་མོ་ཞིག་
དང་བྱེའུ་སྐད་སྙན་པོ་མདོག་སེར་སྐྱ་ཞིག་ལ་ཟེར;

101 Cancel, *v t.* བྲིས་སུབ་བྱེད་པ; མེད་པར་གཏང་བ; སུབ་པ;

102 Cancellated, *pp.* གི་གུང་གི་ཐྲམ་བཞིན་དུ་རི་མོ་བྲིས་པ;

103 Cancer, *n.* སྐྲང་འབུར; སྐྲན་འབུར; རྨ་ཤུ;

104 Cancerous, *a.* སྐྲང་འབུར་ཅན;

105 Candelabrum, *n.* ཞུ་མར་ལྡ་སྒྲུར་མའི་ཀྱིང་བུ་ཡལ་ག་མང་པོ་ཡོད་པ;

106 Candid, *a.* ཁ་སངས་སྙིང་སངས;

107 Candidate, *n.* ལས་ཀའི་གོ་སར་ཞུགས་འདོད་མཁན;

108 Candidature, *n.* གོ་ས་འཚོལ་བའི་སྐབས;

109 Candidly, *ad.* ཁ་སང་བྱེད་དེ;

110 Candidness, *n.* ཁ་སང་ལྷུར;

111 Candle, *n.* སྦྲ་ཚིལ་གྱི་ཞུ་མར; ལ་ཞུ;

112 Candour, *n.* ཁ་སང་སྙིང་སང;

113 Candy, *v.t.* ཤེལ་ཀར་གྱི་ནང་དུ་བཙུག་ནས་བཞག་པ;

114 Cane, *n.* སྦ; (སྦ་ཚར; ཙེམ་ཚར Sik.)

115 Canine, *a.* ཁྱིའི་རྣམ་པ་ཅན;

116 Caning, *n.* སྦ་རྒྱུག་བརྡུང་བ;

117 Canister, *n.* མེ་སྒྲོགས་ཀྱི་ལྷེའུའི་ནང་ལ་མཚོན་ཆ་སྣ་ཚོགས་ཀྱིས་ཁེངས་པ;

118 Canker, *n.* རྨ་རློག་པ;

119 Cannibal, *n.* མི་ཤ་ཟ་མཁན;

120 Cannibalism, *n.* མི་ཤ་ཟ་བའི་སྲོལ;

121 Cannon, *n.* མེ་སྒྲོག;

122 Cannonade, *v.t.* མེ་སྒྲོག་སང་པོ་རྒྱབ་པ;

123 Cannonier, *n.* མེ་སྒྲོག་རྒྱབ་མཁན;

124 Cannonize, *v.t.* ལྷ་རྒྱུད་ཀྱི་གྲལ་དུ་བཀོད་པ; གསེར་ཕྲེང་དུ་བཀོད་པ;

125 Canny, *a.* སྒྱུ་མ་མཁན; སྤྱང་པོ;

126 Canoe, *n.* ཤིང་གྲུ;

127 Canon, *n.* ལྷ་རྒྱུད་ཀྱི་བཅའ་ཡིག; ཆོས་ཁྲིམས་བཅའ་ཡིག;

128 Canonical, *a.* རྒྱུད་སྡོམ་གྱི་ཟླ་ཚས; བརྟེན་ཚས; ཟླ་མ་རྒྱུད་འཛིན་གྱི་སྐུ་ཚས;

129 Canopy, *n.* གནམ་ཡོལ;

130 Cant, *n.* ངེས་བྱུང་ཡོད་རྫུ་བྱེད་དེ་སྐད་ཆ་སྨྲ་བ;

131 Canteen, *n.* དམག་མགར་ནང་གི་ཆང་ཁང;

132 Canter, *v.i.* བང་ལ་འགྲོས;

133 Canto, *n.* གླུའི་ཤློ་ཀ་གང་རིགས་ཞིག;

134 Canton, *n.* རྫོང་ཁག;

135 Cantonment, *n.* དམག་མགར;

136 Canvas, *n.* རྩ་རས་ཐུག་པོ; རྩ་རས;

137 Canvass, *v.t.* ངོ་བ་དཔྱད་པ; སྐྲོ་འདོག་བཅད་པ;

138 Cap, *n.* ཞྭ་མོ; ཐོད་ཁེབས;

139 Capability, *n.* ཡོང་སྟངས; འབྱོན་སྟངས;

140 Capable, *a.* འབྱོན་པ; ཡོང་བ; ཐུབ་པ; ནུས་པ;

141 Capacious, *a.* ཀ་ཤོངས་པ; ཡངས་པ;

142 Capacitate, *v.t.* ལས་སུ་རུང་བར་བྱེད་པ; འབྱོན་པར་བྱེད་པ; ནུས་པར་བྱེད་པ; ནུས་པ་དང་ལྡན་པར་བྱེད་པ;

143 Capacity, *n.* ནུས་པ; ཤོངས; ཚོད;

144 Caparison, *n.* རྟ་ཆས; རྟ་ཁེབ; བརྒྱན་ཆས;

145 Cape, *n.* སྟོད་ཁེབས; དཔུང་ཁེབས; (རི་སྣ; Geography)

146 Caper, *v.i.* ར་ལྷུར་འཆོང་བ; (n. རྩེར་སྣ་ཁ་གཅིག; Fr. Caper.)

147 Capillary, *n.* སྐྲ་ལྟར་ཕྲ་མོ; ཤིན་དུ་ཕྲ་མོ; ཕྲ་ཞིང་བུ་ག་ཡོད་པ;

148 Capital, *a.* ཨང་གི་དང་པོ; ཁྱད་པར་ཅན;

149 Capitalist, *n.* མ་རྩའི་བདག་པོ;

150 Capitally, *ad.* ཁྱད་པར་དུ་འཕགས་པར;

151 Capitation, *n.* མི་རེ་བཞིན་དུ་བགྲངས་པའི་ཁྲལ;

152 Capitulate, *v.i.* མགོ་གྱུར་ཞུས་ནས་རྩིས་འབུལ་ཞུ་བ;

153 Capitulation, *n.* མགོ་གྱུར་ནས་རྩིས་འབུལ་ཞུ་བའི་ལས;

154 Capon, *n.* (དེ་བོ ; Colql.) (ཞྭ་པོ་སྦྱོ་ཕབ་བཞག་པ; Sik.) རེ་བོ; ཞྭ་པོ་འབོ་ཕབ་ཕབ་པ; ཉ; ཡི་གི;

155 Caprice, *n.* བློ་ཡི་འགྱུར་ལྡོག;

156 Capricious, *n.* བློ་འགྱུར་ལྡོག་ཅན;

157 Capricorn, *n.* དུས་འཁོར་རི་ཆུ་སྲིན་ཁྱིམ;

158 Capricornus, *n.* ར;

159 Capsicum, *n.* སི་རན; (Sik. ཨ་ཀར; (གཡེར་མག; Bhut.)

160 Capsize, *n.* ཁ་ཞུབ་སློག་པ;

161 Capsular, *a.* ས་བོན་གྱི་སྒོད་ལྟར་ནང་སྟོང་པ་ཡོད་པ;

162 Capsule, *n.* ས་བོན་གྱི་སྒོད; གང་བུག;

163 Captain, *n.* རྒྱ་དཔོན; མགོ་པ;

164 Captaincy, *n.* རྒྱ་དཔོན་གྱི་གོ་ས;

165 Captainship, *n.* རྒྱ་དཔོན་གྱི་གོ་ས་ཅན་དམག་བཀོད; དམག་སྣ་འདྲེན་པའི་བློ་རིག;

166 Captious, *a.* ཟུར་འཚོལ་དད་ཅན; སྐྱོན་འཚོལ་དད་ཅན;

167 Captivate, *v.t.* འཛིན་པ; བཟུང་བ;

168 Captive, *n.* བཙོན་པ;

169 Captivity, *n.* བཙོན;

170 Captor, *n.* བཙོན་སྲུང; འཛིན་པ་པོ;

171 Car, *n.* ཤིང་རྟ་འཁོར་ལོ་ཅན་པོ;

172 Caracole, *n.* སྐྲས་ཐེམ་བགོར་བགོར; རྟ་བཞོན་པས་བསྐོར་ཕྱེད་རྒྱབ་པ;

173 Carafe, *n.* ཆུ་སྣོད་ཤེལ་རི;

174 Carat, *n.* འབྲུ་བཞིའི་བརྗིད;

175 Caravan, *n.* ཚོང་པ་སྡེབ་ཅིག།་དུ་བྱང་ཐང་བགྲོད་པར་ཆས་པ;

176 Caravansary, *n.* ཚོགས་ཁང; མགྲོན་ཁང;

177 Caraway, *n.* གོ་སྙོད;

178 Carbine, *n.* མེ་མདའ;

179 Carbineer, *n.* མེ་མདའ་ཐུང་དུ་ཁྱེར་བའི་དམག་མི;

180 Carbon, *n.* སོ་ལ; སོལ་ནག;

181 Carbonic, *a.* སོ་ལའི་རྫས་པ་ཅན;

182 Carbuncle, *n.* པད་རག་རྫས་མ; ཚོང; སྣ་གུག་གི་གང་ལ་སྐྲང་འབུར;

183 Carcanet, *n.* ནོར་བུའི་བྲེ་བྲག་ཞིག་གི་མགུལ་བརྒྱན;

184 Carcass, *n.* ཕུང་པོ; རོ;

185 Card, *n.* མིང་ཤོག; ཤོ་བག་གི་ཤོ་གུ;

186 Cardinal, *n.* ཕྱོགས་སྐྱིའི་ཟླ་ཁག;

187 Care, *n.* ཉ་ར; གཉེར་ཁ; *v.t.* ཉ་ར་བྱེད་པ; སྐྱོངས་བ; སྲུང་སྐྱོབས་བྱས་པ;

188 Career, *n.* བང; ཡི་རྟེ;

189 Careful, *ad.* རིག་པ་དྲིམ་བུ;

190 Caress, *v.t.* ཕྱིཾ་པའི་རྣམ་འགྱུར་གྱིས་ཅབ་ཅབ་བྱས་པ;

191 Caressingly, *ad.* བྱམས་པའི་ཚུལ་གྱི;

192 Cargo, *n.* གྲུ་ཐོག་གི་འཚོང་ཟོག;

193 Caricature, *n.* འདྲ་པར་གཟུགས་བརྙན་ཡན་པ་ལ་སློས་དེ་གས་མོ་འི་གནས་སྲུ་བཟོ་བ;

194 Carious, *a.* རུལ་པ; ཁོང་རུལ;

195 Carmine, *n.* རྒྱ་ཚོས་མདོག;

196 Carnage, *n.* ཤི་བསད;

197 Carnal, *a.* སྲིད་ཞེན; ཞེན་པའི; སྲིད་པའི;

198 Carnality, *n.* སྲིད་ཞེན་གྱི་རྣམ་པ;

199 Carnally, *ad.* སྲིད་ཞེན་གྱི;

200 Carnival, *n.* སྐྱིད་སྐྱིད;

201 Carnivorous, *a.* ཤ་ཟ་བའི་རིགས;

202 Carol, *n.* སྐྱིད་པའི་གླུ་དབྱངས;

203 Carouse, *v.i.* ཆང་འཐུང་བ;

204 Carouser, *n.* ཆང་འཐུང་མཁན;

205 Carp, *v.i.* སྐྱོན་ཆུང་ངུ་ལ་སྐྱོན་བདགས་པ;

206 Carp, *n.* འབྲོན་པའི་ཉ;

207 Carpenter, *n.* ཤིང་བཟོ་པ;

208 Carpet, *n.* གདན་གྱུམ་ཙེ;

209 Carriage རྟ་ཡིས་འདྲེན་པའི་ཤིང་རྟ་འཁོར་ལོ;

210 Carrier, *n.* འཁུར་མཁན;

211 Carrion, *n.* རོ;

212 Carrot, *n.* ལ་ཕུག་དམར་པོ; ཀྱུང་ལ་ཕུག;

213 Carry, *v.t.* འཁུར་པ; ཁྱེར་བ; (འབག་པ; Sik.)

214 Cart, *n.* སླང་གོག་གིས་འདྲེན་པའི་ཤིང་རྟ;

215 Cartage, *n.* སླང་གོག་གི་ཀ་རིའི་གླ་ཆ;

216 Carte-de-visite, *n.* འདྲ་པར་ཆུང་བའི་ཚད;

217 Carter, *n.* སླང་གོག་སྣ་རི་དང་མི;

218 Cartridge, *n.* མེ་མདའི་རྫས་རྫོང་ཤོག་སྒྲིལ;

219 Carve, *v.t.* ཤིང་ལྷར་བཀོས་པ;

220 Carving, *n.* ཤིང་བརྐོས;

221 Cascade, *n.* འབབ་གཟར; ཐབ་གཟར;

222 Case, *n.* ཤུབ;

223 Case, *n.* ཁ་མཚུ; གླེང་གཞི;

224 Casemate, *n.* མེ་སྒྲོག་གི་རྫིའུ་སྦུབ་པའི་ཁང་མིག;

225 Cash, *n.* དངུལ་བཀྲང; *v.t.* དངུལ་དང་བརྗེ་བ;

226 Cashier, *a.* དངུལ་བརྩིས་པ;

227 Cashier, *v.t.* གནས་དབྱུང་གཏང་བ; ལས་སྣེ་སོར་གོ་ས་ལས་དབྱུང་བ;

228 Cashmere, *n.* ལ་དྭགས; ཀ་ཤི་མིར་ཡུལ;

229 Cask, *n.* ཤིང་འདོན; ཤིང་ཟི;

230 Casket, *n.* སྒྲོམ་ཆུང;

231 Casque, *n.* རྨོག;

232 Cassia, *n.* ལྷ་ཤིང་ངམ་ཤིང་ཚ་སྤྲུས་ཞན་པ་ཅིག;

233 Cassimere, *n.* བལ་གྱི་ཁྲེར་སྤྲུག་རིང་གཅིག;

234 Cassino, *n.* ཤོག་བག་གི་བརྩེད་མོ;

235 Cassock, *n.* གོས་སེང་ཆུ་པ་རིང་མོ་པཱ་དྲཱི་རྣམས་ཀྱིས་གྱོན་པའི་ཆས;

236 Cassowary. བྱ་ཆེན་པོ་ཞིག་གི་རིང;

237 Cast, *v.t.* དབྱུག་གཏང་བ; འཕེན་པ; འཕང་པ (inactive)
ལུག་རྒྱབ་པ;

238 Castaway. ཀུན་གྱིས་བོར་བ;

239 Caste, *n.* རུས་རིགས;

240 Caster, *n.* འཕང་མི; དབྱུག་མི;

241 Castigate, *v.t.* རྒྱུག་བརྡུང་བཏང་བ; ལྷག་ཚན་བཏང་བ;

242 Castigation, *n.* རྒྱུག་བརྡུང་;

243 Casting, *n.* ལུགས་རྒྱབ་པ; ལུང་པར;

244 Castle, *n.* རྫོང་; མཁར;

245 Castor-oil, *n.* (ཏ་རྗིབ་འབྲས་བུའི་སྣུམ; Bhut. & Sik.)

246 Castrate, *v.t.* འཐོ་ཕབ་པ;

247 Casual. གློ་བུར་བའི; མ་མནོ་མ་བསམ་པའི;

248 Casually, *ad.* (Colql. ད་ག་ཟེ); སྣང་མེད་བཞིན་དུ; གློ་བུར་དུ;

249 Casualty, *n.* རྐྱེན་ངན;

250 Cat, *n.* བྱི་ལ; ཞི་མི;

251 Catacomb, *n.* ས་འོག་ཏུ་དུར་ཁང་ཡོད་པ;

252 Catalogue, *n.* ཐོ; ཀར་ཆབ;

253 Catapult, *n.* སྒྱོག;

254 Cataract, *n.* ཐབ; ཐབ་རྩུ;

255 Catarrh, *n.* ཡ་མ;

256 Catastrophe. (Sik. སྲི་རགས;) བྲུས་ཉེས;

257 Catch, *v t.* བཟུང་བ; འཛིན་པ; ཟིན་པ;

258 Catechise, *v.t.* བསླབ་བྱ་འདྲི་ལེན་བདབ་ཅིང་སྟོན་པ;

259 Catechism. བསླབ་བྱ་འདྲི་ལན་གྱི་ཚུལ་དུ་སྟོན་པའི་ཆོས;

260 Catechist, *n.* ཡེ་ཤུའི་ཆོས་འཆད་མི་ཡུལ་གྱི་མི་དག;

261 Catechumen, *n.* ཡེ་ཤུའི་ཆོས་ལུགས་འཛུངས་མི;

262 Categorical, *a.* གོ་རིམ་བཞིན་དུ་ཡོད་པ,

263 Category, *n.* གོ་རིམ;

264 Caterpillar. ཟ་ཚོད་ཀྱི་ལོ་མ་ཟ་བའི་འབུ;

265 Catgut, *n.* བརྐྱུས་ཐག; བརྐྱུས་པའི་ཐག་པ;

266 Cathartic, *a.* བཤལ་སྨན;

267 Cathedral, *n.* གཙུག་ལག་ཁང; མ་མགོན;

268 Catholic, *a.* ཉིང་མ་བ; ཀུན་ཁྱབ; སྤྱི་སྤྱོམ;

269 Cat-o-nine-tails, *n.* རྟ་ལྕག་མགོ་དགུ་པ;

270 Cattle, *n.* ཕྱུགས;. རྐང་བཞི་ཕྱུགས;

271 Caucasian, *n.* ཀོ་ཀེ་སུས་གངས་འདབ་ནས་བྱུང་བའི་མི་རིགས;

272 Caul, *n.* མགོ་ཤུབ; མགོ་ཁེབ;

273 Cauliflower, *n.* སྤོ་ཚོད་མེ་ཏོག་ཡོད་པའི་རིགས;

274 Causal, *a.* རྒྱུའི; རྒྱུ་མཚན་གྱི; དོན་གྱི;

275 Causative, *a.* རྒྱུ་མཚན་བརྗོད་པ;

276 Cause, *n.* རྒྱུ་དོན;

277 Causelessly, *ad.* དོན་མེད་དུ; རྒྱུ་མཚན་མེད་པར;

278 Causeway, *n.* འདམ་འཇབ་ཀྱི་ནང་དུ་ལམ་མཐོན་པོར་བཟོས་པའི་ལམ;

279 Caustic, *a.* པག་པ་བསྲེག་པའི་ནུས་པ་ལྡན་པའི་སྨན;

280 Caution, *a.* སྲུང; དོག་ཟེར;

281 Cavalcade, *n.* རྟ་བཞོན་མང་པོ་སྐྱེབ་གཅིག་ལ་ཡོད་པ;

282 Cavalier, *n.* པ་དྲུར; རྣ་དུར; དཔའ་འདུལ;

283 Cenotaph, *n.* དུར་སར་རོ་བཞག་ཁར་སྦྲེད་ཡོད་ཀྱང་རྗེ་ལེབ་ཐོག་ཁ་བྱང
བཀོད་པ་ལ་ཟེར;

284 Censer, *n.* སྤོས་ཕོར;

285 Censor, *a.* དགེ་བསྐོས;

286 Censorious, *a.* མཚན་འདོགས་པའི; སྐྱོན་བརྗོད་པའི;

287 Censorship. དགེ་བསྐོས་ཀྱི་གོ་ས;

288 Censurable, *a.* སྐྱོན་བརྗོད་འོས;

289 Censure, *v.t.* ཀླེན་ཁ;

290 Census, *n.* ཡུལ་གྱི་མི་གྲངས་གཞུང་ས་ནས་རྒྱབ་པ;

291 Cent, *n.* ཟང་གི་ཊེ་ཀཎི་རྫོང་ཙེ;

292 Centaur, *n.* མི་ལུས་རྟའི་སྨད་ཁོག་ཅན;

293 Centenary, *n.* ལོ་བརྒྱ་པ;

294 Centipede, *n.* འབུ་རྐང་པ་མང་པོ་ཡོད་པ་ཞིག་ལ་ཟེར;

295 Central, *a.* དཀྱིལ་མ; དབུས་མ;

296 Centralize, *v.t.* དབུས་སུ་ང་སྡུ་བ; དཀྱིལ་དུ་སྟོབས་བསྐྱེད་པ;

297 Centre, *n.* དབུས; དཀྱིལ;

298 Centrifugal, *a.* དབུས་ནས་ཕྱིར་འཁྱིར་བའི་ཆོས་ཉིད་ཅན;

299 Centripetal, *a.* ཕྱི་ནས་དབུས་སུ་འཁོར་བའི་ཆོས་ཉིད་ཅན;

300 Centurion. དང་པོ་རྟོ་མན་ཉིམས་ཀྱི་བརྒྱད་པོན་ལ་ཟེར;

301 Century, *n.* ལོ་བརྒྱའི་རབ་འབྱུང; ལོ་གྲངས་བརྒྱ་ཕྲ་བ་ཡོད་པའི་
ལོ་འཁོར; རམ་རབ་འབྱུང;

302 Cere, *v.t.* ཕྱི་ནས་སྤྲ་ཚིལ་གྱིས་བྱུགས་པ;

303 Cereal, *a.* འབྲུ་ཡི་རྙི་པ་ཅན;

304 Cerebellum, *n.* ཀླད་རྒྱ་འོག་མ; ཀླད་པའི་དུམ་བུ་མགོའི་ལྟག་པར
གནས་པ;

305 Cerebrum, *n.* ཀླད་རྒྱ་ངོ་མ་ཁོ་རང;

306 Cerecloth, *n.* སྤྲ་ཚིལ་བྱུག་པའི་རས་རོ་སྒྲིལ་རྒྱུའི་ཆེད་དུ་བཟོས་པ;

307 Ceremonial, *a.* ཆོ་ག་སྒྲུ་རིམ་གྱི;

308 Ceremonious, *a.* ལུས་ངག་གི་བྱུས་བརྟགས་ཅན;

309 Ceremony, *n.* ཆོ་ག; སྒྲིགས་ཡི; འགྲོ་ལུགས;

310 Certain, *a.* བརྟེན་བརྟེན; or གཏན་གཏན; ཁྲིག་ཁྲིག; ངེས་པོ;

311 Certainty. ངེས་པའི་ཆོས་ཉིད;

312 Certificate, *n.* མཐའ་ཡིག; ལག་ཁྲེར་ཡིག;

313 Certify, *v.t.* མཐའ་ཡིག་བྲིས་པ; དངོས་གནས་ཁྲངས་དག་ཡིན་ཞེས་བྲིས་པ;

314 Ceruban, *a.* མཐིང་སྔོན; ནམ་མཁའི་སྔོ་མདངས་ཅན;

315 Cessation, *n.* འགག་ཆ; རྒྱུན་ཆད་པ;

316 Cession, *n.* སྟེར་སྦྱིན; བྱིན་པ; བརྗེས་སྤྲོད;

317 Chafe, *v.i.* བརྡར་ཕྱུར་བྱས་ནས་དྲོད་འབེབས་པ; ཚིག་པ་ཟ་བ; ཁོང་ཁྲོ་བསླང་པ;

318 Chaff, *n.* འབྲས་སོབ་བདུབ་ནས་བཞག་ཡོད་པ; ཕྱག་ཕྲོ;

319 Chaffinch. བྱིའུ་ཆུང་ངུ་སྨྱུ་སྔོན་པོ་བྱས་པའི་རིཊ;

320 Chaffy. ཀུ་རེའི་ཚིག་འདྲ་པོ; དོན་མེད་ཀྱི་གད་མོའི་གཏམ;

321 Chagrin, *n.* ཁོང་ཁྲོ;

322 Chain, *n.* ལྕགས་ཐག;

323 Chair, *n.* ཀྲུ་ཁྲི; རྐང་ཁྲི;

324 Chairman, *n.* ཁྲི་པ; མི་ཚོགས་ཀྱི་ནང་ནས་མགོ་པ་དེ་ལ་ཟེར;

325 Chaise, *n.* ཤིང་རྟ་འཁོར་གཉིས་བྱས་པ་ཞིག་ལ་ཟེར;

326 Chaldron, *n.* སྨོ་གསུམ་ཚ་སོ་རྡུག་གི་སྣོད་ཞིག་ལ་ཟེར;

327 Chalice, *n.* ཚོགས་ཆང་གི་སྣོད་ཕོར་རི་དུང་བན་དེ་ལ་ཟེར;

328 Chalk, *n.* ས་དཀར;

329 Challenge, *n.* དགྲ་ལ་བཤགས་འདེབས་པའི་ཚིག;

330 Chamber, *n.* ཁང་མིག; གཟིམ་ཆུང;

331 Chamberlain, *n.* སྒྲོལ་གཉེར;

332 Chamelion, *n.* སེམས་ཅན་དམིག་པའི་རིགས་ཅིག་ལ་ཟེར;

333 Chamois, *n.* རི་དྭགས་རྒྱ;

334 Champ, *v.t.* སོ་རྒྱབ་པ;

335 Champagne, *n.* རྒྱན་ཆང;

336 Champaign, *a.* ཐང་ཁོད་སྙོམ་པོ;

337 Champion, *n.* དཔའ་བོ་ཁས་ལེན་པོ;

338 Championess, *n.* དཔའ་མོ; ཁས་བླངས་མོ; རྒྱབ་སྐྱོར;

339 Chance, *n.* གློ་བུར་གྱི་བརྟེན་འབྲེལ; སྟེས་དབང;

340 Chancel, *n.* དགོན་པའི་ལྷ་ཁང་གི་ཤར་ཕྱོགས་ཀྱི་ཐུག;

341 Chancellor, *n.* དྲུང་ཡིག་ཆེན; ཁྲིམས་སའི་ཁྲི་པ;

342 Chancellorship, *n.* སློབ་གྲྭ་ཆེ་མོའི་མགོ་པའི་གོ་ས;

343 Chancery, *n.* གཞུང་དེབ་ཀྱི་ཡིག་ཚང;

344 Chandelier, *n.* ལྷ་སྦར་སའི་སྒྲུག་ཡལ་ག་མང་པོ་བྱས་པ;

345 Chandler, *n.* འཚོང་པ; ཞ་ཏུས་ཡིན་ན་ལྷ་བཟོ་མི་ལ་གོ;

346 Change, *v.t.* བསྒྱུར་བ; འགྱུར་བ; (*n.*) སྒོག་སྒོག; (of money).

347 Changer, *n.* འགྱུར་མཁན;

348 Channel, *n.* ཆུ་ལོ; རྒྱ་མཚོའི་ལོ་ཕྲ་མོ;

349 Chant, *v.t.* དབྱངས་ཐན་པ; གདངས་དབྱངས་ཐན་པ;

350 Chantry, *n.* གདང་དབྱངས་ཐན་སའི་ལྷ་ཁང;

351 Chaos, *n.* སྲུན་ནག;

352 Chaotic, *a.* སྲུན་ནག་ཅན;

353 Chap, *v.t.* སེར་ག་གདང་བ; གས་པ; སེར་ག་ཤོར་བ;

354 Chapel, *n.* ལྷ་ཁང་ཆུང་ཆུང;

355 Chaplain, *n.* དམག་གྲུའི་ཡང་ན་དམག་དཔུའི་བླ་མ;

356 Chaplaincy, *n.* དམག་མིའི་བླ་མའི་གོ་ས; བླ་མ་ལ་ཟེར;

357 Chaplet, *n.* མགོའི་བརྒྱན་ཆ; དབུ་བརྒྱན་ཅང་སྐོར;

358 Chapter, *n.* ལེའུ;

359 Char, *v.t.* མེ་ལ་བསྲེག་སྟེ་ནཞོབ་དུ་བཏང་བ;

360 Character, *n.* མིའི་རྒྱུ་གཤིས; སྤྱོད་ལཾ; མི་གཤིས; རྒྱུ་གཤིས;

361 Characteristic. གཤིས་དང་མཐུན་པའི; གཤིས་ཁ;

362 Characterize, *v.t.* གཤིས་དང་མཐུན་པར་བྱེད་པ;

363 Charcoal, *n.* སོལ་བ; or སོལ་མོག;

364 Chargeable. ཁག་དཀྲི་རུ་འོས་པ;

365 Charily, *ad.* ཡང་བཞིན་དུ; དཀོན་པོར; ཉུང་ཉུང་བྱེད་དེ;

366 Chariness. ཡང་སེམས་ཆེ་ལུཊ;

367 Chariot. ཤིང་རྟ་འཁོར་ལོ;

368 Charioteer, *n.* ཤིང་རྟ་འདྲེན་མཁན;

369 Charitable, *a.* སྦྱིན་པར་དགའ་བ;

370 Charitably, *ad.* བློ་གཏོང་ཡོད་ཆེནོ་བྱེད་དེ;

371 Charity, *n.* དགེ་བ; སྦྱིན་པ;

372 Charlatan. ཨེམ་ཆེ་བརྫུས་མ; ཧམ་བརྫུས་བྱེད་པའི་སྨན་པ;

373 Charm, *n.* སྲུང་བ; བདེ་ཉམས;

374 Charmingly, *ad.* ཡིད་འཕྲོག་ནུས་པ་བྱེད་དེ;

375 Charnet-house, *n.* མི་རོའི་རུས་པ་བཞག་སའི་ཁང་མིག;

376 Chart. ས་ཁྲ;

377 Charter, *n.* ཐྲ; གན་རྒྱ; ཁྲམ; གན་ཡིག;

378 Chartim, *n.* དམངས་མིར་ཚད་དབང་སྤྲར་བའི་གཏམ་དོན;

379 Chartist དམངས་མིར་ཚད་དབང་སྤྲར་བའི་གྲོས་སྐྲར་ཚུད་པ;

380 Chary, *a.* འཕང་སེམས་ཅན; ཉུང་ཉུང་བྱས་ནས;

381 Chase, *v.t.* བདའ་རེད་བཏང་བ; རྗེས་སུ་རྒྱུག་པ;

382 Chase. ཁྲི་ར; བདའ་རེད;

383 Chaser, *n.* རིནོ་འི་ངོས་ལ་མིའི་གཟུགས་བརྙེན་འབུར་དུ་སྟོན་མི;

384 Chasm, *n.* ཛ་ཁྲང་; ཛ་རོང་;

385 Chaste. གཙང་མ;

386 Chasten, *v.t.* གཙང་མ་བཙོས་པ;

387 Chasteness. གཙང་ཚུལ;

388 Chastise, *v t.* ཆར་གཅད་པ;

389 Chastisement, *n.* ཆར་གཅོད;

390 Chat, *v.i.* སྐད་ཆ་ལབ་པ;

391 Chateau, *n.* ཛོང; ཡུལ་གཞིས་སུ་ཡོད་པའི་ཛོང་;

392 Chattel, *n.* གཞི་ག་ཁྲལ་མེད་མན་པའི་གཞིས་ལ་ཟེར;

393 Chatter, *v.i.* ཅོ་ལོ་མོ་ལོ་བྱས་པ;

394 Chatterer, *n.* ཁ་ལ་གང་འཁོར་ལབ་མི; སོ་ཁྲུག་ཁྲུག་བྱེད་མི;

395 Chatty, *a.* ཛ་སྨོར;

396 Chaw, *v.t.* སྨུར་བ; ཇོ་ཐྲ་ཐམ་ཁའི་ལོ་མ་སྨུར་བ;

397 Cheap, *a.* ཁེ་པོ;

398 Cheapen, *v.t.* ཁེ་རུ་གཏང་བ;

399 Cheapness, *n.* ཁེཔོ་འི་ཚུལ;

400 Cheat, *n.* མགོ་བསྐོར་བ;

401 Check, *n.* འགག་ཆ; འགག་ཆ་རྒྱབ་པ;

402 Checkers, *n.* འགག་མཁན;

403 Checkmate, *n.* བརྩེད་མོ་མིག་མངས་ཀྱི་སྐབས་སུ་རྫེའུ་དཀྲུར་སྡངས་
གཅིག་ལ་ཟེར;

404 Cheek, *n.* འགྲམ་པ; ཧམ་པ;

405 Cheep, *v.i.* བྱིའུ་འི་གཉོན་ཆུ་མའི་སྐད་ཟླ་མོ་འདོན་པ;

406 Cheer, *n.* སྤྲོ་བ;

407 Cheerful, *a.* བློ་བདེ་པོ; སྤྲོ་པོ; དགའ་མོ;

408 Cheerless, *a.* ཉམས་མི་དགའ་བ;

409 Cheery. སྤྲོ་པོ; ཉམས་དགའ་པོ;

410 Cheese. ཆུ་ར;

411 Chemical, *a.* སྨན་དང་རྫས་སྣ་ཚོགས་ཀྱི་འགྱུར་སྟངས;

412 Chemist, *n.* སྨན་དང་རྫས་སྦྱོར་མཁན;

413 Chemistry, *n.* རྫས་ཀྱི་སྦྱོར་ཚུལ་གྱི་རིག་གནས; རྫས་སྦྱོར་རིག་གནས;

414 Cheque, *n.* དངུལ་ཁང་ནས་དངུལ་སྤྲོད་ལན་བྱས་པའི་གྲོ་ཡིག;
དངུལ་སྤྲོད་བྱས་པའི་ཡིག;

415 Cherish, *v.t.* སྐྱོངས་བ; བསོ་བ;

416 Cherry, *n.* ཁམ་རྒོས་འབྲས་བུ;

417 Cherub, *n.* མིའི་བྱིའུ་ལུས་ལ་ཤོག་པ་ཡོད་པའི་གཟུང་བརྙེན་ཅན་
ཀྱི་ལྷ་བུ; ལྷ་བུ;

418 Chess. མིག་མང་ལྟའི་བརྩེད་མོ་ཞིག;

419 Chest, *n.* བྲང་ཁོག;

420 Chestnut, *n.* སོ་ཀལ་ཟེར་བའི་འབྲས་བུ;

421 Chevalier, *n.* ཕ་རང་སིའི་ཡུལ་གྱི་སྐུ་དྲག;

422 Chew, *v.t.* མུར་མུར་བྱེད་པ;

423 Chicane. རྒྱ་སི་དགྲ་སི; གཡོ་སྒྱུ;

424 Chicanery. ཐབས་གཡོ་སྒྱུ;

425 Chicken, *n.* བྱི་འཕྲུག; བྱིའུ;

426 Chide, *v.t.* ལབ་ཤ་གཏང་བ;

427 Chief, *a.* མགོ་པ; གཙོ་བོ; སྤྱིར; འགོ་པ;

428 Chieftain, *n.* མི་བརྒྱུད་ཞིག་གི་གཙོ་བོ; སྡེ་པ;

429 Chieftainship. གཙོ་བོའི་གོ་ས; སྡེ་པ;

430 Chilblain, *n.* འཁྱགས་ཤུ;

431 Child, *n.* སྤྲུ་གུ; or ཕྲུ་གུ;

432 Chill, *a.* གྲང་ངད་ཅན; (n) གྲང་ངད;

433 Chilliness, *n.* གྲང་ངད;

434 Chime, *n.* དྲིལ་བུའི་སྒྲ; མཐུན་པའི་སྒྲ;

435 Chimera, *n.* མིག་སྒྱུ་བློ་བཟོ;

436 Chimerical, *a.* མིག་སྒྱུའི་བློ་བཟོའི་རྣ་པ་ཅན;

437 Chimney, *n.* དུ་ཁུང;

438 Chimpanzee, *n.* སྤྲ་གཟུགས་པོ་མི་ཙམ་ཡོད་པའི་རིགས་ལ་ཟེར;

439 Chin, *n.* ཨོལ་སྒོ; མ་མཁལ; མ་ལི;

440 China, *n.* རྒྱ་ནག; དཀར་ཡོལ;

441 Chinchilla, *n.* ཨེ་མེ་རི་ཀ་ལྷོ་གླིང་ནས་ཐོན་པའི་སྤྱུ་འཛི་པོའི་པགས་པ་ཞིག;

442 Chincough, *n.* འཚི་བའི་རིམ་གྱི་ནད་ཞིག;

443 Chine. ཐལ་ཚིགས་ཀྱི་རུས་པ;

444 Chink, *n.* སེར་ཀ; དངུལ་བགྲངས་བའི་སྒྲ་སིང་སིང་ཟེར་བ་དེ;

445 Chintz, *n.* རས་པར་མ་སྤྱུས་ལེབ་ཀྱི་གྲངས;

446 Chip, *v.t.* ཀ་ཤག་པ; གཞོག་པ,

447 Chip, *n.* (ཤིང་ཞོར་ཤུག; Sik.) ཤིང་ཤབ;

448 Chirograph, *n.* ལག་བྲིས་མིང་བརྟགས་འཁོད་པའི་ཡི་གེ;

449 Chirography, *n.* ཡི་གེའི་དྲི་སྟངས; ཡི་གེའི་གཟུགས་བརྐྱེན;

450 Chirology, *n.* ལག་བརྡའ་ཀྲང་བརྡས་སྐད་ཆ་བྱེམ་པ;

451 Chirp, *v.i.* བྱིའུའི་སྐད་བཞིན་རྒྱབ་པ;

452 Chirrup. *v.t.* བྱིའུའི་སྐད་བཞིན་རྒྱབ་པ;

453 Chisel, *n.* གཟོང་; (ལག་ཆ;)

454 Chit, *n.* ཡིག; ཡིག་ཆུང་;

455 Chit-chat, *n.* ངག་བཀྱལ; སྐད་ཆ;

456 Chivalrous, *a.* དཔའ་བའི་བརྟུལ་ཞུགས་ཅན; དཔའ་སྙིང་ཅན;

457 Chivalrously, *ad.* དཔའ་བའི་བརྟུལ་ཞུགས་ཀྱིས;

458 Chivalry, *n.* དཔའ་ངར; དཔའ;

459 Chack, *v.t.* {Bhut. & S. ཤབ་རྒྱབ་པ} ཤབ་གཟེར་འཕྱུལ་བ;

460 Choice, *n.* གདམ་ཁ;

461 Choir, *n.* ཕྱི་ལུགས་དགོན་པར་གདང་དབྱངས་འཐྲན་མི;

462 Choke, *v.t.* ཨོས་སྐྲ་འགག་པ;

463 Choker, *n.* ཨོལ་སྐྲ་འགག་མཁན;

464 Choler, *n.* ཞེ་སྡང་; ཁྲུང་ཁམས;

465 Cholera, *n* བ་ཤལ་ནད;

466 Choleric, *a.* ཁྲུང་ཁམས་ཅན;

467 Choose, *v.t.* གདམ་ཁ་རྒྱབ་པ;

468 Chop, *v.t.* གཏུབ་པ; གཙབ་པ;

469 Chop, *v.i.* ཁ་ཕྱོགས་འགྱུར་བ;

470 Chop, *n.* ལུག་ཤ་འམ་བྱ་ཤའི་ཆོག་རྡོག་ཙུམ་པ་བཅས་པ;

471 Chopper, *n.* གྲི་ཚོད་དོ;

472 Choppy, *a.* རྒྱ་མཚོ་རླུང་གིས་བསྐྱོད་དེ་བརླབས་ཕྲར་ཕྲོར་དུ་ཡོད་པ་
ལ་ཟེར;

473 Choral, *a.* གདང་དབྱངས་ཀྱི་སྐེ;

474 Chord, *n.* གླུ་དབྱངས་སྐད་ཆེ་ཆུང་སྣ་ཚོགས་སྙན་པོར་སྒྲིག་པོ་འདེབ་ཅིག་ཏུ་འདོན་པ;

475 Chorister, *n.* དབྱང་མའི་གྲལ་ནས་གཅིག;

476 Chorography, *n.* ས་ཆའི་བཤད་པ;

477 Chorus, *n.* གར་དང་གླུ་མཁན་མའི་མཚོ་ཐད་ཅིག;

478 Christ, *n.* འགྲོ་བ་འདྲེན་པའི་དད་དཔོན; ཡེ་ཤུའི་མིང; འདྲེན་མཆོག;

479 Christen, *v.t.* མིང་འདོགས་པ; ཡེ་ཤུའི་མཚན་བརྗོད་ནས་མིང་བཏགས་ཀྱི་སྟོན་མོ་བྱེད་པ; མིང་སྟོན;

480 Christendom, *n.* ཡེ་ཤུའི་ཆོས་ལུགས་འཛིན་པའི་ས་ཆ;

481 Christian, *n.* ཡེ་ཤུའི་ཆོས་ལུགས་འཛིན་མཁན;

482 Christianity, *n.* ཡེ་ཤུའི་ཆོས་ལུགས;

483 Christianize, *v.t.* ཡེ་ཤུའི་ཆོས་ལུགས་ལ་འགྱུར་བ;

484 Christmas, *n.* ཡེ་ཤུའི་དུས་ཆེན;

485 Christmas-box, *n.* ལོ་གསར་གྱི་ལག་བརྟགས་སྒམ་ཆུང;

486 Christology, *n.* ཡེ་ཤུའི་སྐུ་དང་མཛད་པའི་རྣམ་ཐར;

487 Chromatic, *n.* ཚོན་མདོག་གི་སྐོར; ཚོན་མདོག་ཅན;

488 Chronic, *a.* ཡུན་དུ་མནར་བའི་ནད; ཅོང་ནད;

489 Chronicle, *n.* ཉིཾ་ཐར; འདས་ལོ་དང་འགྲིག་ནས་ཡོད་པ;

490 Chronicler, *n.* ཉིཾ་ཐར་བརྩོམ་པ་པོ;

491 Chronologer, *n.* དུས་རབས་འདས་ལོའི་བགྲངས་བྱ་ལ་མཁས་པ; དུས་ངེས་པར་བརྩི་མཁན;

492 Chronological, *a.* འདས་ལོའི་སྐོར;

493 Chronology, *n.* འདས་ལོ་དང་དུས་ཚོད་ངེས་པར་བགྲངས་བའི་རིག་པ;

494 Chronometer, *n.* ཆུ་ཚོད་འཁོར་ལོ; ཆུ་ཚོད་འཁོར་ལོ་སྐྱུས་ལེཊ་ཞིག་ལ་ཟེར;

495 Chrysalis, *n.* སམ་འབུ་ཕྱེ་མ་ལེབ་ལ་མ་གྱུར་གོང་ན་བླངས་པའི་ལུས་དེའོ;

496 Crysolite, *n.* རིན་པོ་ཆེའི་བྱེ་བྲག་ཁ་དོག་ལྗང་ཁྲའམ་སེར་པོར་ཡོད་པ; པུཥྐ་རཱ; སཱཀད;

497 Chub, *n.* རྒྱུག་ཆུའམ་གཙང་པོར་གནས་པའི་ཉ་ཆོལ་ལྡན་ཞིག;

498 Chubby, *n.* གཟྟཊ་ཐུང་དུ་ཤ་རྒྱག་པ;

499 Chuck, *v.i.* འཕང་པ; འཕེན་པ;

500 Chuckle, *v.t.* ཀྲོད་བྲོ་བ;

501 Chuckle, *n.* གད་མོ་ཁྲ་སིམ་མེར་ཀྲོད་ཅིང་དི་དི་བྱེད་པའི་ཁྲལ་བྱས་པ;

502 Chum, *n.* མཐུན་བ་ཤེས; གྲོཊ་མཆེད; དགའ་ཉེ; གདོ་ཚང;

503 Church, *n.* ཕྱི་གླིང་པའི་མཆོད་ཁང;

504 Churl, *n.* མི་ནག་པ; {གློང་པའི་ཨ་ཡ;} མི་ནག་པ་ཀེད་པོ; (a Bhut. expression) an idiomatic phrase.

505 Churn, *n.* དཀྲོག་པ; དཔེར་ན་ཞོ་དཀྲོག་པ་བཞིན;

506 Chyle, *n.* ཟས་གྲོད་པའི་ནང་ལ་གནས་དུས་སུ་ཁྲ་བ་སྐྱ་ན་རི་བ་ཞིག་དོན་རྒྱུ་ཡོད་པ་དེ་ལ་ཟེར;

507 Chyme, *n.* ཟ་གྲོད་པའི་ནང་དུ་བདག་ནས་ཛ་རི་ཛུ་རི་ཞིག་དུ་འགྱུར་བ་དེ་ལ་ཟེར;

508 Cicatric, *n.* བརྨ་རྫེས; བརྨས་བཀྲ; (pronounced in Sik. and Bhut. as རྨིམ་བཀྲ;)

509 Cicatrize, *v.t.* བརྨས་བཀྲ་ཆགས་སུ་བཙུག་པ; བརྨ་བཤུ་སྐམས་དུ་འཛུག་པ:

510 Cider, *n.* ཨ་ཤུའི་སྦྲང་ཆང; ཀུ་ཤུ་ལི་དང་སྦྲང་ལས་བཟོས་པའི་ཆང;

511 Cigar, *n.* ཐམ་ཁ་ཙུ་རུད;

512 Cimeter, *n.* གྲི་གུག; རལ་གྲི་གུག་པོ; རལ་གྲི་ལྷག་པ་གུག་ཙམ་བྱས་པ;

513 Cinchona, *n.* ཀུ་ལེན་གྱི་ཤིང;

514 Cincture, *n.* སྐ་རག; སྐེད་འཆིང; ཀ་བའི་སྐེད་པར་སྐེད་འཆིང་བརྒྱན་གྱི་ཚུལ་དུ་བཟོས་པ;

515 Cinder, *n.* མེ་ཡོ་མ; གོ་ཐལ་ཚ་མོ; མ་མདག;

516 Cinerary, *a.* གོ་ཐལ་གྱི;

517 Cinnabar, *n.* མཚལ; རྒྱས་ཚལ་ཅོག་ལ;

518 Cinnamon, *n.* ཤིང་ཚ;

519 Cinque, *n.* ཤོ་མིག་ལྔ་པ;

520 Cipher, *n.* ཀླད་གོར; སྟོང་མིག;

521 Circle, *n.* སྒོར་ཐིག;

522 Circlet, *n.* ཨ་ལོང;

523 Circuit, *n.* བསྒོར་བ;

524 Circuitous, *a.* སྒོར་དེ་ཡོད་པ; སྒོར་སྒོར;

525 Circular, *a.* སྒོར་སྒོར;

526 Circularity, *n.* སྒོར་བའི་ཉེ་པར་ཡོད་ཚུལ;

527 Circularly, *ad.* སྒོར་སྒོར་པོར;

528 Circulate, *v.t.* ཁྱིར་ཁྱིར་འཁོར་བ; འཁོར་བ;

529 Circulation, *n.* བསྐོར་དེ་འགྲོ་བ;

530 Circumcise, *v.t.* མུ་སླུལ་མཱན་དང་ཡ་ཧུ་དཱ་པའི་ཆོས་ལུགས་ལྟར་ཁྱེའུའི་ཕོ་མཚན་གྱི་མགོ་འི་པགས་པ་བྲེག་པ ;

531 Circumcision, *n.* ཁྱེའུའི་མཛེའི་མགོ་ཤུབ་བྲེག་པ་དེ་ལ་ཟེར ;

532 Circumference, *n.* འཁོར་ཡུག་གི་ཚད ; མཐའ་སྐོར་གྱི་ཚད ;

533 Circumjacent, *a.* མཐའ་བསྐོར་དེ་གནས་པའི ;

534 Circumlocution, *n.* སྐད་ཆ་བསྐོར་དེ་ལབ་པ ;

535 Circumlocutory, *a.* བསྐོར་བ་རྒྱབ་རྒྱབ་ནས་བརྗོད་པའི ;

536 Circumnavigate, *v.t.* འཛིག་རྟེན་བསྐོར་དེ་གྲུ་ཟིང་བཏང་ནས་འགྲོད་པ ;

537 Circumnavigation, *n.* འཛམ་གླིང་བསྐོར་དེ་གྲུ་བཏང་ནས་འགྲོ་བ ;

538 Circumscribe, *v.t.* ཕྱི་ནས་བསྐོར་དེ་རི་མོ་བྲིས་པ;

539 Circumspect, *a.* བསྐོར་ནས་བལྟ་ཞིབ་བྱས་པ ;

540 Circumspection, *n.* བརྟག་ཅིང་བརྟག་པ་ཉིད ;

541 Circumspectly, *ad.* བརྟག་ཅིང་བརྟག་སྟེ ;

542 Circumstance, *n.* གནས་སྐབས ; སྐབས ; རྐྱེན ;

543 Circumstantial, *a.* རྐྱེན་ཕྲ་མོ་སྣ་ཚོགས་ལྡན་པ ;

544 Circumstantiate, *v.t.* རྐྱེན་ཕྲ་མོ་སྣ་ཚོགས་ཀྱིས་ར་སྤྲོད་པ ;

545 Circumvent, *v.t.* མགོ་བསྐོར་བ ;

546 Circumvention, *n.* མགོ་བསྐོར ;

547 Circumvolution, *n.* བསྐོར་བ་རྒྱབ་པ་ཉིད ;

548 Circumvolve, *v.t.* བསྐོར་བ་རྒྱབ་དེ་འགྲོ་བ ;

549 Circus, *a.* རྟ་རྩལ་ངོམས་སའི་བལྟས་ཁང ;

550 Cistern, *n.* ཆུའི་ཟྲ ; (Sik.) ཆུ་སྒམ ;

551 Citable, *a.* འགྱུག་ཏུ་ཡོད་པ ;

552 Citadel, *n.* རྫོང ; དགྲ་རྫོང ; མཁར ;

553 Citation, *n.* འཀུག་འབྱུང་; འཀུག་ཤོག;

554 Cite, *v.t.* ཁྲིམས་སར་འཀུག་པ; ཁྲངས་འདྲེན་པ;

555 Citizen, *n.* གྲོང་སྡེའི་མི་སྣ; ཁྲིམ་བདག; ཡུལ་པ; ཡོན་བདག;

556 Citizenship, *n.* ཁྲིམ་བདག་གི་གོ་ས;

557 Citron, *n.* གས་བུ་ར; སྐྱོད་པད;

558 City, *n.* གྲོང་ཁྱེར; གྲོང་མཚོ་ཆེན; རྒྱལ་ས་མཐིལ;

559 Civet, *n* བྱི་ལའི་གླ་རྩི; བྱི་ལ་རིགས་གཅིག་ནས་བྱུང་བའི་གླ་རྩི;

560 Civil, *n.* ཞི་བའི་སྡེ; (a) ཞི་དུལ་ལྡན་པ;

561 Civilian, *n.* ཞི་བའི་ལས་མཚན; ཞི་བའི་དཔོན་རིང;

562 Civility, *n.* ཞི་དུལ; སྲིད་ཞུ;

563 Civilization, *n.* ཤེས་རིག་རྒྱས་པ; ཡུལ་ཁམས་སུ་མི་ཀུན་སློབ་གཉེར་
ཤེས་རིག་ལྡན་པ་ཉིད;

564 Civilize, *v.t.* འདུལ་བ; ཤེས་རིག་དང་ལྡན་པར་བྱས་པ;

565 Civilized, *a.* དུལ་པོ;

566 Civilly, *ad.* ཞི་བའི་སྒོ་ནས;

567 Clack, *v.t.* སྒྲ་འབྱིན་པ; ཙ་ལག་བཙབ་ཅིང་ཐག་ཐག་ཞེས་སྒྲ་
འབྱིན་པ;

568 Claim, *v.t.* ཐོབ་ཐང་བདའ་བ; *n.* ཐོབ་ཐང; ཐོབ་སྐྱོལ;

569 Claimable, *a.* ཐོབ་ཐང་བདའ་རྒྱུ་ཡོད་པ;

570 Claimant, *a.* ཐོབ་ཞེས་བདའ་མི;

571 Clairvoyance. མངོན་ཤེས; ཉེས་སྣང་མངོན་ཤེས;

572 Clam, *v.t.* འཐམ་པ; དམ་པོར་བཟུང་བ; འགེགས་པ;

573 Clamber, *v.t.* ཀང་ལག་བཞི་ཀས་བཟུང་བཞིན་འཛེག་པ;

574 Clamminess, *n.* རློན་པ་སྦྱར་རྩི་དང་ལྡན་པ་ཉིད;

575 Clammy, *a.* རྙོན་འཇིག་འཇིག་ཡིན་ཁར་སྦྱོར་རྩི་ཅན; རྩི་ཅན;

576 Clamour, *n.* ཀུ་ཅོ; ཆོ་ངེས; ཀུ་སྒྲ; སྐད་ལོག;

577 Clamp, *n.* ཅ་ལག་དམ་པོར་བཟུང་བའི་ལག་ཆ;

578 Clan, *n.* མི་རྒྱུད; རུས་མཚན;

579 Clandestine, *a.* སྦས་པའི; གསང་བའི; ལྐོག་གི;

580 Clandestinely, *ad.* སྦས་ཏེ; གསང་བར; ལྐོག་ཏུ;

581 Clang, *v.t.* ལྕགས་སོགས་རྡོ་ཡི་ཐོག་ཏུ་བརྡུང་བ་ལྟ་བུའི་སྒྲ་འབྱིན་པ;

582 Clangour, *n.* སྒྲ་དྲག་པོ; སྒྲ་ཤུགས་ཅན;

583 Clank, *n.* ལྕགས་ཐག་བསིག་པ་ལས་བྱུང་བའི་སྒྲ་ལྟ་བུ;

584 Clank, *v.t.* ཛྱིང་ཛྱིང་ཞེས་པའི་སྒྲ་འབྱིན་པ;

585 Clannish, *a.* ཉེ་བར་འབྲེལ་བ;

586 Clansman. རིགས་རུས་ཅིག་པའི་མི; (ཧླ་རོག; Bhut.)

587 Clap, *v.t.* ཐལ་མོ་བརྡབ་པ;

588 Clapper, *n.* དྲིལ་བུའི་ལྕེ་ལྟ་བུ་སྒྲ་སྒྲོག་བྱེད་དེ;

589 Claret, *n.* རྒྱུན་ཚང་གི་རིགས་ཞིག;

590 Clarification, *n.* བཞུས་ནས་དྭང་སྙིག་ཕྱེ་བ་ཉིད;

591 Clarify, *v.t.* ཙག་ཚོད་པ; (Sik.) མར་བཞུ་བ;

592 Clarion, *n.* རག་དུང; རག་དུང་གི་སྒྲ;

593 Clarionet, *n.* རྒྱ་གླིང;

594 Clash, *v.i.* ཆ་ལང་བརྡབ་པའམ་དེའི་སྒྲ;

595 Clashing, *n.* ཆ་ལང་བརྡབ་པ;

596 Clasp, *n.* ཚབ་ཙེ;

597 Class, *n.* གྲལ;

598 Class, *v.t.* གྲལ་དུ་བཙུག་པ;

599 Classic, *n.* ཆོས་ཚིག;

600 Classical, *a.* དཔེ་ཆའི་ནང་གི་སྐད་ལྟ་བུ; ཆོས་ཚིག་གི་སྐད;

601 Classification, *n.* བྱེ་བྲག་གམ་རིགས་སོ་སོར་དབྱེ་བ་ཉིད;

602 Classify, *v.t.* རིགས་སྤུའི་གྲལ་སོ་སོར་དབྱེ་བ;

603 Clatter, *v.t.* ཁྲོ་ལོ་ལོའི་སྒྲ་འབྱིན་པ;

604 Clatter, *n.* ཁྲོ་ལོ་ལོའི་སྒྲ;

605 Clause, *n.* ཚིག་དོན; ཚིག; ཚིག་ཀང; དོན་མཚན;

606 Clavicle, *n.* ཀྲུམ་ཀྲུམ;

607 Claw, *n.* སྡེར་མོ;

608 Clay, *n.* སྦྱིམ་པ; འདམ;

609 Clayey, *a.* སྦྱིན་པའི; འདམ་གྱིས་བཟོས་པ;

610 Clean, *n.* དག་པོ; གཙང་མ; གམ་གཙང;

611 Cleanse, *v.t.* དག་པོ་བྱས་པ; གཙང་མ་བཅོས་པ;

612 Cleansing, *n.* གཙང་སྒྲ;

613 Clear, *a.* དྭངས་མོ; སྙིང་སང་སང;

614 Clearance, *n.* ཕྱེ་བཟར; གྲོགས་ཆ་གསལ་ཟིན་པ་ཉིད; གལ་ཉིད་
འཕྲུད་ཟིན་པ་ཉིད; འཕྲུགས་འདར;

615 Clearing, *n.* ནགས་སེབ་དུ་ས་དུམ་ཙམ་གསལ་ནས་ཡོད་པ;

616 Cleave, *v.i.* འགེགས་པ; འཚོགས་པ; (to be cleft འགས་པ;)

617 Cleave, *n.* གཤག་པ; དབུག་པ; ཤིག་པ;

618 Clef, *n.* ཚད་ཏོ; (the knife) ག་ཀར་པའི་ཚད་ཏོ;

619 Cleft, *n.* སྒྲ་སྐྱན་སོགས་ཀྱི་གདངས་ཤིག་གམ་དབྱངས་ཡིག;

620 Clemency, *n.* བྱམས་སྙིང;

621 Clement, *a.* བྱམས་སྙིང་ཅན;

622 Clergy, *n.* ཡེ་ཤུའི་ཆོས་ལུགས་ཀྱི་བླ་སྤྱི;

623 Clerical, *a.* ལྷ་སྡེའི;

624 Clerk, *n.* དྲུང་ཡིག; ཡིག་མཁན;

625 Clerkship, *n.* ཡིག་མཁན་གྱི་གོ་གནས;

626 Clever, *a.* རིག་པ་ཅན; གྲུང་པོ;

627 Cleverly, *ad.* མཁས་པོ;

628 Cleverness, *n.* མཁས་སྦྱངས; མཁས་པོ;

629 Clew, *n.* སྤྲི; སྐུད་པའི་སྒོ་མོ;

630 Click, *n.* སྒོ་ལྕགས་ནང་དུ་ལྡེ་མིག་རྒྱབ་པའི་སྒྲ;

631 Client, *n.* རང་ལ་སྐྱབས་སུ་བཟུང་མི; རང་གིས་གང་སྐྱོབས་པ་དེ;

632 Cliff, *n.* བྲག་ཡོགས་གཟར་པོ;

633 Climate, *n.* ས་ནམ་གྲངས་དྲོད; ས་ནམ;

634 Climatic, *a.* ས་ནམ་གྲང་དྲོད་ཀྱི;

635 Climb, *v.t.* འཛེག་པ;

636 Clinch, *n* ཏིཾ་པོར་བཟུང་བ;

637 Clincher, *n.* གཟེར་མགོ་བཀུག་ནས་བསྟུན་མཁན;

638 Clinger, *n* དཔྱུང་མཁན;

639 Cling, *v.t.* དཔྱུང་བ; འཁྲིས་པ; དཀྲིས་པ; འཁྲི་བ;

640 Clinical, *a.* ནད་པའི་མལ་སའི;

641 Clink, *v.t.* ལྕགས་ཀྱི་ལག་ཆ་རྡོ་དང་ཐུག་པའི་སྒྲ་ཁྲིང་ཁྲིང་བྱ་བ;

642 Clip, *v.t.* ཏྲེ་ག་སམ་ནས་གཏོག་པ;

643 Clipping, *n.* ཏྲེ་ག་ཡིམས་པའི་གྲུས་རྡུག;

644 Clique, *n.* ཁེན་འདེབས; ཁ་འདེབས;

645 Cloak, *n.* གོས; ཚུ་པ;

646 Clock, *n.* ཆུ་ཚོད;

647 Clod, *n.* ས་གོང ;

648 Clog, *v.t.* དཀྲིགས་པ; ཐོགས་ཆ་རྒྱབ་པ;

649 Cloister, *n.* མཆོས་ཁང;

650 Close, *v.t.* ཁ་བཅད་པ;

651 Close, *a.* ཉེ་པོ; དམ་པོ;

652 Closeness, *n.* དམ་ཡོད; (Sik.) ཉེ་ཡོད;

653 Closet, *n.* གསང་སྤྱོད;

654 Clot, *n.* ཁྲག་ཆོག;

655 Cloth, *n.* གོས; རས་ཆ;

656 Clothes, *n.* གོས་ལོག;

657 Clothing, *n.* གོས་ལོག;

658 Clotheless, *a.* གོས་མེད;

659 Cloud, *n.* སྤྲིན་པ;

660 Cloudily, *ad.* སྤྲིན་པས་སྒྲིབ་བཞིན་པར;

661 Cloudiness, *n.* སྤྲིན་གྱིས་སྒྲིབ་པའི་རྣཾ་གྱུར;

662 Cloudless, *a.* སྤྲིན་མེད;

663 Cloudy, *a.* སྤྲིན་པས་སྒྲིབ་ཡོད་པ;

664 Clout, *n.* རས་ཀྱི་ལྷན་པ; བསླན་པ; འབན་རས;

665 Clove, *n.* ལི་ཤི;

666 Cloven-footed, *a.* རྨིག་པ་གཡལ་པའི་རིགས; དུད་འགྲོ་རྨིག་པ་གཉིས་སུ་གས་ནས་ཡོད་པ;

667 Clover, *n.* རྩ་སྤང་གི་རིགས་ཀྱི་སྤྱི་མིང;

668 Clown, *n.* གད་མོ་སློང་མཁན་གྱི་མི;

669 Cloy, *v.t.* ཞེན་ལོག་བསྐྱེད་པ; ཞེ་དྲམ་བསླང་བ; ཞེ་དྲེར་བ; སྐྱུན་པ;

670 Club, *n.* དབྱུག་པ; ཟ་ཁང;

671 Cluck, *v.i.* བྱ་མོས་བྱེ་ཕྲུག་འབོད་པའི་སྐད་དེའོ;

672 Clue, *n.* སེང; (སང་སེང་ Sik.) བྱ;

673 Clump, *n.* ཕུང; འདུབ; ཚལ་འདུབ;

674 Clumsily, *ad.* རྗོར་པོ་བྱེད་དེ;

675 Clumsy, *a.* སྤྲོམ་པོ; ལྷུམ་པོ; རྗོར་པོ;

676 Cluster, *n.* ཚག་མོ; ཚག་མ; ཚག་པ; བམ་ཚག;

677 Clutch, *v.t.* དམ་པོར་བཟུང་བ; སྦྱོར་མོས་བཟུང;

678 Coach, *n.* ཤིང་རྟ་འཁོར་ལོ་ཆེན་མོ;

679 Coaction, *n.* ཚ་བཙུར; དབང་མེད་ཀྱི་ལས;

680 Coadjutor, *n.* ལས་རོགས;

681 Coagulate, *v.t.* ཚིག་རྡོག་ཏུ་འགོང་བ; ཚིག་རྡོག་ཆགས་པ; གོང་རྡོག་ཆགས་པ;

682 Coagulation, *n.* ཚིག་རྡོག; རྡོག་རྡོག;

683 Coal, *n.* རྡོ་སོལ;

684 Coalesce, *v.t.* } འབྲེལ་བ; ལུས་གཉིས་གཅིག་ཏུ་འབྲག་སྤེ་སྐྱེས་པ;

685 Coalescence, *n.* } འབྲེལ་མ;

686 Coalition, *n.* གཅིག་ཁར་སྡོམ་པ; མཐུད་པ; ཐུག་འཕྲད;

687 Coarse, *a.* རྩུབ་རྩུབ; རྩུབ་མོ;

688 Coarsely, *ad.* རྩུབ་པོར;

689 Coast, *n.* རྒྱ་མཚོའི་ཚལ་ཁ;

690 Coaster, *n.* རྒྱ་མཚོའི་ཚལ་ཁ་འཁྲིམ་པའི་གྲུ་ཆུང;

691 Coat, *n.* སྟོད་ལེ; ཁན་སྦྲུར; གོ་ཅོ;

692 Coating, *n.* ཚོན་རྩེ་ལན་མ་རེ་ལ་ཀོ་ཏེང་ཟེར;

693 Coax, *v.t.*	ཁ་སླུས་རྒྱབ་པ;
694 Coaxing, *n.*	ཁ་སླུས་རྒྱབ་པའི་བྱས་ལས་དེ་ཀ; ཁ་སླུས;
695 Coaxingly, *ad.*	ཁ་སྙན་པོ་བྱས་དེ;
696 Cole, *n.*	ཧ་ཐང་ཐང; སླི་པོ་འི་རིགས་ཞིག་ལའང་ཟེར;
697 Cobble, *v.t.*	ཟབ་ཟོབ་དུ་བཙེམས་པ; ལྷཾ་རལ་པ་བཙེམས་པ;
698 Cobbler, *n.*	ལྷམ་རལ་པ་བཙེམས་མཁན;
699 Cobra-de-capello, *n.*	དུག་སྦྲུལ་རྒྱ་གར་ཤར་ན་ཡོད་པ་ཞིག;
700 Cob-web, *n.*	འབུ་སྲིན་གྱི་དྲ་བ;
701 Cochineal, *n.*	རྒྱ་ཚོས་ལྷ་བུའི་ཚོས་སྨུག་པོ་ཞིག;
702 Cock, *n.*	བྱ་ཕོ;
703 Cockade, *n.*	ཞྭ་མོ་འི་སྟེང་ལ་རྒྱབ་པའི་དར་སྣའི་རྒྱན་ཞི;
704 Cockatoo, *n.*	མགོ་ལ་ཟེ་བ་ཡོད་པའི་ནེ་ཙོ་འི་རིགས་ཞིག;
705 Cocker, *v.t.*	རྒྱུག་ལང་བདང་བ; གཅེས་ལང་བདང་བ; ལང་དུ་ཤོར་བཅུག་པ;
706 Cockeh, *n.*	ཤོ་ཁྲལ་འདྲ་སའི་ཤིག་ཁང་གི་ནི་ཕྲུག;
707 Cockle, *n.*	ན་གིའི་རིགས་ཆུང་བ་ཞིག; ན་གི;
708 Cockney, *n.*	ལྡི་ལྷུད་ཀྱི་རྒྱལ་སར་སྡོད་མི་རྣམས་ཀྱི་མིང་ངན; ལོར་ཏོན་གྱི་དམང་རིང་ལ་ཟེར;
709 Cockroach, *n.*	(འབྲུ་ཞོ་ལི་མ; Sik.)
710 Cockscomb, *n.*	བྱ་ཕོ་འི་ཟེ་བ; མེ་ཏོག་དམར་པོ་ཞིག;
711 Cockswain, *n.*	གྲུ་ཟྲིང་ནང་གི་ལས་སྣེ་ཆུང་བ;
712 Cocoa, *n.*	སྣེ་ད; ཡང་ཟ་སྣ་མི་ཅིག་པ་ཅིག་ལའང་ཟེར;
713 Cocoon, *n.*	འབུ་ཤུབ; དར་སྲིན་གྱི་འབུའི་སོབ;
714 Coction, *n.*	འཚོད་པ; འཚོད་སྟངས;
715 Cod, *n.*	ཉ་ཆེན་པོ་ཞིག་གི་རིགས; ཉ་སྦྲམ་པོ་ཞིག;

716 Cod, *n.* སྲིན་མ་ཉ་སྦུའི་ས་བོན་གྱིས་ཁེངས་པའི་སོན་ཤུབ ;
(སྙང་བོ་ Tsangha Collql.) (སྙམ་བུ ; Ü-collql.)

717 Code, *n.* ཁྲིམས་ཡིག ; བཅའ་ཡིག ;

718 Codicil, *n.* ཟུར་ཚུང ; ཡིག་བྲིས་ཟིན་པའི་རྗེས་སུ་ཟུར་ཚུང་བྲིས་པ ;

719 Codify, *v.t.* ཁྲིམས་ཡིག་རིམ་བཞིན་འགྲིག་པ ;

720 Cod-liver oil, *n.* གྲུ་མཚོའི་ཉ་ཀོད་བྱ་བ་དེའི་མཆིན་པའི་སྣུམ་བཙགས་པ་དེ་སྨན་ལ་འགྲོ་བ་ཞིག་འོང་བ་སྣུཾ་དེ་ལ་ཟེར ;

721 Co-equal, *a.* གོ་གནས་མཉམ་པ ; མཉམ་དོད ;

722 Co-equality, *n.* གོ་མཉམ ; མཉམ་དོད ;

723 Coerce, *v.t.* དབང་གཙན་གྱིས་བསྐུལ་བའི ; (ཡང་ན) གཙན་པོས་དབང་བསྒྱུར་བ ; དབང་ཡོད་བྱས་པ ;

724 Coercible, *a.* དབང་ཡོད་ཀྱིས་བསྐུལ་དུ་ཡོད་པ ;

725 Coercion, *n.* དབང་གཙན ; དབང་ཡོད ;

726 Coetaneous, *a.* ན་མཉམ ; ན་འདྲ ;

727 Coeval, *a.* ན་མཉམ ; ན་འདྲ ; དུས་མཉམ་བྱུང་བའི་མཆིས་པ ;

728 Co-exist, *v.t.* དུས་མཉིཾ་དུ་གནས་པའམ་མཆིས་པ ;

729 Coffee, *n.* ཛ་སྣ་མི་ཅིག་པ་ཞིག ; ཚོག་ཛ ;

730 Coffer, *n.* དངུལ་སྒམ ;

731 Coffin, *n.* རོ་སྒམ ;

732 Cog, *n.* འཁོར་ལོའི་སོ ; འཁོར་ལོའི་མདུན་དུ་ཤབ་འཛུག་པ ; སྤྱི་ཐབ་འགྲིལ་འགག་པ ;

733 Cogency, *n.* བདེན་པའི་སྟོབས ;

734 Cogent, *a.* བདེན་སྟོབས་ཅན ;

735 Cogitate, *v.i.* བསམ་མནོ་བསྒོར་བ ;

736 Cogitation, *n.* བསམ་མནོ ;

737 Cognate, *a.* ཉེ་མཚན; ཉེ་ཐང་ཅན; ཤ་གཉེན;

738 Cognition, *n.* རྟོག་པ; རྣམ་པར་རྟོག་པ; འཛིན་རྟོག;

739 Cognizable, *a.* རྟོག་པ་བྱར་ཡོད་པ;

740 Cognizance, *n.* རྟགས་པ; རྟོག་པ;

741 Cognizant, *a.* རྟོག་པ་བྱེད་པའི; རྟོག་བཞིན་པའི;

742 Cog-wheel, *n.* རྒྱུ་ཚོད་འཁོར་ལོ་འི་ནང་གི་འཁོར་ལོ་སོ་ཅན;

743 Cohabit, *v.i.* འབྱོར་བ་བྱེད་པ; ཁྲིག་པ་སྤྱོད་པ;

744 Cohabitation, *n.* སྦྱོར་བ; འཁྲིག་ཆོས; ཉལ་པོ; (polite ལུས་འབྲེལ;)

745 Cohere, *v.i.* འབྱར་བ;

746 Coherently. མགོ་འཇུག་འགྲིག་པ;

747 Cohesion, *n.* འབྱར; སྦྱར; སྦྱོར;

748 Cohesive. འབྱོར་རྩི་ཅན;

749 Cohesiveness. འབྱོར་རྩི་ཆེ་ལུགས;

750 Cohort, *n.* དམག་དཔུང;

751 Coif, *n.* མགོ་ཁེབས;

752 Coil, *v.t.* འཁྲི་བ; བཀྲི་བ; དཀྲིས་པ;

753 Coin, *n.* དོང་ཙེ; ཏཾ་ཀ;

754 Coinage, *n.* དོང་ཙེ་བཟོ་ཐབས;

755 Coincide, *v.i.* དུས་གཅིག་ལ་འཛོམ་པ;

756 Coincidence, *n.* བརྡའ་མཚུངས; དུས་མཉམ་དུ་བབ་པའི་ཚུལ;

757 Coincident, *a.* བརྡའ་མཚུངས་པོ;

758 Coiner, *n.* ཏཾ་ག་བརྫུས་མ་བཟོ་མཁན;

759 Coition, *n.* འཁྲིག་པ; ཆགས་སྤྱོད; ཉལ་པོ;

760 Coir, *n.* ཤ་ཐག; ཀོ་རྒྱུན; སྣེ་དའི་འབྲས་བུའི་ཐག་པ;

761 Coke, *n.* རྡོ་སོལ་གྱི་ནང་ནས་རླུང་ (གླས་སི་) ཞེས་པ་སྟོན་ཚར་བའི་སོ་ལ་རེའོ;

762 Colander, *n.* ཚག་མ;

763 Cold, *a.* གྲང་མོ; གྲང་ངད; ཁྱགས་པ;

764 Coldly, *ad.* གྲང་ཧུར་རེ;

765 Coldness, *n.* གྲང་ངད; གྲང་ངར;

766 Cole, *n.* སྔོ་ཚལ་གྱི་སྒྱི་མིང;

767 Colic, *n.* གླང་ཐབས; རྒྱུ་གཟེར;

768 Collapse, *v.i.* དིབ་པ; གྱང་བཞིན་སྡིབ་པ; ནད་ཡོག་རྒྱབ་པ;

769 Collar, *n.* སྐེ་གོང; གོང་པ; གོས་ཀྱི་གོང;

770 Collate, *v.t.* ལག་ཐྲིས་ཀྱི་དཔེ་ཆ་བསྡུར་བ;

771 Collateral, *a.* ཕན་ཚུན་ཉེ་བར;

772 Collation. ཞུ་དག;

773 Collator. ཞུ་དག་པ;

774 Colleague, *n.* ཟླ་བོ; མཆེད་གྲོགས; དཔུང་གྲོགས;

775 Collect, *v.t.* སྒྲུག་པ; སྡུད་པ; བསོག་པ;

776 Collect, *n.* གསོལ་འདེབས་སྡུ་མ;

777 Collection, *n.* སྡུ་བ;

778 Collective, *n.* བསྡུས་པ;

779 Collectively, *ad.* བསྡུས་མར;

780 Collectorship, *n.* ཁྲལ་སྡུ་མཁན་གྱི་གོ་གནས;

781 College, *n.* གྲྭ་ཚངས; གཙུག་ལག་ཁང;

782 Collegiate, *a.* གཙུག་ལག་ཁང་ཡོད་པ;

783 Collide, *v.i.* འཕྲུགས་ཀྱིས་རྡབ་པ; འཕྲུད་ཆེ་ཐོར་ཐུག་པ;

784 Collie, *n.* ལུག་རྫི་པའི་ཁྱི;

785 Collier, *n.* — རྡོ་སོལ་སློན་མི; རྡོ་སོལ་ཚོང་མཁན;

786 Colliery, *n.* — རྡོ་སོལ་གྱི་ས་གཏེར; རྡོ་སོལ་ཁ་ཉི;

787 Collision, *n.* — ཤུགས་ཀྱིས་འཐུག་རྩལ; ཐང་སྤྲད་དུ་ཐུག་རྩལ;

788 Collocate. — བཞག་གནས་སུ་འཛོག་པ; གྲལ་འགྲིག་པ;

789 Colloquial, *a.* — ཕལ་སྐད་ཀྱི་རྣམ་པ་ཅན;

790 Colloquy, *n.* — ཞུ་ལན; སྐད་ཆ;

791 Collude, *v.i.* — གཡོ་སྒྱུ་བྱེད་པའི་ཁ་འདེབས་པ;

792 Collusion, *n.* — ངན་ཁ་འདེབས་པ;

793 Collusively, *ad.* — ངན་ཁ་འདེབས་བྱེད་དེ;

794 Colon, *n.* — ཡི་གེའི་བར་གྱི་ཚིག་འདི་འདྲ; ནང་ཁྲོལ་གྱི་དཀྱིལ་ནས་ཆ་ཆེ་ཤོས་དེ;

795 Colonel, *n.* — རུ་དཔོན; མདའ་དཔོན;

796 Colonial, *a.* — ཡུལ་འགྲོན་པའི;

797 Colonist, *n.* — རང་ཡུལ་ནས་ཡུལ་གཞན་དུ་འཕོས་ཏེ་ཆར་མི;

798 Colonization, *n.* — ཡུལ་གཞན་དུ་གཏན་དུ་བསྡོད་པའི་ཆེད་དུ་ཡུལ་སྤྲོས་མི;

799 Colonnade, *n.* — ཀ་བས་བསྐོར་གྱིས་བརྒྱན་པའི་འདུ་ཁང;

800 Colony, *n.* — རང་ཡུལ་ནས་ཐོན་ཏེ་ཡུལ་གཞན་དུ་ཆར་ནས་སྡོད་པ་དག་ལ་ཟེར;

801 Colossal, *a.* — མི་ཚད་ལས་ལྷག་པའི་གཟུགས་ཚད་ཅན;

802 Colour, *n.* — ཁ་མདོག; ཚོན; མདུང་དར; བ་དན་སོར;

803 Colourless, *n* — ཁ་མདོག་མེད་པ;

804 Colportage, *n.* — ཆོས་ཀྱི་པོ་ཏི་དང་དཔེ་ཆུང་བགོས་ཏེ་བྱིན་པ་ལ་ཟེར;

805 Colporteur, *n.* — ཆོས་ཀྱི་པོ་ཏི་དང་དཔེ་ཆུང་བཤལ་སྟེ་ཚོང་མི;

806 Colt, *n.* — རྟེའུ; ཕོ་རྟེ;

807 Column, *n.* ཀ་ཆེན་དབྱིབ་ཟླུམ་པོ་ཅན; དམག་མཚོ; དཔག་དཔུང;
དམག་རུ;

808 Comb, *n.* ཤིག་ཤད; (སོ་མང; Sik.)

809 Comb, *n.* བྱ་པོའི་ཟེ་ཏོག; བྱ་པོའི་ཟེ;

810 Combat, *v.t.* རྫིང་བ; འཐབ་པ; རྒོལ་བ; འཁྲུག་རྫིང;

811 Combatant, *a.* འཐབ་པ་པོ; རྒོལ་བ་པོ;

812 Combativeness, *n.* འཐབ་དོད་ཅན་གྱི་མཚན་བརྟ;

813 Combination, *n.* ཁ་སྒྲིག; ཁ་འདེབ; ཁན་འདེབས;

814 Combine, *v.t.* དཔུང་གཞིབ; དཔུང་མཐུད་པ;

815 Combustion, *n.* མེ་མཆེད་ཚུལ;

816 Come, *v.t.* འོང་བ; ཕེབས་པ; བྱོན་པ;

817 Comedian, *n.* ཟློ་མོ་བའི་ནང་ནས་གད་མོ་སླང་བའི་ཉིཾ་ཐར་འཆད་ཀྱང་
འཆད་ལ་ཉིཾ་གྱུར་སྟོན་མི་སོང་ལ་ཟེར;

818 Comedy, *n.* གད་མོ་སླང་བའི་ཉིཾ་ཐར་རི་བློས་གར; གད་མོའི་ཉིཾ་པའི་
ཉིཾ་ཐར;

819 Comeliness, *n.* མཛེས་ཚུལ; ཡིད་ཁར་འོང་ལུང;

820 Comely, *a.* ཡིད་འོང;

821 Comet, *n.* གཟའ་དུ་བ་འཇུག་རིང; དུ་བ་མཇུག་རིང;

822 Comfit, *n.* མངར་ཛ་སླས་ཏོག་ཏོག;

823 Comfort, *v.t.* སྐྱུ་ངན་སང་བ; སྐྱོ་བ་སྐྱིད་པ; སེམས་བསོ་གཏང་བ;

824 Comfortable, *a.* སྐྱོ་པོ; སྐྱིད་པོ;

825 Comfortably, *ad.* སྐྱིད་པོར;

826 Comforter, *n.* སྐྱོ་གྲོཊ; སྐྱོ་བ་སྐྱིད་མཁན; སྐྱེ་ལ་དཀྲི་རྒྱུའི་བལ་གོས་
འཇི་པོ་ཞིག;

827 Comfortless, *a.* སྤྲོ་མེད; སྐྱོ་བ; བློ་མི་ཆད་པའི;

828 Comic, *a.* གོད་བྲོ་བ;

829 Comma, *n.* ཚེག; ཡིག་ངར་གྱི་ཚེག;

830 Command, *v.t.* བཀའ་སྩོལ་བ;

831 Commandingly, *ad.* བཀའ་བསྒོ་བའི་ཚུལ་གྱི;

832 Commandment, *n.* ཞལ་གདམས;

833 Commemorable, *a.* དགའ་སྟོན་འགྱེད་འོས;

834 Commemorate, *v t.* བྱ་བ་བཟང་པོ་བྱུང་བའི་བརྟེན་འགྲེལ་ལ་བརྩིས་ནས་
དགའ་སྟོན་འགྱེད་པ;

835 Commemoration, *n.* དགའ་སྟོན; ཁྲིམས་འདོན;

836 Commemorative, *a.* དགའ་སྟོན་གྱི;

837 Commence, *v.t.* མགོ་འཛུགས་པ; མགོ་བརྩམ་པའི་འཛུགས་པ;

838 Commencement, *n.* སྔོན་ཐོག; ཐོག་མ་ཉིད;

839 Commend, *v.t.* མངག་པ; བསྟོད་པ; མངའ་པ;

840 Commendation, *n.* མངའ་པ; སྟོད་ར;

841 Commensurability, *n.* འདྲ་འདྲར་ཆད་དུ་ཡོད་པ;

842 Commensurable, *a.* འདྲ་འདྲར་ཆད་དུ་ཡོད་པ;

843 Commensurably, *ad.* འདྲ་འདྲར་ཆད་དེ;

844 Comment, *v.i.* འགྲེལ་པ; བཤད་པ;

845 Commentary, *n.* འགྲེལ་པ;

846 Commentator, *n.* འགྲེལ་པ་བཀགས་མཁན,

847 Commerce, *n.* ཚོང;

848 Commercial, *a.* ཚོང་གི; ཚོང་ལ་རྟེན་པའི; ཚོང་དང་ཉེ་བའི;

849 Commercially, *ad.* ཚོང་གི་ངོས་ནས;

850 Commination, *n.* ཉེས་པ་བཅད་རྒྱུའི་འཇིག་རི་བཀོད་རྒྱུ ;

851 Commingle, *v.t.* མཉམ་དུ་བསྲེས་པ; སྣ་བསྲེ་བ;

852 Comminute, *v.t.* ཕྱེ་མར་བརྡག་པ; ཞིབ་མོར་འཇོག་པ;

853 Commiserate, *v.t.* ཤ་ཚ་བ; སྙིང་རྗེ་སྐྱེ་བ;

854 Commiseration, *n.* སྙིང་རྗེ;

855 Commissariat, *n.* དམག་དཔུང་གི་གཏོ་རྒྱུ་སྒྲུབ་མི;

856 Commissary, *n.* སྐུ་ཚབ; ལས་འགན་གཏད་པའི་མི;

857 Commission, *n.* སྐོས་པ; འཕེལ་བ; མངག་པ; {བཀའ་མངའ Respl.}

858 Commit, *v.t.* སྐྱུར་བ; བཅོལ་བ;

859 Committal, *n.* ཁྲིག་འཁྲུག; གཉན་རྒྱུ;

860 Committee, *n.* མི་སྡེ;

861 Commodious, *a.* གྱུ་ཡང་པོ;

862 Commodity, *n.* ཚོང་ཟོག; ཅ་ལག;

863 Commodore, *n.* གྲུ་ཟིང་ཕྲོག་གི་དམག་དཔོན་གོ་གནས;

864 Common, *a.* ཕལ་པ; དཀྱུས་མ;

865 Commonly, *ad.* ཕལ་ཆེར;

866 Commonwealth, *n.* དམངས་སྤྱིས་རྒྱལ་སྲིད་སྐྱོང་བའི་སྡེ; མི་སེར་རྒྱལ་ཁབ;

867 Commotion, *n.* ཅ་ཅོ; ཁུར་སྒྲ; འཁྲུག་ཟིང; ནང་ཟིང;

868 Commune, *v.i.* བཀའ་བསྟུན་བྱེད་པ; གྲོས་བསྟུན་བྱེད་པ;

869 Communicable, *a.* སྟོན་དུ་ཡོད་པ; འཆད་དུ་ཡོད་པ;

870 Communicant, *n.* འཆད་མཁན;

871 Communicate, *v.i.* སྟོན་པ; འཆད་པ; སྒྲག་པ;

872 Communication, *n.* ཡིག་འགྲུལ; འབྲེལ་བ; འགྲིམ་འགྲུལ;

873 Communicative, *a.* ཁ་སང་པོ; འཆད་འདོད་ཚ་པོ;

874 Communion, *n.* ཡི་ཤུའི་ཚོང་འཁོར;

875 Community, *n.* མི་སྡེ;

876 Commutable, *a.* ཁྲིམས་ཡངས་ལྷི་བསོར་དུ་ཡོད་པ;

877 Commutation, *n.* བརྗེ་བསོར;

878 Commute, *v.t.* ཁྲིམས་ལྷི་བའི་སར་ཡངས་མོ་བསོར་བ;

879 Compact, *n.* བསྡུ་མོ; བརྟན་པོ; དཾ་པོར་བཟུང་ཡོད་པ;

880 Companion, *n.* གྲོགས; རོགས་པོ; ཟླ་བོ; ཡ་དོ;

881 Companionship, *n.* ཟླ་བོ;

882 Company, *n.* རོགས; སྡེ་ཚང;

883 Comparable, *a.* དོ་མགྲན་དུ་ཡོད་པ; མགྲན་འཕེར;

884 Comparative, *a.* }
885 Comparatively, *ad.* } བསྡུར་བའི; མགྲན་པའི;

886 Compare, *v.t.* མགྲན་པ; བསྡུར་བ;

887 Comparison, *n.* མགྲན་ཟླ; སྡུར་ཁ;

888 Compartment, *n.* ཁང་མིག;

889 Compass, *n.* { མཐའ་འཁྱིར; མཚམས; མཐའ་བསྐོར་བ; (n.) ཕྱོགས་བལྟའི་འཁོར་ལོ;

890 Compass, *v.t.* མཐའ་སྐོར་དེ་འགྲོ་བ; གནད་སྒྲུར་བ;

891 Compasses, *n.* བསྒྲིར་ལྕུ; རི་མོ་སྒོར་སྒོར་བྲི་རྒྱུའི་སྒྲིར་ལྕུ;

892 Compassion, *n.* སྙིང་རྗེ;

893 Compassionate, *a.* སྙིང་རྗེ་ཅན;

894 Compassionately, *ad.* } སྙིང་རྗེ་བསྐྱེད་དེ;

895 Compatibility, *n.* ཆ་མཐུན; དུས་མཚུངས་མཆིས་པ; རྒྱ་མཚུངས;

896 Compatible, *a.* མཐུན་པ; སྒྲིམ་པོ; དུས་མཉེ;

897 Compatriot, *n.* ཕ་ཡུལ་ཅིག་པའི་རོགས་པ; {Bhut. ཀླུའུ་རོགས;}

898 Compeer, *n.* — འདྲ་འདྲ; ཟླ་བོ;

999 Compel, *v.t.* — དབང་ཡོད་ཀྱི་བྱེད་དུ་བཅུག་པ; བརྩལ་བཙན་བྱེད་པ;

900 Compellation, *n.* — ཞུ་ཚིག; ཞུ་ལུགས; དཔེར་ན་སྐུ་གཞོགས་ལྷ་ཟེར་བ་ལྟུའོ;

901 Compend, *n.* — བསྡུ་བ; བསྡུ་མ; བསྡུས་པ;

902 Compendious, *a.* — ཚིག་བསྡུད་ཀྱང་དོན་རྒྱས་པ;

903 Compendium. — བསྡུས་པ;

904 Compensate, *v.t.* — གུས་མཐུད་སྟེར་བ;

905 Compensation, *n.* — གུས་མཐུད;

906 Compete, *v.i.* — མགྲན་པ;

907 Competence, *n* — མགྲན་ཟླ་འཕེར་བ; འགྲོན་སྤངས;

908 Competent, *a.* — འགྲོན་པོ; འགྲོན་སྤངས་ཡོད་པ;

909 Competently, *ad.* — འགྲོན་པོ་བྱེད་དེ; འབྲེམ་པོར;

910 Competition, *n.* — མགྲན་ཟླ;

911 Competitor, *n.* — མགྲན་པ་པོ;

912 Compilation, *n.* — བརྩོམ་འགྲིག;

913 Compile, *v.t.* — བརྩོམ་འགྲིག་བྱ་བ;

914 Compiler, *n* — བརྩོམ་འགྲིག་བྱེད་མཁན;

915 Complaint, *a.* — ངོ་སྲོད་ཅན;

916 Complaintly. — ངོ་སྲོད་བྱེད་དེ;

917 Complain, *v.i.* — ཞུ་ལོག་རྒྱབ་པ;

918 Complainant, *n.* — ཞུ་ལོག་རྒྱབ་མཁན;

919 Complaint, *n.* — ཞུ་ལོག;

920 Complaisant, *a.* — ངོ་སྲོད་མཁན;

921 Complaisantly, *ad.* ངོ་སོད་བྱེད་དེ;

922 Complement, *n.* བསྐང་བ; ཁ་བསྐོངས;

923 Complete, *a.* ཡོངས་རྫོགས; ཅབ་ཚངས; ཁེ་གཙང; ཆ་ཚངས;

924 Completeness, *n.* ཡོངས་སུ་རྫོགས་ཚུལ;

925 Completion, *n.* མཐར་ཕྱིན; མཐའ་འཁྱོལ;

926 Complex, *a.* བསྲེས་མ; སྣ་ཚོགས་འགྲེལ་མ;

927 Complexion, *n.* གདོང་པའི་ཤ་མདངས;

928 Compliance, *n.* ཁ་ལ་ཉན་པ; ཁ་ལོ་ཆུན་ལུགས; མཉན་ལོ;

929 Compliant, *a.* ཁ་ལ་ཉན་པོ;

930 Compliantly, *ad.* ཁ་ལ་ཉན་པོ་བྱེད་དེ;

931 Complicate, *v.t.* ཁྲག་ཁྲུག; བརྫིང་ཞུགས་པ; སླ་བསྲེས་པ;

932 Complication, *n.* {Bhut. པར་ཟིང་ལྷས་པ} ངན་བྲལ་དུ་བསྲེས་པ;

933 Complicity, *n.* ངན་གྲལ་དུ་ཐེ་གཏོགས; ཐེ་གཏོར; ལེ་འཕྲི;

934 Compliment, *n.* སྟོད་ར; ངོ་སྟོད; ངོ་སོད; {ཐུར་མཉིས་པའི་གསུང་གྲོས; Respl.}

935 Compliment, *v.t.* བསྟོད་ར་རྒྱབ་པ; ངོ་སོད་རྒྱབ་པ;

936 Complimentary, *a.* ངོ་སྐྱུང་དུ་གྱུར་པའི; བཙི་བཞིག་ཚུལ;

937 Comply, *v.i.* གཞན་གྱི་འདོད་དང་བསྟུན་པ; སྟེར་བ; ཉན་པ;

938 Component, *n.* ཚངས་བའི་རྒྱུའམ་རྫས; རྒྱུ་རྫས;

939 Comport, *v.t.* འགྲོ་ལུགས་འགྲི་ག་པ; བྱེད་སྟངས;

940 Compose, *v.t.* བརྩམས་པ; སྒྲ་ཉན་གྱི་སྒྲ་དང་འགྲིག་པ;

941 Composed, *a.* བློ་འབོང་ངེ; བློ་སྙེད་དེ; སྙེད་སྙེད་བྱེད་དེ;

942 Composedly, *ad.* བློ་སྙེད་དེ;

943 Composer, *n.* བརྩམས་པ་པོ;

944 Composing-stick, *n.* པར་པའི་ལག་ཆས་རྒྱུག་པ་ཅིག;

945 Composition, *n.* བརྩོམ་པ;

946 Compositor, *n.* བརྩམ་པ་པོ; པར་འགྲིག་མཁན;

947 Composure, *n.* བློ་སྐྱིད;

948 Compound, *v.t.* བསྲེ་བ; རྫས་སྣ་འདུས་ཏེ་གཅིག་ཏུ་བཟོ་བ;

949 Compound, *a.* བསྲེས་མ;

950 Compounder, *n.* སྨན་བསྲེ་མཁན;

951 Comprehend, *v.t.* གོ་བ་ཐེབས་པ; དོན་གོ་བ;

952 Comprehension, *n.* གོ་བ;

953 Comprehensive, *a.* ག་ཡོངས་ཆེན; རྒྱ་ཆེན; ཁྱབས་ཆེན་པོ;

954 Comprehensively, *ad.* ག་ཡོང་རྒྱ་ཆེན་བྱེད་དེ;

955 Comprehensiveness, *n.* གོ་བ་རྒྱ་ཆེར་ཐེབ་པའི་ཆོས་ཅན;

956 Compress, *v.t.* འགོང་བ; བཙིར་བ; བོང་ཆུང་དུར་མནན་པ;

957 Compressibility, *n.* བཙིར་དུ་ཡོད་པའི་ཆོས་ཅན;

958 Compressible, *a.* བཙིར་དུ་ཡོད་པ; འགོང་དུ་ཡོད་པ;

959 Compression, *n.* རྫིག་པའམ་བཙིར་བའི་ལས;

960 Compressive, *a.* ཁྱབས་པ; བཙིར་ནུས་པ;

961 Comprise, *v.t.* ཚང་བ; གྲུབ་པ; ཚོགས་པ; བསྡུས་པ;

962 Compromise, *n.* ཉང་འགྲིག; ངན་སླར་ཐེ་བ; མི་ཁ་འགོ་བའི་ཆེད་དུ་གྲལ་དུ་བཙུག་པ; ཁ་གཡོང་འགོ་བའི་ཆེད་དུ་མཉམ་དུ་ཐེ་བ;

963 Compulsatory, *a.* དབང་ཡོད་ཀྱི་བཀོལ་བའི; ཤུགས་ཀྱིས་བཀོལ་བའི;

964 Compulsion, *n.* གཙན་གི་བྱེད་པ; དབང་གཙན;

965 Compulsively, *ad.* དབང་ཡོད་ཀྱིས;

966 Compulsory, *a.* དབང་ཡོད་དུ;

967 Compunction, *n.* གནོང་བཀྲོད;

968 Computation, *n.* བརྩིས; གྲངས; ཚད;

969 Computable, *a.* བརྩིས་སུ་ཡོད་པ; གཞལ་དུ་ཡོད་པ; བརྩི་རུ་ཡོད་པ; བགྲང་དུ་ཡོད་པ; ཚད་གཞལ་དུ་ཡོད་པ;

970 Compute, *v.t.* བརྩིས་ལ་ཕབ་པ;

971 Computer, *n.* བརྩི་མཁན;

972 Comrade, *n.* ཟླ་བོ; རོག་པོ; རོགས;

973 Con, *v.t.* ནན་ཏན་དུ་བསོ་པ; ཡིད་པར་བརྟག་ཅིང་བརླག་པ;

974 Concatenate, *v.t.* རིམ་བཞིན་འབྲག་པ; མཐུད་པ;

975 Concave, *a.* གོང; ཀྱོང་ཀྱོང;

976 Concavity, *n.* ནང་དུ་གོང་གོང་ཡོད་ཚུལ;

977 Conceal, *v.t.* སྦས་པ;

978 Concealment, *n.* གསང་བ; སྦ་གསང;

979 Concede, *v.t.* འབུལ་བཞག་པ; ཁས་ལེན་པ;

980 Conceit, *n.* རང་མཐོང; ང་རྒྱལ; ཟྲན་ཀོད; ཟྲོ་ཤེ;

981 Conceited, *a.* མཆོར་པོ; རང་མཐོང་ཅན;

982 Conceitedly, *ad.* མཆོར་པོར;

983 Conceitedness, *n.* མཆོར་ཚུལ;

984 Conceivable, *a.* གོ་ནུས; མཐོ་བསམ་མཐོང་ནུས; བློ་ཡིས་དཔོག་ནུས;

985 Conceivably, *ad.* བློས་བཟུང་དུ་ཡོད་བཞིན་པར;

986 Conceive, *v.t.* མནོ་བ; ས་བོན་སྐྱིན་པ; ཁྲིའུ་ཆགས་པ; མངལ་དུ་བསྐྱེ་པ; མངལ་ཆགས་པ;

987 Concentrate, *v.t.* རྒྱུ་ཆུང་བདུར་བསྡུ་བ; བཙུར་བ;

988 Concentration, *n.* བསྡུད་པ;

989 Concentre, *v.i.* རྩེ་གཅིག་དུ་བསྡུ་བ;

990 Concentric, *a.* དཀྱིལ་ཐིག་གཅིག་བྱས་པ;

991 Conception, *n.* དམིཊ་པ; གོ་བ;

992 Concern, *v.t.* དབང་དུ་བྱས་པ; དབང་དུ་བྱས་ན; *n.* འགན; ཁག་
ཐུས་ཐོགས;

993 Concerning, *pre.* རྗེན་ནས; དབང་དུ་བྱས་ན;

994 Concernment, *n.* འགན་ཡོག་པའི་ལས;

995 Concert, *v.t.* གྲོས་བཞིབས་བྱེད་པ;

996 Concertina, *n.* སྦྲ་སྙན་གྱི་རིཊ་ཞིག;

997 Concession, *n.* གནང་བ; མགོ་འདྲེན;

998 Conch, *n.* དུང;

999 Conciliate, *v.t.* མཐུན་གཞིབ་བྱེད་པ;

1000 Conciliation, *n.* མཐུན་སྒྲིག;

1001 Conciliatory, *a.* མཐུན་པའི;

1002 Concise, *a.* ངེས་པོ; ངེས་དིག; དིག་པོ;

1003 Conciseness, *n.* ངེས་པའི་ཚུལ;

1004 Conclude, *v.t.* མཇུག་བསྡུ་བ; མཐར་བཀྱལ་བ;

1005 Conclusion, *n.* མཐའ;

1006 Conclusive, *a.* མཐར་ཐུག་པའི; ངེས་པའི;

1007 Concoct, *v.t.* ངན་ཁ་འདེབས་དེ་སྒྲིག་པ; ཐབས་བཤོམས་པ;

1008 Concoction, *n.* ཐབས; འགྱོར་བ; ཐབས་འགྱོར;

1009 Concomitant, *a.* མཉེ་པོར་འགྲོ་མི; ཚབ་གཅིག་པ;

1010 Concord, *n.* མཐུན་ལིཾ;

1011 Concordance, *n.* མཐུན་ལིཾ;

1012 Concordant, *a.* མཐུན་པོ; མཛའ་བོ;

1013 Concourse, *n.* མི་སྣེ་དཔུང་ནས་ཚོགས་པ;

1014 Concrete, *a.* དངོས་པོ་མཁྲེག་པོ ; བསྡུ་བའི་དངོས་པོ ;

1015 Concubine, *n.* སྐྱེ་དམན ; བག་སྟོན་མ་བྱེད་པའི་ཆུང་མ ;

1016 Concupiscence, *n.* འདོད་ཆགས་ཆེན ; ཆར་ཞེན ; སྲིད་ཞེན ;

1017 Concur, *v.i.* བློ་མཐུན་པ ; མནོ་མཐུན་པ ;

1018 Concurrence, *n.* མནོ་མཐུན ; བློ་མཐུན ;

1019 Concurrent, *a.* མནོ་མཐུན ; མགོ་ཐུག་པའི་ཐིག ;

1020 Concussion, *n.* ཐུག་སྒྲ ; ཐུག་དྲག ; འཛག་སྒྲ ;

1021 Condemn, *v.t.* ཞལ་ཆེ་གཅོད་པ ; ཁྲིམས་གཏོང་བ ;

1022 Condemnation, *n.* ཁྲིམས ; ཉེས་པ ; བཀའ་སྐྱོན ;

1023 Condemnatory, *a.* ཉེས་པ་འཁྲི་བར་བརྗོད་པའི ;

1024 Condensate, *v.t.* བོང་ཆུང་དུར་བརྫོག་པའི་བཅོར་བ ;

1025 Condensation, *n.* ཆུ་རླངས་ཁྲིག་པ ;

1026 Condenser.' ཆུ་རླངས་ཆུར་འགྱུར་བའི་བསྐོད་ཆས ;

1027 Condescent, *v.i.* སྐོམས་ཆུང་བྱེད་པ ;

1028 Condescending, *a.* ཆེ་ཐབས་མེད་པའི ; ཆེ་འདོད་མེད་པར་མཉེ་གྲོར་ལྟར་
བྱས་པའི ; སྐོམས་ཆུང་བློག་གཏང་བའི ;

1029 Condescension. སྐོམས་ཆུང་བློག ;

1030 Condign, *a.* རིམ་པོ ; འོས་བབ ; ཐོབ་འོས ; བབ་འོས ;

1031 Condiment, *n.* སྤྲུ་ཙུཾ ; སྦོར ;

1032 Condition, *v.i.* གནས་སྐབས ; གནས་ཚུལ ; ཚུལ ;

1033 Condition, *v.i.* ཆག་དཔྱད ; ཁ་ཆག ;

1034 Conditionally, *ad.* ཆོག་དཔྱད་དེ ;

1035 Condole, *v.i.* སེམས་བསོ་གཏང་བ ;

1036 Condolence, *n.* སེམས་བསོ ;

1037 Condone, *v.t.* དགོང་ཡང་གནང་བ ;

1038 Conduce, *v.t.* ཕན་གྲོགས་ས་འགྲོ་བ ; ཕན་གྲོགས་སུ་འཇུག་པ ;

1039 Conducive, *a.* བྱ་བ་གང་རུང་ལ་ཕན་པར་འགྲོ་བའི ; ཕན་གཞི་འི ;

1040 Conduciveness, *n.* གྲོགས་སུ་འགྲོ་བ ; [དྲངས་པ ;

1041 Conduct, *n.* བྱ་སྤྱོད ; བྱེད་སྟངས ; *v.t.* འཁྲིད་པ ; འདྲེན་པ ;

1042 Conductible, *a.* དྲངས་སུ་ཡོད་པ ; འཁྲིད་དུ་ཡོད་པ ;

1043 Conductor, *n.* འདྲེན་མཁན ; ཁྲིད་མཁན ;

1044 Conduit, *n.* ཡུར་བ ;

1045 Cone, *n.* ཚ་ཚ ; ཀླུཾ་པོ་རྩེ་སྣུང་ཅན་གྱི་དབྱིབས་ཅན ;

1046 Confabulate, *v.i.* མཉེ་རོགས་བཞིན་སྐད་ཆ་ལབ་པ ;

1047 Confabulation, *n.* སྐད་ཆ་གང་བྱུང་སླབ་བ ;

1048 Confection, *n.* མངར་ཛ ;

1049 Confectioner, *n.* མངར་ཛ་བཟོ་མཁན ;

1050 Confectionery, *n.* མངར་ཛའི་རིགས ; [པའི་མི་སྣ ;

1051 Confederacy, *n.* མི་སྡེའི་ཡུལ་སྤྱི་དཔུང་གཞིབ་སྡེ་གཅིག་དུ་ཁ་འདེབས ;

1052 Confederate, *n.* ཁ་འདེབ་པའི་མི་སྣ ;

1053 Confer, *v.t.* གནང་བ ; བྱིན་པ ; (to talk = སོལ་བ ; གྲོས་བྱེད་པ)

1054 Conference, *n.* ཞལ་འཛོམས་བཀའ་མོལ ;

1055 Confess, *v.t.* རང་གིས་རང་གི་སྐྱོན་བརྗོད་པ ; བཤགས་པ་འབུལ་བ ;
རང་མཐོང་ཁས་བླངས་པ ;

1056 Confessedly, *ad.* རང་གིས་ངོས་ལེན་པ་བཞིན་དུ ;

1057 Confession, *n.* རང་གིས་རང་མཐོང་བརྗོད་རྒྱུ ;

1058 Confessor, *n.* བཤགས་པ་བཞེས་པའི་བླ་མ་ལ་ཟེར ;

1059 Confidant, *n.* བློ་གཏད་པའི་མི ; བློས་བཀལ་བ ;

1060 Confide, *v.i.* བློ་གཏད་པ ;

1061 **Confidence**, *n.* བློ་གཏད;

1062 **Confidential**, *a.* གསང་གཏམ; གསང་རྒྱ་ཉི་པོའི;

1063 **Confidently**, *ad.* བློས་ཁལ་བཞིན;

1064 **Configuration**, *n.* སྤྱིའི་བཟོ་དབྱིབས;

1065 **Confine**, *v.t.* བཙོན་དུ་བཟུང་བ; *n.* མཚམས;

1066 **Confinement**, *n.* བཙོན;

1067 **Confirm**, *v.t.* ཡིན་པ་ར་འཕྲོད་དུ་བརྗོད་པ;

1068 **Confirmation**, *n.* ར་འཕྲོད; བདེན་པ་ངོ་སྤྲོད;

1069 **Confirmatory**, *a.* ར་སྤྲོད་བྱས་པའི;

1070 **Confiscate**, *v.t.* གཞུང་བཞེས་གཏང་བ;

1071 **Confiscation**, *n.* གཞུང་བཞེས;

1072 **Conflagration**, *n.* མེ་རིག;

1073 **Conflict**, *n.* འཐབ་ཁྲུག; འཁྲུག་བརྩོད;

1074 **Conflict**, *v.i.* འཐབ་པ; ཁྲུག་པ;

1075 **Confluence**, *n.* ཆུ་འཛོམས; འཛོམ་ས;

1076 **Confluent**, *a.* འབྲེལ་མར་འབབ་པ; གཙང་པོ་གཉིས་གཅིག་ཏུ་
འབྲེལ་བ;

1077 **Conflux**, *n.* མཉེ་འབྲེལ་དུ་འབབ་པ;

1078 **Conform**, *v.t.* ཚུལ་མཐུན་དུ་བྱས; འགྲོ་ལུགས་དང་བསྟུན;

1079 **Conformable**, *a.* འགྲོ་ལུགས་འགྲིག་རྒྱུ་ཡོད་པ;

1080 **Conformably**, *ad.* འགྲིག་པོ་བྱེད་རེ;

1081 **Conformation**, *n.* བཟོ་དབྱིབས་དགོས་བྱ་དང་མཐུན་པ;

1082 **Conformist**, *n.* ཆོས་ལུགས་སྤྱི་དང་བསྟུན་མི;

1083 **Conformity**, *n.* མཐུན་ལུགས; འདྲ་ལུགས; ཅིག་ལུགས;

1084 Confound, *v.t.* ཕ་རོལ་པོ་ཀླད་འགེམས་པ; འཐོམ་དུ་འཇུག་པ;

1085 Confounded, *p.a.* མགོ་འཐོམ་པ;

1086 Confront, *v.t.* ཐང་སྒྲད་པ; ལ་བཟུང་བྱས་པ; ལ་བྱས་པ;

1087 Confuse, *v.t.* འཐོམ་བཙུག་པ; དཀྲུག་པ; ཡིད་དཀྲུག་པ; བློ་འཐོམ་དུ་བཙུག་པ;

1088 Confusedly, *ad.* འཐོམ་འཐོམ་བྱེད་དེ;

1089 Confusion, *n.* མགོ་འཁྲོཾས; སོས་ཟ་ངེ་ཟི་ངེ་བྱས་པ; མགོ་འཐོམ;

1090 Confutable, *a.* མི་བདེན་པར་སྟོན་དུ་ཡོད་པ;

1091 Confute, *v.i.* མི་བདེན་པར་ར་སྤྲོད་པ; ཁུངས་མ་དག་པར་སྟོན་པ;

1092 Congeal, *v.t.* འཁྱགས་པར་བཅོས་པ; ཆུ་འཁྱེག་དུ་བཙུག (འཁྱེག་ཆད་པ་ Sik.) འཁྱག་རོམ་དུ་ཆད་སུ་བཙུག་པ;

1093 Congenial, *a.* མཉོ་ལུགས་མཐུན་པ;

1094 Congeniality, *n.* མནོ་དང་འགྲོ་ལུགས་ཅིག་པ;

1095 Congenital, *a.* སྐྱེ་དུས་ནས་མཉེ་པོར་ཡོད་པ; དཔེར་ན་ཁོང་ནས་ཞ་ར་འཾ་ཡང་ན་དབང་པོ་སྐྱོན་ཅན་ལྟུའི;

1096 Congest, *v.t.* སྐྲངས་པ;

1097 Congestion, *n.* ཁྲག་འདུས་པའི་སྐྲངས་འབུར་གྱི་ནད;

1098 Conglobate, *v.t.* རིལ་རིལ་དུ་བཟོ་བ;

1099 Conglomerate, *v.t.* བསྲེས་ནས་གཅིག་དུ་འགྲོ་བ; སླ་བསྲེས;

1100 Conglomeration, *n.* བསྲེས་ནས་གཅིག་དུ་འགྲོ་བ;

1101 Congratulate, *v.t.* རྗེས་སུ་ཡིད་རངས་བརྗོད་པ; ལེགས་སོ་བརྗོད་པ;

1102 Congratulation, *n.* ལེགས་སོ་བརྗོད་པ;

1103 Congratulatory. ལེགས་སོའི;

1104 Congregate, *v.t.* ཚོགས་པ; འཛོམ་པ; འདུ་བ;

1105 Congregation, *n.* ཚོགས་འདུ; འཛོམ་འདུ;

1106 **Congress**, *n.* ཨེ་མེ་རི་ཀའི་ལྷན་རྒྱས་ཁང་ཆེན་དེ་ལ་ཟེར;

1107 **Congruence**, *a.* མཐུན་པ; བསོཾ་མཉོ་ཅིག་པ; བློ་སྣ་ཅིག་པ;

1108 **Congruent**, *a.* མཐུན་པར་མཆིས་པ; [འགྲིག་ཡུར;

1109 **Congruity**, *n.* རན་ཡོད; འགྲིག་ཡོད; མཐུན་ཡོད; རན་ཡུར;

1110 **Congruous**, *a.* རན་པོ; འགྲིག་པོ; སྙི་པོ; མཐུན་པོ;

1111 **Conic**, *a.* དབྱིབས་རྩ་བ་འཁོར་འཁོར་རྩེ་མ་སྐུང་སྐུང་ཅན;

1112 **Conical**, *a.* རྩེ་སྐུང་ཅན;

1113 **Conics**, *n.* དབྱིབས་རྩེ་སྐུང་ཅན་གྱི་བརྩིས;

1114 **Conjectural**, *a.* བློ་ཚོད་ཀྱི་དཔག་རྒྱའི;

1115 **Conjecture**, *v.t.* བསོཾ་ཚོད་དཔག་པ; *n.* བློ་ཚོད;

1116 **Conjoin**, *v.t.* མཉམ་དུ་འབྲག་པ; མཐུད་པ;

1117 **Conjoint**, *a.* ཁ་སྦྲེབས; ཁ་སྦྲེབས་ཀྱི;

1118 **Conjointly**, *ad.* ཁ་སྦྲེབས་དེ;

1119 **Conjugal**, *a.* གཟའ་ཚང་གི;

1120 **Conjugate**, *v.t.*
1121 **Conjugation**, *n.* ལས་སུ་བྱ་བའི་རྣམ་དབྱེའི་དཔེ་སྣ་ཚོགས་སུ་འཆད་དེ་སྟོན་པ; དཔེར་བརྗོད;

1122 **Conjunct**, *a.* མཉེ་འབྲེལ་དུ་ཡོད་པ;

1123 **Conjunction**, *n* འབྲེལ་བ; འབྲག་པ; འབྲེལ་ཚིག; འཕྲུད་པ;

1124 **Conjunctive**, *a.* འབྲེལ་བའི; འབྲག་པའི;

1125 **Conjunctly**, *ad.* མཉམ་འབྲེལ་དུ; [དུས་མཉེ;

1126 **Conjuncture**, *n.* གནས་སྐབས་སྣ་ཚོགས་སྐད་ཅིག་དུས་མཉེ་དུ་འཛོམས;

1127 **Conjure**, *v.t.* མིག་ཡོར་སྟོན་པ;

1128 **Conjurer**, *n.* མིག་སྒྱུ་སྟོན་མཁན; སྒྱུ་མ་མཁན;

1129 **Connate**, *a.* ཁོང་ནས་རང་འཁྲུངས; རང་ཆས;

1130 Connection, *v.t.* འབྲེལ་ཆ ;

1131 Connivance, *n.* ཁ་ཅིག་བྱེད་ཚུལ ;

1132 Connive, *v.i.* སྐྱོན་མཐོང་ཀྱང་མ་མཐོང་བ་ལྟར་བཞག་པ ;

1133 Connoisseur, *n.* ཉམས་དང་ཆ་རྒྱུས་ཞིབ་མོ་ཡོད་པ ; ཉམས་ཚོད་པ ; ཉམས་ཅན ; རྒྱུས་ཡོད ;

1134 Connubial, *a.* ཁྱིམ་ཐབས་ཀྱི་སྐོར ;

1135 Conoid, *n.* འགོར་འགོར་རྩེ་སྟུང་ཅན་གྱི་དབྱིབས་ཅན ;

1136 Conquer, *v.t.* བཏུལ་བ ; ཕམ་པ ; དབང་དུ་བསྡུད་པ ;

1137 Conquerable, *a.* དབང་དུ་བསྡུད་ཐུབ་པ ; བཏུལ་ཐུབ་པ ;

1138 Conquest, *n.* རྒྱལ་ཁ ; དབང་བསྡུད ;

1139 Consanguineous, *a.* ཕ་རིང་ནས་ཉེ་བ ; རུས་ཉེ ;

1140 Consanguinity, *n.* རུས་ཉེ་ཡིན་ལུགས ;

1141 Conscience, *n.* རིག་པ་ཡེ་ཤེས ; རང་རིའི་སེམས་ཀྱི་དཔང་པོ ;

1142 Conscientious, *n.* རང་སེམས་དཔང་པོར་འཛོག་པ་པོ ;

1143 Conscientiously, *ad.* རང་སེམས་དཔང་པོར་བཙོལ་སྟེ ;

1144 Conscious, *a.* རིག་ཅིང་ཚོར་བ ; སེམས་ཀྱི་ཚོར་བ ; རིག་ཅིང་ཡོད ;

1145 Consciousness, *n.* སེམས་ཚོར་བ ; ཤེས་བཞིན ; ཤེས་པ ;

1146 Conscript, *a.* དེབ་ཐོར་འཁོད་པ ; གྲུ་ཐྲིང་དམག་མིའི་གྲལ་དུ་དམག་ཁྲལ་བཀུམ་ནས་བཙུག་པ ; དམག་ཁྲལ ; གྲུ་ཁྲལ ;

1147 Consecrate, *v.t.* འབུལ་བ ; བསྔོ་བ ;

1148 Consecration, *n.* རབ་གནས ; མངའ་གསོལ ; བཀྲིས་ཕབ་པ ;

1149 Consecutive, *a.* རིམ་པ་བཞིན་བསྟར་བ ; རིམ་བརྒྱུད ;

1150 Consent, *n.* ཁས་ལེན ; རུང་ཞེས་ཁས་བླངས་པའི་ཚིག ;

1151 Consent, *v.i.* ཁས་ལེན་བྱེད་པ ;

1152 Consentient, *a* མནོ་མཐུན་པ ;

1153 Consequence, *n.* མདོ་ཁ; འབྲས་བུ; དེར་བརྟེན་བྱུང་བའི་འབྲས་བུ;

1154 Consequent, *a.* དེར་བརྟེན;

1155 Consequential, *a.* མདོ་ཁ; ཆེནོ་ཡོད་ལྷོག་ལྷོག;

1156 Consequently, *ad.* དེར་བརྟེན་ནས;

1157 Conservation, *n.* སྣང་པོར་ཙག་བྱས་པ;

1158 Conservative, *a.* སྲོལ་རྙིང་པར་དད་པ; སྔར་སྲོལ་ཉར་བ;

1159 Conservator, *n.* སྲུང་སྐྱོབ་ཉ་ར་བྱ་མི; བཟུང་བར་དད་པ;

1160 Conservatory, *n.* གཉེར་ཚང; མཛོད་ཁང;

1161 Conserve, *v.t.* སྣང་པོར་འདུས་བཞག་པ;

1162 Consider, *v.t.* དགོང་བཞེས་གནང་བ; བསམ་མནོ་སྐོར་བ;

1163 Considerable, *a.* སྣང་ཆེན; རྩྭ་ཆེན; དགའ་མོ་ཡོད་པ;

1164 Considerate, *a.* བསམ་མནོ་ཅན; ཚོད་ཅན;

1165 Considerateness, *n.* ཚོད་ཆེ་ལུའ;

1166 Consideration, *n.* བསམ་བློ; དགོང་བཞེས;

1167 Consign, *v.t.* བསྐྱོས་སྒྲོད་བྱས་པ; གཏད་པ; བཅོལ་བ; གཉེར་བ

1168 Consignee, *n.* གཉེར་གཏད་བྱས་ཡུལ;

1169 Consignor, *n.* གཉེར་གཏད་བྱེད་པོ;

1170 Consignment, *n.* གཉེར་གཏད་བྱས་པའི་ཟོག;

1171 Consist, *v.i.* མཚིས་པ; དེ་ནང་འདུས་པ; དེ་གྲལ་རྒྱུད་པ;

1172 Consistence, *n.* གར་སླ; འཁྲིག་ལུགས,

1173 Consistent, *a.* གར་པོ; མཐུན་པ; སྒམ་པ; རན་པ;

1174 Consistently, *ad.* མཐུན་པོ་བྱེད་དེ;

1175 Consistory, *n.* འཚོར་ཁང; འདུ་ཁང;

1176 Consolation, *n.* སེམས་གསོ;

1177 Consolatory, *a.* སེམས་གསོའི་རྟེ་བའི;

1178 Console, *v.t.* སེམས་གསོ་བཏང་བ; སེམས་གསོ་བ;

1179 Consolidate, *v.t.* གཅིག་སྡུ; གཅིག་ཏུ་འདུས;

1180 Consolidation, *n* གོང་བུར་བཟོ་བ;

1181 Consols, *n.* ག་ཞུང་ཐོག་གི་སྟེང་དུ་བོག་པའི་བུན;

1182 Consonance, *n.s.* མཐུན་ཚ; སྒྲའི་མཐུན་ཚ;

1183 Consonant, *a.* སྒྲ་མཐུན་པོ; གསལ་བྱེད་ཡིག;

1184 Consort, *n.* (Respl. སྐུ་ཟླ) Col. ཟླ་བོ; ཁྱོ་གའི་སྐྱེ་དམན; ཟ་ཟྲ;

1185 Consort, *v.i.* གཅིག་ཏུ་སྡོད་པ; ངོ་སོ་ཕྲན་པོ; མཉམ་པོར་སྡོད་པ;

1186 Conspicuous, *a.* དོད་པོ; གསལ་པོ;

1187 Conspicuously, *ad.* ཀུན་གྱིས་མཐོང་ངར;

1188 Conspiracy, *n.* གྲོས་ངན;

1189 Conspirator, *n.* གྲོས་ངན་བཞམ་མཁན;

1190 Conspire, *v.i.* གྲོས་ངན་བཞོམ་པ;

1191 Constable, *n.* ཀོ་བཙག་པ; ཅིན་ཁྲ; བུ་ལི་སི;

1192 Constancy, *n.* བློ་གཏན; དམ་ཚིག;

1193 Constant, *a.* Ditto, དམ་ཚིག་གཏན་པོ;

1194 Constellation, *n.* རྒྱུ་སྐར; ཟླ་སྐར; སྐར་མ;

1195 Consternation. དངངས་སྐྲག;

1196 Constipate, *v.t.* རྒྱུ་བསྡམས་པ; ཙ་བསྡོམས་པ;

1197 Constipation, *n.* ཙ་རྩུ་བསྡམས་པས་གྲོད་པ་གཟེར་བའི་ནད;

1198 Constituency, *n.* ཨིན་གཞུང་ལྷན་རྒྱས་ཚོགས་འདུའི་གྲལ་དུ་འཐུས་མི་
གསར་འཛུགས་སྐབས་སུ་སོ་སོའི་འོས་བྲོ་ཞ༧ ལམི;

1199 Constituent, *a.* འདུས་པའི་འབྱུང་ཁམས;

1200 Constituent, *a.* ཚང་བའི་རྒྱུ; རྒྱུ;

1201 Constitute, *v.t.* འདུས་མར་མཆིས་པ; འདུས་ཏེ་གྲུབ་པ;

1202 Constitutor. འདུ་མཁན;

1203 Constitution. གཟུགས་ཁམས; འདུས་བྱས་ཀྱི་ཕུང་པོ; ཕུང་པོ;

1204 Constitutional, *a.* འདུས་བྱས་ཀྱི; ཁམས་དང་མཐུན་པའི; ཡུལ་ཁམས་ཀྱི; བསྟན་སྲིད་ཀྱི; ཆབ་སྲིད་ཀྱི;

1205 Constrain, *v.t.* ཤུགས་ཀྱིས་བསྐུལ་བ; ཚ་ནན་དྲག་པོས་བསྐུལ་བ;

1206 Constrainedly, *ad.* དབང་ཤུགས་ཀྱིས;

1207 Constraint, *n.* དབང་ཤུགས; དབང་བཙན;

1208 Constriction, *n.* ནཻ་པོར་བསྡམས་པ;

1209 Constringe, *v.t.* ནང་དུ་བསྐུམས་བཙུག་པ;

1210 Constringent, *a.* ནང་དུ་བསྐུམས་པའི་ནུས་པ་ཅན;

1211 Construct, *v.t.* བཟོ་བ; བཟོས་པ;

1212 Construction, *n.* བཟོ;

1213 Constructive, *n.* གཟོ་འི་སྐོར་གྱི; བཟོ་འི; བཟོ་བོ་འི;

1214 Construe, *v.t.* སྐད་གཞན་དུ་སྒྲ་བསྒྱུར་བ; དོན་ཕབ་པ;

1215 Constuprate, *v.t.* མི་དྲོག་གཞར་བ;

1216 Constupration, *n.* མི་དྲོག་གཞར་བྱེད;

1217 Consubstantial, *a.* རྒྱུ་གཅིག་པ;

1218 Consubstantiate, *v.t.* རྒྱུ་ཅིག་པར་གཟོ་བ;

1219 Consul, *n.* སྐུ་ཚབ་བློན་པོ; ཆིན་བྲཱ (a Chinese word Tibetanised).

1220 Consulor, *a.* ཕྱི་བློན་གྱི; ཆིན་བྲའི;

1221 Consult, *v.i.* གྲོས་བསྡུན་པ;

1222 Consultation, *n.* གྲོས་བསྡུན; བཀའ་མོལ;

1223 Consume, *v.t.* འཛད་པ; ཟད་པ;

1224 Consummate, *v.i.* ལས་ཀྱི་མགོ་མཇུག་བསྒྲུང་བ; ཕྱིན་ཐར་རྒྱབ་པ; མཐར་འབྱིན; ཐར་ཕྱིན;

1225 Consummation, *n.* ལས་ཀྱི་ཕྱིན་ཐར; མཐར་ཐུག;

1226 Consumption, *n.* འཛད་པ; གློ་ནད;

1227 Consumptive, *a.* གློ་ནད་ཅན;

1228 Contact, *n.* རེག་པ; འདུས་ཏེ་རེག་པ;

1229 Contagion, *n.* འགོ་བའི་ནད;

1230 Contagious, *a.* འགོ་བའི་ནད་རིགས;

1231 Contain, *v.t.* ཤོང་པ; འགྲོ་བ; འདུག་པ;

1232 Contaminate, *v.t.* གྲིབ་བགོས་པ;

1233 Contamination, *n.* གྲིབ; ཉེས་གྲིབ;

1234 Contemplate, *v.t.* བསྒོམ་པ; དམིགས་པ་བསྐྱེད་པ;

1235 Contemplation, *n.* སྒོམ; ཏིང་ངེ་འཛིན; བསྐྱེད་རིམ;

1236 Contemplative, *a.* ཏིང་འཛིན་ཅན; སྒོམ་ལ་གོམས་པ;

1237 Contemporaneous, *a.* དུས་མཚུངས; དུས་མཉམ;

1238 Contemporary, *a.* དུས་མཉམ་དུ་བཞུར་པ;

1239 Contempt, *n.* བརྙས་པ; (Sik. ངན་ཅན); དམད་པ;

1240 Contemptible, *a.* ཡིད་སྨུག་ཆེ་ཆེ; (Sik.) སྨུག་རྩལ; ངན་པོ; (ཞམ་འདྲེན; Sik.).

1241 Contemptuous, *a.* བརྙས་འདོད་ཀྱི་རྣམ་གྱུར་ཅན;

1242 Contend, *v.i* འཁྲུག་པ; བརྩོད་པ;

1243 Content, *n.* ཆོག་ཤེས; *v.i.* ཚིམས་པ; མགུ་བ;

1244 Contented, *a.* ཆོག་ཤེས་ཅན;

1245 Contentedly, *ad.*	ཆོག་ཤེས་བཞིན་དུ; ཆོག་ཤེས་དང་ལྡན་པོ་བྱེད་དེ;
1246 Contention, *n.*	འགྲན་སེམས; བརྩོད་གླེང; བརྩོད;
1247 Contentious, *a.*	འཛིང་དད་མཁན;
1248 Contest, *v.t.*	ཐོབ་ཤ; འཐབ་པའི་གཤའ; གཤགས;
1249 Context, *n.*	ཚིག་གི་དོན་གསལ་བར་བྱས་པའི་འགྲེལ་བ;
1250 Contiguity, *n.*	ཐག་ཉེ; འབྲག་ནས་ཡོད་པ;
1251 Contiguous, *a.*	ཉེ་པོ; ཉེ་བར་མཆིས་པ;
1252 Continence *n.*	སྲིད་ཞེན་འགག་ཅིང་བཅོམ་པ; སྲེང་ཞེན་སྤྲངས་ཚུལ;
1253 Continent, *ad.*	འདོད་པའི་ཞེན་པ་དགག་པ;
1254 Continent, *n.*	གླིང; འཛིག་རྟེན་གྱི་ཁྱིམ་སྒྲ་གླིང;
1255 Continental, *a.*	གླིང་ཆེན་འི;
1256 Contingency, *n.*	མ་ངེས་པའི; རྒྱུན་དུ་མི་འབྱུང་བའི;
1257 Contingent, *a.*	ངེས་མེད་ཀྱི་གལ་ཆེར་དགོས་དོན་ཆེད་དུ་དམག་དཔུང་ དུས་རྟག་བསྒྲིག་ནས་ཡོད་པ;
1258 Continual, *n.*	རྒྱུན་དུ; ཙར; ཙ་རེ; ནར་མར; འགྲོ་བརྒྱུངས་དེ;
1259 Continuance, *n.*	འགྲོ་མཐུད: ནར་སྐྱོངས; རྒྱུན་ཁྱོངས;
1260 Continuation, *n.*	འཕྲོ; ནར་མ;
1261 Continue, *v.i.*	འགྲོ་བ; ནར་མར་བརྒྱུངས་བ; འགྲོ་བརྒྱུང་བ;
1262 Continuity, *n.*	འགྲོ་མཐུད;
1263 Continuous, *a.*	ནར་མར;
1264 Continuously, *ad.*	ནར་མར;
1265 Contort, *v.t.*	གཞིད་ཀྱིས་བཙུ་བ; སྤུར་བཙུས་རྒྱབ་པ;
1266 Contortion, *n.*	ཤུར་ཀྱི་གཡས་གཡོན་བཙུས་པ;

1267 Contour. *n.* གཟུགས་དབྱིབས; [ཀློང་ཐིག;

1268 Contraband, *a.* བཀའ་རྒྱས་དེ་པའི་ཟོང ; ཕོ་བསྡོམས་ཀྱིས་བཀག་པའི་

1269 Contract, *v.t.* སྐུམ་པ; འཁོར་བ;

1270 Contracted, *v.t.* ཁུམས་པ; འདུས་པ;

1271 Contraction, *n.* ཁུམ་ཚ; སྐུམ་ཚ; ཁུམས; སྡུད;

1272 Contractors, *n.* ཁྲི་ཀ་གླངས་མཁན; འབོགས་མར་ལེན་མི;
བོགས་མར་ལེན་མི;

1273 Contradict, *v.t.* འགོལ་བ; མན་པར་ལན་འདེབ་པ; འགག་པ;

1274 Contradiction, *n.* འགལ་བ; ལན་བཟློག; འགག་ལན;

1275 Contradictory, *a.* གོ་བཟློག; གོ་ལོག;

1276 Contradistinction, *n.* དབྱེར་སང; དབྱེ་བ;

1277 Contrariety, *n.* གོ་ལྡོག;

1278 Contrariwise, *ad.* གོ་ལྡོག་དུ;

1279 Contrary, *a.* བཟློག་སྟེ; གོ་བཟློག; གོ་ལྡོག;

1280 Contrast, *v.i.* མདངས་གཏོན་པའི་ཆེད་དུ་ཕན་ཚུན་སྒྲིག་ནས་བཞག་པ;

1281 Contravene, *v.t.* འགག་ཆ་རྒྱབ་པ;

1282 Contravention, *a.* འགག་ཆ;

1283 Contribute, *v.t.* གཞན་གྱི་གྲལ་དུ་འབུལ་བ;

1284 Contribution, *n.* བསྡུ་ལེན; ཁྲལ; འབུལ་བ;

1285 Contributor, *n.* འབུལ་བ་ཕུལ་མཁན; བདབ་མཁན;

1286 Contrite, *a.* མནོངས་འགྱོད་ཅན;

1287 Contritely, *ad.* འགྱོད་པ་སྐྱེས་དེ;

1288 Contrition, *n.* མནོངས་འགྱོད;

1289 Contrivable, *a.* ཐབས་འགྲིག་དུ་ཡོད་པ;

1290 Contrivance, *n.* གྲབས; ཐབས; འཁྲུལ;

1291 Contrive, *v.t.* ཐབས་སྒྲིག་པ;

1292 Control, *n.* ཚད་དབང; ཚད་དབང་འགྱུར་བ;

1293 Controller, *n.* དངུལ་བརྩིས་ཀྱི་དེབ་ཐོ་དག་གཞུར་གཏང་མི;

1294 Controversialist, *n.* རྟོག་གེ་བ; རྩོད་དད་མཁན;

1295 Controversial, *a.* བརྩོད་པའི་ཚིག་རྒྱུ;

1296 Controversy, *n.* བརྩོད་པ;

1297 Controvert, *v.t.* བརྩོད་ལན་འདེབ་པ;

1298 Controvertible, *a.}*
1299 Controvertibility, *n.* } བརྩོད་པས་བཟློག་ཏུ་ཡོད་པ;

1300 Contumacious, *a.* ཁྲིམས་ལུགས་སོའ་ལ་སྣང་ཆུང་བྱས་ནས་མི་བརྩིས་པ:

1301 Contumaciously, *ad.* འོས་མིན་གདོང་མ་ཚིག་པར;

1302 Contumacy, *n.* བཀའ་ལ་བརྩིས་མེད;

1303 Contumelious, *a.* ཆབ་ཅོལ་ཏུ་ཚིག་ངན་པའི་གཤགས;

1304 Contumely, *n.* གཤགས་ཚིག་ངན་པ; ཆབ་ཅོལ;

1305 Contusion, *n.* བརྡུང་སྐྲམ;

1306 Convalescence, *n.* ནད་པ་རིམ་གྱིས་སོས་ལ་ཁད་ཏུ་མཆིས་པ;

1307 Convalescent, *a.* ནད་པ་སོས་ནས་ཡོད་པ;

1308 Convene, *v.i.* འཛོམ་པ; ཚོགས་པ;

1309 Convener, *n.* འཛོམ་འདུར་བཀག་མཁན;

1310 Convenience, *n.* ལྷབས་བདེ; བདེ་འཛད; བདེ་ཐབས; མཛད་བདེ:

1311 Convenient, *a.* ལྷབས་བདེ་མོ; ཁྱེད་བདེ;

1312 Conveniently, *ad.* ལྷབས་བདེར; ཁྱེད་བདེར;

1313 Convent, *n.* ཆོས་སྡེ; སྡེ; དགོན་པ:

1314 Convention, *n.* ཁ་ཆད; བཅད་མཆོས; ཀུན་གྱི་འགྲོ་ལུགས; རྒྱལ་ཁག་གི་འགྲོ་ལུགས; ཆིང་ཡིག; ཆིང;

1315 Conventionalism, *n.* འཇིག་རྟེན་འགྲོ་ལུགས་དང་མཐུན་པའི་གཏམ;

1316 Converge, *v.i.* མཐའ་ནས་དཀྱིལ་དུ་བསྡུ་བ;

1317 Convergent, *a.* མཐའ་ནས་དཀྱིལ་དུ་དཔག་པའི་རྣམ་པ་ཅན;

1318 Conversant, *a.* དཔེ་ཆར་འབྱུང་འབྱུང་ཉིད་ཀྱི་རྒྱུས་ལོན;

1319 Conversation, *n.* སྐད་ཆ; ཁ་འདྲི་ལབ; བགྲོ་གླེང; བཀའ་བགྲོ;

1320 Conversational, *a.* སྐད་ཆ་འགྲོ་གླེང་ལ་མཁས་པའི;

1321 Converse, *v.i.* གླེང་བ; གླེང་མོ་བྱེད་པ;

1322 Converse, *v.i.* སྐད་ཆ་བྱས་པ;

1323 Conversion, *n.* བློ་སྣ་ཆོས་སུ་འགྱུར་ཅིང་འཇུག་པ;

1324 Convert, *v.t.* བསྒྱུར་བ; བློ་ཁ་འགྱུར་བ; བློ་སྣ་འགྱུར་བ;

1325 Convertible, *a.* འགྱུར་རུང་བ; འགྱུར་དུ་ཡོད་པ;

1326 Convex, *a.* གོང་གོང;

1327 Convexity, *n.* གོང་གོང་གྱི་རྣམ་པ;

1328 Convey, *v.i.* འཁུར་པ; ཁྱེར་བ; སྐྱེད་པ;

1329 Convict, *v.t.* ནག་ཅན་ཡིན་པར་གོ་བ་ཕབ་པ; ཉེས་ཆད་ཕབ་པ;

1330 Convict, *n.* བཙོན་པ; ནག་ཅན་ཁྲིམས་འོག་ཏུ་མནར་བ;

1331 Conviction, *n.* བློ་ལ་གོ་བ་ཐེབས་པ; རྟོགས་པ;

1332 Convince, *v.t.* གོ་བ་འཕབ་པ; བདེན་པར་སྒྲོད་བྱེད་པ;

1333 Convincible, *a.* གོ་བ་ཐུབ་ཏུ་ཡོད་པ;

1334 Conviviality, *n.* ཐུགས་སྤྲོ་གནང་འདོད;

1335 Convocation, *n.* ཚོགས་འདུ;

1336 Convoke, *v.t.* ཚོགས་འདུར་འགག་པ; [ཁྱེབ་སྦྲུལ;

1337 Convolution, *n.* བལྟབ་ཚོགས; ལྟེབ; (ཚེ་རུག; Sik.) སྦྲུལ;

1338 **Convolve**, *v.t.* བལྡབ་པ; བལྟབ་པ;

1339 **Convolvulus**, *n.* ཟུ་འཇེབས་གཅིག་གི་མིང; (Sik.) འབྲི་ཤིང་རྡེ་ཅིག;

1340 **Convoy**, *v.t.* འསྐྱུང་རྒྱབ་བྱས་ནས་འགྲོ; བསྐྱུང་བའི་གྲོགས;

1341 **Convulse**, *v.t.* ཤུར་ཆེན་པོར་སྐྱོམ་སྐྱོམ་བྱེད་པ; དཀྲུག་པ;

1342 **Convulsion**, *n.* འཁྲུགས; འཁྲོ་འཁྲོམ;

1343 **Convulsive**, *a.* ལུས་ཀྱི་རྩ་རང་དབང་མེད་པར་འཁྲམ་བརྒྱུང་བྱེད་པའི་ནད་ལའང་ཟེར; ལྷང་ཟུག་ལྷང་ཟུག་བྱེད་ནས; འཕག་ཚང་བརྒྱངས་སྐྱི;

1344 **Convulsively**, *a.* ལྷངས་ཟུག་ལྟ་བུར;

1345 **Cony**, *n.* བྱུད་མེད; སྐྱེས་དམན་ལ་གཅེས་པའི་མིང་འདོགས་ལུང;

1346 **Coo**, *v.i.* བྱིའུ་ཕེའུ་རྒྱལ་མོའི་སྐྲ་ལྟར་ཀུ་ཨུ་ཀུ་ཨུ་ཅེས་སྐད་རྒྱབ་པ;

1347 **Cook**, *v.t.* འཚོད་པ; བཙོ་བ;

1348 **Cookery**, *n.* ཟས་གཡོ་བའི་གནད; ཟས་འཚོད་ཐབས;

1349 **Cool**, *a.* སིལ་མོ; བསིལ་མོ;

1350 **Coolie**. དོས་པ; དོས་སྐྱེལ་པ;

1351 **Coolness**, *n.* ཚབ་ཚུབ་མེད་པ; བློ་སྙོད; བག་སྙོད; སྙོད་ཆ; སྙོད་སློག;

1352 **Coop**, *n.* ཁྲོར་མའི་ནང་བ་ར་གཞུ་ནས་བཀོག་ཡོང་བ;

1353 **Cooper**, *n.* ཤིང་གི་ཟོ་བཟོ་མི; ལྷ་སྒྲུ་མི; བཀྲུག་པ; རྒྱུག་རྒྱབས་མི;

1354 **Co-operate**, *v.i.* ལས་ལ་མཉམ་པོར་ཐུབ་ནས་བྱ་བ;

1355 **Co-operation**, *n.* ལར་རྒྱུར་ཁ་འདེབས་པ; འཚོང་སྤུ;

1356 **Co-ordinate**, *a.* གོ་སའི་རིམ་པ་ཅིག་པ;

1357 **Co-ordinately**, *ad.* གོ་རིམ་ཅིག་པར;

1358 **Co-ordination**, *n.* གོ་རིམ་ཅིག་ལུང; གོ་མཉམ;

1359 Coot, *n.* ཆུ་བྱ་ཞུ་གུ་སྐྱུཾ་སྐྱུཾ་བྱས་པ་གཅིག;

1360 Co-partner, *n.* འཚོང་རོད; སྐལ་བ་འདྲ་འདྲ་འཁྲུར་མི;

1361 Co-partnership, *n.* འཚོང་རོད; འཚོང་རོག;

1362 Cope, *n.* ཁེབས; (*s.*) འཁེབས; *v.t.* ཐད་ཡུག་རྒྱབ་པ; ཁ་འཐུག་པ;

1363 Copier, *n.* དཔེ་བཤུ་མི; དཔེ་བཤུ་མཁན;

1364 Coping, *n.* བརྩེག་པའི་རྩེ་ཁེབས་རྒྱབ་ས;

1365 Copious, *a.* མང་པོ; ལྷུད་ནས་ཡོང་བ; རྒྱས་པ;

1366 Copiously, *ad.* མང་པོར; ལྷུད་དེ;

1367 Copiousness, *n.* འབོལ་ལྷུད; འབོལ་ཚུལ; འབོལ་ཉམས;

1368 Copper, *n.* ཟང;

1369 Copse, *n.* སྤོ་འདུབ; ཚལ་འདུབ;

1370 Copula, *n.* མཐུད; མདུད་པ; སྦྱོར་མདུད;

1371 Copulate, *v.i.* ཕོ་མོ་འབྱོར་བ་བྱེད་པ; ཁྲིག་པ་སྤྱོད་པ;

1372 Copulation, *n.* འབྱོར་བ; ཁྲིག་ཚོས (classical).

1373 Copulative. མཐུད་པའི; འབྱོར་བའི;

1374 Copy, *n.* དཔེ;

1375 Copying press, *n.* དཔེ་བཤུའི་པར;

1376 Copyright, *n.* བསྟན་བཅོས གསར་བརྩོམས་བྱེད་པོའི་དབང་ཆ;

1377 Coquet, *v.t.* སྒེག་ཚོས་ཀྱིས་དག་སྣང་ཁྲིད་གསོད་བྱེད་པ; ཁྲུལ་ཆེན;

1378 Coquetry, *n.* སྒེག་ཚུལ; ཁྲུལ; གཡོ་སྒྱུ; བུད་མེད་ཀྱི་གཡོ་ཁྲུལ;

1379 Coquette. སྒེག་མོ; ཁྲུལ་ཅན་མ; གླུ་མང་མ;

1380 Corade, *n.* ཀོ་གྲུ;

1381 Coral, *n.* བྱུ་རུ; བྱི་རུ; མཚོའི་ནོར;

1382 Corban, *n.* དཀོན་མཆོག་ལ་བསྔོས་ནས་འབུལ་བའི་རྒྱུ་ནོར:

1383 Cord, *n.* ཐག་པ;

1384 Cordial, *ad.* ཁྲིམས་དྭངས་མོ; ཞན་པོ; དྭངས་དཀར་པོ;

1385 Cordiality, *n.* ཁམས་དྭངས་ཚུལ; དྭངས་དཀར་ལུགས;

1386 Cordially, *ad.* དྭངས་དཀར་སྒེ;

1387 Cordon, *n.* སྡོང་སྐུད་ཀླས་མ་ཀོ་གཉས་སམ་ཚོ་ལོའི་བརྡར་སྤུ་
གཞང་བ;

1388 Core, *n.* སྙིང་ཆ; ནང་གི་སྙིང་ཆ;

1389 Coriaceous, *a.* ཀོ་བ་འདྲ་པོ;

1390 Coriander, *n.* སྨན་ཡོས་སིའི་འབྲུ;

1391 Corinthian, *a.* གྲིག་གི་བཟོ་ཀོ་རིན་ཐུན་ཐུ་བའི་བཟོ་ལྷུ;

1392 Cork, *n.* ཤིང་ཤུན་ཤེལ་དཾ་གྱི་ཁ་བཅད་བྱེད་པ་དེ;

1393 Corkscrew, *n.* ཤེལ་དཾ་གྱི་ཁ་བཅད་འདོན་རྒྱུའི་བཙུམ་ཕུར;

1394 Corky, *a.* ཤིང་ཤུན་ཀོཀ་འདྲ་པོ;

1395 Cormorant, *n.* ཆུ་བྱ་ཁྲུང་ཁྲུང;

1396 Corn, *n.* འབྲུ;

1397 Corn, *n.* རྐང་པའི་འཛུབ་མགོར་རྨས་པ་ཆད་པ་དེའོ;

1398 Cornelian, *n.* མ་ནི་ཧོ, མཆིང;

1399 Corner, *n.* ཟུར, གྲུ, (Sik. གྱི་གུག;) མཐའ;

1400 Cornet, *n.* དུང་ཀྱོག;

1401 Cornice, *n.* སྤྲད་མཆོད་བརྩེད;

1402 Corolla, *n.* འདོད་གྲུར;

1403 Corollary. བདེན་པ་ངོས་ཟིན་གྱི་ཐོག་ནས་ལྷུང་དྭངས་བའི་བདེན་པ;

1404 Coronation. གཙུག་གཏོར་ཕུལ་བའི་སྐབས; ཅོད་པཎ་གསོལ་བའི་
དགའ་སྟོན; ཁྲི་འདོན་གྱི་དགའ་སྟོན;

1405 Coroner. མི་གློ་བུར་དུ་ཤི་བའི་སྐོར་ཞིབ་དཔྱད་བྱས་མཁན་གྱི་ལས་སྣེ;

1406 Coronet, *n.* གཙུག་གཏོར་ཆུང་བ; ཅོད་པན; ཀྲོག་ཞུ;

1407 Corporal, *n.* བཅུ་དཔོན; ཧ་ཝེ་དཱ་རའི་གོ་གནས; དམག་མིའི་གོ་གནས་ཆུང་བ;

1408 Corporate, *a.* ཁ་སྒྲིལ་བ; ཁན་སྡེབ;

1409 Corporation, *n.* ཁ་སྒྲིག་ཁྲན་པར་རྒྱུ་ཅིག་པའི་སྡེ; ཡར་རྒྱུ་ཅིག་པའི་མི་སྡེ;

1410 Corporeal, *a.* གཟུགས་གྲོག་གི;

1411 Corps, *n.* དམག་མཆན་ཅིག; དམག་རུ;

1412 Corpse, *n.* རོ;

1413 Corpulent, *a.* རྒྱག་པ; ཤ་འབྱོར་པོ;

1414 Correct, *v.t.* དག་པོ;

1415 Correct, *a.* དག་ཆ་གཏོན་པ;

1416 Correction, *n.* དག་ཆ; ཉེས་སེལ; དག་སེལ;

1417 Corrective, *a.* སེལ་བྱེད; ཉེས་པ་སེལ་བྱེད;

1418 Correctly, *ad.* དག་པོར;

1419 Correctness, *n.* དག་ཚུལ; དག་སྣང;

1420 Correlation, *n.* ཉེ་ཐང; ཕན་ཚུན་ཉེ་ཐང;

1421 Correlative, *n.* ཉེ་བ; ཉེ་ཆ; ཉེ་སྣང;

1422 Correspond, *v.i.* མཐུངས་པ; འདྲ་བ;

1423 Correspondence, *n.* ཡིག་འགྲུལ;

1424 Correspondent, *a.* ཡི་གེ་གཏང་མཁན;

1425 Corridor, *n.* ཁང་པའི་ནང་ཀ་ཐེབ; བར་འགྲོངས; ཀ་ཐེབ; འཕྲུས;

1426 Corrigible, *a.* བཅོས་རྒྱབ་ཏུ་ཡོད་པ;

1427 Corroborate, *v.t.* ར་སྤྲོད་པ; ར་སྤྲོད་རྒྱབ་སྐྱོར;

1428 Corroboration, *n.* ར་སྦྱོར; ངེས་བྲག་ཆོད་དུ་སྟོན་པ;

1429 Corrode, *v.t.* གཡའ་འི་ཙ་ཤིས་ཟད་ནས་རྡུབ་པོ་བྱེད་པ;

1430 Corrosion, *n.* གཡའི་ཙ་ཡིས་ཟ་བ; དཔེར་ན་ཟང་དང་དིག་ཚ་མཉེ་དུ་
བཞག་ན་གཅིག་གིས་གཅིག་ཟ་བ་བཞིན;

1431 Corrosive, *a.* གཡའ་ཅན; ཟ་བྱེད;

1432 Corrugate, *v.t.* ཀྱོང་ཀྱོང་ཤོང་འབྲུར་དུ་འདུ་བ; ལྤ་ཤུར་གཉེན་པ;

1433 Corrupt, *v.t.* ལྷད་རྒྱབ་ནས་མེད་པ་བཙོ་བ; ངན་སླད་རྒྱབ་པ;

1434 Corrupter, *n.* མོད་པ་བཙོ་མཁན; ངན་སླད་རྒྱབ་མི;

1435 Corruptible, *a.* ལྷད་རྒྱབ་དུ་ཡོད་པ;

1436 Corruption, *n.* ལྷད; སྦྲུས་ངན་ལྷུང; ངན་ལྷད; ངན་སླད;

1437 Corsair, *n.* ཆུ་ཐོག་གི་ཇག་པ; རྒྱ་ཟིང་བཅོམ་མཁན;

1438 Corse, *n.* ཕུང་པོ;

1439 Corselet, *n.* ཀོ་ཁྲབ; [ཞིག་ལ་ཟེར;

1440 Corset, *n.* མིམ་ས་ཧེབ་ཆོའི་སྐད་པ་ཕྲ་མོ་བདང་བའི་ཁན་འབྱུར་

1441 Coruscation, *n.* འོད་ཆེམ་ཆེམ;

1442 Corvette, *n.* དམག་གྲུ་ཆང་ངུ་མེ་སྒྲོག་སྤུར་གཅིག་བྱུས་པ;

1443 Cosmetic, *n.* བྱད་ལ་བྱུག་རྒྱུའི་སྨན; གདོང་ལ་བྱུག་རྒྱུའི་སྨན;

1444 Cosmical, *n.* འཇིག་རྟེན་ཁམས་ཡོངས་ཀྱི; སྣང་སྲིད་ཀྱི;

1445 Cosmogony, *n.* འཇིག་རྟེན་ཆགས་རབ;

1446 Cosmology, *n.* འཇིག་རྟེན་ཁམས་ཀྱི་ཆགས་ཚུལ;

1447 Cosmopolitan, *n.* ཡུལ་གྱི་ཞེན་པ་དང་བྲལ་བ; རྒྱལ་ཁམས་ཕྱོར་མེད་པོ;

1448 Cosmos, *n.* སྣང་སྲིད;

1449 Cost, *v.t.* རིན་དུ་གནས་པ; རིན་བབ; རིན་གོང; གནང་ཁྲང;

1450 Costermonger, *n.* ཤིང་འབྲས་སྔོ་བ་ཤལ་ནས་ཚོང་མི;

1451 Costive, *a.* ཙ་ཚུ་བསྡམས་པའི་ནད་གཞི;

1452 Costiveness, *n.* ཙ་ཚུ་བསྡམ་ལྟུར;

1453 Costly, *a.* གནས་ཁྲང་ཆེནོ; གོང་ཆེན; རིན་གོང་ཆེནོ;

1454 Costume, *n.* ཆས; ཆ་ལུགས;

1455 Cot, *n.* མལ་ཁྲི; ཁྱིམ་ཆུང;

1456 Cotilion, *n.* མི་བརྒྱད་ཀྱི་ཁྲབ་པའི་རྐང་བཞས་ཅིག;

1457 Cottage, *n.* ཁྱིམ་ཆུང;

1458 Cottager, *n.* ཁྱིམ་ཆུང་འཛིན་མི;

1459 Cotton, *n.* ཤིང་བལ; (ཀ་པོར; Sik.).

1460 Couch, *v.t.* མལ་ནང; བསྙལ་བ; ཚོར་སྲུ་བཅད་པ;

1461 Couch, *n.* མལ་ཁྲི; [ནས་སྡོད་པ;

1462 Couchant, *a.* རི་དྭགས་སེ་གཅན་གཟན་མགོ་བོ་བསྲེང་སྟེ་ས་ལ་ཉལ་

1463 Cough, *n.* གློ་ཆམ; འཚོཾ་པ; *v.i.* འཚོཾ་པ་རྒྱབ་པ; (གློ་སག་རྒྱབ་པ; Sik.) གློ་འཁོར་བ;

1464 Could, *pa.* ཚུགས་པ; ཐུབ་པ་ཡོད;

1465 Council, *n.* བཀའ་བློན་ལྷུས;

1466 Councillor, *n.* ལྷུས་གྲལ་ནས་གཅིག;

1467 Counsel, *a.* བཀའ་གྲོས;

1468 Counsellor, *n.* བཀའ་གྲོས་པ; བཀའ་གྲོས་ཕུལ་མི;

1469 Count, *v.t.* བགྲངས་བ;

1470 Countenance, *n.* གདོང; ངོ; ཞལ; བཞིན; བྱེད་བཞིན;

1471 Counter, *ad.* ངོ་ལྡོག་ཏུ; གདོང་ཚུར་སུ; གདོང་ལན;

1472 Counteract, *v.t.* ནུས་པ་བཟློག་པ; འགལ་བ; གབ་སློག་བྱེད་པ;

1473 Counteraction, *n.* འགལ་བཟློག་གི་ལས; བཟློག་ཐབས;

1474 Counteractor, *n.* འགལ་བ་མཁན; བཟློག་མཁན;

1475 Counter-balance, *n.* ཕན་ཚུན་བརྗིད་སྙོམས་པ;

1476 Countercheck, *v.t.* ཁ་ལན; གདོང་ལན;

1477 Counterfeit, *v.t.* བརྫུས་བྱས་པ;

1478 Counterfoil. དངུལ་འཛིན་གྱི་སྣ་གཉིས་མ; འཛིན་འདྲ་གཉིས;

1479 Countermand, *v.t.* བཀའ་བཀྱར་བཅོས་གནང་བ; སྔོན་བཀའ་གནང་ཟིན་པ་དེ་ཕྱིས་ནས་བཀག་པ;

1480 Countersign, *v.i.* ཡིགེའི་ཐོག་མིང་བཏགས་བཀོད་པ;

1481 Countervail, *v.t.* རིན་ཐང་འདྲ་སྙོམས་བྱ་པ་བ; འགོད་པ;

1482 Countess, *n.* ཕྱི་གླིང་རྒྱལ་ཁག་གི་བློན་རིང་གི་ལྕམ; བློན་རིང་ཀའི་ཉི་ཞེས་པའི་མི་ས་སྐྱེབ;

1483 Counting, *n.* གྲངས་རྒྱབ་པ; བགྲངས་བ;

1484 Countless, *a.* གྲངས་མེད;

1485 Country, *n.* ཡུལ;

1486 Countryman, *n.* ཡུལ་ཅིག་པའི་མི; ཡུལ་མི;

1487 Country, *n.* ཡུལ་མཚོ་རྫོང་གཞིས; གྲོང་སེབ;

1488 Couple, *n.* ཟུང; ཆ;

1489 Couplet, *n.* ཚིག་བཅད་ཡིག་གདང་གཉིས་སུ་ཡོད་པ;

1490 Coupling, *n.* ཆ་སྒྲིག་པ; ཟུང་སྦྱོར་བ;

1491 Coupon, *n.* འབྱོར་འཛིན; ཁ་ཡིག;

1492 Courage, *n.* སྤོབས་པ;

1493 Courageous, *a.* སྤོབས་པ་ཅན; སྙིང་སྟོབས་ཅན;

1494 Courageously, *ad.* སྤོབས་པ་དང་ལྡན་པར;

1495 Courier, *n.* བང་ཆེན;

1496 Course, *n.* ལཾ; བང; ཁ་ཕྱོར; ལཾ་སོ; གོ་ས;

1497 Courser, *n.* བང་ཆེན; རྟ; རྟ་འགྲོས་ཆེན;

1498 Court, *n.* ཁྲིམ་ར; རྒྱལ་ས; ཁྲིམས་ས;

1499 Courteous, *a.* ཡ་རབ་བཟང་པོའི་མིག་སྟོས་ཅན; ཟབ་གཟེངས་ལྡན་པ;
ཞེ་ས་ཅན; བསྐུར་བསྟི་དང་ཞུ་དུད་ཅན;

1500 Courteously, *ad.* བཟང་པོ་བྱེད་དེ; ཟབ་གཟེངས་ཀྱིས;

1501 Courteousness, *n.* མིག་སྟོས་ཞེས; མཐོང་ཆ་བཞག་དང་བསྐུར་བསྟི;
ཟབ་གཟེངས;

1502 Courtesan, *n.* སྨད་འཚོང་མ; [ཞུ་དུད;

1503 Courtesy, *n.* ཡ་རབ་ཀྱི་བྱེད་སྟངས; མཐོང་ཆ་བཞག; བསྐུར་བསྟི;

1504 Courtier, *n.* ཁ་སྐྱུང་མཁན; རྒྱལ་ས་སྐྱོ་མཁན; མི་ཆེན་གྱི་གས་དུ་
འགྲོ་ལྟར་ལ་མངས་པར་འབྱོངས་པ;

1505 Courtly, *a.* བཟང་པོའི་སྤྱོད་འགྲོས་ཅ་མཁན;

1506 Courtship, *n.* གཉན་རྡོད་ཀྱི་ཨེ་གསར; མག་པའི་སློས་རྒྱུག;

1507 Cousin, *n.* པ་སྤུན;

1508 Cove, *n.* ཆུ་འཁྲཾ་གྱི་ཁུག; བྲག་ཕུག; མཚམས་རོང;

1509 Covenant, *n.* གན་རྒྱ; རྒྱ; ཐ་ག;

1510 Covenanter, *n.* ཐ་གན་རྒྱའི་འོག་ཏུ་ཚུད་མཁན;

1511 Cover, *n.* ཁེབས; *v.t.* བཀབ་པ; སྦས་པ; འགེབ་པ; ཁེབས;

1512 Covering, *n.* ཤུབ; ཁེབས;

1513 Coverlet, *n.* མལ་ཟན་གྱི་ཤུབ;

1514 Covert, *a.* སྦས་པའི་ཚུལ་གྱི; *n.* ཡིབ་ཁུང;

1515 Covertly, *ad.* ཡིབ་དེ;

1516 Coverture, *n.* ཡིབ་ས;

1517 Covet, *v.t.* གཏབ་སེམས་བསྐྱེད་པ; ཡིད་ལ་འདོད་པ;

1518 Covetable, *a.* སྲིད་པར་འོས་པ;

1519 Covetous. སྲེད་པ་ཅན;

1520 Covetously, *ad.* འདོད་སྲེད་བསྐྱེད་དེ;

1521 Covetousness, *n.* འདོད་སྲེད;

1522 Covey, *n.* བྱིའུ་ཕྲུག་གི་ཚང;

1523 Cow, *n.* བ; བ་མོ; མོ;

1524 Cow, *v.t.* དབང་དུ་འདུས་པ; ལྷ་བ་བཅག་པ; དཔའ་འཁྲི་བ;

1525 Coward, *n.* སྙིང་མེད; སྐྲད་འདར་བ;

1526 Cowardice, *n.* སྙིང་སྟོབས་མེད་པའི་ཚུལ;

1527 Cowardliness, *n.* སྐྲད་འདར་པོའི་ངང་ཚུལ;

1528 Cowardly, *a.* སྐྲད་འདར་པོ;

1529 Cower, *v.i.* འཇིག་དངངས་ཀྱི་ས་ལ་འབུར་བ;

1530 Cowherd, *n.* ཕྱུགས་རྫི;

1531 Cowhide, *n.* བ་ཀོ; བའི་ཀོ་རློན;

1532 Cow-pox, *n.* བའི་ནུ་མའི་སྟེང་དུ་ཐོར་པའི་ནད;

1533 Cowslip, *n.* སྤང་རྒྱན་མེ་ཏོག; སྤང་རིའི་ལོགས་ལ་མེ་ཏོག་དབྱིབས་
བའི་ཁ་འདྲ་པོ་ཡོད་པ;

1534 Coxcomb, *n.* བྱ་ཕོའི་ཟེ་བ་འདྲ་པོའི་རས་དམར་གྱི་ཉམས་པ་གད་མོ་མཁན་
ཉམས་ཀྱིས་གྱོན་པ; མེ་ཏོག་སྐྱུག་པོ་ཞིག་གི་མིང;

1535 Coy, *a.* ངོ་ཚ་ཅན; ངོ་ཞེན་པ; ངོ་དམའ་བ;

1536 Coyness, *n.* ངོ་ཚ;

1537 Cozen, *v.t.* བསླུས་པ; སླུ་ཁྲིད་ཀྱིས་མགོ་བསྐོར་བ;

1538 Cozily, *ad.* དྲི་ཐིབ་ཐིབ་བྱེད་དེ; སྐྱིད་ཉམས་དོད་པོ;

1539 Cozy, *a.* སྐྱིད་ཉམས་ཅན; དྲོ་ཐིབ་ཐིབ;

1540 Crab, *n.* སྡིག་སྲིན;

1541 Crabbed, *a.* འཁྲུག་པོ་; ཡོ་འཁྲུག་ཅན་; [ཞོར་བ་;

1542 Crack, *v.t.* ག་ཤག་པ་; སྟོང་གཏོ་སྒྲ་བ་; *v.i.* གས་པ་; སེར་ག་

1543 Cracker, *n.* ག་ཤག་མི་;

1544 Crackle, *v.i.* དག་དག་ཚག་ཚག་ཅེས་སྒྲ་སྒྲིན་པ་;

1545 Cradle, *n.* ཕྲིའུ་སྐྱལ་སའི་སྒྲིའུ་; ཕྲིའུ་ཆུང་གི་དུས་;

1546 Craft, *n.* བཟོ་; ལག་ཤེས་རིག་གནས་; གནད་;

1547 Craftily, *ad.* སྒྲུང་པོ་བྱེད་དེ་;

1548 Craftiness, *n.* སྒྲུང་རིག་;

1549 Craftsman, *n.* ལག་བཟོ་འབྱོངས་པོ་;

1550 Crafty. སྒྲུང་རིག་ལྡན་པ་; གཅང་རིག་;

1551 Crag. *n.* བྲག་རི་རང་རོང་; ཛ་རི་བྲག་རོང་;

1552 Craggy, *a.* རྗེ་རོང་;

1553 Cram, *v.t.* བསྡོད་དུ་བསྡིར་བ་; ཡོན་དན་གཞུང་མི་འབྱུང་བར་རྒྱུགས་
འཁྲོལ་བའི་ཆེད་དུ་འབྱུངས་བ་; བསླབ་གྲྭར་སློབ་
གཉེར་གཞུང་མི་འབྱོང་བར་འཕྲུལ་གྱི་ཤིག་རྒྱུ་འཐོན་
པའི་ཆེད་དུ་འབྱུང་བ་ལ་ཟེར་;

1554 Cramp, *n.* རྩ་འཁྲམ་པ་;

1555 Crane, *n.* ཁྲུང་ཁྲུང་དཀར་མོ་;

1556 Cranium, *n.* ཀ་པ་ལ་;

1557 Crank, *n.* ཁྲུག་འདོད་པའི་འགྲོ་ཕྱིར་ཁད་མཚར་པོ་;

1558 Cranny, *n.* སེར་ག་; ཡིབ་ཁུང་; ཨི་ཁུང་; [དཀྲི་བའི་དར་ནག་;

1559 Crape, *n.* དར་ནག་སྣ་ངན་སྐབས་གྱོན་མི་དེ་; སྣ་ངན་སྐབས་སུ་

1560 Crash, *v.t.* ཤུགས་ཀྱིས་ལྷུང་ནས་ཆག་པའི་སྒྲ་སྒྲིན་པ་;

1561 Crate, *n.* ཤིང་སྒོག་ཕྲུག་སའི་ཅོ་པོའམ་སྒྲི་པོ་;

1562 Crater. གང་རིའི་དཀྱིལ་ནས་མེ་ཐོན་སའི་ཛབ་དོང་ཁ་;

1563 **Craunch**, *v.t.* འཛོག་པ; ཧུཾ་ཧུཾ་བཅག་པ;

1564 **Cravat.** སྐེ་གོང་དཀར་ལ་ཁྲག་པ; རས་དཀར་སྦྲུར་མའི་གོང་ང;

1565 **Crave**, *v.t.* ཞུ་འཚལ་བ;

1566 **Craven**, *n.* སྙིང་རེད་པོ;

1567 **Craw**, *n.* བའི་གྲེའུ; བྱ་རིའི་གྲེ་བ;

1568 **Crawl**, *v.i.* ས་གྲིག་ཏུ་འབུ་བཞིན་དུ་འགྲོ་བ; ཏྲུག་རྒྱུའི་ཚོན;

1569 **Crayon**, *n.* སྣམ་ཚོན; དཀར་རགལ་ཏ་ཐུས་པའི་ཚོན་རྩི; སྣམ་པོར་

1570 **Craze**, *v.t.* གློ་སྨྱོ་བས་ཉི་པ; སྨྱོངས་བཙཾ་པ;

1571 **Craze**, *n.* ཉམས་དུ་བཏུག་པ; སེམས་མི་བརྟེན;

1572 **Crazily**, *ad.* ཁྲ་རེ་ཁྲོ་རེ་བྱེད་ཏེ;

1573 **Crazy**, *a.* འཐོམ་འཐོམ; སྨྱོན་པ;

1574 **Creak.** སྒོ་དབྱེ་བའི་སྐབས་ཀྱི་ཙེར་སྒྲ;

1575 **Cream**, *n.* འོ་མའི་དར་ཁ; འོ་སྤྲིད; བཙུད;

1576 **Creamy**, *a* འོ་མའི་སྤྲིད་ལྟ་བུ;

1577 **Crease**, *n.* གཉེར་མའམ་སུལ; (ཚེའུ་རུག; Sik.)

1578 **Create**, *v.t* བཟོས་པ; (མཛད་པ; Respl.)

1579 **Creation**, *n.* བཟོ; (ཕྱག་བཟོ; Do.)

1580 **Creator**, *n.* མཛད་པ་པོ;

1581 **Creature**, *n.* སེཾན་སྲོག་ཆགས;

1582 **Credence**, *n.* ཡིད་ཆེས; དད་པ;

1583 **Credential**, *n.* ལག་འཁྱེར་ཡིག; ཡིད་ཆེས་པའི་ཆེད་དུ་བཀུར་བའི་
ལག་འཛིར;

1584 **Credibility**, *n.* ཡིད་ཆེས་འོས;

1585 **Credible**, *a.* ཡིད་ཆེས་འོས; བདེན་པ་འཆའ་འོས;

1586 Credit, *n.* བློ་ཁེལ་བའི་གཏེངས; བུན; སྐྱིན་འབུ; གཡར་སྐྱིན;

1587 Creditable, *a.* ཡིད་ཆེས་པོ; མཚར་པོ; ངོ་མཚར་པོ;

1588 Creditably, *ad.* ངོ་སོ་ཐོབ་པ་བྱེད་དེ;

1589 Creditor, *n.* བུན་བདག; བུན་བཏང་མཁན་གྱི་བདག་པོ;

1590 Credulity, *n.* ཡིད་ཆེས་མ་འོས་ཀྱང་བདེན་པར་འཆའ་འདོད;

1591 Credulous, *a.* གང་ལའང་ཡིད་ཆེས་མཁན;

1592 Credulously, *ad.* བདེན་བརྫུན་མེད་པར་ཡིད་ཆེས་ཏེ;

1593 Creed, *n.* ཆོས་ལུང;

1594 Creek, *n.* རྒྱུག་ཆུ་ཆུང་ཆུང; མཚོ་འཁྲི་ཁུག་ཁུག;

1595 Creep, *v.t.* བྲང་ཤུད་རྒྱབ་དེ་འགྲོ་བ;

1596 Creeper, *n.* རྩ་འཛེས; འཁྲི་ཤིང;

1597 Cremona, *n.* པི་ཝྲི་སྤྱ་པ་ལེར་གྱི་གྲངས;

1598 Crescent, *n.* ཚེས; གསུམ་ཟླ་བ; ཟླ་བ་གསར་ཚེས;

1599 Cross, *n.* འདི་འཛབ་ཏུ་སྐྱེ་བ་སྤྱོ་ཚོད་ཀྱི་རིང་ཁ་ཚ་ཅར;

1600 Cresset, *n.* མེ་ཆག;

1601 Crest, *n.* ཅེ་སྤྲོ: ཅེ; སྨོག་གི་ཁྱུང་དང་ཐོག་གི་འགྲོ;

1602 Crevice, *n.* ཛ་རྫོབ; བྲག་སེབ;

1603 Crew, *n.* གྲུ་ཟིང་གི་མི་ལག;

1604 Crib, *n.* ཏའི་བརྫས; ཕྱུག་གུའི་མལ་ཁྲི; ཁྱིམ་ཆུང;

1605 Cricket, *n.* ཚ་ག་འབུའི་རིང;

1606 Cricket, *n.* རྒྱུན་བསྐྱུར་གྱི་བརྩེད་མོའི་རྣམ་གྲངས་གཅིག;

1607 Crier, *n.* སྐད་འདོན་མཁན;

1608 Crime, *n.* ཁྲིམས་འགལ་གྱི་ལས;

1609 Criminal, *a.* ནག་ཅན; ཁྲིམས་འགལ་བྱེད་མི;

1610 Criminality, *n.* ཁྲིམས་འགལ་གྱི་ཉེ་པ;

1611 Criminate, *v.t.* ཁྲིམས་འགལ་བྱེད་པའི་ཁ་གཡོག་ཕུལ་བ;

1612 Crimination, *n.* ཉག་བརྗོད་པ;

1613 Crimson, *n.* རྒྱ་ཚོས་མདོག་ལྷར་དམར་བ;

1614 Cringe, *v.t.* བྲན་བཞིན་དུ་མགོ་གུར་བ; ཕྱམ་ཕྱམ་བྱེད་པ;

1615 Cringingly, *ad.* མགོ་གུར་བའི་ཚུལ་གྱི;

1616 Cripple, *n.* སྐྱོན་ཅན; དབང་པོ་མ་ཚངས་བ; ཞ་བོ;

1617 Crisis, *n.* དུས་གཉེན; གག; དུས་གག; ཉེན་ཁ་ཆེ་བའི་དུས;

1618 Crisp, *a.* སྐམ་རྡོག་རྡོག;

1619 Criterion, *n.* གཞལ་བའི་ཚད;

1620 Critic, *n.* བསྟེན་བཅོས་སོ་ལྷ་བྲིས་ཀྱི་ཉམས་ཚོད་པོ;

1621 Critical, *a.* གནད་འགག་ཆེ་སྐབས;

1622 Critically, *ad.* ཞིབ་བརྟག་བྱེད་དེ;

1623 Criticize, *v.t.* འབིགས་པ; མཆན་འདོར་པ;

1624 Criticism, *n.* མཆན་འདོར; སྐྱོན་ཡོན་གྱི་བཤད་སྐབས་མཆན་འདོར;

1625 Croak, *v.i.* སྦལ་པའི་སྐད་ལྟར་རྒྱབ་པ;

1626 Crochet, *n.* འཚེམ་སྒྲུག; བལ་སྐུད་ཀྱི་འཚེམ་སྒྲུག;

1627 Crockery, *n.* རྫ་མ་དང་སྣོད་ཆས;

1628 Crocodile, *n.* ཀུམ་བྷི་ར; ཆུའི་ནང་གི་སེམས་ཅན་ཆེན་ཞིག;

1629 Croft, *n.* ཁང་པའི་ཉེ་འདབ་དུ་ས་ཞིང་ཆུང་ངུ་ཡོད་པ;

1630 Crone, *n.* སྨྱོ་བོ་རྒན་མོ;

1631 Crony, *n.* ཟླ་རོགས་བརྟེང་པ; ཡུན་རིང་དུ་འབྲེལ་བའི་མཐུན་གཤེས;
དགའ་མཐུན;

1632 Crook, *n.* ཁུག་ཀ; འཁར་རྒྱུག་མགོ་གུག་པོ;

1633 Crooked, *pa.* ཡོ་བ; ཀྱོག་པོ; ཀུཾ་པ; འཁྱོག་པོ;

1634 Crookedness, *n.* འཁྱོག; ཡོ; ཀྱོག;

1635 Crop, *v.t.* ལོ་ཏོག་གཏོག་པ; རྩེ་གཡམ་པ; རྩེ་གཏོག་པ; (*n.*) ལོ་ཏོག;

1636 Cross, *n.* བརྒྱང་ཤིང; ཀུར་ཁ;

1637 Cross, *adj.* སྐྱེད་བཅད་དུ; ཞོག་དེ; གབ་སློག་ཏུ; ངོ་གནག་ཐུག་གི; ཁྲོས་དེ;

1638 Crossly, *ad.* ཁྲོས་པའི་ཉི་གྲུར་གྱིས;

1639 Crossness, *n.* ཁྲོ་ཚུལ;

1640 Crosswise, *ad.* ཐྲེད་ལ; སེག་དྲས་སུ; སེར་ཁ་མོར; སེ་རལ་ཁར;

1641 Crotchet, *n.* མི་དྲན་དགུ་དྲན; འཆོམ་མདུད;

1642 Crouch, *v.i.* ཚུམ་པ; མར་སྐྱུམ་པ;

1643 Croup, *n.* ཁྲིའུ་ཚུང་གི་ཕློག་མར་འཚ་པ་དང་འདེབས་པའི་ནད་དྲག་པོ་ཞིག;

1644 Crow, *n.* ཨོ་རོག; ཕོ་རོག;

1645 Crowd, *n.* མི་མངས་ཚོགས་པའི་གསེབ; ཁྲིཾ;

1646 Crown, *n.* ཅོད་པན; སྤྱི་གཙུག; རྒྱལ་པོའི་ཅོད་པན; རྒྱལ་པོའི་གཙུག་ཏོར; རྒྱལ་པོའི་དབང; རྒྱལ་པོའི་གོ་ས;

1647 Crown-prince, *n.* རྒྱལ་ས་འཛིན་རྒྱུའི་རྒྱལ་བུ;

1648 Crown-wheel, *a* ཚོད་འཁོར་ལོའི་ནང་འཁོར་སོ་ཡར་སླང་ནས་ཡོད་པ;

1649 Crucial, *a.* ཞིབ་ཏོག་གསལ་པོའི;

1650 Crucible, *n.* ཀོང་བུ; ཞུ་སྐྱོར;

1651 Crucifix, *n.* རྒྱང་ཤིང་གི་ཐོག་ཏུ་ཡེ་ཤུའི་འདྲ་སྐུ་ཡོད་པ;

1652 Crucify, *v.t.* རྒྱང་ཤིང་ལ་བཀྱོན་ནས་གསད་པ;

1653 Crude, *a.* རྗེན་པ; མ་ཆོད་པ; བཟོ་བཅོས་མ་གྲུབ་པ;
སྐྱོན་བག་ཅན; སྐྱོན་དྲང་ཅན;

1654 Crudely, *adj.* བཟོ་བཅོས་མེད་པར; སྐྱོན་རྟགས་ཆ་པོ་བྱེད་དེ;

1655 Crudity, *n.* གཟོ་རྗེན; སྐྱོན་དྲང;

1656 Cruel, *a.* དྲག་ཤུལ་ཅན; ག་ཀྱག་སེམས་ཅན;

1657 Cruet, *n.* ཚལ་ཧྲུ་ར་དང་ཁ་ཚའི་ཤེལ་དུམ་ཆུང་ངུ;

1658 Cruise, *v.i.* ཆུ་གྲོག་གི་འགྲུལ;

1659 Crumb, *n.* བག་ལེབ་ཀྱི་ཧྲུམ་བུ་འི་ནང་ཤ་ཕྲན་བུ;

1660 Crumble, *v.i.* རྡུག་རྡུག་ཏུ་ཉིལ་བ;

1661 Crumple, *v.t.* སྐྱུཾ་པ; ཁྲུམ་པ;

1662 Crupper, *n.* རྟའི་མཇད; སྒའི་མཇད;

1663 Crusade, *n.* ཡེ་ཤུའི་ཆོས་ལུགས་པ་དང་མུ་སལ་མན་གྱི་དམག་འཁྲུག;
ཆོས་ལུགས་ཀྱི་ཕྲག་དོག་གི་དམག་འཁྲུག;

1664 Cruse, *n.* ས་ཟུན; ཤེལ་དུཾ;

1665 Crush, *v.t.* བསྐྲལ་བ; ཕྱེ་མར་བརྡག་པ; རྫི་བ; གླིམ་པ; བཙར་བ;

1666 Crust, *n.* ཕྱི་པགས་ཤྲ་མོ; སེར་ཁོག; སེ་གོག;

1667 Crustacea, *n.* ཕྱི་པགས་བསྲ་མོ་དང་ལྡན་པའི་སྲོག་ཆགས་ཕྱིག་སྲིན་
ལྷ་བུའི;

1668 Crustily, *adj.* ཕྱི་ལོགས་བསྲ་མོ་བྱེད་དེ;

1669 Crustiness, *n.* རྩོག་རྩོག་གི་ཉམ་པ་ཅན;

1670 Crusty, *a.* ཕྱི་ལ་སེ་གོག་བསྲ་མོ་ཡོད་པ;

1671 Crutch, *n.* ཞ་འཕྲེང་ཅན་གྱི་ངཁར་རྒྱུག་མཆན་འོག་ཏུ་བརྩུག་རྒྱུ་དེ;
རྐང་ཆག་གི་འཁར་རྒྱུག;

1672 Cry, *v.i.* ང་རོ; འདོན་པ; སྐད་ངན་འཚེར་བ: ཅ་ཅོ་སྒྲོག་པ; ངུ་བ; ངུ་འབོར་བ; སྨྲེ་ངག་འདོན་པ;

1673 Crypt, *n.* ས་འོག་ཏུ་ལྷ་ཁང་ཕུར་ཁང་གི་ཆེད་དུ་རྒྱབ་པ་དག;

1674 Cryptical, *a.* སྦས་པའི; གསང་བའི;

1675 Crystal, *a.* ཤེལ་རྡོ; (ཕུའི་ཐིན; Chinese term).

1676 Crystalline, *a.* ཤེལ་རྡོ་ལྟ; ཕུའི་ཐིན་ལྟ་བུ;

1677 Cryptography, *n.* གསང་ཡིག;

1678 Crystallize. ཤེལ་རྡོའི་རྣམ་པར་འགྱུར་བ;

1679 Cub, *n.* ཕྲུག་གུ; གཅན་གཟན་གྱི་ཕྲུག་གུ;

1680 Cube, *n.* སོ; ངོས་དྲུག་དང་ལྡན་པའི་སོ;

1681 Cubit, *n.* ཁྲུ;

1682 Cuckoo, *n.* ཁུ་བྱུག;

1683 Cucumber, *n.* གདོན; ཀ་ཀ་རང; གོན;

1684 Cud, *n.* བ་ཕྱུགས་ནོར་ཊ་ཀྱི་ཟ་གྲོད་པའི་ནང་ནས་ཡར་སྐྱུག་དེ་སྐྱར་སྐྱར་བྱ་རྒྱུ་དེ; (བཟླད; Sik.).

1685 Cuddle, *v.i.* པང་དུ་འཛིབས་པ;

1686 Cudgel, *n.* དབྱུག་པ;

1687 Cue, *n.* གཏེ་གྱི་ཟུར;

1688 Cuff, *v.t.* ཁྲོ་བཅག་ཁྱུས་པ;

1689 Cuirass, *n.* གོ་ཁྲབ; བྲང་ལ་བཀབ་རྒྱུའི་ལྕག་ཁྲབ;

1600 Cuirassier, *n.* ཁྲབ་མ; ཁྲབ་ཅན; རྟ་པ་ཁྲབ་ཅན;

1691 Culinary, *a.* བཟའ་བཏུང་འཚོད་པའི་སྐོར;

1692 Cull, *v.t.* བཏུ་བ; འདྲུག་པ; སྒྲུག་པ;

1693 Cully, *v.t.* མི་སྡུག་གི་མགོ་སྐོར་བ;

1694 Culminate, *v.i.* ཡང་རྩེར་སླེབས་པ་མཐར་འཁྱོལ་བ; རྩེ་མོར་སླེབ་པ;

1695 Culmination, *n.* མཐར་ཐུག; ཡངས་རྩེ;

1696 Culpability, *n.* ཉེས་པ་འཁྲི་འོས;

1697 Culpable, *a.* ཁམ་ཐོག་ཉེན་ཆེན; ཉེས་པ་འཁྲི་བ;

1698 Culprit, *n.* ནག་ཅན; སྤྱོད་ངན་བྱེད་མཁན; ཉེས་པ་ཅན;

1699 Cultivable, *a.* ཞིང་ཁ་འདེབ་འོས;

1700 Cultivate, *v.t.* ཞིང་བསྐོས་བཀོ་བྱེད་པ; འབད་བ;

1701 Cultivation, *n.* ཞིང་ཁ; འབད་པ; ཞིང་ཁ་བདབ་པའི་ལས་ཀ;

1702 Culture, *n.* བསྐོས; བཀོ; སྦྱངས་པ; བརྟུལ་འབྱུང;
རྒྱུད་སྨིན་འབྱུང;

1703 Culvert, *n.* ཕྱུར་ཐོག་འགེབས་ཅན;

1704 Cumber, *v.t.* གོ་འགག་པ;

1705 Cumbrance, *n.* གོ་འགག་བྱེད;

1706 Cumin, *n.* གོ་སྙོད;

1707 Cumulate, *v.t.* གཅིག་ཁར་སྤུང་བ;

1708 Cumulation, *n.* སྤུང;

1709 Cumulative, *a.* སྤུང་བསག་བྱེད;

1710 Cunning, *a.* གཡོ་སྒྱུ; སྤྱང་རིག;

1711 Cunningly, *n.* སྤྱང་པོ་བྱེད་དེ;

1712 Cup, *n.* དཀར་ཡོལ; ཕོར་པ; ཕོར་པའི་ནང་གི་བཏུང་
བའི་ཡོ་བྱད;

1713 Cupboard, *n.* བཟའ་ཅ་བཏུང་ཅ;

1714 Cupid, *n.* འདོད་ལྷ; ཁྲིག་པའི་ལྷ་ཀྱི་འདོད་པའི་དབང་ཕྱུག;

1715 Cupidity, *n.* འདོད་པ; བསྙེད་ཞེན; ཞེན་པ; སེར་སྣ;

1716 Cupola, *n.* གཉེར; གུང་ཐོག་སྦུ་པོ་རྩེ་སྤུང་རྩེ་ཡོད་པ; གསེར་ཏོག;

1717 Cupping-glass, *n.* ཁབ་རྡུང་རྒྱབ་པའི་དཀར་ཡོལ; ཁྲག་པ; མེ་བུམ;

1718 Cur, *n.* ཁྱི་གུ; ཁྱི་ངན;

1719 Curable, *a.* བསོ་ནུས; བསོས་སུ་ཡོད་པ;

1720 Curate, *n.* ཉིཾ་ཞེས་ཀྱི་སྨན་པ; བླ་མ;

1721 Curator, *n.* མགོ་འཛིན་པ; བདག་ཆེན; བལྟ་ལྟོས་པ; སྤྱི་ཁྱབ་པ;

1722 Curb, *v.t.* རང་འདོད་ལ་བཀག་པ; བརྟུལ་བ; སྲབ་ཀྱི་མིཾ་སྐྱོར;

1723 Curd, *n.* དར; ཞོ;

1724 Curdle, *v.i.* ཞོ་རུ་འགྱུར་བ;

1725 Cure, *n.* བསོས་པ; ནད་ལ་ཕན་པ;

1726 Cureless, *adj.* བསོས་དཀའ; བསོས་ཐུབ་མིན;

1727 Curiosity, *n.* ཤེས་འདོད; (ཁྱད་མཚར་པོའི་རྒྱུ་ནོར; curio).

1728 Curious, *n.* ཡ་མཚན་པོ;

1729 Curiously, *ad.* ཡ་མཚན་ཆེན་བྱེད་དེ;

1730 Curl, *v.t.* ལྷུག་མ་སྒྲིལ་བ;

1731 Curlew, *n.* ཆུ་བྱ་ཀང་རིང་ཞུ་གུ་ཐུང་ཐུང་བྱས་པ;

1732 Curly, *a.* ལྷུར་ཅན; རོག་རོག;

1733 Curly-headed, *n.* སྤུ་ལུ་མགོ; སྐྲ་རོག་རོག་ཡོད་པ;

1734 Curmudgeon, *n.* མི་སེར་སྣ་ཆེ་ཞེན་སེམས་ཆེ་བ;

1735 Current, *n.* ཆུའི་གཞུང; ད་ལྟ་ཡོད་སྐུས;

1736 Currency, *n.* ལུང་པ་སྤྱིར་འགྲོ་ཁྲང་ཡོད་པ;

1737 Current, *a.* དེང་དུས་ཀྱི;

1738 Curricle, *n.* ཤིང་རྟ;

1739 Curriculum, *n.* ཆོས་ཀྱི་ཡན་ལག་བསླབ་གྲྭར་ཇི་སློབ;

1740 Currier, *n.* ཀོ་བ་མཉེ་མཁན; (ཀོ་སླེབ་པ; Bhut.).

1741 **Currish**, *a.* ཁྱི་ལྟུ;

1742 **Curry**, *v.t.* ཀོ་བ་སྙེད་པ; སྙེད་ཕྱུར་བྱེད་པ;

1743 **Curse**, *v.t.* དམོད་བོར་བ; དམོད་མོ་འདབ་པ;

1744 **Cursed**, *a.* སྡུག་ཅན; ངན་པ; དམོད་མོ་ཕོག་པ;

1745 **Cursive**, *a.* ཁྱུག་ཡིག་ཏུ་བྲིས་པ;

1746 **Cursory**, *a.* ཁྱུག་ཙཾ་པ; ཞིབ་བརྟག་མེད་པ; ཞིབ་བརྟག་མ་བྱེད་པར་འ་ནེ་འོ་ནེའི་ལས་ཀ;

1747 **Cursorily**, *ad.* ཁྱུག་གེར; ཧྲིབ་ཙམ་དུ;

1748 **Curt**, *a.* སྡོ་སྡུ; ནར་འཛར་མེད་པར;

1749 **Curtail**, *v.t.* ཉུང་དུ་འདེ་ཐུང་དུར་བཅད་པ;

1750 **Curtain**, *n.* ཡོལ་བ;

1751 **Curtain-lecture**, *n.* སྐྱེ་དམན་གྱིས་ཁྱོ་བོ་ལ་མལ་སར་བཤད་བཤད་བརྡུང་བ;

1752 **Curtness**, *n.* སྡོ་རྩུབ; སྒྲོ་རྩུབ; སྡོ་སྡངས; སྒྲུབ་ཕུང;

1753 **Curvated**, *a.* སྐྱེད་པ་ཀོ་ཀོང་བྱེད་པ; གུག་གུག;

1754 **Curvature**, *n.* གུག; ཀོང་ཀོང; ཀྱོག;

1755 **Curve**, *n.* གུག; སྐྱི་གུ;

1756 **Curvet**, *n.* འཕག་ཚག; འཕག་ཚག་རྒྱབ་པ;

1757 **Cushion**, *n.* འབེབ་སྟ; འབོལ་སྟན;

1758 **Custard**, *n.* སྒོང་དང་འོ་མ་དང་ཀ་རས་བཟོས་པའི་མངར་བྱ;

1759 **Custodian**, *n.* གཉེར་པ; བརྩོན་སྣང;

1760 **Custody**, *n.* གཉེར་བཅོལ; བཙོན;

1761 **Custom**, *n.* སྲོལ; ཁྲིམས;

1762 **Customarily**, *adj.* དུས་རྒྱུན་གྱི་སྲོལ་ལྟར;

1763 **Customary**, *a.* སྲོལ་ལྟར; ཡུང་སྲོལ་ལྟར;

1764 Customer, *n.* དུས་རྒྱུན་གྱི་ཉོ་འཚོང་བྱེད་མཁན;

1765 Cut, *v.t.* གཅོད་པ; འཇོག་པ; བྲ་བ; ཇ་བ; གཏུབ་པ; བྲེག་པ;
བགོས་པ; གཏོག་པ; ངོ་འབྲེལ་གཅད་པ;
ངོ་ཤེས་བཞིན་དུ་མ་ཤེས་པ་ལྟར་བྱས་པ;

1766 Cut-throat, *n.* བཀུ་གསད་རྒྱབ་མཁན;

1767 Cut purse, *n.* དངུལ་ཁུག་གཏོག་པའི་མི; འཇབ་རྐུན;

1768 Cutaneous, *a.* པགས་པའི;

1769 Cuticle, *n.* པགས་ཤུན་ཕྱི་མ་སྲབ་པོ་དེ;

1770 Cutlass, *n.* པ་དམ; གྲི;

1771 Cutler, *n.* གྲི་བཟོ་མཁན; གྲི་འཚོང་པ;

1772 Cutlery, *n.* གྲིའི་རིགས་སྣ་ཚོགས;

1773 Cutter, *n.* གཏོགས་མཁན; གྲུ་ཆུང;

1774 Cutting, *n.* ཡལ་ག་བཅད་པ; ཤིང་འཛུགས་པའི་ཕྱིར་ཡལ་ག་
བཅད་པ་དེ;

1775 Cuttlefish, *n.* ཉ་ཏིག་གི་མིང;

1776 Cwt., *n.* (hundred-weight). མོན་གཅིག་དང་ཤེལ་བཅུ་གཉིས་ཀྱི་ཇོད་ལ་ཟེར;

1777 Cycle, *n.* ལོ་འཁོར;

1778 Cyclone, *n.* རླུང་ཆར་ཆེན;

1779 Cyclopedia, *n.* བསྟེན་སྒྲུར; བསྟེན་འགྱུར; འགྲེལ་པ་རྒྱས་པ;

1780 Cyclops, *n.* བདུད་མིག་གཅིག་མ; རྒྱ་ཆེན;

1781 Cyclopean, *a.* བདུད་མིག་གཅིག་རིགས་ཞིག; རྒྱ་ཆེན་པོ;

1782 Cygnet, *n.* ངང་ཕྲུག; བྱས་པའི;

1783 Cylinder, *n.* སྒུག་དོང;

1784 Cymbal, *n.* རོལ་མོ;

1785 Cynic, *n.* འཁྲུན་དད་ཅན; ཁྲོ་ལྟར་ངར་ངར;

1786 Cypress, *n.* ཤུག་པ;

1787 Czar, *n.* ཙ་ཤི་ཡཱ་རྒྱལ་པོའི་མིང; ཙ་ཤའི་གོང་མའི་མཚན;

1788 Czarina, *n.* ཙ་ཤི་ཡཱ་རྒྱལ་མོ་ལ་ཟེར;

1789 Czarowitz, *n.* ཙ་ཤི་ཡཱ་རྒྱལ་པོའི་སྲས་གཉན་བཞོས;

D

1 Dab, *v.t.* ཐུག་ཙམ་བརྡུང་བ; འདམ་མི་ཆུ་ལ་འཛོབ་པ;

2 Dabble, *v.t.* ཆུས་བཞས་པ; ཆུ་ལ་བྱི་འུས་ཁྲུས་བྱེད་པ་བཞིན་བརྩེ་བ;

3 Dabbler, *n.* ཡོན་ནས་རིག་གནས་སོགས་ལ་བལྟ་ཙོ་རེ་འབྱུངས་པ;

4 Dace, *n.* གྲུག་ཆུའི་ཉེའུ་ཆུང་ཞིག་གི་མིང;

5 Dacoit, *n.* ཇག་པ;

6 Daddy, *n.* ཁྱེའུའི་ཚོང་སྐད་ལ་ཕ་གན་ཅེས་འབོད་ལུགས;

7 Daft, *a.* བློ་སྤོབས་ཉམ་པོ; སེམས་བདེ་པོ་རང་མེད་པའི་མི;
བླ་ཉམ་པོ; བླ་འཁྲུམ་པོ;

8 Dagger. སྤྲུ་གྲི; སྤྲོ་ཐུར་མ; ཕུཾ་གྲི; མགར་ཟོག;

9 Daggle, *v.t.* འདྲིཾ་ལ་རྡུད་པ;

10 Daily, *a.* ཉིན་རེ་བཞིན;

11 Daintily, *n.* སྙིང་རྗེ་མོ་བྱེད་རེ;

12 Dainty, *n.* ཡག་པོ; སྙིང་རྗེ་མོ; སྤུས་དག་པོ;

13 Dairy, *n.* འབྲོག;

14 Dais, *n.* རྒྱབ་ལྷག; ཁྲི; གཞུགས་ཁྲིའི་རྒྱབ་ལྷག;

15 Daisy, *n.* སྤང་རྒྱན་མེ་ཏོག; མེ་ཏོག་དཀར་པོ་ཟེའུ་འབྲུ་སེར་པོ་སྤང་
ལ་སྐྱེས་པ;

16 Dale, *n.* གཞོང; ལུང་པ; རོང;

17 Dalai Lama, *n.* རྒྱལ་བ་རིནོ་; ཏཱ་ལའི་བླ་མ; རྒྱ་མཚོའི་བླ་མ;

18 Dalliance, *n.* རོལ་བརྩེད;

19 Dally, *v.i.* རོལ་པ; བརྩེ་བ;

20 Dam, *n.* ཆུ་རགས; *v.t.* བསྐྱིལ་བ;

21 Damage, *n.* སྐྱོན; གྱོད; གོད; ཉེས་པ; གནོད་པ;

22 Damask, *n.* རས་ལ་ཟེ་དྲོག; སྣ་ཚོགས་ཀྱི་རི་མོ་ཡོད་པ;

23 Dame, *n.* བུད་མེད་རྒན་མོ; སྐྱེ་དམན་རྒན་མོ; སྐྱེ་དམན་ན་ཡོལ་
ཟིན་པ; རྒན་སོང་མ;

24 Damn, *v.t.* དམྱལ་བར་འཕན་པ;

25 Damp, *n.* བརླན; (*a.*) བརླན་ཅན;

26 Damper, *n.* མེ་ཐབས་གདོང་ལ་ལྕུགས་ལེབ་བཀབ་པ་དེའོ;

27 Dampness, *n.* བརླན་ཚུལ;

28 Damsel, *n.* སྨན་ཤར་མོ; ན་ཆུང་མ;

29 Dance, *v.i.* བྲོ་འཁྲབས་པ; གར་བྱེད་པ; འཆམ་པ;

30 Dancer, *n.* བྲོ་ཟ་མཁན; གར་མཁན;

31 Dancing, *n.* བྲོ; གར་ ཆམ;

32 Dandle, *v.t.* ཕྲུས་མོ་འི་གང་ལ་བཞག་ནས་གཡེང་བ;

33 Dandruff, *n.* གློ་ཤེ; མགོའི་སོབ;

34 Dandy, *n.* འཚེར་པོ; རང་སྒྲོང་ཅན; ཡང་འཁྲིགས་དཔྱང་
ལའང་ཟེར; འཕེབ་དཔྱང;

35 Dandysm, *n.* འཚེར་འདོད;

36 Danger, *n.* ཉེན; ཉེན་ཁ; གེགས་རྐྱེན; བགེགས་རྐྱེན; རྐྱེན་ངན;

37 Dangerous, *a.* ཉེན་ཅན; མ་རུང་པ; གདུག་པ་ཅན;

38 Dangerously, *a.* ཉེན་ཆེན་པོ་བྱེད་དེ;

39 Dangle, *v.i.* དཔྱང་བ; དཔྱང་ནས་སྡོད་པ;

40 Dank, *a.* བརླན་ཡོད་པ; བརླན་པོ;

41 Danseuse, *n.* ཨ་ལྡི་ལྷ་མོ་བ;

42 Dapper, *a.* གཟུགས་བོང་ཆུང་ཀྱང་ཁྲུག་པ;

43 Dapple, *a.* རྟ་ཁྲ; ཁྲ་ཁྲ;

44 Dare, *v.i.* སྤོབས་པ་བསྐྱེད་པ; བློ་ཡིས་ནུས་པ;

45 Daring, *n.* དཔའ་བོ; རྟུལ་ཕོད་པ; སྤོབས་པ་ཅན; དཔའ་ཅན;

46 Dark, *a.* མུན་པ; སྒྲིབས་པ; སྨག; མདོག་ནག་པ;

47 Darken, *v.t.* འཐིབས་པ; འགྲིབ་པ;

48 Darkish, *a.* མདོག་ནག་ཙམ; མུན་རུབ་ཙམ;

49 Darkly, *ad.* ནག་ཐུམ་མེ; ནག་ཐུག་གེ;

50 Darkness, *n.* མུན་ནག;

51 Darksome, *a.* ནག་ཐྲི་ཐྲི; མི་གསལ་བ;

52 Darling, *n.* གཅེས་ཕྲུག; ཡིད་འོང; སྙིང་སྡུག;

53 Darn, *v.t.* གོས་སོགས་ལ་ཨི་ཁུང་ཡོད་པ་ཚེམས་ཀྱིས་སྤྲུབ་པ;

54 Darning, *n.* ཨོས་མོ་སོ་རལ་པའི་ཨི་ཁུང་སྤྲུབ་རྒྱུ་དེ;

55 Dart, *n.* མདུང; མདུང་ཐུང; བྱུར་མདུང;

v.i. འཚོང་བ; ཤུར་ཀྱིས་རྒྱུག་པ;

56 Dash, *v.t.* ལོགས་ལ་འཕང་བ; རྩ་གཏོར་བ; བསྲེས;

57 Dash, *n.* ངོམས་རྩལ; དཔའ་འདོད;

58 Dashing, *a.* འཕུར་དུ་འཚོ་བ; འཚོ་བ;

59 Dastard, *n.* སྙིང་མེད་པོ; སྐྲག་འདར་ཅན; འདར་མ;

60 Dastardly, *adv.* སྐྲག་འདར་སྒོ; འདར་མ་ལྟ་བུར;

61 Date, *n.* (of time). ཞག་གྲངས; ཚེས་གྲངས;

62 Date, *n.* (the fruit). ཁ་སུར; ཤིང་འབྲས་ཁ་སུར;

63 Dative, *n.* གསྒྱུ་ཧྲག་ནང་གི་ལ་སྒྲའི་ཉྣ་དབྱེ་དེའོ;

64 Daub, *v.t.* སྐྲུ་བ; བྲུག་པ;

65 Daughter, *n.* བུ་མོ;

66 Daunt, *v.t.* སྤྲ་གོང་བ; སྙིང་ཞུ་དུ་བཅུག་པ; འཇིག་རེ་བསྐྲོས་པ;

67 Dauntless, *a.* འཇིག་མེད; མི་ཞུ་པ; སྤ་ང་བག་ཚ་མེད་པ;

68 Daw. ཕོ་རོག;

69 Dawdle, *v.t.* ཡང་མ་ཡིངས་སྲུ་མི་ཆེ་རྩ་ཟེད་བཏང་བ;

70 Dawn. ཐྲོ་རེངས་ནམ་ལངས; ནམ་སྐྲུ་རེང; སྐྲུ་རེང;

71 Day, *n.* ཉི་མ; དུས; ཉི་མ་ཤར་བ་ནས་བཟུང་ནུབ་པའི་བར;
ཉིན་མོའི་དུས;

72 Daysman, *n.* གཤེར་དཔང་པ;

73 Dayspring, *n.* ཐྲོ་རངས; སྐྲུ་རེང;

74 Daze, *v.t.* ཉི་འོད་ཀྱིས་མིག་ཆེམ་པ; འོད་ཟེར་ཆེན་པོས་མིག་ཆེམ་པ;
འཐོམ་བཅུག་པ;

75 Dazzle, *v.t.* ཐོམ་པར་འགྱུར་བ; མིག་ཆེམ་པ;

76 Deacon, *n.* ཕྱི་ལུགས་དགོན་པའི་ལས་སྡེ་སྤྱི་གཉེར་སྤྱི་གཉེར་ལུས་དོད;
སྤྱི་གཉེར་གྱི་དོད་ཀྱི་ལས་བྱ;

77 Dead, *a.* ཤི་སོང་བ; Dead body ཤི་བའི་རོ; (Dead-beat
ཐང་ཆད་དེ་ཆད་པ;)

78 Deaden, *v.t.* གསད་པ;

79 Deadly, *a.* སྲོག་འཇོམ་ནུས;

80 Deadness, *n.* སྲོག་མེད་པའི་ཆོས་ཅན; ཞེམ་པོའི་ཆོས་ཅན;

81 Deaf, *a.* འོན་པ; རྣ་བ་འོན་པ; (བྲུ་བརྡུགས Bhut.)
(ལོན་དོག; འོན་བརྡུང Sik.)

82 Deafen, *v.t.* འོན་པ་བཅོ་བ;

83 Deafness, *n.* འོན་ཚུལ; འོན་ཚག;

84 Deal, *v.t.* འཚོང་རྒྱབ་པ; བྱེད་པ; འཚོང་འབྲེལ་བྱེད་པ;

85 Dealer, *n.* འཚོང་པ;

86 Dealing, *n.* ཚོང; འཚོང་འབྲེལ;

87 Dean, *n.* ཞལ་ངོ; ཆོས་སྡེའི་ལས་སྣ་གོ་ས་མགྲོན་པོ་གཅིག; ཆོས་ཁྲིམས་པ;

88 Dear, *a.* རིན་གོང་ཆེན་པོ; གུས་པོ; གཅེས་པོ; རིན་ཐང་ཆེན་པོ; རྩས་ཆེན་པོ; ཤ་ཚ་པོ; ཉེ་པོ;

89 Dearly, *ad.* གོང་གུས་པོར; གཅེས་པོ་བྱེད་དེ;

90 Dearth, *n.* འཕེན་པ; དཀོན་ཚུལ; མུ་གེ;

91 Death, *n.* འཆི་བ;

92 Debar, *v.t.* བཀག་པ;

93 Debase, *v.t.* དམའ་འཕབ་རྒྱབ་པ; ཞབས་འདྲེན་པ; ཞབས་འདྲེན་ཞུ་བ;

94 Debasement, *n.* ཞབས་འདྲེན; སྨད་ར་རྒྱབ་པ; སྨད་པ;

95 Debatable, *a.* རྩོད་པ་རྒྱབ་ཏུ་ཡོད་པ;

96 Debate, *v.t.* རྩོད་པ་རྒྱབ་པ; འགྲོ་གླིང་བྱེད་པ;

97 Debate, *n.* རྩོད་པ་བགྲོ་གླིང; གླིང་མོ;

98 Debauch, *v.t.* ཆང་འཐུང་སླ་བཞས་ལ་རོལ་བ;

99 Debauchee, *n.* ཤར་པོ; འཆལ་པོ;

100 Debauchery, *n.* ཆང་བཏུང་བ་དང་བུ་མེད་སོགས་ལ་རྒྱུན་དུ་བརྟེ་བ;

101 Debenture, *n.* བུན་ཡིག; གན་རྒྱ;

102 Debilitate, *v.t.* རྒྱུད་ཏུ་བཙུག་པ; ལུས་རྫུང་ཟད་ཏུ་བཙུག་པ;

103 Debility, *n.* ལུས་ཉུད་པ; ལུས་གྱུད; སྟོབས་ཉམས་པ; ལུས་སྟོབས་ཞོར་བ;

104 Debit, *n.* བུན་ཐོག་པའི་རེབ་ཐོ;

105 Debonnair, *a.* བསིལ་བསིལ་ཁྲབ་ཁྲབ; སྙོ་སེང་སེང; ཞང་པོ;

106 Debris, *n.* ས་རྡོ་རྡོ་རོ; རུད་རྡོ་རྡོབ;

107 Debt, *n.* བུན;

108 Debtor. བུན་གཡར་མི; བུན་སྐྱིན་ཐོག་ས་དེ; བུ་ལོན་ལེན་མཁན;

109 Decade, *n.* ལོ་བཅུ་བསྐོར་གཅིག;

110 Decalogue, *n.* བསྒྲུང་སྨོས་ཀྱི་དམ་ཚིག་བཅུ་པོའམ; བསླབ་བྱ་བཅུ་པོ; ཧི་ལུགས་ཀྱི་སྒྲུང་བླངས་བྱ་དགོས་པའི་བསླབ་བྱ་བཅུ་པོ་ལ་ཟེར;

111 Decamp, *v.i.* གྲོས་ཟུར་དུ་སོང་བ;

112 Decant, *v.t.* ཉིག་དིང་དུ་བཞག་སྟེ་དྭངས་མ་བྱོ་བ;

113 Decanter, *n.* ཞལ་བུམ; བྱོ་བའི་ཞེལ་དཾ;

114 Decapitate, *v.t.* མགོ་སྐེ་འཕྲུལ་བ; མགོ་གཏོག་པ; མགོ་གཅོད་པ;

115 Decay, *v.i.* རུལ་དམ; ག་ཤི;

116 Decease, *n.* ཚེ་འཕོས; འཆི་བ; ཚེ་འདས;

117 Deceit, *n.* མགོ་སྐོར; གཡོ;

118 Deceitful, *a.* མགོ་བསྐོར་ཅན; གཡོ་སྒྱུ་ཅན;

119 Deceitfully. མགོ་བསྐོར་དེ;

120 Deceive, *v.t.* མགོ་བསྐོར་བ; བསླུས་པ;

121 Deceiver. མགོ་བསྐོར་མཁན;

122 December, *n.* ཕྱི་ཟླ་བཅུ་གཉིས་པ;

123 Decency, *n.* ཡིད་འཐུང་ཚུལ; སྤྲས་ཚུལ; ཁྲིལ་ཡོད;

124 Decennial, *a.* ལོ་བཅུ་རེར་ཡང་བསྐྱར་དུ་འབྱུང་བ; ལོ་བཅུ་རེ་ལ་འཁོར་བ;

125 Decent, *a.* ཡིད་ཤུང་པོ; ཁྲིལ་ཡོད་དང་ལྡན་པར; བག་ཡོད;

126 Decently, *ad.* ཤུངས་པོ་བྱེད་དེ; འགབ་པོ་བྱེད་དེ;

127 Deception, *n.* སྒྱུ་ཁྲིད; རྒྱུ་ཟོག; ·གཡོ་སྒྱུ;

128 Deceptive, *a.* སྒྱུ་ཁྲིད་མཁན;

129 Decern, *v.i.* ཁྲིམས་དབྱེ་བ; ཞིབ་དཔྱད་གཏང་བ;

130 Decide, *v.t.* ཐག་བཅད་པ; བཅད་མཚམས་གཏང་བ;

131 Decide, *v.t.* ཐག་ཆོད་པ; ཁྲི་ཐག་ཆོད; ཐག་ཆོད་ནད་ཆོད་བྱེད་པ;

132 Decidedly, *ad.* ཐག་ཆོད་པོར;

133 Deciduous, *a.* སྟོན་ཀར་ཟག་པའི་ཆོས་ཅན; མི་རྟག་པ;

134 Decimal, *a.* བཅུའི་ཆ་ཤས་སུ་བགོས་པའི་བརྩིས;

135 Decipher, *v.t.* བསང་བའི་ཡི་གེ་སྒྲིག་ཅིང་དོན་བཀྲོལ་བ;

136 Decision, *n.* ཁྲི་ཐག་ནད་ཆོད; བཅད་མཚམས;

137 Decisive, *a.* ཐག་ཆོད་པ;

138 Deck, *v.t.* བརྒྱན་པ;

139 Declaim, *v.t.* དམངས་ཁྲོག་དུ་བརྗོད་པ;

140 Declaim, *v.i.* ཁྲོམ་ཁྲོག་གི་གཏམ; ཁྲོམ་ཁྲོག་དུ་བརྗོད་པ;

141 Declamation. ཁྲོམ་ཁྲོག་གི་གཏམ;

142 Declamatory, *a.* ཚིག་འདྲ་བཞིན་སློབ་སྦྱོར་མཁས་པོ;

143 Declaration, *n.* ཡིག་ཁྲོག་དུ་འཁོད་པའི་ཁ་ཚིག;

144 Declare, *v.t.* ཁ་ནས་བརྗོད་པ; ཀུན་གྱིས་ཤེས་པར་བྱས་པ;

145 Declension, *n.* མར་ངོ; མར་བབ་པ; དོན་འཕབ་པ;

146 Decline, *v.i.* བྱེད་ས་ཉམས་པ; དོན་ཕབ་པ;

147 Declivity, *n* ཐུར;

148 Decoct, *v.t.* ཐང་གཏོན་པ; ཐང་བཀོལ་བ;

149 Decoction, *n.* ཐང་བཏོན་པ; ཐང་; རྫས་ཐང་;

150 Decompose, *v.t.* བཞིག་པ; རྫི་ཞིག་ནས་སོར་བྲལ་བ;

151 Decomposition, *n.* ཞིག་པ; རྫུལ་ནས་ཞིག་པ; ཉིལ་བ; རྫུལ་དེ་ཉིལ་བ;

152 Decorate, *v.t.* བརྒྱན་པ; བཀྲས་པ;

153 Decoration, *n.* བརྒྱན་ཆ;

154 Decorous, *a.* ཚུལ་མཐུན; ཕྱམ་པོ; འདྲ་ཆར་པོ;

155 Decorum. སྒྲིགས་ལིཾ་རྀཾ་བཞག;

156 Decoy, *v.t.* བསླུ་བ; བསླུས་དེ་ཁྲིད་པ;

157 Decrease, *v.i.* ཉིཾས་སྲུ་བཙུག་པ;

158 Decree, *n.* བཅད་མཚམས; བཀའ་རྒྱ;

159 Decrepit, *a.* འཕེར་མེད; རྒས་ཁོག; རྒན་ཁོག;

160 Decrepitate, *v.t.* འཚོག་སྐྲ་འབྲིན་པ; དཔེར་ན་ལན་ཚྭ་མེ་ལ་བཏབ་པ་
བཞིན་ནོ;

161 Decrepitude, *n.* རྒས་ཁོབ་པའི་དུས;

162 Decretal, *adj.* ཁྲིམས་ས་ནས་བྱུན་བསྐོར་བཅད་མཚམས་གནང་ཚར་
བའི;

163 Decry, *v.t.* གོ་ཨ་ཆེད་པར་བརྗོད་པ; དམའ་བརྗོད་པ;

164 Dedicate, *v.t.* འབུལ་བ; བསྔོས་པ;

165 Dedication, *n.* བསྔོ་འབུལ; བསྔོ་བ;

166 Dedicatory, *a.* བསྔོས་པའི;

167 Deduce, *v.t.* དེ་ནས་འདྲེན་པ; དེ་ནས་དེ་བྱུང་ཞེས་ཁུངས་འདྲེན་པ;
ལུང་འདྲེན་པ;

168 Deducible, *a.* དེ་ནས་དེ་བྱུང་ཞེས་རྩས་དཔྱོད་དུ་ཡོད་པ;

169 Deduct, *v.t.* དོར་བ ; ཉུང་དུ་གཏང་བ; འཐེན་པ ;

170 Deduction, *n.* དེར་བརྟེན་དེ་ བྱུང་ཞེས་དེ་ སྔ་ནས་བདེན་པ་དངོས་གནས་ཀྱི་ཕྲོག་ནས་མ་འོངས་པའི་འབྱུང་འགྱུར་བདེན་པར་ཆ་དཔག་པ ; དཔེར་ན་སྔར་བསྐལ་པའི་ཕྲོག་མ་ནས་ད་ལྟའི་བར་དབྱར་དགུན་སྟོན་དཔྱིད་རེ་མོས་བྱུང་བ་དངོས་གནས་ཡིན་པས་དུས་མང་དང་ཕྱི་ལོར་ཡང་འབྱུང་ངེས་པ་གཏན་ཁེལ་དུ་འཛིན་པ་བཞིན་ནོ ;

171 Deed, *n.* ལས ; བྱ་བ ;

172 Deem, *v.t.* མནོ་བ ; བསམ་པ ;

173 Deep, *a.* གཏིང་རིང ;

174 Deer, *n.* ཤ་བ ; རི་དྭགས ;

175 Deface, *v.t.* མེད་པ་བཅོ་བ ;

176 Defalcate, *v.t.* ཆད་བཏང་བ; ཆད་བསྐུམ་བཏང་བ ; ཉམ་ཆག; གཏང་བ ;

177 Defalcation. བསྐུམས་ཆད; ཉམ་ཆག;

178 Defamation. དམའ་བརྗོད; དམད་ར; དམའ་བརྗོད;

179 Defame, *v.t.* དམད་ར་བརྗོད་པ; སྐུར་པ་བཏབ་པ;

180 Default, *n.* དགོང་འགལ ;

181 Defeasance, *n.* ཕམ་ཁ; བྱུས་ཤོར; བྱུས་ཉེས;

182 Defeat, *n.* ཕམ་ཁ; *v.t.* ཕམ་བཙུག་པ ; ཕམ་སྐྲད་པ;

183 Defecate, *v t.* དྭང་སྙིགས་ཕྱིས་པ; དྭང་བ ;

184 Defect, *n.* སྐྱོན ;

185 Defective, *a.* སྐྱོན་ཅན;

186 Defence, *n.* བསྲུང་སྐྱོབས; ལྕུགས་རི ; འཐབ་ར;

187 Defenceless, *a.* སྐྱབས་མེད་དཔུང་མེད; མགོན་སྐྱབས་བྲལ་བ ;

188 Defend, *v.t.* བསྲུང་བ; བསྐྱོབས་པ; སྐྱོང་བ;

189 Defendant, *n.* ཟུན་བསྐོར་བརྩོད་གཞིར་ཟུན་ཚ་དེ་ལ་ཟེར;

190 Defender, *n.* བསྲུང་སྐྱོབས་བྱེད་མཁན; བསྲུང་སྐྱོབས་བྱས་མཁན;

191 Defensible, *a.* བསྲུང་ཐུབ་པ;

192 Defensive, *a.* བསྲུང་བའི; འཛིང་རའི; འཐབ་རའི;

193 Defer, *v.t.* ཕར་འཕྱུལ་བྱས་པ; ཡུན་བསྲིང་བ; བརྩི་འཇོག་ཞུས་པ;

194 Deference, *n.* ངོ་བསྲུང་གིས་གདོང་ཁའི་མ; ཁྲིམས་དཔྱད་གཞན་གྱི་འདོད་ལ་གཞོལ་བ;

195 Defiance, *n.* རྒོལ; རྒོལ་བའི་ཚིག; ངར་སྐྱུ;

196 Defiant, *a.* རྒོལ་རྒྱུའི་རྣམ་པའི;

197 Deficiency, *n.* ཆད; མ་གབ་པ;

198 Deficient, *a.* མ་ཚང་བ; ཆད་ཡོད་པ;

199 Deficit, *n.* ཆད;

200 Defile, *v.t.* གཙོག་པ་བྱེད་པ; བསྐོ་བ; འབག་པ;

201 Defilement. གྲིབ;

202 Defineable, *a.* བཟོ་དབྱིབས་དང་ལོ་རྒྱུས་བརྗོད་དུ་ཡོད་པ;

203 Define. བཟོ་དབྱིབས་ཀྱིས་བཤད་པ་རྒྱབ་པ; ཚད་གཞལ་བ;

204 Definite. ངེས་པོ; གཏན་ཏིག; ངེས་གཏན་ཅན;

205 Definiteness, *n.* ངེས་ཏིག;

206 Definitely, *ad.* གཏན་གཏན་ཏིག་ཏིག་བྱེད་དེ;

207 Definition, *n.* བཟོ་དབྱིབས་སོགས་ཀྱི་བཤད་པ;

208 Definitive, *a.* ཚད་གཞལ་བྱེད; གཏན་གཏན;

209 Deflagrate, *v.i.* མེར་བསྲེག་པ; མེར་སྲེར་བ;

210 Deflect, *v.i.* ཁ་ཕྱོགས་བསྒྱུར་བ; ཕར་ཚུར་བསྒྱུར་བ;

211 Deflection, *n.* འགྱུར་ལྡོག; ཁ་ཕྱོགས་བསྒྱུར་བ; སློག་པ;

212 Deflour, *v.t.* མེ་ཏོག་བཅོམ་པ;

213 Deform, *v.t.* མི་སྡུག་པར་བྱེད་པ; བཟོ་མེད་པ་བཅོམ་པ;

214 Defraud. གཡོ་སྒྱུས་འཕྲོག་པ;

215 Defray, *v.t.* ཟས་འགྲོ་གཏང་བ; འགྲོ་སོང་གཏང་བ;

216 Defrayment. འགྲོ་སོང་གཏོང་བྱེད;

217 Deft, *a.* ལག་བཟོ་འཛེམ་པོ; འཛེམ་པོ;

218 Deftly, *adv.* འཛེམ་པོ་བྱེད་དེ;

219 Defunct, *a.* འདས་པོ;

220 Defy, *v.t.* གྲོལ་བ;

221 Degeneracy, *n.* རིགས་ཉམས་པ; རིགས་ཞན་དུ་འགྱུར་བ;

222 Degenerate, *v.i.* ཉམས་དུ་བཙུག་པ; རིཊ་ཞན་པོ; རིཊ་དམའ་རུ་གཏང་བ;

223 Degeneration, *n.* རིཀས་ཉམས་པ; རིཊ་ཉམས་དུ་བཙུག་པ;

224 Degradation. གནས་ལས་འཕབ་པ; དམའ་འབབ;

225 Degrade, *v.t.* དམའ་སར་འཕབ་པ;

226 Degraded, *p.a.* རིགས་དམན་པོར་གྱུར་ཟིན་པ;

227 Degree, *n.* ཐེམ་པ; ཐེམ་རིམ; ས; གོ; གོ་འཕང; ཆྲབས;
ཁད་ཀྱིས་བཞིན་དུ; by degree རིམ་པ;

228 Deification, *n.* ལྷ་གྲལ་དུ་སངའ་གསོལ་བྱེད་པ་ཉིད;

229 Deify, *v.t.* ལྷར་འགྱུར་བ; ལྷ་གྲལ་དུ་བཙུག་པ;

230 Deign, *v.i.* མཛད་པ; གནང་བ;

231 Deism, *n.* དཀོན་མཆོག་ངོ་བོ་གཅིག་ཏུ་འདོད་པའི་གྲུབ་མཐའ;

232 Deist, *n.* དཀོན་མཆོག་ལ་མོས་མཁན;

233 Deity. ལྷ; དཀོན་མཆོག;

234 Deject, *v.t.* སྐྱོ་བ་བསྐྱེད་པ;

235 Dejectedly, *ad.* ཟུམ་པ; མི་དགའ་བ;

236 Dejection, *n.* ཞྲོ་སྐྱོག; Sik. སེམས་ཕམ;

237 Delay, *n.* ཕྱི་བ་ཤོལ; ཤོལ་བ; འགྱང་བ;

238 Delectable, *a.* དགའ་པོ; སྐྱིད་པོ;

239 Delectably, *ad.* སྐྱིད་པོར;

240 Delectation, *n.* དགར་སྐྱིད;

241 Delegate, *n.* སྐུ་ཚབས; *v.t.* མངག་པ;

242 Delegation, *n.* སྐུ་ཚབས་དུ་མངགས་པའི་མི;

243 Delete, *v.t.* སུབས་གནག་པ; སུབ་པ;

244 Deleterious, *a.* གནོད་འགལ་ཅན; སྲོག་ལ་སྐྱོན་པའི;

245 Deliberate, *v.t.* བཀའ་བགྲོ་བ; བགྲོ་བ;

246 Deliberately, *ad.* བསམ་མནོ་ཞིགས་པར་སྐོར་བཞིན་པར;

247 Deliberateness, *n.* བརྟག་ཅིང་བརྟག་པ་ཉིད;

248 Deliberation, *n.* གྲབས; འདུན་མ; འདུན་གྲོས;

249 Delicacy. འཇམ་མཉེན;

250 Delicate, *a.* མཉེན་པོ;

251 Delicious. ཞིམ་པོ;

252 Deliciousness, *n.* ཞིམ་ཁྱད;

253 Delight, *v.t.* དགའ་སྤྲོ་བསྐྱེད་པ; *n.* དགའ་མགུ; དགའ་སྤྲོ;

254 Delighted, *p.a.* དགའ་མོ;

255 Delightful, *a.* དགའ་འཚོར་ཆེ་བ;

256 Delightfully, *ad.* དགར་པོ་སྐྱིད་པོ་བྱེད་དེ;

257 Delightfulness, *n.* དགའ་སྐྱིད;

258 Delineate, *v.t.* རི་མོས་མཚོན་པ;

259 Delineation, *n.* བཀོད་པ; རིས; རི་མོ;

260 Delinquent, *n.* ལས་ལ་མཐུད་ཤོར་བྱེད་མཁན;

261 Delirious, *a.* ཚད་འཚོལ་འཐབ་པ;

262 Delirium, *n.* ཚད་འཚོལ;

263 Deliver, *v.t.* སྒྲོལ་བ; ཐར་བར་བྱེད་པ; སྤྲོད་པ; གཏོད་པ; སྐྱུར་བ;

264 Deliverance, *n.* ཐར་བ; གྲོལ་བ;

265 Deliverer, *n.* སྒྲོལ་བྱེད; ཐར་པར་བཏང་མི; སྐྱབས་མགོན;

266 Dell, *n.* གྲོག་པོ; གྲོག་ཕུག;

267 Delta, *n.* ས་གྲུ་གསུམ;

268 Delude, *v.t.* མགོ་བསྐོར་བ; གཡོ་སྒྱུ་བཏང་བ; བསླུ་བ;

269 Deluge, *n.* ཆུ་ཅོད;

270 Delusion, *n.* མིག་སྒྱུ; སླུ་ཁྲིད; མིག་འཁྲུལ;

271 Delusive. མིག་སྒྱུའི་རྣམ་པ་ཅན; ཀུན་རྫོབ; འཁྲུལ་སྣང་ཅན;

272 Delve, *v.t.* བརྐོ་བ; རྡེམ་གྱིས་བརྐོ་བ;

273 Demagogue, *n.* དམངས་རིགས་ཞོག་པ;

274 Demand, *v.t.* འདོད་པ; ཁྲལ་འགོད་པ;

275 Demarcation, *n.* ས་མཚམས་དབྱེ་བ;

276 Demean, *v.t.* སྤྱོད་པས་སྟོན་པ; བྱ་སྤྱོད་ཀྱིས་སྟོན་པ; བྱེད་སྟངས་ཀྱིས་མཚོན་པ;

277 Demeanour, *n.* སྤྱོད་ལམ; བྱ་སྤྱོད;

278 Demerit. མི་དགེ; སྡིག;

279 Demi, *n.* ཕྱེད་ཀ;

280 Demise. འདས་གྲོང; འཆི་བ;

281 Democracy, *n.* — དམངས་སྡེ ; ཡུལ་ཁམས་སུ་དབང་བསྒྱུར་དམངས་ཀྱི་འཐུས་མིས་བྱས་པ ;

282 Democrat, *n.* — དམངས་སྡེའི་དོན་གཙོ་ཆེར་བྱས་མཁན ;

283 Demolish, *v.t.* — རྩ་བ་ནས་གཞིག་པ ; གཏོར་བ ;

284 Demolition, *n.* — རྩ་གཞིག ;

285 Demon, *n.* — འགོང་པོ ; བགེགས ;

286 Demoniac, *a.* — བགེགས་ལྟ་བུ ;

287 Demonstrable, *a.* — མཚོན་དུ་ཡོད་པ ;

288 Demonstrate, *v.t.* — མཚོན་པ ;

289 Demonstration, *n.* — མཚོན་བྱེད ;

290 Demonstrative, *a.* — མཚོན་པའི ;

291 Demoralization, *n.* — མིག་སྟོས་ངན་པ ; དཔེ་ངན་ཞུགས་པའི་ལས ; བློ་ངན་གྱིས་བསླད ;

292 Demoralize, *v.t.* — བློ་དམན་པས་བསླད་པ ;

293 Demur, *v.i.* — འགག་ཆ་རྒྱབ་པ ; བྱ་བ་ལ་ཐེ་ཚོམ་པ ;

294 Demure, *a.* — སྐྱིམ་ཆུང ; སྐྱིམ་ཆུང་ལྡོག་ཁ་པོ ;

295 Demurrage, *n.* — བགོར་ཆད ; འགྲངས་ཆད ;

296 Den, *n.* — ཚང ; གཅན་གཟན་གྱི་ཚང ;

297 Denationalize, *v.t.* — ཡུལ་གྱི་ཚད་དབང་འཕྲོག་པ ;

298 Deniable, *a.* — མན་ཞེས་བརྗོད་དུ་ཡོད་པ ;

299 Denial, *n.* — མན་ཞེས་བརྗོད་པ ; ཁས་མ་བླངས་རུང་ཚོག་པ ;

300 Denizen, *n.* — གནས་བདག ;

301 Denominate, *v.t.* — མིང་བཏགས་པ ; མཚན་གསོལ་བ ;

302 Denomination, *n.* — ཚོགས་ལུགས ; སྤྱི་རིད ;

303 Denominator, *n.* མིང་འདོགས་བྱེད་པོ་; མཚོན་བྱེད; ཆ་ཤས་ཀྱི་བརྩིས་ཀྱི་སྐབས་སུ་ཡང་གི་སྟེང་འོག་གཉིས་འགོད་པའི་འོག་གི་ཡང་གྲངས་དེ་ཡིན; དཔེར་ན་ ༣/༤ འཁོད་ཡོད་ན་བཞི་རུ་བགོས་པའི་ཆ་གསུམ་ཟེར་བར་གོ་བས་འོག་མ་དེ་ཆ་ཇི་བགོས་དང་སྟེང་མས་དེ་ཐོག་ནས་ཇི་ཡོད་མཚོན;

304 Denote, *v.t.* དོན་མཚོན་པ;

305 Denounce, *v.t.* དམངས་ཁྲོག་ཏུ་སྐྱོན་བརྗོད་པ;

306 Denouncement, *n.* Ditto.

307 Dense, *a.* སྟུག་པོ; འཐུག་པོ;

308 Dental, *a.* སོ་ཡི;

309 Dentifrice, *a.* སོ་དག་བྱེད་ཀྱི་སྨན;

310 Dentist, *n.* སོ་ཡི་ཨེམ་ཆི;

311 Denude, *v.t.* བཤུས་པ; གཞུར་བ; གཞར་བ; {དཔེར་ན་ཤིང་སྡོང་གི་ཁྲོག་ནས་ལོ་མ་གཞར་ནས་སྐྱ་ཧྲང་དེ་བཟོ་བ་བཞིན;}

312 Denunciation, *n.* སྨིགས་མོ;

313 Deny, *v.t.* མན་ཅེས་ཟེར་བ;

314 Density. སྐ་སླ; འཐུག་ཡོད;

315 Depart, *v i.* ཆས་པ; བཞུད་པ; (deviate) འགྱུར་བ;

316 Department, *n.* སྡེ; ཁག;

317 Departmental, *a.* སྡེའི;

318 Departure, *n.* ཆས་པ; བཞུད་པ; འགྲོ་བ;

319 Depend, *v.i.* བློ་བཀལ་བ; བརྟེན་པ; བརྟེན་ནས་འཚོ་བ;

320 Dependence, *n.* བརྟན་བྱ; རག་ལས; རེ་ལྟོས་བཅའ་བ་ཉིད;

321 Dependency, *n.* རེ་ལྟོས; བློས་བཀལ; འཁོར་འབངས; མངའ་འཁོར;

322 Dependent, *a.* བློ་འགེལ་བའི; བརྟེན་ཆས་ཀྱི; བརྟེན་པའི;

323 Depict, *v.t.* ཞིབ་མོར་བཀོད་པ; ཚོན་ལེགས་པར་གཏང་བ;

324 Deplorable, *a.* ཡི་མུག་བསྐྱེད་ནུས་པ; ཡི་མུག་པོ;

325 Deplore, *v.t.* ཡི་མུག་སྐྱེ་བ;

326 Deploy, *v.t* རྐྱ་རྐྱངས་པ; བརྐྱང་བ;

327 Deplume, *v.t.* ཤོག་སྒྲོ་བཀོག་པ;

328 Deponent, *n.* མཐའི་གལ་བཤད་པ; མཐའ་བླངས་དེ་གཏམ་སྨྲ་བ་པོ;

329 Depopulation, *n.* མི་མེད་ལུང་སྟོང་དུ་བཟོས་པ;

330 Deportment, *n.* སྤྱོད་པ; སྤྱོད་འགྲོས;

331 Depose, *v.t.* ཁྲི་ལས་འཕབ་པ; གནས་ནས་དབྱུང་བ;

332 Deposit, *v.t.* བཅོལ་སྤེ་བཞག་པ;

333 Depositary, *n.* མཛོད;

334 Deposition, *n.* གནས་དབྱུང; declaration གཏམ་གྱི་བརྗོད་བྱ;

335 Depot, *n.* མཛོད; གཉེར་ཁང; གཉེར་ཚང;

336 Deprave, *v.t.* ངན་པར་བཟོ་བ; ངན་བསླད་པ;

337 Depravity. ངན་པ་ལང་ཤོར; ངན་པའི་བག་ཆགས;

338 Deprecate, *v.t.* གསོལ་བ་བཏབ; རྐྱེན་ངན་ཟློག་པ; ཟློག་པ;

339 Depreciate, *v.t.* རིང་གོང་ཕབ་པ;

340 Depreciation, *n.* གོང་མར་བཅག;

341 Depredation, *n.* འཕྲོག་བཅོམ;

342 Depress, *v.t.* མནར་མནན་པ;

343 Depression, *n.* ལྡོང་ག; ས་ལ་ལྡེང་ཅགས་པ;

344 **Deprivation**, *n.* འཕྲོག་པ་ཉིད;

345 **Deprive**, *v.t.* འཕྲོག་པ; འཕྲལ་བ;

346 **Depth**, *n.* གཏིང;

347 **Deputation**, *n.* ངོ་ཚབ; ངོ་ཚབ་རྫོངས་བདའ;

348 **Depute**, *v.t.* སྐུ་ཚབ་རྫངས་བ; བཀའ་མངགས་སྡེ་བདང་བ;

349 **Deputy**, *n.* ངོ་ཚབ; སྐུ་ཚབ;

350 **Derange**, *v.t.* དཀྲུག་པ; འཁྲུལ་པ;

351 **Derangement**, *n.* སྨྱོན; འཁྲུལ;

352 **Dereliction**, *n.* སྤངས་པ; བོར་བ; དམ་ཚིག་འདོར་བ;

353 **Deride**, *v.t.* ཧི་ཧི་གོད་པ; ཧི་གོད་རྒྱབ་པ; (Sik.).

354 **Derision**, *n.* ཧི་གོད;

355 **Derivation**, *n.* འབྱུང་ཁུངས; ཚིག་གི་འབྱུང་ཁུངས;

356 **Derivative**, *a.* གཞན་ལས་འབྱུང་བ;

357 **Derive**, *v.t.* འདྲེན་པ; འབྱུང་བ; བྲངས་བ; གཏོན་པ;

358 **Derogate**, *v.t.* ཚད་དབང་བཀུམ་པ; ཆུང་དུ་གཏང་བ;

359 **Derogation**, *n.* ཆུང་དུ་གཏང་རྒྱུ;

360 **Derogatory**, *a.* གནོད་པའི; དམའ་འཕབ་པའི;

361 **Dervish**, *n.* ཀྱུ་སྲུབ་ཡ་མན་གྱི་ནང་ནས་སྐོམ་ཆེན་སྤྲང་ལུས་འཛིན་མི;

362 **Descant**, *n.* འཁྲོལ་པ་རྒྱབ་པ;

363 **Descend**, *v.i.* མར་བབ་པ; ཐུར་དུ་བབ་པ;

364 **Descendant**, *n.* ཚད་པའི་རིགས་བརྒྱུད; བབ་མཁན;

365 **Descent**, *n.* ཐུར;

366 **Describable**, *a.* བཟོ་དབྱིབས་ལོ་རྒྱུས་བརྗོད་དུ་ཡོད་པ;

367 **Describe**, *v.t.* བཟོ་དབྱིབས་བརྗོད་པ;

368 Description, *n.* བཟོ་དབྱིབས་ཀྱི་བཤད་སྒྲ; བཤད་པ;

369 Descriptive, *a.* བཤད་སྒྲའི་རྣམ་པར་གྱུར་བ;

370 Descry, *v.t.* མིག་གི་མཐོང་བ;

371 Desecrate, *v.t.* } ལྷ་ཁང་དམ་ཆོས་རྟེན་ལ་གཙོག་པ་བྱས་པ་དཔེར་ན་
372 Desecration, *n.* } ལྷ་ཁང་སོགས་གཤམ་རང་བཟོས་པ་ལྟ་བུ;

373 Desert, *v.t.* བོར་བ; དཔེར་ན་རང་ཡུལ་བོར་བ་ལྟ་བུ;

374 Desert ཐོབ་ཐང;

375 Deserted, *a.* བོར་ཟིན་པ;

376 Deserter, *n.* བོར་ནས་འགྲོ་མི;

377 Desertion, *n.* བོར་ནས་འགྲོ་བའི་ལས;

378 Deserve, *v.t.* འོས་པ; ཐོབ་འོས་པ;

379 Deservedly, *ad.* འོས་འབབས་སུ་འཆར་བ་བཞིན; བབ་ཆགས་བཞིན;
འོས་བབ་བཞིན;

380 Deserving, *n.* ཐོབ་འོས་པའི;

381 Deservingly, *ad.* ཐོབ་འོས་པ་བཞིན;

382 Desiccant, *n.* སྐམ་པོར་གྱུར་པའི་ནུས་པ་ཅན;

383 Desiccate *v.t.* སྐམ་དུ་བཙུག་པ;

384 Desiderate, *v.t.* མེད་པ་ཚོར་བ; དྲན་ཟུག་སྐྱེས་པ;

385 Desideration, *n.* དྲན་པའི་རྒྱུ;

386 Design, *v.t.* དཔེ་རི་མོར་བཀོད་པ;

387 Designate, *v.t.* མིང་བཀོད་པ;

388 Designation, *n.* གོ་གནས་ཀྱི་མིང; གོ་གནས;

389 Designedly, *ad.* སྔོན་བསམ་རྗེས་དྲན་གྱིས; རྗེས་ཡོང་སྔོན་དྲན་བྱེད་དེ;
ཐབས་གཤོམས་ཏེ;

390 Designing, *p.a.* ཐབས་གཡོ་སྒྱུ་ཅན;

391 Desirable, *a.* འདོད་ལ་བབ་པོ; མཁོ་ཅན; མཁོ་བ;

392 Desirably, *ad.* འདོད་ཁར་བབ་པོ་བྱེད་དེ;

393 Desire, *v.t.* འདོད་པ་བསྐྱེད་པ; ཡིད་སྨོན་བྱེད་པ; སྨོན་པ; འདོད་པ;

394 Desirous, *a.* འདོད་ཅིང;

395 Desist, *v.i.* འཕྲེང་ཆ་བྱས་པ; བྱས་འཕྲོ་བོར་བ;

396 Desk, *n.* ཀྲུ་ཅོག་དཔྱི་ཞལ་ཅན;

397 Desolate, *v.t.* སྟོང་པར་བཟོ་བ; མི་མེད་ལུང་ཐང་དུ་བཟོ་བ;

398 Desolation, *n.* སྟོར་བརླག;

399 Despair, *v.i.* རེ་བ་ཟད་པ; ཡི་མུག་སྐྱེས་པ; སེམས་ཁོ་ཐག་ཆོད་པ;

400 Desparingly, *ad.* ཡི་མུག་སྟེ;

401 Despatch, *v.t.* ལམ་སང་གཏང་བ; གསད་པ;

402 Despatcher, *n.* ཨི་གེ་ཀྲུ་ཀྲུབ་ནས་སྐྱིང་མཁན་དེ་ལ་ཟེར;

403 Desperado, *n.* སྨྱོན་པ་ལྟ་བུའི་ཡ་མེད་ལ་ཟེར;

404 Desperate, *a.* ཡ་མེད;

405 Desperately, *ad.* ཡ་མེད་པའི་སྤྱོད་པ་ལྟར;

406 Desperation, *n.* ཡ་མེད;

407 Despicable, *a.* བརྙས་འོས; སྨད་འོས; ཐབས་སྡུག;

408 Despicably, *ad.* བརྙས་འོས་སུ; སྨད་འོས་སུ;

409 Despise, *v.t.* བརྙས་པ; སྨད་པ;

410 Despite, *n.* མ་བརྩིས་པར; མ་ལྟོས་པར;

411 Despitefully, *ad.* སྙང་རྩུང་དུ་འཛིན་ཅིང;

412 Despoil, *v.t.* ཙ་བརླག་གཏང་བ; བཤུས་པ; གཅེར་བུར་སྟོན་པ;
འཕྲོག་པ;

413 Despond, *v.i.* སྤུ་སྔོང་བ; བློ་ཞུམ་པ;

414 Despondency, *n.* ཡི་མུག;

415 Despot, *n.* རྒྱལ་པོ་དབང་བཙན་ཅན; རྒྱལ་པོ་ཁྲིམས་དང་མི་འཁྲི་བར་སྣང་བ་གང་དྲན་བྱེད་མི;

416 Despotic, *a.* བཙན་ཤུགས་ཅན་གྱི; དབང་ཡོད་ཀྱི;

417 Despotism, *n.* དབང་ཡོད; བཙན་ཤུགས;

418 Dessert, *n.* འོས་སྐལ;

419 Destination, *n.* གཏད་དེ་འགྲོ་བའི་ས; སྣ་གཏད;

420 Destinate, *v.t.* ལས་དབང་གི་བཀོད་པ;

421 Destiny, *n.* ལས་དབང་གི་སྐལ་བ; སྨོ་བ; སྐལ་བ; བསོ་སྡེ; དབང་ཐང;

422 Destitute, *a.* མངོན་མེད; རྟེན་མེད; ཀུན་གྱིས་བོར་བ; ར་མེད་དཔུང་མེད;

423 Destitution, *n.* མངོན་མེད་པ; ར་མེད་དཔུང་མེད;

424 Destroy, *v.t.* ཚར་བཅོད་པ; ཇམ་པ; འགེམ་པ; འཇིག་པ; འཇོམས་པ;

425 Destroyer, *n.* འཇིག་བྱེད; འཇོམ་བྱེད; བརླག་བྱེད;

426 Destructible, *a.* འཇིག་ཏུ་ཡོད་པ; འཇོམ་ནུས;

427 Destruction, *n.* འཇིག་པ་ཉིད; འཇོམ་པ་ཉིད; ཕྱིར་བརླག;

428 Destructive, *a.* འཇིག་པར་བྱེད་པ;

429 Desultoriness, *n.* བློ་ཚབ་ཚུབ་ཉིད;

430 Desultory, *a.* བློ་ཚབ་ཚུབ་མང་པོ; བྱ་བ་མགོ་མཇུག་མི་འགྲོང་པར་བྱེད་མཁན;

431 Desultorily, *ad.* བློ་ཚབ་ཚུབ་བྱེད་དེ;

432 Detach, *v.t.* འཕྲུད་པ; འཕྲལ་བ; ཕྲེན་པ;

433 Detachment. འཕྲལ་བའི་དུམ་བུ; དམག་དཔུང་དུཾ་བུ;

434 Detail, *v.t.* སིལ་ནས་ཉུང་ཉུང་བྲིས་ཚོང་བ;

435 Detailed. ཞིབ་མོར་དབྱེ་བ;

436 Detain, *v.t.* བསྒོར་བ; སྒྲིལ་བ; གཞོལ་བ;

437 Detect, *v.t.* བརྟེད་པ; ཉེས་བྱེད་པ་རྩམ་ཚོད་པ; ཟིན་པ;
(ཟུན་པ; Sik.).

438 Detection, *n.* བརྟེད་པ་ཉིད; བརྟེད་ཚུལ; ཐོབ་ལུགས; ལག་བཟུང;

439 Deter, *n.* འཇིགས་རི་བཀོད་པ; བ་ཞོལ་འདེབ་ཀྱི་འཇིགས་རི་
བཀོད་པ;

440 Deterge, *v.t.* ཕྱིས་བདང་བ; སྦུབ་པ;

441 Deteriorate, *v.t.* ཉམས་སུ་བཏུག་པ;

442 Deterioration. ཉམས་པ; རྒུད་པ;

443 Determinate, *a.* ཐག་ཆོད་པའི; ཚད་གཞལ་ཟིན་པའི;

444 Determination, *n.* བློ་ཐག་ཆོད་པ་ཉིད;

445 Determine, *v.t.* བསྐུལ་བ་ *v.i.* ཐག་གཅོད་པ;

446 Detest, *v.t.* སྡོང་བ;

447 Detestable, *a.* སྡོང་འོས;

448 Detestation, *n.* སྡོང་འོས; སྡོང་པ་ཉིད;

449 Dethrone, *v.t.* ཁྲི་ལས་འཕབ; གནས་དབྱུང་གཏང་བ;

450 Detortion, *n.* དོན་གབ་ལོག་དུ་བརྗོད་པ; དོན་གཡོ་བ; གཙུ་བ;

451 Detract, *v.t.* འཕྲི་བ; ཉུང་དུ་གཏང་བ; ཁ་འཕུར་བ; འཕུ་བ;

452 Detraction, *n.* མིང་བཟང་པའི་མཚན་གྲགས་འཕྲོག་པ;

453 Detractor. འཕུ་མཁན;

454 Detriment, *n.* གནོད་པ;

455 Detrimental, *a.* གནོད་འགལ་དུ་འགྱུར་པའི ;

456 Deuteronomy, *n.* ཡི་ཤུའི་བསྟན་བཅོས་བརྒྱིང་པའི་པོ་ཏི་ལྔ་པ་དེའོ ;

457 Devastate, *v.t.* གཏོར་བཅོམ་བྱེད་པ ;

458 Devastation, *n.* གཏོར་བརླག ;

459 Develop, *v.t.* རྒྱས་པ ; སྨིན་པ ; གྲུབ་པ ; སྨིན་ཅིང་གྲུབ་པ ;

460 Development, *n.* རྒྱས་པ་ཉིད ;

461 Deviate, *v.i.* འཁྱུར་བ ; འགོལ་བ ; འདུན་མ་ལས་ཡོ་བ ;

462 Deviation. འཁྱུར་བ་ཉིད ;

463 Device, *n.* ཐབས ;

464 Devil, *n.* བདུད ; བགེགས ;

465 Devilish, *a.* བདུད་ཀྱི་རྣམ་པ་ཅན ; བདུད་ལྟ་བུ ;

466 Devious, *a.* ལམ་ནོར་བའི ; བསྐོར་ཐག་རིང་པོའི ;

467 Devisable, *a.* དམིགས་པས་སྒྲོམ་སུ་ཡོད་པ ;

468 Devise, *v.t.* དམིགས་པས་བཟོ་བ ; སྒྲོམ་པ ; དགོངས་པ ;

469 Deviser, *n.* སྒྲོམ་པ་པོ ;

470 Devoid, *a.* མ་ལྡན་པ ; མེད་པ ; མ་མཆིས་པ ;

471 Devolve. འགན་བབ་པ ; བཀའ་བབ་པ ; བརྒྱིས་སྤྲོད་པ ;

472 Devote, *v.t.* བསྔོ་བ ;

473 Devoted, *a.* མོས་གུས་ཅན ;

474 Devotee. རྣལ་འབྱོར་པ ; སྒྲུབ་པ་པོ ;

475 Devotion, *n.* གུས་པ ; དད་པ ; བརྩེ་གདུང ; མོས་གུས ;

476 Devotional, *a.* སྒྲུབ་པའི ; གདུང་བའི ; དད་པའི་སྒོ་ནས ;

477 Devour, *v.t.* ཚུར་མིད་གཏོང་བ ; ཧབ་ཧབ་ཟ་བ ;

478 Devout, *a.* མོས་གུས་ཅན ; གུས་པ ; སྐལ་ལྡན ;

479 Devoutly, *ad.* མོས་གུས་ཀྱི་ངང་ནས་; གུས་པར་;

480 Dew, *n.* ཟིལ་པ་;

481 Dewlap, *n.* གླང་གི་ལྐོ་ཤལ་; གླང་གོག་གི་ལྐོས་ཤལ་;

482 Dexterity, *n.* རྩལ་; སྒྱུ་རྩལ་;

483 Dexterous, *a.* སྐྱེམས་པ་; རྩལ་ཆེན་;

484 Diabetes, *n.* དྲི་ཆུ་མང་པོ་བབ་པའི་ནད་གཞི་;

485 Diabolical, *a.* ཕྱུང་འདྲེ་ལྷ་བུའི་;

486 Diadem, *n.* ཅོད་པན་; ནོར་བུའི་ཅོད་པན་;

487 Diagnoses, *v.t.* སྨན་པས་ནད་ཀྱི་རྟོག་ཞིབ་བྱ་བ་;

488 Diagonal, *n.* རི་མོ་གྲུ་བཞིའི་གྲུ་བཅིག་ནས་དེའི་གདོང་ཚུར་ཀྱི་གྲུའི་བར་
སེར་ཁར་ཐིག་འཐེན་པ་དེའོ་; སྐེད་བཅད་; སེག་དྲས་;

489 Diagram, *n.* དཀྱིལ་འཁོར་; རི་མོ་;

490 Dial, *n.* ཆུ་ཚོད་འཁོར་ལོའི་ངོས་དེའོ་;

491 Dialect, *n.* སྐད་ལུགས་;

492 Dialectic, *a.* མཚན་ཉིད་ཀྱི་བརྗོད་པ་; སྐད་ཀྱི་སྐོར་;

493 Dialogue, *n.* སྐད་ཆ་; མི་གཉིས་གསུམ་སྐད་ཆ་གཾ་ལབ་པ་དེ་ཡི་གེར་
བཀོད་པ་;

494 Diameter, *n.* ཟླུམ་བུའི་དཀྱིལ་ཐིག; ཚངས་ཐིག; རི་མོ་སྒོར་སྒོར་ཡོད་
པའི་དཀྱིལ་ཐིག་;

495 Diamond, *n.* རྡོ་རྗེ་ཕ་ལམ་; རྡོ་རྗེ་;

496 Diaphoretic, *n.* ལུས་ཀྱི་རྔུལ་འདོན་བྱེད་;

497 Diaphragm, *n.* བྲང་ཁོག་; མཆིན་རི་;

498 Diarist, *n.* ཉིན་དེབ་བཀོད་མཁན་;

499 Diarrhoea, *n.* སྐྱུང་བཤལ་; འཁྲུ་བ་;

500 Diary, *n.* ཉིན་རེ་བཞིན་གྱི་དེབ་ཐོ;

501 Dice, *n.* ཤོ;

502 Dictate, *v.t.* གཅིག་གིས་ངག་ནས་བརྗོད་བཞིན་གཞན་ལ་བྲིར་
འཇུག་པ;

503 Dictation, *n.* གཅིག་གིས་ཀློག་བཞིན་པ་ཡི་གེར་འབྲི་བ་དེའོ;

504 Dictatorial, *a.* དབང་ཆེ་དོག་ཁ་པོ; གཙན་པོའི་ངག་གིས;
དབང་སྐད་ཀྱིས;

505 Diction, *n.* ཚིག་གི་བརྗོད་སྟངས;

506 Dictionary, *n.* མིང་གི་མཛོད; ཚིག་མཛོད; སྐད་ཀྱི་ཤན་སྦྱར;

507 Dictum, *n.* གསུངས;

508 Didactic, *n.* བསླབ་པའི;

509 Die, *v.i.* འཆི་བ; ཚེ་ལས་འདས་པ; སྣང་བ་ནུབ་པ;

510 Die, *n.* (for coining) དངུལ་པར; སྒོར་མོའི་པར;

511 Diet, *n.* སྤྱོད་ལམ; དཀོར་ཟས; ལྟོ་ཆས; བཟའ་བཏུང;
ནད་པའི་བཟའ་དཔྱད;

512 Differ. ཁྱད་ཞུགས་པ; ཧེ་བག་ཞུགས་པ; འདྲ་མིན;

513 Difference, *n.* ཁྱད; ཁྱད་པར; དབྱེ་བྲག; ཧེ་བག; མི་འདྲ;

514 Different, *a.* མི་ཅིག་པ; ཐ་དད་པ; སོ་སོ;

515 Difficult, *a.* དཀའ་མོ; དཀའ་བོ; ཁག་པོ; དཀའ་ལས;

516 Difficulty, *n.* དཀའ་ལས;

517 Diffidence, *n.* སེམས་ཆུང; ངོ་ཚ; ངོ་ཞན་པ; གདོང་དམའ་བ་ཉིད;

518 Diffident, *a.* སེམས་ཆུང་ཅན; ཐེ་ཚོམ་ཅན;

519 Difformity, *n.* བཟོ་ཉེས; སྐྱོན; ལུས་ཀྱི་ཡན་ལག་ལ་སྐྱོན;

520 Diffuse, *a.* འགྱེད་པ; ཁྱབ་པར་བྱེད་པ; ཁྱབས་སུ་བཅུག་པ;

521 Diffusedness, *n.* ཁྱབས་པ་ཉིད;

522 Dig, *v.t.* བཀོ་བ; བྲུ་བ;

523 Digest, *v.t.* བཞུ་བ; ཞུ་བ; ཟས་ཁོག་པར་བཞུ་བ་ལྟུ;

524 Digest, *n.* ཞུ་བ; ཞུ་བ; ཁྲིམས་རིབ་བཟླ་བདེར་བསྡུས་ནས་ཡོད་པ;

525 Digestible, *a.* བཞུ་རུ་ཐུབ་པ;

526 Digestibility, *n.* བཞུ་བའི་ནུས་པ;

527 Digestion, *n.* བཞུ་སྟོབས; བཞུ་བ;

528 Digit, *n.* སོར་མོའི་ཞེང་ཁ;

529 Dignify, *v.t.* དབུ་ཡང་བསྟོད་པ; གཟི་བརྗིད་བསྐྱེད་པ;

530 Dignitary, *n.* གོ་གནས་ཆེན་པོ; ལས་མཆན; གོ་ས་མཐོན་པོ་འཆང་མི;

531 Dignity, *n.* དབུ་ཡང; གཟི་བརྗིད; གོ་ཡང; གོ་ས; གྲས;

532 Digress, *v.i.* སྐད་ཆའམ་དོན་བརྗོད་འགྲོ་ལས་འཁྱར་བ;

533 Digression, *n.* སྐད་ཆའི་གཞུང་ལས་འཁྱར་བ་ཉིད;

534 Dike, *n.* ལྕགས་རི; རྫིག་པ; ཆུ་རགས; ཆུ་ལོན; རགས;

535 Dike, *v.t.* ཆུ་རར་རྒྱབ་པ; ཆུ་རུད་བཀག་རྒྱུའི་ལྕགས་རི་རྒྱབ་པ;

536 Dilapidate, *adj.* གོག་པོ;

537 Dilapidation, *n.* གོག་པོ་ཉིད;

538 Dilate, *v.t.* ཡར་རྒྱ་བརྒྱངས་པ; གདལ་བ;

539 Dilatoriness. ཕྱི་བཤོལ; འཕར་འགྱང;

540 Dilatory, *a.* ཕྱི་བཤོལ་མཁན; འཕར་འགྱང་མཁན;

541 Dilemma, *n.* གང་བྱ་འདི་བྱ་མ་ངེས་པ་ཉིད;

542 Diligence, *n.* བརྩོན་གྲུས; སྙིང་རུས;

543 Diligent, *a* བརྩོན་གྲུས་ཅན;

544 Diligently, *ad.* བརྩོན་གྲུས་བསྐྱེད་དེ;

545 Dilute, *v.t.* བསླད་པ;

546 Dim, *a.* ཧྲབ་རིབ་; མི་གསལ་བ་;

547 Dimension, *a.* ཚ; རྒྱ; བོང་;

548 Diminish, *v.t* ཆུང་དུ་གཏང་བ་;

549 Diminution, *n.* ཆུང་དུ་གཏོང་ཚུལ་;

550 Diminutive, *a.* ཆུང་དུ་;

551 Dimity, *n.* རས་ཅ་སྣ་གཅིག་;

552 Dimly, *ad.* མི་གསལ་བར་;

553 Dimness, *n.* སྨུན་པ་རབ་རིབ་;

554 Dimple, *n.* (Sik.) འཛུམ་ཀྱོང་; དགའ་འཁྱིལ་;

555 Din, *n.* ཅ་ཅོ་; ཁུར་སྒྲ་; ཀུ་ཅོ་; (ཕས་རས་ Colql.).

556 Dine, *v.i.* ཟས་ཟོས་པ་; ཕྱི་དྲོའི་ཁ་ལག་ཟས་པ་;

557 Ding, *v.i.* བརྡིག་པ་; བརྡུང་བ་; འཕངས་བ་; དཀྲོལ་བ་;

558 Dinginess, *n.* ནག་པོ་; ནག་ཡུགས་;

559 Dingy, *a.* ནག་པོ་; དྲི་མ་ཅན་; ནག་ཁྱིག་གི་;

560 Dining-hall, *n.* ལྟོ་ཚས་ཟ་སའི་ཁང་པ་;

561 Dinner, *n.* དགོང་མོའི་ཚོགས་;

562 Dint, *n.* ཤུགས་; འཕྲུག་སྣ་; ཉུས་པ་;

563 Diocesan, *n.* བླ་ཁག་གི་; དགོར་སྡེ་ཡི་;

564 Diocese, *n.* བླ་མ་གཅིག་གི་འོག་དུ་མཚིས་པའི་སྦྱིན་བདག་;

565 Dip, *v.t.* ཆུ་ལ་འབང་བ་; འཇུག་ཙམ་བྱེད་པ་;
ཆུ་ལ་བྱིང་ཙམ་བྱེད་པ་;

566 Diphthong, *n.* དབྱངས་ཡིག་གཉིས་འབྲེལ་མ་;

567 Diploma, *n.* གཞུང་ཤོག་; བཀའ་རྒྱ་; བཀའ་ཤོག་; ལག་ཁྱེར་;

568 Diplomacy, *n.* (གཡོ་ཐབས) གྲོས་ཉམས་;

569 Diplomatic, *a.* གྲོས་མཁས; གྲོས་ཉམས་ཅན;

570 Dire, *a.* ཡ་ང་པོ; འཇིགས་སུ་རུང་པོ;

571 Direct, *v.t.* བསྐུལ་བ; བཀོད་པ་རྒྱབ་པ;

572 Direct, *a.* ཟང་ཐལ;

573 Direction, *n.* ཕྱོགས; ཁ་ཕྱོགས;

574 Directly, *ad.* ལམ་སང; ཟང་ཐལ་ལེར;

575 Director, *n.* བཀོད་ཁྲབས་གནང་མཁན;

576 Directory, *n.* གཞུང་གི་ལས་སྣེ་དང་འཚོང་ཁང་ཆེ་བའི་མི་དྲག་ཚངས་མའི་སྡོད་གནས་ཀྱི་དེབ་ཆེན;

577 Direful, *a.* ཨ་ང་པོ;

578 Dirge, *n.* མྱ་ངན་གྱི་འབའ་ཛ;

579 Dirk, *n.* གྲི་གར་སོག; སྒྲོ་ཟུར་མ;

580 Dirt, *n.* དྲེག་མ; དྲི་མ; གཙོག་པ;

581 Dirty, *a.* དྲི་མ་ཅན;

582 Disability, *n.* མི་ནུས་པའི་རང་བཞིན; ཐུབ་མེད;

583 Disable, *v.t.* མི་ནུས་པ་བཅོས་པ;

584 Disabuse, *v.t.* བློའི་ནོར་འཁྲུལ་བསྐྱོང་བ; ཡིད་ལུགས་ཇི་བཞིན་སྟོན་པ;

585 Disadvantage, *n.* ཇུས་ཁ་རྒྱག་མེད;

586 Disadvantageous, *a.* ཇུས་མི་རྒྱག་པ;

587 Disaffect, *v.t.* དད་ལོག་བསྐྱེད་པ; དགའ་སྣང་ལོག་དུ་བཅུག་པ;

588 Disaffected, *a.* དད་ལོག་ཅན; དད་ལོག་བསྐྱེད་ཟིན་པ;

589 Disaffection, *n* དད་ལོག;

590 Disagree, *v.t.* མཐོ་མ་མཐུན་པ; བློ་མ་མཐུན་པ; མ་མཐུན་པ;

591 Disagreeable, *a.* མི་མཐུན་པ; མཐུན་མེད; མི་སྡུག་པ;

592 Disagreement, *n.* བློ་མ་མཐུན་པ་ཉིད;

593 Disallow, *v.t.* མ་གནང་བ;

594 Disannul, *v.t.* བརྩིས་མེད་དུ་བཏད་ཀྱིས་གཏང་བ;

595 Disappear, *v.t.* ཡལ་བ; མི་སྣང་བར་འགྱུར་བ;

596 Disappearance, *n.* ཡལ་འགྲོ་བ་ཉིད;

597 Disappoint, *v.t.* རེ་བ་སྟོང་ལོག་གཏང་བ;

598 Disappointment, *n.* རེ་བ་སྟོང་ལོག;

599 Disapprobation, *n.* མི་གནང་བ་ཉིད; བློ་ན་བབ་མིན; དགོང་པར་ལྷན་མིན;

600 Disapproval, *n.* ཀླན་ཀ་འདོགས་པ་ཉིད; མི་གནང་བ་ཉིད;

601 Disapprove, *v.t.* བློ་ལ་མ་བབ་པ; འདོར་བ; མི་གནང་བ;

602 Disapprovingly, *ad.* བློ་ལ་མ་བབ་བཞིན་དུ;

603 Disarm, *v.t.* མཚོན་ཆ་འཕྲོག་པ;

604 Disarrange, *v.t.* དཀྲུག་པ;

605 Disaster, *n.* བྱུས་ཉེས;

606 Disastrous, *a.* ཉེན་ཅན; བྱུས་ཉེས་ཅན;

607 Disavow, *v.t.* ཁྲུས་མེད་ཅེས་སྨྲ་བ; ཁྲུས་མེད་ཟེར་བ;

608 Disavowal, *n.* ཆ་ཁྲུས་མེད་ལུགས་བརྗོད་པ་ཉིད;

609 Disband, *v.t.* དམག་རུ་གཤིག་པ;

610 Disbelief, *n.* ལོག་ལྟ; དད་ལོག; ཡིད་མི་ཆེས; ཡིད་གཉིས; སོམ་ཉི;

611 Disbelieve, *v.t.* ལོག་ལྟ་སྐྱེ་བ; ལྟ་ལོག་འཆང་བ;

612 Disburden, *v.t.* དོ་བུ་ཕུད་པ;

613 Disburse, *v.t.* བགོ་གཤའ་རྒྱབ་པ;

614 Disbursement. བགོ་གཤའ; ཕོགས་རྒྱབ་པ;

615 Disc, *n.* ལི་འམ་གང་རུང་གི་མེ་ལོང་སྒོར་སྒོར; ལེབ་ལེབ་སྒོར;

616 Discard, *v.t.* ཐོར་བ; དབྱུང་བ;

617 Discern, *v.t.* མངོན་པ; ཞིབ་མོར་བརྟག་པ;

618 Discerner, *n.* ཞིབ་མོར་བརྟག་མཁན;

619 Discernible, *a.* ཞིབ་མོར་བརྟག་ཏུ་ཡོད་པ;

620 Discernment, *n.* དབྱེ་ཞིབ;

621 Discharge, *v.t.* རྒྱབ་པ; འཕེན་པ; འཕང་པ;

622 Disciple, *v.t.* བསླབ་པ;

623 Disciple. བསློབ་མ; དངོས་སློབ;

624 Discipline, *v.t.* བསླབ་བྱ་ཁྲིམས་སུ་བཙུག་པ; འདུལ་བ; བཏུལ་བ;

625 Disclaim, *v.t.* ཁྲོས་བཏང་བ;

626 Disclose, *v.t.* ཁ་དབྱེ་ནས་བསྟོན་པ;

627 Discolour, *v.t.* མདོག་ངན་པོར་འགྱུར་བ; བར་དུ་གཅོད་པ;

628 Discomfit, *v.t.* ཕམ་པར་བྱེད་པ;

629 Discomfiture, *n.* ཕམ; འཕེགས; ཕེགས;

630 Discomfort, *n.* མ་བདེ་བ; མི་བདེ;

631 Discompose, *v.t.* རྩལ་བ; དཀྲུག་པ; འཁྲོམས་རྒྱབ་པ;
འཚུས་བྱས་གཞིག་པ;

632 Disconcert, *v.t.* གེགས་བཀྲལ་བ; ཕམ་པ;

633 Disconnection, *n.* འབྲེལ་ཆ་རྒྱུན་བཅད་པ; འཕྲལ་བ; རྒྱུན་བཅད་པ;

634 Disconsolate, *a.* ཁོ་ཐག་ཆོད་ཅིང་ཡོད་པ;

635 Discontent, *n.* ཆོག་ཤེས་མེད་པ;

636 Discontinuance, *n.* རྒྱུན་ཆོད; རྒྱུན་བཅད་པ; འཕྲོ་ཆོད;

637 Discontinuation, *n.* རྒྱུན་ཆག་པ་ཉིད;

638 Discontinue, *v.t.* བྱེད་འཕྲོར་བཅད་པ;

639 Discord, *n.* སྒྲ་མི་མཐུན་པ;

640 Discount, *n.* འབའ་ཊ; (a Hindi word); སློག་སློག་གི་ཛབ; འཛབ;

641 Discountenance, *v.t.* ངོ་འབབ་པ; ངོ་བཙག་པ; ངོ་ཚ་ཕྱེ་བ; ངོ་གཙུ་བ;

642 Discourage, *v.t.* ངོ་འབབ་པ; སྙིང་ཞུམ་བསྐྱེད་པ; སྤོབས་པ་བཅོམ་པ;

643 Discouragement, *n.* བློ་སྤོབས་དམད་པ་ཉིད; སྙིང་ཞུམ་བསྐྱེད་བྱེད;

644 Discourse, *n.* འགྲོ་གླིངས; བཤད་པ;

645 Discover, *v.t.* སྔར་མ་མཐོང་བ་ཞིག་མཐོང་བ;

646 Discovery, *n.* གསར་བརྙེད;

647 Discredit, *v.t.* བདེན་པ་མ་བཅའ་བ; ཡིད་མ་ཆེས་པ;

648 Discreditable, *a.* ཡིད་མི་ཆེས་པ;

649 Discreet, *a.* མཁས་པོ; སྤྲུང་པོ;

650 Discreetly, *ad.* གཙང་པོ་བྱེད་དེ;

651 Discretion, *n.* བློ་རིག; མཁས་གཙང;

652 Discriminate, *v.t.* དབྱེ་བ་ཕྱེ་བ;

653 Discrimination, *n.* དབྱེ་དབྱོད;

654 Discuss, *v.t.* བརྗོད་པ་རྒྱབ་པ;

655 Discussion, *n.* བརྗོད; (ཤགས་ཁ་ Sik. or ཁ་ཤགས);

656 Disdain, *v.t.* མི་སྤྲས་སྨས་པ; མི་འོས་བསམ་པ; མགྲན་ཡར་མི་རུང་སྙོམ་པ; སྣང་ཆུང་བྱེད་པ; སྣང་མེད་དུ་འཛིན་པ;

657 Disease, *n.* ནད;

658 Disembark, *v.t.* གྲུ་ཐོག་ནས་ཕབ་པ;

659 Disembarkation, *n.* བབ་པ་ཉིད; གྲུ་ཐོག་ནས་བབ་པ་ཉིད;

660 Disembowel, *v.t.* ཁོག་པའི་ནང་ནས་འདོན་པ;

661 Disengage, *v.t.* བཀྲོལ་བ;

662 **Disengaged**, *a.* བཀྲོལ་བ; དལ་བ; ཁོམས་པ;

663 **Disestablish**, *v.t.* སྔར་འཛུགས་པའི་སྲོལ་གཞིག་པ;

664 **Disentangle**, *v.t.* དཀྲིགས་པ་དཀྲོལ་བ; དཀྲོལ་བ;

665 **Disfavour**, *n.* དགོང་ཐོག;

666 **Disfigure**, *v.t.* བཟོ་མེད་གཏང་བ; མེད་པ་བཟོ་བ;

667 **Disfigurement**, *n.* བཟོ་བརླག་པ་ཉིད;

668 **Disgorge**, *v.t.* ཡར་སྐྱུག་ཏུ་བཙུག་པ;

669 **Disgrace**, *n.* ཀང་འདྲེན; (ཞབས་འདྲེན; Hon.).

670 **Disguise**, *v.t.* ཆས་བརྫུ་བྱས་པ; འབག;

671 **Disgust**, *n.* ཞེན་ལོག; སྐྱོ་ཤས; ཁྲེལ; རྣམ་རྟོག;

672 **Dish**, *n.* སྡེར་མ;

673 **Dishearten**, *v.t.* སྙིང་ཆུང་དུ་བཙུག་པ; སྐྱོ་རུ་བཙུག་པ;

674 **Dishevel**, *v.t.* སྐྲ་སྒྲོལ་བ; སྐྲ་བཀྲོལ་བ;

675 **Dishonest**, *a.* མ་དྲང་བ; རྒྱུ་གཞིས་ཀྱོག་པོ; གྱ་གྱུ་ཅན;

676 **Dishonestly**, *ad.* མི་དྲང་བར;

677 **Dishonesty**, *n.* རྒྱུ་མི་དྲང་བ་ཉིད;

678 **Dishonour**, *v.t.* འཕྱར་ཁ; འཕྱར་སྐྱོ་གཏང་བ; འཕྱ་བ;

679 **Dishonourable**, *n.* འཕྱར་སྐྱོ་ཅན; བཟང་པའི་ཚུལ་དང་མི་ལྡན་པའི;

680 **Disincline**, *v.t.* ངང་ལོག་པ; བློ་ལོག་ཏུ་བཙུག་པ;

681 **Disingenuous**, *a.* འཁྲུ་ཁྲིག་ཅན; ཁ་སང་སྙིང་སངས་མིན་པ;

682 **Disinherit**, *v.t.* བུ་གྲལ་ནས་ཕུད་དེ་ཕ་གཞིས་མ་ཐོབ་པ་བཟོ་བ;
བུ་སླ་ནས་ཕུད་པ; བུ་གྲལ་ནས་གཏོན་པ;

683 **Disinterested**, *a.* ཐོབ་ཤོར་མེད་པ; ཁྲེ་གུས་མེད་པ;

684 **Disinterestedly**, *ad.* ཁྲེ་གུས་མེད་པའི་བློ་ཡིས;

685 Disinterestedness, *n.* ཉེ་རིང་མེད་པ་ཉིད; རང་འདོད་ཀྱིས་མ་བསླད་པ;

686 Disjoin, *v.t.* མཐུད་མཚམས་ནས་དཀྲོལ་བ;

687 Disjoint, *v.t.* མཐུད་མཚམས་ཁྲོལ་བ་ཉིད;

688 Disjointed, *a.* མཐུད་མཚམས་ནས་ཁྲོལ་ཡོད་པ; ཚིགས་གྲོལ་ནས་ཡོད་པ;

689 Disjunction, *n.* ཁ་ཁག; ཁན་མི་སྦྲིག་པ་ཉིད; སོ་སོ; ཐ་དད; སོ་སོར་དབྱེ་བ་ཉིད; ཁ་གྱེས་པ་ཉིད;

690 Disjunctive, *a.* སོ་སོར་དབྱེ་བའི; འབྱེད་པའི;

691 Disjunctively, *ad.* སོ་སོར་དབྱེ་བའི་རྣམ་པས;

692 Disk, *n.* དཀྱིལ་འཁོར; སྒོར;

693 Dislike, *n.* ཉངས་མ་དཀར་བ; དགའ་ཚོར་མེད་པ; མི་དགའ་བ; མི་དགའ;

694 Dislocate, *v.t.* ཚིགས་ཐུད་པ;

695 Dislocation, *n.* ཁྲོལ་བ་ཉིད; ཚིགས་ཐུད་པ; གནས་ནས་ཐུད་པ;

696 Dislodge, *v.t.* གནས་ནས་ཕྱིར་བསྐྲད་པ;

697 Dislodgment, *n.* གནས་ནས་ཕྱིར་བསྐྲད་པ་ཉིད;

698 Disloyal, *a.* དམ་ཚིག་མེད་པ; དད་གུས་མེད་པ; དཾ་ཉམས;

699 Disloyally, *ad.* དམ་ཚིག་མི་ལྡན་པར;

700 Disloyalty, *n.* དམ་ཉམས་པ་ཉིད; དམ་ཉམས;

701 Dismal, *a.* ཡི་མུག་པོ; ངམ་གནག་པོ;

702 Dismantle, *v.t.* གཞིག་པ; གཏོར་བ; རྩ་ནས་གཞིག་པ;

703 Dismask, *v.t.* འབག་ཤུས་རྒྱབ་པ; འབག་བཤུས་པ;

704 Dismast, *v.t.* གྲུ་ཟིང་གི་དར་ཤིང་འགྱེལ་བ;

705 Dismay, *v.t.* ཧེན་སྟོར་བ; ཧེན་ཐོར་བ; ཞུ་པ་པ; དངངས་སྐྲག;

706 Dismember, *v.t.* ལྷུ་རུམ་བསིལ་བ; ཡན་ལག་འཕྲལ་བ;

707 Dismemberment, *n.* ཡན་ལག་བཅད་པའི་ལས;

708 Dismiss, *v.t.* བཀའ་འགྲོལ་བ; གནས་ནས་དབྱུང་བ; གོ་ས་ལས་འབིག་པ;

709 Dismissal, *n.* གནས་དབྱུང;

710 Dismount, *v.t.* རྟ་ལས་བབ་པ;

711 Disobedience, *n.* བཀའ་ལ་མ་བརྩིས་པའི་རྣམ་པ;

712 Disobedient, *a.* བཀའ་ལ་མ་བརྩིས་མཁན;

713 Disobediently, *ad.* བཀའ་ལ་མ་བརྩིས་པར;

714 Disobey, *v.t.* བཀའ་ལ་མ་བརྩིས་པ;

715 Disorder, *n.* ཛ་རེ་ཛོ་རེ; ཟ་རེ་ཟི་རེ;

716 Disorderly, *ad.* འཁྲུགས་འཁྲུགས་པ; འཁྲུལ་འཁྲུལ; ཞ་རེ་ཞུ་རེ; ཟ་ངེ་ཟིར་ངེ;

717 Disorganize, *v.t.* སྒྲི་ག་ཤིག་པ; འགྲིགས་ག་ཤིག་པ;

718 Disown, *v.t.* བདག་ཏུ་མི་བཟུང་བ; བོར་བ; གཏོང་བ;

719 Disparage, *v.t.* དམའ་བ་དང་སྨྲན་ཏེ་དམའ་ཕབ་པ;

720 Disparagement, *n.* དམའ་ཕབ; སྣང་ཆུང་དུ་བརྩི་བ;

721 Disparity, *n.* བརྟགས་མ་མཐུན་པ;

722 Dispassionate, *a.* བློ་ཆགས་སྡང་དང་བྲལ་བ;

723 Dispatch, *v.t.* གཏོང་བ; རྫོང་བ; མངག་པ;

724 Dispel, *v.t.* སེལ་བ; ཟློག་པ;

725 Dispensable, *a.* འབྲིམ་དུ་ཡོད་པ; མེད་ཀྱང་ཆོག་པ;

726 Dispensary, *n.* སྨན་བགོ་བཤའ་རྒྱབ་ས; སྨན་ཁང;

727 Dispensation, *n.* བགོ་བཤའ་རྒྱབ་སྟངས; དཀོ་གི་སྤྲུད་ཛེ;

728 Dispense, *v.i.* འབྲིམ་པ; བགོ་བཤའ་རྒྱབ་པ; ཀུན་ལ་ཁྱབས་པར་བྱེད་པའི་ཐབས;

729 Dispenser, *n.* བགོ་མཁན;

730 Dispense, *v.t.* འགྱེ་བ; འགྱེད; འཚོར་བ; འབྱེར་བ; གཏོར་བ;

731 Dispersion, *n.* ཁ་འགྱེར་བ; ཁ་འཐོར་བ་ཉིད;

732 Dispirit, *v.t.* སྙིང་ཆུང་ཆུང་འགྱུར་དུ་བཅུག་པ; ཀླད་བཅོམ་པ;

733 Displace, *v.t.* བསྐྱོད་གནས་ནས་བཀྲད་པ་འམ་བཤུད་པ;

734 Display, *v.t.* ངོམ་པ; འགྲེམ་པ; གཙལ་བ;

735 Displease, *v.t.* དགོང་འགལ་ཞུས་པ; དགོང་པ་འགལ་བ; སེམས་
མི་དགའ་བ་བྱེད་པ;

736 Displeasing, *a.* སེམས་མི་དགའ་བའི་རྣམ་པ་ཅན;

737 Displeasure, *n.* དགོང་འགལ; དགོང་ཁྲེལ; དགོང་ཚོམ; དབྱིང་ཚོམ;

738 Disposal, *n.* སྟེར་བྱིན; སྤྲེལ་བསྐྱུར; གཏང་བཞག;

739 Dispose, *v.t.* སྟེར་བྱིན་འཚོང་འགྱུར་སོགས་བྱས་པ;

740 Disposed, *a.* བློ་ཁ་ཕྱོགས་པ; བློ་སྣ་ཕྱོགས་ནས་ཡོད་པ;

741 Disposition, *n.* རྒྱུད; ངང; ངང་རྒྱུད; གཤིས; རྒྱུ; འཁྲིག་སྟངས;
རང་གི་ནོར་བཀྲམ་སྟངས; བློ་ཁ་དད་པའི་འགྲོ་ཕྱོགས;

742 Dispossess, *v.t.* དབང་ཆ་བདག་བཟུང་འཕྲོག་པ;

743 Dispossession, *n.* དབང་ཆ་ཤོར་བ་ཉིད;

744 Disproof, *n.* ཁྲངས་མ་དག་པར་ར་སྤྲད་པ་ཉིད; དག་སྐྱེལ་མ་དག་པ;
ཁྲང་མི་བཙུན་པའི་དག་སྐྱེལ;

745 Disproportion, *n.* ཆ་མ་སྙོམ་པ; ལུས་དང་ཡན་ལག་མ་སྙོམ་པ;

746 Disproportional, *a.* ཚ་མ་སྙོམས་པའི;

747 Disproportionately, *ad.* ཆ་མཐུན་མིན་དུ;

748 Disproval, *n.* བརྟན་ཕྱུག་འདོན་པ;

749 Disprove, *v.t.* བརྟན་དུ་ར་སྤྲོད་པ; བརྟན་ཡིན་པར་ར་སྤྲོད་པ;
རྟན་ངེས་སྤྲོད་པ;

750 Disputable, *a.* བརྩོད་དུ་ཡོད་པ; བརྩོད་པ་ཡོད་པའི;

751 **Disputant,** *n.* བརྩོད་པ་པོ; ཁམ་མཆུ་མཁན; འཛིང་མོ་བ; འཐབ་མཁན;

752 **Disputation,** *n.* བརྩོད་པ; འཛིང་ཁ; འཐབ་མོ; ཁ་བརྩོད;

753 **Dispute,** *v.i.* བརྩོད་པ་རྒྱབ་པ; ལབ་གླེང; གླེང་མོ;

754 **Disqualification,** *n.* ལས་སུ་མི་རུང་བ་བྱེད་པ་ཉིད; ལས་སུ་མ་རུང་བ་ཉིད; རུང་མིན;

755 **Disqualify,** *v.t.* ལས་སུ་རུང་བའི་ཡོན་ཏན་མ་ཚང་བ; གྲལ་མ་ཚུད་པ་བཟོ་པ; (Sik. གྲལ་མི་ཤོས་པ་བཟོ་བ);

756 **Disquiet,** *v.t.* བདེ་ཐུ་མ་བཙུག་པ; དཀྲོག་པ;

757 **Disquietude,** *n.* ཚུབ; འུར; ཙ་ཙོ; བློ་སྡོད་མེད་པ; བྲེལ་བ;

758 **Disquisition,** *n.* ཞིབ་དཔྱད; དཔྱད་པ་ཞིབ་མོ;

759 **Disregard,** *v.t.* མ་བརྩིས་པ;

760 **Disrelish,** *n.* ཞེན་ལོག; ཁམ་ལོག; (Sik.) ཁམ་ལོག;

761 **Disreputable,** *a.* འཕྱུར་ཁ་དང་ལྡན་པ; མི་ཁ་ཅན;

762 **Disreputably,** *ad.* མི་ཁ་ཡོག་ཉན་ཁ་པོ་བྱེད་དེ;

763 **Disrespect,** *n.* ཞེ་ས་མེད་པའི་རྣམ་པ;

764 **Disrespectful,** *a.* ཞེ་ས་མེད་པ; མི་གུས་པ;

765 **Disruption,** *n.* འགད་ཅིང་འཕྲོར་བ་ཉིད;

766 **Dissatisfaction,** *n.* ཡིད་མ་རང་པ་ཉིད;

767 **Dissect,** *v.t.* ཡན་ལག་དུམ་བུར་གསིལ་བ; འབྲེད་པ;

768 **Dissection,** *n.* རོ་དྲུའི་སྐབས་སུ་ཐོག་མར་ལྷུ་དུམ་གསིལ་དེ་ནས་ཤ་ལྤགས་རྩ་རྒྱུས་རོགས་འབྲལ་བ་དེ་དོ;

769 **Disseize,** *v.t.* དབང་ཡོད་ཀྱིས་ས་ཆ་འཕྲོག་པ;

770 **Dissemble,** *v.t.* བརྫུ་བ;

771 **Dissembler,** *n.* བརྫུ་མཁན;

772 **Disseminate,** *v.t.* ས་བོན་འཐོར་ཞིང་འདེབས་པ;

773 Dissemination, *n.* ས་བོན་འདེབས་པ་ཉིད;

774 Dissension, *n.* དབྱེན་པ; འཁོན; ནང་སེལ; སེལ;

775 Dissent, *v.t.* བློ་མ་མཐུན་པ; མནོ་མ་མཐུན་པ; འགྲིག་མིན;

776 Dissenter, *n.* བློ་མ་མཐུན་མཁན;

777 Dissertation, *n.* བརྗོད་ཡིག; བརྗོད་པའི་བསྟན་བཅོས;

778 Dissever, *v.t.* འཕྲལ་བ; འབྲེལ་ཐག་བཅད་པ;

779 Dissimilar, *a.* མི་འདྲ་བ; མི་ཅིག་པ;

780 Dissimilarity, *n.* ཁྱད་པར; འདྲ་མིན་གྱི་ཚུལ; མི་འདྲ་བ་ཉིད;

781 Dissimulation, *n.* བརྫུས་པ;

782 Dissipate, *v.t.* གཏོར་བ;

783 Dissipation, *n.* གཏོར་བརླག;

784 Dissolute, *a.* འཆལ་པོ; འཆོལ་པོ; འཆལ་པ;

785 Dissolution, *n.* ཚོགས་གྱེས་པ; (Sik.) ཚོགས་གྲོལ་བ་ཉིད;

786 Dissolvable, *a.* བཞུ་རུ་ཡོད་པ;

787 Dissolve, *v.t.* བཞུ་བ;

788 Dissolvent, *a.* བཞུ་བྱེད་ཀྱི་ནུས་པ་ཅན;

789 Dissonance, *n.* གདངས་མ་མཐུན་བ; གདངས་དབྱངས་མི་སྙན་པ;

790 Dissonant, *a.* གདངས་དབྱངས་མི་མཐུན་པའི;

791 Dissuade, *v.t.* གཞོལ་འདེབས་པ; མ་བྱེད་རོགས་ཅེས་ཟེར་བ;

792 Dissyllable, *n.* མིང་ཚིག་གཅིག་ལ་མིང་གི་ཆ་གཉིས་ལྡན; དཔེར་ན་རྣམ་རྟོག་དམ་ཚིག; བྱ་བ་བཞིན; སྒྲ་གཉིས་ལྡན་གྱི་མིང;

793 Distaff, *n.* {ཁུར་བཙང; (Sik.)} སྐུད་པ་བཀལ་དུས་དཀྲིས་དེའོ; (ཡོ་ག; Colql.).

794 Distance, *n.* ཐག་ཉེ་རིང;

795 Distemper, *n.* མི་བདེ་བ; ན་ཚ;

796 Distend, *v.t.* ཀྱོང་བ; བརྒྱང་བ; རྒྱ་བརྒྱང་བ; བསྐྱོང་བ;

797 Distention, *n.* ཀྱོང་བའི་ལས་དེ་ཀ; རྒྱང; རྐྱོང; སྐྱོང;

798 Distich, *n.* ཡིག་གྲལ་གཉིས་བྱས་པའི་ཚིགས་བཅད;
ཤློ་ཀ་ཚིག་གཉིས་མ;

799 Distil, *v.i.* ཨ་རག་འཚག་པ;

800 Distillation, *n.* ཨ་རག་འཙག་པའི་ལས་ཀ་ཉིད;

801 Distiller. ཨ་རག་འདོན་མཁན;

802 Distillery, *n.* ཨར་ཁང; ཨ་རག་འདོན་ས;

803 Distinct, *adj.* ཁྲོལ་པོ; གསལ་པོ; ཁག་ཁག; སོ་སོ;

804 Distinction, *n.* ཁྱད; དབྱེ་བ;

805 Distinctly, *ad.* གསལ་པོར; དོད་པོར; ཁྲོལ་པོར;

806 Distinctness, *n.* གསལ་པོ་ཉིད; དོད་པོ་ཉིད;

807 Distinguish, *v.t.* སོ་སོར་དབྱེ་བ; སོ་སོར་རྟོག་པ;

808 Distinguishable, *a.* དབྱེ་རུ་ཡོད་པ;

809 Distinguished, *a.* འཕགས་པ; ཁྱད་པར་ཅན; ཁྱད་འཕགས;

810 Distort, *v.t.* གཟི་ཅས་གཙུས་རྒྱབ་པ; གཡོ་བ; དོན་གཡོ་བ;

811 Distortion, *n.* གཡོ་བཙུས; ཡོ་འཁྱོག; དོན་གོ་ལོག;

812 Distract, *v.t.* གཡེང་བ; སེམས་གཡེང་བ;

813 Distraction, *n.* རྣམ་གཡེངས;

814 Distrain, *v.t.* བུན་གྱི་ཚེད་དུ་ཅ་ལག་སྣོ་ཁྲིལ་རྒྱབ་པ;

815 Distress, *n.* སྡུག་བསྔལ;

816 Distressed, *a.* སྡུག་བསྔལ་གྱིས་མནར་བའི;

817 Distribute, *v.t.* ཁྱབས་པར་བཀྲམ་པ; བགོ་བ; འགྲིམ་པ; འགྱེད་པ;

818 Distribution, *n.* ཁྱབས;

819 Distributive, *a.* ཁྱབས་པར་བྱེད་པའི; སྤྱི་ལ་ཁྱབས་པའི;

820 District, *n.* རྫོང་གཞིས; ཡུལ་ཁག; ཡུལ་སྡེ;

821 Distrust, *v.t.* བློ་མ་གཏད་པ; ཐེ་ཚོམ;

822 Disturb, *v.t.* དཀྲུག་པ; བར་དུ་བཅོད་པ; གཡེང་བ;

823 Disturbance, *n.* འཁྲུག་པ; འཁྲུག་ཟིང;

824 Disunion, *n.* ཁན་ལར་རྒྱ་མེད་པ་ཉིད; བློ་མ་མཐུན; བློ་ཐ་དད;

825 Disunite, *v.t.* འཕྲལ་བ; འབྲེལ་ཐག་བཅད་པ;

826 Disuse, *n.* ལས་སུ་མ་བསྐུལ་བ་ཉིད;

827 Disuse, *v.t.* ལས་སུ་མ་བསྐུལ་བར་བཞག་པ;

828 Ditch, *n.* ཆུ་འོབས; ཡུར་བ; ཡུར་དོང;

829 Ditto. གོང་གསལ; གོང་འཁོད་བཞིན;

830 Ditty. གླུ་བརྩོམས;

831 Diurnal, *a.* ཉིན་རེ་བཞིན་གྱི;

832 Dive. *v.i.* ཆུ་ལ་འཛུལ་བ; (Sik.) གཏིང་སྣུག་རྒྱབ་པ;

833 Diver, *n.* གཏིང་སྣུག་རྒྱབ་མཁན;

834 Diverge, *v.i.* ཁ་ཕྱོགས་འཁྱོག་པ; འཁྱུར་བ; འགྱུར་བ; རྩེ་བ; ལྡོག་པ;

835 Divergence, *n.* ཁ་ཕྱོགས་འགྱུར་བའི་བར་གྱི་ཁྱད་པར;

836 Diverses, *a.* སྣ་ཚོགས; ཐ་དད; མི་འདྲ་བ;

837 Diversely, *ad.* ཐ་དད་དུ;

838 Diversify, *v.t.* སྣ་ཚོག་སུ་སྤྲོས་པ;

839 Diversion, *n.* ཁམས་སང་བའི་ལས; སྐྱ་བརྩེད; བརྩེ་མོ; གཡེང་བ;

840 Diversity, *n.* རྣམ་པ་སྣ་ཚོགས;

841 Divert, *v.t.* ཁ་ཕྱོགས་བསྒྱུར་བ; གཡེང་བ; བློ་འགྱུར་དུ་བཅུག་པ;

842 Divest, *v.t.* ཆད་དབང་དང་རྒྱུ་ནོར་གང་ཡོད་པར་འཕྲོག་པ;

843 Divide, *v.t.* བགོ་བཤའ་རྒྱབས; བགོ་བ;

844 Dividend, *n.* བགོ་བཤའི་ཐོབ་སྐལ;

845 Divination, *n.* མོ; ཕྲ; ཕྲ་མོ; ཤོ་མོ; ཕབ་མོ་ལྷའི་མོའི་དགག་པ་
སྔ་ཆོད་ལ་ཟེར;

846 Divine, *a.* འཕགས་པའི;

847 Divine, *v.t.* མོ་བཏབ་པ;

848 Divinely, *ad.* ཡེ་ཤེས་པའི; ཁྱད་པར་དུ་འཕགས་པར;

849 Diving-bell, *n.* ཆུ་ལ་ཞུགས་རྒྱུའི་ཁྲིལ་སྣམ;

850 Divinity, *n.* ལྷ; ཡེ་ཤེས་པ;

851 Division, *n.* བགོ་བཤའ;

852 Divisional, *n.* བགོ་གཤའི;

853 Divorce, *n.* གཉེན་ཡ་བྲལ;

854 Divulge, *v.t.* གསང་གཏམ་སྒྲོག་པ;

855 Dizziness, *n.* མགོ་ཡུ་འཁོར་བའི་ནད;

856 Dizzy, *a.* མགོ་ཡུང་འཁོར་བ; མགོ་ཡུ་འཁོར་འཁོར;

857 Do, *v.t.* བྱས་པ;

858 Docile, *a.* བཀོལ་ལྷུག་མཉན་པོ;

859 Docility, *n.* བཀོལ་ལྷུག་མཉན་པོ་ཉིད; རྒྱུད་མཉན་ཡུང;

860 Dock, *v.t.* རྗེ་གཡམ་པ; བཅད་པ;

861 Dock, *n.* ཀྱུ་རིང་ཤུག་མའི་ཀ་ཆོ་སྐོར; (the plant ཕྱོ་ཞིག་
གི་མིང;)

862 Docket, *n.* ཡི་གེའི་དོན་བསྡུས་ཟིན་བྲིས;

863 Doctor, *n.* ཨེམ་ཆི;

864 Doctrinal, *a.* ཆོས་ཀྱི; གྲུབ་ཐའི་སྐོར;

865 Doctrinally, *ad.* ཆོས་ལུགས་ལྟར་ན; གྲུབ་ཐ་ལས;

866 Doctrine, *n.* ཆོས་ལུགས; གྲུབ་ཐ;

867 Document, *n.* ཡི་གེ; དེབ;

868 Documentary, *a.* དེབ་ཐེར་གྱི; དེབ་ཐོའི; ཡིག་དེབ་ཀྱི;

869 Dodge, *v.t.* ཕན་ཚུན་འཁྱོག་པ;

870 Doe, *n.* ཤ་མོ; རི་དྭགས་ཤ་བའི་མོ;

871 Doff. བཤུ་བ; ཕུད་པ;

872 Dog, *n.* ཁྱི; (*v.t.*) ཁྱི་བཞིན་རྗེས་སུ་མི་མཐོན་པར་འབྲེང་བ;

873 Doggerel, *n.* ཚིགས་སུ་བཅད་པ་ཡིན་པ་ལ་ཚིག་དོན་སྤེལ་སྦྱོར་སོགས་གང་ཡང་མེད་པ;

874 Dogma, *n.* གྲུབ་མཐའ; ཆོས་ལུགས;

875 Dogmatical, *a.* གྲུབ་མཐའི;

876 Dogmatism, *n.* གྲུབ་མཐའི་བསྟན་བཅོས་སུ་འཁོད་པའི་མན་ངག;

877 Dogmatize, *v.i.* རང་གི་ལྟ་བ་དེ་བརྩོད་མེད་ཡིན་ཚུལ་དུ་བརྗོད་པ;

878 Dole, *n.* སྦྱིན་པ; བསོད་སྙོམས;

879 Doleful, *a.* སྐྱོ་བུ;

880 Doll, *n.* སྤྲ་གུའི་རྩེད་མོ་བརྩེ་བྱེད་ཀྱི་ཁྱེའུའི་འདྲ་སྐུ;
བྲུཾ་ཐུང་སང་སང; Bhut.

881 Dollar, *n.* དངུལ་སྒང; ཨེ་མེ་རི་ཀའི་དངུལ་སྒང;

882 Dolorous, *a.* སྐྱོ་ངལ་ཅན; སྡུ་ངན་ཅན;

883 Dolphin, *n.* ཉ་ཆེན་འི་རིགས་ཞིག;

884 Dolt. གླེན་པ;

885 Domain, *n.* མངའ་ཁུལ;

886 **Don**, *n.* བོར་དུ་གལ་པའི་སྐུ་དྲག་གི་མིང་;

887 **Domestic**, *a.* མི་དང་འགྲིས་པའི; མིའི་ཁྱིམ་དུ་མཆིས་པའི;

888 **Domesticate**, *v.t.* འགྲིས་སུ་བཙུག་པ;

889 **Dominant**, *a.* ཁྱབས་ཆེ་བ; ཕལ་ཆེ་བ; ཤུགས་ཆེ་བ;

890 **Dominate**, *v.t.* དབང་འགྱུར་བ;

891 **Domination**, *n.* དབང་བསྒྱུར;

892 **Domineer**, *v.i* གཙན་དབང་བསྒྱུར་བ;

893 **Dominion**, *n.* རྒྱལ་ཁབས;

894 **Don**, *v.t.* ཆས་གྱོན་པ; (སྐུ་ལ་གསོལ་བ་ Hon.).

895 **Donation**, *n.* འབྱོར་འཛུགས; ཞལ་འདེབས;

896 **Done**, *pp.v.* བྱས་ཟིན; གྲུབ; ཚར; (མཛད་ཟིན; Hon.)

897 **Donkey**, *n.* བོང་བུ;

898 **Donor**, *n.* ཞལ་འདེབས་འབུལ་མཁན;

899 **Doom**, *n.* ལས; ལས་ཀྱི་བཀོད་ཐང;

900 **Door.** སྒོ;

901 **Dormant**, *a.* ཞི་བར་གནས་པ; གཉིད་ལ་ཤོར་ནས་གནས་པ;

902 **Dormitory**, *n.* བསྙལ་གྲུའི་སྤྱི་གྲུ་ཉལ་སའི་ཁང་པ;

903 **Dormouse**, *n.* ནགས་ཀྱི་བྱི་བ;

904 **Dose**, *v.t.* སྨན་ཐུར་དུ་བྱིན་ཚེས་བཀའ་བསྒོ་བ;

905 **Dose**, *n.* སྨན་ཐུར; སྨན་ཐིག;

906 **Dost**, *v.* བྱ་ཡིན; བྱེད;

907 **Dot**, *n.* ཚེག; ཡིག་བར་གྱི་ཚེག;

908 **Dotage**, *n.* ཡིད་ཐམ་གྱི་སྐབས;

909 **Dotard**, *n.* བཅོལ་ཚུང; སམ་མེད; སམ་ཤོར་པོ;

910 Dote, *v.i.* འཕྲེང་སེམས་བསྐྱེད་པ; སེམས་འཕྲེང་བ;

911 Dotingly, *ad.* འཕྲིང་བཞིན་པར;

912 Double, *a.* ཉི་ཙེག; གཉིས་རྩེག; གཉིས་ལྡབ; ཉིས་ལྡབ;

913 Doubly, *ad.* གཉིས་རྩེག་དུ;

914 Doubt, *v.i.* ཐེ་ཚོམ་སྐྱེ་བ;

915 Doubtful, *a.* ཐེ་ཚོམ་ཅན;

916 Doubtingly, *ad.* ཐེ་ཚོམ་བསྐྱེད་བཞིན་དུ;

917 Doubtless, *ad.* ཐེ་ཚོམ་མི་དགོས་པ;

918 Dough, *n.* བག་ཟན; སྐྱོ་མ;

919 Dove, *n.* ཕྱིའུ་ཐི་ཐི་རྒྱལ་པོ; ཕྱིའུ་ཐི་ལི; ཀུ་ཀུ་ཐི་ཐི;

920 Dovetail, *n.* སྦྱང་ཐེབ་བཞིན་ནམ; ཡང་ན་ཕྱུག་རོན་མཇུག་སྒྲོ་བཞིན་རྩེ་ཕྱི་ལ་བཀྲམ་ནས་ཡོད་པ; (ཞྭན་ཅོའི་བཞིན; (Chinese term adopted by Tibetans) ཀྱུ་བ་ལྷར;)

921 Dowager, *n.* ལྷ་ཡུམ; གོང་མའི་ཡུམ;

922 Dowdy, *a.* རྫོར་པོ;

923 Dower, *n.* རྫོངས; བུ་མོ་བག་མར་གཏོང་སྐབས་སུ་ཕྱིན་པའི་རྫོངས;

924 Down, *n.* བ་སྤུ;

925 Down, *ad.* མར; prep. ཁ་ཐུར་དུ;

926 Downcast, *a.* དབང་པོ་དམའ་བ; ཀློ་ཡི་ཆད་ཅན;

927 Downfall, *n.* རྒྱུད་པ; ཀྱུད;

928 Downhearted, *a.* སེམས་ཁོ་ཐག་ཆོད་པ; སེམས་ཞི་བ;

929 Downright, *ad.* ཁ་ཐུར་དུ་ཐུག་པ;

930 Downward, *ad.* ཁ་འཐུར་དུ; ཐུར་དུ; མར་ཕྱོགས་སུ;

931 **Downy**, *a.* བ་སྤུ་ཅན; བ་སྤུ་དང་ལྡན་པ;

932 **Doxology**, *n.* དཀོན་མཆོག་གསུམ་ལ་བསྟོད་པའི་མགུར་མ;

933 **Doze**, *v.i.* གཉིད་ཐུན་ཟབ་མོར་ཁུག་པ;

934 **Dozen**, *n.* བཅུ་གཉིས; (འདར་ཟན; Hindi).

935 **Drab**, *n.* (a whore=སྨད་འཚོང་མ་); རས་ཅ་བསྐབ་མོའི་རིགས་ཅིག;

936 **Draft**, *v.t.* ཡིག; ཟིན་བྲིས; *v.t.* ཟིན་བྲིས་བཏབ་པ; (of money དངུལ་འཛིན;)

937 **Draftsman**, *v.t.* རི་མོ་མཁན;

938 **Drag**, *v.t.* གྲུད་པ; (དྲས་པ;) དྲུད་པ;

939 **Draggle**, *v.t.* (Sik.) གྲུད་པ; ས་དྲུད་རྡོ་དྲུད;

940 **Dragon**, *n.* འབྲུག;

941 **Dragonfly**, *n.* ཆུ་སྲིང་རྒྱལ་མོ; (Sik.) & (Bhutia).

942 **Dragoon**, *n.* རྟ་དམག;

943 **Drain**, *v.t.* ཡུར་བ་འདྲེན་པ;

944 **Drake**, *n.* ཡ་རྟེ་པོ; འདམ་བྱ་པོ;

945 **Dram**, *n.* ཉོ; ཆུ་ཡིན་ན་ཏུབ་གང་ཙམ;

946 **Drama**, *n.* ཟློས་གར; (རྣམ་ཐར་དཔེར་ན་དྲི་མེད་ཀུན་ལྡན་ལྟ་བུ;)

947 **Dramatist**, *n.* ཟློས་གར་བརྩམ་མཁན;

948 **Dramatic**. ཟློས་གར་གྱི་ཚིག་དང་མཐུན་པའི;

949 **Drape**, *v.t.* རས་ཀྱིས་བཀག་པ; རས་འགེབས་པ;

950 **Draper**, *n.* རས་དང་རས་གོས་འཚོང་མི;

951 **Drapery**, *n.* རས་ཅ;

952 Draught. འཐེན་པའི་ལས; འཐེན་སྟོབས; རྒྱབ; རི་མོའི་ཕྱི་གྲུམ; མི་དཔུང་གདམ་ཀ་བྱས་པ; (Sik. བཙག་འཐུ་རྒྱབ་པའི་མི་དཔུང); རླུང; ཀྱི་སིར;

953 Draw, *v.t.* འཐེན་པ; གཞིད་ཀྱིས་དྲང་བ; རི་མོ་བྲིས་པ; འདྲེན་པ;

954 Drawback, *n.* ཇུབ་པ; སྐྱུར་པ; འབྲིན་པ; འགོད་པ; སྐྱོན;

955 Drawer, *n.* འཐེན་མཁན; བཤུད་སྒམ;

956 Drawers, *n.* དོར་མ; སྨད་གོས; {ཞབས་དོར; Hon.}

957 Drawing, *n.* རི་མོ; ལྷ་རིས; (ཕྱག་རིས Hon.)

958 Drawing-room. ཁང་པའི་ནང་གི་ཁང་མིག་དྲག་ཤོས; གཟིམ་ཚུང་སྤྱི་ཁང;

959 Drawl, *v.t.* སྐད་ནར་འཛིགས་དང་བཅས་དེ་སྐད་ཆ་ལབ་པ;

960 Drawn-battle. དམག་འཁྲུག་ལག་སྤྲོད་སྐབས་སུ་རྒྱལ་ཕམ་མ་ཕྱེ་བ;

961 Dray, *n.* ཅ་ལག་སྐྱེ་སོ་འདྲེན་པའི་ཆེད་དུ་ཤིང་རྟ་རིང་མོ;

962 Dread, *n.* དངངས་སྐྲག;

963 Dreadful, *n.* སྐྲག་པོ; འཇིགས་སུ་རུང་བ; ཡ་ང་པོ;

964 Dreadfully, *ad.* འཇིགས་སུ་རུང་བར;

965 Dream, *n.* རྨི་ལམ; { (Hon.) མནལ་ལམ; }

966 Dreamer, *n.* རྨི་ལམ་མཐོང་མཁན;

967 Drear, *a.* མུན་ནག་ཐིབ་ཐིབ; བློ་མི་ཚགས་པ;

968 Drearily, *ad.* ཉམས་མ་དགའ་བཞིན;

969 Dregs, *n.* ཉིག; ཉམས་མི་དགའ་བའི;

970 Dreary, *a.* བློ་མི་ཚགས་པའི;

971 Drench, *v.t.* ཆུ་འདམ་ཆར་པས་བང་བཙུག་པ;

972 Dress, *v.t.* གོས་གྱོན་པ;

973 **Dressy**, *a.* གོས་བཟང་གྱོན་པ་ལ་དགའ་པ; གོས་དད་ཅན;
ཟབ་སྤྲོད་སྤྲས་འདོད་ཅན;

974 **Dribble**, *v.i.* ཐིག་པར་ཟག་པ;

975 **Driblet.** ཐིག་མ; ཐིག་པ; ཐིག་ཕྲན;

976 **Drift**, *n.* རླུང་དང་ཆུ་ཡིས་འདེད་ཡོང་བའི་ཤིང་རྩམ;
ཁ་ཕྱོགས; དོན;

977 **Drill**, *n.* ལྕགས་སོར; (exercise) དམག་བརྩེས་འབྱུང་འདར;

978 **Drink**, *v.i.* བཏུང་བ; (ཞལ་སྐོམ; སྐྱེམས; Hon.)

979 **Drip**, *v.i.* ཐིག་པ་རྒྱབ་པ; འཛག་པ;

980 **Drive**, *v.t.* འདེད་པ; དེད་པ; སྐྱོད་པ;

981 **Drivel**, *v.i.* གླེན་སྐད་འདོན་ཅིང་སྐད་ཆ་བྱུས་པ;

982 **Driver**, *n.* འདེད་མི;

983 **Drizzle**, *n.* ཆར་པ་ཟིམ་ཟིམ; སྦྲང་ཆར་ཟིམ་བུ;

984 **Droll**, *a.* གད་མོ་ཤོར་པོ; ཁོར་ཏྲ་པོ; (ཁོད་ཏྲ་ཆེ་ཆེ Sik.).

985 **Dromedary**, *n.* ཇ་བོང་བརྐྱའ་གོང་གཅིག་བྱུས་པ་དེའོ;

986 **Drone**, *n.* བསིལ་སྦྲང་གི་སྦྲང་པོ་དེའོ;

987 **Droop**, *v.i.* སྤྱི་ཤི་བ; ཀྱུད་པ; མགོ་བོ་ཀྱུག་པ;

988 **Drop**, *n.* ཐིག་པ; ཆུ་ཐིག;

989 **Dropsical**, *a.* ཆུ་སྐྲངས་ཅན; ཆུ་སྦྱོས་ཤོར་བ; ཆུ་བསག་གི་ནད་བུ་
ཅན; ཆུ་བསག་གི;

990 **Dropsy**, *n.* ཆུ་སྐྲངས་པའི་ནད; ཆུ་སག་པ; ཆུ་བསག་གི་ནད;

991 **Dross**, *n.* ཉག་ཉིག;

992 **Drossy**, *a.* གཙོག་པོ; ཉག་ཉིག་ལྟ་བུ;

993 **Drought**, *n.* འཐེན་པ; ཆར་ཆུ་སྐམ་ཅིང་འཐེན་པ;

994 **Drove**, *n.* ནོར་ཕྱུགས་ཀྱི་ཁྱུ;

995 Drover, *n.* ནོར་ཕྱུགས་ཀྱི་ཁྲུ་དད་མཁན;

996 Drown, *v.t.* ཆུ་ལ་ནུབས་པ; ཆུ་ལ་སྣུབ་པ;

997 Drowsily, *ad.* གཉིད་ཀྱིས་དུབ་པ་འདྲ་པོ་བྱེད་དེ;

998 Drowsiness, *n.* གཉིད་དུབ;

999 Drowsy, *a.* གཉིད་ཀྱིས་དུབ་སྟེ;

1000 Drub, *v.t.* རྒྱུག་པས་བརྡུང་བ; དབྱུག་གུས་བསྣུན་པ;

1001 Drubbing, *n.* རྒྱུག་བརྡུང; བརྡུང་རྡེག;

1002 Drudge, *v.i.* འཁོལ་ལས་བྱས་པ; ལས་ཀ་སྡུག་པ་བྱེད་པ;

1003 Drudgery, *n.* འཁོལ་པོའི་ལས;

1004 Drug, *n.* སྨན་རྫས;

1005 Druggist, *n.* སྨན་རྫས་འཚོང་མཁན;

1006 Druid, *n.* སྔོན་དུས་ཌྲུའི་ཚོ་རྣམས་ཀྱི་བོན་བོན་དེ་དག་ལ་ཟེར; བོན་པོ;

1007 Drum, *n.* རྔ;

1008 Drunkard, *n.* སྐྱུར་གོང་ཅན; ཆང་འཐབ་ཞིག་ཡོངས་སྤྱོད་ཅིང་སྐྱུར་གོང་བྱེད་པ་དག་ལ་ཟེར;

1009 Drunken, *a.* ར་གཟི་ནས་ཡོད་པ; ར་གཟི་པོ; ར་རོ་ཞིང་ཡོད་པ;

1010 Dry, *a.* སྐམ་པོ;

1011 Dryness, *n.* སྐམ་པའི་ཚུལ; སྐམ་ཚུལ; (སྐམ་ལོད་ Sik.)

1012 Dual, *a.* གཉིས; གཉིས་འབྲག; ཟུང;

1013 Dub, *v.t.* གོང་ས་བདག་སྐྱེམས་གནང་བ; མངའ་གསོལ་འགྱེད་པ;

1014 Dubious, *a.* ཐེ་ཚོམ་ཅན; ངེས་མེད; ཚོད་ཐིག་མིན;

1015 Ducal, *a.* ཌི་ཁུག་ཞེས་རྒྱལ་སྲན་གྱི;

1016 Ducat, *n.* དཌུལ་ཊམ;

1017 Duchy, *n.* རྒྱལ་སྲན་ཞིག་ས་ཆ;

1018 **Duck,** *n.*	འདམ་བྱ; ཡ་ཙེ (a Chinese word).
1019 **Duck,** *v.t.*	ཆུ་ལ་སྐྱབས་པ; ཆུ་ལ་འབང་བ;
1020 **Duckling,** *n.*	འདམ་བྱའི་བྱིའུ;
1021 **Duct,** *n.*	ཆུ་འདྲེན་པའི་དུང་ཕྲུང; ཆུ་དུང;
1022 **Ductile,** *a.*	མཉན་གྲིང་འཇོམ་པོ;
1023 **Dudgeon,** *n.*	ཁྲི་གར་སྒྲོག;
1024 **Due,** *n.*	བུ་ལོན;
1025 **Duel,** *n.*	མི་གཉིས་ཀྱི་འཛིང་ག; གཉིས་འཛིང;
1026 **Duet,** *n.*	མི་གཉིས་སམ་འབའ་ཛ་སྐུ་ཁ་གཉིས་འདེབས་ནས་རྒྱབ་རྒྱུའི་གླུ;
1027 **Dugong,** *n.*	རྒྱ་མཚོའི་ནང་གི་ཉ་ཆེན་པོ་ཞིག;
1028 **Duke,** *n.*	རྒྱལ་བློན;
1029 **Dull,** *a.*	དཀྲག་མེད; རིག་སྐམ; (ཉ་བེ་ཉོ་བེ; Colql.).
1030 **Duly,** *ad.*	རིམ་པར; དུས་དང་བསྟུན་ནས;
1031 **Dumb,** *a.*	ལྐུག་པ; གླན་པ;
1032 **Dumbness,** *n.*	གླར་ལྐུག;
1033 **Dun,** *a.*	དམར་སྨུག; རག་པ; ཧ་རག་པ;
1034 **Dun,** *n.*	བརྗོད་མཁན;
1035 **Dun,** *n.*	གཙན་ཆས་ (Bhut.) ཐབ་ར; རི་མགོར་ཐབ་ར་བཅའ་ནས་ཡོད་པ;
1036 **Dunce,** *n.*	ཤེས་རབ་ཆུང་བ; བློ་སྟུན་ཅན; རིག་སྐམ;
1037 **Dung,** *n.*	ལྕི་བ; ཧ་ནོར་སེམས་ཀྱི་ལྕི་བ;
1038 **Dungeon,** *n.*	སྐྱུན་བརྩོན; བཙོན་དོང;
1039 **Dunghill,** *n.*	ལྕི་ཕུང;

1040 Dupe, *n.* མགོ་སྐོར་དུ་ཚུད་པའི་མི;

1041 Duplicate, *a.* སྒྲ་གཉིས;

1042 Duplicity, *n.* ཁ་གཅིག་ལྕེ་གཉིས; གཡོ་སྒྱུ;

1043 Durability, *n.* སྟན; ཡུན་རིང་གནས་པའི་ཚུལ; གདན་ཡུང;

1044 Durable, *a.* སྟན་ཆེན་པོ; གདན་པོ;

1045 Duration, *n.* གནས་ཡུན;

1046 During, *ppr.* སྐབས་སུ; རིངས་སུ;

1047 Dusk, *a.* ནམ་སྲོད; དགོང་ཁར; ས་སྲོད;

1048 Dusky, *a.* ཁ་མདོག་ནག་པ;

1049 Dust, *n.* རྡུལ; ཐལ་བ; (Sik.).

1050 Dutiful, *a.* གོ་ཆོད་ཅན; ཀུར་བཙོན་ཅན; ལས་དོན་ཅན;

1051 Duty, *n.* གོ་ཆོད; ལས་ཀ; འགན; ལས་སྐལ;

1052 Dwarf, *n.* མི་ཐུ་ཐུང;

1053 Dwarfish, *a.* མིཐུ་ཐུང་གི་ཆ་བྱད་ཅན;

1054 Dwell, *v.i.* གནས་པ; སྡོད་པ;

1055 Dwelling, *n.* གནས་ཁང;

1056 Dweller, *n.* གནས་པ་པོ; སྡོད་མི;

1057 Dwindle, *v.i.* ཉུང་དུ་སོང་བ;

1058 Dye, *n.* ཚོས་ཁ; *v.t.* ཚོས་རྒྱབ་པ;

1059 Dyeing, *n* ཚོས་མདོག་འགྱུར་བའི་ལས;

1060 Dyer, *n.* ཚོས་རྒྱབ་མི;

1061 Dynamics, *n.* ཤུགས་དང་ཕྱོགས་དང་ཐེག་སྣན་གྱི་རིག་གནས;

1062 Dynasty, *n.* རྒྱལ་རྒྱུད; གདུང་རྒྱུད;

1063 Dysentery, *n.* ཁྲུ་ནད; གྲང་རླུང་གི་ན་ཚ; ཁྲག་བཤལ; དམར་བཤལ;

1064 **Dyspepsia**, *n.* མ་འཇུ་བའི་ནད;

1065 **Dyspeptic**, *n.* ཕོ་ནད་ཅན;

1066 **Dysury**, *n.* དྲི་ཆུ་འགག་པའི་ནད;

E

1 **Each**, *a.* རེ་རེ;

2 **Eager**, *a.* འདོད་ཅན; འདོད་ལྡན; དུང་དུང;

3 **Eagerly**, *ad.* འདོད་པ་ཆེན་པོར;

4 **Eagerness**, *n.* འདོད་སྲེད; འདོད་གདུང;

5 **Eagle**, *n.* ཁྱུང;

6 **Ear**, *n.* རྣ་བ;

7 **Ear-ring**, *n.* རྣ་ལོང; (Hon.) སྙན་བརྒྱན); རྣ་ཆ;

8 **Earl**, *n.* རྒྱལ་ཕྲན་ནི་ཡུལ་ཕྱོགས་གཅིག་གི་འགོ་བ;

9 **Earldom**, *n.* ཨརླ྄་ཞེས་རྒྱལ་ཕྲན་ཞིག་གི་ས་ཆ;

10 **Early**, *a.* སྔ་དྲོ;

11 **Earn**, *v.t.* ཁུག་པ; བསྒྲུབ་པ;

12 **Earnest**, *a.* དོན་དམ་པ; ཞེ་ནས;

13 **Earnestly**, *ad.* དོན་དམ་པར; སྙིང་ནས; ཞེ་ནས;

14 **Earth**, *n.* ས; ས་ཆེན་པོ;

15 **Earthen**, *a.* ས་ལས་གྲུབ་པ;

16 **Earthly**, *a.* ས་ཡི་རྣམ་པ་ཅན; སའི;

17 **Earthquake**, *n.* ས་གཡོས;

18 **Ease**, *n.* ཀློད་ཆ; སྐྱིད་ཉམས; སྐྱིད;

19 **Easel**, *n.* ལྷ་བྲིས་པའི་ཀང་གསུམ;

20 Easily, *ad.* སླ་མོར; ལས་སླ་མོར;

21 Easiness, *n.* སླ་ཚུལ;

22 East, *n.* ཤར་ཕྱོགས;

23 Easter, *n.* ཡེ་ཤུའ་ཀྱི་དུས་ཆེན་ཕྱི་ཟླ་བཞི་པའི་ཆོས་ནས་ཚུན;

24 Easterly, *ad.* ཤར་ཕྱོགས་ལ;

25 Eastern, *a.* ཤར་ཕྱོགས་ཡིན་པའི;

26 Eastward, *ad.* ཤར་ཕྱོགས་སུ;

27 Easy, *a.* སླ་བ; ལྷོད་པ; འབོལ་ཤིག་གི;

28 Eat, *v.t.* ཟ་བ; གསོལ; མཆོད་པ;

29 Eatable, *a.* བཟའ་རུ་རུང་བ; བཟའ་བཏུང;

30 Eater, *n.* ཟ་མཁན;

31 Eaves, *n.* ཅར; ཅར་ཞིང; (Sik.) ཀྱང་གི་ཁྱིམ་འདོང;

32 Ebb, *n.* ཞོམ་པ;

33 Ebony, *n.* ཤིང་འོས་མ; རྒྱ་གར་གྱི་ཐིག་ཤིང་བཟོ་བའི་ཤིང་ནག་པོ་
ར་ཅོ་འདྲ་བ་དེའོ;

34 Ebriety, *n.* ར་གཟིའི་ཚུལ;

35 Ebullient, *a.* ཁོལ་ནས་ལུད་འགྲོ་བཞིན་པ;

36 Ebullition, *n.* ཁོལ་ཚུལ; ཆུ་ལ་མེས་དྲོད་བཏགས་ཏེ་བསྐོལ་བ;

37 Eccentric, *a.* གཞན་དང་མི་ཅིག་པ; ཀུན་དང་སྤྱོད་ལམ་མི་མཐུན་པ;

38 Ecclesiastic, *n.* ལྷ་སྡེའི་ or ལྷ་སྡེའི་ལས་སྣེའི;

39 Ecclesiatical, *n.* ལྷ་སྡེའི་ལས་སྣེའི;

40 Ecclesiastically, *ad.* ལྷ་སྡེའི་ལས་སྣེའི་ངོས་ནས;

41 Echo, *n.* བྲག་ཆ; སྒྲ་བསྙན;

42 Eclat, *n.* སྙད་རའི་གད་མོ; མཁས་ཚར; སིལ་བྱུར་ཐོར་བ;

43 Eclipse — ཟླ་འཛིན;

44 Ecliptic, *n.* — ཉིན་འཛིན་གྱི; ཉིན་ཟླ་གཟའ་འཛིན་གྱི་སྐོར; Ecliptic.

45 Economical, *a.* — ཞིབ་བརྩིས་ཅན;

46 Economize, *v.t.* — ཞིབ་བརྩིས་བྱས་པ;

47 Economy, *n.* — ཞིབ་བརྩིས;

48 Ecstasy, *n.* — བདེ་ཉམས; ཉམས་ཀྱི་བདེ་བ་རྒྱས་པའི་ཚུལ;

49 Eddy, *n.* — (Sik.) ཡུང་རྡུར; མཚོ་བསྐོར;

50 Eden, *n.* — མིའི་ཐོག་མ་ཨཱ་དམ་དང་ཧ་ཝཱ་གཉིས་ཀྱིས་བསྡོད་གནས་
ས་སྟེང་གི་མཁའ་སྤྱོད་ཞིང;

51 Edge, *n.* — ཁ; ཆ་ག; མཐའ; ཟུར;

52 Edgewise, *ad.* — ཟུར་སྟན་ནས;

53 Edible, *a.* — ཟ་རུ་རུང་བ;

54 Edict, *n.* — བཀའ་ཤོག; བཀའ་རྒྱ;

55 Edification, *n.* — (མཆིན་རྒྱ; Hon.) ཤེས་བྱ་རྒྱས་ཆེད;

56 Edifice, *n.* — བཀོད་པ;

57 Edify, *v.t.* — དད་པ་འདྲེན་པ; དད་པ་བསྐྱེད་དུ་བཙུག་པ;

58 Edit, *v.t.* — བརྩོམ་པ་མཁན་གྱི་བསྟན་བཅོས་པར་དུ་བཀོད་ཕྱིར་
འགྲིག་པ;

59 Edition, *n.* — པར་དུ་བཀོད་པའི་དཔེ་གྲངས;

60 Editor, *n.* — པར་དུ་བཀོད་མཁན;

61 Editorial, *a.* — པར་མཁན་གྱི;

62 Editorship, *n.* — པར་མཁན་གྱི་གོ་ས;

63 Educate, *v.t.* — འཚོ་བ; གསོ་བ; གསོ་སྐྱོང་བྱེད་པ; བསླབ་བྱ་སྟོན་པ;

64 Education, *n.* — བསླབ་བྱ; ཡོན་ཏན; ཤེས་བྱ;

65 Educational, *a.* བསློབ་གཉེར་གྱི་སྐོར;

66 Educe. འཐོན་དུ་བཅུག་པ; ཕྱིར་འཐེན་པ; འཛེ་བ;

67 Eduction, *n.* ཕྱིར་འཐོན་པའི་ལམ;

68 Efface, *v.t.* ཕྱིས་བཞག་པ; སུབ་པ; རི་མོ་སུབ་པ;

69 Effect, *n.* འབྲས་བུ; ཅ་ལག; ཡོ་བྱད;

70 Effect, *v.t.* བྱེད་པ;

71 Effective, *a.* ལག་འཐོན་པ; ཕན་ཐོགས་པོ;

72 Effectual, *a.* དོན་ལ་ཕན་པ; ཕན་པོ; ནུས་ལྡན;

73 Effectually, *ad.* ཕན་པོར;

74 Effeminacy, *n.* བྱི་དོར་དང་ལུས་ཀྱི་ཅ་ག་ལ་སྐྱེ་དམན་འདྲ་པོ;

75 Effeminate, *n.* སྐྱེ་དམན་ལྟ་བུ; འདར་མ; སྐྱིད་འདོད་མཁན;

76 Effeminately, *ad.* འདར་མ་བཞིན; སྐྱིད་འདོད་དང་མཆོར་འདོད་ཀྱི;

77 Effervesce, *v.t.* འཁོལ་བ; དབུ་བ་ཟོར་རེ་འཁོལ་ཡོང་བ;

78 Effervescence, *n.* དབུ་བ་སོར་སོར་དུ་འཁོལ་བ་ཉིད;

79 Effete, *a.* ཐང་ཆད་ཟིན་པ; གོག་པོ; ནུས་སྟོབས་ཉམས་ཟིན་པ;

80 Efficacious *a.* ནུས་ལྡན; ཕན་ནུས; ཕན་པའི་ནུས་པ་ཅན;

81 Efficacy, *n.* ནུས་པ;

82 Efficient, *a.* ལས་འཕེར་ཞིང་དོན་སྨིན་ལག་སོན་པོ;

83 Effigy, *n.* འདྲ་པར;

84 Efflorescence, *n.* མེ་ཏོག་ཤར་བའི་དུས;

85 Effluent, *a.* ཕྱིར་འབབ་པ; གཙང་པོ་གཅིག་གི་ནང་ནས་གཞན་དུ་
འབབ་པ;

86 Effort, *n.* འབད་པ; བརྩོན་པ;

87 Effrontery, *n.* ཁྲེལ་དང་ངོ་ཚ་མེད་པ་ཉིད;

88 Effulgent, *a.* འོད་ཟེར་འཕྲོ་བ; འོད་དུ་འབར་བའི;

89 Effusion, *n.* བོ་བ; ཆུ་ལྷུར་འབོ་བ; བཞོ་བ;

90 Egg, *n.* སྒོ་ང;

91 Egotism, *n.* བདག་འཛིན; རང་ཉིད་ཁོ་ནའི་སྐད་ཆ་བཤད་པར་དད་པ;

92 Egotist, *n.* ང་རྒྱལ་མཁན;

93 Egregious. དྲག་པོ; ཚབ་ཆེན; རྡོད་པོ; དྲག་ཤལ་ཞོལ་བའི;

94 Egress, *n.* ཕྱི་ལ་བགྲོད་པ་ཉིད;

95 Egyptian, *n.* ཨི་ཇིཔྟ་ཞེས་པའི་མི་སེར་ལུང་པའི་ཡུལ་མི;

96 Eight, *n.* བརྒྱད

97 Eighteen, *n.* བཅོ་བརྒྱད;

98 Eighteenth, *n.* བཅོ་བརྒྱད་པ;

99 Eighth, *n.* བརྒྱད་པ;

100 Eightieth, *a.* བརྒྱད་བཅུ་པ;

101 Eighty, *n.* བརྒྱད་བཅུ་ཐམ་པ;

102 Either, *a.* ཡང་ན;

103 Ejaculate, *v.t.* སྐད་ཆའི་སྒྲ་བརྗོད་སྤུངས་དྲག་པོ་བྱེད་དེ་བརྗོད་པ;

104 Ejaculation, *n.* དྲག་པོའི་སྒྲ་བརྗོད; ང་རོ་འདོན་པ; ང་རོ;

105 Eject, *v.t.* སྐྲོད་པ; འདོར་བ;

106 Ejection, *n.* སྐྲོད་པ; འདོན་པ;

107 Ejectment, *n.* ཕྱིར་དབྱུང; ཕྱིར་སྐྲད; ཕྱིར་འདོན;

108 Eke, *vt.* རིང་དུ་བསྣར་བ; བརྣན་པ; ཁ་སྣན་རྒྱབ་པ;

109 Elaborate, *v.t.* དཀའ་སྤྱད་ཀྱིས་བསྒྲུབ་པ; ཞིབ་ཆ་དོད་པོར་བྱས་པ;

110 Elaborate, *a.* ཞིབ་ཆ་འདོད་ཅིང་ཚང་བ;

111 Elaborately, *ad.* ཞིབ་ཆ་དོད་པོར;

112 Elapse, *v.i.* འདའ་བ; དུས་ཡོན་པ;

113 Elastic. མཉེན་ལྕུག་ལྡེམ་པོ; མཉེན་གྱོང་འཛོམ་པོ;

114 Elasticity, *n.* མཉེན་ལྕུག;

115 Elate, *a.* ཁེངས་དྲེག་གིས་སྦྲོས་པ; བྱ་བ་ལམ་ཡོང་བྱུང་བར་རྟེན་ཁེངས་དྲེག;

116 Elate, *v.t.* ཡར་དེག་པ;

117 Elation, *n.* བྱུས་རྒྱུག་པོ་བྱུང་བར་རྟེན་ཁེངས་དྲེག་གི་བློ;

118 Elbow, *n.* གྲུ་མོ; ཀྱི་ལིང་ (Sik. Bhut.).

119 Elbow, *v.t.* གྲུ་མོས་འཕུལ་བ;

120 Elder, *n.* རྒད་པོ; རྒན་པ;

121 Elderly, *ad.* རྒན་སོང;

122 Eldership, *n.* རྒན་པའི་གོ་ས;

123 Elect, *v.t.* གདམས་ཀ་བྱེད་པ; གདམ་ཁ་རྒྱབ་པ;

124 Election, *n.* གདམ་ཀ;

125 Elective, *a.* གདམ་ཀའི;

126 Elector, *n.* གདམ་ཀའི་ཚད་དབང་ལྡན་པའི་རྒྱལ་ཕྲན;

127 Electuary, *a.* ལྡེ་གུ;

128 Electricity, *n.* གློག;

129 Electrify, *v.t.* གློག་གིས་ཁྱབས་པར་བྱས་པ;

130 Elegance, *n.* གཟུགས་བྱད་དམ་དབྱིབས་ཆ་སྐོམས་ཞིང་ཡིད་དུ་འོང་བ་ཉིད;

131 Elegant, *a.* གཟུགས་བྱད་ཡིད་དུ་འོང་ཞིང་ཆ་སྐོམས་པོ;

132 Elegantly, *ad.* ཡིད་དུ་འོང་པོ་བྱེད་དེ;

133 Elegy, *n.* མྱ་ངན་ཚིགས་བཅད; མྱ་ངན་གྱི་སྐྱོ་གླུ; སྐྱོ་གླུ;

134 **Element**, *n.* འབྱུང་བ; ཁམས;

135 **Elementary.** སྔོན་དུ་འགྲོ་བའི; མགོ་ནས་བརྩམས་པའི;

136 **Elephantiasis**, *n.* རྒྱ་གར་དུ་མཆིས་པའི་ཡན་ལག་སྦོས་སྐྲང་ཀྱི་ནད;
རྐང་པ་གླང་ཆེན་གྱི་རྐང་པའི་བཟོ་ལྟར་སྦོས་པ;

137 **Elephant**, *n.* གླང་ཆེན;

138 **Elevate**, *v.i.* སྒྲ་འདོགས་པ; ཡར་བཏེག་པ; སེང་བ; སྤར་བ;

139 **Elevation**, *n.* མཐོ་དམན;

140 **Eleven**, *n.* བཅུ་གཅིག;

141 **Eleventh**, *a.* བཅུ་གཅིག་པ;

142 **Elicit**, *v.t.* རྗེས་སུ་དཔག་སྟེ་དོན་གསལ་པོར་མཚོན་པ;

143 **Eligibility**, *n.* གདམ་ཀ་བྱ་འོས་པ་ཉིད;

144 **Eligible**, *a.* གདམ་ཀ་བྱ་འོས; རན་པ; སྦོམ་པོ;

145 **Eligibly**, *a.d.* རན་པར; སྦོམ་པོར;

146 **Eliminate**, *v.t.* མཐའ་ནས་འགག་པ; ཕྱིར་དབྱུང་བ;

147 **Elimination**, *n.* ཕྱིར་དོར་བ་ཉིད;

148 **Elision**, *n.* འདའ་བ;

149 **Elixir**, *n.* བདུད་རྩི;

150 **Elk**, *n.* ཁ་ཤ; ཤ་བ;

151 **Ell**, *n.* ལག་ལེབ་གང་གི་ཚད;

152 **Ellipse**, *n.* སྒོང་གཟུགས;

153 **Ellipsis**, *n.* ཚིག་སྦྱོར་གྱི་ཚིག་ལྟར་ལ་ཤིང་འགའ་ལ་བཀོད་པར་ལྷག
དང་བཅས་པའི་དོན་ལྡན; ལྷག་བཅས;

154 **Elliptical**, *a.* སྒོང་གཟུགས་ཅན;

155 **Elliptically**, *ad.* སྒོང་གཟུགས་སུ;

156 Elm, *n.* ཤིང་སྡོང་ཆེན་པོ་འི་རིགས་གཅིག ;

157 Elocution, *n.* ཚིག་གི་སྒྲ་བརྗོད ;

158 Elocutionist, *n.* ཚིག་སྒྲ་དག་པོར་བརྗོད་པ་ཙམ་ལ་འབད་མི ;

159 Elongate, *a.* རིངས་དུ་གཏང་བ ;

160 Elongation, *n.* རིང་པོར་བཟོ་བའི་ལས་དེ་ཉིད ; རིང་པོ་བཟོ་བ་ཉིད ;

161 Elope, *v.i.* འབྲོས་པ ; ཁྲོ་ཤུག་སྒོམ་ནས་བྲོས་པ ;

162 Elopement, *n.* བྲོས་གཟུར ; མིའི་སྐྱེ་དམན་དང་འདེབས་ནས་བྲོས་པ ;

163 Eloquence, *n.* ཁ་སྦྱང ; ཁ་དབང ; ཁ་ཤུགས ; ངག་དབང ;

164 Eloquent, *a.* ཁ་བདེ་པོ ; ངག་དབང ; ཁ་ཤུགས་ཅན ;

165 Eloquently, *ad.* ཁ་ཤུགས་ཆེན་པོ་བྱེད་དེ ;

166 Else, *ad.* དེ་མིན ;

167 Elsewhere, *ad.* གཞན་ཁར ; གཞན་གར་ཡང ; གཞན་དུ ;

168 Elucidate, *v.t.* དོན་བཀྲོལ་སྟེ་བཤད་པ ;

169 Elucidation, *n.* འགྲེལ་བཤད ;

170 Elude, *v.t.* ཡིབ་པ ;

171 Elusory, *a.* སྒྱུ་མ་ལྟུ ;

172 Elysian, *a.* ལྷ་ཡུལ ;

173 Elysium, *n.* ལྷ་ཡུལ་གྱི ;

174 Emaciate, *v.i.* སྦྲིག་པ ; སྦྲིག་དུ་སོང་བ ;

175 Emaciation, *n.* སྦྲིག་ཚུལ ;

176 Emanate, *v.i.* འཕྲོ་བ ;

177 Emanation, *n.* སྤྲུལ་པ ;

178 Emancipate, *v.t.* སྒྲོལ་བ ; ཐར་པར་འཁྲིད་པ ;

179 Emancipation, *n.* ཐར་པ ;

180 **Emasculate**, *v.t.* འབོ་ཕབ་པ; (Sik.) ཤ་བཅོད་པ;

181 **Embalm**, *v.t.* རོ་ལ་སྨན་བདབ་སྟེ་མི་རུལ་བ་བཟོ་བ;

182 **Embank**, *v.t.* གད་པ་འཆོས་པ;

183 **Embankment**, *n.* གད་པ;

184 **Embarge**, *n.* གྲུ་ཟིང་ཕྱི་ནང་བགྲོད་པའི་འགག་ཆ;

185 **Embargo**, *v.t.* གྲུ་ཟིང་བགྲོད་པའི་འགག་རྒྱབ་པ;

186 **Embark**, *v.t.* གྲུ་ཟིང་ལ་ཞུགས་པ;

187 **Embarkation**, *n.* གྲུ་ཟིང་ཞུགས་པའི་ལས་དེ་ཀ;

188 **Embarrass**, *v.t.* ཁ་ཀྲེངས་བཅུག་པ;

189 **Embarrassment**, *a.* ཀྲེངས་པ་ཉིད; ངོ་ཀྲེངས; ཁ་ཀྲེངས;

190 **Embassy**, *n.* རྒྱལ་ཁབ་ཀྱི་བློན་པོ་ཕྱོགས་སུ་རྫོང་བ་དེ་འོ;

191 **Embed**, *v.t.* ཚང་བཀོས་ནས་དེའི་ནང་དུ་གཡུ་ཁྲ་བཞིན་བཅུག་པའམ་
བཀོད་པ;

192 **Embellish**, *v.t.* བརྒྱན་ཆས་བཀྲས་པ;

193 **Embellishment**, *n.* བརྒྱན་སྤྲས;

194 **Ember**, *n.* མེ་ཡོ་མ;

195 **Embezzle**, *v.t.* དངུལ་ཁྲིམ་ཟས་གཏང་བ;

196 **Embezzlement**, *n.* དངུལ་གསོ་སྐྲུས་ཁྲིམ་ཟས་སུ་གཏང་བའི་ལས;

197 **Embitter**, *v.t.* སེམས་འཁོན་ཇེ་སྡུག་ཏུ་བཅུག་པ;

198 **Emblem**, *n.* བརྟགས; བརྡའ;

199 **Emblematic**, *adj.* བརྡའ་ཡི; བརྟགས་ཀྱི་མཚོན་པའི;

200 **Emblematical**, *adj.* (idem).

201 **Embonpoint**, *adj.* ཤ་འབྱོར་པོ; རྒྱགས་པ; ཉམ་རྒྱགས་པོ; དཔེར་ན་
བུད་རྒྱགས་པ་ལྟའོ;

202 Embodiment, *n.* གཟུགས་སུ་གྱུར་པ;

203 Embody, *v.t.* གཟུགས་སུ་བསྒྲུབ་པ; བསྡུས་པ; ཁོངས་སུ་བསྡུས་པ;

204 Embolden, *v.t.* དབུགས་ཕྱིན་པ; དཔའ་བསྐྱེད་པ; སྤྲོ་བསྐྱེད་པ;
སྤྲོ་ངར་བསྐྱེད་པ;

205 Emboss, *v.t* སྦུར་བ; འབུར་དུ་གདོན་པ; རི་མོ་འབུར་དུ་བཀོད་པ;

206 Embowel, *v.t.* ནང་ཁྲོལ་འདོན་པ;

207 Embower, *v.t.* མེ་ཏོག་གམ་ལོ་འདབ་ཀྱི་གུར་ཁང་དུ་བཅུག་པ;

208 Embrace, *v.t.* འཁྱུད་པ; འཁྲིལ་བ; འཛིན་པ; ཁྱུབ་པ;

209 Embrace, *n.* འཁྱུད་ལྷང; པང་འཁྱུད;

210 Embrasure, *n.* རྫོང་གི་མེ་ཁུང; མདའ་ཁུག; (Bhut.).

211 Embroider, *v.t.* མཐའ་འཛགས;

212 Embroidery, *n.* འཚེམ་བྲུག; འཚེམ་བྲུག་གི་མཐའ་འཛར;

213 Embroil, *v.t.* འཁྲུག་པ; དཀྲུག་པ; འཁྲུག་པ་སློང་བ;

214 Embryo, *n.* སྤྲིག་ཆགས་མའི་མངལ་དུ་ཆགས་པའི་ཕྲོག་མ;

215 Emendation, *n.* ནོར་འཁྲུལ་ལམ་ཚིག་འཛོལ་སང་པའི་ལས;

216 Emerald, *n.* མརྒད; ནོར་བུའི་བྱེ་བྲག་ལས་མརྒད་བྱ་བ་མདོག་ལྗང
ཁུ་བྱུས་པ་དེའི;

217 Emerge, *v.i.* འབྱུང་བ; འཐོན་ཡོང་བ;

218 Emergency, *n.* གནད་གག; གག; གལ་ཆེ་བའི་དུས;

219 Emergent, *a.* དོན་ལ་ཁད; ཕྱིར་ཐོན་ལ་ཁད;

220 Emery, *n.* པ་ལྷང་ལོང་བུ་ཕྱེ་མར་བཏག་པ;

221 Emetic, *n.* སྐྱུགས་སྨན; བཤལ་སྨན;

222 Emigrant, *a.* ཡུལ་གཅིག་ནས་གཞན་དུ་སྤོ་མཁན;

223 Emigrate, *v.i.* ཡུལ་སྤོ་བ;

224 Emigration, *n.* ཡུལ་སྤོ་བ་ཉིད;

225 Eminence, *n.* མཐོ་ས ; ཕྱུལ་འབྱུང ; ཕྱུན་ཚོགས ; མངོན་མཐོ ;

226 Eminent, *a.* མཐོན་པོ ; ཁྱད་པར་ཅན ; ཕྱུལ་དུ་བྱུང་བ ;
མངོན་པར་མཐོ་བ ;

227 Eminently, *ad.* ཁྱད་པར་དུ ;

228 Emir, *n.* ཨ་རབ་ཡུལ་གྱི་རྒྱལ་ཕྲན་ནམ་སྡེ་པ་སོགས་ཀྱི་མིང ;

229 Emissary, *n.* གསང་བའི་ལས་ཀར་རྫོངས་བའི་མི ;

230 Emission, *n.* ཆབ་གཅིག་ཏུ་ཕྱི་ལ་འདོན་པ་ཉིད ;

231 Emissive, *a.* ཕྱི་ལ་གཏང་བའི ;

232 Emit, *v.t.* འབྱིན་པ ;

233 Emmet, *n.* གྲོ་མོག་འབུ ; འབུ་གྲོག་མ ;

234 Emolliate, *v.t.* མཉེན་པོར་བཟོ་བ ;

235 Emollient, *n.* མཉེན་པོ་བཟོ་བའི་སྨན ;

236 Emolument གསོལ་རས ; ཡོགས ; གཏོ་ཡོགས ;

237 Emotion, *n.* འདུ་ཤེས ;

238 Emotional, *a.* འདུ་ཤེས་ཀྱི ;

239 Empale, *v.t.* གསལ་ཤིང་ལ་བསྐྱོན་པ ;

240 Emperor, *n.* གོང་མ་ཆེན་པོ ; གོང་མ་རྒྱལ་པོ་ཆེན་པོ ;

241 Emphasis, *n.* སྒྲ་དྲག ; དྲག་པོར་བརྗོད་པའི་སྒྲ ;

242 Emphasize, *v.t.* ཚིག་གི་ཕྲག་ཏུ་དོན་གསལ་པོར་བྱུང་བའི་ཆེད་དུ་བརྗོད་
པའི་སྐབས་སུ་སྒྲ་དྲག་པོར་བརྗོད་པ་དེའོ ;

243 Empire, *n.* རྒྱལ་ཁམས ; ཡུལ་ཁམས ; རྒྱལ་ཁབ ;

244 Empiric, *a.* དངོས་སུ་ལག་ལེན་ཉམས་མྱོང་ལ་རྟེན་པའི ;

245 Employ, *v.t.* སྐྱེལ་བ ; སྤྱོད་པ ; བྲེལ་བ ; ལས་སུ་འཛུག་པ ; བསྐུལ་བ ;

246 Employé, *n.* ལས་སྡེ ;

247 Employer. ལས་བསྐུལ་མཁན ;

248 **Employment**, *n.* ལས་ཀ;

249 **Emporium**, *n.* འཚོང་འདུས;

250 **Empower**, *v.t.* འགན་བཀལ; ཚད་དབང་གནང་བ; དབང་སྐུལ་བ;

251 **Empress**, *a.* རྒྱལ་མོ་ཆེན་མོ; བཙུན་མོ; གོང་མ་རྒྱལ་མོ་ཆེན་མོ;

252 **Emptiness**, *n.* སྟོང་ཚུལ;

253 **Empty**, *a.* སྟོང་པ;

254 **Emptying**, *n.* སྟོང་པར་བཟོས་པ; སྟོང་སང་ངེར་བྱོ་བ;

255 **Empyreal**, *a.* དགའ་པ་ཡེ་ཤེས་ཀྱི; ཀ་དག; གདོད་རྒྱལ་གྱི;

256 **Emu**, *n.* ཨསྟྲེ་ལི་ཡ་ཡུལ་དུ་མཆིས་པའི་བྱ་ཆེན་གྱི་རིགས་ཞིག;

257 **Emulate**, *v.i.* གཞན་ལས་ལྷག་འདོད་དམ་གཞན་དང་མཉམ་འདོད་ཀྱིས་མགྲན་པ;

258 **Emulation**, *n.* མགྲན་པ; མགྲན་ཟླ;

259 **Emulous**, *a* མགྲན་བློ་ཅན;

260 **Enable**, *v.t.* ནུས་པར་བྱེད་པ;

261 **Enact**, *v.t.* བྱས་པ; བཅའ་བ; ཁྲིམས་སུ་བཅའ་བ;

262 **Enactment**, *n.* ཁྲིམས་ལུགས་བཅའ་བའི་ལས;

263 **Enamel**, *n.* གྱུ་ཤའི་རྩི; གྱུ་ཤའི་ཅ་ལག;

264 **Enamour**, *v.t.* སེམས་ཤོར་བ;

265 **Encamp**, *v.i.* སྒར་ཕུབ་པ; སྒར་བཏབ་པ;

266 **Encampment** སྒར; དམག་སྒར;

267 **Enchant**, *v.t.* ཡིད་སྨྲོས་སུ་བཙུག་པ;

268 **Enchanter**, *n.* འགོང་པོ; སྨྲོས་བྱེད་པོ;

269 **Enchantment**, *n.* འགོང་པོའི་འཕྲུལ;

270 **Enchase**, *v.t.* ཁྲ་གོད་པ; ཁྲ་འབུར་གྱིས་བརྒྱན་པ;

271 Encircle, *v.t.* སྐོར་བ;

272 Enclose, *v.i.* སྐོར་བ;

273 Enclosure, *n.* ར་བ;

274 Encomium, *n.* བསྟོད་ར; བསྔགས་བརྗོད;

275 Encompass, *ad.* འཁྲིགས་པ; འཁྱུད་པ; སྐོར་བ;

276 Encore, *ad.* ཡང་བསྐྱར;

277 Encounter, *n.* ཐུག་འཕྲད;

278 Encourage, *v.t.* སྙིང་སྤྲིན་པ; བློ་བསྐྱེད་པ;

279 Encouragement, *n.* དབུགས་སྦྱིན;

280 Encouraging, *a.* དབུག་སྦྱིན་པའི;

281 Encroach, *v.i.* མཐའ་ནས་མནན་པ;

282 Encroacher, *n.* གོད་མནོན་པ;

283 Encroachment, *n.* གོང་མནོན;

284 Encrust, *v.t.* ཁྲི་ནས་སེར་གོག་ཆགས་པ;

285 Encumber, *v.t.* འཁུར་པོས་འགག་པ; ལམ་བགྲོད་འགག་པ;
དཔེར་ན་འཁུར་ལྷི་བས;

286 Encumbrance, *n.* འགོག་པ; འགག་ཆ; བསྐོར་བཀྱིལ;

287 Encyclopedia, *n.* མིང་གི་མངོན་བརྗོད; ཟ་མ་དོག;

288 End, *n.* མཐའ; ཟུར;

289 Endanger, *v.t.* ཉེན་ཁ་ཆེར་བཀྱལ་བ;

290 Endear, *v.t.* [illegible]མས་སུ་བཅུག་པ;

291 Endearment, *n.* བྱམས་སེམས;

292 Endeavour, *n.* ཨུ་ཚུགས; འབད་པ; འབད་རྩོལ;

293 Ending, *n.* མཐར་ཐུག;

294 Endless, *a.* མཐའ་མེད;

295 Endlessly, *ad.* མཐའ་མེད་པར;

296 Endlessness, *n.* མཐའ་མེད་ཚུལ;

297 Endogenous, *a.* ནས་ནས་བསྐྱེད་འཕེལ་བའི;

298 Endorse, *v.t.* མགོ་འཆེན་རྒྱབ་པ;

299 Endow, *v.t.* རྗོངས་བྱིན་པ; སྦྱོར་འཛགས་འབུལ་བ;

300 Endurable, *a.* བསྲན་དུ་ཡོད་པ; བཟོད་ཐུབ་པ;

301 Endurance, *n.* བཟོད་བསྲན; ཐེག་བསྲན;

302 Endure, *v.t.* བཟོད་པ; བསྲན་པ;

303 Enemy, *n.* དགྲ; སྡང་དགྲ;

304 Energetic, *a.* གུང་པོ; ཧུར་པོ; ཧུར་བརྩོན་ཅན;

305 Energetically, *ad.* གུང་པོ་བྱེད་དེ;

306 Energize, *v.i.* ཧུར་བསྐྱེད་པ;

307 Energy, *n.* ཧུར་བརྩོན; གུང; ངར; ཤུགས;

308 Enervate, *adj.* སྟོབས་ཉམས་སུ་བཅུག་པ;

309 Enervation, *n.* ལུས་སྟོབས་ཉམས་པ་ཉིད;

310 Enfeeble, *v.t.* རྒྱུད་དུ་བཅུག་པ; ཉམ་དུ་བཅུག་པ;

311 Enforce, *v.t.* ཤུགས་བསྐྱོད་པ;

312 Enforcement, *n.* ཤུགས་བསྐྱོད;

313 Enfranchise, *v.t.* བཙོན་ནམ་འཆིང་བ་ལས་དགྲོལ་བ;

314 Enfranchisement, *n.* སྒྲོལ་བ་ཉིད;

315 Engage, *v.t.* ལས་སུ་བཀོལ་བ;

316 Engaged, *a.* གཏས་མར་ཚུད་པ; ཁེག་ཁྲུགས་སུ་ཚུད་པ; ཁས་བླངས་པ;

317 **Engagement**, *n.* ཁ་ཆིག་བརྗེས་ནས་འཆིང་ཟིན་པའི་ཚུལ;

318 **Engaging**, *a.* ཡིད་ཁར་འོང་པོ;

319 **Engender**, *v.t.* བསྐྱེད་པར་བྱེད་པ;

320 **Engine**, *n.* འཕྲུལ་འཁོར;

321 **Engineer**, *n.* འཕྲུལ་གྱི་བཟོ་པ;

322 **Engineering**, *n.* འཕྲུལ་བཟོ;

323 **English**, *a.* ཨང་ག་རྗེ; དབྱིན་ཇིའི;

324 **Engrave**, *v.t.* རི་མོ་རྡོ་བརྐོས་བྱེད་པ;

325 **Engraver**, *n.* བརྐོས་མཁན;

326 **Engross**, *v.t.* སྒྲེར་དབང་བྱེད་པ;

327 **Engulf**, *v.t.* ནང་དུ་འཐེན་ནས་སྦུབ་པ;

328 **Enhance**, *v.t.* སྤེལ་བ; སྐྱེད་སྤེལ་བ;

329 **Enhancement**, *n.* འཕེལ་བསྐྱེད;

330 **Enigma**, *n.* སྦས་ཚིག;

331 **Enigmatical**, *a.* སྦས་ཚིག་ལྟའི;

332 **Enjoin**, *v.t.* དམ་བསྒྲགས་པ;

333 **Enjoy**, *v.t.* ལོངས་སྤྱོད་པ;

334 **Enjoyment**, *n.* ལོངས་སྤྱོད;

335 **Enkindle**, *v.t.* མེ་མཆེད་པ; མེ་སྤར་བ;

336 **Enlarge**, *v.t.* ཆེ་རུ་བཟོ་བ;

337 **Enlargement**, *n.* ཆེར་བསྐྱེད; ཆ་ཆེ་རུ་གཏང་བ;

338 **Enlighten**, *v.t.* གསལ་བ;

339 **Enlist**, *v.t.* དམག་མིའི་གྲལ་དུ་བཙུག་པ;

340 **Enliven**, *v.t.* སྤྲོ་བ་བསྐྱེད་པ;

341 Enmity, *n.* དགྲ་སྣང; དགྲར་འཛིན;

342 Ennoble, *v.t.* བཟང་དུ་བཙོས་པ;

343 Ennui, *n.* བྱེད་རྒྱུ་གང་ཡང་མེད་པས་ངལ་བ; ཞེ་མེར་བ;

344 Enormity, *n.* ཛབས་ཆེ;

345 Enormous, *a.* རྒྱ་ཆེན་པོ;

346 Enormously, *ad.* རྒྱ་ཆེན་པོར;

347 Enough, *a.* རིན་ཆོད; རན་ཙམ; ལྷང་ཙམ; ལྷང་ཚད;

348 Enquire, *v.t.* འདྲི་བ;

349 Enrage, *v.t.* ཁོང་ཁྲོ་སློང་བ;

350 Enrapt, *n.* ཞི་བདེའི་ཉམས་ཀྱིས་མྱོས་པ;

351 Enrapture, *n.* བདེ་ཉམས;

352 Enravish, *v t.* ཡིད་འཕྲོག་པ;

353 Enrich, *v.t.* ཕྱུག་པོར་གཏང་བ;

354 Enrichment, *n.* ཕྱུག་པོར་གཏང་བའི་ལས;

355 Enrol, *v.t.* མིང་ཐོར་བཀོད་པ;

356 Ensample, *n.* སྤྱུས་མཚན; སྤྱུས་ཚད; དཔེ;

357 Enshrine, *v.t.* བཞུགས་སུ་གསོལ; ལྷ་ཁང་དུ་བཞུགས་སུ་གསོལ་བ;

358 Enshroud, *v.t.* རས་ཀྱིས་འགེབས་པ;

359 Ensign, *n.* གདུང་དར་པ; གདུང་དར;

360 Enslave, *v.t.* ཁོལ་པོར་བཀོལ་བ;

361 Enslavement, *n.* ཁོལ་པོར་བཀོལ་ལུགས;

362 Ensnare, *v.t.* བཙི་རྡུ་གཟུང་བ;

363 Ensue, *v.t.* འབྱུང་བ;

364 Entablature, *n.* ཀ་བའི་ཏོག་གི་པ་ཊ;

365 Entail, *v.t.* ཕ་གཞིས་ཐོབ་ཐང་དབྱེ་ནས་བཞག་པ;

366 Entailment, *n.* ཕ་གཞིས་སྲུས་ཐོབ་དབྱེ་ལུགས;

367 Entangle, *v.t.* འཁྲིགས་པ; བཀྱིགས་པ;

368 Enter, *v.t* ཞུགས་པ;

369 Enterprise, *n.* ལག་ཏུ་ལེན་པའི་ལས;

370 Enterprising ལས་གང་ལའང་འཚོར་ཟུག་མེད་པར་ཞུགས་ནུས་པ;

371 Entertain, *v.t.* མགྲོན་བཏང་བ; ཐུགས་སྤྲོ་གཏང་བ;

372 Entertainer, *n.* ཐུགས་སྤྲོ་གཏང་མི;

373 Entertaining, *a.* སྤྲོ་བ་བསྐྱེད་ནུས;

374 Entertainment, *n.* ཐུགས་སྤྲོ;

375 Enthrone, *v.t.* ཁྲི་ལ་བཀོད་པ;

376 Enthusiasm, *n.* གདུང་ཤུགས;

377 Enthusiast, *n.* གདུང་ཤུགས་ཅན;

378 Enthusiastic, *a.* གདུང་ཤུགས་ཅན;

379 Enthusiastically, *ad.* གདུང་ཤུགས་ཀྱི་ངང་ནས;

380 Entice, *v.t.* བསླུ་བ; བསླུ;

381 Enticement, *n.* བསླུ་ཁྲིད;

382 Entire, *a.* གང་པོ; ཅ་ཚང; སྐང་པོ; ཡོངས་རྫོགས;

383 Entirely, *ad.* གང; ཧྲིལ་གྱི;

384 Entitle, *v.t.* ཐོབ་ཐང་དང་ལྡན་པར་བྱས་པ;

385 Entity, *n.* ངོ་བོ; དངོས་པོ;

386 Entomb, *v.t.* ས་འོག་ཏུ་སྦས་པ;

387 Entomology, *n.* འབུ་ཡི་སྐོར་གྱི་ཤེས་བྱ;

388 Entrails, *n.* ནང་ཁྲོལ;

389 Entrance, *n.* ནང་དུ་ཞུགས་སའི་སྒོ;

390 Entrance, *v.t.* དྲན་པ་བརྒྱལ་དུ་བཅུག་པ;

391 Entrap, *v.t.* བཀབ་མར་འཛིན་པ; བཀབ་རྒྱར་བཟུང་བ;

392 Entreat, *v.t.* ཞུ་བ་འབུལ་བ;

393 Entreaty, *n.* ཞུ་བ;

394 Entrust, *v.t.* བློ་གཏད་བཅོལ་བ; བློ་བཀལ་བ;

395 Entry, *n.* ནང་དུ་ཞུགས་ཚུལ;

396 Entwine, *v.t.* དཀྲིགས་པ; དཀྲི་བ; བཀྲི;

397 Enumerate, *v.t.* གྲངས་པ; བགྲང་བ;

398 Enumeration, *n.* གྲངས;

399 Enunciate, *v.t.* སྒྲ་དག་པར་བརྗོད་པ; བཟློས་པ;

400 Envelope, *n.* ཡིག་བལྟུམ་ས; ཡིག་ཕྱི་འཐུམ; ཡི་གེའི་ཀོག;

401 Envelop, *v.t.* བལྟུམ་པ; འཐུམ་རྒྱབ་པ;

402 Envelopment, *n.* འཐུམ;

403 Enviable, *a.* ཕྲ་དོག་བྱེད་འོས;

404 Envious, *v.t.* ཕྲ་དོག་ཅན;

405 Environ, *v.t.* མཐའ་ནས་བསྐོར་བ:

406 Environs, *n.* མཐའ་སྐོར; ཁ;

407 Envoy, *v.t.* ཕྲ་དོག་བྱེད་པ;

408 Envy, *v.t.* ངོ་ཚབ;

409 Epaulet, *n.* དམག་དཔོན་དག་གི་དཔུང་པའི་དཔུང་རྒྱན;

410 Ephemeral, *a.* ཉི་མ་གཅིག་ལས་མི་བརྟེན་པ;

411 Epic, *n.* དོན་ཆེན་ལྡན་པའི་ཚིགས་སུ་བཅས་པ་སྤེལ་སྦྱོར་ཀྱང་
ཤིན་དུ་ཧམ་བརྗོད་ཆེ་བའི་བརྩོམ་པ;

412 Epidemic, *a.* ནད་ཡམས ;

413 Epigram, *n.* མཚན་འདོགས་ཀྱི་ཚིགས་བཅད ;

414 Epilepsy, *n.* གནས་སྐྱོན; བད་རླུང ;

415 Epileptic, *a.* གནས་སྐྱོན་ཅན; གཟའ་ནད་ཅན;

416 Epilogue, *n.* དཔེ་ཆའི་རྣམ་ཐར་གྱི་འཇུག་ཏུ་ཡོད་པའི་བརྗོད་བྱ;

417 Episcopacy, *n.* ཕྱི་ལུགས་ཀྱི་བླ་ཁག་གི་གོ་གནས ;

418 Episcopal, *a.* སྤྱི་བླའི་དབང་འོག་བསྡུས་པའི ;

419 Episode, *n.* བརྗོད་པའི་ལོ་རྒྱུས ;

420 Epistle, *n.* ཞལ་གདམས ;

421 Epistolary, *a.* ཞལ་གདམས་ཀྱི ;

422 Epitaph, *n* དུར་ཁང་གི་ཐོད་དུ་རྡོ་ལ་ཡིག་འཁོད་ནས་ཡོད་པ;

423 Epithet, *n.* མིང་ངན; ཀུ་རེ;

424 Epitome, *n.* སྙིང་པོ་བསྡུས་མ ; མདོར་བསྡུས་ཀྱི་སྙིང་པོ;

425 Epitomize, *v.t.* བསྡུད་པ ;

426 Epoch, *n.* འདས་ལོ་འདི་ལོ་མཚམས ; དུས་ངོས་རྟགས་ཅན;

427 Epsom, *n.* འཇམ་བཤལ་གྱི་སྨན;

428 Equable, *a.* སྙོམས་པོ ;

429 Equably, *ad.* སྙོམས་པོར ;

430 Equal, *a.* འདྲ་འདྲ; མཉམ་མཉམ ;

431 Equality, *n.* འདྲ་ཆ་མཉམ ;

432 Equalization, *n.* སྙོམས་པོར་འཚོར་བཞི་ལས་བྱེད,

433 Equalize, *v.t.* ཆ་སྙོམས་པ ;

434 Equally, *ad.* འདྲ་འདྲར;

435 Equanimity, *n.* བཏང་སྙོམས ; མཉམ་ཉིད;

436 Equation, *n.* ཆ་སྙོམས་པའི་བརྩིས་གཞུང་;

437 Equator, *n.* འཛམ་བུ་གླིང་གི་སྐྱེད་པའི་ཐད་ཀྱི་ཐིག་དེའོ;

438 Equatorially, *a.* འཇིག་རྟེན་གྱི་སྙེད་ཕྱེད་ཀྱི་ཐད་ཁའི;

439 Equestrian, *n.* རྟ་བཞོན་པ;

440 Equidistant, *a.* ཐག་རིང་ཐུང་འདྲ་འདྲ;

441 Equilateral, *a.* གྲུ་རིང་ཐུང་འདྲ་འདྲ;

442 Equilibrium, *n.* ཆ་སྙོམས;

443 Equinox, *n.* སྟོན་དཔྱིད་ཉིན་མཚན་མཉམ་དུས;

444 Equip, *v.t.* ཆས་སྒྲིག་པ;

445 Equipage, *n.* (ཆས་བརྡུགས (Sik.); ཡབ་ཆ; ཆ་ལུགས;

446 Equipment, *n.* ཆས; ཡབ་ཙ;

447 Equiponderate, *v.i.* བརྫིད་སྙོམས་པ;

448 Equitable, *a.* གཞུང་བསྲོང་དུ་ཡོད་པ;

449 Equity, *n.* གཞུང་དྲང་བ་ཉིད;

450 Equivalent, *a.* འདྲ་འདྲ;

451 Equivocal, *a.* དོན་ཐ་དད་གཉིས་དང་ལྡན་པ; བརྫུན;

452 Equivocate, *v.i.* བརྫུན་བ་ཤད་པ;

453 Equivocation, *n.* དོན་ཐ་དད་གཉིས་སུ་ལྡན་པའི་ཚིག;

454 Era, *n.* བསྐལ་པ;

455 Eradicate, *v.t.* རྩ་བ་ནས་འདོན་པ; རྩད་ནས་བཅོད་པ;

456 Eradication, *n.* རྩ་བ་ནས་འདོན་པ་ཉིད;

457 Erase, *v.t.* བསྲུབ་པ;

458 Eraser, *n.* བསྲུབ་བྱེད;

459 Ere, *ad.* སྔོན་ནས;

460 Ere, *prep.* དེ་སྔ་ནས;

461 Erect, *n.* དྲང་ཡོང; ཀྱི་རི; ཀྲོང་ངེ;

462 Erect, *v.t.* དྲང་ཡོང; སློང་བ; སྒྲིང་བ;. འཛུགས་པ; བཟེང་བ;

463 Erection, *n.* བསློང་བ; བཟོ་བ;

464 Erectly, *ad.* དྲང་ཚུགས་སུ; ཡར་ཀེ་རེར; ཀྲོང་ངེར;

465 Ere long, *ad.* ཡུན་རིང་མ་ལོན་གོང་ནས;

466 Ermine, *n.* སིན་བསྒྲེ་མོང་འདྲ་བ་ཞིག་གི་པཊ་པ་དགུན་ཀར་ཞུ་གུའི་ ཀྱེ་ནག་པོ་གཞན་དཀར་པོ་བྱུས་པ་ཞིག;

467 Err, *v.i.* འཁྲུལ་བ; ནོར་བ; འགལ་བ; འཁྲུལ་གཞི;

468 Errand, *n.* བང་ཆེན;

469 Errant, *a.* རྒྱལ་ཁམས་པ; ཕྱོགས་ཉུལ་བ; འཁྱར་པོ;

470 Erratic, *a.* སྡོད་གནས་གཅིག་ཏུ་མི་ཆགས་པར་འཁྱར་པ;

471 Erratum, *n.* ཡིགེ་བྲི་བའི་སྐབས་སུ་འཛོལ;

472 Erroneous, *a.* ནོར་ཁྲུལ་ཅན;

473 Error, *n.* ནོར་འཁྲུལ;

474 Erudite, *a.* ཤེས་བྱ་ཀུན་ལ་མཁས་པ;

475 Erudition, *n.* ཤེས་བྱའི་ཡོན་ཏན་ལ་སྦྱངས་པོ་ཆེ་བ་ཉིད;

476 Eruption, *n.* ཐོར་པ; འཁོལ་ནས་ཐ་ཡུད་པ;

477 Eruptive, *a.* ཐོར་པ་ཅན;

478 Erysipelas, *n.* གདོང་པའི་སྐང་ལ་བད་ཁྲག་གི་ཐོར་པའི་ནད;

479 Escalade, *n.* དགྲ་རྫོང་གི་ལྕགས་རིའི་ཐོགས་ནས་ཡར་སྐས་ཀ་བཀྱོན་ ནས་འཛེག་པ་ཉིད;

480 Escalade, *v.t.* དགྲ་རྫོང་བཙན་ཐབས་སུ་འཚོས་པ;

481 Escape, *v.t.* བྲོས་ནས་མཐར་བ;

482 Escapement, *n.* བྲོས་ཐར; བྲོས་སྒོ་ཤོར་མའི་ལམ; ཨེ་ཁྲང;

483 Escarp, *v.t.* རིའི་ངོས་གཟར་པོ་བཟོ་བ; (*n*) རི་གཟར;

484 Escheat, *n.* གཞུང་ལ་དག་པའི་གཞིས་ནོར;

485 Eschew, *v.t.* སྤངས་པ; འགྱངས་འཐན་བྱས་པ;

486 Escort, *v.t.* སྐྱ་སྐྱུང་གི་ཚུལ་དུ་ཞབས་ཕྱི་ཞུ་བ;

487 Esculent, *a.* ཟ་རུང་བའི; ཟ་ལོ་བའི;

488 Especial, *a.* ཁྱད་པར; དམིཊ་གཏད; གཞན་དང་མི་འདྲ་བ;

489 Especially, *ad.* ཁྱད་པར་དུ;

490 Esplanade, *n.* གྲོང་ཁྱེར་ཆེན་པོའི་ནང་དུ་ས་རྒྱ་ཆེ་ཞིང་བདེ་མོར་ཡོད་
པའི་ལམ;

491 Espial, *n.* སོ་པའི་ལས་བྱས་མི;

492 Espousal, *n.* ཟླ་གྲོགས་སུ་འཛིན་པ;

493 Espouse, *v.t.* ཟླ་གྲོགས་བྱེད་པ;

494 Espy, *v.i.* མཐོང་བ; མཐོང་པ;

495 Esquire, *n.* ཁྲིམ་བདག; གཞིས་ཀྱི་བདག་པོ; མི་དྲག;

496 Essay, *v.t.* བརྒྱོས་གར;

497 Essay, *n.* བརྩམས་པ; བརྩམ་པར་བྱ་བ;

498 Essayist, *n.* བརྒྱོས་གར་མཁན;

499 Essence, *n.* བཅུད; སྙིང་པོ;

500 Essential, *a.* སྙིང་པོའི;

501 Essential, *n.* སྙིང་པོ;

502 Establish, *v.t.* སྒྲུམ་འབྲིང་བ; སྒྲོལ་འཛུག་པ;

503 Establishment, *n.* གདན་ས; སྡེ; འཁོར་ཆས; འཁོས་བཅས;

504 Estate, *n.* གཞིས་ཀ;

505 Esteem — མཐོང་བསྐྱེད་པ;

506 Estimable, *a.* — བརྩིས་སུ་ཡོད་པ; བརྩི་འོས;

507 Estimate, *v.t.* — གོང་ཚོད་དཔག་པ;

508 Estimation, *n.* — བརྩིས; ཆ་འཛོག; མཐོང་ཆ་བཞག;

509 Estrange, *v.t.* — སེམས་འགྱུངས་སུ་བཅུག་པ;

510 Estrangement, *n.* — ཕར་ཕར་བློ་འགྱུངས་པ་ཉིད;

511 Estuary, *n.* — རྒྱུག་ཆུ་དང་རྒྱ་མཚོ་འཐུག་སར་ཁ་ཞེང་ཆེན་པོར་གདལ་བ་དེའོ;

512 Etc. or et cetera, *n.* — ལ་སོགས་པ;

513 Etch, *v.t.* — ཧྲབ་ཧྲོབ་ཏུ་བྲིས་པ; རི་མོ་ཧྲོབ་ཀྱི་བྲིས་པ;

514 Eternal, *a.* — གཏན་དུས; དུས་མཐའ་མུ་མེད;

515 Eternally, *ad.* — གཏན་དུ; དུས་མཐའ་མུ་མེད་དུ;

516 Eternity, *n.* — དུས་མཐའ་མུ་མེད;

517 Eternize, *v.t.* — གཏན་དུ་གནས་པར་བྱས་པ;

518 Ether, *n.* — འབྱུང་བ་ནམ་མཁའ; གནམ; ནམ་མཁའ;

519 Ethereal, *a.* — ནམ་མཁའི་ཆོས་ཅན;

520 Ethical, *a.* — སྤྱོད་ལམ་བཟང་པའི་སྐོར་གྱི;

521 Ethics, *n.* — སྤྱོད་ལམ་སྟོན་པའི་མདོ;

522 Ethiopian, *n.* — ཨི་ཐིཔྲ་ཡི་སློ་ན་ཨི་ཐྲིའོ་པི་ཡཱ་བྱ་བའི་ཡུལ་གྱི་མི;

523 Ethnical, *a.* — མི་རིགས་དབྱེ་བ་ཕྱེ་བའི་སྐོར;

524 Ethnography — མི་རིགས་ཀྱི་རྣམ་གྲངས་དབྱེ་བའི་བསྟན་བཅོས;

525 Ethnology, *n.* — མི་རིགས་ཀྱི་རྣམ་གྲངས་བསྟོན་པའི་ཤེས་བྱ;

526 Etiquette, *n.* — འགྲོ་ལུགས; འཁྲིག་ལོཾ་རྣཾ་བཞག;

527 Etymological, *a.* བརྡགས་འཛུག་གི;

528 Etymologically, *ad.* བརྡགས་འཛུག་དང་མཐུན་པར;

529 Etymologist, *n.* བརྡགས་འཛུག་ལ་མཁས་པ;

530 Etymology, *a.* བརྡགས་ཀྱི་འཛུག་པ; ཐ་སྙེ;

531 Eucharist, *n.* ཚོགས་འཁོར; ཡེ་ཤུའི་ཞལ་ཀྱི་ཚོང་འཁོར;

532 Eudiometer, *n.* རླུང་གི་ནང་དུ་ཨོག་སི་ཇེན་ཞེས་པའི་སྲོག་འཚོ་བྱེད་ཀྱི་རླུང་གི་ཆ་ཚད་ཙམ་ཡོད་མེད་གཞལ་བྱེད་ཀྱི་ལག་ཆ;

533 Eulogist. སྟོད་ར་རྒྱབ་མཁན;

534 Eulogium, *n.* སྟོད་ར;

535 Eulogy, *n.* སྟོད་ར;

536 Eunuch, *n.* ཉུག་རུམ; སྔ་སྲོལ་སྔོན་རྒྱལ་པོའི་བཙུན་མོ་སོགས་ཀྱི་འཁོར་དུ་ཤ་གཅོད་ཟིན་པའི་སྐྱེས་པ་སོང་སྐྱུང་བྱར་བཞག་པ་དེ་དག་གོ; སྐྱེས་པ་ཤ་གཅོད་ཟིན་པ;

537 Euphony, *n.* སྒྲའི་རན་ཚུལ; སྒྲ་སྙན་འཇེབས་ལྡན་ཚུལ;

538 European, *n.* ཡུ་རོབ་ཞེས་ནུབ་ཕྱོགས་པ;

539 Evacuate, *v.t.* སྟོ་སང་ངེ་བཟོ་བ;

540 Evacuation, *n.* སྟོངས་པ; ཕྱིར་སྟོང་སང་ངེར་འདོན་པ་ཉིད;

541 Evade, *v.t.* གཟུར་བ; འཛུར་བ; འཛོལ་བ;

542 Evanescent, *a.* དངོས་མེད;

543 Evangelical, *a.* ཕྲིན་བཟང་གི་སྐོར;

544 Evangelist, *n.* ཕྲིན་བཟང་སྒྲོག་པ་པོ;

545 Evangelize, *v.t.* ཕྲིན་བཟང་བསྒྲོག་པ;

546 Evaporate, *v.t.* རླངས་པར་སྐམ་པ;

547 Evaporation, *n.* རླངས་པར་ཡལ་བ་ཉིད;

548 Evasion, *n.* འཛོལ་གཟུར ; གཟུར་བ་ཉིད ;

549 Evasive, *a.* འཛོལ་གཟུར་མཁན ;

550 Eve, *n.* དགོང་ཁ ; ཉིན་ཐུས་ཀྱི་དུས་ཚོད ;

551 Eve, *n.* ཁྲི་ལུགས་ཡི་ཤུའི་རྗེས་འཇུག་དང་ཨ་དྷ་ད་པ་དང་
སུ་སུལ་མན་སོའི་ཀྱི་འདོད་ཚུལ་ལྟར་ན་བུད་མེད་བྱུང་
བའི་ཐོག་མ་དེའོ ;

552 Even, *a.* ཆ ; ཟུང ;

553 Even, *adv.* ཀྱང ; ཡང ; འང ;

554 Even, *v.t.* ཁོད་སྙོམས་པོ་བཟོ་བ ; ཁོད་བསྙོམས་པ ;

555 Evening, *n.* དགོང་ཁར ; ས་ཁྲེབ ; ས་སྲོད ; སྲོད ;

556 Evenness, *n.* ཁོད་སྙོམ་ཚུལ ; མཉམ་པ་ཉིད ;

557 Event, *n.* སྐབས ; དུས ; དུས་གནད་གག་ཅན ; རྐྱེན ;

558 Eventful, *a.* དུས་གནད་གག་ཆེན་པོ་འོ ;

559 Eventual, *a.* མཐའ་མའི ; ཕྱི་མའི ; རྗེས་ཀྱི ;

560 Eventually, *ad.* མཐའ་མར ; མཐར ; ཕྱིས་ནས ; རྗེས་སུ ;

561 Ever, *ad.* གཏན་དུ ; བརྟག་པར ; རྟག་ཏུ ;

562 Evergreen, *a.* རྟག་ཏུ་སྔོན་པོ ; ལོ་མ་དགུན་དཀར་མི་ཟགས་མི ;

563 Everlasting, *a.* རྟག་པར་གནས་པ ; མི་འཇིག་པ ;

564 Everlastingly, *ad.* རྟག་པར ;

565 Evermore, *ad.* རྒྱུན་ཆད་མེད་པར ; ཡང་ཡང ; ལྷག་པར ; ཆེས་ལྷག་པར ;

566 Every, *a.* ཅི་སྙེད , ཇི་ཡོད , ཅི་ཀུན , རེ་རེ , རེ ,

567 Evict, *v.t.* ཁྲིམས་སའི་ཐོག་ནས་གཞིས་ནས་དབྱུང་བ ;

568 Eviction, *n.* ཁྲིམས་སའི་བཅད་མཚམས་བཞིན་ས་གནས་ནས་ཕྱིར
འཐིག་པ ;

569 Evidence, *n* — ཆ་དཔང་; དཔང་པོ་; རྒྱུ་མཚན་;

570 Evident, *a.* — མངོན་པ་; ལྷར་སྣང་དུ་གསལ་བ་; མངོན་དུ་ཡོད་པ་;

571 Evidently, *ad.* — མངོན་པར་; མངོན་པ་ལྷར་ན་; ལྷར་སྣང་དུ་;

572 Evil, *a.* — ངན་པ་ *n.* ངན་; སྡུ་བ་;

573 Evince, *v.t.* — གསལ་པོར་བསྟོན་པ་; གསལ་པོར་མཚོན་པ་;

574 Evincible, *a.* — གསལ་པོར་མཚོན་དུ་ཡོད་པའི་;

575 Evoke, *v t.* — སྤྲུར་འབོད་པ་;

576 Evolution, *n.* — ལུགས་འབྱུང་; འབྱུང་ཚུལ་; ཆགས་ཚུལ་;

577 Evolve, *v.t.* — ཁ་དབྱེ་བ་; བརྒྱུང་བ་;

578 Ewe, *n.* — ལུག་མོ་; མོ་ལུག;

579 Ewer, *n.* — ཆུ་སྣོད་; ཆབ་བུམ་;

580 Ex, *adj.* — འགྲེས་པོ་; སྔོན་མ་; སྔ་མ་;

581 Exact, *a.* — ཞིབ་པ་; གཏན་གཏན་ཏིག་ཏིག; ཁྲིག་ཁྲིག;

582 Exaction, *n.* — ཁྲལ་འགོད་བཟི་མོ་; ཁྲལ་བཟི་མོ་;

583 Exactly, *ad.* — ངེས་པར་; ཁྲིག་ཁྲིག;

584 Exactness, *n.* — ངེས་ཏིག; ཞིབ་ཆ་;

585 Exaggerate, *v.t.* — སྒྲོ་འདོགས་པ་; སྒྲོ་སྤེལ་བ་;

586 Exaggeration, *n.* — སྒྲོ་བཏགས་;

587 Exalt, *v.t.* — དབུ་ཐང་བསྟོད་པ་;

588 Exaltation, *n.* — དབུ་ཐང་མཐོ་བ་ཉིད་; དབུ་ཐང་ཡར་བསྐྱེད་;

589 Examination, *n.* — བརྟག་དཔྱད་; དཔྱད་པ་; དཔྱད་;

590 Examine, *v.t.* — བརྟག་དཔྱད་བྱ་བ་;

591 Example, *n.* — མིག་ལྟོས་; དཔེ་; (ཚུལ་སྟོན་པ་; illustration.)

592 Exasperate, *v.t.* — ཁྲོང་ཁྲོ་སློང་བ་;

593 Excavate, *v.t.* རྡོང་བྲུ་བ; བཀོ་བ;

594 Excavation, *n.* རྡོང; རྡོབ; (རྡོང་བྲུས་པའི་རྡོབ་སྐྱོང; Sik.)

595 Excavator, *n.* རྡོང་བྲུ་མཁན;

596 Exceed, *v.t.* ལྷག་པ; ལྷག་ཐལ་བ;

597 Exceedingly, *ad.* ལྷག་པར; ཧ་ཅང་གི; ཧ་ཅང་རང;

598 Excel, *v.t.* ལྷག་པར་འཕགས་པ;

599 Excellence, *n.* ཁྱད་འཕགས; ངོ་མཚར་རྨད་བྱུང;

600 Excellency, *n.* རིན་པོ་ཆེ;

601 Excellent, *a.* ཁྱད་པར་འཕགས་པ;

602 Excellently, *ad.* ཨང་གི་དང་པོ་བྱེད་དེ;

603 Except, *v.t.* མ་གཏོགས་པ; ཕྱིར་སྤུད་པ;

604 Except, *prep.* མ་གཏོགས;

605 Excepting, *prep.* མ་གཏོས་པའི;

606 Exception, *n.* འགག་ཆ; པར་སྤུད;

607 Exceptionable, *a.* འགག་ཆ་རྒྱབ་འོས;

608 Exceptional, *a.* གཞན་དང་མི་འདྲ་བ; དཔེ་མེད; ཟླ་མེད;

609 Excerpt, *v.t.* དཔེ་ཆའི་ནང་ནས་གདམ་ཁ་བྱས་ཏེ་བཤུ་བ;

610 Excess, *n.* ལྷག; ལྷག་ཐལ; དྲག་ཐལ;

611 Excessive, *a.* ལྷག་དྲགས་པ;

612 Excessively, *ad.* དྲགས་རང་དྲགས་ཏེ; ཧ་ཅང་ཐལ་ཏེ;

613 Exchange, *v.t.* བརྗེས་བསར་རྒྱབ་པ;

614 Exchequer, *n.* ཁྲིམས་ས་གོང་མ;

615 Excise, *n.* ཚང་དང་གཟི་བྱེད་སྤྱོས་བྱེད་ཀྱི་རྫས་ཀྱི་སྐོར;

616 Exciseman, *n.* ཚང་ཁྲལ་བསྡུ་བའི་ལས་སྡེ;

617 Excitability, *n.* སྙིང་ཁམས; ཁོང་ཁྲོ་ཡང་སྙིང་འདོད་པོ; ཁོང་ཁྲོ་ལངས་

618 Excitable, *a.* སྙིང་ཁམས་མཐོན་པོ; [འདོད;

619 Excite, *v.t.* ཁོང་ཁྲོ་བསླང་བ;

620 Excitement, *n.* ཁོང་ཁྲོ;

621 Exciting, *a.* ཁོང་ཁྲོ་སློང་ནུས;

622 Excitingly, *ad.* ཁོང་ཁྲོ་སླང་ནུས་བྱེད་དེ;

623 Exclaim, *v.i.* སྐད་ཆེན་པོར་བཤད་པ;

624 Exclamation, *n.* སྐད་ཆ་དྲག་པོར་བརྗོད་པའི་ཚིག;

625 Exclude, *v.t.* ཕྱི་ལ་འབིག་པ; ཕུད་པ; ཕྱིར་བཏོན་པ;

626 Exclusion, *n.* བརྩིས་སྐྱར་མ་འདེབས་པ་ཉིད;

627 Exclusive, *a.* མ་བརྩིས་པའི; ཕྱིར་དོར་བའི;

628 Exclusively, *ad.* ཀུན་དང་མི་འདྲ་བར; ཁ་ཁག་བྱེད་དེ; སོ་སོ་ཁ་ཁག;

629 Excommunicate, *v.t.* མི་གྲལ་ནས་གདོན་པ;

630 Excommunication, *n.* དམངས་འཕྱུགས; (Sik.).

631 Excoriate, *v.t.* པགས་པ་བཤུས་པ;

632 Excoriation, *n.* པགས་པ་བཤུས་པ་ཉིད;

633 Excrement, *n.* ལྕི་བ; དྲི་ཆེན; སྐྱག་པ;

634 Excrementitious, *a.* ལྕི་བའི; སྐྱག་པའི;

635 Excrescent, *a.* ཤུ་ཐོར; ཐོར་པ; སྐྲང་འབུར; (འབུར་དོག; Sik.)

636 Excretion, *n.* ལུས་ནས་ཕྱིར་འཐོན་པའི་ཁུ་བ; དཔེར་ན་རྣ་ནས་རྣབ་
ལུད་དང་མིག་གི་མཆི་མ་ལྟ་བུའོ;

637 Excretory, *n.* ཁུ་བ་འདོན་རྒྱུ་ཡོད་པའི;

638 Excruciate, *v.t.* མནར་གཅོད་གཏང་བ;

639 Excruciation, *n.* མནར་གཅོད;

640 Exculpate, *v.t.* སྡིག་པ་བཤགས་པ;

641 Exculpation, *n.* བཤགས་པ; སྡིག་བཤགས;

642 Excursion, *n.* ལས་ཅི་ཙང་ཞིག་ལ་ཆས་པ; ལས་སྲུ་ཆས་པ;

643 Excursionist, *n.* གླིང་ག་འནམ་སྐྱིད་སྐྱིད་ལ་ཆས་མཁན;

644 Excusable, *a.* དགོངས་ཡངས་གཏང་འོས; དགོང་པ་ཡངས་འོས;

645 Excuse, *v.t.* དགོང་པ་ཡངས་པ; དགོང་ཡངས་གནང་ནས;

646 Excuse, *n.* དགོང་ཡངས; ཁག་ཡོགས; (ཁམ་འཕྲུལ་ས་ Bhut.)

647 Execrable, *a.* བལྟ་ཉེན་མེད་པ; དམོད་བོར་འོས; སྨུག་ཙལ;

648 Execrate, *v.t.* དམོད་མོ་འདབས་པ; གང་སྨུག་བཤད་པ;

649 Execration, *n* དམོད་མོ; ཞེ་གཉིང་ནས་ཁྲེལ་བ; ཞེ་ཁྲེལ;

650 Execute, *v.t.* ལས་བྱས་པ;

651 Execution, *n.* བྱས་པ; ལས་བྱེད; འབད་རྩོལ;

652 Executioner, *n.* ཁྲིམས་གཅོད་པོ; རྫོན་པ; མགོ་གཅོད་མི;

653 Executive, *n.* ལས་བྱེད; དོན་སྤྱོད་པ;

654 Executor, *n.* ཁ་འཆེམ་འཛོག་པའི་ཆོག་དོན་ལག་ལེན་དུ་འཁྱེར་བ་པོ;

655 Exegesis, *n.* དམ་པའི་ཆོས་སམ་བསྟན་བཅོས་སོགས་ཀྱིས་སྒྲ་བསྒྱུར;

656 Exemplar, *n.* དཔེ; མིག་ལྟོས་ཀྱི་དཔེ;

657 Exemplarily, *ad.* མིག་ལྟོས་ཀྱི་དཔེར་འོས་པར་བྱེད་དེ;

658 Exemplify, *v.t.* དཔེར་བརྗོད་རྒྱབ་པ; དཔེར་བརྗོད་ཀྱིས་མཚོན་པ;

659 Exempt, *v.t.* ཁྲིམས་ཡང; ཡངས་ཆ་གནང་བ;

660 Exemption, *n.* ཤོ་ཁྲལ་བཅའ་ཁྲལ་སོགས་ཡངས་པ;

661 Exercise, *v.t.* འབྱུང་བ; *n.* འབྱུང་རྒྱུགས;

662 Exert, *v.t.* འབད་པ; བརྩམས་པ;

663 Exertion, *n.* འབད་རྩོལ;

664 Exhalation, *n.* རླང་པ་ཕྱི་ལ་འདོན་པ་གང་; ཕྱི་ལ་ཐོན་པའི་རླང་པ;

665 Exhale, *v.t.* རླངས་ཀྱི་རྣམ་པར་ཕྱིར་དོར་བ; དབུགས་ཕྱིར་དོར་བ;

666 Exhaust, *v.t.* དུབ་པ; ངལ་དུ་བཅུག་པ;

667 Exhausted, *p. adj.* ངལ་དུབ་ཅན; ཐང་ཆད་པོ;

668 Exhaustion, *n.* ངལ་དུབ;

669 Exhaustive, *a.* ཡོངས་སུ་རྫོགས་པ;

670 Exhaustless, *a.* རྫོགས་རྒྱུ་མེད་པ;

671 Exhibit, *v.t.* བལྟས་མོར་བསྟོན་པ;

672 Exhibition, *n.* ཀུན་ལ་བསྟོན་པའི་བལྟས་མོ;

673 Exhilarate, *v.t.* སྤྲོ་བ་བསྐྱེད་པ;

674 Exhilaration, *n.* དགའ་སྤྲོ; དགའ་ཉམས;

675 Exhort, *v.t.* ཞུ་བ་འདྲེན་པ;

676 Exhortation, *n.* ཞུ་བ; (ཨོཾ་ཤེས་སླུ་མཁྱེན Sik.).

677 Exigence, *n.* གལ་ཆེ;

678 Exigent, *a.* གལ་ཆེན་པོ;

679 Exile, *n.* མཐའ་འབྲིག;

680 Exile, *v.t.* མཐར་བཅུག་པ;

681 Exist, *v.t.* མཆིས་པ; གནས་པ;

682 Existence, *n.* སྲིད་པ; མཆིས་པ; གནས་པ; ཡོད་པ;

683 Existent, *a.* གནས་བཞིན་པ; མཆིས་བཞིན་པ;

684 Exit, *n.* ཕྱི་ལ་འགྲོ་བའི་སྒོ; ཕྱིར་ཐོན;

685 Exodus, *n.* ཡུལ་ནས་ཕྱིར་ཐོན་པ་ཉིད; ཡུལ་འཐོན;

686 Exogamy, *n.* རང་དང་ཉི་ བར་མི་འགྲོ་བའི་བུ་མོ་ དང་མིན་པ་ གཉེན་མི་ འདེབས་པའི་སྲོལ;

687 **Exonerate**, *v.t.* མི་ཁ་སང་བ; (སྐྱོན་སྐྱབ་པ; Sik. and Bhut.).

688 **Exoneration**, *n.* མི་ཁ་སངས་པ་ཉིད; (སྐྱོན་སྐྱབ; Sik. and Bhut.). དགའ་འབྱུང;

689 **Exorable**, *a.* ཞུ་བ་འབུལ་བས་བསྒྱུར་བཅོས་ཡོད་པ;

690 **Exorbitance**, *n.* ཚོད་མེད; ཆད་འགལ; དྲགས་ཐལ;

691 **Exorbitant**, *n.* ཚོད་མེད་པའི; ཚད་ལས་འགལ་བའི;

692 **Exorbitantly**, *ad.* ཚོད་མེད་པར;

693 **Exorcise**, *v.t.* བགེགས་སྐྲོད་རྒྱབ་པ; བཀྲད་པ;

694 **Exorcism**, *n.* བགེགས་བཀྲོད;

695 **Exorcist**, *n.* བཀྲད་པ་པོ; ཁ་ཕད་པ;

696 **Exordium**, *n.* སྔོན་དུ་བརྗོད་པ; ཐོག་མའི་བརྗོད་པ; སྔོན་འགྲོའི་

697 **Exotic**, *a.* ཡུལ་གཞན་ཞིག་ནས་འཁྱར་ཡོང་བའི;

698 **Expand**, *v.t.* རྒྱ་མགྱང་བ; བརྒྱངས་བ;

699 **Expanse**, *n.* རྒྱ; ཁྱོན; ཞེང;

700 **Expansibility**, *n.* རྒྱ་ཁྱབས;

701 **Expansion**, *n.* རྒྱ་ཁྱོན; ཁ་ཞེང;

702 **Expansive**, *a.* རྒྱ་ཆེན་པོ;

703 **Expatiate**, *v.t.* རྒྱ་ཆེར་སྤྲོས་ཏེ་འགྲེལ་བ; རྒྱས་པར་སྤྲོས་ཏེ་བཤད་པ;

704 **Expatriate**, *v.t.* ཡུལ་ནས་སྤུད་པ; མཐར་འབིག་པ;

705 **Expatriation**, *n.* མཐའ་འབུད; མཐའ་འབིག;

706 **Expect**, *v.t.* རེ་བ་བྱེད་པ; རེ་བ་བསྐྱེད་པ; རེ་བ;

707 **Expectancy**, *n.* རེ་བ;

708 **Expectant**, *a.n.* རེ་བ་བྱེད་བཞིན་པ;

709 **Expectation**, *n.* རེ་བ;

710 Expectorant, *a.* གློ་ཁག་ཕྱིར་འདོན་བྱེད་ཀྱི་སྨན; གློ་ཁག་མཆིལ་མ་དང་ ལུད་པ་ཕྱིར་འདོན་བྱེད་ཀྱི་གློ་སྨན;

711 Expectorate, *v.t.* མཆིལ་མ་འདོར་བ;

712 Expediency, *n.* ཐབས་མྱུར་ལུགས; མྱུར་བའི་ཐབས;

713 Expedient, *n.* ཐབས; མྱུར་ཐབས;

714 Expedite, *v.t.* ཧུར་བརྩོན་བསྐྱེད་པ;

715 Expedition, *a.* རྫོང་བདའ; དཔུང་བསྐྱོད་དེ་ཆས་པ;

716 Expeditionary, *a.* མྱུར་པོ; སྐྱེན་པོ;

717 Expeditious, *a.* མྱུར་པོ; སྐྱེན་པོ;

718 Expeditiously, *ad.* མྱུར་པོར; སྐྱེན་པོ་བྱེད་དེ;

719 Expel, *v.t.* ཕྱི་ལ་སྤུད་པ; ཕྱིར་བཏོན་པ;

720 Expend, *v.t.* འཛད་པ; འགྲོ་སོང་གཏོང་བ;

721 Expenditure, *n.* འགྲོ་སོང; གཏོང་བྱེད;

722 Expense, *n.* གནས་ཁངས; འགྲོ་སོང་ཟས་སོང;

723 Expensive, *a.* འགྲོ་སོང་ཆེན་པོ;

724 Experience, *n.* ཉམས་མྱོང;

725 Experienced, *a.* ཉམས་མྱོང་ཅན; འབྱོངས་པོ; གོམས་པོ;

726 Experiment, *n.* ཉམ་དག་པ;

727 Experimental, *a.* ཉམས་དག་གི་ཕྱིར་དུ;

728 Expert, *a.* མཁས་པ;

729 Expertness, *n.* མཁས་རྩལ;

730 Expiatory, *a.* སྡིག་པ་འབྱང་བའི; སྡིག་འབྱང་གི;

731 Expiration, *n.* ཕྱི་དབུགས; (meaning death ཚེ་དུས; ཚེའི་དུས་བྱས་པ; འཆི་བ);

732 Expire, *v.i.* ཤི་བ; འདས་པ; དུས་བྱས་པ;

733 Explain, *v.t.* བཤད་པ; གོ་བ་ཕབ་པ;

734 Explanation, *n.* རྒྱུ་མཚན་བརྗོད་རྒྱུ;

735 Explanatory, *a.* རྒྱུ་མཚན་བཤད་རྒྱུའི; འགྲེལ་པ་ལྟ་བུའི;

736 Expletive, *a.* ཕྱིར་འགེངས་པའི;

737 Explicate, *v.t.* ཕྱིར་གདལ་བ; རྐྱང་བ;

738 Explication, *n.* དོན་བཀྲོལ་སྟེ་བཤད་པ;

739 Explicit, *a.* གོ་བ་ཁ་གསལ; གོ་བདེ;

740 Explicitly, *ad.* གོ་བདེར;

741 Explode, *v.i.* བགད་པ; རྫས་མེ་ཤོར་བ་བཞིན་བགད་པ;

742 Exploit, *n.* སྙིང་མ; ལག་ལེན;

743 Exploration, *n.* ས་བལྟ་རྟོག་བྱེད་པ;

744 Explore, *v t.* སྔར་མ་སླེབས་པའི་སར་ཉུལ་མ་བྱེད་པ;

745 Explorer, *n.* ཉུལ་མ; སོ་པ;

746 Explosion, *n.* བགད་པ;

747 Explosive, *a.* བགད་རྒྱུའི;

748 Explosively, *ad.* འགད་པ་བཞིན་བྱེད་དེ;

749 Exponent, *n.* དོན་ཞིབ་མོར་སྟོན་པ;

750 Export, *v.t.* ཡུལ་ནས་ཚོང་ཟོག་ཕྱིར་འདོན་པ;

751 Exportation, *n.* འཚོང་ཟོག་ཕྱིར་འདོན་པ;

752 Expose, *v.t.* ཕྱིར་སྟོན་པ; སྐྱོན་ཕྱིར་བསྟོན་པ;

753 Exposition *n.* ཀུན་གྱི་མཐོང་ས་འདམ་གོ་ཐོས་སུ་སྟོན་པ་ཉིད;

754 Expositor, *n.* སློབ་བསྒྱུར་བ; དོན་བཀྲོལ་མི;

755 Expository, *a.* དོན་བཀྲལ་བའི; འགྲེལ་བའི;

756 Expostulate, *v.i.* ལྐོག་གདམ་གྱི་སླབ་བྱ་སྟོན་པ;

757 Expostulation, *n.* ལྐོག་གདམ་ཀྱི་གྲོས་འདེབས;

758 Exposure, *n.* ཀུན་གྱིས་མཐོང་སར་སྟོན་པ;

759 Expound, *v.t.* བཤད་པ; འགྲེལ་པ་བཤད་པ;

760 Expounder, *n.* འགྲེལ་པ་སྨྲ་བ་པོ;

761 Express, *v.t.* ངག་ནས་བརྗོད་པ; བརྗོད་པ; ཁ་ནས་ཐོན་པ;

762 Expressed, *a.* ཁ་ཐོན;

763 Expression, *n.* ཁ་ནས་བཤད་ཚུལ;

764 Expressive, *a.* གསལ་པོར་མཚོན་ནུས་པའི;

765 Expressly, *ad.* ཕྱིར་གཏད་དུ; དེ་ཁོ་ནའི་ཆེད་དུ; དེ་ཀའི་ཆེད་དུ;

766 Expropriate, *v.t.* སྤྲོག་པ;

767 Expugn, *v.t.* དབང་དུ་བསྡུ་བ; བདུལ་བ;

768 Expulsion, *n.* ཕྱིར་འབུད;

769 Expunge, *v.t.* ཕྱིར་སྟོན་པ;

770 Expurgate, *v.t.* ཕྱིར་དབྱུང་བྱེད་པ;

771 Expurgation, *n.* སྐྱོན་གསལ་བ; ཉེས་ལྟུང་སེལ་བ;

772 Exquisite, *n.* ཁྱད་པར་འཕགས་པ;

773 Exquisitely, *ad.* མཆོག་དུ;

774 Extant, *a.* ད་བཟོད་ཀྱང་མཆིས་པ; ཡོད་བཞིན་པ;

775 Extemporaneous, *a.* ངག་ནས་ཐོལ་སྐྱེས་སུ་འཆད་པ;

776 Extempore, *ad.* ངག་འདོན;

777 Extemporize, *v.i.* ངག་ནས་ལམ་སང་ཐོལ་གྱིས་འཆད་པ;

778 Extend, *v.t.* རྒྱ་མགྱངས་པ;

779 Extension, *n.* རྒྱ; ཁྱོན; གྱུ; རྒྱ་ཁྱབས; དཀྱུས;

780 **Extensive**, *a.* རྒྱ་ཆེན་པོ;

781 **Extensively**, *ad.* རྒྱ་ཆེན་པོར;

782 **Extent**, *n.* ས་རྒྱ;

783 **Extenuate**, *v.t.* དཀའ་སྐྱངས་བྱེད་པ;

784 **Extenuation**, *a.* དཀའ་སྐྱང;

785 **Exterior**, *n.* ཕྱི་ཁོག; ཕྱི་ངོས;

786 **Exteriorly**, *ad.* ཕྱི་ཕྱོག་ནས; ཕྱི་རྒྱ་ནས; ཕྱི་ནས;

787 **Exterminate**, *v.t.* རབ་བཅད་པ; རྒྱུད་བཅད་པ; ཁ་དག་ཏུ་བྱེད་པ;

788 **Extermination**, *n.* རྒྱུད་སྟོངས་པ;

789 **External**, *a.* ཕྱི་ལོགས་ཀྱི;

790 **Externally**, *ad.* ཕྱི་རྒྱ་ནས;

791 **Extinct**, *a.* རྒྱུད་ཆོད་པ; རབ་ཆོད་པ;

792 **Extinction**, *n.* བསད་པ; མེད་པ་བཅོས་པ; ཁ་དག;

793 **Extinguish**, *v.t.* མེ་བཞིན་དུ་གསད་པ; .བསད་པ;

794 **Extinguisher**, *n.* མེ་བསད་པའི་ལག་ཆ;

795 **Extirpate**, *v.t.* ར་རྩ་འདོན་པ; དམིགས་མེད་དུ་བཏང་བ; རྩ་བ་ནས་བརླག་པ;

796 **Extol**, *v.t.* སྟོད་ར་བརྗོད་པ;

797 **Extort**, *v.t.* བཙོར་སྤེ་ལེན་པ; བཙོར་བཅོམ;

798 **Extortion**, *n.* དབང་ཡོད་ཀྱི་བཅོམ་བཙོར;

899 **Extortionate**, *a.* དབང་ཡོད་ཀྱི་བཅོམ་བཙོར;

800 **Extortioner**, *n.* དབང་ཡོད་ཀྱི་བཅོམ་མཁན;

801 **Extra**, *a.* འཕེབ; ལྷག; (ཕོལ་པ; ལྷག་ཕོལ; colql.).

802 **Extract**, *v.t.* ཕྱིར་སྟོན་པ; ཕྱིར་འདོན་པ; བཀོག་པ; འདོན་པ;

803 Extraction, *n.* རིགས; ཐོན་ཁུངས;

804 Extradition, *n.* ཕྱིར་འབུད; ཡུལ་ནས་ཕྱིར་འབུད་དེ་ཕ་རོལ་པའི་དོན་
སྤྱོད་ལས་སྔའི་ལག་ཏུ་སྤྲོད་པ་དེའོ;

805 Extraneous, *a.* ཕྱིའི; ཕྱི་ལོགས་ཀྱི; ཕྱི་ཁོང་གི;

806 Extraordinary, *a.* དུས་རྒྱུན་དང་མི་འདྲ་བའི; ཡ་མཚན་པོ; ཁྱད་མཚར་པོ;

807 Extravagance, *n.* ཆུ་ཟོས; འཕྲོ་བརླག;

808 Extravagant, *n.* རྒྱུ་དངུལ་འཕྲོ་བརླག་གཏོང་མི;

809 Extravagantly, *adv.* འཕྲོ་བརླག་ཏུ;

810 Extreme, *n.* མཐའ; ཐ་མ: ཟུར; *a.* མཐར; ཐ་མར;

811 Extremely, *ad.* ཤིན་ཏུ;

812 Extremity, *n.* མཐའ;

813 Extricable, *a.* ཕྱིར་སྤོན་ཏུ་ཡོད་པ; ཕྱིར་ཐོན་ཐུབ་པ;

814 Extricate, *v.t.* ཕྱིར་འདོན་པ; ཕྱིར་འདོན་བྱ་བ;

815 Extrication, *n.* ཕྱིར་འདོན;

816 Extrinsic, *n.* ཕྱི་རོལ་གྱི;

817 Extrude, *v.t.* ཕྱིར་བཙིར་སྟེ་དོར་བ;

818 Exuberance, *n.* གང་ཐལ་ཤོར་ནས་ཕྱིར་ལུད་པ་ཉིད;

819 Exuberance, *n.* འབོལ་པོ; གང་ཐལ་ཤོར་བ; རྒྱས་དྲགས་པའི;

820 Exuberant, *a.* ཕྱིར་འཛག་པའི;

821 Exudation, *n.* ཕྱིར་འཛག་པའི་བཅུད;

822 Exude, *v.t.* ཕྱིར་འཛག་པ;

823 Exult, *v.i.* དགའ་བའི་རྣམ་འགྱུར་ངོམ་པ;

824 Exultation, *n.* དགའ་བའི་ཀི་སྒྲ;

825 Eye, *n.* མིག;

F

1 **Fable,** *n.* བསྒྲུང; གཏམ་རྒྱུད;

2 **Fabric,** *n.* རས་ཙ;

3 **Fabricate,** *v.t.* བཅོས་པ; བཅོ་བ; སྒྲོས་པ;

4 **Fabrication,** *n.* སྒྲོས་པ;

5 **Fabulous,** *a.* སྒྲུང་གཏམ་མི་ངེས་པ;

6 **Face,** *v.i.* གདོང་དུ་འགྲོ་བ; *n.* གདོང; བཞིན; ངོས; ངོ;

7 **Facetious,** *a.* ཞོབ་ཅན; ཁ་བདེ་པོ; སྤོང་གཏམ་ཅན;

8 **Facetiously,** *ad.* སྤོང་གཏམ་བྱེད་དེ; ཁ་བདེ་བྱེད་དེ;

9 **Facile,** *a.* ཁ་ལ་ཉན་པོ; གང་ལབ་ཉན་པོ; བཅོས་སླ་མོ;

10 **Facilitate,** *v.t.* ལས་སླ་པོ་བཟོ་བ;

11 **Facility,** *n.* སླ་ཚུལ;

12 **Facing,** *n.* གདོང་སྤྲད; ཁ་སྒྲིལ; སྒྲིལ;

13 **Facsimile,** *n.* དཔེ; འདྲ་དཔེ;

14 **Fact,** *n.* བདེན་པ; ངོ་ཐོག་ཟེར་བ; དངོས་གནས་གང་ཡིན;

15 **Faction,** *n.* ཕྱོགས་པ; ཕྱོགས་རིགས; ཕྱོགས་སྡེ;

16 **Factious,** *a.* ཕྱོགས་རིགས་འཛིན་པ;

17 **Factitious,** *a.* སྒྲོས་བཅས; བརྫུས་མ; དངོས་གནས་མ་ཡིན་པའི;

18 **Factor,** *n.* ངོ་ཚབ; ལས་ཚབ; འགན་ཁུར་པ;

19 **Factory,** *n.* ཚོང་ཁང; བཟོ་ཁང;

20 **Factotum,** *n.* ལས་ཀུན་བྱས་པའི་ལས་མི;

21 **Faculty,** *n.* ནུས་པ; དབང; ཡོན་ཏན; ཆོས;

22 **Fade,** *v.i.* དཀྲག་ཡལ་བ; མདངས་ཡལ་བ;

23 **Faded,** *a.* མདངས་ཡལ་ཚར་བ; བཀྲག་མདངས་ཉམ་ཟིན་པ;

24 Fadeless, *a.* གོས་མེད; ཉམ་ཀྱུ་མེད་པ;

25 Fag, *n.* བྲན་ལས; འཁོར་གཡོག; ཉེ་གནས; འཁོལ་གཡོག;

26 Fagot, *n.* ཤིང་ཁུར; ཤིང་ཁུར་ཚད་དུ་བཅིངས་ནས་ཡོད་པ;

27 Fahrenheit, *a.* རླུང་གི་ཚ་གྲང་རྟག་བྱེད་ཀྱི་ལག་ཆ་བཟོ་མཁན;

28 Fail, *v.t.* མ་ཐུབ་པ; ཕམ་པ; མི་ཐེབས་པ; ཆད་ཞུགས་པ;

29 Failing, *n.* སྐྱོན; ལ་ཐུང་བ; ཆད;

30 Failure, *n.* མ་ཐུང་བ; ཕམ་ཚུལ; ནུས་མེད; འབྲོན་མེད;

31 Fain, *a.* དགའ་བཞིན་དུ; [Sik).

32 Faint, *a.* ཉམས་ཐུན; ཉམས་ཐག་པོ; ཕྲ་མོ; (དབུགས་ཕིང་ཕིང་

33 Faintly, *ad.* ཉམས་ཆུང་ངུར; སྐད་ཕྲ་མོས; ཉམས་ཐག་པོར;

34 Faint, *v.i.* དྲན་མེད་དུ་ཀྱུལ་བ; རླུང་ཀྱུལ་ཤོར་བ;

35 Faintness, *n.* ཉམས་ཆུང་ཚུལ; ཉག་ཕྲ་ཚུལ; རླུང་ཀྱུལ;

36 Fair, *a.* དཀར་པོ; དཀར་མདངས་ཅན; དྲང་པོ; མཛེས་པོ;
མཚར་པོ; བཟང་པོ;

37 Fair, *ad.* དྲང་པོར;

38 Fair, *n.* ཁྲོམ;

39 Fairly, *ad.* དགའ་མོར; གང་ཚམས; ཕལ་ཆེར;

40 Fairness, *n.* མཛེས་ཚུལ; བཟང་ཚུལ;

41 Fairy, *n.* དྲི་ཟའི་བུ་མོ; མི་མ་ཡིན་གྱི་བུ་མོ;

42 Faith, *n.* དད་པ; དམ་ཚིག;

43 Faithful, *a.* དམ་ཚིག་ཅན; དད་པ་ཅན; སླུ་མེད;

44 Faithfully, *ad.* དམ་ཚིག་དྲང་པོར;

45 Faithfulness, *n.* དམ་ཚིག་དྲང་ཚུལ; དཾ་ཚིག་ལྡན་ཚུལ;

46 Faithless, *n.* དམ་ཉམས;

47 **Faithlessness**, *n.* དམ་ཉམས་རྩུལ;

48 **Falchion**, *n.* རལ་གྲི་གུག་པོ; རལ་གྲི;

49 **Falcon**, *n.* ཁྲ; (བྱ་ཁྲ་རྟོར་པ; Bhut.)

50 **Falconer**, *n.* ཁྲ་ཉ་ར་བྱས་མཁན;

51 **Faldstool**, *n.* ལྷབ་སྟེགས; ལྷེབ་ཅིག;

52 **Fall**, *v.i.* འགྱེལ་བ; བཟབ་པ; འགྲིལ་བ; བལྟུང་བ; འབབ་པ;
འཐྲིག་པ;

53 **Fall**, *n.* འགྲེ་བ; འཛིག་པ; གུད་པ; འགྱེལ་བ; འབབ་འགྱེལ;

54 **Fall**, *n.* ལྷུང་བ; ཆུ་གཟར; འབབ་གཟར; འབབ་གྲོད;

55 **Fallacious**, *a.* མི་བདེན་པའི; བརྫུན་པའི;

56 **Fallacy**, *n.* བརྫུན; མི་བདེན་པ; མི་ཐད་པ;

57 **Fallen**, *a.* ཤུད་པ; འགྱེལ་བ; འགྱེལ་ཟིན་པ; གུད་གུད་པོ;

58 **Fallible**, *a.* ནོར་འཁྲུལ་ཤུགས་ཉེན་ཅན;

59 **Fallow**, *a.* ཡན་པ; ཞིང་ཁ་ཐང་རིང་དུ་བཞག; ཞིང་ག་བརྨོས་བཀོ་
གྲུབ་ནས་ཐང་རིངས་སུ་བཞག་པ;

60 **Fallow**, *n.* ས་འཇམ་ཞིང་ཐང་རིང་དུ་བཞག་ཡོད་པ;

61 **False**, *a.* བརྫུན་པ; མི་བདེན་པ; བརྫུས་མ;

62 **Falsehood**, *n.* བརྫུན་ཚིག; བརྫུན;

63 **Falsely**, *ad.* བརྫུན་དུ; བརྫུན་བྱེད་དེ;

64 **Falsify**, *v.t.* བརྫུན་པར་བཟོ་བ;

65 **Falsity**, *n.* བརྫུན; མི་ཐད་ལུགས; མི་བདེན་ཚུལ;

66 **Falter**, *v.i.* འདར་པ;

67 **Faltering**, *n.* འདར་བཞིན; འདར;

68 **Fame**, *n.* གྲགས་པ; (མཚན་གྲགས; སྙན་གྲགས; Hon.)

69 **Familiar**, *a.* གོམས་པ; བསྒྲིས་པ; སྔོན་སྒྲིས་ཡོད་པ;

70 **Familiarity**, *n.* གོམ་འདྲིས;

71 **Familiarize**, *v.t.* གོམས་སུ་བཙུག་པ;

72 **Familiarly**, *ad.* གོམ་འདྲིས་ཡོད་ཚུལ་གྱི;

73 **Family**, *n.* བརྒྱུད; གདུང; རུས; བུ་སྨད; གཞིས་བུ་སྨད; གཟའ་མི;

74 **Famine**, *n.* མུ་གེ;

75 **Famish**, *v.t.* ལྟོགས་པ; ལྟོགས་བསད་གཏང་བ;

76 **Famous**, *a.* གྲགས་ཅན; གྲགས་པ་ཆེན་པོ;

77 **Famously**, *ad.* གྲགས་པ་ཆེན་པོ་བྱེད་དེ;

78 **Fan**, *n.* རླུང་ཧེབ; ཇ་ཡབ;

79 **Fanatic**, *a.* ཆོས་པ་ཧ་ཅང་ཆོ་རིགས་བཅིངས་པོ;

80 **Fanatical**, *a.* ཧ་ཅང་ཆོ་རིགས་སུ་འབྲེང་པའི་ཆོས་ཅན;

81 **Fanatically**, *ad.* ཨ་འཐས་སུ་ཞེན་སྟེ;

82 **Fanaticism**, *n.* ཆོས་ཀྱི་ཆོ་འབྲང; ཨ་འཐས; ཆོ་རིགས;

83 **Fanciful**, *a.* ཡིད་ལ་འགྲོ་པོ;

84 **Fancifully**, *ad.* ཡིད་ལ་འགྲོ་པོ་བྱེད་དེ;

85 **Fancy**, *n.* དམིགས་པ; སེམས; བློ; བསམ་མནོ; སྣང་བ;

86 **Fancied**, *a.* མནོས་པ; དམིགས་སོ;

87 **Fane**, *n.* ལྷ་ཁང;

88 **Fang**, *n.* མཆེ་བ; མཆེ་སོ;

89 **Fanged**, *a.* མཆེ་བ་ཅན;

90 **Fanner**, *n.* རླུང་ཧེབ་རྒྱབ་མཁན;

91 **Fantastic**, *a.* མཚར་པོ; ཇམ་མཚར་པོ; ཇམ་གཡེར་ཅན;

92 **Fantastically**, *ad.* མཚར་པོ་བྱེད་དེ; གཡེར་ཆེན་བྱེད་དེ;

93 **Fantasy**, *n.* དམིགས་རྟེན; སྙིང་སྡུག; ཨ་གསར;

94 **Far**, *a.* ཐག་རིང་པོ;

95 **Farce**, *n.* ཀྲོད་དྲིའི་བཤད་མོ;

96 **Fare**, *v.i.* སྐྱོང་བ;

97 **Farina**, *n.* འབྲུའི་སྙིང་ཆ; འབྲུ་བཅུད;

98 **Farm**, *n.* གྲོང་གཞིས;

99 **Farmer**, *n.* ཁྲིམ་པ; ཡུལ་པ; གཞིས་པ; ཡུལ་གཞིས་པ;

100 **Farrier**, *n.* རྟའི་རྨིག་ལྕགས་རྒྱབ་མཁན;

101 **Farther**, *a.* དེ་ལས་རྒྱང་ཙམ; ཐག་རིང་པོ;

102 **Farthest**, *a.* ཐག་རིང་ཤོས; མཇུང་ཤོས;

103 **Farthing**, *n.* རྡོང་ཙེ་ཟང་ཏམ; ཕྱིན་ཛིའི་ཛང་ཊཻ; ཆུང་ཤོས;

104 **Fascinate**. *v.t.* དབང་དུ་བསྡུ་བ; ཡིད་འཆིང་བ;

105 **Fascination**, *n.* ཡིད་འཆིང;

106 **Fashion**, *n.* ཆ་ལུགས; [fast colour);

107 **Fast**, *a.* མགྱོགས་པོ; མ་ལག་ཅན; (ཚོས་གཏན་པོ; meaning

108 **Fast**, *v.t.* སྨྱུར་བར་གནས་པ;

109 **Fasten**, *n.* བཅིང་བ; འཆིང་བ;

110 **Fastidious**, *a.* མགུ་དཀའ; (ཉེག་ཅན; Sik.)

111 **Fastidiousness**, *n.* ཉེག་ཆེ་ལུགས; (Sik.).

112 **Fasting**, *n.* སྨྱུང་གནས;

113 **Fastness**, *n.* རྫོང་བཙན; བཙན་པོ; (བཙན་ཆས; Bhut.)

114 **Fat**, *a.* རྒྱགས་པ; ཤ་འབྱོར་པོ; ཤ་རྒྱས་པོ;

115 **Fat**, *n.* ཚི་ལུ; ཚིལ་བུ;

116 **Fatal**, *a.* སྲོག་ལ་ཐུག་པའི; ཉེན་ཅན;

117 **Fatalism**, *n.* ལས་བཀོད; ལས་ཀྱི་བཀོད་ཐང;

118 Fatality, *n.* ལས་ངན;

119 Fate, *n.* སྐལ་བ; ལས་སྐོས;

120 Fates, *n.* ལས; སྐལ་བ་བཀོད་ཐང;

121 Father, *n.* ཕ; ཨ་ཕ;

122 Fatherless, *a.* ཕ་མེད;

123 Fatherly, *a.* ཕ་ལྟ་བུ;

124 Fathom, གདོམ་པ;

125 Fathomable, *a.* གཞལ་དུ་ཡོད་པ;

126 Fathomless, *a.* གཞལ་བའི་ཚད་ལས་འདས་པ; གཞལ་མེད;

127 Fatigue, *v.t.* ངལ་དུ་བཅུག་པ; ངལ་བ; *n.* ངལ་དུབ;

128 Fatling, *n.* རྒྱགས་པོ་བཅོས་པའི་སེམས་ཅན;

129 Fatness, *n.* རྒྱགས་ཚུལ;

130 Fatten, *v.t.* རྒྱགས་པོ་བཅོས་པ; རྒྱགས་སུ་བཅོས་པ; ཚིལ་བུ་བདགས་སུ་བཅུག་པ;

131 Fatty, *a.* རྒྱགས་པ; ཚིལ་བུ་ཅན;

132 Fatuity, *n.* བླུན་རྨོངས;

133 Faugh, *intjn.* ཕད་ཚ་ལེ; ཕ་ཡེ;

134 Fault, *n.* སྐྱོན;

135 Faultless, *a.* སྐྱོན་མེད;

136 Faultlessly, *ad.* སྐྱོན་མེད་བཞིན་དུ;

137 Faulty, *a.* སྐྱོན་ཅན;

138 Faun, *n.* སྤྱོན་སྒྲིག་པའི་ལྷ་ཞིག;

139 Favour, *n.* མགོ་འདྲེན;

140 Favourable, *a.* མཐུན་པ;

141 **Favourableness**, *n.* མཐུན་སྣངས;

142 **Favourably**, *ad.* མཐུན་པོར;

143 **Favourite**, *n.* ཐུགས་འཛིན་པ;

144 **Fawn**, *n.* ཤ་ཕྲུག;

145 **Fawn**, *v.i.* གུས་ཅིང་དགའ་བའི་རྣམ་འགྱུར་གྱིས་འཚོང་འཚོང་བྱེད་པ;

146 **Fawningly**, *ad.* གུས་ཚུལ་གྱི;

147 **Fealty**, *ad.* མནའ་དམ; དཔོན་གཡོག་བར་གྱི་དམ་བཅའ;

148 **Fear**, *n.* འཇིར་སྣང; བརྩེ་བཞག; བརྩིས་འཛེག; འཇིག་སྣང;

149 **Fearful**, *a.* འཇིགས་སུ་རུང་བ; འཇིག་དངངས; [འཇིག་པ;

150 **Fearfully**, *ad.* འཇིགས་སུ་རུང་བ་ལྟར;

151 **Fearless**, *a.* ཉམ་ང་མེད་པ; མི་སྐྲག་པ;

152 **Fearlessly**, *ad.* མ་སྐྲག་པར;

153 **Feasible**, *a.* བྱེད་དུ་ཡོད་པ; [Hon.);

154 **Feast**, *n.* བཟའ་བཏུང་བཟང་པོ; བཟའ་བཏུང་རྒྱས་པོ; (ཐུགས་སྒྲོ

155 **Feasting**, *n.* བཟའ་བཏུང་ཚོགས་འཁོར;

156 **Feat**, *n.* རྩལ; སྟོང་མ; ལག་སྟོང;

157 **Feather**, *n.* བྱ་སྒྲོ;

158 **Feathered**, *a.* སྒྲོ་དང་ལྡན་པ; སྒྲོ་ཅན; སྒྲོ་ལྡན;

159 **Feathery**, *a.* སྒྲོ་ལྟ་བུ;

160 **Feature**, *n.* བྱད; ངོ; གདོང;

161 **Featureless**, *a.* གདོང་མེད་པ;

162 **Febrifuge**, *n.* ཚད་པའི་སྨན;

163 **Febrile**, *a.* ཚད་པའི;

164 **February**, *n.* ཕྱི་ཟླ་གཉིས་པ;

165 Fecundity, *n.* སྒོ་ང་སྐྱིན་པའི་ནུས་པ;

166 Federal, *a.* འདུན་འགྲིག་གི;

167 Federation, *n.* འདུན་མ; འདུར་གྲོས་ཅིག་པའི་སྡེ;

168 Fee, *n.* གླ; རྔན་པ; གླ་ཆ;

169 Feeble, *a.* ཁྲུ་རེ་ཁྲོ་རེ; ཉ་ལེ་ཉོ་ལེ;

170 Feebleness, *n.* ཁྲུར་ཁྲོར; སྟོབས་ཉམས་ཡུད; གཞད་མེད་ཚུལ;

171 Feed, *v.t.* བསོ་བ; ཟས་སྦྱིན་པ;

172 Feed, *n.* ཟས; བཟའ་བཏུང; ཁ་ལག;

173 Feel, *v.t.* ཚོར་བ; རིག་པ; ཉོམ་པ; སེམས་ལ་ཚོར་བ;

174 Feeling, *s.* རིག་བྱ; ཚོར་བ; སེམས་ཚོར;

175 Feelingly, *ad.* སེམས་ཚོར་ཡོད་པ་བྱེད་དེ;

176 Feign, *v.t.* བཅོས་པ; བརྫུ་བྱེད་པ; ཁྲལ་བྱེད་པ; ལུགས་བྱེད་པ;
མ་ཡིན་ཡིན་བརྫུ་བྱེད་པ;

177 Feigning, *n.* བརྫུ་བ; ཚུལ; ཁྲལ; ལུགས་བྱེད་པའི་ལས;

178 Feint, *n.* གྲི་བརྡེད་བརྡེ་དུས་མགོ་ལ་རྒྱབ་རྒྱུ་ཡིན་ན་རྐང་པ་ལ་རྒྱབ་
ཁྲལ་བྱས་པ་དེའོ;

179 Felicitate, *v.t.* དགའ་བའི་བརྟེན་འགྲོལ་འགྲིག་པ;

180 Felicitation, *n.* དགའ་སྤྲོ;

181 Felicitous, *a.* དགའ་སྐྱིད་ལྡན་པའི;

182 Felicity, *n.* དགའ་སྤྲོ;

183 Fell, *a.* གདུག་རྩུབ་ཅན; རྩང་པོ; (*n.*) རི་སྐམ; *v.t.*
ལྟུང་བ; ཟགས་པ; འགྱེལ་བ; ཁྲེར;

184 Fellah, *n.* ད་ཙ་ཁ་པ་རྣམས་ཀྱིས་ཨི་ཇིབ་ཊེའི་ཁྲལ་པའི་རིགས་ལ

185 Fellow, *n.* ཟླ་བོ; ཟླ་རོགས;

186 **Fellowship,** *n.* མཆེད་གྲོགས; (གཏོ་ཚང; Bhut.);

187 **Felly,** *n.* འཁོར་ལོའི་ཕྱིའི་སོ་ཁ;

188 **Felon,** *n.* ནག་ཅན; བཙོན་པ;

189 **Felonious,** *a.* མི་ངན; བཙོན་པ; སེམས་ངན་འཆང་སྐྱེ;

190 **Felony,** *n.* འཛེབ་ཆེན་གྱི་ཉེས་ལས;

191 **Felt,** *n.* ཕྱིང་བུ; ཕྱིང་པ;

192 **Felting,** *n.* ཕྱིང་བུ་བཟོ་བའི་ཐབས;

193 **Female,** *n.* མོ;

194 **Feminine,** *a.* མོ་རིགས; མོ;

195 **Fen,** *n.* འདམ; གྲུམ་པ:

196 **Fence,** *n.* ར་བ; སྐྱོར་བ;

197 **Fencing,** *n.* གྲི་བརྩེད;

198 **Fend,** *v.t.* བསྲུང་སྐྱོབ་བྱས་པ; བསྲུང་བ; [འདབ;

199 **Fender,** *n.* ལྷུགས་སམ་རག་གི་བར་འདབ; མེ་བདང་སའི་བར་

200 **Fennel,** *n.* མེ་ཏོག་སེར་པོ་ཅན་གྱི་སྔོ་ཀླུམ་ཞིག;

201 **Ferine,** *a.* གཅན་གཟན་འདྲ་བུ;

202 **Ferment,** *n.* ཚང་བསྐོལ་ནས་འཁོལ་སྦྱི་སྣང་བ་དེའོ; འཁོལ་བ;

203 **Fermentation,** *n.* ཚང་པབ་རྩིའི་ནུས་པས་འཁོལ་བ་དེ་ལ་ཟེར; ཚང་བསྐོལ་
ནས་རྡོད་ལང་པ་དེ་ལ་ཟེར;

204 **Fern,** *n.* སྐྱེད་མ; སྐྱེས་མ;

205 **Ferocious,** *a.* འཇིགས་སུ་རུང་བ; དྲག་ཤུལ་ཅན; གདུམ་ཛོ་ཅན,

206 **Ferocity,** *n.* འཇིགས་རྫམས; དྲག་ཤུལ; གདུམ་ཛིས;

207 **Ferret,** *n.* ཞི་མིའི་རིགས་ཅིག;

208 **Ferry,** *n.* གྲུ; རྫིངས; བཟིང; གྲུ་ཁ;

209 Fertile, *a.* ས་ལུད་འཛོམ་པོ ; ས་ཞིམ་པོ ; ས་ལོ་ཐོག་འཐོན་ཆེན་པོ ;

210 Fertility, *n.* ས་ལོ་ཐོག་ལེགས་ཚུལ ;

211 Fertilize, *v.t.* སྨིན་པར་བྱས་པ ;

212 Ferule, *n.* ལྕག་ཚན ;

213 Fervency, *n.* གདུང་ཤུགས ; དྲོད་བདུགས ;

214 Fervent, *a.* གདུང་ཤུགས་ཅན ;

215 Fervently, *ad.* གདུང་ཤུགས་ཀྱི་ངང་ནས ;

216 Fervid, *a.* དྲོད་ཚ་པོ ; དྲོད་བདུགས་ཅན ;

217 Fervour *n.* དྲོད་ཚད ; དྲོད་བདུགས་ཡོན་ཏན ;

218 Fester *v.i.* གཉན་འཛུག་པ ; རྣ་རུལ་བ ;

219 Festival, *a.* དུས་ཆེན ; དགའ་སྟོན ;

220 Festive, *a.* དགའ་སྟོན་གྱི ;

221 Festivity, *n.* དགའ་སྟོན ;

222 Festoon, *n.* དྲ་བ་དྲ་ཕྱེད ;

223 Fetch, *v.t.* འཁུར་ཡོང་བ ; ཁྲིད་པ ; འདྲེན་པ ; དྲངས་པ ;

224 Fete, *n.* སྟོན་མོ ; (ཕྱུགས་སྟོ ; Hon.).

225 Fetid, *a.* རུལ་པོ ; དྲི་ང་པོ ;

226 Fetlock, *n.* རྟ་པོན ; རྟའི་རྨིག་ཆུང་གི་སྤུ་ཚག་དེ་འོ ;

227 Fetter, *n.* ལྕགས་སྒྲོག ;

228 Fetus, *n.* མངལ་དུ་གནས་པའི་ཁྲིའུ་ཆུང་ཁྲུགས་དང་བཅས་པ་དེ་འོ ;

229 Feud, *n.* འཐབ་རྩོད ;

230 Feud, *n.* ཁྲལ ; ས་ཁྲལ ;

231 Feudal, *a.* བཀའ་བརྟེན་གླིངས་ནས་བཟུང་བའི་ས་ཆ ;

232 Feudalism, *n.* སྤྱི་མོའི་སྒྲིལ་ལྷར་གཞུལ་ངོའི་ དུས་སུ་མཆོན་ཁྲིར་སྦྲེ་འགྲོ་བའི་ཁ་ཚིག་བོར་ནས་ས་ཆ་སྤྱོད་ཚུལ;

233 Feudatory, *a.* ཁྲལ་ཞུལ་འདོན་རྒྱུའི་ཁ་ཚིག་བྱས་ སྤྱོད་ པའི་ས་ ཆ་འམ་ཁྲལ་པ;

234 Fever, *n.* ཚད་པ; ཚད་འབར; (དྲོད་འབར; Sik. & Bhut.).

235 Feverish, *a.* ཚད་པ་ཅན; དྲོད་འབར་ཅན;

236 Few, *a.* ཉུང་ཉུང;

237 Fewness, *n.* ཉུང་ཚུལ; Fiasco བྱུས་ཉེས; བྱུར་ཁ;

238 Fiat, *n.* བཀའ་རྒྱ; བཀའ་རྒྱ་ཚ་ནན་དྲག་པོ;

239 Fib, *n.* ཤོབ; བརྫུན; (འང; Sik. & Bhut.).

240 Fibre, *n.* ཤིང་གི་རྩ; རྩ; དཔེར་ན་སོ་མ་ར་ཙ་ལྷ་བྱ;

241 Fibreless, *a.* རྩ་མེད་པའི;

242 Fibrous, *a.* རྩ་ཅན;

243 Fickle, *a.* འགྱུར་ལྡོག་ཅན;

244 Fickleness, *n.* འགྱུར་ལྡོག;

245 Fiction, *n.* བརྫུན; སྒྲུང་གཏམ; སྒྲུང;

246 Fictitious, *a.* དངོས་མིན; བརྫུ་མ;

247 Fictitiously, *ad.* བརྫུན་དུ;

248 Fiddle, *n.* པི་ལྦམ;

249 Fidelity, *n.* དམ་ཚིག;

250 Fidget, *v.i.* ཙོག་གིར་མ་ཆགས་པ; ཕར་གཡིངས་ཚུར་གཡིངས་བྱས་པ;

251 Fie, *int.* ཕི་ཁྲི་ཞེས་བཙོག་པའི་སྒྲ་སྦྱིན་པ;

252 Fief, *n.* (ཞང་བཟན་གྱི་ས་གཞིས; Sik.).

253 Field, *n.* ཞིང་; (battle-field གཡུལ་ངོའི་ཐང་); ཐང་; ལས་ཞི་དག་གང་བྱེད་ཅང་དེ་བྱས་པའི་ས་ཆ་དེ; ས་ཆ; ས;

254 Field bed, *n.* ཕྱོགས་ལ་འཁྱེར་བའི་མལ་ཁྲི;

255 Field gun, *n.* མེ་སྒྲོག་འཁྱེར་བདེ་ཞིག;

256 Fiend, *n.* བདུད; འདྲེ;

257 Fiendish, *a.* འདྲེ་ལྟ་བུ; བདུད་ལྟ་བུ;

258 Fierce, *a.* མ་རུང་བ; འཇིག་པོ; འཇིགས་སུ་རུང་བ; འཇིག་ཇམ་ཅན; གཏུམ་པོ; གཏུམ་དྲག;

259 Fiercely, *ad.* འཇིགས་སུ་རུང་བར; གཏུམ་ཤིང་ཇམ་པའི་ཚུལ་གྱིས;

260 Fierceness, *n* འཇིགས་རུང; འཇིགས་ཇམས; གཏུམ་ཇམ;

261 Fiery, *a.* མེ་འབར་བ་ལྟ་བུ; ངར་ཅན; དྲག་པོ;

262 Fife, *n.* རྒྱ་གླིང; (ལྔ; five).

263 Fifteen, *a.* བཅོ་ལྔ;

264 Fifteenth, *a.* བཅོ་ལྔ་པ;

265 Fifth, *a.* ལྔ་པ;

266 Fifthly, *ad.* ལྔ་པར;

267 Fiftieth, *a* ལྔ་བཅུ་པ;

268 Fifty, *a.* ལྔ་བཅུ;

269 Fig, *n.* ཤིང་འབྲས་འབྲས་སྨྱོངས་སུ་ཀས་ལྡང་ཞེས་པ; ཁ་ཆེས་ཨན་ཇིལ་ཟེར་བ་དེའོ;

270 Fight, *v.i* འཐབ་པ; བཀྲོལ་བ;

271 Figurative, *a.* བརྡའ་ཡི་མཚོན་པའི; བརྡའ་ལྡན; བརྡའ་ཡི་མཚོན་བྱེད; སྙན་ངག;

272 Figured. རི་མོ་ཅན;

273 Figuratively, *ad.* བརྡའ་རུ; བརྡར;

274 **Figure**, *n.* རི་མོ; ཨང་གི; བཟོ་རྣམ; བྱེད་བཞིན; གཟུགས་བྱེད; གཟུགས་རྟེན;

275 **Filament**, *n.* དར་མ; དར་ཕྲུར;

276 **Filbert**, *n.* (ཤིང་འབྲས་སོ་ཀས་འདྲ་པོ་ཞིག; (Sik.).

277 **Filch**, *v.t.* འཇབ་ཀྱིན་བརྐུ་བ;

278 **File**, *n.* གྲལ;

279 **File**, *n.* སེག་བདར;

280 **Filial**, *a.* ཕ་ལ་གུང་སེམས; ཕའི་འདུ་ཤེས;

281 **Filially**, *ad.* ཕའི་འདུ་ཤེས་དང་བཅས་ཏེ;

282 **Filibuster**, *n.* ཇག་པ; *v.t.* ཇག་པ་རྒྱབ་པ;

283 **Filings**, *n.* བསེག་བ་ར་རྒྱབ་པའི་ཕྱེ་མ;

284 **Fill**, *v.t.* བསྐང་བ; འགེངས་པ;

285 **Fillet**, *n.* མགོ་ལ་བཀྲི་རྒྱུའི་སྣལ་མ;

286 **Filling**, *n.* བཀག་བྱེད; སྐྱུབ་བྱེད; འགེངས་བྱེད;

287 **Filly**, *n.* མོ་རྟེའུ;

288 **Film**, *a.* དར་མ; པགས་པ་སྲབ་མོ;

289 **Filmy**, *a.* དར་མ་ལྟ་བུ;

290 **Filter**, *v.t.* ཆུ་དུག་འཇོར་བྱེད་པ; ཆུ་དྭང་སྙིག་འབྱེད་སའི་སྣོད;

291 **Filth**, *n.* དྲི་མ; བཙོག; ལུད་དང་ཉག་ཉིག;

292 **Filthily**, *ad.* དྲི་མ་ཅན་བྱེད་དེ; བཙོག་པོར;

293 **Filthiness**, *n.* དྲི་མ་ཅན་གྱི་ཚུལ; བཙོག་ཉམ; བཙོག;

294 **Filthy**, *a.* དྲི་མ་ཅན; བཙོག་པ;

295 **Filtrate**, *v.t.* དངས་སྙིད་བསྒྲིང་བ;

296 **Filtration**, *n.* དྭངས་སྙིད་བསྒྲིང་བའི་ལས;

297 **Fin**, *n.* ཉ་ཡི་ཇ་ཤོག;

298 Final, *a.* རྗེས་མ; ཐ་མའི; མཐར་འཇུག་གི;

299 Finale, *n.* ཐ; མཐའ;

300 Finally, *ad.* མཐར;

301 Finance, *n.* དངུལ་གྱི་ཁྲལ་བབ; བབ་ཡོང;

302 Financial, *a.* དངུལ་བབ་ཀྱི་སྐོར; (ཕྱག་སྐྱེའི་སྐོར; Hon.) ལག་

303 Financially, *ad.* དངུལ་བབ་ཀྱི་སྐོར་དུ; [སྐྱེའི་སྐོར;

304 Financier, *a.* ཕྱག་མཛོད་པ;

305 Finch, *n.* བྱིའུ་ཞིག་གི་མིང;

306 Find, *v.t.* ཐོབ་པ; བརྙེད་པ; ཁྲིམས་སྐོར་ཡིན་ན་བརྡག་ཞིབ་མཛད་ཟིན་པའི་མཐར་བཅད་མཚམས་ཀྱི་ཐོག་དུ་སླེབ་པ;

307 Finding, *n.* ཁྲིམས་སའི་བཅད་མཚམས;

308 Fine, *a.* ཞིབ་མོ; སྙིང་རྗེ་པོ; ཡིད་འོང་པོ; ལག་པོ;

309 Fine, *n.* ཆད་པ;

310 Fineness, *n.* ཞིབ་མོའི་ཚུལ; ཞིབ་ཚུལ; ཞིབ་པའི་རྣམ་པ་ཅན;

311 Finery, *n.* མཛེས་བྱེད་ཀྱི་རྣམ་པ;

312 Finger, *n.* འཛུབ་མོ;

313 Fingering, *n.* འཛུབ་མོའི་འཇུ་སྟངས; འཆང་སྟངས;

314 Finical, *a.* ཐ་བྱེད་ཕྲ་ཞིབ་ཀྱི་རིགས་ལ་ཤིན་ཏུ་སྤུས་ཆ;

315 Finis, *n.* མཐའ་མཇུག; རྫོགས་མཚམས;

316 Finish, *v.t.* ཚར་བ;

317 Finite, *a.* ཚད་མ་ཅན; ཚད་དང་མཐའ་ཅན;

318 Fir, *n.* གུང;

319 Fire, *n.* མེ; ཚ་ཚད་གློང་ཚད; (severe trial).

320 Firkin, *n.* འབོ; མར་སྟང; སྣང་བཅུ་དྲུག་གི་བཟེད་ལྷན;

321 **Firm,** *a.* བརྟན་པོ་; (བསྲ་སྒྲིང་སྒྲིང་; Bhut.).

322 **Firm,** *n.* ཚོང་ཁང་; བཟོ་ཁང་;

323 **Firmament,** *n.* ནམ་མཁའ; བར་སྣང་;

324 **Firman,** *n.* ཏུ་རུ་ཀའི་རྒྱལ་ཁང་གི་བཀའ་ཤོག;

325 **Firmly,** *ad.* བརྟན་པོར་;

326 **Firmness,** *n.* བསྲ་བརྟན;

327 **First,** *n.* དང་པོ་; ཐོག་མ;

328 **First-fruits,** *n.* ཐུད; ཐུད་ཁ;

329 **Firstling.** ཐོག་མ; ཐུ་བོ;

330 **Firstly,** *ad.* དང་པོར;

331 **Fish,** *n.* ཉ;

332 **Fisher,** *n.* ཉ་ར་བ;

333 **Fisherman,** *n* ཉ་ར་པ; ཉ་པ;

334 **Fishery,** *n.* ཉ་བཟུང་ས;

335 **Fishing,** *n.* ཉ་བཟུང་ས་རང་ལ་ཟེར;

336 **Fishy,** *a.* ཉ་འདྲ་པོ;

337 **Fissile,** *a.* ཤག་དྲང་པོ;

338 **Fission,** *n.* ཉིས་ག་ཤག; ཕྱེད་བཀས; ཡིང་བ་ཤག; ཐག་ཤག;

339 **Fissure,** *n.* སེར་གས; སེར་ག;

340 **Fist,** *n.* ཛོག་རིལ; ཁུ་ཚུར;

341 **Fistula,** *n.* { ཚུཔ་ཡི; { (Sik.) སྒྲོ་མིག}; བུག་ཕྲན;
(Sik. དུང་ཚུང;)

342 **Fit,** *a.* གད་པ; རན་པ; རུང་བ; རླང་ཟུག *v.t.* སྒྲིག་པ;

343 **Fitful,** *a.* རླང་ཟུག་ཅན; རླང་རླང་ལ་ཟུག་ཡང་མི;

344 Fitly, *ad.* རན་པོར; སྙམ་པོར; འགྲིག་པོ་བྱེད་དེ;

345 Fitness, *n.* རུང་བ; ཐད་པ; རུང་ཡུང; ཐད་ཡུང;

346 Fitting, *n.* སྒྲིག་ཁ;

347 Five, *a.* ལྔ;

348 Fix, *v.t.* འགོད་པ; འབྱོར་བ; དུས་བྱེད་པ; དུས་ལྟབ་བྱེད་པ;
བརྟེན་པོར་སྡོད་པ; *n.* གག; འགག་རྡོ་པོ;

349 Fixedness, *n.* བརྟེན་ཚུལ; མི་འགྱུར་བའི་ཆོས་ཉིད;

350 Fixture, *n.* སྦྱར་ཐེབས་པ;

351 Fizz, *v.i.* འབུ་བ་སོར་རི་འཁོལ་བ;

352 Flabby, *a.* ཉ་ལེ་ཉི་ལི;

353 Flag, *n.* དར་ཅོག;

354 Flageolet, *n.* གླིང་བུ་བུ་ག་དྲུག་ལྡན; གླིང་བུ; (Sik. དོ་གླིང);

355 Flagitious, *a.* ཡ་མེད་སྤྱིག་ལས་འཛེབ་ཟི་ཙམ་ཆེ་རུང་མི་འཛེམས་པ ;

356 Flagon, *n.* ཨར་དམ;

357 Flagrant, *n.* འཛེབ་ཅན;

358 Flail, *n.* གདུན་ཤིང; (ཌྷེང་ཀྲུ; Nepalese term adopted
by Bhutias) (ཆོས་ Sik.).

359 Flake, *n.* ཁ་བའི་བལ་འདབ;

360 Flame, *n.* མེ་ཆག; མེ་ལྕེ;

361 Flaming, *a.* མེ་ལྕེ་ལྷབ་ལྷབ;

362 Flamingo, *n.* ཆུ་བྱ་བྱང་ཁོག་དམར་པོ་བྱས་པ་ཞིག;

363 Flange, *n.* འཁོར་ལོ་འི་སྨུ་ཁྲུད་ཀྱི་ཟུར་བསྐྱང་ནས་ཡོད་པ;

364 Flank, *n.* དམག་རུའི་ཟུར་ལོགས;

365 Flannel, *n.* བལ་དང་རས་བསྲེས་ནས་འཐག་པའི་གོས;

366 Flap, *n.* གོས་ཀྱི་སྐྱེ་མོ; སྐྱེ་མོ;

367 Flare, *v.i.* མེ་ལྡིར་འབར་བ;

368 Flaring, *a.* བཀྲག་ཧར་པོ; མེ་འོད་ཐམ་ཐོམ་དུ་འགྲོ་བཞིན་པ;

369 Flash, *n.* མེ་ལྕེ་འཁྱུག་པ་ཉིད; མེ་ལྕེ་འཁྱུག་ཙམ་པ;

370 Flashing, *n.* འོད་ཆེམ་ཆེམ་བྱེད་བཞིན་པ;

371 Flashy, *a.* འོད་ཆེམ་ཆེམ་དུ་འཕྲོ་བའི;

372 Flask, *n.* ཤེར་དམ་ལེབ་ལེབ;

373 Flat, *a.* ལེབ་ལེབ; [བསྙོན་སྟེ;

374 Flatly, *ad.* ཐད་ཀྱི; ལེབ་བསྙོན་སྟེ; ཐུར་མིན་པའི་ལེབ་ངོས

375 Flatness, *n.* ལེབ་ལེབ་ཡིན་པའི་ཚུལ; (ལེབ; Sik.).

376 Flatten, *v.t.* ལེབ་ལེབ་འཆོ་བ;

377 Flatter, *v.t.* ངོ་བསོད་བྱེད་པ; ངོ་བསོས་བྱས་པ;

378 Flatterer, *n.* ངོ་བསོ་མཁན; ཁྲམ་ཅན;

379 Flattering, *v.t.* ངོ་བསོ་འི་རྣམ་པ་ཅན; ཉ་བ་སྙན་པོ;

380 Flatteringly, *ad.* ཉ་བར་སྙན་འཛེབས་སུ;

381 Flattery, *n.* ངོ་སོ; ངོ་སྲུང;

382 Flatulence, *n.* འཕྱེན; འོག་རླུང; གྲོད་པ་སྦོམ་པའི་ནད;

383 Flatulent, *n.* སྟོང་པ; རླུང་གིས་རྒྱངས་པ;

384 Flaunt, *v.i.* འཕྱུར་བ; ངོམ་བཞིན་འཕྱུར་བ;

385 Flavour, *n.* བྲོ་བ; རོ;

386 Flavourless, *a.* བྲོ་བ་མེད་པ;

387 Flaw, *n* སྐྱོན; སེར་ཀ; ཡས་ཡུམ;

388 Flawless, *a.* སྐྱོན་མེད;

389 Flawy, *a.* སྐྱོན་ཅན;

390 Flax, *n.* སོ་མ་ར་ཛ;

391 Flaxen, *a.* སོ་མ་ར་རྩའི;

392 Flay, *v.t.* པགས་པ་བཤུས་པ;

393 Flea, *n.* ཁྲི་ཤིག; ལྡི་བ;

394 Fledge, *v.t.* ཤོག་སྒྲོ་བྱུས་པ; ཤོག་སྒྲོ་བདགས་པ;

395 Flee, *v.i.* བྲོས་པ;

396 Fleece, *n.* བལ་འདབ;

397 Fleecy, *n.* བལ་འདབ་ལྟ་བུ;

398 Fleet, *n.* གྲུ་ཟིང; གྲུ་གཟིངས་ཀྱི་དམག;

399 Fleet, *a.* བང་མགྱོགས;

400 Fleeting, *a.* ཡད་ཡུད་རྩམ་ལས་མི་གནས་པ;

401 Fleetness, *n.* བང་མགྱོགས་པ་ཉིད; མགྱོགས་ཤུགས;

402 Flesh, *n.* ཤ; ཤ་ཉེ; གཟུགས;

403 Fleshy, *a.* ཤ་ལྟ་བུ;

404 Fleshly, *a.* གཟུགས་ཀྱི; སྲིད་པའི་བདེ་བར་ཆགས་པའི;

405 Fleur-de-lis, *n.* པད་མའི་མེ་དོག་གི་རི་མོ;

406 Flexibility, *n.* མཉེན་ལྕུག;

407 Flexible, *a.* མཉེན་པོ; མཉེན་གྱོང་འཇོམ་པོ;

408 Flexure, *n.* ཁྱོག; གྱུག;

409 Flicker, *v.i.* སྨུས་ཟད་མར་མེ་བཞིན་ཡ་མེ་ཡེ་མེར་འབར་བ;

410 Flier, *n.* འཕུར་མཁན;

411 Flight, *n.* ནམ་འཕང;

412 Flightiness, *n.* ནམ་འཕང;

413 Flighty, *a.* ནམ་འཕང་ཅན;

414 Flimsily, *ad.* དངོས་པོ་བསྲ་མཁྲིགས་མེད་པའི་སྲབ་མོ་བྱེད་དེ;

415 **Flimsy**, *a.* སླབ་མོ་;

416 **Flinch**, *v.t.* ཉུར་བ; ཕྱི་བློས་རྒྱབ་པ; ཕྱི་ཉུར་རྒྱབ་པ;

417 **Flinching**, *n.* ཕྱི་ཉུར;

418 **Fling**, *v.t.* འཕང་བ; འཕེན་པ; གཏོར་བ;

419 **Flint**, *n.* ཅམ་རྡོ; མེ་ལྕག་རྡོ;

420 **Flinty**, *a.* ཅམ་རྡོ་ལྟ་བུ;

421 **Flippancy**, *n.* ཁ་ལ་གང་འཁོར་བདེ་མོར་བཤད་པ་ཉིད:

422 **Flippant**, *a.* ཁ་ལ་གང་བྱུང་བདེ་མོར་ལབ་འདོད་ཅན;

423 **Flirt**, *v.t.* ཁྲུལ་བཤད་པ;

424 **Flirtation**, *n.* ཁྲུལ; ཕོ་མོའི་ཁྲུལ་ཕན་ཚུན་བཤད་རྒྱུ་དེ;

425 **Flit**, *v.t.* འཁྲུག་ཙམ་བྱས་པ; འཁྲུག་པ;

426 **Flitch**, *n.* ཕག་པའི་སྦྲ་ཚ་རྒྱབ་ནས་སྐམ་པ;

427 **Flitting**, *n.* སྤྲོ་བཤུད; ཡུལ་བཤལ: ཁྲུག་ཙམ་རེ་ལས་མི་གནས་པ;

428 **Float**, *n.* (ས་སྦྲགས; Sik.).

429 **Float**, *v.i.* ཆུའི་ཁར་ལྡིང་བ;

430 **Flock**, *n.* མཚོ་ཐད; མཚོ; ཁྲུ; (*v.t.* དབྱུང་ཚོགས་པ);

431 **Flog**, *v.t.* ལྕག་ཚན་གྱིས་བརྡུང་བ;

432 **Flogging**, *n.* ལྕག་ཚན་གྱིས་བརྡུང་བ་དེ; རྒྱུག་བརྡུང; ཉེས་འདག;

433 **Flood**, *n.* ཆུ་ལྡུད; ཆུ་ལྡུད་བབ་པ; ཆུ་ལོག;

434 **Flooding**, *n.* བྱུད་མེད་ཀྱི་མཚན་མ་ནས་ཁྲག་མང་པོ་བབ་པ;

435 **Floor**, *n.* འཐིང་གཞི; གཞི་མ; མཐིལ;

436 **Flooring**, *n.* འཐིང་གཞི;

437 **Flop**, *v.t.* ས་ལ་ཞོ་དོབ་ཙམ་ལྷུང་ཡོང་བ;

438 **Flora**, *n.* མེ་ཏོག་དང་ཤིང་སྣ;

439 Floral, *a.* མེ་ཏོག་གི;

440 Florid, *a.* དམར་མདངས་ཅན;

441 Florin, *n.* ཕྱི་གོར་ཤི་ལིང་གཉིས་རེ་བ;

442 Florist, *n.* མེ་ཏོག་འཚོང་མཁན;

443 Flounce, *v.i.* བུད་མེད་ཀྱི་གོས་ཀྱི་ཕྲ་ཆག་ལྷུབ་ལྷན;

444 Flounder, *v.i.* འཐག་ཚག་རྒྱབ་པ;

445 Flour, *n.* ཕྱེ; རྩམ་པ; ཞིབ་རྩམ; གྲོ་ཞིབ;

446 Flourish, *v.i.* བདེ་བ; འཚེར་བ; *n.* རི་མོ་ཀྱག་ཀྱོག;

447 Flow, *v.i.* འབབ་པ; *n.* རྒྱུན; འབབ་རྒྱུན;

448 Flower, *n.* མེ་ཏོག;

449 Flowery, *a.* མེ་ཏོག་འདྲ་པོ;

450 Fluctuate, *v.i.* ཡར་བསྒྲེང་མར་བབ་བྱེད་པ;

451 Fluctuation, *n.* ཡར་བསྒྲེང་མར་བབ; དཔེར་ན་ཟྲེང་ཚའི་རིན་ལྟ་བུ;

452 Flue, *n.* དུ་བ་ཕྱིར་འཐོན་པའི་ལྕུགས་དུང་ངམ་དུ་ཁུང;

453 Flue, *n.* (down or fur). (སྤུ་འཇམ་པོ་ཞིག);

454 Fluency, *n.* ལྕེ་མཆུ་བདེ་མོ;

455 Fluent, *a.* སྐད་བདེ་སྒོར་ལབ་ཐུབ་པའི; སྐད་དག་ཅིང་བདེ་མོར [སླས་ཐུབ་པ;

456 Fluently, *ad.* སྐད་བདེ་པོ་བྱེད་དེ;

457 Fluid, *a.* ཁུ་བ;

458 Fluidity, *n.* ཁུ་བའི་རྣམ་པ;

459 Fluke, *n.* སྐྱེས་དབང་གིས་ཚ་འཁོད་པ; ཉ་ལེབ་ལེབ་ཞིག; ལུག་གི་མཆིན་པའི་ནང་གི་སྲིན་འབུ;

460 Flummery, *n.* (ངོ་བསོད་སྐམ་པོ Sik.); འོ་མ་དང་ཕྱེ་དང་སྒོང་ནྡྲིས་ཀྱི་བཟོས་པའི་མངར་བྱ;

461 Flunkey, *n.* གཡོག་པོ; ཞབས་ཕྱི; མི་མ་རབ་ངོ་བསོད་ཅན;

462 Flurry, *n.* སེམས་ཚབ་ཚུབ ; ཚུབ ; ཚུབ་ཚུབ ;

463 Flush, *v.i.* གདོང་ལ་ཁྲག་རྒྱུག་ནས་དམར་པོར་འགྱུར་བ ;

464 Fluster, *v.t.* ཚབ་ཚབ ; ཚུབ ;

465 Flute, *n.* འཕྲེད་གླིང ;

466 Fluted, *n.* ལྦ་གཞོག་ཅན ; ལྦ་ཤུར་ཅན ;

467 Fluting, *n.* གཙུས་རིས ;

468 Flutter, *n.* ཁྲག་ཁྲུག ; འདར་ཁྲུག ;

469 Fluttering, *n.* ཁྲག་ཁྲུག ; འདར་ཁྲུག ;

470 Fluvial, *n.* གཙང་པའི ; རྒྱུག་ཆུའི ;

471 Flux, *n.* འབབ ; ཆུ་ལོག ; ཆུ་རུད ;

472 Fluxible, *a.* བཞུ་རུང་བ ; བཞུ་རུ་ཡོད་པ ;

473 Fluxion, *n.* འབབ་རྒྱུན ;

474 Fly, *v.i.* འཕུར་བ ;

475 Fly, *n.* སྦྲང་བུ ;

476 Fly blown. སྦྲང་བུའི་སྒྲུག་གྲུས་བཀང་ཟིན་པ ; དཀར་དུ་མས་ཚང་
བཙས་ཟིན་པ ;

477 Foal, *n.* རྟེ་གི ; རྟེའུའི་རྟེ་གི ; བོང་སྒྲུག ; རྟེའུ ; ཀྱུ་རུག ;

478 Foam, *n.* ལྦུ་བ ; དབུ་བ ;

479 Fob, *n.* སྒྲོ་ཁུག་ཉག་ཐག་ལ་དཔྱང་བྱེད་དང་བཅས་པ ;

480 Focus, *n.* མིག་གཉིས་ཀའི་མཐོང་ཚད ;

481 Fodder, *n.* ཆག ; རྩ་ཆག ;

482 Foe, *n.* དགྲ ; དགྲ་བོ ; ཕ་རོལ་པོ ;

483 Foeman, *n.* ཕ་རོལ་དགྲ་བོ ;

484 Fog, *n.* སང་སྨུགས ; སྨུགས་པ ; ན་བུན ; ཀུག་ན ;

485 Foggy, *n.* ན་བུན་ཐིབ་ཐིབ ; སྨུགས་པ་ཐིབ་ཐིབ ;

486 **Fogy,** *n.* གླེན་རྒན; མི་རྒན་ཆོ་མེད་པོ;

487 **Foible,** *n.* ཙ་སྐྱོན; སྐྱོན;

488 **Foil,** *v.t.* ཕམ་པ; ཕ་རོལ་དབང་དུ་བསྡུ་བ;

489 **Foist,** *v.t.* གསང་ཐབས་ཀྱིས་ནང་དུ་འདྲེན་པ;

490 **Fold,** *n.* ལྟེབ; ལྟབ་ཚོགས; (fold of sheep) ལྷས་ར;

491 **Foliage,** *n.* ལོ་འདབ;

492 **Folio,** *n.* ཤོག་ལྷེ; ཤོག་ལེབ;

493 **Folk,** *n.* མི་ཚོ;

494 **Folkland,** *n.* གཞུང་ས;

495 **Folklore,** *n.* སྔ་མོའི་བསྒྲུངས; གཞན་མིའི་གཏམ;

496 **Follicle,** *n.* བ་སྤུའི་བུ་ག;

497 **Follow,** *v.t.* རྗེས་སུ་འབྲང་བ; ཕྱི་བཞིན་ཡོང་བ;

498 **Follower,** *n.* ཞབས་ཕྱི; འཁོར; བུ་སློབ;

499 **Following,** *n.* བཤམ་གསལ;

500 **Folly,** *n.* མ་རིག་འཁྲུལ་པ; མ་རིག་རྨོངས་པ; རྨོངས་པ;

501 **Foment,** *v.t.* ཆུ་ཚ་པོས་བཀྲུས་པ; ཆུ་སྣང་ཚ་པོས་བདུག་པ;

502 **Fomentation,** *n.* ཆུ་ཚ་པོའི་སྣངས་ལ་བདུག་པ;

503 **Fond,** *n.* གཅེས་པོ; ཤ་ཚ་པོ;

504 **Fondle,** *v.t.* གཅེས་གཅེས་བྱས་པ;

505 **Fondling,** *n.* གཅེས་ཕྲུག;

506 **Fondly,** *ad.* གཅེས་པོ་བྱེད་དེ;

507 **Fondness,** *n.* བརྩེ་གདུང; གཅེས་པའི་སེམས;

508 **Font,** *n.* ཁྲུས་ཀྱི་དུང་བཞ; ཁྲུས་བུམ;

509 **Fontal,** *a.* ཁྲུས་བུམ་གྱི;

510 Food, *n.* བཟའ་བ; བཟའ་ཆ;

511 Fool, *n.* གླེན་པ; (གླེན་གོག; (Bhut.).

512 Foolscap, *n.* ཤོ་གུ་དཀྱུས་རིང་ལ་ཞེང་ཆུང་བའི་བྲི་ཁ;

513 Foot, *n.* ཞབས་ཕྱི; རྐང་པ; རྐང་ལེབ; རྐང་དམག;
(ཞབས; Hon.) སོར་བཅུ་གཉིས་ཀྱི་ཚད;

514 Football, *n.* རྐང་པས་བསྐྱོད་པའི་རྒྱན;

515 Footboard, *n.* རྐང་སྟེགས་པང་ལེབ;

516 Footman, *n.* ཞབས་ཕྱི;

517 Fop, *n.* མཚོར་པོ; {ཛོར་འདོད་ཅན; (Sik.).}

518 Foppery, *n.* མཚོར་འདོད; བརྒྱན་གོས་མཚོར་པོ་འདོད་པ་ཉིད;

519 Foppish, *a.* མཚོར་འདོད་ཅན;

520 Foppishly, *ad.* མཚོར་འདོད་བྱེད་དེ;

521 Foppishness, *n.* མཚོར་འདོད; {ཛོར་འདོད; (Sik.).}

522 For, *prep.* ཆེད་དུ; དོན་དུ;

523 Forage, *n.* རྩྭ་ཆས; ཟན་པ; ཁ་ལག; བཟའ་བཏུང;

524 Forasmuch, *a.* དེས་ན; དེའི་ཕྱིར་དུ; དེ་བས་ན;

525 Foray, *n.* ཇག; དགྲ་བོའི་ཡུལ་དུ་ཇག་ཆོམ;

526 Forbear, *v.i.* རང་གི་རང་ཉིད་འགོག་པ; འཛེམ་པ;

527 Forbearance, *n.* འཛེམ་ཆ;

528 Forbid, *v.t.* འགོག་པ; བཀག་པ;

529 Forbidding, *a.* མི་སྡུག་པ; ཡིད་མི་འོང་བ; ངམ་གནག་པོ;

530 Force, *n.* སྟོབས; དཔུང; ཤུགས་དབང; མཐུ; དབང་མེད་དུ་
བཙོལ་བ; གཤེད; ངར;

531 Forceps, *n.* སྐམས་འཛབ; ཀམ་པ;

532 Forcible, *a.* དབང་གཙན་གྱི;

533 Ford, *n.* ཆུའི་རྒལ་རབ; ཆུའི་རབ་ཁ;

534 Fordable, *a.* ཆུ་རྒལ་དུ་ཡོད་པ;

535 Fore, *a.* མདུན་ན; སྔོན་དུ; གདོང་དུ;

536 Fore, *ad.* སྔོན་མ; མདུན་ཁའི; གདོང་དུ་ཡོད་པའི;

537 Forebode, *v.t.* སྔོན་ནས་བརྟགས་དང་མཚན་མ་སྟོན་པ; མི་འདོད་པ་ཐོག་དུ་འབབ་རྒྱུའི་སེམས་རྒྱུ; སེམས་རྒྱུ་ཕོག་པ;

538 Foreboding, *n.* སྔོན་ལྟས;

539 Forecast, *v.t.* འཆར་གཞི;

540 Forecastle, *n.* གྲུ་གཟིངས་ཀྱི་སྟེང་ཐོག་དུ་རྒྱབ་ལྷག; (Sik.).

541 Foreclose, *v.t.* སྔོན་ནས་བཀག་པ;

542 Foreclosure, *n.* བཀག་ཆ;

543 Foredoom, *v.t.* སྔོན་ནས་ཉེས་པ་གཏང་རྒྱུ་བྲུས་ཟིན་པ; སྔོན་ནས་ལས་ལ་བཀོད་ཟིན་པ;

544 Forego, *v.t.* བློས་གཏང་བ;

545 Forehanded, *a.* ལག་པ་བསྒྲིགས་ཟིན་པ; དཔེར་ན་འཚོང་ཟོག་བརྩིས་མ་སླང་གོང་ནས་རིན་སྤྲོད་ཟིན་པ;

546 Forehead, *n.* དཔྲལ་བ;

547 Foreign, *n.* ཕྱི་རོལ་གྱི;

548 Foreigner, *n.* ཕྱི་རོལ་པ;

549 Foreknow, *v.t.* སྔོན་ཤེས་ཤེས་པ;

550 Foreknowledge, *n.* སྔོན་མཁྱེན; མངོན་ཤེས; མངོན་མཁྱེན;

551 Forelock, *n.* དཔྲལ་བའི་སྐྲའི་ཚུན་པ; དཔྲལ་སྐྲ;

552 Foreman, *n.* འགོ་པ;

553 **Foremast,** *n.* གྲུ་གཟིང་གི་དར་ཅོག་སྔོན་མ་དེ;

554 **Forementioned,** *a.* གོང་གསལ;

555 **Foremost,** *a.* མགོ་སྔོན་ཕྲོག;

556 **Forenamed,** *a.* གོང་གསལ;

557 **Forenoon,** *n.* སྔ་དྲོ; ཉི་མའི་སྔ་ཚ;

558 **Forensic,** *a.* ཁྲིམས་སའི་གླིང་བརྩོད་ཀྱི་གཞི་མར་རུང་བའི;

559 **Fore-ordain,** *v.t.* སྔོན་ནས་བཀོད་པ;

560 **Fore-ordination,** *n.* སྔོན་བཀོད;

561 **Forepart,** *n.* གདོང; མདུན་ངོས;

562 **Forerank,** *n.* གོ་གནས་ཀུན་ལས་མཐོ་བ;

563 **Forerun,** *v.t.* སྔོན་ནས་ཡོང་བ; སྔོན་ནས་རྒྱུག་པ;

564 **Forerunner,** *n.* སྔོན་བགྲོས་པ;

565 **Foresaid,** *a.* གོང་གསལ;

566 **Foresail,** *n.* གྲུའི་གདོང་དར;

567 **Foresee,** *v.t.* སྔོན་ནས་བསྟོན་པ;

568 **Foreshadow,** *v.t.* སྔོན་ནས་ཤེས་པ;

569 **Foreshow,** *v.t.* སྔོན་ནས་འཆར་བ;

570 **Foresight,** *n.* རྗེས་ཡོང་སྔོན་དྲན; རྒྱ་ཕྱུགས་མཐོང་བློ;

571 **Foresighted,** *a.* རྗེས་ཡོངས་སྔོན་དྲན་ཅན; རྒྱ་ཕྱུགས་མཐོང་མི;

572 **Foreskin,** *n.* མཛེའི་མགོ་ཤུབ; མཛེ་མགོ་འི་པགས་པ; འདོམ་པགས;

573 **Forespeak,** *v.i.* སྔོན་ནས་ཁས་མནན་པ;

574 **Forest,** *n.* ནགས་ཚལ;

575 **Forestall,** *v.t.* སྔོན་ནས་བཟུང་ཟིན་པ;

576 **Forester,** *n.* ནགས་ཚལ་བལྟ་སྐྱོས་པ;

577 Foretaste, *n.* སྔོན་ནས་ཚོར་བའི་བྲོ་བ; ཉམས་མྱོང་སྔོན་མ;

578 Foretell, *v.i.* སྔོན་ནས་བཤད་པ; མངོན་ཤེས་པ;

579 Fore-thought, *n.* སྔོན་དྲན; རྒྱུ་ཕྱུགས་བསམ་བློ;

580 Forever, *ad.* ཇི་སྲིད་ནམ་གནས;

581 Forewarn, *v.t.* སྔོན་ནས་བྱ་ར་གཏང་བ;

582 Forewarning, *n.* སྔོན་ནས་བྱ་བཏང་བ་ཉིད; བྱ; བྱ་གཏོང;

583 Forfeit, *n.* ཤོར་བ;

584 Forfeitable, *a.* ཤོར་ཉེན་ཅན;

585 Forfeiture, *n.* ཤོར་རྒྱུ; ཤོར;

586 Forge, *n.* མགར་བའི་ཐབ; བཟོ་ཁང;

587 Forger, *n.* མིང་བརྫུ་བྲི་མཁན;

588 Forgery, *n.* ཡི་གེ་བརྫུས་མ་བྲི་མཁན; མིང་བཏགས་ཡིག་བརྫུས་མ; ཡིག་བརྫུ;

589 Forging, *n.* ཡིག་བརྫུ་བྲི་བའི་ལས་ཉིད;

590 Forget, *v.t.* བརྗེད་པ; བློ་ལས་ཡོལ་བ; བློ་ཡེངས་ཤོར་བ;

591 Forgetful, *n.* བརྗེད་ཡེངས་ཅན;

592 Forgetfully, *ad.* བརྗེད་ཡེངས་སུ;

593 Forgetfulness, *n.* བརྗེད་ཡེངས;

594 Forgivable, *a.* བཟོད་གསོལ་གནང་འོས;

595 Forgive, *v.t.* བཟོད་གསོལ་གནང་བ;

596 Forgiveness, *n.* བཟོད་གསོལ;

597 Fork, *n.* རྩེ་གསུམ; ཀཱང་ཊཱ (Hindi).

598 Forlorn, *a.* ར་མདའ་བྲལ་བ; རོགས་མེད་དཔུང་མེད; ཞུ་བདུགས;

599 Form, *n.* དབྱིབས; གཟུགས་བརྙེན; བཟོ་རྣམ;

600 Form, *n.* (ceremony) སྒྲིས་ལམ་རྣམ་བཞག ; ཁྲམ་སྡོང་པ ;
(a schedule) དེབ་ཐེའི་ཁྲམ་རེའུ་མིག ;

601 Formal, *a.* ཕྱི་རྒྱུའི་སྒྲིག་ལམ་དང་མཐུན་པ ;

602 Formalist, *n.* འགྲིག་ལམ་ལ་ཧ་ཅང་རྩས་ཆེར་འཛིན་པ་པོ ;

603 Formality, *n.* འགྲིག་ལམ་འགྲོ་ལུགས ;

604 Formally, *ad.* འགྲོ་ལུགས་ལྟར་ན ;

605 Formation, *n.* བཟོ་ལྟ ; བཟོ ; བཟོ་བཅོས ;

606 Former, *a.* སྔ་མ ; སྔོན་མ ;

607 Formerly, *ad.* སྔར་སྔ་མོར ;

608 Formidable, *a.* འཇིགས་སུ་རུང་བ ; ཡ་ང་པོ ;

609 Formula, *n.* ཁ་སྟོན་གྱི་ཀོ་རིམ་འགྲིག་ནས་ཡོད་པ་དེའོ ;

610 Fornication, *n.* ལོག་གཡེམས ;

611 Forsake, *v.t.* སྤངས་པ ; སྐྱུར་བ ; འབོར་བ ; གཏོང་བ ;

612 Forsaking, *n.* སྤང་བྱ ; སྐྱུར་བ་ཉིད ;

613 Forsooth, *ad.* བདེན་པར ; གདན་གདན ;

614 Forswear, *v.t.* མནའ་བོར་ནས་མན་ཞེས་བརྗོད་པ ;

615 Fort, *n.* མཁར ; འཛིང་ར ; དམག་མགར ;

616 Forte, *n.* གང་ལ་མཁས་པའི་ཡོན་ཏན་འབྱུང་སྟོབས ;

617 Forth, *ad.* ཕྱིར ; མདུན་དུ ;

618 Forthcoming, *a.* ཡོང་རྒྱུ་ཡོད་པའི ; མྱུར་དུ་དོན་རྒྱུའི ;

619 Forthwith, *ad.* དེ་མ་ཐག ;

620 Fortieth, *a.* བཞི་བཅུ་པ ;

621 Fortification, *n.* འཛིང་ར ; དམག་མགར ;

622 Fortify, *v.t.* འཛིངས་ར་བཅད་བ ;

623 Fortitude, *n.* ཐྲེག་བརྟན; བརྟན་ཚུད; བརྟན་བརྩུག;

624 Fortnight, *n.* བདུན་ཕྲག་གཉིས;

625 Fortress, *n.* འཛོང་ར;

626 Fortuitous, *a.* སྟེགས་དབང་གིས་བྱུང་བ;

627 Fortuitously, *ad.* སྟེགས་དབང་གིས;

628 Fortunate, *a.* སོ་དེ་ཅན; བསོད་ནམས་ཅན;

629 Fortunately, *ad.* སྐབས་ཡག་སྟེ; སྐབས་ལེགས་ཀྱིས;

630 Fortune, *n.* རྒྱུ་ནོར; བསོད་རྣམ; དབང་ཐང;

631 Forty, *a.* བཞི་བཅུ;

632 Forum, *n.* སྒོ་སྒྲུར;

633 Forward, *ad.* མདུན་ཕྱོགས; མདུན་ནས་ཡར; མདུན་དུ;

634 Forwarder, *n.* འཚོང་ཟོག་གཞན་ཡང་ན་ཡི་གེ་རྫོངས་མི;

635 Forwarding, *n.* འཚོང་ཟོག་གཞན་ཡང་ན་ཡི་གེ་རྫོངས་བདའ;

636 Forwardly, *ad.* ཚངས་དེ; འཚང་ཁ་རྒྱབ་སྟེ;

637 Forwardness, *n.* རྫངས་འདོད;

638 Forwards, *ad.* མདུན་ནས་ཡར; ཡར; གོང་འཕེལ་དུ;

639 Fosse, *n.* དགྲ་རྫོང་གི་ལྟགས་རིའི་ཕྱི་ནས་ཆུ་ཡུར་ཆེན་པོ;

640 Fossil, *n.* སྲོག་ཆགས་ཀྱི་གཟུགས་སམ་ཡང་ན་སྔོ་ལྗུམ་སོགས་སྔང་པོ་
རྡོ་ལ་འགྱུར་ནས་ཡོད་པ;

641 Fossilist, *n.* རྡོ་ལ་འགྱུར་བའི་གཟུགས་ཀྱི་རྒྱུས་ཅན;

642 Foster, *v.t.* བསོ་བ; བསྐྱེད་བསྲིང་བ; འཚོ་སྐྱོངས་བྱེད་པ;

643 Foul, *a.* ངན་པ; གཙོག་པ; (གནམ་ངན of weather)

644 Foul, *v.t.* གཙོག་པ་བཙོས་པ; དྲི་མས་སྐྱིག་པ;

645 Foully, *ad.* ངན་པར; བཙོག་པོ་བྱེད་དེ;

646 **Foulness**, *n.* ངན་རྩུལ; བཙོག་ལྷུགས;

647 **Foul play**, *n.* ངན་གཡོ;

648 **Found**, *v.t.* ཐོབ་པ; བརྙེད་པ;

649 **Foundation**, *n.* རྨངས; རྨངས་གཞི; རྨངས་སྦྲི;

650 **Foundationer**, *n.* དགོན་སྡེའམ་སྡེ་གང་ཟུང་གི་མ་ཁང་གིས་འཚོ་བ;

651 **Founder**, *n.* སྡེ་བདབ་མཁན;

652 **Founder**, *n.* ཁང་གཙུག་མཁན; རྒྱལ་རྒྱུད་ཀྱི་ཐོག་མ;

653 **Foundery**, *n.* ལྕུ་རྒྱབ་སའི་ཁང་པ; ལྕུ་ཁང;

654 **Foundling**, *n.* ཕ་མ་མེད་པའི་ཕྲིའུ་དུ་སྐྱུག་བརྙེད་པ;

655 **Fountain**, *n.* ཆུའི་ཁང་མགོ;

656 **Four**, *a.* བཞི;

657 **Four score**, *a.* ཁལ་བཞི;

658 **Four square**, *a.* གྲུ་བཞི་ཟུར་བཞི་མཉམ་པ; ཟུར་མཉམ་པའི་རི་མོ་གྲུ་བཞི་བ;

659 **Fourteen**, *n.* བཅུ་བཞི;

660 **Fourteenth**, *a.* བཅུ་བཞི་པ;

661 **Fourth**, *a.* བཞི་པ;

662 **Fourthly**, *ad.* བཞི་པར;

663 **Fowl**, *n.* བྱ་དེ; བྱ; ཁྱིམ་བྱ;

664 **Fowler**, *n.* ཁྱི་ར་པ་བྱ་དེ་ཤ་སྐྱག་འཛིན་མི;

665 **Fowling**, *net*, *n.* བྱ་བྲེའུ་བཟུང་བའི་དྲ་བ;

666 **Fox**, *n.* ཝ;

667 **Fraction**, *n.* ཟུར་ཆ;

668 **Fractional**, *n.* ཟུར་ཆའི;

669 **Fractious**, *a.* འཐབ་རྩེ་རྣོ་པོ; འཁྲུག་པ་རྒྱབ་རྣུང་ལང་པོ;

670 Fracture, *n.* ཆག་གྲུམ;

671 Fragile, *a.* ཆག་ལ་ཁད་པ;

672 Fragility, *n.* ཆག་པའི་ཆོས་ཅན;

673 Fragment, *n.* དུམ་བུ;

674 Fragmentary, *a.* དུམ་བུའི་སྐོར;

675 Fragrance, *n.* དྲི་ངད;

676 Fragrant, *n.* དྲི་བཟང་པོ;

677 Fragrantly, *ad.* དྲི་ངད་བཟང་པོ་བྱེད་དེ; དྲི་བཟང་ཕུལ་ལེ;

678 Frail, *n.* ཆག་ལ་ཁད་པ; སྟོབས་མེད; ཉམ་ཆུང; དབུལ་ཞན་པ;

679 Frailty, *n.* ཉམ་ཆུང་བའི་ཚུལ;

680 Frame, *n.* སྒྲོམ; ཁྲི; ཕྱི་སྒྲོམ;

681 Franc, *n.* ཕ་རང་སིའི་ཡུལ་གྱི་དངུལ་གྱི་ཊཾ་ཁ་ཕ་ལྟ་དང་མཉམ་པ [ཞིག་ལ་ཟེར;

682 Franchise, *n.* རང་དབང; རང་ཆོད;

683 Franchisement, *n.* རང་དབང་རང་ཆོད;

684 Frangibility, *n.* ཆག་སླ་བ་ཉིད;

685 Frangible, *a.* ཆག་གྲུམ་ཤོར་སླ་བ;

686 Frank, *a.* (Sik. ཁ་སང་སྙིང་སང;) ཤང་པོ; (Colql. Tib.)

687 Frankincense, *n.* སྤྲོས་དཀར་རམ་གུ་གུལ; གུ་གུལ;

688 Franklin, *n.* སྔོན་ཐོག་ཨིན་ཛིའི་ཡུལ་གྱི་ཁྲིམ་བདག་པོ;

689 Frankly, *ad.* ཁ་སང་སྙིང་སང་བྱེད་དེ; ཤང་པོ་བྱེད་དེ;

690 Frankness, *n.* ཁ་སང་ཚུལ; ཤང་ལུགས; ཤང་ཚུལ;

691 Frantic, *a.* སྨྱོ་ཆུབ་ཆུབ;

692 Franticly, *ad.* སྨྱོན་པ་ལྟ་བུ་བྱེད་དེ;

693 Fraternal, *a.* སྤུན་ཟླར་འོས་པ;

694 **Fraternity**, *n.* སྤུན; མཆེད་ལྕམ་དོ་ཇེ་སྤུན; སྤུན་ཆོང;

695 **Fraternize**, *v.i.* སྤུན་ཟླ་ལྟར་ཆོང་ཅིང་གཞིབས་པ;

696 **Fratricide**, *n.* སྤུན་ཟླ་བསད་པའི་ལས་ངན;

697 **Fraud**, *n.* གཡོ་སྒྱུ; མགོ་སྐོར; བརྫུན;

698 **Fraudulence**, *n.* གཡོ; བརྫུན;

699 **Fraudulent**, *a.* གཡོ་སྒྱུ་ཅན;

700 **Fraudulently**, *ad.* གཡོ་སྒྱུ་བྱེད་དེ;

701 **Fraught**, *a.* འཁལ་འགལ་ནས་ཡོད་པ; བསྒྲེས་པ;

702 **Fray**, *n.* འཐབ་འཛིང; འཛིང་ཁ;

703 **Freak**, *n.* སྣང་བ་གང་ཤར་གྱི་ལས; བརྩེད་མོ;

704 **Freakish**, *a.* བློ་འགྱུར་ལྡོག་ཅན;

705 **Free**, *a.* རང་དབང་ཅན;

706 **Freedman**, *n.* བྲན་འཁོལ་གྱི་གྲལ་ནས་ཐར་བ;

707 **Freedom**, *n.* རང་དབང; ཐར་པ; [བཞི་ག;

708 **Freehold**, *n.* ས་ཆ་ཁྲལ་མེད; ཁྲལ་འུལ་སོགས་རྣ་ནས་མེད་པའི་

709 **Freely**, *a.* རང་དགར; རང་དགའ་རང་ཐང; རང་འདོད་ལྟར;

710 **Freeman**, *n.* རང་དབང་རང་ཚོད་ཅན་གྱི་ཁྲིམ་བདག;

711 **Freeness**, *n.* རང་དབང་ལྡན་ཚུལ;

712 **Freestone**, *n.* ཟུ་རྡོ;

713 **Freewill**, *n.* སེམས་ལ་གང་དགའ་བསྐོམས་ཆོག་པའི་དབང;

714 **Freeze**, *v.t.* འཁྱུགས་སུ་ཆགས་པ; འཁྱིག་ཏུ་བཙུག་པ;
འཁྱུག་རོམ་ཆང་པ;

715 **Freezing point**, *n.* གྲང་ངར་འཁྱུགས་པ་ཆགས་པའི་ཚད:

716 **Freight**, *n.* སྣ་ཆ;

717 **French**, *a.* ཕ་རན་སི་ཡུལ་གྱི་;

718 **Frenzy**, *n.* སྨྱོ་འབོག་;

719 **Frequent**, *a.* ཡང་ཡང་;

720 **Frequently**, *ad.* ཡང་ནས་ཡང་དུ་;

721 **Fresco**, *n.* རི་མོ་; སྣེབ་རིས་; ལོགས་བྲིས་; རྩིག་པའི་གྱང་ལོའི་རི་མོ་;

722 **Fresh**, *a.* གསར་པ་;

723 **Freshness**, *n.* གསར་བའི་ཚུལ་; གསར་ཚུལ་;

724 **Fret**, *v.t.* སེམས་འཚབས་པ་; (སྙིང་སྡུགས་པ་;)

725 **Fretful**, *n.* སེམས་ཚབ་ཚུབ་ཅན་;

726 **Fretwork**, *n.* པ་ཏྲ་; སྤྲོལ་;

727 **Friable**, *a.* ཕྱེ་མར་ཞིག་སླ་མོ་; ཕྱེ་མར་གྲུས་སླ་པོ་;

728 **Friar**, *n.* སྟོང་ལྡན་པ་; རྟོགས་ལྡན་པ་; རྣལ་འབྱོར་པ་;

729 **Fribble**, *a.* སྣང་མེད་བཅོལ་བ་པོ་; ལས་ཀ་སྙིང་ནས་མི་བྱས་པར་
འཆང་ཙམ་བྱས་ནས་བཞག་མི་;

730 **Friction**, *n.* བདར་འཕྱུར་; ཕྱུར་ཕྱུར་;

731 **Friday**, *n.* གཟའ་པ་སངས་;

732 **Friend**, *n.* གྲོགས་པོ་; མཐུན་བཤེས་;

733 **Friendly**, *ad.* གྲོགས་པོ་ལྟ་;

734 **Friendship**, *a.* གྲོགས་པོར་གྱུར་བའི་ཚུལ་; གྲོགས་;

735 **Frieze**, *n.* ལྷ་ཁང་གི་གྱང་ཁྲོག་གི་ངོས་ལ་རི་མོ་དང་པ་ཏྲ་རྒྱས་པོ་;

736 **Frigate**, *n.* དམག་གྲུ་ཆུང་བའི་རིགས་མི་སྒྲོག་ ༢༨ ཙམ་ཡོད་པ་;

737 **Frighten**, *n.* སྐྲ་སྐྲོང་བ་; འཇིགས་པ་བསྐྱེད་པ་;

738 **Fright**, *n.* འཇིགས་པ་; དོན་འཁྲོར་བ་;

739 **Frightful**, *a.* འཇིགས་རུང་; ཉེ་ང་པོ་; རྣོ་དྲག་ཟ་པོ་;

740 **Frightfully**, *ad.* འཇིགས་སུ་རུང་བར; ནམ་དོག་ཟ་པོར;

741 **Frigid**, *a.* འཁྱག་པས་བསྐུ་མཁྲེག་སུ་གྱུར་པ;

742 **Frigidity**, *ad.* འཁྱག་རོམ་དུ་ཆག་པ་ཉིད; འཁྱག་རོམ;

743 **Frill**, *n.* ཁན་ཙར;

744 **Fringe**, *n.* ཁ་ཆར; (ཁན་ཙར)

745 **Frisk**, *v.i.* འཆོང་རྒྱུག་བྱེད་པ;

746 **Friskness**, *n.* འཚོང་རྒྱུག་བྱེད་འདོད;

747 **Frisky**, *a.* འཚོང་རྒྱུག་བྱེད་འདོད་ཅན;

748 **Frith**, *n.* རྒྱུག་ཚུ་རྒྱ་མཚོར་འབབ་དུས་ཁ་ཞེང་ཡངས་མོར་གྱུར་ཅིང་ཡོད་པ;

749 **Fritter**, *v.t.* རྡུམ་རྡུམ་བཅག་པ;

750 **Frivolity**, *n.* བབ་ཅོལ་བཤད་གད;

751 **Frivolous**, *a.* བབ་ཅོལ་གཤད་གད་ཅན;

752 **Frivolously**, *ad.* བབ་ཅོལ་དུ; (ཆོ་མེད་དུ Sik.).

753 **Friz**, *v.t.* རྩུབ་པོར་གཏང་བ;

754 **Frizzle**, *v.t.* གཙུག་འགྲིལ་ཕྲུང་ངུར་བཟོ་བ;

755 **Fro**, *ad.* རྒྱབ་ཕྱོར; ཕྱི་ནུར;

756 **Frock**, *n.* གྲྭ་པའི་སྟོད་རྩེ་ཕྲུ་དུང་ཆེན་ཡོད་པ; གོས་རྩེ; ཀུ་ཙེ;

757 **Frog**, *n.* སྦལ་པ;

758 **Frolic**, *n.* རོལ་བརྩེད;

759 **Frolicsome**, *a.* བརྩེད་མོ་མཁན;

760 **Frolicsomeness**, *n.* རོལ་བརྩེད་ལ་དགའ་ལུགས;

761 **From**, *prep.* ནས;

762 **Frond**, *n.* ལོ་མ་དང་སྡོང་པོ་ཅིག་པ་ཡིན་པའི་ལོ་མ་རྒྱས་པ;

763 Front, *n.* མདུན;

764 Frontage, *n.* མདུན་གྱི་ས་གྲུ;

765 Frontier, *n.* ས་མཚམས;

766 Frontispiece, *n.* ཆབ་གདོང; གདོང་ཤོག;

767 Frost, *n.* ཁ་བའི་བ་མོ; འཁྱག་རོམ; འཁྱག་ཟིལ;

768 Frosty, *a.* བ་མོ་ཅན;

769 Froth, *n.* ལྦུ་བ; དབུ་བ;

770 Frothy, *n.* ལྦུ་བ་ཅན;

771 Froward, *n.* ཀླི་འཕྲུག་པོ; ཧེ་མཁྲང་པོ;

772 Frowardness, *n.* ཧེ་མཁྲངས་ལུགས;

773 Frown, *v.i.* དཔྲལ་བ་ཁྲོ་གཉེར་སྟོན་པ;

774 Frowningly, *ad.* ཁྲོ་གཉེར་སྟོན་བཞིན་པར;

775 Frozen, *n.* འཁྱགས་རོམ་ཆགས་པ;

776 Fructification, *n.* འབྲས་བུ་སྨིན་པ; འབྲས་བུ་སྨིན་ལུགས;

777 Fructify, *v.t.* འབྲས་བུ་སྨིན་པར་བྱས་པ;

778 Frugal, *a.* ཞིབ་བརྩིས་ཅན;

779 Frugality, *n.* ཞིབ་བརྩིས;

780 Fruit, *n.* འབྲས་བུ;

781 Fruitage, *n.* ཤིང་འབྲས་སྣ་ཚོགས;

782 Fruitful, *a.* འབྲས་བུ་ཅན;

783 Fruitfulness, *n.* འབྲས་བུ་དང་ལྡན་པའི་ཚུལ;

784 Fruition, *n.* འབྲས་བུ་བདགས་པའི་དུས;

785 Fruitless, *a.* འབྲས་བུ་མེད་པ;

786 Fruit-tree, *n.* ཤིང་འབྲས་སྡོང་པོ; (ཟ་སྡོང; Sik.).

787 **Frustrate**, *v.t.* ཕ་རོལ་པའི་འདུན་མ་གཞིག་པ; དོན་མེད་པར་བཟོ་བ;

788 **Frustration**, *n.* དོན་མེད་བཟོ་བ་ཉིད;

789 **Frustum**, *n.* བང་རིམ; ཞ་རིམ་བང་རིམ;

790 **Fry**, *v.t.* བརྔོ་བ; བརྔོས་པ;

791 **Frying-pan**, *n.* བརྔོ་བའི་སླང; ཛ་སླང; སླང;

792 **Fuchsia**, *n.* མེ་དོག་གི་ཤིང;

793 **Fuddle**, *v.t.* ཆང་གིས་ར་བཟི་བ;

794 **Fudge**, *n.* (ཆོ་མེད; Sik.){ཛབ་ཚུང་གི་སྣད་ཆ་ (Tib. colloql.)}

795 **Fuel**, *n.* བུད་ཤིང; ཐབ་ཤིང;

796 **Fugitive**, *n.* བྲོས་གཟུར་པ; བྱོར་ཡོལ་པ;

797 **Fulcrum**, *n.* ལྡེ་ཤིང;

798 **Fulfil**, *v.t.* ལས་མཐར་ཕྱིན་པར་བྱ་བ;

799 **Fulfilment**, *n.* མཐར་ཕྱིན;

800 **Fulgency**, *n.* འོད་ཟེར;

801 **Fulgent**, *a.* འོད་ལྷག་གེ་བ;

802 **Full**, *a.* གང; ལྟེམ་གྱིས་ཁེངས་ནས་ཡོད་པ; ལྟེམས་པ; གང་བ; ཁེངས་པ; *v.t.* འགེངས་པ; བསྐང་བ;

803 **Fuller's-earth**, *n.* དག་བྱེད་ཀྱི་ཛས་བྱལ་དོག་འདྲ་བ་ཞིག;

804 **Fully**, *ad.* ཡོངས་སུ; གང་བར; ལྟེམ་གྱི;

805 **Fulminate**, *v.i.* སྒྲ་དྲག་པོར་འབྱིན་ནས་ཚོར་བསྡོམས་དང་བཀའ་རྒྱ་སྒྲོག་པ;

806 **Fulmination**, *n* ཛ་ཀ་ཀི་གཞིན་ལ་གད་པ, སྒྲ་དྲག་འབྱིན་པ;

807 **Fulness**, *n.* གང་བ་ཉིད;

808 **Fulsome**, *a.* བསྔགས་དྲག་པས་ཞེན་ལོག་བསྐྱེད་པའི;

809 **Fumble**, *v.i.* རྫོགས་པ; ཧོམ་པ; ལག་པས་ཧོམ་ཧོམ་བྱེད་པ;

810 **Fume**, *n.* དུ་བ;

811 **Fumigate**, *v.t.* དུ་བས་བདུག་པ;

812 **Fumigation**, *n.* དུ་བ་བདུག་པའི་ལས་དེ་ཉིད;

813 **Fun**, *n.* སྐྱིད་བྲོ; གད་མོ་ཤོར་བའི་ལས; བཞད་མོ;

814 **Function**, *n.* ལས; དབང་པོ; བྱ་བ; བྱ་བ་བྱེད་པའི་ལས;

815 **Functionary**, *n.* ལས་སྣེ; འགན་ཅན;

816 **Fund**, *n.* མ་རྐང; རྐང་རྩ;

817 **Fuse**, *v.t.* ཞུན་བཀོལ་བ; (*n.*) རྫས་མེའི་ཁ་ཐག; ཁ་སྦྱར;

818 **Fusee**, *n.* མེ་བཀྲད; རྫས་མེའི་ཁ་སྦྱར;

819 **Fusibility**, *n.* ཞུན་བཀོལ་དུ་ཡོད་པའི་ཚུལ;

820 **Fusible**, *a.* ཞུན་བཀོལ་དུ་ཡོད་པ;

821 **Fusilier**, *n.* སྔོན་དུས་སྒྲུ་མེ་མདའ་མེ་ཙག་ཅན་ཐོག་པའི་དཔུང;
(Sik.) པ་ཐུར་ཀཱ་ལ་མེ་མདའ་ཅན་གྱི་དམག་དཔུང;

822 **Fusillade**, *n.* མེ་རྡུབ;

823 **Fusion**, *n.* ཞུན་བཀོལ་བ་ཉིད; ཞུན:

824 **Fuss**, *n.* ཅ་ཅོ; དོན་མེད་ཀྱི་བྲེལ་བ;

825 **Futile**, *a.* དོན་མེད;

826 **Futility**, *n.* དོན་མེད་པའི་རང་བཞིན;

827 **Future**, *a.* མ་འོངས་པའི་དུས་སུ;

828 **Future**, *n.* མ་འོངས་པ;

829 **Futurity**, *n.* མ་འོངས;

830 **Fuze**, *n.* ཁ་སྦྱར་ཐག་པ; མེ་སྒྲོག་གི་ཁ་སྦྱར་ཐག;

831 **Fuzz**, *v.i.* ལྷུག་ཚ་པོའི་གང་ནས་རྒྱུ་རྡུལ་སྤྲ་མོ་འཐོར་བ་དེའོ;

832 **Fy, or Fye**, *int.* ཨ་ཁེ; ཕུ་ཚ་ལ; ཨ་ཁ་ཁ; ཕ་ཨེ;

G

1 **Gab**, *n.* ཅ་ལོ་སྨྲོ་ལོ; ངག་འཁྱལ; (Sik.) སྦྱོང་ཤོབ;

2 **Gabble**, *v.i.* ཚིག་སྒྲ་མི་དག་པར་ཅ་ཅོ་སྒྲོག་པ;

3 **Gad**, *n.* ལྕུགས་ཀྱི་ཙང་རྩེ་རྣོན་པོ་བྱས་པ; སྤུང་གྱུ;

4 **Gadfly**, *n.* ལྕུགས་སྦྲང;

5 **Gaffer**, *n.* མི་ནག་སྐྱ་བོ་འི་ནང་ནས་མི་རྒན;

6 **Gag**, *v.t.* ཁ་བཙིང་བ; *n.* ཁ་ཚིང;

7 **Gage**, *v.t.* རྒྱན་གཙུག་པ; རྒྱན; *n.* ཤིང་འབྲས་རིགས་ཞིག;

8 **Gaily**, *ad.* ཉམས་སྤྲོ་པོར;

9 **Gain**, *v.t.* རྒྱལ་བ; བརྙེད་པ; སྒྲུབས་པ;

10 **Gainer**, *n.* རྒྱལ་མཁན;

11 **Gainful**, *a.* ཁེ་ཐོབ་རྒྱུ་ཡོད་པ;

12 **Gainsay**, *v.t.* རྩོད་རྒྱང་རྒྱབ་པ; བརྩོད་པ;

13 **Gait**, *n.* འགྲིང; འགྲོ་སྟངས; འགྲིང་གྱུག;

14 **Galaxy**, *n.* སྐར་མའི་དར་ལམ་ཀྱི་ནར་རེ་བ་དེ་ལ་ཟེར; སྐར་གྲལ;

15 **Gale**, *n.* རླུང་དམར; བུ་ཡུག;

16 **Gall**, *n.* མཁྲིས་པ; ཁ་དིག; སྙིང་ནད; འབྲོང་ཀལ་ཤིང་གི་ལྦ་བ་ཁག་དིག་ཅན་ཞིག་གོ;

17 **Gall**, *v.t.* པག་པ་འབིག་པ; བརྡེག་པ; བརྙས་པ;

18 **Gallant**, *a.* འཆར་པོ; སྙིང་སྟོབས་ཅན; དཔའ་བོ; མོ་མཐྲོང་ཅན;

19 **Gallantly**, *ad.* མོ་མཐྲོང་ཆེན་པོ་བྱེད་དེ;

20 **Gallantry**, *n.* མོ་མཐྲོང; འཆར་འདོད; དཔའ་བརྗིད;

21 **Gall-bladder**, *n.* མཁྲིས་པའི་སྣོད་མཆིན་པ་དང་འབྲག་ནས་ཡོད་པ་དེ;

22 Gallery, *n.* རིམ་རྩེག ; བང་རིམ ; ཁང་པའི་ཟུར་དུ་ཁང་མིག་
དཀྲུས་རིང་དེ ;

23 Galley, *n.* གྲུ་ཟིང་ཞམ་ལེབ་ལེབ་གྲོག་ཅིག་ པ་དར་ཅོག་ དང་གྲུ་ཀྲུས་
བསྐྱོད་པ་ཞིག་ལ་ཟེར ;

24 Gallon, *n.* བརླན་གཞལ་བའི་སྣོད་ཤེལ་དམ་བཞི་ཤོང་པ་ཅིག ;

25 Gallop, *v.i.* བང་རྒྱུག་པ ; བཞི་རྒྱུག་རྒྱབ་པ ;

26 Galloway, *n.* ཧ་གཟུགས་བོང་ཆུང་ལ་སྤུག་སྲན་ཆེན་འི་རིགས་ཞིག ;

27 Gallows, *n.* ནག་ཅན་སྐྱེ་ཐག་དཔྱང་རྒྱབ་པའི་བདེག་དེའི ;

28 Galvanic, *a.* རིན་པོ་ཆེའི་རིགས་ལས་གློག་བཅོས་པའི་ཐབས་ཀྱི་སྐོར ;

29 Galvanize, *v.t.* གློག་བཙུད་བྲུག་པ ;

30 Gamble, *v.i.* ཤོ་རྒྱབ་པ ;

31 Gambler, *n.* ཤོ་པ ;

32 Gambling, *n.* ཤོ ;

33 Gambol, *n.* རོལ་བརྩེད ;

34 Game, *n.* བརྩེད་མོ ; རི་དྭགས ; ཁྲི་ར ;

35 Gamester, *n.* ཤོ་རྒྱན་ལ་ཁ་ཞུགས་པ ;

36 Gammer, *n.* མི་སྐྲ་ཀན་མོ ;

37 Gander, *a.* ངང་པ་ཕོ ;

38 Gang, *n.* ཚོགས ;

39 Gangrene, *n.* རྨ་སོགས་ལ་གཉན་རྒྱབ་ནས་ཤ་ཤི་བ ;

40 Gangway, *n.* གྲུ་ཟིང་ལ་ཕྱི་ནང་འགྲོད་བྱེད་ཀྱི་ལམ ;

41 Gaol, *n.* བརྩོན་ཁང ;

42 Gaoler, *n.* བརྩོན་བསྲུང་བ ;

43 Gap, *n.* སེར་ཀ ;

44 Gape, *v.i.* ཁ་གདང་ནས་སྡོད་པ; ཁ་ཞག་ནས་སྡོད་པ;

45 Garb, *n.* ཆས; ཆ་ལུགས;

46 Garbage, *n.* ནང་ཧྲོལ;

47 Garble, *v.t.* དབྱེ་གསལ་བྱེད་པ; ཡག་ཉེས་ཕྱེ་བ;

48 Garden, *n.* ལྡུམ་ར; གླིང་ཀ; ཚོད་ཞིང;

49 Gardener, *n.* ལྡུམ་རའི་གཉེར་པ; གླིང་སྲུང་པ;

50 Gargle, *v.t.* ཁ་བ་ཤལ་བ་ཤལ་གཏོང་བ;

51 Garland, *n.* དོ་ཤལ; མེ་ཏོག་ཕྲེང་བ; མེ་ཏོག་གི་དོ་ཤལ;

52 Garlic, *n.* སྒོག་སྐྱ; སྒོག་པ;

53 Garment, *n.* ན་བཟའ; དུག་ལོག; གོས;

54 Garner, *n.* འབྲུ་མཛོད;

55 Garnet, *n.* པད་བརྫུས; པད་རག་བརྫུས་མ;

56 Garnish, *v.t.* བརྒྱན་པ;

57 Garniture, *n.* བརྒྱན་ཆ;

58 Garret, *n.* ཡང་ཐོག་གི་ཁང་མིག;

59 Garrison, *n.* མགར་རྫོང་སྲུང་མི་དམག་ཚོགས; མགར་སྲུང་པ; རྫོང་སྲུང་པ;

60 Garroter, *n.* སྐེ་བསྡམས་ནས་བསད་མི;

61 Garrulity, *n.* གད་མོ་ལངས་འདོད;

62 Garrulous, *a.* གད་མོ་རྒོད་རྒྱུང་ལངས་པོ;

63 Garter, *n.* ལྷམ་སྒྲོག; (ཞབས་སྒྲོག, Hon.)

64 Gas, *n.* རླུང་གི་སྙིང་པོ་ཚགས་ནས་ཤེལ་དུ་ནང་ལ་བླུག་པ; རླུང་གི་བཅུད;

65 Gascon, *n.* སྟོང་གཏམ་ཅན; གཱ་སི་ཀོ་ནཱི་ཞེས་བྱ་བའི་ལུང་པའི་མི;

66 Gasconade, *n.* སྟོང་གཏམ; དཔའ་གཏམ;

67 Gash, *v.t.* གྲི་བརྨས་ལྷིང་ཆེ་ཞིང་རིང་བ;

68 Gasp, *v.i.* ཁ་དང་དང་བྱེད་ནས་དབུགས་རྔུབ་པ;

69 Gastric, *a.* ཕོ་བའི; ལྟོ་བའི; གྲོད་པའི;

70 Gate, *n.* རྒྱལ་སྒོ;

71 Gather, *v.t.* བསྒྲུག་པ; བསྡོག་པ; དཔུང་བ; འདུ་བ; འཛོམ་པ;

72 Gatherer, *n.* བསྒྲུག་མཁན; དཔུང་མཁན;

73 Gathering, *n.* འདུས་ཚོགས; དཔུང་ཚོགས;

74 Gaud, *n.* རྒྱན་འཚེར་པོ;

75 Gaudily, *ad.* འཚེར་པོ་བྱེད་དེ;

76 Gaudiness, *n.* འཚེར་འདོད; གཡེར་འདོད;

77 Gaudy, *n.* གཡེར་ཆེན; འཚེར་པོ; གཡེར་པོ་ཆེ; བཀྲག་ཆེན་པོ;

78 Gauge, *n.* གཞལ་བའི་ཚད་ཤིང; ཟིག་རིལ་འཛལ་བའི་ཚད;

79 Gauge, *v.t.* གཏིང་གཞལ་བ; གཞལ་བ;

80 Gauger, *n.* ཆང་དང་ཨ་རག་སོགས་ཀྱི་སྣོད་འཇལ་མཁན;

81 Gaul, *n.* སྔོན་དུས་ཀྱི་ཕྲ་རན་སི་ཡུལ་གྱི་མིང;

82 Gaunt, *n.* སྐྲིག་པོ; ལུས་རིད་པ; རྒུད་པོ; ཤ་སྐམ་པོ;

83 Gauntlet, *n.* ལྕགས་ཁྲབ་ཀྱི་ལག་ཤུབ;

84 Gauze, *n.* དར་རས; དར་རམ་རས་ཤིན་ཏུ་སྲབ་མོ;

85 Gay, *a.* དགའ་པོ; ཉམས་སང་ཅན;

86 Gaiety, *n.* དགའ་སྐྱིད; ཉམས་སང; ཉམས་དགའ;

87 Gaily, *ad.* དགའ་པོར; སྤྲོ་ཉམས་དོད་པོ་བྱེད་དེ;

88 Gaze, *v.i.* མིག་ཧུ་རེ་བལྟ་བ;

89 Gazelle, *n.* རི་དྭགས;

90 Gazette, *n.* གཞུང་བཀྲུང་ནས་གོ་གནས་བཀོ་བཞག་མཛད་པའི་ལོ་རྒྱུས་བསྒྲགས་པར་བྱེད་པའི་གསར་ཤྲུར;

91 Gazetteer, *n.* གནས་བཤད;

92 Gear, *n.* ཆས; གོ་ཆ; ཆས་གོས;

93 Gelatine, *n.* སྤྱིན; རྒྱུས་པ་དང་རྩའི་སྤྱིན;

94 Geld, *v.t.* ཁྲལ; ཁྲལ་བསྒུ་བ;

95 Gelding, *n.* རྟ་པོ་ཆེན; *v.t.* རྟ་འབོ་ཤབ་པ;

96 Gem, *n.* ནོར་བུ; རིན་པོ་ཆེ; ནོར་བུའི་བྱེ་བྲག; [ཁྲིག་པ; II.

97 Gemini, *n.* ཁྱིམ་བཅུ་གཉིས་ཀྱི་ཁྱིམ་ལས་ཁྲིག་པའི་ཁྱིམ; དུས་སྦྱོར་

98 Gender, *n.* མཚན་མ;

99 Genealogical, *a.* མི་རབས་ཀྱི་སྐོར;

100 Genealogist, *n.* མི་རབས་ཀྱི་རྒྱུས་ཅན;

101 Genealogy, *n.* མི་རྒྱུད; མི་རབས; ཆད་ས་ཆད་ཁངས;

102 Genera, *n.* རིགས་དང་ཁངས་ཀྱི་དབྱེ་བ;

103 General, *a.* སྤྱིར; གཙོ་ཆེ; ཕལ་ཆེར; སྤྱི་སློམས; སྤྱིར་སྣང;

104 Generality, *n* ཕལ་ཆེར;

105 Generalization, *n.* སྤྱི་སྦྱོར་དབྱེ་ལུགས; བཀྲང་པའི་སྤྱི་མཚན་དུ་བཙུག་ལུགས; སྤྱི་མཚན་སོ་སོར་དབྱེ་ལུགས;

106 Generalize, *v.t.* སྤྱི་མཚན་དུ་དབྱེ་བ;

107 Generally, *ad.* གཙོ་ཆེར; ཕལ་ཆེར; རྫི་སློམས་སུ;

108 Generalship, *n.* སྤྱི་དཔོན་ཀྱི་གོ་ས; དམག་དཔོན་ཆེན་པའི་གོ་ས;

109 Generate, *v.t.* སྐྲུན་པ; བསྐྱེད་པ;

110 Generation, *n.* མི་བརྒྱུག; མི་རབས; བསྐྱེད་པའི་ལས;

111 Generative, *a.* འཕེལ་བསྐྱེད་ཅན;

112 Generator, *n.* བསྐྱེད་པ་པོ; བསྐྱེད་ཁན; ཚ་རླངས་ཀྱི་སྣོད;

113 Generic, *a.* རིགས་མཚན;

114 Generically, *ad.* རིགས་དང་མཚན་མར;

115 Generosity, *n.* བློ་རྒྱ་ཆེན་པོའི་གཏོང་ཕོད; གཏོང་ཕོད;

116 Generous, *a.* བློ་རྒྱ་ཆེན་པོ; གཏོང་ཕོད་ཅན;

117 Generously, *ad.* གཏོང་ཕོད་ཆེན་པོ་བྱེད་དེ;

118 Genesis, *n.* འཇིག་བརྟེན་ཆགས་རབ; འབྱུང་སྟངས; འབྱུང་ཁུང;

119 Genial, *a.* ཁམས་འགྲོད་པོ; བློ་མཐུན་པོ; ཉམས་བདེ་པོ;

120 Geniality, *n.* ཁམས་འགྲོད; བློ་དང་མཐུན་ཚུལ; ཉམས་བདེ་ཚུལ;

121 Genii, *n.* གཞི་བདག; ཡུལ་ལྷ;

122 Genital, *a.* སྲོག་བསྐྱེད་པའི་ལས་ཀྱི; སྲོག་བསྐྱེད་བྱེད་ཀྱི; མཚན་མའི;

123 Genitive, *n.* བདག་པོའི་སྒྲའི་འབྲེལ་སྒྲ; རྣམ་དབྱེ་དྲུག་པ;

124 Genius, *n.* སྔོན་འབྱུངས་ཅན; སྔོན་འབྱུངས་ལས་འགྲོ་ཅན་གྱི་མི;

125 Gent, *n.* མི་བཟང་གི་ལས་དོན་བྱེད་མཁན;

126 Genteel, *a.* སྤྱོད་ལམ་མཛེས་པོ; སྤྱོད་ལམ་བཟང་པོ;

127 Gentile, *n.* ཡ་ཧུ་ད་པ་མ་ཡིན་པའི་རིགས; ཡེ་ཤུ་པ་མ་ཡིན་པ;

128 Gentility, *n.* རིགས་རུས་གཙང་ཞིང་དག་པ་ཉིད;

129 Gentle, *a.* ཞི་དུལ་ཅན; ཞི་འཇམ;

130 Gentlefolk, *n.* མི་བཟང; རིགས་བཟང;

131 Gentleman, *n.* སྐུ་དྲག; མི་བཟང;

132 Gentlemanly, *ad.* ཡ་རབ་ཀྱི་ཚུལ་ལྡན;

133 Gentlemanliness, *n.* ཡ་རབ;

134 Gentleness, *n.* ཞི་འཇམས;

135 Gentlewoman, *n.* སྐུ་དྲག་གི་ཇོ་མོ;

136 **Gently**, *ad.* ཞི་འཇམ་གྱིས;

137 **Gentry**, *n.* མི་དྲག་རིམ;

138 **Genuine**, *a.* སྤྲུས་དག་པོ; བཟོ་བཅོས་མེད་པ; སྤྲུས་གཙང;

139 **Genuineness**, *n.* སྤྲུས་དག་ཤུར; སྤྲུས་གཙང་ཤུར;

140 **Genus**, *n.* རིགས་མཚན;

141 **Geographer**, *n.* འཛམ་གླིང་གི་བཤད་པ་བརྩོམས་མི;

142 **Geographical**, *n.* འཇོག་བརྟེན་གྱི་ཆར་ཚུལ;

143 **Geography**, *n.* འཛམ་གླིང་རྒྱས་བཤད;

144 **Geological**, *a.* འཇིག་བརྟེན་ཆར་རབ་ཀྱི;

145 **Geologist**, *n.* འཇིག་བརྟེན་ཆར་ཚུལ་བརྟག་མཁན;

146 **Geology**, *n.* འཇིག་བརྟེན; [བཟོའི་རིག་གནས;

147 **Geometrical**, *a.* ཇི་འདི་མེ་ཏྲི་བྱ་བའི་བརྩིས་དང་མཐུན་པ; དབྱིབས་དང

148 **Geometry**, *n.* དབྱིབས་དང་བཟོ་སོ་སོའི་བྱུང་སྟངས་སྐྲུབ་སྟངས་དང་
མཚན་ཉིད་ཀྱི་རིག་གནས;

149 **Geranium**, *n.* མེ་ཏོག་ལོ་མ་ལྷུ་པོ་བྱས་པ་ཞིག་གི་མིང;

150 **Germ**, *n.* ས་བོན;

151 **Germinate**, *v.i.* ས་བོན་སྨིན་ནས་སྒྱུ་གྱུར་བསྐྱེད་པ;

152 **Gesticulate**, *v.i.* ལག་བརྡའ་ཀང་བརྡའ་བྱས་པ;

153 **Gesture**, *n.* ལག་བརྡའ་ཀང་བརྡའ;

154 **Get**, *v.t.* ཐོབ་པ; get, *v.t.* (to seize) བཟུང་བ; ལེན་པ;
གླང་པ; get up, *n.* ཉུར་ཐར;

155 **Getter**, *v.t.* ཐོབ་མཁན;

156 **Getting**, *n.* ཐོབ; get off, *v.i.* ཐར་བ; གྲོལ་བ;

157 **Gewgaw**, *n.* ཟང་ཟིང་འབྲུ་མེད; སྙིང་པོ་མེད་པའི་ཅ་ལག་ཟང་ཟིང;

158 Ghastliness, *n.* རོ་གདོང་;

159 Ghastly, *a.* རོ་གདོང་; ཉམ་ང་པོ; (ངམ་གཟི་ཡོག་ཡོག; Sik.)

160 Ghaut, *n.* རོང་; རི་རོང་; ག་ཤོང་; ཆུ་ཁར་བབ་པའི་རྡོ་སྐས;

161 Ghost, *n.* གདོང་འདྲེ; ག་ཤིན་འདྲེ;

162 Ghostly, *n.* གདོང་འདྲེ་ལྟའི;

163 Giant, *n.* མི་པོ་ཆེ; མི་རྒོད;

164 Gibberish, *n.* ཚིག་མགྱོགས་ཞིང་དོན་མི་གོ་བའི་སྐད་ཆ;

165 Gibbet, *n.* མི་སྐྲི་ཐག་པ་ལ་དཔྱང་ནས་གསད་སའི་ཁྲམ་ཤིང་;

166 Gibbous, *a.* སྐེད་པ་གོང་གོང་;

167 Gibe, *v.i.* ཧི་ཧི་བྱེད་པ; ཧི་གོད་རྒྱབ་པ;

168 Giblets, *n.* བྱ་དེའི་ནང་ཁྲོལ; བྱའི་རྒྱུ་མཆིན;

169 Giddily, *ad.* མགོ་ཡུ་འཁོར་སྟེ;

170 Giddiness, *n.* མགོ་ཡུ་འཁོར་བའི་ནད;

171 Giddy, *n.* མགོ་ཡུ་འཁོར་པོ;

172 Gift, *n.* གནང་སྦྱིན;

173 Gifted, *a.* སྔོན་སྦྱང་ཅན; ལས་འཕྲོ་ཅན;

174 Gig, *n.* ཤིང་རྟ་འཁོར་ལོ་གཉིས་མ;

175 Gigantic, *a.* ཆེན་པོ;

176 Giggle, *v.i.* ཧི་ཧི་ཧི་ཧི་ཞེས་གད་མོ་གོད་པ;

177 Gild, *v.t.* གསེར་ཆུ་བྱུག་པ;

178 Gilder, *n.* གསེར་ཆུ་བྱུག་མཁན;

179 Gilding, *n.* གསེར་ཆུ་བྱུག་རྒྱུ་དེ;

180 Gill, *n.* ཉའི་རླུང་རྔུབས་ས་དེ; ཉའི་ན་བའི་ཐད་ནས་རླུང་རྔུབ་ས; ཉའི་ན་ཁེབས; [ཚའི་ཚད;

181 Gill, *n.* པོ་ཏ་ལ་སྤྱོད་ཀའི་བཞི་ཆའི་ཚད; ཤེལ་དམ་གྱི་བརྒྱད

182 Gilt, p.p. of gild. གསེར་ཆུ་བཏང་ཟིན་པའི;

183 Gimbal, *n.* གྲུ་ཟིང་གི་ཐོག་ཐྱོང་ལྷའི་སྡེག;

184 Gimlet, *n.* སོར; ཨི་ཁྲང་འབིག་རྒྱུའི་ལག་ཆ་སོར;

185 Gin, *n.* ཛུ་རི་ཨ་རག;

186 Ginger, *n.* སྒ་སྐྱུག;

187 Gingerly, *ad.* གོམ་པ་དོག་ཟོན་དང་བཅས་པ; གཙང་པོར;

188 Gipsy, *n.* མི་རིང་ཞིག; གནས་གཅིག་ཏུ་མི་སྡོད་པར་ཡུལ་ནས་ཡུལ་
གཞན་དུ་རྟག་པར་འཕོས་ནས་འགྲོ་བའི་མི་རིང་ཞིག;

189 Giraffe, *n.* ཨ་ཕྲི་ཀའི་ཡུལ་གྱི་རི་དྭགས་ཆེན་པོ་གཅིག;

190 Gird, *v.t.* སྐེ་རག་འཆིང་བ;

191 Girdle, *n.* སྐེ་རག;

192 Girl, *n.* བུ་མོ་གཞོན་ནུ;

193 Girlish, *a.* བུ་མོ་གཞོན་གཞོན་ལྟ;

194 Girt, *n.* སྐེ་རག་འཆིང་བ; མཐའ་བསྐོར་བ;

195 Gist, *n.* དོན; ཚིག་ཟུར་དོན;

196 Give, *v.t.* སྦྱིན་པ;

197 Giver, *n.* སྦྱིན་མཁན;

198 Glacial, *a.* ཤེལ་ལྟ; འཁྱག་པའི; འཁྱག་རོམ་གྱི;

199 Glacier, *n.* འཁྱག་རོམ་གྱི་ཐང་ཆེན;

200 Glacis, *n.* ཐུར་ཤག་སློལ་ཅན; ལམ་ཁ་ཐུར་སེག་འགྲོས་སུ་ཡོད་པ;

201 Glad, *a.* དགའ་པོ;

202 Gladden, *v.t.* དགའ་པོ་བྱས་པ; དགའ་བ་བསྐྱེད་པ;

203 Glade, *n.* ནགས་ཚལ་དཀྱིལ་དུ་སྤང་ག་ཤོང་ཆད་པ;

204 Gladiator, *n.* གྲི་བརྩེད་མཁན; གྲི་བརྩེད་མཁས་པོར་སྦྱོངས་པ;

205 Gladly, *ad.* དགའ་བཞིན་དུ;

206 Gladness, *n.* དགའ་ཚོར; སྤྲོ; ཡིད་སྤྲོ;

207 Gladsome, *a* དགའ་པོ;

208 Glance, *n.* ཟུར་མིག་བལྟ་བ; ཟུར་མིག;

209 Gland, *n.* རྩ་རྡོག; སྐྲན;

210 Glanders, *n.* རྟའི་སྣ་རྩ་རྒྱས་པའི་ནད;

211 Glare, *n.* འོད་ཟེར; ཟེར་གདང;

212 Glaringly, *ad.* གདོང་བཟང; གཡེར་པོ་ཆེ:

213 Glass, *n.* ཤེལ; མེ་ལོང;

214 Glassy, *a.* ཤེལ་ལྟུ;

215 Glaze, *v.t.* ཤེལ་གྱི་ངོས་ལྟར་སྣུམ་པོ་བྱས་པ;

216 Glazier, *n.* གི་གླུང་གི་ཤེལ་འགྲིག་མི;

217 Glazing, *n.* ཤེལ་འགྲིག་པའི་ལས་ཀ; བཙར; ངོས་བཙར;

218 Gleam, *n.* འོད་ (*v.i.*) འོད་ཁྱུག་ཙམ་འཆར་བ;

219 Glean, *v.t.* བདུ་བ; བསྡྲུག་པ; སྐྱི་མགོ་སྡྲུག་པ;

220 Gleaner, *n.* སྡྲུག་མཁན;

221 Gleanering, *n.* སྡྲུག་པའི་ལས་ཀ;

222 Glee, *n.* དགའ་བ; དགའ་སྤྲོ;

223 Gleeful, *a.* དགའ་སྤྲོ་ཅན;

224 Gleeman, *n.* གླང་གཞིའི་ནད; རྣག་བབ;

225 Glen, *n.* ལུང་སྒྲོང; གཤོང;

226 Glib, *a.* སྨྲ་འདག་ཤེར་ཉན་ཅན; ལྕེ་བདེ་པོ;

227 Glibly, *ad.* ཁ་གཙང་པོར; གཙང་པོ་བྱེད་དེ; འཇམ་ལྷོག་ཁ་པོ་
བྱེད་དེ;

228 Glibness, *n.* ཁ་གཙང་ལུགས; སྨྲ་འདག་ཤེར་ཉན་ཆེ་ལུགས;

229 Glide, *v.i.* ཤུད་དེ་འགྲོ་བ ;

230 Glidingly, *ad.* ཤུད་དེ ; སྒྲེ་འདག་རྒྱབ་སྟེ ;

231 Glimmer, *v.i.* མེ་རབ་རིབ་དུ་འབར་བ ;

232 Glimmering, *n.* འོད་རབ་རིབ ;

233 Glimpse, *n.* མིག་གིས་ཁྲུག་ཙཾ་བལྟ་བ ;

234 Glisten, *v.i.* འོད་ཆེམ་ཆེམ་བྱེད་པ ;

235 Glister, *v.t.* འོད་ཆེམ་ཆེམ་བྱེད་པ ;

236 Glitter, *v.i.* (གཡའ་ལྷག་ལྷག་བྱེད་པ ; Sik.)

237 Gloat, *v.i.* སྙིང་ཆོམ་འདབ་པ ;

238 Gloating, *a.* སྙིང་ཆོཾ་འདབ་བཞིན་པའི ;

239 Globe, *n.* རིལ་མ ; འཛཾ་གླིང་རིལ་བུར་འཛིན་པ་དེ་འོ ;

240 Globular, *n.* རིལ་བུའི་དབྱིབས་ཅན ; ལྷུཾ་པོ ;

241 Globule, *n.* རིལ་བུ་ཆུང་ཆུང ; རིལ་ཕྲན ; རིལ་བུ་ཕྲ་མོ ;

242 Glomerate, *v.t.* རིལ་བུར་སྒྲིལ་བ ;

243 Gloom, *n.* མུན་ནག ; སྨག་རུམ ;

244 Gloomily, *ad.* (Sik ནག་སྨུག་སྨུག ;) མུན་ནག ; ནག་ཐུག་གེར ;

245 Gloominess, *n.* མུན་པ་གནག་ཤུང ; ངོ་གནག་ཚུལ ;

246 Gloomy, *a.* (Sik. ནག་སྨུག་སྨུག ;) མུན་ནག ;

247 Glorify, *v.t.* གྲགས་པ་སྒྲིན་པ ; སྙན་གྲགས་སྒྲོག་པ ;

248 Gloriously, *ad.* ཡོངས་སུ་གྲགས་པའི ; མཚན་གྲགས་ཆེན་པོ་བྱེད་དེ ;

249 Glorious, *a.* ཡོངས་གྲགས ; དཔལ་དང་གཟི་བརྗིད་ལྡན་པ ; གྲགས་པ་ཆེན་པོ ;

250 Glory, *n.* དཔལ ; གཟི་བརྗིད ;

251 Gloss, *n.* བཀྲག ; འོད ;

252 Glossarist, *n.* ཟ་མ་དོག་བརྩོམ་མཁན ; འགྲེལ་པ ;

253 Glossary, *n.* — ཚིག་མཛོད; འགྲེལ་བཤད་ཀྱི་བསྟན་བཅོས;

254 Glossy, *n.* — བཀྲབ; སྒྲི་མདངས་ཅན; སྒྲི་བག་ཅན;

255 Glove, *n.* — ལག་ཤུབ;

256 Glover, *n.* — ལག་ཤུབ་འཚོང་མཁན;

257 Glow, *v.i.* — མེ་འོད་དུ་འབར་བ;

258 Glowing. — མེ་ལྟར་འབར་བཞིན་པ; འབར་བཞིན་པ;

259 Glue, *n.* — ཀོ་སྤྱིང; ཀོ་སྤྱིང;

260 Gluey, *a.* — སྤྱིང་རྩི་ཡོད་པ; རྩི་ཅན; སྤྱིང་ཡོད་པ;

261 Glum, *a.* — ངོ་ནག་ཐུག་ཐུག;

262 Glut, *v.t.* — ཡིད་ཚིམ་བར་དུ་བྱིན་པ; ཡིད་ཚིམ་པར་བྱས་པ;

263 Glutinate, *v.t.* — སྤྱིང་འབྱར་རྒྱབ་པ;

264 Glutinous, *a.* — སྤྱིང་གི་རྩི་ཅན;

265 Glutton, *n.* — ལྟོ་ཛབ་ཅན; གཏོ་ཆས་བཟའ་ཆེ་མཁན;

266 Gluttonous, *a.* — ལྟོ་ཛབ་ཅན;

267 Gluttony, *n.* — ལྟོ་ཛབ;

268 Glycerine, *n.* — ཚྭ་དང་ཚང་ནང་བསྲེས་ཐུབ་པའི་སྨན་སྣུམ་རྩི་འདྲ་པོ;

269 Gnarl, *v.i.* — འཁྲུན་པའམ་ངར་བ;

270 Gnash, *v.i.* — སོ་སྒྲུར་བ;

271 Gnashing, *n.* — སོ་སྒྲུར་བའི་སྒྲ;

272 Gnat, *n.* — སྦྲང་འབུ་དེ་མ་བུ་ག; སྦྲང་འབུ་ཧང་རིང;

273 Gnaw, *v.t.* — སོ་རྒྱབ་པ;

274 Gnawer, *n.* — སྒྲུར་མཁན; འདྲུད་མཁན;

275 Gnomon, *n.* — ཉིན་ཐུར་གྱི་གཟེར;

276 Gnostic, *n.* ཡེ་ཤུའི་ཆོས་ལུགས་ཅན་གྱི་གྲལ་ནས་སྔེ་གཅིག་སྔོན་དུས་འབྱུང་འདུག་པའི་དེ་དག་གི་འདོད་ཚུལ་དུ་ཕྲར་པ་མོས་གུས་དང་དད་པ་ལ་རག་མི་ལས་ཅིང་ཤེས་རབ་ལས་བྱུང་བའི་ཡེ་ཤེས་ལ་རག་ལས་པར་འདོད་པའི་གྲུབ་མཐའ་འཛིན་པ་ཞིག་ལ་ཟེར་རོ;

277 Go, *v.i.* འགྲོ;

278 Goings-out, *n.* ཕྱིར་འགྲོ; ཕྱིར་འགྲོ་རྒྱུ;

279 Goad, *n.* གླང་ཆེན་སྐུན་པའི་ལྕགས་ཀྱུ;

280 Goal, *n.* མཐའ; བདུག་སའི་མཐའ;

281 Goat, *n.* ར;

282 Gobble, *v.t.* མྱུར་ལོང་མེད་པར་ཟ་བ; ཁྱུར་མིད་གཏང་བ;

283 Goblet, *n.* མཆོད་ཞལ་ཡུ་རིང;

284 Goblin, *n.* འདྲེ; ཐེ་རང;

285 God, *n.* ལྷ; དཀོན་མཆོག;

286 Gods, *n.* ལྷ;

287 Goggle, *n.* མིག་ཤེལ་ཆེན་པོ;

288 Going, *n.* འགྲོ་བ;

289 Gold, *n.* གསེར;

290 Golden, *a.* གསེར་གྱི; གསེར་ལས་གྲུབ་པ;

291 Goldsmith, *n.* གསེར་མགར; གསེར་བཟོ་པ;

292 Gondola, *n.* གྲུ;

293 Gone, *a.* ཕྱིན་ཚར་བ;

294 Gong, *n.* འཁར་རྔ;

295 Goniometer, *n.* དངོས་པོའི་གྲུ་ཟུར་གཞལ་རྒྱུའི་ལག་ཆ་ཞིག;

296 Gonorrhœa, *n.* གྲང་གཞི;

297 Good, *ad.*, *a.* ཡག་པོ; ལེགས་མོ; བཟང་པོ;

298 Goodness, *n.* བཟང་ཚུལ; ལེགས་ཚུལ;

299 Goose, *n.* (Chinese and Tib.) ཨ་རྫེ; (Sik.) ཧྲང་སི; ངང་པ;

300 Gooseberry, *n.* རོ་ལུམ; རོ་ལུམ་ཚེར་མའི་འབྲུམ་བུ;

301 Gordian, *a.* སྨུ་གང་གི་ཀྱང་དོན་ཧ་མི་གོ་བ; རྟོགས་དཀའ;
དཀྲོལ་དཀའ;

302 Gore, *v.t.* གཙུག་པ; རྭ་ཅོས་གཙུག་པ;

303 Gorge, *n.* ལུང་སྒྲོང; གཤོང; རོང;

304 Gorgeous, *a.* ཇམ་བརྗིད་ཆེན་པོ; ཇམ་ཟིལ་ཅན;

305 Gorgeously, *ad.* ཇམ་བརྗིད་ལྡན་པ་བྱེད་དེ;

306 Gorilla, *n.* མི་དྲེད; སྤྲེ་ཆེ་ཆུང་མི་བོ་ཆེ་ཅོ་བྱས་པ་ཞིག;

307 Gormand, *n.* གྲོད་པ་ཆེན་པོ;

308 Gormandize, *v.i.* ཟས་ལ་ཚོད་མེད་དུ་ལོངས་སྤྱོད་པ;

309 Gory, *a.* ཁྲག་རལ་ཤིག་གི་བ;

310 Gosling, *n.* ངང་ཕྲུག;

311 Gospel, *n.* དམ་ཆོས;

312 Gossamer, *n.* སྦྲོམ་ཐག; (སྦྲག་ཏྲག་ཟང་ཐག; Sik.) (སྦྲོབ་ཤལ་
ཐག་བ; Bhut.)

313 Gossip, *n.* ལབ་ལབ; ཁ་བཤད;

314 Gossiping, *n.* ཁ་བཤད;

315 Gothic, *a.* ཁང་པའི་གྲུང་གྲོག་དང་གི་གྲུང་རྩེ་སྣུང་ཅན་གྱི་བཟོ་
དབྱིབས་ཅན;

316 Gouge, *n.* གཟོང་ལྤ་ཆུང་ཅན; (Bhut.)

317 Gourd, *n.* ཀུ་བ; ཀུ་བའི་འབྲས་བུ;

318 Gourmand, *n.* ཟས་ཆོད་མེད་ཟ་མཁན;

319 Gout, *n.* འབམ་གྱི་ན་ཚ;

320 Gouty, *a.* འབམ་གྱི་ན་ཚས་བཏུང་བ; འབམ་ནད་ཅན;

321 Govern, *v.t.* དབང་བྱེད་པ; ངབང་ཤུང་བསྐྱུར་བ; དབང་བསྐྱུར་བ;

322 Governable, *a.* དབང་དུ་བསྡུ་ནུས; དབང་ཁུར་བ;

323 Governess, *n.* སྐྱེ་དམན་སྤྱི་གྲུ་ལ་སློབ་བྱ་ཡོན་ཏན་སྟོན་མི;

324 Government, *n.* གཞུང་ཁྲོག; གཞུང;

325 Governor, *n.* བཀའ་བློན; རྫོང་བདག;

326 Gown, *n.* ཆུ་པ; གོས;

327 Grab, *v.t.* བར་མའི་ནང་དམ་པོར་གཟུང་བ;

328 Grace, *n.* ཐུགས་རྗེ;

329 Graceful, *a.* འགྱིང་བག་མཛེས་པོ; འགྱིང་གུག་ཅན;

330 Gracefully, *ad.* འགྱིང་བག་དང་ལྡན་པར;

331 Gracefulness, *n.* འགྱིང་བག;

332 Graceless, *n.* འགྱིང་བག་མི་ལྡན་པ; (ཁྱིན་ས་ཆཊ་པའི; Sik. & Bhut.)

333 Gracious, *a.* བཀའ་དྲིན་ཅན;

334 Graciously, *ad.* བཀའ་དྲིན་ཆེན་པོར;

335 Gradation, *n.* གོ་རིམ;

336 Grade, *n.* གོ་ས;

337 Gradient, *a.* རིམ་པས་པབ་ནས་ཡོད་པ;

338 Gradual, *a.* རིམ་པ་བཞིན;

339 Gradually, *ad.* རིམ་བཞིན་དུ; ག་ལེ་ག་ལེ;

340 Graduate, *v.t.* གོ་རིམས་དུ་དབྱེ་བ; སློབ་གྲྭའི་གོ་ས་སྤྲོད་པ;

341 Graft, *n.* ཤིང་གི་ཡལ་ག་རློན་པར་བཅད་དེ་ཤིང་སྡོང་གཞན་ཞིག་གི་སྟེང་དུ་ཙྭ་བ་རྒྱག་བརྒྱག་པ;

342 Grain, *n.* འབྲུ;

343 Graminivorous, *a.* ཙྭ་ཟ་མཁན; རྟ་དང་ནོར་ཕྱུགས་ལྟ་བུ;

344 Grammar, *n.* བྱཱ་ཀ་ར་ཎ; དག་ཡིག;

345 Grammarian, *n.* གསུམ་བརྟག་དང་བརྟའ་རྟག་འཇུག་ལ་མཁས་པ;

346 Grammatical, *a.* གསུམ་བརྟག་ལྟར་ན;

347 Granary, *n.* འབྲུ་མཛོད; འབྲུ་ཁང;

348 Grand, *a.* རྒྱ་ཆེན་པོ; བརྗིད་པོ; གཟི་བརྗིད་ཅན; རྒྱས་པ;

349 Grandchild, *n.* ཚོའུ་འམ་ཚ་མོ; ཚ་ཕྲུག;

350 Grand-daughter, *n.* ཚ་མོ;

351 Grandee, *n.* བློན་རིགས; བཀའ་བློན;

352 Grandeur, *n.* བརྗིད་ཚུལ;

353 Grandfather, *n.* (Tib.) པོ་བོ; པོ་འོ་ལགས; (Sik.) ཇོ་ཇོ་འོ; ཨ་ཇོ་འོ;

354 Grandmother, *n.* རྨོ་འོ་ལགས; མོ་འོ་ལགས; ཨ་ཕྱི་ལགས; (ཨ་ཉེགས; ཨ་ནང; Sik.); (ཨམ་རྒན; Bhut.).

355 Grandson, *n.* ཚའུ; ཚ་ཕྲུག;

356 Granite, *n.* རྡོ་སྲ་ཐག་ཆོད་ཀྱི་རིགས་ཞིག; རྡོ་དཀར་ཁྲ་ནག་ཁྲ་བྲས་པ་ཞིག;

357 Grant, *v.t.* སྤྲོད་བ; བྱིན་པ; (གནང་བ; བསྩལ་བ; Hon.).

358 Grantee, *n.* སྤྲོད་ས; བྱིན་ས; བསྩལ་ས;

359 Granulate, *v.t.* འབར་འབྱུར་དུ་བཟོ་བ; དཔེར་ན་ཀོ་བ་ས་རི་ལྟར;

360 Granulation, *n.* ཆ་ཕྲལ་རྡོལ་ཚུལ; གཟན་འབུར་རྡོལ་ཚུལ;

361 Granule, *n.* གཟན་འབུར་ཕྲ་མོ ; རིལ་ཕྲན ;

362 Grape, *n.* རྒུན་འབྲུམ ; མེ་སྐྱོགས་ཀྱི་རྡེའུ་རིལ་རིལ ; or ཧྲིལ་ཧྲིལ ;

363 Graphic, *a.* ལོ་རྒྱུས་འདྲ་ཡི་གེར་བཀོད་སྐབས་སྦྱ་ཁྲ་ལས་མེར་འཁོད་ དེ་དངོས་སུ་མཐོང་རྒྱུ་ཡོད་པ་བཞིན ;

364 Graphically, *ad.* མཐོང་སྣང་དུ་སྟོན་པ་བཞིན ;

365 Grapnel, *v.t.* གྱུ་ཟིང་གི་རྡིང་རྡོ་ཡལ་ག་བཞི་བྲུས་པ་ཞིག ;

366 Grasp, *v.t.* བར་མོ་འི་ནང་དུ་བཟུང་བ ;

367 Grasping, *a.* འདོད་པ་ཆེན་པོ ; ཧམ་པ་ཆེན་པོ ; (འདོད་པ་མགོར་ བཙུག ; Sik.)

368 Grass, *n.* སྤང་རྩྭ ; ཉིའུ་སིང ; ཉ་ག ;

369 Grassy, *a.* སྤང་ཡོད་པ ;

370 Grasshopper, *n.* (Sik. ཉམ་དིག) ཆ་ག་འབུ ;

371 Grate, *n.* ལྕགས་ཀྱི་ཁྲ་མ ; དྲ་བ ; *v.t.* བརྡར་བ ; ཁྲ་མ་ བཀག་པ ;

372 Grateful, *a.* དྲིན་བཟོ་ཅན ; དྲིན་བསམ་ཤེས་ཅན ; བཀའ་དྲིན་དྲན་པ ;

373 Gratefully, *ad.* བཀའ་དྲིན་བསམ་ཤེས་བཅས་ཏེ ;

374 Gratefulness, *n.* དྲིན་བཟོ ;

375 Gratification, *n.* འདོད་པ་བསྐང་བ ; རེ་བསྐོང ;

376 Gratify, *v.t.* ཐུགས་དམ་བསྐང་བ ;

377 Grating, *a.* ལྕགས་ཀྱི་ཁྲ་མ ;

378 Gratingly, *ad.* སོ་རྩེ་རྫོག་ཁ་བུ ;

379 Gratis, *ad.* རིན་མེད་དུ ; དལ་ཡར་བྱིན་པ ;

380 Gratitude, *n.* དྲིན་བཟོ ;

381 Gratuitous, *a.* ང་སོ་ལ་བལྟས་ནས་བྱེད་པའི་ལས ; གླ་ཆ་མ་སྦྱང་པར ;

382 Gratuitously, *ad.* དཔལ་ཡར; གླ་མེད་རིན་མེད་དུ;

383 Gratuity, *n.* ཆང་རིན; བརྙན་པ; རྟེབ་རྫོ;

384 Grave, *n.* (Sik. རོ་འབུམ;) དུར་ཁང;

385 Grave, *a.* ངོ་མི་འཛུམ་པ; ངོ་གནག་ཐུག་གེ་བ;

386 Gravel, *n.* རྡོ་རྡུག; ཆུ་བསྡམ་པའི་ནད; ཆུ་འགག་པའི་ནད;

387 Gravelly, *a.* རྡོ་རྡུག་རྡུག་ཡོད་པ;

388 Graveness, *n.* ངོ་མི་འཛུམ་ལུགས; གཏད་གཡལ་ཆེ་ལུགས;

389 Gravitate, *v.i.* གཏིང་དུ་ཆགས་པ; ཕྱོགས་གཅིག་ཏུ་ཆགས་པ;

390 Gravitation, *n.* གཟུགས་གཅིག་གིས་གཅིག་འདྲེན་པའི་ནུས་པ; སའི་ནུས་པས་ལུས་ཅན་བཟུང་བའི་ནུས་པ; ཡང་ལྗིའི་ཆོས་ཉིད;

391 Gravity, *n.* བརྗིད;

392 Gravy, *n.* ཤ་ཁུ; ཚོད་མའི་ཁུ་བ; [ལ་ཟེར;

393 Gray, *a.* སྐྱ་སྐྱ; སྐྱ་ཐོར; རྟ་ཡིན་ན་མདོག་གྱ་དམར་རྣི་སྐྱོ་རག

394 Grayling, *n.* གཙང་ཆུའི་ནང་གནས་པའི་ཉའི་རིགས་ཞིག; སྤྱི་མ་ལེབ་ཀྱི་རིང་ཞིག;

395 Grayish, *a.* སྐྱ་ཐོར་རེ་བ;

396 Graze, *v.t.* རྩ་ཟ་བ; རྩ་ཁར་ཕྱུགས་འཚོ་བ; བཙིར་ནས་པག་བཤུས་པ;

397 Grazing, *n.* རྩ་ཁ;

398 Grazier, *n.* ཕྱུགས་རྫི; བ་གླང་རྫི་བོ;

399 Grease, *n.* ཞག་རྩི; ཚོ་ལུ;

400 Greasy, *v.t.* སྣུམ་རྩི་ཅན;

401 Great, *n.* ཆེན་པོ;

402 Greatly, *ad.* ཆེར;

403 Greatness, *n.* ཆེ་ཕྱུགས;

404 Grecian, *n.* གྲྀག་གི་ཆ་ཕྱུགས་ཅན;

405 Greed, *n.* ཟ་ཇོབ; ཟ་འདོད; ལྟོ་ཛབ;

406 Greedily, *ad.* ལྟོ་ངབ་ཀྱིས;

407 Greediness, *n.* ལྟོགས་ངབ;

408 Greedy, *a.* ལྟོ་ཇོབ་ཅན;

409 Greek, *a.* གྲྀ་སི་བྱ་བའི་ཡུལ་གྱི་མི;

410 Green, *a.* ལྗང་ཁུ; སྔང; ཉེའུ་སིང;

411 Greenish, *a.* ལྗང་ཁུ;

412 Greenness, *n.* ལྗང་ཁུ་ཉིད; མ་སྨིན་པ་ཉིད; ལྗང་མདངས; སྔོན་ཚུལ;

413 Greet, *v.t.* གདོང་བསུ་བྱས་པ;

414 Greeting, *n.* གདོང་བསུ;

415 Grenade, *n.* ལག་པས་འཕེན་རྒྱུའི་རྡེའུ་རྫས་ཀྱིས་ཁེངས་པ་ཞིག;

416 Grenadier, *n.* གོང་གི་རྡེའུ་གྲྀ་ནེ་ཊི་བྱ་བ་འཕང་མཁན;

417 Greyhound, *n.* ཁྱི་ར་འགྲོངས་པའི་ཁྱིའི་རིགས;

418 Grief, *n.* སྨྲེ་ངད; སྡུག་བསྔལ; མྱ་ངན;

419 Grievance, *n.* སྐྱིད་སྡུག; ནད་མི་འཁྲུག་པའི་རྒྱུ་མཚན;

420 Grieve, *v.t.* བློ་ལ་སྡུག་བསྔལ་བཀོད་པ;

421 Grievous, *a.* སྐྱོན་པོ; སྡུག་པོ; ཚབ་ཆེན;

422 Grievously, *ad.* ཚབ་ཆེན་པོར;

423 Grill, *v.t.* ཤ་མེ་བསྲེག་གཏང་བ; མེ་བསྲེག་གཏང་བ; མེར་བསྲེག་པ;

424 Grim, *a.* ངམ་གཉག་པོ;

425 Grimace, *n.* ངོ་གདོང་ཁས་མཚར་གྱི་སྐྱེར་མར་བསྐུས་ཏེ་བསྟོན་པ;

426 Grime, *n.* དྲེག་པའི་ཁག་མ;

427 Grimly *ad.* ངམ་གནག་བྲུག་གེར;

428 Grimy, *ad.* དྲེག་མ་ནག་ཉིལ་ཉིལ;

429 Grin, *v.i.* སོ་ཕྲི་མཆུ་བཙེས་པ; ངོ་གདོང་བསྒྲད་ནས་བསྟོན་པ;
  གོད་བྲོ་འི་བཙར་ངོ་བཙེས་པ; ཁ་ཚོག་ཚོག་བྱས་པ;

430 Grind, *v.t.* བདག་པ; ཕྱེ་མར་བདག་པ;

431 Grinder, *n.* བདག་མཁན;

432 Grindstone, *n.* རང་ཐག: བཙར་རྡོ;

433 Grip, *n.* ལག་འཛུ; སྦྲར་ཟིན; སྦྲར་འཛིན;

434 Gripe, *v.t.* གླང་ཐབས; ཕོ་བར་གླང་ཐབ་ཀྱིས་ཟུག་རྒྱབ་པ;
  དམ་པོར་བཟུང་བ;

435 Griping, *a.* དམ་པོར་བཟུང་བའི;

436 Grisly, *ad.* འཇིགས་སུ་རུང་བ; ཡ་ང་པོ;

437 Grist, *n.* ཡོས་བདག་ཐང་གཅིག་གི་ཚད; ཁ་སང;

438 Gristle, *n.* ཆག་ཀྲུམ;

439 Gristly, *a.* ཅ་ཀྲུཾ་ཀྲུཾ;

440 Grit, *n.* གྱེ་མོ; རྡོ་རུག;

441 Grittiness, *n.* གྱེ་མོ་ཡོད་པའི་ཚུལ; རྡོ་རུག་ཅན;

442 Gritty, *n.* རྡོ་རུག་ཡོད་པ; གྱེ་མོ་ཅན;

443 Grizzle, *a.* མདོག་སྐྱ་བོ; སྐྱ་ཟེར;

444 Groan, *v.i.* འཁྲུན་པ; (*n.*) འཁྲུན་སྐད; (*n.*) ཤུཊ་རིང;

445 Groaning, *n.* འཁྲུན་སྐད;

446 Groat, *n.* ཕྱེད་བརྒྱད; ཨ་ན་གསུམ་གྱི་དངུལ་ཞོ;

447 Grocer, *n.* {མོ་དི Sik.} ཚ་དང་ཀ་ར་སོཊ་འཚོང་མི;

448 Grocery, *n.* {མོ་དི་དོ་ཁང་ Sik.} ཟ་དང་ཀ་ར་སོའ་ཀྱི་འཚོང་ཁང་;

449 Grog, *n.* ཆང་;

450 Groin, *n.* སྨ་སྦྲི; དཔྱི་མགོ; (དཔྱིའི་སྨ་སྦྲམ; Sik. and Bhut.)

451 Groom, *n.* དྱ་ཧྲི; (ཨ་དྲུང་པ; Bhut.) (Hon. ཆིབ་དཔོན);

452 Groove, *n.* ཟྲ་ཕྲུར;

453 Grope, *v.i.* སྨོམ་པ; ནོམ་པ;

454 Gross. རགས་པ;

455 Grossly, *ad.* རའ་པར; {meaning obscene, Sik. བརྫེན་པར;
བརྫེན་ཕྱིར;}

456 Grotesque, *a.* ཁད་མཚར; {ཧྲི་ཁྲོལ་ཁྲོལ; Bhut.} (ཁྲ་ལོག་ལོག;
Sik.)

457 Grotesqueness, *n.* ཁད་མཚར་ལུགས; (ཧྲི་ཁྲོལ་ལུགས་ Bhut.)
(ཁྲ་ལོག; Sik.)

458 Grotto, *n.* བྲག་ཕུག;

459 Ground, *n.* ས་གཞི;

460 Group, *n.* སྡེ; མཚོ; སྡེ་ཚོའ; ཁྲོམ་ཚོགས;

461 Group, *v.t.* གཅིག་དུ་སྡུད་བ; སྡུད་བ; སྡེར་བསྡུ་བ;

462 Grouse, *n.* རི་སྐྱེག; གོང་མོ; འདབ་ཆའ་གོང་མོ;

463 Grove, *n.* སྐྱེད་མོའི་ཚལ;

464 Grovel, *v.i.* ས་ལ་སྒྲི་བ; ས་ལ་སྒྲུས་པ; དངངས་ནས་ས་ལ་འགོག་པ;

465 Grow, *v.i.* སྐྱེ་བ;

466 Growl, *v.t.* ངར་བ; (*n.*) ངར་སྐད;

467 Grown-up, *a.* ན་ལོན;

468 Growth, *n.* སྐྱེད; སྐྱེད; སྐྱེ; [བཟའ་བ;

469 Grub, *v.i.* ས་ལ་བཀོ་བ; *v.t.* སའི་གཏིང་ནས་བཀོས་པ; (*n.*) འབུ;

470 Grudge, *v.t* ཁོན་པ; to bear a grudge འཁོན་པ;

471 Grudgingly, *ad.* ཁོན་བཞིན་དུ;

472 Gruel, *n.* ཐུག་པ; ཚཾ་ཐུག;

473 Gruff, *a.* གདུམ་པོ; སྐད་རྩུབ་པོ; རྩུབ་པོ;

474 Gruffly, *ad.* རྩུབ་པོ་བྱེད་དེ;

475 Gruffness, *n.* སྐད་རྩུབ་ལུགས;

476 Grumble, *v.i.* སྨུ་དེ་ཅེ་དེ་སྨྲ་བ;

477 Grumbler, *n.* སྨུ་དེ་ཅེ་དེ་མཁན;

478 Grumbling, *n.* སྨུ་ཅེ;

479 Grumblingly, *ad.* སྨུ་ཅེ་དང་བཅས་དེ;

480 Grunt, *v.i.* ངུར་པ; ངུར་བ; འཁུན་པ;

481 Grunting, *n.* ཁུན་སྐད; ངུར་སྐད;

482 Guano, *n.* ཆུ་བྱའི་བྲུན་ཁག་མར་བརྩེར་ནས་ཡོད་པའི་ལུད;

483 Guarantee, *n.* ཁེག་འཁྲུག; ཁག་ཐེག་གཉན་རྒྱུ;

484 Guarantee, *v.t.* ཁག་ཐེག་འཁུར་འགྲོང་བྱེད་པ;

485 Guarantor, *n.* ཁག་ཐེག་བྱེད་མཁན;

486 Guaranty, *n.* གཏམས་མ; ཁེག་འཁྲུག;

487 Guard, *v.t.* བསྲུང་བ;

488 Guarded, *a.* སྲུང་བཞིན་དུ; འཛེམ་བག་དང་བཅས་དེ;

489 Guardedly, *ad.* འཛེམ་པའི་ཚུལ་གྱིས;

490 Guardian, *n.* ཕྲུ་གུའི་ཕ་མའམ་བདག་འཛིན་བྱས་མཁན; བལྟ་ལྟོས་པ;

491 Guardianship, *n.* ཕྲུ་གའི་བདག་འཛིན་བྱེད་མཁན་གྱི་གོ་ས;

492 Guava, *n.* ཤིང་ཐོག་ཨོཾ་བག་བྱ་བ; (བལ་པོ་སེ་བོ; Bhut. and Sik.)

493 Guerdon, *n.* སྐྱེས; བྲ་དགའ; གསོལ་རས; *v.t.* སྐྱེས་གནང་བ;

494 Guerrilla, *n.* དམག་དཔུང་ཆེན་པོ་ལ་དམག་མཚོན་ཆུང་ངུས་འཐབ་ཕྱིར;

495 Guess, *v.t.* བློ་ཚོད་དཔག་པ;

496 Guest, *n.* མགྲོན་པོ;

497 Guidance, *n.* སྣ་འཁྲིད; མི་ཤེས་སློབ་སྟོན;

498 Guide, *v.t.* ལམ་བསྟོན་པ; *n.* ལཾ་རྒྱུས་ཅན; (ལཾ་སིལ་པ; Sik.)

499 Guild, *n.* འཚོང་པའི་སྡེའམ་ཡང་ན་བཟོ་རིཊ་པའི་སྡེ;

500 Guildhall, *n.* འཚོང་སྡེའི་འཚོཊ་ཁང་ཆེན;

501 Guile, *n.* གཡོ་སྒྱུ;

502 Guileful, *a.* གཡོ་ཅན;

503 Guileless, *a.* གཡོ་རྒྱུ་མེད་པ;

504 Guilelessness, *n.* གཡོ་སྒྱུ་མེད་པའི་རང་བཞིན;

505 Guillotine, *n.* སྐེ་བཅད་རྒྱུའི་སྟ་གྲི;

506 Guilt, *n.* ཉེས་བྱས; ནག;

507 Guiltless, *a.* ཉེས་མེད; ནག་མེད;

508 Guilty, *a.* ཉེས་བྱས་ཅན; ནག་ཅན;

509 Guinea, *n.* གསེར་ཊི;

510 Guise, *n.* ཆ་ལུགས; ཆས;

511 Guitar, *n.* སྒྲ་སྙན;

512 Gulf, *n.* རྫ་རིམ; རྒྱ་མཚོའི་མཐའ་མའི་ནང་དུ་ཁ་བཞིན་ཆཊ་པ་
ལ་ཟེར; རྫབ་རོང;

513 Gull, *v.t.* མགོ་བསྐོར་བ;

514 Gullet, *n.* ཨོལ་སྒོ;

515 Gully, *n.* གཤོང; སྒྲོང; ཆུ་སྒྲོང;

516 Gulp, *v.t.* ཁྱུར་མིད་གཏང་བ;

517 Gum, *n.* ཤིང་སྙིང་; ཤིང་རྩི; འབྱོར་རྩི;

518 Gummy, *a.* རྩི་ཅན;

519 Gun, *n.* མེ་མདའ; མེ་སྒྱོག;

520 Gunner, *n.* མེ་སྒྱོག་མཁན; མེ་སྒྱོག་རྒྱབ་མཁན;

521 Gunny, *n.* སོ་མ་ར་ཙའི་སྒྱེབ;

522 Gunshot, *n.* སྒྱོག་རྡེལ; མེ་མདའི་རྡེའུ;

523 Gunstock, *n.* མེ་མདའི་གུང་ཤིང;

524 Gurgle, *v.i.* ཆུ་སྒྲ་དང་བཅས་ཏེ་འབབ་པ; ལྷོག་ལྷོག་ཅེས་སྒྲ་འབྱིན་པ;

525 Gush, *v.i* ཆུ་ཤུགས་ཀྱིས་འཐོན་པ;

526 Gust, *n.* རླུང་རྒྱབ;

527 Gut, *n.* རྒྱུས་པ; ནང་ཁྲོལ་རྒྱུ་མ; (ཟ་ཐག་པ; Sik.).

528 Gutta-percha, *n.* འགྱིག་གི་རིགས་གཅིག;

529 Gutter, *n.* ཡུར་བ; ཆུའི་ཡུར་བ;

530 Guttural, *n.* མགྲིན་པ་ནས་འབྱིན་པའི་ (སྒྲ);

531 Guzzle, *v.i.* བཟའ་བཏུང་བྲེལ་བྲེལ་བྱས་པ; མིད་པ;

532 Cymnasium, *n.* སྒྱུ་རྩལ་འབྱོང་བའི་བསླབ་གྲྭ;

533 Gymnastical, *a.* སྒྱུ་རྩལ་སྦྱངས་རྒྱུའི་སྐོར;

534 Gymnastics, *n.* སྒྱུ་རྩལ་སྦྱོང་བའི་ཐབས་སམ་ལག་ལེན;

535 Gypsum, *n.* རྡོ་ཞུན; རྡོ་ཞུན་ཕྱེ་མ;

536 Gyrate, *v.i.* འཁྱིར་བ; ལྟེ་བ་བསྐོར་ཏེ་འཁྱིར་བ;

537 Gyration, *n.* འཁྱིར་རི་རི་འགྲོ་བ་ཉིད;

H

1 Ha, *int.* ཨ; ཨའེ: ཏ; ཞེས་པའི་སྨྲ་བྱུང་གི་སྒྲ;

2 Habeas—Corpus, *n.* བཙོན་སྲུང་པར་བཙོན་པའི་གཟུང་འདོན་དགོས་དང་བཟུང་
བའི་རྒྱུ་རྐྱེན་བརྗོད་དགོས་པའི་ཁྲིམས་སའི་བཀའ་ཤོག;
or ཁྲིམས་སའི་བཀའ་ཤོག་བཙོན་པའི་གཟུགས་

Habeas—Corpus, *n.* (*Contd.*) ཁྲིམས་བདག་གི་མ་ཧྲུན་དུ་བསྟོན་དགོས་དང་ནག་ཡོད་མེད་རྟོག་བྱེད;

3 **Haberdasher,** *n.* འཚོང་ཁྲབ; ཙ་གི་རི་གིའི་ཚོང་པ; ཟང་ཟིང་ཕྲ་མོ་འི་

4 **Habiliment,** *n.* གོས་ཀྱི་ལུགས; གོས་ཀྱི་ཆ་ལུགས; [ཚོང་པ;

5 **Habit,** *n.* ལུགས་སྲོལ;

6 **Habitable,** *n.* སྡོད་ས་བསྟུབ་པ; གནས་བཅའ་རུང་བའི;

7 **Habitation,** *n.* སྡོད་ས; སྡོད་གནས;

8 **Habitual,** *a.* རྟག་ཏུ་གནས་པ; རྒྱུན་འཛུགས; རྒྱུན་ཁྲོངས; རྒྱུན་སྲོལ;

9 **Habitually,** *ad.* རྟག་པར; ནམ་རྒྱུན; རྒྱུན་སྲོལ་ལྟར; ནམ་རྒྱུན་ལྟར;

10 **Habituate,** *v.t.* གོམས་སུ་ཚུག་པ;

11 **Hack,** *v.t.* དུམ་བུར་གཏུབ་པ;

12 **Hackney,** *n.* རྟ་གླ་གཏོང་རྒྱུའི་རྟ;

13 **Hackneyed,** *a.* རྟ་གླར་བཏང་ཟིན་པ; རྒྱུན་དུ་སྤྱད་པའི;

14 **Hades,** *n.* བར་དོའི་གནས; དམྱལ་བ;

15 **Haft,** *n.* ཡུ་བ;

16 **Hag,** *n.* རྒྱ་བོ་རྒན་མོ; སྨུག་རྒན་མོ;

17 **Haggard,** *a.* རོ་གདོང་ཞེན་ནས་ཡོད་པ; རོ་གདོང་ཆར་བ;

18 **Haggle,** *v.t.* གོང་ལ་ཅིག་ཅིག་བྱེད་པ;

19 **Hail,** *n.* སེར་བ; *v.t.* སྐད་གཏོང་བ; *n.* འབོད་པའི་སྐད;
{ཁམ་འགྲུལ; Sik. & Bhut.}

20 **Hair,** *n.* སྐྲ; སྤུ; Hd. རྒྱ་སྐྲ;

21 **Hairy,** *a.* སྤུ་ཅན; (སྤུ་ཞོལ་ཞོལ; སྤུ་སྲུང་སྲུང; Sik. & Bhut.)

22 **Halberd,** *n.* མདུང་དང་དགྲ་སྟ་འདྲག་མའི་མཚོན་ཆ;

23 **Hale,** *a.* ཐང་ཐང; གཟུགས་པོ་ཐང་པོ;

24 **Half,** *n.* ཕྱེད་ཀ;

25 **Halibut,** *n.* ཉའི་རིགས་ཞིག་གི་མིང;

26 **Hall**, *n.* ཚོགས་ཁང་; འདུ་ཁང་; ཚོགས་ཆེན་;

27 **Hallelujah**, *n.*, *int.* ལྷ་རྒྱལ་གྱི་འབོད་པ; ལྷ་རྒྱལ་;

28 **Halloo**, *v.i.* ཀུ་འབོད་པ; {ཧུ་རྒྱབ་པ; Sik. & Bhut.}

29 **Hallow**, *v.t.* དག་པར་བྱས་པ; གཙང་སྦྲ་འདོན་པ;

30 **Hallucination**, *n.* འཁྲུལ་སྣང་; མིག་འཁྲུལ་;

31 **Halo**, *n.* འོད་སྐོར: མཛའ་གུར་;

32 **Halt**, *v.i.* སྡོད་པ; (*n.* ཞག་སྡོད་ས);

33 **Halter**, *n.* རྟའི་མཐུར; མཐུར་མགོ; མཐུར་ཐག;

34 **Halting**, *n.* ཞག་ས;

35 **Halve**, *v.t.* ཕྱེད་བ་གཉིས་རྒྱབ་པ;

36 **Halves**, *n.* ཕྱེད་མར་བགོས་པ;

37 **Halyard.** གྲུ་ཟིང་གི་དར་ཆེན་བཀྱང་པབ་རྒྱབ་རྒྱུའི་ཐག་པ; དར་ཆེན་གྱི་ཐག་པ;

38 **Ham**, *n.* ཕག་ཤ་ཚྭ་ཁག;

39 **Hammer**, *n.* ཐོ་བ;

40 **Hammock**, *n.* ཐག་པའི་དོལ་གྱི་ཧྨ་ལི; ཉ་བའི་ཉལ་ཁྲི; ཐག་པའི་དོལ་བ་ཀྱིན་ལྷས་པའི་མལ་ས;

41 **Hamper**, *n.* སློ་པོ; (*v.t.* ལམ་བཀག་པ;) {Sik., *n.* ཅ་དྲུ་ཁུར་རྒྱུའི་ཙོབ་སྡོད}; [& Bhut.)

42 **Hamstring**, *n.* རྐྱིད་རྩ; *v.t.* རྐྱིད་རྩ་བཅད་པ; (རྐྱིད་རྩུ་ཞབ་པ; Sik.

43 **Hand**, *n.* ལག་པ; (Hon. ཕྱག); *v.t.* ལག་ཏུ་སྤྲོད་པ; (ཕྱག་ཏུ་འབུལ་བ; Hon.)

44 **Handcuff**, *n.* ལག་ལྕགས་རྒྱབ་པ;

45 **Handful**, *n.* (Sik. པ་ར་གང); ཁྱོར་གང; བར་གང;

46 **Handicraft**, *n.* ལག་ཤེས་རིག་གནས; བཟོ; ལས་ཀ;

47 **Handiness**, *n.* ཁྱེར་བདེ;

48 **Handkerchief**, *n.* སྣབ་ཕྱིས; (ཞངས་འཕྱིས; Hon.)

49 **Handle**, *v.t.* ལག་སློག་རྒྱབ་པ; ལག་པ་འཆང་བ; *n.* ཡུ་བ;

50 **Handmaid**, *n.* (Bhut. ཨར་མོ); (གཡོག་མོ); (ཞལ་ལྟ་མ; Hon.)

51 **Handsome**, *a.* མཛེས་པོ; སྙིང་རྗེ་པོ; ཡིད་ཁར་འོང་པོ; (བལྟ་ན་སྡུག་པོ; Classical)

52 **Handsomely**, *ad.* ཡག་པོ་བྱེད་དེ;

53 **Handsomeness**, *n.* མཛེས་པའི་རང་བཞིན; མཛེས་ཆ;

54 **Handspike**, *n.* མདུང་ཤིང; འཁར་བ་ལྕུར་ཞན་ཅན;

55 **Handwriting**, *n.* ཡི་གེ; (ཕྱག་བྲིས; Hon.)

56 **Hang**, *v.t.* བཀལ་བ; དཔྱང་བ; འགེལ་བ; སྐེ་ལ་ཐག་པ་བཏགས་ནས་དཔྱང་ཏེ་བསད་པ;

57 **Hanger-on**, *n.* དཔྱང་ཏེ་སྡོད་མཁན; (དཔྱང་དཀར; Sik.)

58 **Hanging**, *n.* སྐྱེ་ཐག་པས་བསྒྲིམས་ནས་བསད་པའི་ལས; (སྐེ་ཐག་དཔྱང; Sik.)

59 **Hangman**, *n.* སྐེ་ཐག་པས་བསྒྲིམས་ནས་བསད་མི་དེ;

60 **Hank**, *n.* སྐུལ་མའི་མདུད་པ; (གཟི་སྐོར; Sik. & Bhut.)

61 **Hanker**, *n.* ཡིད་ལ་དུར་དུར་དྲན་པ; འདོད་ཆགས་སྐྱེ་བ;

62 **Hankering**, *n.* འདོད་པ; དྲན་རྟག; ཡིད་ལ་ཀཾ་ཀཾ་དྲན་པ;

63 **Hap**, *n.* བྱུང་བ;

64 **Hapless**, *a.* སོ་དེ་མེད་པ; བསོད་ནམས་ཆུང་བ; ཝུ་ཐུག;

65 **Happen**, *v.i.* བྱུང་བ; འབྱུང་བ;

66 **Happily**, *ad.* ལྷབས་ཡག་ནས;

67 **Happiness**, *n.* བདེ་བ; སྐྱིད་པོ; ཉམས་དགའ;

68 **Happy**, *a.* བདེ་པོ; སྐྱིད་པོ;

69 **Harangue**, *n.* ཚོགས་གཏམ;

70 Harass, *n.* སྡུག་པོ་བཏོང་བ; (བཙབ་སིག་གཏང་བ; Sik.).

71 Harbinger, *n.* སྔོན་འགྲོ་བ; བང་ཆེན; བང་ཅན;

72 Harbour, *v.t.* སྙིང་གི་གཏིང་ལ་འཆང་བ; ཡིབ་དུ་བཅུག་པ; གསང་ལྐབ་ཀྱིས་ཉར་བ;

73 Hard, *a.* བསྲ་མོ; མཁྲེག་མོ; དཀའ་ལས་ཁག་པོ; (Hon. སྐུ་མཉེལ་པོ;) མཁྲེ་པོ;

74 Harden, *v.t.* བསྲ་མོ་འཚོ་བ;

75 Hardened, *a.* {(Sik.) ཁོག་དཀར;) (སྐྱུ་བོ;)} སྐྱུ་བོར་སོང་བ; བསྲ་མོར་སོང་ཟིན་པ; མཁྲེར་པོ;

76 Hardening, *n.* ངོས་བསྲ་རུ་བཏང་བྱེད; བསྲ་རུ་བཏང་བྱེད; སྐྱུ་སྐྱོང;

77 Hardihood, *n.* (Sik. སྤྲུ; གདོང་བཟང;) སྙིང་སྟོབས;

78 Hardiness, *n.* ཕྲེག་སྲན;

79 Hardly, *ad.* དཀའ་སོར; (དེཝུ་རང་མན་ན Sik.);

80 Hardness, *n.* བསྲ་མཁྲེགས;

81 Hardship, *n.* དཀར་ལས;

82 Hardy, *n.* ཕྲེག་སྲན་ཅན; སྡུག་ཕྲེག་པོ;

83 Hare, *n.* རི་བོང;

84 Harem, *n.* བཙུན་མོའི་གཟིམ་ཤག; རྒྱལ་པོའི་ལྕམ་མངས་པོའི་གཟིམ་ཁང;

85 Hark! *v.i.* ཉོན་ཅིག;

86 Harlequin, *n.* འབག་ཆམ་ལ་ཨ་ཙ་ར་པོ་མོ་དང; ས་ནེ་བའི་ཧོན་པ་ལྟ་ཟླ་གད་མོ་སླང་ཆེད་དུ་ཡོང་མི;

87 Harlot, *n.* གཞང་ཚོང་མ; འཚལ་མོ; སྨད་ཚོང་མ;

88 Harm, *n.* ཉེས་སྐྱོན; གནོད་པ; སྐྱོན; (*v.t.* གནོད་པ་བྱེད་པ;)

89 Harmful, *a.* གནོད་འགལ་ཅན;

90 Harmfully, *ad.* གནོད་འགལ་དུ; གནོད་སེམས་ཀྱིས;

91 Harmless, *a.* གནོད་མེད;

92 Harmlessly, *ad.* གནོད་པ་མེད་པར;

93 Harmlessness, *n.* གནོད་པ་མེད་ཚུལ;

94 Harmonical, *a.* སྒྲ་མཐུན་པར; མཐུན་པར; སྙན་འཇེབ་འགྲིག་པོ;

95 Harmonious, *a.* མཐུན་པོ; སྙན་པོ; སྙན་འཇེབས་ལྡན་པོ;

96 Harmoniously, *ad.* མཐུན་པོ་བྱེད་དེ;

97 Harmonist, *n.* སྒྲ་སྙན་པོར་སྒྲིག་མཁན;

98 Harmonium, *n.* སྒྲ་སྙན་རིགས་ཞིག;

99 Harmonize, *v.t.* མཐུན་པོར་སྒྲིག་པ;

100 Harmony, *n.* སྒྲ་མཐུན་པོ; ཆ་མཉམ་པོ; ཆ་མཐུན;

101 Harness, *n.* སྒ་ཆས;

102 Harp, *n.* སྒྲ་སྙན;

103 Harper, *n.* སྒྲ་སྙན་བསྒྲུར་མི;

104 Harping, *n.* སྲུན་པོ་བྱས་ནས་བཀྲུར་བཀློས་བྱ་བ;

105 Harpoon, *n.* བྱང་མདུང; ཉ་ཆེན་ཡོར་མོ་གསོད་པའི་མདུང;

106 Harridan, *n.* འཆལ་མོ་ཀྲན་མོ; གཞུང་ཚོང་ཀྲན་མོ;

107 Harrier, *n.* ཤ་ཁྱིའི་རིགས་ཞིག; བྱ་ཁྲ་ཏོར་པའི་རིགས་ཞིག;

108 Harrow, *n.* ཤེའུ; སོ་ནམ་པའི་ལག་ཆ་ཤེའུ་ཟེར་བ་དེ་ཡིན;

109 Harrowing, *a.* སྙིང་ཚ་གྲུང་གྲུང་བྱེད་པ; སྙིང་ཚ་ལྷང་ལྷང; ཚ་ལྷང་ལྷང;

110 Harry, *v.t.* འཁྲུག་བཙོམ་བྱེད་པ; [illegible];

111 Harsh, *a.* བརྩུབ་པོ; གྱོང་པོ;

112 Harshly, *ad.* རྩུབ་མོར; རྩུབ་ཚུལ; གྱོང་པོར;

113 Harshness, *n.* གྱོང་ཚུལ; རྩུབ་ཚུལ;

114 Hart, *n.* རི་དྭགས་ཁ་ཤ; ཤྭ་བ; (ཁ་ཤ; Sik.)

115 Harvest, *n.* ལོ་ཏོག; སྟོན་ཐོག; སོ་ནམ;

116 Hash, *v.t.* ཤ་རྡུག་དུ་རྩབ་པ;

117 Hasp, *n.* ཡུ་བ;

118 Haste, *n.* བྲེལ་བ;

119 Hasten, *v.t.* བྲེལ་བ་བསྐྱེད་པ;

120 Hastily, *ad.* བྲེལ་ཟིང་ཚུབ་བེར; འ་རེ་ཞུ་རེ་བྱེད་དེ;

121 Hasty, *a.* བྲེལ་ཚུབ་ཅན;

122 Hat, *n.* ཞ་མོ;

123 Hatch, *v.t.* སྒོང་ཚང་བཅའ་བ; སྒོ་ངའི་ཐོག་བྱ་མོས་དྲོད་བསྐྱེད་དེ་
སྨིན་དུ་བཅུག་པ;

124 Hatchet, *n.* སྟ་རེ; ཧྲ་གྲི;

125 Hatchway, *n.* གནམ་སྒོ;

126 Hate, *v.t.* ཞེ་ཁྲེལ་བ;

127 Hateful, *a.* ཞེ་ཁྲེལ་པོ;

128 Hatefully, *ad.* ཞེ་སྡང་གིས; སྡང་པོ་བྱེད་དེ;

129 Hatefulness, *n.* སྡང་ཚུལ; སྡང་བའི་རང་བཞིན; སྡང་ཚུལ;

130 Hatter, *n.* ཞྭ་མོ་བཟོ་མཁན; ཞྭ་བཟོ་མཁན; [བཅས;

131 Haughtily, *ad.* ང་རྒྱལ་དང་བཅས; ཁེངས་པ་དང་བཅས; ཁེངས་དྲེག་

132 Haughty, *a.* རང་མཐོང་ཅན; གདམ་འདོད་ཅན; ང་རྒྱལ་ཅན;
ཁེངས་དྲེག་ཅན; དྲེག་པོ;

133 Haul, *v.t.* འདྲེན་པ; སྡུད་པ;

134 Haunch, *n.* ཤ་ཟུག;

135 Haunt, *n.* འདྲི་ཞུགས་པ;

136 Hauteur, *n.* ཁེངས་དྲེག; (ཀྲེན་ཐང; Sik.) (རྫིག་ལྷོག; Sik.)

137 Have, *v.t.* ཡོད་པ་;

138 Haven, *n.* གྲུ་གཟིངས་སོཏ་ཆུ་རླུང་གིས་མི་ཚུབ་པར་ཡིབ་ནས་སྡོད་ས་བདེ་མོ་སོཏ་ལ་ཟེར; ཡིབ་ས; གབ་ས;

139 Haversack, *n.* དམག་མིའི་འཁུར་ཆ; སྒྲི;

140 Havoc, *n.* དམར་ངོ; ཤི་བསད; ཤི་བརླས;

141 Haw, *n.* ར་བ; ར་བས་བསྐོར་བའི་ཞིང;

142 Hawk, *n.* ཁྲ; ཟ་འདོད་ཅན;

143 Hawker, *n.* འཚོང་སྒོ་བཤལ་ནས་འགྲོ་མི; སྒོ་བཤལ་ནས་འཚོང་ཟོག་འཚོང་མི;

144 Hawking, *n.* འཚོང་སྐད་གཏང་བ;

145 Hawser, *n.* གྲུ་གཟིངས་ཀྱི་སྐེ་ཐག;

146 Hay, *n.* རྩྭ་སྐམ་པོ; སྤང་རྩྭ;

147 Hazard, *n.* ལས་ཡུད; ཉེན་ཁ; ཤོ; ཀྱེན:

148 Haze, *n.* སང་རྨུག;

149 Hazel, *n.* (སི་རིས་ཤིང; Sik.)

150 Haziness, *n.* སང་རྨུག་གིས་འགྲིབ་པའི་ཚུལ;

151 Hazy, *a.* {སང་རྨུག་གིས་འགྲིབ་འགྲིབ་པ; Sik.} སྤྲིན་པས་འགྲིབ་ནས་ཡོད་པ;

152 He, *pron.* ཁོ;

153 Head, *n.* མགོ; འགོ་པ; གཙོ་བོ;

154 Headily, *ad.* མགོ་ཡུ་འཁོར་བོ་བྱེད་དེ;

155 Headiness, *n.* མགོ་ཡུས་འཁོར་བའི་རང་བཞིན;

156 Heading, *n* མགོ་ཡིག; *v.t.* མགོ་བྱེད་པ;

157 Headless, *a.* མགོ་མེད;

158 Headlong, *ad* མགོ་ཐུར་དུ་བལྟས་ཏེ; (མགོ་མདུན་དུ་བཙུག་སྟེ; Sik.)

159 Headstrong, *a.* མགོ་མཁྲེགས་པོ; (ཀླི་འཐུག་པོ; Tib. Colql.)

160 Heal, *v.t.* བསོས; སྨ་བསོས་པ; ནད་བསོས་པ;

161 Health, *n.* གཟུགས་ཁམས་བདེ་ཐང; ཁམས་བདེ;

162 Healthful, *a.* བདེ་མོ; ཁམས་བདེ་བསྐྱེད་ནུས;

163 Healthfully, *ad.* བདེ་མོར;

164 Healthy, *a.* བདེ་མོ; ཁམས་བདེ་མོ;

165 Heap, *n.* ཕུངས; སྤུངས;

166 Hear, *v.t.* ཐོས་པ; ཉན་པ; གོ་བ; (གསན་པ; Hon.)

167 Hearer, *n.* ཉན་མཁན; (གསན་མཁན; Hon.)

168 Hearken, *v.i.* ཉན་པ; (གསན་པ; Hon.)

169 Hearsay, *n.* ཟེར་ཐོས་ཀྱི་གཏམ; འབེར་གཏམ;

170 Hearse, *n.* (སྐུ་ཕུར་འདྲེན་པའི་ཤིང་རྟ་འཁོར་ལོ; Hon.)
རོ་བཀྱལ་བའི་ཤིང་རྟ;

171 Heart, *n.* སྙིང; སྙིང་པོ; ནང་ཆ; (ཐུགས; Hon.)

172 Hearth, *n.* ཐབ; (གསོལ་ཐབ; Hon.)

173 Heartily, *ad.* སྙིང་ཐག་པ་ནས;

174 Heartless, *a.* སྙིང་མེད་པ;

175 Hearty, *a.* སྙིང་གི་ལྡིང་ནས;

176 Heat, *n.* དྲོད; ཚད་པ; ཚ་དྲོད;

177 Heath, *n.* སྤང་གཤོང; སྤྱིང; ཉ་ག; ཉིའུ་སིང;

178 Heathen, *n.* ཕྱི་པ; ཀླ་ཀློ;

179 Heathendom, *n.* ཀླ་ཀློའི་གནས;

180 Heathenism, *n.* ཀླ་ཀློའི་ལུགས;

181 Heating, *a.* དྲོད་བཏང་མཁན; དྲོད་བསྐྱེད་བྱེད;

182 **Heave**, *v.t.* ཡར་སྟེད་པ; ཡར་བསྒྲེང་བ; ཡར་བཀུག་པ;

183 **Heaven**, *n.* ནམ་མཁའ; མཁའ་སྤྱོད; མཐོ་རིས; དགུང་སྔོན;

184 **Heavenly**, *ad.* མཐོ་རིས་ཀྱི; དགུང་གི; མཁའ་སྤྱོད་ཀྱི; ནམ་མཁའི;

185 **Heavenward**, *ad.* མཐོ་རིས་ཀྱི་ཕྱོར;

186 **Heavily**, *ad.* བཟི་སོར; བཟི་ལྷིག་གེར;

187 **Heaviness**. *n.* བཟི་ལུགས; ཁྲིང་རླུགས; བཟིད་ལྷི་ལུགས;

188 **Heavy**, *a.* བཟི་པོ;

189 **Hebraism**, *n.* ཡ་ཧུ་ད་པའི་ཆོས་ལུགས;

190 **Hebrew**, *n.* ཡ་ཧུ་ད་པ;

191 **Hecatomb**, *n.* དམར་མཆོད; དམར་མཆོད་བརྒྱ་ཚར;

192 **Hector**, *v.t.* དབང་ཡོད་ཐུབ་ཚོད་བྱས་པ;

193 **Hedge**, *n.* ར་བ; ཞིང་གི་ར་བ; སྤྱི་ལྷམ་ར་བའི་ཚུལ་དུ་སྐྱེ་པ;
(ར་ཚིགས; Sik)

194 **Hedgeless**, *a.* ར་བ་མེད་པ;

195 **Hedgehog**, *n.* བྱི་ཐུར; སྤྲིག་ཆགས་བྱི་ཐུར;

196 **Heed**, *v.t.* དོག་ཟོན་བྱེད་པ; ཟོན་བྱེད་པ;

197 **Heedful**, *a.* ཟོན་མཁས; ཟབ་པོ;

198 **Heedless**, *a.* དོག་སྣང་མེད་པ;

199 **Heedlessly**, *ad.* དོག་སྣང་མེད་པར;

200 **Heel**, *n.* ཀང་པའི་རིང་པ; མཐིལ; ཀང་མཐིལ; ལྷམ་མཐིལ;

201 **Hegira**, *n.* མཧ་མད་ཞེས་སྒྲ་སྟུལ་མཛན་པའི་སྟོན་པ་དེ་བྲོས་པའི་
འདས་ལོ;

202 **Heifer**, *n.* (Sik. ཤཟབདང་མ); ཡ་གོག; (ཤས་མོ; Bhut.)

203 **Heigh-ho**, *n.* ཀྱི་ཧུད;

204 **Height**, *n.* མཐོ་དམན;

205 **Heighten**, *v.t.* མཐོ་རུ་བཏང་བ;

206 **Heinous**, *a.* འཛོབ་ཆེན; འཛོབ་ཆེ;

207 **Heir**, *n.* བཤུལ་འཛིན; བཤུལ་བཟུང་པོ;

208 **Heiress**, *n.* བཤུལ་མཛིན་མོ;

209 **Hell**, *n.* དམྱལ་ཁམས;

210 **Hellenic**, *a.* གྲིག་གི; གྲིསི་ཞེས་པའི་ཡུལ་གྱི;

211 **Hellish**, *a.* དམྱལ་བ་ལྟ;

212 **Helm**, *n.* གྲུ་ཤིང་འདྲེན་བྱེད་ཀྱི་འཁྲུལ་འཁོར;

213 **Helmet**, *n.* རྨོག; རྨོག་དཀར;

214 **Helmsman**, *n.* གྲུ་ཤིང་འདྲེན་མཁན; གྲུ་ཤིང་ཁ་ཕྱོགས་བསྒྱུར་བའི་འཁོར་ལོ་བཟུང་མི;

215 **Help**, *v.t.* ར་མདའ་བྱེད་པ; རོཊ་བྱེད་པ; (གྲོགས་མཛད་པ; Hon.)

216 **Helper**, *n.* ར་མདའ་བྱེད་མཁན;

217 **Helpful**, *a.* ར་མདར་ཕན་པ;

218 **Helpfulness**, *n.* ཕན་གྲོཊ;

219 **Helpless**, *a.* གྲོགས་མེད; སྐྱབ་མེད་དཔུང་མེད;

220 **Helplessly**, *ad.* ཐབས་མེད་དུ;

221 **Helplessness**, *n.* བྱ་ཐབས་མེད་ལུཊ;

222 **Helve**, *n.* སྟ་རེའི་ཡུ་བ; དགྲ་སྟའི་ཡུ་བ;

223 **Hem**, *n.* མཐའ་འཛཊ; སྣེ་འཚེམས; སྣེ;

224 **Hemisphere**, *n.* འགོར་འཁྲིལ་ཕྱེད་ཀ;

225 **Hemispherical**, *n.* འགོར་འཁྲིལ་ཕྱེད་ཀ་བྱེད་པའི;

226 **Hemistich**, *n.* ཤློ་ཀ་ཕྱེད་པ;

227 **Hemlock**, *n.* དུག་ལོ; སྔོ་དུམ་དུག་ཅན་ཞིག;

228 Hemorrhage, *n.* ཁྲག་རྒྱུང; ཁྲག་དོན་ཚབ་ཆེ;

229 Hemorrhoids, *n.* ཁྲག་རྒྱུང; ཁྲག་རྒྱུང་གཉེན;

230 Hemp, *n.* སོ་མ་ར་ཙ;

231 Hen, *n.* བྱ་མོ;

232 Hence, *ad.* འདི་ནས་ཕར;

233 Henchman, *n.* ཞབས་ཕྱི; (སྐུ་མདུན་པ; Hon.)

234 Heptagon, *n.* རི་མོ་ཟུར་བདུན་དང་ལྡན་པ;

235 Heptangular, *a.* རི་མོ་གྲུ་བདུན་པ;

236 Heptarchy, *n.* གཙོ་བོ་བདུན་གྱིས་དབང་བསྒྱུར་བའི་སྲིད;

237 Her, *pron.* མོའི; མོ་རང་གི;

238 Herald, *n.* བང་ཆེན; སྒྲོན་བསྒྲགས་པ;

239 Herb, *n.* སྔོ; སྔོ་ཚོད; སྔོ་ཚལ;

240 Herbage, *n.* སྔོ་སྐྱེ་ལུང;

241 Herbarium, *n.* སྔོ་དུམ་གོ་རིམ་འགྲིག་ནས་སྟོན་ཡོད་པའི་བང་མཛོད;

242 Herbivorous, *a.* སྔོ་དང་སྤྱང་ཟ་བའི་རི་དྭགས;

243 Herculean, *a.* གྱེད་པོ་ཆེ་ལྟའི;

244 Herd, *n.* ཁྱུ; མཚོ; དཔུང;

245 Herdsman, *n.* ཕྱུགས་བརྫི;

246 Here, *ad.* འདིར; འདི་གར;

247 Hereditary, *a.* ཕ་རིང་བརྒྱུད་པ; རྒྱུད་ཀྱིས་ཟིན་པའི; རྒྱུད་པའི;

248 Heresy, *n.* ལོག་ཆོས;

249 Heretic, *n.* ཕྱི་པའི་ཆོས་ལུགས་འཛིན་པ;

250 Heretical, *a.* ཕྱི་པའི;

251 Heretically, *ad.* ཕྱི་པའི་འདོད་ལུགས་ལྟར;

252 Hereto, *ad.* འདི་བར་དུ; ད་ཕན; འདི་ཚུན;

253 Heretofore, *ad.* སྔོན་ཆད; ད་ཕན་ཆད; འདི་ཚུན་ཆད;

254 Herewith, *ad.* འདི་མ་དུན;

255 Heritage, *n.* ཕ་གཞིས; [གཉིས་མ་ཉིང;

256 Hermaphrodite, *n.* མ་ཉིང; ‘ཕོ་མོ་གཉིས་ཀའི་མཚན་མ་ཚང་བ; མཚན

257 Hermetic, *a.* } ཁ་དམས་པོ་བྱེད་དེ; ཞིབ་དམ་ལུ་རྒྱབ་ནས་ཁ་བཅད་

258 Hermetically, *ad.* } པ་ལྟར;

259 Hermit, *n.* རི་ཁྲོད་པ; སྒོམ་ཆེན;

260 Hermitage, *n.* མཚམས་ཁང;

261 Hero, *n.* དཔའ་བོ; ཕོ་དཔའ་བོ;

262 Heroic, *a.* དཔའ་བོ་ལྟུའི;

263 Heroically, *ad.* དཔའ་བོ་ལྟ་བུར;

264 Heroine, *n.* དཔའ་མོ;

265 Heroism, *n.* དཔའ; སྙིང་སྟོབས;

266 Heron, *n.* ཆུ་བྱའི་ཁྲ;

267 Herring, *n.* ཉ;

268 Hers, *pron.* མོའི;

269 Herself, *pron.* མོ་རང;

270 Hesitancy, *n.* ཚ་མི་ཚོ་མི;

271 Hesitate, *v.i.* ཚ་མེ་ཚོ་མེར་ལུས་པ;

272 Hesitation, *n.* ཐེ་བ་ཞོལ; ཐེ་འཛིན; ཐེ་ཙུར; ཚམ་ཚོམ;

273 Hesper, *n.* ཁྲིག་ཕྱུར་ལས་ཐྲོ་རངས་སྐར་ཆེན་གྱི་མིང;

274 Hest, *n.* རྒྱུད་བསྐུལ; བཀའ; ཞུ་ཚུའི;

275 Heterodox, *a.* འདོད་ཚུལ་གཞན་གྱི་གོ་ལུགས་དང་མི་མཐུན་པ;

276 **Heterodoxy**, *n.* ལྟ་བ་ལོག་པ;

277 **Heterogeneous**, *a.* རིགས་མི་མཐུན་པ;

278 **Hew**, *v.t.* གཞོག་པ; གཤགས་པ;

279 **Hewer**, *n.* གཞོག་རྒྱབ་མཁན; གཤག་མཁན;

280 **Hexagon**, *n.* ཟི་མོ་གྲུ་དྲུག་བྱས་པ;

281 **Hexagonal**, *a.* ཟི་མོ་གྲུ་དྲུག་བྱས་པ;

282 **Hexameter**, *n.* ཚིགས་བཅད་རྐང་པ་དྲུག་བྱས་པ;

283 **Hey**, *int.* ཀྱེ་ཧོ; ཀི་ཧི; ཀི་ཀི་ལྷ་དགའ་སྐྱིད་ཀྱི་སྒྲ;

284 **Hiatus**, *n.* སེར་ག; སྐུབ; སྐྱོན; ཆད; བར་བཅད;

285 **Hibernal**, *a.* དགུན་གྱི; གྲང་བའི་དུས་ཀྱི;

286 **Hibernian**, *n.* ཨ་ཡར་ལནྜ་བྱ་བའི་ཡུལ་གྱི;

287 **Hiccough**, *n.* ཨི་ཀུ; (Sik. ཧི་ཀུག;)

288 **Hidden**, *a.* སྦས་པ; གསང་བའི;

289 **Hide**, *v.t.* སྦ་བ; གསང་བ;

290 **Hide**, *n.* ཀོ་ལྡོར; དམར་ཀོ;

291 **Hideous**, *a.* བལྟ་མི་བཟོད་པ; འཇིགས་སུ་རུང་བ; མི་སྡུག;

292 **Hideously**, *ad.* མི་སྡུག་པའི་ཚ་ཏྲེད་ཀྱི;

293 **Hiding**, *n.* སྦ་གསང; གབ་ཡིབ; (ཉེས་འདག; བརྡུང་འདག;
meaning whipping);

294 **Hie**, *v.i.* བསྒྱུར་བ; མྱུར་དུ་འགྲོ་བ; སྒྱུར་ཀྱིས་བསྐྱོད་པ;

295 **Hierarch**, *n.* བསྟན་འཛིན་སྐྱེས་བུ; ཆོས་བདག; བདག་ཆེན;
སྤྱི་གཙས་བདག་འཛིན་པ;

296 **Hierarchy**, *n.* བསྟན་པ; ཆོས་གཉིས;

297 **Hieroglyphic**, *n.* བརྡའ་རིས་ཀྱི་ཡི་གེ; བརྡའ་ཡིག;

298 Higgle, *v.i.* གད་མོ་ཤིག་ཤིག་ཅེས་རྒོད་པ;

299 High, *a.* མཐོན་པོ;

300 Highly, *ad.* ཤིན་དུ; ཧ་ཅང་གི; སྣང་ཆེར;

301 Highness, *n.* མཆོག; རིན་པོ་ཆེ; གོང་ས་མཆོག;

302 Highwayman, *n.* ཛག་པ;

303 Hilarity, *n.* གད་མོ; གད་མོ་རྒོད་འདོད;

304 Hill, *n.* རི; ལ; སྒང;

305 Hillock, *n.* སྒང; སྒང་འབུར;

306 Hilly, *n.* རི་རོང་ཅན; རི་རོང;

307 Hilt, *n.* ཡུ་བ;

308 Him, *pron.* ཁོ་ལ;

309 Himself, *pron.* ཁོ་རང;

310 Hind, *n.* རི་དྭགས་ཤ་མོ; ལས་གཡོག་པ; *adv.* རྒྱབ་མ;

311 Hinder, *v.a.* བཀག་པ; འགེགས་པ;

312 Hindrance, *n.* བཀག་བྱེད; བཀག་མཁན;

313 Hindooism, *n.* ཨ་ཙ་རའི་ཆོས་ལུགས; ཐྲིཾ་ཟེའི་ཆོས་ལུགས;

314 Hinge, *n.* སྒོའི་ཧྲིང་པ; (Hindi ཀབ་ཛ;) (དབྱེ་ལྷུགས;)

315 Hint, *v.t.* བརྡའ་སྟོན་པ; བརྡའ་ཙམ་གྱིས་གསལ་འདེབས་པ; སྣེ;
ཟུར;

316 Hintingly, *ad.* བརྡའ་རུ; བརྡའ་ཙམ་དུ; (ཟུར་དཔག་སྟེ; Sik.)

317 Hip, *n.* དཔྱི་མགོ;

318 Hippodrome, *n.* རྟ་རྒྱལ་འགྲིང་ས་ས;

319 Hippopotamus, *n.* ཆུ་ཕག;

320 Hire, *v.t.* གླ་བ; གླས་པ;

321 Hireling, *n.* གླ་པ་;

322 His, *pron.* ཁོའི་; (ཁོང་གི་; Hon.)

323 Hiss, *v.t.* ཤུག་སྒྲ་སྒྲོག་པ་;

324 Hissing, *n.* ཤུག་སྒྲ་; ཆུ་ཚན་ཁོལ་བ་ལྟའི་སྒྲ་;

325 Historian, *n.* རྣམ་ཐར་བརྩོམ་མཁན་;

326 Historic, *a.* རྣམ་ཐར་གྱི་;

327 Historical, *a.* རྣམ་ཐར་ནང་གི་;

328 Historically, *ad* རྣམ་ཐར་བཞིན་དུ་;

329 History, *n.* རྣམ་ཐར་;

330 Histrionic, *a.* ཨ་ལྕེ་ལྷ་མོ་བའི་; ལྷ་མོ་བའི་;

331 Hit, *v.t.* རྒྱབ་པ་; ཐོག་པ་; ཕྱུས་པ་; ཁེས་པ་;

332 Hitch, *v.i.* ཡོ་གྱི་འགག་ཆ་; Sik. ཐོགས་འགག་;

333 Hither, *ad.* འདིར་; ཚུར་; འདི་རུ་;

334 Hitherto, *ad.* སྔར་ཐན་; ད་བར་དུ་;

335 Hitherward, *ad.* འདི་ཕྱོགས་སུ་;

336 Hive, *n.* སྦྲང་ཚང་;

337 Ho, *int.* ཀ་ཡེ་; ཧོ་;

338 Hoar, *a.* (Sik. སྐྲ་སིག་སིག་); ཤས་དེ་སྐྲ་དཀར་དང་ལྡན་པ་; སྐྲ་དུང་ངེ་བ་;

339 Hoard, *n.* སྤུངས་; དཔུང་བའི་སྤུངས་; (*v.t.* བཀང་བ); བསག་པ་;

340 Hoarse, *a.* སྐད་འཚེར་ཀ, སྐད་སྒྲིབ་པ, སྐད་འཛེར་འཛེར་;

341 Hoarsely, *ad.* སྐད་འཛེར་བཞིན་;

342 Hoarseness, *n.* སྐད་འཛེར་ལུགས་;

343 Hoary, *a.* མགོ་དཀར་པོ་; ཤས་དེ་མགོ་དཀར་པོ་; (སྐྲ་དུང་དུང་; Sik.)

348 Hoax, *n.* བབ་ཅོལ་བརྫུན་མོ; (Sik. ཛུན་ཅན); (ཀྱག་ཀྱག; Tib. oolql.)

349 Hobble, *v.i.* ཀང་པ་ཀྱོག་ཀྱོག་བྱེད་དེ་འགྲོ་བ;

350 Hobby, *n.* རྟ་ཁ་ངར་ཅན; ཡང་ཤོར; དཔལ་ལས;

351 Hobgoblin, *n.* ཐེའུ་རང; གདོང་འདྲེ;

352 Hocus-pocus, *n.* སྒྱུ་མ; མིག་འཕྲུལ;

353 Hoe, *n.* ཏོག་ཙེ; འཇོར; *v.t.* བཀོ་བ;

354 Hog, *n.* ཕག་པ;

355 Hoggish, *n.* ཕག་པ་ནང་ལྟར;

356 Hogshead, *n.* ཟོམ་ཆེན་ཚང་ཟོ་ཆེ་ནོ; ཤེལ་ཏོཾ་༢༥༢ གཤོང་པ་ལ་ཟེར;

357 Hoist, *v.t.* འཕྱུར་བ;

358 Hold, *v.t.* བཟུང་བ; འཛིན་པ; ཆ་བཞག་པ; འཆང་པ; གཏཾ་འདྲ་པོ་ཡིན་ན་ཆ་འཛོག་བྱེད་པ; བཙི་འཛོག; དཀྱིལ་བ; བོ་རྡུ་མི་བཙུག་པར་དཀྱིལ་བ;

359 Holder, *n.* ཡུ་བ; འཛིན་མཁན; འཆང་བ་པོ;

360 Holding, *n.* ས་ཆ; ཞིང་ཁ; ཁྲལ་ས; (participle བཟུང་བཞིན་པ);

361 Hole, *n.* དོང; ཨི་ཁྱང; ཛབ་དོང;

362 Holiday, *n.* དུས་ཆེན;

363 Holy, *ad.* དམ་ཚིག་གཙང་མ; དམ་པ; ཆོས་ལྡན;

364 Holiness, *n.* དཾ་ཚིག་གཙང་ལུར;

365 Hollow, *a.* ཁོག་སྟོང; ཁོང་སེང་ཅན;

366 Hollowness, *n.* ཁོང་སྟོང; སྟོང་ཚུལ;

367 Holly, *n.* སྐྱེར་པ;

368 Holocaust, *n.* སྦྱིན་བསྲེག;

369 Holster, *n.* རྣས་སྐའི་ཐོག་མེ་མདའི་ཀོ་ཤུབ; རྣ་རྡོ;

370 Holt, *n.* ཤིང་འབྲས་ལྡུམ་ར;

371 Holy, *a.* དཾ་པ;

372 Holyghost, *n.* ཡེ་ཤེས་མཁའ་འགྲོ;

373 Homage, *n.* གུས་བཏུད;

374 Home, *n.* ཕ་ཡུལ;

375 Homeless, *n.* ཕ་ཡུལ་ཕ་གཞིས་མེད་པ; ཁྱིམ་མེད;

376 Homeliness, *n.* སྤྱི་ཚུལ; དཀྱུས་ཆས; དཀྱུས་མའི་སྤྱི་ཚུལ;

377 Homely, *a.* བཟོ་རྣམ་ཉེས་པ; བྱེད་བཞིན་མི་མཛེས་པ;

378 Homesick, *n.* ཕ་ཡུལ་དྲན་པ; [ཕའི་རས་ཆ;

379 Homespun, *n.* རང་ཁྱིམ་དུ་བཀལ་བ; རང་གི་ནང་དུ་བཀལ་བཏང་བྱེད

380 Homestead, *n.* ཁྱིམ; ནང;

381 Homicidal, *a.* མི་གསོད་པའི་ལོ་རྒྱུས;

382 Homicide, *a.* མི་གསོད;

383 Homogeneous, *a.* རིགས་གཅིག་པ;

384 Homologous, *a.* མཐུན་པ; [Colql.)

385 Honest, *a.* མི་དྲང་པོ; མི་བདེན་པོ; རྒྱུ་དྲང; (བཀའ་དྲང་རྒྱུ་དྲང;

386 Honestly, *ad.* དྲང་པོར;

387 Honesty, *n.* དྲང་པོ; དྲང་ཚུལ; དྲང་ལུགས;

388 Honey, *n.* སྦྲང;

389 Honorary, *n.* གླ་ཕོགས་མེད་པའི་ལས་སྣེ;

390 Honour, *n.* ངོ་སོ; མིང; སྙན་གྲགས;

391 Honourable, *n.* ངོ་སོ་ཅན; མཚན་གྲགས་དང་ལྡན་པ;

392 Hood, *n.* མགོ་ཁེབས;

393 Hoodwink, *n.* མགོ་ཁེབས་གཡོང་པ;

394 Hoof, *n.* རྨིག་པ;

395 Hook, *n.* ལྕུང་ཀྱུ;

396 Hoop, *v.t.* (རྒུགས་རྒྱབ་པ; Sik. and Bhut.)
n. ལྕུང་ཀྱི་ཤན་སྐོར་སྐོར;

397 Hooping-cough, *n.* གློ་འཆམ; གློ་ཡང་དུས་སྐྲ་ཧུ་ཧུ་ཞེས་འབྲོན་པའི་འཆི་པ;

398 Hoot, *n.* ཀི་འབོད་པ; ཀུ་རྒྱབ་པ;

399 Hop, *v.i.* རྒུབ་ཡར་བ; Sik.; མཆོངས་པ; *n.* སྐད་ཞིག;
ཁ་དིག་ཡོད་པའི་སྡོ་སྐད་ཞིག;
(*n.* གོག་ཐེང་ཡར་བ་ Sik.)

400 Hope, *v.t.* རེ་བ; *n.* རེ་བ;

401 Hopeful, *a.* རེ་བ་ཅན;

402 Hopefully, *ad.* རེ་བ་ཆེན་བྱེད་དེ;

403 Hopefulness, *n.* རེ་བ་ཆེ་ཡུང;

404 Hopeless, *a.* རེ་བ་མེད་པ; (རེ་བ་ཆོ་ཟད; Bhut.) རེ་བ་ཟད་པ;

405 Hopelessly, *ad.* རེ་ཆེ་མེད་བཞིན་དུ;

406 Hopelessness, *n.* རེ་ཆེ་མེད་ཡུང;

407 Hopper, *n.* ཆོབ་ཞེས་པའི་སྦྲོག་སྐད་དུ་འགྲོ་བ་དེ་སྤྲུག་མི; མཆོང་མི;
(གོག་ཐེང་ཡར་མི;, Sik.)

408 Hopping, *n.* རྒྱང་རྒྱང་མཆོང་བཞིན་པ; རྒྱང་མཆོང; གོག་ཐེང;

409 Horde, *n.* དཔུང; མཆོ;

410 Horizon, *n.* གནམ་སའི་མཚམས;

411 Horizontal, *a.* གནམ་སའི་མཚམས་ངོས་སུ; ཐད་ཀར;

412 Horizontally, *ad.* གནམ་སའི་མཚམས་ངོས་སུ; ཐད་ཀར;

413 Horn, *n.* ར་ཅོ;

414 Hornet, *n.* (ཡིང་ཀྲོལ་མ; Sik.) (འབིང་ཀྲོལ་མ; Bhut.)

415 Horology, *n.* ཆུ་ཚོད་འཁོར་ལོ་བཟོ་བའི་རིག་གནས;

416 Horoscope, *n.* སྐྱེ་བརྩིས;

417 Horrible, *a.* ཡ་ང་བོ; བལྟར་མི་བཟོད་པ;

418 Horribleness, *n.* ཡ་ང་ཚུལ;

419 Horribly, *ad.* ཡ་ང་བོ་བྱེད་དེ;

420 Horrid, *a.* འཇིགས་སྐྲག་ཅན;

421 Horrify, *v.t.* དངངས་པ; དངངས་སྐྲག་བཀོད་པ;

422 Horror, *n.* དངངས་སྐྲག;

423 Horse, *n.* རྟ; (ཆིབ་པ; Hon.)

424 Hortative, *n.* ཀྱེ; འབོད་སྒྲ; འབོད་པའི་སྒྲ;

425 Horticultural, *a.* མེ་ཏོག་གི;

426 Horticulture, *n.* མེ་ཏོག་འཚོ་སྐྱོངས;

427 Hosanna, *n.* ཀ་སྭོ; བསྟོད་དབྱངས; བསྟོད་པ་འབུལ་བའི་མདངས་
དབྱངས;

428 Hose, *n.* ཨོས་མོ་སུ;

429 Hosier, *n.* ནང་གོས་ལྷམ་མ་འཚོང་མི; སྤྲིང་དང་བལ་སྐུད་ལྷམ་
པའི་གྱུ་དྲང་དང་འོན་འཇུག་སོགས་འཚོང་མི;

430 Hospitable, *a.* མགྲོན་མཐོང་ཅན;

431 Hospitably, *ad.* མགྲོན་མཐོང་ཆེན་བྱེད་དེ;

432 Hospital, *n.* སྨན་ཁང,

433 Hospitality, *n.* མགྲོན; མགྲོན་མཐོང;

434 Host, *n.* དམག་དཔུང; དཔུང་མཆོ;

435 Hostage, *n.* ཞིག་ཁྲུག; གཏས་མ; མི་གཏས་མར་བཟུང་ནས་བཞག་པ;

436 Hostess, *n.* གནས་མོ;

437 Hostile, *a.* ཕ་རོལ་པའི; དགྲ་རུ་གྱུར་པའི;

438 Hostilely, *ad.* དགྲ་བྱེད་དེ; དགྲར་གྱུར་སྟེ;

439 Hostility, *n.* དགྲ་ཡ; ཐྲང་ཡ;

440 Hostler, *n.* མགྲོན་ཁང་དུ་རྟའི་ཉ་ར་བྱས་མཁན;

441 Hot, *n.* ཚ་པོ; དྲོད་ཚ་པོ; ཚ་ངར་ཅན;

442 Hotel, *n.* (མགྲོན་ཁང;) ཟ་ཁང;

443 Hotly, *ad.* ཚ་པོར;

444 Hottentot, *n.* ཨེ་ཕྲི་ཀའི་གླིང་གི་ལྷོ་ཕྱོགས་ན་གནས་པའི་མི་རིགས;

445 Hound, *n.* ཤ་ཁྱི;

446 Hour, *n.* ཆུ་ཚོད;

447 Hourly, *a.* ཆུ་ཚོད་རེ་བཞིན;

448 House, *n.* ཁྱིམ; ཁང་པ; ནང; (གཟིམ་ཁང; Hon.)

449 Household, *n.* ཁྱིམ་ཐབ;

450 Householder, *n.* ཁྱིམ་ཐབ་འཛིན་མི; ཁྱིམ་བདག;

451 Housekeeper, *n.* ཁྱིམ་བསྲུང;

452 Housekeeping, *n.* ཁྱིམ་བཟུང་ལུགས;

453 Houseless, *n.* ཁྱིམ་མེད; སྡོད་པའི་ཁྱིམ་དང་བྲལ་བའི;

454 Housewife, *n.* ནང་གི་ཨ་མ; ནང་མ;

455 Hovel, *n.* ཁྱིམ་སྡུག་ཀྱལ; སྤྱིལ་པོ;

456 Hover, *v.i.* ཤོག་པ་གཡོབ་ཅིང་འཕུར་ལྡིང་བྱེད་ཅིང་འཁོར་བ;

457 How, *ad.* ཇི་ལྟར; གང་འདྲ་ཟེ;

458 Howbeit, *ad.* ཇི་ལྟར་ནའང;

459 Howdah, *n.* གླང་ཆེན་གྱི་སྟེང་དུ་རྒྱབ་རྒྱུའི་ཁྲི;

460 However, *ad.* ཇི་ལྟར་ནའང;

461 **Howitzer**, *n.* མེ་སྒྲོག ;

462 **Howl**, *v.i.* སྐད་ངན་འཆོར་བ;

463 **Howling**, *n.* སྐད་ངན;

464 **Howsoever**, *ad.* ཇི་ལྟར་བྱས་ཙང; ཇི་ལྟར་ནའང; ཇི་ལྟར་ཡང;

465 **Hub**, *n.* འཁོར་ལོའི་ལྟེབ; གྲི་ཡུ;

466 **Hubbub**, *n.* ཅུར; ཅུར་སྒྲ;

467 **Huckster**, *n.* ཟ་རི་ཟི་རི་ཙ་ལག་ཚུང་ཚུང་འཚོང་མཁན;
(འཚོང་ཀྲེབ་ Sik.)

468 **Huddle**, *v.i.* སྤུ་སྤུ་རྟིལ་རྟིལ་དུ་དཔུང་བ; རག་གེ་ཙུག་གེར་དཔུང་བ;

469 **Hue**, *n.* ཁ་མདོག; མདངས;

470 **Huff**, *n.* ཁོང་ཁྲོ; རླུང; ཁྲག་རླུང; རེ་འཁང་གི་ཁོང་ཁྲོ;
(སྤྲོས་ཁྲོགས; Sik.)

471 **Huffish**, *a.* ཁོང་ཁྲོ་ཅན; ཁངས་དྲེག་ཅན; (རྡིག་ལྷོག་ཅན; Sik.)

472 **Huffy**, *a.* ཁོང་ཁྲོ་ཅན; ཁངས་དྲེག་ཅན; (རྡིག་ལྷོག་ཅན; Sik.)

473 **Hug**, *n.* པང་པ་བདབ་པ; པང་པར་འཛུང་བ;

474 **Huge**, *a.* སྦོམ་པོ; ཆེན་པོ;

475 **Hugely**, *ad.* ཆེནོར; ཆེན་པོ་ཉིད་དེ;

476 **Huguenot**, *n.* པ་རན་སིའི་ཡུལ་གྱི་ཡེ་ཤུའི་ཆོས་ལུགས་གསར་མར་
ཞུགས་པ་དག;

477 **Hulk**, *n.* གྲུ་གཟིངས་གོག་པོ;

478 **Hull**, *n.* ཕྱི་ཤུན; ཕྱི་ཁོག; གྲུ་ཟིང་གི་སྦོག;

479 **Hum**, *v.i.* ཧྲུ་སྒྲ་ལེན་པ; མདངས་དབྱངས་ལེན་པ;

480 **Human**, *a.* མིའི; མིའི་རྣམ་པ་ཅན;

481 **Humane**, *a.* སེམས་སྙིང་རྗེ་ཅན; མི་ལ་རབ་ཀྱི་བག་དང་ལྡན་པ;

482 Humanely, *ad.* ཡ་རབ་ཀྱི་བག་དང་ལྡན་པ་བྱེད་དེ;

483 Humanity, *n.* སྙིང་རྗེ; མིའི་འདུ་ཤེས; མིའི་བག; འགྲོ་བ་མིའི་རིང;

484 Humanize, *v.t.* བྱུད་བརྟུལ་བ; འཇིཾ་པོ་བཙོས་པ; མིའི་བག་དང་ལྡན

485 Humble, *a.* གུས་པོ; [པོ་བཟོ་བ;

486 Humblebee, *n.* སྦྲང་འབུ་འབྲུ་འབྲུ་སྡུག་དཀར; (Sik.)

487 Humbling, *n.* གུས་པོར་བཟོ་བ;

488 Humbly, *ad.* གུས་པའི་ངང་ནས;

489 Humbug, *n.* སྦྱོང་གཏམ; (ཤོབ· Sik.); ཧམ་པ; རྒྱག་བརྫུན;

490 Humdrum, *a.* སྙན་ཚ་མེད་པའི་སྒྲ; གང་བྱུང་མང་བྱུང;

491 Humid, *a.* གཞེར་ཞེར་ཅན; གཞེར་ལྡན;

492 Humidity, *n.* གཞེར་ཞེར་ཆེ་བའི་རང་བཞིན;

493 Humiliate, *v.i.* དམའ་སར་འབབ་པ;

494 Humiliation, *n.* དམའ་བབ;

495 Humility, *n.* གུས་པ; གུས་ཚུལ;

496 Humming, *n.* གླུ་མདང་ལེན་པ; ཟེ་རི་རི; ཞུ་རུ་རུ; དེ་རི་རི;

497 Humorist, *n.* གད་མོར་དགའ་བའི་ཁྱིམས; ཀྲོད་དྲོ; གད་མོ;

498 Humorous, *a.* གད་མོ་སླང་ནུས་པ;

499 Humorously, *ad.* གད་མོ་སླང་ནུས་པ་བྱེད་དེ;

500 Humour, *n.* ཁམས་ཀྱི་དྭང་མ་རྒྱུ་སེར་དུ་འགྱུར་བ;

501 Humorist, *n.* ཀྲོད་དྲོ་བཙོམ་མཁན; (དཔེ་འཛལ་མཁན; Sik.)

502 Hump, *n.* འབུར་དོག; གྱི་གུ; རྫོག; (བྱུ་རོ; གོང་དོག; Sik.)

503 Humpback, *n.* སྒྲེད་གོང; ལྟག་གུར; བརྐྱང་ལྐྱག་གུག་གུག;

504 Hun, *n.* ཧོར་སོག་གི་རིགས་ཀྱི་མི; མདོག་གནག་པ;
གཤེད་ཆེ་བ་ཕུས་སྡིག་པ;

505 Hunch, *n.* འབུར་དོག; རྡོག་རྡོག;

506 Hundred, *n.* བརྒྱ་ཕྲི་པ;

507 Hundredth, *n.* བརྒྱ་པ; བརྒྱའི་ཆ་ཤས;

508 Hungarian, *n.* ཧང་གེ་ཧྲི་ཡུལ་གྱི་མི;

509 Hunger, *n.* ལྟོགས་ཧྲི; ལྟོགས་ཧབ;

510 Hungrily, *ad.* ལྟོཊ་ལྡོག་ཁ་པོ;

511 Hungry, *a.* ལྟོཊ་པ; གྲོད་ཁོག་ལྟོགས་པ;

512 Hunt, *v.t.* ཁྲི་ར་རྒྱབ་པ;

513 Hunter, *n.* རྔོན་པ; ཁྲི་ར་པ;

514 Hunting, *n.* ཁྲི་ར་རྒྱབ་པའི;

515 Huntsman, *n.* ཁྲི་ར་པ; རྔོན་པ; {ཤ་ར་བ Sik.}

516 Hurdle, *n.* {ཟེསམ Sik.} {ཟེས་མ་སླ་སླ་བ Sik.}

517 Hurl, *v.t.* འཕང་པ; ཤུགས་ཀྱི་འཕེན་པ;
(སྒྲིག་སྐོར་རྒྱབ་པ; Sik. & Bhut.)

518 Hurling, *n.* རྒྱན་འཕང་རྒྱུའི་བརྩེད་མོ་ཞིག;

519 Hurly-burly, *n.* འར་ཞུར; {གུལ་སྒུལ Hindustani.}

520 Hurra, *int.* ཀི་སྭོའི་སྒྲ་འབྱིན་པ; ཀི་སྭོ;

521 Hurricane, *n.* རླུང་དམར; རླུང་ཆེན;

522 Hurry, *v.t.* བྲེལ་ཟིང;

523 Hurt, *v.t.* གནོད་པ་བསྐྱལ་བ; ཚ་སྐྱོན་ཐུས་པ; བརྨས་པ;

524 Hurtful, *a.* གནོད་པ་ཅན;

525 Hurtless, *a.* གནོད་མེད;

526 Husband, *n.* ཁྱོ; ཁྱོ་ག;

527 Husbanding, *n.* ཞིབ་བརྩིས; ཟབ;

528 Husbandman, *n.* ཁྱིམ་བདག; སོ་ནམ་པ;

529 Husbandry, *n.* སོ་ནམ་པའི་ཞིང་ལས; སོ་ནམ;

530 Hush, *a.* ཁུ་སིམ་མེ; ཁ་རོག་པར; [སྦུར་མ;

531 Husk, *n.* འབྲུ་སོབ; པགས་ཤུན; པཊ་པ; སྐང་བུ; སྦུན་པ;

532 Husky, *a.* སྐད་འགག་ནས་ཡོད་པ; སྐད་ཤོབ་ཤོབ;

533 Hussar, *n.* ཏ་དམག;

534 Hussy, *n.* སྐྱེ་དམན་ངན་པ; ནག་མོ;

535 Hustings, *n.* བི་ལྷུད་ཀྱི་ཁྲིམས་ཁང་ཆེ་ཤོས;

536 Hut, *n.* སྤྱིལ་པོ;

537 Huzza, *n.* ཀི་ཀིའི་སྒྲ;

538 Hyacinth, *n.* མེ་ཏོག་ཧྲི་ངད་བཟང་པོ་བྲིས་པ་རྒྱ་ནག་པ་དག་གིས་ཁོག་མིའི་ནང་བདབ་ནས་བསོ་བ་དེའོ;

མེ་ཏོག་ཙ་བ་སྒོག་པ་འདྲ་པོ་ཁ་མདོག་སེར་སྐྱ་ཧྲི་ངད་བཟང་པོ་བྲིས་པ་ཞིག་གོ;

539 Hydraulic, *n.* ཆུའི་འཁྲུལ་འཁོར;

540 Hydrocele, *n.* བཀྲིག་པ་སྐྲང་པའི་ནད;

541 Hydrogen, *n.* ཆུའི་རླུང་པའི་སྙིང་པོ; ཆུའི་རླངས་ཀྱི་རྫི་བཙུད;

542 Hydrometer, *n.* ཆུ་གཞལ་བའི་འཁྲུལ;

543 Hydropathy, *n.* ཆུ་ཡིས་ཕན་པའི་སྨན་དཔྱད; ཆུ་ཡི་སྨན་དཔྱད;

544 Hydrophobia, *n.* ཁྱི་སྨྱོན་གྱིས་རྨུག་པ་ལས་བྱུང་བའི་ནད;

545 Hyena, *n.* ཏྲེད; དོམ་དྲེད; ཁྱི་དྲེད;

546 Hygeian, *a.* ཁམས་བདེ་བའི་སྨན་དཔྱད་ཀྱི; སྨན་གྱི་ལྷ་མོ་འི;

547 Hymen, *n.* བག་སྟོན་གྱི་ལྷ; སྤུ་གསར་གྱི་དར་མ;

548 Hymeneal, *a.* བག་སྟོན་གྱི་ལྷའི་སྐོར; ལྷ་གའི་དར་མའི; སྤུ་གསར་གྱི་དར་མའི;

549 **Hymn**, *n.* མགུར་མ; ཆོས་གློ;

550 **Hymnal**, *n.* གསུངས་མགུར; མགུར་འབུམ;

551 **Hyperbole**, *n.* ཧ་ཅང་ཐལ་དྲག་པའི་སྤེལ་སྦྱོར་གྱི་ཚིག;

552 **Hypercritic**, *n.* ཧ་ཅང་སྐྱོན་བརྟག་འདོད་ཅན;

553 **Hyphen**, *n.* ཚིག; ཤད; ཚིག་ཚུང;

554 **Hypochondria**, *n.* རྩ་རླུང་གི་ནད་ཞིག་གི་མིང;

555 **Hypocrisy**, *n.* ཁ་ཆོས; སྒྱུ་ཟོག; ཚུལ་ཆོས;

556 **Hypocrite**, *n.* ཁ་ཞེ་མི་མཚུངས་པ; ཟོག་སྟོང; ཚུལ་ཆོས་མཁན;

557 **Hypocritical**, *a.* ཟོག་སྟོང་གི;

558 **Hypotenuse**, *n.* གྲུ་གསུཾ་གྱི་རི་མོ་འདིའི་ནང་ནས་གི་གྲུ་ཆེ་བ་དེའི་མདུན་དུ་ཡོད་པའི་ཐིག་གས་ཟུར་དེ་ལ་ཟེར;

559 **Hypothesis**, *n.* ཡིན་པར་འཛོག་པའི་བདེན་པ; ཡིན་པར་འཛོག་པའི་བདེན་གཞི; བདེན་གཞི;

560 **Hypothetic**, *n.* བདེན་པར་བརྩིས་པའི་ཆོས་ཉིད་ཀྱི;

561 **Hyssop**, *n.* སྤོ་སྨན་ཞིག་གི་མིང;

562 **Hysteria**, *n.* དགའ་ཅུ་ཞོར་བའི་རླུང་གི་ནད;

563 **Hysterical**, *a.* རྩ་རླུང་གི་ནད་ཀྱི;

I

1 **I**, *pron.* ངེད; ང་རང; ང; བདག; ཁོ་བོ; བདག་ཉིད; ངེད་རང;

2 **Ice**, *n.* འཁྱགས་པ; འཁྱགས་རོམ; ཆབ་རོམ;

3 **Icelander**, *n.* ཨ་ཡི་སི་ལནྡ་གྲུ་བའི་མཚོ་གླིང་དུ་སྡོད་མི;

4 **Ichneumon**, *n.* ནེའུ་ལེ;

5 **Icicle**, *n.* ཁྱག་སྡོང;

6 Icy, *a.* ཁྱིང་པ་ལྟུ; ཁྱགས་རོམ་ལྟ་བུ;

7 Idea, *n.* བློ་ལ་འཆར་བའི་བསམ་མནོ; བསམ་མནོ; རྟོག་པ;
སེམས་རྟོག;

8 Ideal, *a.* ཡིད་སྨོན་བྱེད་པའི;

9 Identical, *a.* དེ་ཀ; དེ་ཀ་ཉིད; དེ་རང; དེ་ཁོ་ན;

10 Identically, *ad.* དེ་ཀ་ཉིད་ལྟར; དེ་རང་རང;

11 Identify, *v.t.* ངོ་སྤྲོད; ངོས་འཛིན་བྱེད་པ;

12 Identity, *n.* དེ་ཀའི་ངོ་བོ;

13 Ides *n.* སྤྲོན་དུས་རོམ་པའི་བརྩིས་ལྟར་ན་ཟླ་བ ༣, ༥, ༧, ༡༠
པ་ཉིས་ཀྱི་ཉ་སྐང་དང་གཞན་མ་རྣམས་ཀྱི་ཚེས ༡༣
པར་བརྩི་བའོ;

14 Idiocy, *n.* གླེན་འཐོམས;

15 Idiom, *n.* ཁ་ཡབ་ལུང་ཀྱི་དག་ཆ; སྐད་ཀྱི་འགྲོ་ལུགས;

16 Idiomatic, *a.* སྐད་དག་པོ; དག་ཆ་ཅན;

17 Idiot, *n.* གླེན་པ;

18 Idiotic, *a.* གླེན་པ་ལྟ་བུ;

19 Idle, *a.* ལེ་ལོ་ཅན;

20 Idleness, *n.* ལེ་ལོ;

21 Idly, *ad.* ལེ་ལོ་བྱས་ཏེ;

22 Idol *n.* འདྲ་སྐུ;

23 Idolater, *n.* འདྲ་སྐུ་འབུར་སྐུ་ལུག་སྐུ་སོགས་ལ་ཕྱག་མཆོད་བྱེད་དེ་ཐར་
པ་འདོད་པ;

24 Idolatrous, *n.* འདྲ་སྐུ་མཆོད་པའི;

25 Idolatry, *n.* འདྲ་སྐུ་མཆོད་པའི་ཆོས་ལུགས;

26 Idolize, *at.* མཆོད་པའི་སྐུ་འདྲ་ལྟར་ཞེ་ས་བསྐྱེད་པ; གུས་འདུད་ཆེན་པོ་བསྐྱེད་པ;

27 Idyl, *n.* བརྩོམ་གླུ; ཡུལ་གྱི་ཚབ་གཞུང་ལ་བལྟས་ནས་ཆོཊ་སྒྲུ་བཅད་པ་བརྩོམས་པ;

28 If, *c.* གལ་སྲིད; ན; དཔེར་ན=འགྲོ་ན=བསྡོད་ན=ཟ་ན; འཐུང་ན=ཅེས་པ་ལྟུའོ;

29 Igneous, *a.* མེ་ལས་འབྱུང་བ;

30 Ignescent, *a.* མེ་ལྟག་ཁྲོམ་ཁྲོམ;

31 Ignis-fatuus, *n.* འདྲེ་མེ; འདམ་འཛབ་ནང་ནས་འཐོན་པའི་མི་སྒོ་ཡུད་ཡུད་བྱུས་པ་གཅིག;

32 Ignite, *v.* མེ་སྦར་བ;

33 Ignitible, *a.* མེ་ཁ་དྭང་པོ; མེ་སྦར་བདེ་པོ;

34 Ignition, *n.* མེ་སྦར་བ་ཉིད;

35 Ignoble, *in.* སྐྱེ་བ་དམའ་བ;

36 Ignobly, *ad.* སྤྱོད་པ་དམན་པའི་ཚུལ་གྱིས;

37 Ignominious, *a.* ངོ་ཚ་པོ; སྤྱོད་པ་ངན་པོ; ཁྲེལ་དང་ངོ་ཚ་མེད་པའི; དམན་སར་འབེབ་པའི;

38 Ignominy, *n.* དམའ་འབེབ་ཀྱི་སྤྱོད་པ; དམའ་འབེབ; ངོ་ཤོར;

39 Ignoramus, *n.* གླེན་པོ་ཡིན་བཞིན་པར་མཁས་པར་རློམས་པ; གླེན་རྨོངས;

40 Ignorance, *n.* རྨོངས་པ; མ་རིག;

41 Ignorant, *a.* གླེན་རྨོངས་ཅན;

42 Ignorantly, *ad* རྨོངས་བཞིན་དུ;

43 Ignore, *v.t.* ཟུར་དུ་བསྐྱུར་བ; སྣང་མེད་བཞག་པ;

44 Ill, *a.* ན་བ; མ་བདེ་བ; མ་ལེཊ་པ; ངན་པ;

45 Illation, *n.* བློ་ཡིས་དཔག་རྒྱུ ;

46 Illegal, *adj.* ཁྲིམས་ལས་འགལ་བའི ; ཁྲིམས་འགལ་གྱི ;

47 Illegality, *n.* ཁྲིམས་འགལ་གྱི་རྣམ་པ ;

48 Illegibility, *n.* ཡིག་ཀློག་མ་ཐུབ་པ; ཀློག་བདེར་མེད་པའི་ཡིག ;

49 Illegible *n.* ཡིག་ངོ་མི་སྤྲོད་པ; ཀློག་ཐུབ་མིན ;

50 Illegibly, *ad.* ཡིག་ངོ་མ་སྤྲོད་པའི ;

51 Illegitimacy, *n.* ཁུང་ཐུབ་མ་ཡིན་པ; ཁུངས་དག་མིན; ཁུངས་ལྡན་མིན;
དཔེར་ན་ཕྲུ་གུ་ཡིན་ན་བསྐྱོལ་ལྟ་བུ་ན་ལེ་ལྷུ;

52 Illegitimate, *a.* ཁྲིམས་སྲོལ་དང་ལྡན་མིན;

53 Illiberal, *a.* ལག་ཡང་མིན ; ལག་དཾ་པོ ; ཁུང་དོག་པོ ;

54 Illiberality, *n.* སེར་སྣ ;

55 Illicit, *a.* གནང་བ་མ་ཐོབ་པ; མ་གནང་བ ; ཁྲིམས་དང་ལྡན་མིན ;

56 Illimitable, *a.* དཔག་ཏུ་མེད་པ; གཞལ་དུ་མེད་པ ;

57 Illiterate, *a.* ཡིག་མ་ཤེས་པ ;

58 Illness, *n.* ནད་ཚ ; ན་བ ;

59 Illogical, *a.* མཚན་ཉིད་དང་མ་མཐུན་པ; མཚན་ཉིད་བདེན་པ་དང་
རྒྱབ་འགལ ;

60 Illume, *v.t.* འོད་གསལ་བར་བྱེད་པ ;

61 Illuminate. *v.t.* ཞུ་མར་མང་པོ་ཁྲ་རིང་ངེ་སྦར་བ ;

62 Illumination, *n.* མར་མེ་སྟོང་མཆོད་འབུལ་བ་ལྟར་ཞུ་མར་མང་པོ་སྦར་བ;

63 Illuminator, *n.* པོ་ཏི་ནས་གླེག་བམ་གྱི་ནང་ངེ་ཕྱི་ཙ་རི་མོ་བྲིས་ཚོན་བཏང
བྱས་མཁན ;

64 Illusion, *n.* སྒྱུ་མ ; མིག་འཕྲུལ ; འཕྲུལ་སྣང ;

65 Illusive, *n.* སྒྱུ་མ་ལྟ་བུ ;

66 Illustrate, *v.t.* འགྲེལ་པ ; དཔེས་མཚོན་པ ; (by parables).

67 Illustration *n.* རི་མོ ; བྲིས ;

68 Illustrative *adj.* མཚོན་བྱེད་ཀྱི་དཔེ ;

69 Illustrious, *a.* དཔལ་ལྡན ;

70 Image, *n.* འདྲ་སྐུ ;

71 Imagery, *n.* དམིགས་པའི་རི་མོའམ་སྐུ ; བསྐྱེད་རིམ་གྱི་དམིགས་སྐུ ;

72 Imaginary, *a.* བློས་སྤྲོས་པའི ; སྣང་བ་གང་དྲན་གྱི ;

73 Imagination, *n.* བློ ; དམིགས་པ ; བསྐྱེད་རིམ་གྱི་བློ ;

74 Imaginative, *a.* དམིགས་པ་རྣོ་པོ ; དྲན་རྒྱུ་འབོལ་པོ ;

75 Imagine, *v.t.* དམིགས་པ་བསྐྱེད་པ ;

76 Imbecile, *a.* གླེན་པ ; བློ་ལས་སྤུ་མི་ཙུང་བའི་མི ; (འགྲོ་རྟོས་ (Sik.)
(མགོ་འཐོམ་ Sik.) ཉན་ལྷང ; ལུས་སེམས་གཉིས་ཀ
དབང་པོ་མ་ཚང ;

77 Imbecility, *n.* གླེན ; འཐོམ ;

78 Imbed, *v.t.* མལ་དུ་བཙུག་པ ; བསྟིམ་པ ; {དཔེར་ན་གཡུ་ཁྲ་ལྷུ
རྗེ་ལེབ་ལ་བཀོས་ནས་བཙུག་པ ;}

79 Imbibe, *v.t.* འཛིབས་པ ; ཐིམ་པ ; སིམ་པ ;

80 Imbrue, *v.t.* བརླན་ལ་བང་བ ; ཆུ་ལ་བང་བ ;

81 Imbue, *v.t.* སེམས་སུ་བཙུག་པ ; ཁ་དོག་འགྱུར་བ ; ཆོས་རྒྱབ་པ ;

82 Imitable, *a.* དཔེ་བཤུ་ཐུབ་པའི ; ལས་རྟོད་བྱ་ཐུབ་པའི ;
{ལས་སད་བྱ་ཚུད་པའི ; (Sik.)}

83 Imitate, *v.t.* དཔེ་བཤུ་བ ; ལས་རྟོད་བྱས་པ ;
{ལས་སད་བྱས་པ ; (Sik.)}

84 Imitation, *n.* དཔེ ; ལས་རྟོད ; (ལས་སད ; Sik.)

85 Imitative, *a.* ལས་དོད་བྱས་པའི;

86 Imitator, *n.* ལས་དོད་བྱ་མཁན;

87 Immaculate, *a.* དྲི་མེད; སྐྱོན་མེད;

88 Immanent, *a.* ནང་གནས; ནང་དུ་མཆིས་པའི; རང་ཆས;

89 Immanuel, *n.* ཡེ་ཤུའི་མཚན་གཅིག;

90 Immaterial, *a.* དངོས་པོར་མ་གྲུབ་པ; དངོས་མེད; དོ་གལ་མེད་པ;

91 Immature, *a.* མ་སྨིན་པ; ན་མ་ལོན་པ; {ཧ་རོག (Sik.) }

92 Immaturely, *ad.* མ་སྨིན་པར;

93 Immaturity, *n.* མ་སྨིན;

94 Immeasurable, *a.* གཞལ་དུ་མེད་པ; ཚད་མེད;

95 Immeasurably, *ad.* གཞལ་མེད་དུ;

96 Immediate, *n.* ལམ་སང; དེ་མ་ཐག;

97 Immediately, *ad.* དེ་མ་ཐག་དུ; ཐལ་དུ; ལམ་སང;

98 Immemorial, *a.* དྲན་པའི་ཡུལ་ལས་འདས་པ; སྔར་སྔ་མོ་ཉིད་ནས;

99 Immense, *n.* རྒྱ་ཆེན་པོ;

100 Immensely, *ad.* རྒྱ་ཆེར;

101 Immensity, *n.* རྒྱ་ཆེན;

102 Immerge, *v.t.* ཆུའི་ནང་དུ་ཤུཊ་ཀྱིས་བཙུགས་པ;

103 Immersion, *n.* ཆུ་ལ་བང་བའི་ལས;

104 Immethodical, *a.* གོ་རིམ་གྱིས་འགྲོ་ལུགས་མེད་པའི; རིམ་པ་མ་བསྟར་བའི;
(ཚབ་ཚོབ; (Sik.)

105 Immigrant, *n.* ཡུལ་གསར་དུ་འཕོས་པ;

106 Immigrate, *v.i.* ཡུལ་གཅིག་ནས་གཞན་ཞིག་དུ་འཕོས་པ;

107 Immigration, *n.* ཡུལ་འཕོན; ཡུལ་འཕོ་བའི་ལས;

108 Imminence, *n.* ཉེན་ཁ;

109 Imminent, *a.* འབྱུང་ཉེ་བ;

110 Immit, *a.* ནང་དུ་གཏང་བ; ནང་དུ་བླུག་པ;

111 Immoderate, *a.* ཚོད་མེད;

112 Immoderately, *ad.* ཚོད་མེད་དུ;

113 Immodest, *a.* ངོ་ཚ་མེད་པ; {གདོང་བཟང་དགྲ་བཀྱལ་ Sik.}

114 Immodestly, *ad.* ངོ་ཚ་མེད་པར; {གདོང་བཟང་དགྲར་བཀྱལ་དེ་}

115 Immolate, *v.t.* ལྷ་སྲོག་མཆོད་པར་འབུལ་བ;

116 Immolation, *n.* དམར་མཆོད་ཀྱི་སྲོག་འབུལ;

117 Immoral, *a.* འཆོལ་པ; འཆལ་པོ; མི་ཚངས་པ; ཚུལ་ཁྲིམས་དང་
འགལ་བ;

118 Immorality, *n.* མི་ཚངས་པ;

119 Immortal, *a.* འཆི་མེད; བློ་ལས་ནི་ཡང་མི་ཡོལ་བ;

120 Immortality, *n.* འཆི་མེད;

121 Immortalize, *v.t.* འཆི་རྒྱུ་མེད་པ་བཟོ་བ;

122 Immovability, *n.* འགུལ་བསྐྱོད་མེད་པ;

123 Immovable, *a.* འགུལ་མི་ནུས་པ;

124 Immovably, *ad.* འགུལ་བསྐྱོད་མེད་པར;

125 Immunity, *n.* ནད་ཐར; ཆེ་ཐར; ནད་དམ་ཆད་པ་བགོ་བའི་ཐོག་པའི་
ཉེན་མེད་པ;

126 Immure, *v.t.* འདག་སྦྱར་རྒྱབ་པ; བཙོན་དུ་བཅུག་པ;

127 Immutability, *n.* འགྱུར་མེད;

128 Immutable, *adj.* འགྱུར་བ་མེད་པའི;

129 Impair, *v.t.* སྐྱོན་པ; སྐྱོན་རྒྱབ་པ;

130 Impale, *v.t.* མདུང་རྒྱུར་རྒྱབ་ནས་གསད་པ;

131 Impalement, *n.* ར་བ;

132 Impalpable, *a.* ཚོར་བས་མ་ཟིན་པ;

133 Impart, *v.t.* འབོགས་པ; (དཔེར་ན་ཡོན་ཏན་འབོགས་པ་བཞིན);

134 Impartial, *a.* ཉེ་རིང་མེད་པ; ཕྱོགས་མེད;

135 Impartiality. ཉེ་རིང་མེད་པའི་ཉེ་སྐྱོམས; ཕྱོགས་མེད; མཉམ་པ་ཉིད;

136 Impartially, *ad.* ཉེ་རིང་མེད་པར;

137 Impassable, *a.* རྒལ་ནུས་མེད་པ; རྒལ་མི་ཐུབ་པའི;

138 Impassible, *a.* འདུ་ཤེས་མེད་པ; ཉོན་མོངས་པས་མི་གཡོ་བ;

139 Impassive, *a.* གཡོ་མེད; གཡོ་འགྱུལ་མེད་པའི;

140 Impassiveness, *n.* གཡོ་མེད;

141 Impatience, *n.* སྤྲོ་ཐུང; རྒྱུ་མ་ཐུང་ཐུང; ངང་ཐུང;

142 Impatient, *a.* ངང་ཐུང; བཟོད་སྲན་མེད་པ; སྤྲོ་ཐུང;

143 Impeach, *v.t.* ཁྲིམས་སར་འགུག་ཐོག་ཉེས་པ་བརྗོད་པ;

144 Impeachable, *a.* ཉེས་པ་བརྗོད་འོས;

145 Impeachment, *n.* ཉེས་བརྗོད;

146 Impeccable, *a.* སྡིག་སྒྲིབ་ཀྱིས་མི་གོས་པ;

147 Impede, *v.t.* ལམ་འགག་པ;

148 Impediment, *n.* གེགས; འགལ་རྐྱེན; བར་ཆད;

149 Impel, *v.t.* བརྫངས་བ; བསྐུལ་བ;

150 Impend, *v.i.* འབྱུང་ཉེ་བ; འབྱུང་ཉེན་ཆེ་ནོར་མཆིས་པ;

151 Impending, *p. adj.* འབྱུང་ཉེན་ཅན;

152 Impenetrability, *n.* མི་ཐིག་པ; བསྲ་མཚན;

153 Impenetrable, *a.* མི་ཐིག་པ;

154 **Impenitence**, *n.* གནོངས་མེད; འགྱོད་མེད;

155 **Impenitent**, *a.* གནོང་འགྱོད་མེད་པའི; འགྱོད་མེད;

156 **Imperative**, *a.* གདམས་ངག; གདམས་པའི་ཚིག; {སྐུལ་ཚིག; (mood)}

157 **Imperceptibility**, *n.* མི་མཐོང་བའི་རང་བཞིན; མི་མངོན་པ; མི་སྣང་བ;

158 **Imperceptible**, *a.* མིག་གིས་མི་ཟིན་པ; ཤིན་དུ་ཕྲ་མོ;

159 **Imperceptibly**, *ad.* མི་མངོན་པར;

160 **Imperfect**, *a.* ཕུན་སུམ་མ་ཚོགས་པ; རྩལ་མ་རྫོགས་པའི;

161 **Imperfection**, *n.* རྩལ་མ་རྫོགས་པའི་རང་བཞིན;

162 **Imperfectly**, *ad.* རྩལ་མ་རྫོགས་པར;

163 **Imperforate**, *a.* ཨི་ཁུང་ཅན; བུག་པ་ཅན;

164 **Imperial**, *a.* གོང་མའི; མཆོག་གི;

165 **Imperialism**, *n.* གོང་མའི་བདག་སྐྱེམ; གོང་མའི་གོ་འཕང;

166 **Imperialist**, *n.* གོང་མའི་ཕྱོགས་འཛིན་མཁན;

167 **Imperil**, *v.t.* འཇིག་པའི་གེགས་སུ་བཅུག་པ;

168 **Imperious**, *a.* གོང་མའི་བཀའ་ལྟ་བུ; སྣང་བ་མཐོན་པོ;

169 **Imperiously**, *ad.* ཉམས་སང་མཐོན་པོ་བྱེད་དེ;

170 **Imperishable**, *a.* མི་འཇིག་པ; རྟག་པ; གཏན་པ;

171 **Impermeable**, *a.* མི་དོལ་བ; མི་ཐིག་བ;

172 **Impersonal**, *a.* ངོ་བོ་མེད་པ; བདག་པོའམ་བདག་ཉིད་མེད་པ;

173 **Impertinence**, *n.* གཏོང་བཟང; བག་འཛེམ་མེད་པ,

174 **Impertinent**, *a.* {གདོང་མམ་ཚིག་ Sik.} ཚོ་མེད; ཟབ་ཆུང; སྣང་ཆུང; འཛེམ་ཆུང;

175 **Impertinently**, *ad.* བག་འཛེམ་མེད་པར; {གདོང་མམ་ཚིག་བྱེད་དེ; (Sik.)}

176 Imperturbable, *a.* མི་འཁྲུགས་པ; མི་གཡོ་བ;

177 Impervious, *a.* མི་ཐིག་པ; མི་རྡོལ་བ;

178 Impetuosity, *n.* དྲག་ཤུགས; ངར;

179 Impetuous, *a.* དྲག་ཤུགས་ཅན; གཏུམ་པོ; ངར་མ;

180 Impetuously, *ad.* ངར་མོ་བྱེད་དེ;

181 Impetus, *n.* ཤུགས; སྟོབས་ཤུགས;

182 Impiety, *n.* མི་དགེ;

183 Impinge, *v.t.* བརྡབ་པ; བརྡུང་བ; ཡོགས་སུ་བརྡབ་པ;

184 Impious, *a.* མི་དགེ་བའི;

185 Implacability *n.* ཁྲོ་ཁོངས་རྒྱུ་མེད་པ; ཆོམ་དུས་མེད་པ་ཉིད;

186 Implacable, *a.* ཁྲོ་ཆོམ་རྒྱུ་མེད་པ;

187 Implant, *v.i.* རྩ་བ་གཙུག་པ; ར་གཙུག་པ; བཀོད་པ;

188 Implement, *n.* ལག་ཆ; བཟོ་ཆས; [ཐེ་བ;

189 Implicate, *v.t.* དཀྲིས་པ; གཡོང་པ; བསྒོམ་པ; གྲལ་དུ་བཙུག་པ;

190 Implication, *a.* ཁ་འཐུལ་བ; ཁ་གཡོང་བཏང་པ་ཉིད;

191 Implicit, *a.* གདོན་མི་ཟ་བ; ཐེ་མི་ཚོམ་པ; (ལིང་འགེལ; Colql.)

192 Implicitly *ad.* ཁྲོ་རྩེ་གཅིག་མེད་དུ; ཁྲོ་ལིང་ངེ;

193 Implore, *v.t.* ཞུ་བ; {ཨོ་ཞེས་ཕྱག་འཚལ་སྨྲོན་པ; (Sik.& Bhut. Collql.)}

194 Imply, *v.t.* རྫུར་དཔག་པ; (Sik.) ཆ་དཔག་པ;) དགོག་པ;

195 Impolite, *a.* གྲུང་པོ; ཞེ་ས་མེད་པའི་ངག; ཞེས་བསྐུར་བསྡི་མི་ལྡན་པ;

196 Impolitic, *a.* མི་མཁས་པ; ཐབས་མི་མཁས;

197 Import, *v.t.* ཕ་རོལ་པའི་ཡུལ་ནས་འཚོང་ཟོག་ཚུར་འདྲེན་པ;

198 Importance, *n.* གནད་ཆེན; གལ་ཆེ; གནད་ཆེ;

199 Important, *a.* གལ་ཆེན་པོ; སྣང་ཆེན་པོ;

200 Importation, *n.* ཕྱི་ནས་ནང་དུ་འདྲེན་པའི་འཚོང་ཟོག ;

201 Importunate, *a.* ཨུ་ཚུགས་ཅན; གཉེན་ཁིས་ཅན;

202 Importunately, *ad.* ཨུ་ཚུགས་ནན་ཏན་བྱེད་དེ;

203 Importune, *v.t.* ནན་ཏན་བསྐྱེད་དེ;

204 Importunity, *n.* ནན་ཏན; { ཨུ་ཚུར་ (Collql.) }; གཉེར་ཁིས;

205 Impose, *v.t.* འགེལ་བ; { སྐྱལ་བ (to decisions) }; འབྲིད་པ; མགོ་སྐོར་བ;

206 Imposing, *a.* མིག་ངོམས་པོ; ཟིལ་གཡེར་ཆེན་པོ;

207 Imposingly, *ad.* ཟིལ་ཆེན་པོ་བྱེད་དེ;

208 Imposition, *n.* སླུ་བྲིད; མགོ་སྐོར; ཁྲལ;

209 Impossibility, *n.* མི་གྲུབ་ངེས་པའི་ལས; མི་ནུས་ངེས་པའི་ལས;

210 Impossible, *a.* མི་ཡོང་མི་ཚོགས་མི་གྲུབ་ངེས་པ;

211 Impost, *n.* ཤོ; ཁྲལ; བཅུ་ཁ;

212 Imposthumate, *v.i.* སྐྲང་འབུར་བསྐྱེད་པ;

213 Imposthume, *n.* གཉེན་འབུར; སྐྲང་འབུར;

214 Impostor, *n.* མགོ་བསྐོར་མཁན;

215 Imposture, *n.* མགོ་བསྐོར; གཡོ; སླུ་བྲིད;

216 Impotence, *n.* ནུས་པ་ཉིས་པ; སྟོབས་ཤོར; ལུས་སྟོབས་ཉིས་པ་ཉིད;

217 Impotent, *a.* སྟོབས་མེད; ལུས་སྟོབས་ཉི་བོ;

218 Impotently, *ad.* སྟོབས་མེད་བཞིན་དུ;

219 Impound, *v.t.* བཙོན་དུ་བཅུག་པ; བཙོན་དུ་བཟུང་བ;

220 Impoverish, *v.t.* དབུལ་པོར་གཏང་བ;

221 Impoverishment, *n.* དབུལ་པོར་གཏང་བ་ཉིད;

222 Impracticability, *n.* ལག་ལེན་བྱེད་མི་བདེ་བ་ཉིད;

223 Impracticable, *a.* ལག་ལེན་བྱེད་མི་བདེ་བ;

224 Imprecate, *v.t.* དམོད་བོར་བ; /

225 Imprecation, *n.* དམོད་མོ; དམོད; མཐུ; ཟེར;

226 Impregnability, *n.* སྲུང་མི་བརྟེན་པ;

227 Impregnable, *a.* གླགས་འཚལ་དུ་མེད་པ; བཅོམ་མི་ཐུབ་པ;

228 Impregnate, *v.t.* སྦྲུམ་བཅའ་བ; སྦྲུ་བཀལ་བ;

229 Impregnate, *a.* སྦྲུམ་མ; སྦྲུ་མ;

230 Impregnation, *n.* སྦྲུ; སྦྲུམ;

231 Impress, *v.t.* གཅར་པ; པར་རིར་བཀོད་པ; ཁོང་དུ་ཆུད་པ;

232 Impressible, *a.* བློ་ལ་པར་ཐེབ་པོ; བློ་བཀོལ་བདེ;

233 Impression, *n.* རི་མོ; པར་རིས; བློ་ལ་གཅར;

234 Impressive, *a.* གཅར་པོ; རི་མོ་བློ་ལ་དོད་པོ;

235 Impressment, *n.* གྲུ་གཟིང་གི་ལས་སུ་མི་བཟུང་བ་ཉིད; ཞུ་ལག་འདུར་
གྲུག་དུ་བཟུང་བ;

236 Imprint, *n.* པར; རི་མོ;

237 Imprison, *v.t.* བཙོན་དུ་བཙུག་པ;

238 Imprisonment, *a.* བཙོན་བཟུང;

239 Improbability, *n.* ཡོད་ལྡོག་ཁ་པོ་མིན་པ་ཉིད; མི་སྲིད་པ;

240 Improbable, *a.* དཔེ་མི་སྲིད་པ; ཡོང་མི་སྲིད; (ཡོད་ལྡོག་མ་ཁ; Colql.)

241 Improbably, *ad.* ཡོང་མི་སྲིད་བཞིན་དུ;

242 Impromptu, *ad.* and *a.* (ངག་ནས་) ཡིཾ་སང་འདོན་ཚིག;

243 Improper, *a.* མི་རིན; མི་རུང་བ; མི་འོས; མི་སྤྲི; མི་འགྲིག་པ;

244 Improperly *ad.* འོས་མིན་དུ; སྐྲ་ཆར་མིན་དུ;

245 Impropriety, *n.* སྐྲ་ཆར་མིན; སྤྲི་མིན;

246 Improve, *v.t.* ལེགས་བཅོས་བྱས་པ; བཟང་བཅོས་རྒྱབ་པ;

247 Improvement, *n.* ལེགས་བཅོས;

248 Improvidence, *n.* ཉར་ཚགས་མེད་པ་ཉིད; སྔོག་ཆ་མེད་པ; ཕྱིས་ཀྱི་ཆེད་དུ་ཉར་ཚགས་མེད་པ; (Sik. འཁོར་འདས་མེད་པའི་རྒྱུ་ག་ཤིས);

249 Improvident, *a.* དུས་ཕྱིས་ཀྱི་རྒྱུགས་ཚགས་མེད་པ;

250 Improvise, *v.t* སྔོན་ནས་འགྲིག་བརྩམ་མེད་པའི་ལཾ་སང་བློ་ཡིས་བརྩོམས་ནས་འདོན་པ;

251 Imprudence, *n.* ཕྱིས་ཀྱི་བསམ་མནོ་མེད་པ; མི་སྤྱུང; མི་མཁས;

252 Imprudent, *a.* མི་སྤྱུང་བ; རིག་པ་མི་བྲིམ་པ;

253 Imprudently, *ad.* རྒྱུ་ཕྱུགས་མི་མཐོང་བར; སྤྱུང་རིག་མེད་པར;

254 Impudence, *n.* ངོ་ཚ་དང་འཛེམ་བག་མེད་པ་ཉིད;

255 Impudent, *a.* ངོ་ཚ་རྒྱུ་མེད་པ; (Sik. གདོང་བཟང་དཀྲར་བཀྱལ);

256 Impudently, *ad.* ངོ་ཚ་མེད་པར;

257 Impugn, *v.t.* བརྩོད་པ; བརྩོད་གླེང་འཛུགས་པ;

258 Impulse, *n.* བློ་ངར; ཀུན་སློང;

259 Impulsive, *a.* ཀུན་སློང་གང་བྱུང་གིས་བསྐྱོད་བདེ་པོ; བློ་ངར་ཅན;

260 Impunity, *n.* ཉག་མེད་ཁྲོ་མེད;

261 Impure, *a.* མི་གཙང་བ; གཙོག་པ;

262 Impurity, *n.* མི་གཙང; གྲིབ; ཉམ་གྲིབ; བཙོག;

263 Imputable, *a.* གྲལ་དུ་ཐེ་ངར་ཁ་འདོགས་སུ་ཡོད་པ; ཁ་གཡོགས་བཏགས་བདེ་པོ, ཁ་ལོག་ཉེན་ཅན.

264 Imputation, *n.* ཁ་གཡོགས; ཁ་འདོགས་པ་ཉིད;

265 Impute, *v.t.* ཐེ་བར་ཁམ་འདོགས་པ; ཁ་འདོགས་པ;

266 In, *prep.* ནང་ལ;

267 Inability, *n.* མི་ནུས; མི་ཐུབ; མི་སྤྱོད;

268 Inaccessible, *a.* མི་ཐར; འཇོག་ནས་ཐར་ས་མེད་པ;

269 Inaccuracy, *n.* ངེས་དེག་མེད་པ་ཉིད;

270 Inaccurate, *a.* མི་ངེས; ཚད་ལྡན་མིན་པ; གཏན་དེག་མིན་པ;

271 Inaction, *n.* ལས་མེད; དལ་བ; དལ་ཁོམས; ལེ་ལོ; བྱར་མེད;

272 Inactive, *a.* ལས་ཀ་མི་བྱེད་པ; མི་ཧུར; མི་བརྩོན; ལེ་ལོ་ཅན;
(ནོབ་ནོབ; Colql.)

273 Inactivity, *n.* དལ་ལས; ཅིའང་མ་བྱས་པ་ཉིད; བྲེལ་མེད;

274 Inadequacy, *n.* འདང་མིན; ཁྱབས་མིན;

275 Inadequate, *a.* མི་འདང་པ; མི་ཁྱབས་པ;

276 Inadequately, *ad.* མི་ལངས་པ; མི་ཡོགས་པར; མ་ཁྱབས་པར;

277 Inadmissible, *a.* བྱེད་དུ་བཅུག་མི་རུང་བ; ཐང་གཏང་མི་རུང་བ;

278 Inadvertency, *n.* རིག་པ་མ་བྲིམ་པ; དྲན་པས་མ་ཟིན;

279 Inadvertently, *ad.* ཧ་བ་མི་གཏད་པ; དྲན་པ་མ་འདོན་པ;

280 Inalienable, *a.* ཕར་སྤྲོ་རུ་མེད་པ; སྤྲོ་བཤུད་བྱེད་དུ་མེད་པ;

281 Inane, *a.* སྟོང་པ; སྟོང་སྐྲམ་ཧད་པོ; (useless, མཁོ་མེད;)

282 Inanimate, *a.* སྲོག་མེད; སྲོག་དང་མི་ལྡན་པ; བེམ་པོ;

283 Inanition, *n.* འཚོ་བ་མེད་པས་ལུས་སྟོབས་ཉེས་པ་ཉིད;

284 Inanity, *n.* མཁོ་མེད་པ་ཉིད; པན་ཆ་མེད་པ་ཉིད; ནོར་མི་ཉན;

285 Inapplicability, *n.* ལས་ལ་འཇུག་ཏུ་མི་རུང་བ;

286 Inapplicable, *a.* གདགས་སུ་མི་རུང་བ; འཇུག་བདེ་མིན;

287 Inappreciable, *a.* མི་སྣང་བ; མི་མངོན་པ; མངོན་དུ་མེད་པ;

288 Inapprehensible, *a.* དོན་བཟུང་དུ་མེད་པ; དོན་མི་གོ་བ;

289 Inappropriate, *a.* མི་སྤྲོ་པ; མི་རུང་བ;

290 Inapt, *a.* མི་འགྲོན་པ; མི་ཡོང་བ; མི་མཁས་པ;

291 Inaptitude, *n.* འགྲོན་སྤྱངས་མེད་པ་ཉིད;

292 Inarticulate, *a.* ཚིག་སྒྲ་མི་དག་པ; སྒྲ་དག་པོ་མེད་པ;

293 Inasmuch, *ad.* ཇི་བཞིན; ཇི་ཙམ་ན; ཇི་ཙམ་དུ;

294 Inattention, *n.* རྣ་བ་མི་གཏད་པ; སྣང་མེད་དྲན་མེད;

295 Inattentive, *a.* རྣ་བ་མི་གཏད་ཁ་ཟུབ་སྐྱོན་དང་ལྡན་པ;

296 Inaudible, *a.* མི་གོ་བ; རྣ་བས་མི་ཟིན་པ;

297 Inaudibly, *ad.* མི་གོ་བར;

298 Inaugural, *a.* མངའ་གསོལ་གྱི; ཁྲི་འདོན་གྱི;

299 Inaugurate, *v.t.* ཁྲི་འདོན་བྱེད་པ; མངའ་གསོལ་བ;

300 Inauguration, *n.* ཁྲི་འདོན; མངའ་གསོལ;

301 Inauspicious, *a.* བརྟེན་འབྲེལ་ཉེས་པོ; བཀྲ་མི་ཤིས་པ;

302 Inauspiciously, *ad.* བཀྲ་མི་ཤིས་པར;

303 Inborn, *n.* རང་འཁྲུང; རང་སྐྱེས; རང་ཤར;

304 Inbred, *a.* རང་འབྱུང; ནང་ནས་སྐྱེས་པ; རང་ཤར;

305 Incalculable, *a.* བགྲང་དུ་མེད་པ; བགྲངས་ལས;

306 Incalculably, *ad.* གཞལ་དུ་མེད་པར; བགྲངས་ལས་སྤུ;

307 Incalescent, *a.* དྲོད་འབར་བ; དྲོད་བསྐྱེད་པ;

308 Incantation, *n.* བཟླས་པ; བཟླས་བརྗོད;

309 Incapability, *n.* འགྲོན་ཁངས་མེད་པའི་ཚུལ;

310 Incapable, *a.* མི་འགྲོན་པ; འགྲོན་སྤྱངས་མེད་པ;

311 Incapacious, *n.* སྣོད་དུ་མི་ཆུང་བ; མི་གཤོང་པ;

312 Incapacitate, *v.t.* ལས་སུ་མི་ཆུང་བར་བཅོས་བ; ནུས་པ་བཅོམ་པ;

313 Incapacity, *n.* མི་ནུས; མི་ཡོང; མི་འགྲོན; མི་ཐུབ;

314 Incarcerate, *v.t.* བཙོན་དུ་བཅུག་པ;

315 Incarceration, *n.* བཙོན་བཟུང;

316 Incarnate, *v.t.* སྐྱེ་བ་བླངས་པ;

317 Incarnation, *n.* (སྐུ་སྐྱེ; Hon.) རྣཾ་སྤྲུལ; སྐྱེ་འཕྲེང; སྐུ་ཕྲེང;

318 Incase, *v.t.* ཤུབ་དུ་བཅུག་པ;

319 Incasement, *n.* ཕྱི་ནས་འཐུམ་རྒྱབ་པ་ཉིད; ཕྱི་འཐུམ; ཤུབ་བཅས;

320 Incautious, *a.* སྤྱང་རིག་མེད་པ;

321 Incautiousness, *n.* སྤྱང་རིག་མེད་པའི་ཚུལ;

322 Incendiarism, *n.* ཁང་ཁྱིམ་ལ་མེ་རྒྱབ་པའི་ལས;

323 Incendiary, *a.* & *n.* མེ་རྒྱབ་མི;

324 Incense, *v.t.* བསང; བསུར;

325 Incentive, *a.* བསྐུལ་རྫས;

326 Inception, *n.* ནང་དུ་བཅུག་པའི་མགོ; མགོ་འཛུགས་པ་ཉིད;

327 Inceptive, *a.* མགོ་བརྩམས་པའི;

328 Incessant, *a.* ཆད་མེད;

329 Incessantly, *ad.* མི་ཆད་པར; ཆད་མེད་དུ;

330 Incest, *n.* ཕ་དང་བུ་མོ་ལྷ་བུ་ནང་འབྲེལ་གྱི་ལོག་གཡེམ;

331 Inch, *n.* སོར་ཚད; སོར་མོའི་ཚད; ཀང་ལེབ་ཀྱི་བཅུས་ཆ;

332 Incident, *n.* མགོ་འཛུགས་ཙམ་པ;

333 Incidental, *a.* དུས་སྐབས; འབྱུང་ཕྱོར; སྐབས་བྱུང;

334 Incidentally, *ad.* འབྱུང་ཉེན་གྱི; བདེན་ནས་འབྱུང་བའི;

335 Incipient, *a.* མགོ་བརྩམ་ཙམ; མགོ; ཐོག་མ;

336 Incision, *n.* ཧྲར་གྲིས་གཅད་པ; གྲིས་གཅད་སྟངས; ཧྲར་གྲུས;

337 Incite, *v.t.* བསྐུལ་བ; ལས་སུ་སློང་བ; ཕྱུང་ཕྱི་བསླང་བ;

338 Incitement, *n.* སྐུལ; ཕུང་སྲི;

339 Incivility, *n.* གྲོང་ཚུལ;

340 Inclemency, *n.* གྲང་ངར་ཆེ་ལྷུར; ཚུབ་ལྷུར;

341 Inclement, *n.* ཚུབ་ངར་ཅན; གྲང་ངད་ཆེནོ;

342 Inclinable *n.* སྒྱོག་ཏུ་ཡོད་པ; བཀུག་ཏུ་ཡོད་པ;

343 Inclination, *n.* གཟུང་བ; བབ་ཆར; ཁྱོག; གུག; གྱི་གུ;

344 Incline, *v.i.* འགུག་པ; འཁྱོག་པ; *n.* ཁུག; གུག;

345 Inclined, *a.* འབྲེད་ལ་འཁྱོག་ནས་ཡོད་པ; སེར་ཁར་བབ་པ;

346 Inclose, *v.t.* ནང་དུ་བསྐུམ་པ;

347 Inclosure, *n.* ནང་འདེར; ནང་དུ་ཡོད་པའི་མཚོན་པ;

348 Include, *v.t.* ནང་དུ་ཐེབས་པ; ནང་དུ་འདེབས་པ; ནང་དུ་ཚུད་པ;

349 Inclusive, *a.* ནང་དུ་ཐེ་བའི;

350 Incognito, *a. ad.* ངོ་མ་བསྟོན་པ;

351 Incoherence, *n.* གཏན་ལ་ཆ་ངེས་དང་འབྲེ་བསྡུད་མེད་པའི; ཆ་ངེས་མེད་པར་ལབ་པ་ཉིད;

352 Incoherent, *a.* འབྲེ་མཐུད་མེད་པ; ཆ་ངེས་མེད་པ;

353 Incombustible, *a.* མེ་ཁ་མི་དངས་བ; མེ་ཁ་མི་ལེན་པ;

354 Income, *n.* བབ་ཡོང; ཡོང་བབ; སྙིབ;

355 Incomer, *n.* ནང་ལ་ཡོང་མཁན;

356 Incoming, *a.* ནང་ལ་ཡོང་བཞིན་པའི;

357 Incommensurate, *a.* ཆ་ཡ་མེད་པ; འདངས་མིན;

358 Incommensurately, *ad.* མི་འདངས་མི་མཉེ་པར;

359 Incommode, *v.t.* གནས་སོད་བདེར་མ་བཅུག་པ;

360 Incommodious, *a.* གནས་སོད་བདེ་མིན;

361 Incommunicable, *a.* གཞན་ལ་སྤྲེལ་དུ་མེད་པ;

362 Incommutable, *a.* བརྗེ་བསྒོར་བྱེད་དུ་མེད་པ;

363 Incomparable, *a.* མགྲན་ཟླ་བྲལ་བ; ཟླ་མེད; མགྲན་བྲལ;

364 Incompatibility, *n.* མི་མཐུན་པ་ཉིད; མི་མཚུངས་པ་ཉིད;

365 Incompatible, *a.* མི་མཚུངས་པ; མཚུངས་མིན;

366 Incompetence, *n.* འབྱོན་སྤྱང་མེད་པ་ཉིད;

367 Incompetent, *a.* མི་འབྱོན་པ; མི་འཕེར་བ;

368 Incomplete, *a.* མ་འཚང་བ;

369 Incompliance, *n.* མི་གནང་བ; མི་བྱིན་པ་ཉིད; མི་བྱེད་པ་ཉིད;

370 Incomprehensible, *a.* དོན་མི་གོ་བ་ཉིད;

371 Incomprehensibility, *n.* དོན་རྟོགས་དཀའ་བ;

372 Incompressible, *a.* བཙུར་སྐྱེ་མི་འཚུར་བ;

373 Incomputable, *a.* བགྲངས་ཡས; གྲངས་མི་ཚོད་པ;

374 Inconceivable, *a.* བློས་མི་ཁྱུད་པ;

375 Inconceivably, *ad.* བློས་མི་ཁྱུད་བཞིན་དུ;

376 Inconclusive, *a.* མཐར་མ་འཁྱོལ་བ; ཐག་མ་ཆོད་པ;

377 Inconclusively, *ad.* ཐག་མ་ཆོད་པར;

378 Incongruent, *a.* མི་འགྲིག་པ; འགྲིག་མིན;

379 Incongruity, *n.* མཐུན་པ་དང་འགྲིག་པ་མེད་ལུགས;

380 Incongruous, *n.* ཡ་མ་ཟུང;

381 Inconsequent. རྒྱུ་དང་རྐྱེན་མི་འགྲིག་པའི;

382 Inconsiderable, *a.* གནད་གག་མེད་པའི; སྣང་མི་ཆེ་བ; རྩིས་ཆེན་པོ་མིན་པའི;

383 Inconsiderate, *a.* གཟུ་ལུམ་ཅན; བློ་གྲོས་མེད; བློ་མེད; བསམ་མནོ་གཏང་རྒྱུ་མེད་པ;

384 Inconsiderateness, *n* — གཟུ་ལུམ; བསམ་མནོ་མེད་པའི་རང་བཞིན;

385 Inconsistence, *n*: — ཚུལ་དང་མཐུན་མིན;

386 Inconsistent, *a*. — ཡ་མ་ཟུང; ཆ་ལུར་མི་མཐུན་པ; ཚུལ་ལྡན་མིན;

387 Inconsistently, *ad*. — ཡ་མ་ཟུང་དུ;

388 Inconsolable, *a*. — བློ་སྐྱིག་སང་དུ་མེད་པ; སྨྱུ་ངན་མི་སང་པ; སང་མེད་ཀྱི་སྨྱུ་ངན;

389 Inconstancy, *n*. — བློ་བརྟན་མིན;

390 Inconstant, *a*. — བློ་མི་བརྟན་པ;

391 Incontestable, *a*. — བརྗོད་མེད;

392 Incontinence, *n*. — བློ་ཉོར་མོངས; ཉོན་མོངས་སྤྱོད་ཞེན;

393 Incontinent, *a*. — བློ་འཆར་ཞེན་གྱིས་སློག་པ; སྤྱོད་ལྡན;

394 Incontinently, *ad*. — ཆར་ཞེན་དང་བཅས;

395 Incontrovertible, *a*. — བརྗོད་པས་མི་བཟློག་པ;

396 Inconvenience, *n*. — སྟབས་མི་བདེ་བ་ཉིད; བདེ་མིན;

397 Inconvenient, *a*. — ལྟབས་བདེ་མིན;

398 Incorporate, *v.t*. — ཁོངས་སུ་ཚུད་པ; ཁོངས་གཏོང;

399 Incorporation, *n*. — ཁོངས་ཚུད; བསྡུས་པ; ཁོངས་བསྡུད;

400 Incorporeal, *a*. — ལུས་མེད;

401 Incorrect, *a*. — མ་དག་པ;

402 Incorrigible, *n*. — བཅོས་ཁ་རྒྱབ་དུ་མེད་པ;

403 Incorrupt, *a*. — ངན་སློད་མི་ཞུར་པ;

404 Incorruptible, *a*. — བརྟན་པས་བསླུ་མི་ནུས་པ; དྲང་པོ;

405 Incorruption, *n*. — གཙང་སྦྲ་དག་པོ; སྤྲུས་དག་པོ;

406 Incorruptness, *n*. — སྤྲུས་དག་པ་ཉིད; ངན་མ་ཞུར་པ་ཉིད;

407 Increase, *v.i.* ཡར་འཕེལ་བ ;

408 Incredibility, *n.* ཡིད་མི་ཆེས་པའི་རང་བཞིན ;

409 Incredible, *a.* ཡིད་མི་ཆེས་པའི ; མི་སྲིད་པ ;

410 Incredulity, *n.* བདེན་པར་མི་འཆའ་བའི་ཚུལ ;

411 Incredulous, *a.* བདེན་པ་འཆའ་བར་མི་འོས་པ ;

412 Increment, *n.* ཡར་འཕར ;

413 Incriminate, *v.t.* ཉེས་བྱས་ཀྱི་ཁ་གཡོཊ་དཀྲི་བ ;

414 Incrust, *v.t.* ཁོག་མར་ཆཊ་པ ; (སེ་གོག་ཆཊ་པ ; Sik.)

415 Incrustation, *n.* སེར་ཁོག ; ཁོག་མ་ཆཊ་ནས་ཡོད་པ ;

416 Incubate, *v.i.* སྒོ་ངའི་ཕྲག་བསྒོས་ནས་སྨིན་པར་བྱས་པ ;

417 Incubation, *n.* སྒོ་ང་སྨིན་བྱེད་ཀྱི་ལས་དེ་ཉིད ;

418 Inculcate, *v.t.* གདམས་པ ; བསླབས་པ ;

419 Inculcation, *n.* ཡང་ནས་ཡང་དུ་འཆད་དེ་བསླབ་པ ;

420 Inculpable, *a.* ཉེས་པས་མི་གོས་པ ;

421 Incumbency, *n.* གོ་ས་འཛིན་པ་ཉིད ;

422 Incumbent, *a.* གོ་གནས་བཟུང་མི ; གོ་ས་འཛིན་མི ;

423 Incur, *v.i.* ཟག་པ ; འཁྲི་བ ;

424 Incurable, *a.* མི་བསོས་པ ; ཕན་བསོས་མེད་པ ;

425 Incurably, *ad.* མི་བསོས་པར ;

426 Incursion, *n.* གོང་མཚོན ; དགྲའི་ཡུལ་དུ་དམག་འདྲེན ;

427 Indebted, *a.* བུན་ཐོག་པ ; བུན་ཟུག་པ ;

428 Indebtedness, *n.* བུན་ཟུག་པའི་རང་བཞིན ;

429 Indecency, *n.* བག་མེད་པའི་རང་བཞིན ;

430 Indecent, *a.* མི་སྲུམ་པ ; མ་རབ་ཀྱི་སྤྱོད་ལོ་ལྟུའི ;

431 **Indecently,** *ad.* འོས་མིན་དུ;

432 **Indecision,** *n.* བློ་ཐག་མ་ཆོད་པའི་ཚུལ;

433 **Indecisive.** ཐག་མ་ཆོད་པའི;

434 **Indeclinable,** *a.* སྒྲ་དོན་འགྱུར་རུང་ཚིག་གི་བཟོ་མི་འགྱུར་བ་གང;

435 **Indecorous,** *a.* སྒྲིག་ལོ་དང་མ་མཐུན་པའི;

436 **Indecorum,** *n.* སྒྲིས་ལོ་མཐུན་མིན;

437 **Indeed,** *ad.* ངེས་པར; གདར་གདན་རང;

438 **Indefatigable,** *a.* ངལ་རྒྱུ་མེད་པ;

439 **Indefatigably,** *ad.* ངལ་དུབ་མེད་པར;

440 **Indefeasible,** *a.* བཅོམ་དུ་མེད་པ;

441 **Indefectible,** *a.* སྐྱོན་བདར་སུ་མེད་པ;

442 **Indefensible,** *a.* བསྲུང་དུ་མི་ནུས་པ; སྐྱོབས་མི་ནུས་པ;

443 **Indefinable,** *a.* མཐའ་མཆོན་དུ་མེད་པ; བརྗོད་དུ་མེད་པ;

444 **Indefinite,** *a.* མ་ངེས་པའི; མཐའ་མ་ཆོད་པ;

445 **Indefinitely,** *ad.* མ་ངེས་པར; ངེས་མེད་དུ;

446 **Indeliberate,** *a.* བསྲུང་སྐྱོབས་མི་ཐུབ་པ;

447 **Indelible,** *a.* སྲུབ་པས་མི་ཟུབ་པ;

448 **Indelicate,** *a.* སྣན་ཆ་མེད་པར; འཛམ་མཉན་མེད་པའི;
{སྐྱུ་ཀྲག་གི; Sik.}

449 **Indelicately,** *ad.* བག་ཡོད་དང་མི་ལྡན་པར;

450 **Indemnification,** *n.* གྱུས་འཐུད;

451 **Indemnify,** *n.* གྱུས་མཐུད་སྒྲུབ་པ;

452 **Indemnity,** *n.* གྱུས་སྒྲུབ; གྱུས་མཐུད;

453 **Indent,** *v.t.* མངའ་པ;

454 Indenture, *n.* ཐ་གན་རྒྱ; ཐ་ཡིག;

455 Independence, *n.* རང་དབང་རང་ཚོད; རང་དབང;

456 Independent, *a.* རང་དབང་ཅན;

457 Independently, *ad.* སུ་ལའང་བརྟེན་མི་དགོས་པར;

458 Indescribable, *a.* བཤད་དུ་མི་ནུས་པ;

459 Indestructible, *a.* འཇིག་མེད; གཞོམ་གཞིག་མེད་པ;

460 Indeterminable, *a.* ངེས་པར་ཚ་དཔག་མི་ནུས་པ;

461 Indeterminate, *a.* ངེས་པར་ཚ་དཔག་མི་ནུས་པ;

462 Indetermination, *n.* ངེས་པར་ཚ་དཔག་མི་ནུས་པ་ཉིད;

463 Index, *n.* དཀར་ཆབ;

464 India, *n.* རྒྱ་གར; ཧིན་དུ་སྟན;

465 Indian, *n.* རྒྱ་གར་པ;

466 Indicate, *n.* བསྟོན་པ; མཚོན་པ; བརྡ་ཡིས་བསྟན་པ;

467 Indication, *v.t.* བསྟོན་ཚུལ; བརྡའ་མཚོན; མཚོན་བྱེད;

468 Indicative, *a.* མཚོན་བྱེད; བསྟོན་པར་བྱེད་པའི;

469 Indict, *v.t.* ཉེས་པ་བརྗོད་པ; འཛོམ་གྲོག་ཏུ་ཉེས་པ་བརྗོད་པ;

470 Indictment, *a. n.* ཉེས་བརྗོད;

471 Indifference, *n.* ཆར་སྣང་གི་བློ་དང་བྲལ་བ; བཏང་སྙོམས;

472 Indifferent, *a.* བཏང་སྙོམས་ཀྱི་བློ་དང་ལྡན་པ; སྣང་མེད;

473 Indifferently, *ad.* དགའ་སྡུག་བྲལ་བའི་བཏང་སྙོམས་དང་བཅས;

474 Indigence, *n.* དབུལ་ཕོངས;

475 Indigenous, *a.* ཡུལ་དེ་རང་དུ་སྐྱེ་བའི;

476 Indignant, *a.* དགོང་པ་འཚོམ་ནས་ཡོད་པ; ཁྲོས་པ;

477 Indignantly, *ad.* ཁྲོས་པའི་ཚུལ་གྱིས;

478 Indignation, *n.* ཀོ་ལོང་; འཁང་འཁོན; སེམས་ཁོན;

479 Indignity, *n.* སེམས་ཕོག; བློ་ཕོག; འཁོན;

480 Indigo, *n.* རམ; ཚོས་སྔོན་པོ;

481 Indirect, *a.* དྲང་པོར་མ་ཡིན་པའི; ཐེར་ཟུག་ཏུ་མ་ཡིན་པ;

482 Indirectly, *ad.* ཐེར་ཟུག་ཏུ་མ་ཡིན་པར;

483 Indiscretion, *n.* བློ་བག་མེད་ཀྱི་སྤྱོད་པ; མི་རིགས་པའི་སྤྱོད་པ;

484 Indiscriminate, *a.* དབྱེ་བ་མེད་པར; གང་བྱུང་བྱུང;

485 Indiscriminately, *ad.* གང་བྱུང་མ་བྱུང་དུ; གང་བྱུང;

486 Indispensable, *a.* མེད་ཐབས་མེད; མེད་ཀ་དག;

487 Indispensably, *ad.* མེད་ཐབས་མེད་དུ;

488 Indispose, *v.t.* བྱ་སྙིང་མི་འདོད་པ; བྱེད་བདེ་མེད་པ; མི་བདེ་བ;

489 Indisposition, *n.* མི་བདེ་བ; ཁམས་ཉོག་ཚུལ;

490 Indisputable, *a.* ངེས་གཏན་ཁེལ; གཏན་གཏན; བརྩོད་མེད;

491 Indisputably, *ad.* ངེས་པར; ངེས་གཏན་ཁེལ་དུ;

492 Indissoluble, *a.* མདུད་པ་བཀྲོལ་དུ་མེད་པ;

493 Indissolubly, *ad.* མདུད་པ་དམ་པོར; དཀྲོལ་དུ་མེད་པར;

494 Indistinct, *n.* མི་གསལ་བ;

495 Indistinctly, *ad.* མི་གསལ་བར;

496 Indistinctness, *n.* མི་གསལ་བའི་རང་བཞིན;

497 Indistinguishable, *a.* ངོས་མི་འཕྲོད་པ;

498 Indite, *v.t.* བྲི་བ; ཟིན་བྲིས་སུ་བཀོད་པ;

499 Inditement, *n.* བརྩོམ་པ;

500 Individual, *a.* སོ་སོ་སྐྱེ་བོ; སོ་སོ་ཐད་ཐད; རང་རང་སོ;

501 Individuality, *a.* སོ་སོར་འགྱུར་པའི་ཆོས་ཉིད;

502 Individualize, *v.t.* བྱེ་བྲག་སོ་སོ་འི་རིས་ཕྱེབ་པ;

503 Individually, *ad.* སོ་སོར; རང་རང་སོ་སོ་བྱེད་དེ;

504 Indivisible, *n.* བགོ་བཤའ་བྱེད་དུ་མེད་པ; དབྱེར་མེད;

505 Indivisibly, *n.* དབྱེར་མེད་པར; བགོ་བཤའ་མེད་པར;

506 Indocile, *a.* རྒྱུད་མ་དུལ་བ; གྱོང་པོ; ཅ་གྱོང་པོ;

507 Indocility, *n.* ཅ་གྱོང་ཚུལ;

508 Indoctrinate, *v.t.* ཆོས་ཀྱི་གྲུབ་མཐར་བསླབ་པ;

509 Indoctrination, *n.* གྲུབ་མཐ་གང་རེའ་སྲུ་བཙུག་པ་ཉིད;

510 Indolence, *n.* ལས་ལ་མི་དགའ་བའི་རང་བཞིན; ཅི་མ་ནུས;
སྒྲིད་ཉམས; གྲུང་ཤུགས་མེད་པ;

511 Indolent, *n.* ཅི་མ་ནུས; མི་གྲུང་བ;

512 Indomitable, *a.* བདུལ་བས་མི་ཐུལ་བ;

513 Indorse, *v.t.* འགོ་མཆེན་བཀོད་པ;

514 Indorsee, *n.* གང་གི་ཆེད་དུ་འགོ་མཆན་བཀོད་པ;

515 Indorsement, *n.* འགོ་མཆེན; ཡིག་འི་རྒྱབ་ནོན་ནས་ཡང་ན་འགོ་མཆེན;

516 Indraught, *n.* ནང་དུ་དྲུབ་པ; རླུང་ནང་དུ་འདྲེན་པ;

517 Indubitable, *a.* གོར་མ་ཆག་པ; གདོན་མི་ཟ་བ;

518 Induce, *v.t.* བསྐུལ་མ་ཞུ་བ; ནན་གྱིས་བསྐུལ་བ; སྐུལ་བ;

519 Inducible, *a.* བསྐུལ་དུ་ཡོད་པ;

520 Inducement, *n.* བརྟན་པ; ཀུན་སློང; སྨྱུ་རྗེ; མདོ་ཁ;

521 Induct, *v.t.* བཙིས་སྐྲོད་གཏད་པ; བཙིས་གཏོད་པ;

522 Inductive, *a.* (of science) དངོས་སྤྱི་ཚད་མ་གཞིར་བཞག་གི་རིག་
གནས;

523 Indulge, *v.t.* གཅེས་ལང་གཏང་བ; ལང་ཤོར་གཏང་བ;

524 Indulgence, *n.* གཅེས་ལང; ལང་ཤོར;

525 Indulgent, *a.* གཅེས་ལང་གཏང་མཁན;

526 Indurate, *v.i.* སྙིང་མཁྲེགས་སུ་གཏང་བ; དྲགས་པོར་འགྱུར་བ;

527 Induration, *n.* ཁེངས་དྲགས་སུ་འགྱུར་བ་ཉིད;

528 Industrial *a.* འབད་བརྩོན་གྱི;

529 Industrious, *a.* གྲུང་པོ; བརྩོན་པ་ཅན; འབད་པ་ཅན;

530 Industry, *n.* གྲུང་ཤུགས; འབད་རྩོལ; བརྩོན་འགྲུས;

531 Indwelling, *a.* ནང་དུ་བསྡོད་མི; ནང་གནས་ཀྱི;

532 Inebriate, *v.t.* ར་བཟི་དུ་བཙུག་པ; ར་བཟི་བཟོས་པ;

533 Inebriety, *n.* ར་བཟི་སྐྱོང་གོང;

534 Ineffable, *a.* བརྗོད་དུ་མེད་པ; {དགའ་བདེ་བརྗོད་དུ་མེད་པ་ལྟུའོ;}

535 Ineffaceable, *a.* སྲུབ་པས་ཟུབ་རྒྱུ་མེད་པ;

536 Ineffective, *a.* དོན་མེད; ཕན་པ་མེད་པ;

537 Ineffectual, *a.* འབྲས་བུ་མེད་པ; མདོ་ཁ་མེད; མདོ་མེད;

538 Ineffectually, *ad.* དོན་མེད་དུ;

539 Inefficacious, *n.* མི་ཕན་པ; ཕན་ཆ་མེད་པ;

540 Inefficacy, *n.* མི་ཕན་པའི་རང་བཞིན;

541 Inefficiency, *n.* ཅིའང་མི་ལྕོགས་པའི་རང་བཞིན;

542 Inefficient, *a.* མི་ལྕོགས་པ; མི་འབྱོན་པ; མི་ནུས་པ;

543 Inelegant, *a.* མི་མཛེས་པ; ཡོད་ཁར་མི་འོང་བ;

544 Ineligible, *a.* མི་འོས་པ; མི་སྐྱམ་པ;

545 Inept, *a.* འབྱོན་སྟངས་མེད་པ; མི་འབྱོན་པ;

546 Inequality, *n.* མི་མཉམ་པའི་རང་བཞིན;

547 Inequitable, *a*. མི་དྲང་བ; རྩ་བ་ནས་འདོན་མི་ཐུབ་པ;

548 Inert, *a*. ཞེམ་པོ་ལྷུར་འགྱུལ་སྐྱོད་མེད་པ;

549 Inertia, *n*. ཞེམ་གཟུགས་ཀྱི་རང་བཞིན་ཙམ་མེར་བཞག་ཚོ་འགྱུལ་སྐྱོད་མེད་པ་དང་སྐྱོད་ཆེ་སྐྱོད་ཆ་མེད་པ;

550 Inertly, *ad*. ཞེམ་པོ་ལྷུར་ལྷི་ཁྱིལ་ལེ;

551 Inertness, *n*. ཞེམ་པོ་ལྷུར་ལྷི་བ་ཉིད;

552 Inestimable. རིན་འཐང་གཞལ་མེད;

553 Inestimably, *ad*. རིན་ཐང་གཞལ་མེད་དུ;

554 Inevitable, *a*. གདོན་མི་ཟ་བ; ཡོང་གཏན་འཁེལ;

555 Inevitably, *ad*. གདོན་མི་ཟ་བར;

556 Inexact, *a*. ཁྲིག་ཁྲིག་མེད་པ; ངེས་ཏིག་མེད་པ;

557 Inexactness, *n*. ངེས་ཏིག་མེད་པ་ཉིད;

558 Inexcusable, *a*. དགོང་ཡང་གཏང་མི་རུང་བ;

559 Inexhaustible, *a*. ཟད་རྒྱུ་མེད་པ; ཛོད་རྒྱུ་མེད་པ; མ་ངལ་བ; ཐང་མ་ཆད་པ; འཟད་མེད; འཛད་མེད;

560 Inexhaustibleness, *n* འཛད་རྒྱུ་མེད་པའི་རང་བཞིན;

561 Inexorable, *a*. གསོལ་བ་མི་ཐེབས་པའི; བློ་ལྡོག་མེད;

562 Inexpedience, *n*. ཕྲེད་མི་བདེ་བ་ཉིད;

563 Inexpedient, *a*. ཕྱེད་བདེ་མིན་པ;

564 Inexpensive, *a*. ཟས་འགྲོ་ཆུང་བ; གཏོང་སྒོ་ཆུང་བ;

565 Inexperience, *n*. གོམས་འགྲིས་མེད་པ;

566 Inexperienced, *a*. མ་གོམས་པ;

567 Inexpert, *a*. མ་མཁས་པ;

568 **Inexpiable,** *a.* འདག་ཀྲུ་མེད་པ; བཤགས་པས་མི་དག་པ;

569 **Inexplicable,** *a.* ཧ་གོ་མི་ཐུབ་པ; ཧ་མི་གོ་བ;

570 **Inexplicit,** *a.* ཁ་མི་གསལ་བ; ཁ་གསལ་གོ་བདེ་མིན་པ;

571 **Inexpressible,** *a.* བརྗོད་དུ་མེད་པ; བཤད་མི་ཐུབ་པ;

572 **Inexpressibly,** *ad.* ཚིག་གིས་མཚོན་དུ་མི་ནུས་པར;

573 **Inexpressive,** *a.* མི་གསལ་ནི་རྟོད་པ;

574 **Inextinguishable,** *a.* མེ་སིམ་མི་ཐུབ་པ; མེ་བསད་མི་ཐུབ་པ;

575 **Inextricable,** *a.* འཁྲིཊ་ལས་མི་གྲོལ་བ; སྒྲོལ་མ་ནུས་པ;

576 **Infallibility,** *n.* མི་འཁྲུལ་བ་ཉིད; ནྣོས་འཁིལ;

577 **Infallible,** *a.* སྐྱོན་མེད; ཁྲུལ་མེད; ནོར་ཁྲུལ་མེད་པ;

578 **Infallibly,** *ad.* ནོར་ཁྲུལ་མེད་པར; ཧེན་པོར;

579 **Infamous,** *a.* གྲཊ་པ་ཉམས་པའི; འཕྱར་སྒོ་ཅན;

580 **Infamy,** *n.* མི་ཁ; འཕྱར་ཁ;

581 **Infancy,** *n.* ཕྲུ་གུའི་དུས;

582 **Infant,** *n.* ཕྲུ་གུ་ཆུང;

583 **Infanticide,** *a.* ཕྲུ་གུ་ཆུང་གསད་པའི་ནག;

584 **Infantine,** *a.* ཕྲུ་གུ་ཆུང་ངུའི;

585 **Infantry,** *n.* རྐང་དམག;

586 **Infatuate,** *v.t.* ཡིད་སྨྱོས་སུ་བཅུག་པ; སྨྱོས་པ;

587 **Infatuation,** *n.* ཡིད་སྨྱོས;

588 **Infect,** *v.t.* ཕད་སོཊ་འགོ་བ; ནད་འགོར་བཅུག་པ;

589 **Infected,** *a.* ནད་འགོས་ཚར་བ;

590 **Infection,** *n.* འགོ་ནད;

591 **Infectious,** *a.* འགོ་བར་བྱེད་པའི; གོས་རྒྱུའི;

592 Infecundity, *n.* འབྲས་བུ་མི་སྨིན་པའི་ཆོས་ཉིད;

593 Infelicitous, *a.* མི་མཐུན་པའི; མི་མཚུངས་པའི; མི་བདེ་བའི;

594 Infelicity, *n.* ཉམས་མི་དགའ་བའི་ཚུལ; མི་མཐུན;

595 Infer, *v.t.* བློ་ཡིས་རྗེས་སུ་དཔག་པ; རྗེསུ་དཔག་པ;

596 Inferable, *a.* རྗེས་དཔག་ཏུ་ཡོད་པ;

597 Inference, *n.* རྗེས་དཔག;

598 Inferior, *a.* དམའ་བ; དམན་པ; འོག་མ; ཞན་པ;

599 Inferiority, *a.* དམའ་ལུགས; ཞན་ལུགས;

600 Infernal, *n.* ངན་སོང་གི; དམྱལ་བའི;

601 Infertile, *a.* ལོ་ཏོག་མི་འབྱུང་བ;

602 Infest, *v.t.* གནོད་ཅིང་འཚེ་བ;

603 Infidel, *a.* མུ་སྟེགས་པ; ལྟ་ལོག་ཅན; དད་ལོག་ཅན; དམ་ཉམས;

604 Infidelity, *n.* དཾ་ཚིག་འཆལ་བའི་ལས;

605 Infinite, *a.* མཐའ་ཡས; མཐའ་མེད་པ; དཔག་མེད;

606 Infinitely, *ad.* དཔག་ཏུ་མེད་པར;

607 Infinitive, *a.* མ་ངེས་པའི;

608 Infinitude, *n.* མཐའ་ཡས་མུ་མེད;

609 Infinity,, *n.* མཐའ་ཡས; མུ་མེད;

610 Infirm, *a.* མི་ཧྲེན་པ; ནད་པ; རྒུད་པོ;

611 Infirmary, *n.* སྨན་ཁང; ནད་པ་བསོ་ས;

612 Infirmity, *n.* ནད; སྟོབས་ཞོར; ཉམ་གྱུད;

613 Infix, *v.t.* ནང་ལ་འཛུག་པ; ནང་དུ་བཙུག་པ;

614 Inflame, *v.t.* མེ་སྦར་བ;

615 Inflammability, *n.* མེ་ཁ་དངས་བའི་ཚུལ;

616 **Inflammation**, *n.* རྡོད་འངར; ཚད་འབར; མེ་ཁ་དྲང་ལྷུགས;

617 **Inflammatory**, *a.* མེ་སྦྲར་བའི; འབར་བར་བྱེད་པའི་སྒྲི; ཤུང་གི;

618 **Inflate**, *v.t.* རླུང་བརྒྱང་བ;

619 **Inflation**, *n.* རླུང་བརྒྱངས;

620 **Inflect**, *n.* བཀུག་པ;

621 **Inflection**, *n.* སྒུག; སྐན་བཀུག;

622 **Inflexibility**, *n.* གྱོང་པོའི་རང་བཞིན; གྱོང་ལྷུར;

623 **Inflexible**, *a.* མཉན་པོ་མནན་པ; གྱོང་པོ;

624 **Inflict**, *v.t.* ཚར་གཅད་པ; མནར་གཅོད་གཏང་བ; མནར་བ;

625 **Infliction**, *a.* ཚར་གཅོད; མནར་གཅོད;

626 **Influence**, *n.* ངོ; དྲག་ཤུལ; ཁ་དྲག;

627 **Influential**, *a.* ངོ་ཅན; དྲག་ཤུལ་ཅན; ཁ་དྲག་པོ;

628 **Influenza**, *n.* ཚ་བ་མགོ་ཡོར; ཚ་རིམས;

629 **Influx**, *n.* མང་དུ་ལྷུད་པ་ཉིད; ཚང་ཁ;

630 **Infold**, *v.t.* ནང་དུ་བསྡུད་པ;

631 **Inform**, *v.i.* སྐན་ཞུ་འབུལ་བ;

632 **Informal**, *a.* ནང་ལྷུར; འགྲོ་ལྷུར་དང་མི་ལྡན་པ;

633 **Informality**, *n.* སྒྲིས་ལམ་འགྲོ་ལྷུར་ལྟར་མིན་པ་ཉིད;

634 **Informally**, *ad.* ནང་སྟབས་སུ; (ནང་ལྷུགས་སུ Colql.)

635 **Informant**, *n.* བྱ་བཀྲལ་མཁན; བྱ་ར་གཏང་མཁན;

636 **Information**, *n.* བྱ; ཡོ་གྲུས; (Hon. སྐན་ཞུ;)

637 **Informer**, *n.* སྒྲོན་ར་ཤོད་མཁན; ཉེས་བྱས་ཀྱི་སྐད་ཆ་བཤད་མཁན;

638 **Infraction**, *n.* རྡལ; འགལ; ཁྲི་རྡས;

639 **Infrangible**, *a.* ཉེས་འགལ་གཏང་མི་ཐུབ་པ;

640 Infrequence, *n.* རྒྱུན་དུ་མི་འབྱུང་བ་ཉིད;

641 Infrequent, *a.* རྒྱུན་དུ་མེད་པའི;

642 Infringe, *v.t.* ཁྲིམས་ལུགས་རྒལ་བ;

643 Infringement, *n.* ཁྲིམས་རྒལ;

644 Infuriate, *v.t.* ཁྲོས་པ; ཁྲོ་བོ; ཚིག་པ་ཟོས་པ;

645 Infuse, *v.t.* ནང་དུ་འཛུག་པ; རྒྱུད་བསྐུལ་ཞུས་པ; བཅུད་འདོན་པ;

646 Infusible, *a.* བཞུ་རུ་མི་ཐུབ་པ; བཞུ་མི་ནུས་པ;

647 Infusion, *n.* ཐང་སྨན; ཆུ་གློད་ནས་ཐུང་ངམ་བཅུད་འདོན་པ་གང;

648 Ingathering, *n.* ལོ་ཏོག་བསྡུ་བ; ནང་འཚང་ནང་དུ་བསྡུ་བ; འདུས་ཚོགས;

649 Ingenious, *a.* དམིགས་ཅན; ཐབས་སྦྱོར་མཁས;

650 Ingeniously, *ad.* དམིགས་པ་ཆེནོ་བྱེད་དེ;

651 Ingenuity, *n.* ཐབས་ཤེས; བློ་རིག; ཐབས་སྦྱོར;

652 Ingenuous, *a.* ཁ་ཁྲིག་མེད་པ; ཁ་ཞེ་མེད་པ; དྲང་པོ་ཟུར་ཟ་མེད་པ;
བཟང་པོ; ཡ་རབ;

653 Ingle, *n.* མེ་བདང་ས;

654 Inglorious, *a.* གྲགས་པ་ཉམས་པའི; འཕྱར་སྒོ་ཅན་གྱི;

655 Ingloriously, *ad.* མི་ཁ་འཕྱར་སྐྱེ;

656 Ingoing, *a.* ནང་དུ་ཞུགས་པའི;

657 Ingot, *a.n.* རང་བྱུང་རིན་པོ་ཆེའི་གོང་དོག; གསེར་རྩི་དངུལ་གྱི་
རྡོག་རྡོག;

658 Ingratiate, *v.t.* མགོ་འདྲེན་གཟིགས་བསྐྱངས་གནང་བ་ཞུ་འཚལ་བ;

659 Ingratitude, *n.* དྲིན་བཟོ་མེད་པ་ཉིད; དྲིན་ལོག་བཟལ;

660 Ingredient, *n.* རྫས;

661 Ingress, *n.* ནང་འཛུལ; ནང་ཞུར; ནང་དུ་འཛུལ་བའི་ཚད་དབང;

662 **Ingulf,** *v t.* ནང་དུ་བཅུག་པ; ནང་དུ་ཐིམ་པ;

663 **Inhabit,** *v.t.* སྡོད་པ; གནས་བཅའ་བ; གནས་པ;

664 **Inhabitable,** *a.* སྡོད་གནས་བཅའ་འོས;

665 **Inhabitant,** *n.* ཡུལ་བསྡོད་པ;

666 **Inhalation,** *n.* སྣ་ནས་མར་ཧུབ་རྒྱུའི་སྐབས; རླུང་ནང་དུ་ཧུབ་པ་དེ;

667 **Inhale,** *v.t.* སྣ་ནང་ཧུབ་པ;

668 **Inharmonious,** *a.* སྒྲ་མི་སྙན་པ; མི་མཐུན་པའི་སྒྲ;

669 **Inhere,** *v.i.* ནང་དུ་འབྱར་བ;

670 **Inherence,** *n.* ནང་དུ་མཆིས་པ; (དཔེར་ན་མེ་ལ་དྲོད་མཆིས་པ་ལྟུ;) རང་ཆས;

671 **Inherent,** *a.* ནང་གནས; རང་ཆས་སུ་ཡོད་པ;

672 **Inherit,** *v.t.* ཕ་གཞིས་ཐོབ་པ;

673 **Inheritance,** *n.* ཕ་གཞིས; ནོར་སྐལ; གཞིས་སྐལ;

674 **Inheritor,** *n.* ཕ་གཞིས་ཐོབ་མཁན;

675 **Inhibit,** *v.t.* མནན་པ; འགོག་པ; ནང་དུ་བསྣུན་པ; ཕྱི་འཐེན་རྒྱབ་པ;

676 **Inhospitable,** *a.* གཞན་ལ་གནས་ཚང་དང་བཟའ་བཏུང་སོགས་སྤྱིར་མི་ཡོད་པ;

677 **Inhospitableness,** *n.* མགྲོན་ལ་ངན་པའི་རང་བཞིན;

678 **Inhuman,** *n.* མིའི་སྤྱོད་པ་དང་མི་མཐུན་པ; གདུག་རྩུབ་ཅན;

679 **Inhumanity,** *n.* མིའི་སྤྱོད་པ་དང་མི་མཚུངས་པ་ཉིད; དྲག་རྩུབ་ཅན་གྱི་སྤྱོད་པ,

680 **Inhume,** *v.t.* ཁུང་དུ་སྦ་བ;

681 **Inimical,** *a.* དགྲར་འཛིན་ཅན;

682 **Inimitable,** *a.* ལས་དོད་བྱར་མི་ནུས་པ;

683 Iniquitous, *a* སྡིག་ཅན་གྱི;

684 Iniquity, *n.* སྡིག་ལྟུང; སྡིག་པ; ལྟུང་བ;

685 Initial, *a.* མིང་ཡིག; མིང་བརྡ;

686 Initiate, *v.t.* དབང་ལུང་གནང་བ;

687 Initiation, *n.* དབང་ལུང;

688 Initiatory, *a.* དབང་ལུང་སྐུལ་བའི;

689 Inject, *v.t.* ནང་དུ་ཆུ་བཙིར་རྒྱབ་ནས་བླུག་པ; འཛུག་པ;

690 Injection, *n.* ནང་ལ་སྨན་བླུག་པ; འཛུག་པ;

691 Injudicious, *a.* ཚུལ་མཐུན་མིན; མི་རན་པ;

692 Injudiciously, *ad.* ཚུལ་མཐུན་མིན་དུ;

693 Injudiciousness, *n.* ཚུལ་མཐུན་མིན་དུ;

694 Injunction, *n.* གདམས་པ;

695 Injure, *v.t.* གནོད་པ་བསྐྱལ་བ;

696 Injurious, *a.* གནོད་པ་ཅན; གནོད་སེམས་ཅན;

697 Injury, *n.* གནོད་པ;

698 Injustice, *n.* ཁྲིམས་མེད; ཁྲིམས་ཡོ;

699 Ink, *n.* སྣག་ཚ;

700 Inkling, *n.* སེང་བུ; ལོ་རྒྱུས་ཟུར་ཙམ;

701 Inland, *a.* ས་གྲོག; གླིང་ནང; ཡུལ་སྙིང;

702 Inlay, *v.t.* ཟྲ་བརྡབ་པ; ཟྲ་འདབ་པ; ཟྲ་བཀོད་པ;

703 Inlet, *n.* མཚོ་ལག;

704 Inly, *a.* ནང་མའི; སྦུག་གི; གསང་བའི;

705 Inmate, *n.* ནང་ལ་སྡོད་མཁན;

706 Inmost, *a.* ནང་གི་སྦུག་རང་གི;

707 Inn, *n.* མགྲོན་ཁང་;

708 Innate, *a.* རང་ཆས; རང་རང་སོ་སོའི་སྤྱོད་སྒྲུང་གི;

709 Innately, *ad.* རང་ཆས་སུ; ནང་དུ་མཆིས་པའི;

710 Innateness, *n.* རང་ཆས་ཉིད;

711 Innavigable, *a.* གྲུ་མི་ཐར་བའི; གྲུ་ཟིང་འགྲོ་ས་མེད་པའི;

712 Inner, *a.* ནང་མ; སྦུག;

713 Innermost, *a.* ནང་གི་ཡང་ནང་མ; སྦུག་རང་གི;

714 Inning, *n.* ལོ་རྟོག་བསྐུ་རྒྱུ;

715 Inkeeper, *n.* མགྲོན་ཁང་བདག་པོ; ཟ་ཁང་པ;

716 Innocence, *n.* (སངས་རྒྱས་དཀར་པོའི་རང་བཞིན; Sik.)

717 Innocent, *a.* སྐྱོན་གྱིས་མ་གོས་པའི;

718 Innocuous, *a.* མི་གནོད་པའི; སྐྱོན་མི་བྱེད་པའི; མི་སྐྱོན་པའི;

719 Innocuously, *ad.* མི་གནོད་པར;

720 Innovate, *v.t.* ལུགས་གསར་འཛུགས་པ; ལུགས་སྲོལ་གསར་དུ་འཛུགས་པ;

721 Innovation, *n.* ལུགས་གསར་འཛུགས; གསར་སྤྲོས;

722 Innovator, *n.* གསར་སྤྲོས་མཁན;

723 Innoxious, *a.* གནོད་འགལ་མེད་པའི;

724 Innuendo, *n.* ཚིག་སླུག; ཟུར་དཔག; ཚིག་ཟུར;

725 Innumerable, *a.* གྲངས་ཀྱིས་མི་ཚོད་པ; བགྲངས་ཡས;

726 Inobservance, *n.* ཞིབ་རྟོག་མེད་པའི་རང་བཞིན;

727 Inobservant, *a.* ཞིབ་བརྟག་མེད་པ;

728 Inoculate, *v.t.* ལུས་ལ་ནད་མི་གོས་པའི་ཆེད་དུ་སྨན་ནམ་གཉེན་པོ་འཛུགས་པ;

729 Inoculation, *n.* ནད་ཀྱི་གཉན་པོ་འཛུག་པའི་ཐབས;

730 Inoffensive, *a.* གནོད་མེད;

731 Inoffensiveness, *n.* གནོད་མེད་ཡིན་ཚུལ;

732 Inoperative, *n.* ལས་སུ་མི་རུང་བ; དོན་མི་ཆོད་པ; ཀོ་མི་ཆོད་པ;

733 Inopportune, *a.* སྐབས་མཚུངས་མིན; (Sik. ཁ་ཐུག་ངན་པ;)

734 Inordinate, *a.* ཚད་འགལ; ཚོད་མེད;

735 Inorganic, *a.* སྲོག་དུ་གྲུབ་པ་མ་ཡིན་པ; དཔེར་ན་གསེར་དངུལ་ཟང་ལྕུ;

736 Inquest, *n.* རྟག་ཞིབ; དྲི་ཞིབ;

737 Inquietude, *n.* བློ་སོད་མིན;

738 Inquire, *v.i.* དྲི་བ་བཅད་པ; དྲི་ཞིབ་དཔྱད་པ;

739 Inquirer, *n.* དྲི་བ་པོ;

740 Inquiry, *n.* འདྲི་ཚིག; འདྲི་བ; ཞིབ་རྟོག;

741 Inquisition, *n.* ཁྲིམས་གྲོག་གི་ཞིབ་དཔྱད;

742 Inquisitive, *a.* ཞིབ་དཔྱད་ཅན; དྲི་ཞིབ་ཅན; རྟོག་འདོད་ཅན;

743 Inquisitiveness, *n.* དྲི་ཞིབ་ཆེ་བའི་ཚུལ; དྲི་ཞིབ་ཆེ་ཕྱུར;

744 Inquisitor, *n.* ཞིབ་དཔྱོད་པ;

745 Inquisitorial, *a.* ཞིབ་དཔྱད་ཀྱི;

746 Inroad, *n.* ཛག་འཚོམ; ཛག; དམག་འདྲེན;

747 Insalubrious, *a.* ཁམས་འགྲོད་མེད་པའི; ཁོམས་མི་བདེ་བའི;

748 Insane, *a.* སེམས་བརྟེན་པོ་མེད་པ; སྨྱོན་པ;

749 Insanity, *ad.* སྨྱོ་འབོག;

750 Insatiable, *a.* ཚོད་མེད; འདོད་པ་ཁེངས་རྒྱུ་མེད་པ;

751 Insatiate, *a.* ཚོད་མེད;

752 Inscribe, *v.t.* རྡོ་བཀོས་རྒྱབ་པ; པར་བརྐོ་བ;

753 Inscription, *n.* རྗོ་བཀོས; བཀོས་རིས; བྱང་བུ;

754 Inscrutability, *n.* དོན་དཔྱད་དུ་མེད་པའི་རང་བཞིན;

755 Inscrutable, *a.* དོན་དཔྱད་ན་མི་ཟིན་པ;

756 Insect, *n.* འབུ; སྲོག་ཆགས་ཕྲ་མོ; ཀང་དྲུག་ལྡན་པ;

757 Insecure, *a.* བརྟེན་པོ་མེད་པ; འཚེར་ཉེན་ཅན; ཕྱོར་ཉེན་ཅན;

758 Insecurely, *ad.* ཉི་བརྟེན་པར; མི་སྐྱིང་བའི;

759 Insecurity, *n.* མི་བརྟེན; མི་སྐྱིང; འཚེར་ཉེན;

760 Insensate, *a.* བློ་རིག་མེད་པའི; རྨོངས་པའི;

761 Insensibility, *n.* ཚོར་བ་མི་ལྡན་པའི་རང་བཞིན;

762 Insensible, *a.* ཚོར་རྒྱུ་མེད་པ; ཚོར་བ་མི་ལྡན་པ;

763 Insensibly, *ad.* མ་ཚོར་བར; ཚོར་བ་དང་མི་ལྡན་པར;

764 Inseparable, *a.* འབྲལ་མི་ཡོད་པའི; འབྲལ་མེད; དབྱེར་མེད;

765 Inseparably, *ad.* འབྲལ་མི་ཡོད་པར;

766 Insert, *v.t.* ནང་དུ་བཙུག་པ; རྒྱབ་བཙུག་བྱེད་པ;

767 Insertion, *n.* རྒྱབ་བཙུག;

768 Inside, *pre. or.* ནང་ལོགས;

769 Insidious, *a.* འཚེ་བའི; གླགས་འཚོལ་བའི; མ་ཚོར་བར་བསླུ་བའི;

770 Insight, *n.* ནང་གི་བྱ་བ་བྱེད་སྟངས; ནང་རྒྱུས;

771 Insignia, *n.* རྒྱལ་སྲིད་སྣ་བདུན; རྒྱལ་པོ་འི་ཕྱག་མཚན;

772 Insignificance, *n.* སྣང་མེད; སྣང་ཆུང; རྩིས་ཆུང;

773 Insignificant, *n.* སྣང་ཆུང་བའི; རྩིས་ཆུང་བའི;

774 Insincere, *n.* ངོ་ལྐོག་ཅན; ཁ་ཅིག་ཞེ་གཉིས;

775 Insincerity, *n.* ངོ་ལྐོག;

776 Insinuate, *v.t.* ཟུར་དཔག་པ; ཚིག་བཀུག་རྒྱབ་པ;

777 Insinuation, *n.* ཚིག་རྫུར; ཚིག་བཀུག;

778 Insipid, *a.* བྲོ་བ་མེད་པ;

779 Insipidity, *n.* (Sik. བྲ་ལྷག་བྲོ་ལྷག་མེད་པ་ཉིད);

780 Insist, *v.i.* ནན་ཆེར་བསྐུལ་བ;

781 Insnare, *v.t.* རྙིར་བཟུང་བ;

782 Insobriety, *n.* རིག་པ་མི་གསལ་བའི་རང་བཞིན;

783 Insolence, *n.* (Sik.) གདོང་བཟང; གདོང་མ་ཚོག;

784 Insolent. (Sik.) གདོང་བཟང་དགྲ་བསྐུལ;

785 Insolently, *ad.* གདོང་མ་ཚོག་པའི་ཚུལ་གིས;

786 Insolubility, *n.* བཞུ་མི་ནུས་པའི་རང་བཞིན;

787 Insoluble, *a.* བཞུ་མི་ནུས་པ; དོན་བཀྲལ་དུ་མེད་པ;

788 Insolvable, *a.* དོན་བཤད་དུ་མེད་པ; དོན་མི་བརྟེད་པ;

789 Insolvency, *n.* བུན་མི་ཐེབས་པའི་ཚུལ;

790 Insolvent, *a.* བུན་མི་འཁོར་བ; བུན་མ་ཐེབས་པ;

791 Insomuch, *ad.* འདི་ཙམ་དུ;

792 Inspect, *v.t.* ཏོག་ཞིབ་བྱ་བ; བལྟ་ཏོག་བྱ་བ;

793 Inspection, *n.* བལྟ་ཏོག;

794 Inspector, *n.* བལྟ་ཏོག་བྱེད་མཁན;

795 Inspectorship, *n.* བལྟ་ཏོག་བྱེད་པོའི་གོ་ས;

796 Inspiration, *n.* རིག་པའི་སྣོང་དུ་ངར་བསྐྱེད་པ; སྙོ་ངར;

797 Inspire, *n.* སྙོ་ངར་བསྐྱེད་པ; སྤུར་བསྐྱེད་པ;

798 Inspired, *a.* ལྷ་ཞུགས་པའི; (ཁོག་པ་བཀྲོངས་བའི; colql.)

799 Inspirer, *n.* ཁོག་པ་བཀྲུངས་མཁན; སྙོ་ཤུར་བྱིན་མི;

800 Inspirit, *v.t* སྙོ་ཤུར་གཙུག་པ; དབུར་བྱིན་པ;

801 Inspissate, *n.* ཁཎྜ་བཞིན་ཀ་མོར་ཆར་བཙུག་པ;

802 Instability, *n.* བརྟག་ཉིན་མེད་པའི་རང་བཞིན;

803 Install, *v.t.* བསྐོ་བཞག་མཛད་པ; ཁྲི་ལ་བསྐོད་པ; ཁྲི་མངའ་གསོལ་བ;

804 Installation, *n.* ཁྲི་ལ་མངའ་གསོལ; ཁྲི་འདོན; མངའ་གསོལ;

805 Instalment *n.* ཀི་སི་ཏྲི; (a Hindi word Tibetanised.)

806 Instance, *n.* དཔེ; སྐབས; {as for instance.} =དཔེར་ན;

807 Instant, *a.* ཡུན; ཡུད་ཙམ་པ; དར; སྐད; ཡུད;

808 Instantaneous, *a.* སྐད་ཅིག་དེ་ཉིད; རིམ་ཐག;

809 Instantaneously, *ad.* སྐད་ཅིག་དེ་ཉིད་དུ;

810 Instate, *v.t.* ཁྲི་ལ་བསྐོ་བཞག་བྱེད་པ;

811 Instead, *ad.* ཚབ་ཏུ; ཚབས་སུ;

812 Instep, *n.* རྐང་ལེབ་ཀྱི་སྒུག; རྐང་ཆོང;

813 Instigate, *v.t.* རྒྱུད་བསྐུལ་བ; ཁོག་པ་བརྒྱང་བ;

814 Instigation, *n.* རྒྱུད་བསྐུལ; ངན་ལས་སུ་བསྐུལ་བ; ཁོག་བརྒྱང;

815 Instigator, *n.* རྒྱུད་བསྐུལ་རྒྱབ་མཁན;

816 Instill, *v.t.* ནང་དུ་བླུད་པ;

817 Instinct, *a.* དུད་འགྲོ་འི་རང་ཆས་ཀྱི་རིག་པ; རང་བཞིན;

818 Instinctive, *a.* དུད་འགྲོ་འི་མངོན་ཤེས་ཀྱི; ཤུར་ཀྱི;

819 Institute, *v.t.* མགོ་འཛུགས་པ; མགོ་བཙུགས་པ;

820 Institution, *n.* བཅའ་བའི་སྡེ; འཛུགས་པའི་སྡེ; ཁྲིམས་ཡིག; བཅའ་བའི་ཁྲིམས; བཅའ་ཡིག; མན་ངག་སྡེ; ལུང་སྡེ; ཁྲིམས་སྡེ;

821 Instruct, *v.t.* བསླབ་བྱ་བསྟོན་པ;

822 Instruction, *n.* བསླབ་བྱ;

823 Instructive, *a.* སློབ་འོས; གོ་བ་སྤྲོལ་ནུས;

824 Instructor, *n.* སློབ་དཔོན;

825 Instrument, *n.* ལག་ཆ; ཆ་ལག; ཆ་བྱེད;

826 Instrumentality, *n.* ལག་ཆར་འགྱུར་ཚུལ;

827 Insubjection, *n.* དབང་དུ་མི་སྡུད་པའི་ཚུལ;

828 Insubordinate, *a.* བཀའ་ལ་མི་བརྩི་བ;

829 Insubordination, *n.* གོང་མའི་བཀའ་འོག་མི་སྡུད་པ་ཉིད;

830 Insufferable, *a.* བསྲན་དུ་མེད་པ; མི་བཟོད་པ;

831 Insufferably, *ad.* བཟོད་བསྲན་མི་ཐུབ་པར;

832 Insufficiency, *n.* འདང་མིན; ལངས་མིན; འགྲིག་མིན;

833 Insufficient, *a.* མ་འདང་པ; མ་ལངས་པ; མ་འགྲིག་པ;

834 Insufficiently, *ad.* མ་འདང་པར;

835 Insular, *a.* མཚོ་གླིང་གི་ཆའི; རྒྱ་ཡིས་མཐའ་བསྐོར་བའི;

836 Insulate, *v.t.* ས་དང་འགྲིམ་འགྲུལ་འབྲེལ་ཆ་ཐད་ཀྱིས་གཅད་པ;

837 Insulated, *a.* འབྲེལ་ཆ་ཐད་ཆོད; གཅིག་ཀྱེར;

838 Insulation, *n.* གློག་གི་ལག་ལེན་དུ་དགོས་པའི་ལྕུགས་སྐུད་དེའི་ཕྱི་འཐུམས་དེའོ;

839 Insulator, *n.* གློག་གི་ལག་ལེན་དུ་དགོས་པའི་ལྕུགས་སྐུད་དེའི་ཕྱི་ནས་དཀྲིས་པ་དེའོ;

840 Insult, *n.* ཚིག་རྩུབ་བརྗོད་པ; ཁོང་ཁྲོ་བསྐྱེད་པ;

841 Insultingly, *ad.* འཁོན་འཛིན་ཏེ; འཁང་བའི་ཚུལ་གྱི;

842 Insuperable, *a.* མི་ནོན་པའི;

843 Insuperably, *ad.* མི་ནོན་པར;

844 Insupportable, *a.* མི་ཐེག་པའི;

845 Insupportably, *ad.* མི་ཐེག་པར;

846 Insuppressible, *n.* སྨྲ་མི་ཐུབ་པ; མི་ནོན་པ;

847 Insurance, *n.* ཁག་ཐེག་བྱས་པ་ཉིད; ཁག་འཁྲུག;

848 Insure, *v.t.* ཉེན་ཁ་ལས་བསྲུང་བའི་འགན་ཁག་དགྲི་བ;

849 Insurgent, *a.* ངོ་ལོག་རྒྱབ་མཁན; ངོ་ལོག་མཁན;

850 Insurmountable, *a.* དབང་གིས་མི་ནོན་པའི;

851 Insurrection, *n.* ངོ་ལོག; སྡེ་ཁྲུག་གི; འཁྲུག་པ;

852 Insurrectionary, *a.* སྡེ་ཁྲུག་གི;

853 Insusceptible, *a.* ཚོར་མི་ནུས་པའི; མི་ཚོར་བའི;

854 Intact, *a.* མ་ཉམས་པ; མ་ཞིག་པར; མ་སྐྱོན་པར; ཉམས་མེད;

855 Intangible, *a.* བཟུང་དུ་མེད་པ; དངོས་མེད;

856 Integer, *n.* སྒང་པོ; ཧྲིལ་པོ; རྫོག་རྫོག་གཅིག;

857 Integral, *a.* མ་བསྒྲིལ་བའི; མ་གཤའ་པ; ཧྲིལ་པོ; སྒང་ཧྲིལ;

858 Integrate, *a.* གོང་བུར་བསྒྲིལ་བ; ཧྲིལ་མར་བཟོ་བ;

859 Integrity, *n.* སྒང་ཚངས; མ་ཉམས་པ; དབང་ཚང;

860 Integument, *n.* དར་ཤུན; དར་མ; དར་བསྲབ;

861 Intellect, *n.* བློ་གྲོས; ཤེས་རིག; ཤེས་རབ; བློ་རིག;

862 Intellectual, *n.* བློ་རིག་གི;

863 Intellectually, *ad.* བློ་རིག་གི་ཐོག་ནས;

864 Intelligence, *n.* བློ་རིག; ཤེས་རིག;

865 Intelligent, *a.* བློ་མདན་བ; ཤེས་རིག་ལྡན་པ; བློ་ལྡན; བློ་གྲོས་ཅན;

866 Intelligently, *ad.* བློ་རིག་ལྡན་པར; བློ་གྲོས་ཀྱིས;

867 Intelligible, *a.* གྲོལ་པོ; གོ་སླ་བ;

868 Intelligibly, *ad.* གོ་སླ་བར;

869 Intemperance, *n.* ཚོད་མེད; ཚོད་མེད་དུ་ཡོང་སྤྱོད་པའི་ལས;

870 Intemperate, *a.* ཚོད་མེད; བག་མེད་དུ་སྤྱོད་འདོད་ཅན;

871 Intemperately, *ad.* ཚོད་མེད་དུ;

872 Intend, *v.t.* བསྒོ་བ; འདོད་པ; དགོངས་པ་བཞེས་པ; དམིགས་པ;

873 Intendant, *n.* ལས་སྣེ;

874 Intended, *n.* བསྒོས་པ; དགོང་པར་བཞེས་པའི;

875 Intense, *a.* དོད་དྲག་པོ; དྲག་པོ;

876 Intensely, *ad.* དོད་དྲག་པོར; ཧུར་རྩེ་སུ;

877 Intensify, *v.t.* དོད་དྲག་དུ་གཏང་བ;

878 Intensity, *n.* ཤུཊ; དྲག་པོའི་ཤུགས; ངར; ངད;

879 Intent, *n.* དོན; བསམ་པ;

880 Intention, *n.* བློ་འདོད; འདོད་པ; ཡིད་ཀྱི་འདོད་པ;

881 Intentional, *a.* བསམ་བློ་བཏང་སྟེ; ཤེས་བཞིན;

882 Intentionally, *ad.* ཤེས་བཞིན་དུ;

883 Intently, *ad.* འདུན་པ་དྲག་པོས;

884 Inter, *v.t.* སྐྱུང་བ; རོ་སྦ་བ; ཕུར་ཁང་དུ་བཙུག་པ;

885 Intercede, *v.t.* ཞུ་འབུལ་བྱེད་པ; གསོལ་བདབ་བྱེད་པ;

886 Intercept, *v.t.* བར་ནས་འཛབ་པ;

887 Interception, *n.* བར་ནས་ལག་ཏུ་ཐེབས་པ་ཉིད;

888 Intercession, *n.* གཞན་གྱི་ཕྱིར་གསོལ་བ་བདབ་པའི་ལས;

889 Intercessor, *n.* ངོ་ཞེན; ངོ་ཆེན;

890 Interchange, *v.t.* བརྗེ་བསོར;

891 Intercourse. འབྲེལ་བ; ཁ་བསྒྲེན; འབྲེལ་ཆ;

892 Interdependent, *a.* བརྟེན་ནས་གནས་པའི;

893 **Interdict,** *v.t.* བཀའ་ཀྲུས་བསྐོམས་པ;

894 **Interest,** *n.* བསྐྱེད; གཟུང་བ་ (concern) འཕེལ་བསྐྱེད; ཡར་བསྐྱེད;

895 **Interested,** *a.* ཁེ་གྲོང་ཅན; ཁྲེ་གུས་ཕོག་པའི་མི;

896 **Interesting,** *a.* ཡིད་ཁར་འགྲོ་པོ; ཡིད་འདྲེན་ནུས;

897 **Interfere,** *v.i.* ཁ་འཛུག་པ; བར་དུ་ཞུགས་པ;

898 **Interference,** *n.* བར་དུ་ཞུགས་པའི་ལས;

899 **Interim,** *n.* བར་ཡུན; ར་བར; བར་སྐབས;

900 **Interior,** *a.* ནང་ཁོང; ཁོག; ཁོང་པ;

901 **Interjacent,** *a.* བར་གྱི; བར་དུ་མཆིས་པའི; བར་མའི;

902 **Interject,** *v.t.* དཀྱིལ་དུ་འཕང་པ; བར་དུ་འཕེན་པ;

903 **Interjection,** *n.* གློ་བུར་བའི་སྒྲ; གློ་བུར་དུ་འདོན་པའི་སྒྲ;

904 **Interlace,** *v.t.* ལྷས་མ་ལྷ་བ;

905 **Interlay,** *v.t.* བར་ཤབ་སྟེ་བཞག་པ;

906 **Interleave,** *v.t.* བར་དུ་ཤོག་ལྷེ་བཙུག་པ;

907 **Interlink,** *v.t.* སིང་ཙུང་གིས་འབྲེལ་བ་དཔེར་ན་གོ་ཁྲབ་བཞིན; ཨ་ལོང་ཚུང་ངུས་འབྲེལ་བ;

908 **Interlock,** *v.i.* གཅིག་གིས་གཅིག་དཾ་པོར་འཐམས་པ;

909 **Interlocution,** *n.* གླེང་མོ; སྐད་ཆ; གཏཾ་གླེང;

910 **Interlocutor,** *n.* བར་དུ་གླེང་མོ་བྱེད་མཁན;

911 **Interlope,** *v.i.* ཁག་འགན་མེད་པར་ཕྲེ་ཕྲོར་བྱ་བ;

912 **Interloper,** *n.* ཤོ་ཁྲལ་མི་བཏབ་པར་འཚོང་བྱེད་མཁན;

913 **Interlude,** *n.* བལྟས་མོའི་ར་བར་དུ་འབབ་ཟ་གཏང་བ་དེ;

914 **Intermarriage,** *n.* གཉེན་འབྲེལ;

915 **Intermarry,** *v.i.* ཕན་ཚུན་གཉེན་བདར་པ;

916 Intermeddle, *v.i.* དོན་མེད་བར་ཚང་རྒྱབ་པ; དོན་མེད་བར་དུ་ཐེབ;

917 Intermeddler, *n.* དོན་མེད་བར་ཚང་རྒྱབ་མཁན;

918 Intermediate, *a.* བར་གྲལ; འབྲིང་པོ; བར་པ;

919 Interment, *n.* དུར་ཁྲང་དུ་སྦ་བ; ཕུར་ཁྲང་དུ་བཙུག་པ;

920 Interminable, *a.* ཟད་མཐའ་མེད་པ; མཐའ་མི་མངོན་པ;

921 Interminate, *a.* མཐའ་མི་མངོན་པ; མཐའ་ཡས;

922 Intermingle, *v.t.* བསྲེས་པ; སླ་བསྲེ་བ;

923 Intermission, *n.* བར་བར་དུ་ཆད་བྱུང་བ; བར་ཆད;

924 Intermit, *v.t.* བར་དུ་གཅད་པ;

925 Intermittent, *n.* བར་བར་ཆད་པའི; ཉིན་སྐོར་ཅན;

926 Intermix, *v.t.* སླ་བསྲེ་བ;

927 Intermixture, *n.* བསྲེ་བ; སླ་བསྲེས; བསྲེས་མ;

928 Internal, *a.* ནང་ཁོང་གི;

929 Internally, *ad.* ནང་ཁོང་དུ;

930 International, *a.* རྒྱལ་ཁམས་སམ་རང་ཡུལ་ནང་ཁོང་གི;

931 Internecine, *a.* རང་ནང་ཕུང་བྱེད; ནང་ཁྲུག;

932 Interpolate, *v.t.* ཚིག་བསླད་བཙུག་པ;

933 Interpolation, *n.* ཚིག་བསླད;

934 Interpose, *v.t.* བར་དུ་ཚང་པ; བར་ཚང་བཙུག་པ;

935 Interposition, *n.* བར་ཞབས; བར་འཚང;

936 Interpret, *v.t.* འགྲོལ་བ; སྐད་བསྒྱུར་བ;

937 Interpretation, *n.* དོན;

938 Interpreter, *n.* སྐད་བསྒྱུར་པ; སྐད་པ;

939 Interregnum, *n.* ཁྲི་འཛིན་སྡུ་སྲི་གཉིས་ཀྱི་བར་སྐབས;

940 **Interrogate,** *v.t.* འདྲི་བ;

941 **Interrogation,** *n.* འདྲི་བའི་ཚིག;

942 **Interrogative,** *a.* འདྲི་ཚིག་གི;

943 **Interrupt,** *v.t.* བར་དུ་བཅད་པ; འཕྲོ་བཅད་པ;

944 **Interruption,** *n.* བར་བཅད;

945 **Intersect,** *v.t.* གཉིས་ཤག་ཏུ་བསྒོས་པ;

946 **Intersperse,** *v.t.* ཐྲ་རེ་ཐྲོ་རེ་བྲུམ་བཀོད་པ;

947 **Interspersion,** *n.* ཁ་ཐྲོར་དུ་བཀོད་པ་གང;

948 **Interstice,** *n.* བར; དབྲག; རྦུབ;

949 **Intertwine,** *v.t.* བཙུག་དཀྲིས་རྒྱབ་པ; ལྕུག་ལྷས་རྒྱབ་པ;

950 **Interval,** *n.* བར་སྐབས;

951 **Intervene,** *v.i.* བར་དུ་འཛུག་པ;

952 **Intervention,** *n.* བར་དུ་ཞུགས་པའི་ལས; བར་མཚམས;

953 **Interview,** *n.* མཇལ་འཕྲད; ངོ་མཇལ;

954 **Interweave,** *n.* བསྲེས་ནས་འཐགས་སུ་བཏག་པ;

955 **Interwoven,** *a.* འཐགས་སུ་བཏག་ནས་ཡོད་པའི;

956 **Intestate,** *n.* བཤུལ་སྡོངས;

957 **Intestinal,** *a.* ནང་རྒྱོལ་གྱི; རྒྱུ་མའི;

958 **Intestine,** *a.* རྒྱུ་མ; ལོང་ག;

959 **Intimacy,** *n.* ངོ་ཤེས; ནང་རྒྱུས; ངོ་འབྲེལ;

960 **Intimate,** *a.* རྒྱུས་ཡོད; རྒྱུས་མངའ; རྒྱུས་ཅན; ངོ་འགྲིས་ཅན;

961 **Intimate,** *v.t.* བཤད་པ; གོ་བར་བཤད་པ; རྣ་བར་བརྗོད་པ;

962 **Intimately,** *ad.* རྒྱུས་ཡོད་བྱེད་དེ;

963 **Intimation,** *n.* གོ་བཤད;

964 Intimidate, *v.t.* འཇིག་སྐྲག་བཀོད་པ;

965 Intimidation, *n.* འཇིག་སྐྲག;

966 Into, *prep.* ནང་དུ;

967 Intolerable, *a.* བཟོད་བླག་མེད་པ; (ཟེ་མི་ཚུད་པ; Sik.)

968 Intolerably. བཟོད་བླག་མེད་པར;

969 Intolerance, *n.* མི་བཟོད; མི་ཐེག;

970 Intolerant, *a.* བཟོད་བསྲན་མེད་པ;

971 Intoleration, *n.* བསྲན་གཙུག་མེད་ཡུང;

972 Intonate, *v.i.* སྒྲ་འགྲིག་པ; [སྟངས;

973 Intonation, *n.* སྒྲ་འབྱིན་སྟངས; སྒྲ་བོད་སྟངས; སྒྲ་དབྱངས་འབྱིན་

974 Intone, *v.i.* སྒྲ་དབྱངས་འབྱིན་པ; སྐད་འདོར་འདོན་པ;

975 In toto, *ad.* ཡོངས་སུ; ཡང་དག་པར; ཡོངས་རྫོགས་སུ;

976 Intoxicate, *v.t.* ར་བཟི་རུ་བཅུག་པ;

977 Intoxication, *n.* ར་བཟི; ར་རོ;

978 Intra, *ad.* ནང་ཁོང་དུ;

979 Intractable, *a.* མི་ཐུལ་བ;

980 Intransitive, *a.* གཞན་གྱི་ཐོག་མི་འགྲོ་བའི; ཕར་འགྲོ་བ་མེད་པའི;
བྱེད་ཡུལ་མེད་པའི་བྱ་བ; དཔེར་ན་འགྲོ་བ་ཉལ་བ་ལྟུའོ;

981 Intransmissible, *a.* ཕར་སྤྲོ་མི་ནུས་པའི;

982 Intransmutable, *a.* འགྱུར་དུ་མེད་པའི; [བསྐོར་བ;

983 Intrench, *v.t.* ར་བས་མཐའ་བསྐོར་བ; ས་དོང་ཡུར་བ་གཏིང་རིང་གིས་

984 Intrenchment, *n.* འཐབ་ར; འཛིང་ར;

985 Intrepid, *a.* ཉམ་ང་བག་ཚ་མེད་པ;

986 Intrepidity, *n.* ཉི་ང་མེད་པའི་རང་བཞིན;

987 **Intrepidly**, *ad.* ཉི་ང་མེད་པར;

988 **Intricacy**, *n.* མགོ་ཉོག; འཁྲིད་པོ; བཀྲོལ་དཀའ;

989 **Intricate**, *a.* མགོ་ཉོག་ཅན; བཀྲོལ་དཀའ་པོ;

990 **Intricately**, *ad.* བཀྲོལ་དཀའ་བྱེད་དེ;

991 **Intrigue**, *n.* ནང་གཡོ;

992 **Intriguer**, *n.* ནང་གཡོ་བསྐོ་མཁན;

993 **Intrinsic**, *a.* སྙིང་པོའི;

994 **Intrinsically**, *ad.* སྙིང་པོར;

995 **Introduce**, *v.t.* ངོ་སྤྲོད་བྱེད་པ;

996 **Introduction**, *n.* ངོ་སྤྲོད;

997 **Introductorily**, *ad.* ངོ་སྤྲོད་ཀྱི་ཚུལ་དུ;

998 **Introductory**, *a.* ངོ་སྤྲོད་པའི;

999 **Intrude**, *v.i.* མི་འདོད་བཞིན་པ; བར་བཅད་བཏང་བར་ཡོང;

1000 **Intruder**, *n.* བློ་ལ་མེད་པའི་མི་ནང་ལ་ཡོང་བ;

1001 **Intrúsion**, *n.* མ་འབོད་པར་ནང་ལ་ཡོང་བ;

1002 **Intrusive**, *a.* ཡོང་མི་ཆོག་བཞིན་དུ་ཡོང་མཁན;

1003 **Intrust**, *v.t.* བློ་གཏད་པ; བློ་འགེལ་བ;

1004 **Intuition**, *n.* ནང་གི་ཉམས་འཆར་བ་དེ; ཉམས;

1005 **Intuitive**, *a.* རང་ནང་གི; རང་གི་ཁོང་ནས; རང་ཤེས;

1006 **Intuitively**, *ad.* ཁོང་ནས་རང་འབར་གྱི;

1007 **Intwine**, *v.t.* ནང་དུ་འཁྱུམ་ནས,

1008 **Inumbrate**, *v.t.* གྲིབ་མའི་འོག་བཙུག་པ;

1009 **Inundate**, *n.* ཆུ་ཡིས་མནན་པ; ཆུ་རུད་ཕབ་པ;

1010 **Inundation**, *n.* ཆུ་རུད;

1011 Inure, *v.t.* སྒྲིས་སུ་བཙུག་པ; འབྱུང་བ; གོམས་བཙུག་པ;

1012 Inutility, *n.* ཕན་ཆ་མེད་ལུར; ཕན་མེད;

1013 Invade, *v.t.* གོང་མཚོན་བྱེད་པ; དམང་འདྲེན་སྡེ་གོང་མཚོན་བྱེད་པ;

1014 Invader, *n.* གོང་མནན་བྱེད་མི;

1015 Invalid, *a.* ནད་པ;

1016 Invalidate, *v.t.* དོན་འཕེར་མིན་དུ་བཟོས་པ; སྟོབས་བཅོམ་པ;

1017 Invalidity, *n.* དོན་མེད;

1018 Invaluable, *a.* རིན་ཐང་མེད; རིན་ཐང་བྲལ་བ; མེད་མི་རུང;
(མེད་ཀ་དག; Colql.);

1019 Invariable, *a.* འགྱུར་ལྡོག་མེད་པ;

1020 Invariableness, *n.* འགྱུར་མེད;

1021 Invariably, *ad.* རྟག་པར་རྒྱུན་དུ; འགྱུར་ལྡོག་མེད་པར;

1022 Invasion, *n.* གོང་མཚོན;

1023 Invective, *n.* ཁ་གཡོགས;

1024 Inveigh, *v.i.* ཁ་གཡོགས་འཕུལ་བ;

1025 Inveigle, *v.t.* སླུས་ཏེ་འཁྲིད་པ; སླུ་ཁྲིད་ཀྱིས་འདྲེན་པ;

1026 Invent, *v.t.* གསར་དུ་སྤྲོས་པ;

1027 Invention, *n.* གསར་སྤྲོས;

1028 Inventive, *a.* གསར་དུ་སྤྲོས་ནུས་པ;

1029 Inventiveness, *n.* གསར་དུ་སྤྲོས་པའི་བློ་རིག;

1030 Inventor, *n.* གསར་སྤྲོས་མཁན;

1031 Inventory, *n.* ཐོ; དེབ་ཐོ; དཀར་ཆབ;

1032 Inverse, *a.* ཉེང་དུ་ལྡོག་སྟེ;

1033 Invest, *v.t.* ནང་དུ་བཀུག་པ; ཕྱི་ནང་སློག་པ; མགོ་མཇུག་བསྒྱུར་བ;

1034 Investigate, *v.t.* རྩས་བཅོད་བྱེད་པ; ཞིབ་དཔྱོད་པ;

1035 **Investigation**, *n.* ཞིབ་བཅད་; ཞིབ་དཔྱད་;

1036 **Investigator**, *n.* ཞིབ་བཅད་བྱ་མཁན་;

1037 **Investiture**, *n.* བཀའ་བཞག་; གོ་གནས་སུ་བཀའ་བཞག་; སྐུལ་བ་;

1038 **Investment**, *n.* བཀའ་བཞག་གི་ལས་;

1039 **Inveterate**, *a.* ཡང་དུ་ཤོར་བ་; ཁ་སྐྱོར་;

1040 **Inveterately**, *ad.* ཡང་ཤོར་བྱེད་དེ་;

1041 **Invidious**, *n.* རྒྱ་ང་ཕྲག་དོག་སྐྱོང་ཉེན་ཅན་;

1042 **Invidiously**, *ad.* ཕྲ་ལོག་སྐྱོང་འོས་བྱེད་དེ་;

1043 **Invigorate**, *v.t.* སྤོབས་བསྐྱེད་པ་;

1044 **Invigorating**, *n.* སྤོབས་བསྐྱེད་ནུས་;

1045 **Invigoration**, *n.* སྤོབས་བསྐྱེད་;

1046 **Invincibility**, *n.* མི་ཕཾ་; མི་འཛེམ་པ་; མི་གཞོམ་;

1047 **Invincible**, *a.* སུས་ཀྱང་ཕམ་མི་ནུས་པ་;

1048 **Invincibly**, *ad.* མི་ཕམ་པར་;

1049 **Inviolability**, *n.* གནོད་པ་ཐུབ་མེད་;

1050 **Inviolable**, *a.* གནོད་མི་ཐུབ་པ་;

1051 **Inviolate**, *a.* གནོད་པ་མ་འཁྲུས་པར་;

1052 **Invisibility**, *n.* མི་སྣང་བའི་རང་བཞིན་;

1053 **Invisible**, *a.* མིག་གིས་མི་མཐོང་པ་;

1054 **Invisibly**, *ad.* མི་སྣང་བར་; མ་མཐོང་བ་བྱེད་དེ་;

1055 **Invitation**, *n.* མགྲོན་འབོད་, སྤྱན་འདྲེན་;

1056 **Invite**, *v.t.* མགྲོན་དུ་འབོད་པ་;

1057 **Invitingly**, *ad.* མགྲོན་བོས་ཀྱི་ཚུལ་དུ་;

1058 **Invocate**, *v.t.* སྤྱན་འདྲེན་ཞུ་བ་;

1059 Invocation, *n.* སྤྱན་འདྲེན་གྱི་གསོལ་འདེབས;

1060 Invoice, *n.* འཚོང་ཟོག་གཏང་ཐོ་འི་ཡིག;

1061 Invoke, *v.t.* ཞུ་བ་འདྲེན་པ; སྤྱན་འདྲེན་ཞུ་བ;

1062 Involuntarily, *ad.* རང་དབང་མེད་པར;

1063 Involuntary, *a.* རང་དབང་མེད་པའི;

1064 Involution, *n.* ནང་དུ་འཁྲིལ་བ;

1065 Involve, *v.t.* འཐུམ་པ; ནང་དུ་བཙུག་པ; སྦྲར་བཙུག་པ;

1066 Invulnerable, *a.* ཚག་གྲུམ་གཏང་མི་ནུས་པ; མི་འཇིག་པ; མི་གཞིག་པ; མི་ཚོད་པ; གཞིག་མི་ནུས་པ;

1067 Inward, *a.* ནང་ཕྱོགས;

1068 Inwardly, *ad.* ནང་ཕྱོཊ་སྲུ; ཁ་ནང་བལྟས་དེ;

1069 Inweave, *v.t.* ནང་དུ་བདག་པ;

1070 Inwrapped, *a.* འཐུམ་པ; ནང་དུ་བསྡུམ་པ;

1071 Inwrought, *a.* རི་མོ་ནང་དུ་བཀོ་བ;

1072 Ionic, *a.* ཁང་བཟོ་པ་ཊ་དང་མཚིཾ་ཆ་ལྡན་པ;

1073 Iodine, *n.* རིན་པོ་ཆེའི་གྲལ་དུ་མི་ཚུད་པའི་འབྱུང་ཁམས་བཞི་ནས་གཅིག;

1074 Ipecacuanha, *n.* སྤྱོ་སྨན་གྱི་རྩ་བ་ཞིག;

1075 Irascible, *a.* སྤྲོ་ཐུང;

1076 Ire, *n.* ཞེ་སྡང; ཁོང་ཁྲོ;

1077 Iris, *n.* མཛའ་ཚོན; མིག་གི་རྒྱལ་མོ;

1078 Irk, *v.t.* བསུན་པ; སུན་བྱིན་པ;

1079 Irksome, *a.* ཞེ་སུན་པོ;

1080 Irksomeness, *n.* ཞེ་སུན;

1081 **Iron**, *n.* ལྕགས;

1082 **Ironical**, *a.* སྒྲ་དོན་གོ་ལྡོག་ཏུ་སྨྲ་བའི་གཏམ;

1083 **Irony**, *a.* གཏམ་གྱི་སྒྲ་དོན་གོ་ལྡོག་ཏུ་སྨྲ་ལུགས;

1084 **Irradiant**, *a.* འོད་ཆེམ་ཆེམ;

1085 **Irradiate**, *v.t.* འོད་ཟེར་འཕྲོ་བ; འོད་འཕྲོ་བ;

1086 **Irrational**, *n.* ཚོ་མེད; ཟབ་མེད;

1087 **Irreclaimable**, *a.* བཅོས་ཐབས་མེད་པ;

1088 **Irreconcilable**, *a.* མཐུན་པོར་འགྲིག་ཐབས་བྲལ་བ;

1089 **Irrecoverable**, *a.* སྐྱར་ཐོབ་རེ་བྲལ་བ; སྐྱར་མི་བརྙེད་པ;

1090 **Irredeemable**, *a.* སྐྱར་ཚུར་ཉོ་མི་ཐུབ་པ; སྐྱར་བླུ་ཐབས་བྲལ་བ;

1091 **Irrefragable** *a.* ལན་མི་ཐེབས་པ; ལན་མི་ལྡོག་པ; ལན་འདེབ་ཏུ་མེད་པ;

1092 **Irrefutable**, *a.* བརྗོད་ལན་མི་ཐེབས་པ;

1093 **Irregular**, *a.* རྒྱུན་སྲོལ་དང་མི་མཐུན་པ; (ཚབ་བེ་ཚོབ་བེ; Colql.);

1094 **Irregularity**, *n.* ཚུལ་དང་མཐུན་མིན;

1095 **Irrelevant**, *a.* དོན་དང་མི་གཏོགས་པ; དོན་དང་མི་ཉེ་བ; གཏམ་དོན་མི་

1096 **Irreligion**, *n.* ཆོས་མིན; [མཚུངས་པ;

1097 **Irreligious**, *a.* ཆོས་མེད; སྐལ་མེད;

1098 **Irremediable**, *a.* བཅོས་ཁ་མི་ནུས་པ; བཅོས་སུ་མེད་པ;

1099 **Irremissible**, *a.* དགོང་བཞེས་བཀུར་མི་འོས་པ;

1100 **Irreparable**, *a.* བཅོས་ཐབས་མེད་པ;

1101 **Irreprehensible**, *a.* བཀའ་སྐྱོན་མ་ཡོང་པ; བཀའ་སྐྱོན་གནང་མི་འོས་པ;

1102 **Irreproachable**, *a.* སྐྱོན་བྲལ; སྐྱོན་མེད; ཟེ་རྒྱུ་མེད་པ;

1103 **Irreprovable**, *a.* སྐྱོན་མེད; བཀའ་སྐྱོན་མི་ཐོག་པ;

1104 **Irresistible**, *a.* མི་ཐུབ་པ; རྒོལ་ནུས་མེད་པ;

1105 Irresistibly *ad.* མི་ཐུབ་པ་བྱེད་དེ; (ཟེ་ལྷར་མ་རྩུད་པ; Sik.)

1106 Irresolute, *a.* བློ་ཐག་མ་ཆོད་པ; ཐག་ཆོད་མེད་པ; (བློ་ཚམ་ཚོམ; Sik.)

1107 Irresolutely, *ad.* བློ་ཚ་མེ་ཚོ་མེར;

1108 Irresolution, *n.* བློ་ཚམ་ཚོམ;

1109 Irresolvable, *a.* བློ་ཐག་བཅད་ས་མེད་པ;

1110 Irrespective, *a.* དེ་ལ་མ་གཏོགས་པའི; མ་བརྩིས་པའི;

1111 Irresponsible, *a.* ཁག་འགན་མ་ཡོག་པ; ཁག་མེད་འགན་མེད;

1112 Irresponsibly, *ad.* ཁག་འགན་མེད་པར;

1113 Irretrievable, *a.* སླར་ཐོབ་ས་མེད་པ;

1114 Irreverence, *n.* དད་གུས་མེད་པའི་ཚུལ་ལམ་རྣམ་འགྱུར;

1115 Irreverent, *a.* དད་གུས་མི་ལྡན་པ;

1116 Irreverently, *ad.* མ་གུས་པའི་ཚུལ་གྱིས;

1117 Irrevocable, *a.* སླར་ལོག་འགྱུར་དུ་མེད་པ;

1118 Irrevocably, *ad.* ལྡོག་ཏུ་མེད་པར; འགྱུར་དུ་མེད་པར;

1119 Irrigate, *v.t.* ཞིང་ལ་ཆུ་ཡུར་འདྲེན་པ;

1120 Irrigation, *n.* ཞིང་ལ་ཆུ་འདྲེན་པའི་ཐབས;

1121 Irritability, *n.* རྩེ་རེག་ཆེ་བའི་རྣམ་འགྱུར;

1122 Irritable, *a.* རྩེ་རེག་ཅན;

1123 Irritably, *ad.* རྩེ་རེག་ཆེན་པོ་བྱེད་དེ;

1124 Irritant, *a.* གཉན་བསྐྱེད་བྱེད; ཚ་འབར་སྣང་བྱེད;
ཚུབ་ཏུ་བཙུག་བྱེད;

1125 Irritate, *v.t.* ཁོང་ཁྲོ་སློང་བ; ཁྲོ་རུ་བཙུག་པ; གཉན་བསྐྱེད་པ;

1126 Irritation, *n.* ཚ་འབར; ཟབ་རག; (གཡའ་ཟུག་ཚ་ཟུག; Sik.)

1127 Irruption, *n.* ཤུ་ཐོར; (ཆུ་ཐོལ; Sik.)

1128 **Is**, *v.i.* ཡིན; ཡོད; རེད; འདུག;

1129 **Isinglas**, *n.* ཉ་སྤྲིང; ཉ་སྦྱིང;

1130 **Islamism**, *n.* མུ་སྲུལ་སྨན་ཆོས་ལུགས;

1131 **Island**, *n.* མཚོ་གླིང; གླིང་ཕྲན;

1132 **Islander**, *n.* མཚོ་གླིང་པ;

1133 **Isle**, *n.* མཚོ་གླིང;

1134 **Islet**, *n.* མཚོ་གླིང་ཆུང་ཆུང;

1135 **Isolate**, *v.t.* གཅིག་པོར་ལོགས་སུ་གཏོན་པ; སོ་སོར་ཕྱེ་བ;

1136 **Isolated**, *a.* གཅིག་ཀྱིར་དུ་བོར་བ; གཅིག་ཀྱི་རེ;

1137 **Isolation**, *n.* གཅིག་པོར་ལུས་ཚུལ; སོ་སོར་ཕྱེད་ཚུལ; གཅིག་ཀྱིར;

1138 **Isosceles**, *a.* རི་མོ་གྲུ་གསུམ་ཡིན་པའི་ཟུར་གཉིས་འདྲ་འདྲ་ཡོད་པ;

1139 **Israelite**, *n.* ཡ་ཧུ་ད་པའི་མི་དག་ལ་ཟེར;

1140 **Issue**, *v.i.* ཐོན་པ; འབྱུང་བ;

1141 **Issue**, *n.* ཐོན་ཁུང; འབྱུང་ཁུང; བུ་ཚ; སྐྱེ་རྒྱུད; འབྱུང་འགྱུར;

1142 **Isthmus**, *n.* གླིང་ཆེན་པོ་གཉིས་འབྲེལ་བར་བྱེད་པའི་སའི་སྐེད་པ [ཕྲ་མོ;

1143 **It**, *pr.* འདི; དེ; ཉི;

1144 **Italian**, *a*, or *n.* ཡུལ་ཨི་ཊ་ལི་ཟེར་བའི་མི;

1145 **Italic**, *n.* ཨི་ཊ་ལིའི་ཡིག; དབྱིན་ཇིའི་ཡིག་པར་མ་ཚུགས;

1146 **Italicize**, *v.t.* ཨི་ཊ་ལིའི་ཡིགེར་བཀོད་པ; པར་མ་ཚུགས་ཡིག་དུ་བྲི་བ;

1147 **Itch**, *n.* ཇོ; (ཀོང; Sik. & Bhut.) (*v.i.* གཡའ་བ; Sik.)
(ཟབ་རག་ཡང་པ; Tib. Colql.)

1148 **Item**, *ad.* དངོས་པོའི་གྲངས;

1149 **Iterate**, *v.t.* བསྐྱར་ཟློས་བྱས་པ; ཡང་བསྐྱར་བཟླ་བ;

1150 **Iteration**, *n.* བསྐྱར་བཟློས;

1151 Itinerant, *n.* འགྲུལ་པ; རྒྱལ་ཁམས་པ;

1152 Itinerary, *n.* འགྲུལ་ཐོག་ཏུ་བྲིས་པའི;

1153 Itself, *pr.* དེ་ཀ; དེ་རང; དེ་ཉིད; དེ་ཀོ;

1154 Ivory, *n.* བ་སོ; གླང་ཆེན་གྱི་མཆེ་བ;

1155 Ivy, *n.* སྔོ་སྐམ་ཤུག་དང་ཅིག་པའི་ལོ་ནས་ཡར་འཁྲིལ་ནས་འགྲོ་བ་ཞིག; འཁྲི་ཤིང་ཤུག་ལོ་དང་ཅིག་པའི་ལོ་ལ་ཡལ་ག་འཁྲིལ་ནས་འགྲོ་བ་ཞིག;

J.

1 Jabber, *n.* ཐར་ཐར་ལབ་པ; ཚིག་སྒྲ་དག་མ་དག་མེད་པར་གང་བྱུང་དུ་ལབ་པ; ཁ་ལ་གང་འཁོར་ལབ་པ;

2 Jack, *n.* ཤིང་ཐོག་སྐམ་སི;

3 Jackdaw, *n.* ཨོ་རོག; ཕོ་རོག; སྐྱུང་ཀ;

4 Jackal, *n.* ཅེ་སྤྱང; དུར་སྤྱང; ཝ་སྤྱང; ཁྲི་སྤྱང;

5 Jackanapes, *n.* གཞར་པོ; (མས་མེད་བསམ་བཀྲ་ཤིས; Sik. & Bhut.)

6 Jackass, *n.* བོང་བུ་ཕོ; ཕོ་བོང; ཀླི་འབྲུག་པོ;

7 Jacket, *n.* ཀེའུ་ཙེ; ཀེ་ཙེ; (འོན་འཇུག; Colql.)

8 Jacobine, *n.* ཕྲ་རང་སིའི་དམེ་འཁྲུག་ཆེན་པོའི་སྐབས་ཀྱི་ཕྱོགས་སྡེ་གཅིག;

9 Jade, *n.* རྟ་རྒོད་མ་ཐུས་ཁེབ; སྐྱེ་དམན་ཐན་མོ; (གཡང་ཏི; the stone jade.)

10 Jade, *v.t.* ངོ་རྒྱལ་བཀོད་པ;

11 Jag, *v.t.* ཁ་རང་རིང་བཟོ་བ; ཅང་ཅོང་བཟོ་བ;

12 Jaguar, *n.* གུང; གཅན་གཟན་གུང;

13 Jah, *n.* ཡ་ཧུ་ད་པའི་སྐད་ལ་ཁོ་རང་ཚོའི་ཡུལ་ལྷ་འམ་དགྲ་ལྷ་དེའི་མཚན;

14 Jail, *n.* བཙོན་རོང; བཙོན་ཁང;

15 Jailer, *n.* བཙོན་སྲུང་;

16 Jalap, *n.* ཛ་ཤལ་སྨན་;

17 Jam, *v.t.* བསྡམ་པ་; བཙིར་བ་; བར་དུ་འཐམ་པ་ (*n.*)
(ཤིང་འབྲས་ཀྱི་མངར་ཐུ; the sweet.)

18 Jamb, *n.* མེ་གདང་སའི་ཐབ་;

19 Jangle, *n.* མི་སྙན་པའི་སྒྲ་འབྱིན་པ་;

20 Jangler, *n.* ཕྲང་ཕྲང་གི་སྒྲ་འབྱིན་མཁན; སྣ་བ་གཟན་པོའི་སྒྲ་འབྱིན་པ;

21 Janitor, *n.* སྒོ་བསྲུང་; (སྒོ་ར་པ; Bhut.)

22 January, *n.* ཕྱི་ཟླ་དང་པོ་;

23 Japan, *n.* རི་བིན་ཡུལ་; རི་བིན་རྒྱལ་ཁབས་;

24 Japanese, *a.* རི་བིན་ཡུལ་པ་; རི་བིན་པ་;

25 Jar, *v.i.* & *n.* *v.i.* གཟན་པ་; *n.* ཛ་བུམ་;

26 Jargon, *n.* སྐད་ཀྱོག་;

27 Jasmine, *n.* ཀུན་ད་; མེ་ཏོག་ཀུན་ད་;

28 Jasper, *n.* གཡང་ཏིའམ་མ་ནེ་ཧྲོ་; ཆོང་; མཆོང་;

29 Jaundice, *n.* གྲུ་ནད་མིག་སེར་; ཀླ་ཡ་ནག་པོ་;

30 Jaunt, *v.i.* འཁྱམས་བཤལ་; པང་སང་;

31 Javelin, *n.* མདུང་ཐུང་;

32 Jaw, *n.* འགྲམ་ཚུས་; ཡ་མཁལ་མ་མཁལ་;

33 Jay, *n.* ཁྭ་ཏ་; འཆལ་མོ་;

34 Jealous, *a.* ཕྲག་དོག་ཅན་; ཅེ་རེ་; མིག་སེར་ཅན་;

35 Jealously, *ad.* མིག་སེར་དང་བཅས་ཏེ་; ཕྲ་དོག་པོ་བྱེད་དེ་;

36 Jealousy, *n.* མིག་སེར་; མགྲིན་སེམས་; ཚད་སྣང་;

37 Jean, *n.* རས་གོས་ཐྲིན་ཐུ་བ་དེའོ་; (Bhut. སིང་འཐག་མ);

38 Jeer, *v.i.* ཀུ་རེ་; ཧི་ཧི་; ཧི་གོད་;

39 Jehovah, *n.* ཡ་ཧུ་ད་པའི་ལྷ; ཡང་སྙིང་དུ་རྒྱུ་བྱིན; ལྷ་འདི་ནི་རྣོམ་པས་རྟོབ་ཞེས་དང་སྒྲིག་པས་ཛྷ་ཡི་ཊར་ཞེས་གསོལ་བར་བཤད;

40 Jejune, *n.* ལྟོ་སྟོང; སྟོང་པ; རབ་ཆད;

41 Jelly, *ad.* འགྲིག་འགྲིག; ཐྲིག་ཐྲིག; ཐིག་ཐིག;

42 Jenny, *n.* བོང་གུ་མོ; བྲེའུ་མོ; ཝུར་མ;

43 Jeopard, *v.t.* ཉེན་ཅན་གྱི་སར་བཙོན་པ; ཡད་ཡུད་ཁར་བཀུལ་བ;

44 Jeopardy, *n.* ཀྱེན་ངན; བར་ཆད; ཉེན་ཁ; འཇིག་ཆེན; འཇིག་པའི་ཉེན་ཁར་བཀུལ་བ;

45 Jerk, *v.t.* (Colql. འཐེཾ་འཇག་རྒྱབ་པ) འཕྲུལ་བ;

46 Jessamine, *n.* ཀུན་ད; མེ་ཏོག་ཀུན་ད;

47 Jesse, *n.* ཡཱ་བདེཊ; སྣམ་བ་དྲཱི་བདེག་ས;

48 Jest, *n.* ཀུ་རེ; ཀྱལ་ཀ; ཁ་ཤགས; ག་ཟ;

49 Jester, *n.* ཀུ་རེ་བྱས་མཁན; ཀོད་བྲོ་སྐྱང་མཁན;

50 Jesting, *n.* ཀུ་རེའི་གནས; གད་མོའི་གནས;

51 Jestingly, *ad.* ཀུ་རེ་ལྟ་བུར;

52 Jesuit, *n.* མི་སྲི་ཅན; ཕྲུང་ཅན; སྲི་ཕྲུང་ཕྲིཾ་ཅན; སྐོན་ཡེ་ཤུའི་ཆོས་ལུགས་ཀྱི་མི་སྡེ་ཞིག;

53 Jesuitism, *n.* ཛེ་སུ་ཡིད་བྱ་བའི་སྡེ་དེའི་ཆོས་ལུགས;

54 Jet, *n.* (of water ཆུ་མདའ) (Stone རྡོ་ནག; ནོར་བུའི་བྱེ་བྲག;

55 Jew, *n.* ཡ་ཧུ་ད་པ;

56 Jewel *n.* ནོར་བུ; རིན་པོ་ཆེའི་བྱེ་བྲག; ནོར་བུའི་བྱེ་བྲག;

57 Jeweller, *n.* རིན་པོ་ཆེའི་འཚོང་པ;

58 Jewelry, *n.* རྒྱན་ཆ; རིན་རྒྱན་ཆ;

59 Jewish, *a.* ཡ་ཧུ་ད་པའི;

60 **Jib**, *n.* དར་ཅོག་གྲུ་གཟུ་པ་གྲུ་ཟིང་གི་གདོང་དུ་འཕུར་བ ;

61 **Jig**, *n.* གླུ་དབྱངས་ཏུར་ཉམས་དོད་པོ ; རྐང་བྲོ་ཏུར་པོ་ཞིག ;

62 **Jilt**, *n.* བུད་མེད་ཨེ་གསར་ཅན ; *v.t.* བུ་དང་བུད་མེད་བཟའ་ཚང་བྱེད་རྒྱུའི་ཁ་ཆིག་བརྗེས་ཟིན་པའི་ཕྱིས་ནས་བོར་བ་དེའོ ;

63 **Jingle**, *v.i.* སིར་སིར་ཚིང་ཚིང་ཞེས་སྒྲ་འབྱིན་པ ;

64 **Job**, *n.* ལས་ཀ ;

65 **Jockey**, *n.* (ཨ་རྟུང་པ་ Bhut.) རྟ་ཐུལ་པ ; རྟ་བཅག་པ ;

66 **Jocose**, *a.* གད་མོ་ཤོར་པོ ; རྩོད་བྲོ་པོ ;

67 **Jocular**, *a.* གད་མོ་བྲོ་བའི ;

68 **Jocularity**, *n.* གད་མོ ; རྩོད་བྲོ་ཉམས ;

69 **Jocund**, *a.* ཉམས་སང་ཅན ; དགའ་ཉམས་ཅན ;

70 **Jog**, *v.t.* བགྲོད་པ ; འགྲོ་བ ;

71 **Joggle**, *n.* འགྲིག་ཁའི་ཉེག་གྲེམ ;

72 **John**, *n.* མིང ;

73 **Join**, *v.t.* མཐུད་པ ; འབྲག་པ ; འབྲེལ་བ ; སྦྲིག་པ ; སྦྱོར་བ ;

74 **Joiner**, *n.* ཤིང་བཟོ་པ ; མཐུད་པ་པོ ;

75 **Joint**, *n.* མཐུད་མཚམས ; འབྲེལ་མཚམས ; ཚིགས ;

76 **Jointer**, *n.* རྗེ་གཉིས་མཐུད་པའི་ལྷུང ;

77 **Jointly**, *ad.* མཐུན་མོང་དུ ; སྒྲུས ;

78 **Jointure**, *n.* བུད་ཀྱི་སྐྱེར་ནོར ; (སྤྱི་མག ; Sik. or ཕིས་མག ;)

79 **Joist**, *n.* གདུང་མ ; (གཅལ Sik.) (འོག་ཅལ) ;

80 **Joke**, *n.* ཀུ་རེ ; རྩོད་བྲོ ;

81 **Joker**, *n.* རྩོད་བྲོ་མཁན ; ཀུ་རེའི་སྐྱལ་པ ;

82 **Jokingly**, *ad.* ཀུ་རེའི་ཏྃ་པར ;

83 **Jollity**, *n.* སྤྲོ་ཉམས ;

84 Jolly, *a.* སྤྲོ་པོ ; སྤྲོ་ཉམས་ཅན ;

85 Jolt, *v.t.* གཞིར་ཀྱིས་རྡུག་པ ;

86 Jonquil, *n.* ཚུ་ཚོད་རིགས་གཅིག་གི་མིང ;

87 Jostle, *v.t.* ཡོངས་སུ་བརྡབ་པ ; ངོས་ལ་བརྡབ་པ ; འཐུག་རྒྱབ་པ ;

88 Jot, *v.t.* ཟུར་ཙམ་བཀོད་པ ; ཡིགེར་སྨུས་པོར་བཀོད་པ ;

89 Journal, *n.* ཉིན་རེའི་བདུན་རེའི་ཟླ་རེ་བཞིན་པར་དུ་བཀོད་པའི་ གསར་བསྒྱུར ;

90 Journalism, *n.* གསར་བསྒྱུར་ལ་བཀོད་རྒྱུའི་ཡིག་བྲིབ ;

91 Journalist, *n.* གསར་བསྒྱུར་པར་དུ་བཀོད་དེ་བཀྲམ་མཁན ;

92 Journey, *n.* འགྲུལ ;

93 Journeying, *pp.* འགྲུལ་པ ; འགྲུལ་རྒྱབ་བཞིན་པ ;

94 Journeyman, *n.* ཉིན་ལས་པ ; ལས་མི ;

95 Joust, *v.t.* འཛིང་ག ; རྩལ་མགྲན ;

96 Jove, *n.* ལྷ་དབང་རྒྱ་བྱིན ;

97 Jovial, *a.* ལྷ་དབང་རྒྱ་བྱིན་ལྟ་བུའི་ངང་ཚུལ་ཅན ; སྤྲོ་ཉིས་ཅན ;

98 Joy, *n.* དགའ་ཚོར ; དགའ་བ ;

99 Joyful, *a.* དགའ་ཚོར་ཆེན་པོ ;

100 Joyfully, *ad.* དགའ་ཚོར་ཆེན་པོ་བྱེད་དེ ;

101 Joyless, *a.* དགའ་བ་མེད་པ ;

102 Joyous, *a.* དགའ་པོ ;

103 Joyously, *ad.* དགའ་བའི་ངང་ཚུལ་གྱིས ;

104 Jubilant, *a.* དགའ་བའི་དབྱངས་ཅན ; དགའ་བའི་ཉམས་ལྡན ;

105 Jubilee, *n.* གསེར་ཁྲི་འཛིན་ནས་ལོ་ལྔ་བཅུ་ལོན་པ་ན་དགའ་སྟོའི་ སྟོན་མོ་འགྱེད་པ ; ལོ་ལྔ་བཅུ་ཁྲི་འཛིན་མཛད་པའི་ དགའ་སྟོན ;

106 Judaism, *n.* ཡ་ཧུ་དཱ་པའི་ཆོས་ལུགས;

107 Judge, *n.* ཁྲིམས་བདག; གཞིར་དཔང; ཁྲིམས་དཔོན;

108 Judgment *n.* ཁྲིམས་སའི་བཅད་མཚམས;

109 Judicatory, *a.* ཁྲིམས་བདག་གི; ཁྲིམས་རའི;

110 Judicature, *n.* ཁྲིམས་ར; ཁྲིམས་དཔྱད་བྱ་ཚོག་པའི་ཚད་དབང;

111 Judicial, *a.* ཁྲིམས་སྐོར་གྱི; ཁྲིམས་ཀྱི;

112 Judicially, *ad.* ཁྲིམས་སྐོར་ལྟར་ན; ཁྲིམས་སྲིའི་འགྲོ་ལུགས་ལྟར་ན;

113 Judicious, *a.* ཚོད་ཡོད; ཁྲིམས་ལུགས་དང་མཐུན་པའི; ཟབ་པོ;

114 Judiciously, *ad.* ཚོད་ཡོད་པ་བྱེད་དེ; བློ་ཚོད་ཞིང་པོར;

115 Judiciousness, *n.* བློ་ཚོད་ཅན་གྱི་ངང་ཚུལ;

116 Jug, *n.* ཆུ་སྣོད; ཡོན་ཆབ་བུམ་པ; ཆབ་འབིར;

117 Juggle, *v.t.* སྒྱུ་མ་བརྩེ་བ;

118 Juggler, *n.* སྒྱུ་མ་མཁན;

119 Jugglery, *n.* སྒྱུ་མ;

120 Juice, *n.* ཁུ་བ;

121 Juiceless, *a.* ཁུ་བ་མེད་པ; བཅུད་མེད་པ;

122 Juicy, *a.* བཅུད་ལྡན; ཁུ་བ་ཅན;

123 Jujube, *n.* རྒྱ་སྐད་དུ་བྲ་ཡེར་ཟེར་བའི་ཤིང་ལྗོན་ཞིག; མངར་བུ་ཞིག་གི་ཤིང; བྲ་ཡར་ཆེར་མའི་འབྲས་བུའི་མངར་བུ;

124 July, *n.* ཕྱི་གླིང་པའི་ཟླ་བ་བདུན་པ; ཕྱི་ཟླ་བདུན་པ;

125 Jumble, *n.* བསྲེ་བ; (སླ་བསྲེས་དཀྲུ་བསྲེས; Sik.)

126 Jump, *v.i.* འཆོས་རྒྱབ་པ; འཆོང་བ; (རྒྱབ་ཡར་བ; Sik.)

127 Junction, *n.* མཐུད་མཚམས; ཆུ་འདོམས;

128 Juncture, *n.* གནོད་གཡལ་ཆེ་སྐབས; སྐབས་མཚམས;

129 June, *n.* ཕྱི་ཟླ་དྲུག་པ;

130 Jungle, *n.* ནགས་སེབ; ནགས་ཚལ;

131 Junior, *a.* གཞོན་པ; གཅུང་པོ; ན་གཞོན;

132 Juniorship, *n.* གཞོན་སྐྱེས་ཀྱི་སྔིར་རྒྱུག;

133 Juniper, *n.* གདུང་ཤིང;

134 Junk, *n.* རྒྱ་ནག་གི་གྲུ་ཟིང;

135 Junket, *n.* ཐུད་མངར; འོ་ཐུད་ལས་བཟོས་པའི་མངར་བྱ;

136 Juno, *n.* ནམ་མཁའི་རྒྱལ་མོ; ལྷའི་དབང་པོའི་ལྷུམ;

137 Jupiter, *a.* ལྷའི་དབང་པོ; གྲིག་པ་དང་རྡོ་མཚན་པ་རྩིས་ཀྱི་ལྷ་དབང་རྒྱ་བྱིན;

138 Jurisdiction, *n.* མངའ་འོག;

139 Jurisprudence, *n.* ཁྲིམས་རྒྱུས; ཁྲིམས་ཡིག་བསྟན་བཅོས;

140 Jurist, *n.* ཁྲིམས་ཡིག་ལ་མཁས་པ;

141 Juror, *n.* དཾ་བཙའ་སླངས་དེ་ཁྲིམས་གཅོད་པོའིམ་གཞིར་དཔང་དུ་འཁོད་པ་ཞིག་ལ་ཟེར;

142 Jury, *n.* ཁྲིམས་བདག་མནའ་དཾ་ཅན་མི་བཅུ་གཉིས་ཚོ་ཞིག་ལ་ཟེར; མི་བཅུ་གཉིས་ཚོ་ལས་མི་ཉུང་བ་ལྷེམ་བསྒྲུག་བྱས་དཾ་བཙའ་སླངས་དེ་གཞིར་དཔང་དུ་བཀོད་པ་དག་ལ་ཟེར;

143 Juryman, *n.* ཁྲིམས་བདག་མནའ་དཾ་ཅན་གྱི་གྲལ་ཐོར་འཁོད་པ;

144 Just, *a.* ཉེ་རིང་མེད་པར་དྲང་པོ; ཁྲིམས་དྲང་པོ; དྲང་པོ;

145 Just, *ad.* ཙམ; ད་ལྟ་རང; འབའ་ཞིག;

146 Justice, *n.* བཀའ་ཁྲིམས་སྙོམ་པོ; ཁྲིམས་དྲང;

147 Justiceship, *n.* ཁྲིམས་བདག་གི་གོ་ས; ཁྲིམས་དཔོན་གྱི་གོ་ས;

148 Justiciar, *n.* ཁྲིམས་ཀྱི་ཞལ་ཆེ་པོ;

149 Justifiable, *a.* བདེན་པ་སྒྲོང་དུ་ཡོད་པ;

150 **Justification**, *n.* བདེན་པ་བཟང་བ; བདེན་བརྫར;

151 **Justifier**, *n.* བདེན་པ་སྐྱོང་མཁན;

152 **Justify**, *v.t.* བདེན་པ་བཟང་བ;

153 **Justly**, *ad.* དྲང་པོར; ཉེ་རིང་མེད་པར;

154 **Justness**, *n.* ཉེ་སྙོམས; དྲང་ཚུལ;

155 **Jut**, *v.i.* སླབས་པ; ཕར་ལྷག་སྤྱི་གཡབས་པ;

156 **Jute**, *n.* སོ་མ་ར་ཙ;

157 **Jutty**, *n.* གྲུ་ཕྲག་འཛིང་ཟློག་བཀལ་སའི་རྡོ་སྟེགས;

158 **Juvenile**, *a.* ན་གཞོན་གྱི; བྱིས་པའི;

159 **Juvenility**, *n.* གཞོན་ཚུལ;

160 **Juxtaposition**, *n.* ཉེ་སར་བཞག་པའི་ཚུལ; ཉེར་གནས; ཉེ་བར་གནས་པ་གང;

K

1 **Kabob**, *n.* ཤ་ཀྲུ་རི;

2 **Kaleidoscope**, *n.* མཛའ་ཤེལ་གྱི་བལྟད་མོ་བལྟ་རྒྱུའི་ཅ་ལག;

3 **Kail**, *n.* སྔོ་ཚལ་ལོ་མ་ཆེ་ལ་ནང་ཕྱིར་སྒྲིལ་བ;

4 **Kangaroo**, *n.* རི་དྭགས་ཞིག་གི་མིང; ཨོ་སི་ཊྲེ་ལི་ཡ་བྱ་བའི་མཚོ་གླིང་ན་གནས་པའི་རི་དྭགས་མགོ་བྱི་བ་ལྟ་བུ་ལག་གཉིས་ཐུང་ལ་རྐང་གཉིས་རིང་བ་ཕྲུག་གུ་ལྟོ་བའི་ལོར་སྤུ་སྐྱེ་ཡོད་པའི་ནང་ཁྲིར་ནུས་པ་ཞིག་ལ་ཟེར;

5 **Keel**, *n.* གྲུ་ཟིང་གི་ཞམ་རྣོན་པོ་དེའོ;

6 **Keen**, *a.* རྣོན་པོ; རྣོ་ངར་ཅན;

7 **Keenly**, *ad.* རྣོན་པོ་བྱེད་དེ;

8 **Keenness**, *n.* རྣོ་བ; རྣོ་ཚུལ; རྣོ་ངར;

9 Keep, *v.t.* བཞག་པ; སྲིན་པ;

10 Keep, *n.* (of a castle) དབུ་རྩེ; རྫོང་གི་ཐུག་གཙན་ཤོས; འཚོ་སྐྱོངས;

11 Keeper, *n.* བསྲུང་མཁན;

12 Keeping, *n.* ཙག; བྲུ་ར; ཉ་ར; ཉར་ཚང;

13 Keepsake, *n.* བཀྲུལ་བཞག; སེམས་རྟེན;

14 Keg, *n.* ཤིང་ཟེམ་ཆུང་ཆུང་ཞིག; ཟོ; རྫབ;

15 Ken, *v.t.* མཐོང་པ; *n.* མིག་མཐོང;

16 Kennel, *v.t.* ཁྱིའི་ཁང་པ;

17 Kerchief, *n.* སྣབ་ཕྱིས; (Hon. ཤང་ཕྱིས;)

18 Kernel, *n.* ཉང་རྫད;

19 Kerseymere, *n.* བལ་གོས་སིང་འཕྲག་མ; (commonly called སྲུག);

20 Ketch, *n.* གྲུ་ཆུང་དར་ཅོག་གཉིས་ལྡན་པ;

21 Ketchup, *n.* སྐྱུར་ཚས; དང་ཁ་བྲི་བྲེད་ཀྱི་སྐྱུར་ཚས; ཤ་མོ་དང་ལམ་འབྲིར་སོཊ་ཀྱི་སྐྱུར་ཚས;

22 Kettle, *n.* ཁོག་དི;

23 Key, *n.* ལྡེ་མིག;

24 Khan, *n.* མགྲོན་ཁང; སུ་སུལ་སྣན་རྟེན་ཀྱི་ནང་རྒྱལ་པོ་འམ་དཔོན་པོ; (ཁྣན; ཁྣང; དཔེར་ན་ཁྣང་ད་ཡི་རྒྱལ་པོ་ལྷུ);

25 Kibe, *n.* ཉད;

26 Kick, *v.i.* (*n.* རྡོག་ཐོ;) རྡོག་རྒྱག་ཞུས་པ; རྡོག་རྒྱབ་རྒྱབ་པ; (རྡོག་ཐུམ; Sik.)

27 Kid, *n.* རའུ; རེ་གུ; ར་ཕྲུག;

28 Kidnap, *v.t.* མི་རྐུན་རྒྱབ་པ;

29 Kidnapper, *n.* མི་རྐུ་མཁན;

30 Kidnapping, *n.* མི་རྐུ་བའི་ལས; མི་བརྐུན;

31 Kill, *n.* གསད་པ;

32 Kiln, *n.* སོལ་བརྩིག; པཙ་ཁྲི;

33 Kilt, *n.* ཨང་དར; དམད་གཡོད; [འབྲུལ;

34 Kimbo, *n.* སྐེ་གཟེར; ལག་པ་དཀུ་ལ་རྫེ་བལ་པོའི་ལུགས་ཀྱི་སྦྲག

35 Kin, *n.* ཉེ་བ; གཉེན;

36 Kind, *a.* དྲིན་ཅན; *n.* རིགས;

37 Kindle, *v.t.* སྦར་བ; ཞུ་མར་ལྟར་སྦར་བ;

38 Kindliness, *n.* རྒྱུད་འཇམ; ཤ་ཚ; བརྩེ་གདུང;

39 Kindly, *ad.* རྒྱུད་འཇམ་པོར;

40 Kindness, *n.* དྲིན; སྐུ་དྲིན:

41 Kindred, *n.* གཉེན་ཉེ་བ; ཉེ་འཁོར;

42 King, *n.* རྒྱལ་པོ;

43 Kings-evil, *a.* རྫེ་ཤུའི་ནད; སྦང་ནད; ཧྲོ;

44 Kingdom, *n.* རྒྱལ་ཁབ;

45 Kingfisher, *n.* ཆུ་བྱ་ཉ་ར་པ་སྦུ་མདོག་ཧ་ཅང་མཚར་པོ་ལྡན་པ་ཞིག;

46 Kingly, *ad.* རྒྱལ་པོར་འོས་པ;

47 Kinsfolk, *n.* ཉེ་འཁོར;

48 Kinsman, *n.* ཉེ་བ; ཕོ་ཉེ;

49 Kinswoman, *n.* མོ་ཉེ;

50 Kirk, *n.* དགོན་པའམ་ལྷ་ཁང;

51 Kiss, *n.* འོ; *v.t.* འོ་སྣོན་པ; འོ་རྒྱབ་པ;
(ཁ་སྣོན་པ; འོ་བཀྱལ་བ; Sik. and Bhut.)

52 Kitchen, *n.* ཐབས་ཚང; (གསོལ་ཐབ; Hon.)

53 Kite, *n.* ཁྲ; (ཤོག་གུའི་བྱ་འཕྱིར; paper kite)

54 Kith, *n.* ཉེ་བ; སྐྱུ་ཉེ;

55 Kitten, *n.* ཞི་མིའི་ཕྲུ་གུ;

56 Knack, *n.* གནད; ཐབས; བྱེད་སྟངས;

57 Knag, *n.* ཤིང་གཟེར; ཤིང་འཛེར་གོག;

58 Knap, *v.t.* བཅག་པ; སྨུམ་གྲིས་བཅག་པ; *n.* འབུར;

59 Knapsack, *n.* ཁུར་སྟངས; དམག་མིའི་རྒྱབ་དུ་ཁུར་བའི་སྒྲི;

60 Knave, *n.* མི་མ་རབས; མི་ངན;

61 Knavish, *a.* མ་རབས་ཀྱི་སྤྱོད་ངན་ཅན;

62 Knead, *v.t.* བརྫི་བ;

63 Kneading, *n.* བརྫི་བ;

64 Knee, *n.* པུས་མོ;

65 Kneel, *v.t.* པུས་མོ་གཙུག་པ;

66 Knell, *n.* ག་ཤིན་པོ་འི་བཟའ་གདང་བའི་དྲིལ་བུ;
དྲིལ་ཆེན་གྱི་སྐད་ཤི་བརྡའ;

67 Knife, *n.* གྲི;

68 Knight, *n.* དཔའ་བརྟུལ; ཟླ་དུར; སྐུ་གཉེར; སྐུ་དྲག;
(དྲག་ཤོས་ Bhut.)

69 Knighthood, *n.* ཟླ་དུར་གྱི་གོ་ས; ལྷར་གྱི་གོ་གནས;

70 Knightly, *ad.* དཔའ་བརྟུལ་ལྟ་བུའི;

71 Knit, *v.t.* ཀླས་པ; བསླས་པ;

72 Knitting, *n.* ཨོས་མོ་སྐུ་སོར་ཀླ་བའི་ལས;

73 Knob, *n.* འབུར; རྟོག་རྟོག;

74 Knock, *n.* ཐུག་སྒྲ; *v,t.* ཐུག་རྒྱབ་པ; བརྡབ་པ; ཐུས་པ;
ཀྲག་རྒྱབ་པ;

75 Knocker, *n.* སྒོ་ལ་ཀྲག་རྒྱབ་རྒྱུའི་དབྱུག་པ;

76 Knoll, *n.* སྤོ; སྒང་འབུར་འབུར; སྤོ་ཐོ;

77 Knot, *n* མདུད་པ; ཤིང་གཟེར; ཤིང་འཛེར;

78 Knottiness, *n.* འཛེར་པ་ཡོད་ཚུལ;

79 Knotty, *a.* ལྦ་བ་ཅན; ཙ་ཅན; འཛེར་པ་ཅན;

80 Know, *v.t.* ཤེས་པ; རྒྱུས་ལོན་པ;

81 Knowable, *a.* ཤེས་སུ་ཡོད་པ; ཤེས་དགོས་གང་ཡོད;

82 Knowing, *a.* རྒྱུས་ཅན;

83 Knowingly, *ad.* རྒྱུས་ཡོད་བཞིན;

84 Knowledge, *n.* ཡོན་ཏན; ཤེས་བྱ; (མཁྱེན་བྱ; Hon.)

85 Knuckle, *n.* སོར་ཚིགས;

L

1 Label, *n.* ཁ་ཡིག; ཁ་བྱང;

2 Labial, *n.* མཆུ་ཡི;

3 Laboratory, *n.* ལས་ཀ་བྱེད་སའི་ཁང་པ; སྨན་དང་རྫས་ཀྱི་སྦྱོར་བ་བྱེད་སའི་ཁང་པ;

4 Laborious, *n.* དཀའ་ལས་ཅན;

5 Labour, *n.* ལས་ཀ; སྐྱེ་ནད; (བྱིའུ་གཙས་པའི་ན་ཟུག; of birth)

6 Labourer, *n.* ལས་ཀ་བྱེད་མཁན; ལས་མི; གླ་པ;

7 Labyrinth, *n.* རྒྱ་ནག་ལྷང་རི་ལྷུའི་གྱི་ཀྱོག;

8 Lac, *n.* ལ་ཆ;

9 Lace, *n.* ཚེམ་འབྲུག; བོལ་རྒྱུན; བོལ་རྒྱུན་རྒྱུད;

10 Lacerate, *v.t.* རྨ་ཁ་ཧྲལ་བ; རྨ་ཁ་གཤག་པ;

11 Laceration, *n.* རྨ་ཁ་ཧྲལ་བ;

12 Lack, *v.t.* མེད་པས་དཀོན་པ; མ་ལྡང་པ; མེད་པ;

13 Lackey, *n.* གཡོག་པོ;

14 Laconic, *a.* ཚིག་ཉུང་པོ; ཁ་ཉུང་པོ; གནད་ཚིག་གཅིག་པ;

15 Laconically, *ad.* གནད་ཚིག་གཅིག་པ་བྱེད་དེ; གནད་སྟུད་པོ་བྱེད་དེ;

16 Lacteal, *a.* འོ་མ་འདྲ་པོ ; འོ་མའི་རྒྱུ ; འོ་མའི ;

17 Lad, *n.* སྤྲུ་གུ; སྤྲུ་གུ; ཕྲུ་གུ;

18 Ladder, *n.* སྐས་ཁ ; སྐས་ཐེམ ;

19 Lade, *v.t.* དོ་བྲུ་བཀུར་བ ; ཁལ་འགེལ་བ ; ཁལ་བཀལ་བ ;

20 Laden, *a.* དོ་བྲུ་ཁུར་ནས་ཡོད་པ ;

21 Lading, *n.* དོ་བྲུ་བཀལ་རྒྱུ ; ཁལ་འགེལ་རྒྱུ ;

22 Ladle, *n.* སྲུབ་མདའ ; སྐྱོག ; (བཟའ་ཙུ ; Sik.).

23 Lady, *n.* ཇོ་མོ ; བུད་མེད་ཆེ་བའི་རིད ;

24 Lag, *n.* རྒྱབ་ཐེན་རྒྱབ་ནས་བསྡད་པ ; ཀ་ཀོར་བྱེད་པ ;

25 Laggard, *a.* རྒྱབ་ཐེན་ཅན ; རྒྱབ་ཐེན་རྒྱབ་དད་ཅན ; ཕྱི་བ་ཞོལ་ཅན ;

26 Lagoon, *n.* རྒྱ་མཚོའི་ཐ་རླབས་འགྲམ་ལ་སྐྲིལ་སྡིང་ཀར་འཁྱིལ་དེ་
ཆད་པ ; རྒྱ་མཚོ་ཐ་རླབས་འགྲམ་ལ་ཡར་སྐྲིལ་ནས་
ཀུང་ཀོང་ཡོད་སར་སྡིང་ཀར་འཁྱིལ་ནས་ཆད་པ ;

27 Lair, *n.* ཚང ; དཔེར་ན་སྟག་ཚང་དོཾ་ཚང་ལྟ་བུའོ ;

28 Laity, *n.* མི་སྡེ ;

29 Lake, *n.* མཚོ ;

30 Lamb, *n.* ལུ་གུ ;

31 Lambkin, *n.* ལུ་གུ་ཆུང་ཆུང ;

32 Lambskin, *n.* ཚ་རུ ; ལུ་གུའི་པགས་པ ;

33 Lame, *a.* ཞར་བ ; ཞ་ར ; ཞ་བོ ;

34 Lamellar, *a.* ཤུར་སྲབ་མོར་བཅད་པ ; ཉེའུ་ཆུང་གི་ཉ་སག་ལྟ་བུའི་
ཤུར་སྲབ་སྙོར་སྙོར ;

35 Lameness, *n.* ཞ་རྩལ ; ཞ་བ་ཡིན་ལུགས ; ཞ་བའི་རྣམ་འགྱུར ;

36 Lamely, *ad.* ཞ་བོའི་རྣམ་འགྱུར་གྱིས ;

37 Lament, *v.i.* མྱ་ངན་བྱེད་པ ;

38 **Lamentable,** *a.* མྱ་ངན་ཅན; སྐྱོ་ཤས་བསྐྱེད་ནུས;

39 **Lamentation,** མྱ་ངན་གྱི་ཀུ་ཅོ;

40 **Lamp,** *n.* ཞུ་མར;

41 **Lampoon,** *v.t.* འཚུན་བདར་པའི་ཡིག་བྲི་བ; སྐྱོན་བརྗོད་ཀྱི་ཡིག་བྲིས་བ; སྐྱོན་མཚང་འབྲུ་བའི་ཡི་གེ་བྲི་བ;

42 **Lampooner,** *n.* ཡི་གེར་བཀོད་ནས་སྐྱོན་བརྗོད་མཁན; སྐྱོན་མཚང་འབྲུ་བའི་ཡིག་བྲི་མི;

43 **Lamprey,** *n.* སྦྲུལ་ཉ;

44 **Lance,** *n.* མདུང;

45 **Lancer,** *n.* མདུང་ཐོགས་པ;

46 **Lancet,** *n.* ཙའུ; སྨན་པའི་ཙའུ;

47 **Land,** *n.* ས; གླིང; ཡུལ; *v.t.* ས་དེ་ཁར་བབས་པ; གྲུ་ཟིང་གི་ཐོག་ནས་བབ་སྟེ་སར་འཇོག་པ;

48 **Landing,** *n.* འབབ་ས;

49 **Landed,** *a.* ས་ལ་དབུས་པ; ས་ཐོག་བབ་ཟིན་པ;

50 **Lane,** *n.* ལམ་ཆུང; ལོ་སྲར;

51 **Language,** *n.* སྐད;

52 **Languid,** *a.* ཉ་བེ་ཉེ་བེ; ཤུར་པོ་མེད་པ; ཐོམ་པོ་མཁན;

53 **Languidly,** *ad.* ཐོམ་ཐོམ་བྱེད་དེ; ཁྲུ་རེ་ཁྲུ་རེ་བྱེད་དེ;

54 **Languish,** *v.i.* ཉིས་པ; གུད་པ; ཉི་ཐག་པོར་གྱུར་བ;

55 **Languishing,** *a.* གུད་པོར་གྱུར་བཞིན་པ;

56 **Languor,** *n.* ཐོམ་ནོག; ཉལ་ཉོལ; གཟུགས་རྩ་འབྲུ་ལྷོད་ཅིང་ངལ་བ;

57 **Lank,** *a.* ཞ་རིད་པོ; ཞ་སྐམ་པོ; སྲིག་པོ;

58 **Lantern,** *n.* ལོ་ཁའི་སྒྲོན་མེ; སྒང་ཞུ; སྒྲོན་མེ;

59 Lap, *v.t.* ལྡེས་བདག་པ; ལྡེབ་ལྡག་རྒྱབ་པ; དཔེར་ན་ཁྱིའི་ཞི་མིས་འོ་མ་ལྡེས་ལྡག་པ་བཞིན;

60 Lap, *n.* ཕྲུ་བ; པང་པ; སྙོག; པང་པ;

61 Lapidary, *n.* ནོར་བུའི་བྱེ་དྲག་བཟོ་སྦྱོན་མཁན;

62 Lapidation, *n.* ནོར་བུའི་བྱེ་དོར;

63 Lapidist, *n.* ནོར་བུའི་བྱེ་དྲག་གི་རྒྱུས་ཅན;

64 Lapse, *n.* ཤུད་པ; རིམ་བཞིན་དུ་འགྱངས་པ; རིམ་བཞིན་དུ་ཤུད་པ;

65 Lapwing, *n.* བྱིའུ་ཞིག་གི་མིང;

66 Larboard, *n.* གྲུའི་མཇུག་ནས་ཡར་བལྟས་པའི་གཡོན་ལོགས;

67 Larceny, *n.* ཀུ; ཀུ་མ;

68 Lard, *n.* ཕག་ཚིལ;

69 Larder, *n.* ཤ་མཛོད;

70 Large, *a.* ཆེན་པོ; སྦོམ་པོ; བོང་ཆེ་བ;

71 Largely, *ad.* གཙོ་ཆེར;

72 Largeness, *n.* སྦོམ་ཚད; སྦོམ་ལོད; སྦོམ་ལུགས;

73 Largess, *n.* གསོལ་རས; གནང་ཆ; བྱ་དགའ;

74 Lark, *n.* བྱེའུའི་རིཊ་ཞིག; ཡང་ན་བཙེད་མོ་ལ་ཡང་ཟེར;

75 Larva, *n.* འབུ་སྒོང་ངའི་ནང་ནས་ཕྱིར་འཐོན་སྐྱེ་སམ་འབུ་ཕྲུས་སྐོར་
སྐབས; (འབུའི་དཀར་དྲ་མ; Sik.).

76 Larynx, *n.* ཨོལ་སྒྲོ; (སྦྲ་ཀྲོག; Sik.); སྙིག་མ;

77 Lascivious, *a.* འདོད་ཆཊ་ཆེན་པོ; སྨྱེད་ཞེན་ཅན; (ཁྲོ་དད་ཅན; vulgar).

78 Lasciviousness, *n.* འདོད་ཆཊ; (ཁྲོ་དད; ཀྲོ་དད; ཁྲོ་དད་ཅན; Ditto.)

79 Lash, *n.* རྟ་ལྕག; *v.t.* རྟ་ལྕག་རྒྱབ་པ;

80 Lass, *n.* བུ་མོ;

81 Lassitude, *n.* ངལ; སྙུ་ངལ; ཉ་བེ་ཉེ་བའི་ཚུལ; ལུས་ཀྱི་རྩ་འབྲུ་ཞིག་ཚུལ; ངལ་ཚུལ;

82 Lasso, *n.* ཞགས་པ;

83 Last, *a.* ཚང་མའི་གཞུག་ལ; ཕྱིས་ཤོས; ཀུན་གྱི་རྗེས་མ; ཀུན་གྱི་ཧིང་ན;

84 Last, *v.i.* ཐུབ་པ; གནས་པ; འདང་པ;

85 Lasting, *a.* བསྲན; སྲོག་ཆེན་པོ; ཡུན་རིང་ཐུབ་པ;

86 Lastly, *ad.* མཐར་འཇུག་ཏུ;

87 Latch, *n.* ཨ་ཤིང; སྒོའི་ཨ་ཤིང;

88 Latchet, *n.* ལྷམ་སྒྲོར; ལྷམ་སྒྲོག་པའི་རྒྱུན་ཐག;

89 Late, *a.* ཕྱི་པོ; གོབ་པོ; འདས་པོ;

90 Lateness, *n.* ཕྱིས་ཚུལ; ཕྱིས་ལོད; ཕྱིས་ལུར;

91 Lately, *ad.* ཁ་སང་ཁེས་ཉིན་ཞིག་ན; ཁ་སྲིང་ཙམ་ན;

92 Latent, *a.* གབ་ནས་ཡོད་པ; མི་མངོན་པར་གནས་པ; སྦྲས་པའི་ཚུལ་དུ་གནས་པ;

93 Latently, *ad.* སྦས་ཚུལ་དུ;

94 Later, *a.* དེ་བས་ཀྱང་ཕྱིས་པ;

95 Lateral, *a.* ཟུར་ནས་འབྱུང་བའི;

96 Laterally, *ad.* ཟུར་ནས;

97 Lateritious, *a.* ཛྷ་པག་གི་མདོག་ཅན;

98 Latest, *a.* ཕྱིས་ཤོས; ཐམས་ཅད་ཀྱི་ཧིང་མ;

99 Lath, *n.* ཤིང་ཤབ;

100 Lathe, *n.* གཤགས་པའི་ལག་ཆ; གཤག་གཟོང་དང་འཁོར་ལོ་བཅས་པ;

101 Lather, *v.i.* ལྦུ་བ་སོབ་སོབ་གྱུར་པ;

102 Lather, *n.* ལྦུ་བ; ཡི་རྩེ་དང་ཆུ་བསྲེས་པ་ལས་བྱུང་བའི་ལྦུ་བ; དབུ་བ;

103 Lathing, *n.* ག་ཞགས་རྒྱབ་པ; [སྐད;

104 Latin, *a.* སྔོན་དུས་ཀྱི་རོ་མན་རྒྱལ་ཁབ་ཀྱི་སྐད་དེའི; རོ་མཱན་གྱི

105 Latitude, *n.* ཞེང་ཁ; རྒྱ་ཚད; ཀློང; མཐོ་དམན་གྱི་རིམ་པ; ས་གཟའི་ངོས་སུ་སྙེད་བཅད་ཀྱི་ཐིག་རིས་དག་ལ་ཟེར;

106 Latitudinal, *a.* ཞེང་ཁའི་ཕྱོགས;

107 Latitudinarian, *n.* བློ་ཁ་ཡངས་མོ; འཛིན་གཟུང་སློང་བ;

108 Latter, *a.* རྗེས་མ; ཕྱི་མ; རྙིང་མ;

109 Latterly, *ad.* རྗེས་སུ; རྙིང་ནས;

110 Lattice, *n.* དྲ་ཁྲ;

111 Latrine, *n.* གསང་སྤྱོད;

112 Laud, *v.t.* བསྟོད་པ; བསྟོད་ར་བརྗོད་པ;

113 Laudable, *a.* སྟོད་ར་རེ་བ;

114 Laudably, *ad.* སྟོད་ར་ཐོབ་པ་བྱེད་དེ;

115 Laudanum, *n.* ཨ་ཕི་ཡུ་དང་ཨ་རག་བཏུལ་བ; (གཡའ་ཕི་ཡུ་ཨ་རབ་ལ་སྦྱངས་པ; medl.)

116 Laudatory, *a.* སྟོད་ར་ཅན; བསྟོད་པ;

117 Laugh, *v.i.* གད་མོ་ཤ་བ;

118 Laughable, *a.* བགད་མོའི་གནས་སུ་གྱུར་པ; ཀོད་རྡོ་པོ;

119 Laughingstock, *n.* གད་མོའི་གནས;

120 Laughter, *n.* གད་རྒྱངས; གད་མོ;

121 Launch, *v.t.* མདུང་ལྟར་འཕང་བ; གྲུ་ཟིང་ལྟར་བཤུད་པ; *n.* གྲུ་ཆུང;

122 **Laundress**, *n.* གོས་འཁྲུ་མི་སྐྱེ་དམན;

123 **Laundry**, *n.* གོས་བཀྲུ་ས;

124 **Laureate**, *n.* དགྱུང་གསར་སྐབས་བརྩོཾ་པ་འབུལ་མཁན་གྱི་གོ་ས་འཛིན་པ་པོ;

125 **Laurel**, *n.* དབྱར་དགུན་མེད་པར་མདོག་མི་འགྱུར་བར་གནས་པའི་ཤིང་ལྡོང་ཞིག;

126 **Lava**, *n.* ཐྲག་ཞུར་ཞེས་མི་ལྷེ་ཅན་གྱི་རི་ཡི་ཁོག་པ་ནས་ཐོན་པའི་ཁྲོ་ཆུ་ལྷ་བུ་ཞིག; ཇེ་ཞུར་འཁོལ་མ་རི་བོ་ཏ་གདོང་གི་ནང་ནས་ཆུ་མཁྲིས་བཞིན་དོན་པ་དེའོ;

127 **Lavatory**, *n.* ཁྲང་ཁྲུ་གྲུབ་ས;

128 **Lave**, *v.t.* བཀྲུས་པ; ཆུས་ཟབ་པ;

129 **Lavender**, *n.* མེ་ཏོག་ཏྲི་ཞིམ་པོ་ཞིག་གི་ཤིང; མེ་ཏོག་དེ་ལས་བྱུང་བའི་སྦྲུག་པ་དེའོ;

130 **Lavish**, *a.* འཕང་མེད་དུ; ཕང་མེད;

131 **Lavishly**, *ad.* ཕང་མེད་དུ;

132 **Law**, *n.* ཁྲིམས; བཀའ་ཁྲིམས;

133 **Lawful**, *a.* ཁྲིམས་མཐུན;

134 **Lawfully**, *ad.* ཁྲིམས་དང་མཐུན་པ་བྱེད་དེ;

135 **Lawfulness**, *n.* ཁྲིམས་དང་མཐུན་ཕྱུང;

136 **Lawgiver**, *n.* ཁྲིམས་བཅའ་མཁན;

137 **Lawless**, *a.* ཁྲིམས་མེད;

138 **Lawlessness**, *n.* ཁྲིམས་མེད་ཀྱི་བྱ་བ; ཁྲིམས་མེད་རལ་བགལ;

139 **Lawn**, *n.* ནེའུ་སིང; སྤང་ཤོང;

140 **Lawsuit**, *n.* ཁ་མཆུ; བརྩོད་གླེང; གླེང་གཞི;

141 **Lawyer**, *n.* ཁ་པ; ཁྲིམས་སར་ཞུ་བ་སྐྱོར་མིའི་ཁ་པ;

142 Lax, *a.* ལྷོད་ལྷོད;

143 Laxative, *a.* བཤལ་དབབ་པའི་ནུས་ཅན;

144 Laxative, *n.* བཤལ་སྨན;

145 Lay, *v.t.* བཞག་པ; མར་ཕབ་པ; བབ་པ; (རྡུལ་ལྡངས་ལ་ཆར་པ; སྒྲིག་ནས་བཞག་པ; བཀབ་པ; འབྲིང་བ; འཇོལ་བ; སྒྲིལ་སྤུང་བ; གཉན་སྐབས་སྒྲིག་པ; to lay eggs སྒོང་སྐྱེ་བ; (to lay aside ཕར་བཞག་པ;)

146 Lay, *n.* གླུ; (གླུ་ཟླེ; Bhut.); སྒྲུང་གླུ་ཙ་ལེན་པ;

147 Lay, *n.* (མི་སྐྱ; མི་ནག; Laity).

148 Laying, *n.* བྱ་མོས་སྒོང་སྐྱེ་དུས; དཀར་རྩི་བྲུག་ཕྱུངས་དང་པོ་དེའོ;

149 Layman, *n.* མི་སྐྱ;

150 Lazar, *n.* ནད་ངན་གྱིས་ཟིན་པའི་མི;

151 Lazaretto, *n.* ནད་ངན་གྱི་འཆིང་བའི་མི་ནཾས་ཀྱི་སྨན་ཁང;

152 Lazily, *ad.* ལེ་ལོ་བྱེད་དེ; ནོབ་ནོབ་པོར; ལེ་ལོར;

153 Laziness, *n.* ལེ་ལོ; སྙོམས་ལས;

154 Lazy, *a.* སྙོམས་ལས་ཅན; ནོབ་ནོབ;

155 Lea, *n.* སྤང་ལྗོངས;

156 Leach, *v.t.* ཐལ་ཁུ་འཚག་པ;

157 Leach, *n.* (leech) སྲིན་འབུ་པད་པ;

158 Lead, *v.t.* ཁྲིད་པ; མགོ་ཁྲིད་བྱེད་པ; *n.* འགོ་ཁྲིད;

159 Lead, *n.* ཞ་ཉེ; མཚོའི་གཏིང་དཔག་པའི་ཞ་ཉེ་རྡོ; {པར་པའི་ཡིག་སྦྲང་དཔྱེར་འབྱེད་པའི་ཆེད་དུ་ལྕགས་སིཾ་ཞ་ཉེའི་ཐིག་སྐབ་མོ་དེའོ;}

160 **Leaded,** *a.* ཞ་ཉེའི་ཕྱོན་ཅན;

161 **Leaden,** *a.* ཞ་ཉེའི;

162 **Leader,** *n.* འགོ་པ; འགོ་བྱེད; འཁྲིད་མཁན;

163 **Leadership,** *n.* འགོ་བྱེད; འགོ་པའི་གོ་ས;

164 **Leading,** *a.* འགོ་འཁྲིད; མིག་ལྟོས;

165 **Leaf,** *n.* ལོ་མ; ལོ་འདབ; འདབ་མ;

166 **Leaf,** *v.i.* འདབ་མ་ཁྲུང་པ; ལོ་འདབ་དགོད་པ;

167 **Leafage,** *n.* ལོ་འདབ;

168 **Leafiness,** *n.* ལོ་འདབ་མང་ལྷུར;

169 **Leafless,** *a.* ལོ་འདབ་མེད་པ;

170 **Leafy,** *a.* ལོ་འདབ་ཅན;

171 **Leaflet,** *n.* ལོ་མ་ཆུང་ཆུང; (Booklet=དཔེ་ཆུང;)

172 **League,** *n.* ཁན་སྡོམ; ཁན་སྡེབས;

173 **Leaguer,** *n.* ཁན་སྡོམ་པོ; ཕྱི་ནས་བསྐོར་མཁན;

174 **Leak,** *n.* ཐིག་མིག; ཐིག་པ་རྒྱབ་སའི་ཨི་ཁྲུང;

175 **Leak,** *v.i.* ཐིག་པ་རྒྱབས་པ; (vulgar ལྷིན་གཏང་བ; or ཆུ་གཏང་བ;)

176 **Leakage,** *n.* ཐིག་པ་གཟར་ཚུལ;

177 **Leaky,** *a.* ཐིག་པ་སྣང་པོ;

178 **Lean,** *v.i.* བསྐྱིལ་བ; སྐྱིལ་སྟེ་སྡོད་པ;

179 **Lean,** *a.* སྐྲིག་པ; ཤ་སྐམ་པ; སྐྱུར་པམ་ཡིན་པ; རིད་པོ;

180 **Lean,** *v.i.* སྐྱིལ་བ; སྐྱིས་པ;

181 **Leanness,** *n.* སྐྲིག་ཚུལ;

182 **Leap,** *v.i.* འཆོང་རྒྱབས་པ;

183 **Learn,** *v.t.* བསླབ་པ; རང་ཉིད་བསླབ་པ; རང་གིས་ཚུར་བསླབ་པ;

184 Learned, *a*. མཁས་པ; ཡོནྟ་ཅན;

185 Learnedly, *ad*. ཡོནྟ་ཅན་གྱི་ངང་ཚུལ་དུ;

186 Learner, *n*. ཡོནྟ་སྦྱངས་མཁན;

187 Learning, *n*. ཡོནྟ; སློབ་གཉེར;

188 Lease, *v.t.* ཁང་པའམ་ས་ཆ་གླ་ཆར་གཡར་གཏང་བ;

189 Leasehold, *n*. { བཀའ་འཛིན་ནང་ཚུད་ཀྱི་ས་ཆ; / བཀའ་འཛིན་ལྟར་གྱི་ས་ཆ; }

190 Leaseholder, *n*. གླ་ཆ་སྤྲད་ནས་འཛིན་པ་པོ་དེ་ཉིད;

191 Leash, *n*. ཁྲི་སྡོམ; ཁྲི་ཐག;

192 Least, *a*. ཉུང་ཤོས; ཆུང་ཤོས; མཐའ་མ; (མཐའ་ན; at least).

193 Leather, *n*. ཀོ་བ་བསྐྱེད་པ; སྐྱེད་ཀོ;

194 Leathren, *a*. ཀོ་བའི; སྐྱེད་ཀོའི;

195 Leave, *n*. དགོང་ཞུ; བཞག་པ; དོར་བ; བོར་བ; སྤང་པ;

196 Leaven, *n*. ཁུ་རའི་ནང་བླུག་རྒྱུའི་ཕབ་རྩི;

197 Leavings, *n*. ལྷག་འཕྲོ; ཁ་འཕྲོ; ལྷག་མ; ལྟོ་ལྷག;

198 Lecher, *n*. ཆགས་པ་ཅན; ཁྲིག་ལ་སྤྲེད་པ་ཆེན་པོ;
(རྒྱོ་གཟན; Sik.)

199 Lecherous, *a*. མོ་དད་ཅན; (རྒྱོ་དད་ཅན; Sik.).

200 Lecture, *n*. ཚོགས་གདམས;

201 Lecturer, *n*. ཚོགས་གདམས་གནང་མཁན;

202 Ledge, *n*. བྲག་སོ; བྲག་གི་སོ་ཁ;

203 Ledger, *n*. བུན་ཚུར་ཐོབ་པར་ཤོར་གྱི་དེབ་ཐོ;

204 Lee, *n*. རླུང་སྐྱོབ;

205 Leech, *n*. འབུ་པད་པ; སྲིན་འབུ་པད་པ; {ཨིམ་ཆི་ལ་ཡང་ཟེར;}

206 **Leek**, *n.* རམ་པ;

207 **Leer**, *n.* ཟུར་མིག; (མིག་ཁྲལ་གཙུག་སྤེ་བལྟ་རྒྱུ་དེ;)

208 **Lees**, *n.* ཚང་ཉིག;

209 **Left**, *a.* གཡོན; གཡོན་ཕྱོགས; ཕྱུག་ཆུའི་ཀང་མགོ་ནས་བལྟས་པའི་གཡོན་འགྲམ; (*p.t.* of leave བོར་བཞག་པ;)

210 **Leg**, *n.* རྐང་པ; (ཞབས; Hon.).

211 **Legacy**, *n.*ནོར་སྐལ; འདས་པོའི་ཁ་ཆེམས་སུ་འཇོག་པའི་ནོར་སྐལ;

212 **Legal**, *a.* ཁྲིམས་མཐུན;

213 **Legalize**, *v.t.* ཁྲིམས་དང་མཐུན་པར་གནང་བ;

214 **Legality**, *n.* ཁྲིམས་དང་མཐུན་ཚུལ;

215 **Legally**, *ad.* ཁྲིམས་དང་མཐུན་པར;

216 **Legate**, *n.* སྐུ་ཚབ; སྐྱབས་མགོན་ལྷའི་སྐུ་ཚབ་དུ་བླ་མ་འདྲ་མངའ་པ་དེའོ; བླ་ཆེན་གྱི་སྐུ་ཚབས;

217 **Legation**, *n.* སྐུ་ཚབ་དུ་མངའ་བ; ཕྱིའི་ཀྱི་རྒྱལ་ཁབ་དུ་སྐུ་ཚབ་གྱི་བློན་གྱི་གདན་ས;

218 **Legend**, *n.* གསེར་འཕྲེང; རྣམ་ཐར; སྐྱེ་འཕྲེང; བླ་རྒྱུད;

219 **Legendary**, *a.* བླ་རྒྱུད་རྣམ་ཐར་ལྟ་བུ;

220 **Legible**, *a.* ཀློག་བདེ་པོ; ཀློག་ཐུབ་ཅམ; གསལ་པོ;

221 **Legibleness**, *n.* ཀློག་བདེའི་ཚུལ;

222 **Legibly**, *ad.* ཀློག་བདེ་མོར;

223 **Legion**, *n.* དང་པོའ་རོ་མན་ཞེས་པའི་དམག་རྩ་མི་གྲངས་གསུམ་སྟོང་ནས་བདུན་སྟོང་བར་ཡོད་པ་ལ་ཟེར; མཚོ; སྡེ; སྤུང;

224 **Legionary**, *a.* དམག་རྩའི;

225 **Legislate**, *v.i.* ཁྲིམས་ཡིག་བཅའ་བ; ཁྲིམས་བཅའ་བ;

226 Legislation, *n.* ཁྲིམས་བཅའ་ཚུལ;

227 Legislative, *a.* ཁྲིམས་ཀྱི་མངའ་བདག; ཁྲིམས་ཀྱི་ཁ་ལོ་པ;

228 Legislator, *n.* ཁྲིམས་བཅའ་མཁན;

229 Legislature, *n.* ཁྲིམས་ཀྱི་སྡེ; ཁྲིམས་འགོ་འཛུགས་བྱེད་པའི་སྡེ;

230 Legitimacy, *n.* སྐྱེ་ཁུངས་དག་ཚུལ; ཁུངས་དག་པོ;

231 Legitimate, *v.t.* ཁུངས་དག་པོར་བཟོ་བ;

232 Legitimate, *a.* ཁུངས་དག་པོ;

233 Legitimately, *ad.* ཁུངས་དག་པོར;

234 Leisure, *n.* ལོང; གློད་ལོང; དལ་ཁོམས; དལ་བ;

235 Leisurely, *ad.* གློད་གློད་བྱེད་པ;

236 Lemon, *n.* (Sik. ཅོས་པད་ཞེས་པའི་ཤིང་འབྲས་སྐྱུར་མོ་ཞིག;)

237 Lemonade, *n.* ཆུ་ཡི་ནང་ལ་ཅོས་པད་ཀྱི་དྲི་ཡོད་པ; ཅོས་པད་ཀྱི་དྲི་ངད་
ལྡན་པའི་བཏུང་བ་ཞིག; {ལཱི་མཱ་པཱ་ཎཱི; ཆུ་མངར་མོ;}

238 Lend, *v.t.* གཡར་བ; གཡར་བྱིན་པ;

239 Lender, *n.* གཡར་བྱིན་མཁན;

240 Length, *n.* རིང་མཐུང; དཀྱུས;

241 Lengthen, *v.t.* དཀྱུས་སུ་རིང་དུ་བཏང་བ; དཀྱུས་སུ་བརྐྱང་བ;

242 Lengthiness, *n.* དཀྱུས་རིང་ཚུལ;

243 Lengthwise, *ad.* དཀྱུས་སུ;

244 Lengthy, *a.* རིང་མོ; (མཐར་འཛད་ཅན; Sik.).

245 Leniency, *n.* ཐུ་ཡངས་གཏང་ཚུལ; དགོངས་པ་གློད་ཚུལ;
ཐུགས་སྙིང་གི་དགོངས་པ;

246 Lenient, *a.* དགོངས་པ་ཡངས་པོ;

247 Leniently, *ad.* ཡངས་མོར; ཐུགས་སྙིང་གི་དགོངས་པ་བཞིན་ཀྱིས;

248 Lenity, *n.* བྲུཊ་དགོངས་ཡངས་ཚུལ; འཇམ་ཚུལ;

249 Lens, *n.* མེ་ཤེལ་ལཾ་རྒྱངས་ཤེལ་གྱི་ཤེལ་ལྟ་བུ; ཟུར་སྒྲབ་མོ་
དཀྱིལ་སྦུག་ཅིང་འབུར་ཡོད་པ; ཤེལ་གསལ་མོ;

250 Lent, *n.* ཞག་མོ་བཞི་བཅུ་ཐམས་པའི་སྨྱུན་གནས་ཀྱི་དུས་ཆེན;

251 Lenten, *a.* སྨྱུང་གནས་ཀྱི;

252 Lentil, *n.* སྲུ་ཞིག་དང་དེའི་ས་བོན་དེའི་མིང; རྒྱ་གར་དུ་དཱལ་ཞེས་
པའི་སྲན་ཆུང་དེའོ; སྲན་ཆུང;

253 Leo, *n.* སེངྒེ; དུས་འཁོར་སེང་གེ; སེང་གེའི་ཁྱིམ;

254 Leonine *a.* སེངྒེ་ལྟ་བུ;

255 Leopard *n.* གཟིག; (Sik. སྟག་མོ་གཟིག;)

256 Leper, *n.* མཛེ; མཛེ་ནད་ཅན; མཛེ་པ;

257 Leprosy, *n.* མཛེ; མཛེ་ནད;

258 Leprous, *a.* མཛེ་ནད་ཅན; མཛེ་རྒྱབ་པ; མཛེ་ཅན; མཛེ་པ;

259 Less, *a* ཉུང་བ; ཆད་པ;

260 Lessee, *n.* གླ་པོ་ལེན་མཁན; ཁང་གླ་འི་ས་ཆ་ཁྲལ་གླར་ལེན་མི;

261 Lessen, *v.t.* ཉུང་དུ་བཏང་བ;

262 Lesson, *n.* ཆོས་རྒྱུཊ; ཡིག་རྒྱུགས;

263 Lest, *c.* བྱུང་གི་དོགས; སྲིད་ཀྱི་དོཊ;

264 Let, *v.t.* བཅུག་པ; འཇུག; གནང་བ; གཏང་བ;

265 To Let a house. ཁང་པ་ཁང་གླར་གཏང་བ; གླ་རུ་གཏང་བ;

266 Let off, *v.t.* གཏོང་བ; བཏང་བ; གློད་པ; གློད་བཏང་བ;

267 Lethargy, *n.* ལེ་ལོ; སྒྲིད་པ་སྒྱུར་བ; སྒྲིད་ལུག; བྱིངས་རྨུག;

268 Letter, *n.* ཡི་གེ; (ཕྱག་བྲིས; Hon.).

269 Levant, *n.* ཡུལ་ཞིག་གི་མིང; ཤར་ཕྱོཊ་ཀྱི; ཤར;

270 Levant, *v.i.* བྲོས་པ; གཟུར་བ;

271 Levee, *n.* རྒྱལ་པོའི་དྲུང་དུ་མཇལ་གཏོང་བ་དེའོ; མཇལ་ཁ;

272 Level, *n.* ཁོད་སྙོམས་པོ;

273 Leveller, *n.* ཁོད་སྙོམས་མཁན;

274 Levelling, *n.* ཁོད་སྙོམས་པའི;

275 Lever, *n.* དབྱུག་མདའ; ལྕགས་སམ་ཤིང་གི་དབྱུག་པ;
(ཀླེའུ་མདའ; Sik. & Bhut. or ཀླེའུ;)

276 Leveret, *n.* རི་བོང་སྐྱེས་ནས་ལོ་གཅིག་ལོན་པ་ལ་ཟེར; རི་བོང་ཕྲུག་གུ;

277 Leviathan, *n.* ཆུ་སྲིན; ཆུའི་ནང་གི་སེམས་ཅན་ཆེན་པོ་ཞིག;
ཆེན་པོ་འི་སྦྲུ་མིང;

278 Levite, *n.* ཡ་ཧུ་ད་པའི་བོན་པོ་ལེ་ཝི་ཞེས་པའི་མི་རྒྱུད;

279 Levitical, *a.* བོན་པོ་འི; [ཡིག;

280 Leviticus, *n.* ཡ་ཧུ་དའི་བོན་སྟོན་ལེ་ཝི་ཞེས་པས་བཅའ་བའི་ཁྲིམས

281 Levity, *n.* ཡངས་ཚུལ; བྱ་སྤྱོད་ཡངས་མོའི་ཚུལ;

282 Levy, *v.t.* ཁྲལ་བསྡུ་བ; ཁྲལ་འགོད་པ;

283 Levy, *n.* ཁྲལ་བསྡུད; ཁྲལ་བསྡུ;

284 Lewd, *a.* འཆལ་པོ; གཙོག་པ; གཡེམ་དད་མཁན;
(རྒྱོ་འདོད་ཅན; Colql.).

285 Lewdly, *ad.* གཙོག་པོ་བྱེད་དེ; འཆལ་འཆལ་ལྟར;

286 Lewdness, *n.* ལོག་གཡེམ་གྱི་ལས; འཆལ་གཡེམ; མི་ཚངས;

287 Lexicographer, *n.* ཚིག་མཛོད་བརྩམས་མཁན;

288 Lexicographical, *a.* ཚིག་མཛོད་ཀྱི་རྣམ་པ་ཅན;

289 Lexicography, *n.* ཚིག་མཛོད་བརྩམས་པའི་བྱ་བ;

290 Lexicon, *n.* ཚིག་མཛོད་ཟ་མ་དག;

291 **Liable,** *a.* རང་གྲོག་ཟག་པ; ཐོག་པ; ཟག་པ; འགན་ཐོག་པ;

292 **Liability** *n.* རང་ཐྲོག་ཐོག་པའི་འགན;

293 **Liar,** *n.* ཧམ་པ་བཤོད་མཁན; རྫུན་སྨྲ་མཁན;
(ཤོབ་ཅན; འང་མཁན; Sik. & Bhut.).

294 **Libation,** *n.* གསེར་སྐྱེམས; ཚང་མཆོད; ཚང་ཕུད;

295 **Libel,** *n.* སྨད་ར;

296 **Libellous,** *a.* སྨད་རའི;

297 **Liberal,** *a.* ལག་ཡངས་པོ; གཏོང་ཕོད་ཅན;

298 **Liberalism,** *n.* བློ་ཡངས་པོ་དག་གི་ལྟ་བ; བློ་ཁོག་ཡངས་པོ་རྣམས་
ཀྱི་འདོད་བློ་འི་གཏེ;)

299 **Liberality,** *n* གཏོང་ཕོད;

300 **Liberalize,** *v.t* བློ་རྒྱ་ཆེར་གཏོང་བ;

301 **Liberally,** *ad.* གཏོང་ཕོད་ཆེན་བྱེད་དེ;

302 **Liberate,** *v.t.* དགྲོལ་བ; གཏོང་བ; སློད་བཏང་བ;

303 **Liberation,** *n.* གྲོལ་བ;

304 **Liberator,** *n.* དགྲོལ་མཁན;

305 **Libertine,** *n.* གཤེར་པོ; འཆལ་པོ; (དང་སང་དབང་པོ;)

306 **Libertinism,** *n.* ཚང་དང་མོ་དད་ཆོད་མེད;

307 **Liberty,** *n.* རང་དབང; རང་ཚོད; རང་དགའ་རང་ཐང;

308 **Libidinous,** *a.* སྲེད་ཞེན་ཅན; འདོད་སྲེད་ཅན; འདོད་ཆགས་ཆེན;
(རྒྱོ་དད་ཆེན་པོ; ཟ་ཀྱི་ར, Vulgar).

309 **Libra,** *n.* སྲང་གི་དུས་སྦྱོར; སྲང; སྲང་གི་ཁྱིམ;

310 **Librarian,** *n.* དཔེ་མཛོད་དོ་དམ་པ; དཔེ་གཉེར་པ;

311 **Library,** *n.* བསྟན་བཅོས་སྣ་ཚོགས་ཀྱི་ཁང་པ; དཔེ་མཛོད;

312 Librate, *v.t.* སྲང་ལ་འདེག་པ; ཡང་བརྫི་སྙོམས་པ;

313 Libration, *n.* ལྡེམས་རྒྱབ་ཚུལ; ལྡེམ་ལྡེམ;

314 License, *n.* གནང་བ; དགོང་པ; བཀའ་གནང; བཀའ་ཡང;

315 Licensee, *n.* དགོང་ཡངས་ཐོབ་མཁན;

316 Licentiate, *n.* ཆོས་འཆད་ཆོག་པའི་གནང་བ་ཐོབ་པ;

317 Licentious, *a.* ཉོན་མོངས་རང་དགར་སྤྱོད་པའི;

318 Licentiousness, *n.* ཉོན་མོངས་རང་དགར་སྤྱོད་པའི་ཚུལ;

319 Lichen, *n.* ཤིང་སྡོང་གི་ལོད་སྤུ་སྐྱེས་པའི་སྤོ་སྐྱ་མ་ཟེར་བ;
(སྤོ་སྐྱུལ་པའི་ལྟ་བུ་ཞིག;)

320 Lick, *v.t.* རོ་བདའ་བ; བྲོ་བ་མྱང་བ; ལྕེ་ཡིས་ལ་དག་པ;
ལྕེ་ལྡག་རྒྱབ་པ;

321 Licking, *n.* བཛུང་བཛིག;

322 Licker *n* བཛུང་བ; བཛུང་བཛིག་གཏང་མཁན;

323 Lickerish, *a.* ཞིམ་འདོད་ཅན; རོ་ལ་ཆགས་པ;

324 Lid, *n.* ཁ་བཅོད; ཁེབས;

325 Lie, *v.i.* ཉལ་བ; མཆིས་པ; བརྫུན་བཤད་པ; *n.* རྫུན;
(ཤོབ; འང; Sik.).

326 Lie, *v.i.* (to lie with བཞོ་བ; ཁྲིག་པ་སྤྱོད་པ;)

327 Liege, *a.* གཙོ་བོ;

328 Liegeman, *n.* འབངས; འཁོར་འབངས; འབང་མི;

329 Lieu, *n.* ཚབ; སྐྱིན་པ;

330 Lieutenant, *n.* བརྒྱ་དཔོན; {དམག་ལས་དཔོན་འགོ་ཚུང་བ;}
དཔོན་ཚབ; ལས་ཚབ;

331 Life, *n.* སྲོག; ཚེ; སྐྱེ་བ;

332 Lifeless, *a.* སྲོག་མེད;

333 **Lift**, *v.t.* ཡར་བདེག་པ; ཡར་བསྒྲེང་བ; འཁྱོག་པ; ཡར;

334 **Ligament**. *n.* མཇུད་པ་རྩཾ་པོ;

335 **Ligamental**, *a.* མཇུད་པའི;

336 **Ligature**, *n*, འཆིང་མཇུད;

337 **Light**, *n.* འོད; གསལ་ཆ; གོ་བ; (རིག་པའི་གསལ་ཆ;)

338 **Lighten**, *v.i.* བབ་པ; འོད་ཀྱི་ཁྱབས་པ; འོད་དུ་གསལ་བ;

339 **Lighten**, *v.t.* ཡང་དུ་གཏང་བ;

340 **Lightly**, *ad.* ཡངས་ཡངས་བྱེད་དེ;

341 **Lightness**. *n.* (ཡང་ལོད) ཡང་ལྷུར; ཡང་རྩལ; བརྗོད་མེད་པས ཡང་ལྷུགས;

342 **Lightning**, *n.* གློག་ལྟེ; འཁྱུག;

343 **Lightsome**, *a.* སྐྱ་གསལ་གསལ; ཡང་མོ;

344 **Ligneous**, *a.* ཤིང་ལས་གྲུབ་པ; ཤིང་གི;

345 **Like**, *a.* འདྲ་པོ; (resembling) *v.t.* དགའ་བ;

346 **Likelihood**. *n.* འདྲ་ཚོད; ཡིན་ཚོད;

347 **Likely**, *ad.* ཡིན་དྲོ; ཡིན་ཚོད;

348 **Liken**, *v.t.* མགྲན་པ; ཡིན་སྙོག་བྱས་པ; འདྲ་མོར་བཙོས་པ;

349 **Likeness**, *n.* སྐུ་འདྲ; སྐུ་པར; བཟོ་བྱེད; འདྲ་པར; འདྲ་སྐུ;

350 **Likewise**, *n.* དེ་བཞིན་དུ; ཡང;

351 **Liking**, *n.* དགའ་ཁྱད; དགའ་ཚུར; སྣང་དཀར་ལྷུར;

352 **Lilac** *n.* མེ་ཏོག་ཁ་མདོག་སྔོ་དམར་བྱུས་པ་ཞིག; རྩི་ཀྱི་མེ་ཏོག;

353 **Lily**, *n.* པདྨ; ཨུཏྤལ;

354 **Limb**, *n.* སྨུག་ལག; སྨུག་བཞི; ཡན་ལག;

355 **Limbed**, *a.* ཡང་ལག་དང་ལྡན་པ; ཡན་ལག་བཏང་པ;

356 Limber, *a.* — མི་སྦྲོད་ཀྱི་འཁོར་ལོའི་སྣེ་དང་འཁོར་ལོ་གཉིས་པོ;

357 Lime, *n.* — རྡོ་ཞོ;
(ཙུན Hindi word Tibetanised ཙུ་ནེ Bhut.)

358 Limit, *n.* — མཐའ; ཚད; ཕྱི་རིམ;

359 Limitable, *a.* — མཐའ་དཔག་ཏུ་ཡོད་པ; ཚད་གཞལ་དུ་ཡོད་པ;

360 Limitation, *n.* — ཚད; མཐའ་མཚམས; མཚམས;

361 Limited, *a.* — ཚད་གཞལ་ཟིན་པ; འཇལ་ཟིན་པ; མཐས་བསྒྲིམས་པ;

362 Limner, *n.* — འདྲ་ཐང་བྲི་བ; རི་མོ་མཁན;

363 Limp, *v.i.* — འདར་འདུར; འདལ་ལེ་འདོལ་ལེ; ཉ་ལེ་ཉོ་ལེ;

364 Limpet, *n.* — ཉིའུ་ཆུང་ཉ་ཅིབ་ཞི་འགྲུན་འབྲུའི་རིཊ;

365 Limpid, *a* — དྭང་མོ; གསལ་པོ; (སྙིང་སང་སང Sik. & Bhut.).

366 Line, *n.* — ཐིག; ཐིག་སྐུད; སྐུད་པ; སྣལ་མ;
(ཞེང་མེད་པའི་དཀྱུས; Geometrical line).

367 Lineage, *n.* — རིཊ་རྒྱུད; རྒྱུད་པ; རིཊ; (Hon. གདུང་རྒྱུད;)
མཆེད་ཁྲངས; (ཚད་ས་ཚད་ཁྲངས; Sik.).

368 Lineal, *a.* — རྒྱུད་པའི; དཔེར་ན་རྒྱུད་པའི་བླ་མ་ལྟུར;

369 Lineament, *n.* — བྱད་བཞིན; ངོ་གདོང; ངོ་རིས; གཟུཊ་བརྙེན;

370 Linear, *a.* — ཐིག་གི; ཐིག་གྲུར་ཆཊ་པའི; ཐིག་གི་ཉི་པ་ཅན;

371 Linen, *n.* — ཀ་ཛིའི་རས; ཀ་ཅི;

372 Ling, *n.* — ཉའི་རིཊ་གཅིག; སྤྲང་ཙྭ;

373 Linger, *v.i.* — བགོར་ནས་བསྡོད་པ; བགོར་བ; ཁྲུ་རི་ཁྲི་རི་བྱས་
སྡོད་པ;

374 Lingual, *a.* — སྐད་ཀྱི; ལྕེ་ཡི;

375 Lingual, *a.* — པོ་མཚན་དབང་ཕྱུག་ཏུ་ལྟ་བ; དབང་ཕྱུག་གི་གཟུཊ་བརྙེན;

376 **Linguist**, *n.* སྐད་ལ་མཁས་པ; སྒྲ་པ; སྐད་རིགས་དུ་མར་མཁས་པ;

377 **Linguistic**, *a.* སྐད་རིགས་སྣ་ཚོགས་ཀྱི་སྐོར;

378 **Lining**, *n.* ནང་ཤ; གོས་སམ་ཆུ་པའི་ནང་ཤ; (ནང་ཤབ; Sik.).

379 **Link**, *n.* གདོལ་མིག; ཨ་ལོང;

380 **Linnet**, *n.* བྱིའུ་དབྱང་སྙན་ཅན་ཞིག;

381 **Linseed**, *n.* ཏིལ་གྱི་རིགས; (ཏི་སི Hindi) སོ་མ་ར་ཙའི་འབྲས་བུ་རེའི;

382 **Lint**, *n.* ཤིང་བལ་གྱི་རས་ངོས་གཅིག་སྤུ་ཅན; སྤྲིང་བལ་གྱི་རས་
སྤུ་མ་རྨ་བཅོས་ལ་མཁོ་བ་ཞིག;

383 **Lintel**, *n.* {of door སྒོའི་ཡ་ཐེམ;}

384 **Lion**, *n.* སེངྒེ; གཅན་གཟན་གྱི་རྒྱལ་པོ་སེང་གེ;

385 **Lioness**, *n.* སེངྒེ་མོ;

386 **Lionize**, *v.t.* ཆེ་བསྟོད་བྱེད་པ;

387 **Lip**, *n.* མཆུ; ཁའི་མཆུ;

388 **Liquation**, *n.* ལྕུ་བསྐོལ་བའི་ཞུན་བཀོལ་བའི་ལས;

389 **Liquefy**, *v.t.* ཆུར་བཞུ་བ;

390 **Liquefiable**, *a.* ཆུར་བཞུ་རུང་བ;

391 **Liquid**, *a.* ཁུ་བ; ཆུ; ཆབ; རློན;

392 **Liquidate**, *v t.* བརྩིས་དག་པ; བུན་ཐེབས་པ; བུན་གཙང་དག་བདབ་པ;

393 **Liquidation**, *n.* བརྩིས་དག་པའི་ལས; བུན་གཙང་དག་བྱེད་པའི་ལས;

394 **Liquidator**, *n.* བརྩིས་དག་པར་བྱེད་མཁན; བུན་གཙང་མཁན;

395 **Liquidity**, *n.* ཆུ་བཞིན་སླ་བའི་རང་བཞིན; རློན; ཞེར;

396 **Liquor**, *n.* ཨ་རག;

397 **Lisp**, *v.i.* བྱིའུ་བཞིན་གཅིས་སྐད་འདོན་བཞིན་ཚིག་སྒྲ་མི་དག་པར
བརྗོད་པ; གཅིས་སྐད་འདོན་པ;

398 List, *n.* ཐོ; དེབ; དེབ་ཐེར;

399 Listen, *v.i.* ཉན་པ; མཉན་པ;

400 Listener, *n.* ཉན་པ་པོ;

401 Listless, *a.* དྲན་པ་མ་གཏང་བར; དྲན་པ་རྒྱ་ཡན་ཤོར་བའི;
དྲན་པ་ཉམས་པ; (སྙིང་མེད་དྲན་མེད; Sik.).

402 Listlessly, *ad.* དྲན་པ་རྒྱ་ཡན་དུ་གཏང་སྟེ;

403 Listlessness, *n.* དྲན་པ་རྒྱ་ཡན;

404 Litany, *n.* གསོལ་འདེབས; ཁ་དོན; (ཞབས་བརྟེན; Hon.).

405 Literal, *a.* ཡིགེའི་སྒྲ་བཞིན; ཁ་ཐུག; ཡིགེའི་འབྲུ་དོན་ལྟར;

406 Literalism, *n.* ཡིགེའི་ཚིག་གི་དོན་ལྟར་འགྲིམས་པ་ཉིད; ཡིགེའི་
འབྲུ་དོན་འགྲིམ་འདོད;

407 Literally, *ad.* ཡིགེའི་སྒྲ་དོན་ལྟར་ན; (ཡིགེའི་འབྲུ་དོན་ལྟར་ན;)

408 Literary, *a.* ཡིགེའི་ཐོག; ཡིགེའི་སྐོར;

409 Literate, *a.* ཡིགེ་ཤེས་པ;

410 Literaty, *n.* ཡིག་ཐོག་མཁས་པ; ཡོན་དན་ཅན; ཡོན་ལྡན་པ;

411 Literature, *n.* ཡིགེ; བསྟན་བཅོས་ཡིགེ; ཆོས; རིག་པ;

412 Litharge, *n.* ཞ་ནེའི་སྨན; རྒྱ་ཞ་ནེ་ལས་བྱུང་བའི་སྨན་ཞིག་གོ;

413 Lithe, *a.* མཉེན་གྱོང་འཇོམས་པོ;

414 Lithesome, *a.* མཉེན་གྱོང་འཇོམས་པོ;

415 Lithograph, *v.t.* རྡོའི་ངོས་ལ་བཀོད་པའི་པར; རྡོ་པར;

416 Lithographer, *n.* རྡོ་པར་པ;

417 Lithographic, *a.* རྡོ་པར་གྱི;

418 Lithography, *n.* རྡོ་པར;

419 Litigant, *n.* ཁ་མཆུ་བརྩོད་མཁན; གླེང་མོའི་དོ་བདག;

420 Litigate, *v.t.* ཁམ་མཆུ་བརྩོད་པ;

421 Litigation, *n.* ཁྲིང་བརྩོད; ཁ་མཆུ;

422 Litigious, *a.* ཁམ་མཆུ་བརྩོད་དད་ཅན;

423 Litter, *n.* ཕྱབ་མའི་ཕྱུང; ཁད; ཁྲོགས; འཁྱོར; (bier དཀྱུ་ཁྲི;)

424 Litter, *v.t.* ཁྲི་ཀྱུ་བཙམ་པ;

425 Little, *a.* ཆུང་ཆུང; ཉུང་ཉུང; ཉམ་ཆུང;

426 Littleness, *n.* ཆུང་ངུའི་ཚུལ; རྒྱུ་ཆུང་བའི་ཚུལ;

427 Liturgy, *n.* ཞབས་བརྟེན;

428 Live, *v.i.* བསྡོད་པ; འདུག་པ; འཁོད་པ; གནས་པ; མཆིས་པ;
(to live by ཟ་བ; འཚོ་བ;)

429 Lived, *a.* གནས་པ; མཆིས་པ; བསྡོད་པ;

430 Livelihood, *n.* འཚོ་བའི་སྒྲུར་ཐབས; འཚོ་བ་སྒྲུབ་ཐབས; འཚོ་རྒྱུ;

431 Liveliness, *n.* སྤྲོ་འཕེལ་བའི་ཉམས;

432 Livelong, *a.* ཚེ་གང;

433 Lively, *a.* སྤྲོ་སེང་སེང; གཙང་པོ; ཁྲམ་པ;

434 Liver, *n.* མཆིན་པ;

435 Livery, *n.* ཡབ་ཁྲུག་པ་རྣམས་ཀྱི་གོས་ཆ; སླུ་མདུན་པའི་གོས་ཆས;

436 Lives, *n.* སྲོག་དུ་མ; *v.i.* གནས་སོ; སྡོད་དོ;

437 Livid, *a.* གསལ་པོ; འབུར་དོད་པོ;

438 Lividity, *n.* སྐྱོ་བམ;

439 Living, *a.* གསོན་པོ; *n.* འཚོ་ཐབས; འཚོ་བ;

440 Lizard, *n.* ཅང་པ; སྲོག་ཆགས་ཅང་པ་འམ་ད་དབྱིག; (རླུང་འགམ;
Chameleon). (རྫ་དོག་མ; Sik.) (ཟེས་ལྷ; Sik.)

441 Llama, *n.* ལུག་གི་རིགས་ཞིག;

442 Lo, *int.* བལྟོས་ཤིག;

443 Load, *n* དོ་བྱ; འཁུར་དོས; འཁུར་ཚད;

444 Loadstone, *n.* རྡོ་ཁབ་ལེན;

445 Loaf, *n.* ཁུ་ར; བག་ལེབ; *v.i.* འཁྱམས་པ་ཤལ་བྱེད་པ;

446 Loam, *n.* ས་ནག་པོ་ལྷུད་ཅན;

447 Loam, *v.t.* ས་ལྷུད་བཀྲམ་པ; ས་ལྷུད་འདེབས་པ;

448 Loan, *n.* བུན; གཡར་སྐྱིན;

449 Loan, *v.t.* གཡར་བ; *v.t.* གཡར་སྐྱིན་བྱིན་པ;

450 Loath, *a.* བློ་ལ་མི་འགྲོ་བ; མི་འདོད་བཞིན་པ;

451 Loathe, *v.t.* གཙོག་པ; ཞེན་པ་ལོག་པ; ཞེ་ཁྲེལ་བ;

452 Loathful, *a.* གཙོག་པོ; ཞེན་ལོག་བསྐྱེད་བྱེད;

453 Loathing, *n.* ཞེན་ལོག; སྐྱུག་བྲོ; (ཁམ་ལོག; Sik. & Bhut.).

454 Loathly, *ad.* ཞེན་ལོག་བསྐྱེད་བྱེད;

455 Loathsome, *a.* གཙོག་པ; དམེ་བ; སྐྱུག་བྲོ་པོ; (ཁམ་ལོག་ཆེ་ཆེ; Sik. & Bhut.).

456 Lobby, *n.* སྒོ་འགག; སྒོ་སྒྲིར;

457 Lobe, *n.* རྣ་བའི་མཇུག; (Hon. སྙན་ཤལ;) རྣ་ཤལ; ཆ; དུམ་བུ;

458 Lobster, *n.* སྡིག་སྲིན; (ཧྲི་སྲིན; Chinese term Tibetanised).

459 Local, *a.* ས་གནས་ཀྱི;

460 Localism, *n.* ས་གནས་ཀྱིས་ཁིས་འགོས་པ; ཆཊ་པ; ས་གནས་སོ་སོའི་ཁམས་ཀྱི་འགྲོ་ལུཊ;

461 Locality, *n.* ས་གནས;

462 Localization, *n.* གནས་སོ་སོར་ཚོར་བའི་སྒོ་རེར་རྟོག་པ; ཚོར་བ་ལུས་ཀྱི་ཆ་གང་རུང་ཞིག་ལ་གཏད་པ; ལུས་ཀྱི་ཆ་གང་རིགས་ཞིག་ལ་ཚོར་བའི་དབང་པོ་བསྡུ་བ;

463 Localize, *v.t.* གནས་སོ་སོར་བཀོད་པ;

464 Locally, *ad.* ས་གནས་སུ; གནས་སོ་སོར;

465 Locate, *v.t.* གནས་ཚོད་བརྟག་པ; ས་གནས་ངོས་བཟུང་བ; གནས་ངོས་འཛིན་བྱེད་པ;

466 Location, *n.* ས་ཆ; ས་གནས; གནས;

467 Loch, *n.* མཚོ;

468 Lock, *n.* སྒོ་ལྕགས; *v.t.* སྒོ་ལྕགས་རྒྱབ་པ;

469 Locker, *n.* སྒོ་ལྕགས་རྒྱབ་ས་ཡོད་པའི་ཁང་མིག་བཙན་པོ;

470 Locket, *n.* ག་ཚུང; གཟུ;

471 Locomotion, *n.* འགྲོ་འདུག; འགྲོས; འགྲུ་བ;

472 Locomotive, *a.* རེ་ལི; འགྲོ་བའི་འཁྲུལ་འཁོར;

473 Locust, *n.* ཆ་ག་འབུ; (ཉམ་ཡོར; Sik.) (འབུ་ཕིའུ་དར་པ; Bhut.) ཤིང་ཚེར་མ་ཅན་མེ་ཏོག་དཀར་པོ་དྲི་ངད་བཟང་པོ་ལྡན་པ་མང་པོ་ཅན་ཞིག་གོ;

474 Locution, *n.* ཁ་ལབ་ལུགས; སྨྲ་བརྗོད; སྨྲ་བརྗོད;

475 Lode, *n.* ལྕགས་སོཾ་ཟང་རྡོ; ལྕགས་རྡོ་འམ་ཟང་རྡོ;

476 Lodestone, *n.* རྡོ་ཁབ་ལེན;

477 Lodge, *v.t.* གནས་ཚང་གཡར་བ; གནས་ཚང་སྦྱེར་བ; སྡོད་གནས་བྱིན་པ; *n.* དགོན་པ; ཚོགས་ཁང; སིལ་པོ་སྐྱིད་ཚལ་ནང་དུ་ཁང་ཆུང;

478 Lodger, *n.* གནས་ཚང་གཡར་ནས་བསྡོད་མི;

479 Lodging, *n.* གནས་ཚང;

480 Lodgment, *n.* གནས་ཚང་བཅའ་བ་ཉིད;

481 Loft, *n.* སྟེང་ཐོག;

482 Loftily, *ad.* མཐོན་པོ་བྱེད་དེ; མཐོ་ལྷོག་ཁ་པོ་བྱེད་དེ;

483 Loftiness, *n.* མཐོ་ཚུལ; མཐོ་འདོད་ཆེ་ཞུགས;

484 Lofty, *a.* མཐོན་པོ;

485 Log, *n.* ཤིང་སྡུམ; ཀྱུ་ཟིང་གི་བང་གཞལ་བྱེད་ཀྱི་ཤིང་སྡུམ་དེ་
ཡའང་ཟེད;

486 Logarithm, *n.* བགྲངས་བའི་བརྩིས་ཡུང་གཅིག;

487 Loggerhead. གླེན་པ; (མགོ་འཁྲོས; Sik.).

488 Logia, *n.* ལུང་བསྟན; གདམ; དཔེ་གདམ;

489 Logic, *a.* རིག་བྱེད; སྨྲ་བའི་རིག་བྱེད; སྨྲ་དབྱད་ཀྱི་རིག་པ;
སྨྲ་རིག་པ; སྨྲ་ཚད་མའི་རིག་པ;

490 Logical, *a.* རིག་པ་དང་མཐུན་པར; སྨྲ་རིག་པ་དང་ལྡན་པ;

491 Logician, *n.* སྨྲ་བ་རིག་པ་དང་མཐུན་པ; སྨྲ་མཁས; སྨྲ་བའི་རིག་
པ་ཅན;

492 Logistical, *a.* བགྲང་བར་མཁས་པ;

493 Logwood, *n.* ཤིང་དམར་སྨུག་ཞིག;

494 Logos, *n.* སྔོན་དུས་གྲིག་པའི་ཆོས་ལུང་ལྟར་ན་འཇིག་བརྟེན་དང་
ཆས་སྲུ་གནས་པའི་ནུས་མཐུ་དེའོ; ལྷའི་བཀའ་འཻ་ལུང;

495 Loll, *v.i.* བསྙེས་མ་ལྡེ་འདོན་པ;

496 Lolly, *n.* གོང་བུ; རྡོག;

497 Loin, *n.* བརླ; བརླ་ཤ;

498 Loiter, *v.i.* བགོར་གཞི་རྒྱབ་པ; ཁྲུ་རི་ཁྲི་རི་བྱས་སྡོད་པ;

499 Loiterer, *n.* བགོར་གཞི་རྒྱབ་མཁན; བཤུལ་དུ་ལུས་པ;

500 Loll, *v.i.* འཁྲིད་སླལ་རྒྱབ་པ; ཉལ་བ; སླལ་བ;

501 Lone, *a.* རང་ཉིད་གཅིག་ཕོ; གཅིག་པོ;

502 **Loneliness**, *n.* གློ་སྟོང་པོ; དབེན་རྩུལ; (གློ་ཧར་ལུགས; Sik.).

503 **Lonely**, *ad.* རང་ཉིད་ཅིག་པོ;

504 **Lonesome**, *a.* གློ་སོད; རང་ཉིད་ཀྱུང་ཀྱུང; (གློ་ཧར་ཆེ་ཆེ; Sik.).

505 **Long**, *a.* རིང་པོ; རིང་མོ; (*v.i.* དུང་དུང་བྱས་ནས་དྲན་པ; to long for).

506 **Longevity**, *n.* ཚེ་རིང་ལུཏ; ཚེ་རིང;

507 **Longing**, *n.* དྲན་ཟུག;

508 **Longingly**, *ad.* ཡིད་གདུང་བའི་ཚུལ་གྱིས; དྲན་ཟུག་དང་བཅས་སྟེ;

509 **Longitude**, *n.* དཀྱུས་ཀྱི་ཐིག་ཚད; རྩེ་ནས་ཞམ་ཐུབ་དུ་ཐིག་རྒྱབ་པའི་རི་མོ; ས་ཁྲའི་ནང་ཡོད་ན་དཀྱིལ་ཐིག་ནས་ཤར་ནུབ་ཐག་ཉེ་རིང་གཞལ་ཐིག;

510 **Longitudinal**, *a.* དཀྱུས་ངོས; ཚལ་པར; མགོ་ནས་མཇུག་གི་ངོས་སུ་ཐིག་ཚལ་པར་འགོས་པའི;

511 **Loo**, *n.* ཤོག་འབག་གི་བཟེད་མོ་ཞིག;

512 **Look**, *a.* ལྟར་སྣང; ལྟ་བ; བལྟད་མོ; སྣང་ངོ; སྣང་བ; *v.t* བལྟ་བ; *v.i.*

513 **Looker-on**, *n.* བལྟས་མོ་བལྟ་མཁན;

514 **Looking**, *v.i.* བལྟས་བཞིན་པ;

515 **Looking-glass**, *n.* མེ་ལོང;

516 **Look after**, *v.t.* ཅག་བྱེད་པ་བྱར་བྱས་པ;

517 **Look down on**, *v.i.* དམའ་མཐོང་བྱས་པ;

518 **Loom**, *n.* འཐགས་བདག་པའི་ཙ་ལག; འཐགས་ཆ; *v.i.* མིག་ངོར་འཆར་བ;

519 **Loon**, *n.* གླན་པ;

520 **Loop**, *n.* {ཨོ་རྙེད; Sik.} ཞགས་པ;

521 Loose, *v.t.* བཀྲོལ་བ; adj. མ་འཆིང་བ; ཞིག་ནས་ཡོད་པ; ལྷོད་ལྷོད;

522 Loosely, *ad.* བཀྲོལ་ཏེ; ལྷོད་པོ་བྱེད་དེ;

523 Loosen, *v.t.* བཀྲོལ་བ; ལྷོད་པ;

524 Looseness, *n.* འཆལ་འཛོལ; (of stomach ཁྲུ་བ་ཤལ); ལྷོད་ཆ;

525 Loot, *n.* འཕྲོག་བཅོམ་རྒྱབ་པའི་ཅ་ལག; གཉགས;

526 Lop, *v.t.* བཅད་པ; གཞུར་བ; ཡལ་ག་བཅད་པ;

527 Lopping, *n.* སྡོང་བཞུར; ཡལ་ག་གཡམས་པ;

528 Loquacious, *a.* ཁ་བདེ་པོ; གཏམ་འདོད་ཅན; ཁ་མང;

529 Loquacity *ad.* ཁ་མང་བའི་རང་བཞིན; ཁ་བདེ་ཚུལ;

530 Lord, *n.* གཙོ་བོ; རྗེ་བོ; ཇོ་བོ; དཔོན་པོ;

531 Lordliness, *n.* རྗེ་བོར་སྙམ་པའི་འཁྱིང་བག; རྗེ་བོའི་ངང་ཚུལ; གཙོ་བོའི་འཁྱིང་བག;

532 Lordling, *n.* རྗེ་བོ་ཆུང་ངུ;

533 Lordly, *ad.* རྗེ་བོར་འོས་པ;

534 Lord's Day, *n.* གཟའ་ཉི་མ;

535 Lordship, *n.* ཇོ་བོ་ལགས; དཔོན་པོ་ལགས; སྐུ་གཞོགས་ལགས;

536 Lord's Supper, *n.* {ཡེ་ཤུའི་ལུགས་ཀྱི་ཚོགས་འཁོར;}

537 Lore, *n.* ཡོན་ཏན; ཤེས་བྱ; བསྟན་བཅོས; (མཁྱེན་བྱ; Hon.).

538 Lose, *v.t.* སྟོར་བ; ཤོར་བ; བརླག་པ;

539 Loser, *n.* ཤོར་མཁན;

540 Loss, *n.* རྒྱུ་ཤོར; གོད; གྱུས; གྱུད; གྱོད;

541 Lost, *a.* བརླག་ཟིན་པ; ཤོར་ཟིན་པ;

542 Lot, *n.* སྐལ་བ;

543 **Loth**, *a.* བློ་ཡིས་བྱར་མི་འདོད་པ; མི་འདོད་པ; བྱ་བློ་མེད་པ; བློ་ལ་བབ་མིན;

544 **Lotion**, *n.* སྨུ་ཁྲུར; སྨན; བཀུ་སྨན;

545 **Lottery**, *n.* ཙི་ཊྛ; (a Hindi word).

546 **Lotus**, *n.* པདྨ; ཆུ་སྐྱེས; ཀུ་མུད; ཨུཏ་པ་ལ;

547 **Loud**, *a.* སྐད་ཆེན་པོ;

548 **Loudly**, *ad.* སྐད་ཆེན་པོར;

549 **Loudness**, *n.* སྐད་ཆེ་ཚུལ;

550 **Lounge**, *v.i.* འཁྱེད་ཉལ་བྱས་ནས་བསྡད་པ;

551 **Lounger**, *n.* ལས་གང་ཡིན་རུང་ཡུན་རིང་བསྒོར་མི; འཁྱེད་བསྐྱལ་བྱ་མི;

552 **Lounging**, *a.* འཁྱེད་བསྐྱལ་བྱས་བཞིན་པ; འཁྱེད་བསྐྱེལ་དུ་ཉལ་བ;

553 **Louse**, *n.* ཤིག;

554 **Lousiness**, *n.* ཤིག་གཟན་གྱི་ཚུལ; ཤིག་འབོལ་ཚུལ; ཤིག་ཉིལ་ལེ་བ;

555 **Lousy**, *a.* ཤིག་གཟན;

556 **Lout**, *n.* གླེན་པ་འགྲོ་འདུག་མི་སྡྲི་པ; (འགྲོ་རྟོས; Sik.).

557 **Lovable**, *a.* སྙིང་རྗེ་པོ; བྱཾས་འོས; ཡིད་འོངས;

558 **Love**, *n.* བྱཾས་སེམས; གདུང་སེམས;

559 **Loveliness**, *n.* ལྷ་ན་སྡུག་ཡུཊ;

560 **Lovelorn**, *a.* གདུང་སེམས་ཀྱིས་མནར་བ;

561 **Lovely**, *ad.* ཡིད་ཁར་འོང་པོ; ཡིད་འོངས;

562 **Love-match**, *n.* ཕན་ཚུན་སེམས་ཤོར་བའི་མཛད་གྲོགས;

563 **Lover**, *n.* བྱཾས་པ; སྙིང་སྡུག;

564 **Loving**, *a.* གདུང་སེམས་ཅན; བྱཾས་པོ; བྱམས་སེམས་ཅན;

565 Lovingly, *ad.* གདུང་སེམས་ཆེ་ཆེ་ལྟར;

566 Low, *a.* དམན་པོ; དམའ་མོ; དམན་ས; དམའ་པོ;

567 Low, *v.i.* བ་གླང་གི་སྐད་འདོན་པ; བའི་སྐད་འདོན་པ;

568 Lower, *v.t.* མར་དབབ་པ; མར་ཕབ་པ;

569 Lowermost, *a.* དམའ་ཤོས;

570 Lowing, *n.* བ་ཕྱུག་གི་སྐད་རྒྱབ་ཡུད;

571 Lowland, *n* ས་ཆ་དམའ་བ; ཡུལ་སྨད; སྨ་ཡུལ;
ལུང་པའི་མདའ;

572 Lowliness, *n.* དམན་ཚ;

573 Low-spirited, *a.* དབང་པོ་དམའ་བ; སེམས་ཆུང; ཉམས་ཆུང; ལྟ་བ་ཞན་པ;

574 Loyal, *a.* རྗེ་བོར་དམ་ཚིག་ཅན; དམ་ཚིག་བརྟེན་པོ;

575 Loyalty, *ad.* རྗེ་དང་འབངས་ཀྱི་དམ་ཚིག;

576 Loyally, *n.* དམ་ཚིག་གཙང་མར;

577 Lozenge, *n.* མངར་བུ་སྒོར་སྒོར; མངའ་བུ་སྒོར་སྒོར་ལེབ་ལེབ;

578 Lubricate, *v.t.* བསྐུས་བྱུག་པ;

579 Lubrication, *n.* བསྐུམས་བྱུག་ཚུལ;

580 Lucent, *a.* བཀྲག་ཆེན; འོད་ཆེམ་ཆེམ;

581 Lucerne, *n.* སྔོང་ཧུཾ་ཞིག;

582 Lucid, *a.* དྭངས་མོ;

583 Lucidity, *n.* དྭངས་ཚུལ;

584 Lucidly, *ad.* དྭངས་སང་སང་བྱེད་དེ;

585 Lucigen, *n.* ཞུ་མར་འོད་ཆེ་ཐག་ཚོད་ཞིག;

586 Lucifer, *n.* ཕྱི་ཡུད་བདུད་རྒྱལ་གྱི་མིང; མེ་ཙག; མེ་ཀྲད;

587 Luck, *n.* གཡང; བྲུས; སོ་དེ; རླུང་རྟ; ཁ་རྗེ; བསོད་ནམས;

588 Luckily, *ad.* ལྷབས་ཡག་ནས;

589 Luckiness, *n.* ལྷབས་ཡག; སྐབས་ལེགས; བྲུས་ལེགས;

590 Luckless, *a.* ལྷབས་ཉེས; སོ་དེ་མེད; སོ་ཟད; ཁ་རྫེ་མེད;
བསོད་ནམས་ཆུང་ཆུང;

591 Lucky, *a.* སོ་དེ་ཅན; བསོད་ནམས་ཅན; ཁ་རྫེ་ཅན;

592 Lucrative, *a.* དངུལ་བབས་ཆེ་བ; ཁེ་སང་ཅན;

593 Lucre, *n.* ཟང་ཟིང; རྒྱུ་ནོར; ཁེ་སང;

594 Lucubrate, *v.i.* ཉུ་མར་བཏེག་ནས་མཚན་མོར་སློབ་གཉེར་ལ་འབད་པ;

595 Lucubration, *n.* རང་ཉིད་གཅིག་པོར་བསོ་ཟློ་ཞིབ་མོར་གཏང་ནས་བརྩོམས་
པའི་ཡིག;

596 Ludicrous *a.* གད་མོ་འི་གནས་སུ་གྱུར་པ; ཀྲོད་ཤོར་པོ;

597 Ludicrously, *ad.* ཀྲོད་རྡོ་ཟུ་བྱེད་དེ;

598 Ludicrousness, *n.* ཀྲོད་རྡོ་ལྟང;

599 Lug, *v.t.* དྲུད་པ;

600 Luggage, *n.* དོ་པོ; དོས་ཆས;

601 Lugubrious, *a.* ཀྱུ་ངན་གྱི་སྡུག་ངག་འདྲ་པོ; ཁྲུལ་སྐྱང་སྐྱང;

602 Lukewarm, *a.* དྲོན་འཇམ; ཤ་ཚ་ཆེར་མེད་པ;
(ཚུ་ཚན་ལ་བེ་ལོ་བེ; Sik.)

603 Lukewarmly, *ad.* ཤ་ཚ་ཆེར་མེད་པར; (ལ་བེ་ལོ་བེ་བྱེད་དེ; Sik.)

604 Lukewarmness, *n.* ཤ་མི་ཚ་ལྟང;

605 Lull, *v.t.* ཕར་ཚུར་གཡུག་ནས་གཉིད་དབབ་པ;
ཕང་པར་གཡེངས་ཏེ་གཉིད་འགུག་པ;

606 Lullably, *ad.* ཨོ་ལོ་གཉིད་བཀུག་པའི་གླུ་དབྱངས;

607 Lumbago, *n.* སྐེད་གཟེར་གྱི་ན་ཚ; སྐེད་པ་གཟེར་ནད;

608 Lumber, *n.* གོ་འགག་པའི་ཅ་ལག་;

609 Lumber, *v.* འགྲོ་སྟངས་ཇོར་པོ་བྱེད་ནས་འགྲོ་བ་;

610 Luminary, *n.* འོད་སྒྲོན་;

611 Luminous, *a.* འོད་འཕྲོ་བ་; འོད་ལྡན་;

612 Luminously, *ad.* འོད་འཕྲོ་བཞིན་དུ་;

613 Lump, *n.* གོང་དོག་; གོང་བུ་; རྡོག་; རྡོག་རྡོག་;

614 Lumpish, *a.* གོང་བུ་ལྟུ་; རྡོག་རྡོག་;

615 Lumpy, *a.* གོང་བུ་ལྟུ་; རྡོག་རྡོག་;

616 Lunacy, *n.* སྨྱོ་འབོག་;

617 Lunar, *a.* ཟླ་བའི་;

618 Lunatic, *a.* སྨྱོན་པོའི་;

619 Lunch, *n.* ཉིན་ཕྱེད་ཡོལ་རྗེ་ཀྱི་ཁ་ཟས་; (བཟའ་ཚུང་; Bhut.)
(*v.t.* བཟའ་ཚུང་ཟ་བ་; Bhut.)

620 Luncheon, *n.* ཉིན་ཕྱེད་ཡོལ་རྗེ་ཀྱི་ཁ་ཟས་;

621 Lung, *n.* གློ་བ་;

622 Lunge, *v.i.* གྲི་བརྩེད་ཀྱི་སྐབས་སུ་གྲི་རྩེས་འཕྱུལ་བ་;
(*v.t.* གྲི་རྩེ་རྣོན་པོས་འཕྱུལ་བ་; འཕྱུལ་དུ་བཙུག་པ་;)

623 Lunged, *a.* གློ་བ་ལྡན་པ་; གློ་བ་ཅན་;

624 Lurch, *n.* ཨིང་ཨིང་བྱེད་དེ་ཟུར་བསྐྱལ་ལོག་གི་བ་བྱེད་པ་;

625 Lure, *v.t.* བསླུས་པ་; *n.* སླུ་རྫོ་; སླུ་ཐབས་;

626 Lurid, *n.* སེར་ལྷམ་ལྷམ་; རོ་གདོང་ལྷི་ལྷི་;

627 Lurk, *v.i.* ཡིབ་ནས་བསྡད་པ་;

628 Lurking, *a.* ཡིབ་པ་; ཡིབ་སྟེ་ཡོད་པ་;

629 Luscious, *a.* བཅུད་ཅན་; ཤ་ཅན་; ཁུ་བ་ཅན་; རོ་བཅུད་ཆེར་ལྡན་པའི་;
བྲོ་བ་ཅན་; རོ་བཅུད་ལྡན་པ་;

630 Lusciously, *ad.* བྲོ་བཅུད་ཆེན་པོ་བྱེད་དེ; བྲོ་བ་ཆེན་པོ་བྱེད་དེ;

631 Lusciousness, *n.* བྲོ་བཅུད་ཆེ་ལུང; རོ་བཅུད་ལྡན་ཚུལ; བྲོ་བ་ཆེ་ལུང;

632 Lust, *n.* འདོད་ཆགས; ཆགས་ཞེན; སྲེད་པ; སྲེད་ཞེན; ཆགས་པ; ཞེན་པ;

633 Lustful, *a.* འདོད་སྲེད་ཅན; འདོད་ཆགས་ཅན;

634 Lustfully, *ad.* འདོད་སྲེད་ཆེན་བྱེད་དེ;

635 Lustfulness, *n.* འདོད་སྲེད་ཆེ་ལུང;

636 Lustily, *ad.* གཤུང་ཆེན་པོ་བྱེད་དེ; སྟོབས་ཤུགས་ཀྱིས;

637 Lustiness, *n.* འདོད་སྲེད; ཆགས་པ་ཆེ་ལུང; བཤེད; ཤུང;

638 Lustre, *n.* གཟི་འོད; གཟི་བརྗིད; བཀྲག་མདངས; བཀྲག;

639 Lustring, *n.* གོས་ཆེན་བཀྲག་གཡེར་ཆེན་ཞིག;

640 Lustrous, *a.* གཟི་འོད་ཅན;

641 Lustrum, *n.* ལོ་ལྔ་ལྔའི་དུས་བསྐོར; ལྔ་བསྐོར་ལྔ་སྐྲག; སྔོན་དུས་རོ་མན་གྱི་མི་གྲངས་བགྲངས་ཟིན་མཚམས་སུ་བསང་གསོལ་ཞིག་བྱ་སྲོལ་ཡོད་འདུག་པ་དེ་ལོ་ལྔ་ལྔའི་རྗེས་སུ་བྱས་པས་ལྔ་སྐོར་རོ;

642 Lustry, *a.* ལོ་ལྔ་ལོན་པར་མཆོད་འབུལ་བྱ་བ་སྔོན་རོ་མན་གྱིས་ལུང;

643 Lute, *n.* སྒྲ་བརྙེན; ཧོ་ཐེན;

644 Lutheran, *a.* ལུ་ཐར་གྱི་རྗེས་འཇུག; མར་ཏིན་ལུ་ཐར་ཞེས་ཡེ་ཤུའི་ཆོས་ལུང་འཛིན་མིའི་གྲལ་ནས་པྲོ་ཏེ་སི་ཏེནྟི་བྱ་བའི་ཕྱོགས་མ་དེའི;

645 Luxuriance, *n.* རྒྱས་ལུང; རྒྱས་སྤྱངས;

646 Luxuriant, *a.* ལོ་འདབ་རྒྱས་པོ;

647 Luxuriantly, *ad.* རྒྱས་བཞིན་དུ; རྒྱས་དེ;

648 Luxurious, *a.* སྒྱོ་ཉམས་རྒྱས་པོ ; སྐྱིད་ཉམས་ཅན ;
དཔལ་འབྱོར་ཕུན་སུཾ་ཚོགས་པོ ;

649 Luxuriously, *ad.* སྒྱོ་ཉམས་འཕེལ་སྟེ ; བདེ་སྐྱིད་ཕུན་སུཾ་ཚོགས་པོ་བྱེད་དེ ;

650 Luxury, *n.* འདོད་ཡོན་ཆེ་བའི་སྒྱོ་ཉམས ; ཕུན་ཚོགས་འདོད་ཡོན ;

651 Lycanthrophy, *n.* མི་ལུས་ལས་སྤྱང་ཀིའི་ལུས་སུ་འགྱུར་བའི་རྫུ་ཕྲུལ ;

652 Lydditer, *n.* མེ་རྫས་ནུས་པ་ཆེན་པོ་ཞིག་འབི་ལྜད་དུ་ཀིནྣ་བྲ་བའི་ཡུལ་
དུ་བཟོས་པ ; རྒྱ་ནི་གོ་ཐའ་ལོ ;

653 Lye, *n.* གོ་ཐལ་དང་བུལ་ཏོག་ཆུ་ལ་བསྲེས་པ་ཞིག ;

654 Lyceum, *n.* མི་གྲོས་པ་ཅན་དག་ལ་ཆོས་འཆད་ས ;

655 Lying, *a.* བརྫུན་གྱི ; ཧཾ་པའི་འཕྲེད་སྙལ་དུ ; སྐྱེ་ནད ;

656 Lynch, *v.t.* ཁྲིམས་ཞིབ་དཔྱོད་མེད་པར་ཉེས་པ་གཏང་བ ; དམང་ས་
པས་ཁྲིམས་གཅོད་བྱས་པ ;

657 Lynx, *n.* དབྱི ; or ཨི ;

658 Lypriph, *n.* ཆུ་སེར་འབྲུཾ་ནད་སྲུང་བའི་ནད་འཛུག་ཐབས་སུ་བྱུག་
གྱུའི་རྣག་ཆུ་འདྲ་པོ་དེའི ;

659 Lyre, *n.* སྒྲ་ཉན་གྱི་རིགས་གཅིག ;

660 Lyric, *a.* བརྩོམ་གླུ ;

661 Lyrist, *n.* གླུ་བརྩོཾ་མཁན ;

M

1 Ma, *n.* ཨ་མ ;

2 Macaroni, *n.* རྒྱ་ཐུག ;

3 Macaw, *n.* ཨེ་མེ་རི་ཀའི་ནེ་ཙོ་ཡིད་འོང་གཅིག ;

4 Maccabees, *n.* ཡ་ཧུ་ད་པའི་བསྟན་བཅོས ;

5 Mace, *n.* ཛ་དི་ཕ་ལ ; དབྱུག་ཏོ ; ཐང་དབྱུག་ཁྲིམས་བདག་གི་བདར ;
མཚན་དུ་ཐོག་སྟེ་ཁྱེར་བ་དེའི ;

6 Macerate, *v.t.* སྒྱིད་དུ་བཙུག་པ; ཆུ་ལ་བཏང་ནས་མཉེན་ཆཊ་བཙུག་པ;

7 Machinate, *v.t.* ཐབས་འགྲིག་པ; གཡོ་འཕྲུལ་བྱེད་པ;

8 Machination, *n.* ཐབས; གནད; གཡོ་འཕྲུལ;

9 Machine, *n.* འཕྲུལ་འཁོར;

10 Machinery, *n.* འཕྲུལ་འཁོར་གྱི་རྣཾ་པ; འཕྲུལ་འཁོར་གྱི་རིཊ་སྣ་ཚོགས;

11 Machinist, *n.* འཕྲུལ་འཁོར་བཟོ་མི;

12 Mackerel, *n.* ཉའི་རིཊ་ཞིག;

13 Mad, *a.* སྨྱོན་པ;

14 Madam, *n.* ཇོ་མོ;

15 Madcap, *n.* སྨྱོན་པ;

16 Madden, *v.t.* སྨྱོས་སུ་བཙུག་པ; སྨྱོས་པ;

17 Mademoiselle, *n.* ཕ་རན་སའི་སྐད་ལ་སྐྱུ་ཏྲག་གི་སྲས་མོ་དག་ལ་ཟེར; ཇོ་མོ; སྲས་མོ;

18 Madhouse, *n.* སྨྱོན་པ་དག་བཙུག་སའི་ཁང་པ;

19 Madly, *ad.* སྨྱོན་པ་ལྟར;

20 Madman, *n.* མི་སྨྱོན་པ; སྨྱོན་པ;

21 Madness, *n.* སྨྱོ་འབོག;

22 Magazine, *n.* ཛོད; ཛས་ཁང; ལོ་རྒྱུས་སྣ་ཚོགས་ཡོད་པའི་དཔེ་དེབ; མཛོད;

23 Maggot, *n.* ཞའི་འབུ; འབུ; (Sik. དཀར་དུ་མ);

24 Maggoty, *a.* ཞ་འབུ་ཉིལ་ལེ་བ {དཀར་དམ་ཉིར་ཉིར; Sik.}

25 Magi, *n.* སྔཊ་པ; སྒྱུ་སྤྲུལ་མཁན་གྱི་ཡུལ་དུ་སྔཊ་ཕྱུཊ་པ;

26 Magic, *n.* སྔཊ;\མིག་འཕྲུལ; སྒྱུ་མ; ངན་སྔགས;

27 Magician, *n.* སྒྱུ་མ་མཁན; སྔཊ་པ; ངན་སྔགས་མཁན;

28 Magisterial *a.* ཁྲིམས་བདག་གི;

29 Magistracy, *n.* ཁྲིམས་བདག་གི་གོ་གནས;

30 Magistrate, *n.* ཁྲིམས་བདག;

31 Magna, *n.* ཆེན་པོ; (ལི་ཏིན་སྐད་དུ་ཆེན་པོ་ལ་ཟེར);

32 Magnanimity, *n.* ཁོག་ཞོངས; སྙིང་རྗེ; བློ་རྒྱ; སེམས་བཟང;
{དགོངས་ཡངས; Hon.}

33 Magnanimous, *a.* བློ་ཁོག་ཡངས་པོ; བློ་སྤོབས་ཅན; བློ་རྒྱ་ཆེན་པོ;
{དགོངས་པ་མཐོན་པོ;}

34 Magnanimously, *ad.* ཁོག་ཞོངས་ཆེན་བྱེད་དེ; {དགོངས་པ་ཆེན་པོའི་དང་
ནས; Hon.}

35 Magnate, *n.* བློན་རིང; རྗེ་བོ;

36 Magnesia, *n.* ཐུ་གང;

37 Magnet, *n* རྡོ་ཁབ་ལེན; ཁབ་ལེན;

38 Magnetic, *a.* རྡོ་ཁབ་ལེན་གྱི་ནུས་པ་ཅན; ཁབ་ལེན་ལྟ་བུ;

39 Magnetism, *n.* ཁབ་ལེན་གྱི་ནུས་པ;

40 Magnetize, *v.t.* ཁབ་ལེན་གྱི་ནུས་པ་འཇུག་པ; ཁབ་ལེན་ནུས་པས་ཁྱབས་
དེ་ལྟར་འདྲེན་ནུས་སུ་བྱེད་པ;

41 Magnificence, *n.* བརྗིད་ཚུལ; གཟི་བརྗིད; རྒྱ་ཆེ་ལུགས;

42 Magnificent, *a.* གཟི་བརྗིད་ཅན;

43 Magnificently, *ad.* རྒྱ་ཆེ་དཔང་མཐོར; གཟི་བརྗིད་ལྡན་པོ་བྱེད་དེ;

44 Magnify, *v.t.* ཆེན་པོར་གཏང་བ; རྒྱ་ཆེར་སྣང་བ;

45 Magnitude, *n.* ཆེ་ཆུང; རྒྱ་ཁྱོན;

46 Magpie, *n.* ཁྱིའུ་ཙ་བྲི; (ཁྱིའུ་ཆ་ཙུ; Sik. & Bhut.)

47 Mahogany, *n.* {ཤིང་པན་འབྲས; Sik. གོག་ཤིང};
ཙྭམ་པ་ཤིང་ཟེར་བ་དེའོ;

48 Mahometan, *n.* སྦུ་སྤུལ་ལྡན་ཆོས་ལུགས་འཛིན་མཁན;

49 Maid, *n.* མོ་གཞོན; གཡོག་མོ; ཞལ་ལྷ་མ;

50 Maiden, *n.* གཞོན་ནུ་མ; (དམན་ཤར་མོ; Sik.)

51 Mail, *n.* (གོ་ཁྲབ;) Coat of ཁྲབ; (སྒྲུག; Dak post).

52 Main, *a.* མཆོག; གཞུང;

53 Mainly, *ad.* ཙ་ཆེར;

54 Mainmast, *n.* གྲུའི་དར་ཤིང་གཙོ་མ་འམ་གྲུང་མ་དེ;

55 Mainsail, *n.* གྲུའི་དར་པོ་ཆེ; གྲུ་གཟིངས་ཀྱི་དར་ཆེན་དཀྱིལ་མ་དེ;

56 Mainspring, *n.* ཆུ་ཚོད་འཁོར་ལོ་སོད་བསྐོར་རྒྱུའི་ལྕུགས་ལེབ་སྤྲབ་མོ་ངར་
ལྷར་སྒྲིལ་མ་གཙོ་ཆེ་བ་དེའོ;

57 Maintain, *v.t.* འཚོ་བ; འཚོ་བས་འཚོ་བ;

58 Maintenance, *n.* འཚོ་བ; གསོ་གདན;

59 Maintainer, *n.* འཚོ་བྱེད; འཚོ་མཁན;

60 Maize, *n.* འབྲུ་ཀན་ཙོང; བོད་དུ་མ་སྨོས་ལོ་ཏོག་ཟེར;
འབྲུག་པས་རྒྱ་ཟས་ཟེར;

61 Majestic, *a.* དཔའ་བརྗིད་ཅན; རྒྱལ་པོའི་འགྱིང་བག་ཅན;
ལྷུན་ཆགས་གཟི་བརྗིད;

62 Majestically, *ad.* དཔའ་བརྗིད་ཆེན་བྱེད་དེ;

63 Majesty, *n.* དཔའ་བརྗིད; གཟི་བརྗིད; དཔལ;

64 Major, *a.* རྒན་པ; (Hon. སྐུ་འགྲེས;)

65 Major, *n.* རྒན་པོ; (འགྲེས་པ; Hon.)

66 Majority, *n.* ཕོན་ཆེ; གྲངས་མངས;

67 Make, *v.t.* བྱེད་པ; བཟོ་བ; བཅོས་པ;
(མཛད་པ; བགོད་པ; Hon.)

68 Maker, *n.* གཟོ་བ་པོ; (མཛད་པ་པོ; Hon.)

69 Making, *n.* བཟོ་; བཟོ་སྟངས་; བཟོ་བཀྲ་; [ཟེར་;

70 Malachite, *n.* སྤང་གཟི་ལྗང་ཁུའི་རིང་ཞིག; རྒྱ་གར་པས་ད་ནུ་པ་རང་

71 Maladministration, *n.* བསྐྱུར་བཀོད་ཕྱིན་ཅི་ལོག; བསྐྱུར་བཀོད་ངན་པ་;

72 Malady, *n.* ནད་; མི་བདེ་; ནད་གཞི་; (སྙུན་གཞི་; Hon.)

73 Malapert, *a.* གདོང་བཟང་; གདོང་སམ་ཚིག; (Sik.)

74 Malaria, *n.* རྒྱ་དུང་; ཚད་པའི་ནད་;

75 Malconformation, *n.* འདུས་བྱས་ངན་པ་; བཟོ་ཉེས་;

76 Malcontent, *n.* ནད་འཁྲུག་མིན་; བློ་ཁེངས་མིན་;

77 Male, *n.* (mail གོ་ཁྲབ་;) ཕོ་; ས་བོན་འདེབ་བྱེད་ཀྱི་མཚན་མ་ཅན་;

78 Malediction, *n.* དམོད་མོ་;

79 Malefactor, *n.* ངན་བྱེད་མཁན་;

80 Malevolence, *n.* ངན་; འཁོན་; ཟུ་ང་; གདུག་རྩུབ་;

81 Malevolent, *a.* འཁོན་ཅན་; ཟུ་ང་ཅན་; ངན་སེམས་ཅན་;

82 Malevolently, *ad.* ངན་སེམས་ཀྱིས་;

83 Malformation, *n.* བཟོ་ཉེས་; མི་སྡུག་པའི་མཚན་ཅན་;

84 Malice, *n.* འཁོན་; བློ་ངན་; ཟུ་ང་;

85 Malicious, *a.* བློ་ཉེས་; འཁོན་ཅན་; གནོད་སེམས་ཅན་;

86 Maliciously, *ad.* ངན་སེམས་ཀྱིས་;

87 Maliciousness, *n.* ངན་སེམས་; ཟུ་ང་དང་ཕྲག་དོག; གནོད་སེམས་; བསམ་པ་ངན་ཚུལ་;

88 Malign *n.* གནོད་འགལ་དཀྲུར་པའི་; གནོད་པའི་;

89 Malign, *v.t.* འཁོན་བཙུགས་པ་; སྤྱི་རྒྱབ་པ་; ཕྱུང་འདེབས་པ་;

90 Malignancy, *n.* གནོད་སེམས་; བསམ་ངན་; སྡང་སེམས་;

91 Malignant, *a.* རུ་ངན; སྡང་དོག; མ་རུང་གདུག་པོ;

92 Malignity, *n.* སྡང་སེམས; སྙི་ངན;

93 Mall, *n.* བསིལ་གྲིབ་ཅན་གྱི་ལམ; གཞུང་ལམ; བསྐོར་ལམ;

94 Malleability, *n.* ཐོ་བས་བླེབ་ཏུ་ཡོད་པ་ཉིད; མཉེན; མཉེན་ཆ;

95 Malleable, *a.* ཐོ་བས་བརྡུང་ནས་ལེབ་ལེབ་བཟོ་ཐུབ་པ; མཉེན་པོ;
ཞ་ཉེ་བཞིན་ཀྲང་མེར་བརྡུང་ནས་བཟོ་འཐོན་པ་གང;

96 Malleate, *n.* ཐོ་བས་བླེབ་པ;

97 Mallet, *n.* ཤིང་གི་ཐོ་བ;

98 Mallows, *n.* (ཡག་ཤིང་གི་རིཊ; Sik.)

99 Malpractice, *n.* སྤྱོད་ངན; ལོག་པའི་སྤྱོད་པ;

100 Malt, *n.* ཆང་རྒྱུའི་འབྲུ; གྲོ་ཆུ་ལ་བཏང་ནས་སྨྱུ་གུ་ཐོན་མཚམས་
སྐྱ་སྐམ་ནས་ཆང་འབྲུ་བྱས་པ་དེའོ;

101 Maltese, *n.* མལ་ཊཱ་ཞེས་བྱ་བའི་མི་རིཊ; མེ་ཊི་ཊ་རེ་ནིཡན་རྒྱ་མཚོའི་
ནང་ན་ཡོད་པའི་མཚོ་གླིང་མལ་ཊཱ་ཞེས་པར་གནས་
པའི་མི་རིགས་དང་སྐད;

102 Maltreat, *v.t.* མནར་གཅོད་གཏོང་བ; ཐུབ་རྩོད་བྱེད་པ;

103 Maltreatment, *n.* མནར་གཅོད;

104 Maltster, *n.* ཆང་འབྲུའི་རྒྱུ་བཟོ་མཁན;

105 Malversation, *n.* གཞུང་ལས་ལོག་པར་བྱེད་པ་ཉིད; སྤྱོད་ཉེས;
གཞུང་ལས་ཕྱིན་ཅི་ལོག;

106 Mamma, *n.* མ; ཨ་མ;

107 Mammal, *n.* ནུ་མ་ཅན;

108 Mammalia, *a.* ནུ་མ་ཅན་གྱི་རིཊ; ནུ་ཞོས་ཕྲུ་གུ་གསོ་བའི་རིཊ་ཀྱི་སྲོག་
ཆགས;

109 Mammon, *n.* ནོར་ཟང་ཟིང་གི་ལྷ; ནོར་ཟང་ཟིང་དེ་ཉིད་ཕྲར་ལོ་ཀྱི་བར་ཆད་དུ་འཛོན་དུས་དེ་སྐད་ཟེར;

110 Mammoth, *n.* བསྐལ་པ་སྔོན་མའི་གླང་ཆེན་གྱི་རིའུ་དེང་དུས་རྒྱུད་ཆོད་ནས་མེད་པ་ཞིག;

111 Man, *n.* སྐྱེས་པ་པོ; ཁང་གཉིས་མི; མགོ་ནག; མི་པོ; མི; *v.t.* ཛོང་དང་དམག་སྒར་དམག་གྲུ་སོའུ་ལ་དམག་མིས་བཀང་བ;

112 Manacle, *n.* ལྕའུ་སྒྲོག; *v.t.* ལྕགས་སྒྲོག་རྒྱབ་པ;

113 Manage, *v.t.* ཁ་ལོ་བསྒྱུར་བ; བཀོལ་བ;

114 Manageable, *a.* བཀོལ་དུ་ཡོད་པ; ལས་སུ་བཀོལ་དུ་ཡོད་པ;

115 Management, *n.* བཀོལ་སྤྱོད;

116 Manager, *n.* ཁ་ལོ་བསྒྱུར་མཁན; བཀོལ་མཁན;

117 Manatee, *n.* ཆུ་ལ་གནས་པའི་སེམས་ཅན་ཆེན་པོ་ཞིག; མཚོའི་བ་མོ་ཡང་ཟེར;

118 Manciple, *n.* སྤྱི་གཉེར; གཙུག་ལག་གི་བཟའ་ཙ་བསྒྲུབ་མི;

119 Mandarin, *n.* རྒྱ་མིའི་དཔོན་པོ་འདི་གོ་གནས་གཅིག་གི་མིང; མན་དྷ་རིན;

120 Mandatary, *n.* བཀའ་བསྐུལ་ས; བཀའ་བསྐུལ་བའི་ཡུལ; གང་ལ་བཀའ་ཡིག་བསྐུལ་བ་དེ;

121 Mandate, *n.* བཀའ; བཀའ་རྒྱ;

122 Mandatory, *a.* བཀའ་རྒྱའི་རྣམ་པའི;

123 Mandible, *n.* མ་ལི; མ་མཁལ;

124 Mandoline, *n.* སྒྲ་བརྙན་རག་སྐྱུད་ཨིཾ་ཟང་སྐྱུད་བཞིའམ་དྲུག་དང་ལྡན་པ;

125 Mandragora, *n.* བཟི་བྱེད་ཀྱི་ནུས་པ་ལྡན་པའི་དུག་སྔོང་ཞིག;

126 Mandrel, *n.* ཤགས་ཀྱི་ལྟེ་ཤིང;

127 **Mandrill,** *n.* སྤྲའི་རིཏ་ཆེ་ལ་འཇིགས་སུ་རུང་བ་ཞིག;

128 **Mandrake,** *n.* གཟི་བྱེད་ཀྱི་ནུས་པའི་ཤིང་ལྷུམ་ཆུང་ཆུང་ཅིག;

129 **Mane,** *n.* ཟེ་བ; རལ་པ; གསུ་རལ;

130 **Maneless,** *n.* རལ་པ་མེད་པ;

131 **Manes,** *n.* ཤྲི; ནཾ་ཤེས;

132 **Manful,** *a.* ཕོ་ཡ་རབ; ཕོ་ཁྲོ་ག;

133 **Manfully,** *ad.* ཕོ་ཁྲོ་ག་བཞིན; ཕོ་ཁྲོ་ག་འདྲ་པོ་བྱེད་དེ;

134 **Mange,** *n.* ཁྲིའི་ཇོ; {ཁྲི་བྲིག; Sik.}

135 **Manger,** *n.* ཁྲི་ཚང;

136 **Mangle,** *v.t.* གཏུབ་སྟེ་མེད་པ་བཟོ་བ; ནོར་མ་ཉན་པ་བཟོ་བ;

137 **Mango,** *n.* ཤིང་འབྲས་ཨམ་འབི; ཨམ་རའི་འབྲས་བུ;

138 **Mangrove,** *n.* ཤིང་སྡོང་ཆེན་ཞིག་གི་རིཏ;

139 **Mangy,** *a.* ཇོ་ཅན; (ཀོང་གཟན; བྲག་གཟན Sik. & Bhut.);

140 **Manhood,** *n.* ཕོ་ཚོད; ཕོའི་ན་ཚོད; ཕོའི་བློ་ཚོད;

141 **Mania,** *n.* སྨྱོ་འབོག; སྙིང་རླུང;

142 **Maniac,** *a.* སྨྱོན་པ;

143 **Manifest,** *a.* སྣང་ངེར་འཆར་བ; ནཾ་རོལ་བསྟོན་པ; གསལ་པོར་
མངོན་པ; མངོན་དུ་ཡོད་པ; མངོན་པ;

144 **Manifestation,** *n.* ནཾ་རོལ; ནཾ་སྤྲུལ;

145 **Manifestly,** *ad.* སྣང་ངེར་གསལ་པོར; སྣང་ངེར་འཆར་བ་ལྟར་ན;

146 **Manifesto,** *n.* རྒྱལ་པོའམ་འགོ་དཔོན་གྱི་ཡིགེའི་འཆར་གཞི;

147 **Manifold,** *a.* སྣ་ཚོཏ; དུ་མ་སྣང་བ་སྣ་ཚོགས;

148 **Manikin,** *n.* མིའུ་ཐུང; མིའི་གཟུགས་བརྙན; ཨེ་མེ་རི་ཀའི་བྱིའུ་
ཆུང་སྙིང་རྗེ་པོ་ཞིག;

149 Manipulate, *v.t.* ལག་ལེན་བྱས་པ ; ལག་པའི་ལས་བྱས་པ ;

150 Manipulation, *n.* ལག་ལན་བདེ་ཉམས ; ཕྱག་ལག་བདེ་ཉིས ; ལག་ལས ;

151 Mankind, *n.* འགྲོ་བ་མིའི་རིགས ;

152 Manliness, *n.* ཕོ་རབ་ཀྱི་ངང་ཚུལ ;

153 Manly, *a.* ཕོ་ཡ་རབ ; ཕོ་རབ་ཀྱི་ཚུལ་ལྡན ;

154 Manna, *n.* ཨམྲི་ད ; བདུད་རྩི ; ལུས་སེམས་འཚོ་བའི་ཟས ;

155 Manner, *n.* སྤྱོད་འགྲོས ; སྤྱོད་པ ;

156 Mannerism, *n.* སྤྱོད་ལམ ; རྒྱུ་གཞིས ; རྒྱུན་གྱི་སྤྱོད་ལུ ;

157 Mannerist, *n.* རྒྱུན་གྱི་སྤྱོད་ལམ་གཅིག་ལ་ལང་ཤོར་བ ;

158 Mannerliness, *n.* སྤྱོད་ལམ་མཛེས་པ་ཉིད ;

159 Mannerly, *ad.* སྤྱོད་ལམ་མཛེས་པོ ; བག་ཡོད་དང་ལྡན་པོ ;

160 Mannish, *a.* ཕོ་ག་ལྟ་བུ ; སྐྱེས་པའི་སྤྱོད་འགྲོས་ཅན ;

161 Manoeuvre, *n.* དམག་དཔུང་གི་བསྒྱུར་བཀོད ; དམག་དཔུང་བཀྲམ་ཐབས ;

162 Manor, *n.* རྫོང་དཔོན་ནི་ཡུལ་དཔོན་གྱི་སྐྱིད་གཞིས ;

163 Manse, *n.* བླ་ཁག་གི་ཆོས་གཞིས ;

164 Mansion, *n.* ཁང་པ ; (གཟིམ་ཤག ; Hon.) (ཁང་བཟང ; Hon.)

165 Manslaughter, *n.* མི་གསད ;

166 Manslayer, *n.* མི་གསད་མཁན ;

167 Mantel, *n.* རྡིག ; (སྣང་ཁ ; Sik.)

168 Manual, *a.* ལག་ཐྲིར་གྱི ; ལག་པའི ; ཁྲིར་བདེའི་དཔེ་ཆ ;

169 Manufactory, *n.* བཟོ་ཁང ; བཟོ་གྲྭ ;

170 Manufacture, *v.t.* གཟོ་བ ; སྐྲུན་པ ; བསྐྲུན་པ ; *n.* བཟོ་རིགས ; ལག་བཟོ ;

171 **Manumission,** *n.* འཁོལ་བྲན་གྱི་གྲལ་ནས་བཏོན་པའི་ལས; ཆོ་གཡོག་གི་ གྲལ་ནས་བཏོན་པའི་ལས;

172 **Manumit,** *v.t.* འཁོལ་གྱི་གྲལ་ནས་བཏོན་པ;

173 **Manure,** *v.t.* ལུད་སྦྱུད་པ; ཞིང་གར་ལུད་འདེབས་པ; *n.* ལུད;.

174 **Manuring,** *n.* ལུད་བྲངས་བའི་ལས; ལུད་འདེབས; ལུད་འདྲེན;

175 **Manuscript,** *n.* དཔེ་ཆ་ལག་བྲིས་མ;

176 **Many,** *a.* མངས་པོ; མང་པོ;

177 **Map,** *n.* ས་ཁྲ;

178 **Map,** *v.t.* ས་ཁྲ་གཟོ་བ; འཆར་གཞི་གདིང་བ;

179 **Maple tree,** *n.* ཤིང་སྡོང་རིཊ་གཅིག;

180 **Mar,** *v.t.* གནོད་བསྐྱལ་བ; མེད་པ་བཟོ་བ;

181 **Maraud,** *v.i.* ཇག་བཅོམ་ལ་ཆས་པ; ཇག་ལ་ཆས་པ;

182 **Marauder,** *n.* ཇག་འཇོམ་པ; ཇག་པ; མི་རྒོད;

183 **Marble,** *n.* རྡོ་ཀ་མ་རྡུ་པ;

184 **March,** *n.* ཀང་འགྲུལ; *v.i.* གོམ་འགྱངས་རིང་ཐུང་མཉམ་པ་བྱེད་དེ་ འགྲོ་བ; *n.* དམག་མིའི་འགྲོ་སྟངས;

185 **Marching,** *n.* འགྲོ་བའི; འགྲོ་བཞིན་པའི;

186 **Marchioness,** *n.* སྨར་ཀུ་ཝྲིསི་ཞེས་ཞབས་པད་ལྷའི་ལྕམ་དག་ལ་ཟེར; ལྕམ་སྐུ་གཞོན;

187 **Mare,** *n.* རྟ་རྒོས་མ;

188 **Margin,** *n.* མཐའ; ཟུར; ཐ་ཆ; མཐའ་འཛག; སྣེ;

189 **Marginal,** *a.* ཟུར་འཁོད;

190 **Marigold** *n.* སེར་ཆེན་མེ་ཏོག; (Sik.)

191 **Marine,** *n.* རྒྱ་མཚོའི;

192 Mariner, *n.* མཉན་པ; གྲུ་ཟིང་གི་ཐོག་ལས་ཀ་བྱ་མི;

193 Mariolatry, *n.* ཡེ་ཤུའི་ཡུམ་སྲི་རི་འམ་ལ་མཆོད་པའི་ཆོས་ལུགས;

194 Marital, *a.* གཉེན་གྱི་སྐོར; བག་སྟོན་གྱི;
(གཉེན་ཆང་འཐུང་གི; Sik.)

195 Maritime, *a.* ཆུ་ཐོག་གི;

196 Mark, *n.* རི་མོ; རྟགས; ཚད; ཚད་རྡོ; མཚན་རྟགས; ཐི་ཀ;
རྟགས་ཐི; དབྱེ་བར་བྱེད་པའི་མཚན་མ; སོ་མཚམས;
v.t. རྟགས་རྒྱབ་པ; རི་མོ་བཀོད་པ;

197 Market, *n.* ཚོང་འདུས; ཁྲོམས;

198 Marketable, *a.* ཁྲིམ་པོ; ཚོང་དུ་ཉན་པ;

199 Marking-ink, *n.* གནག་ཚ་ཁྲུས་ཀྱང་མི་དག་པ་ཞིག; སྤྲ་རྒྱུའི་གོས་ལ
རྟགས་བཀོད་རྒྱུའི་གནག་ཚ;

200 Marksman, *n.* མདའ་འཾ་མེ་མདའ་ཚ་ལ་འཁྱོད་པོ; ཚ་ཐིག་པོ;

201 Marl, *n.* ས་ལྡུད;

202 Marmalade, *n.* ཤིང་འབྲས་ཏེ་མ་ཀ་རའི་ནང་འཚོད་དེ་བཟོས་པའི་
མངར་བྱ; ཤིང་འབྲས་མངར་བྱ;

203 Marque, *n.* ལག་འཁྱེར་བཀའ་ཤོག;

204 Marquis *n.* རྒྱལ་བློན་ནི་ཞབས་པད་ལྷ་བུའི་གོ་ས;

205 Marriage, *n.* གཉེན; ཆང་ས;

206 Marriageable, *a.* གཉེན་རྒྱབ་རན་པ; བག་མར་གཏང་རན་པའི;

207 Marrow, *n.* རྐང་མར; རུས་པའི་ནང་གི་རྐང་མར;

208 Marrowy, *a.* རྐང་མར་ལྟ་བུ;

209 Marry, *v.t.* གཉེན་རྒྱབ་པ; ཆང་ས་རྒྱབ་པ; བག་སྟོན་འགྱེད་པ:

210 Mars, *n.* ཕྱི་གླིང་པ་རྣམས་ཀྱི་དགྲ་ལྷ; གཟའ་མིག་དམར;

211 **Marsh,** *n.* འདམ་འཛབ; འདམ་མཚོ; (འདམ་འཛིར; Sik.).

212 **Marshal,** *n.* སྤྱི་དཔོན; སྤྱི་མདའ; སྤྱི་ཁྲབས་མདའ་དཔོན;

213 **Marshalship,** *n.* སྤྱི་དཔོན་གྱི་གོ་ས;

214 **Marshy,** *a.* འདམ་འཛབ་ཀྱི་རྣམ་པ་ཅན;

215 **Marsupial,** *a.* སྦྲ་ཀ་ལུས་ཀྱི་ཨམ་བག་ནང་འཁྱེར་མི; ལྟོ་བའི་ཕྱི་ལོགས་ན་ཡང་པའི་སྐྱི་འདྲ་པོ་ཡོད་པའི་ནང་སྦྲ་ཀུ་བཙུག་ནས་འགྲོ་བའི་སེམས་ཅན་ཨོསི་ཊྲེ་ལི་ཡ་གླིང་ན་ཡོད་པ་ཞིག;

216 **Mart,** *n.* ཚོང་འདུས; ཚོང་ར;

217 **Marten,** *n.* སྲེ་མོང་སྤུ་གྲུ་ལེར་ཅན་ཞིག;

218 **Martial,** *a.* དམག་ཆས་ཀྱི; དམག་མིའི་ངང་ཚུལ་ཅན; དཔའ་ངར་ལྡན་པོ;

219 **Martin,** *n.* བྱིའུ་ཁུག་དའི་རིར་ཞིག;

220 **Martinet,** *n.* ཁྲིམས་དྲི་པོ; འགོ་དཔོན་ཁྲིམས་དམ་པོ;

221 **Martingale,** *n.* (རྟའི་འཛིར་འབབ; Hindi word Tibetanised by equestrians) གོང; རྟའི་སྐྱབ་གོང;

222 **Martlet,** *n.* བྱིའུ་ཁུག་དའི་རིར་ཅིག;

223 **Martyr,** *n.* བདེན་པའི་ཆེད་དུ་སྲོག་ལ་ཐུག་པ; ནག་མེད་ཉེས་མེད་སྲོག་ལ་ཐུག་པ;

224 **Martyrdom,** *n.* བདེན་པའི་ཆེད་དུ་སྲོག་ལ་ཐུག་པ་གང;

225 **Martyrology,** *n* བདེན་པའི་ཆེད་དུ་སྲོག་ལ་ཐུག་པའི་ཉི་ཐར;

226 **Marvel,** *n.* ཡ་མཚན; ངོ་མཚར; (ཁྱད་མཚར; Collql.)

227 **Marvellous,** *n.* ཡ་མཚན་ཅན; མཚར་པོ;

228 **Marvellously,** *ad.* ཡ་མཚན་ཆེན་པོ་བྱེད་དེ;

229 **Masculine** *a.* ཕོ་ཡི་མཚན་ཉིད་ཅན; སྐྱེས་པའི་མཚན་ཉིད་ཅན;

230 Mash, *v.t.* ཕྱེ་མར་བརླག་པ; བརྡོག་པ; རྡོག་རྡོག་བརྡུང་བ;

231 Mashing, *n.* བརྡོག་པ; བརྡོག་པའི་ལས;

232 Mask, *n.* འབག; གདོང་ལ་གྱོན་པའི་འབག;

233 Mason, *n.* རྡོ་བཟོ་པ; (རཱཛ་མིསི་ཏྲཱི; Hindi word).

234 Masonic, *a.* རྡོ་བཟོ་པའི;

235 Masonry, *n.* རྡོ་བཟོ; རྩིག་བཟོ;

236 Masquerade, *n.* འབག་ཆམ;

237 Mass, *n.* མཚོ་ཕུང; ཕུང; དཕུང;

238 Mass, *n.* ཞལ་འདོན;

239 Massacre, *n.* ཤི་གསད་ཀྱི་འཁོར་ལོ་བསྐོར་བའི་ལས; ཤི་གསད་མང་པོ; མི་མངས་ཁྲག་ལ་སྦྱོར་བའི་ལས; *v.t.* མི་མང་པོ་གསད་པ;

240 Massive, *a.* འཐུག་པོ; (སྦྲིང་སྦྲིང; Bhut.) སྦོམ་ལ་འཐུག་པ; བསྲ་ཞིང་བརྟེན་པ;

241 Massiveness, *n.* འཐུག; བསྲ་བརྟེན; དཔང་འཐུག་ཚུལ;

242 Mast, *n.* གྲུ་ཆེན་གྱི་དར་ཤིང;

243 Master, *n.* བདག་པོ; གཙོ་བོ; སློབ་དཔོན; དཔོན་པོ;

244 Mastership *n.* བདག་པོའི་གོ་ས;

245 Masterful, *a.* གཙོ་བོའི་ངང་ཚུལ་ཅན; བཙན་པོ;

246 Masterpiece, *n.* ལག་བཟོ་སྙིང་ཕུལ; ལག་བཟོའི་ནང་ནས་དྲག་ཤོས;

247 Mastership, *n.* འགོ་དཔོན་གྱི་གོ་གནས;

248 Mastery, *n.* ཚད་དབང;

249 Masticate, *v.t.* མུར་མུར་བྱེད་པ;

250 Mastiff, *n.* འདོགས་ཁྱིའི་རིགས;

251 Mat, *n.* རེ་ལྡེ;

252 Match, *n.* ཡ་ཟླ; མཚུངས་ཟླ: ཆ་ཟླ: ཟུང་ཡ; གཟའ་ཟླ;

253 Match, *n.* (མེ་ཙག; ཙག་ཏི; མེ་ཀྲད; Collql.)

254 Matchless, *a.* ཡ་མེད; མཚུངས་མེད; ཟླ་མེད;

255 Matchlock, *n.* བོད་མདའ་ཟུ་བུའི་མེ་མདའ་རྙིང་པ་ལ་ཟེར;

256 Mate, *n.* ཟླ་བོ; རོག་པ; ལས་རོགས;

257 Mateless, *a.* ཟླ་མེད; གྲོགས་མེད;

258 Materia, *n.* སྨན་སྦྱོར་གྱི་རྫས; སྨན་རྫས:

259 Material, *a.* རྫས; རྒྱུ; དངོས་པོ;

260 Materialism, *n.* དངོས་པོ་ལ་བདག་པར་འཛིན་པའི་ཆོས་ལུགས;

261 Materialist, *n.* དངོས་པོ་ལ་དངོས་པོར་འཛིན་མཁན;
དངོས་སུམ་ཚད་མར་འཛིན་མཁན;

262 Materially, *ad.* དངོས་སུ; དངོས་པོར;

263 Maternal, *a.* མ་ཉིའི་ཕྱོགས་ཀྱི;

264 Maternally, *ad.* མ་ཉིའི་ཕྱོགས་ནས; མའི་ཕྱོགས་ནས་ཉེ་ཐང;

265 Maternity *n.* མ་རུ་གྱུར་པའི་དུས; ཨ་མར་གྱུར་བའི་གནས་སྐབས:

266 Mathematical, *a.* བགྲང་བའི་གཞལ་བའི་རྩིས་ཀྱི་སྐོར;

267 Mathematically, *ad.* བགྲང་བའི་རྩིས་ལྟར་ན;

268 Mathematician, *n.* བགྲང་ཅན་ནི་གཞལ་བའི་རྩིས་པ;

269 Mathematics, *n.* རྩིས; གཞལ་དང་བགྲང་བའི་རྩིས;

270 Matin, *a.* ཐོ་རང; སྔ་དྲོ; ཐོ་རང་གི; སྔ་དྲོའི; ནང་མའི:
(ཞོགས་པའི; Collql.)

271 Matricide, *n.* མ་གསོད་པ་པོ; ཨ་མ་གསད་པའི་འཛབ་ཚན:

272 Matriculate, *v.t.* རིབ་ཐོར་འཁོད་དེ་སློར་ཞུ་པ;

273 Matriculation, *n.* རིབ་ཐོར་འཁོད་དེ་ཞུ་བ་ཉིད;

274 Matrimonial, *a.* གཉེན་ཚང་སའི;

275 Matrimony, *n.* གཉེན; བག་མ་གཏོང་ལེན;

276 Matrix, *n.* མངལ; མའི་མངལ; པར; ཚང;

277 Matron, *n.* ཁྲིམ་བདག་མོ་རྒན་སང;

278 Matronly, *n.* ཁྲིམ་བདག་མོ་རྒན་མོའི་འགྲིང་བག་ཅན;

279 Matter, *n.* དངོས་པོ; རྒྱུ; བཅུད; རྫས; རྣག;

280 Mattery, *n.* རྣག་ཡོད་པ;

281 Matting, *n.* རི་ཀླེའི་གདན;

282 Mattock, *n.* བཀོ་སྟེའུ; ས་བཀོ་བའི་གནད་ཏྲི; (Sik. & Collql.).

283 Mattress, *n.* འབོལ་གདན; འབོལ་སྟེན;

284 Maturate, *v.t.* སྨིན་པར་བྱེད་པ;

285 Mature, *a.* སྨིན་སྟེ་ཡོད་པ; ན་ལོན;

286 Maturely, *ad.* སྨིན་པོ་བྱེད་དེ; དོན་སྨིན་ངེས་པོ་བྱེད་དེ;

287 Maturity, *n.* པོ་ན་སྨིན; ན་ལོན; ཐོ་ལོ་ལོན;

288 Maugre, *pr.* ཡོད་བཞིན་དུ་མ་གཏོགས་པར; མ་གཏོགས་པར;

289 Maul *n.* བསྒྲིག་པ; དབྱུག་པས་བརྡུང་སྟེ་བསྒྲིག་པ; (ཞུ་རེ་ཞེ་རེ་
བཙོས་པ; Colql.) སྨེར་མོས་ཅན་རྒྱལ་བཙོས་པ;

290 Maund, *n.* བྲོས; སྲང་རྡོ་སྲང་བརྒྱད་ཅུའི་བརྫིད; བྲོས་ཚད;
སྒྲོའི་ཚད; སྲང་བརྒྱད་ཅུ་ཡོད་པ;

291 Mausoleum, *n.* བུར་ཁང་བཟོ་བཀོད་ཁྲུད་འཕར་ཅན; བང་སོ;

292 Mavis, *n.* བྱིའུ་གླུ་སྙན་པོ་བསྒྱུར་མི་ཞིག;

293 Maw, *n.* གྲོད་གོག; ལྟོ་བ; གྲོད་པ;

294 Mawkish, *a.* གཙོག་པོ; ཞེན་པ་ལོག་པོ; སྐྱུག་བྲོ་པོ;

295 Maxim, *n.* གཏེ་རྒྱུད; གཏེ་དཔེ;

296 Maximum, *n.* ཆེ་ཤོས; མཐོ་ཤོས; དྲག་ཤོས; ཅ་ཆེ་ཤོས;

297 May, *v.t.* ཐུབ; ནུས; ཆོག; ཆོག་པ;

298 May, *n.* ཕྱི་ཟླ་ལྔ་པ; ལོ་ན་གཞོན་དུས; ཚེ་མགོ;
v.i. མི་ཚེའི་མགོ་རྩེར་པ; སྐྱིད་པ;

299 May, *n.* ཕྱི་ཟླ་ལྔ་པ་ཚེས་པ་ན་ཤར་བའི་མེ་ཏོག་དཀར་པོ་ཞིག་ལ་ཟེར;

300 Maya, *n.* སྒྱུ་མ;

301 Mayor, *n.* གྲོང་ཁྱེར་ཆེན་པོའི་ཁྲིམས་དཔོན་གཙོ་བོ;

302 Mazarine, *n.* ཆོས་སྔོན་མཐིང་མདོག་ཡག་པོ་ཞིག་ལ་ཟེར;
ཕྱུ་པ་སྔོན་པོ་ཞིག་ལའང་ཟེར;

303 Mazda, *n.* མེ་ལྷ་མཆོད་མི་པར་སིའི་རྣམས་ཀྱི་བསྟན་བཅོས་ཟེནྡ་བེསྟ་ཞེས་པར་ལུང་བསྟན་པའི་ལྷ་ཆེན་དེའོ;

304 Maze, *n.* མགོ་འཁོར; ཤེས་པ་འཁྲུམ་པའི་ས་ཆ; མགོ་རྨོག;
རྒྱ་ནག་ལྷུང་རི་ལྷུའི་ས་ཆ;

305 Mazy, *a.* མགོ་རྨོག་ཅན; ཀྱི་གུ་ཅན; ཐང་བགྲོད་དཀའ;

306 Me, *pron.* ང་ལ; བདག་ལ; ཁོ་བོ་ལ; ཁོ་བོར;

307 Mead, *n.* སྦྲང་དང་ཆུ་བསྲེས་མའི་ཆང;

308 Meadow, *n.* སྤང་ཐང; སྤང་གཞོང;

309 Meagre, *a.* ཤས་མོ་ཞན་པོ; སྐྱག་པོ; ཉམ་ཐག་པོ; ཉི་ཕྲ་མོ;
ཕྲ་མོ; (དཀོན་དཀོན་ཐག་ཐག; Sik.).

310 Meagrely, *ad.* དཀོན་དཀོན་ཐག་ཐག; (Sik.).

311 Meagreness, *n.* དབུལ་ཉམས; དཀོན་ཉེས; སྐྱག་རྩལ;

312 Meal, *n.* ཟན; ཟམ; *n.* (flour) ཙམ་པ; ཕྱེ;

313 Mealy, *ad.* ཕྱེ་ཙམ་འདྲ་པོ;

314 Mean, *a.* རིང་དམན; རིང་ངན; བློ་ངན; བློ་ཆུང; བློ་དམན;
དབུལ་པོ: ངན་པ; ((middle) འབྲིང་པོ; བར་པ;

315 Meander, *n.* ལམ་ཀྱག་ཀྱོག ; *v.i.* འཁྱོག་སྟེ་འགྲོ་བ ;

316 Meaning, *n.* དོན ; བརྡ ;

317 Meaningless, *n.* དོན་མེད་པའི ;

318 Meanly, *ad.* སྐྱོ་བུ་བྱེད་དེ ;

319 Meanness, *n.* ངན་ཚུལ ; དམན་ཚུལ ; (ཞེན་སེམས ; Sik.).

320 Meantime, *ad.* བར་སྐབས་སུ ;

321 Measles, *n.* ཤས་མ ; (Sik. & Bhut.) རིམས་ནད་ཞིག་གི་མིང :

322 Measurably, *ad.* ཚད་གཞལ་དུ་ནུས་པའི ;

323 Measure, *n.* ཚད ; རྒྱ་ཁྱོན ; མཐའ ; བྲེ ; *v.t.* ཚད་གཞལ་བ ;

324 Measureless, *n.* ཚད་འདས ; དཔག་ཡས ;

325 Measurement, *n.* ཚད ; ཚད་གཞལ་བ་ཉིད ;

326 Meat, *n.* ཤ ;

327 Mechanic, *n.* ཕྲུལ་འཁོར་གྱི་བཟོ་པ ; བཟོ་བོ ;

328 Mechanical, *a.* ཕྲུལ་འཁོར་གྱི ; བཟོ་འི ; ཕྲུལ་འཁོར་ལྟར་རང་ཤུགས་ཀྱིས་འགྲོ་བའི ;

329 Mechanically, *ad.* ཕྲུལ་འཁོར་གྱིས་བྱས་པ་ལྟར་བསམ་མནོ་མེད་པར ;

330 Mechanician, *n.* ཕྲུལ་འཁོར་བཟོ་མི ;

331 Mechanics, *n.* ཕྲུལ་འཁོར་གྱི་བཟོ ; བཟོ ; ལག་བཟོ ;

332 Mechanism, *n.* ཕྲུལ ; ཕྲུལ་འཁོར ; ཕྲུལ་ཐབས ;

333 Mechanist, *n.* ཕྲུལ་འཁོར་བཟོ་མི ; བཟོ་པ ;

334 Medal, *n.* གསོལ་ རས་ སོ་ བདག་ སྐྱེམ་ སྐྱུལ་ བའི་ དྭ་ སྒུ་ རིན་ པོ་ ཆེ་ གང་ རུང་ གི་ མེ་ ལོང་ སྐྱེའི་ བྲང་ ལ་ བདྭ་ རྒྱུ་ ཞིག ; དྭ་ན ;

335 Medallist, *n.* མེ་ཏིལ་བཟོ་མི ; དྭ་སྣ་བཟོ་མི ;

336 Medallion, *n.* མེ་ཏིལ་ཆེན ; དྭ་སྣ་ཆེན་པོ ;

337 Meddle, *v.i.* དོན་མེད་དུ་ཕྲི་གཏོང་བྱེད་པ; བར་དུ་བཙུད་པ;
ཁ་འཛུག་པ; ཕྲི་བ;

338 Meddler, *n.* བར་བཙུད་གཏོང་མི; ཕྲི་ཕྲོང་བྱེད་མཁན;
བར་ཆད་གཏོང་མཁན;

339 Meddlesome, *a.* བར་བཙུད་གཏོང་འདོད་ཅན;

340 Meddling, *n.* ཕྲི་ཕྲོང་བྱེད་བཞིན་པའི; ཕྲི་ཕྲོང་མཁན;

341 Medial, *n.* དབུས་མ; དཀྱིལ་མ; དབུ་མ;

342 Median, *a.* གུང་མ; དཀྱིལ་མ; དབུས་མ; སྔོན་དུས་སུ་ཨཱ་སྣྲུའི་མི་
རྒྱུད་ཕྱིས་སྤྱག་གཟིག་གི་རྒྱལ་ཁབས་དང་འབྲེལ་བ་ཞིག;

343 Mediate, *adj.* བར་མ; *v.i.* བར་སྐྱུམ་བྱེད་པ; *v.t.* བསྐྱུམ་པ;

344 Mediation, *n.* བར་སྐྱུམ; སྐྱུམ;

345 Mediator, *n.* བར་མི; སྐྱུམ་བྱེད་མཁན;

346 Mediatorial, *a.* བར་སྐྱུམ་བྱེད་མི;

347 Mediatorship, *n.* སྐྱུམ་བྱེད་མཁན;

348 Medicable, *a.* སྨན་དཔྱད་ཀྱིས་བསོས་སུ་ཡོད་པ;

349 Medical, *a.* སྨན་གྱི་སྐོར; བསོ་དཔྱད་ཀྱི་སྐོར;

350 Medically, *ad.* སྨན་གྱི་སྐོར་ནས;

351 Medicate, *v.t.* སྨན་དཔྱད་གཏང་བ;

352 Medication, *n.* སྨན་གྱི་སྦྱོར་ཐབས;

353 Medicinal, *a.* སྨན་དུ་འགྲོ་བའི; སྨན་རུང་བའི;

354 Medicine, *n.* སྨན;

355 Medieval, *a.* བར་དར་གྱི་དུས; ཕྱི་ལོ་རབ་འབྱུང་བཅོ་ལྔ་
ནས་བཅོ་བརྒྱད་ཀྱི་བར;

356 Mediocrity, *n.* སྤྱུས་འབྲིང; འབྲིང་ཙམ;

357 Meditate, *v.i.* བསྒོམ་པ; མཉེ་པར་བཞག་པ;

358 Meditation, *n.* སྒོམ; མཉམ་བཞག; ཏིང་ངེ་འཛིན;

359 Meditative, *a.* སྒོམ་ལ་དགའ་བ; སྒོམ་གྱི;

360 Mediterranean, *a.* ས་ཆེའི་དབུས་སུ་ཡོག་པ;

361 Medium, *n.* དཀྱིལ་མ; དབུས་མ; བར་པ; བར་མི;

362 Medlar, *n.* ཤིང་སྒོང་ཞིག་གི་མིང;

363 Medley, *n.* དམག་ཟིང; མི་ཟིང; (སླ་བསྲེས་དགུ་བསྲེས; (Sik.) སྣ་ཚོགས; ཟིང;

364 Medusa, *n.* སྲིན་མོ་མཐོང་བ་ཙམ་གྱིས་རྡོར་འགྱུར་ནུས་པའི་དྲག་མོ;

365 Meed, *n.* ཐོབ་ཐང; གསོལ་རས; བྱ་དགའ;

366 Meek, *n.* ཀྱུས་པོ; ཀྱུས་པའི་ངང་ཚུལ་ཅན;

367 Meekly, *ad.* ཀྱུས་པས;

368 Meekness *n.* ཀྱུས་ཚུལ; ཀྱུས་པ;

369 Meerschaum, *n.* རྫའི་ཐ་མ་ཁའི་གང་ཟག;

370 Meet, *v.t.* ཐུག་པ; འཕྲད་པ; (Hon. མཇལ་བ);

371 Meet, *a.* རན་པ; སྙམ་པ;

372 Meeting, *n.* འཛོམ་འདུ; འཛོམས་དུས; མདུན་ས;

373 Meetness, *n.* རན་ལུགས; སྙམ་ལུགས;

374 Megaciphalous, *a.* མགོ་ཆེན་པོའི་རིགས;

375 Megalith, *n.* རྡོའི་པ་བོང་ཆེན་པོ;

376 Megalomania, *n.* རང་ཉིད་ཆེན་པོར་གྱུར་པར་སྣང་བའི་འཁྲུལ་སྣང;

377 Megalosaurus, *n.* རིགས་ཁ་དག་སོང་བའི་སྔ་དུས་ཀྱི་ལྕེ་འགྲོ་ཤ་ཁྲག་ཟས་སུ་སྤྱོད་པ་ཞིག་གོ;

378 Megaphone, *n.* སྒྲ་གོ་བར་བྱེད་པའི་ལག་ཆ་ཞིག;

379 Megascope, *n.* — འདྲ་པར་ཆེར་གཏང་བའི་འཕྲུལ་གྱི་ལག་ཆ་ཤེལ་ལ་བྱས་པ་ཞིག ;

380 Megatherium, *n.* — སྔ་དུས་ཀྱི་དུད་འགྲོ་ཀང་བཞི་གླང་པོ་ཆེའི་རིགས་ཡིན་པ་ལ་དེ་ལས་ཧ་ཅང་ཆེ་བ་དེང་དུས་རིགས་ཆད་ནས་མེད་པ་ཞིག་གོ ;

381 Megrim, *n.* — ཡ་མ ; མགོ་དང་གདོང་ཕྱེད་གཟེར་བའི་ནད ;

382 Melancholy, *ad.* — ཡི་མུག ; (བློ་སྐྱོག ; ཁྲུལ་སྣང ; Sik.).

383 Melanic, *adj.* — ནག་པོ ;

384 Melanite, *n.* — རྡོ་ནག ;

385 Melee, *n.* — ཟིང་འཁྲུག ; འཛིང་ཁ ;

386 Meliorate, *v.t.* — བཟང་དུ་བཟོ་བ ; བཟང་བཅོས་རྒྱབ་པ ;
v.i. བཟང་དུ་འགྱུར་བ ;

387 Melioration, *n.* — བཟང་བཅོས ; ཡར་དྲག ;

388 Meliphagous, *adj.* — སྦྲང་རྩི་ཟས་ལ་བསྟེན་པའི ;

389 Melliferous, *a.* — སྦྲང་རྩི་འབྱུང་བའི ;

390 Melifluous, *n.* — སྙན་པོ ; སྙུམ་པོ ; སྦྲང་རྩི་ལྟ་བུ ; སྙོམས་པོ ;

391 Mellow, *a.* — སྨིན་ཅིང་མཉེན་པོ ; སྙན་པོ ; སྨིན་པོ ;
ཆང་གིས་ར་ཕྱེད་གཟི་བྱས་ནས་ཡོད་པ ;

392 Melodious, *a.* — སྒྲ་སྙན་ཆ་ཅན ;

393 Melodiously, *ad.* — སྒྲ་སྙན་པོ་བྱེད་དེ ;

394 Melodiousness, *n.* — དབྱངས་སྙན་ཚུལ ;

395 Melody, *n.* — མགུར ; སྒྲ་སྙན ; དབྱངས་སྙན ; དབྱངས ;

396 Melon, *n.* — ག་གོན ; (རྒྱ་གོན Bhut.) (ཁར་སྦུ ; Sik.).

397 Melrose, *n.* — རྒྱ་ཚེར་གོ་ལབ་མེ་ཏོག་གི་སྦྲང་རྩི ; སེ་བའི་མེ་ཏོག་གི་སྦྲང་རྩི ;

398 Melt, *v.t.* བཞུ་བ; འཇུ་བ; *v.i.* ཞུ་བ;

399 Member, *n.* འཁྲུས་མི; ཡན་ལག; ཚིག; གྲལ་པ;

400 Membership, *n.* སྡེའི་གྲྭ་པའི་གོ་ས; འཁྲུས་མིའི་གོ་ས;

401 Membrane, *n.* དར་མ; དར་སྲབ; པཊ་ཤུན་སྲབ་མོ;

402 Membranous, *a.* དར་མ་ཅན;

403 Memento, *n.* སེཾས་རྟེན; རྟེན; (བཤུལ་བཞག; Sik.); དྲན་བྱེད;

404 Memoir, *n.* ཟིན་བྲིས; བརྗེད་ཐོ;

405 Memorable, *a.* བརྗེད་ཐོར་འགོད་འོས;

406 Memorandum, *n.* བརྗེད་ཐོ;

407 Memorial, *n.* སྙན་ཞུ;

408 Memorialist, *n.* སྙན་ཞུ་ཞུ་མི;

409 Memorialize, *v.t.* སྙན་ཞུ་ཞུ་བ;

410 Memory, *n.* དྲན་པ; ཡིད; བློ;

411 Men, *n.* མི་རྣམས;

412 Menace, *v.t.* འཇིགས་རེ་སྐྲད་པ; བསྡིག་པ; སྡ་བཀོང་བ;

413 Menacing, *a.* འཇིག་རེ་སྐྲད་བཞིན་པ; སྡིགས་བཞིན་པའི;

414 Menagerie, *n.* གཅན་གཟན་གྱི་ཁང་པ;

415 Menagogue, *n.* ཟླ་མཚན་མང་དུ་དབབ་དུ་བཅུག་པའི་སྨན;

416 Mend, *v.t.* བཅོས་ཁ་རྒྱབ་པ; བསྐྱར་བཅོས་བྱེད་པ;

417 Mendacious, *a.* ཁྲམ་སེམས་ཅན;

418 Mendacity, *n.* ཁྲམ་སེམས; ཁྲ་མ;

419 Mender, *n.* བསྐྱར་བཅོས་བྱེད་མཁན;

420 Mendicant, *n.* བསོད་སློམས་སློང་མི; སློང་མོ་བ;

421 Mending, *n.* བཅོས་ཁ;

422 **Menial**, *n.* བྲན་གཡོག;

423 **Meniscus**, *n.* ཆོས་གསུམ་ཟླ་བ;

424 **Menses**, *n.* བུད་མེད་ཀྱི་ཟླ་མཚན; (སྨུ་ཁྲག; vulgar).
(བུང་སེམས་དམར་པོ; པདྨ་རཀྟ; classical).

425 **Menstrual**, *n.* ཟླ་མཚན་གྱི; (གཟུགས་རོགས་ཀྱི; Sik.).

426 **Menstruum**, *n.* གོང་དོག་བཞུ་བར་བྱེད་པའི་ཆུ;

427 **Mensurability**, *n.* གཞལ་དུ་ཡོད་པའི་རང་བཞིན;

428 **Mensurable**, *a.* གཞལ་དུ་ཡོད་པའི;

429 **Mensuration**, *n.* གཞལ་བའི་རྩིས;

430 **Mental**, *a.* རིག་པའི; བློ་ཡི;

431 **Mentally**, *ad.* རིག་པར; བློར;

432 **Menthol**, *n.* པེ་པར་མིནྟ་ཞེས་བྱ་བའི་སྨྱུ་ལས་བྱུང་བའི་ག་བུར་ཡ་
མ་དང་མགོ་གཟེར་ལ་ཕན་པ་ཞིག;

433 **Mention**, *n.* བརྗོད་པ; སྨོས་པ; འཆད་པ; བཤད་པ;

434 **Mentionable**, *a.* བརྗོད་དུ་རུང་བའི;

435 **Mentor**, *n.* སློབ་སྟོན་བྱ་མི་མཁས་པོ;

436 **Menu**, *n.* པཞེས་སྨོ་འདི་འདི་ཐོ་ལག་གང་འབྱུལ་གྱི་ཐོ་ཡིག་མིང་བྱང:
ཞལ་ལག་ཐོ;

437 **Mephistopheles**, *n.* མྥིསྟོ་ཞེས་བྱ་བའི་གླེས་གར་གྱི་དཔེ་ཆར་བདུད་སྡིག་ཅན་
གྱི་མིང་ངོ;

438 **Mephitis**, *n.* ས་ལས་འབྱུང་བའི་ཡང་ན་ཅག་ཅིག་ཐི་རྩལ་འོར་
བའི་ཐོག་ནས་བྱུང་བའི་དུག་རླངས;

439 **Mercantile**, *a.* ཚོང་སྐོར་གྱི; ཚོང་གི;

440 **Mercenary**, *a.* ཚོང་པའི་གཤིས; ཚོང་པའི་རྒྱ་གཤིས་ལྷ་བྲ:

441 **Mercer**, *n.* དར་གོས་དང་བལ་གོས་འཚོང་པ;

442 Merchandise, *n.* ཚོང་ཟོག;

443 Merchant, *n.* ཚོང་པ;

444 Merchantman, *n.* ཚོང་པའི་གྲུ;

445 Merciful, *a.* སྙིང་རྗེ་ཅན;

446 Mercifully, *ad.* སྙིང་རྗེའི་ངང་ནས;

447 Mercifulness, *n.* སྙིང་རྗེ་ཆེ་ལུགས;

448 Merciless, *a.* སྙིང་རྗེ་མེད་པ;

449 Mercilessly, *ad.* སྙིང་རྗེ་མེད་པར;

450 Mercury, *n.* དངུལ་ཆུ; (གཟའ་མིག་དམར; Astronomy).

451 Mercurial, *n.* དངུལ་ཆུའི; རིག་རིག་པོ; ཁྲུག་ཁྲུག;

452 Mercy, *n.* སྙིང་རྗེ; (ཐུགས་རྗེ; Hon.).

453 Merciful, *adj.* ཐུགས་རྗེ་ཅན;

454 Mere, *a.* དེ་ཙམ; ཙམ; འབའ་ཞིག; ཁ་རྐྱང;

455 Mere, *n.* ཁྲོན་པ; མཚོ; ཀློག་ཆུ;

456 Merely, *ad.* དེ་ཙམ་པ་ཞིག; དེ་ཀ་ཙམ་དུ; དེ་ཙམ་ཞིག་དུ;

457 Meretricious, *adj.* སྨད་འཚོང་མའི་མགྲངས་གཡེར་གྱིས་སླུ་བའི; བརྫུས་མའི;

458 Merge, *v.t.* ཉབ་པ; འཐིམ་པ; འདྲིང་བ;

459 Meridian, *n.* གུང; ཉིན་དགུང; གནམ་གྱི་གུང;

460 Merino, *n.* ཐྲེར་ལུག; ཐྲེར་མ; ཀྱུ་ཐེར;

461 Merit, *n.* དགེ་བ; བསོད་ནམས;

462 Meritorious, *a.* བསོད་ནམས་ཅན་གྱི; དགེ་བའི;

463 Mermaid, *n.* ཀླུའི་བུ་མོ;

464 Merops, *n.* བྱེའུ་སྦྲང་འབུ་ཟ་མཁན;

465 Merrily, *a.d.* ཉམས་བདེ་མོར; སྤྲོ་བ་བྱེད་དེ;

466 **Merriment**, *n.* ཉཾས་སང; སྤྲོ་ཉམས; དགའ་སྤྲོ; སྐྱིད་སྐྱིད;

467 **Merry**, *a.* ཉམས་དགའ་པོ;

468 **Mesh**, *n.* དྲ་བ;

469 **Mesmerize**, *v.t.* སྣང་བ་དབང་དུ་སྡུད་པ; ཡིད་འཆིང་བ;

470 **Mess**, *n.* ཐུག་པ; ཤ་དང་འབྲས་དང་ལོ་ཏོག་སྣ་ཚོགས་བསྲེས་
པའི་ཐུག་པ;

471 **Message**, *n.* འཕྲིན;

472 **Messenger**, *n.* འཕྲིན་སྐྱེལ་པ; བང་ཆེན་པ; ཕྱ་མ་ཧ;

473 **Messiah**, *n* འགྲོ་བ་འདྲེན་བྱེད;

474 **Messianic**, *a.* འགྲོ་བ་འདྲེན་བྱེད་ཀྱི་སྐོར་གྱི;

475 **Messieurs**, *n.* སྐུ་གཉོགས་ནཱ་པ་ཆོ་ཞིས་ཕྭེ་རེང་སྭིའི་སྐད་དུ;

476 **Messmate**, *n.* ལྟོ་ཚང; ཐབ་རོགས;

477 **Messuage**, *n.* ཁང་ཁྱིམ་སྒོ་ར་ཡིག་ཁང་དང་བཅས་པ;

478 **Met**, *v.t.* འཕྲད་པའི་འདས་ཚིག; ཐུག་ཕྲད་བྱུང་ཟིན་པ;

479 **Metabasis**, *n.* འགྱུར་འགྱུར་ལྡོག;

480 **Metabolism**, *n.* རྫས་ཀྱི་འགྱུར་ལྡོག;

481 **Metacarpel**, *n.* ལག་པའི་ཕྲུར་མ་དང་མཇུབ་མོའི་སྐོར་གྱི;

482 **Metachronism**, *n.* སྔར་གྱི་འབྱུང་གྱུར་སོང་དུས་ཕྱིས་པར་བཀོད་པའི་
ནོར་འཛོལ;

483 **Metachrosis**, *n.* ཁ་དོག་གི་འགྱུར་ལྡོག; དཔེར་ན་སྐྱོག་ཆགས་ཀ་སྨྭི་ལིན་
ཞེས་པའི་ཅང་པ་དེ་ལྟ་བུའོ;

484 **Metagnostic**, *n.* བློ་ལས་འདས་པ; ཀུན་གྱི་མཆོག་ཡོད་པ་ལ་དེའི་མཚན་
ཉིད་བློ་འདས་སུ་འཛིན་པའི་གྲུབ་མཐའ་ཅན;

485 **Metal**, *n.* རིན་པོ་ཆེའི་རིགས; གསེར་དངུལ་ཟང་ལྕགས;

486 **Metallic**, *a.* རིན་པོ་ཆེའི་རྒྱུ་ལས;

487 **Metalliform,** *n.* རིན་པོ་ཆེའི་དབྱིབས་ཅན;

488 **Metalling,** *n.* ལམ་ཁར་རྡོ་འི་ཨར་གའི་འཐིང་གཞི;

489 **Metallize,** *v.t.* རིན་པོ་ཆེར་འགྱུར་བ;

490 **Metallurgy,** *n.* རིན་པོ་ཆེའི་ལག་ལེན་གྱི་ལས་ཚོགས;

491 **Metamorphic,** *a.* ལུས་བསྒྱུར་གྱི;

492 **Metamorphose,** *v.t* ལུས་བསྒྱུར་བ;

493 **Metamorphosis,** *n.* ལུས་བསྒྱུར; དཔེར་ན་མིའི་ལུས་ལས་གཅན་གཟན་གྱི་ལུས་སུ་འགྱུར་བ་བཞིན; ལུས་འགྱུར་བ་ཉིད;

494 **Metaphor,** *n.* སྙན་དངགས་གཟུགས་སུ་བཀོད་པའི་དཔེ་ཅན; དཔེ་རྒྱན;

495 **Metaphorical,** *a.* སྙན་ངག་གི; གཟུགས་སུ་བཀོད་པའི; གཟུག་ཅན་གྱི་རྒྱན་ལྡན;

496 **Metaphorically,** *ad.* སྙན་ངག་ཏུ; སྙན་ངག་གི་ཚིག་ཏུ; གཟུགས་སུ་བཀོད་དེ;

497 **Metaphrase,** *n.* ཚིག་རེ་རེ་བཞིན་ནས་ངེས་པར་སྒྲ་བསྒྱུར་བ; ཚིག་གི་འབྲུ་གནོན;

498 **Metaphysical,** *a.* སེམས་དོན་རིག་པའི;

499 **Metaphysically,** *ad.* སེམས་དོན་རིག་གནས་ལྟར་ན;

500 **Metaphysician,** *n.* མཚན་ཉིད་པ; ཉན་ཐོས་བྱེ་བྲག་སྨྲ་བ;

501 **Metaphysics,** *n.* སེམས་དོན་རིག་གནས;

502 **Metayer,** *n.* ཞིང་ཁ་བོགས་མར་བླངས་ནས་བདབ་མི; འབྲས་ལྡོངས་སུ་ཀུད་ལ་སྤྱོད་མི་ཟེར; ཞིང་ཁ་ཐུན་མོང་དུ་བདབ་མི;

503 **Metempirical,** *adj.* ཚོར་སྣའི་ཕྱི་རོལ་གྱི; ཚོར་བྱེད་ཀྱི་དབང་པོའི་སྤྱོད་བ་ལས་འདས་པ;

504 **Metempsychosis,** *n.* སེམས་ཅན་འཆི་བའི་ནང་པར་བླ་གནས་སཾ་སྐྲཾ་ཤེས་དེ་ཉིད་སྲིད་པ་བར་དོར་ལུས་གཞན་ལེན་ཕྱིར་ཉིད་མཚམས་སྦྱོར་བ;

505 Methane, *n.* འདམ་མཚོའི་ནང་ནས་འཐོན་པའི་དུག་རླངས;
འདམ་གྱི་དུག་རླངས;

506 Mete, *v.t.* འཇལ་བ; གཞལ་བ;

507 Meteor, *n.* གནམ་རྡོ; སྐར་མདའ;

508 Meteoric, *a.* སྐར་མདའི;

509 Meteorological, *a.* གནམ་བཟང་ངན་བརྟག་དཔྱད་སྐོར་གྱི;

510 Meteorology, *n.* གནམ་བཟང་ངན་གྱི་བརྟག་དཔྱད་བྱ་བའི་སྐོར་གྱི་རིག་གནས;

511 Meter, *n.* ཚད; ཚད་གཞལ་རྒྱུའི་ལག་ཆ;

512 Meteyard, *n.* ག་རྫི་ཞེས་ཁྲུ་རྡོའི་ཚད་ཤིང;

513 Metric, *adj.* ཚད་ཀྱི; གཞལ་བའི་ཚད་ཀྱི་སྐོར་གྱི;

514 Methinks, *v.* ངས་བསམ་ན; ངའི་བློ་ལ; ངའི་བསམ་ཚར;

515 Method, *n.* ཐབས;

516 Methodic, *a.* ཐབས་དང་ལྡན་པའི;

517 Methodical, *a.* ཐབས་དང་ལྡན་པའི;

518 Methodically, *ad.* ཐབས་དང་ལྡན་པར;

519 Methodism, *n.* ཐབས་དང་ལྡན་ལུགས;

520 Methodist, *n.* ཐབས་གཙོ་བོར་བསྟེན་པའི་སྡེ; བསྒྲུང་བྱ་སྤྱོད་ལོ་དམ་
པོར་བསྟེན་པའི་ཀ་རི་སི་ཏན་ནོ་ཡི་ཤུའི་རྗེས་འཇུག;

521 Methodize, *v.t.* ཐབས་འགྲིག་པ; ཐབས་གོ་རིམ་འགྲིག་པ; ཐབས་སྒྲིག་པ;

522 Methomania, *n.* ཆང་རླུང་སྐྱེ་བའི་ནད; ཆང་མ་བྱུང་ན་སྐྱོན་ཚད་པ་འདྲ་
པོ་བྱུང་བའི་ནད;

523 Methyl, *n.* ཤིང་ལས་བྱུང་བའི་ཨ་རག་གི་སྙིང་པོ;

524 Metic, *n.* ཡུལ་འཐོན་པ; ཡུལ་འཁྱམས་ནས་ཡུལ་གཞན་དུ་སྡོད་མི;

525 Meticulous, *adj.* ཧ་ཅང་སྐྱུང་ཐལ་ཤོར་བའི; སྤྲར་མ;

526 Metonymy, *n.* འབྱུང་གནས་དང་འབྲེལ་བའི་རྗེས་གྲུབ་ཀྱི་མིང་; དཔེར་ན་འདུ་ཤེས་ལ་སྙིང་དང་ཚང་ལ་ཞེལ་དམ་ཞེས་འདོད་པ་ལྟར་རོ;

527 Metre, *n.* ཚིག་རྐང་; ཤློ་ཀའི་ཚིག་རྐང་;

528 Metrical, *a.* ཚིགས་སུ་བཅད་པའི; ཤློ་ཀར་བསྒྲིགས་ཡོད་པ;

529 Metropolis, *n.* རྒྱལ་པོའི་ཁབ; གྲོང་མཆོ; གྲོང་ཁྱེར་ཆེན་པོ; རྒྱལ་ས;

530 Metropolitan, *a.* གྲོང་མཆོའི; རྒྱལ་སའི;

531 Mettle, *n.* ངར;

532 Mettled, *a.* ངར་ཅན;

533 Mettlesome, *n.* ངར་ལྡན; ངར་པོ; ཁ་ངར་ཅན;

534 Meum, *n.* ལོ་ཏིན་སྐད་དུ; ངའི;

535 Mewl, *v.i.* ཁྱིའུའི་སྐྱི་ངག་འདོན་པ;

536 Mew, *n.* ཞི་མིའི་སྐད; བྱི་ལའི་སྐད་མིའུ་མིའུ་བྱ་བ;

537 Mew, *v.t.* མིའུ་མིའུ་ཞེས་ཞི་མི་ལྟ་བུའི་སྐད་རྒྱབ་པ;

538 Mew, *v.i.* བཙོན་དུ་བཟུང་བ; བཙོན་དུ་བཙུག་པ;

539 Mexican, *n.* མེག་སི་ཀའི་ཡུལ་གྱི་མི;

540 Mezereon, *n.* ཤིང་སྡོང་མེ་ཏོག་དམར་སྐྱ་ཤར་བ་ཤིང་ཤུན་ཧ་ཅང་གི་རོ་བསྐ་བ་སྨན་དུ་འགྲོ་བ་ཞིག་གོ;

541 Mezzanine, *n.* ཁང་པའི་ཐོག་མཐོ་པོ་གཉིས་ཀྱི་བར་དུ་དམའ་བ་ཞིག་ཡོད་པ; ཁང་ཐོག་དེ་འདྲའི་སྒོ་ཁྱུང;

542 Mezzotint, *n.* ཟང་པར་ནས་རི་མོ་བྲུལ་ང་པར་ནང་བཞིན་ཡོང་བ་ཞིག;

543 Miasma, *n.* རླངས; རླངས་པ་ངན་པ;

544 Miaul, *v.i.* ཞི་མིའི་སྐད་རྒྱབ་པ;

545 Mica, *n.* རྡོའི་མེ་ལོང;

546 Michaelmas, *n.* ཕྱི་ཟླ་དགུ་པའི་ཚེས་ ༢༩ ཉིན་གྱི་དུས་ཆེན;

547 Mickle, *adj.* སྐོཊྛ་སྐད་དུ; མང་པོ;

548 Micky, *n.* ཨ་ཨར་ལནྡ་བུ་བའི་ལུང་པར་ཕྲུག་གུ་ལ་ཟེར;

549 Microbe, *n.* སྲོག་ཆགས་ཧ་ཅང་ཕྲ་ཞིང་མི་མངོན་པ;

550 Microcephalous, *adj.* མགོ་ཆུང་ངུ་འདས་ མགོ་འི་བཟོ་ལུགས་ པར་ མ་གྲུབ་པ་དང་
ལྡན་པ;

551 Microcosm, *n.* ཧ་ཅང་ ཆུང་ བའི་ ནང་ སྲིད་ པ་ཕྱིད་ཚང་ བའི་ གཟུགས་ཅན
དཔེར་ན་མི་ལུས་ གཅིག་ལ་སྣང་ སྲིད་ཀྱི་ཆོས་ཕྱིད་ཚང་
བ་ལྟ་ལ་ཟེར;

552 Microcyte, *n.* ཁྲག་གི་ནང་གི་སྲོག་ཆགས;

553 Microdentism, *n.* སོ་ཆུང་ཆུང་ཡིན་ལུགས;

554 Microdont, *adj.* སོ་ཆུང་ཆུང་ཅན;

555 Micrograph, *n.* ཧ་ཅང་ཕྲ་མོ་འི་རི་མོ་བྲི་རྒྱུའི་ལག་ཆ་ཞིག;

556 Micrology, *n.* ཧ་ཅང་ཕྲ་མོ་འི་ཆོས་ཅན་གྱི་རིག་གནས;

557 Micrometer, *n.* རི་མོ་འི་ དཀྱུས་ ཞེང་ ངེ་ ཡང་ ན་གྲུ་ཧ་ཅང་ ཆུང་ཆུང་གཞལ་
རྒྱུའི་ལག་ཆ་ཞིག་གོ;

558 Microphone, *n.* སྒྲ་ ཆུང་ ངུ་ཧ་ ཅང་ གསལ་པོར་གོ་བར་བྱེད་ པའི་ལག་ཆ་
ཞིག;

559 Microphyllous, *n.* ལོ་འདབ་ཧ་ཅང་ཕྲ་མོ་ཅན;

560 Microphyte, *n.* སྔོ་ལྗམ་ཧ་ཅང་ཆུང་བས་མིག་གིས་མི་ཟིན་ཙམ;

561 Microphyle, *n.* བུད་ མེད་ ཀྱི་ ཟླ་ མཚན་ གྱི་ ནང་ ན་སྣོང་ ཕྲན་ཡོད་ པ་དེའི་
ངོས་ སུ་བུ་ ག་ཧ་ ཅང་ ཕྲ་མོ་ཡོད་ པ་དེར་སྐྱེས་པའི་ས
བོན་གྱིས་ཐིགས་ནས་ནང་དུ་ཞུགས་པའི་སྒོ་དེའོ;

562 Microscope, *n.* གཟུགས་བརྙན་ཆུང་ངུ་ཆེན་པོར་སྟོན་རྒྱུའི་ཤེལ;

563 Mid, *a.* དཀྱིལ་དུ; དབུས་སུ; སྦུག་ཏུ;

564 Middle, *a.* དབུས; དཀྱིལ; སྙིད་པ;

565 Middlemost, *a* དབུས་མཐིལ་དུ; དཀྱིལ་མ; གུང་དཀྱིལ་རང་གི;

566 Middling *a.* འབྲིང་པོ;

567 Midge, *n*, སྦྲང་འབུ་ལྷུཊ་ཕྲེ;

568 Midland, *n.* སའི་དབུས; ཡུལ་དབུས;

569 Midnight, *n.* ཉུབ་ཕྱེད; ནམ་ཕྱེད;

570 Midriff, *n.* བྲང་ཁོག; མཆིན་དྲི;

571 Midshipman *n.* གྲུ་གཟིང་གི་ཐོག་ལས་སློབ་གཞོན་པ; དམག་གྲུའི་ཐོག་
འགོ་དཔོན་ན་གཞོན;

572 Midst. *n.* བར་དུ; དཀྱིལ་དུ; སྦུག་ཏུ;

573 Midsummer, *n.* དབྱར་ཕྱེད; དབྱར་སྐང;

574 Midway, *adv.* ལམ་ཕྱེད;

575 Midwife, *n.* བུ་ཚ་སྐྱེ་སྐབས་ཀྱི་སྐྱིད་གྲོར་བྱེད་མཁན་བུད་མེད;
ཁྲིའུ་ བཙས་ དུས་ར་ མདའ་ བྱེད་ རྒྱུར་ འགྲོངས་ པའི་
བུད་མེད;

576 Midwifery, *n.* བུ་ནད་ཀྱི་སྐབས་སུ་ཨམ་ཆིའི་ལག་ལེན;

577 Mien, *n.* དཔའ་བརྗིད; འགྱིང་བག;

578 Might, *n.* སྟོབས; ཤུགས;

579 Mightily, *ad.* སྟོབས་ལྡན་ལྡར; སྟོབས་དང་ལྡན་པའི་ངང་ཚུལ་གྱིས;

580 Mightiness, *n.* སྟོབས་དང་ལྡན་ཚུལ;

581 Mighty, *a.* སྟོབས་ལྡན;

582 Mignonette, *n.* མེ་ཏོག་ཞིག་གི་མིང:

583 Migrate, *v.t.* ཡུལ་སྤོ་བ;

584 **Migration**, *n.* ཡུལ་སྤོ་བཤུད;

585 **Migratory**, *a.* ཡུལ་སྤོ་མི;

586 **Mikado**, *n.* རི་བིན་གྱི་གོང་མའི་ མཚན་རི་བིན་སྐད་དུ་འཕར་པའི་རྒྱལ་
སྐོ་ཟེར་བ་ཡིན་སྐད;

587 **Milch**, *a.* འོ་མ་སྦྱིན་མི;

588 **Mild**, *a.* ཞི་བ; མཉན་པོ; འཇེ་པོ;

589 **Mildew**, *n.* སྤོ་ཏམ; སྤོ་ཡམས; སད; རོག; སྤོ་སད;
སྤོ་འི་ནད་སྤོ་ཡམས;

590 **Mildly**, *ad.* འཇམ་པོར; ཞི་བའི་ཚུལ་གྱིས;

591 **Mildness**, *n.* འཇམ་མཉན;

592 **Mile**, *n.* དཔག་ཚད; ཨིན་ཇིའི་མླེ་ཡིའི་ཚད་ནི་གཟེ ༡༧༦༠ ཡོད;

593 **Militant**, *a.* ལག་ཐུག་པའི; དམག་འཁྲུག་ལ་ཞུགས་པའི;

594 **Military**, *a.* དམག་མིའི; དམག་གི;

595 **Militate**, *v.i.* འཐབ་པ; འཐབ་པར་ཆས་པ; བྲང་སྦྱད་དེ་ཡོད་པ;

596 **Militia**, *n.* ཡུལ་བསྲུང་བའི་དམག་དཔུང; (དཔའ་བཟས་པ; Bhut.)
བསྐྱོང་དམག; གཡུང་དམག;

597 **Milk**, *n.* འོ་མ;

598 **Milker**, *n.* འོ་མ་འཇོ་མཁན;

599 **Milkman**, *n.* འོ་མ་ཚོང་མི;

600 **Milkmaid**, *n.* འོ་མ་ཚོང་མཁན་བུ་མོ;

601 **Milky**, *a.* འོ་མ་ལྟ་བུ;

602 **Mill**, *n.* རང་འཐག;

603 **Mill**, *v.t.* རང་འཐག་དུ་འཐག་པ; འཐག་པ;

604 **Mill-board**, *n.* ཤོག་སྦྱར་མཁྲེགས་པོ་འི་སྦྱང་ལེབ;

605 Millenarian, *n.* ལོ་སྟོང་ཕྲག་གཅིག་གནས་པའི;

606 Millennial, *a.* ལོ་སྟོང་གི;

607 Millenium, *n.* ལོ་སྟོང་མཚོ་གཅིག; ལོ་སྟོང་ཕྲག་ཅིག;

608 Miller, *n.* ཆུ་འཐག་གི་བདག་པོ; ཆུ་འཐག་ག་མཁན་པོ;

609 Millepore, *n.* བྲི་རུ་ཡལ་ག་ཅན་ཞིག;

610 Millet, *n.* སྨོན་འབྲུ;

611 Milliard, *n.* བྲེ་བ་ཕྲག་སྟོང་ངཾ་དུང་ཕྱུར་བཅུ་ཡི་གྲངས;

612 Milliner, *n.* གོ་སྲུ་འཚེམ་མཁན;

613 Millinery, *n.* བུད་མེད་ཀྱི་མགོ་ཁེབས་དང་ཞྭ་མོའི་ཚས་སོཊ;

614 Million, *n.* བྲེ་བ; འབུམ་བཅུའི་གྲངས;

615 Milliped, *n.* འབྲུ་ཀང་མང་ཞིག;

616 Millionaire, *n.* དངུལ་བྲེ་བ་ས་ཡ་ཅན;

617 Mill-pond, *n.* ཆུ་འཐག་གི་ཁྲིན་པ;

618 Mill-stone, *n.* རང་འཐག་རྡོ;

619 Millocrat, *n.* ཆུ་འཐཊ་བདག་པོ་ཧ་ཅང་ཕྱུག་པོ་ལ་ཟེར;

620 Millreis, *n.* པོར་ཏུ་གལ་ཡུལ་གྱི་ཊཾ་ཀ་ཨིན་ཇིའི་ཤི་ལིང་བཞི་དང་
པེན་སི་ལྔའི་རྡོར་བྲུས་པ་ཞིག;

621 Milsey, *n.* འོ་ཚཊ;

622 Milt, *n.* ཉ་ཕོ་འི་ནང་ཆ་མཆིན་པོ་དེ;

623 Miltonic, *adj.* མིལ་ཊོན་ཞེས་ཨིན་ཇིའི་བརྩོམ་པ་པོ་ཧ་ཅང་མཁས་པོ་ཞིག་
བྱུང་འདུག་པ་དེའི་སྐོར་གྱི;

624 Mimic, *a.* ལས་དོད་ཅན; ལད་མོ་བྱེད་མཁན;

625 Mimicry, *n.* ལས་དོད; ལད་མོ; མིག་ལྟོས;

626 Mim, *adj.* ཟབ་ལྷོག་ཁ་པོ་སེམས་ཆུང་ལྷོག་ཁ་པོ;

627 Minosa, *n.* རིང་ནུ་སྐྱེ་བའི་སྤྱི་ལྕུམ་མིའི་ལག་པས་རེག་ཙཾ་ཙམ་ན་ལོ་མ་སྒྲིད་འགྲོ་བ་སླར་ཡུད་ཙམ་ནས་གསོས་ཡོང་བ་ཞིག་ཡོད་པ་དེ་ལ་ཟེར; རྒྱ་གར་པས་དེ་ལ་ཚུའི་སྲུའི་གཟུགས་ཟེར་བར་འདུག;

628 Minaret, *n.* རྫོང་དབུ་རྩེ; (Bhut. རྫོང་གཏུམ་རིལ);

629 Mince, *v.t.* ཤ་རྡུག་གཙབ་པ;

630 Mincingly, *ad.* གཡོ་པ་ཕྲང་ངུ་རྒྱབ་ཅིང;

631 Mind, *n.* སེམས; བློ; ཤེས་པ; སེམས་ཉིད; གཉིས་ཀ; དྲན་པའི་འགྲོ་སྟེང; བློ་འདོད; འདོད་པ; ཡིད; སེམས་སྣང; སྣང་བ; དམིགས་པ;

632 Minded, *a.* བློ་སྐྱེ་བ; འདོད་པ; བྱེད་བློ་འཆང་བ;

633 Mindful, *a.* བློ་ལ་ཡོད་པ; དྲན་པའི་ཐོག་ཡོད་པ:

634 Mine, *a. pr.* ངའི; or ང་ཡི;

635 Mine, *n.* གཏེར་ཁ; ཁུངས; *adj. pron.* ངའི; བདག་གི; ཁོ་བོའི;

636 Mine, *v.i.* & *v.t.* གཏེར་འདོན་པ; གསང་སྦས་ཀྱིས་བརླག་པ; (ས་མེ་གཏང་བ; Bhut.).

637 Miner, *n.* ས་གཏེར་འདོན་པའི་ལས་བྱེད་མཁན; ས་གཏེར་འདོན་པ་པོ;

638 Mineral, *n.* ས་འོག་ནས་འབྲོན་པའི་རིན་པོ་ཆེའི་རིང;

639 Mineralogist, *n.* ས་གཏེར་གྱི་དཔྱད་པ་མཁན;

640 Mineralogy, *n.* ས་གཏེར་གྱི་དཔྱད་པའི་རིག་གནས; རིན་པོ་ཆེའི་བྱེ་བྲག་སོར་དབྱེ་བའི་རིག་གནས;

641 Minerva, *n.* སྔོན་དུས་རྡོ་མཉན་པ་ཉིས་ཀྱི་ཤེས་རབ་ཀྱི་ལྷ་མོ; ཡང་དམག་ལ་ཆས་དུས་སྐྱུང་མར་འཛིན་པ་ཞིག་གོ;

642 Mingle, *v.t.* སླ་སྦྱོ་བ ; སྦྱོ་བ ; བསྲེས་པ ;

643 Mingling, *n.* བསྲེས་མ ; བསྲེས ;

644 Miniature, *n.* འདྲ་པར་ཆུང་ཆུང ;

645 Minim, *n.* ཆུ་ཐིག ; ཐིག་པ ; སླ་མོའི་ཚད་ཀྱི་ཆུང་ཤོས ;

646 Minimum, *n.* ཆུང་ཤོས ; ཐ་ཆུང ;

647 Minion, *n.* ཞལ་ལྟ་མ ; སྙན་གསལ་པ ;

648 Minister, *n.* བློན་པོ ; མདུན་ན་འདོན ; མཆོད་པ་ཞམ་པ ; པུ་ཏྲི ;
v.i. ལས་གཡོག་བྱུག་པའི ;

649 Ministerial, *adj.* ཞབས་ཕྱིའི ; ལས་གཡོག་པ ; ལག་འདོན་པའི་ལག
ལེན་པའི ;

650 Ministration, *n.* ལས་ཀ ; ལག་ལེན ; ལག་འདོན ;

651 Ministry, *n.* ཞབས་ཕྱི ; ཞབས་འདེགས ; འགྲོ་དོན ;

652 Miniver, *n.* པག་པ་སྤུ་འཕྱིར་མ་ལ་ཟེར་ཞབས་ཕྱི་ཞུབ ; Hon.

653 Mink, *n.* སྲོ་སྲོང་ལྟའི་སེན་སྤུ་གྲ་ལེད་མོ་ཡོད་པ་ཞིག ;

654 Minnow, *n.* རྒྱུག་ཆུ་འམ་གཙང་པོའི་ཉ་ཆུང་ཆུང་ཞིག ;

655 Minor, *a.* གཞོན་ནུ ; ན་མ་ལོན་པ ; ན་ཆུང ; ན་གཞོན ;

656 Minority, *n.* ན་གཞོན ; ནམ་ཚད་པའི་དུས ;

657 Minotaur, *n.* སྔོན་དུས་སུ་བདུད་མགོ་བོ་མི་ལ་གཟུགས་པོ་གླང་བྱས་པ
ཞིག་ལ་ཟེར :

658 Minster, *n.* ལྷ་ཁང ;

659 Minstrel, *n.* གླུ་གཞས་བཙོམ་ནས་དབྱངས་སུ་འཛིན་མི ;

660 Minstrelsy, *n.* གླུ་ཡི་དཔེ་ཆ ; གླུ་གཞས་བརྩམས་པའི་སྡེ ;

661 Mint, *n.* དངུལ་ཊི་པར་རྒྱབ་ས ; དངུལ་གྱི་པར་ཁང ;
(the herb) (ཡང་སྤོ་སྨན་པུ་དི་ན་བུ་བ་དེ་ལ་འདང་ཟེར);

662 Mint, *n.* སྤོ་སྨན་པུ་དི་ན་བྱ་བ་དེའོ;

663 Mintage, *n.* པར་དུ་བཀོད་རྫིན་པའི་དངུལ་ཏཾ;

664 Minuend, *n.* གྲངས་གང་ཞིག་ནས་ཕྱིར་ཏོར་རྒྱུ་ཡོད་པ་དེའོ;
གང་གི་ཕྲོག་འཕྲི་དགོས་པའི་གྲངས་འབོར;

665 Minuet, *n.* གླུ་གར་ཞབས་བྲོ་ལྷོད་ཅིང་འཁྱིང་ལྟན་ཞིག;

666 Minus, *a.* འཕྲི་བའི; ཏོར་བའི;

667 Minute, *n.* གྲངས་དྲུག་ཅུ་འདྲེན་པའི་ཡུན; ཆུ་སྲང;
ཆུ་ཚོད་གཅིག་གི་དྲུག་ཅུའི་ཆ;

668 Minutely, *ad.* ཞིབ་མོར; ཕྲ་མོར;

669 Minuteness *n.* ཕྲ་ཞིབ;

670 Minutiae, *n.* ཞིབ་ཆ;

671 Minx, *n.* བུ་མོ་ཁ་བདེ་པོ་ངོ་ཚ་ཆེར་མེད་པར་སྐྱེ་དམན་ཁྲི་
གཟིག་ཁ;

672 Miocene, *adj.* སའི་རིམ་པ་བར་པ;

673 Miosis, *n.* མར་གུད; ཆུང་དུ་སོང་བ;

674 Mirable, *adj.* ཡ་མཚན་ཅན;

675 Miracle, *n.* རྫུ་འཕྲུལ; ཆོ་འཕྲུལ;

676 Miraculous, *a.* རྫུ་འཕྲུལ་ལྟུ;

677 Miraculously, *ad.* རྫུ་འཕྲུལ་ལྟུར;

678 Mirage, *n.* སྨིག་རྒྱུ;

679 Mire, *n.* འདམ་རྫབ;

680 Mirror, *n.* མེ་ལོང; (Magic-mirror: ཕྲ་མོ་ཕབ་སའི་མེ་ལོང);

681 Mirth. གད་མོ; གད་རྒྱངས; དགའ་ཉམས; སྤྲོ;

682 Mirthful, *a.* གད་རྒྱང་ཅན; རྒོད་བྲོ་ཅན; གད་མོར་དགའ་བའི;

683 Mirthfully, *ad.* རྒོད་བྲོས་ཁངས་ཏེ; དགའ་ཉམས་ཆེ་ནོར;

684 Miry, *a.* འདམ་རྫབ་ཅན;

685 Mirza, *n.* སྟག་གཟིག་གི་ཡུལ་དུ་རྒྱལ་སྲས་ཀྱི་གོ་གནས་འཛིན་པ་ལ་ཟེར;

686 Mis, *a.* ཕྱིན་ཅི་ལོག་པའི་དོན་ལྡན་གྱི་ཚིག་ཕྲད་དོ; འགལ; ལོག;

687 Misadventure, *n.* གོད་ཆ; འགལ་རྐྱེན; བར་ཆད;

688 Misadvertence, *n.* ཅག་ག་ཐག་པོ་མེད་པའི་རང་བཞིན; (སྣང་མེད་རྟོག་བསྐྱུར; Sik.).

689 Misadvised, *a.* བསླབ་བྱ་གོ་ལོག་ཐེབས་པའི;

690 Misalliance, *n.* གཉེན་འབྲེལ་ཉེས་པ;

691 Misanthrope, *n.* མི་ཀུན་ལ་ཞེ་ཁྲེལ་མི;

692 Misanthropy, *n.* མི་ཀུན་ལ་ཡིད་མི་ཆེས་ཤིང་དོ་ཕ་པ་ཟ་བའི་ངང་ཚུལ;

693 Misapplication, *n.* ལས་སྦྱོར་ལོག་པ; ཕྱིན་ཅི་ལོག་དུ་སྦྱར་བ;

694 Misapply, *v.t.* ལོག་པར་སྦྱོར་བ; ཕྱིན་ཅི་ལོག་དུ་སྦྱར་བ;

695 Misapprehend, *v.t.* གོ་བ་ལོག་པར་འཛིན་པ; ཕྱིན་ཅི་ལོག་དུ་གོ་བ;

696 Misapprehension, *n.* དོན་གོ་ལོག; འཛིན་དོན་ལོག་པ;

697 Misappropriate, *v.t.* ལས་དོན་ལོག་པར་སྦྱར་བ; ཧམ་ཟས་བྱེད་པ;

698 Misappropriation, *n.* དོན་འགལ་དུ་སྦྱར་བ་ཉིད; ཧམ་ཟས; རྒྱུ་ནོར་ཧམ་ཟས་བྱས་ནས་བདོག་པ;

699 Misarrange, *v.t.* སྒྲིག་ཁ་ར་ཞིག་པ; ལྷུག་པ;

700 Misarray, *n.* གོ་རིམ་མ་སྒྲིག་པའི་ཚུལ;

701 Misarrangement, *n.* སྒྲི་ཁ་ལྷུག་ཚུལ; (སྒྲི་སྟངས་ཇོར་ལུགས; Colql.)

702 Misbecoming, *a.* མི་སྤྲོ་པ;

703 Misbegotten, *a.* འབྱུང་སྟངས་ཉེས་པ; འབྱུང་ཁངས་ཉེས་པ; བཟོ་ཉེས;

704 Misbehave, *v.t.* སྤྱོད་པ་ངན་པོ་སྟོན་པ; ལོག་པར་སྤྱོད་པ;

705 **Misbehaviour**, *n.* ངན་སྤྱོད; ལོག་སྤྱོད;

706 **Misbelief**, *n.* མི་དད་པ; དད་ལོག; ཡིད་མ་ཆེས;

707 **Misbelieve**, *v.t.* ཡིད་མ་ཆེས་པ; མ་དད་པ;

708 **Miscalculate**, *v.t.* རྩིས་ལེགས་པར་མ་རྒྱབ་པ;

709 **Miscalculation**, *n.* རྩིས་ལོག;

710 **Miscarriage**, *n.* སྦྲུཾ་ཤོར་བ; (ཕྲུ་ཚ་ཤོར་བ; Sik. & Bhut.)
དོན་འཆོར; སྤྱོད་ཚུལ་དད་པ་ལོག་པོ;

711 **Miscarry**, *v.t.* བྱ་བ་ཕྱིན་ཅི་ལོག་ཏུ་བྱེད་པ; བྱ་བ་ལཾ་མ་ལོང་བ;
འཆུག་པ; བྱ་བ་འཆུག་པ; བྱ་བ་ལཾ་དུ་མ་སོང་བ;

712 **Miscellaneous**, *a.* ཅ་གི་ཅོ་གི; སྣ་ཚོགས; ཟ་རི་ཟི་རི;

713 **Miscellany**, *n.* སྣ་ཚོགས;

714 **Mischance**, *n.* བར་ཆད; ཀྱུར;

715 **Mischief**, *n.* གནོད་པ; གནོད; ངན; རྐྱེན་ངན;

716 **Mischievous**, *a.* གནོད་པ་ཅན; ངན་ཅན; (ཚུབ་ཀྱེར་ར; Colql.)
ངན་བྱེད་མཁན;

717 **Mischievously**, *ad.* གནོད་སེམས་ཀྱིས; ངན་སེམས་ཀྱིས;

718 **Misconceive**, *v.t.* དོན་གོ་ལོག་ཏུ་འཛིན་པ; གོ་བ་ལོག་པར་ཐེབས་པ;

719 **Misconception**, *n.* དོན་ལོག་པར་གོ་བ;

720 **Misconduct**, *n.* སྤྱོད་ལོག; ལོག་སྤྱོད; བྱེད་སྟངས་ཕྱིན་ཅི་ལོག; *v.t.*
བྱ་བ་ཕྱིན་ཅི་ལོག་ཏུ་བྱེད་པ;

721 **Misconjecture**, *n.* འོལ་ཚོད་ལོག་པ;

722 **Misconstrue**, *v.t.* དོན་ལོག་ཏེ་གོ་བ; སྒྲ་ལོག་ཏུ་འཛིན་པ;

723 **Miscount**, *v.t.* གྲངས་ལེགས་པར་མ་བགྲང་བ; གྲངས་ཁ་གཏན་གཏན་
མ་རྒྱབ་པ;

724 **Miscreant**, *n.* མི་ངན; ཉིཾ་ཉམས: བསྟན་བཤིག;

725 Misdate, *n.* ཆོས་གྲངས་ནོར་སྡེ་བཀོད་པ ;

726 Misdeed, *n.* ཉེས་བྱས ; བྱ་བ་ངན་པ ;

727 Misdemeanour, *n.* དམུ་རྒོད་ཀྱི་ངང་ཚུལ ; བག་མེད ;
(གཏོང་མམ་ཚོག་གི་བྱ་ག ; Sik.)

728 Misdirect, *v.t.* ལོ་ལོག་སྟོན་པ ;

729 Misdoubt, *n.* ཐེ་ཚོམ ; སོམ་ཉི ;

730 Misemploy, *v.t.* ལོག་པར་སྤྱོད་པ ; ལོག་པའི་ལས་སུ་སྐྱུལ་བ ;

731 Misemployment, *n.* ལོག་པར་ལས་སུ་སྤྱོད་པ་ཉིད ; ལས་ཕྱིན་ཅི་ལོག་ཏུ་སྐྱུལ་བ ;

732 Miser, *n.* སེར་སྣ་ཅན་གྱི་མི ; ལག་དཾ་པོ ;

733 Miserable, *a.* སྡུག་རྒྱལ ; སྡུག་པོ ; སྡུག་བསྔལ་ཅན ;

734 Miserably, *ad.* སྐྱོ་བུ་བྱེད་དེ ; ཨུ་ཐུག་པོ་བྱེད་དེ ;

735 Misericorde, *n.* ཐུགས་རྗེ ; སྙིང་རྗེ ; བཟོད་གསོལ ; མགར་སོག་གྱི་ཆུང་
དམག་ཏུ་མི་བརྒྱས་པ་དག་གསད་པའི་ཆེད་དུ་འཛིན་པ ;

736 Miserly, *adj.* བཀྲེན་བཀྲེན་པོ ; སེར་སྣ་དང་བཅས་པའི ;

737 Misery, *n.* སྡུག་བསྔལ ;

738 Misfit, *n.* མི་རན་པའི་ཆས་གོས ; ལུས་ལ་མི་སྦྲ་པའི་ཆས ;

739 Misfortune, *n.* བྲུས་ཉེས ; འགལ་རྐྱེན ;

740 Misgive, *v.t.* ཐེ་ཚོམ་སྐྱེད་བ ; དོགས་པ་སྐྱེད་བ ; ཐེ་ཚོམ་པ ;

741 Misgiving, *n.* སེམས་རྟོག ; དོགས་སྣང ; བློས་མ་ཁེལ ; སེམས་རྟོགས ;

742 Misgovern, *v.t.* ཚད་དབང་བསྒྱུར་ཉེས་པ ;

743 Misgovernment, *n.* དབང་བསྒྱུར་ལུགས་ཉེས་པ་ཉིད ;

744 Misguide, *v.t.* ཡི་ལོག་ཏུ་འདྲེན་པ ; ལམ་ལོག་ཏུ་འཁྲིད་པ ;

745 Mishandle, *v.t.* ལག་ལེན་ཉེས་པ ;

746 Mishap, *n.* རྐྱེན་ངན ; བྲུས་ཉེས ; (སྦྲི་རགས ; Sik.)

747 Misinform, *v.t.* ལོ་རྒྱུས་ཕྱིན་ཅི་ལོག་ཏུ་ཞུ་བ;

748 Misinterpret, *v.t.* བརྡའ་དོན་ལོག་པར་བསྒྱུར་བ; སྒྲ་དོན་གོ་ལོག་ཏུ་
སྒྱུར་བ;

749 Misinterpretation, *n.* བརྡ་དོན་ལོག་པ;

750 Misjudge, *v.t.* ཁྲིམས་དཔྱད་ལོག་པ; དཔྱད་ཉེས་པ;

751 Mislay, *v.t.* བཞག་ས་ལོག་པ; གར་བཞག་མེད་པ;
གར་བཞག་བློ་ཡིས་མི་དྲན་པ;

752 Mislead, *v.t.* མགོ་ཁྲིད་ཕྱིན་ཅི་ལོག་ཏུ་བྱེད་པ; ལཾ་ལོག་ཏུ་ཁྲིད་པ:

753 Misleader, *n.* མགོ་འཁྲིད་ངན་པོ; (ཀན་མགོ་ཉེས; Sik.)

754 Mismanage, *v.i.* ལས་ཀྱི་ཁ་ལོ་ཕྱིན་ཅི་ལོག་ཏུ་སྒྱུར་བ;
ཕྱིན་ཅི་ལོག་ཏུ་ལས་བཀོལ་བ; ལོག་པར་བཅོལ་བ;

755 Mismanagement, *n.* ལས་འགྱུར་ཁ་ཕྱིན་ཅི་ལོག;

756 Misname, *v.t.* མིང་ལོག་འདོགས་པ;

757 Misnomer, *n.* མིང་ལོག; མ་སྨྲམ་པའི་མིང;

758 Misplace, *v.t.* བཞག་ས་ནོར་བ;

759 Misprint, *v.t.* པར་འཛོལ་བྲབས་པ;

760 Mispronounce, *v.t.* ཚིག་སྒྲ་མི་དག་པར་བརྗོད་པ; སྒྲ་ལོག་ཏུ་བརྗོད་པ:
སྒྲ་བརྗོད་ལོག་པ;

761 Mispronunciation, *n.* ཚིག་སྒྲ་མི་དག; སྒྲ་འབྱིན་སྟངས་ལོག་པ;

762 Misquote, *v.t.* ཁུངས་འདྲེན་གབ་ལོག; ལུང་འདྲེན་མ་དག་པ;

763 Misreckon, *v.t.* རྩིས་འཁྲུལ་བ;

764 Misrepresent, *v.t.* གོ་ལྡོག་ཏུ་སྟོན་པ; བཟང་ངན་གབ་ལོག་ཏུ་ཞུ་བ:

765 Misrepresentation, *n.* ཞུ་ལོག;

766 Misrule, *n.* དབང་སྒྱུར་སྟངས་མ་ལེགས་པ; དབང་ཡོད;

767 Miss, *n.* བུ་མོ་ཁྱོ་ག་མ་ཐུག་པ་ལ་འབོད་པའི་ཚིག; (སྨིས་མོ་ལཊ);

768 Miss, *v.t.* ཤོར་བ; མ་ཐོག་པ; མ་ཐེབས་བ; མེད་པ་ཚོར་བ; འཚོར་བ;

769 Misbecoming, *a.* མི་སྤྲོ་པ;

770 Misshape, *v.t.* བཟོ་ཉེས་བཟོ་བ; གཟུགས་བརྟན་མ་ལེགས་པར་བཅོས་པ;

771 Missile, *a.* ལག་རྡོ; འཕེན་བྱེད་ཀྱི་མཚོན་ཆ་རྡོ་དང་རྡེའུ་ལྟུ;

772 Missing, *a.* བརླག་པ; མ་ཚང་བ; སྟོར་བ;

773 Mission, *n.* བང་ཆེན་བཏང་བའི་ལས; འཕྲིན;

774 Missionary, *n.* ཆོས་ཀྱི་འཕྲིན་སྤྲེལ་མཁན; པཱ་དྲི;

775 Missive, *a.* འཕེན་བྱེད་ཀྱི་ལག་ཆ; བཀུར་བའི་ཡིག;

776 Misocapnic, *adj.* ཐ་མ་ཁའི་དུ་བ་སྙིང་ནས་ཞེ་ཁྲེལ་བ;

777 Misogynist, *n.* བུད་མེད་ལ་ཞེ་ཁྲེལ་བ;

778 Misogamist, *n.* ཁྲིམ་ཐབས་འབྲེལ་བ་ལ་སྙིང་ནས་ཁྲེལ་བ;

779 Misology, *n.* རིགས་པ་ལ་ཁྲེལ་བ;

780 Misotheism, *n.* དཀོག་ལ་ཞེ་ཁྲེལ་མི;

781 Misspell, *v.t.* འབྱུངས་སློབས་ནོར་དེ་འབྲི་བ; ཡིག་མ་དག་པར་བྲི་བ;

782 Mispelling, *n.* འབྱུངས་སློབ་ནོར་འཁྲུལ;

783 Misspend, *v.t.* ཟས་འགྲོ་གཏོང་སྤུངས་ཉེས་པ; ཕྲོ་བརླག་གཏང་བ; རྒྱུས་བཟོད་བཏང་བ;

784 Misstate, *v.t.* ཡིན་ལུགས་དང་པོར་མི་བཤད་པ་རྣམ་པ་ཞུ་བ;

785 Misstatement, *n.* བརྫུན་བཤད; ཡིན་ལུགས་བཞིན་མི་བརྗོད་པ; ཧཾ་ཤུ;

786 Mist, *n.* སང་སྨུག; སྨུག་པ; ཁུག་སྣ;

787 Mistakable, *a.* ནོར་ཉེན་ཅན;

788 Mistake, *v.t.* ནོར་བ; འཛོལ་བ; འཁྲུལ་བ;

789 **Mistaken**, *a.* ལམ་ནོར་གྱི; ནོར་འཛོལ་གྱི; ནོར་བའི;

790 **Mistakenly**, *ad.* ཡིཾ་ནོར་སྟེ; ནོར་སྟེ;

791 **Mistily**, *ad.* མི་གསལ་བར; རབ་རིབ་བཞིན;

792 **Mistime**, *v.t.* དུས་བདབས་སྐྲིག་ལུགས་མ་བྱུང་བ;
དུས་སྤུ་མ་བྱས་པ;

793 **Mistiness**, *n.* རྨུག་པའི་རབ་རིབ་དང་ལྡན་ཚུལ; སང་རྨུག་འཁྲིབ་ཚུལ:

794 **Mistletoe**, *n.* ཤིང་སྡོང་ཆེན་པོ་འི་སྟེང་དུ་སྐྱེ་བའི་སྤོ་ཞིག་གི་མིང;
སྤོ་སྤུ་ཤེལ་ཅོའི་རིགས་ཤིག;

795 **Mistranslate**, *v.t.* ཚིག་སྒྲ་སྒྱུར་ལུགས་མ་བྱུང་བ; སྒྲ་ལོག་ཏུ་སྒྱུར་བ;

796 **Mistranslation**, *n.* སྒྲ་དོན་གབ་ལོག;

797 **Mistress**, *n.* སློབ་དཔོན་གྱི་ཆུང་མ; ཇོ་མོ; བདག་མོ;
སྐྱེ་དམན་དགེ་མཁན;

798 **Mistrust**, *n.* བློ་མ་གཏད་པ; བློས་མ་འཁེལ་བ;

799 **Misty**, *a.* རྨུག་པའི་རབ་རིབ་ཅན; སང་རྨུག་ཁྲིབ་ཁྲིབ;

800 **Misunderstand**, *v.t.* གོ་ལོག་ཐེབས་པ; གོ་བ་ལོག་པ;

801 **Misunderstanding**, *n.* བློ་མ་མཐུན་པ; བློ་མཐུན་མེད; འགྲིག་མེད; འཚཾ་མེད;

802 **Misuse**, *v.t.* སྤྱོད་ལུགས་མ་ལེགས་པ; ཕེད་སྤྱོད་ཉེས་པ;

803 **Mite**, *n.* རྫུལ་མ; རྫུལ་ཕྲན; དེས་ན་མིའུ་ལའང་ཟེར;

804 **Mitigate**, *v.i.* ཡང་ཆ་གཏང་བ; ཉེས་པ་ལ་ཆུང་ཡང་ཙམ་གཏང་བ:

805 **Mitigation**, *n.* ཡང་ཆག;

806 **Mitre**, *n.* བླ་མའི་གཙུག་ཏོར་རིཾ་ཆོས་ཞྭ; ཆོས་ཞྭ;

807 **Mitten**, *n.* མཛུབ་མགོ་མ་ཁེབས་པའི་ལག་ཤུབ;
སོར་མཛུབ་ཕྱིར་ཐོན་པའི་ལག་ཤུབ;

808 **Mity**, *a.* སྲོག་ཆགས་འབུ་སོགས་ཕྲ་མོས་ཁེངས་ནས་ཡོད་པ;

809 **Mix**, *v.t.* སྲེ་བ; བསྲེས་པ; འདྲེ་བ; འདྲེས་པ;

810 **Mixed,** *a.* བསྲེས་པ; or བསྲེས་མ; (བསྲེས་ཅན; Sik.)

811 **Mixture,** *n.* འདྲེས་མ; བསྲེས་མ; སྦྱོར་བ;

812 **Mizzen,** *n.* གྲུ་གཟིངས་དར་ཆེན་གསུམ་ཡོད་པའི་དར་ཅོག་ཀྱབ་མ་དེའོ;

813 **Mizzle,** *v.i.* ཆར་པ་ཟིམ་ཟིམ་འབབ་པ;

814 **Mnemonics,** *n.* དྲན་པར་ཕན་བྱེད;

815 **Moan,** *v.t.* འཁྲུན་པ;

816 **Moat,** *n.* དགྲ་རྫོང་གི་ཕྱི་ཡི་ཆུ་ཡུར;

817 **Mob,** *n.* མི་མང་ཚོགས་པའི་དཔུང; དམངས; ཚོཊ; མི་ཕལ་པའི་ཚོཊ;

818 **Mobility,** *n.* བསྒྱུར་ཁ་ཀྱབ་བདེ་བའི་རང་བཞིན; བསྐྱུལ་བདེ;

819 **Mock,** *v.t.* ཐོ་འཚམ་པ; ཧི་ཁྲོད་ཀྱབ་པ; ཧི་ཧི་བྱེད་པ;

820 **Mockery,** *n.* ཐོ་འཚམ་པའི་ཏཾ་འགྱུར;

821 **Mocking,** *a.* ཐོ་འཚམ་ཞིང་ཡོད་པ;

822 **Mode,** *n.* སྐབས; སྟངས; ལུགས;

823 **Model,** *n.* དཔེ;

824 **Moderate,** *a.* འབྲིང; ཚོད་ཅན; ཚོད་ཡོད;

825 **Moderate,** *v.t.* འབྲིང་ཙམ་དུ་འཕབ་པ; མར་བཅག་བྱེད་པ; མར་སློད་པ;

826 **Moderately,** *ad.* འབྲིང་ཙོ་དུ; རན་པར;

827 **Moderation,** *n.* ཚོད་ཡོད; ཚོད; རང་ཚོད;

828 **Modern,** *a.* དེང་དུས་ཀྱི;

829 **Modernize,** *v.t.* དེང་དུས་ཀྱི་འགྲོ་ལུགས་དང་མཐུན་པར་བྱེད་པ;

830 **Modest,** *a.* འཛེམ་བག་ཅན; ངོ་ཚ་ཅན; བག་ཡོད་དང་ལྡན་པ;

831 **Modestly,** *ad.* ཁྲེལ་འཛེམ་གྱི་བག་དང་ལྡན་པར;

832 **Modesty**, *n.* ཁྲེལ; ཁྲེལ་ཡོད; ཁྲེལ་འཛེམ;

833 **Modification**, *n.* འགྱུར་བཅོས; སྒྱུར་བཅོས;

834 **Modify**, *v.t.* འགྱུར་བཅོས་རྒྱབ་པ;

835 **Modish**, *a.* འགྲོ་ལུགས་དང་མཐུན་པའི;

836 **Modulate**, *v.t.* སྐད་འགྱུར་རྒྱབ་པ; སྒྲ་འགྲིག་པ;

837 **Modulation**, *n.* སྒྲའི་འགྲིག་སྟངས;

838 **Module**, *n.* གཞལ་བའི་ཚད་ཆུང་ཆུང་ཞིག;

839 **Mogul**, *n.* སོག་པོ;

840 **Mohair**, *n.* ཨེཾ་གྷོ་ར་ཟེར་བའི་ར་བལ་ཏ་ཅང་འཇམ་ཞིང་དར་ལྟ་བུའི་མདོག་ལྡན་གྱི་གོས;

841 **Moiety**, *n.* ཕྱེད་ཀ; ཕྱེད་ཙ; དཔྱ; ཟུར་དཔྱ;

842 **Moist**, *a.* བཤེར་ཅན; རློན་པ; ཆུ་འཇིག་འཇིག; གཤེར་ཅན;

843 **Moisten**, *v.t.* བརླན་གྱིས་སྦང་བ; ཆུར་སྦང་བ; (བད་བཏབ་པ; Bhut. & Sik.)

844 **Moistness**, *n.* བརླན་པ; བརླན་བཤེར;

845 **Moisture**, *n.* བཅུད; བད;

846 **Molar**, *n.* འགྲམ་སོ; ཕྱུག་སོ;

847 **Molasses**, *n.* བུར་སླག; བུ་རམ;

848 **Mold** *n.* ལུ་པར;

849 **Mole**, *n.* སྨེ་བ; ལུས་ཀྱི་སྨེ་བ;

(the animal བྱི་བ་གན་རྒྱལ་བུ་བ; Sik. & Bhut.)

850 **Molecular**, *a.* རྡུལ་ཕྲན་གྱི;

851 **Molecule**, *n.* རྡུལ; རྡུལ་ཕྲན; རྡུལ་ཕྲ་རབ;

852 **Molest**, *v.t.* དཀྲོག་རྐྱེན་བྱེད་པ; དཀྲུག་པ; སློང་བ;

853 **Molestation**, *n.* དཀྲུག; བར་ཆད;

854 Mollient, *a.* མཉེན་པོ་བཟོ་བའི་ནུས་པ་ཅན;

855 Mollification, *n.* མཉེན་པོར་བཟོ་བ་ཉིད;

856 Mollify, *v.t.* མཉེན་པོར་བཟོ་བ;

857 Mollusc, *n.* སྐུག་པའི་བྲུ་མོ་ཞེས་པའི་སྲོག་ཆགས་དེའི་རིགས་སོ;
(ཉོག་རྟོག; Sik.)

858 Moment, *n.* ཡུན; གལ; གནད་གལ; ཡུད;

859 Momentarily, *ad.* ཡུན་ཙམ་པར; ཡུད་ཙམ་དུ;

860 Momentariness, *n.* ཡུད་ཙམ་པའི་རང་བཞིན;

861 Momentary, *a.* ཡུན་ཙམ་ལས་མི་གནས་པ;

862 Momentous, *a.* གལ་ཆེན; གནད་གག་ཅན;

863 Momentousness, *n.* གལ་ཆེ་བ་ཉིད; གནད་གག;

864 Momentum, *n.* ལུས་བོང་དང་བསྟུན་པའི་འགྲུ་བའི་ཤུགས;

865 Monad, *n.* རྡུལ་ཕྲ་རབ; སྲོག་ཆགས་ཀྱི་ནང་ནས་ཕྲ་ཤོས་དེའོ;

866 Monandry, *n.* ཁྱོ་གཅིག་བསྟེན་པའི་ལུགས;

867 Monarch, *n.* རྒྱལ་པོ;

868 Monarchal, *a.* རྒྱལ་པོའི;

869 Monarchical, *a.* རྒྱལ་པོའི་སྲིད་ཀྱི; རྒྱལ་སྲིད་ཀྱི;

870 Monarchist, *n.* རྒྱལ་པོའི་སྲིད་འཛིན་པ་ལ་དད་མི;
རྒྱལ་པོའི་ཕྱོགས་ཟུས་མཁན;

871 Monarchy, *n.* རྒྱལ་པོས་དབང་བའི་རྒྱལ་སྲིད; རྒྱལ་སྲིད;

872 Monastery, *n.* དགོན་པ;

873 Monastic, *n.* དགོན་པའི;

874 Monday, *n.* གཟའ་ཟླ་བ;

875 Monetary, *a.* དངུལ་གྱི་སྐོར;

876 Money, *n.* — དངུལ; ནོར; དངུལ་དང་གསེར་དང་ཟང་སོགས་ལ་ལུང་པ་སོ་སོའི་བརྡགས་བཀོད་དེ་ཚོང་ཟོག་ཏུ་འཚོང་བྱེད་བདེ་བའི་ཆེད་དུ་བཟོས་པའི་ཊཾ་ཀ་སོཊ་ལ་ཟེར;

877 Moneyed, *a.* — དངུལ་མང་པོ་ཡོད་པ; ཕྱུག་པོ;

878 Moneyless, *a.* — དངུལ་མེད་པ; དབུལ་པོ;

879 Monger, *n.* — འཚོང་པ;

880 Mongrel, *a.* — རིགས་ལྷད་ཅན; དཔེར་ན་ཏྲེའུ་དང་མཛོ་ལྟ་བུ;

881 Monition, *n.* — ཉན་བསོད; གསལ་འདེབས;

882 Monitor, *n.* — གསལ་འདེབས་རྒྱབ་མཁན; སློབ་དཔོན; བཤེས་གཉེན;

883 Monk, *n.* — གྲྭ་པ; དགེ་སློང;

884 Monkey, *n.* — སྤྲེའུ;

885 Monkish, *a.* — གྲྭ་པ་ལྟ་བུ; དགེ་སླུ་སློང་གི; གྲྭ་པའི;

886 Monody, *n.* — མྱ་ངན་སྨྲས་ངག་གི་གླུ;

887 Monogram, *n.* — ཐེའུ་རྟགས་རང་གི་མིང་ཡིག་གཉིས་གསུམ་ལྷས་མ་ལྷས་ནས་ཡོད་པའོ; མིང་ཡིག་བསྡུ་ཡིག་ཏུ་བྲིས་པའི་ནས་ཐེའུ་རྟགས;

888 Monopolist, *n.* — འབོགས་མ་ཞུ་མཁན;

889 Monopolize, *v.t.* — འབོག་མར་སླང་བ;

890 Monopoly, *n.* — འཚོང་འབོག་མ; འབོག་མ; ཙ་བ་གཅིག་པོས་མ་གཏོགས་གཞན་གྱིས་བཙོག་མི་ཚོག་པའི་འབོག་མ;

891 Monosyllable, *n.* — ཚིག་གཅིག་པ; སྒྲ་གཅིག་པའི་མིང;

892 Monotheism, *n.* — ལྷ་གཅིག; ལྷ་གཅིག་འབའ་ཞིག་ཏུ་ལྟ་བའི་གྲུབ་ཁ;

893 Monotone, *n.* — སྒྲ་རྫོག་པོ་གཅིག་པ; སྐད་མཐོ་དམན་གཅིག; དབྱངས་འགྱུར་གཅིག་པ;

894 Monotonous, *a.* — སྐད་གཅིག་རང་གཅིག་བྱས་པའི; དབྱངས་འགྱུར་ཅིག་རང་བྱས་པས་ཉ་བ་སྐྱོ་བའི་དབྱངས;

895 Monotony, *n.* གཅིག་པ་ཁོ་ནས་ཡིད་སྐྱུན་བསྐྱེད་ནུས་པ;

896 Monsoon, *n.* དབྱར་ཆར་དུས; ཆར་སྣང;

897 Monster, *n.* འདྲེ; བདུད; མི་གོད; ཧ་ཅང་ཆེན་པོ;

898 Monstrosity, *n.* དཔེ་མི་སྲིད་པའི་ལུས་ཅན;

899 Monstrous, *a.* དཔེ་མི་སྲིད་པའི; རྣམ་རྟོག་ཟ་པོ; ཧ་ཅང་སྦྲོམ་པོ;

900 Month, *n.* ཟླ་བ;

901 Monthly, *a.* ཟླ་རེ་བཞིན;

902 Monument, *n.* མཆོད་རྟེན;

903 Monumental, *a.* བརྟེན་གྱི་རྣཾ་པར་གྱུར་པའི;

904 Mood, *n.* ཁམས;

905 Moodily, *ad.* སྙིང་ཁམས་དང་བཅས་དེ; ཡི་མུག་གི་ངང་ནས;

906 Moodiness, *n.* སྙིང་ཁམས་ལྷང་བ་ཉིད; ཡི་མུག;

907 Moody, *a.* སྙིང་ཁམས་ཅན; ཡི་མུག་པོ;

908 Moon, *n.* ཟླ་བ;

909 Moonbeam, *n.* ཟླ་བའི་འོད; ཟླ་ཟེར;

910 Moonless, *n.* ཟླ་ནག;

911 Moonlight, *n.* ཟླ་འོད;

912 Moonshine, *n.* ཟླ་བའི་འོད; སྙིང་པོ་མེད་པའམ་ཡང་ན་སྣང་ངོར་འཆར་ཙམ་ལས་དོན་མདོ་ཁར་ཅི་ལའང་མ་ཕན་པའི་ཆོས་ཅན་གང་ཡིན་པ་ལ་ཟེར;

913 Moonstruck, *a.* ཟླ་བའི་གདོན་གྱིས་བཅོ་བ; སྨྱོན་པ;

914 Moony, *a.* ཟླ་འོད་བཞིན་ཡོམ་ཡོམ; ཤེས་པ་མི་དྲན་པ;

915 Moor, *n.* ཐིང་ཞིང; སྤང་ཞོང; ཡང་སྐོན་དུས་སུ་སྐྱུལ་སྣུན་གྱི་མི་རིང་ཞིག་འདང་ཟེར;

916 Moor, *v.t.* གྲུ་ཟིང་འགྲམ་ལ་བཏགས་པ;

917 Moorage, *n.* གྲུ་ཟིང་བཏྟ་ས;

918 Moor-cock, *n.* (ཤྭ་བྱ་གྱི་རིག; Sik.) ཤྭ་ཀྱི་བྱ་ཕོ་འབྲས་ལྗོངས་སུ་གྱི་རིག་ཟེར་ལ་འབྲུག་པས་ལས་ཀོར་མིག་དམར་ཟེར་བ་དེའོ;

919 Moor-hen, *n.* ཤྭ་ཀྱི་བྱ་མོ; ཤྭ་བྱ;

920 Mooring, *n.* གྲུ་གཟིང་འདོྟ་པའི་ལས;

921 Moorish, *a.* འདམ་འཛབ་ཀྱི་ཐང་ལྷུ; མི་རིྟ་ཞ་མདོག་ནག་པོ;

922 Moorland, *n.* འདམ་འཛབ་ཀྱི་ཐང་ཡོད་ས;

923 Moose, *n.* ཤ་མོ; རི་དྭྟ་ཤ་བའི་མོ;

924 Moot, *v.t.* གྲོས་འདོན་པ; གཏམ་སྒྲོ་བཙུྟ་པ;

925 Mop, *n.* འཛྟ་མ; འཕྱགས་ཤིང;

926 Mope, *v.t.* རང་ཉིད་གཅིག་པོ་རྟོག་པ; བློ་ཕམ་དུ་གནས་པ;

927 Mopingly, *ad.* བློ་ཕམ་པའི་ངང་ཚུལ་གྱིས;

928 Mopish, *a.* བློ་ཕམ་ལྷོག་ཁ་པོ;

929 Moral, *a.* ཚུལ་ཁྲིམས་ཀྱི; { of a story (མདོ་དོན); }

930 Morale, *n.* གཡུལ་ངོའི་ཐོག་གི་དཔའ་སྙིང་དང་ཇངས་བློ; འཁྲུག་ལག་སྤྲད་པའི་སྐབས་དཔུང་ཕན་ཚུན་གྱི་དཔའ་སྙིང; དམག་ལྷ་དར་ཕྱུགས;

931 Moralist, *n.* འདུལ་ཁྲིམས་འཆད་པ་པོ; འདུལ་ཁྲིམས་འཆའ་བ་པོ;

932 Morality, *n.* ཚུལ་ཁྲིམས; སྤྱོད་ལཾ་ཚུལ་ལྡན; མི་ཆོས་ཚུལ་ཁྲིམས;

933 Moralize, *v.t.* ཚུལ་ཁྲིམས་ཀྱི་སྐོར་བཤད་པ་བསྒོམ་པའི་འགྲེལ་པ་འཆད་པ;

934 Moral certainty. འགྲུབ་ངེས་པའི་གདེངས;

935 Morass, *a.* འདམ་འཛབ; འདམ་མཚོ;

936 Morbid, *a.* ནད་སྦུ་ཅན; ཅོང་ཅན; ནད་ཀྱིས་བཅོས་པའི; ནད་ཁམས་ཅན; ནད་ཁམས་ལྟ་བུ;

937 Morceau, *n.* དུམ་བུ་ཆུང་ཆུང་ཞིག; ཁ་ཚོད་ཆུང་ལ་ཞིམ་པ;

938 Mordacious, *n.* སོ་རྒྱབ་འདོད་ཅན; (fig. སྐྱོན་འདོན་པའི); སྐྱོན་འཚོལ་བའི;

939 Mordacity, *n.* སོ་རྒྱབ་པ་ལྟ་བུའི་ཚ་ངབ་ཅན; སྐྱུར;

940 Mordant, *a.* ཚ་ངབ་ངབ; ཆོས་ཀྱི་བཀྲག་མདངས་གཏན་པར་བྱ་བའི་རྫས་དཔེར་ན་ཚ་སྐྱུར་ལྟ་བུ;

941 More, *a.* མང་པོ;

942 Morel, *n.* ཟ་རུང་བའི་ཤ་མོ་འི་རིཊ་ཞིག;

943 Morello, *n.* ཁམ་རྒོད་འབྲས་བུ;

944 Moreover, *adv.* མ་ཟད; ལྷག་པར་དུ;

945 Morganatic, *a.* སྐུ་དྲག་དང་ཕལ་པའམ་རིཊ་དམན་པའི་བུ་དང་བུ་མོ་གཉེན་དུ་འབྲེལ་བས་ཞན་པ་རིས་དྲག་པའི་གྲལ་དུ་མི་ཚུད་ཅིང་བུ་ཚ་སྐྱེ་རུང་དྲག་གྲལ་དུ་མི་ཚུད་པའི་གཉེན་ཡིག་བཀོད་པའི་སྒྲོལ; གཉེན་དྲག་ཞན་སྦྲག་པའི་ཁྲིམས་ལུཊ་ལྟར;

946 Morglay, *n.* གྲི་རིང;

947 Morgue, *n.* གློ་བུར་དུ་ཤི་བའི་རོ་ངོས་དག་བྱ་སའི་ཁང་པ;

948 Morion, *n.* རྨོག་དཔྲལ་ཁེབས་དང་གདོང་ཁེབས་མེད་པ;

949 Mormon, *n.* ཡེ་ཤུའི་ཆོས་ལུགས་འཛིན་མི་ཡིན་པ་ལ་ཆུང་མ་མང་དུ་བསྟེན་རུང་ཅེས་འདོད་ཅིང་ཕྱི་ལོ་ ༡༨༣༠ མན་ཆད་དུ་དེ་ལྟར་བྱེད་པ་ཨེ་མེ་རིཀའི་ཡུལ་དུ་ཆཊ་པའི་མི་སྡེ་ཞིག་གི་མིང;

950 Morn, *n.* སྔ་དྲོ; ནང་པར;

951 Morning, *n.* ཐོ་རངས; ཞོགས་པ; སྔ་དྲོ; ནམ་ལང;

952 Morocco, *n.* ཡུལ་ཞིག་གི་མིང་; ཡུལ་དེ་ནས་འགྲོན་པའི་ཀོ་བ་སྐྱེད་ཡག་པོ་གྲོན་པ་ཞིག་གི་མིང་ཡང་ཟེར་; མོ་རོ་ཀྐོ་ཡུལ་གྱི་འབུ་ལེ་ཀོ་བ་;

953 Morose, *a.* སྒྲོ་མདོག་ཅན་;

954 Morpheus, *n.* གཉིད་དང་རྨི་ལམ་གྱི་ལྷ་; ཐམ་ཁ་གཡའ་པོ་ཡིད་གཟི་བྱེད་ཀྱི་བཙུད་;

955 Moroseness, *n.* སྒྲོ་མ་དོག་;

956 Morrow, *ad.* སང་ཉི་;

957 Morse, *n.* མཚོ་དྭ་; {the ལྷང་གྱུག་;}

958 Morsel, *n.* ཁམ་ཚད་;

959 Mortal, *a.* མི་རྟག་པ་; འཆི་ངེས་པ་;

960 Mortality, *n.* ཤི་ཆད་;

961 Mortally, *ad.* འཆི་ངེས་པར་;

962 Mortar, *n.* གདུན་ཁྲང་; མཆིག་; (cannon སྒྲོགས་;)

963 Mortgage, *n.* གཏས་མ་; *v.t.* གཏས་མར་བཙུག་པ་;

964 Mortgagee, *n.* གཏས་མ་བླངས་མི་;

965 Mortgagor, *n.* གཏས་མ་བཙུག་མི་; or གཏས་མ་བཞག་མི་;

966 Mortification, *n.* གཟུང་ལ་བསྐྱེས་པ་; སྡུག་པོ་; མནར་གཅོད་;

967 Mortify, *v.t.* མནར་བཅོད་གཏང་བ་; སྡུག་པོ་བཅོལ་བ་;

968 Mortise, *n.* ཤིང་ཆའི་མཐུད་མཚམས་ཀྱི་ཀྲི་ཁ་;

969 Mortuary, *n.* གཤིན་པོ་འི་དུར་ཁྲི་;

970 Mosaic, *n.* རྡོ་ཚོས་སྣ་འགྲིག་དེ་བཟོས་པའི་རྡོ་བཅལ་;

971 Moslem, *n.* མུ་སུལ་མན་;

972 Mosque, *n.* མུ་སུལ་མན་གྱི་ལྷ་ཁང་ངཾ་དགོན་པ་;

973 Mosquito, *n.* སྦྲང་འབུ་རྐང་རིང་; ཉི་མ་བུ་ག་;

974 Moss, *n.* {སྤོ་སླགས་མ; (Sik.)}

975 Mossy, *a.* སྤོ་སླར་མས་བཀྲུན་པ; (སླགས་མ་ཅན; Sik.).

976 Most, *a.* མང་ཤོས; མཐོ་ཤོས; དྲག་ཤོས; ལྷག་ཤོས;

977 Mostly, *ad.* མང་ཤོས; ཅ་ཆེ་ཤོས; ཕལ་ཆེར;

978 Mote, *n.* རྡུལ; རྡུལ་ཕྲན;

979 Moth, *n.* ཕྱེ་མ་ལེབ་ནུབ་མོར་འཕྱོན་མི་དག; མཚན་མོར་ཡོང་བའི་ཕྱེ་ལེབ;

980 Mother, *n.* མ; ཨ་མ; Hon. ཡུམ;

981 Mother, *a.* སྐྱེ་ས; འབྱུང་ཁུངས; མའི་ཚབས་སུ་བྱེད་པའི;

982 Motherhood, *n.* མའི་གོ་ས;

983 Motherless, *a.* མ་མེད;

984 Motherly, *ad.* མ་ལྟ་བུ;

985 Mothy, *a.* ཕྱེ་མ་ལེབ་ཀྱིས་ཁེངས་པ; ཕྱེ་ལེབ་ཉིལ་ལེ་བ;

986 Motion, *n.* འགྲུ་བ; འགུལ་བསྐྱོད; སྤར་བཙོར; (Sik.)

987 Motionless, *a.* འགུལ་བསྐྱོད་མེད་པ;

988 Motive, *n.* ཀུན་སློང;

989 Motley, *a.* ཁྲ་བོ; ཐིག་ཁྲ;

990 Motor, *n.* སྐྱོད་བྱེད; (Motor-car རླུང་གི་བསྐྱོད་པའི་འཁོར་ལོ);

991 Mottled, *a.* ཐིག་ཁྲ་ཅན;

992 Motto, *n.* ཁ་བྱང; མདོ་དོན་བསྡུས་པའི་ཁ་བྱང་ཡིག; མདོ་འདུན་མདོར་བསྡུས; ཡིག་ཚིག་གཅིག་གཉིས་སུ་རང་གཞིས་རྒྱུན་ཁྱེར་དང་ཚུལ་བསྟོན་པའི་ཚིག;

993 Mould, *n.* བླུར; ལུག་རྒྱབ་པའི་པར; པར; བླུག་པར;

994 Mould, *v.t.* ལུ་བླུག་པ; བླུག་པར་རྒྱབ་པ;

995 Mouldable, *a.* བླུར་སུ་ཡོད་པ;

996 Moulder, *v.i.* ཧམ་པ་སྐྱེས་པ; རྡུལ་ཏུ་ཤོར་བ;

997 Mouldiness, *n.* ཕྱོ་ཧམ;

998 Moulding, *n.* གླུར; པར་དུ་བླུག་པ་ཉིད;

999 Mouldy, *a.* ཕྱོ་ཧམ་ཅན;

1000 Moult, *v.i.* སྤུ་ཁ་བརྗེ་བ; སྤུའམ་སོབ་བརྗེ་བ;

1001 Mound, *n.* ས་རྡོའི་ཕུང; ས་ཕུང་རྡོ་ཕུང;

1002 Mount, *n.* གཞོན་པ; རྟ; (a hill སྒང་འབུར) བདེག;
v.t. ཞོན་པ; འཛེག་པ;

1003 Mountain, *n.* གངས་རི;

1004 Mountaineer, *n.* རི་པ;

1005 Mountainous, *a.* གངས་རིའི་རྣམ་པ་ཅན;

1006 Mountebank, *n.* ཨེམ་ཆི་བརྫུས་མ;

1007 Mourn, *v.i.* མྱ་ངན་བྱེད་པ;

1008 Mourner, *n.* མྱ་ངན་བྱེད་མཁན;

1009 Mournful, *a.* མྱ་ངན་ཅན; སྨྲེ་ངག་ཅན;

1010 Mournfully, *ad.* གློ་སྐྱོ་བའི་ངང་ཚུལ་གྱིས;

1011 Mourning, *n.* མྱ་ངན; སྨྲེ་ངག;

1012 Mouse, *n.* ཙི་ཙི; བྱི་བ;

1013 Mouth, *n.* ཁ;

1014 Mouthful, *n.* ཁ་གཅིག; ཁ་ཁེངས་ཙམ་ཅིག; ཁ་ཚད;

1015 Movable, *a.* འགྱུལ་དུ་ཡོད་པ; སྤོ་བསྒྱུར་ཡོད་པ;

1016 Move, *v.t.* སྒྱུལ་བ; བཤུད་པ; སྐྱོད་པ; གཡོ་བ;

1017 Movement, *n.* འགུལ་བསྐྱོད; འགུ་བ;

1018 Moving, *a.* འགུལ་བཞིན་པ; འགུ་བཞིན་པ;

1019 Mow, *v.t.* བཏྲ་བ; བཙས་མ་བཏྲས་ནས་སྤུང་སྤེ་ཡོད་པ;

1020 Mow, *v.t.* གདོང་སྐྱིག་སྤེ་སྤོན་པ;

1021 Much, *a.* མང་པོ; *adv.* ཤིན་ཏུ; ཡོངས་སུ; ཧ་ཅང;

1022 Mucilage, *n.* སྦྱིང་ཚུ; དམ་རྩི་སླ་མོ; (ཤན་ཐག; Sik.)

1023 Mucilaginous, *a.* (དམ་རྩི་ཤན་ཐག་ཅན; Sik.)

1024 Mud, *n.* འདམ; འདམ་འཛབ;

1025 Muddle, *v.t.* འདམ་མཚོ; འདམ་འཛབ;

1026 Muddy, *a.* འདམ་འཛབ་ཅན;

1027 Muff, *n.* ལག་པ་གཉིས་ཀ་འཇུག་སའི་སྤུའི་ཤུབ;

1028 Muffle, *v.t.* འཐུམ་རྒྱབ་པ;

1029 Mug, *n.* ཟོ; ཇའི་ཚང་ཕོར; ཚང་སྣོད;

1030 Mulberry, *n.* སེང་སྒྲ་སྡོང་པོ; སེང་སྡེང་སྡོང་པོ; སེང་སྒྲའི་འབྲས་བུ;

1031 Mulct, *v.t.* བརྡོག་པ; ཆད་པ་བཅད་པ; *n.* ཆད་པ;

1032 Mule, *n.* དྲེའུ; དྲེལ; ཕ་བོང་བུ་མ་རྒོས་མའི་ཕྲུ་གུ;

1033 Mulish, *a.* དྲེའུ་ལྟ་བུ;

1034 Multifarious, *a.* སྣ་ཚོགས་སྤྲུ་ཚོགས; (Colql.).

1035 Multifariously, *ad.* རྣམ་པ་སྣ་ཚོགས་སུ; དུ་མར;

1036 Multiform, *a.* རྣམ་པ་སྣ་ཚོགས;

1037 Multiple, *n.* གྲངས་མང;

1038 Multiplicand, *n.* བསྒྱུར་བྱ;

1039 Multiplication, *n.* གྲངས་བསྒྱུར; དཀྱུ་ཐའི་བསྒྱུར་རྩིས;

1040 Multiplicator, *n.* བསྒྱུར་བྱེད;

1041 Multiplicity, *n.* གྲངས་མང;

1042 Multiplier, *n.* བསྒྱུར་རྒྱུའི་གྲངས;

1043 **Multiply**, *v.t.* བསྒྱུར་བ; དཀྱུ་གྲ་བསྒྱུར་བ;

1044 **Multitude**, *n.* དཔུང་ཚོགས; ཁྲིམ; ཚོགས; {གསེབ}

1045 **Multitudinous**, *a.* དཔུང་ཚོགས་ཅན; ཁྲིམ་ཚོགས་ལྷུ;

1046 **Mum**, *a.* ཁ་རོག་པར;

1047 **Mumble**, *v.i.* ཚིག་མི་གསལ་བར་སྨུ་ཅོ་སྨྲ་བ;

1048 **Mummery**, *n.* ཆས་བསྒྱུར; རྩེད་མོ་བྱེད་དེ་ཆས་འགྱུར་བྱ་བ;
ཆ་ལུགས་ཚོ་གྱི་འཁྲོར་རོད;

1049 **Mummy**, *n.* མི་རོ་སྐམ་པོ; མི་རོ་སྨན་བྲུག་ནས་སྐམ་པོར་བཅོས་པ;

1050 **Mumps**, *n.* རང་ཉིད་གཅིག་པོ་སྨུ་ཅོ་སྨྲ་བ;

1051 **Munch**, *v.t.* སྨུར་བ;

1052 **Mundane**, *a.* འཇིག་རྟེན་པའི; འཁོར་བའི;

1053 **Municipal**, *a.* གྲོང་ཁྲིམས་སྡེའི;

1054 **Municipality**, *n.* གྲོང་སྡེའི་བསྒྱུར་བཀོད་ཀྱི་སྡེ; གྲོང་གི་ཁྲིམས་སྡེ;

1055 **Munificence**, *n.* གཏང་ཆའི་གསོལ་རས་རྒྱ་ཆེ;

1056 **Munificent**, *a.* གཏང་ཆ་རྒྱ་ཆེན;

1057 **Munificently**, *ad.* གཏང་ཆ་རྒྱ་ཆེར;

1058 **Munition**, *n.* དམག་གི་ལག་ཆ; དམག་ཆས་རྒྱུགས་དང་རྫས་རྫེལ;

1059 **Murder**, *n.* མི་བསད; ཀུ་བསད;

1060 **Murderer**, *n.* ཀུ་བསད་རྒྱབ་མི;

1061 **Murderess**, *n.* སྐྱེ་དམན་ཡིན་པ་ལ་ཀུ་བསད་རྒྱབ་མི;

1062 **Murderous**, *a.* ཀུ་བསད་ཀྱི་རྣོ་པ་ཅན; ཀུ་བསད་ལྷ་བྱ;

1063 **Murky**, *a.* སྨུན་ཧུཾ་ཅན;

1064 **Murmur**, *n.* སྐད་དམའ་པོ་བྱེད་དེ་འཁྲེན་པ; མན་སྨུན་བསྒྲང་བ;

1065 **Mummurer**, *n.* མ་ནི་སྨུ་ནི་བསྒྲང་མཁན; སྐོག་ལབ་མཁན;

1066 Murrain, *n.* ཕྱུགས་ནད;

1067 Muscle, *n.* རྩའི་ཚག་པ་ཤ་རྩ་གྲུར་པ; ཤ; ཉྭ;

1068 Muscular, *a.* ཤ་རྒྱས་པ; ཉྭ་སྦུལ་རགས་པ;

1069 Muscularity, *n.* ཤ་རྒྱས་ཚུལ;

1070 Muse, *v.i.* བསམ་མནོ་བསྐོར་བ;

1071 Museum, *n.* གནམ་སྤྲས་བང་མཛོད; (ཛ་དུ་གྷར; Hindi term).

1072 Mushroom, *n.* ཤ་མོག; མོག་རོ; སེ་ཤ;

1073 Music, *n.* སྒྲ་སྙན་འབའ་འཛའ; རོལ་མོ;

1074 Musical, *a.* སྒྲ་སྙན་པོའི་སྐོར་གྱི; རོལ་མོའི;
སྒྲ་སྙན་འབའ་འཛའ་ལྟ་བུ;

1075 Musician, *n.* འབའ་འཛའ་གཏང་མཁན; རོལ་མཁན;

1076 Musingly, *ad.* བསམ་མནོ་བསྐོར་ཞིང;

1077 Musk, *n.* གླ་རྩི;

1078 Musket, *n.* མེ་མདའ; ཀྲོབ་མདའ;

1079 Musketeer, *n.* མེ་མདའ་པ;

1080 Musketry, *n.* མེ་རྫབ;

1081 Musky, *a.* གླ་རྩིའི་དྲི་ཅན;

1082 Muslin, *n.* སྲིང་རས; ཀ་ཤིའི་རས་སྲབ་མོ;

1083 Mussel, *a.* ཉ་ཕྱིའི་འབུ; ཉ་ཕྱིའི་ནང་གི་སྲོག་ཆགས་རེའོ;

1084 Mussulman, *n.* མུ་སུལ་སྨན་ཞེས་ཁ་ཆེའི་ཆོས་ལུགས་པ;

1085 Must, *v.i.* དགོས; དགོས་ངེས;

1086 Mustache, *n.* སྨ་ར; ཁ་སྤུ;

1087 Mustard, *n.* ཡུང་དཀར; ཡུང་འབྲུ; ཡུང་དཀར་འབྲུ་ཕྱེ་མར་བཏག་
ནས་ཡོད་པ;

1088 Muster, *v.t.* དཔུང་བཀུག་པ; དཔུང་འདུས་པ;

1089 **Mustiness**, *n.* རྡུལ་ཧམ་ཅན; བམ་རྡུལ;

1090 **Musty**, *a.* བམ་པ; ཧམ་ཞ་ཅན; བམ་དྲི་ཅན;

1091 **Mutability**, *n.* འགྱུར་ལྡོག;

1092 **Mutable**, *a.* འགྱུར་ལྡོག་ཅན;

1093 **Mutation**, *n.* ས་ཡི་བཀའ་རྟེན་ཡི་གེའི་ཁྲོག་ཏུ་མིང་སྤྲོ་བ;

1094 **Mute**, *a.* ཁ་རོག་པ; ལྐུགས་པ;

1095 **Mutely**, *ad.* ཁ་རོག་པར; ལྐུག་པ་ལྟར;

1096 **Mutilate**, *v.t.* གཏུབ་པ; གཏུབ་དེ་མེད་པ་བཟོ་བ;

1097 **Mutilation**, *n.* བཅད་གཏུབ; ཡན་ལག་བཅད་གཏུབ;

1098 **Mutineer**, *n.* ངོ་ལོག་མཁན;

1099 **Mutinous**, *a.* ཕྱི་ཅན; ངོ་ལོག་བྱེད་འདོད་ཅན;

1100 **Mutinously**, *ad.* ངོ་ལོག་སྟེ;

1101 **Mutiny**, *n.* ངོ་ལོག;

1102 **Mutter**, *v.i.* ཁུ་ཅོ་སྒྲ་བ; རང་ཉིད་ཅིག་པོ་ཁ་ངན་སྒྲ་བ;

1103 **Mutterer** *n.* གཅིག་པོར་ཁ་ངན་སྒྲ་དད་ཅན;

1104 **Mutton**, *n.* ལུག་ཤ;

1105 **Mutual**, *a.* ཕན་ཚུན་ཆ་མཉམ;

1106 **Mutually**, *ad.* ཕན་ཚུན་འདྲ་བར;

1107 **Muzzle**, *n.* ཁ་མཆུལ; མཆུལ་པ; ཁ; (ཟང་མདུང; Sik.)

1108 **My**, *a.* ངའི; བདག་གི; ང་ཡི; ཁོ་བོའི;

1109 **Myriad**, *n.* དཔུང་མཚོ; གྲངས་མང; ཁྲི་མཚོ; ཁྲི;

1110 **Myrrh**, *n.* གུ་གུལ;

1111 **Myrtle**, *n.* ཤིང་འདབ་མ་རྟག་པར་སྔོ་ཞིང་ངེ་སྤྲོད་མི;

1112 **Myself**, *pron.* ང་རང; རང་ཉིད;

1113 Mysterious, *n.* གསང་བའི ; གསང་བའི་སྒོ་ནས ; གསང་བའི་ཚུལ་ཅན ;

1114 Mysteriously, *ad.* གསང་གསང་ཡིན་ཁུལ་གྱི ;

1115 Mystery, *n.* གསང་བ་ཉིད ; གསང་རྒྱུ ;

1116 Mystic, *n.* གསང་སྔགས་པ ; རྒྱུད་པ ; རྒྱུད་སྡེ་པ ;

1117 Mystical, *a.* གསང་སྔགས་པའི ; རྒྱུད་སྡེའི ;

1118 Mysticism, *n.* སྔགས་ཀྱི་གསང་བྱ ; གསང་བའི་རྒྱུ ;

1119 Mystify, *v.t.* གསང་བར་འཐུམ་པ ; གསང་བྱ་སྣ་ཚོགས་ཡོད་ཁུལ་བྱས་པ ;

1120 Myth, *n.* བསྒྲུང་གཏམ ;

1121 Mythical, *a.* བསྒྲུང་གཏམ་གྱི ;

1122 Mythological, *a.* ལྷའི་ལོ་རྒྱུས་ལྟར་ན ; ལྷའི་མངོན་རྟོག ;

1123 Mythologist, *n.* ལྷའི་ལོ་རྒྱུས་ཁོ་ན་ལ་འབད་མི ;

1124 Mythology, *n.* ལྷའི་ལོ་རྒྱུས ;

N

1 Nab, *v.t.* ལྟག་པ་ནས་བཟུང་བ ;

2 Nabob, *n.* མུ་སུལ་མན་གྱི་རྫོང་བདག་རྒྱལ་ཐབ་ཏུ་གྱུར་པ ;

3 Nadir, *n.* འོག་གི་ཕྱོར ; སྟེང་དུ་གཉིཾ་གྱི་གུང་དེའི་ཁ་སྐྱོད་གང་ཡིན་པ་དེ་ལ་ཟེར ;

4 Nag, *n.* རྟིའུ ; རྟ་ཆུང་ཆུང ;

5 Nail, *n.* གཟེར ; ལྕགས་གཟེར ;

6 Nailer, *n.* གཟེར་རྒྱབ་མི ;

7 Naked, *a.* དམར་ཧྲང་ངེ ; སྒྲེན་མོ ; རྗེན་པ ; གཅེར་བུ ;

8 Nakedly, *ad.* དམར་ཧྲང་ངེར ; ལུས་བརྗེན་པར ; གཅེར་བུར ; སྒྲེན་མོར ;

9 Nakedness, *n.* ལུས་རྗེན; དམར་རྗེན; གཅེར་བུའི་ཆ་ལུགས;

10 Name, *n.* མིང; མཚན;

11 Nameless, *n.* མིང་མེད;

12 Namely, *ad.* མིང་དུ་བརྗོད་ན; མིང་ནས་འབོད་ན;

13 Namesake, *n.* མིང་ཟླ;

14 Nap, *n.* གཉིད་ཐུན;

15 Nape, *n.* གོང; (སྐེའི་ལྟག་པ; nape of the neck) ལྟག་པ; གཉའ་བ;

16 Naphtha, *n.* ས་སྣུམ་དྭང་རྙིག་འབྱེད་པའི་སྣུམ་ཏ་ཚང་དྭང་མོ་ཞིག་ལ་ཟེར;

17 Napkin, *n.* གདོང་རས; སྣབ་ཕྱིས;

18 Narcotic, *n.* ཐམ་ཁ; གཟི་བྱེད་ཀྱི་རྫས; ཐ་མ་ཁའི་ལོ་མའི་དུག;

19 Narcotic, *a.* ཐམ་ཁའི; གཟི་བྱེད་ཀྱི་ནུས་པ་ཅན;

20 Narrate, *v.t.* བཤད་པ;

21 Narration, *n.* བཤད་པ; ལོ་རྒྱུས;

22 Narrative, *n.* བཤད་པ; གཏམ; ལོ་རྒྱུས;

23 Narrow, *a.* ཕྲ་མོ; དོག་པོ;

24 Narrowly, *ad.* རིའུ་རང; ཕྲན་བུ་ཞིག་ནས

25 Narrowness, *n.* དོག་པོ་ཉིད;

26 Nasal, *a.* སྣའི; སྣའི་སྐོར་གྱི;

27 Nascent, *a.* རྒྱུའི་ས་བོན་དུ་འཆར་པ;

28 Nastily, *ad.* སྐྱུག་བྲོ་བ་བྱེད་དེ;

29 Nastiness, *n.* སྐྱུག་བྲོ་བ་ཉིད;

30 Nasty, *a.* སྐྱུག་བྲོ་བ;

31 Natal, *a.*	སྐྱེས་སྐར་གྱི ; སྐྱེ་བའི་དུས་ཀྱི ; སྐྱེ་དུས་ཀྱི་སྐོར :
32 Nation, *n.*	ཡུལ་ཁག ; རྒྱལ་ཁག ;
33 National, *a.*	ཡུལ་ཁམས་ཀྱི ;
34 Nationalism, *n.*	ཡུལ་ཁམས་ཀྱི་ལར་རྒྱ ;
35 Nationality, *n.*	ཡུལ་ཁམས ;
36 Nationalize, *v.t.*	ཡུལ་སྤྱིར་བཙུག་པ ;
37 Native, *n.*	ཡུལ་མི ;
38 Natural, *a.*	རང་བཞིན་གྱི་གཤིས ; རང་གཤིས ;
39 Naturalist, *n.*	འཇིག་རྟེན་འདིའི་སྲོག་ཆགས་སྣ་ཚོགས་ལ་རྟག་དཔྱད་བྱ་མི ;
40 Naturalization, *n.*	ཡུལ་མིའི་ལར་རྒྱུར་འཇུག་པ་ཉིད ;
41 Naturalize, *v.t.*	ཡུལ་མིའི་གྲལ་དུ་བཙུག་པ ;
42 Naturally, *ad.*	རང་བཞིན་གྱི ; རང་གཤིས་ཀྱི ;
43 Naturalness, *n.*	རང་གཤིས ;
44 Nature, *n.*	འཇིག་རྟེན་གྱི་ཆོས་ཉིད ; ནང་སྲིད་ཀྱི་ཆོས ; སྲིད་པའི་ཁཾས ;
45 Naught, *n.*	གང་ཡང་མེད ;
46 Naughtily, *ad.*	བཀྲ་མ་ཤིས་པ་བྱེད་དེ ; བསྟན་གཤིག་བྱེད་དེ ;
47 Naughtiness, *n.*	བཀྲི་མ་ཤིས ; རྩུབ ; བསྟན་གཤིག ;
48 Naughty, *a.*	རྩུབ་པོ ; ང་རྒྱལ་ཅན ; བསྟན་གཤིག་ཆེ་པོ ;
49 Nauseate, *v.i.*	དྭངས་ཀ་ལོག་པ ; སྐྱུག་བྲོ་བ ;
50 Nauseous, *a.*	དྭངས་ཀར་མི་འགྲོ་བ ; དང་ཁ་མི་བདེ་བ ; ཁཾས་མི་བདེ་བ ;
51 Nauseousness, *n.*	ཁམས་ལོག་ཉིད ; སྐྱུག་བྲོ ;
52 Nautical, *a.*	གྲུ་ཟིང་གི་སྐོར་གྱི ;

53 Nautilus, *n.* ཆུའི་ནང་གི་སྲོག་ཆགས་དུང་དང་ཉ་ཕྱིའི་རིགས ;

54 Naval, *a.* གྲུ་ཟིང་གི ;

55 Nave, *n.* (ལྟེ་ཤིང ; Sik.) ; འཁོར་ལོའི་ལྟེ་ཤིང ;

56 Navel, *n.* ལྟེ་བ ; ལྟེ་ཁུང ;

57 Navigable, *a.* གྲུ་བཏང་ས་ཡོད་པ ; གྲུ་གཟིང་ཐར་བའི ;
གྲུ་ཟིང་བགྲོད་བདེའི ;

58 Navigate, *v.i.* གྲུ་ཟིང་གཏང་བ ;

59 Navigation, *n.* གྲུ་ཟིང་གཏང་བའི་ཐབས ; གྲུ་ཟིང་གཏང་བའི་ལག་ལེན ;

60 Navigator, *n.* གྲུ་ཟིང་བཏང་མཁན ;

61 Navvy, *n.* སྔོན་དུས་གྲུ་གཟིང་གི་གྲོག་དུ་འུ་ལག་རྒྱུག་མི ;
དེང་དུས་ས་བཀོ་བའི་འཁྲུལ་འཁོར་ཞིག་ལ་ཟེར ;

62 Navy, *n.* གྲུ་ཟིང ; དམག་གྲུའི་དཔུང་ཚོགས ;

63 Nay, *ad.* མན ; མ་རེད ; ཡིན་དོགས་མེད ;

64 Nazarite, *n.* ནཱ་ཛ་ར་ཐིར་སྡོད་མི ;

65 Neap-tide, *n.* རྒྱ་མཚོ་ཆ་སྐྱོང་ཞོལ་སྐབས ;

66 Near, *a.* ཐག་ཉེ ; ཉུང་དུ ; ཉེ་བར ; མཐུན་པའི་ཉེ་བ ;

67 Nearly, *ad.* དེའུ་རང ; ཉེ་བར ; ཧ་ལམ ; གང་མཚམས ; ཙམ ;

68 Nearness, *n.* ཉེ་བ་ཉིད ; ཉེ་ཚུལ ; ཉེ་ཡུར ; (ཉེ་མི་ཉེ ; Sik.)

69 Neat, *n.* སྤྲུས་དག ; སྤྲ་དག ; གད་གཙང་མོ ; གམ་གཙང་མོ ;

70 Neatly, *ad.* སྤྲུས་དག་པོ་བྱེད་དེ ;

71 Neatness, *n.* སྤྲུས་དག་ཆ ; སྤྲུས་དག་ཡུར ; གད་གཙང་ལུགས ;

72 Nebulous, *a.* གནམ་གྱི་གཞུང་ན་དར་ལམ་འདྲ་བུའི་དུ་བ་སྤྲོ་ཡམ་མེ་ཡོད་
པ་དེའོ ;

73 Neccssarily, *ad.* ངེས་པ་བཞིན ; རང་བཞིན་གྱིས ;

74 Necessary, *a.* དགོས་པ་; རིགས་པ་; མཁོ་བ་;

75 Necessitate, *v.t.* དགོས་བྱེད་བྱུང་བ་;

76 Necessitous, *a.* དགོས་པ་ཆེ་; གལ་ཆེ་;

77 Necessity, *n.* དགོས་གལ་;

78 Neck, *n.* སྐེ་; འཇིང་པ་; (Hon. མགུལ་; མགྲིན་པ་); གཉའ་བ་;

79 Neckcloth, *n.* མགུལ་ཆིངས་; Hon.

80 Necklace, *n.* (Hon. མགུལ་རྒྱན་); (སྐེ་ཆས་རྒྱན་ཆ་; སྐེ་སྒྲུང་; Sik.)

81 Necromancer, *n.* མོ་པ་; མོ་མ་;

82 Necromancy, *n.* མོ་བོན་;

83 Nectar, *n.* བདུད་རྩི་;

84 Nectarine, *n.* བདུད་རྩི་ལྷར་རོ་མཆོག་ལྡན་པ་;

85 Need, *n.* དགོས་ཆེད་; བྱོང་; གལ་;

86 Needful, *a.* དགོས་གལ་ཅན་;

87 Needle, *n.* ཁབ་; ཆོས་ཁབ་;

88 Needless, *a.* དགོས་མེད་; མཁོ་མེད་;

89 Needlessly, *ad.* དགོས་པ་མེད་བཞིན་; མཁོ་མེད་པར་;

90 Needs, *ad.* དགོས་པ་; དགོས་བྱེད་; འཁོ་རྒྱུ་;

91 Needy, *a.* དབུལ་པོ་; བཀྲེན་པོ་;

92 Never, *ad.* ནམ་ཡང་མན་; གཞན་ཡང་མི་;

93 Nefarious, *a.* དམ་འགལ་གྱི་སྤྱོད་ལམ་ཅན་;

94 Nefariousness, *n.* དམ་ཉམས་; དམ་འགལ་;

95 Negation, *n.* ཁས་མ་ལེན་; མིན་ལུགས་; མ་མཆིས་པའི་ཚུལ་; འགག་པ་; མན་ཞེས་བརྗོད་པའི་ལས་;

96 Negative, *a.* མིན་པ་; འགག་པའི་སྒྲ་;

97 Negatively, *adv.* མིན་པར; འགག་པའི་ཚུལ་གྱིས;

98 Neglect, *v.t.* རྙས་སུ་བོར་བ; བཤོལ་བ; དཀྱུར་བ; ཅ་ག་མ་བྱེད་པ; སྣང་མེད་དུ་བོར་བ;

99 Neglectful, *a.* ཅ་ག་མེད་པ; སྣང་མེད;

100 Neglectfully, *ad.* ཅ་ག་མེད་པར; སྣང་མེད་དུ;

101 Negligence, *n.* ཅ་ག་མེད་པ་ཉིད; སྣང་མེད;

102 Negligent, *a.* ཅ་ག་མེད་མཁན;

103 Negotiable, *a.* གྲོས་འགྲིག་ཏུ་ཡོད་པ;

104 Negotiate, *v.i.* འདུན་འགྲོས་བྱ་བ;

105 Negotiation, *n.* འདུན་འགྲོས;

106 Negress, *n.* ནཱི་གྲཱོ་བྱ་བའི་མི་རིགས་ཀྱི་སྐྱེ་དམན;

107 Negro, *n.* ནཱ་ཡི་གར་ཞེས་ཨེ་ཕྲཱི་ཀའི་གླིང་གི་མི;

108 Neigh, *n., v.i.* རྟ་སྐད་འཚེར་བ;

109 Neighbour, *n.* ཁྱིམ་མཚེས;

110 Neighbourhood, *n.* ཉེ་འདབ;

111 Neighbouring, *a.* ཉེ་འདབ་ཀྱི;

112 Neighbourly, *n.* ཁྱིམ་མཚེས་ལྟ་བུའི;

113 Neighing, *n.* འཚེར་སྐད;

114 Neither, *pron.* གཉིས་ཀ་མིན;

115 Neither, *conj.* དེ་ཡང་མིན;

116 Neology, *n.* བརྡའ་རྙིང་གི་ཚིག་ལ་དོན་ནམ་གོ་བ་གསར་དུ་བཤད་པ;

117 Nephew, *n.* ཚའུ; ཚ་བོ;

118 Neptune, *n.* ཕྱི་ཕྱུགས་སུ་རྒྱ་མཚོའི་ལྷ;

119 Nerve, *n.* རྒྱུང་རྩ; ལུས་ཀྱི་རྩ་ཕྲན;

120 Nerveless, *a.* རླུང་རྩ་ཉམས་པ; རྩ་ཞེན་པོ;

121 Nervous, *a.* རླུང་ཁམས་ཅན; རྩ་འདར་ཅན;

122 Nervously, *ad.* རླུང་ཁམས་དང་བཅས་ཏེ;

123 Nest, *n.* བྱིའུའི་ཚང;

124 Nestle, *v.i.* ཚང་ལ་འབྱུར་བ; གབ་པ; འཛབ་པ;

125 Net, *n.* དོལ; དྲྭ་བ;

126 Net, *v.t.* དྲྭ་བར་བཙུག་པ; བརྙེད་པ; ཐོབ་པ;

127 Nether, *a.* འོག་མ; སྨད་མ;

128 Nethermost, *a.* སྨད་ཤོས; ཚང་མའི་འོག་ན་མཆིས་པ་གང;

129 Nettle, *v.t.* ཟྭ; ཟྭ་ཚོད;

130 Neuralgia, *n.* ཡ་མ;

131 Neuter, *n.* མ་ནིང; མཚན་མེད;

132 Neural, *a.* ཕན་མེད་གནོད་མེད; གསུལ་ཁྲུག་གི་སྐབས་སུ་ཕན་ཚུན་
གང་ལ་ཡང་མ་ཕྱོགས་ཤིང་མ་གཏོགས་པ;

133 Neutrality, *n.* དགྲ་མིན་གཉེན་མིན;

134 Neutralize, *v.t.* ནུས་པ་བཅོམ་པ;

135 Never, *ad.* ནམ་ཡང་མན; ནམ་ཡང་མེད; གཞར་ཡང;

136 Nevertheless, *ad.* འོན་ཀྱང; དེ་ལྟར་ལའང་རུང;

137 New, *a.* གསར་པ; སོ་མ; གསར་པོ;

138 Newfangled, *a.* ལུགས་གསར; གསར་སྤྲོས་ཀྱི;

139 Newly, *ad.* གསར་དུ;

140 Newness, *n.* ཨ་གསར; གསར་ཚུལ; གསར་ལུགས;

141 News, *n.* གསར་འགྱུར; ལོ་རྒྱུས་གསར་པ;

142 Newt, *n.* ད་དབྱིག; རྩང་པའི་བཟོ་ལྟ་བུའི་སྲོག་ཆགས་ཞིག;

143 Next, *a.*	དེའི་ཕྱི་མ; དེའི་རྗེས་མ; གཉིས་པ; ཕྱི་མ; རྗེས་མ;
144 Nib, *n.*	ལྕང་ཀྱི་སྨྱུ་གུའི་ཁ; ལྕགས་སྨྱུག་གི་ཁ་དེའོ;
145 Nibble, *v.t.*	སོ་བྲུབ་པ; སོ་ཡིས་དྲུད་པ;
146 Nice, *a.*	སྙིང་རྗེ་པོ; ཡག་པོ; ཞིམ་པོ; དང་ཁར་བྲུག་པོ;
147 Nicely, *ad.*	ཡག་པོ་བྱེད་དེ; ཕུན་དག་པོ་བྱེད་དེ;
148 Nicety, *n.*	ཕུན་དག་འདོད; ཁམས་གཙང་ལུགས; ཟབ་ལུགས;
149 Niche, *n.*	ཁུང; ཁོར་གཞུ;
150 Nickname, *n.*	མིང་ངན;
151 Nicotine, *n.*	ཐམ་ཁའི་སྙིང་པོ;
152 Niece, *n.*	ཚ་མོ; སྤུན་ཟླ་འམ་རང་ལ་མིང་སྲིང་དུ་འགྲོ་བའི་བུ་མོ;
153 Niggard, *n.*	ལག་དཾ་པོ; བཀྲེན་པོ; སེར་སྣ་ཅན; དབུལ་པོ;
154 Niggardliness, *n.*	སེར་སྣ་ཅན་གྱི་རྒྱུད; འཆིང་བ་དམ་པོ;
155 Niggardly, *ad.*	ཀློས་མི་ཡོད་བཞིན; བཀྲེན་བཀྲེན;
156 Nigh, *ad.*	ཐག་ཉེ;
157 Night, *n.*	མཚན་མོ;
158 Nightingale, *n.*	བྱིའུ་ཀ་ལ་པིང་ཀ;
159 Nightly, *ad.*	ནུབ་རེ་བཞིན;
160 Nihilism, *n.*	ཧ་ཅང་ལོག་པའི་ལྟ་བ;
161 Nil, *n.*	ཐིག; ཅིའང་མེད; གང་ཡང་མེད;
162 Nill, *v.t.*	མ་འདོད་པ; ཀློ་ལ་མ་བབ་པ;
163 Nimble, *a.*	ཁྲུག་པོ;
164 Nimbleness, *n.*	ཁྲུག;
165 Nimbly, *ad.*	ཁྲུག་པོ་བྱེད་དེ;
166 Nine, *a.*	དགུ;

167 Ninefold, *a.* དགུ་ལྡབས; དགུ་སྒྱུར;

168 Nineteen, *n.* བཅུ་དགུ;

169 Nineteenth, *a., n.* བཅུ་དགུ་པ;

170 Ninetieth, *a., n.* དགུ་བཅུ་པ;

171 Ninety, *a.* དགུ་བཅུ་ཐམ་པ;

172 Ninny, *n.* གླེན་པ; གླེན་འགྲོས;

173 Ninth, *a.* དགུ་པ;

174 Ninthly, *ad.* དགུ་པར;

175 Nip, *v.t.* བཏོག་པ;

176 Nippers, *n.* བཏོག་བྱེད; ཀམ་པ;

177 Nipple, *n.* ནུ་མགོ; ནུ་ཏྟེ; ནུ་མའི་ཏྟེ;

178 Nit, *n.* སྒྲོ་མ; ཤིག་སྒྲོ;

179 Nitrate, *n.* སུ་ཏྲིའི་སྐྱུར་དང་བུལ་ཏོག་གཉིས་བསྲེས་པ་ལས་བྱུང་བའི་ཚྭ་ཞིག;

180 Nitre, *n.* ཟེ་ཚྭ;

181 Nitrogen, *n.* རླུང་གི་ཆ་སྙད་ཅིག; བར་སྣང་གི་རླུང་གི་ལྔ་ཆ་བཞི་ནི་ཆ་འདིས་ཁྱབས་པ་ཡིན་སྐད; རླུང་གི་ནང་ན་རང་པར་དབྱེ་ན་འབྱུང་ཁམས་བཞི་ཡོད་ལ་དེ་དག་ནི (༡) ཨོག་སི་ཛེན་ཞེས་མེ་དང་སྲོག་འཚོ་བྱེད་ཡིན (༢) ཧའི་ཌྲོ་ཛེན་ཞེས་ཆུའི་དང་མ་དང (༣) ཀར་བོན་ཞེས་སོལ་བ་དང་དུ་བའི་རྒྱུ་དང (༤) ནཱའི་ཊྲོ་ཛེན་ཞེས་སྤོ་དང་ཞིང་སོན་འཚོ་བྱེད་ཀྱི་རྒྱུ་ཡིན་ལ་འདིས་བར་སྣང་རླུང་གི་ལྔ་ཆ་བཞི་ཙམ་ཁྱབས;

182 No, *ad.* མན; མེད; མ; མིན;

183 Non, *n.* མ; མི; མེད; མིན; ཞེས་པའི་འགག་སྒྲའོ;

184 Nobility, *n.* སྐུ་དྲག་གི་རིགས; སྐུ་དྲག; གྲོན་རིགས; རྗེ་རིགས;

185 Noble, *a.* བཟང་པོ; དཔལ་ལྡན;

186 Nobleman, *n.* སྐུ་དྲག; གྲོན་རིགས;

187 Nobleness, *n.* བཟང་ཚུལ; ཡ་རབ་ཀྱི་ངང་ཚུལ;

188 Nobly, *ad.* ཡ་རབ་བཟང་པོའི་ཚུལ་གྱིས;

189 Nobody, *a.* སུའང་མིན;

190 Nocturnal, *a.* མཚན་མོའི;

191 Nod, *v.i.* མགོ་འཛོག་འཛོག་བྱེད་པ;

192 Nodding, *n.* མགོ་བོ་གུག་གུག;

193 Node, *n.* ཚིགས; མདུད་པ; (འབུར་དོག; Sik.)

194 Noise, *n.* འུར་སྒྲ; ཀུ་ཅོ; ཅ་ཅོ;

195 Noiseless, *n.* འུར་སྒྲ་མེད་པ;

196 Noiselessly, *ad.* ཁུ་སིམ་མེར;

197 Noisily, *ad.* འུར་སྒྲ་དང་བཅས་ཏེ;

198 Noisome, *a.* ཅ་ཅོ་ཅན; ཀུ་ཅོ་ཅན;

199 Noisy, *a.* ཅ་ཅོ་ཅན; ཀུ་ཅོ་ཅན;

200 Nomad, *n.* རྒྱ་གར་ཁམས་པ་བཞིན་ཡུལ་གྲ་དག་ཏུ་བ་ཤལ་མི;

201 Nomadic, *a.* རྒྱ་གར་ཁམས་པ་བཞིན་ཡུལ་གྲ་དག་ཏུ་བ་ཤལ་མི;

202 Nomenclature, *n.* མིང་འདོགས་སྟངས;

203 Nominal, *a.* མིང་ཙམ་གྱི; (མཚན་ཙམ་པའི; Hon.)

204 Nominally, *ad.* མིང་ཙམ་དུ; (མཚན་ཙམ་དུ; Hon.)

205 Nominate, *v.t.* མིང་བཏགས་པ; (མཚན་གསོལ་བ; Hon.)

206 Nomination, *n.* མཚན་གསོལ; མིང་བཏགས; མིང་འདོགས;
(མཚན་གསོལ; Hon.)

207 Nominative, *a.* མིང་གི་མཚོན་པ་ཉིད; (Grammar རྣཾ་དབྱེ་ངོ་བོ;)

208 Nonage, *n.* བྱིའུ་ཆུང་གི་དུས; ན་གཞོན་དུས; ན་མ་ལོན་པའི་དུས;

209 Nonagenarian, *a.* & *n.* མི་ལོ་བརྒྱད་ཅུ་གྱ་དགུ་དང་བརྒྱ་ཐཾ་པའི་བར་གྱི་རྒེད་པོ;

210 Nonary, *a.* & *n.* དགུའི་སྡེ;

211 Nonce, *n.* རེ་ཞིག; སྐབས་འདིར;

212 Non-appearance, *n.* ངོས་བྲོན་རྒྱུ་མེད་པ;

213 Non-attendance, *n.* མ་འཚོར་པ;

214 Nonchalant, *a.* བློ་སྙིད; སྣང་མེད; ཚབ་ཚུབ་མེད་པ;
སེམས་བྲེལ་མེད་པ;

215 Non-christian, *a.* ཡེ་ཤུ་རྗེས་འཇུག་མིན་པ;

216 Non-compliance, *n.* མི་ཉན་པ;

217 Nonconformist, *n.* ཆོས་སྡེ་གཞུང་པ་དང་མི་འཁྲི་བ;

218 Non-conformity, *n.* གཞུང་དང་མ་མཐུན་པ;

219 Nondescript, *n.* ཆ་ཕྱེད་ཡ་མ་ཟུང;

220 None, *a.* & *pron.* སུའང་མིན; གང་ཡང་མེད; ཅིའང་མིན;

221 Nonelastic, *a.* བསྲ་མོ; མི་མཉེན་པ; མཉེན་ཆ་མེད་པ; མཁྲེགས་པོ;

222 Nonentity, *n.* མིང་ཡེ་མེད་པ; (ངོ་མེད་དབྱུ་མེད; Sik.)
བདག་མེད་ཀྱི་ལྟ་བ;

223 Nonet, *n.* འབའ་ཛ་སྒྲ་དགུའི་གདངས་དབྱངས;

224 Non-existence, *n.* མ་མཆིས་པ་ཉིད; མེད་པ; མི་སྲིད་པ;

225 Non-existent, *a.* མ་མཆིས་པ; མ་སྲིད་པ;

226 Non-fulfilment, *n.* དོན་འགྲུབ་མིན; དོན་མ་འགྲུབ་པ; དོན་འཆུག་པ;

227 Non-improvement, *n.* བཟང་བཅོས་མེད་པ;

228 Nonillon, *n.* ཨང་གྲངས་གཅིག་གི་ཐོག་ཏུ་ཀླད་སྐོར་ལྔ་བཅུ་ང་བཞི་ལྡན་པ; བྱེ་བ་དགུ་སྒྱུར;

229 Nonpareil, *n.* ཟླ་མེད; མཚུངས་མེད;

230 Nonpareil, *a.* མགྲན་ཟླ་མེད་པ; ཟླ་མེད;

231 Non-payment, *n.* དངུལ་མ་སྤྲེར་བ;

232 Non-performance, *n.* ལག་ལེན་འཁོད་མིན;

233 Nonplus, *n.* འདི་བྱ་འདི་བྱེད་མེད་པར་འཐོམས་ཏེ་ལུས་པ; ཅིའང་བྱ་ཚོད་མ་ཐིང་པར་ལུས་པའི་ཚུལ;

234 Non-proficient, *n.* མ་མཁས་པ; མ་འབྱོངས་པ;

235 Non-residence, *n.* ཡུལ་དུ་མ་སྡོད་པ་ཉིད;

236 Non-resident, *n.* ཡུལ་བསྡོད་པ་མིན་པའི;

237 Non-resistance, *n.* མི་རྒོལ་བ་ཉིད;

238 Non-resistant, *n.* མ་རྒོལ་བ; སྲུང་སྐྱོབས་མི་བྱེད་པ;

239 Nonsense, *n.* ཚོ་མེད; ཛབ་ཆུང; (མལ་མེད; Sik.)

240 Nonsensical, *a.* ཛབ་ཆུང་བའི; (ཚོ་མེད་པའི; Sik.)

241 Nonsensically, *ad.* ཛབ་ཆུང་བྱེད་དེ;

242 Non-suit, *n.* ཁམ་མཆུ་ར་མེད་དུ་སོང་ཅན་ཕྱིར་འཐེན་བྱེད་པ;

243 Nook, *n.* གྲི་གུ; ཁུག;

244 Noon, *n.* ཉིན་ཕྱེད;

245 Noontide, *n.* ཉིན་གུང་གི་ཚོད;

246 Noonday, *n.* ཉིན་གུང;

247 Noose, *n.* བཀྲི; ཞགས་པའི་བཀྲི; ཐག་བཀྲི;

248 Nor, *conj.* དེའང་མིན;

249 Normal, *a.* རྟག་པར་རྒྱུན་གྱི་ཚད;

250 Norman, *a.* ནོར་མན་ཌི་ཞེས་པའི་ཡུལ་མི;

251 North, *n.* བྱང; ཉིན་གུང་གི་ཉི་མའི་མདུན་སྣྲད་ཀྱི་ཕྱོགས་དེའོ;

252 Northerly, *a.* & *ad.* བྱང་ཕྱོགས་ནས་བྱུས་པའི;

253 Northern, *a.* བྱང་ཕྱོགས་ཀྱི;

254 Northward, *a.* བྱང་ཕྱོགས་སུ;

255 Norwegian, *n.* ནོར་ཝེའི་རྒྱལ་ཁབ་ཀྱི་མི་རིགས;

256 Nose, *n.* སྣ་གྲུག; སྣ;

257 Nosegay, *n.* སྣ་ལ་སྤྲོ་བ་བསྐྱེད་བྱེད་ཀྱི་མེ་ཏོག་ཚག་པ;

258 Noseless, *a.* སྣ་མེད; སྣ་དང་མི་ལྡན་པ;

259 Nostril, *n.* སྣ་བུག;

260 Not, *ad.* མ; མན; མེད; མིན;

261 Notable, *a.* གསེར་ཆེན; མིང་ཐོན; སྙན་གྲགས་ཅན;

262 Notably, *ad.* གསེར་ཟེལ་ཆེནོ་བྱེད་དེ; སྙན་གྲགས་ཆེནོར;

263 Notary, *n.* ཐ་གན་ཡིག་སྲོལ་ཡིན་ངེས་བརྗོད་ཆོག་པའི་དྲུང་ཡིག;

264 Notation, *n.* ཚོག་ཤད;

265 Notch, *n.* (ཉིག་ཐེམ; Sik.)

266 Note, *n.* དངུལ་ལྷོར; ཡིག་ཆུང; ཟིན་བྲིས; བརྗོད་ཐོ;

267 Note, *v.t.* ཡི་གེར་བཀོད་པ;

268 Noted, *a.* བརྟག་ཅན; ངོས་བརྟག་ཅན;

269 Noteworthy, *a.* ངོ་སོ་འཐོན་པོ; སྙན་གྲགས་འཐོན་པོ;

270 Nothing, *n.* གང་ཡང་མན; ཅིའང་མིན;

271 Notice, *n.* སྤྱན་ལོ; བྱ་ར; དྲན་པ; དྲན་སྣང; *v.t.* མཐོང་བ;

272 Noticeable, *a.* མངོན་པར་གསལ་བ;

273 Notification, *n.* སྒྲ་གྲགས; ཉིལ་བསྒྲགས;

274 Notify, *v.t.* སྒྲ་གྲགས་པར་བྱེད་པ; ཐྲིལ་བསྒྲག་པ;

275 Notion, *n.* འདུ་ཤེས; འཛིན་པ; བཟུང་བ; བཟུང་འཛིན; རྟོག་པ;

276 Notional, *a.* འདུ་ཤེས་ཀྱི; བཟུང་འཛིན་གྱི; རྟོག་པའི;

277 Notoriety, *n.* ངན་པའི་མིང; འཕྱུར་སྒོ; ངན་གྲགས;

278 Notorious, *a.* ངན་པའི་སྐད་གྲགས་ཅན; ཇོ་ལོ་ཅན; འཕྱུར་ཁ་ཅན;

279 Notoriously, *ad.* ཇོ་ལོ་འཕྱུར་སྟེ;

280 Notwithstanding, *conj.* མ་གཏོགས་པར; མ་བརྩིས་པར;

281 Nought, *n.* གང་ཡང་མེད་པ;

282 Noun, *n.* མིང་གི་རྣཾ་དབྱེ;

283 Nourish, *v.t.* འཚོ་བས་འཚོ་བ;

284 Nourisher, *n.* འཚོ་བྱེད;

285 Nourishment, *n.* འཚོ་བའི་རྫས;

286 Novel, *a.* གླིས་གསར; ཉིཾ་ཐར་རི་བསྐྱུང་གླིས་སྤྲོས་ཏེ་བརྩོམ་པ;

287 Novelist, *n.* གླིས་གསར་བརྩོམ་མཁན;

288 Novelty, *n.* ཨ་གསར;

289 November, *n.* ཕྱི་ཟླ་བཅུ་གཅིག་པ;

290 Novice, *a.* གྲྭ་བཙུན་གསར་དུ་སྒྲིགས་ལ་ཞུགས་མི; དགེ་ཚུལ;

291 Novitiate, *n.* གྲྭ་བཙུན་གསར་པའི་གོས; དགེ་ཚུལ;

292 Now, *ad.* ད་ལྟ; ད་ལམ; དེང;

293 Now-a-days, *adv.* དེང་སང; དེང་དུས; ད་རེས;

294 Noway, *ad.* གང་ནས་ཀྱང་མིན; གང་ལྟར་རུང་མིན;

295 Nowhere, *ad.* གར་ཡང་མེད;

296 Nowise, *ad.* གང་ནས་ཀྱང་མིན;

297 Noxious, *a.* ཁམས་ལ་གནོད་པོ; ལུས་ཁམས་ལ་གནོད་པོ;

298 Nucleus, *n.* — སྒྲིམ་གཞི; བཅའ་བའི་རྟེན; སྦུང་པོ་འི་རྟེན;
སྐར་མ་དུ་བ་མཇུག་རིང་གི་མགོ་དེའོ;

299 Nude, *n.* — སྒྲེན་མོ; གཅེར་བུ;

300 Nudge, *v.t.* — གྲུ་མོས་སྣུག་པ; (ཀྲི་ཤིང་གིས་སྣུག་པ; Sik.)

301 Nudity, *n.* — ལུས་རྗེན; གཅེར་ཚུལ; གཅེར་པོ;

302 Nugatory, *a.* — མངོན་ཆུང; མཁོ་མེད;

303 Nugget, *n.* — གསེར་རྡོག་གོང་བུ; གསེར་གོང; གསེར་རྡོག;

304 Nuisance, *n.* — ཀུན་གྱི་བློ་ལ་ཡོག་པའི་ལས; སྣུན་པ; སེམས་སྣུན;

305 Null, *a.* — ར་མེད; དོན་མེད; ནུས་པ་མེད་པ;

306 Nullification, *n.* — སྔོན་གྱི་དོན་ལྡན་གྱི་ཁྲིམས་ཕྱིས་ནས་བཀག་སྟེ་དོན་མེད་
བཟོ་བའི་ལས;

307 Nullah, *n.* — ལུང་སྐྱོང; ཆུ་ལུང;

308 Nullify, *v.t.* — ནུས་པ་བཅོམ་པ;

309 Numb, *a.* — ཚོར་བ་ཉམ་པ; གྲང་བས་ཉེན་ནས་ཚོར་རྒྱུ་མེད་པར་
འགྱུར་བ;

310 Number, *n.* — གྲངས;

311 Numberless, *a.* — གྲངས་མེད; གྲངས་ལས་འདས་པ;

312 Numbers, *n.* — ཁ་གྲངས;

313 Numerable, *n.* — བགྲངས་དུ་ཡོད་པ;

314 Numeral, *a.* — གྲངས་ཀའི;

315 Numerary, *a.* — གྲངས་སུ་ཐེབ་པའི;

316 Numeration, *n.* — གྲངས་བགྲངས་ལུགས;

317 Numerator, *n.* — བགྲངས་མཁན; གྲངས་བརྩི་མཁན;

318 Numerical, *a.* — གྲངས་ཀས་བཅད་ན; གྲངས་སུ་བགྲང་བའི;

319 Numerically, *ad.* — གྲངས་ལྟར་ན;

320 **Numerous**, *n.* གྲངས་མང་;

321 **Numerously**, *ad.* མང་པོར་;

322 **Numismatic**, *a.* ཊཾ་ཀའི་སྐོར་;

323 **Numskull**, *n.* མགོ་འཐོམ་པོ་; གླེན་པ་; གླེན་པའི་མགོ་བོ་;

324 **Nun**, *n.* གྲྭ་བཙུན་མོ་; ཨ་ནི་;

325 **Nuncio**, *n.* བླ་ཆེན་ཕྲིན་བྱ་བའི་སྐུ་ཚབ་ཡུལ་ཐ་དག་གི་རྒྱལ་པོའམ་
གོང་མའི་མདུན་རྫོངས་པ་དག་གི་;

326 **Nunnery**, *n.* ཨ་ནེའི་དགོན་སྡེ་;

327 **Nuptial**, *a.* བག་མ་གཏང་ལེན་གྱི་;

328 **Nurse**, *n.* ཞལ་ཟྲུ་མ་; མ་མ་;

329 **Nursery**, *n.* ཤིང་ལྗང་འདབ་ས; ཕྲུ་གུ་བསྐྱེད་བསྐྱིང་ས; ཕྲུ་གུ་བསོ་ས;

330 **Nursling**, *n.* བསོ་ཕྲུག; ཁྲིའུ་ཆུང་;

331 **Nurture**, *n.* འཚོ་བའི་ཟས; ཟས; བསྐྱེད; འཚོ་སྐྱོང་;

332 **Nut**, *n.* ཤིང་འབྲས; སྒོ་ཏས; ཤིང་ཐོག་ཀུ་ཡུག་ཨ་ན;

333 **Nutmeg**, *n.* ཛཱ་ཏི;

334 **Nutriment**, *n.* བཅུད; ཟས་ཀྱིས་བཅུད;

335 **Nutrition**, *n.* ཟས་བཅུད;

336 **Nutritious**, *a.* ཟས་བཅུད་ཅན;

337 **Nutshell**, *n.* འབྲས་བུའི་ཤུན་པ;

338 **Nylghau**, *n.* རིའི་གླང་ཆུང་དཔལ་གདོང; རི་ནོར; གླང་ཆུང་ར་སྔོན;

339 **Nymph**, *n.* མཚོ་སྨན; སྨན་མོ;

340 **Nympholepsy**, *n.* འདོད་པའི་གདུང་བས་སྨྱོས་པ;

341 **Nymphomania**, *n.* སྐྱེ་དམན་འདོད་ཆགས་དྲག་པོ་འབར་བའི་ནད;
སྐྱེ་དམན་སྐྱེས་པ་འབར་ཞིག་ཡོད་ལ་ཀྱི་ཀྱི་པོར་དྲག་
པའི་ནད་ཚང;

O

1 O, *intjn.* ཀྱེ་མ; ཡང་ཡིག་འདི་བཞིན་དབྱིན་ཡིག་གི་ཀ་ཁའི་ཡིག་བཅོ་ལྔ་པ་དེའོ; དབྱིན་ཡིག་གི་ནང་ནས་དབྱངས་ཡིག་བཞི་པ་ཨོ་དེའོ;

2 Oak, *n.* ཚར་ཤིང; བེ་ཤིང; (Oak forest) བེ་ཁྲོད;

3 Oakum, *n.* སོ་མ་ར་ཙའི་ཐག་པ་རྙིང་པ་གཞིག་སྟེ་གྲུ་ཟིང་གི་སེར་ག་སུབ་བྱེད;

4 Oar, *n.* གྲུ་སྐྱ; གྲུ་ཁྲེམ;

5 Oasis, *n.* བྱེ་ཐང་ཆེན་པོའི་དབུས་སུ་ཡུལ་ཆགས་པ;

6 Oat, *n.* གྲོ; ཀ་རྩམ; ཡུག་པོ; འབྲུ་གྲོ;

7 Oaten, *a.* ཀ་རྩམ་གྱི;

8 Oath, *n.* མནའ; དམ་བཅའ;

9 Obduracy, *n.* སྙིང་མཁྲེར་པ་ཉིད; དྲེད་པོའི་རང་བཞིན;

10 Obdurate, *a.* དྲེད་པོ; རྨུ་རྒོད;

11 Obedience, *n.* བཀའ་ལ་ཉན་པ; ཚི་གསུང་དང་ལེན;

12 Obedient, *a.* བཀའ་ལ་ཉན་པོ;

13 Obediently, *ad.* བཀའ་ལ་ཉན་པོ་བྱེད་དེ;

14 Obeisance, *n.* ཕྱག་འཚལ; ཕྱག; ལྷ་ཕྱག; གུས་ཕྱག;

15 Obelisk, *n.* རྡོ་རིང་ཟུར་གཞོན་རྩེ་སྣུང་ཅན;

16 Obese, *a.* ཤ་རྒྱག་པ; (སྐུ་ཤ་འབྱོར་པོ; Hon.)

17 Obfuscate, *v.t.* བསྒྲིབ་པ;

18 Obey, *v.t.* བཀའ་ཉན་པ;

19 Obituary, *n.* གཤིན་པོའི;

20 Object, *n.* ཙ་ལག; དངོས་པོ; མདོ་ཁ; དོན; རྒྱུ;

21 **Objection**, *n.* འགག་ཆ; འགག་པ;

22 **Objectionable**, *a.* འགོག་འོས;

23 **Objective**, *a.* སྒྲོད་བྱེད་ཀྱི་རྒྱུ;

24 **Objectively**, *ad.* ཕྱི་རོལ་གྱི་ཞིང་དུ; ཕྱི་རོལ་དུ་བལྟ་བའི་ཡུལ་དུ; སྒྲོད་ཡུལ་བཞིན;

25 **Objector**, *n.* ཕྱི་རོལ་ཞིང་དུ་གནས་ཚུལ; མཐའ་བོར་བ;

26 **Objurgate**, *v.t.* ལབ་བཤད་གཏང་བ; (བཀའ་བཀྱོན་གནང་བ; Hon.)

27 **Oblate**, *a.* འཛིག་རྟེན་པ་ཡིན་ཀྱང་ཚོས་གྲར་ཐེ་བ;

28 **Oblation**, *n.* གསེར་སྐྱེམས; མཆོད་པ;

29 **Obligation**, *n.* དྲིན; (ངོ་ས; Sik.)

30 **Obligatory**, *a.* དྲིན་ཐོག་པའི; ངོ་ས་ཐོག་པའི; Sik.).

31 **Oblige**, *v.t.* དྲིན་བཀལ་བ; དྲིན་འོག་བཙུག་པ;

32 **Obliging**, *a.* དྲིན་འགེལ་བའི;

33 **Obligingly**, *ad.* དྲིན་འགེལ་རྒྱུའི;

34 **Oblique**, *a.* ཤང་ཁ; ཐྲེད་ལ; ཁྲོམ་ཁྲོམ; ཡོ་བ;

35 **Obliquely**, *ad.* སེར་ཁ་རུ; འཕྲེད་སྐྱལ་དུ; ཡོ་ཡོ;

36 **Obliquity**, *n.* ཡོ; བཙུན; ཁྲུལ;

37 **Obliterate**, *v.t.* སུབ་པ;

38 **Obliteration**, *n.* བྲི་སུབ; སུབ; ཡལ་བ;

39 **Oblivion**, *n.* དྲན་པའི་ཐོག་ནས་ཡལ་བ; ཡལ་བ; བརྗེད་ཡིངས་ཐུགས་སྐྱོན;

40 **Oblivious**, *a.* བརྗེད་ཡིངས་ཅན; སྨིམས་ལས་ཡལ་དེ;

41 **Obliviously**, *ad.* སེམས་ལས་ཡོལ་བརྗེད་དེ;

42 **Oblong**, *a.* གྲུ་བཞི་ཡིན་པ་ལ་དཀྱུས་རིང་ལ་ཞེང་ཁ་ཐུང་བ;

43 **Obloquy**, *n.* མི་ཁ; འཕྱར་ཁ;

44 Obnoxious, *a.*	ཉེས་པ་བཅད་འོས་སུ;
45 Obnoxiously, *ad.*	གཡོན་ཅན; ཉེས་པ་ཅན; ཁྲིམས་བཅད་འོས;
46 Obscene, *a.*	ངོ་ཚ་བའི་རྗེན་གཏེ; ངོ་ཚ་པོ; རྗེན་པ; (རྗེན་ཕྲེར་ཕྲེར: Sik.)
47 Obscenely, *ad.*	རྗེན་པར;
48 Obscenity, *n.*	རྗེན་ཕྲེར་རེ་བའི་ཆུ་ལུང;
49 Obscuration, *n.*	སྒྲིབ་པ;
50 Obscure, *a.*	མུན་པ; གོ་དཀའ་བ; མུན་ནག་ལྷུ;
51 Obscurely, *ad.*	གོ་དཀའ་མོར;
52 Obscurity, *n.*	མུན་ནག; མུན་པ; སྨག་རུམ;
53 Obsecrate, *v.t.*	ཨོཾ་ཤེས་ཕྱག་འཚལ་ཞུ་བ; ཞུ་བ་འབྲེན་པ; ཞུ་བ་འདེབ་པ;
54 Obsequious, *a.*	ཞེ་ས་དང་སྙན་འཛེ་དྲ་ཐལ་བའི; ངོ་བསྟོད་དྲགས་སུ་ཐལ་བའི;
55 Obsequy, *n.*	གཤིན་པོའི་དགེ་སྦྱོར་ཚོ་ག;
56 Observable, *a.*	བརྟག་པ་བྱར་ཡོད་བ; མངོན་དུ་ཡོད་པ;
57 Observance, *n.*	སྲུང་བ; སྲུང་བྱ;
58 Observant, *a.*	ཞིབ་རྟོག་མཁན;
59 Observation, *n.*	ཞིབ་རྟོག; རྟག་དཔྱད;
60 Observatory, *n.*	མཐོང་གཟེར་ཆེ་ས་ནས་རྒྱུ་སྐར་བལྟ་ས;
61 Observe, *v.t.*	སྲུང་བ; བལྟ་བ; ཞིབ་པར་བལྟ་བ;
62 Observer, *n.*	སྲུང་མཁན; ཞིབ་པར་བལྟ་མཁན;
63 Observing, *a.*	མཐོང་དེ; རྟོག་ཞིབ་ཅན;
64 Obsolete, *a.*	བརྡ་བརྙིང;
65 Obstacle, *n.*	གེགས; འགོག་ཆ; ཐོགས་བརྡུང;

66 Obstinacy, *n.* མགོ་མཁྲེགས; (དབུ་གྲོང་; Sik.)

67 Obstinate, *a.* སྙིང་པོ; མགོ་མཁྲེགས་ཅན; (དབུ་གྲོང་ཅན:
དབུ་སྒྲགས་ཅན; མཉོ་ཀྲུང་ཅིག; Sik. & Bhut.)

68 Obstreperous, *a.* ཀུ་ཅོ་ཅན; ཕས་རས་ཆེ་པོ;

69 Obstreperously, *ad.* ཕས་རས་ཆེ་པོ་བྱེད་དེ;

70 Obstruct, *v.t.* འགེགས་པ; བཙུར་བ; བཀག་པ;

71 Obstruction, *n.* བགེགས; འགག་ཆ; (ཐོགས་འགག; Sik.)

72 Obstructive, *a.* འགག་ཆར་གྱུར་པའི; གེགས་སུ་གྱུར་པའི;

73 Obtain, *v.t.* བསྒྲུབ་པ; བརྙེད་པ; ཐོབ་པ; ལེན་པ; འགྲུབ་པ;

74 Obtainable, *a.* ཐོབ་ཏུ་ཡོད་པ; འགྲུབ་ཏུ་ཡོད་པ;

75 Obtrude, *v.t.* མ་དགོས་པའི་སྐབས་སུ་ཚང་ཁ་རྒྱབ་པ;

76 Obtrusion, *n.* མི་དགོས་པའི་ཚང་ཁ;

77 Obtrusive, *a.* མི་དགོས་པའི་ཚང་ཁ་ཅན;

78 Obtuse, *a.* རྣོད་མེད; དབུ་རིལ; དབྲིལ་དབྲིལ;

79 Obtuseness, *n.* རྣོ་མེད་པའི་རང་བཞིན;

80 Obviate, *v.t.* གཅོད་པ; བཟློག་པ;

81 Obvious, *a.* གོ་བདེ་པོ; གོ་བ་ཁ་གསལ; གསལ་པོ;

82 Obviously, *ad.* ཁ་གསལ་པོར;

83 Obviousness, *n.* གོ་བ་ཁ་གསལ་ཡུགས;

84 Occasion, *n.* རྐྱེན; གླགས; སྐབས;

85 Occasional, *a.* སྐབས་སྐབས་ཀྱི;

86 Occasionally, *ad.* སྐབས་སྐབས་སུ;

87 Occident, *n.* ནུབ་ཕྱོགས; འདི་ནས་བརྩིས་པའི་ཕྱི་གླིང་གི་ཡུལ་རྣམས་
ལ་ཟེར;

88 Occidental, *a.* ནུབ་ཕྱོགས་པའི ; ནུབ་ཕྱོགས་ཀྱི ;

89 Occult, *a.* གསང་བ་སྦྱར་ཀྱི་སྐོར ; རྫུ་འཕྲུལ་གྱི ; གསང་བའི ;

90 Occultation, *n.* གཡབས་མོ ; ཁེབས ; འགེབས་པ་ཉིད ; སྦས་པ ;

91 Occupancy, *n.* བདག་ཏུ་བཟུང་ནས་འཛིན་པ་ཉིད ; བདོག་པ་ཉིད ;
བདག་བཟུང ;

92 Occupant, *n.* བདག་བཟུང་བྱེད་མཁན ; ནང་གནས་པོ ; བདག་པོ ;

93 Occupation, *n.* བདག་བཟུང ; ཁྲིམ་འཛིན ; ལས་ཀ ; ལས་འཛིན ;

94 Occupier, *n.* བདག་ཏུ་བཟུང་མཁན ; བདག་པོ ; ནང་ན་གནས་མི ;

95 Occupy, *v.t.* འཛིན་པ ; བཟུང་བ ; གནས་བཟུང་བ ; ཚང་བཅའ་བ ;

96 Occur, *v.i.* འགྱུར་བ ; འབྲོན་པ ; འོང་བ ; འབྱུང་བ ;

97 Occurrence, *n.* རྐྱེན ; དངོས་པོ ; འབྱུང་འགྱུར ;

98 Ocean, *n.* རྒྱ་མཚོ ; བ་ཚྭ་ཅན་གྱི་རྒྱ་མཚོ ;

99 Ochre, *n.* བཙག ; ཚོན་ངང་སེར ;

100 Octagon, *n.* ཟུར་བརྒྱད་མ ;

101 Octahedron, *n.* གཞིར་བརྒྱད་ངོ་བརྒྱད་ཡོད་པའི་གཟུགས ;

102 Octave, *a.* སྐད་མཐོ་དམན་གྱི་ཁྲིམ་རིམ་བརྒྱད ; དབྱངས་རིམ་
པ་བརྒྱད ;

103 Octavo, *n.* ཤོག་གྲུ་བྲི་ཁ་གང་ཤོག་ལེབ་བརྒྱད་ལ་བལྟབ་པའི་ཤོག་
གདོང ;

104 October, *n.* ཕྱི་ཟླ་བཅུ་པ ;

105 Octogenarian, *n.* ལོ་བརྒྱད་ཅུ་ལོན་པའི་རྒན་པོ ;

106 Octogenary, *a.* ལོ་བརྒྱད་ཅུ་པ ;

107 Ocular, *a.* མིག་གི ; མིག་གར ;

108 Oculist, *n.* མིག་གི་ཨེམ་ཆི ; མིག་ནད་ཀྱི་ཨེམ་ཆི ;

109 Odd, *a.* ཡ; མཚར་པོ; ཁྱད་མཚར; ཡ་ག་གཅིག;

110 Oddity, *n.* ཁྱད་མཚར་ལྟར; ཡ་མཚན་ལྟར; ཡ་མ་རླང;

111 Oddly, *ad.* ཁྱད་མཚར་པོ་བྱེད་དེ; ཨ་མཚར་པོ; ཡ་མ་རླང་དུ;

112 Odds, *n.* བྲུས་ཁ;

113 Ode, *n.* གླུ་དབྱངས;

114 Odious, *a.* ཞེ་ཁྲེལ་པོ; ཞེན་ལོག་པོ; ཁོ་ལོག་པོ;

115 Odiously, *ad.* སྐྱུན་པོར; ཡིད་སྐྱུན་པོ་བྱེད་དེ;

116 Odiousness, *n.* ཡིད་དུ་མི་འོང་བ་ཉིད; ཞེ་ཁྲེལ་བའི་རང་བཞིན;

117 Odium, *n.* ཡིད་སྐྱུན་འབྱུར་ཁ; མི་ཁ;

118 Odoriferous, *a.* དྲི་མ་ཕབ་ཕབ; དྲི་མ་ཆིལ་ཆིལ;

119 Odorous, *a.* དྲི་ལྡན;

120 Odour, *n.* དྲི; དྲི་མ; དྲི་ངད;

121 Of, *pron.* ཀྱི; གྱི; ཡི; འི; ནས་ལས;

122 Off, *a.* ཕར; ཡས; རྒྱངས་སུ;

123 Offence, *n.* སྡིག་པ; ཉེས་པ; སེམས་སྐྱུན;

124 Off and on, *adv.* ཡང་ནས་ཡང;

125 Offend, *v.t.* སྡིག་པ་བྱེད་པ; ཉེས་པ་བྱེད་པ; འཁང་བ; འཁྲུ་བ;

126 Offensive, *a.* ཤིན་ཏུ་ཁྲུ་བ; མི་ཞིམ་པ; ཡིད་དུ་མི་འོང་བ;

127 Offensively, *ad.* ཡིད་དུ་མི་འོང་བར;

128 Offer, *n.* སྦྱིན་པ; མཆོད་པ; ཚོང་ལ་ཡིན་ན་ཁ་འཐོན་གྱི་རིན་གོང;
རིན་གོང་ཁ་འཐོན;

129 Offering, *n.* མཆོད་སྦྱིན; འབུལ་བ; ཡོན; མཆོད་པ;

130 Offertory, *n.* མཆོད་སྦྱིན་གྱི;

131 Off hand, *ad.* འཕྱངས་ཆ་མེད་པར; ལམ་སང;

132 Office, *n.* ཡིག་ཚང་; འགང་པོ་;

133 Officer, *n.* འགོ་པ་; ལས་སྣེ་; ལས་སྣ་;

134 Officer, *v.t* འགོ་པ་བྱེད་པ་; ལས་སྣེ་འགོད་པ་;

135 Official, *a.* བཀའ་རློན་གྱི་; བཀའ་ཤག་གི་;

136 Officially, *ad.* བཀའ་ཤག་ཡིག་ཚང་བརྒྱུད་དེ་;

137 Officiate, *n.* ལས་ཚབ་བྱེད་པ་;

138 Officious, *a.* (ངོ་སོད་མཁན་; Sik.)

139 Officiously, *ad.* (ངོ་སོད་བྱེད་དེ་; Sik.)
ངོ་སོད་ཀྱི་ཞབས་ཕྱིར་ཏུར་ཞོག་བྱེད་དེ་;

140 Offshoot, *n.* ཡལ་ག་; སྦུ་གུ་;

141 Offspring, *n.* བུ་; བུ་བརྒྱུད་; རྒྱུད་; སྐྱེ་རྒྱུད་;

142 Oft, *ad.* ཡང་ཡང་;

143 Often, *ad.* རྒྱུན་དུ་; (དུས་རྒྱུན་; Collql.)

144 Ogle, *v.t.* མིག་ཙུམ་རྒྱབ་པ་;

145 Ogling, *a.* ཆགས་པའི་མིག་གི་བལྟ་ཞིང་མིག་ཙོ་རྒྱབ་བཞིན་བྲུལ་
བཤད་པ་;

146 Ogre, *n.* བདུད་; སྲིན་པོ་;

147 Oh, *int.* ཀྭས་; ཀྭ་ཡེ་; ཀྱེ་; ཀྱེ་མ་;

148 Oil, *n.* སྣུཾ་; *v.t.* སྣུམ་བསྐུ་བ་; སྣུཾ་བྱུག་པ་;

149 Oily, *a.* སྣུམ་ཅིལ་ཅིལ་; ཞག་རྩི་ཅན་; སྣུཾ་རྩི་ཅན་;

150 Ointment, *n.* སྐུད་; བྱུག་པ་;

151 Old, *a.* རྒད་པོ་; ཆེན་མོ་; རྙིང་པ་;

152 Olden, *a.* དང་པོའི་; སྔ་མོའི་; གནའ་བོའི་; དང་པོའི་དུས་ཀྱི་;

153 Oldish, *a.* རྒས་སེ་; རྒན་སོང་མཚམས་;

154 **Olfactory**, *n.* སྣ་གྲུག ; དྲི་སྣོམ་བྱེད་ཀྱི་དབང་པོ ;

155 **Oligarchy**, *n.* རྒྱལ་ཁག་མི་རིགས་ཉུང་ངུ་ཞིག་གི་དབང་བའི་ཁྲིམས་ལུགས་ཅན ;

156 **Olive**, *n.* སྐྱུ་ཙ ; (ཁ་ཤ་སྐྱུར་མོ ; Sik.) ཁ་སྐྱུར་འབྲས་བུ ;

157 **Olympaid**, *n.* གྲིག་གི་རྩིས་ལྟར་ལོ་བཞི་རེའི་ལོ་འཁོར་ལ་ཟེར ;

158 **Omega**, *n.* མཐའ་མཇུག ; གྲིག་ཡི་གེའི་མཐའ་མ་དེའོ ;

159 **Omen**, *n.* ལྟས་དང་མཚན་མ ; སྔ་ལྟས ; རྟགས ;

160 **Ominous**, *a.* ལྟས་ངན་པོ ;

161 **Ominously**, *ad.* ལྟས་ངན་ལྡོག་ཁ་པོ་བྱེད་དེ ; ལྟས་ངན་པོ་བྱེད་དེ ;

162 **Omission**, *n.* བཞོལ་བ་ཉིད ; བཞོལ་བ ; ལུས་པ ; བཞོལ ;

163 **Omit**, *v.t.* བཞོལ་བ ; བཞོལ་ནས་བཞག་པ ;

164 **Omnibus**, *n.* ཤིང་རྟ་འཁོར་ལོ་བཞི་ལྡན ; ཀུན་འདུས ;

165 **Omnipotence**, *n.* སྟོབས་ཀུན་མངའ་བ ; སྟོབས་ཡོངས་སུ་རྫོགས་པ ;

166 **Omnipotent**, *a.* སྟོབས་ཡོངས་སུ་རྫོགས་པའི ;

167 **Omnipresence**, *n.* ཀུན་དུ་ཁྱབ་ཅིང་མཆིས་པ་ཉིད ;

168 **Omnipresent**, *a.* ཀུན་ཁྱབ ;

169 **Omniscience**, *n.* ཀུན་མཁྱེན་པ་ཉིད ;

170 **Omniscient**, *a.* ཀུན་མཁྱེན ;

171 **On**, *prep.* ཐོག་ཏུ ; སྟེང་དུ ; གང་དུ ; ཁ་ཏུ ;

172 **Once**, *ad.* ཀྱང ; once ལན་གཅིག ; ཚར་གཅིག ; ཐེང་གཅིག ;

173 **One**, *a.* གཅིག ; དེ་ཀ ; དེ་ཁོ་ན ;

174 **Oneness**, *n.* གཅིག་པ་ཉིད ;

175 **Onerous**, *a.* འགན་ཆེན་པོ ; ཇེད་ལྗི་མོ ;

176 **Onion**, *n.* ཙོང ; སྒོ་ཚས་ཙོང ;

177 Only, *ad.* ཁ་རྐྱང་; འབའ་ཞིག;

178 Onset, *n.* འཚོང་ནས་བརྒོལ་བ་ཉིད; ཞོར་ནས་བརྒོལ་བ; རྒྱུག་ག་ཤར་ལྷོད་དེ་འཚོང་ཡོང་རྒྱུ་རེའོ;

179 Onslaught, *n.* དཔུང་གཤེད་བསྙེད་དེ་འཚམ་ཡོང་བ་ཉིད; དྲག་པོའི་དཔུང་ཤེད་ཀྱིས་བརྒོལ་བ;

180 Onward, *a.* ཡར;

181 Onyx, *a.* གཟི;

182 Ooze, *n.* འདམ་འཛམ་པོ; འདམ་སླ་མོ་ཆུ་ག་ལེར་འབབ་པ;

183 Opacity, *n.* ཕྱི་ནང་མི་གསལ་བ་ཉིད;

184 Opaque, *a.* ཕྱི་ནང་མི་གསལ་བ;

185 Ope, *v.t.* ཁ་དབྱེ་བ; སྒོ་དབྱེ་བ; ཁ་ཕྱེ་བ;

186 Opening, *n.* བུ་ག; ཁ;

187 Openly, *ad.* ཀུན་གྱིས་མཐོང་སར; མ་གསང་བར; མངོན་པར;

188 Openness, *n.* ཕྱི་གསལ་ནང་གསལ་ཉིད;

189 Operate, *v.t.* ལས་བྱེད་པ; སྐྱུལ་བ; སྟོབས་སྐྱེད་པ;

190 Operation, *n.* ལས; ལག་ལེན;

191 Operative, *a.* ལས་སུ་སྐྱུལ་བའི;

192 Operator, *n.* ལས་བྱེད་མཁན;

193 Operose, *n.* དཀའ་ལས་ཅན;

194 Ophidia, *n.* སྦྲུལ་གྱི་རིགས;

195 Opiate, *n.* གཉིད་འཐེབ་ཀྱི་སྨན་ཐ་མག་གཡའ་ཕྱི་ཡ་ཡོད་པ;

196 Opinion, *n.* བློ; བློ་མནོ; བསམ་མནོ; བསམ་ཚོད; བློ་ཚོད;

197 Opinionated, *a.* བསམ་མནོ་རྐྱང་གཅིག་པ;

198 Opinionative, *a.* ཀཔླི་འཕྲུག་པོ;

199 Opium, *n.* གཡའ་ཕྱིན; བཟི་བྱེད་ཀྱི་དུག་སྣན་ཐ་མ་ཁར་ལོངས་སུ་སྤྱོད་པའི་རིཊ་ཨ་ཕིམ་ཟེར་བ་དེའོ;

200 Opponent, *a.* དགྲ་ཡ; ཕ་རོལ་པོ; {བྲང་སྤྲད Sik. & Bhut.}

201 Opportune, *a.* དུས་ལ་བབ་པོ; དུས་ལ་ཕན་པོ; ལམ་ལོང་གི་སྐབས; དུས་རྒྱུག་པའི་སྐབས;

202 Opportunely, *ad* དུས་རྒྱུག་པོ་བྱེད་དེ;

203 Opportunity, *n.* དུས་ཁ; སྟབས་ལེགས; སྟབས་སྟེས;

204 Opposable, *a.* འགོག་ཏུ་ཡོད་པ; མདུན་འགོག་ནུས་པ;

205 Oppose, *v.t.* གདོང་འགོག་པ; གདོང་སྤྲོད་པ;

206 Opposer, *n.* གདོང་འགོག་མཁན;

207 Opposite, *a.* ཁ་ཐུག;

208 Oppositely, *ad.* གབ་སློག་ཏུ; གོ་ལྡོག་ཏུ;

209 Opposition, *n.* གདོང་འགག; གདོང་ལེན;

210 Oppress, *v.t.* གནན་པ; དབང་ཡོད་བྱེད་པ; གཟུ་ལུཾ་བྱེད་པ;

211 Oppression, *n.* སྡུག་བཙོལ; མནར་གཅོད; གཟུ་ལུམ;

212 Oppressive, *a.* གཟུ་ལུམ་གྱི; རས་ཆོད་ཀྱི;

213 Oppressiveness, *n.* གཟུ་ལུམ; དབང་ཡོད་གཏོང་སྟངས;

214 Oppressor, *n.* གཟུ་ལུམ་བྱེད་མི;

215 Opprobrious, *n.* སྐྱུག་བྲོ་ཅན; འཕྱར་སྨོ་ཅན; ཁ་ངན; ཁ་བཙོག;

216 Opprobrium, *n.* ཁ་ངན; ཁ་བཙོག; བཤད་ངན; བཙོག་ཚིག;

217 Optative, *a.* འདོད་པ་བསྟན་པའི; འདོད་པའི;

218 Optic, *n.* མིག; ལྟ་བའི་དབང་པོ;

219 Optical, *a.* མིག་གི་སྐོར;

220 Optical, *a.* མིག་གི་སྐོར་གྱི;

221 Optician, *n.* མིག་ཤེལ་བཟོ་མཁན;

222 Optics, *n.* མིག་གི་མཐོང་སྣང་དང་འོད་ཀྱི་སྐོར་གྱི་རིག་གནས;

223 Optimist, *n.* མཐར་ལེགས་པར་ཡོང་བར་རེ་བ་འཆང་མི; ར་ཟང་རེ་ཅན;

224 Option, *n.* གདམས་ཀ;

225 Optional, *a.* གདམས་ཀར་ཡོད་པ;

226 Opulence, *n.* དཔལ་འབྱོར; ལོངས་སྤྱོད; དཔལ་འབྱོར་ཕུན་ཚོགས;

227 Opulent *a.* ཕྱུག་པོ; འབྱོར་པ་ལྡན་པ; དཔལ་འབྱོར་ཅན;

228 Or, *conj.* ཡང; ཀྱང; ཡང; འང; འམ; མམ;

229 Oracle, *n.* ལྷའི་ལུང་བསྟན; ལུང་བསྟན་འཆད་པ་པོ;

230 Oracular, *n.* ལུང་བསྟན་འཆད་པའི; ལུང་བསྟན་ལྟུའི;

231 Oral, *a.* ངག་ཐོག; ངག་གི;

232 Orally, *ad.* ངག་ཐོག་གིས;

233 Orange, *n.* ཚ་ལུམ་པ; ཤིང་འབྲས་ཚ་ལུཾ;

234 Orang-outang, *n.* མི་དྲེད;

235 Oration, *n.* འཆོད་གདམས; དམངས་ཐོག;

236 Orator, *n.* འཆོད་གདམས་བཤད་མི; or གཏང་མི;

237 Oratorical, *n.* འཆོད་གདཾས་ལྷ་བུའི;

238 Oratory, *n.* ཁའི་བཤད་པ་བདེ་མོ; འཆོད་གདཾས;

239 Orb, *n.* རིལ་བུ; གོང་བུ;

240 Orbed, *a.* རིལ་བུའི་རྣཾ་པ་ཅན;

241 Orbit, *n.* བར་སྣང་ཁམས་སུ་གཟའ་སྐར་རྣཾས་ཀྱི་རྒྱུ་ལཾ;

242 Orchard, *n.* ཤིང་འབྲས་ལྡུམ་ར;

243 Ordain, *n.* བསླེན་པར་རྫོད་པ; བསླེན་རྫོད་མཛད་པ; བསྒོ་བཞག་མཛད་པ; གོ་རིམ་སྒྲིག་པ;

244 Ordained, *a.* སྡོམ་པ་ཕོག་ཟིན་པ;

245 Ordeal, *n.* རྡོ་སྨུམ་ལྕགས་དང་འཛིང་ཁའི་མནའ་འཛུག་པ;

246 Order, *n.* བཀའ; གོ་རིམ; རིམ་པ; གོས; རྒོག་བདག་སྒྲིམ;
ཚོ་ལོ; གོ་གནས; བརྡག་རྐྱེན;

247 Ordinal, *n.* དང་པོ་གཉིས་པ་ཞེས་གོ་རིམ་དུ་བསྟར་བའི་གྲངས;

248 Ordinarily, *ad.* འཆར་ཆེན་ལྟར་ན; དུས་རྒྱུན་ལྟར་ན;

249 Ordinary, *a.* དཀྱུས་མ; རྒྱུན་འཁྱེར; དཀྱུས་མི; རྒྱུན་དུ་དྭང་རྒྱུའི་ཚང;

250 Ordination, *n.* སྡོམ་པ་ཕོག་པ; རབ་ཏུ་བྱུང་བ;

251 Ordinance, *n.* ཁྲི་སྒྲོགས; བཀའ་ཤོག; བཀའ་ཡིག;

252 Ordure, *n.* ཀྱི་བ; བ་ཕྱུགས་ཀྱི་ལྕི་བ;

253 Ore, *n.* ལྕགས་ཀུག; ལྕགས་རྡོ་ཟང་རྡོ་སོགས;

254 Organ, *n.* ཡན་ལག; འབའ་ཟ;

255 Organic, *a.* ལུས་སུ་གྲུབ་པའི; ལུས་ཀྱི་རྣཾ་པའི; གཟུགས་སུ་གྲུབ་
པ་གང་ཡིན་པའི;

256 Organism, *n.* ལུས; སྒྲིག་ཏུ་གྲུབ་པ; ལུས་ཅན; སྒྲིག་ཅན;
གཟུགས་ཅན;

257 Organist, *n.* འབའ་ཟ་གཏང་མཁན;

258 Organization, *n.* གཟུགས་བཅད་པའི་ལུས; གཟུགས; སྡེ;

259 Organize, *v.t.* ཡན་ལག་རྣམས་སྒྲིག་ནས་གཟུགས་བཅད་པ;

260 Oriel, *n.* འཕྱོང་རྒྱས; རབ་གསལ;

261 Orient, *n.* ཤར་ཕྱོགས;

262 Oriental, *a.* ཤར་ཕྱོགས་པའི;

263 Orientalism, *n.* ཤར་ཕྱོགས་པའི་ལུགས;

264 Orientalist, *n.* ཤར་ཕྱོགས་པའི་སྐད་རིགས་ལ་མཁས་པ;

265 Orifice, *n.* ཨི་ཁྲུང; བུ་ག; བུག་པ;

266 Origin, *n.* འབྱུང་ཁུངས;

267 Original, *a.* ཐོག་མའི; ངོ་མ; སྔོན་དཔེ་མེད་པའི་བློ་སྤྲོས;

268 Originality, *n.* སྔོན་མེད་པའི་གསར་འབྱུང་གི་བློ་སྤྲོས;

269 Originally, *ad.* ཐོག་མར; ངོ་མར;

270 Originate, *v.t.* ཐོག་མར་སྟོན་པ;

271 Origination, *n.* འབྱུང་ལུགས; ཁུངས;

272 Originator, *n.* ཐོག་མར་སྟོན་པ་པོ;

273 Orion, *n.* སྐར་མ་སྨིན་དྲུག;

274 Orison, *n.* སྨྲ་ཕྲུན; ཁ་དོན; གསོལ་འདེབས;

275 Ornament, *n.* རྒྱན་ཆ;

276 Ornamental, *a.* རྒྱན་གྱུར;

277 Ornamentation, *n.* རྒྱན;

278 Ornate, *a.* རྒྱན་གྱི་ཉཾ་པར;

279 Ornithology, *n.* བྱེའུའི་རིགས་ཀྱི་དབྱེ་བའི་རིག་གནས;

280 Orphan, *n.* དྭ་ཕྲུག;

281 Orphanage, *n.* དྭ་ཕྲུག་འཚོ་སྐྱོང་བྱེད་སའི་བསླབ་གྲྭ;

282 Orpiment, *n.* ཚོས; ཚོན;

283 Orthodox, *a.* ཆོས་ལུགས་སྤྲོས་མེད་དུ་འཛིན་པ; ཆོས་ལུགས་དག་པོ;

284 Orthodoxy, *n.* ཆོས་ལུགས་དོག་པ;

285 Orthoepy, *n.* ཡི་གེའི་སྒྲ་དག་པར་འབྱིན་པའི་མན་ངག;

286 Orthographer, *n.* ཡི་གེའི་དེབ་ཚངས་ཞིང་དག་པར་འབྲི་མི;

287 Orthography, *n.* སྦྱང་ཀློག; དཔེ; ཡི་གེའི་དེབ;

288 Ortolan, *n.* བྱ་ཞིག; བྱེའུ་རིགས་ཞིག;

289 Oscillate, *v.i.* འཁྱོམ་རྒྱབ་པ; ཡོམ་ཡོམ་བྱེད་པ;

290 Oscillation, *n.* ཡོམ་ཡོམ;

291 Osprey, *n.* ཉ་བཟུང་བའི་ཁྲ; ཅ་ཁྲ་ཧོར་པ;

292 Osseous, *a.* རུས་པའི: རུས་པ་ལས་གྲུབ་པ;

293 Ossify, *v.t.* རུས་པར་འགྱུར་བ;

294 Ostensible, *a.* ཕྱིར་ངོམ་དུ་ཡོད་པ; སྣོན་དུ་ཡོད་པ;

295 Ostensibly, *ad.* མངོན་དུ་ཡོད་པར;

296 Ostentation, *n.* ངོམས་འདོད;

297 Ostentatious, *a.* ངོམ་འདོད་ཅན;

298 Osteology, *n.* ཙ་རྒྱུད་ལས་རུས་པའི་གྲུབ་ཚུལ་གྱི་རིག་གནས;

299 Ostracism. དམངས་གྲལ་ནས་ཕུད་པའི་ལས;

300 Ostracise, *v.t.* དམངས་ཀྱི་གྲལ་ནས་ཕུད་པ;

301 Ostrich, *n.* ཨེ་ཤྲི་ཀའི་གླིང་ན་ཡོད་པའི་བྱ་དེ་ཆེན་པོའི་རིཊ;

302 Other, *pron.* གཞན; ཕ་རོལ་པོ;

303 Otter, *n.* སྲཾ;

304 Ottar, *n.* མེ་ཏོག་གི་ཙི་སྣུཾ་ཐུག་པ་འི་བྲེ་བྲག; other.

305 Ottoman, *a.* ཏུ་རུ་ཁའི་རྒྱལ་ཁམས་ཀྱི;

306 Ought, *v.* དགོས; རྒྱུ;

307 Ounce, *n.* ཚ་ཊང་ (Hindi छटाक)

308 Ouphe, *n.* འབྱུང་པོ; ཀླུ་མོ;

309 Our, *pron.* ང་ཚིའི; ང་ཚོའི; བདག་ཅག་གི;

310 Ourself, *pron.* ང་རང་ཚོ; ང་ཅག་རང; བདག་ཅག་རང;

311 Oust, *v.t.* ཕྱིར་འཐིགས་པ; ཕྱིར་ཕུད་པ; ཕྱིར་འདོན་པ;

312 Ouster, *n.* ཕྱིར་འབུད;

313 Out, *ad.* ཕྱིར; ཕྱི་ལ; ཕྱི་རུ; ཕྱི་ཡོཊ་སུ; ནང་ལ་མིན་པ; ཕྱིར་རྒྱངས་ཀྱི; ཀུན་གྱི་མཐོང་སར; ནང་ནས་ཕྱིར;

314 Outbalance, *v.t.* རྫིད་ལྗི་ཐལ་ཤོར་བ;

315 Outbid, *v.t.* གོང་སྤར་བ; གོང་ཆེ་རུ་བསྒྲིངས་ནས་སྟེར་བ;

316 Outbreak, *n.* ཕྱིར་འཐོར་ཡོང་བ; འགད་པ; འཐོར་བ;

317 Outbuilding, *n.* ཁྱིམས་ཀྱི་ཁང་པ; ཁྱིཾས་ཁང;

318 Outburst, *n.* འཐོར་རྒོད; ཕྱིར་འགད་པ; འབར་བ;

319 Outcast, *n.* གདོལ་བ; རིཊ་དམན; ཡུལ་ནས་འབིག་པ;

320 Outclearance, *n.* ཡོངས་རྫོགས་ཕྱིར་འདོན་བྱ; སྐྱེབ་ཚོང;

321 Outcome. ཕྱིར་འབྱུང; འབྲས་བུ; མདོ་ཁ;

322 Outcry, *n.* ཀུ་ཅོ; སྐྱི་ངག; འོ་དོད; ཅ་ཅོ;

323 Outdo, *v.t.* བྱས་ལས་སོགས་ལ་གཞན་དང་འགྲན་ཟླར་རྒྱལ་བ;

324 Outdoors, *ad.* ཕྱི་ལོགས; ཕྱི་རོལ་དུ;

325 Outer, *a.* ཕྱི་མ;

326 Outermost, *a.* ཕྱི་མཐའ;

327 Outfit, *n.* གོས; གྱོན་པ;

328 Outflank, *v.t.* དམག་ག་ཤོག་ཕྱིར་ལྷག་པར་རྒྱོང་བ;

329 Outgeneral, *v.t.* དམག་བཀོད་བཟང་བས་ལྷག་པ;

330 Outgo, *v.t.* ལྷག་པ; ལྷག་སྟེ་འགྲོ་བ;

331 Outgoing, *n.* ཕྱི་ལ་འགྲོ་བའི;

332 Outgrow, *v.t.* བསྐྱེད་ལྷག་པ; ཡར་སྐྱེ་བ;

333 Outgrowth, *n.* སྐྱེད་ཚལ; ལྷག་བསྐྱེད;

334 Outguard, *n.* ཕྱི་རིམ་སྲུང་བ་པོ;

335 Outguarded, *a.* ཕྱི་རིམ་བསྲུངས་པའི;

336 Outjest, *v.i.* ཀུ་རེས་བཙོམ་པ; རྒོད་བྲོ་རང་གིས་མནན་པ;

337 Outhouse, *n.* འཁོར་གཡོག་གི་ཁྱིམ; འཁོར་ཡུག་གི་ཁྱིམ;

338 Outlandish, *a.* ཕྱི་རོལ་པའི་ཆ་ལུགས་ཅན;

339 Outlast. གནས་ཡུན་རིང་བ; ཚེ་རིང་པོར་གནས་པ;

340 Outlaw, *n.* ཁྲིམས་ཀྱིས་མི་བསྐྱང་བའི་ཁྲིམས་ཧྲལ་པ;

341 Outlawry, *n.* ཁྲིམས་ཧྲལ;

342 Outlay, *v.i.* གཏོང་ཕྱེད་གཏང་བ; ཟས་འགྲོ་གཏང་བ;

343 Outlet, *n.* ཕྱིར་འཐོན་སའི་ལོ;

344 Outlier, *n.* སའི་བང་རིམ་ཕྱི་མ;

345 Outline. ཕྱི་མའི་རི་མོ; ཕྱི་རིས;

346 Outlive, *v.t.* ཚེ་ལྷག་པར་གནས་པ; རྗེས་སུ་ལུས་པ;

347 Outlook, *n.* བྱ་ར; བསྐྱང་རྫི; བལྟ་རྒྱུ; བལྟ་ས;

348 Outlying, *a.* ཕྱིར་གནས; མཐའ་མཚམས་ཀྱི;

349 Outmost, *a.* ཕྱི་མཐའ;

350 Outnumber, *v.t.* གྲངས་སུ་ལྷག་པ; གྲངས་ལྷག་པར; དཔུང་བ;

351 Outpost *n.* (བཙན་ཆས Bhut.); དམག་དཔུང་སྐྱིང་མཚོ་ལས་
རྒྱངས་ན་གནས་པའི་བཙན་ཆས;

352 Outpour, *v.t.* ཕྱིར་ལུད་པ; ཕྱིར་བྱོ་བ;

353 Output, *n.* ལྕགས་ཁའི་ཟང་ཁའི་སོལ་ཁའི་ལོ་ལྟར་རེ་རྫ་བའི་འདོན་
ཁངས; འདོན་ཁངས; ཐོན;

354 Outrage, *v.t.* ཉེས་པ་ཚད་མེད་བྱེད་པ;

355 Outrageous, *a.* \མཚམས་མེད་པའི་ཉེས་བྱས;

356 Outrance, *n.* མཐར་ཐུག; ངན་མཐར་ཐུག; བྱུས་མཐའ;

357 Outre, *adj.* (ཨུ་ཏྲེ)=དུས་རྒྱུན་གྱི་བྱ་བ་དང་ཡུ་ནས་མིག་ཅིག་པའི;

358 Outride, *v.t.* རྟ་ལ་ཞོན་ནས་པ་རོལ་པ་ལས་མགྱོགས་ཙམ་རྒྱུག་པ;

359 Outright, *ad.* ཡི་སང; ཐལ་གྱིས; ཧར་གྱིས;

360 Outrun, *v.t.* རྒྱུག་གཤར་ལྷག་པ; བང་ལྷག་པ;

361 Outset, *n.* མགོ་སྟོན་ཐོག; མགོ་འཛུག་སྐབས; དང་ཐོག;

362 Outshine, *v.t.* འོད་ལྷག་པར་འགྱེད་པ;

363 Outside, *n.* ཕྱི་ངོས;

364 Outskirt, *n.* ཕྱིའི་མཐའ་མཚམས;

365 Outspoken, *a.* ཁ་གསལ་པོ;

366 Outspread, *v.t.* ཕྱིར་བརྒྱངས་བ;

367 Outstand, *v.t.* ཕྱིར་ཐུས་པ; རྩིས་ལྷག་འགྲོ་ཐུས་པ;

368 Outstanding, *a.* ཕྱིར་ཐུས་པའི; རྩིས་འགྲོས་ཀྱི;

369 Outstretch, *v.t.* ཕྱིར་འདིང་བ; ཕྱིར་བརྒྱངས་པ;

370 Outstrip, *v.t.* བང་རྒྱུག་ནས་རྒྱལ་བ;

371 Outvie, *v.t.* འགྲན་ཟླ་ལས་རྒྱལ་བ; འགྲན་ཐོག་ལྷག་པ;

372 Outward, *a.* ཕྱི་ཕྱོགས་སུ; ཕྱི་ལོགས་སུ;

373 Outwardly, *ad.* ཕྱི་ལོགས་སུ;

374 Outweigh, *v.t.* ཚོད་ལྷག་པར་ལྗི་བར་འགྱུར་བ;

375 Outwit, *v.t.* སྤྱང་རིག་འགྲན་ནས་ལྷག་པ;

376 Outwork. ཕྱིའི་ལྷུན་རི;

377 Oval, *a* སྒོང་གཟུགས;

378 Ovation, *n.* དམངས་ཀྱིས་ལེགས་སོ་བརྗོད་པ;

379 Oven, *n.* མེ་ཐབ; མེ་ཁྲང;

380 Over, *ppr.* ཐོག; སྒང; གོང;

381 Overawe, *v.t.* ཟིལ་གྱིས་མནན་པ;

382 Overbalance, *v.t.* ཛིད་མ་སྙོམས་པ;

383 Overbear, *v.t.* དབང་ཡོད་ཀྱིས་མནན་པ;

384 Overbearing, *a.* དབང་ཡོད་ཅན;

385 Overboard, *ad.* གྲུ་ཁྲིག་ནས་མར;

386 Overborne, *n.* ཁྱེར་ཐལ་ཤོར་བ; བཀལ་ནས་འཁྱེར་བ;

387 Overburden, *v.t.* ཧོ་བྲུ་ཛི་དབྱི་ཐལ་ཤོར་བ;

388 Overcast, *a.* སྨུག་པས་སྒྲིབས་པ;

389 Overcharge, *v.t.* རིན་གོང་ཆེན་སྤར་བ;

390 Overcloud, *v.t.* སྤྲིན་པས་སྒྲིབ་པ;

391 Overcoat, *n.* གོ་ཚེ; ཀེ་ཚེ; ཀེའུ་ཚེ;

392 Overcoloured, *a.* ཚོན་མདོག་དྲག་པ; བཀྲག་གཡེར་ཆེས་པ;

393 Overcome, *v.t.* དབང་དུ་སྡུད་པ;

394 Overdo, *v.t.* ལྷག་ཐལ་ཤོར་ནས་བྱེད་པ; ཚོད་ཐལ་ཤོར་བ;

395 Overdue, *a.* བཅིས་ལྷག་འཁྲོས་བདབ་རྒྱུ; བདབ་དུས་ལས་ལྷག་པ;

396 Overestimate, *v t.* རྩིས་ལྷག་པ; རྩིས་ཆེ་ཐལ་ཤོར་བ;

397 Overflow, *v.t.* ཆུ་ལུད་པ;

398 Overgrow, *v.t.* ལྷག་སྟེ་སྐྱེ་བ; འཛག་སྐྱུས་འབྱུར་བ; ཡུར་མས་ཁེངས་པ;

399 Overhang, *v.t.* སྟེང་ནས་མར་དཔྱང་བ; གཟར་བ;

400 Overhaul, *v.t.* ཞན་རྟོག་བྱེད་པ; རྡུད་པ; འབྲུད་པའམ་འབྲུ་བ;

401 Overhead, *v.t., ad.* མགོ་ཐོག;

402 Overhear, *v.t.* མ་རིག་པར་གོ་བ; ཟུར་ཐོས་སུ་གོ་བ; གསང་སྟབས་སུ་གོ་བ;

403 Overjoy, *v.t.* དགའ་དྲགས་པ;

404 Overland, *a.* ས་ཐོག;

405 Overlap, *v.t.* སྟེང་ནས་འགེབས་པ;

406 Overleap, *v.t.* འཆོངས་ཐལ་བ;

407 Overload, *v.t.* དོ་བུ་འགེལ་དྲགས་པ; དོ་བུ་ཧེ་དྲགས་པ;

408 Overlook, *v.t.* སྟེང་ནས་མར་བལྟ་བ;

409 Overmaster, *v.t.* དབང་གིས་ནོན་པ;

410 Overmatch, *v.t.* བྲང་ཡ་ལས་ལྷག་པར་རྒྱལ་བ; དགྲ་ལས་རྒྱལ་བ;

411 Overmuch, *ad.* ཆེས་ལྷག་པར;

412 Overnight, *ad.* མདང་ནུབ་ནས;

413 Overpay, *v.t.* དངུལ་སྤེར་ཡོད་ཆེ་དྲགས་པ;

414 Overplus, *n.* གོ་ཁྲབ་ཀྱི་དཔུང་ཁེབས་དང་པོ་ཞེས;

415 Overpower, *v.t.* དབང་གིས་མནན་པ;

416 Overpowerful, *a.* དབང་ཡོད་ཅན;

417 Overrate, *v.t.* རིན་བརྩིས་ཆེས་དྲགས་པ;

418 Overreach, *v.t.* མགོ་གཡོགས་གཏང་བ;

419 Overrule, *v.t.* སྟེང་ནས་དབང་བ; or བཀའ་ཁྲོག་དབང་སྒྱུར་བ;

420 Overrun, *v.t.* གོང་མནན་བྱས་ནས་ཁྱབ་པ;

421 Oversee, *v.t.* བལྟ་རྟོག་བྱེད་པ;

422 Overseer, *n.* ལས་རྒྱབ་པ; བལྟ་སྐྱོས་པ; ལས་འགོ་པ; དོ་དམ་པ;

423 Overset, *v.t.* མགོ་མཇུག་སློག་པ; ཁ་བུབ་སློག་པ;

424 Overshadow, *v.t.* གྲིབ་མས་སྒྲིབ་པ;

425 Oversight, *n.* ནོར་འཁྲུལ;

426 Oversleep, *v.t.* གཉིད་ཐལ་བ;

427 Overspread, *v.t.* ཁྱབ་པར་འགེབས་པ; སྒྲིབ་པ;

428 Overstate, *v.t.* ཤུ་ཧམ་མཐོ་ཐལ་ཤོར་བ; ཆེས་ཆེར་སྒྲོ་འདོགས་པ;

429 Overstock, *v.t.* གང་ཐལ་ཤོར་བ;

430 Overstrain, *v.t.* འཐེན་ཚབ་ཆེས་པ;

431 Overstrictness, *n.* སྒྲིག་ཉི་དྲག་པ; སྒྲིགས་ལ་ཧ་ཅང་དམ་པོ;

432 Overt, *a.* དམངས་ཐོག; ཀུན་གྱིས་མཐོང་སར;

433 Overtake, *v.t.* རྗེས་ཟིན་པ;

434 Overtask, *v.t.* ལས་ཁུར་ལྗི་དྲག་པ; ལས་ཀ་ལྗི་དྲག་པ;

435 Overthrow, *v.t.* མགོ་མཇུག་སློག་པ; རྒྱངས་སུ་འཕེན་པ;

436 Overtly, *ad.* དམངས་ཐོག་ཏུ; ཀུན་གྱིས་མཐོང་སར;

437 Overtop, *v.t.* མགོ་ནས་ཡར་ལྷག་པ;

438 Overture, *n.* སློང་ཚང (in matrimony). In music སྔོན་བརྗོད;

439 Overturn, *v.t.* ཕྱིར་ཀློག་གཏང་བ; མགོ་མཇུག་སློག་པ;

440 Overvalue, *v.t.* རིན་ཐང་བརྩིས་ཆེ་དྲག་པ;

441 Overwatch, *v.t.* སྐྱོང་བའི་ལས་ཧ་ཅང་ཡུན་རིང་བས་ཐང་ཆད་པ;

442 Overweening, *a.* རང་མཐོང་ཆེ་དྲག་པ;

443 Overweigh, *v.t.* གཅིག་ལས་ལྗིད་ལྗི་བ;

444 Overweight, *n.* ལྗིད་ཐེབ; ལྗིད་ལྷག་ཐེབ་པ་དེ;

445 Overwhelm, *v.t.* ནོན་པ; མནན་པ; དབང་དུ་སྡུད་པ;

446 Overwork, *v.t.* ལས་བསྐུལ་ཚབ་ཆེ་བ;

447 Overwrought, *a.* ལས་ཚབ་ཆེ་བ;

448 Owe, *v.t.* བུན་ཆག་པ;

449 Owl, *n.* འུག་པ;

450 Own, *v.t.* བདག་པོར་འགྱུར་བ; *a.* རང་གི;

451 Owner, *n.* བདག་པོ;

452 Ownership, *n.* བདག་པོའི་ཚུལ;

453 Ox, *n.* གླང་གོག;

454 Oxen, *n.* གླང་གོག་ཚོ; གླང་གོག་རྣམས;

455 Oxygen, *n.* རླུང་གི་ནང་མེའི་རྒྱུའི་ཆ;

456 Oyster, *n.* ཉ་ཕྱི;

P

1 Pabulum, *n.* བཟའ་བ; ལྟོ་ཆས; ཟས; ཟུད་ཤིང;

2 Pace, *n.* གོཾ་པ; གོཾ་ཚད; *vb.* གོཾ་པ་འབོར་བ;

3 Pacific, *a.* ཞི་བ; ཞི་འཇམ་གྱི་ངང་ཚུལ་དང་ལྡན་པ;

4 Pacification, *n.* ཞི་བ; ནང་སྒྲིག;

5 Pacificator, *n.* མཐུན་ཞིབ་བྱེད་མི;

6 Pacify, *v.t.* ཞི་རུ་བཅུག་པ;

7 Pack, *n.* འཁིལ་བ; གདིག་པ;

8 Package, *n.* འབོག་སྒྲིལ;

9 Packer, *n.* སྒོམ་མཁན; འགེལ་མཁན;

10 Packet, *n.* ཐུམ་བུ;

11 Packing, *n.* (ཐུམ་རྒྱབ་པའི་ལུང) ཐུམ; ཐུམ་རྒྱབ་སྤྱངས;

12 Pad, *n.* ལྷན་པ;

13 Paddle, *v.i.* གྲུ་སྐྱས་འཕྱལ་ནས་འགྲོ་བ;

14 Padlock, *n.* སྒྲོ་ལྕུགས; ཏོང་པ;

15 Pagan, *n.* ཀླ་ཀློ;

16 Paganism, *n.* ཀླ་ཀློའི་ཆོས;

17 Page, *n.* ཤོག་གདོང; ཨབ་ཕྲུག; སྐུ་མདུན་པ; (ཚང་སྐར་པ; Bhut.)

18 Pageant, *n.* ལྟད་མོ;

19 **Pageantry,** *n.* ཁྱད་མཚར་གྱི་ལྟད་མོ;

20 **Pagoda,** *n.* མཆོད་རྟེན:

21 **Pail,** *n.* ཟོ་བ;

22 **Pain,** *n.* ཟུག་རྔུ; ན་ཚ; གཟེར;

23 **Painful,** *a.* ན་ཚ་དང་ལྡན་པ; ཟུག་གཟེར་ཅན;

24 **Painless,** *a.* ན་ཚ་མེད་པ;

25 **Painstaking,** *a.* བརྩོན་འགྲུས་ཅན; འབད་པ་ཅན;

26 **Paint,** *v.t.* ཚོན་གདང་བ;

27 **Painter,** *n.* ལྷ་བྲིས་པ;

28 **Painting,** *a.* ལྷ་བྲིས; སྐྱེབ་རིས;

29 **Pair,** *n.* ཆ;

30 **Palace,** *n.* ཕོ་བྲང;

31 **Palanquin,** *n.* འཁྱོག; ཀྱོགས་དབྱུང; (ཡེབ་དབྱུང;)

32 **Palatable,** *a.* དང་ཁར་འགྲོ་པོ; ཀན་དང་མཐུན་པོ; ཟ་སྙིང་སྤྲོ་པོ;

33 **Palatal,** *n.* རྐན་གྱི;

34 **Palate,** *n.* རྐན; ཡ་རྐན;

35 **Palatial,** *a.* ཕོ་བྲང་ལྟ;

36 **Palaver,** *n.* ཁ་ཟླ; ཁ་ཡ; སྐད་ཆ་ཚོ་མེད;

37 **Pale,** *a.* སྐྱ་ཐྲེ་རེ; སེར་ཤུག་གེ;

38 **Paleness,** *n.* སྐྱ་ཐྲི་རི་ཡིན་ཚུལ;

39 **Palette,** *n.* ཚོན་ཀོང;

40 **Palfrey,** *n.* རྟ; རྟ་གཟུགས་ཆུང་ངུའི་རིགས་ཞིག;

41 **Palisade,** *n.* ར་བ;

42 **Pall,** *n.* རོ་རས; རོ་ཡོལ;

43 Pallas, *n.* གྲིག་པའི་དམག་དང་ཤེས་རབ་ཀྱི་ལྷ་མོ;

44 Pallet, *n.* འབེབ་སྟན;

45 Palliate, *v.t.* ཐུགས་བསྐང་བ; བཤགས་པ; བཟོད་གསོལ་བྱས་པ;

46 Palliation, *n.* བསྐང་བསྒོ; བསྐང་བསོ;

47 Palliative, *a.* བསྐོང་བའི;

48 Pallid, *a.* བཀྲག་སྐྱ་བོ;

49 Palm, *n.* ལག་མཐིལ; ཐལ་མོ;

50 Palmate, *a.* ལག་མཐིལ་གྱི་བཟོ་དབྱིབས་ཅན་མཐིལ་དང་འཛུབ་མོ་ཅན;

51 Palmistry, *n.* ལག་རིས་བརྟག་པ;

52 Palmy, *a.* རྒྱས་པའི; དྭ་ལའི་ཤིང་ལྟ་བུའི;

53 Palpable, *a.* དངོས་བཟུང་ཡོད་པ;

54 Palpitate, *v.i.* ཐུག་ཐུག་འཕར་བ; ཕིར་ཕིར་ཐུག་ཐུག་བྱས་འཕར་བ;

55 Palpitation, *n.* ཐུག་ཐུག; སྙིང་ཐུག་ཐུག་འཕར་བདེའོ;

56 Palsied, *a.* རེངས་པ; ཡན་ལག་གནམ་སྐྱོན་གྱིས་འཁུལ་བསྐྱོད་བྱ་མི་ནུས་པ;

57 Palsy, *n.* གནམ་སྐྱོན; རྩ་བརྡར;

58 Paltriness, *n.* ཉམ་ཆུང་ལུགས;

59 Paltry. ཉམ་ཆུང; མདོ་མེད; མགོ་མེད;

60 Pampas, *n.* ཨེ་མེ་རི་ཀའི་ལྷོ་གླིང་དུ་ཤིང་སྡོང་མེད་པའི་སྤང་ཐང་རྒྱ་ཆེན་པོ;

61 Pamper, *v.t.* ཡང་ཤོར་གཏང་བ;

62 Pamperos, *n.* པམ་པ་སི་ཟེ་བའི་སྤང་ཐང་དེར་བྱུང་བའི་རླུང་དམར་ཆེན་ཞིག;

63 **Pamphlet,** *n.* མདོ་མཚན་; མདོ; དཔེ་ཆ་ཤོག་གྲངས་ཉུང་དུ་བྱས་པ;

64 **Pan,** *n.* སླང; སྣོད་སླང; ལྕགས་སླང;

65 **Panacea,** *n.* ནད་ཀུན་འཇོམས་པའི་སྨན; གཉན་འཇོམས;

66 **Pancake,** *n.* སྒོང་དང་འོ་མ་དང་མར་དང་གྲོ་ཕྱེ་ལས་བཟོས་པའི་འཁུར;

67 **Pandemonium,** *n.* དམྱལ་བ་ཏུ་འབོད་ཅན;

68 **Pander,** *n.* (ལྷ་ཐག་འདྲེན་མི; Bhut.) མགྲོན་གཉེར་རྒྱག་མི; བར་མི; Sik. སྐྱེས་པ་དང་བུད་མེད་མཛའ་གྲོགས་སུ་འགུག་མི;

69 **Pane,** *n.* ཤེལ་ཁ་གང; ཤེལ་ལེབ་ཁ་གང; ཤེལ་སྒོ་བྲི་ཁ;

70 **Panegyric,** *n.* བཤད་བསྟོད; བཤད་བྱའི་བསྟོད་པ; མངོན་རྟོགས;

71 **Panegyrist,** *n.* བཤད་བྱའི་བསྟོད་པ་རྩོམ་མི; མངོན་རྟོགས་རྩོམ་མི;

72 **Panel,** *n.* ཤིང་ལེབ; སྤང་ལེབ;

73 **Pang,** *n.* ཟུག་རྔུ; ཟུག་གཟེར; ཟུག; ན་ཟུག;

74 **Panic,** *a.* དངངས་སྐྲག; ཧོན་འཐོར; སྐྲག་འདར;

75 **Pannier,** *n.* རྟ་སྒྲོ;

76 **Panoply,** *n.* དགྲ་ཆས; རྫི་པའི་ཆས་གོས;

77 **Panorama,** *n.* མིག་གིས་གར་ཁྱབ་ཀྱི་ཡུལ་ལྗོངས; མཐོང་གཡེར; མཐོང་ས;

78 **Pant,** *v.i.* དབུགས་རིང་རིང་བྱེད་པ;

79 **Pantaloon,** *n.* དོར་མ; རྒྱ་དོར;

80 **Pantheism,** *n.* ལྷ་མང་པོར་འདོད་པའི་ཆོས་ལུགས;

81 **Pantheistic,** *a.* ལྷ་མང་པོར་འདོད་པའི་ཆོས་ལུགས་ཅན;

82 **Pantheon,** *n.* ལྷ་ཚོགས་ཀྱི་གྲངས;

83 **Panther,** *n.* གཟིག; (སྟག་མ་གཟིག; Sik. & Bhut.)

84 Pantograph, *n.* རི་མོ་ཇི་ལྟ་བ་བཞིན་དཔེ་བཤུ་རྒྱུའི་ལག་ཆ;

85 Pantomine, *n.* ཉཾ་ཐར་ལྟད་མོར་སྟོན་པ;

86 Pantry, *n.* སྒྲོ་བང; (ལྷང་ཀ་ Sik.) ཐུག་སྒམ; བང་ཐུ;
གཉེར་ཚང; མཛོད་ཁང;

87 Pants, *n.* དོར་མ;

88 Pap, *n.* ཐུ་མ;

89 Papa, *n.* ཕ; ཨ་ཕ;

90 Papacy, *n.* ཡེ་ཤུའི་ཆོས་ལུགས་རྙིང་མ་དེའོ;

91 Papal, *a.* པོབ་ཞེས་པའི; པོབ་ཀྱི;

92 Paper, *n.* ཤོག་གུ;

93 Papier-mache, *n.* ཤོག་གུ་སྦྱར་མ; ཤོག་སྦྱར་མཁྲེག་པོ་སྤང་ལེབ་འདྲ་པོ;

94 Papist, *n.* ཡེ་ཤུའི་ཆོས་ལུགས་པོཔ་པའི་རྗེས་སུ་འཇུག་པ;

95 Papistry, *n.* པོམ་ཞེས་པོབ་ཀྱི་ཆོས་ལུགས;

96 Papyrus, *n.* ལོ་མའི་ཤོག་གུ;

97 Par, *n.* གོང་མཉམ;

98 Parable, *n.* དཔེ་གཏམ; གཏམ་དཔེ;

99 Parabola, *n.* སྒོང་གཟུགས་དབྱིབས་ཅན;

100 Paraclete, *n.* གྲོགས་བྱེད་མཁན; ཞུ་བ་སྒྲོན་རོགས་བྱེད་མཁན;
ཡེ་ཤེས་སེམས་དཔའ;

101 Parade, *n.* དམག་རྩེས; དམག་འགྲེངས;

102 Parade, *v.t.* དམག་སྦྱོང་རྩ་བ;

103 Paradise, *n.* འདོད་ཁམས་ཀྱི་ལྷ་ཡུལ;

104 Paradox, *n.* དོན་དོ་དུ་བདེན་ཀྱང་དྲང་དོན་དུ་མི་ངེས་པའི་བདེན་པ;

105 Paragon, *n.* དཔེ་ཟླ་མ་མཆིས་པ; མཚུངས་མེད; ཟླ་མེད;

106 Paragraph, *n.* ཚིག་དོན; ཡི་གེའི་ཚིག་དོན་གཉིས་ཤད་ཀྱི་མཚམས་སྦྱར;

107 **Parallel**, *a.* རྩ་རྩེ་མི་ཐུག་པའི་ཐིག་གཉིས་འབྲེལ;

108 **Parallelism**, *n.* ཐིག་ཉིས་འབྲེལ་དུ་གནས་པའི་ཚུལ;

109 **Parallelogram**, *n.* གྲུ་བཞི་ཟུར་བཞི;

110 **Paralysis**, *n.* ག་ཉི་སྨྱོན་གྱིས་གཟུགས་སྐང་གཉིའི་ཡན་ལག་རེངས་པ་ཚོར་
བ་འགག་པའི་ནད;

111 **Paralytic**, *n.* ག་ཉི་སྨྱོན་གྱི; གཟའ་ནད་ཀྱི;

112 **Paralyze**, *v.t.* རེངས་པ; རེངས་པར་བྱེད་པ;

113 **Paramount**, *a.* ཀུན་གྱི་མཆོག; གོང་མ;

114 **Paramour**, *n.* སྙིང་བརྩེ; སྙིང་སྡུག;

115 **Parapet**, *n.* ལྕགས་རིའི་བང་རིམ;

116 **Paraphernalia**, *n.* རྒྱན་ཆ་ལུགས; ཆས; རྒྱན་ཆས;

117 **Paraphrase**, *n.* ཚིག་དོན་གྱི་འགྲེལ་པ;

118 **Paraquet**, *n.* ནེ་ཙོ; ནེ་ཙོ་ཆུང་ངུ;

119 **Parasite**, *n.* ལུས་ལ་གཟན་བྱེད; སྐྱོང་པོར་གཟན་བྱེད; བ་ཟག་ཤིང;

120 **Parasitic**, *n.* གཟན་བྱེད་ཀྱི་སྲིན་འབུ;

121 **Parasol**, *n.* ཉིན་གདུགས;

122 **Parboil**, *v.t.* ཕྱེད་འཚོད་ཙམ་བཙོས་པ;

123 **Parcel**, *n.* ཐུམ; ཐུམ་བུ;

124 **Parch**, *v.t.* མེ་ལ་བསྲོས་ནས་བསྐམས་པ; བསྐམས་པ;

125 **Parchment**, *n.* ཀོ་ཤོག་ར་བགས་ཀྱིས་བཟོས་པ;

126 **Pard**, *n.* གཟིག;

127 **Pardon**, *v.t.* དགོངས་ཡངས; བཟོད་གསོལ་བཞེས་པ;
དགོངས་ཡངས་གནང་བ;

128 **Pardonable**, *a.* དགོངས་ཡངས་གནང་འོས;

129 Pare, *v.t.* ཧྲུ་གཡམ་པ; ཧྲུ་འབྲོག་པ;

130 Paregoric, *n.* ཟུག་སེལ་བྱེད;

131 Parent, *n.* ཕ་མ;

132 Parentage, *n.* ཕ་མའི་ཁུངས; ཕ་རིགས་མ་ཁུངས;

133 Parental, *a.* ཕ་མ་ལྟུ;

134 Parenthesis, *n.* ཚིག་གི་རྒྱན་ཆ; ཚིག་གི་ཁ་རྒྱན;

135 Parenthetic, *a.* ཚིག་གི་ཁ་སྣོན་གྱི་རྣམ་པ་ཅན;

136 Paring, *n.* ཧྲུ་གཡམས་གཡམས་པའི་རག་ཙུག; རག་ཙུག;

137 Parish, *n.* དགོན་ཞོལ་གྱི་གྲོང; ཞོལ;

138 Parishioner, *n.* ཞོལ་པ;

139 Parity, *n.* མཉམ་དོད;

140 Park, *n.* སྐྱེད་ཚལ;

141 Parlance, *n.* སྐད་ཆ; གླེང་མོ;

142 Parley, *n.* གཏམ་བྱེད་པ;

143 Parliament, *n.* དབྱིན་ཇི་བཀའ་བློན་ལྷན་རྒྱས; དབྱིན་གཞུང་བཀའ་ཤག;

144 Parliamentarian, *n.* བཀའ་ཤག་ལྷུས་པ;

145 Parliamentary, *a.* བཀའ་ཤག་ལྷུས་ཀྱི;

146 Parlous, *n.* ཡད་ཡུད་ཅན; འཚོ་རྒྱལ་བྲུས་ཐོག་ཆེན;

147 Parochial, *a.* གྲོང་ཚུང་གི;

148 Parody, *n.* ཁ་དོན་ནི་སྒྲུའི་ཚིར་བཅད་འགྱུར་ནས་གོད་བྲོར་བཟོས་
པའི་ཚིག་བརྩོམ;

149 Paroquet, *n.* ནེ་ཙོ;

150 Paroxysm, *n.* ཟུག་གླང; ཟུག་གླང་འཐབ;

151 Parricide, *n.* ཕ་གསོད་པོ; ཕ་མ་གསོད་པའི་མཚམས་མེད་པའི་ལས་ཅན;

152 Parrot, *n.* ནེ་ཙོ;

153 Parry, *v.t.* ཕྱིར་ལྡོག་པ; བཟློག་པ;

154 Parse, *v.t.* ཚིག་གི་ཐ་སྙད་བརྗོད་པ;

155 Parsee. མེ་ལྷ་མཆོད་པའི་ཆོས་ལུགས་ཅན་ཟོ་རོ་སྟྲཱ་ཞེས་པའི་རྗེས་འཇུག;

156 Parsimonious, *a.* ཐྲིབ་རྩིས་ཅན; ལག་པ་དམ་པོ; སེར་སྣ་ཅན;

157 Parsimoniously, *ad.* ཐྲིབ་རྩིས་ཀྱིས;

158 Parsimony, *n.* ཞིབ་རྩིས; ཐྲིབ་རྩིས (Sik.) སེར་སྣ;

159 Parsley, *n.* སྔོ་ཚལ་དྲི་ངད་བཟང་པོ་ཞིག;

160 Parsnip, *n.* སྔོ་ཚལ་ལབ་རྫོག་ཅན་ཞིག;

161 Parson, *n.* ལྷ་ཁང་གི་པཱ་དྲི;

162 Parsonage, *n.* པཱ་དྲི་གཅིག་གི་ཆོས་གཞིས་དང་ཁང་པ;

163 Part, *n.* སྙིང་པོའི་ཆ; དུམ་བུ; བགོ་བཤའ; སྐལ་བ; ཕྱོགས; *v.t.* བགོ་བཤའ་རྒྱབ་པ; བགོས་པ; འབྲལ་བ; འཕྲལ་བ; *v.i.* བྲལ་བ; གྱེས་པ; (for my part) ང་རའི་འཕྲེད་ནས; ང་རང་གི་འཕྲེད་ནས); (to take part) ཕྱོགས་བྱེད་པ;

164 Partake, *v.i.* བགོས་དེ་ཟ་བ; བགོ་བཤའ་ལེན་པ;

165 Partaker, *n.* བགོ་བཤའ་ལེན་མི;

166 Partial, *a.* ཉེ་རིང་ཅན; ཟུར་ཟ་ཅན;

167 Partiality, *n.* ཉེ་རིང;

168 Partially, *ad.* ཟུར་ཙམ་དུ;

169 Participate, *v.i.* མཉམ་དུ་སྤྱོད་པ; མཉེ་པོར་རོལ་པ;

170 Participation, *n.* མཉམ་པོར་སྤྱོད་པ་ཉིད;

171 Participial, *a.* བྱེད་པའི་སྒྲ་ལྡན་གྱི་ཁྱད་ཆོས་ཀྱི་རྣཾ་པའི་མིང་; དཔེར་ན;
ག་ཆོད་པོ; སྦྱོང་པོ; ཟེར་བ་ལྟའོ;

172 Participle, *n.* ཁྱད་ཆོས་མཚོན; བྱའི་སྒྲའི་རྣཾ་པ་ཅན་གྱི་མིང་གང་རུང་;

173 Particle, *n.* ཟུར་ཆ; (ཕྲད Grammar).

174 Particular, *a.* བྱེ་བྲག; (in particular བྱེ་བྲག་ཏུ; or ཁྱད་པར་དུ;)

175 Particularity, *n.* ཕྲ་ཞིབ; ཞིབ་ཆ; རྣཾ་དབྱེའི་ཞིབ་ཆ;

176 Particularize, *v.t.* བྱེ་བྲག་ཏུ་དབྱེ་བ;

177 Particularly, *ad.* བྱེ་བྲག་ཏུ;

178 Parting, *a.* བྱེ་བྲལ; འབྲལ་བ;

179 Partisan, *a.* ཕྱོགས་ཀྱི་མི; ཕྱོགས་པ; ཕྱོགས་བཟུང་མི;

180 Partisanship, *n.* ཕྱོགས་བཟུང་པ;

181 Partition, *n.* བགོ་བཤའ;

182 Partly, *ad.* ཟུར་ཙམ་དུ;

183 Partner, *n.* ཟླ་རོགས; ཟླའོ; ཚོང་ཤག;

184 Partnership, *n* ཟླ་རོགས་ཀྱི་གོ་ས; ཚོང་ཤག་གི་གོ་ས;

185 Partridge, *n.* (གང་གོར་མ; Sik.) བྱིའུ་སྲེག་པ་ལྟ་བུ་ཞིག;

186 Parturition, *n.* ཁྱིའུ་བཙས་པའི་ལས; བཙས་པ;

187 Party, *n.* ཕྱོགས་སྡེ;

188 Paschal, *a.* ཡེ་ཤུའི་ཆོས་ལུགས་ཀྱི་ཆོགས་འཁོར་གྱི་སྐོར;

189 Pasha, *n.* སྟུ་སྲུལ་ནང་དུ་ཙུ་ཁ་པའི་རྫོང་དཔོན་ལ་ཟེར;

190 Pass, *v.i.* བརྒལ་ནས་འགྲོ་བ;

191 Pass, *n.* ལམ; ལ་ལམ; (of a passport ལམ་ཡིག;)

192 Passable, *a.* ལམ་ཐར་བ; བགྲོད་དུ་ཡོད་པ; ལམ་འཕེར་ཙམ;
གང་ལ་གང་མཆོས;

193 Passably, *ad.* དཀའ་མོ་བྱེད་དེ; གང་མཚམས་སུ;

194 Passage, *n.* ལམ;

195 Passenger, *n.* འགྲུལ་པ;

196 Passer, *n.* འགྲོ་མི; ཕན་ཚུན་བརྒལ་ཏེ་འགྲོ་མི;

197 Passible, *a.* སྙིང་སྨྲ་མོ; {(Collql. Sik.) ས་རིག་ཨ་ཆ; }

198 Passing, *ad* ཤིན་དུ; ཧ་ཅང;

199 Passion, *n.* ཉོན་མོངས; ངར; བློ་ངར; ཞེ་སྡང;

200 Passionate, *a.* ཁྲོ་བོ; (ཐུགས་གཏུམ་པོ; Hon.) ཉོན་མོངས་ཤས་ཆེན;
འདོད་ཤུགས་ཅན; གཏུ་པོ; རླུང་ཁམས་མཐོ་པོ;
འདོད་ཆགས་ཆེན;

201 Passionately, *ad.* གཏུམ་པོ་བྱེད་དེ; ཁྲོས་ཏེ;

202 Passionless, *a.* ཉོན་མོངས་པ་མེད་པ; ངར་མེད་པ;

203 Passive, *a.* ཞི་བ; ལྷམ་མེ་བ; ལྷན་ནེ་བ; མི་འཁྲུགས་པ;

204 Passively, *ad.* ལྷམ་མེར; ཞི་བར;

205 Passiveness, *n.* ཞི་བའི་ངང་ཚུལ; ཞི་ཚུལ; ཞི་བའི་རང་བཞིན;

206 Passivity, *n.* ཞི་བ་ཉིད; ཞི་བའི་ངང་ཚུལ;

207 Passover, *n.* ཡ་ཧུ་ད་པའི་ལུགས་ཀྱི་ལོ་ལྟར་གྱི་སྟོན་མོ;

208 Passport, *n.* ལམ་ཡིག; ལམ་ཡིག་བཀའ་ཤོག;

209 Past, *a.* འདས་པ; འདས་སོང་བ;

210 Paste, *n.* ཀྱོ་མ; ཀྱོ་མག; ཕྱེ་མ་དང་ཆུ་བསྲེས་པ;

211 Pastern, *n.* རྟའི་རྟ་[illegible]་ནས་སྨིག་པའི་བར་གྱི་རྐང་ཚིགས་ཆ་དའ;

212 Pastime, *n.* དལ་ལས;

213 Pastor, *n.* མི་མཚོ་ཐད་གཅིག་གི་བླ་མ; གྲོང་མཚོ་སྲན་བུ་ཞིག་གི་
བླ་ཁག་ཞིག་ལ་ཟེར; རྫི་བོ; ལུག་རྫི;

214 Pastoral, *a.* ལུག་རྫིའི ;

215 Pastorate, *n.* བླ་ཁང་ཕྲན་བུ་ཞིག་གི་གོ་ས ;

216 Pastry, *n.* བག་ལེབ་དང་སྐུམ་འཁུར་བག་ཕྱེས་བཟོས་པ་དག ;

217 Pasturage, *n.* ཙྭ་ཁ ;

218 Pasture, *n.* ཙྭ་ཁ ;

219 Pat, *v.t.* ཙབ་ཙབ་བྱེད་པ ;

220 Patch, *v.t.* ལྷན་པ་རྒྱབ་པ ;

221 Pate, *n.* ཐོད་པ ; དཔྲལ་བ ;

222 Patella, *n.* སྤྱིར་མ་ཆུང་ཆུང ;

223 Paten, *n.* དབང་གཏོར་གྱི་པད་སྡེར ; ཕྱི་ལུཊ་ཀྱི་དབང་ཆོག་གི་ སྐབས་སུ་བག་ལེབ་བཞག་སའི་སྡེར་མ་དེ་ལ་ཟེར ;

224 Patent, *a.* དམངས་གྲོག་གི ; གསང་རྒྱ་མེད་པའི ; གཞུང་ཐོཾ་གྲིས་ བསྒྲུང་བའི ; གཞུང་ཐོཾ་བཟོ་འི་ཙ་ལག་གི་སྣན་སོཊ་མི་ ཚོང་གཅིག་ལ་ཐོགས་མ་བསྐུལ་བའི་ བཀའ་རྒྱ་དང་ བཅས་པ་ལ་ཟེར ;

225 Patentee, *n.* ཚོང་ཟོག་གང་ཅུང་ཐོགས་མར་བཟུང་ཆོག་པའི་གཞུང་ ཐམ་འཆང་མཁན ;

226 Paternal, *a.* ཕ་མ་ལྷུ ;

227 Paternoster, *n.* ཇོ་མན་ཀ་ ཐོ་ལིག་པའི་ལུཊ་ཀྱི་ཡེ་ཤུའི་ཞབས་བརྟན ;

228 Path, *n.* ལེ་ལམ་ཕྲ་མོ ; ལམ་ཕྲན ;

229 Pathetic, *a.* སྙིང་ལ་ཟུག་པའི ; སྙིང་ལ་འཇཊ་པའི ;

230 Pathetically, *ad.* སྙིང་ལ་འཇཊ་པོ་བྱེད་དེ ;

231 Pathless, *a.* ལམ་མེད་པ ;

232 **Pathology**, *n.* ནད་ཚའི་འབྱུང་རྐྱེན་ནད་སྟངས་དང་གཉེན་པོ་སོའི་བསྟེན་པའི་
རྒྱུད་དམ་བསྟན་བཅོས;

233 **Pathos**, *n.* འཁྲུལ་ཉམས;

234 **Pathway**, *n.* ལམ;

235 **Patience**, *n.* བཟོད་པ; ཐེག་སྲན; སྲན་བརྩུགས;

236 **Patient**, *a.* བཟོད་སྲན་ཅན;

237 **Patiently**, *ad.* སྲན་ཆེནོ་བྱེད་དེ;

238 **Patness**, *n.* ཐྲམ་ལུགས; རན་ལུགས;

239 **Patriarch**, *n.* མི་དམངས་ཀྱིལ་ནས་རྒན་པོ; རྒྱུད་པའི་རྒན་ཤོས;
མི་རབས་ཆགས་པའི་རྒན་པོ་ཀུན་གྱི་སྤྱི་དཔོན་དུ་
བཀུར་བ;

240 **Patriarchal**, *a.* མི་རྒྱུད་ཀྱི་རྒན་པོས་དབང་བསྒྱུར་བའི་ཁྲིམས;

241 **Patrician**, *a.* རྗེ་རིགས; སྔོན་དུས་རོམ་གྱི་རྒྱལ་སར་འཁྲུས་མི་རྣམས་ཀྱི་
རིགས་རྒྱུད;

242 **Patricide**, *n.* ཕ་གསོད་པ;

243 **Patrimonial**, *a.* ཕ་གཞིས་ཀྱི; ཕ་མེས་ཀྱི;

244 **Patrimony**, *n.* ཕ་གཞིས; ཕ་ནོར;

245 **Patriot**, *n.* ཕ་ཡུལ་གྱི་ལར་རྒྱ་གཙོ་བོར་འདོན་པ;
བསྟན་སྲིད་ཀྱི་ལར་རྒྱ་གཙོ་བོར་འདོན་མི;

246 **Patriotic**, *a.* བསྟན་པ་དང་ལར་རྒྱའི་ཁུར་ཁླང་ཅན; ལེན་མཁྱེན;

247 **Patriotism**, *n.* བསྟན་པ་ལར་རྒྱའི་ཐུག་པ་ཁུར་ཁླང; ལེན་ཚུལ;

248 **Patrol**, *v.i.* སོ་པ; སྐྱུལ་མ;

249 **Patron**, *n.* རྒྱབ; མགོ་འདྲེན་བྱེད་མི; (Hon. མགོ་འདྲེན་མཛད་མི;)

250 **Patronage**, *n.* མགོ་འདྲེན;

251 Patroness, *n.* མགོ་འདྲིན་བྱེད་པ་མོ;

252 Patronizer, *n.* མགོ་འདྲིན་མཛད་མཁན;

253 Patronize, *v.t.* མགོ་འདྲིན་མཛད་པ;

254 Patronizingly, *ad.* མགོ་འདྲིན་བྱེད་པའི་ཁྲལ་གྱིས; མགོ་འདྲིན་བྱེད་པའི་ངང་ཚུལ་གྱིས;

255 Patronymic, *n.* ཕ་རུས་ལས་འཆད་པའི་མིང;

256 Patten, *n.* ཀ་རྟེན; ལྷམ་གྱི་འོག་པ་ཤིང་ལ་བྱས་པ;

257 Patter, *v.i.* ཏྲབ་ཏྲབ་ཅེས་སྒྲ་འབྱིན་པ;

258 Pattern, *n.* དཔེ; སྤྱུས་འཚད;

259 Patty, *n.* སྨུམ་འཁུར; ཤ་བག་ལེབ;

260 Patulous, *a.* རྒྱས་བཞིན་པའི;

261 Paucity, *n.* དཀོན་ཚུལ; དཀོན་ཕྱུར; ཉུང་ཉུང; དཀོན་ཉེས;

262 Pauline, *a.* ཡེ་ཤུའི་རྗེས་འཇུག་པའུ་ལའི་སྐོར་གྱི;

263 Paunch, *n.* གསུམ་པ; ལྟོ་བ;

264 Pauper, *n.* དབུལ་པོ;

265 Pauperism, *n.* དབུལ་ཕོངས;

266 Pause, *n.* སྐྱུར་པ; ངང་འཐེན་བྱེད་པ; (ཐེང་བསྐྱུ་ཆགས་པ; Sik.)

267 Pave, *v.t.* རྡོ་བཅལ་སྒྲིག་པ;

268 Pavement, *n.* རྡོ་བཅལ;

269 Pavilion, *n.* གུར; གླ་གུར་ཆེན; ཚོང་གུར; ཁྲི་གུར; གསེར་ཐིག་གཉྫོ་ལ་ཅན་གྱི་ཁང་བཟང;

270 Paving, *n.* རྡོ་བཅལ; རྡོ་ཞལ; (རྡོ་ཆལ; (Collql.)

271 Pavise, *n.* ལྕུས་པོ་ཡོངས་ཁེབས་པའི་ཕུབ་ཆེན་ཞིག;

272 Paw, *n.* ལག་པ; གཅན་གཟན་གྱི་ལག་པ་སྡེར་མོ་དང་བཅས་པ; *v.i.* ལག་གཡོབ་རྒྱབ་པ;

273 Pawn, *n.* གཏའ་མ;

274 Pawnbroker, *n.* གཏའ་མ་བླངས་ཏེ་དངུལ་སྐྱིན་གཏང་མི;

275 Pax, *n.* མཛའ་བའི་འོ; ཡེ་ཤུའི་སྐུ་འདྲ་རྒྱང་ཤིང་གི་ལོགས་སུ་ཡོད་པ་དེ་འོ;

276 Pay, *v.t.* དངུལ་བྱིན་པ; བུ་ལོན་བཏབ་པ; བུན་འཁོར་བ; སྐྱིན་པ་འཇལ་བ; ལན་འཇལ་བ; *v.i.* བུ་དཀར་བྱིན་པ; དངུལ་ཁྱག་པ; ཁེ་སང་འབྱུང་བ;

277 Paid, *a.* དངུལ་སྤྲོད་ཟིན་པའི;

278 Payable, *a.* དངུལ་སྤྲོད་འོས་པའི;

279 Payee, *n.* དངུལ་སྤྲོད་ས;

280 Payer, *n.* དངུལ་སྤྲོད་མི;

281 Paymaster, *n.* ཟླ་ཕྲིན་མཁན་བདག་པོ;

282 Payment. དངུལ་སྤྲོད་རྒྱུ;

283 Pea. སྲན་མ;

284 Peace, *n.* མདུན་མ; མཐུན་འགྲིག; མདུན་འགྲིག; ཆམ་མཐུན; མཐུན་ལི;

285 Peaceable, *a.* མཐུན་པོ; མཛའ་པོ; སྐྱིད་པོ;

286 Peaceably, *ad.* མཛའ་པོ་བྱེད་དེ; ཞི་བའི་ཚུལ་གྱིས; མཐུན་པོ་བྱེད་དེ;

287 Peaceful, *a.* མཐུན་པ; མཛའ་པ; སྐྱིད་པ; དབེན་པ; ཞི་བ;

288 Peacefully, *ad.* མཐུན་པོར; མཛའ་མོར;

289 Peacemaker, *n.* མཐུན་གཉིབས་མཁན;

290 Peace-offering, *n.* གཏང་རག་གི་འབུལ་བ;

291 Peach, *n.* ཁམ་བུ་འབྲས་བུ ; *v.i.* ནང་ཁ་ཕྱི་བཀྱལ་བྱས་པ ;
(ནང་ཆ་ཁྲིམ་འདོར་བྱས་པ ; Collql.)

292 Peacock, *n.* རྨ་བྱ ;

293 Peahen, *n.* རྨ་བྱ་མོ ;

294 Peag, *n.* ཀར་ཤ་པ་ནི་འགྲོན་བུ ;

295 Pea-green, *n.* སྲན་མའི་གང་བུ་ལྷུའི་མདོག་ལྗང་ཁུ ;

296 Pea-jacket, *n.* གྲུ་གཟིངས་ཀྱི་མཉན་པ་རྣམས་ཀྱིས་གྱོན་པའི་གོ་ཐུང་ཐུང་
ཞིག་ལ་ཟེར ;

297 Pea-maggot, *n.* སམ་འབུ་ཆུང་ཆུང་སྲན་མའི་གང་བུའི་ནང་དུ་སྐྱོང་སྐྱེས་
ནས་བཞུག་མི་ཞིག ;

298 Peak, *n.* རི་རྩེ ; གངས་ཀྱི་རྩེ ;

299 Peal, *n.* ཁྲིར་སྒྲ ; འབྲུག་སྒྲ ; ཅུར་སྒྲ ;

300 Pean, *n.* རྒྱལ་པོའི་མདུན་ན་འདོན་གྱི་དེབ་འབྲེལ་ཆ་ཡུར་ཀྱི་
པར་ཚར ;

301 Pear, *n.* ཚུ་ལི ; སླི ; ཤིང་འབྲས་སླི་ཟེར་བ་དང ;

302 Pear-tree, *n.* ལི་ཤིང ; སླི་སྡོང ;

303 Pearl, *n.* མུ་ཏིག ;

304 Pearlaceous, *a.* མུ་ཏིག་འདྲ་པོ ; ཉ་ཕྱིས་འདྲ་པོ ;

305 Peal-ash, *n.* ཚྭན་གྱི་ཕྱེ་མ་ཏ་ཙང་དཀར་པོ་མུ་ཏིག་འདྲ་པོ་ཞིག ;

306 Pearl-barley, *n.* ནས་འབྲུ་སོག་བརྡུང་བྱས་ཟིན་པ ; (Sik.)

307 Pearl-button, *n.* ཉ་ཕྱིས་ཀྱི་ཐུབ་ཙེ ;

308 Pearl-eyed, *adj.* མིག་འབྲས་ལ་ལིང་ཏོག་ཡོད་པ ;

309 Pearl-fisher, *n.* མུ་ཏིག་མཚོ་གཏིང་འདོན་མི ;

310 Pearl-fishery, *n.* མུ་ཏིག་ཐོན་ས ;

311 Pearling, *n.* འབྲུ་སོག་བརྡུང་རྒྱབ་པའི་ལས་དེ་ལ་ཟེར ; (Sik.).

312 Peasant, *n.* སོ་ནམ་པའི་ཁྲལ་པ;

313 Peasantry, *n.* ཁྲལ་མི་སོ་ནམ་བྱེད་མི; སོ་ནམ་པ;

314 Pease, *n* སྲན་མ ; སྲན་མའི་མང་ཚིག;

315 Peat, *n.* ཞིང་དང་ལོ་འདབ་སྦུར་ཐེབས་ནས་སའི་ཁག་མར་ཆད་པ;

316 Pebble, *n.* ཤེལ་རྡོ ; མེ་རྡོ; མིག་ཤེལ་སྤུས་ལེགས་ཀྱི་གྲངས་ཤིག;

317 Pebbly, *a.* ཤེལ་རྡོས་ཁེངས་ནས་ཡོད་པ; མེ་རྡོ་ཅན; ཆུ་རྡོ་ཅན;

318 Peccability, *n.* སྡིག་ལ་གོམས་ཉེན;

319 Peccable, *a.* སྡིག་ལ་ཁ་ཞུགས་ཉེན་ཆེན་པོ; སྡིག་ལ་གོམས་ཉེན་ཆེན ;

320 Peck, *v.t.* གཙབ་པ; མཆུ་གྲོས་གཙབ་པ ;

321 Peckish, *a.* གྲོད་པ་ལྟོགས་པོ ; ལྟོགས་ལྟོག་ཁ་པོ;

322 Pectoral, *a.* བྲང་ཁོག་གི་སྐོར ; *n.* བྲང་ཁེབས ; བྲང་བརྒྱན་སེ་མོ་དོ;

323 Peculate, *v.i.* རང་ལ་ཉར་ཚགས་ཀྱི་ཆེད་དུ་བཅོལ་བའི་ནོར་ཐག་ཏུ་རང་
ཆེད་དུ་སྤྱོད་པ:

324 Peculation, *n.* བཅོལ་ནོར་ཧཾ་ཟས ;

325 Peculiar, *n.* གཞན་གྱིས་མི་བརྡོག་པའི; གཞན་དང་མི་འདྲ་བའི ;

326 Peculiarity, *n.* ཁྱད་པར ; དཔེ་ཁྱད;

327 Peculiarly, *ad.* ཁྱད་པར་དུ ;

328 Pecuniary, *a.* རྒྱུ་དངུལ་སྐོར་གྱི;

329 Pedagogue, *n.* བསླབ་གྲྭའི་དགེ་མཁན ;

330 Pedal, *a.* རྐང་པའི; རྐང་པའི་སྐོར ;

331 Pedal, *n.* རྐང་པས་བསྐུལ་རྒྱུ་ཡོད་པའི་འཁྲུལ་འཁོར ;

332 Pedant, *n.* ཡོན་ཏན་ངོམས་དད་ཅན ;

333 Pedantic, *a.* ཡོན་ཏན་ངོམས་དད;

334 Pedantry, *n.* ཡོན་ངོམས་འདོད་ཅན་གྱི་ཁྱེར་སོའམ་འགྲོ་སྟངས་སྟོད་
ད
སྟངས;

335 Peddle, *v.i.* འཚོང་བ་ཞལ་རྒྱབ་པ; སྒྲོ་འི་ཚོང་པ;

336 Pedestal, *n* ཞབས; ཞམ་ར;

337 Pedestrian. *a* རྐང་སྟོང་འགྲུལ་པ; རྐང་འགྲུལ་པ;

338 Pedicel, *n* མེ་ཏོག་གམ་ལོ་འདབ་ཀྱི་ཡུ་བ་ཕྲ་མོ་དེའོ;

339 Pedigree, *n.* ཕ་མེས་ཀྱི་རྒྱུད་པ;

340 Pedimanous, *n.* རྐང་ལག་བཞི་ཀ་ལག་པ་འདྲ་པོ་ཡོད་པའི་སེམས་ཅན;

341 Pediment, *n* སྒོ་ཁྲིག་གི་རྒྱན་བཟོ་གྲུ་གསུམ་པའི་ཏོར་གཞུ;

342 Pedler, *n* སྒྲོ་བཞལ་སྟེ་འཚོང་མི; སྒྲོ་འཚོང་པ;

343 Pedo-baptism, *n.* ཁྱིའུ་ཆུང་དུས་ནས་ཆོས་སུ་བཙུག་པ;

344 Pedo-baptist, *n.* ཁྱིའུ་ཆུང་ཆོས་གྲལ་དུ་བཙུག་པར་མོས་མི;

345 Peel, *v.t.* ལྤྲ་པ་བཤུས་པ;

346 Peep, *v.i.* ཡིབ་ནས་ལྟ་བ;

347 Peer, *n.* སྐུ་དྲག; བློན་རིང; ཨིན་གཞུང་བཀའ་ཤག་རྗེ་བོའི་སྐྱུན་ཁང་གི་གྲལ་པ; ཡ་ཟླ; དོ་ཟླ; *v.i.* ཡིབ་ནས་བལྟ་བ;

348 Peerage, *n.* བློན་རིང་གྱི་གོ་ས; ཞབས་པད་ཀྱི་གོ་ས;

349 Peerless, *a.* མཚུངས་མེད; ཟླ་མེད; འགྲན་གྱི་དོ་མེད;

350 Peevish, *a.* (Sik. ཁ་འཆལ་པོ; ལྷུང་གཟན; ཁྲི་སྣ་པ; currish.

351 Peevishness, *n.* སྙིང་ཁམས་ཚོད་མེད;

352 Peg, *n.* ཤིང་གཟེར; ཕུར་པ; ར་ཕུར; of measure ཚང་སྣོད་ཆུང་ཆུང་རྒྱབ་གང་ཙོ་པ་ཞིག་ལ་ཟེར;

353 Pegging, *n.* ཕུར་པས་བདབ་པའི་ལས་དེ་ཀ;

354 Peg-aways. ལས་ལ་འབད་པ་ཆེན་བྱས་པ་;

355 Peg (to take down a). ལྷ་བ་ཕབ་པ་; ལྷ་བ་བཅག་པ་;

356 Pegasus, *n.* རྟ་རྒྱུང་གི་ཤོག་པ་ཅན་མི་ཊིཨུ་སུ་ཞེས་པའི་མ་མོ་དྲག་མོ་དེ་བསད་སྐབས་དེའི་ཁྲག་ལས་བྱུང་བར་བཤད་;

357 Pegmatite, *n.* རྡོའི་རིགས་ཤིག་;

358 Pekoe, *n* ཇ་འབྲུ་ཐང་ཨག་ཤོས་དེ་;

359 Pelf, *n* ཟང་ཟིང་; སྒྲུ་མའི་ནོར་རྫས་; རྒྱུ་ནོར་;

360 Pelican, *n.* བྱའི་རིཊ་གཅིག་;

361 Pellet, *n* རིལྟུ; རིལ་བུ; རིལ་ཕྲན་;

362 Pellicle, *n.* དར་ཁ; དར་ཤུན་; ཤག; ཤལ་མ;

363 Pell-mell, *ad.* སླ་བསྲེས་ནས; (སླ་བསྲེས་དཀྲུ་བསྲེས; Sik.)

364 Pellucid, *a.* དྭངས་མོ;

365 Pelt, *n.* ཀོ་རློན; *v.t.* རྡོས་བརྡུང་བ; རྡོ་འཕང་སྟེ་བརྡེག་པ;

366 Pelvis. *n.* དཔྱི་མགོ;

367 Pen, *n.* སྨྱུ་གུ; བྱའི་ཤོག་པའི་སྒྲོ་ཀང;

368 Pen, *v.t.* བཙོན་དུ་བཟུང་བ; ར་བར་འཇུད་པ; *n.* ར་བ; ལྷས་ར;

369 Penal, *a.* ཁྲིམས་ཀྱི་སྐོར; ཉེས་ཁྲིམས་གཅོད་པའི;

370 Penalty, *n.* ཁྲིམས་ཆད; ཆད་པ;

371 Penance, *n.* སྡིག་སྦྱོང་གི་དཀའ་ཐུབ;

372 Pence, *n.* ཟང་ཊམ་དུ་མ་ཟང་ཊཾ་མང་པོ;

373 Pencil, *n.* སོལ་པིར;

374 Pendant, *n.* ཁང་པའི་འདུ་ཁང་ནང་དཔྱང་རྒྱུའི་དར་གྱི་ཚུ་ཕུར;

375 Pendent, *a.* དཔྱང་ནས་ཡོད་པ;

376 Pending, *a.* ཐག་མ་ཆོད་པ; བསྒར་ནས་ཡོད་པ;

377 Pendragon, *n.* སྤྱི་དཔོན; སྔ་དུས་སྤྱི་ཚོན་པའི་འགོ་དཔོན;

378 Pendulum, *n.* ཆུ་ཚོད་འཁོར་ལོའི་འཕྱང་རྡོ་དེའི ;

379 Penetrability, *n.* ཕིག་ཏུ་ཡོད་པའི་ཆོས་ཉིད;

380 Penetrable, *a.* འཕིག་ཏུ་ཡོད་པ;

381 Penetrate, *v.t.* ཕུག་པ; (or ཕིག་པ;) གསང་བ་རྟོལ་བ;
དོན་ཧ་གོ་བ;

382 Penetrating, *a.* ཕིག་ནུས; ཤེ་ཁྲུང་ཕིག་འགྲོ་ཀྲུ་ལྷུ;

383 Penetration, *n.* ཤེ་ཁྲུང་ཕུག་ཚུལ; ཤེ་ཁྲུང་འབིག་པའི་ལམ;
འབིག་པའི་ལམ;

384 Penetrative, *a.* ཤེ་ཁྲུང་འབིག་ནུས་པའི; རྩེ་སྣུང་ཅན;

385 Penguin, *n.* བྱང་འཁྱག་རོས་གླིང་གི་ཆུ་བྱའི་རིགས་ཤིག;

386 Peninsula, *n.* ཡུལ་ལམ་གླིང་ཕལ་ཆེར་ཆུས་བསྐོར་བ;

387 Peninsular, *n.* ཡུལ་ལིཾ་གླིང་ཕལ་ཆེར་ཆུས་བསྐོར་བའི;

388 Penis, *n.* ཕོ་རྟགས་པོ་མཚན; མཛེ་ (vulgar)
(སྐྱེས་པའི་རྡོ་རྗེ; གསང་བའི་རྡོ་རྗེ; classical).

389 Penitence, *n.* འགྱོད་བཤགས; གནོང་འགྱོད;

390 Penitent, *a.* འགྱོད་སེམས་ཅན; བདུལ་ཞུགས; གནོང་འགྱོད་ཅན;

391 Penitential, *a.* འགྱོད་པ་སྐྱེས་པའི; གནོང་ཞིང་འགྱོད་པའི;

392 Penitentiary, *a.* བཙོན་ཁང;

393 Penitently, *ad.* འགྱོད་སེམས་དང་བཅས་ཏེ;

394 Penknife, *n.* སྨྱུག་གྲི; གྲི་ཆུང་བལྟ་གྲི;

395 Penman, *n.* སྨྱུག་གུའི་ལས་ལ་མཁས་པོ; རྩོམ་པ་པོ;

396 Penmanship, *n.* ཡིག་བྲིས;

397 Pennant, *n.* བ་དན; དར་སྣ; དར་ལྕེ;

398 Pennate, *adj.* གཤོག་པ་ཅན;

399 Penny, *n.* ཟང་ཊི་བོད་ཀྱི་སྐར་ལྔའི་རིན; ཤི་ལིང་གི་བཅུ་གཉིས་ཀྱི་ཆ;

400 Pennies, *n.* ཟང་ཊི་པེ་ནི་རང་གི་གྲངས་མང;

401 Pence, *n.* པེ་ནི་མང་པོའི་རིན་ཀྱི་དངུལ;

402 Penny-royal, *n.* སྤོ་ཚལ་དྲི་ངད་བཟང་པོ་ཅན་ཞིག;

403 Penology, *n.* བཙོན་ཁང་གི་ལྟ་ལྟོས;

404 Pensee, *n.* བསམ་བློ;

405 Penseroso, *n.* བློའི་འཁྲུལ་སྣང; ངེས་འབྱུང་གི་བློ;

406 Penniless, *a.* ནོར་མེད; པེ་ཤ་གཅིག་ཀྱང་མེད་པ;

407 Pennon, *n.* མདུང་དར;

408 Penny, *n.* ཟང་ཊི;

409 Pension, *n.* རྒས་པའི་ལྟོ་ཕོགས; ཟུར་བཞུགས་པའི་ཕོགས;

410 Pensioner, *n.* རྒད་པོའི་ལྟོ་ཕོགས་ཐོབ་མཁན;

411 Pensive, *a.* སྐྱོ་ལྷོག་ཁ་པོ;

412 Pent (*pa. t.* of pen). ར་བ་བཙུག་པ;

413 Pentagon, *n.* གྲུ་ལྔ་པ; ཟུར་ལྔ་པ; རི་མོ་གྲུ་ཟུར་ལྔ་ལྡན;

414 Pentagram, *n.* སྐར་རིས་རྩེ་ལྔ་པ;

415 Pentapetalous, *adj.* མེ་ཏོག་འདབ་མ་ལྔ་ལྡན;

416 Pentaphyllous, *a.* ལོ་མ་ལྔ་ལྡན; ལོ་འདབ་ལྔ་བྲུས་པ;

417 Pentapolis, *n.* གྲོང་ཁྱེར་ཆེན་ལྔ་འདུས;

418 Pentarchy, *n.* མི་ལྔ་སྤྱིས་དབང་བསྒྱུར་བའི་གཞུང;

419 Pentateuch, *n.* ཡ་ཧུ་ད་པའི་བསྟན་བཅོས་པོ་དེ་ཐོག་མ་ལྔ་པོ་དེ;

420 Pentecost, *n.* ཡ་ཧུ་ད་པའི་དུས་ཆེན;

421 Penult, *n.* མཐའ་མའི་གོང་དུ་མཆིས་པ་གང;
མིང་ཚིག་གི་སྒྲའི་ནང་ནས་མཐའ་མའི་གོང་མ་དེ;

422 Penultimate, *a.* གཅིག་གི་མ་གཏོགས་མཐའ་མཇུག་པ;

423 Penurious, *a.* དབུལ་པོ; བཀྲེན་པོ;

424 Penury, *n.* དབུལ་ཕོངས;

425 Peon, *n.* (ཅབ་ཀྲ་ཤིས; Hindi word) (ཕྱ་མ་ཏ);

426 People, *n.* མི་དམངས;

427 Peotomy, *n.* ཕོ་རྡོགས་བཅད་པའི་ལག་ལེན;

428 Pepper, *n.* ཕོ་བ་རིལུ;

429 Peppermint, *n.* པི་པི་ལིང་མེ་ཏོག་གི་སྙིང་པོ;

430 Per, *prep.* མདུན་དུ; ལག་དུ; བརྒྱུད་དེ;

431 Peradventure, *ad.* ཅིག་བྱེད་ན; སྲིས་དབང་གིས; ངེས་མེད་དུ;

432 Perambulate, *v.t.* བསྐོར་བ་བྱེད་པ;

433 Perceivable, *a.* མཐོང་སར་ཡོད་པ;

434 Perceive, *v.t.* མཐོང་བ; མངོན་པ; ཚོར་བ;

435 Percentage, *n.* བརྒྱ་རེ་ལ་སྐྱེད; བརྒྱ་རེ་ལ་རིན;

436 Perceptibility, *n.* མཐོང་སྣང;

437 Perceptible, *a.* མངོན་དུ་ཡོད་པ; མཐོང་སར་ཡོད་པ;

438 Perception, *n.* རིག་པ; མཐོང་སྣང; མངོན་པ; ཚོར་བ;

439 Perceptive, *a.* རིག་བྱེད་ཀྱི; མངོན་པའི; ཚོར་བའི;

440 Perch, *n.* བྱིའུའི་གདང; སྡིགས་མཐོན་པོ; ག་ཛེ་ལྔ་དང་ཕྱེད
ཀའི་ཚད;

441 Percher, *n.* བྱིའུ་གདང་ལ་བབ་པའི་རིགས;

442 Perchance, *ad.* ཅིག་བྱེད་ན; ངེས་མེད་དུ;

443 Percipient, *a.* མཐོང་སྣང་ཅན; མངོན་བྱེད;

444 Percolate, *v i.* ཟག་པ; འཛག་པ; *v.t.* ཚགས་སུ་བཙགས་པ;

445 Perdition, *n.* དམྱལ་བ;

446 Peregrinate, *v.i.* ཡུལ་བཤལ་བྱེད་པ; ས་བཤལ;

447 Peregrination, *n.* ཡུལ་བཤལ;

448 Peremptorily, *ad.* ཐག་ཆོད་པོ་བྱེད་དེ;

449 Peremptoriness, *n.* ཐག་ཆོད;

450 Peremptory, *a.* ཐག་ཆོད་པོ; (ཐག་ཆོད་ནད་ཆོད; Sik.) ཐག་ནད་ཆོད;

451 Perennial, *a.* རྒྱུན་དུ་གནས་པའི; ལོ་ཁོར་མོ་ཡུག་དུ་གནས་པའི;

452 Perfect, *a.* སྐྱོན་མེད; ཡོན་ཏན་ཚང་བ; ཡོན་ཏན་རྫོགས་པ;

453 Perfectibility, *n.* རྫོགས་སུ་ཡོད་པ; ཚངས་སུ་ཡོད་པ;

454 Perfectable, *a.* ཡོན་ཏན་རྫོགས་སུ་ཡོད་པ;

455 Perfection, *n.* ཡོན་ཏན་རྫོགས་པ; མཚན་ལྡན;

456 Perfectly, *ad.* ཡོངས་རྫོགས་སུ;

457 Perfectness, *n.* ཡོངས་རྫོགས; མཚན་རྫོགས; མཚན་ཡོངས་རྫོགས;

458 Perfidious, *a.* དམ་ཉམས;

459 Perfidiously, *ad.* དམ་ཉམས་ལྟར;

460 Perfidy, *n.* དམ་འགལ; དམ་ཉམས;

461 Perforate, *v.t.* ཨི་ཁྲང་ཕིག་པ; ཕུག་པ; ཕིག་པ;

462 Perforation, *n* ཨི་ཁྲང, ཕུག་རྒྱག་པ,

463 Perforce, *ad.* བཙན་ཤུགས་ཀྱིས; དབང་ཡོད་ཀྱིས;

464 Perform, *v.t.* བྱེད་པ; ལག་ལེན་དུ་བཀལ་བ;

465 Performable, *a.* ལག་ལེན་ནུས་པ;

466 Performance, *n.* ལག་ལེན;

467 Performer, *n.* ལག་ལེན་བྱེད་མི;

468 Perfume, *n.* དྲི་བཟང; བྱུག་པ; དྲི་ཆབ; བསང་དུད; སྤོས་དུད; སྤོས་ཆབ;

469 Perfumer, *n.* བྱུག་པ་བཟོ་མཁན; སྤོས་བཟོ་མཁན;

470 Perfumery, *n.* དྲི་དང་བྱུག་པའི་རིགས; སྤོས་ཆབ་དང་སྤོས་ཀྱི་རིགས;

471 Perfunctory, *a.* ཛ་རེ་ཛོ་རེ; (འགྲོ་ལ་ཕན་ཕྱིར; Sik. collql.) (གང་བྱུང་མ་བྱུང; T. collql.).

472 Perfunctorily, *ad.* ཛ་རེ་ཛོ་རེ་བྱེད་དེ; སྤྱུས་དག་པོ་མ་ཡིན་པར་གང་བྱུང་དུ;

473 Pergunnah, *n.* རྒྱ་གར་དུ་རྫོང་ཁག་ཟི་ལའི་འོག་གི་གྲོང་སྡེ་གཅིག་ལ་ཟེར; (རྒྱ་སྐད་ཡིན;)

474 Perhaps, *ad.* གཅིག་བྱེད་ན; སྟེས་དབང་གིས;

475 Peri, *n.* སྟག་གཟིག་གི་ཡུལ་ལྟར་ན་ལྷ་མར་ལྷུང་བ་དག་ལས་ཆེད་པའི་ལྷ་སྨན་མོ་དག་ལ་ཟེར;

476 Peril, *n.* ཉེན་ཁ; ཉེན; ཀྱོན་ངན;

477 Perilous, *a.* ཉེན་ཁ་ཅན;

478 Perineum, *n.* མཚན་མ་དང་གསང་གནས་བར་གྱི་སྐྲད་ཁོག་ལ་ཟེར;

479 Period, *n.* དུས་སྐབས;

480 Periodic, *a.* དུས་དུས་ཀྱི;

481 Periodical, *a.* དུས་ཀྱི;

482 Periodically, *ad.* དུས་དུས་སུ;

483 Periosteum, *n* རུས་པའི་ཕྱིའི་དར་ཤུན་དེ;

484 Periphery, *n.* སྐོར; ཟླུམ་པོའི་ཕྱི་རིམ་གྱི་མུ་ཁྱུད;

485 Periphrase *v.a.* སྙན་ངག་དུ་སྤྲ་བ; (སྒྲ་བཅག་བྱེད་དེ་ལབ་པ; Sik.).

486 Perish, *v.i.* འཆི་བ; འཇིག་པ;

487 Perishable, *a.* འཇིག་ཏུ་ཡོད་པའི;

488 Peristyle, *n.* སྒོ་ཡངས་ཀྱི་ཕྱི་ཙ་ཀ་བས་བསྐོར་བའི་ཁྱམས་ར;

489 Perjure, *v.t* མནའ་ཟ་བ;

490 Perjured, *a.* མནའ་གཟན;

491 Perjurer, *n.* མནའ་གཟན;

492 Perjury, *n.* མནའ;

493 Permanence, *n.* རྟག་པ;

494 Permanent, *a.* གདན་གནས; རྟག་པར་གནས་པའི; གདན་འཛུགས;

495 Permanently, *ad.* གདན་གནས་སུ; གདན་འཛུགས་སུ; རྟག་པར;

496 Permeability, *n.* ཚགས་སུ་ཡོད་པའི་ནུས་པ; ཚགས་བཙག་འོས;

497 Permeable, *a.* ཚགས་སུ་བཙག་དུ་ཡོད་པ;

498 Permeate, *v.t.* ཁྱབ་པ; ཁང་བུ་དགུ་ནས་ཁྱབ་པ; བུག་ཕྲན་བརྒྱུད་དེ་ཁྱབ་པ;

499 Permissible, *a.* བྱེད་དུ་བཅུག་འོས; གནང་འོས;

500 Permission, *n* དགོངས་པ; གནང་བ;

501 Permissive, *a.* བཀའ་གྲོལ་བའི; སྒྲོལ་བའི;

502 Permit, *v.t.* བྱེད་དུ་བཅུག་པ; བཀའ་གྲོལ་བ;

503 Permutation, *n.* བརྗེ་གསོར;

504 Pernicious, *a.* གནོད་པ་ཅན; ངན་ཅན;

505 Perniciously, *ad.* གནོད་ཆེར; ངན་ཆེར;

506 Peroration, *n.* [illegible]; བསྡུས་པ; མདོར་བསྡུས;

507 Perpendicular, *n.* ཡར་སླང; དྲང་ཚུགས; དྲང་བཙུགས; ཀེ་རེ;

508 Perpendicularly, *ad.* དྲང་ཚུགས་སུ; (ཀེ་རེ; ཡར་ཀེ་རེ; Collql.).

509 Perpetrate, *v.t.* ཉེས་པ་ཆབ་ཆེན་གྱི་ལས་བྱས་པ;

510 Perpetration, *n.* ཉེས་བྱས; སྡིག་ལས; ཉེས་པ་ཚབ་ཆེན་གྱི་ལས;

511 Perpetrator, *n.* ཉེས་བྱེད་པོ;

512 Perpetual, *a.* རྟག་པ; གཏན་འཇགས; རྒྱུན་དུ་ཆག་མེད་གནས་པ;

513 Perpetually, *ad.* གཏན་འཇགས་སུ;

514 Perpetuate, *v t.* གཏན་དུ་གནས་པར་བྱེད་པ;

515 Perpetuation, *n.* གཏན་གནས་བཟོ་བ; རྟག་བརྟེན;

516 Perpetuity, *n.* གཏན་གནས; རྟག་ཏུ་གནས་ཚུལ;

517 Perplex, *v.t.* མགོ་འཐོམ་པ; མགོ་འཁོར་བ;

518 Perplexity, *n.* མགོ་འཁྲེམ;

519 Perquisite, *n.* ཐོབ་བྱའི་ཟས་གོས; ཡོགས་ཀྱི་ཁ་སྐོང་དུ་ཟུར་བསོས་ཐོབ་ཐང;

520 Perquisition, *n.* ཞིབ་རྟོག་རྩད་གཅོད་དྲི་པོ;

521 Perquisitor, *n.* གཞིས་ཉེ་མཁན་དང་པོ་དེའི;

522 Perrier, *n.* སྒྲོག་རྡོ་འཕེན་པའི་འཁྲུལ་འཁོར; སྒྲོ;

523 Persecute, *v.t.* བརྡབ་སིགས་གཏང་བ; འདེད་པ; འཚེ་བ;

424 Persecution, *n.* བརྡབ་སིགས; འཚེ་བ;

525 Persecutor, *n.* བརྡབ་སིགས; གཏང་མི; འདེད་མི;

526 Perseverance, *n.* བརྩོན་འགྲུས: ནན་ཏན;

527 Perseus, *n.* བྱང་གི་ནམ་མཁའི་སྐར་མ་ཞིག་གི་མིང; སྔོན་གྲིག་པ་ནོས་ཀྱི་སྒྲུང་ལྟར་ན་ཛག་མོ་མེ་ཊིའུ་སཱ་ཞེས་པ་གསོད་མི་དཔའ་བོ་དེའི;

528 Persevere, *v.i.* ནན་ཏན་དུ་བརྩོན་པ;

529 Perseveringly, *ad.* ནན་ཏན་དུ;

530 Persist, *v.i.* ནན་གྱིས་སྒྲུད་པ; ཨུ་ཚུགས་སྐྱེད་པ;

531 Persistence, *n.* ཡུ་རྒྱང་; ནན་ཏན;

532 Persistent, *a.* ཡུ་རྒྱང་ཅན; འབད་པ་ཅན;

533 Persistently, *ad.* ཡུ་རྒྱང་བྱེད་དེ; ནན་གྱིས་འབད་དེ;

534 Person, *n.* གཟུགས; མི; མི་བོ; (སྐུ་གཟུགས; སྐུ་ལུས; སྐུ Hon.); ལུས;

535 Personable, *a.* གཟུགས་བྱད་ལེགས་པོ; གཟུགས་བྱད་སྡོན་དུ་རུང་བ;

536 Personage, *n.* (Hon. སྐུ); མི་བོ; སྐྱེས་བུ;

537 Personal, *a* སྐུའི; གཟུགས་ཀྱི; ལུས་ཀྱི; སྐུ་སྒེར་གྱི;

538 Personality, *n.* བདག; ང་བདག; བདག་ཏུ་ལྟ་བ; བདག་འཛིན;

539 Personally, *ad.* མི་རང་རང་དུ་ཐེ་བའི; རང་རང་གི་ངོར;

540 Personalty, *n.* མི་ཤི་བའི་གཞིས་ནོར་སོགས་ལ་ཟེར;

541 Personate, *v.t.* ཡིན་བརྫུ་བྱེད་པ; གཟུགས་བརྫུ་བྱེད་པ;

542 Personification, *n.* གཟུགས་སུ་བཀོད་པ་ཉིད;

543 Personify, *v.t.* གཟུགས་སུ་བཀོད་པ;

544 Personnel, *n.* ལས་མི; ལས་བྱེད་པོ; དཔེར་ན་དམག་དཔུང་གི་ནང་ནས་མཚོན་ཆ་དང་དམག་ཆས་མ་ཡིན་པའི་དམག་མི་ཁོ་ན་ལ་ཟེར;

545 Perspective, *a.* རི་མོ་འབུར་དུ་མཐོང་བའི་བྲི་སྟངས;

546 Perspicacious, *a.* བློ་རྣོན་པོ; དབང་པོ་རྣོན་པོ;

547 Perspicuity, *n.* དབང་རྣོན; བློ་རྣོ; ཤེས་རབ་རྣོ་བ;

548 Perspicuous, *a* གསལ་པོ, ཕྱི་གསལ་ནང་གསལ,

549 Perspire, *v.i.* ཚད་པའི་རྔུལ་མ; ལུས་ཀྱི་རྔུལ་མ; ལུས་ལས་ཚད་པའི་རྔུལ་ཐོན་པ; རྔུལ་ཐོན་པ;

550 Persuade, *v.t.* གྲོས་འདེབས་ཏེ་བློ་བཀོལ་བ; བློ་སྒྱུར་བ; སྐུལ་བ;

551 Persuasion, *n* — གྲོས་འདེབས; གཞོལ་འདེབས; ཆོས་བཤད་ཛབ་གྲངས;

552 Persuasive, *a.* — བློ་བསྒྱུར་ནུས་པའི་གྲོས་འདེབས; སྒྲུལ་མའི;

553 Pert, *a.* — ཁ་ཡང་པོ; ཁ་བདེ་པོ; ལྕེ་བདེ་པོ;

554 Pertain, *v.i.* — གཏོགས་པ; བཟུང་བ; ཉེ་བ; སྙོར;

555 Pertinacious, *a.* — མགོ་མཁྲེར་པ; ཀླི་འཐུག་པོ; {གདོང་བཟང Sik.} ངོ་མཁྲེར་ཅན; (མཉོ་བཀྲུང་གཅིག; Sik.).

556 Pertinacity, *n.* — མགོ་མཁྲེར; དབུ་སྒྲོང; མཉོ་བཀྲུང་གཅིག; ཐག་ཆོད;

557 Pertinent, *a.* — དོན་ལ་རན་པ; (དཔེས་ཆེ་ཆེ; Sik.) གླིང་དོན་དང་མཐུན་ཞིང་རན་པོ; (སྦྱར་ཆེ་ཆེ; Bhut.).

558 Pertinently, *ad.* — སྐབས་དེར་གླིང་བའི་དོན་དང་རན་པར; (དཔེས་ཆེར; Sik.) (སྦྱར་ཆེར; Bhut.).

559 Pertly, *ad.* — ཁ་བདེ་པོ་བྱེད་དེ; ལྕེ་མཆུ་བདེ་མདོག་ཁ་པོ་བྱེད་དེ;

560 Pertness, *n.* — ལྕེ་བདེ; ཁ་བདེ; འཇོམ་བག་མེད་པ་ཉིད;

561 Perturb, *v t.* — དཀྲུག་པ; འཚུབ་དུ་བཙུག་པ; འཚུབ་བསྐྱུལ་བ;

562 Perturbation, *n.* — འཁྲུག; འཚུབ;

563 Peruke, *n.* — སྐྲ་བརྫུའི་ཞྭ་མོ;

564 Perusal, *n.* — ཞིབ་མོར་བཀླགས་པ་ཉིད; ཞིབ་ཀློག;

565 Peruse, *v.t.* — ཞིབ་མོར་བཀླག་པ;

566 Pervade, *v.t.* — ཁྱབ་པ;

567 Perverse, *a.* — ག་ལོག; བློ་ག་ལོག; ཕྱིན་ཅི་ལོག;

568 Perverseness, *n.* — ཕྱིན་ཅི་ལོག་པ་ཉིད;

569 Perversion, *n.* — ལཾ་མམ་བློ་ལོག་དུ་འགྱུར་པ;

570 Perversity, *n* — བློ་ལོག;

571 **Pervert**, *v.t.* ལམ་སྣ་ལོ་ལོག་པར་བཙུག་པ ;

572 **Perverter**, *n.* (སློ་ཟློབ ; སློ་སློབ=Bhut.)

573 **Pervious**, *a.* ཕྱི་ནང་རྡོལ་བ ; ཕྱི་རྡོལ་ནང་རྡོལ ; བུག་ཟྭན་ཅན ; བུ་ག་ཅན ;

574 **Pessary**, *n.* མངལ་སྟོད་མགོ་མཇུག་ལོག་པའི་སྐབས་སུ་བཅོས་ཐབས་ལ་སྦུའི་ནང་ལ་འཇོག་རྒྱུའི་ཅ་ལག་ཞིག ;

575 **Pessimism**, *n.* འཁོར་བ་སྡུག་བསྔལ་འབའ་ཞིག་ཏུ་ལྟ་བའི་ཆོས་ལུགས ;

576 **Pessimist**, *n.* མི་འདོད་པ་འཟའ་ཞིག་གྲོག་ཏུ་བབ་བར་འདོད་མི ;

577 **Pest**, *n.* ནད ; ནད་ཡམས ; སད ; རིམས ;

578 **Pester**, *v.t.* གཙེས་པ ; འཚེ་བ ;

579 **Pestiferous**, *a* འཚེ་བ་ཅན ; ནད་ཡོམས་ལྷང་པོ ;

580 **Pestilence**, *n.* ནད་རིམས ; རིམས ; ཡམས ; རིམས་དྲག་པོ ;

581 **Pestilent**, *a.* ན་ཚ་ལྷང་པོ ; ལུས་སེམས་ལ་གནོད་པའི ;

582 **Pestilential**, *a.* གནོད་པའི ; ན་ཚ་སྨང་པོའི ;

583 **Pestern**, *n.* ཁོང་ཁྲོ་བསླང་བ ; (ཟག་པ་སོག་པ ; Sik.)

584 **Pestle**, *n.* གཏུན་ཤིང ; { རྡོ་དིར་ Sik. & Bhut.} གཏུན ; (སྐོག་དིང ; Sik.)

585 **Pet**, *n.* ཕྲུགས་ཟེར ; སྐྱུར་གཟིགས་སེམ ; གཅེས་བུ་བྱེད་པའི་སེམ ;

586 **Petal**, *n.* སྨེག་གི་འདབ་མ ;

587 **Petiole**, *n.* ཡུ་བ ; ལོ་མའི་ཀང་ཟྭན ; ལོ་མ་དང་ཡལ་ག་འབྲག་པའི་ཀང ;

588 **Petition**, *n.* ཞུ་བ ; སྙན་ཞུ ; ཞུ་ཡིག ;

589 **Petitioner**, *n.* ཞུ་བ་པོ ; ཞུ་བ་འབུལ་མཁན ;

590 **Petrean**, *adj.* རྡོ་བྲག་གི་སྐོར ;

591 Petrel, *n.* ཆུ་བྱ་ཞིག་གི་མིང་;

592 Petrifaction, *n.* རྡོ་རུ་འགྱུར་བ་ཉིད་;

593 Petrify, *v.t.* རྡོ་རུ་གྱུར་པ་; རྡོ་རུ་འགྱུར་བ་;

594 Petroleum, *n* ས་མར་ཁུ་; ས་སྣུམ་;

595 Petrol, *n.* ས་སྣུམ་གྱི་དྭངས་མ་ཨ་རག་འདྲ་པོ་;

596 Petronel, *n.* མེ་མདས་ཧ་དམག་ལག་མདའ་;

597 Petted, *adj.* གཅེས་ཕྲུག་ལང་ཤོར་;

598 Petticoat, *n.* སྨད་གོས་; སྐྱེ་དམན་གྱི་དོར་མ་;

599 Pettifogger, *n.* ཁ་མཆུ་ཆུང་ངུའི་འགན་ལེན་མི་ཨུ་ཀིལ་;

600 Pettifoggery, *n.* སྐད་འདོད་; གཡོ་སྒྲམ་;

601 Pettish, *a.* ཕུས་ཅན་; བརྙོག་ཕུས་ཅན་; རླུང་ཁྲིས་ཅན་;
(མ་རེག་ཨ་ཚ་; Sik.).

602 Petty, *a.* ཆུང་ཆུང་; ཕྲན་ཚེག་; ཕྲ་མོ་; ཕྲན་བུ་;

603 Petulance, *n.* བྱབ་ཆུང་ཆུང་གིས་ངོ་དཀར་ནག་འགྱུར་བ་;

604 Petulant, *a.* ངོན་མེད་ཁོང་ཁྲོ་ཅན་; སྣ་ཐུང་; སྒྲོ་ཐུང་;

605 Petulantly, *ad.* ཁོང་ཁྲོ་དང་བཅས་ཏེ་;

606 Pew, *n.* ལྷ་ཁང་ནང་གི་ཁྲི་ར་བ་ཅན་;

607 Pewter, *n.* དིག་ཚ་དང་ཞ་ཉེ་འབྲེལ་མ་;

608 Pewterer, *n.* དིག་ཚའི་ལས་བྱེད་མི་;

609 Phaeton, *n.* ཤིང་རྟ་འཁོར་ལོ་བཞི་ལྡན་ཁེབས་མེད་པ་;

610 Phalanx, *n.* ཀང་དམག་; རུ་ཞིབ་ཅིང་འཐུག་པོར་སྒྲིག་པ་;

611 Phallus, *n.* ཕོ་མོའི་གསང་མཚན་མཆོད་ཡུལ་དུ་བྱེད་པ་དེའི་;

612 Phantasm, *n.* ཉིས་སྣང་གི་གཟུགས་བརྙན་;

613 Phantasmagoria, *n.* ཉིས་སྣང་དུ་འཆར་བའི་གཟུགས་བརྙན་སྣ་ཚོགས་པ་;

614 Phantom, *n.* མིག་སྒྱུ; དངོས་པོ་མེད་པའི་གཟུགས་བརྙན;

615 Pharisaical, *a* ཕྱི་འཆོས་མཁན; ཚུལ་འཆོས་མཁན;

616 Pharisaism, *n.* ཡ་ཧུ་ད་པའི་གྲལ་ནས་ཕ་རི་ཤི་བྱ་བའི་སྡེ་དེའི་ཆོས་ལུགས་དང་ལྟ་སྤྱོད;

617 Pharisee, *n.* སྔོན་ཡ་ཧུ་ད་པའི་ཆོས་སྡེ་ཚུལ་ཆོས་མཁན;

618 Pharmaceutical, *adj.* སྨན་སྦྱོར་གྱི་གཙུག་ལག་གི་སྐོར;

619 Pharmacopoeia, *n.* སྨན་སྦྱོར་གི་གཙུག་ལག;

620 Pharmacy, *n.* སྨན་སྦྱོར་གྱི་མཛོད;

621 Pharos, *n.* སྒྲོན་མེའི་རྫོང; རྒྱ་མཚོའི་འགྲམ་དུ་བྲག་རིའི་ཐོག་དུ་སྒྲོན་མེ་བཏེག་པའི་ཆེད་རྫོང་བརྩིགས་པ;

622 Pharynx, *n.* ཡ་ཀན;

623 Phase, *n.* ལྟར་སྣང; གོ་རིམ;

624 Pheasant, *n.* བྱས་ལྷང་བྱ; ནོར་ཀྲི་བྱ; རི་བྱ; (ཀྲི་ལྷེང་བྱ; Sik.).

625 Phenacetin, *n.* མགོ་ན་བ་དང་ཚ་རིམས་ཀྱི་སྨན;

626 Phenomena, *n.* སྣང་བའི་ཡུལ; སྣང་སྲིད;

627 Phenomenon, *n.* སྣང་སྲིད;

628 Phial, *n.* ཤེལ་དམ;

629 Philanthropic, *a.* གཞན་ཕན་སེམས་བསྐྱེད་ཅན; ཕན་སེམས་ཅན;

630 Philanthropist, *n.* གཞན་ཕན་སེམས་བསྐྱེད་ཅན་གྱི་མི;

631 Philanthropy, *n.* ཀུན་ཕན་གྱི་སེམས་བསྐྱེད;

632 Philippic, *n.* དམངས་ཚོར་ཐོག་གི་བཀའ་བཀྱོན་ཚོར་གཏོས;

633 Philistine, *n.* ཡོན་ཏན་སློབ་སྦྱངས་མེད་པའི་མི; སྔོན་དུས་ཡ་ཧུ་ད་པའི་དགྲར་གྱུར་པའི་རྒྱལ་ཁག་ཞིག;

634 Philogyny, *n.* མོ་དད;

635 Philogynist, *n.* མོ་དད་ཅན;

636 Philologer, *n.* ཚིག་སྦྱིབ་སྦྱོར་ལ་མཁས་པ;

637 Philological, *a.* སྦྱིབ་སྦྱོར་གྱི;

638 Philology, *n.* སྒྲ་རིག་པ; སྒྲ་དང་སྐད་ཀྱི་རིག་པ; སྦྱིབ་སྦྱར;

639 Philomath, *n.* སློབ་གཉེར་ལ་དད་པ;

640 Philomathy, *n.* ཡོན་ཏན་སྦྱང་བ་ལ་དགའ་བ;

641 Philomel, *n.* བྲིའུ་ཀ་ལ་པིང་ཀ;

642 Philopolemic, *a.* འཐབ་རྩོད་ལ་དགའ་བའི;

643 Philosophy, *n.* ཚད་མ་རིག་པ; སེམས་དོན་རིག་པ; སྣང་སྲིད་ཀྱི་དོན་དང་རྒྱུ་རྐྱེན་བཙལ་བའི་རིག་གནས;

644 Philotechnic, *adj.* ལག་ཤེས་རིག་གནས་ལ་དད་པ;

645 Philozoic, *adj.* སེམས་ཅན་ལ་དགའ་བའི;

646 Philter, *n.* དབང་སྨུད་སྦྱུང་བ; དབང་སྨུད་ཀྱི་རྫས་དང་མན་ངག;

647 Phlegm, *n.* ལུད་པ; བད་ཀན;

648 Phlegmatic, *a.* (ཁ་ལྷིན་པོ; Sik.) ཁ་ཆེར་མི་ལབ་པ;

649 Phonetic, *a.* སྒྲ་འབྲིན་སྤྱངས་དང་མཚུངས་པའི;

650 Phonograph, *n.* མི་སྐད་ལས་དོད་བྱས་པའི་འཁྲུལ་འཁོར; ཁ་པར; a newly coined Tibetan word, meaning a photograph of the mouth; also called སྐད་པར;

651 Phonography, *n.* སྒྲའི་དོད་ཀྱི་རི་མོ་བཀོད་པའི་རིག་གནས;

652 Phosphoric, *a.* ཕོ་རང་སྐར་ཆེན; ཕོ་སི་ཕོ་ར་སི་ཞེས་སྤྱ་ཆོལ་ལི་གླད་དཀར་ལྷུའི; སྨན་མདོག་སེར་པོ་སྨུན་པའི་ནང་འོད་འཕྲོག་དེ་འདྲ་པོའི;

653 Phosphorus, *n.* རྫས་ཁ་དོག་སེར་པོ་འོད་སྦྱིན་པ་མེ་ཁ་དྭང་བ་ཞིག;

654 Photograph, *n.* (ཏོ་སློ་ཀྲ་ཕིར; a Hindi word); འདྲ་པར; རྫས་སྦྱོར་གྱི་འདྲ་པར;

655 Photographer, *n.* འདྲ་པར་རྒྱབ་མཁན;

656 Photography, *n.* འདྲ་པར་གྱི་རྒྱབ་ཐབས;

657 Phrase, *n.* ཚིག; ཚིག་རྐང;

658 Phraseology, *n.* ཚིག་འབོད་སྟངས;

659 Phren, *n.* སེམས; སེམས་ཉིད;

660 Phrenological, *a.* མགོ་བོའམ་ཀ་པ་ལའི་རྟག་དཔྱད་ཀྱི;

661 Phrenologist, *n.* མགོ་བོའམ་ཀ་པ་ལའི་མཚན་བརྟག་མཁན;

662 Phrenology, *n.* མགོ་བོ་འི་མཚན་དཔྱད་ཀྱི་རིག་པ;

663 Physic, *n.* སྨན;

664 Physical, *a.* གཟུར་ཀྱི; ལུས་ཀྱི;

665 Physician, *n.* སྨན་པ;

666 Physics, *n.* སྨན་རྒྱུད;

667 Physiognomy, *n.* བྱད་བཞིན; ངོ་རིས; ངོ་གདོང; ངོ་གདོང་ལ་བལྟས་ནས་བརྟག་དཔྱད་བྱེད་པའི་རིག་གནས;

668 Physiologist, *n.* ལུས་གྲུབ་ཚུལ་གྱི་རིག་པ་འབྱོངས་པ;

669 Physiology, *n.* སྲོག་གྲུབ་སྟངས; ལུས་གྲུབ་ཚུལ་གྱི་རིག་པ;

670 Physique, *n.* གཟུགས་ཁམས; ལུས་བོང;

671 Phytochemistry, *n.* སྔོ་ལྗམ་དང་ཤིང་སྡའི་གྲུབ་ཚུལ་དང་རྫས་ཀྱི་དབྱེ་དཔྱད;

672 Phytonomy, *n.* སྔོ་ལྗམ་བྱུང་ཚུལ་དང་སྐྱེ་ཚུལ་བསྟན་པའི་རིག་གནས;

673 Phytophagous, *adj.* སྔོ་ལྗམ་ཟས་སུ་བསྟེན་པའི;

674 Phytotomy, *n.* སྔོ་ལྗམ་གཤག་གཏུབ་དང་དྲ་བའི་རིག་གནས;

675 Phytozoa, *n.* སྔོ་ལྗམ་ལྟ་བུའི་སྲོག་ཆགས;

676 Pianoforte, *n.* པ་དྲའི་སྐྲོ་ཀང་པའི་ཁྲུལ་གྱིས་སྒྲ་སྙན་གཏང་བ་ཞིག;

677 Piastre, *n.* ཏུ་རུ་ཀྵིའི་ཡུལ་གྱི་དངུལ་ཏི;

678 Piazza, *n.* སྤྱིང་ནས་གྲོག་འགེབས་པའི་སྐོར་ལམ;

679 Pibroch, *n.* རྒྱ་གླིང;

680 Pica, *n.* ལྔཊ་པར་ཡིག་སྒྲོམ་གྲལ;

681 Picador, *n.* རྟ་པ་མདུང་ཐོགས་གླང་དང་འཛིང་དུས་མདུང་གིས་
གཙག་མི་དེ་ལ་ཟེར;

682 Pick, *v.t.* སྐྲུག་པ; འཐུ་བ;

683 Pickable, *a.* སྐྲུག་ཐུབ་པ; འཐུ་རུང་བ);
(of a lock སྒོ་ལྕཊ་ཡིན་ན་འབྱེད་དུ་ཡོད་པ);

684 Pickaxe, *n.* རྒྱ་སྐད་དུ་གླ་ཡིང་དྲི; ཞིས་ལམ་བཀོ་བའི་ལག་ཆ་
ཞིག་གོ;

685 Picket, *n.* ར་བ; (སྟག་ར Sik.); དམག་སྐར་གཙོ་མའི་མདུན་ན་
འགྲུངས་ཙམ་དུ་དམག་མི་སྲུང་རྒྱ་པའི་སྐར་གཏབ་ནས་
ཡོད་པ་དེའོ;

686 Pickle, *n.* སྐྱུར་ཚས; ཚུར་སྐྱུར; (ཤའོ་ཚས; Chinese)
(ཙཊ་ནི; Hindi).

687 Picklock, *n.* སྒོ་ལྕཊ་སོཊ་རབྱེ་བྱེད་ཀྱི་ལག་ཆ་ཞིག;

688 Pickpocket, *n.* མཐེབ་ཀྲེབ; ཡམ་བག་ནང་ནས་ཅ་ལག་བརྐུ་བ་ལ་
མཁས་པ;

689 Picnic, *n.* གླིང་ག་གཏང་བ; གླིང་གའམ་ནགས་སེབ་དུ་སྤྱང་སང་
གི་ཚུལ་དུ་ཐུགས་སྤྲོ་གཏང་བ་ལ་ཟེར;

690 Pictorial, *a.* རི་མོའི; རི་མོ་དང་ལྡན་པ;

691 Picture, *n.* རི་མོ; ཐང་ཀ;

692 Picturesque, *a.* བབ་ཆགས་པོ; རི་མོར་བཀོད་འོས; རི་མོར་བཀོད་
ཚོ་སྙིང་རྗེ་པོ་ཡོང་ངེས; ཀྲ་ཆཊ་པོ;

693 Pie. *n.* རྒྱ་གར་གྱི་ཟངས་ཏི་ཚུང་ཞོས; (the dish) ཞ་སྡུག; ཞ་བག་ལེབ;

694 Piebald, *a.* རྟ་ཁྲ; ཁྲ་བོ; ཁྲ་ཁྲ;

695 Piece, *n.* དུམ་བུ; རྡོག་རྡོག; (རས་བུབས; ཟེ་ཚ་ཡིན་ན་ཡུག; of cloth).

696 Pier, *n.* ཏིག་སྐྱོར; ཟམ་པའི་ཁང་པའི་ཧོར་གཞུའི་ཀ་བའི་ཏིག་སྐྱོར; གྲུ་གཟིང་གི་ཕྲོག་ནས་བབས་སའི་རྡོ་བརྩིག་གམ་ཡང་ན་སྦྱང་ལེབ་ཀྱི་གྲུ་ཁ; གྲུ་ཁ;

697 Pierce, *v.t.* ཐིགས་པ; ཨི་ཁྲང་འཐིགས་པ; ཐིག་པ;

698 Piercing, *a.* ཚ་ལྷང་ལྷང; སྐད་ཡིན་ན་སྙིང་ཚ་ལྷང་ལྷང; གཟེར་གྲུང་གྲུང;

699 Piercingly, *ad.* ཚ་ལྷང་ངེར; གཟེར་གྲུང་ངེ;

700 Pietist, *n.* ཡེ་ཤུའི་ཆོས་ལུགས་འཛིན་མིའི་གྲལ་ནས་ཛར་མན་ཡུལ་དུ་བྱུང་བའི་སྡེ་ཞིག; ཆོས་པ་གདུང་ཤུགས་ཆེ་ཐལ་ཅན;

701 Piety, *n.* ཆོས་སེམས; དགེ་སེམས;

702 Pig, *n.* ཕག་པ; (of metal ཟངས་ལྕགས་སོགས་ཀྱི་དུམ་བུ);

703 Pigeon, *n.* ཕུག་རོན;

704 Pigment, *n.* ཚོན་རྩི; ཚོན;

705 Pigmy, *n.* མིའུ་ཐུང;

706 Pike, *n.* མདུང; མཚོན་ཆ་མདུང; ཡང་ཉའི་རིགས་ཞིག་ཀྱང་ཡིན;

707 Pikestaff, *n.* མདུང་ཤིང; མདུང་གི་ཡུ་བ;

708 Pilaster, *n.* ཀ་བ་གྲུ་བཞི་པ; རྡོ་རྩིག་གི་ཀ་བ་གྲུ་བཞི་པ;

709 Pile, *n.* ཕུང་པོ; སྤུང; *v.t.* སྤུང་ནས་འཛོག་པ;

710 Piles, *n.* ཁྲག་སྐྲང་འབབས་ཀྱི་ནད; གསང་གནས་ནས་ཁྲག་འབབ་པའི་ནད;

711 Pilfer, *v.i.* ཀུ་མ་ཀུ་བ་ཡིན་པ་ལ་ཅ་ལག་ཆུང་ཆུང་ཀུ་བ;
ཀུ་ཐུན་རྒྱབ་པ;

712 Pilferer, *n.* ཀུ་ཐུན; ཀུན་ཆུང;

713 Pilgrim, *n.* གནས་སྐོར་པ;

714 Pilgrimage, *n.* བསྐྱི་གནས; གནས་མཆོག; (གནས; Collql.)

715 Pill, *n.* རིལ་བུ;

716 Pillage, *n.* ཀུ་ཕྲོག; ཨར་ཇག; འཕྲོག་བཅོམ;

717 Pillager, *n.* ཇག་པ; འཆོམ་ཀུན;

718 Pillar, *n.* ཀ་བ;

719 Pillion, *n.* ཁྲོ་གའི་རྒྱབ་ལ་སྐྱེ་དམན་ཞོན་སའི་རྟ་སྒའི་འབོལ་
གདན་རེའོ;

720 Pillory, *n.* ཉག་ཅན་གྱི་སྒོ; ཉག་ཅན་ལ་གཡོག་པའི་ཤིང་གི་སྒོ་
ལ་ཟེར;

721 Pillow, *n.* སྔས་འབོལ; སྔས; མགོ་སྔས; དབུ་སྔས;

722 Pilot, *n.* གྲུ་གཟིངས་སོགས་ཀྱི་ལམ་རྒྱུས་མཁན; གྲུ་གཟིངས་ཀྱི་
ཁ་ལོ་པ;

723 Pimple, *n.* ཤུ་བ; ཐོར་པ; ཤུ་ཐོར;

724 Pin, *n.* ཁབ་གཟེར་མགོ་མ; ཁབ་གཟེར; གཟེར་ཆུང;

725 Pincers, *n.* ཀམ་པ; སྐམ་པ; (སྐྱས་འཛབ; Sik. & Bhut.)

726 Pinch, *v.t.* སེན་ཐོག་རྒྱབ་པ; ཤ་བཙུས་རྒྱབ་པ; (*n.* མཛུབ་མོ་དང་
མཐེ་བོང་གཉིས་ཀྱི་བར་དུ་ཚུད་པའི་རྫས་པ་ཐུན་གཅིག;

727 Pinchbeck, *n.* ཟངས་ཀྱི་ཆ་ལྔ་དང་དིག་ཚ་ཆ་གཅིག་བསྲེས་པའི་ལི; ལི;

728 Pincushion, *n.* ཁབ་གཟེར་བཞག་སའི་འབོལ་གདན;

729 Pindari, *n.* སྔོན་དུས་རྒྱ་གར་དུ་དར་བའི་འཆོམ་ཀུན་པའི་མི་སྡེ་ཞིག;

730 Pindaric, *n.* སྔོན་གྲིག་གི་རྩོམ་པ་པོ་པིན་ཌར་ཞེས་པར;

731 Pine, *n.* ཐང་ཤིང་; སྒྲོན་མེའི་ཤིང་;

732 Pinion, *n.* ཤོག་སྒྲོ; ཤོག་རྩེ; ལྗུགས་སྒྲོག; *v.t.*

733 Pink, *n.* མེ་ཏོག་གི་རིགས་ཞིག; དམར་སྐྱའི་མདོག;

734 Pinnace, *n.* གྲུ་ཆུང;

735 Pinnacle, *n.* ལྷ་བརྩུགས; ལྟོག; རི་རྩེ; ཁང་གཟུག;

736 Pint, *n.* ཤེལ་དམ་གྱི་ཚད་བྱེད་ཀ;

737 Pioneer, *n.* སྔོན་དུ་འཐིང་མཁན; སྔོན་འགྲོད་པ; ལམ་སྟོན་པ;
སྔ་འཁྲིད; དམག་མི་སྔོན་དུ་ཕྱིན་ནས་ལམ་བཟོ་མི;

738 Pious, *a.* དགེ་སེམས་ཅན; ལྷ་ཆོས་ཅན; ཆོས་སེམས་ཅན;

739 Piously *ad.* དགེ་སེམས་བྱས་ཏེ; བསམ་པ་རྣམ་དག་གིས;
བསོ་པ་ཉིད་པར་དག་པར;

740 Pip, *n.* (ཤིང་འབྲས་ཀྱི་ནང་རྡས; Sik.) (ཤིང་ཐོག་གི་འབྲས་བུ);
བྱ་ཉིས་ཀྱི་ནད;

741 Pipe, *n.* གླིང་བུ; གང་ཟག;

742 Pipkin, *n.* རྫ་སྣོད; རྫ་མ་ཆུང་ཆུང;

743 Piquancy, *n.* ཁ་ཚ་བའི་རོ; ཉོ་བ་ཉིད;

744 Piquant, *a.* ཉེ་བོ; ཉེན་པོ; དང་ཁ་འབྱེད་པོ; ཚ་བའི་རོ་ལྡན;
བྲོ་བ་ཁ་ཚ་བོ;

745 Pique, *v.t.* ཞེ་ཐོག་སྦྱིན་པ; (*n.*) ཞེ་ཐོག; འཁོན; སྙིང་སྨན;
འཁོན་འཛིན;

746 Piracy, *n.* རྒྱ་མཚོའི་ནང་དུ་གྲུ་གཟིངས་ཀྱི་ཇག་འཚོས;

747 Pirate, *n.* གྲུ་གཟིངས་ཀྱི་ཇག་པ; རྒྱ་མཚོའི་འཚོས་ཀུན;

748 Pisces, *n.* ཁྱིམ་བཅུ་གཉིས་ཀྱི་ནང་ནས་ཉའི་ཁྱིམ;

749 Pismire, *n.* འབུ་གྲོག་མའི་མིང་;

750 Pistashio, *n.* (Hindi) པི་སྟཱ; ཤིང་འབྲས;

751 Pistol, *n.* མེ་མདའ་ཆུང་ཆུང་;

752 Piston, *n.* སྨྱུབ་མདའ;

753 Pit, *n.* དོང་; ཛ་དོང་; ས་དོང་;

754 Pitch, *n.* རཱ་གོན; (Hindi) བཀྲག་རྩི་ནག་པོ; རྒྱངས; མདའ་རྒྱངས; སྐད་རྒྱངས; ཚོན་རྩི་ནག་པོ; མཐོ་དམའི་ཚད;

755 Pitcher, *n.* བུམ་པ་སྐྱེ་རིང་; ཆུ་སྣོད; ཛ་སྣོད; ཟོ; ཟོ་ལག;

756 Pitchy, *a.* བཀྲག་རྩི་ནག་པོ་ལྟར་གནག་པ; མཐོ་དམའི་ཚད་ལྡན;

757 Piteous, *a.* སྙིང་རྗེའི་ཡུལ་གྱུར; ཉམ་ཐག་པོ; སྙིང་རྗེ་འོས;

758 Piteously, *ad.* ཉམ་ཐག་པའི་ཚུལ་བཅས; སྙིང་རྗེ་རྗེ་ལྟར;

759 Pitfall, *n.* ཛབ་དོང་; འདེབ་དོང་; རྫུས་བཀབ་པའི་ས་དོང་;

760 Pith, *n.* སྙིང་པོ; ཤིང་གི་ནང་ཆའི་དུང; རུས་ཆ; ཀང; སྟོབས;

761 Pithily, *ad.* སྙིང་པོ་ཡོད་པ་བྱེད་དེ; སྙིང་པ་ཅན་དུ་གྱུར་ཏེ;

762 Pithy, *a.* བཅུད་ཆེན; སྙིང་པོ་ཅན; བཅུད་ཅན; སྟོབས་བསྐྱེད་པའི;

763 Pitiable, *a.* ཉི་ཐག་པོ; སྙིང་རྗེ་བ; ཁུ་ཐུག་པོ; སྙིང་རྗེ་རྗེ་འདྲ་པོ; སྙིང་རྗེ་འོས;

764 Pitiful, *a.* སྙིད་རྗེ་ཅན; སྡུག་བསྔལ་ཅན;

765 Pitifully, *ad.* སྙིང་རྗེ་ཅན་བྱེད་དེ; སྙིང་རྗེ་དང་ལྡན་པར;

766 Pitiless, *a.* སྙིང་རྗེ་མེད་པ;

767 Pitilessly, *ad.* སྙིང་རྗེ་མེད་པར;

768 Pittance, *n.* སད་སུད་ཙམ་ཞིག; གསོལ་རས་སོ་སོགས་ཕྲན་བུ་ཞིག;

769 Pitted, *a.* དོང་ཆུང་རྡུར་རེ་བ; དོང་ཆུང་དུམ་ཁེངས་པ;

770 Pity, *n.* སྙིང་རྗེ;

771 Pityingly, *ad.* སྙིང་རྗེ་བྱས་ནས; སྙིང་རྗཻ་ནས;

772 Pivot, *n.* ལྟེ་བ; ལྟེ་ཤིང; འཁོར་ལོའམ་རང་འཐག་གི་ལྟེ་ཤིང;

773 Placability, *n.* དགོངས་པ་ཡངས་སུ་ཆོག་པའི་ཚུལ; ཞི་བར་འགྱུར་
རུང་བའི་ག་ཤིས;

774 Placable, *a.* དགོངས་པ་ཡངས་ཆོག་ཆོག;

775 Placard, *n.* པར་ཤོག; སྒྲ་སྒྲོགས་བྱེད་ཀྱི་པར་ཤོག; གཏཾ་སྒྲོགས་
བྱེད་ཀྱི་པར་ཤོག;

776 Place, *n.* ས་ཆ; གནས;

777 Placenta, *n.* ཤ་མ;

778 Placid, *a.* ཞི་བ; བཟོད་ལྡན;

779 Placidly, *ad.* ཞི་བར;

780 Plagiarism, *n.* གཞན་གྱི་ཡི་གེ་སོགས་བརྐུས་ནས་བདག་གི་ཡིན་
ཞེས་བརྗོད་པའི་བྱ་བ་ལ་ཟེར;

781 Plagiarist, *n.* གཞན་གྱི་ཡིག་བརྐུས་ནས་ངོམ་མཁན;
གཞན་གྱི་ཡིག་ཁྲིང་སོར་ཀུ་མཁན;

782 Plagiary, *n.* གཞན་གྱི་ཡིག་བརྐུས་ནས་རང་གི་ཡིན་མདོག་ཁ་པོ་
བྱེད་མི;

783 Plague, *n.* ལྷོག་པ; གཉན་ནད; ཡམས་ནད; གཉན་ལྷོག;

784 Plaid, *n.* གཟན; (གཡང་ལུས; Sik.); (བཀབ་ནེ; Bhut.).

785 Plain, *a.* སྐྱ་མོ; བཟོ་བཅོས་མེད་པ; མདོག་ཧྲང་པོ་མིན་པ;
སྐྱ་བོ; *n.* ཐང;

786 Plainly, *ad.* བཟོ་བཅོས་མེད་པ་བྱེད་དེ; གསལ་བར; དག་པར;

787 Plainness, *n.* སྐྱ་ཚུལ; སྐྱ་ལུགས; སྐྱ;

788 Plaint, *n.* སྐྱོ་སྨྲ; སྐྱོ་བའི་ལོ་རྒྱུས; སྙན་ཞུ; སྨྲེ་ངག;
མྱ་ངན་གྱི་སྨྲེ་ངག;

789 Plaintiff, *n.* ཞུན་བདག;

790 Plaintive, *a.* སྐྱོ་མོ; སྐྱོ་བའི་སྨྲེ་ངག་བཅས་ཏེ;

791 Plaintively, *ad.* སྐྱོ་མོར; སྐྱོ་མདོག་ཁ་པོ་བྱས་ཏེ; སྐྱོ་བའི་སྨྲེ་ངག་
དང་བཅས་ཏེ;

792 Plait, *n.* (ལྷུང་ཕྲས; Sik.) ལྷུང་ལོ;

793 Plan, *n.* བཟོ་རིས; བཟོ་འི་དཔེ་རིས;

794 Plane, *a.* འཁོད་སྙོམས་པོ;

795 Planet, *n.* གཟའ;

796 Planetary, *a.* གཟའ་ཡི་སྐོར་གྱི; གཟའི;

797 Plank, *n.* སྤང་ལེབ; (ཨན་འདར; Sik.).

798 Plant, *n.* སྡོང་བུ; ཤིང་ལྗུང; ཤིང་སྡོང་ཆུང་ཆུང;
v.t. ཤིང་སྡོང་འཛུགས་པ;

799 Plantain, *n.* ཤིང་འབྲས་སྐྱེད་སྡོང;

800 Plantation, *n.* ཞིང་ཁ; ཞིང;

801 Planter, *n.* ཞིང་ཁའི་མགོ་བྱེད; ཞིང་ལས་པ; སོ་ནམ་པ;

802 Planting, *n.* ཤིང་འཛུགས་པའི་ལས;

803 Plash, *n.* འདམ་ཁུ; འདམ་རྫབ; འདམ་མཚོ; ཕུར་བ;

804 Plasm, *n.* ལུ་པར;

805 Plasma, *n.* སྤྲིག་ཆར་གྱི་ས་བོན; ཅལ་རྡོ་ཁ་མདོག་ལྗང་ཁུ་ཤེལ་ལྟར་
དྭང་བ་ཞིག་ལ་ཟེར;

806 Plaster, *n.* འདམ་ཤག ; རྡོ་ཞོ་དང་བྱེ་མ་དང་ཆུ་བྲུས་སྦྱོར་བའི་ཞལ་བ ; ཙ་ཞི་དང་བྱེ་མ་བསྲེས་པའི་ཞལ་ལ ; (Collql.). འདམ་བག ;

807 Plastering, *n.* འདམ་ཞུར ; ཞལ་བའི་ངོས་འཇམ་པོ་བཟོ་བའི་བྱ་བ ;

808 Plastic, *a.* སྤྲ་ཚིལ་དྲིན་མོ་ལྟར་སླ་ཞིང་མཉེན་མོ་ཡོད་པ ; ཡུ་གླུག་ཏུ་ཡོད་པ་བཟོ་བཅོས་སུ་ཉན་པ ;

809 Plastron, *n.* ལྷང་ཁྲབ་ཀྱི་བྲང་ཁེབས ; སྐྱེ་དམན་གྱི་གོས་ནས་ཐོ་ཁེབས་དེ་ལ་ཟེར ;

810 Plat, *v.t.* སྤྲུས་མ ; ལྷས་པ ;

811 Plate, *n.* ཤོག་ལེབ ; ལེབ ; སྡེར་མ ;

812 Plateau, *n.* ས་ཁག་མཐོ་བའི་ཐང་དཔེར་ན་བོད་ཡུལ་ལྟུ ;

813 Platform, *n.* སྟེགས ; (རྒྱབ་ལྟག ; ཏྃ ; Sik.)

814 Platinum, *n.* ཚ་ཟང ; རིན་པོ་ཆེའི་བྱེ་བྲག་མདོག་དངུལ་ཇི་ལྟ་བུ་ཞིག ལ་གསེར་ལས་རྩ་ཆེ་བ་ཞིག ;

815 Platitude, *n.* ཚོ་མེད ; སྙིང་པ་མེད་ཚུལ ; བྲོ་བ་མེད་པ ;

816 Platonic, *a.* རིག་པའི་དབྱིངས་ཀྱི་རིག་པའི ; པེ་ལེ་ཊོ་ཞེས་སྟོན་དུས་སྔོག་པའི་སྟོན་པ་ཞིག་ཞིག་བྱུང་བ་དེ་ལྟ་བུ ; གློ་གྲོས་ཀྱི ;

817 Platter, *n.* གཞོང་པ ; སྡེར་མ་ཆེན ;

818 Plaudit, *n.* བསྟོད་པ ; བསྔགས་པ ; རྫེད ;

819 Plausibility, *n.* ཡིན་མདོག་ཁ་ལུགས ;

820 Plausible, *a.* ཡིན་མདོག་ཁ་པོ ;

821 Play, *v.i.* རྩེད་མོ་རྩེ་བ ; ཀུ་རེ ; རྩེད་མོ ;

822 Playfellow, *n.* རྩེ་གྲོགས ; རྩེད་མོ་རྩེ་གྲོགས ;

823 Playful, *a.* རྩེད་མོ་རྩེ་དད་མཁན;

824 Playfully, *ad.* ཀུ་རེའི་ཚུལ་དུ; རྩེད་མོའི་ཚུལ་དུ;

825 Playfulness, *n.* རྩེད་མོ་རྩེ་འདོད;

826 Playhouse, *n.* རྩེད་ཁང;

827 Playmate, *n.* རྩེད་གྲོགས;

828 Plaything, *n.* རྩེད་མོའི་ཅ་ལག;

829 Playwright, *n.* རྩེད་མོ་བཟོ་མཁན; (རྩེད་སྣ་མཁན; Bhut.)
ཟློས་གར་མཁན; ཟློས་གར་གྱི་བསྟན་བཅོས་རྩོམ་པ་པོ;

830 Plea, *n.* ཞུ་བ; ཁ་འདོགས་ས; སྐད་བདགས་ས;

831 Plead, *v.i.* ཞུ་བ; ཞུ་འབུལ་བྱེད་པ; ཞུ་བ་འདྲེན་པ;

832 Pleader, *n.* ཞུ་བ་པོ; ཁ་མཁན; ཁ་ཚབ;

833 Pleadings, *n.* སྙན་ཞུ; ཞུ་བ;

834 Pleasant, *a.* སྐྱོ་པོ; ཉམས་དགའ་པོ;

835 Pleasantly, *ad.* སྐྱོ་མོར; ཉམས་དགའ་བཞིན;

836 Pleasantness, *n.* སྐྱོ་ཚུལ; ཉམས་དགའ; སྐྱོ་བ;

837 Pleasantry, *n.* ཀུ་རེ; རྩེད་མོ; ཁ་ལས; (ཞལ་རྒྱུ; སྐུ་རྩེད; Hon.)

838 Please, *v.t.* སེམས་དགའ་སྦྱིན་པ; དགའ་བ་སྐྱེད་པ;

839 Pleasing, *a.* ཡིད་ཆོམ་པོ; སེམས་དགའ་མོ; བདེ་མོ;
ཡིད་སིམས་པ;

840 Pleasurable, *a.* བདེ་བ་སྐྱེད་ནུས;

841 Pleasure, *n.* དགའ་སྐྱོ; དབང་པོ་ཆོམ་བྱེད;

842 Plebeian, *a.* དམངས་ཕལ་པའི; རིགས་དམན་པའི;

843 Pledge, *n.* གཏའ་མ;

844 Pleiades, *n.* སྐར་མ་སྨིན་དྲུག;

845 Plenary, *a.* ཡོངས་རྫོགས ; ཚང་མ ;

846 Plenipotentiary, *n.* ཕྱི་བློན་གཏམ་ཐག་ཆོད་པའི་རིགས ; འགན་ལེན་པ ;
ཕྱི་བློན་དོན་གཅོད་པ ;

847 Plenish, *v.t.* སྒྲུབ་པ ; སྒྲིག་པ ; གྲ་སྒྲིག་པ ;

848 Plenitude, *n.* རྒྱས་ཚུལ ; གང་ཚུལ ;

849 Plenteous, *a.* འབོལ་པོ ; མོད་པོ ; ཕོན་ལྡན ; ཕོན་ཆེ ;

850 Plenteousness, *n.* འབོལ་ཚུལ ; འབོལ་ཁྱུང ;

851 Plentiful, *a.* འབོལ་པོ ; འབོལ་ཐག་ཆོད ;

852 Plentifully, *ad.* འབོལ་པོར ; འབོལ་ཤིག་གེར ;

853 Plenty, *n.* མང་པོ ; འབོལ་པོ ; (འཛོག་དོ ; Collql.) ཕོན་ཆེ ;

854 Pleonasm, *n* ཚིག་གི་ལོ་མ་རྒྱས་ཚུལ ; རྒྱས་བཤད ;

855 Plethora, *n.* ཁྲག་རྒྱས་པ ; རྒྱས་པ ; བདོ་བ ;

856 Plethoric, *n.* ལུས་ཀྱི་སྐྱོད་ལམ་རྒྱས་པོ ; རྒྱས་དྲགས་པས་མནར་བ ;

857 Pleura, *n.* གློ་བའི་བར་བཅད་དར་མ ;

858 Pleurisy, *n.* གློ་བའི་ཚད་འབར་གྱི་ནད ; གློ་བའི་དར་མ་ལ་ཚད་པ
ལྡང་བ ;

859 Pliability, *n.* མཉེན་ལྕུག ;

860 Pliable, *a.* མཉེན་པོ ; འགུག་བསྐྱང་བྱེད་དུ་ཡོད་པ ;

861 Pliableness, *n.* མི་ལ་ཡིན་ན་ཁ་ད་བྱེད་བདེ་པོ ; བསྐུལ་བདེ་པོ ;
བསྐུ་ལ་བཙུག་བདེ་པོ ; འཆུན་བདེ་བ ;

862 Pliancy, *n.* ཁ་ལོ་འཆུན་ཁྱུང ; བསྐུལ་བཙུག་བདེ་པོ ; འཆུན་བདེ་ཁྱུང ;

863 Pliant, *a.* ཁ་ལོ་འཆུན་པོ ;

864 Plicate, *a.* རླུང་གཡབ་ལྟར་བསྡུས་ནས་ཡོད་པ ;

865 Pliers, *n.* སྐམ་པ ; ཐམས་འཛབ ; Collql. ཀམ་པོ་འཛབ་རྩེ ;

866 Plight, *n.* ཚུལ་; འཁོས་ཀ་; ཁ་འཁོས་; ཁ་ཐབས་;

867 Plight, *v.t.* ལྷས་མ་རྒྱབ་པ་;

868 Plod, *v.i.* ག་ལེ་ག་ལེར་འགྲོ་བ་; དལ་བུར་འགྲོ་བ་;

869 Plodding, *a.* འབད་པས་འགྲོ་བའི་;

870 Plot, *n.* ཐབས་; གཡོ་; འཕྲུལ་; (*n.*) ས་ཚ་;

871 Plotter, *n.* ཐབས་སློག་མཁན་; གཡོ་འཕྲུལ་གཡོཾ་མཁན་;

872 Plough, *n.* གླང་རྨོས་; རྨོས་ལྕུར་; *v.t.* གླང་རྨོས་རྒྱབ་པ་;
ཁྲུ་སློག་པ་; རྨོན་པ་རྒྱབ་པ་; རྨོ་བ་;

873 Ploughable, *a.* རྨོས་སུ་རུང་བ་;

874 Ploughman, *n.* རྨོ་མཁན་; བརྨོས་མཁན་; རྨོན་མཁན་པ་;

875 Ploughshare, *n.* ཐོང་ལྕུར་; གཤོལ་ལྕུར་;

876 Plover, *n.* ཚུ་བྱ་; འདམ་བྱ་;

877 Pluck, *v.t.* གདོག་པ་; འབལ་བ་; བཤུ་བ་;

878 Plug, *n.* སྐུབ་བྱེད་; འགེགས་བྱེད་; འགོག་བྱེད་; (of tobacco)
རྡོབ་ཐག་ཐ་མ་ཁ་ཁམ་གཅིག་;

879 Plum, *n.* ཤིང་ཐོག་;

880 Plumage, *n.* སྒྲོ་; སྤུ་སྒྲོ་;

881 Plumb, *n.* ཚོང་ཐིག་གི་རྡོ་; ཞ་ཉེའི་ཚོང་རྡོ་;

882 Plume, *n.* སྤུ་སྒྲོ་; སྒྲོ་;

883 Plummet, *n.* ཞ་ཉེའི་ཆུའི་གཏིང་གཞལ་རྒྱུའི་གཏིང་རྡོ་;

884 Plump, *a.* ཉམས་རྒྱགས་པ་; བརྗིད་ཆེན་པོ་; བདས་པ་; ལུས་བདས་པ་;

885 Plumply, *ad.* ཐ་གསང་དང་གྱུ་གྱུ་སོར་མེད་པར་ཁ་གསལ་པོ་བྱེད་དེ་;
རྡོག་གིས་;

886 Plunder, *v.t.* བཅོམ་པ་; འཕྲོག་པ་; (*n.*) རྐུགས་;

887 Plunderer, *n.* འཆོམ་པོ; ཇག་པ; འཆོམ་པ་པོ; འཕྲོག་པ་པོ;

888 Plunge, *v.t.* ཕྱུག་ཀྱིས་འཛིན་པ; ཆུར་བཙུག་པ;

889 Pluperfect, *a.* འདས་པའི་དུས་ཀྱི་གོང་གི་དུས་བྱུང་བ;

890 Plural, *a.* ཁ་གྲངས་དུ་མ; གཅིག་ལས་མང་བ; མང་ཚིག;

891 Plurality, *n.* གྲངས་དུ་མར་མཆིས་པའི་ཚུལ;

892 Ply, *v.t.* འབད་བརྩོན་བྱེད་པ; འབད་པ; བརྩོན་པ;

893 Pneumatic, *a.* རླུང་གིས་བསྐྱུལ་བའི; རླུང་གི་སྐོར་གྱི;

894 Pneumatics, *n.* རླུང་གི་སྐོར་གྱི་རིག་གནས;

895 Poach, *v.t.* (Eggs) སྒོ་ང་ཆུ་ཚན་ལ་འཚོད་པ;
(Game) གཞན་གྱི་རྒྱ་ནང་བསྐོར་ནས་བཞག་པའི་རི་
དྭག་ཀུ་བ; གཙག་པ; གསོད་པ; (to stab).
གཙོག་པ;

896 Pock, *n.* སྐྲང་འབུར; ཕྱུ་ཕྲོར;

897 Pocket, *n.* སྦ་ཁུག; ཨམ་པག;

898 Pockmark, *n.* ཕྱུ་བའི་རྗེས;

899 Pod, *n.* སྲན་མ་ལྷ་བུའི་ས་བོན་གྱི་ཕྱུབས་བྱས་པའི་འབྲས་བུ་
དེའོ; གང་བུ;

900 Poem, ཚིག་སུ་བཅད་པའི་བརྩམས་པ; ཚིགས་བཅད;

901 Poesy, *n.* ཚིག་སུ་བཅད་པ་རྩོམ་པའི་རིག་གནས; ཚིག་བཅད;

902 Poet, *a.* རྩོམ་པ་མཁན་པོ; སྙན་ངག་མཁན;

903 Poetess, *n.* རྩོམ་པ་མཁན་མོ; སྙན་ངག་མཁན་མོ;

904 Poetic, *a.* ཚིག་བཅད་ལྟུ;

905 Poetical, *a.* སྙན་དག་ལྟུ;

906 Poetically, *ad.* སྙན་ཚིག་ཏུ; ཚིགས་བཅད་དུ;

907 Poetry, *n.* ཚིགས་བཅད; སྙན་ངག;

908 Poignancy, *n.* ཏ་ཙང་ཟུག་གཟེར་བཀོད་པའི་ནུས་པ;

909 Poignant, *a.* ཏ་ཙང་ཚ་པོ; ཚ་བེར་རེ་བ; ཚ་བེར་ཅན;

910 Point, *n.* རྩེ;

911 Pointed, *a.* རྩེ་སྣུང་ཅན; རྩེ་རྣོ་པོ; རྩེ་རྣོན་པོ;

912 Pointedly, *ad.* རྣོ་པོ་བྱེད་རེ; ཟུར་དཔག་སྟེ; ཟུར་ཟ་དང་བཅས་ཏེ;

913 Pointer, *n.* ཤ་ཁྱི;

914 Pointing, *n.* རྩེ་སྣུང་རྣོད་བདར་བའི་ལས;

915 Poise, *v.t.* སྙེད་པ་ནས་བཟུང་སྟེ་བསྒྲིང་བ; ཇིད་སྨོས་པོར་བཟུང་བ;
འགྲོག་པའམ་ཀྲིགས་པ;

916 Poison, *n.* དུག;

917 Poisoner, *n.* དུག་མཁན;

918 Poisonous, *a.* དུག་ཅན;

919 Poke, *n.* གཙག་པ;

920 Poker, *n.* མེ་དཀྲུག་ཀྲུའི་ལྕར་དབྲུག; མེ་དཀྲུག; མེ་དཀྲུག་བྱེད;

921 Poking, *a.* ཏ་ཙང་གྲུས་རྩུལ; བྲན་གྱི་རྩུལ་ལྟུ;

922 Polar, *a.* འཛིག་རྟེན་འདིའི་བྱང་དང་ལྷོ་འི་མཐའམ་ཙ་རྩེའི་ཉེ་
འདབ་ཀྱི;

923 Pole, *n.* འཁར་རྐྱག་རིང་མོ; འཁར་བ; འཛིག་རྟེན་གྱི་ལྷོ་
བྱང་གི་མཐའ;

924 Polemic, *a.* གབ་ལྷོག་ཅན; རྩོད་ལན་ལྷོག་ཚིག;

925 Polecat, *n.* སྲེ་མོང་ལྟའི་གཙན་གཟན་ཆུང་བ་གཅིག;

926 Polemic, *n.* རྩོད་པ; ཆོས་རྩོད་ཀྱི་རྣམ་ཐར; རྩོད་པ་པོ;

927 Police, *n.* པུ་ལི་སི; ཁྲིམས་སྐྱུང་དམག་མི; སྐོར་ལྟུག་པ;

928 Policeman, *n.* པུ་ལི་སི་ཤུ་པ་ཡི;
(Hindustani word, used in Sik. and Bhut.)

929 Policy, *n.* སྲིད་པ་བསྲུང་བའི་ཤེས་བྱ་རིག་གནས;
རྡོ་རྡི་བྱེད་པའི་ཐབས་འཕྲུལ;

930 Polish, *v.t.* འཇམ་རྒྱབ་པ; བདར་བ;

931 Polite, *a.* ངག་འཇམ་པོ; ཞེ་ས་ཅན; ཞེ་ས་དང་བཅས;

932 Politely, *ad.* ཞེ་ས་དང་བཅས་ཏེ;

933 Politeness, *n.* ཞེ་ས;

934 Politic, *a.* རྒྱ་ཕུར་མཐོང་པོ; མཐའ་ཕུར་བརྟག་མཁས་པོ;

935 Political, *a.* རྒྱལ་ཁབ་གི་རྩིས་གཞིའི; གཞུང་དོན་གྱི;

936 Politically, *ad.* གཞུང་དོན་གྱི་བྱ་བ་ལྟར་ན;

937 Politician, *n.* གཞུང་དོན་དང་རྒྱལ་ཁབ་གི་གཡོ་ཐབས་ཅན;

938 Politics, *n.* རྒྱལ་ཁབ་གི་མཐའ་དོན་གྱི་ལས;

939 Polity, *n.* ཞི་བའི་སྡེ;

940 Poll, *n.* གཞུང་ཐོག་ཏུ་མི་གྲངས་མིང་དང་བཅས་པའི་དེབ་ཐོ;

941 Pollen, *n.* མེ་ཏོག་གི་ནང་ན་ཕྲེ་མ་ས་བོན་གྱི་ཐིག་ལེའོ;

942 Pollute, *v.t.* བཙོག་པ་བྱེད་པ;

943 Pollution, *n.* བཙོག; སྒྲིབ;

944 Poll, *n.* རྒྱ་སྐར་གྱི་གྲངས་ནས་སྐར་མ་གཅིག་གི་མིང;

945 Polo, *n.* རྟ་པས་རྟ་ཐོག་ནས་བརྩེ་རྒྱུའི་རྩེད་མོ་ཞིག;

946 Poltroon, *n.* [illegible]; (ཊི་མི་ནས; Sik.) སྙིང་རྩལ་པོ;
ཁྲག་མེད་པོ;

947 Polyact, *adj.* འོད་ཟེར་དུ་མ་དང་ལྡན; འོད་ཟེར་མང་པོ་ཡོད་པ;

948 Polyandry, *n.* སྐྱེ་དམན་གཅིག་ལ་ཁྱོ་ག་མང་པོ་བསྟེན་ཚོག་པའི་སྲོལ;

949 Polycarpic, *n.* ཤིང་སྡོང་ཪྩ་ཡང་ན་སྡོ་ལྕམ་ལོ་གཅིག་ལ་ཤིང་འབྲས་ལན་མང་དུ་གདགས་པའམ་ཡང་ན་ལོ་མང་པོའི་རིངས་གདགས་པ;

950 Polycracy, *n.* གོང་མ་མང་པོས་དབང་སྒྱུར་བའི་སྲོལ;

951 Polygamist, *n.* བཟའ་ཚོ་མང་པོ་སྡེན་མཁན;

952 Polygamy, *n.* ཚུང་མ་མང་པོ་བླང་རྩུང་བའི་ཁྲིམས་སྲོལ;

953 Polyglot, *n.* སྐད་རིཊ་མི་གཅིག་པ་སྣ་ཚོཊ་ཤེས་མཁན;

954 Polygon, *n.* རི་མོ་ལེབ་ངོས་སུ་གྲུ་ཟུར་མང་པོས་བསྐོར་བ;

955 Polynesia, *n.* མཚོ་གླིང་གཅིག་གི་མིང;

956 Polyp, *n.* སྲོག་ཆཊ་ལུས་དང་ཚུང་སྦུ་ག་ཏ་རེ་བ; མགོ་བོ་དེ་བཞིན་སྣ་ཟེང་ངེ་ཡོད་པ་དཔེར་ན་འབུ་ཏེ་སྲིན་བུ;

957 Polysyllable, *n.* སྒྲ་དུ་མ་ལྡན་པའི་མིང་ཚིག;

958 Polytheism, *n.* དགོག་གམ་ལྷ་མང་པོ་ཡོད་པར་འདོད་པའི་གྲུབ་མཐའ;

959 Polytheist, *n.* ལྷ་མང་པོར་འདོད་པའི་གྲུབ་མཐའ་ཅན;

960 Polytheistic, *a.* ལྷ་མང་པོར་འདོད་པའི་གྲུབ་མཐའི་སྐོར་གྱི;

961 Pomade, *n.* མགོ་སྐྲ་གྱི་ཚབ་དུ་ཚོལ་གྱི་བྱུག་པ་ཞིག;

962 Pomegranate, སེ་འབྲུ;

963 Pommel, *n.* སྒའི་སྤོ་རུ;

964 Pomp, *n.* བཏམ་སིང; { Sik. ཇིག་མདོག;} ཟིལ; གཡེར; གཟི་བརྗིད; ཉམས;

965 Pompom, *n.* མེ་སྒྲོཊ་རྩེའུ་ཚུང་ངུ་མགྲོཊ་པར་འཕང་པ་ཞིག;

966 Pomposity, *n.* བཏམ་བརྗིད; གཟི་བརྗིད; ཟིལ; ཉམས;

967 Pompous, *a.* བཏམ་སིང་ཅན; གཡེར་པོ; (ཉམས་སང་ཅན; Sik.).

968 Pompousness, *n.* ཇོ་ཚུལ; (ཇིག་མདོག; Sik.) ངོམ་འདོད;

969 Pond, *n.* རྫིང་; ལྟེང་ཀ; ཤུང་སྐྱོག (Sik.) མཚོ་ཆུང་;

970 Ponder, *v.t.* བསམ་མནོ་ལེན་པར་སྒྲོར་བ;

971 Ponderable, *a.* ལྗིད་སྲང་ལ་བཀུག་ཏུ་ཡོད་པ;

972 Ponderous, *a.* ལྗིད་ཆེན་པོ; བོང་ཆེན་པོ;

973 Poniard, *n.* གྲི་སྒྲོ་ཟུར་མ; གྲི་མགར་སོག;

974 Pontiff, *n.* བླ་ཆེན; སྤྱི་བླ; རོ་མན་ཀ་ཐོ་ལིག་པའི་བླ་མ;

975 Pontifical, *a.* བླ་ཆེན་གྱི;

976 Pontoon, *n.* གྲུ་གཟིངས་ཆུང་ཆུང་གཏིང་ལེབ་ལེབ་བྱས་པ་དམག་མིའི་ཟམ་པ་གཏང་དུས་མཁོ་བ;

977 Pony, *n.* རྟ; བོད་རྟ་འདྲ་པོ;

978 Pool, *n.* སྐྱོག་ཆུ; ལྟེང་ཀ;

979 Poop, *n.* གྲུའི་མཇུག;

980 Poor, *a.* དབུལ་པོ; བཀྲེན་པོ;

981 Poorly, *ad.* བཀྲེན་ཉམས་ཁ་པོ; དབུལ་པོའི་ཚུལ་དུ;

982 Pop, *n.* རྒྱང་གིས་འཐོན་པ; གཅིག་འབྲེལ་གྱི་སྐད་ཆ་འདོན་པ;

983 Pop, *v.t.* ཙེད་མོ་ཙེ་རྒྱུའི་མེ་མདའ;

984 Pope, *n.* སྤྱི་བླ; ཕྱི་གླིང་ཡུལ་གྱི་དབུ་བླ་ཆེ་ཤོས་རོ་མ་དུ་བཞུགས་པ་དེའོ;

985 Popery, *n.* པོབ་ཀྱི་ཆོས་ལུགས;

986 Popish, *a.* པོབ་ལྟ་བུ; ཕྱི་གླིང་རྒྱལ་ཁག་ཡོངས་ཀྱི་སྤྱི་བླ;

987 Poplar, *n.* ལ་ཁའི་ཤིང;

988 Poppy, *n.* ཐ་མ་ཁ་གསར་ཕེ་ཡའི་མེ་ཏོག་དང་འབྲས་བུ;

989 Populace, *n.* མི་དམངས;

990 Popular, *a.* མི་དམངས་དང་མཐུན་པ; ཀུན་མཐུན;

991 Popularity, *n.* མི་དམངས་ཀྱིས་བསྟོད་པ; ཀུན་དང་མཐུན་ཕྱུགས;

992 Populate, *v.t.* ཡུལ་མི་ཡིས་བཀང་བ;

993 Population, *n.* མི་ཚོགས; ཡུལ་གྱི་མི་གྲངས; མི;

994 Populous, *a.* མི་མང་པོ་ཡོད་པ; མི་ཚོགས་ཆེནོ;

995 Porcelain, *a.* དཀར་ཡོལ;

996 Porch, *n.* སྒོ་སྦྱོར;

997 Porcupine, *n.* བྱི་ཐུར; (བྱི་དུལ་མ; Sik.) གཟིག་མོང;

998 Pore, *n.* བུ་ག;

999 Pork, *n.* ཕག་ཤ;

1000 Porous, *a.* སེང་བུག་ཅན; བུ་ག་སྦྲ་མོ་ཡོད; སེབ་སེབ;

1001 Porphyry, *n.* བྲག་རྡོ་སྤོ་དམར་བྲུས་པ་ཞིག;

1002 Porpoise, *n.* རྒྱ་མཚོའི་ནང་ན་གནས་ལུས་ཉ་ཡིན་པ་ལ་མངལ་སྐྱེས་ཅན་ཕྱུགས་པ་དང་སྦྲུམ་གྱི་ཆེད་དུ་རྩས་ཆེ་བ་ཞིག་ཡིན;

1003 Porridge, *n.* ཐུག་པ;

1004 Porringor, *n.* ཟམ; (ཀ་ཊོ་ར; Hindi word).

1005 Port, *n.* གྲུ་གཟིངས་བདེ་མྱུས་སུ་འབབ་ས་ཡོད་པའི་ཆུ་འགྲོ; གྲུ་ཁ; (རྒྱན་ཆང་སྨུག་པོ; the wine) (ལུས་ཀྱི་འགྱིང་བག; of body); འགྱིང;

1006 Portable, *a.* འཁྱེར་ཐུབ་པའི; ཡང་པོ;

1007 Portage, *a.* མི་མདའ་སེར་ཁར་ཁྱོག་སྟེ་བཟུང་བ; འཁྱེར་གླ; (བདའ་གླ; transport).

1008 Portal, རྒྱལ་སྒོ་ཆུང་དུ;

1009 Porte, *n.* ཏུ་རུ་ཀའི་རྒྱལ་གཞུང་ལ་ཟེར;

1010 Portend, *v.t.* སྔ་ལྟས་སྟོན་པ;

1011 Portend, *n.* སྔ་ལྟས;

1012 Portentous, *a.* ལྟ་ལྟས་ཅན;

1013 Portentously, *ad.* ལྟ་ལྟས་སུ;

1014 Porter, *n.* སྒོ་ར་པ; (ཀུ་ལི་ Hindi) དོས་པ;

1015 Portfolio, *n.* ཡིག་ཚའི་སྣོད་སྒམ;

1016 Portico, *n.* ཁང་པའི་མདུན་ན་ཡོད་པའི་ཁྱམས;
(སྒོ་སྒྲོར; or སྒོས་སྒྲོར; Sik. Collql.) སྒོ་སྤྱི; སྒོ་སྤྱང;

1017 Portion, *n.* ཆ; དུམ་བུ;

1018 Portliness, *n.* གཟི་བརྗིད;

1019 Portly, *al.* གཟི་བརྗིད་ཅན;

1020 Portmanteau, *n.* ཀོ་སྒམ;

1021 Portrait, *n.* འདྲ་ཐང; ཐང་ཀ; བྲིས་སྐུ འདྲ་པར; འདྲ་སྐུ;

1022 Portraiture, *n.* འདྲ་ཐང;

1023 Portray, *v.t.* མིའི་གཟུགས་བརྙན་འབྲི་བ;

1024 Pose, *n.* འགྱིང; སྤྱོད་སྟངས;

1025 Poser, *n.* ཚིག་གོ་བ་དཀའ་མོ;

1026 Position, *n.* གོ་ས; སྤྱོད་སྟངས; གནས; ས་ཆ; འདོད་ཚུལ;

1027 Positive, *n.* ཡིན་པར་ཁས་ལེན་པའི; ཡིན་ལུགས;

1028 Positively, *ad.* བདེན་པར; གཏན་གཏན་བྱས་ནས;

1029 Possess, *v.t.* དབང་བ; བདོག་པ; བདག་ཏུ་བཟུང་བ;
བདག་གིར་བྱེད་པ; མངའ་བ;

1030 Possession, *n.* བདག་བཟུང; དབང་ཆ; ལག་འོག;

1031 Possessive, *a.* འབྲེལ་སྒྲ;

1032 Possessor, *n.* བདག་པོ;

1033 Posset, *n.* འོ་མ་ལ་ཚུར་སྐྱུར་རྒྱབ་ནས་ཞོ་བསྐོལ་བ; འོ་མ་ཚ་པོའི་
ནང་དུ་ཆང་བླུག་ནས་ཞོ་ཚང་བཙུག་པའི་བཏུང་བ;

1034 Possibility, *n.* ཡིན་སྲིད་ཚད ;

1035 Possible, *a.* ཡིན་སྲིད་པ ;

1036 Possibly, *ad.* ཡིན་སྲིད་དེ ;

1037 Post, *n.* གོ་ས ; གོ་གནས ; (position or appointment of) (ཀ་བ ; Pillar) བརྟེན་ཕུར ; བརྟེན་ཕུར ; ཕུར་པ ; ཀ་བ ; (མདུན་པ ; Sik.) (ཌཱཀ ; Hindi word).

1038 Postage, *n.* ཡི་གེ་ཌཱཀ་ཐོག་བཏང་བའི་གླ་ཆ ;

1039 Postage-stamp, *n.* ཌཱཀ་ཡིག་གི་ཀོག་ལ་འབྱར་རྒྱུའི་ཊི་ཀ་སི ;

1040 Post-boy, *n.* ཌཱཀ་ཡིག་སྐྱེལ་མི་ཕྲུག་གུ ;

1041 Postal, *a.* (ཌཱཀ་གི ; Hindi word Tibetanised).

1042 Poster, *n.* བྲུ་མ་ཏ ;

1043 Posterior, *a.* མཇུག་ངོས་ཀྱི ; ཀྱབ་དོག་གི ;

1044 Posteriority, *n.* མཇུག་ངོས ; ཀྱབ་དོག ;

1045 Posterity, *n.* བུ་རྒྱུད ; བཤུལ་མི ; མི་རྒྱུད ;

1046 Postern, *n.* རྒྱབ་སྒོ ; གསང་སྒོ ;

1047 Postfix, *n.* རྗེས་འཇུག ;

1048 Posthumous, *a.* ཕ་ཤི་བའི་རྗེས་སུ་སྐྱེས་པའི་བུ ;

1049 Postilion, *n.* ཤིང་རྟ་འཁོར་ལོའི་རྟའི་སྒབ་ཁ་སྒྲུར་མི ; ཤིང་རྟའི་ཁ་ལོ་པ ;

1050 Posting, *n.* ཡི་གེ་གཏོང་བ་བཞིན ;

1051 Post mortem, *a.* རོ་དྲ ; མི་ཤི་བའི་རོ་དྲས་ནས་བལྟ་ཡ་དེ ;

1052 Postpone, *vt.* དུས་ཡུན་བསྲིང་བ ; དུས་བཤོལ་བ ;

1053 Postponement, *n.* ཡུན་ཕར་འགྱངས ;

1054 Postscript, *n.* ཡི་གེའི་མཇུག་ཏུ་བྲི་བ ;

1055 **Postulant**, *n.* གསོ་ཞུ་བ་པོ;

1056 **Postulate**, *vt.* རྟོག་ཞིབ་མེད་པར་བདེན་པར་འཆའ་བ;

1057 **Posture**, *n.* འདུག་སྟངས; སྡོད་སྟངས;

1058 **Pot**, *n.* བུམ་པ; ཛ་མ;

1059 **Potable**, *a.* འཐུང་ཉན་གྱི; འཐུང་རུང་བའི;

1060 **Potash**, *n.* གོ་ཐལ; གྱི་སླིང་པོ;

1061 **Potation**, *n.* སྐོམ་སེལ; བཏུང་བའི་བྱ་བ; བཏུང་བ; (སྐྱེམས་གསོལ; སྐྱེམས; Hon.).

1062 **Potato**, *n.* ཞོ་གོག; (སྐྱི་བ; ཡི་ལིང་སྐྱིའུ; (Sik.)

1063 **Potency**, *n.* ནུས་པ; དབང;

1064 **Potent**, *a.* ནུས་ལྡན; ནུས་པ་ཅན;

1065 **Potentate**, *n.* སྟོབས་ལྡན; དབང་ཡོད་ཚད་ཡོད་ཀྱི་མི;

1066 **Potential**, *a.* དབང་ཡོད་པ; ནུས་པ་ཅན; དབང་ཆེན; ཡོད་སྲིད་པ;

1067 **Potentially**, *ad.* སྟོབས་ཀྱི་སྒོ་ནས; དབང་བྱས་ནས;

1068 **Pother**, *n.* མགོ་འཁོར་བའི་ལས; ཁྲོལ་ཟིང; འདུ་འཛི; ཀུ་ཅོ; *v.t.* མགོ་འཁོར་བཅུག་པ;

1069 **Potion**, *n.* བཏུང་རྒྱུའི་སྨན་ཚད; བཏུང་བའི་སྨན་ཐུན;

1070 **Potlid**, *n.* ཁོག་མའི་ཁ་གཅོད;

1071 **Potshead**, *n.* ཁོག་མའི་ཆག་ཀྲུག;

1072 **Pottage**, *n.* ཚོད་མ;

1073 **Potter**, *n.* ཛ་མཁན;

1074 **Pottery**, *n.* ཛ་བཟོ; ཛ་མ; ཛ་སྣོད; ཛ་མ་བཟོས;

1075 **Pouch**, *n.* ཐང་ཁུག; སྐྱིའུ;

1076 **Poultice**, *n.* སྨན་སྦྱར; སྨན་མ་ཚ་པོའི་འབྱར;

1077 Poultry, *n.* བྱ་དེ; ཁྱིམ་བྱ;

1078 Pounce, *n.* མཆོང་སྟེ་བཟུང་བ;

1079 Pound, *n.* སྤྱང; (For cattles དུད་འགྲོའི་ཀྲ་ར;)

1080 Poundage, *n.* དུད་འགྲོ་ཀྲ་རའི་ནང་ཚུད་པའི་ཆད་པ;

1081 Pounder, *n.* (ཆོས་ཕྱུད; Sik.) རྡུང་བྱེད; གཏུན; གཏུན་ཤིང;

1082 Pour, *v.t.* ལྡུད་པ; འབྱོ་བ;

1083 Pouring, *a.* འབྱོ་བ་བཞིན;

1084 Pout, *n.* ཁ་ལུག་པ; ཡིད་མི་དགའ་བ་སྟོན་བྱའི་བརྡར་མཆུ་ལུག་པ;

1085 Pouter, *n.* ཕུག་རོན་རིགས་ཤིག;

1086 Poverty, *n.* དབུལ་པོངས;

1087 Powder, *n.* ཕྱེ་མ; ཕྱེ;

1088 Powdery, *a.* ཕྱེ་ལྟུ;

1089 Power, *n.* མཐུ; སྟོབས; དབང; ནུས་པ; ཤུགས;

1090 Powerful, *a.* མཐུ་ཆེན; སྟོབས་ལྡན; དབང་ཆེན;

1091 Powerfulness, *n.* སྟོབས་དང་ལྡན་པའི་ཚུལ;

1092 Powerfully, *ad.* སྟོབས་དང་ལྡན་པོ་བྱེད་དེ;

1093 Powerless, *a.* མཐུ་མེད; སྟོབས་མེད; དབང་མེད;

1094 Practicable, *a.* ལག་ལེན་བྱེད་དུ་ཡོད་བ;

1095 Practical, *a.* ལག་ལེན་ལ་འགྲོ་བ; ལག་ལེན་ཐོག་འབྱོངས་པོ;

1096 Practically, *ad.* ལག་ལེན་ཐོག་ཏུ; དངོས་གནས;

1097 Practice, *n.* ལག་ལེན; ཉམས་ལེན; སྦྱོད་པ;

1098 Practise, *v.t.* ལག་ལེན་བྱེད་པ; སྦྱོད་པ;

1099 Practised, *a.* ལག་ལེན་མཁས་པོ; འབྱོངས་པོ;

1100 Practitioner, *n.* ལག་ལེན་བྱེད་མཁན; སྨན་ལ་ལག་ལེན་དང་ཉམས་མྱོང་ཅན;

1101 **Praetor,** *n.* སྔོན་དུས་རོ་མན་པའི་སྤྱི་དཔོན་ཀུན་སྣལ་དམག་དཔོན་བྱེད་མི་ལ་ཟེར་;

1102 **Praetorian,** *adj.* རོ་མན་པའི་ཕྲིའི་ཏོར་ཞེས་སྤྱི་དཔོན་ཆེན་པོའི་སྐུ་སྲུང་དམག་མིའི་;

1103 **Pragmatical,** *adj.* ཐེ་གཏོགས་བྱེད་འདོད་ཅན; ཐ་སྙད་ཅན; སྔ་དུས་ནམ་ཐར་དུ་བྱུང་བའི་ལོ་རྒྱུས་ལས་ཕན་གནོད་ཇི་བྱུང་ཙམ་བརྟག་འདོད་ཅན;

1104 **Pragmatism,** *n.* འདོད་ཚུལ་གང་ཡིན་རུང་དེའི་ལག་ལེན་བྱེད་ན་མི་ལ་ཕན་གནོད་ཇི་བྱུང་གི་ངོས་ནས་གཞལ་འདོད་ཅན;

1105 **Prairie,** *n.* སྤང་ཐང་རྒྱ་ཆེན་པོ;

1106 **Praise,** *n.* བསྟོད་ར; བསྟོད་པ;

1107 **Praiseworthy,** *a.* བསྟོད་འོས; བསྔགས་འོས;

1108 **Prakrit,** *n.* རྒྱ་གར་ཡུལ་དབུས་སུ་དར་བའི་སཾ་སྐྲི་ཏའི་སྐད་ཀྱི་ཟུར་ཆག་གི་ཡུལ་སྐད་དག་ལ་ཟེར; ཟུར་ཆག་གི་སྐད;

1109 **Praam,** *n.* གྲུ་ཆུང་གཞམ་ལེབ་ལེབ་བྱས་པའི་ཐོག་ཏུ་མེ་སྒྲོག་བཀལ་བ་དག་ལ་ཟེར;

1110 **Prance,** *v.i.* བང་འགྲོས་རྒྱབ་པ;

1111 **Prank,** *n.*, འཕྱག་ཚགས; སྤྲེལ་རྩེད; རྩེད་མོ; སྤྲོ་སྤྲོད; *v.t.* བརྒྱན་པ; བསྐོར་པ; ཆས་སྤྲད་པ;

1112 **Prate,** *v.i.* ཙལ་ཙོལ་སྨྲ་བ; དོན་མེད་ཀྱི་སྐད་ཆ་སྨྲ་བ;

1113 **Prating,** *n.* ཙ་ཙོ; (adj. གསང་བ་མི་ཐུབ་པར་ཤོར་འགྲོ་བའི);

1114 **Prattle,** *v.i.* བྱ་ཚའི་སྐད་ཆ་ལྷ་བུ; ཚིག་མང་དོན་ཉུང་གི་སྐད་ཆ;

1115 **Prattler,** *n.* དོན་མེད་སྐད་ཆ་སྨྲ་མཁན; བྱ་ཚ;

1116 **Prawn,** *n.* ཉ་ཤྲིག་སྲིན; ཤྲིག་སྲིན; (ཤའོ་སྨི; Chinese dried prawn).

1117 Pray, *v.i.* གསོལ་བ་བཏབ་པ;

1118 Prayer, *n.* ཁ་ཏོན; གསོལ་འདེབས;

1119 Prayerful, *a.* ཁ་ཏོན་འདོན་འདོད་ཅན; གསོལ་བ་བཏབ་བློ་ཅན;

1120 Prayerless, *a.* གསོལ་བ་མི་འདེབས་པ;

1121 Prayerlessness, *n.* གསོལ་འདེབས་མི་འདོན་པའི་ཚུལ;

1122 Preach, *v.i.* འཆད་པ; ཆོས་འཆད་པ;

1123 Preacher, *n.* འཆད་པ་པོ; དམངས་ཁར་ཆོས་འཆད་མི;

1124 Preamble, *n.* སྔོན་དུ་བརྗོད་པ; ཐོག་མར་བརྗོད་བྱ;

1125 Prebend, *n.* དཀོར་སྐལ;

1126 Prebendary, *n.* དཀོར་སྐལ་ཐོབ་པའི་བླ་ཁག;

1127 Precarious, *a.* གཏན་གཏན་མེད་པ; ཕ་རོལ་པོ་འི་བློ་དང་བསྟུན་པའི;
ངེས་ཏིག་མེད་པའི;

1128 Precariously, *ad.* ངེས་ཏིག་མེད་པར;

1129 Precaution, *n.* དོགས་ཟོན;

1130 Precautionary, *a.* དོགས་ཟོན་བྱེད་པའི;

1131 Precede, *v.t.* སྔོན་དུ་འགྲོ་བ; གདོང་དུ་འགྲོ་བ; གྲལ་མགོར་འཁོད་པ;

1132 Precedence, *n.* གྲལ་མཐོ་དམན་གྱི་གོ་རིམ; གོང་དུ་ཚུད་པའི་ཐོབ;

1133 Precedent, *a.* ཐོག་མའི་དཔེ;

1134 Preceding, *a.* སྔོན་མ; སྔ་མ; སྔོན་འགོ; གོང་དུ་ཕྱིན་པ;

1135 Precept, *n.* བཀའ་བསྒྲོས; བསླབ་བྱ; གདམས་ངག; ཕྱག་ལེན;
བཀའ་བདགས་ཁྲིམས; ཆོས; གདམས་པ;

1136 Preceptive, *a.* བསླབ་བྱའི; གདམས་ངག་གི་རྣམ་པའི;

1137 Preceptor, *n.* སློབ་དཔོན; སྟོན་པ;

1138 Precinct, *n.* རྭ་ད; ས་ཆ; ཁང་པའི་ལྕགས་རིའི་ནང་ཚུད་ཀྱི་ས་ཆ;

1139 Precious, *a.* རིན་པོ་ཆེ; དཀོན་པོ; གོང་ཆེན་པོ; རྩས་ཆེན་པོ;

1140 **Preciously**, *ad.* རིན་པོ་ཆེ་ལྟ་བུ་བྱེད་དེ; ཙམ་ཆེན་པོ་བྱེད་དེ;

1141 **Precipice**, *n.* གཟར་ཡོར; གཡང་ས;

1142 **Precipitable**, *a.* (chemistry) གཞིམ་ལ་ཆར་སྐྱུ་བཙུག་ཏུ་ཡོད་པ; དཔེར་ན་ལན་ཚྭམ་བུལ་རྡོག་ཆུ་ལ་བཞུ་བ་དེ་ཆར་སྐྱུ་བཙུག་པ;

1143 **Precipitance**, *n.* ཆབ་ཆབ; ཆབས་དྲག་པ; བྲེལ་ཚུབ; ཆབ་ཚུབ;

1144 **Precipitant**, *n.* མགོ་ཐུར་དུ་སྔོན་ནས་ལྷུང་བ;

1145 **Precipitate**, *v.t.* མགོ་ཐུར་དུ་འཕེན་པ; འཕེན་པ; འབང་བ; ཤུགས་ཀྱིས་དེད་པ; ཧུར་ལྷུག་རྒྱབ་ནས་བྱ་བ་ཆབ་ཆབ་དུ་གཏང་བ;

1146 **Precipitately**, *ad.* ཧུར་ལྷུག་རྒྱབ་སྟེ; ཆབ་ཆབ་བྱེད་དེ; བྲེལ་དྲག་ཏེ;

1147 **Precipitation**, *n.* བྲེལ་བ; (བྲེལ་ཚུབ; collql.) རྒྱངས་པ་ལྟར་འགྱུར་བའི་ལས; (chemistry) དཔེར་ན; གོ་ཐལ་ཆུ་ལ་ལྷུར་ནས་མཐིལ་དུ་ཆགས་སྐྱུ་བཙུག་པའི་བྱ་བ་ལྟ་བུའོ;

1148 **Precipitous**, *a.* བྲག་གཟར་པོ; གཟར་ཡོར;

1149 **Precis**, *n.* མདོར་བསྡུས; བསྡུས་པ;

1150 **Precise**, *a.* ཁྲིག་ཁྲིག; ངེས་རིག་ཅན;

1151 **Precisely**, *ad.* ཁྲིག་ཁྲིག་བྱེད་དེ; གཏན་གཏན་རིག་རིག་བྱེད་དེ; ངེས་པར་དུ;

1152 **Precision**, *n.* ངེས་ཚུལ; ངེས་རིག; (ཚ་འཁོད་ངེས་ལུགས; Sik.); ཚད་ཁང་འཁོད་ལུགས;

1153 **Preclude**, *v.t.* སྔོན་ནས་ཕྱིར་འདོན་པར་ཐག་བཅད་པ; འགོག་པ; མི་རྟུང་བ་བཟོ་བ;

1154 **Precocious**, *a.* ཁྱིའུ་ཆུང་ངུའི་དུས་ནས་ཀུན་ཉེས་བྱེད་འདོད་ཅན; དབང་པོ་སྨིན་པ་སྔ་ཐལ་ཞོར་བའི; སྨིན་པ་སྔ་དྲག་པའི;

1155 Precocity, *n.* དྲན་པ་བདར་སྤྲ་ཤུར; (colql.)

1156 Preconceive, *v.t.* སྔོན་ནས། བློས་རིག་པ; སྔོན་ནས་དམིར་པ;

1157 Preconception, *n.* གྲུས་མ་ལོན་གོང་ནས་བློ་ཚོད་དཔག་པའི་ལས;

1158 Precontract, *v.t.* སྔོན་ནས་ཁ་ཆིག་བྱས་ཟིན་པ; སྔོན་ནས་འགན་ལེན་ཁ་ཆིག་ཐལ་ཟིན་པ; ཁ་ཆིག་སྔོན་ནས་ཤོར་ཟིན་པ;

1159 Precursor, *n.* སྔོན་བགྲོད་པ;

1160 Predaceous, *adj.* སྲོག་ཆགས་གཞན་བཅམ་ནས་རང་ཉིད་འཚོ་བའི་རིར;

1161 Predate, *v.t.* ཆོས་གྲངས་མ་སླེབས་གོང་ནས་ཡི་གེར་བཀོད་པ;

1162 Predatory, *a.* ཟག་འཚོམ་པའི; འཚོམ་ཀུན་པའི;

1163 Predecessor, *n.* སྔ་མ; དེ་གོང་གི; ལས་ཁུངས་སྔ་མ;

1164 Predesign, *vt.* སྔོན་ནས་ཐབས་སྒྲིག་པ;

1165 Predestination, *n.* སྔོན་ནས་ལས་སུ་བསྐོས་པའི་སྐལ་བ; སྔོན་ལས་འདོད་མི; བཀོད་ཐང; སྔོན་ནས་བཀོད་པའི་བཀོད་ཐང;

1166 Predestinate, *v.t.* སྔོན་ནས་ལས་ལ་སྐོབ;

1167 Predetermination, *n.* སྔོན་ནས་ཐག་བཅད་པ་ཉིད;

1168 Predetermine, *v.t.* སྔོན་ནས་ཐག་བཅད་པ;

1169 Predicable, *a.* དེ་ལྟར་ཡིན་ཞེས་བརྗོད་དུ་ཡོད་པ;

1170 Predicament, *n.* གེགས; གལ་ཆེ་བའི་གནས་སྐབས; འཕྲང;

1171 Predicate, *v.t.* བྱ་བ་བརྗོད་པ; ལོ་རྒྱུས་བརྗོད་པ;

1172 Predication, *n.* བརྗོད་པ; ཡིན་ཤུར་བརྗོད་པའི་ལས; བརྗོད་བྱ; མཚན་ཉིད་དོཾ་ཡོན་དན་བརྗོད་བྱ;

1173 Predict, *v.t.* ལུང་བསྟན་བཤད་པ; མངོན་ཤེས་འཆད་པ;

1174 Prediction, *n.* མངོན་ཤེས; ལུང་བསྟན;

1175 Predisposition, *n.* སྔོན་ནས་བློ་འི་སྤྱོར་ཤུར; དྭངས་དཀར; ཡིད་ཀྱིས་འདོད་སྤྱོར;

1176 **Predominance**, *n.* ཤས་ཆེན་པོར་ཁྱབ་པ; ཁྱབ་ཆེ་ལུགས; ཤས་ཆེ་ལུང;

1177 **Predominant**, *a.* ཆེར་ཁྱབ་པའི; ཕལ་ཆེ་བའི;

1178 **Predominate**, *v.i.* དབང་གིས་མནན་པ; དབང་སྒྱུར་བ; གཙོ་ཆེར་འགྱུར་པ;

1179 **Pre-eminence**, *n.* ཁྱད་པར་འཕགས་པ་ཉིད; གཞན་ལས་ལྷག་ཚུལ;

1180 **Pre-eminent**, *a.* ཁྱད་འཕགས;

1181 **Pre-eminently**, *ad.* ཁྱད་པར་དུ་འཕགས་པར;

1182 **Pre-emption**, *n.* གཞན་མའི་སྔོན་ནས་ཉོ་ཆོག་པའི་ཚད་དབང;

1183 **Preen**, *v.t.* བྱིའུ་རང་རང་གི་སྤུ་སྒྲོ་མཆུ་རྩེས་སྒྲིག་པ;

1184 **Pre-engagement**, *n.* སྔོན་ནས་ལས་ཀྱི་སྒྲོར་འཛུད་པ;

1185 **Pre-exist**, *v.t.* སྔོན་ནས་སྲིད་པ; སྔོན་ནས་མཆིས་པ;

1186 **Pre-existence**, *n.* སྐྱེ་བ་སྔ་མ;

1187 **Pre-existent**, *a.* ཐོག་མ་ནས་སྲིད་དེ་མཆིས་པ; གདོད་ནས་མཆིས་པ;

1188 **Preface**, *n.* སྔོན་བརྗོད;

1189 **Prefatory**, *a.* སྔོན་དུ་བརྗོད་བྱའི;

1190 **Prefer**, *v.t.* གདམ་ཀ་རྒྱབ་པ;

1191 **Preferable**, *a.* གདམ་ཀ་བྱ་འོས; གདམ་འོས;

1192 **Preferably**, *ad.* གདམ་ཀ་བྱས་ན;

1193 **Preferment**, *n.* གོ་གནས་ཡར་སྤར;

1194 **Prefix**, *v.t.* སྔོན་དུ་འཇུག་པ; *n.* སྔོན་འཇུག;

1195 **Pregnancy**, *n.* སྦྲུམ;

1196 **Pregnant**, *a.* སྦྲུམ་མ; དོན་ཆེན་པ་སྦྱད་པའི་ཚུལ་དུ་ཡོད་པ; དོན་ལྡན;

1197 **Prehensile**, *adj.* ལག་པས་བཟུང་དུ་ཡོད་པའི; མཛུག་མ་ལྟ་བུ;

1198 **Prehension**, *n.* བཟུང་བ; འཛིན་པ; བློས་འཛིན་པ; གཟུང་འཛིན;

1199 **Prehistoric**, *a.* ཉིཾ་ཐར་དུ་འཁོད་པའི་གོང་གི་བྱུང་ཚུལ;

1200 Prejudge, *v.t.* སྔོན་ནས་བཅད་མཆོས་བཏང་བ;

1201 Prejudice, *n.* སྙིང་ནད; སེམས་འཁྲོན;

1202 Prejudicial, *a.* སྙིང་ནད་དང་བཅས་པའི; སེམས་འཁྲོན་དང་བཅས་པའི;

1203 Prelacy, *n.* ལྷ་སྡེའི་གོ་ས་ལས་ཁུངས;

1204 Prelate, *n.* ལྷ་སྡེའི་ལས་ཁུངས་ཀྱི་གོ་ས; ཕྱོགས་སྤྱི་བླ; བླ་ཁག;

1205 Preliminary, *a.* ཐོག་མའི; སྔོན་དུ་འགྲོ་བའི;

1206 Prelude, *n.* འབའ་ཇའི་ཐོག་མའི་སྒྲ;

1207 Premature, *a.* མ་སྨིན་པའི; དུས་ལ་མ་བབ་པའི; མ་རན་གོང་ནས་
བྱུད་པའི;

1208 Prematurely, *ad.* དུས་ལ་མ་བབ་པར; མ་རན་པར;

1209 Prematureness, *n.* དུས་མ་སྨིན་པའི་རང་བཞིན;

1210 Premeditate, *v.i.* བསམ་བློ་སྔོན་ནས་གཏང་བ;

1211 Premeditation, *n.* རྗེས་ཡོང་སྔོན་དྲན;

1212 Premier, *n.* ཨང་གི་དང་པོ; གཙོ་ཆེ་ཤོས; གཙོ་དྲག;
(ཨང་དང; colql.) བློན་པོ་གཙོ་ཆེ་ཤོས;

1213 Premiership, *n.* གཙོ་དྲག་གི་གོ་ས;

1214 Premise, *v.t.* གཞན་གྱི་གོང་ནས་བཤད་པ་འམ་གཏང་བ; གོང་སྨྲས;
གོང་དུ་གསལ་བ; *n.* ཁང་པ་དང་དེ་དང་ཉེ་བའི་ས་
ཆ་བཅས་པ;

1215 Premium, *n.* གསོལ་རས; དངུལ་གསོལ་རས;

1216 Premonition, *n.* སེམས་རྟོག; སེམས་ལ་འཆར་བའི་རྟོག་པ;

1217 Preoccupy, *v.t.* སྔོན་ནས་བདག་དུ་བཟུང་བ;

1218 Preordain, *v.t.* སྔོན་ནས་ལས་ལ་བཀོད་ཟིན་པ;

1219 Preparation, *n.* གྲབས་རྒྱུ; སྟ་གོན; གྲ་སྒྲིག; གྲབས་སྒྲིག;
གྲབས་ཤོམ;

1220 **Preparative**, *a.* གྲབས་སྒྲིག་པའི་ཁྲལ་གྱི;

1221 **Preparatory**, *a.* གྲབས་སྒྲིག་པའི;

1222 **Prepare**, *v.t.* ཞོམས་པ; སྦྱོར་བ; བཅོ་བ; (victuals གཡོ་བ;)
ག་སྒྲིག་རྒྱབ་པ; གྲབས་བྱེད་པ;

1223 **Prepay**, *v.t.* སྔོན་ནས་དངུལ་སྤྲིན་པ;

1224 **Prepayment**, *n.* སྔོན་ནས་དངུལ་སྤྲོད་པ་ཉིད;

1225 **Preponderance**, *n.* ཁྱབས་ཆེ་བ; ཤུགས་ཆེ་བ;

1226 **Preponderate**, *v.t.* ཆེར་ཁྱབ་པ; ཐང་ཆེར་གནས་པ; ལྡིད་ཆེར་གནས་པ;

1227 **Preposition**, *n.* སྔོན་དུ་གནས་པ; ཐོག་མར་གནས་པ;

1228 **Prepossess**, *v.t.* ཡིད་ཀྱི་དང་བ་འདྲེན་པ; ཡིད་བརླམས་པ;
ཕྱོགས་རིས་ཀྱི་དབང་དུ་འགྱུར་པ;

1229 **Prepossession**, *n.* སྔོན་ནས་བརྟོག་པའི་ལས; ཡིད་དང་འདྲེན་ཚུལ;

1230 **Preposterous**, *a.* དཔེ་མི་སྲིད་པ; ཚོ་མེད;

1231 **Preacquisite**, *n.* ཐོག་མའི་དགོས་མཁོའི་རྒྱུ་རྫས;

1232 **Prerogative**, *n.* སྔོན་གྱི་ཐོབ་ཐང;

1233 **Presage**, *n.* སྔ་ལྟས; *v.t.* སྔ་ལྟས་སྟོན་པ;

1234 **Prescience**, *n.* མངོན་པར་ཤེས་པ; མངོན་ཤེས;

1235 **Prescient**, *a.* མངོན་ཤེས་ཀྱི;

1236 **Prescribe**, *v.t.* སྨན་ཡིག་འབྲི་བ;

1237 **Prescriber**, *n.* སྨན་ཡིག་འབྲི་མཁན;

1238 **Prescription**, *n.* སྨན་ཡིག;

1239 **Presence**, *n.* མདུན་དུ་ཡོད་པའི་ཚུལ; ཡོད་པ;
(དྲུང; སྤྱན་སྔ; སྐུ་མདུན; Hon.).

1240 Present, *v.t.* རྟོགས་སུ་ཚང་བ ; འབུལ་བ ; (Hon. སྙན་སྤྱར ;)
(ད་ལྟའི་དུས་སུ་ཡོད་པ ; time) ; *ad.* ད་ལྟ ;
n. ལག་རྟགས ; འཕྲོས་མ ; སྐྱེས ; ཕྱག་རྟགས ; རྟེན ;
(ཞུ་རྟེན; གཟིགས་རྟེན; to a superior, Hon. ཕྱག་མཇལ ;)
(གསོལ་རས ; given by superior བྱ་དགའ ;)

1241 Presentable, *a.* མིར་སྟོན་དུ་ཡོད་པ ; ངོམ་འོས ;

1242 Presentation, *n.* སྤྲན་འབུལ་ཞུ་བ ; འབུལ་བ ;

1243 Presentiment, *n.* སེམས་ལ་རྟོག་པ་སྔོན་ནས་འཆར་བ ;

1244 Presently, *ad.* དེ་མ་ཐག ; ད་ལྟ་ཉིད ; (ལམ་སང ; ད་ལྟ་རང ; colql.)

1245 Presentment, *n.* འབུལ་སྟངས ; འབུལ་ཤུགས ;

1246 Preservation, *n.* ཅག་ག ; སྲུང་སྐྱོབས ; ཉར་བ ; ཉར་ཚགས ;

1247 Preservative, *a.* ཅག་གའི ; ཉར་ཚགས་ཀྱི ;

1248 Preserve, *v.t.* ཅག་ག་བྱེད་པ ; སྲུང་སྐྱོབས་བྱེད་པ ;

1249 Preserver, *n.* ཅག་ག་བྱེད་མཁན ; སྲུང་སྐྱོབས་བྱེད་མི ;

1250 Preside, *v.i.* གཙོ་འཛིན་བྱེད་པ ; གཙོ་བོ་བྱེད་པ ; གྲལ་མགོ་འཛིན་པ ;

1251 Presidency, *n.* ཁྲི་པའི་གདན་ས ;

1252 President, *n.* གཙོ་བོ ; ཁྲི་འཛིན་པ ; ཁྲི་པ ;

1253 Presidential, *a.* ཁྲི་པའི ; ཁྲི་འཛིན་པའི ;

1254 Press, *v.t.* བཙིར་བ ; མནན་པ ; བརྫིས་པ ; ནན་གྱིས་ཀུ་ཅུག་བྱེད་པ ;
བཀན་པ ; བཙར་བ ; (གླེམ་པ ; colql.)

1255 Pressingly, *ad.* ནན་ཆེར ; ནན་གྱིས ;

1256 Pressman, *n.* པར་ཁང་བདག་པོ ;

1257 Pressure, *n.* བཙིར ; བཙར་བའི་ཤུགས ; གླེམ་པའི་ཚིད ;

1258 Prestige, *n.* ཐོབ་ཐང ;

1259 Presumably, *ad.* བློའི་དཔག་རྒྱུར;

1260 Presume, *v.t.* བློ་ཚོད་དཔག་པ;

1261 Presuming, *a.* ཧམ་པ་ཅན; ཧམ་ཆེན; ལྷ་བ་ཅན;

1262 Presumption, *n.* བློའི་དཔག་ཚོད; (ནོམ་ཚོད; Sik.)

1263 Presumptive, *a.* (མནོ་ཚོད་ཀྱིས་བཅད་པའི; Sik.)
བློ་ཡིས་དཔག་ཚོད་ཀྱིས་བཅད་པའི;

1264 Presumptuous, *a.* བློ་སྤོབས་དང་ལྷ་བ་ཅན; ལྷ་ཏི་ཅན;

1265 Presumptuousness, *n.* ཧམ་པ; རློམས་སེམས་ཆེ་ལུགས;

1266 Presuppose, *v.t.* སྔོན་ནས་བློ་ཚོད་འཕྲིང་བ;

1267 Pretence, *n.* ཁ་གསོབ; གྲོད;

1268 Pretend, *v.t.* (བརྫུན་འཐབ་པ; Sik.) ཁ་འདོད་པ; ཁ་བཏོད་པ;
{(Sik.) གྲོད་བཤད་པ;}

1269 Pretender, *n.* བརྫུས་མ; མིན་པའི་ཡིན་མདོག་བྱེད་མཁན;

1270 Pretendingly, *ad.* གྲོད་བཤད་དེ; ཡིན་མདོག་ཁ་པོ་བྱེད་དེ;

1271 Pretension, *n.* བརྫུན; ཧམ་པ; གྲོད;

1272 Pretentious, *a.* རི་བའི་གོང་ལས་ལྷག་པ་དགོས་འདོད་ཅན;

1273 Preterimperfect, *a.* སྔོན་བྱུང་བའི;

1274 Preterit, *a.* འདས་ཟིན་པའི;

1275 Preternatural, *a.* འཇིག་རྟེན་ན་དཔེ་མི་སྲིད་པའི;

1276 Preterperfect, *a.* [illegible];

1277 Preterpluperfect, *a.* འདས་པའི་གོང་འདས་པའི་དུས་མཚོན་པའི་སྒྲ་ཅན;

1278 Pretext, *n.* ཁ་གསོབ་འཕྲུལ་ས; གྲོད; ཁ་འདོགས་ས;

1279 Prettily, *ad.* ཡིད་ཁར་འོང་པོ་བྱེད་དེ;

1280 Prettiness, *n.* མཛེས་པའི་རང་བཞིན ; ཡིད་གར་འོང་ལུགས ;
མཛེས་ལུགས ;

1281 Pretty, *a.* མཛེས་པོ ; སྙིང་རྗེ་པོ ; ཡིད་འོང ;

1282 Prevail, *v.i.* དར་བ ; ཁྱབ་པ ;

1283 Prevailing, *a.* དར་བའི ; རྒྱ་ཆེར་ཁྱབ་པའི ;

1284 Prevalence, *n.* དར་བ ; མཆིས་པ ; ཁྱབ་པ ;

1285 Prevalent, *a.* དར་ནས་ཡོད་པའི ; དར་ནས་ཡོད་པའི ;

1286 Prevaricate, *v.t.* བརྫུན་སྨྲ་བ ; བདེན་པ་སྦྱང་བ ; གདམ་འཁྱོག་ཏེ་སྨྲ་བ ;

1287 Prevarication, *n.* བརྫུན ; བདེན་པར་མི་སྨྲ་བ་ཉིད ;

1288 Prevent, *v.t.* འགོགས་པ ;

1289 Prevention, *n.* འགོགས་ཆ ;

1290 Preventive, *a.* འགོགས་པའི ;

1291 Previous, *a.* དེའི་གོང་གི ; དེའི་སྔོན་མ ;

1292 Previously, *ad.* སྔོན་ནས ; གོང་ནས ;

1293 Prey, *n.* ཁྱི་ར ; ཤ་སྐལ ; ཟས་སྐལ ;

1294 Prey, *v.i.* ཁྱི་ར་རྒྱབ་པ ; ཁྱི་ར་པས་འདེད་པ་ལྟར་བཙལ་བ ;
སེམས་ཁྲེལ་གྱིས་གདུངས་པའི་མནར་བ ;

1295 Priapism, *n.* ཕོ་མཚན་དྲག་པར་སྐྱེང་ནས་སྡོད་པ ; (རྒྱོ་དད ; vulgar).

1296 Price, *n.* རིན ; གོང ; གནས་ཁྲངས ;

1297 Priced, *a.* རིན་བརྒྱབ་པའི ; རིན་གོང་དེ་ཙཾ་ཞེས་བཀོད་ནས་ཡོད་
པའི ;

1298 Priceless, *a.* རིན་ཐང་བྲལ་བ ; ཧ་ཙང་རྩས་ཆེན་པོ ;

1299 Prick, *v.t.* ཚེར་མས་བཙུག་པ ; གཙག་པ ; ཁབ་ཀྱིས་གཙག་པ ;

1300 Prick, *n.* བཙག་ཁབ་ཀྱིས་གཙུག་པ་དེའོ ;

1301 **Prickle**, *n.* ཚེར་མ;

1302 **Prickly**, *adj.* ཟུག་བྱེད; ཚེར་མ་རྡོང་རྡོང; ཚེར་མ་ཅན;

1303 **Pride**, *n.* ང་རྒྱལ;

1304 **Priest**, *n.* མཆོད་གནས་པ; དགེ་སློང; ཆོས་པ;

1305 **Priestless**, *n.* མཆོད་གནས་མེད་པ; Priestess དགེ་སློང་མ;

1306 **Priesthood**, *n.* དགེ་འདུན;

1307 **Priestly**, *a.* དགེ་འདུན་གྱི་རྣམ་པའི;

1308 **Prig**, *n.* མི་ཁ་བདེ་པོ; ཡོན་ཏན་མེད་པའི་ཡོད་མདོག་ཁ་པོ་བྱེད་མི;

1309 **Prim**, *a.* (སྐྲུམ་ཚུས་ཚུས; Sik.) (གད་གཙང་པོ); བབ་ཆགས་པོ;

1310 **Primacy**, *n.* གོ་གནས་དང་པོའམ་མགྲོ་ཤོས;

1311 **Primarily**, *ad.* ཐོག་མའི; དང་པོའི; སྔོན་གྱི; ང་བོའི;

1312 **Primary**, *a.* མགོ་སྔོན་ཐོག་གི; ཀ་ཁ་ལྟ་བུ;

1313 **Primate**, *n.* ལྷ་སྡེའི་ལས་ཁུངས་རིམ་པ་དང་པོ; ལྷ་སྡེའི་གོ་གནས་ཀྱི་གྲལ་ལས་མགྲོ་ཤོས; ནུ་ཞོས་འཚོ་བའི་སྲོག་ཆགས་ཀྱི་གྲལ་ནས་རིས་མགྲོ་ཤོས; དཔེར་ན་མི་དང་སྤྲེའུ་ལ་སོང་པ་ལྟ་བུ་སྟེ;

1314 **Prime**, *a.* ཐོག་མའི; ཡང་དང; དར་བའི་བསྐང;

1315 **Prime**, *n.* ཐོག་མ; སྔོན་ཐོག; གཙོ་ཆེ་ཤོས;

1316 **Prime**, *v.t.* མེ་མདའི་ཁ་རྫས་ཐྲུག་པ; ཆང་ངམ་ཨ་རག་གིས་བཀྲུང་བ; ཁོག་པ་བཀྲུང་བ་ལའང་གོ;

1317 **Primer**, *n.* ཀ་ཁའི་དཔེ་ཆ;

1318 **Primrose**, *n.* ལ་ཁའི་ནེའུ་གསིང་གི་དཀྱིལ་དུ་དབྱིད་དུས་ཤར་བའི་མེ་ཏོག་སེར་སྐྱ་ཞིག;

1319 Priming, *n.* མེ་མདའི་ཁ་རྫས ;

1320 Primiparous, *a.* སྦྲུམ་ཕྲོག་མ་ཆགས་པ ; མངལ་སོན་དང་ལྡན་པའི་ཕྲོག་མ ;

1321 Primitive, *a.* བསྐལ་པ་སྔོན་གྱི ;

1322 Primness, *n.* གད་གཙང་ལྟར ; བབ་ཆགས་ལུགས ;

1323 Primogenitor, *n.* མེས་པོ ;

1324 Primogeniture, *n.* བུ་ཆེན་པས་པ་གཞིས་ཐོབ་སྲོལ ;

1325 Primordial, *a.* ཐོག་མའི ; དང་པོའི ;

1326 Primeval, *a.* དང་པོ་དང་པོའི ; བསྐལ་པ་སྔོན་གྱི ; བསྐལ་པ་ཐོག་མའི ;

1327 Prince, *n.* རྒྱལ་བུ ; རྒྱལ་སྲས ;

1328 Princedom, *n.* རྒྱལ་བུའི་མངའ་འབངས ;

1329 Princely, *a.* རྒྱལ་བུར་འོས་པ ;

1330 Princess, *n.* རྒྱལ་པོའི་སྲས་མོ ;

1331 Principal, *a.* གཙོ་ཆེ་བ ;

1332 Principality, *n.* རྒྱལ་པོའི་ཁབ ; རྒྱལ་ཕྲན་གྱི་གདན་ས ; རྒྱལ་ཁབ ;

1333 Principally, *ad.* གཙོ་ཆེར ;

1334 Principate, *n.* (རོམ་རྣི་ཕྲར་ལས) ; རོམ་གྱི་རྒྱལ་ཁབ་དུ་ཐོག་མར་གོང་མ་རྒྱལ་པོ་རྣམས་ཀྱིས་དབང་བསྒྱུར་དུས་མི་སེར་རྒྱལ་ཁག་གཞུང་གིས་བཙན་བའི་འགྲོ་ལྟར་འགལ་ཡང་ཡོད་པའི་ཁྲིམས་དེའོ ;

1335 Principle, *n.* རྒྱུ ; གཞུང ; བློ་སྐྱའི་འདུན་པའི་གཞུང ; གཞི ; མ་གཞི ; གཙོ ; རྒྱུད ; རྒྱུ་གཤིས ;

1336 Print, *v.t.* པར་རྒྱབ་པ ;

1337 Printed-goods, *n.* རས་པར་མ ; པར་རྒྱབ་པའི་རྒྱུ་ཟོང ;

1338 Printer, *n.* པར་མཁན ;

1339 Printing, *n.* པར་ལས ;

1340 Prior, *a.* གྲོག་མ; (in Italy ཞལ་ངོ; ཁྲིམས་བདག;)
བླ་མའི་འོག་ནས་རིམ་པ་གཉིས་པ་དབུ་མཛད་ལྟ་བུ;

1341 Prioress, *n.* ཨ་ནེ་དགོན་པའི་ལས་སྡེ་དབུ་མཆོད;

1342 Priority, *n.* སྔོར་ཀན་པའི་ཐོབ་ཐུ;

1343 Prism, *n.* འཇའ་ཤེལ་གྱི་ཟུར; ཤེལ་རྡོ་གཞོགས་ལྔན་གྱི་ཟུར་འཇའ་
ཚོན་འཆར་བ་པོ་དེའོ;

1344 Prismatic, *a.* འཇའ་ཤེལ་ལྟར་ཟུར་ཅན;

1345 Prison, *n.* བཙོན་ཁང;

1346 Prisoner, *n.* བཙོན་པ;

1347 Privacy, *n.* གསང་བ;

1348 Private, *n.* གསང་བའི; སྒེར་གྱི;

1349 Privateer, *n.* གྲུ་གཟིངས་འཚོམ་པ་པོ; གཞུང་གྲུ་མ་ཡིན་པའི་སྒེར་
པའི་གྲུ་མཚོན་ཆ་སྤྲད་དེ་ཕ་རོལ་པའི་གྲུ་གཟིངས་བཅོམ་
པར་མངའ་པ་དག་ལ་ཟེར;

1350 Privately, *ad.* གསང་སྟེ;

1351 Privation, *n.* ཡོ་བྱད་ཀྱིས་དབེན་པའི་ཚུལ; དཀའ་ཐུབ;

1352 Privative, *a.* དཀའ་ཐུབ་སྤྱོད་པའི;

1353 Privilege, *n.* ཐོབ་ཐང;

1354 Privileged, *a.* ཁྲིམས་ཡང་གནང་ནས་ཡོད་པའི;

1355 Privily, *ad.* གསང་བའི་ཐོག;

1356 Privy, *a.* གསང་བའི; ལྐོག་གི; སྒེར་གྱི; གསང་སྤྱོད;

1357 Prize, *n.* གསོལ་རས; མགྱུ་མཚན;

1358 Probability, *n.* ཡོང་མདོག; ཡོང་ཉན; འབྱུང་སྲིད་པའི་ལམ;

1359 Probable, *a.* འབྱུང་ཉན་ཡོད་པ; ཡོང་ཉན་མ;

1360 Probably, *ad.* གཅིག་བྱེད་ན;

1361 Probate, *n.* ཁྲིམས་ས་ཚད་ལྡན་གྱི་སྐུ་མདུན་གཤིན་པོའི་ཁ་ཆེམས་གཏན་གཏན་ཡིན་ཡུང་ར་སྤྲོད་ཞུ་བའི་ལས་ཀ་དེ་ལ་ཟེར;

1362 Probationer, *n.* དགེ་བསྙེན;

1363 Probe, *n.* བརྟག་དཔྱད; དཔྱད་པ; རྨ་བརྟག་བྱེད་ཀྱི་སྐྱང་ཀུ;

1364 Probity, *n.* གདན་ཚུལ; གདན་ཡུང;

1365 Problem, *n.* གདམ་ཐག་མ་ཆོད་པ་བཀྲོལ་དཀའ་མོ;

1366 Problematical, *a.* གདམ་ཐག་མ་ཆོད་པ་བཀྲོལ་དཀའ་མོ;

1367 Proboscis, *n.* སླང་སྣ; མཆུ་སྣོས;

1368 Procedure, *n.* འགྲོ་ལུགས;

1369 Proceed, *v.t.* འགྲོ་བ; འགྲེ་བ; སྒྲོ་བ;

1370 Proceeds, *n.* འཐོན; བབ; བབ་ཡོང; རིན;

1371 Proceeding, *n.* མཛད་པ; ཕྱག་ལས; (Hon.)

1372 Process, *n.* ལག་ལེན་བྱེད་སྟངས;

1373 Procession, *n.* འཆིབ་གྲལ; སེར་འཕྲེང;

1374 Proclaim, *v.t.* བཀའ་སྒྲོག་པ; བཀའ་རྒྱ་སྒྲོག་པ;

1375 Proclamation, *n.* བཀའ་བདར་པ; བཀའ་འདོར་པ;

1376 Proclivity, *n.* བློ་འདོད; འདོད་སྤྱོད;

1377 Proconsul, *n.* ཧྲི་མན་གྱི་ཨམ་བན་ལས་རོང་གྱི་དོད;

1378 Procrastinate, *v.t.* ཡུན་ཕྱིར་བརྒྱངས་པ; དུས་འགྱངས་པ; བཤོལ་བ;

1379 Procrastination, *n.* ཕྱི་བཤོལ; ཕར་འགྱངས;

1380 Procreate, *v.t.* སྐྱེད་པ; བཤོ་བ;

1381 Proctor, *n.* ལྷ་སྡེའི་ཁྲིམས་སའི་ཁ་ཚབ་པ;

1382 Procurable, *a.* འཚོལ་ན་སྒྲུབ་ཐུབ་པ; བསྒྲུབ་དུ་ཡོད་པ;

1383 Procure, *v.t.* སྒྲུབ་པ; གཉེར་བ; འབྱོར་བ; འཚོལ་བ;

1384 Procurer, *n.* (ཕྱ་ཐག་དྲང་མི; Bhut.) སྐྱེ་དམན་གཞུང་འཚོང་མ་འཚོལ་ནས་སྐྱེལ་མི; སྦྱུབ་པ་པོ; གཉེར་བ་པོ; (literally) (མགྲོན་གཉེར; an ironical term in Sikkim).

1385 Procuress, *n.* (ཕྱ་ཐག་དྲང་མི; Bhut.) (མགྲོན་གཉེར་རྒྱུག་མི);

1386 Prodigal, *a.* སྤོང་ཟད་ཅན; ཆུ་ཟད་ཅན;

1387 Prodigality, *n.* ཆུ་ཟོད; འཕྲོ་བརླག;

1388 Prodigally, *ad.* ཆུ་ཟོད་དུ; ཆུ་ཟོས་སུ;

1389 Prodigious, *a.* ཁྱད་མཚར; ཡ་མཚན་ཅན;

1390 Prodigiously, *ad.* ཁྱད་མཚར་པོ་བྱེད་དེ;

1391 Prodigiousness, *n.* ཁྱད་མཚར་ལྟར; ཡ་མཚན་ལྟར;

1392 Prodigy, *n.* དཔེ་ཟླ་མེད་པའི་ཁྱེའུ;

1393 Produce, *n.* འཐོན་ཁུང; ལོ་ཏོག;

1394 Producer, *n.* འདོན་མི;

1395 Product, *n.* འབྲས་བུ; འཐོན;

1396 Production, *n.* འབྱུང་རྒྱུ; འབྲས་བུ;

1397 Productive, *a.* འདོན་ཁུངས་ཆེན; འཕེལ་བསྐྱེད་ཅན;

1398 Productively, *ad.* འཐོན་ཁུངས་ཆེན་པོར or ཆེན་པོ་བྱེད་དེ;

1399 Productiveness, *n.* འཕེལ་བསྐྱེད; འཐོན; ཁེ;

1400 Profanation, *n.* ཆོས་འགལ་གྱི་བྱ་བ;

1401 Profane, *a.* ཆོས་དང་འགལ་བའི; ཆོས་མིན;

1402 Profaneness, *n.* ཆོས་མིན་ནི་ཆོས་ལ་དམོད་པའི་ལས;

1403 Profanely, *ad.* ཆོས་ལ་དམོད་པའི་ཚུལ་གྱིས;

1404 Profanity, *n.* ཆོས་མིན་ནི་ཆོས་ལ་དམོད་པའི་ལས;

1405 Profess, *v.t.* ཁས་བླངས་པ; དམངས་ཐོག་ཏུ་ཁས་བླངས་པ;

1406 Professedly, *ad.* ཁས་ལེན་བྱས་པ་བཞིན;

1407 Profession, *n.* ལས་ཁུངས; གོ་ས; གོ་གནས; ལས་ཀ;

1408 Professional, *a.* གོ་གནས་དང་བསྟུན་པའི; བྱེད་ལས་ཀྱི་སྐོར;

1409 Professor, *n.* པཎྜི་ཏ; དགེ་བཤེས;

1410 Professorship, *n.* དགེ་བཤེས་ཀྱི་གོ་ས;

1411 Proffer, *v.t.* འབུལ་བ; འབུལ་ལོ་ཞུ་བ;

1412 Proficiency, *n.* མཁས་ལུགས; མཐར་ཕྱིན་ལུགས;

1413 Proficient, *a.* མཐར་ཕྱིན་པོ;

1414 Proficiently, *ad.* མཐར་ཕྱིན་པར;

1415 Profile, *n.* གདོང་ངོ་བྱད་བཞིན་ཕྱེད་ཀའི་རི་མོ;

1416 Profit, *n.* ཁེ; ཁེ་སྤོག; ཁེ་བཟང;

1417 Profitable, *a.* ཕན་ངེས་པའི; ཁེ་བཟང་ཅན;

1418 Profitably, *ad.* ཕན་ངེས་པར;

1419 Profitless, *a.* ཁེ་མེད;

1420 Profligacy, *n.* བག་མེད་ཀྱི་སྤྱོད་པ;

1421 Profligate, *a.* འཆོལ་པོ;

1422 Profound, *a.* ཀློང་རྫོལ; ཟབ་པ; གཏིང་ཆོད་པོ;

1423 Profoundly, *ad.* ཟབ་པར; ཟབ་མོར;

1424 Profuse, *a.* འབོལ་པོ;

1425 Profusely, *ad.* འབོལ་པོ་བྱེད་དེ;

1426 Profuseness, *n.* འབོལ་ཉམས; འབོལ་ཚུལ;

1427 Progenitor, *n.* ཕ; སྐྱེད་བྱེད;

1428 Progeny, *n.* བུ་རྒྱུད; རིགས་རྒྱུད; གདུང་རྒྱུད;

1429 Prognosis, *n.* མངོན་ཤེས; ནད་གཞིའི་སྔ་ལྟས;

1430 Prognostic, *a.* མངོན་ཤེས་ལུང་བསྟན; སྔར་བརྡ;

1431 **Prognosticate,** *v.t.* མ་འོངས་ལུང་བསྟན་འཆད་པ; ཐུར་བརྡར་ལྟ་བ;

1432 **Prognostication,** *n.* མ་འོངས་མངོན་ཤེས; ཐུར་བརྡར;

1433 **Prognosticator,** *n.* མངོན་ཤེས་པ; ཐུར་བརྡར་བཤད་མི;

1434 **Programme,** *n.* འགྲུལ་ཡི་ལམ་ཀའི་འཆར་གཞི;

1435 **Progress,** *n.* ཡར་བསྐྱེད; ན་འཕར; བསྐྱེད;

1436 **Progression,** *n.* ཡར་བསྐྱེད; ན་འཕར; བསྐྱེད;

1437 **Progressive,** *a.* ཡར་བསྐྱེད་ཀྱི;

1438 **Progressively,** *ad.* ཡར་བསྐྱེད་ཀྱིས;

1439 **Prohibit,** *v.t.* བཀག་པ; འཁེགས་པ; འགེར་པ;

1440 **Prohibition,** *n.* འགག; འགག་ཆ;

1441 **Project,** *v.t.* འགོད་པ; (བྱ་བ་བརྩམས་པ; *n.* བཞེམས་པའི་ལས;)

1442 **Projectile,** *n.* འཕང་པའི་རྫོའམ་མདའ;

1443 **Projection,** *n.* གཡབ་རིང; སྣ་རིང; བཀོད་རིས; རི་མོ;

1444 **Projector,** *a.* ཐབས་སྒྲིག་མི; བཀོད་པ་བྱེད་མི; བཀོད་མི;

1445 **Prolific,** *a.* སྐྱེ་སྒྲོ་ཅན; སྐྱེ་སྒྲོ་ཆེན་པོ;

1446 **Prolix,** *a.* བཤད་པ་རྒྱས་པོ;

1447 **Prolixity,** *n.* བཤད་རྒྱས་ཐལ་ཤོར་བ་ཉིད; རྒྱས་བཤད;

1448 **Prologue,** *n.* མགོ་བརྗོད; སྔོན་བརྗོད;

1449 **Prolong,** *v.t.* རིང་དུ་སྲིང་བ; བཞོལ་བ; སྲིང་བ;

1450 **Prolongation,** *n.* སྣ་རིང; རྒྱངས་རིང; སྐྱུད་མ;

1451 **Promenade,** *n.* ཞབས་བསྐོར་ཞབས་འཆར་སའི་ཡི; བསྐོར་ལམ;

1452 **Promethean,** *adj.* པྲ་མ་ཐྲས་ཅས་སྔོན་དུས་སྟེང་ལྷ་ནས་མེ་བརྐུས་ནས་
དེའི་ཉེས་ཆད་དུ་བྲག་ལ་བདར་ནས་བྱ་རྒོད་ཞིག་གིས་
ཤ་གཅབ་པའི་མནར་གཅོད་བཏང་དུ་བཅུག་པ་དེའི་
སྐོར་གྱི;

1453 Prominence, *n.* མངོན་མཐོ་འི་ས; ངོ་མཐོན; ངོ་མཐོན་པོ; མཐོན་པོ་འི་ས; དོད་ཕྱུར;

1454 Prominent, *a.* ངོ་མཐོན; མཐོན་པོ; མངོན་མཐོ;

1455 Prominently, *ad.* མངོན་མཐོར;

1456 Promiscuous, *a.* བསྲེས་མ; སླ་བསྲེས་དཀྲུ་བསྲེས; འདྲེས་མ;

1457 Promiscuously, *ad.* འདྲེས་མར; བསྲེས་ནས;

1458 Promise, *n.* ཆད; ཁས་ལེན་པ; ཁས་བླངས; *v.t.* འཆེ་བ;

1459 Promissory, *a.* བུན་གྱི་གན་རྒྱའི་ཡི་གེའི; བུན་ཡིག་གི;

1460 Promontory, *n.* རི་སྣ;

1461 Promote, *v.t.* ཡར་སྤར་བ; ཡར་སྐྱེད་པ;

1462 Promotion, *n.* ཡར་བསྐྱེད; ན་སྤར;

1463 Prompt, *a.* (གྲ་ཁད་ཁད; Bhut. & Sik.) བྱེད་ཆོག་ཆོག;

1464 Prompter, *n.* བྲ་བ་བྱེད་དུ་འཛུག་པ་པོ;

1465 Prompting, *n.* ཆོས་རྒྱུད་འབྲུལ་སྐབས་སྒྲུ་རིཾ་སྐྱོར་བྱས་པ་དེ;

1466 Promptitude, *n.* གྲ་སྒྲིག་པོར་མཆིས་པ་ཉིད; ལམ་སང་བྱེད་ཆོག་པ་ཉིད;

1467 Promptly, *ad.* ལམ་སང;

1468 Promptness, *n.* ལམ་སང་གྲ་སྒྲིག་ལུགས;

1469 Promulgate, *v.t.* སྤེལ་བ; རྒྱས་པར་སྤེལ་བ;

1470 Prone, *a.* ཁ་སྦུབ་དུ; མགོ་བོ་མདུན་ཕྱོར་གུག་ནས;

1471 Proneness, *n.* ཁ་སྦུབ་དུ་གནས་པའི་ཚུལ;

1472 Prong, *n.* ཁ་ཏམ; མཆོན་ཆ་རྩེ་གསུམ་པའམ་རྩེ་དུ་མ་ཡོད་པ;

1473 Pronominal, *a.* མིང་ཚབ་དུ་གཏོར་པའི;

1474 Pronoun, *n.* མིང་གི་རྣམ་དབྱེའི་ཚབ་དུ་འཇུག་པའི་ཚིག: མིང་ཚབ;

1475 Pronounce, *v.t.* སྒྲ་བརྗོད་པ;

1476 Pronounced, *a.* སྒྲ་གྲགས་པ;

1477 **Pronouncing**, *n.* སྒྲ་བརྗོད་བཞིན་པ;

1478 **Pronunciation**, *n.* ཚིག་གི་སྒྲ་བརྗོད;

1479 **Proof**, *n.* ར་འཕྲུག; ར་སྤྲོད; ཡིན་ལུགས་ར་སྤྲོད; བདེན་ལུགས་ཁུངས་སྐྱེལ;

1480 **Prop**, *v.t.* སྤྱིར་བ; ཡར་བཏེག་པ; རྒྱབ་རྟེན་བྱེད་པ;

1481 **Propaganda**, *n.* ཆོས་ལུགས; ཆོས་ལུགས་ཀྱི་ཆེར་སྤེལ་ཆེད་དུ་འབད་པའི་མི་སྡེ;

1482 **Propagate**, *v.t.* ར་བཙུགས་པ; ཀྱང་བཙུགས་པ;

1483 **Propagation**, *n.* སྤེལ་བ; སྐྱེད་སྤྲིང་བའི་བྱ་བ;

1484 **Propel**, *v.t.* རྒྱབ་ནས་སྐྱུལ་བ; མདུན་དུ་འཕྱུལ་བ; (འབི་འཛུག་རྒྱབ་པ; colql.)

1485 **Propeller**, *n.* འཕྱུལ་མཁན;

1486 **Propend**, *v.i.* བློ་ཕྱོགས་པ;

1487 **Propense**, *a.* དགེ་བ་ལ་ཆགས་པའི; བློ་ཕྱོར་པའི;

1488 **Propensity**, *n.* བག་ཆགས; བློའི་དཀར་ཕྱོར; ཡིད་ཀྱི་འགྲོ་ཕྱོར; དངོས; གང་ཡིན་པ; རིགས་པ; འཐད་པ;

1489 **Proper**, *a.* རན་པ; འོས་པ;

1490 **Properly**, *ad.* དངོས་སུ; ངོ་ཐོག; རིགས་པར;

1491 **Property**, *n.* རྒྱུ་དངོས; བདག་པོའི་ནོར་རྫས; ནོར་རྫས; བདོག་པའི་རྒྱུ་རྫས;

1492 **Prophecy**, *n.* ཐུགས་བརྡག; མངོན་ཤེས; ལུང་བསྟན;

1493 **Prophesy**, *v.t.* མངོན་ཤེས་བཤད་པ;

1494 **Prophesying**, *n.* མངོན་ཤེས་བཤད་པ་ཉིད;

1495 **Prophet**, *n.* ལུང་བསྟན་རྗོད་མི;

1496 **Prophetic**, *a.* མངོན་ཤེས་ལྟ་བུ;

1497 Prophetically, *ad.* མངོན་ཤེས་བཞིན་དུ;

1498 Propitiate, *v.t.* ཐུགས་དམ་བསྐང་བ;

1499 Propitiation, *n.* ཐུགས་དམ་བསྐང་གསོ;

1500 Propitiator, *n.* བསྐང་གསོ་བ;

1501 Propitiatory, *a.* བསྐང་གསོའི;

1502 Propitious, *a.* བཀྲ་ཤིས་པ; དགེ་བ; མཐུན་པོ;

1503 Propitiously, *ad.* བཀྲ་ཤིས་པོ་བྱེད་དེ;

1504 Proportion, *n.* ཐིག་ཚད; ཆ; ཚད; ཟུར་ཆ;

1505 Proportional, *a.* ཆ་མཐུན་པ; ཆུ་ཞེང་གབ་པོ;

1506 Proportionally, *ad.* ཆ་མཐུན་པོར;

1507 Proportionate, *a.* ཆ་མཐུན་པོ; ཆ་ལྡན;

1508 Proportionately, *ad.* ཆུ་ཞེང་འགབ་པོར;

1509 Proposal, *n.* འདུན་གྲོས; འདུན་མ; (གྲོས་སྟུན; སྟུན་མོལ;)

1510 Propose, *v.t.* འདུན་གྲོས་བྱེད་པ; གྲོས་བསྟུན་པ; གྲོས་སྟུན་བྱེད་པ;

1511 Proposition, *n.* འདྲི་བའི་ཚིག; ཚིག་མདུད་བཀྲོལ་དགོས་པའི་འདྲི་བ;

1512 Propound, *v.t.* རྗོད་པ; སྟོན་པ; འཆད་པ;

1513 Proprietary, *a.* བདག་པོའི་ཚད་དབང་གི་སྐོར;

1514 Proprietor, *n.* བདག་པོ;

1515 Propriety, *n.* ཡ་རབས་ཀྱི་སྤྱོད་པ; ཚུལ་ལྡན་གྱི་སྤྱོད་པ;

1516 Prorogation, *n.* མགྲུངསསུ་བསྒྲིང་བ་ཉིད; ཕར་མགྲུངས;

1517 Prorogue, *v.t.* དུས་འགྲུངས་བསྒྲིང་བ;

1518 Prosaic, *a.* (Sik. ཐང་གདལ); ཕལ;

1519 Proscribe, *v.t.* མཐའ་འགག་པ; མཐར་སྐྲུད་པ;

1520 Prose, *n.* ལྷུག་ཚིག; ཚིག་ལྷུག་པོ;

1521 Prosecute, *v.t.* བདུག་སར་མ་འཁྲོལ་བར་དུ་འབད་པ;

1522 Prosecution, *n.* (དར་ཁྭ་སི ; a Hindi word) ཁ་མཆུ་བཙུག་པའི་བྱ་བ;

1523 Prosecutor, *n.* ཁ་མཆུ་བཙུག་མཁན; ཀ་ཤགས་འཛུག་མཁན;

1524 Proselyte, *n.* བློ་སྣ་ཆོས་ལ་བསྒྱུར་བའི་མི;

1525 Proselytize, *v.i.* རང་ཆོས་དང་ལྟ་བ་ལ་བསྒྱུར་ནས་རང་གྲལ་དུ་བཙུག་པ;

1526 Prosing, *n.* བྲོ་བ་མེད་པའི་བརྩོམ་པའམ་བརྗོད་པ;

1527 Prosody, *n.* སྡེབ་སྦྱོར;

1528 Prospect, *n.* མཐའ་ལྟད;

1529 Prospective, *a.* ཡོང་བར་རེ་བའི; ཡོང་རེའི;

1530 Prospectively, *ad.* ཡོང་རེའི་སྒོ་ནས;

1531 Prosper, *v.t.* དར་བ; རྒྱས་པ; ཡར་རྒྱས་འབྱུང་བ;

1532 Prosperity, *n.* དར་རྒྱས;

1533 Prosperous, *n.* དར་ཞིང་རྒྱས་པ;

1534 Prosperously, *ad.* དར་པོ་བྱེད་དེ; རྒྱས་ཤིང;

1535 Prostitute, *v.t.* སྨད་འཚོང་མ; འཆལ་མོ; བཞད་འཚོང་མ;

1536 Prostitution, *n.* འཆལ་བ་ཉིད; སྨད་འཚོང་གི་སྤྱོད་པ་ཉིད;

1537 Prostrate, *v.t.* གན་རྐྱལ་དུ་སློལ་བ; གན་རྐྱལ་བརྡབ་པ;

1538 Prostration, *n.* གན་རྐྱལ་འགྱེལ་བ་ཉིད;

1539 Protect, *v.t.* སྐྱོབ་པ; སྲུང་བ;

1540 Protection, *n.* བསྲུང་སྐྱོབས;

1541 Protective, *a.* བསྲུང་བའི;

1542 Protector, *n.* བསྲུང་སྐྱབས་བྱེད་མཁན;

1543 Protectorate, *n.* ས་སྐྱོང་གིས་དབང་བའི་སྲིད;

1544 Protectorship, *n.* སྲིད་སྐྱོང་གི་གོ་ས;

1545 Protegee, *n.* སྐྱབས་འོག་ཏུ་གནས་པའི་མི;

1546 Protest, *v.i.* ཞུ་ཡོག་གི་སྙན་ཞུ་འབུལ་བ ;

1547 Protest, *n.* ཞུ་ཡོག ;

1548 Protestant, *a.* ཡེ་ཤུའི་ཆོས་ལུགས་གསར་པའི་རྗེས་འཇུག ; *n.* གསར་མ་པ ;

1549 Protestantism, *n.* ཡེ་ཤུའི་ཆོས་གསར་པ ;

1550 Protocol, *n.* ཡི་གེའི་འཆད་གཞི་ཐོག་མའི་ཟིན་བྲིས ;

1551 Proto-martyr, *n.* ཆོས་ཕྱིར་ཤི་མི་དང་པོ་དེའོ ;

1552 Prototype, *n.* ཐོག་མའི་དཔེ ;

1553 Protract, *v.t.* རིང་དུ་བསྣར་བ ;

1554 Protraction, *n.* བསྣར་བ་ཉིད ;

1555 Protractor, *n.* ཐིག་རིང་དུ་བསྣར་བའི་ཐིག་ཤིང ;

1556 Protrude, *v.t.* སྣེ་རིང་པོར་ལྷག་ནས་ཡོད་པ ;

1557 Protrusion, *n.* འདོན་པ་ཉིད ; ཕྱོན་དུ་འདོན་པ་ཉིད ; འཕྱུལ་བ་ཉིད ; ལྷག་ནས་ཡོད་པ་ཉིད ;

1558 Protuberance, *n.* སྐྲང་འབུར ; འབུར་སྦུ་དོད་པ ;

1559 Protuberant, *a.* འབུར་འབུར ;

1560 Proud, *a.* རང་མཐོང་ཅན ; ཁེངས་དྲེགས་ཅན ;

1561 Proudly, *ad.* ཁེངས་དྲེགས་དང་བཅས་ཏེ ;

1562 Provable, *a.* ར་སྤྲོད་བྱེད་དུ་ཡོད་པ ;

1563 Prove, *v.t.* ར་སྤྲོད་བྱ་བ ; ར་སྤྲུར་བ ;

1564 Provender, *n.* རྩྭ ; རྟའི་རྩྭ ;

1565 Proverb, *n.* གཏམ་དཔེ ;

1566 Proverbial, *a.* གཏམ་དཔེར་གྲགས་པ ;

1567 Proverbially, *ad.* གཏམ་དཔེར་གྲགས་བཞིན་དུ ;

1568 Provide, *v.t.* ཆུགས་སྒྲུབ་པ ; སྒྲུབ་པ ;

1569 Providence, *n.* དཀོན་མཆོག; མགོན་པོ; སྐྱབས་མཆོག;

1570 Provident, *a.* (འཁོར་འདས་མཁྱེན Sik.); བསོག་འཇོག་ཅན;

1571 Providential, *a.* སྐྱབས་སུ་གྱུར་པ; མགོན་དུ་བབ་པ;

1572 Providentially, *ad.* སྐྱབས་སུ་བབ་དེ;

1573 Providently, *ad.* ཕྱིས་ཀྱི་དོན་དུ་ཕན་པར་དེ་ནས་བསོག་པ;

1574 Provider, *n.* སྒྲུབ་མཁན;

1575 Province, *n.* རྫོང་གཞིས;

1576 Provincial, *a.* རྫོང་གཞིས་ཀྱི;

1577 Provincialism, *n.* རྫོང་གཞིས་ཀྱི་ལར་རྒྱ་འབབ་ཞིག་ལ་གཞོལ་བ; ཕལ་སྐད; ཡུལ་གྱི་སྐད་འཛིན;

1578 Provision, *n.* རྒྱགས;

1579 Provision, *v.t.* རྒྱགས་བསྒྲུབ་པ;

1580 Provisional, *a.* བཙན་ཀྱང་ནང་ལྟར; གནས་སྐབས་ཀྱི;

1581 Proviso, *n.* ཚིག་ཀང; དོན་མཚན; འཆིང་བྱེད་པའི་ཚིག;

1582 Provocation, *n.* ཁོང་ཁྲོ་སློང་བའི་རྒྱུ;

1583 Provoke, *v.t.* ཁོང་ཁྲོ་སློང་བ; མཚང་བྲུ་བ; ཉམས་བྲུ་བ;

1584 Provokingly, *ad.* ཁོང་ཁྲོ་ཟ་པོ་བྱེད་དེ;

1585 Provost, *n.* དགེ་བསྐོས;

1586 Prow, *n.* གྲུའི་ཧ་མགོ; གྲུའི་མདུན་ངོས; གྲུའི་མགོ;

1587 Prowess, *n.* སྟོབས; རྩལ; སྒྲ་རྩལ;

1588 Prowl, *v.t.* འཁྱམས་པ; ཧྲག་གམ་ཀུ་མའི་ཆེད་དུ་འཁྱམས་པ;

1589 Proximate, *a.* ཉེ་བའི;

1590 Proximity, *n.* ཐག་ཉེ་ཕྱོགས; ཉེ་སྦང; ཉེ་ཚུལ;

1591 Proximo, *a.* ཟླ་བ་ཕྱི་མ; (Sik. ཟླ་བ་རྗེས་མ);

1592 Proxy, *n.* ངོ་ཚབ;

1593 Prude, *n.* སྐྱེ་དམན་ངོ་ཚ་ཆེ་མདོག་ཁ་པོ་ལ་ཟེར;

1594 Prudence, *n.* སྐྱུང་རིག; (Sik. འཛངས་ཉར་ཤེས་པའི་བློ་རིག);

1595 Prudent, *a.* སྐྱུང་པོ; སྐྱུང་རིག་དང་ལྡན་པ; (Sik. འཛངས་ཉར་ཤེས་པ);

1596 Prudently, *ad.* སྐྱུང་པོ་བྱེད་དེ;

1597 Prune, *v.t.* རྩེ་ག་ཡམ་པ; རྩེ་གཏོག་པ; འགུམ་པ;

1598 Prune, *n.* ཤིང་འབྲས; (Sik. རྒྱུན་འགུམ་རིགས་ཞིག);

1599 Prunella, *n.* པྲུ་ཙོ་ཏྲུ་འི་བལ་གོས་མཁྲིང་པོའི་རིགས་ཞིག; (སྐྲོག་མའི་ནད; disease).

1600 Pruning, *n.* ལོ་འདབ་ཀྲུས་དྲགས་དུས་རྩེ་གཏོག་རྒྱུ་དེ;

1601 Prurient, *a.* འཆལ་སེམས་ལ་ཁ་ཞུགས་པ; སྐྱེས་པ་འམ་བུད་མེད་འདོད་ཆགས་འབབ་ཞིག་ཡོད་ལ་བྱེད་པར་ཁ་ཞུགས་པ;

1602 Prurigo, *n.* ལུས་ཀྱི་པགས་པ་རྫོ་ཅན;

1603 Prussian, *n.* པྲུ་ཤི་ཡ་ཡུལ་གྱི་མི་རིགས;

1604 Pry, *v.i.* ལྟ་བ; ཞིབ་ཏུ་ལྟ་བ; འཇྲུ་བ;

1605 Pryingly, *ad.* གསང་ཞིང་ལྟ་ཁྲལ་གྱིས;

1606 Psalm, *n.* མགུར་གླུ; མགུར་མ;

1607 Psalmist, *n.* མགུར་མ་རྩོམ་པ་པོ;

1608 Psalmody, *n.* མགུར་མ་འཁྲིན་སྟངས; མགུར་དབྱངས་གླང་ལུགས;

1609 Psalter, *n.* མགུར་འབུམ; མགུར་མའི་དཔེ་ཆ;

1610 Pseudo, *a.* མིང་གི་སྔོན་དུ་འཇུག་པའི་ཚིག་སྒྲད་ཡིན་པ་ལ་དོན་རྫུས་མའི་དོན་ལྡན; དཔེར་ན: — Pseudonym, *n.* མིང་རྫུས་མ་ཞེས་པ་ལྟ་བུའོ;

1611 Pseudograph, *n.* བསྟན་བཅོས་སོ་རྩོམ་པ་རྫུས་མ;

1612 **Pshaw,** *int.* ཁི་ཁྲི; ཕེ་ཚ་ལེ; ཟེར་བ་ལྷ་བུའི་སྐྱུག་བྲོ་བའི་སྒྲ;

1613 **Psychical,** *a.* སེམས་གླིང་གི;

1614 **Psychological,** *a.* སེམས་དོན་གྱི;

1615 **Psychologist,** *n.* སེམས་དོན་མན་ངག་ཅན;

1616 **Psychology,** *n.* སེམས་གླིང་གི་མན་ངག;

1617 **Ptarmigan,** *n.* བྱ་ཁྲུང་ཁྲུང་འདྲ་བུ་ཞིག་གི་མིང;

1618 **Puberty,** *n.* གཞོན་པའི་ལང་ཚོ་རྒྱས་པའི་སྐབས;

1619 **Pubescent,** *a.* ལང་ཚོ་ལ་བབ་པའི་རྟགས་སུ་མཚན་མ་སྤུ་ཡིས་བརྒྱན་ཡོད་པའི་ཚུལ་ཅན; གཞོན་པའི་མཚན་མར་སྤུ་སྐྱེས་ནས་ཡོད་ཚུལ;

1620 **Public,** *a.* ཀུན་གྱི་མདུན་ན; ཀུན་གསལ; དམངས་པའི; *n.* དམངས;

1621 **Publican,** *n.* མགྲོན་ཁང་ངམ་ཆང་ཁང་བདག་པོ;

1622 **Publication,** *n.* པར་དུ་བཀོད་པའི་བྱ་བ;

1623 **Publicity,** *n.* དམངས་ཁྲོག་གྲགས་ཚུལ;

1624 **Publicly,** *ad.* ཀུན་འཛོམས་ཁྲོག;

1625 **Publish,** *v.t.* པར་དུ་བཀོད་པ;

1626 **Publisher,** *n.* པར་དུ་བཀོད་མཁན;

1627 **Puce,** *a.* ཚོན་དམར་སྨུག; ན་རོན་ཁ་མདོག; འཛི་བ; ཁྲི་ཤིག;

1628 **Pucka,** *a.* Anglo-Ind. རྫིད་ཁྲིག་ཁྲིག; ངོ་མ; གཏན་པོ;

1629 **Pucker,** *v.t.* གཉེར་མར་སྡུད་པ; (གཉེར་མ་སྲུམ་པ; Sik.)

1630 **Pudding,** *n.* སྒོ་ང་དང་འོ་མ་མར་བཅས་བསྲེས་པའི་མངར་ཟས;

1631 **Puddle,** *n.* ཆུ་ཉིག་འཁྱིལ་ནས་ཡོད་པ; འདམ་ཉིག;

1632 **Pudency,** *n.* ངོ་ཚ; བག་ཡོད;

1633 **Pudendum,** *n.* གསང་གནས; སྟུ; གཞང;

1634 Pudge, *n.* མིའམ་སེམས་ཅན་ཤ་རྒྱགས་པོ་གཟུང་ཐུང་ཐུང་;

1635 Puerile, *a.* ཅོལ་ཆུང་; ཆོ་མེད་; བྱིས་པ་ལྟ་བུ;

1636 Puerility, *n.* ཅོལ་ཆུང་གི་ཚུལ; ཆོ་མེད་;

1637 Puff, *n.* འགྲམ་པ་ཕུས་བཀང་བ; ཕུ་རྒྱབ་པ; དཔེར་ན་ཐ་མ་ཁའི་དུ་བ་ཕྱིར་ཕུ་རྒྱབ་པ་བཞིན; ཤ་མོའི་ནང་ན་ཐལ་བས་ཁེངས་དེ་ཡོད་པ་རང་རི་འབྲས་ལྦོངས་སུ་ཐལ་དུང་ཞེས་ཟེར་བ་དེ་ལའང་ཟེར་སྐད་དོ; ཕྱིར་ནི་རླུང་གི་ཕུ་ཤུགས་ཆེ་ཞིང་ཡུན་ཐུང་བ་ལ་ཟེར;

1638 Puffing, *n.* མི་རེ་བའི་སྟོད་ར; སྟོད་ར་དྲགས་ཐལ་ཤོར་བ;

1639 Puffy, *a.* ཤ་རྒྱང་པོ; ཤ་འབྱོར་པོ་རླུང་ཚུབ་ཚུབ; དཔྱང་ཐུང་ཐུང་;

1640 Pug, *n.* སྤྲེ་བོ་ཕོ་མོ་འགའ་ཡིས་ཤིན་དུ་གཅེས་པར་འཛིན་པའི་ཁྱི་གུ་འམ་ཡང་ན་སྤྲེའུ་དག་ལ་ཟེར; (རྒྱ་ཁྱི་གདམ་སེ; Bhut.)

1641 Pug, *n.* (foot-print) སེམས་ཅན་གྱི་རྐང་རྗེས;

1642 Puggaree, *n.* ལ་ཐོད; རྒྱ་གར་པའི་ཐོད;

1643 Pugh, *int.* ཨ་ཁ; ཁ་ཁ; ཆེ་ཆེ; ཟེར་བ་ལྟའི་ཞེ་ཁྲེལ་བའི་སྒྲ;

1644 Pugilist, *n.* རྫོག་རིལ་གྱི་འཛིང་ཁ་ལ་འབྱོངས་པོ;

1645 Pugnacious, *a.* འཛིང་རླུང་ལང་པོ; འཛིང་བ་ལ་དགའ་བ; འཐབ་རྩེ་རྣོ་པོ; འཐབ་འདོད་ཅན;

1646 Pugnacity, *n.* འཛིང་འདོད; འཛིང་སྲན; འཐབ་སྲན;

1647 Pugnose, *n.* རྒྱ་ཁྱིའི་སྣ་གྲུག་ལྟ་བུ;

1648 Puisne, *a.* ཁྲིམས་བདག་ཆུང་བ;

1649 Puissant, *a.* སྟོབས་ལྡན;

1650 Puke, *v.i.* སྐྱུགས་པ་ཤོར་བ; སྐྱུགས་བྱེད་ཀྱི་སྨན་ལའང་ཟེར;

1651 **Pull**, *v.t.* འདྲེན་པ; འཐེན་པ; (འདྲུད་པ; to pull down) སྒྲིལ་བ; དྲིབ་པ; འདྲལ་བ;
to pull off བཤུ་བ; (to pull out འབྱིན་པ; འགོག་པ;) བཀོག་པ; འདོན་པ;

1652 **Pullet**, *n.* བྱིའུ;

1653 **Pulley**, *n.* ཐག་པ་སེང་འཛེགས་བྱེད་རྒྱུ་ཤིང་ངོ་རག་གི་འཁོར་ལོ; འཁོར་ལོའི་སོ་ཁར་ཐག་པ་དྲང་སའི་ཀླ་ཤུར་ཡོད་པ;

1654 **Pullman**, *n.* རེ་ལིའི་ཁང་པ་སྐྱིད་པོ་ཕལ་ཆེར་ཉལ་ས་བྱེད་པ;

1655 **Pullulate**, *v.i.* ཉུ་གུ་སྐྱེ་བ; སྐྱེ་བ;

1656 **Pulmonary**, *a.* གློ་བའི་སྐོར་གྱི; གློ་བའི;

1657 **Pulp**, *n.* ཤ; ཀང; ཤིང་འབྲས་སྙིང་གྱི་ཤ;

1658 **Pulpit**, *n.* ཆོས་ཁྲི;

1659 **Pulsate**, *v.i.* འཕར་བ; ཐུག་ཐུག་བྱེད་པ; རྩའི་འཕར་འགྲུ;

1660 **Pulsation**, *n.* ཐུག་ཐུག;

1661 **Pulse**, *n.* སྲན་མ; སྲན་མའི་རིགས་སྣོད;

1662 **Pulses**, *n.* རྩ; ལག་རྩ; རྩའི་འགྲུ་བ; རྩའི་འཕར་འགྲུ;

1663 **Pulverize**, *v.t.* ཕྱེ་མ་བཏག་པ;

1664 **Puma**, *n.* གཟིག་གི་རིགས་ཤིག;

1665 **Pumice**, *n.* རྡོ་འབོ་ཟེབ་ཀྱི་རིགས་ཤིག;

1666 **Pump**, *n.* ཆུ་ཡར་འདྲེན་བྱེད་ཀྱི་ཟ་ལྕོང་འདྲ་བ་ཞིག;

1667 **Pumpkin**, *n.* ཡང་གུར; གོར; ཙང;

1668 **Pumpernickel**. ཧྲར་མན་པའི་ཡུངས་ཀར་ཁུར་ཟན་བག་ལེབ;

1669 **Pun**, *n.* ཚིག་བསྒྱུར་དོན་ཁྱད་མཚར་བྱས་པ;

1670 **Punch**, *n.* ཚང་སྣ་ལྷུ་བསྲེས་མ; (instrument) ཕི་ཁྲང་འབིག་བྱེད་ཀྱི་ལག་ཆ;

1671 Puncheon, *n.* (a cask པཱི་པཱ Hindi;) ཆུ་ཟེམ་ཆེནོ;

1672 Punchinello, *n.* མིའུ་ཐུང་རྒྱགས་པ;

1673 Punctate, *a.* ཚེག་མང་པོ་རྒྱབ་པ;

1674 Punctilio, *n.* སྒྲིགས་ཡི་འགྲོ་ལུགས་དག་པོ; ཆས་བཙན་པོ;

1675 Punctilious, *a.* ཆས་བཙན་ཆེན་པོ; འགྲོ་ལུགས་གྲིམ་པོ;

1676 Punctual, *a.* དུས་བཏབ་དང་རན་པར་བྱེད་པའི;

1677 Punctuality, *n.* དུས་བཏབ་དང་མཚུངས་པར་འཛོམ་པའི་སྒྲོལ;
དུས་བཏབ་ལ་འཁིལ་ལུགས;

1678 Punctually, *ad.* དུས་བཏབ་དང་མཚུངས་པར;

1679 Punctuate, *v.t.* ཚེག་བཀོད་པ; ཚེག་ཤད་རྒྱབ་པ;

1680 Punctuation, *n.* ཚེག་དང་ཤད;

1681 Puncture, *n.* བཙབ; བཙག; ཁབ་བཙགས;

1682 Pungency, *n.* ཟེར; ཚ་ཟེར་ཅན; ཚ་ངད་ཅན;

1683 Pungent, *a.* ཟེར་ཅན; ཙུབ་པོ; ཚ་བ; ཚན་དེ; ངར་པོ;
(ཁ་ཚ་ཟེར་ཟེར; Sik.)

1684 Pungently, *ad.* ཁ་ཚ་ཟེར་རེ་བ་བྱེད་དེ; ཁ་ཚ་བར;

1685 Punic, *a.* & *n.* ཕྱི་དུས་ཀཱར་ཐེ་ཛེ་ཞེས་པའི་རྒྱལ་ཁབ་ཀྱི;

1686 Punish, *v.t.* འཛུན་པ; ཆད་པས་གཅོད་པ;

1687 Punishable, *a.* ཆད་པ་བཅད་འོས; ཉེས་པ་བཅད་འོས;

1688 Punishment, *n.* ཆད་པ; ཉེས་པ; ཉེས་ཆད;

1689 Punitive, *a.* ཉེས་པ་བཅད་པའི; ཆད་པ་བཅད་པའི;

1690 Punk, *n.* (archaic) འཆལ་མོ; བཞང་འཚོང་མ;

1691 Punk, *n.* ཤིང་རུལ; ཤིང་རུལ་གྱི་སྟེང་དུ་སྐྱེས་པའི་ཤ་མོ་སྤྲ་བ་
བྱེད་པ;

1692 Punkah, *n.* རླུང་གཡབ;

1693 **Punner**, *n.* ཀ་བའམ་རྟེན་ཕྱུར་སོར་ཀྱི་རྩ་བར་ས་བརྡུང་རྒྱུའི་ལག་ཆ;

1694 **Punster**, *n.* ཚིག་དཔེ་བྱེད་ཅན་རྩོམ་མི; ཚིག་ཁྲིད་མཚར་རྩོམ་མཁན;

1695 **Punt**, *n.* (Sik. གྲུ་བཤམ་ལེབ་ཅིང་གྲུ་བཞི་བྱེད་པ;) *v.t.* རྒྱན་ལ་རྟོག་རྒྱག་ཞུས་པ;

1696 **Puny**, *a.* ཕྲ་མོ; ཀིམ་ཀིམ་པོ;

1697 **Pup**. *n.* ཁྱི་གུ; ཕྲུ་གུ; ཨ་ཡོ;

1698 **Pupa**, *n.* སྲིན་བུའི་སཾ་འབུ་ཕྱེ་ལེབ་མ་འགྱུར་ཙམ་ན་བར་པ་བླང་ནས་ལུས་ཡོང་དུས་ལ་ཟེར; སྲིན་བུ་སྐྱེ་བའི་སྐབས་གསུམ་པ;

1699 **Pupil**, *n.* སློབ་མ; སློབ་ཕྲུག;

1700 **Puppet**, *n.* མིའུའི་གཟུགས་བརྙན་ལྕགས་ཐག་གི་འཕྲུལ་གྱིས་འགུལ་སྐྱོད་ཐུབ་རྒྱུ་ཡོད་པ;

1701 **Puppy**, *n.* ཁྱི་གུ; (ཨ་ཡོ་ Collql.)

1702 **Purblind**, *a.* མིག་ཕྱིད་ལོང;

1703 **Purchasable**, *a.* ཉོ་ས་ཡོད་པ; ཉོས་ན་ཐོབ་པ;

1704 **Purchase**, *v.t.* ཉོ་བ;

1705 **Purchaser**, *n.* ཉོ་མཁན;

1706 **Purda**, *n.* ཡོལ་བ; རྒྱ་གར་གྱི་སྐྱེ་དམན་སྦས་ནས་བཞག་སྒྲོལ་ལ་ཟེར;

1707 **Puree**, *n.* (Fr.) ཚོད་མ; ཤ་དང་སྔོ་ཚོད་འདྲེས་ནས་འཚོད་པ;

1708 **Pure**, *a.* གཙང་མ; ལྷད་མེད; བསྲེས་མེད;

1709 **Purely**, *ad.* གཙང་མར;

1710 **Purgation**, *n.* བཤལ; དག་བཤལ; གཙང་མ་པ;

1711 **Purgative**, *a.* བཤལ་སྨན;

1712 **Purgatory**, *n.* བར་དོའི་གནས; སྲིད་པ་བར་དོ;

1713 **Purge**, *v.t.* བཤལ་བ; ཁྲུ་བ;

1714 Purification, *n.* དག་པར་བྱ་བ; དག་སྦྱངས;

1715 Purify, *v.t.* དག་སྦྱངས་བྱེད་པ;

1716 Puritan, *n.* ཀུན་སྤྱོད་དམ་པོའི་ཆོས་ལུགས་འཛིན་མཁན;

1717 Puritanism, *n.* ཡེ་ཤུའི་ཆོས་ལུགས་གསར་པའི་གྲལ་ནས་བྱེད་སྤྱོད་ཤིན་དུ་དམ་པོའི་གྲུབ་མཐའ་ཅན་གྱི་འདོད་ཚུལ;

1718 Purity, *n.* གཙང་ལུགས; གཙང་སྦྲ; སྦྲུས་དག་ལུགས;

1719 Purl, *n.* གསེར་སྐུད་དམ་དངུལ་སྐུད་ཀྱི་ལྷས་མ; གོས་ཀྱི་མཐའ་ལ་རྒྱན་བྱེད; *v.i.* ཆུ་སྐྱུང་སྒྲ་ཆུང་ངུ་འཁྱིན་ཞིང་འབབ་པ;

1720 Purl, *v.t.* མགོ་མཇུག་འགྱུར་བ; གོས་ཀྱི་མཐའ་ལ་གསེར་སྐུད་སོགས་ཀྱིས་རྒྱན་པ;

1721 Purlieu, *n.* ས་མཚམས; མཐའ་མཚམས;

1722 Purlin, *n.* གྱང་ཐོག་གི་ལྷག་པའི་ཤིང;

1723 Purloin, *v.t.* སྒེར་དོན་དུ་བདོག་པ; ཀུ་བ; འཇབ་པ;

1724 Purple, *n.* ན་རོན་མདོག; སྨུ་དམར་མདོག;

1725 Purport, *n.* དོན; མདོ་ཁ; ཚིག་དོན;
(དགོངས་དོན; དགོངས་པ; Hon.)

1726 Purpose, *n.* དོན; ཆེད་དུ་མངའ་པའི་དོན;

1727 Purposely, *ad.* ཆེད་མངའ་སུ;

1728 Purpura, *n.* པགས་པའི་ངོས་ལ་དམར་ཐིག་མང་པོ་འབྱུང་བའི་ན་ཚ;

1729 Purr, *n.* ཞི་མིའི་ངར་སྒྲ;

1730 Purse, *n.* དངུལ་ཁུག; སྒྲོ་ཁུག; དངུལ་ཁུག་གང;

1731 Purser, *n.* ཕོགས་དཔོན;

1732 Purslane, *n.* སྤོ་ཚལ; སྤོ་ཚོད;

1733 Pursuant, *a.* མཚུངས་པར; མཐུན་པར;

1734 **Pursue**, *v.t.* བདའ་རིད་བྱེད་པ; འདེད་པ; དེད་པ;

1735 **Pursuer**, *n.* རྗེས་འདེད་པོ;

1736 **Pursuit**, *n.* རྗེས་དེད; བདའ་དེད;

1737 **Pursy**, *a.* སྦོ་ཁག་བཞིན་དུ་སུམ་ནས་ཡོད་པ;

1738 **Pursuivant**, *n.* སྐུ་དྲུང་པ; རྒྱལ་པོའི་བྲུ་མ་ཧ;

1739 **Purtenance**, *n.* སྒྲིགས་གྲོབ; སྒྲིས་ཀྱི་གྲོབ་གྲང; རྩིས་འགྲིག;
རྩིན་འགྲིག; (Sik.) གྲོབ་གྲང;

1740 **Purulent**, *a.* རྣག་ཡོད་པའི; རྣག་ཅན; གཉན་འབུར;

1741 **Purvey**, *v.t.* སྒྲུབ་མཁོ་སྒྲུར་བ; སྒྲུབ་པ; རྒྱུགས་སྒྲུབ་པ;

1742 **Purveyance**, *n.* མཁོ་སྒྲུབ;

1743 **Purveyor**, *n.* གཉེར་ཚང་མཁོ་སྒྲུབ་པ;

1744 **Purview**, *n.* དགོངས་དོན; དོན་གྱི་ཁྱབས; ལྟ་བའི་ཐུ་ཐག;

1745 **Pus**, *n.* རྣག; རྣག་ཆུ; ཁྲག་རྣག;

1746 **Push**, *v.t.* རྡེགས་པ; འཕུལ་བ; ཤུག་པ;
(Collql.) འབི་འཛག་རྒྱབ་པ;.
{(Bhut.) ཀློག་སྐོར་བ; ཨར་བ; སློག་ཨར་བ;}

1747 **Pushing**, *a.* མགོ་བདེ་པོ; འབི་འཛག་རྒྱབ་བཞིན་པ; འཕུལ་བཞར་པ;

1748 **Pushtoo**, *n.* ཁ་ཆེའམ་ཀཱ་བུ་ལིའི་སྐད;

1749 **Pusillanimity**, *n.* སྙིང་སྟོབས་ཆུང་བ་ཉིད;

1750 **Pusillanimous**, *a.* ལྷོད་འདར; སྙིང་སྟོབས་ཞན་པ;

1751 **Pusillanimiously**, *ad.* སྙིང་ཁམས་ཆུང་ངུ་བྱེད་དེ;

1752 **Puss**, *n.* ཞི་མི;

1753 **Pustule**, *n.* ཐོལ་པ; བྲེ་ཐོལ; བྲེ་ཐོར; ཐོར་པ;

1754 Put, *v.t.* བཙུག་པ; འཛུག་པ;
put off ཁ་གཡོགས་པ; ཁ་འདོགས་པ;
put about ཁ་ཕྱོགས་སྒྱུར་བ;
put an end འགེགས་པ; བཀག་པ;
put a stop to རྒྱུན་བཅད་པ; ཐད་ནས་བཅད་པ;

1755 Putrefaction, *n.* རུལ་ཧམ; རུལ་བའི་བྱ་བ; བམ་རུལ;

1756 Putrefy, *v.t.* རུལ་དུ་བཙུག་པ;

1757 Putrid, *n.* རུལ་པ;

1758 Putties, *n.* ཀྲང་དཀྲིས;

1759 Puttoo, *n.* ཁ་ཆེའི་སྣམ་བུ་ཙུབ་མོ་ཞིག;

1760 Putty, *n.* ས་དཀར་དང་སྣུམ་འདྲེས་པའི་སྦྱར་རྩི་ཞིག;

1761 Puzzle, *v.t.* མགོ་འཁྲིམ་བཙུག་པ;

1762 Pyaemia, *n.* ཁྲག་ནད; ཁྲག་རྣག་ཏུ་འགྱུར་བའི་ནད;

1763 Pygal, *a.* རྔ་སོགས་དུད་འགྲོའི་སྐྲད་ཀྱི་སྐོར;

1764 Pygmy, *n.* མིའུ; མིའུ་ཐུང;

1765 Pyjamas, *n.* དོར་མ; རྒྱ་དོར;

1766 Pyogenesis, *n.* རྣག་སྐྱུབ་ཚུལ;

1767 Pyopoiesis, *n.* རྣག་བབ་ལུགས;

1768 Pyorrhea, *n.* རྣག་གར་པོ་བབ་ལུཊ;

1769 Pyosis, *n.* རྣག་སྐྱུད; རྣག་སྐྱུད་ཚུལ;

1770 Pyramid, *n,* བང་རིམ;

1771 Pyramidal, *a.* གྲུ་བཞི་བང་རིམ་གྱི་རྣམ་པར;

1772 Pyre, *n.* (Sik. ཤིང་ཁྲི;) རོ་བསྲེག་པའི་ཤིང་བརྩེགས་པ་དེ་འོ;
སྲེག་ཁང;

1773 Pyretics, *a.* ཚད་ནད་ཀྱི; ཚ་བའི་ནད་ཀྱི;

1774 **Pyriform**, *a.* སྒྲི་འམ་ཀ་ཤུའི་བཟོ་འདྲ་པོ;

1775 **Pyrites**, *n.* ཨུ་ཟི་དང་བ་ཟླ་འདྲེས་མ;

1776 **Pyrogen**, *n.* རྫས་སམ་དངོས་པོ་གང་རུང་ལུས་ཀྱི་ཁྲག་ལ་འདྲེས་ན
ཚད་པའི་ནད་སྐྱེད་བྱེད;

1777 **Pyrognomic**, *a.* དྲོད་གང་མཆོས་བཏྲ་ན་འོད་ཆེར་འགྲོ་བའི་རྒྱུ་རྫས་དག
ལ་ཟེར; དྲོད་ཚུང་ཟད་ཕོག་པས་འོད་འཚེར་བའི་རྫས་
དག་ལ་ཟེར;

1778 **Pyrography**, *n.* ཤིང་གི་ངོས་ལ་དྲོད་དང་མནྲན་བཙོར་བྱེད་དེ་པར་བདབ་
པའི་ཐབས;

1779 **Pyrology**, *n.* དྲོད་ཀྱི་སྐོར་གྱི་རིག་གནས;

1780 **Pyromancy**, *n.* མེ་ལ་རྟེན་པའི་མོ་ལུང;

1781 **Pyronomics**, *n.* ཚ་དྲོད་ཀྱི་རིག་གནས;

1782 **Pyrophone**, *n.* ཕྱི་ལོ་ ༡༨༧༣ ནང་ཨོ་གེན་ཀིསྣ་ནེར་ཞེས་པས་གསར་དུ
སྤྲོས་པའི་སྒྲ་སྙན་ཞིག; དེལ་ཕྱི་ཤུན་ཤེལ་དུ་བྱས་པ
ནང་དུ་ཧྲུང་ཧི་ཊ་རྫན་མེ་སྤར་བས་སྒྲ་འབྱིན་པ་ཞིག་གོ;

1783 **Pyrotechnics**, *n.* རྫས་བཟོ་བའི་རིག་པ; རྫས་སྦྱོར་གྱི་ལག་ལེན;
རྫས་ཀྱི་ལག་ལེན;

1784 **Pyrotechnist**, *n.* རྫས་བཟོ་བའི་བྱ་བ་ལ་མཁས་པ;

1785 **Pyroxylic**, *a.* ཤིང་གི་ཧྲངས་པ་བཙགས་པ་ལས་བྱུང་བའི;

1786 **Pyrrhic**, *n.* སྔོན་དུས་གྲིག་པའི་དམག་བྲོ་ཞིག;

1787 **Pyrrhic**, *adj.* ཨེ་ཤུའི་འདས་ལོའི་གོང་ནས་ལོ ༣༡༨—༢༧༢ པའི་བར་
དུ་བྱུང་བའི་ཨེ་པི་རུས་ཀྱི་རྒྱལ་པོ་པིར་རུས་ཞེས་པའི་
སྐོར་གྱི;

1788 **Pythagorean**, *a.* སྔོན་དུས་གྲིག་པའི་སྟོན་ཆེན་པོ་པྲྀ་ཐ་གོ་རི་ཡ་བྱ་བ་ཞིག་བྱུང་
བའི་ཆོས་ལུགས་ཅན;

1789 **Python**, *n.* སྦྲུལ་གཉེན་ (Bhut. & Sik.) སྦྲུལ་སྦྲམ་ཆེན; འབར་མོ; ཤ་ཟ་མ; ངན་སྔགས་མཁན་མོ;

1790 **Pyx**, *n.* གཡང་ཏི་བཞག་སའི་སྣམ་ཤེན་གཞུང་དངུལ་དང་གསེར་ཏིཾ་གྱི་པར་ཁང་དུ་བཞག་པ་དེའོ;

Q

(ཨིན་ཇིའི་ཀ་ཁའི་ཡིག་འབྲུ་བཅུ་བདུན་པའོ; རྭོ་མན་གྱི་གྲངས་དོན་ལྟར་ན་ལྔ་བརྒྱ་ཐམ་པའི་དོན་ཡིན་ནོ།)

1 **Quack**, *v.i.* ཡ་ཅིའི་སྐད་ཇི་བཞིན་འདོན་པ; འདམ་བྱའི་སྐད་བཞིན་འདོན་པ;

2 **Quackery**, *n.* སྨན་རྒྱུས་མེད་པའི་ཨེམ་ཆིའི་བྱ་བ་དེ་དགལ་ཟེར;

3 **Quad**, *n.* གྲུ་བཞི; བཙོན་ཁང;

4 **Quadrangle**, *n.* རྫོ་ཆས་གྲུ་བཞི; ལོགས་བཞི་བཞི་གྲུ་བཞི་མཉམ་པའི་རི་མོ;

5 **Quadrangular**, *a.* གྲུ་བཞི་པ; ལོགས་བཞི་གྲུ་བཞི་མཉམ་པའི;

6 **Quadrant**, *n.* སྐར་ཐིག་གཞལ་བའི་ལག་ཆ་ཞིག; སྐར་ཐིག་གི་བཞི་ཆ་གཞལ་རྒྱུའི་སྐར་རྩིས་པའི་ལག་ཆ་ཞིག;

7 **Quadrate**, *adj.* ལོཏ་བཞི་གྲུ་དྲང་ཞིང་མཉམ་པའི་རི་མོ་གྲུ་བཞི་པ;

8 **Quadratic**, *a.* གྲུ་བཞིའི་རྣམ་པ་ཅན;

9 **Quadricentennial**, *adj.* ལོ་བཞི་བརྒྱ་རེ་བྱེད་པའི;

10 **Quadricorn**, *a.* རྭ་ཅོ་བཞི་དང་ལྡན་པའི;

11 **Quadridentate**, *a.* སོ་བཞི་དང་ལྡན་པའི;

12 **Quadrifoliate**, *adj.* ལོ་འདབ་བཞི་ལྡན;

13 **Quadrennial**, *a.* ལོ་བཞི་བཞིར་ལན་རེ་འབབ་པ;

14 Quadrennially, *ad.* ལོ་བཞི་བཞིར་བབས་པར; ལོ་བཞི་བཞིར;

15 Quadrilateral, *n.* ཟུར་བཞི་ལྡན་པ; ལོགས་བཞི་གྲུ་བཞི་ལྡན་པ;

16 Quadriliteral, *a.* ཡིག་འབྲུ་བཞི་བཞི་ཅན;

17 Quadrillion, *n.* གྲངས་ཡིག་སྐྲར་ཀོར་ཉི་ཤུ་བཞི་ལྡན་པ;

18 Quadruped, *a.* ཀང་བཞི་པ; དུད་འགྲོ;

19 Quadruple, *a.* བཞི་འདབ;

20 Quaff, *v.t.* ཧུབ་ཀྱིས་འཐུང་བ;

21 Quagga, *n.* ཀྱང་སྟག་རིས་ཅན;

22 Quaggy, *a.* འདྃ་རྫབ་ཅན;

23 Quagmire, *n.* འདམ་རྫབ; འདམ་སྐྱག;

24 Quail, *n.*, *v.i.* འདར་བ; གཡབ་པ; སྐྲག་འདར་བ;

25 Quail, *n.* བྱིའུ་ཞིག་གི་མིང;

26 Quaint, *a.* གཞན་དང་མི་འདྲ་བར་ཡ་མཚན་པོ;

27 Quaintly, *ad.* སྒྱུམ་པོར; ཁྱད་མཚར་པོ་བྱེད་དེ;

28 Quaintness, *n.* ཁྱད་མཚར་ཚུལ;

29 Quake, *v.i.* ལུས་འདར་བ;

30 Quaker, *n.* འདར་བ་པོ; སྤྱིར་དུས་ཨིན་ཇིའི་ནང་ནས་ཆོས་ལུགས་ཧ་ཅང་གསུམ་ཚུལ་ཅན་ཞིག;

31 Quaking, *a.* འདར་བཞིན་པ;

32 Quakingly, *ad.* འདར་སིག་སིག་དུ; འདར་བཞིན་དུ;

33 Qualification, *n.* ཡོན་ཏན་འཛོམ་པ; དཔའ་རྩལ་ཡོན་ཏན;

34 Qualified, *a.* ཡོན་ཏན་གྱིས་བརྒྱན་པ;

35 Qualify, *v.t.* རྒྱན་དུ་བྱེད་པ;

36 Quality, *n.* སྤྱུས་བཟང་ངན; ཡོན་ཏན;

37 Qualm, *n.* སྙིང་ཟུག; སྙོ་ཟུར་གྱི་ནད; སྙོ་ཟུར་གྱི་ཞེན་ལོག;

38 Quandery, *n.* གག ; གག་ཐུག ; དཀའ་གནད ;

39 Quantity, *n.* བྲངས ; མང་ཉུང ;

40 Quantum, *n.* བོང ; ཚད ; མང་ཉུང ;

41 Quaquaversal, *adj.* ལྟེ་བ་ནས་ཕྱིར་ཕྱོགས་པའི ;

42 Quarrantine, *n.* མི་གཞན་དང་བདུག་དུ་མི་བཙུག་པར་བཙད་རྒྱུར་བཞག་པ ; དཔེར་ན ; འགོ་བའི་ནད་ཡོད་ན་ལོ་འགྱུལ་གྱི་བཙད་རྒྱུ་ལྷ་ཟླ ;

43 Quarrel, *n.* འཐབ་མོ ; འཁྲུག་པ ;
a lozenge or diamond ཤེལ་གྲུ་བཞི་གྲུ་སྒང་ནས་བཞག་པ ;

44 Quarrelling, *n.* འཐབ་དད་མཁན ;

45 Quarrelsome, *a.* འཐབ་དད་མཁན ; འཁྲུག་རྩོད་མཁན ;

46 Quarry, *n.* རྡོ་ཁྲང ; *v.t.* རྡོ་ཁང་ནས་རྡོ་བདོན་པ ; also (entrails, etc.) *n.* ཁྲི་ར་རྒྱབ་ནས་བསད་པའི་ཤའི་ནང་ཆ་ཤ་ཁྲི་ལ་ཐྲིན་པ་དེའོ ; ཁྲི་ར་བརྒྱབས་པའི་སེམས་ཅན་ནི་ཤ་དེའོ ;

47 Quart, *n.* ཤེལ་བུམ་གང་གི་ཚད ;

48 Quartation, *n.* གསེར་དང་དངུལ་འབྲེས་མ་ནི་རིག་ཨེ་སིཊ་ལྷུག་ནས་སོ་སོར་འབྱེད་པའི་ལས ;

49 Quarter *n.* (avoird.) = 28 lbs. སྲང་ཉི་ཤུ་རྩ་བརྒྱད་ཀྱི་ཐེད ; ཆུ་ཚོད་ཀྱི་བཞི་ཆ ; མི་ནིཊ་བཅོ་ལྔ ; ལུག་ཁོག་གི་བཞི་གླིང་གཅིག ;

50 Quarter, *n.* སྡོད་གནས ; བཞི་ཆ ;

51 Quartered, *a.* གནས་སུ་བཅོལ་བ ; བཞིར་བགོས་པ ;

52 Quarterly, *a.* བཞི་ཆའི ;

53 Quartermaster, *n.* སྡོད་གནས་ཀྱི་ལས་སྣ་པ;

54 Quartz, *n.* (ཅམ་རྡོ; Sik. & Bhut.)

55 Quash, *v.t.* བཅར་བ; བཙིར་བ;

56 Quaternion, *n.* བཞི་སྡེ; མིང་གཅིག་སྨྲ་བཞི་ལྡན་པ; དཔེར་ན: དེ་བཞིན་གཤེགས་པ་ལྟ་བུར;

57 Quaver, *v.i.* སྐད་འདར་ཞུགས་པ; སྐད་འདར་རྒྱབ་པ;

58 Quay, *n.* མཚོ་མཐར་གྲུ་གཟིངས་ལ་དོ་བྲུ་བཀལ་ཕབ་བྱེད་སཿ གྲུ་ཁ;

59 Quean, *n.* བུད་མེད་གདོང་བཟང་མ; སྐྱེ་དམན་ངོ་ཚ་མེད་པ: འཚོར་མོ;

60 Queen, *n.* རྒྱལ་མོ;

61 Queen-ant, *n.* གྲོག་འབུའི་རྒྱལ་མོའམ་གཙོ་མོ;

62 Queen-bee, *n.* གསེར་སྦྲང་མའི་རྒྱལ་མོ;

63 Queen-consort, *n.* རྒྱལ་པོའི་བཙུན་མོ;

64 Queen-regnant, *n.* རྒྱལ་མོ; ཕོ་རྒྱུད་ཆད་ནས་སྲས་མོ་ལ་རྒྱལ་ཁྲི་བྱུང་བ;

65 Queen-mother, *n.* རྒྱལ་པོའི་ཡུམ; ལྷ་ཡུམ;

66 Queen-regent, *n.* རྒྱལ་མོ་ཁྲི་པ;

67 Queenly, *ad.* རྒྱལ་མོ་ལྟ་བུ;

68 Queen's Bench, *n.* བཙུན་མོའི་ཁྲིམས་ཁང;

69 Queer, *a.* མཚར་པོ; ཡ་མཚན་པོ;

70 Queerly, *ad.* མཚར་པོར; ཡ་མཚན་པོར;

71 Quell, *v.t.* བདུལ་བ; འདུལ་བ;

72 Quelch, *n.* ཆུ་ལྕམ་གྱི་ནང་ཁིངས་ནས་འཛིར་འཛིར་ཞེས་སྒྲ་འབྱིན་པ;

73 Quench, *v.t.* ངོམས་པར་བྱེད་པ;

74 Quenchable, *a.* ངོམས་སྲུ་ཡོད་པ;

75 Quenchless, *a.*	ངོམས་མེད ;
76 Querimonious, *a.*	ངོམ་པ་མེད་པའི ;
77 Querist, *n.*	འདྲི་བ་པོ ;
78 Querulous, *a.*	འཐབ་ཅན ; རྩོད་པ་མཁན ; སྐད་བདགས་དད་མཁན ;
79 Query, *n.*	འདྲི་ཚིག ; དྲི་བ ;
80 Quest, *n.*	འཚོལ་བ ; བཙལ་བ ;
81 Question, *n.*	འདྲི་ཚིག ; དྲི་བ ;
82 Questionable, *n.*	འདྲིར་ཡོད་པ ; ཡིད་མི་ཆེས་པ ;
83 Questionably, *ad.*	ཡིད་ཆེས་མེད་པར ;
84 Questioner, *n.*	འདྲི་བ་པོ ;
85 Queue, *n.*	(Kū. ལྗང་ལྷས ; Sik.) སྤྲའི་ལྗང་ལོ ;
86 Quey, *n.*	(Scot.) བ་གཞོན ; (ཤས་སྣང་མ ; Sik.)
87 Quibble, *n.*	ཐ་སྙད ; ཚིག་གི་རྩ་རྩེའི་དབྱེ་ཞིབ ;
88 Quibbler, *n.*	ཐ་སྙད་ཅན ;
89 Quick, *a*	མགྱོགས་པོ ;
90 Quick, *n.*	ཤིང་ལྗང་གསོན་པོ ; ཤ་གསོན་མོ ; ཚོར་ལྡན ;
91 Quicken, *v.t.*	གསོན་པོ་བཙོས་པ ; མགྱོགས་སུ་བཅུག་པ ;
92 Quicklime, *n.*	ཐུ་ནེ ; རྡོ་ཞོ ;
93 Quickly, *ad.*	མགྱོགས་པོར ;
94 Quickness.	མགྱོགས་ཚུལ ; (མགྱོགས་ཡོད ; Sik.) མགྱོགས་ལུགས ; སྒྱུར་མགྱོགས ;
95 Quicksand, *n.*	རྒྱུག་ཆུའི་གདིང་གི་བྱེ་མ་སླ་མོ ;
96 Quickset, *n.*	ཤིང་ལྗང་གིས་བཙོས་པའི་ར་བ ; ར་བར་འགྱུར་བའི་ཕྱིར་བཙུགས་པའི་ཚོར་ཤིང ;

97 Quicksilver, *n.* དངུལ་ཆུ;

98 Quid, *n.* དངོས་པོ; གང་ཟུང; ཁམ་ཧྲོག; ཁམ་ཚད;
(Slang) གསེར་ཏིཾ;

99 Quid-nunc, *n.* གསར་འགྱུར་གནས་ཚུལ་ཅི་ཡོང་ལྟ་མཁན;

100 Quid-pro-quo, *n.* སྐྱིན་འཚབ; སྐྱིན་འཇལ;

101 Quiescence, *n.* ཞི་བ; ཞི་གནས;

102 Quiet, *a.* ཁ་རོག; ཅ་ཅོ་མེད་པ; དབེན་པ; ལྷོད་པོ;

103 Quietly, *ad.* ཁ་རོག་པར;

104 Quietness, *n.* ཞི་ཚུལ; དབེན་ཚུལ; ལྷོད་ཚུལ;

105 Quietude, *n.* དབེན་པ; ཀློ་སོད;

106 Quill, *n.* སྒྲོ; སྒྲོ་སྨྱུག;

107 Quilt, *n.* རས་བལ་མལ་གཟན;

108 Quince, *n.* ཤིང་འབྲས་ཤིག་གི་ཤིང;

109 Quinine, *n.* ཚད་པའི་སྨན;

110 Quin-nat, *n.* ཉ་ཡོ; ས་མོན་ཉའི་རྒྱལ་པོ;

111 Quinsy, *n.* ལྐོག་མའི་ནད;

112 Quintain, *n.* སྡེ་མོའི་རྩལ་སྦྱོང་གི་རྩེད་མོ་ཞིག;

113 Quintescence, *n.* སྙིང་པོ; ངོ་བོ;

114 Quintuple, *a.* ལྔ་འདབ;

115 Quip, *n.* ཁ་ལན་རྣོ་ངར་འཛོམ་པོ་ཞིག;

116 Quire, *n.* ཤོག་གྲུ་ཁ ༢༤ འི་བམ་ཆག;

117 Quirk, *n.* ཚིག་གི་དབྱེ་བ; ཞིབ་མོར་དབྱེ་བ;

118 Quit, *v.t.* སྤྱོང་བ; interjection ཕར་ཡོག་ཙུར་ཡོག་མེད་དོ་
ཞེས་བྱུན་འདུག་པའི་ཚིག;

119 Quit-claim, *n.* ཁ་མཆུ་ཁྲིམས་སར་བདུག་མི་ཆོག་པའི་གན་རྒྱ ;

120 Quite, *ad.* ཡོངས་སུ་རྫོགས་པར ;

121 Quiver, *n.* མདའ་དོང ; *v.i.* འདར་བ ;

122 Qui-vive, *n.* (Kē-vēv. Fr.) དེར་འགྲོ་མི་སུ་ཡིན ; ཞེས་པའི་དྲི་བ ;

123 Quixotic, *a.* ཧ་ཅང་ཐམ་པའི་བརྗོད་བྱ ; ཕྱི་ལོ ༡༥༤༧–༡༦༡༦ བར་སར་བནྟྲི་ཞེས་པས་རྟོགས་བརྗོད་གཅིག་བྲིས་པའི་ཊོན་ཀྭིག་ཛྷོཊ་ཞེས་པ་དེ་འདྲ་པོ ;

124 Quiz, *n.* ཀུ་རེ་སླ་བ ;

125 Quoad, *n.* ཇི་སྲིད་བར ; འདིའི་བར ;

126 Quondam, *a.* སྔོན་གྱི ; སྔ་མའི ;

127 Quorum, *n.* བཞི་སྡེ ; བྱ་བ་མཐར་སྐྱེལ་ཐུབ་པའི་གྲངས་བཅས་ལས་སྡེའི་ཚོགས ;

128 Quota, *n.* མི་སྡེའི་དཀྱིལ་རེའི་ཐོག་ལ་རང་རང་གིས་བཏབ་དགོས་པའི་སྐལ་བ་དེ་འོ ;

129 Quotation, *n.* དཔེ་ཆ་གཞན་ནས་ཡི་གེ་གཞན་ཞིག་ནས་ཚིག་བཤུ་བ ; ལུང་འདྲེན ;

130 Quote, *v.t.* ཀླུ་ཀའམ་ཚིག་བཤུ་བ ; ལུང་འདྲེན་བྱེད་པ ;

131 Quoth, *v.t.* ན་རེ ; ཟེར་རོ ;

132 Quotient, *n.* ཐོབ་ནོར ;

R

(ཨིན་ཡིག་ཀཱ་ལི་བཅོ་བརྒྱད་པ)།

1 Ra, *n.* ལྷའི་བུ་ཉི་མ ;

2 Rabanna, *n.* མ་ཌ་གསྐར་ཞེས་པའི་མཚོ་གླིང་ན་བདག་པའི་ཤིང་ཤུན་གྱི་རེ་ལྡེ ;

3 **Rabat**, *n.* གོས་ཀྱི་སྐེ་གོང་མར་སྣོག་པ་ཞིག་ལ་ཟེར ;

4 **Rabbet**, *n.* ཨིན་འདར་སྦྱང་ལེབ་ཀྱི་ཟུར་ན་ཝ་ཤུར་བརྡོན་ནས་གཞན་ ཞིག་དང་སྦྲིག་དུས་ལྷེ་ཞིག་བརྡོར་ནས་འཁྲིག་ཚོག་པའི་ ཤུར་རེའོ ;

5 **Rabbi**, *n.* ཡ་ཧུ་དཔའི་ཨེམ་ཆི་མཁས་པ་དག་ལ་ཟེར ;

6 **Rabbinical**, *a.* ཡ་ཧུ་དཔའི་ཆོས་ལུགས་ཀྱི ;

7 **Rabbit**, *n.* རི་བོང ;

8 **Rabble**, *n.* དམངས་རིགས་ཧྲག་ཞན་འདྲེས་པའི་ཁྲོམ་ཚོགས་ལ་ཟེར; དམངས་རིགས་མི་ཚོད་ཕལ་རས་ཚ་པོ ; ཕལ་ཚོད ;

9 **Rabid**, *a.* སྨྱོན་པ ;

10 **Rabi**, *n.* རྒྱ་གར་གྱི་འབྲུའི་སྟོན་ཐོག་ཆེན་པོ ;

11 **Rabot**, *n.* རྗོ་ཀྭ་མ་ཙ་པ་བྱེ་དོར་བྱེད་རྒྱུའི་འཁྲིག་དེའོ ;

12 **Raccoon**, *n.* ལྷགས་པ་གླ་ལེབ་ཅན་གྱི་སྤྲོག་ཆང་དོམ་འདྲ་པོ་ཞིག ; ཨེ་མེ་རི་ཀའི་གླིང་བྱང་མ་དེར་ཡོད་པ་ཞིག ;

13 **Race**, *n.* རྒྱུད་པ ; རིགས ; བང ; རྒྱུག་ཤར ;

14 **Racer**, *n.* བང་རྒྱུག་མཁན ;

15 **Racial**, *a.* རྒྱུད་པའི ; རིགས་རུས་ཀྱི ;

16 **Rack**, *n.* འཛེར་ཤིང ; ཤིང་གཟེར ; རྒྱང་ཤིང ;

17 **Racket**, *n.* གྲིར་གོང་གི་རྩེད་མོ་ལ་མཁོ་བའི་ལག་ཆ་ཞིག ;

18 **Racy**, *a.* བྲོ་བ་ཅན ; རོ་ལྡན ; རོ་བཅུད་ལྡན་པ ;

19 **Radiance**, *n.* འོད ;

20 **Radiant**, *a.* འོད་འཕྲོ་བའི ;

21 **Radiantly**, *ad.* འོད་འཕྲོ་བཞིན་དུ ;

22 **Radiate**, *n.* འོད་ཀྱིས་འགེངས་པ ; འོད་འཚེར་བ ; འོད་འཕྲོ་བ ;

23 Radiated, *a.* འོད་ཀྱིས་བརྒྱན་པའི;

24 Radiation, *n.* འོད་འཕྲོ་བའི་ཚུལ; འོད་འཕྲོ་ཚུལ;

25 Radical, *a.* རྩ་བའི; རྒྱུ་ཡི; ངོ་བོའི; གདོད་མའི;

26 Radical, *n.* རྩ་བ་ནས་གསར་བཅོས་འདོད་པའི་བློན་རིགས:

27 Radically, *ad.* རྩ་ནས; གཞི་ནས;

28 Radicle, *a.* ར་རྩ་ཕྲ་མོ; རྩ་བ་ཕྲ་མོ;

29 Radish, *n.* ལ་ཕུག;

30 Radius, *n.* སྒོར་ཐིག་དཀྱིལ་ནས་མཐའ་ལ་ཐུག་པའི་ཐིག་དེའོ;

31 Raffle, *v.i.* ཅི་ཊ་རྒྱབ་པ; (Hindi word).

32 Raft, *n.* ཤིང་དུམ་སྦྲགས་ནས་བཅིངས་པའི་གྲུ;
(ས་པགས; Sik.) (གདུང་མའི་གྲུ;)

33 Rafter, *n.* གུང་ཐོག་གི་རྟེབས་མ; ལྕུ་ཤིང;

34 Rag, *n.* ཧྲུག་ཧྲུལ; གོས་ཧྲུལ;

35 Rage, *n.* ཞེ་སྡང;

36 Ragged, *a.* གོས་ཧྲུལ་ཅན; ཧྲུལ་པོ;

37 Raging, *n.* དྲག་ཤུབ; དབང་འཚོང; ཤུགས; *adv.* ཚིག་པ་ཟ་ཡིན;
འཚུབ་བཞིན་པ; འབར་བཞིན་པ;

38 Raid, *n.* ཇག་ཆོམ;

39 Rail, *n.* ར་བ; *v.t.* ཁ་ངན་འདེབས་པ; སྨུ་ཅོར་བརྗོད་པ;

40 Railing, *n.* ར་བ;

41 Railing, *a.* ཁ་ངན་འདེབས་དང་ཅན;

42 Raillery, *n.* སྨུ་ཅོ; ཁ་ངན;

43 Railway, *n.* རཱེ་ལིའི་ལམ;

44 Raiment, *n.* ན་བཟའ;

45 Rain, *n.* ཆར་པ;

46 **Rainy**, *a.* ཆར་པ་འབབ་བཞིན་པ;

47 **Raise**, *v.t.* ཡར་སླང་བ;

48 **Raisable**, *a.* སླང་རྒྱུ་ཡོད་པ་འམ་འགྲོན་ནུས་པ;

49 **Raisin**, *n.* རྒུན་འབྲུམ; རྒུན་འབྲུམ་དཀར་པོ;

50 **Raising**, *n.* ཡར་སླང་བ;

51 **Rake**, *n.* སོ་ནམ་པའི་ཞིང་ས་རྐོམས་རྒྱུའི་ལག་ཆ; འཆལ་པོ;
v.t. གྱུ་གཟིངས་ཀྱི་གསུམ་ངོར་གྱུའི་མགོ་ནས་མཇུག་བར་ཡང་མཇུག་ནས་མགོ་འི་བར་མེ་སྒྲོགས་ཀྱིས་ཆར་བཞིན་འབབས་པ་ལ་ཟེར;

52 **Rakish**, *a.* འཆལ་པོ; འཆོར་འདོད་ཅན; འཆོར་པོ་ལྷ་བུ;

53 **Rally**, *vt.* འཕྲོར་བ་སྐྱུད་པ; དཔེར་ན་གསུམ་ངོར་མི་འཕྲོར་བ་སླར་སྐྱུད་པ་ལྟའོ;

54 **Ram**, *n.* ལུག་ཐུག; མདའ་བོ་ཆེ;

55 **Ramble**, *v.i.* འཁྱམ་པ; འཁྱམ་འཁྱམ་བྱེད་པ;

56 **Rambler**, *n.* འཁྱམ་པོ;

57 **Ramify**, *v.t.* ཡལ་གར་བགོ་བ;

58 **Ramification**, *n.* ཤིང་གི་ར་རྩ་དང་ཡལ་ག་བགོས་འགྲོ་བའི་ཚུལ;

59 **Rammer**, *n.* རྫས་སྲིར་བའི་རྫས་ཅང; སྲིན་འབིད;

60 **Ramp**, *v.i.* སྒུགས་ཀྱིས་མཆོང་པ;

61 **Rampant**, *a.* དཔེར་ན་སེངྒེ་གཉམ་ལ་མཆོང་བ་ལྟར་ཡར་ལང་བའི་ཚུལ་དུ་འདུག་པ;

62 **Rampart**, *n.* ལྕགས་རི;

63 **Ramrod**, *n.* མེ་མདའ་རྫས་རྫོང་རྒྱབ་པའི་འཁར་བ་དེའོ; སྲིན་འབིད;

64 **Rancid**, *a.* སྐྱུར་པོ; ཞོ་སྐྱུར་ལྟའོ;

65 Rancour, *n.* སྙིང་ནད; གདུག་རྩུབ; མ་རུང;

66 Rancorous, *a.* གདུག་པ་ཅན;

67 Random, *n.* ངེས་མེད;

68 Range, *n.* ལ་གདང; མདའ་འགྲངས; མེ་མདའི་སྐོགས་ཚད;
ལ་རྒྱུད; རི་རྒྱུད;

69 Ranger, *n.* ནགས་ཚལ་ལྟ་སྐོར་བྱེད་མི་ལས་སྣ;

70 Rank, *n.* གྲལ; གོ་ས;

71 Rank, *a.* དྲི་ངར་པོ; སྐྱུར་པོ; རྒྱས་དྲགས་པོ; ལོ་མ་རྒྱས་པོ;

72 Rankle, *v.i.* རྣག་ཟེར་རྒྱབ་པ; ཚ་བ;

73 Ransack, *v.t.* གདིང་དཀྲུགས་ཏེ་འཚོལ་བ;

74 Ransom, *n.* བླུ་ཡོན;

75 Rant, *v.i.* འཚོལ་ལང་སྐྱོ་ལང་དུ་སྐད་ཆ་གང་བྱུང་སྨྲ་བ; ཁ་ཟད་པ;

76 Rap, *v.i.* རྡེག་པ;

77 Rapacious, *a.* འཕྲོག་བཅོམ་ལ་ཁ་ཞུགས་པ;

78 Rapacity, *n.* རང་འདོད་ཁེངས་མེད; ཟ་འདོད་ཆེན; འདོད་ངན;

79 Rape, *n.* བུད་མེད་ལ་མོ་རང་གི་བློར་མི་འདོད་བཞིན་དུ་སྤྱོད་པ;
དབང་ཡོང་དུ་གཡེམ་བྱེད་པ; དབང་ཡོད་བྱེད་པ;
དབང་ཡོད་བྱེད་དེ་སྤྱོར་བ་བྱེད་པ; ལོག་གཡེམ;
n. (Plant) ཡུག་གེ་རྩ་བྱེད་རྒྱུའི་སྔོ་ལྷས་ཞིག;
n. (grape-juice refuse) རྒུན་འབྲུམ་གྱི་ཁུ་བ་ཆང་
བཟོས་ཟིན་པའི་ལྷག་འཕྲོས;

80 Rapid, *a.* མྱུར་པོ; མགྱོགས་པོ; སྐྱེན་པོ; ཁྱུག་པོ;

81 Rapidity, *n.* མགྱོགས་ཚུལ; མགྱོགས་ལོད; ཁྱུག;

82 Rapidly, *ad.* མྱུར་བར; མགྱོགས་པོར;

83 Rapier, *n.* གྲི་ཕྲ་མོ་མགར་རྫོང་འདྲ་པོ;

84 Rapine, *n.* ཇག་འཆོམ; དབང་ཡོད; དྲག་ཐུབ;

85 Rapparee, *n.* ཨ་ཡར་ལནྡ་ཀྱི་ཡུལ་དུ་དམག་མི་ཇག་ལ་ཁ་ཞུགས་པ;

86 Rapprochement, *n.* མཐུན་ལམ; རྒྱལ་ཁབ་སོ་སོའི་བར་དུ་མཐུན་ལམ་ཞིགས་འགྲིག་མགོ་འཛུགས་པ;

87 Rapture, *n.* དགའ་མགུ; བདེ་བ; དགའ་སྤྲོ; སྤྲོ་བ;

88 Rapturous, *a.* བདེ་པོ; སྤྲོ་པོ; དགའ་པོ;

89 Rare, *a.* དཀོན་པོ;

90 Rarefacation, *n.* སླ་མོར་གྱུར་ཚུལ;

91 Rarefy,. སླ་མོར་བཅོས་པ;

92 Rarely. དཀོན་པོར;

93 Rarity, *n.* དཀོན་ཚུལ;

94 Rascal, *n.* མི་ངན;

95 Rascality, *n.* མ་རབས་ཀྱི་སྤྱོད་པ;

96 Rase, *v.t.* གཏོར་བ; མེད་པར་བཅོས་པ; རྡུལ་དུ་རློག་པ;

97 Rash, *a.* གྲོད་ཐལ་ཕོར་བ; ཧོར་གཉམ་ཅན;

98 Rashly, *ad.* གྲོད་དྲགས་པ་ལྷུར;

99 Rasp, *n.* ཕིང་སོགས་བརྡར་བའི་སེག་བརྡར;

100 Rat, *n.* བྱི་བ;

101 Rate, *n.* རིན་གོང;

102 Rather, *ad.* (ཡོས་ཀྱང་ or ཡོས; ལ་ཁད་པ; Colql.)
དབྱེར་ན; (rather small) (ཆུང་ལ་ཁད་པ;
ཆུང་དྲགས་པ; ཆུང་ཙམ;)
(ཆུང་ཆེ་དྲགས་པ; ཆེ་ལ་ཁད་པ; rather big.)

103 Ratification, *n.* ཇི་འཛོག་མཛད་དེ་རྒྱབ་བསྟན་མཛད་པའི་རྒྱབ་སྟོན;

104 Ratify, *v.t.* རྒྱབ་སྣོན་རྩི་འཛོག་བྱེད་པ;

105 Ratio, *n.* ཅ་ལག་གཅིག་གིས་གཅིག་ལ་ཉེ་བའི་ཉེ་ཚུལ; ཉེ་ཚ;

106 Rational. རིགས་པས་འཐད་པ; སེམས་ལ་འཐད་པ; མཁས་པོ;

107 Rationality, *n.* རིགས་པ་དྭངས་ཚུལ;

108 Rationally, *ad.* རིགས་པར་འཐད་པོ་བྱེད་དེ;

109 Rattle, *v.i.* ཅ་ཅོ་སྒྲ་བ; རྡེའུ་དཀྲུག་པ་ལྟུའི་ཏྲོག་ཞེས་སྒྲ་སྒྲོག་པ;

110 Rattling, *n.* ཏྲོག་ཏྲོག་ཅེས་པའི་སྒྲ་འབྱིན་པ;

111 Ravage, *n.* བཅོམ་ཚུལ; འཕྲོག་བཅོམ;

112 Rave, *v.i.* སྨྱོན་པ་ལྟ་བུའི་གྲོ་ཅོ་སྒྲ་བ;

113 Ravel, *v.t.* བཀྲིགས་པ; དཀྲི་བ; འཁྲིགས་སུ་བཙུག་པ;

114 Raven, *n.* ཀུང་ཀ; བྱ་རོག;

115 Raver, *n.* སྨྱོ་བ་པོ; སེམས་ཤོར་བ་པོ; མི་རིགས་པར་སྨྲ་བ་པོ;

116 Ravenous, *a.* ལྟོགས་ཛབས་ཅན; ཟ་ཛམ་པ; ཟས་ལ་ཛམ་པོ;

117 Ravenously, *ad.* ལྟོགས་ཛབས་ཆེན་པོ་བྱེད་དེ; ཟས་ལ་ཛམ་པོ་བྱེད་དེ;

118 Ravine, *n.* ལུང་སྐྱོང; (ལུང་རྡེར; Bhut.) གཞོང;

119 Raving, *n.* སྨྱོན་པོ; འཆལ་པོ;

120 Ravish, *v.t.* དབང་ཡོད་ཀྱིས་མི་ཚངས་སྤྱོད་པ; དགའ་སྤྲོ་དཔག་མེད་
སྐྱེན་པ; ཡིད་འཕྲོག་པ;

121 Raw, *a.* རྗེན་པ; མ་སྨིན་པ; མ་འཚོད་པ; མ་ཆོས་པ;
མ་འབྱོངས་པ;

122 Ray, *n.* འོད་ཟེར; ཟེར; ཉ་ཞིག་གི་མིང་ཡང་ཡིན;

123 Raze, *v.t.* རྒྱེལ་བ; གཏོར་བ; མེད་པར་བཅོམ་པ;

124 Razor, *n.* སྤུ་གྲི;

125 Re. (Regarding = སྐོར་ལ་ཞེས་པའི་བསྡུས་ཡིག);

126 **Reabsorb**, *v.t.* རྡོད་དམ་ཆྭ་སྣར་ཚུར་འཐེན་པ;

127 **Reabsorption**, *n.* རྡོད་དམ་ཆྭ་སླང་ས་པའི་ཚུལ;

128 **Reach**, *v.t.* སླེབ་པ;

129 **React**, *v.i.* ཚུར་ལྡོག་པ; ལས་ཀ་ཕྱིར་ལོག་པ; ཕྱིར་འཁོར་བ;
ལས་ལན་འཁོར་བ;

130 **Reaction**, *n.* ལུས་ལྡོག་ཚུལ; ཚུར་ལྡོག་གི་བྱ་བ;

131 **Read**, *v.t.* ཀློག་པ;

132 **Read**, *a.* ཀླགས་ཟིན་པ;

133 **Reader**, *n.* ཀློག་པའི་དཔེ་ཆ; ཀློག་མཁན;

134 **Readily**, *ad.* སྒྱུར་བར; (གྲ་ཁད་པོ་བྱེད་དེ; Bhut.).
གྲབས་སྒྲིག་པོ་བྱེད་དེ;

135 **Readiness**, *n.* (Bhut. གྲ་ཁད་པོའི་ཚུལ;) གྲ་སྒྲིག་ཡོད་པའི་ཚུལ;

136 **Reading**, *n.* ཀློག; ཀློག་པའི་ཚིག;

137 **Ready**, *a.* གྲབས་སྒྲིག་པོ; གྲ་ཁད་ཁད;

138 **Real**, *a.* ངོ་ཐོག; ངེས་པ་ཅན; དངོས; དངོས་ཅན;

139 **Reality**, *n.* དངོས; ཡང་དག་པ་ཉིད; ངོ་བོ་ཉིད; གནས་ཚུལ;

140 **Realize**, *v.t.* དངོས་སུ་སྒྲུབ་པ; ངེས་པར་སྒྲུབ་པ;

141 **Really**, *ad.* ངོ་ཐོག; ངེས་པར;

142 **Realm**, *n.* རྒྱལ་ཁམས; ཁིམས;

143 **Ream**, *n.* ཤོག་གྲུའི་ཐེ་ཚག་ཉི་ཤུ་ཐམ་པ་ལ་ཟེར;

144 **Reanimate**, *v.t.* སྲོག་སྐྱེད་པ; དབུཊ་བརྡཊ་པ; ཡང་གསོ་བ;

145 **Reap**, *v.t.* རྔ་བ; བརྔས་པ;

146 **Reaper**, *n.* རྔ་མཁན; རྔ་བ་པོ;

147 **Reappear**, *v.i.* ཡང་འཐོན་འོང་བ; སླར་ཡང་མངོན་དུ་འབྱུང་བ;

148 **Reappoint**, *v.i.* སླར་ཡང་སྐོ་བ; ཡང་བསྐྱར་སྐོ་བ;

149 Reappointment, *n.* ཡང་བསྐྱར་གོ་སར་སྐོ་བའི་བྱ་བ;

150 Rear, *n.* དམག་མཇུག; དམག་དཔུང་གི་རྒྱབ་ཕྱོགས;

151 Reascend, *v.i.* ཡང་བསྐྱར་འཛེག་པ;

152 Reason, *n.* རྒྱུ; རིགས་པ; རྒྱུ་མཚན; དོན་ཙ; བློ་གྲོས;

153 Reasonable, *a.* བློ་ལ་འཐད་པ; ཚོད་ཡོད; ཚུལ་མཐུན;

154 Reasonableness, *n.* ཚོད་ཡོད་ཡིན་པའི་ཆོས་ཉིད; རིགས་པ་ཉིད;
བློ་ལ་འཐད་ལུགས;

155 Reasonably, *ad.* བློ་ལ་འཐད་བཞིན་དུ; ཚུལ་མཐུན་པར;

156 Reasoner, *n.* བློ་དང་བསྟུན་དེ་རྩོད་མཁན;

157 Reasoning, *n.* མཚན་ཉིད་དབྱེ་བ;

158 Reassemble, *n.* ཡང་བསྐྱར་ཚོགས་པ;

159 Reassert, *v.t.* ཡང་བསྐྱར་ཡིན་པར་རྗོད་པ;

160 Reassertion, *n.* སླར་ཡང་ཡིན་པར་རྗོད་པའི་བྱ་བ;

161 Reassure, *v.t.* བློ་ཤུགས་བཙུག་པ;

162 Reattempt, *v.t.* སླར་ཡང་རྩོམ་པ;

163 Rebate, *v.t.* བཅག་བཅག་རྒྱབ་པ; གོང་བཅག་པ;

164 Rebatement, *n.* རིན་གོང་མར་བཅག;

165 Rebel, *n.* ང་ལོག་རྒྱབ་པ;

166 Rebellion, *n.* ང་ལོག;

167 Rebellious, *a.* ང་ལོག་རྒྱབ་རྒྱུང་ལང་པོ;

168 Rebound, *v.i.* ཤུགས་ཀྱིས་ཚུར་ལྡོག་པ;

169 Rebuff, *n.* འགག་ཆ; གདོང་ལྡོག;

170 Rebuild, *v.t.* སླར་བཞེངས་པ; གསར་བཞེངས་རྒྱབ་པ;

171 Rebukable, *a.* བཀའ་བཀྱོན་གནང་འོས;

172 Rebuke, *v.t.* བཀའ་བཀྱོན་གནང་བ;

173 **Rebuker**, *n.* བཀའ་བཀྱོན་གཏོང་མཁན;

174 **Recall**, *v.t.* ཕྱིར་འབོད་པ; སྐད་གཏང་བ;

175 **Recant**, *v.t.* སྔར་ནས་སྨྲས་ཟིན་པ་སླར་ཁས་མི་ལེན་པ;

176 **Recanter**, *n.* སྔར་སྨྲས་པ་དེ་ཕྱིས་སུ་ཁས་མི་ལེན་མཁན;

177 **Recantation**, *n.* ཁས་མི་ལེན་པའི་ཚུལ;

178 **Recapitulate**, *v.t.* བསྐྱར་བཟློས་བྱེད་པ;

179 **Recast**, *v.t.* སླར་དུ་འཁས་བསྐྱར་དུ་བླུག་རྒྱབ་པ;

180 **Recede**, *v.i.* ཕྱི་འགྲོས་རྒྱབ་པ;

181 **Receipt**, *n.* འབྱོར་འཛིན;

182 **Receivable**, *a.* འབྱོར་རན;

183 **Receive**, *v.t.* འབྱོར་བ; ཐེབས་པ; ཐོབ་པ;

184 **Receiver**, *n.* བསྡུ་ལེན་བྱེད་མཁན;

185 **Recent**, *a.* ཉེ་དུས་ཀྱི; ཉེ་ལམ་གྱི;

186 **Recently**, *ad.* ཉེ་དུས་སུ;

187 **Receptacle**, *n.* སྣོད; ཤུབས; ཚང;

188 **Reception**, *n.* གྲ་སྒྲིག; ཕེབ་བསུ་གྲ་སྒྲིག;

189 **Recess**, *n.* ཕུག; མཛོད་ཕུག; ཁང་ཕུག; བཅད་རྒྱ;

190 **Recipe**, *n.* སྨན་སྦྱོར་ཐབས་ཀྱི་ཡི་གེ; སྨན་ཡིག;

191 **Reciprocal**, *a.* ཕན་ཚུན་གཉིས་ཀའི་ལས་འདྲ་མཉམ;

192 **Reciprocally**, *ad.* ཕན་ཚུན་འདྲ་འདྲ་བྱེད་དེ; འདྲ་མཉམ་དུ;

193 **Recital**, *a.* ངག་བཟླས; ངག་འདོན;

194 **Recitation**, *n.* བཟླས་བ; ཁ་དོན; ཁ་འདོན;

195 **Recite**, *v.t.* བཟླས་པ; ངག་ནས་འདོན་པ:

196 **Reck**, *v.t.* ཁྱད་པར་བྱེད་པ; བརྩི་བ;

197 Reckless, *a.* ཡ་མེད; ཁྱད་པར་མེད་པ; མི་བརྩི་བ;

198 Recklessly, *ad.* ཡ་མེད་དུ;

199 Reckon, *v.t.* རྩིས་བྱེད་པ; རྩི་བ;

200 Reckoner, *n.* རྩིས་མཁན; རྩིས་པ;

201 Reckoning, *n.* རྩིས;

202 Reclaim, *v.t.* གསར་བཅོས་རྒྱབ་པ; བཅོས་ཁ་རྒྱབ་པ; གསོ་བ;

203 Reclamation, *n.* གསོ་བ; བདའ་རྗོད;

204 Recline, *v.t.* བཀྱེད་པ; སྙེས་པ; སྙེ་བ; ཉལ་ནས་འདུག་པ;

205 Recluse, *n.* བྲ་བཏང་པ; དབེན་པར་གནས་པའི་མཚམས་པ;

206 Recognition, *n.* ངོ་སྤྲོད;

207 Recognizance, *n.* ངོས་འཛིན;

208 Recognize, *v.t.* ངོ་འཕྲོད་པ; ངོ་སྤྲོད་པ;

209 Recoil, *v.i.* སླར་ལྡོག་པ; ཕྱི་ནུར་རྒྱབ་པ; ཕྱི་བྲོས་རྒྱབ་པ;

210 Recoin, *v.i.* ཡང་བསྐྱར་ཊཾ་ཁའི་པར་དུ་བླུག་པ; པར་སྐྱོར་རྒྱབ་པ;

211 Recollect, *v.t.* དྲན་བསམས་རྒྱབ་པ;

212 Recollection, *n.* དྲན་པ;

213 Recommence, *v.t.* སླར་ཡང་མགོ་འཛུགས་པ;

214 Recommend, *v.t.* རྒྱབ་བསྙན་བྱེད་པ; སྟོད་པ;

215 Recommendation, *n.* མཐུན་གྲུར་གྱི་ཡི་གེ;

216 Recommit, *v.t.* སླར་ཡང་འཇུག་པ; སླར་བཅོལ་བ;

217 Recompense, *n.* ཛན་པ; གནང་བྱིན; བྱ་དགའ; *v.t.* འཚབ་པ; བཛན་པ;

218 Recompose, *v.t.* སྒྲིག་སྐྱོར་རྒྱབ་པ; སླར་ཡང་སྒྲིག་པ;

219 Reconcile, *v.t.* སྐྱུམ་པ; ནང་འགྲིག་རྒྱབ་པ; ཁ་ཐག་ཆོད་པ;

220 Reconcilement, *n.* སྐྱུམ; ནང་འགྲིག;

221 Reconciler, *n.* སྡུམ་མཁན;

222 Reconciliation, *n.* སྡུམ; མཐུན་བྱ; ནང་འགྲིག;

223 Reconstruct, *v.t.* སླར་ཡང་བཟོ་བ; སླར་བཅོ་བ;

224 Record, *v.t.* ཡི་གེར་བཀོད་པ; འགོད་པ; *n.* དེབ་ཐེར;

225 Recorder, *n.* ཡི་གེར་བཀོད་མཁན; དེབ་ཐེར་མཁན;

226 Recount, *v.t.* ལོ་རྒྱུས་བཤད་པ;

227 Recourse, *n.* ཞུ་བ; ཐབས་ཡི; གྲོགས; འཚོལ; སྐྱབས་འཇུག;

228 Recover, *n.* འཚོ་བ; ཕྱིར་བླང་བ; སླར་ཐོབ་པའམ་རྙེད་པ;

229 Recovery, *n.* ནད་དྲག་པ;

འཚོ་བ; ཕྱིར་ཐོབ་པ;

230 Recreant, *a.* མི་ངན;

231 Recreation, *n.* སྐྱོ་སངས; གཡེངས་པ;

232 Recriminate, *v.i.* པན་ཚུན་སྐྱོན་ར་ར་རྗོད་པ;

233 Recross, *v.t.* སླར་ཡང་རྒལ་བ;

234 Recruit, *v.t.* ཁ་བསྐོ་རྒྱབ་པ; ཁ་སྐོང་བ;

235 Rectangle, *n.* ཟོགས་བཞི་གྲུ་དྲང་པོ་བཞི་བྱས་པ;

236 Rectangular, *n.* ཟོགས་བཞི་གྲུ་བཞིའི་དབྱིབས་ཅན;

237 Rectification, *n.* བཅོས་ཁ;

238 Rectify. བཅོས་ཁ་རྒྱབ་པ;

239 Rectitude, *n.* དྲང་ཚུལ; ཡ་རབས་ཀྱི་ཚུལ;

240 Rector, *n.* མགོ་དཔོན; དཔོན་སློབ;

241 Rectorship, *n.* མགོ་དཔོན་གྱི་གོ་ས; དཔོན་སློབ་ཀྱི་གོ་ས;

242 Rectory, *n.* དཔོན་སློབ་ཀྱི་གནས་ས;

243 Recur, *v.i.* སླར་ཡང་འབྱུང་བ;

244 Recurrence, *n.* སླར་ཡང་ཡང་ཡིད་ལ་འཇམ་དྲན་པར་འབྱུང་ཚུལ;

245 Recusant, *n.* རྒྱལ་པོ་ལ་ཆོས་ཀྱི་ཁྲིམས་སོགས་དང་དགོན་སྡེའི་འགོ་པར་མི་བརྩི་བར་འདོད་པ་དག;

246 Red, *n.* དམར་པོ;

247 Redden, *v.i.* དམར་པོར་འགྱུར་བ; *v.t.* དམར་པོར་སྒྱུར་བ;

248 Redeemable, *a.* བླུ་རུ་ཡོད་པ; འགྲོལ་དུ་ཡོད་པ;

249 Redeemer, *n.* སྐྱབས་མགོན;

250 Redeliver, *v.t.* སླར་ཡང་སྐྱེལ་བ;

251 Redemption, n. བླུ་བ; གྲོལ་བ;

252 Redemptory, *a.* བླུ་བའི; བླུ་རིན་དུ་བྱིན་པའི; བསྒྲལ་བའི;

253 Redistribute, *v.t.* སླར་ཡང་བགོ་བ;

254 Redness, *n.* དམར་ཚུལ;

255 Redouble, *v.t.* སྤུད་པ; སླར་ཡང་ཡང་སྤུད་པ;

256 Redoubt, *n.* མཁར; (གཙན་ཆགས; Bhut.) འཛིང་ར;

257 Redound, *v.i.* སླར་འཁོར་བ; མཐུན་རྐྱེན་དུ་འགྱུར་པ;

258 Redress, *v.t.* བཅོ་བཅོས་རྒྱབ་པ; བཅོས་ཁ་རྒྱབ་པ;

259 Reduce, *v.t.* གཅོད་པ; ཆུང་དུ་གཏང་བ; དམའ་ཕབ་རྒྱབ་པ; གོང་བཅག་པ;

260 Reduction, *n.* གོང་བཅག་པའི་ལས;

261 Redundance, *n.* འཕོལ་དྲགས་པའི་སྐྱོན; འཕོལ་དྲགས་པས་སྐྱོན་དུ་གྱུར་པ;

262 Redundant, *a.* འཕོལ་དྲགས་པ;

263 Reduplicate, *v.t.* ལྡབ་སྐྱོར་རྒྱབ་པ;

264 Re-echo, *v.t.* བྲག་ཆའི་བྲག་ཆ་འབིར་བ;

265 Reed, *n.* སྨྱུག་མ; སྨྱུ;

266 Reedy, *a.* སྨྱུག་མ་ཅན;

267 Reek, *n.* དུ་བ; རླངས་པ; *v.i.* དུ་བའི་རླངས་པ་འཕྲུལ་བ;

268 Reel, *n.* སྐོ་ཊི་ལཀྲ་ཡུལ་ཀྱི་ཞབས་བྲོ; *v.t.* སྐུད་པ་སྒྲིལ་བ;
v.i. མགོ་ཡུ་འཁོར་བ; འགྲོམ་ཡོར་ཡོར་བྱེད་པ;
ཞབས་བྲོ; སྐུད་པའི་གྲུ་གུ་སྒྲིལ་ས;

269 Re-endow, *v.t.* སླར་ཡང་མ་ཀྲང་གཙུག་པ; སླར་ཡང་འབུལ་བ་
འབུལ་པ; སླར་ཡང་རྫོངས་རྒྱབ་པ;

270 Re-engagement, *n.* སླར་ཡང་ལས་སུ་འཛུག་པ;

271 Re-enter, *v.t.* སླང་ཡང་ནང་དུ་འཛུལ་བ; ཞུར་པ;

272 Re-entry, *n.* སླར་ཞུར;

273 Re-establish, *v.t.* སླར་བཙའ་བ; སླར་ཀྲང་བཙུག་པ;

274 Re-examine, *v.t.* སླར་དཔྱད་པ; སླར་བརྟག་ཞིབ་བྱེད་པ;

275 Refectory, *n.* ཟ་ཁང;

276 Refection, *n.* བཟའ་བཏུང; ཁ་ཟས;

277 Refer, *v.t.* ཞུ་བ; རྒྱུ་མཚན་བསྟང་བ; ཁྲངས་སྐྱེལ་བ;
ལོ་རྒྱུས་འདྲེན་པ; རྒྱུ་རྐྱེན་དཔྱད་པ;

278 Referee, *n.* དཔང་པོ;

279 Reference, *n.* འདྲི་བསྟུན;

280 Refine, *v.t.* མི་གཙང་བ་སྦྱོང་བ; དག་སྦྱངས་བྱེད་པ;

281 Refinement, *n.* གཙང་ཉེས; གཙང་སྦྲ; སྤྱོད་ལམ་གཙང་ཉེས; ཐྲངས་སྦྲ;

282 Refiner, *n.* སྦྱོང་བྱེད;

283 Refining, *n.* མ་དག་པ་སྦྱང་ནུས་པའི;

284 Refit, *v.t.* སླར་སྒྲིག་པ;

285 Reflect, *v.t.* བསམ་མནོ་ཡང་ནས་ཡང་དུ་སྐོར་བ;

286 Reflecting, *a.* གཟུར་བརྙན་འཆར་བའི;

287 Reflection, *n.* མི་ལོང་གི་ངོས་ནས་གཟུགས་བརྙན་འཆར་བ ; བསམ་མནོ; བརྟག་པ;

288 Reflective, *a.* གཟུགས་བརྙན་འཆར་བར་བྱེད་པའི ; བརྟག་པའི ; བསམ་མནོ འི ;

289 Reflector, *n.* མེ་ལོང་གི་ངོས་ལྟར་འོད་ལྡོག་བྱེད ;

290 Reflex, *a.* གཟུགས་བརྙན་འཆར་བའི ; *n.* གཟུགས་བརྙན ;

291 Reflexive, *a.* འདས་པའི་སྐོར་གྱི ; འདས་པའི་བྱ་བ་སོགས་ལ་བསམ་པའི ;

292 Refléxively, *ad.* ཕྱིར་ལྡོག་པར་བྱེད་པའི ; འདས་པའི་ཚུལ་དང་བྱ་བ་སོགས་ལ་ཡང་ཡང་དྲན་ཏེ ;

293 Reflux, *n.* ཆད་པ ; ཆག་པ ; ཕྱིར་ལྡོག ; ལྡོག་པ ;

294 Reflux, *a.* ཆད་པའི ; ལྡོག་པའི ;

295 Reform, *v.t.* ཁ་བསྐོ་རྒྱབ་པ ; སླར་བཟང་བཅོས་རྒྱབ་པ ;

296 Reform, *n.* ཁ་བསྐོ ; བསྟུན་པའི་ཁ་བསྐོ ; བཅོས་ཁ ;

297 Reformation, *n.* ལེགས་བཅོས ;

298 Reformatory, *a.* ལེགས་བཅོས་ཀྱི་རྣམ་པ་ཅན ;

299 Reformer, *n.* ལེགས་བཅོས་རྒྱབ་མཁན ;

300 Refound, *v.t.* བསྐྱར་འཛུག་བྱེད་པ ;

301 Refractory, *a.* གྱོང་པོ ; ཁྲིམས་མེད་འགལ་རལ ;

302 Refrain, *v.t.* བསྲུན་པ ; འགེགས་པ ; འཛེམ་པ ;

303 Refresh, *v.t.* ངལ་སང་པ ; ཤུར་སྐྱིད་པ ;

304 Refreshment, *n.* བཟའ་ཆ་འམ་ཡང་ན་ང་ལ་བསོས་པས་ཤུར་བསྐྱེད་ནུས ;

305 Refrigerant, *a.* བསིལ་བྱེད ; ཚ་བ་སེལ་བར་བྱེད་པའི ;

306 Refuge, *n.* སྐྱབས་གནས ;

307 **Refugee**, *n.* སྐྱབས་མགོན་ཞུ་མཁན; སྐྱབས་འཚོལ་བ;

308 **Refulgence**, *n.* འོད་ཟེར;

309 **Refulgent**, *a.* འོད་འཕྲོ་བའི;

310 **Refund**, *v.t.* སླར་ལོག་སྤྲོད་པ;

311 **Refusal**, *n.* མི་གནང་བ; མི་སྦྱིན་མི་སྤྱོད་མི་བྱེད་པའི་དགག་ཚིག;

312 **Refuse**, *v.t.* འདོར་བ; མི་གནང་བ; མི་སྦྱིན་པ; མི་སྟེར་བ;

313 **Refuse**, *n.* གལ་རོ; སྙིགས; (ཉག་ཉིག; Col.) སྙག་འབྲོ;

314 **Refutation**, *n.* ཚོད་པ་བཟློག་པའི་ཚིག;

315 **Refute**, *v.t.* ཚོད་པ་ཟློག་པ;

316 **Regain**, *v.t.* སླར་ཐོབ་པ;

317 **Regal**, *a.* རྒྱལ་པོ་ལྟ་བུ;

318 **Regalia**, *n.* རྒྱལ་པོའི་སྐུ་ཆས; གཙུག་ཏོར་དང་རྒྱལ་པོའི་སྐུ་རྒྱན་ལ་སོགས་པ་ལྟུ; དཔེར་ན་དབུའི་གཙུག་ཏོར་དང་ཅོད་པན་སོགས;

319 **Regality**, *n.* རྒྱལ་པོའི་ཁམས;

320 **Regard**, *v.t.* གཟིགས་པ; དགོངས་པ; མགྲོན་སྐྱེད་པ; ཅི་བ;

321 **Regard** (*s.*, *n.*) ལྟ་བ; ཅི་བ; གཟིར་སྐྱོང;

322 **Regardful**, *a.* གཅང་པོ;

323 **Regale**, *v.t.* ཐུགས་དམ་སྐོང་བ; ཐུགས་སྨོ་སྐྱེད་པ; མགྲོན་གཏོང་བ;

324 **Regardless**, *a.* མ་བཙིས་པ;

325 **Regency**, *n.* རྒྱལ་ཚབ་ཀྱི་ག་ས;

326 **Regenerate**, *v.t.* སླར་བསོ་བ; ངེས་འབྱུང་སྐྱེད་པ;

327 **Regeneration**, *n.* ངེས་འབྱུང; ཀློ་སྣ་ལྷ་ཆོས་སུ་འགྱུར་བ;

328 **Regent**, *a.* རྒྱལ་ཚབ; སྲི་སྲིད;

329 Regent, *n.* རྒྱལ་ཚབ; སྲི་སྲིད;

330 Regicide, *n.* རྒྱལ་པོ་བཀྲོང་མཁན;

331 Regimen, *n.* བཅའ་ཁྲིམས;

332 Regiment, *n.* དམག་དཔུང;

333 Region, *n.* ལུང་པ;

334 Register, *n.* ཐོ; དེབ; དཀར་ཆག; *v.t.* ཐོ་འབྲི་བ;
དེབ་ཐོར་བཀོད་པ;

335 Registration, *n.* དེབ་ཐོར་བཀོད་པའི་ལས;

336 Registry, *n.* གཞུང་དེབ་ཏུ་བཀོད་ཤུགས;

337 Regret, *v.t.* སེམས་སྐྱོ་བ;

338 Regretful, *a.* སེམས་སྐྱོ་བ་བསྐྱེད་ཤུས;

339 Regular, *a.* ཚུལ་ཅན; རྒྱུན་འཇགས་ཀྱི; དུས་བཏབ་དང་མཐུན་པ;

340 Regularity, *n.* སྒྲིག་ལམ་དང་མཐུན་ཚུལ;

341 Regularly, *ad.* རྒྱུན་འཇགས་སུ;

342 Regulate, *v.t.* ཚུལ་ལྡན་དུ་བཟོ་བ; རྒྱུན་སྐྱོང་བ;

343 Regulation, *n.* ཁྲིམས; སྒྲིག་ལམ;

344 Regulator, *n.* སྐྱོང་བྱེད; བཅོས་ཁ་རྒྱབ་བྱེད;

345 Rehearsal, *n.* ངག་ནས་བཟླས་པ;

346 Rehearse, *v.t.* བཟླས་པ་བཟླ་བ; ཀློག་འདོན་པ;

347 Reign, *n.* རྒྱལ་སྲིད;

348 Reimburse, *v.t.* དངུལ་ངར་དུ་བཅད་དེ་བཞག་པ་སླར་འཇལ་བ;
སླར་ལོག་སྤྲོད་པ; འགྲོ་སོང་ཟད་པ་སླར་འཚབ་པ;

349 Reimbursement, *n.* ཟད་ཚབ;

350 Rein, *n.* སྲབ;

351 Reindeer, *n.* བྱང་ཕྱོགས་འཁྱག་རོམ་གླིང་དུ་ཡོད་པའི་ཤ་བའི་རིགས;

352 Reinforce, *v.t.* རྒྱབ་དཔུང་སྦྱོང་བ; དམག་རྒྱབ་སྦྱོང་བ;

353 Reinforcement, *n.* རྒྱབ་དཔུང; རྒྱབ་སྐྱོན;

354 Reins, *n.* སྲབ་ཐག;

355 Reinstate, *v.t.* སླར་ཁྲི་ལ་བཀོད་པ; ཡང་བསྐྱར་ཁྲི་མངའ་གསོལ་བ:

356 Reject, *v.t.* སྤང་བ; མ་གཉང་བ;

357 Rejection, *n.* སྤོང་བ;

358 Rejoice, *v.i.* དགའ་བ; Hon. མཉེས་པ; Hon. དགྱེས་པ;

359 Rejoicing, *n.* དགའ་མགུ; དགའ་ཆོར;

360 Rejoin, *v.t.* སླར་མཐུད་པ; རང་གནས་སུ་སླར་སླེབ་པ;

361 Relapse, *v.t.* ཡང་ལོག་བ; ནད་ལོག་རྒྱབ་པ; སླར་ཟགས་པ;

362 Relate, *v.i.* ཉེ་བ; (*v.t.* བཤད་པ;)

363 Relation, *n.* གཉེན; ཉེ་འབྲེལ;

364 Relationship, *n.* ཉེ་འབྲེལ;

365 Relative, *a.* ཉེ་བར་གྲུར་པའི; *n.* གཉེན; གཉེན་ཚན;

366 Relax, *v.t.* གློད་པ; སྙོད་དེ་གློད་པ;

367 Relaxation, *n.* སྙོད; ཡང་ཆ; སྙོད་ཆ;

368 Relay, *n.* ཌ་ཁུལ; (ཌའི་སྒྲུག; Sik.) also (སྒྲུག་ཌ; Hindi used in Sik.)

369 Release, *v.t.* བཀྲོལ་བ; གཏང་བ;

370 Relent, *v.i.* བློ་ལྡོག; སྙིང་རྗེ་སྐྱེ་བ;

371 Relentless, *a.* བློ་ལྡོག་མེད་པ; སྙིང་རྗེ་མེད་པ;

372 Relentlessly, *ad.* བློ་ལྡོག་མེད་དུ; སྙིང་རྗེ་མེད་པར;

373 Relevance, *n.* འབྲེལ་ཆ; གླིང་དོན་དང་འབྲེལ་བ་ཉིད;

374 Relevant, *a.* གནམ་གླིང་བཞིན་པ་དེ་དང་འབྲེལ་བ; འབྲེལ་པའི;

375 Reliable, *a.* ཁུངས་ཐུབ; ཡིད་ཆེས་འོས;

376 Reliably, *ad.* ཁྲངས་ཐུབ་བྱེད་དེ; བློས་ཁེལ་བྱེད་དེ;

377 Reliance, *n.* བློ་གཏད; དཔུང་བཅོལ;

378 Relic, *n.* བྱིན་རྟེན; རིང་བསྲེལ; འཕེལ་གདུང; སྐུ་གདུང; གདུང་ཤ་རི་རམ;

379 Relict, *n.* ཡུག་ཟ་མ; ཁྱོ་ག་ཤི་བའི་སྐྱེ་དམན;

380 Relief, *n.* གྲོགས་རམ; ར་མདའ;

381 Relieve, *v.t.* ར་མདའ་བྱེད་པ;

382 Religion, *n.* ཆོས་ལུགས; ཆོས; ལྷ་ཆོས;

383 Religious, *a.* ཆོས་ལ་དཀར་བ;

384 Relinquish, *v.t.* བློས་གཏང་བ;

385 Relinquishment, *n.* སྤོང་བ;

386 Reliquary, *n.* བྱིན་རྟེན་བཞུགས་སྒམ;

387 Relish, *v.t.* རོ་ལ་དགྱེས་པར་རོལ་བ; སྤྲོ་བ; དགྱེས་པ;

388 Reluctance, *n.* མི་འདོད; བློ་ལ་འགྲོ་མིན; བློ་ལ་བབ་མིན;

389 Reluctant, *a.* བྱ་འདོད་མེད་པ; ཡིད་ལ་མི་བབ་པའི;

390 Reluctantly, *ad.* མི་འདོད་བཞིན་དུ;

391 Rely, *v.i.* དཔང་བཅར་བ; བློ་བཀལ་བ; རྟེན་པ;

392 Remain, *v.i.* ལྷག་ལུས་པ; འདུག་པ; བཞུགས་པ;

393 Remains, *n.* བཤུལ་དུ་དོར་བ་གང; རོ; སྐུ་སྤུར; ཟས་འཕྲོ;

394 Remainder, *n.* ལྷག་འཕྲོ; ལྷག་ལུས;

395 Remake, *v.t.* སླར་བཅོ་བ; བསྐྱར་བཅོས་གྲུབ་པ;

396 Remand, *v.t.* སླར་བཙུག་པ;

397 Remarks, *n.* མཆན་འགོགས; མཐོང་ཐོས་ཀྱི་ལོ་རྒྱུས་བཀོད་བ;

398 Remarkable, *a.* གསེར་པོ; དོད་པོ; བརྟག་འོས; ཁྱད་མཚར་པོ;

399 Remarkably, *ad.* ཧཾ་ཤིང་དོད་པོ་བྱེད་དེ; ཁྱད་མཚར་པོ་བྱེད་དེ;

400 **Remediable**, *a.* བསོས་སུ་ཡོད་པ; བསོ་ཉུམ;

401 **Remediless**, *a.* མི་བསོས་པ; མི་ཕན་པ;

402 **Remedy**, *n.* ཕན་བསོས; གཉེར; གསོ་བྱེད; གསོལ་སྨན;

403 **Remelt**, *v.t.* སླར་བཞུ་བ; སླར་ཞུན་སྒྲོན་བ;

404 **Remember**, *n.*, *v.t.* དྲན་པ; བློ་ལ་དྲན་པ;

405 **Remembrance**, *n.* དྲན་པ;

406 **Remind**, *v.t.* དྲན་བསོས་རྒྱབ་པ; ཡིད་སྐུལ་བ;

407 **Reminiscence**, *n.* དྲན་བསོས;

408 **Remiss**, *a.* བརྗེད་གཡེངས་ཅན;

409 **Remission**, *n.* ཡང་ཆ;

410 **Remit**, *v.t.* ཡང་ཆ་གནང་བ; སྐོར་མི་གཏོང་བ;
དངུལ་ཊག་ཐོག་དུ་བསྐུར་བ;

411 **Remittance**, *n.* དངུལ་བསྐུར་རྒྱུ; དངུལ་ཊག་ཐོག་བསྐུར་བ་དེ;

412 **Remnant**, *n.* ལྷག་མ; འཕྲོས་པ;

413 **Remodel**, *v.t.* པར་གསར་དུ་འགོད་པ;

414 **Remonstrance**, *n.* ལས་འགོག་པའི་རྒྱུ་མཚན་ཞིབ་མོར་བརྗོད་པ;

415 **Remonstrate**, *v.i.* ལས་སོགས་རིགས་པས་འགོག་ཐབས་བྱེད་པ;

416 **Remorse**, *n.* སྙིང་རྗེ; ཤ་ཚ; གནོངས་འགྱོད;

417 **Remorseless**, *a.* སྙིང་རྗེ་མེད་པ; གནོང་མེད;

418 **Remorselessly**, *ad.* གནོངས་འགྱོད་མེད་པར;

419 **Remote**, *a.* ཐག་རིང; རྒྱང་ན;

420 **Remotely**, *ad.* ཐག་རིང་པོར;

421 **Remoteness**, *n.* འགྱངས་ཚུལ; ཐག་རིང་ཚུལ;

422 Remount, *v.t.* རྟ་གཞན་ལ་ཞོན་པ; *n.* རྟ་བསྒྱུ; སླར་ཞོན་པ; སླར་འཛེག་པ;

423 Removal, *a.* སྤོ་བཤུད; སྤོ་བ; བཤུད་པ;

424 Remove, *v.t.* སྤོ་བཤུད་རྒྱབ་པ; སྤོ་སྒྱུས་རྒྱབ་པ;

425 Remunerate, *v.t.* བྱ་དགའ་སྟེར་བ; གསོལ་རས་གནང་བ; རྔན་པ་སྟེར་བ;

426 Remuneration, *n.* གླ་ཆ; གསོལ་རས; བྱ་དགའ; རྔན་པ;

427 Remunerative, *a.* བྱ་དགའ་ཆེན་པོ་ཁྲག་པའི; ཡོང་སྒོ་ཆེན་པོའི;

428 Renal, *a.* མཁལ་མའི་སྐོར་གྱི;

429 Rencounter, *n.* ལག་འཛིང; གདོང་འཛིང; སྤར་འཛིང;

430 Rend, *v.t.* དྲལ་བ; གཤག་པ;

431 Render, *v.t.* སྦྱིན་པ;

432 Rendering, *n.* སྦྱིན་བཞིན་པ;

433 Rendezvous, *a.* འཛོམས་ས;

434 Renegade, *n.* ཆོས་ལོག; བླ་ལོག;

435 Renew, *v.t.* སླར་བསོ་བ; ཡང་བསོ་བྱེད་པ;

436 Renewal, *n.* སླར་བསོས; ཡང་གསར་འགྱུར;

437 Renewing, *a.* སླར་བསོས་པའི;

438 Rennet, *n.* བེའུའི་གྲོད་པའི་ནང་གིའོ་དྲིག་དེ་ཇམ་སུ་སྦྱར་ནས་འོ་མ་ཞོ་ལ་བཟོ་བའི་ཐབ་ཏུ་བཟོས་པ; འོ་མ་ཞོར་འགྱུར་བའི་ཐབ; (ག་ཉིར; Sik.).

439 Renounce, *v.t.* བློས་གཏང་བ;

440 Renown, *n.* གྲགས་པ; སྙན་གྲགས;

441 Rent, *n.* ཁྲལ; གོས་དྲལ་བའི་ཨི་ཁྲང་ལའང་ཟེར;

442 Renter, *v.t.* ཞིགས་པར་ཆོམ་པ;

443 Renunciation, *n.* བློས་བཏང་བའི་ལས་དེ་ཉིད; བློས་གཏང;

444 **Reopen,** *v.t.* ཡང་བསྐྱར་སྒོ་ཕྱེ་བ;

445 **Reorganize,** *v.t.* ཡང་བསྐྱར་ཁྲན་སྒྲིམ་པ;

446 **Repair,** *v.t.* བཟོ་བཅོས་རྒྱབ་པ;

447 **Repair,** *n.* ཉམས་བསོ; ཞིག་བསོ; བཅོས་ཁ;

448 **Reparation,** *n.* གཏོང་བཅོས (Sik. ཀློ་སྐྱོག་སངས་ཐབ;)
ཉམས་བསོ; ཞིག་གསོ;

449 **Repartee,** *n.* བ་ཤགས་ལན; ཚིག་ལན; ཁ་ལན;

450 **Repast,** *n.* ཁ་ཟས;

451 **Repay,** *v.t.* སྐྱིན་འབྲུ་འཇལ་བ; སྐྱིན་པ་འཚབ་པ;

452 **Repeal,** *v.t.* སྔོན་གྱི་ཁྲིམས་སྐར་དམངས་ཚོང་ལྷུས་ཀྱིས་སྤུབ་པ;

453 **Repeat,** *v.t.* ཨང་བསྐྱར་བྱེད་པ;

454 **Repeatedly,** *ad.* ཨང་ནས་ཡང་དུ; བསྐྱར་དེ;

455 **Repel,** *v.t.* ཕྱིར་རློག་པ; བཀོལ་བ;

456 **Repent,** *v.i.* མནོང་འགྱོད་སྐྱེ་བ;

457 **Repentance,** *n.* མནོང་འགྱོད;

458 **Repentant,** *a.* མནོང་འགྱོད་ཅན;

459 **Repetition,** *n.* བསྐྱར་ནས་བྱེད་པའམ་ངག་ནས་འདོན་པ; བཟླས་བརྗོད;
བཟླས་པ;

460 **Repine,** *v.i.* སེམས་ཅོང་བ; སྐྱོ་བ་སྐྱེ་བ;

461 **Replace,** *v.t.* སྐར་བཞག་པ; སྔར་གྱི་གནས་སུ་བཞག་པ;
ཚབ་འཇོག་པ;

462 **Replenish,** *v.t.* ཁ་བསོ་རྒྱབ་པ;

463 **Replenishment,** *n.* ཁ་བསོ;

464 **Replete,** *a.* (གངས་རྒྱལ Sik.) ཡོངས་སུ་ཁེངས་ནས;
ལྷག་ལྷག་ཁེངས་ནས་ཡོད་པ;

465 Repletion, *n.*	འགེངས་ཁྲལ་ཤོར་བ་ཉིད;
466 Reply, *v.i.*	ལན་འདེབས་པ;
467 Report, *v.t.*	སྙན་ཞུ་འབུལ་བ;
468 Reporter, *n.*	སྙན་སྒྲོན་ཞུ་མི;
469 Reporting, *n.*	སྙན་ཞུའི;
470 Repose, *v.i.*	སྒྲིད་ཉལ་བྱེད་པ;
471 Reposite, *v.t.*	གཏམ་བཅོལ་བྱེད་པ;
472 Repository, *n.*	མཛོད; གཙུ; རྟེན་སྒྲོམ;
473 Reprehend, *v.t.*	(བཀའ་བཀྱོན་གནང་བ; Hon.) གཤེ་གཤེ་གཏོང་བ;
474 Reprehension, *n.*	(བཀའ་བཀྱོན་ Hon.) གཤེ་གཤེ;
475 Represent, *v.t.*	སྤྱན་འབུལ་ཞུ་བ;
476 Representation, *n.*	ཞུ་བ་ཞིབ་མོ;
477 Representative, *a.*	ངོ་ཚབ; འཕྲུས་མི; སྐུ་ཚབ;
478 Repress, *v.t.*	མར་མནན་པ;
479 Reprieve, *v.t.*	དགོངས་ཡང་གནང་བ;
480 Reprimand, *n.*	ཁ་བརྡུང; (Sik.) གདོང་ཚུན་ (Sik.) གཤེ་གཤེ; བཀའ་བཀྱོན; (respeotful ཞལ་ཏ;)
481 Reprint, *v.t.*	ཡང་བསྐྱར་པར་དུ་བཀོད་པ;
482 Reproach, *v.t.*	ཁ་གཡོགས; ཁ་ངན; བཀའ་བཀྱོན;
483 Reproachful, *a.*	ནོང་ཅན; ལུས་ཅན; བཀའ་བཀྱོན་གྱི་རྣཾ་པའི;
484 Reproduction, *n.*	རིགས་སྤེལ; སྐྱར་བསྐྱེད; སྤྱིད་འཕེལ་རྒྱུད་སྤེལ;
485 Reproof, *n.*	གདོང་བཙུན; ལབ་བཤད; བཀའ་བཀྱོན;
486 Reprove, *v.t.*	ལབ་བཤད་གཏང་བ; བཀའ་བཀྱོན་གནང་བ;
487 Reptile, *a.*	སྤྲུལ; འབུ; སྲིན་བུ; ལྟོ་འགྲོ;

488 Republic, *n.* རང་དབང་ཅན; མི་སེར་རྒྱལ་ཁབ; མི་དམངས་སྤྱིའི་རྒྱལ་སྲིད;

489 Repugnance, *n.* མིག་གཤིས་མ་མཐུན་པ; དང་མི་དགར་བ; སྐྱུག་བྲོ; མི་དགའ;

490 Repugnant, *a.* ཡིད་གར་མ་འགྲོ་བ; མི་མཐུན་པ;

491 Repulse, *v.t.* ཕྱིར་སྐྲོག་པ; *n.* ཕྱིར་སྐྲོག; གདོང་སྐྲོག;

492 Repulsive, *a.* མི་སྡུག་པའི་རྣམ་འགྱུར་ཅན; ཁམས་ལོག་པ; {དད་པ་ལོག་ཆེ་ཆེ; Sik.}

493 Repulsively, *ad.* སྐྱུག་བྲོ་པོ་བྱེད་དེ; ཞེ་སེར་བར;

494 Repulsiveness, *n.* མི་སྡུག་པའི་རྣཾ་འགྱུར;

495 Repurchase, *v.t.* སླར་ཉོ་བ;

496 Reputable, *a.* མི་བཟང་པོའི་མིང་གྲོང་པ; སྙན་གྲགས་ཅན;

497 Reputation, *n.* མིང; གྲགས་པ;

498 Repute, *v.t.* མིང་གྲོན་པ; གྲགས་པར་འགྱུར་བ;

499 Reputedly, *ad.* ཀུན་གྱིས་བཟང་པོར་བཟུང་བས;

500 Request, *n.* ཞུ་བ; སྙན་ཞུ; *v.t.* ཞུ་བ་སྒྲོན་པ; ཞུ་བ་འབུལ་བ;

501 Require, *v.t.* དགོས་པ; མཁོ་བ;

502 Requirement, *n.* མཁོ་བྱེད; ཁག་ཅན; དགོས་བྱེད; ཉེ་མཁོ;

503 Requisite, *n.* དགོས་བྱ; མཁོ་ཅན; དགོས་བྱེད་ཅན; *n.* ཉེ་མཁོ;

504 Requital, *n.* ཆབ; སྨིན་ཆབ; ཛན་པ; འཇལ་ལན;

505 Requite, *v.t.* འཚབ་པ;

506 Rescind, *v.t.* སླར་བཏག་པ; བཅད་པ; ཕྱུས་མེད་པར་བྱེད་པ;

507 Rescrift, *n.* བླ་ཆེན་པོབ་ལྷ་བུའམ་སྐྱབས་མགོན་ལྷ་བུའི་བཀའ་ལན;

508 Rescue, *v.t.* ཐར་དུ་བཙུག་པ; སྐྱོབ་བ; སྲུང་བ;

509 Research, *v.t.* འབད་རྩོལ; ཞིབ་དཔྱོད་བྱེད་པ; རྟོག་དཔྱོད་བྱེད་པ;

510 Resemblance, *n.* འདྲ་ཚུལ; འདྲ་ལུགས; གཅིག་ལུགས; (ཅིག་ཐིག་ལུགས; Bhut.)

511 Resemble, *a.* འདྲ་བ; གཅིག་པ; (ཅིག་ཐིག་པ; Bhut.)

512 Resent, *v.t.* སེམས་ལ་ཕོག་པའི་རྐྱེན་གྱིས་རྒོལ་བ;

513 Resentment, *n.* འཁོན; སེམས་ཕོག;

514 Reservation, *n.* བསག་པའི་ལས;

515 Reserve, *v.t.* བསག་བ;

516 Reservedly, *a.* ཁ་གསལ་རང་མིན་པར;

517 Reservoir, *n.* བསོག་པའི་མཛོད་དེ་སྣོད; ཆུ་གསོག་པའི་གནས; ཆུ་ཁྲིམ;

518 Reset, *v.t.* སླར་ཕྲ་གདབ་པ; ཡར་བསྐྱར་ཕྲ་བཀོད་པ; པར་བསྐྱར་དུ་སྒྲིག་པ;

519 Resettle, *v.t.* ཡང་བསྐྱར་འགྲིག་ཆ་བྱེད་པ;

520 Reside, *v.i.* སྡོད་པ; གནས་བཅའ་བ; གནས་པ;

521 Residence, *n.* གནས་ས; སྡོད་གནས;

522 Resident, *a.* གནས་མཁན; སྡོད་མཁན;

523 Residue, *n.* སྐྱིག་སམ; ལྷག་ལུས;

524 Resign, *v.t.* དགོངས་པ་ཞུ་བ; སེམས་ཁོ་ཐག་བཅད་པ; ཐུར་དུ་བཞུགས་པ;

525 Resignation, *n.* དགོངས་ཞུ;

526 Resin, *n.* ཤིང་རྩི; ཐང་རྩི; (ཐང་ཆུ; ཤིང་ཁ་ཆུ; Sik.)

527 Resist, *v.t.* རྒོལ་བ; འགག་པ;

528 Resistance, *n.* ཕར་རྒོལ; འགག་ཆ; གདོང་འགག;

529 Resistible, *a.* རྒོལ་དུ་ཡོད་པ; དགག་དུ་ཡོད་པ;

530 Resistless, *a.* འགེག་ནུས་མེད་པ; འགོག་མི་ཐུབ་པ;

531 Resolute, *a.* (Bhut. ཐག་ཆོད་ནད་ཆོད ;) བློ་ཐག་ཆོད་པོ ;

532 Resolution, *n.* བློ་ཐག ;

533 Resolvable, *a.* ཐག་བཅད་རུང་བ ; ཐག་བཅད་འོས་པ ;

534 Resolve, *v.t.* ཐག་གཅོད་པ ;

535 Resort, *v.i.* འཁོར་བ ;

536 Resound, *v.t.* འཁྲོལ་བ ; སྒྲ་ལྡིར་བ ; སྒྲ་འདོན་པ ; *v.i.* བྲག་ཅ་འཁོར་བ ;

537 Resource, *n.* ཐབས ; གཏེར་མཛོད ;

538 Respect, *v.t.* བཀུར་བ ; རྗེས་བྱེད་པ ; བཀུར་སྟི་བྱེད་པ ;

539 Respectability, *n.* ཡ་རབས ;

540 Respectable, *a.* ཞེ་ས་འོས་པ ; སྐུ་དྲག ;

541 Respectably, *ad.* ཞེ་ས་བཀུར་སྟི་དང་བཅས་ཏེ ;

542 Respected, *a.* བཀུར་སྟི་ཐོབ་པའི ;

543 Respectfully, *ad.* ཞེ་ས་དང་བཅས་ཏེ ;

544 Respecting, *a.* སྐོར ;

545 Respective, *a.* གོ་རིམ་བཞིན ;

546 Respectively, *ad.* གོ་རིམ་བཞིན་དུ ;

547 Respiration, *n.* དབུགས་ཀྱི་རྒྱུ་བ ;

548 Respire, *v.i.* དབུགས་འདོན་པ ; དབུགས་གཏོང་བ ;

549 Respite, *n.* དབུགས་ལྷོད་ཡོང ; བྱ་བ་ཤོལ ;

550 Resplendence, *n.* འོད་ཟེར ; གཟི་འོད ;

551 Resplendent, *a.* འོད་འཚེར་འཚེར ; འོད་ཟེར་ཅན ;

552 Respond, *v.i.* ལན་འཛལ་བ ; ལན་འདེབས་པ ;

553 Respondent, *n.* ལན་འཛལ་བ་པོ ;

554 Response, *n.* ལན ; ཁ་ལན ;

555 Responsibility, *n.* འགན་; (ཁག་འགན་; Sik. & Bhut.)

556 Responsible, *a.* འགན་ཅན་;

557 Responsive, *a.* ལན་འདེབས་འདོད་ཅན་; ལན་དུ་;

558 Rest, *n.* སྐྱིད་; ཉལ་; བདེ་; ངལ་བསོ་; དལ་བ་;

559 Rested, *a.* ངལ་བསོས་ཟིན་པ་;

560 Restful, *a.* ངལ་བསོ་; བདེ་ཉམས་ཁ་པོ་; སྐྱིད་པོ་;

561 Restitution, *n.* སླར་ལོག་; ཀང་ཚབ་;

562 Restive, *a.* ཚབ་ཚབ་;

563 Restless, *a.* སྐྱིད་པོ་མི་ཆགས་པ; (ཅོག་གེར་སྡོད་མི་ཐུབ་པ; Collql.)

564 Restlessness, *n* སྐྱིད་པོར་མི་ཆགས་ལུགས་;

565 Restoration, *n.* སླར་ལོག་; ཕྱིར་སློད་;

566 Restorative, *a.* སླར་བསོ་བྱེད་;

567 Restore, *v.t.* སླར་བསོ་བ་;

568 Restrain, *v.t.* འགེག་པ་; བཀག་སྡོམ་བྱེད་པ་;

569 Restraint, *n.* འགེག་ཆ་; བཀག་སྡོམ་;

570 Restrict, *v.t.* འགེགས་པ་; ཁྲིམས་ལ་འཛོག་པ་; འཛུར་བ་;
བཀས་སྡོམ་པ་;

571 Restriction, *n.* བཀའ་ཁྲུས་བསྡམས་པ་; བཀའ་ཡིས་འཆིང་བ་;
བཀག་ཆ་; འགག་ཆ་;

572 Restrictive, *a* འགོག་བསྡམ་བྱ་བའི་ནུས་པ་ཅན་གྱི་; བཀག་སྡམ་གྱི་;

573 Result, *v.i.* འབྲས་བུ་འབྱུང་བ་; *n.* འབྲས་བུ་; མདོ་ཁ་; སྙིང་པོ་;

574 Resume, *v.t.* སླར་མགོ་འཛུགས་པ་;

575 Resume, *v.t.* སླར་བླངས་པ་; སླར་ལེན་པ་; སླར་བཙམ་པ་;

576 Resumption, *n.* སླར་ལེན་; (ཕྱིར་ལོག་བཞེས་པ Hon.)

577 Resurrection, *n.* སླར་སྐྱེ་བ་བླངས་པ་; སླར་སྐྱེས་; འདས་ལོག་;

578 **Resuscitate**, *v.t.* འཆི་བ་བསོ་བ; ཤི་བ་སླར་བསོ་བ;

579 **Retail**, *v.t.* ཞིབ་འཚོང་བྱེད་པ; ག་ཤགས་འཚོང་བྱེད་པ;

580 **Retain**, *v.t.* བཟུང་བ; ཉར་བ; བདག་འཛིན་བྱེད་པ;

581 **Retainer**, *n.* ཞབས་ཕྱི; འཁོར་གཡོག; རྗེས་འབྲང་པོ;

582 **Retaliate**, *v.t.* ལན་ལོག་པ; ལོག་རྒྱབ་པ; ལན་རྒྱབ་པ; དགྲ་ཤ་ལེན་པ;

583 **Retaliatory**, *a.* ལན་ལོག་པའི་ཁྲལ་གྱི;

584 **Retaliation**, *n.* ལན་ལོག; དགྲ་ལན; ལན;

585 **Retard**, *v.t.* འགྲོགས་ཆ་རྒྱབ་པ; གྲོགས་འགག་རྒྱབ་པ;

586 **Retch**, *v.t.* སྐྱུག་མེར་ལང་བ; སྐྱུག་པ;

587 **Retention**, *n.* བཟུང་བ; བཟུང་འཛིན;

588 **Retentive**, *a.* བློའམ་དྲན་པར་བཟུང་ཐུབ་པའི; མི་བརྗེད་གཟུངས་ཐོབ;

589 **Reticular**, *a.* དྲ་བའི་རྣམ་པ་ཅན;

590 **Reticule**, *n.* དྲ་བའི་དངུལ་ཁུག; དྲ་ཕད; དྲ་བའི་སྒྲིབ:

591 **Retinue**, *n.* འཁོར་གཡོག;

592 **Retire**, *vt.* ཕྱི་ནུར་རྒྱབ་པ; ཕྱི་འགྲོས་རྒྱབ་པ; དགོངས་ཞུས་རྒྱབ་པ; ཟུར་དུ་བཞུགས་པ;

593 **Retired**, *a.* དགོངས་པ་ཞུས་ཟིན་པ;

594 **Retirement**, *n.* དགོངས་ཞུ;

595 **Retrot**, *v.t.* ལྡོག་སྟེ་ཕྱིན་པ; ལན་འཛལ་བ; ལན་བདབ་པ;

596 **Retouch**, *v.t.* (ཞུན་ཐར་རྒྱབ་པ; Sik. & Bhut.)

597 **Retrace**, *v.t.* ཡོང་བཤུལ་དུ་སླར་ལོག་པ; ཡོང་བཤུལ་འགྲིམས་པ;

598 **Retract**, *v.t.* སླར་བསྡུ་བ;

599 **Retraction**, *n.* ཕྱི་ནུར་རྒྱབ་པ; སྔོན་ཡིན་པར་བརྗོད་ཟིན་པ་སླར་མིན་ཞེས་ལབ་པ;

600 Retreat, *v.i.* ཕྱི་འགྲོས་རྒྱབ་པ; ཕྱི་ནུར་རྒྱབ་པ; *v.t.* ཟློག་པ;
ཕར་ཟློག་པ;

601 Retreat, *n.* རྒྱབ་ལོག་འགྲོ་བ; ཕྱི་ནུར་རྒྱབ་པ;

602 Retrench, *v.t.* བཏོག་པ; བཅད་པ; གྲངས་ཕབ་པ; བསྡུ་བ;
ཉུང་དུ་གཏོང་བ;

603 Retrenchment, *n.* གཏོང་ཕྱོད་བསྐུམས་པ; ཉུང་དུ་གཏང་བ; ནོར་བསྲིས;

604 Retribution, *n.* རྣམ་སྨིན; ལ་གཡོགས; ལས་འབྲས;

605 Retributive, *a.* ལ་གཡོགས་ཀྱི་ཚུལ་ཅན; ལས་འབྲས་ཀྱི;

606 Retrievable, *a.* སླར་གསོ་རུ་ཡོད་པ;

607 Retrieve, *v.t.* སླར་ཐོབ་པ; ཡང་ཚུར་ཐོབ་པ;

608 Retrocede, *v.i.* ཕྱི་ནུར་རྒྱབ་པ; ཕྱི་འགྲོས་རྒྱབ་པ;

609 Retrocession, *n.* སྤྲང་འབྱུར་སོའི་ཡུས་ལ་ཁྲིམ་ནས་ཡལ་བ;

610 Retrogradation, *n.* སྤྱུས་ཞན་དུ་ཞན་དུ་འགྲོ་བ; རིམ་གྱིས་རྒྱུད་པ;

611 Retrograde, *a.* ཕྱིར་ལོག; མར་རྒྱུད་པའི;

612 Retrospect, *v.t.* ཕྱིར་ལོག་ལྟ་བ;

613 Retrospection, *n.* ཕྱིར་བལྟས;

614 Return, *v.i.* ལོག་ཡོང་བ; ཕྱིར་ལོག་པ; ལོག་འགྲོ་བ; *v.t.*
ལོག་སྐྱོད་པ; སླར་འཇལ་བ;

615 Returnable, *a.* སླར་ལོག་རུང་བ;

616 Reunion, *n.* སླར་འཛོམ་པ; སླར་འདུ་པ;

617 Reunite, *v.t.* སླར་མཐུད་པ; དཔུང་གཉིབས་པ;

618 Reveal, *v.t.* སྟོན་པ; གསང་བ་སྒྲོག་པ; སྤྲས་པ་དེ་སྟོན་པ;

619 Revel, *v.i.* དགའ་བྲོད་འགྱུར་བ;

620 Revelation, *n.* གསང་བ་མངོན་གསུམ་དུ་སྟོན་པ; ལུང་བསྟན;

621 Reveller, *n.* ལོངས་སུ་སྤྱོད་པ་པོ; དགའ་དགའ་སྤྲོ་སྤྲོ་བྱེད་པ་པོ;

622 Revelry, *n.* ཞབས་བཞེས; ལོངས་སྤྱོད; མགྲོན; སྟོན་མོ; སྤུའ་སྤྲོ;

623 Revenge, *v.t.* དགྲ་ལན་འཇལ་བ ; དགྲ་ཤ་ལེན་པ ;

624 Revengeful, *a.* འཁོན་སེམས་ཅན ;

625 Revenger, *n.* དགྲ་ལན་འཇལ་མི ; དགྲ་ཤ་ལེན་པ་པོ ; དགྲ་ལན་ལེན་མི ;

626 Revenue, *n.* ཁྲལ ; ཁྲལ་བབ ;

627 Reverberate, *v t.* སྒྲ་ལྡིར་བ ; *v.i.* བྲག་ཆ་འཁོར་བ ;

628 Revere, *v.t.* གུས་མོས་པ ; བཀུར་བ ; བསྙུར་སྟི་བྱེད་པ ;

629 Reverend, *a* མོས་སྤུ་འོས་པ ; བཀུར་འོས ; ཆོ་དང་ལྡན་པ ;

630 Reverent, *a.* གུས་པའི་རྣམ་འགྱུར་ཅན ; གུས་པོ ; གུས་ཚུལ་ཅན ;

631 Reverential, *a.* གུས་ཚུལ་གྱི ;

632 Reverently, *ad.* གུས་པས ;

633 Reverie, *n.* ཉམས་སྣང ; ཉིན་མོར་སྣང་བ་གང་ཤར་དུ་བཏང་བའི་
མི་ལམ ;

634 Reverse, *v.t.* ཁ་ཕྱོགས་ལྡོག་པ ; ལྡོག་པ ; མགོ་མཇུག་པ ;

635 Reversion, *n.* ཁ་ཕྱོགས་ལྡོག་འགྱུར ; ཕྱིར་ལྡོག ; བོགས་མ་འདྲ་ཡིན་
ན་ལེན་མི་དེས་སྤྲོད་མི་དེ་ལ་སླར་རྩིས་སྤྲོད་པའི་བྱ་བ ;

636 Revert, *v.t.* སླར་ལྡོག ; ཕྱིར་ལོག་སྤྲད་པ ; ལྡོག་པ ;

637 Revertible, *a.* སླར་ལོག་རྒྱུ་ཡོད་པའི ;

638 Revet, *v.t.* རྩིག་སྐྱོར་རྒྱབ་པ ;

639 Review, *v.t* ཁྲིམས་ཀྱི་ཞིབ་དཔྱོད་བསྐྱར་དུ་མཛད་པ ; སྤྱན་གྱིས་
གཟིགས་པ ; ཚང་མར་ལྟ་བ ; གྲལ་བསྟར་དེ་ལྟ་བ ;
n. དམག་མི་གྲལ་བསྟར་དེ་ལྟ་བ ;

640 Revile, *v.t.* སྨོད་ར་བརྗོད་པ ; ཁ་ངན་སྨྲ་བ ;

641 Reviler, *n.* ཁ་ངན་རྗོད་མི ;

642 Revisal, *a.* ཞུ་དག་བསྐྱར་བཅོས ;

643 Revise, *v.t.* ཞུ་དག་བྱེད་པ ; ཞུ་དག་རྒྱབ་པ ; ཞུ་དག་བསྐྱར་
བཅོས་བྱེད་པ ;

644 Revival, *n.* ཡང་བསོས; སླར་དར་བ; དར་ཤུར; ཆོས་དར;

645 Revivalist, *n.* ཡང་གསོ་བ་པོ; སླར་དར་བར་བྱེད་མི; སླར་སྤྱེལ་མཁན;

646 Revive, *v.i.* སླར་བསོ་བ;

647 Revivify, *v.t.* ཡང་བསོ་བྱེད་པ; སླར་སྲོག་སྐྱེད་པ;

648 Revocable, *a.* སྔར་བྱས་པ་ཕྱིས་ནས་འགྱུར་ལྡོག་བྱར་ཡོད་པ;

649 Revocation, *n.* བཀའ་གནང་ཟིན་པ་སླར་བསྡུ་བ; ཁ་ཆད་བྱས་ཟིན་
པ་སླར་སྒྱུར་བ;

650 Revoke, *v.t.* སྔོན་ཁྲིམས་བཅས་ཟིན་པ་སླར་རྗེས་མེད་དུ་བཟོ་བ;

651 Revolt, *v.i.* ངོ་ལོག་རྒྱབ་པ; བཀའ་ལོག་དེ་ལོག་བྱེད་པ;
n. ངོ་ལོག; དེ་ལོག;

652 Revolution, *n.* ངོ་ལོག; མངའ་འབངས་ཡོངས་ཁ་གཅིག་སྤྱི་ངོ་ལོག་རྒྱབ་
པའི་བྱ་བ; of a wheel འཁོར་ལོ་འཁྱིར་སྟངས;

653 Revolutionist, *n.* ངོ་ལོག་གམ་དམངས་ལང་ནས་རྒོལ་བ་ལ་དད་པ;

654 Revolutionary, *a.* ངོ་ལོག་གི;

655 Revolve, *v.t.* & *v.i.* ཁྱིར་ཁྱིར་དུ་བསྐོར་བ; ཁྱིར་རི་འཁོར་བ;

656 Revolver, *n.* མེ་མདའ་ཐུང་ཐུང;
(པི་སི་ཏོལ་མེ་མདའ; English word Tibetanised).

657 Revulsion, *n.* གློ་ལོག;

658 Reward, *v.t.* གསོལ་རས་གནང་བ; *n.* གསོལ་རས;

659 Re-write, *v.t.* སླར་འབྲི་བ;

660 Rhetoric, *n.* སྙེབ་སྦྱོར; སྙན་ངག; ཚིག་རྒྱན;

661 Rhetorical, *a.* ཚིག་རྒྱན་ཅན;

662 Rhetorician, *n.* ཚིག་རྒྱན་ལ་མཁས་པ;

663 Rheum, *n.* ཚམ་པ་རྒྱབ་དུས་སྣ་ནས་ཆུ་འབྱིན་པ་གང;
སྣབས་ལུད; ཁ་ཆུ་སྣ་ཆུ;

664 **Rheumatism**, *n.* གྲུམ་ནད; གྲུམ་བུ;

665 **Rhinoceros**, *n.* བསེ་རུ; རི་དྭ་བསེ་རུ;

666 **Rhomb**, *n.* རི་མོ་ལོགས་བཞི་ཧྲན་ཀྱང་གྲུ་བཞི་པོ་གྲུ་དྲང་མིན་པ;

667 **Rhomboid**, *n.* རི་མོ་ལོགས་བཞི་ལྷན་ཀྱང་གྲུ་བཞི་པོ་གྲུ་དྲང་མིན་པ;

668 **Rhubarb**, *n.* ཆུ་རྩ; སྤྱོ་ཆེ་ལོ་འི་རྩ་བ་སྐམ་ནས་སྨན་ལ་འགྲོ་བ་དེ;

669 **Rhyme**, *n.* ཤློ་ཀ་འི་ཚིགས་བཅད་ཀང་མཐའ་སྒྲ་གཅིག་པ;
ཚིགས་བཅད་ཀྱི་མཐའ་ཡི་སྒྲ་མགོ་འདོག་གཅིག་པ;

670 **Rib**, *n.* རྩིབས་མ;

671 **Ribald**, *a.* གོད་བྲོ; རྫེན་གཏམ་གྱི; རྫེན་གཏྃ་ཀུ་རེའི;

672 **Ribaldry** *n.* རྫེན་གཏམ; ཁ་བཙོག; (བཙོག་གཏྃ་རྫེན་གཏམ; Sik.).

673 **Ribbed**, *a.* རྩིབས་མ་ཅན;

674 **Ribbon**, *n.* སྟོང་སྐུད་ཀྱི་ལྷམས་མ: ལྷམ་སྒྲོག་དང་ཡང་གདན་ཐག་པ;

675 **Rice**, *n.* འབྲས;

676 **Rich**, *a.* ཕྱུག་པོ; འབྱོར་ལྡན;

677 **Richly**, *ad.* ལེགས་པར; འཕེལ་པོར; མང་པོར;

678 **Richness**, *n.* ཕྱུག་ལུགས; ལེགས་ལུགས; ཞག་སྟི་ཆེ་ལུགས;

679 **Rick**, *n.* ཕུབ་མའ་པ་རྩྭའི་ཕུང་བརྩེགས; རྩྭ་ཕུང; འབྲུ་སྤུངས;

680 **Rid**, *v.t.* ཕྱིར་དོར་བ; སེལ་བ; སྒྲོལ་བ;

681 **Riddance**, *n.* དོར་ལུགས; སེལ་བའི་བྱ་བ;

682 **Riddle**, *n.* ཉིས་སད; ཚོད་བགས; ཚོད་བྱ; ལྡེམ་པོ;

683 **Ride**, *v.i.* རྟ་ལ་ཞོན་པ; ཞོན་པ;

684 **Rider**, *n.* རྟ་ཞོན་པ་པོ; རྟ་པ;

685 **Ridge**, *n.* སྒང་ཟེ; རི་རྩེ; རི་རྒྱུད;

686 **Ridicule**, *n.* ཕབ་ཅོལ; (ཚོ་མེད; ཇབ་མེད; ཇབ་ཚུང; Collql.).
གད་མོ་འི་གནས;

687 Ridiculous, *a.* ཛབ་ཆུང་;

688 Ridiculously, *ad.* ཛབ་ཆུང་བྱེད་དེ་;

689 Riding, *n.* བཞོན་པ་;

690 Rife, *a.* རན་པ་; ཁྱབ་བཞིན་པ་; ཆེས་ཆེར་ཁྱབ་པ་;
འཕེལ་པོ་; མོད་པོ་;

691 Riffraff, *n.* མིའི་གྲལ་ནས་སྤྱུག་རྒྱལ་བསྐྱུས་པ་; ཕྱུག་སྙིགས་;
མི་ཕྲ་ཞལ་; འཁྲུམས་པོ་;

692 Rifle, *v.t.* འཕྲོག་པ་; ཕྲོག་ནས་བཅོམ་པ་;
n. མེ་མདའ་ནང་བཙུས་ཅན་; (ལྷུང་ཤུར་ཅན་མ་; [Bhut.]).

693 Rifleman, *n.* མེ་མདའ་ལྷུང་ཤུར་ཅན་ཐོགས་པ་;

694 Rift, *n.* སེར་ག་; སེར་ཁ་; སེར་ཀ་;

695 Rigging, *n.* ཐག་བཀྲམ་; གྲུ་གཟིངས་ཀྱི་དར་ཆེན་བཟུང་བའི་ཐག་བཀྲ་;

696 Right, *a.* འཐད་པ་; ཡིན་པ་; དྲང་པོ་;

697 Righteous, *a.* བཟང་པོ་; ཡ་རབས་;

698 Righteously, *ad.* ཡ་རབས་བཞིན་;

699 Righteousness, *n.* བཟང་པོའི་སྤྱོད་པ་; ཡ་རབས་ཀྱི་སྤྱོད་པ་;

700 Rightful, *a.* (ཡིན་ངེས་ཞེས་པའི་; Colql.) ཐོབ་ཐང་ཅན་;
ཐོབ་སྐལ་ཅན་; (ཐོབ་ལྡན་སྐྱན་གྱི་; Sik.).

701 Rigid, *a.* དམ་པོ་; སྲ་མོ་; མཁྲེགས་ལུགས་; མཁྲེང་པ་; སྲ་བ་;

702 Rigidity, *n.* དམ་ལུགས་; སྲ་ལུགས་; མཁྲེགས་ལུགས་;

703 Rigorous, *a.* རྩིང་པོ་;

704 Rigour, *n.* རྩིང་ལུགས་;

705 Rile, *v.t.* ཁོང་ཁྲོ་སློང་བ་; ཚིག་པ་ཟ་རུ་འཇུག་པ་;

706 Rill, *n.* ཆུ་ཕྲུང་; འབབ་ཆུ་;

707 Rim, *v.t.* ཁ་གྲིལ་རྒྱབ་པ་; (སྒུ་བཀག་མ་; Classical).
སོ་བཀག་པ་; *n.* ཁ་གྲིལ་; སྙེ་འཚེམ་;

708 Rime, *n.* བ་མོ; ས་ལ་ཆགས་པའི་བ་མོ; ཟིལ་པའི་བ་མོ;

709 Rind, *n.* པགས་པ; ཤུན; ཕྱི་སྐོག;

710 Ring, *n.* སོར་གདུབ; མཛུབ་སྐོར; ཨ་ལོང;

711 Ringdove, *n.* ཕྲིའུ; (ཕྲི་ཕྲི་རྒྱལ་མོ; Bhut.) ནགས་ཀྱི་ཨོ་རོན; ནགས་ཀྱི་ཕུགས་རོན;

712 Ringleader, *n.* སྣ་འཁྲིད་པ; ལྟེ་པོ;

713 Ringlet, *n.* སྐྲ་ཆག; ལན་བུ; ལན་ཚར; སྐྲ་འཁྱིལ་བའི་ལན་བུ;

714 Ringworm, *n.* ཤ་བཀྲ; པགས་བཀྲ; པགས་ནད་ཞེའུའི་ཛོ་ལྟ་བུ; ཛོ་འི་རྣོ་པ་ཞིག; (Sik. ཞེའུ་ཀོང);

715 Rinse, *v.t.* ཆུས་བཤལ་བ;

716 Riot, *n.* ཁྲིལ་ཟིང; འཁྲུག་ཟིང; འཐབ་འཛིང;

717 Rioter, *n.* ཁྲིལ་ཟིང་སློང་མཁན;

718 Riotous, *a.* ཁྲིལ་ཟིང་སློང་འདོད་ཅན;

719 Rip, *v.t.* ཡར་གཤག་པ; གྲིས་གཤག་པ;

720 Ripe, *a.* སྨིན་པ;

721 Ripen, *v.i.* སྨིན་དུ་བཅུག་པ;

722 Ripeness, *n.* སྨིན་ཚུལ; སྨིན་ལུགས;

723 Ripple, *n.* ཆུ་གཉེར; *v.i.* ཆུའི་རླབས་ཕྲན་ལང་བ;

724 Rise, *v.i.* ལང་བ; ཡར་ལང་བ;

725 Risible, *a.* གོད་བྲོ་བའི; གད་མོ་སློང་བའི;

726 Rising, *n.* ལང་ལུགས; ཡར་ལང་བའི་བྱ་བ; (ཡར་ལོང; Sik.).

727 Risk, *n.* ཉེན་ཁ; བསྡོ་བ; སྲོག་བསྡོ་བ;

728 Rite, *n.* ཆོ་ག; རིམ་གྲོ; སྐུ་རིམ;

729 Ritual, *n.* ཆོ་ག་ཕྱག་ལེན; *a.* སྐུ་རིམ་གྱི་སྐོར;

730 Ritualism, *n.* ཆོ་ག་ཕྱག་ལེན་དང་བཅས་པའི་ཆོས;

731 Rival, *n.* འགྲན་མཁན;

732 Rivalry, *n.* འགྲན་ཟླ;

733 Rive, *v t.* གཤག་པ; གཤེག་པ; *n.* འགྲམ; ཆུ་འགྲམ;

734 River, *n.* རྒྱུག་ཆུ; གཙང་པོ; ཆུ་བོ;

735 Rivet, *v.t.* བརྩུས་ཕུར་གྱིས་བརྟན་པོར་མནན་པ; (*n.*) བརྩུས་ཕུར; བརྟན་པོར་མནན་པའི་གཟེར;

736 Rivulet, *n.* རྒྱུག་ཆུ་ཆུང་ཆུང; ཆུ་ཕྲན;

737 Roach, *n.* ཉའི་རིགས་ཞིག;

738 Road, *n.* ལམ;

739 Roam, *v.i.* འཁྱམས་པ;

740 Roan, *a.* སྤྱུ་ཁ་སྐྱུང་ནག;

741 Roar, *v.i.* ངར་བ; ངར་སྐད་འབྱིན་པ; *n.* ངར་སྐད;

742 Roarer, *n.* ངར་སྐད་འབྱིན་མི;

743 Roaring, *n.* ངར་སྐད་འདོན་ཚུལ;

744 Roast, *v.t.* སྲེག་པ; རྗོད་པ;

745 Roasting, *n.* སྲེག་བརྗོས;

746 Rob, *v.t.* འཕྲོག་པ; མ་བྱིན་པར་ལེན་པ;

747 Robber, *n.* ཇག་པ;

748 Robbery, *n.* ཇག; Bhut. ཨར་ཇག; ཇག་རྐུན;

749 Robe, *n.* ན་བཟའ;

750 Robin, *n.* བྱིའུ་ཞིག་གི་མིང;

751 Robust, *a.* ལུས་རགས་པ; སྟོབས་ལྡན; ནད་མེད; ཉམས་རྒྱགས་པོ;

752 Rock, *n.* བྲག; ཕ་བོང; རྡོ་ཕ་བོང;

753 Rocket, *n.* ཤོག་བག; གྲུ་གཟིངས་སམ་དམག་དུས་བརྡ་བྱེད་
པའི་ཕྱིར་དུ་གནམ་ལ་གཏང་རྒྱུའི་ཤོག་པག;

754 Rocky, *a.* བྲག་རོང;

755 Rod, *n.* དབྱུག་པ;

756 Rodomontade, *n.* ཁ་ཤོབ; ཁ་ཐད; སྟོང་གཏམ;

757 Roe, *n.* ཉྭ་མོ; (ཁ་ཉྭ་མོ; Sik.) (ཉའི་སྒོ་ང; of fish).

758 Rogue, *n.* མི་ངན; (སྐྱུ་བོ; Bhut. & Sik.) གཡོན་ཅན;
གཡོ་སྒྱུ་ཅན;

759 Roguery, *n.* གཡོ་སྒྱུ; སྤྱོད་ཉེས; ཁྲམ;

760 Roll, *v.t.* སྒྲིལ་བ;

761 Roller, *n.* སྒྲིལ་རྒྱུའི་ལྕུང་སྡོང; ལམ་སོགས་མཉམ་དུ་སྙོམས་པར་
བྱེད་རྒྱུའི་འཕྲུལ་འཁོར; སྒྲིལ་བྱེད་ལྕགས་འཁོར;

762 Rolling-pin, *n.* བག་ལེབ་སོགས་སྒྲིབ་རྒྱུའི་དབྱུག་པ; ཤིང་རིལ; .

763 Roman, *a.* རོམ་གྱི་མི་རིགས;

764 Romance, *n.* སྒྲུང་གཏམ་གྱི་རིགས་ཀྱི་དཔེ་ཆ;

765 Romantic, *a.* སྒྲུང་གཏམ་ནང་བཞིན;

766 Romish, *n.* རོ་མན་ཀ་ཐོ་ལིག་སྡེའི་ཁོངས་གཏོགས;

767 Romp, *n.* རྩིག་སྒྲ་དང་བཅས་མཆོང་བ;
(འཛེ་སྐྱིག་ཅན་གྱི་ན་ཆུང་མ; of a girl).

768 Rood, *n.* ཡེ་ཤུའི་བརྒྱང་ཤིང; ས་ཚད་ཨེ་ཀར་གཅིག་གི་བཞི་ཆ;

769 Roof, *n.* ཀུང; ཐོག;

770 Roofing, *n.* ཐོག་ཆ; ཐོག; ཁང་པའི་ཐོག་གི་ཆས;
ཐོག་འབུབས་པའི་ཐུ་བ;

771 Rook, *n.* སྐྱུང་ཀ;

772 Room, *n.* ས་ཆ; གུ་ཡངས; གུ; ཁང་མིག; (གཟིམ་ཚང; Hon.).

773 Roomy, *a.* གུ་ཡངས་པོ;

774 Roost, *n.* གུའི་གདང; གདང;

775 Root, *n* རྩ་བ;

776 Rooted, *a.* རྩ་བ་ཚུགས་ཟིན་པ;

777 Rope, *n.* ཐག་པ;

778 Rosary, *n.* འཕྲེང་བ;

779 Rose, *n.* རྒྱ་སེ་མེ་ཏོག; (Hindi གུ་ལཱབ་མེ་ཏོག;) སེ་བ་མེ་ཏོག; (སྟག་ཚེར་མེ་ཏོག; Bhut.)

780 Rosin, *n.* ཐང་ཆུའི་སྙིགས་སམ་འབབ་ཆ;

781 Rosy, *a.* དམར་སྐྱ; དཀར་ལ་དམར་མ་དངས;

782 Rot, *v.t.*, *v.i.* རུལ་བ; རུལ་དུ་བཅུག་པ;

783 Rotate, *v.i.* འཁོར་ལོ་འཁོར་བ;

784 Rotation, *n.* འཁོར་ལོ་འཁོར་ལུགས;

785 Rotatory, *n.* འཁོར་བའི;

786 Rote, *n.* བློ་ལ; ཡིད་ལ་བཟུང་བའི་བྱ་བ;

787 Rotten, *a.* རུལ་པ;

788 Rotteness, *n.* རུལ་ལུགས;

789 Rouge, *n.* ཚོས་ཁ; ངོ་གདོང་ལ་དམར་མདངས་སྐྱེད་པའི་ཚོས;

790 Rough, *a.* རྩུབ་པོ; རགས་པ; རྩིང་པོ;

791 Roughly, *ad.* རྩུབ་པོར; རྩིང་པོ་ཉིད་དེ; རགས་པར;

792 Roughness, *n.* རྩུབ་ཚུལ; རྩུབ་ལུགས;

793 Round, *a.* ཟླུམ་པོ; སྒོར་སྒོར; རིལ་རིལ;

794 **Roundhead**, *n.* སྔོན་དུས་ཀྲོམ་ཝེལ་གྱི་དམག་དཔུང་རྣམས་ལ་ཟེར;

795 **Roundly**, *ad.* ཟླུམ་འཁྱིལ་ལེར;

796 **Roundness**, *n.* ཟླུམ་པོ་ཡིན་ཚུལ; ཟླུམ་ཚུལ;

797 **Rouse**, *v.t.* ཡར་སློང་བ;

798 **Rout**, *n.* ཨུར་ལངས་ནས་ཁ་འཐོར་ཕྱིན་པ; དམག་ཕམ་པ;

799 **Route**, *n.* ལམ;

800 **Routine**, *n.* ལམ་འདྲོན; བྱ་བ་བྱེད་རྒྱུའི་སྲོལ་ལམ་གྱི་ཐོ:

801 **Rove**, *v.i.* འཁྱམ་པ; ས་སྐྱུལ་བ;

802 **Rover**, *n.* འཁྱམ་པོ;

803 **Row**, *n.* གྲལ; (noise ཨུར; འཁྲུག་པ;) *v.t.* གྲུ་སྐྱེལ་བ;
གྲུ་སྐྱ་རྒྱབ་པ;

804 **Rower**, *n.* གྲུ་སྐྱ་རྒྱབ་ནས་གྲུ་སྐྱེལ་མི;

805 **Royal**, *a.* རྒྱལ་པོར་འོས་པ;

806 **Royalist**, *n.* རྒྱལ་པོའི་ཕྱོགས་བྱེད་མི;

807 **Royalty**, *n.* རྒྱལ་པོའི་སྲིད་ཆ; རྒྱལ་རིགས;

808 **Rub**, *v.t.* ཕྱིས་པ; འཕྱུར་བ; བདར་འཕྱུར་བྱེར་བ;
ཐི་ཏོར་བྱེད་པ; སྨུབ་པ;

809 **Rubber**, *n.* ཁྲིག;

810 **Rubbish**, *n.* སྙིགས; ཕྱག་སྙིགས;

811 **Ruby**, *n.* པདྨ་ར་ག;

812 **Rudder**, *n.* གྲུའི་ཁ་ཕྱོགས་སྒྱུར་བའི་འཕྲུལ་འཁོར;
སྐྱ་མཇུག;

813 **Ruddy**, *a.* དམར་མདངས་འཚར་བ;

814 **Rude**, *a.* གྱོང་པོ; དམུ་རྒོད; རྩུབ་པོ;

815 Rudely, *ad.* གྱོང་པོར་; དམུ་རྒོད་ཀྱིས་;

816 Rudeness, *n.* དམུ་རྒོད་; མི་སྨྲུན་;

817 Rudiment, *n.* དངོས་པོ་གང་ཟུང་གྲུབ་པའི་གཞི་ཐོག་མ་དེའི་; འཆའ་གཞི་;

818 Rue, *v.t.* འགྱོད་པ་སྐྱེ་བ་; གནོང་པ་སྐྱེ་བ་; སྐྱོ་བ་;

819 Rueful, *a.* ཤུ་ངན་ཅན་; སྐྱོ་མདོག་ཅན་;

820 Ruffian, *a.* མི་ངན་; མི་སྨྲུན་པ་; འཛབ་ཆེན་;

821 Ruffianism, *n.* དམུ་གྱོང་; མི་སྨྲུན་པའི་བྱ་བ་;

822 Ruffianly, *ad.* དམུ་གྱོང་གི་སྤྱོད་པས་;

823 Ruffle, *v.t* དཀྲུག་པ་;

824 Rug, *n.* གདན་; གྲུམ་ཟེ་གདན་; གྲུམ་ཟེ་;

825 Rugged, *a.* གྱོང་པོ་; ཙུབ་པོ་;

826 Ruggedness, *n.* ཙུབ་; འཁོད་མ་སྙོམས་པ་ཉིད་;

827 Ruin, *n.* གྲོང་སྟོང་; ཞིག་ཤུལ་;

828 Ruinous, *a.* ཞིག་ནས་ཡོད་པ་; གནོད་པའི་; འཕྲོ་བརླག་ཅན་;

829 Ruinously, *ad.* འཕྲོ་བརླག་ཏུ་;

830 Rule, *n.* ཆོད་དབང་; མངའ་དབང་; སྲིད་; དབང་སྲིད་; བཅས་ཁྲིམས་; (ཁྲིག་ཤིང་;)

831 Ruler, *n.* ཁྲིག་ཤིང་; མངའ་བདག་; ཆོད་དབང་སྐྱུར་མཁན་;

832 Rumble, *n.* ལྡིར་སྒྲ་;

833 Ruminant, *n.* འགྲམ་ཟུ་སྐྱུར་བའི་དུད་འགྲོ་; ལྡད་མཁན་; འགྲམ་ཟུ་སྐྱུར་མཁན་;

834 Ruminate, *v.i.* ལྡད་སྒྲོག་པ་; བསམ་མནོ་སྒོར་བ་; ལྡད་པ་;

835 Rummage, *v.t.* གཡེང་བ་; (སྤྲོག་ཅིང་འཚོལ་བ་; Collql.) ཞིབ་ཏུ་འཚོལ་བ་;

836 **Rumour**, *n.* འཁྲེར་གཏམ; ཆ་ངེས་མེད་པའི་གཏམ;

837 **Rump**, *n.* ཚང་ར; སེམས་ཅན་བ་གླང་སོགས་ཀྱི་ཚང་རའི་ཤ་གླིང;

838 **Rumple**, *v.i* འཁོད་མི་སྙོམས་པར་བཟོ་བ; (Sik. རང་རོང་བཟོ་བ;) སྙིག་པ; བཟོ་བལྟ་སྙིག་པ;

839 **Run**, *v.i.* རྒྱུག་པ; མཆོང་པ; ཆུ་ལྟར་ལྡུད་པ;

840 **Runaway**, *n* བྲོས་ཤོར་པ; {བྲོས་འཁོལ་པ་ Sik.}

841 **Runner**, *n* རྒྱུག་མཁན;

842 **Running**, *n.* རྒྱུག་བཞིན་པའི;

843 **Rupee**, *n.* སྒོར་མོ; ཕྱི་སྒོར;

844 **Rupture**, *n.* འཁྲུག་པ;

845 **Rural**, *a.* གྲོང་པའི; མི་ནག་པའི; ཡུལ་པའི; གཞིས་པའི;

846 **Rush**, *n.* (reed སྨྱུག་མ;) འཚང་ཀ; ཧབ་རྒྱུག; ཧབ་བཤར; *v.t.*, *v.i.* བཤུར་བ; (Sik.) ཤུགས་སྐྱོད་ཅིང་ཡོང་བ; ཤུགས་ཀྱིས་འཚང་བ; དབང་ཡོད་ཀྱིས་འཚང་བ;

847 **Rushing**, *adj.* ཤུགས་ཀྱིས་སྐྱོད་བཞིན་པ;

848 **Rushy**, *a.* ཆུ་སྨྱུག་མས་ཁེངས་པ; སྨྱུག་མས་ཁེངས་པ;

849 **Russet**, *a* སྨུག་ནག; བལ་གོས་སྨུག་ནག་ཅུབ་པོ་ཞིག;

850 **Rust**, *n* ལྕགས་ཀྱི་བཙའ;

851 **Rustic**, *n.* ཡུལ་གྲོང་པ; འཚོང་འདུས་པ་མ་ཡིན་པའི་ཡུལ་གྲོང་འཇོན་ནས་སོ་ནམ་པའི་ལས་བྱེད་མི;

852 **Rusticity**, *n.* གླེན་པའི་ཚུལ; གླེན་དྲགས; གྲོང་མིའི་ཚུལ;

853 **Rustle**, *v.i.* ཚྭག་ཚྭག་ཅེས་སྐད་འབྱིན་པ; དཔེར་ན་ཤུག་གུ་འདར་བའི་སྐད་ལྟ་འདོན་པ;

854 **Rusty**, *a.* བཙའ་ཅན; བཙའ་རྒྱབ་པ;

855 Rut, *n.* ཤུལ ; ལམ་ཀར་འཁོར་ལོའི་འགྲོ་ཤུལ་ལྟ་བུ ;

856 Ruth, *n.* སྙིང་རྗེ ;

857 Ruthless, *a.* སྙིང་རྗེ་མེད་པ ;

858 Ruthlessly, *ad.* སྙིང་རྗེ་མེད་པར ;

859 Rye, *n.* འབྲུ་སྣ་ཞིག ;

860 Ryot, *n.* འབངས ; མི་སེར ; ཁྲལ་མི ;

S

1 Sabaean, *n.* ཡེ་མེན་ཡུལ་གྱི་མི ;

2 Sabaism, *n.* སྐར་མ་མཆོད་པའི་ཆོས་ལུགས ; སྐར་མཆོད ;

3 Sabaoth, *n.* དམག་དཔུང ; དགྲ་ལྷ ; དམག་སྡེ ; ཡ་ཧུ་ད་པའི་ལུགས་པའི་དམག་ལྷ ;

4 Sabbatarian, *n.* ཕྱི་ལུགས་སུ་ཞག་བདུན་པའི་དུས་ཆེན་སྲུང་མི ;

5 Sabbath, *n* ངལ་བསོ་བའི་ཉི་མ ; གཟའ་ཉི་མ ;

6 Sabbatic, *a.* ངལ་བསོའི་དུས་ཆེན་ལྟ་བུ ;

7 Sabian, *a.* ནམ་མཁའི་ཉི་ཟླ་རྒྱུ་སྐར་རྣམས་ལྷར་བཟུང་ནས་མཆོད་མི ;

8 Sable, *n.* ནག་པོ ; རུ་ཤའི་ཡུལ་ནས་དོན་པའི་སེམས་ཅན་གྱི་ལྤགས་པོ་སྤུ་མདོག་སྨུག་པོ་ཞིག ;

9 Sabre, *v.t.* རལ་གྲི ;

10 Sac, *n.* སྦུམ་ཀོ ; ཚུ་རྐྱལ ; སྐྲན་རྡོག་གི་དར་མ ;

11 Saccharine, *a.* མངར་ཆ ; ཀ་རའི་མངར་མདངས་ཡོད་པ་ལ་གནོད་བྱེད་ཀྱི་ནུས་པ་དང་བྲལ་བའི་སྨན ;

12 Sacerdotal, *a.* དགེ་འདུན་གྱི ;

13 Sack, *n.* རས་ཕད ; ཕད་སྒོག ; རྐྱལ་པ ; སྒྲོ ; རས་ཁུག ;

14 **Sackcloth**, *n.* སྲ་ངན་མཚོན་བྱེད་ཀྱི་རས་ཆ; སོ་མ་ར་ཛའི་སྒྲེ་རས;

15 **Sackful**, *a.* སྒྲེ་གང; ཐད་གོག་གང; རྒྱལ་པ་གང;

16 **Sacrament**, *n.* ཆོ་ག; དབང་ཆོག; དམ་འབྲག་གི་ཆོ་ག;
ཁྲིད་རྒྱབ་ཀྱི་ཆོ་ག;

17 **Sacramental**, *a.* ཆོ་གའི; དབང་ཆོག་གི;

18 **Sacred**, *a.* དམ་པ; ཆོས་ལྡན;

19 **Sacredly**, *ad.* དམ་པར;

20 **Sacredness**, *n.* དམ་པ་ཡིན་ལུགས;

21 **Sacrifice**, *n.* དམར་མཆོད; (དབུགས་གཏང; Sik.) མཆོད་པ; *v.t.*
མཆོད་པ་ཕུལ་བ; སྲོག་འབུལ་བྱེད་པ;

22 **Sacrificial**, *a.* མཆོད་པའི;

23 **Sacrilege**, *n.* ཆོས་འགལ;

24 **Sacrilegious**, *a.* ཆོས་འགལ་གྱི་སྤྱོད་པ་ཤིན་ཏུ་ཚབས་ཆེན་པོ;

25 **Sad**, *a.* སེམས་སྐྱོ་པོ; (Hon. ཐུགས་སྐྱོ་པོ;)

26 **Sadden**, *v.t.* སེམས་སྐྱོ་རུ་བཅུག་པ;

27 **Saddle**, *n.* སྒ; རྟའི་སྒ;

28 **Saddler**, *n.* སྒ་བཟོ་མཁན;

29 **Saddlery**, *n.* སྒ་ཆས;

30 **Sadly**, *ad.* སེམས་སྐྱོ་པོར;

31 **Sadness**, *n.* སེམས་སྡུག; སྐྱོ་ངད;

32 **Safe**, *a.* བརྟན་པོ; བློ་བདེ་མོ; བཙན་པོ; ཉེན་ཁ་མེད་པ;

33 **Safeguard**, *n.* བསྲུང་རྒྱབ་གཏན་གཏན; སྐྱེལ་སྲུང;

34 **Safely**, *ad.* བརྟན་པོར;

35 **Safety**, *n.* བརྟན་ཆ; ཉེན་མེད; བློ་བདེ; བཙན་རྩལ;

36 Saffron, *n.* གུར་གུམ; (ཀྲི་བཟང; Bhut.) (ཁ་ཆེ་ཤ་ཁ་མ; Bhut.)

37 Sagacious, *a.* རིག་པ་ཆེན་པོ; སྤྲང་པོ; གཙང་པོ;

38 Sage, *a.* & *n.* མཁས་པ; དགེ་བཤེས;

39 Sagittarius, *a.* དུས་སྦྱོར་གཞུ; གཞུའི་ཁྱིམ;

40 Sago, *n.* འབྲུ་སྣ་ཞིག་གི་མིང; (སཱ་གུ་དཱ་ན; Hindi).

41 Said, *a.* ལབ་ཟིན་པའི; སྐད་ཆ་ཡོད་པའི;

42 Sail, *n.* གྲུ་གཟིངས་ཀྱི་དར་མོ་ཆེ;

43 Sailing, *n.* གྲུ་གྲོག་འགྲོ་བའི་བྱ་བ; ཆུ་གྲོག་གི་འགྲུལ་ཤི་དེའི་བྱ་བ;

44 Sailor, *n.* མཉན་པ; གྲུ་གྲོག་གི་ལས་ཀ་བྱེད་མི; སྐྱ་བ་འཛིན;

45 Saint, *n.* གྲུབ་ཐོབ; (Buddhist. བྱང་ཆུབ་སེམས་དཔའ;)

46 Saintlike, *a.* བྱང་ཆུབ་སེམས་དཔའ་ལྟ་བུ;

47 Saintly, *ad.* བྱང་ཆུབ་སེམས་དཔའི་ངང་ཚུལ་ཅན;

48 Sake, *n.* དོན་དུ; ངོ; (for my sake ངའི་ངོ་ལ་བསམ་ནས;
or ངའི་ངོ་ལ་བལྟས་ནས;)

49 Salad, *n.* སྔོ་ཚོད; སྔོ་ཚས་རྗེན་པོའི་སྐྱུར་ཚས;

50 Salam, *n.* ཕྱག་འབུལ;

51 Salamander, *n.* མེ་ཤེས་འཚོ་བའི་སེམས་ཅན;

52 Salary, *n.* ཕྱོ་ཕོགས; ཕོགས; (གསོལ་ཕོགས; Hon.)

53 Sale, *n.* འཚོང; འཚོང་རྒྱུ; འཚོང་བའི་བྱ་བ;

54 Saleable, *a.* འཚོང་དུ་རུང་བ;

55 Salesman, *n.* ཚོང་མཁན; ཚོང་པ;

56 Salient, *a* གནོད་འཁྲོལ་ས; གནད་ས; ཕྱི་ལོགས་སུ་འབུར་འབུར་
ཐོན་པ; སྣད་ས;

57 Saline, *a.* ཚྭ་ལྡན;

58 Saliva, *n.* ཁ་ཆུ; ཞལ་ཆུ; མཆིལ་མ;

59 Salivate, *v.t.* ཁ་ནས་མཆིལ་མ་མང་དུ་སྐྱེད་པ; མཆིལ་མ་མང་དུ་འདོན་པ;

60 Sallow, *n.* བཀྲག་སེར་པོ; སེར་བཀྲག་ཅན;

61 Sally, *n.* ཕར་རྒོལ;

62 Salmon, *n.* ཉ་ཕོ་ཁྲིན་རྒྱུག; ཉའི་རིགས་ཞིག;

63 Saloon, *n.* (Sik. སྐྱེ་ཡངས;) (གཟིམ་ཆུང་ཆེན་མོ; in a palace).

64 Salt, *n.* ཚྭ; ལན་ཚྭ;

65 Saltpetre, *n.* ཟེ་ཚྭ;

66 Salubrious, *a* ཁམས་གཙང་མོ; དྭངས་སྙོ་པོ; ཁིཾས་འཕྲོད་ཅན:

67 Salutary, *a.* ཁམས་ལ་འཕྲོད་པོ; ཁམས་འཕྲོད་ཡོད་པའི:

68 Salutation, *n.* ཕྱག་འཚལ;

69 Salute, *n.* ཕྱག་འཚལ;

70 Salvation, *n.* ཐར་པ;

71 Salve, *n.* བྱུག་སྨན; སྨ་སྨན;

72 Same, *a.* གཅིག་པ; འདྲ་བ; ནང་ལྟར; དེ་ཀ་རང;

73 Sameness, *n.* གཅིག་ཚུལ; འདྲ་ཚུལ; འདྲ་ལུགས;

74 Sample, *n.* སྤྱུས་ཚད; དཔེ;

75 Sanative, *a.* ཕན་བྱེད;

76 Sanctification, *n.* བསང་སྦྱང;

77 Sanctifier, *n.* བསང་སྦྱང་བྱེད་མཁན;

78 Sanctify, *v.t.* བསང་སྦྱང་བྱེད་པ; གཙང་མོ་བཟོ་བ;

79 Sanctimonious, *a* གཙང་མོ་ཡིན་ཁུལ་ཅན; ཆོས་ལ་དཀར་མདོག་ཁ་པོ; ཆོས་སེམས་ཆེ་མདོག་ཁ་པོ;

80 Sanctimony, *n.* ཆོས་དང་ལྡན་ཁྲལ; ཆོས་སེམས་ཆེ་ཁྲལ;

81 Sanction, *n.* བཀའ; གནང་བ; བཀའ་ཡི་གནང་བ;

82 Sanctity, *n.* བྱིན་རླབས; བྱིན་ལྡན་ཡིན་ཚུལ; གཙང་སྦྲ;

83 Sanctuary, *n* གནས་དམ་པ; བྱིན་ཆགས་པའི་གནས; དགོན་གནས་
ཎི་པ་གང་གི་ནང་དུ་ཚུད་པས་འཇིགས་པ་ལས་ཐར་བ;

84 Sand, *n.* བྱེ་མ;

85 Sandal, *n.* ཙནྡན;

86 Sand-paper, *n.* ཀོབ་ཤག; སྒྲང་ལེབ་བམ་ཤིང་གི་ཙ་ལག་གི་ངོས་
སྨུམ་པོ་བཟོ་རྒྱུའི་ཤོག་གུ་རྩུབ་པོ;

87 Sandwich, *n.* ཤ་བག་ལེབ;

88 Sandy, *a.* བྱེ་མ་ཅན;

89 Sane, *a.* རིག་པ་ཧུར་པོ; དྲན་པ་གསལ་པོ;

90 Sanguinary, *a.* ཤ་ཁྲག་ཅན;

91 Sanguine, *a.* རེ་བ་ཆེན་པོ; དམར་པོ་ཁྲག་གི་མདོག་ཅན; ཁྲག་རལ་
ཤིག་ཤིག;

92 Sanguinely, *ad.* རེ་བ་ཆེན་པོ་སྐྱེད་དེ;

93 Sanguineous, *a* དམར་པོ; ཁྲག་གི་མདོག་ཅན;

94 Sanhedrim, *n.* ཡ་ཧུ་ད་པའི་ཚོགས་འདུ་ལྷ་མིའི་སྐྱེ་མི་གྲངས་བདུན་
ཅུ་དོན་གཉིས་ཡོད་པ;

95 Sanitary, *a.* གཙང་སྦྲ་དང་ལྡན་པ;

96 Sanity, *n.* བློ་སེམས་གཏན་པོའི་ཚུལ;

97 Sap, *n.* ཤིང་གི་ཁ་ཆུ; རྩི་བཅུད; ཤིང་གི་རྩི་བཅུད;
(ཁ་ཆུ; Sik. & Bhut.).

98 Sapient, *a.* མཁས་པོ; མཐོང་རྒྱ་ཆེན་པོ;

99 Sapless, *a.* རྩི་བཙུད་མེད་པ;

100 Sapling, *n.* ཤིང་ཆུང; (ཤིང་ལྷུང; Bhut. & Sik.).

101 Sapphire, *n* ཨིན་དྲ་ནཱི་ལ; ནོར་བུའི་བྱེ་བྲག་མདོག་སྔོ་ལ་གསལ་ཞིང་འཚེར་བ་ཞིག;

102 Saracen, *n.* སྦུ་སྦུལ་ནག;

103 Sarcasm, *n* ཧེ་ཧེ; བསྡིང་ཚིག; འཕྱ་ཚིག; གབ་ཚིག:

104 Sarcastic, *a* བབ་ཅོལ་གྱི་རྣ་པའི་གབ་ཚིག་ཅན;

105 Sarcastical, *a.* བབ་ཅོལ་གྱི་རྣ་པའི་གབ་ཚིག་ཅན;

106 Sarcastically, *ad.* བསྡིང་ཚིག་གི་སྒོ་ནས; གབ་ཚིག་གི་སྣམ་པར;

107 Sarcophagus, *n.* རྡོའི་ཕུར་སྒྲོམ;

108 Sardanapalian, *a.* སྔོན་དུས་ནི་ནེ་བྲི་རྒྱལ་ཁབ་ཏུ་རྒྱལ་པོ་སར་ཊ་ན་པ་ལ་སི་ཞེས་བྱ་བ་འདོད་ཡོན་ལོངས་སྤྱོད་ལ་ཤིན་ཏུ་ཞེན་པ་ཞིག་བྱུང་འདུག་པ་ལྟ་བུ;

109 Sardine, *n.* ཤི་ཊུ་ཧྲེ་རིང་འདྲ་བའི་རིཊ་ཞིག;

110 Sardonic, *a.* འཕྱ་སྨད་ཀྱི་རྣ་པར་གད་མོ་གོད་པའི; འཕྱ་སྨྲེད་ཀྱི;

111 Sardonyx, *n.* གཟི་ཚོང; མ་ནེ་ཧོ; མཆོང;

112 Sarsaparilla, *n.* སྨན་དུ་འགྲོ་བའི་ར་ཙ་ཞིག; ཁྲག་སྨན;

113 Sash, *n.* (of window སྒོ་ཆུང་གི་ཁྲ་མ;) གཡང་ཞུགས; གཟན; སྐེ་རགས;

114 Satan, *n.* བདུད;

115 Satanic, *a.* བདུད་ལྟ་བུ;

116 Satchel, *n.* ཕད་ཆུང; སྒྲིབ་ཆུང;

117 Satellite, *n.* གཟའ་ཡི་གྲམ་ནས་ཆུང་ཞོས་དཔེར་ན་ཟླ་བ་ལྟ་བུ;

118 Satiable, *a.* ཡིད་ངོམས་པ; ཡིད་ཚིམས་པོ; ཡིད་ཚིམས་སུ་ཡོད་པོ;

119 Satiate, *v.t.* ཡིད་ངོམས་པར་བྱེད; ཚིམས་པར་བྱེད་པ; ཚིམས་སུ་བཙུག་པ;

120 Satiety, *n.* ཚིམས་དགས་ནས་སུན་སྐྱེ་བ་དེ;

121 Satin, *n.* (Collql. ཟབ;) ཡ་ཤི;

122 Satire, *n.* མཚན་འདོགས; བསྡིང་ཚིག; འཕྱ་བའི་གབ་ཚིག;

123 Satiric, *a.* སྐྱོན་འདོར་གྱི་གབ་ཚིག་གི་ནུ་པ་ཅན;

124 Satirical, *a.* སྐྱོན་འདོར་གྱི་གབ་ཚིག་གི་ནུ་པ་ཅན;

125 Satirist, *n.* སྐྱོན་འདོར་གྱི་གབ་ཚིག་རྩོམ་པ་པོ;

126 Satirize, *v.t.* སྐྱོན་འདོར་གྱི་ཡུལ་དུ་བཟོ་བ; སྐྱོན་བརྗོད་སར་བཟོ་བ; སྨྱིང་བ; འཕྱ་བ;

127 Satisfaction, *n.* ཡིད་ཚིམས; ཡིད་རངས;

128 Satisfactorily, *ad.* ཡིད་རངས་པོར;

129 Satisfactory, *a.* ཡིད་རངས་པོ;

130 Satisfy, *v.t.* ཡིད་རངས་སུ་བཙུག་པ; འདོད་པ་སྐོང་བ; ཐུགས་དོཾ་སྐང་བ;

131 Saturable, *a.* བསྐང་དུ་རུང་བ;

132 Saturate, *v.t.* ཁེངས་པར་སྐོང་བ;

133 Saturation, *n.* ཁེངས་པར་བཀེངས་པའི་བྱ་བ;

134 Saturday, *n.* གཟའ་སྤེན་པ;

135 Saturn, *n* གཟའ་སྤྲ་གཅན;

136 Satyr, *n.* ནགས་སེབ་དཀྱིལ་གྱི་མི་མ་ཡིན་ལུས་ཕྱེད་མི་དང་ཕྱེད་ར་ཡི་ལུས་སུ་ཡོད་པ་ཞིག་གོ;

137 Sauce, *n.* ཚུར; སྐྱུར་དང་ཁ་ཚ་འདྲེས་པའི་ཚུར;

138 Saucer, *n.* པད་སྡེར; སྡེར་མ;

139 Sauciness, *n.* (གདོང་བཟང་; Sik.) (གདོང་མ་འཚོག; Sik.).

140 Saucy, *a.* བག་མེད; (གདོང་བཟང་དགྲར་སྐྱིལ; Sik.)
(ཟབ་བེ་ཟོབ་བེ; Collql.) (Sik. གདོང་མ་འཚོག;)

141 Sauerkraut, *n.* ཛར་མན་པའི་སྔོ་ཚས་ཀོ་བི་སྐྱུར་ལ་སྦང་བ; ཤོ་ཚས;

142 Saunter, *v.i.* དལ་བུར་འཁྱམ་འཁྱམ་བྱེད་པ;

143 Saurian, *n.* ད་བྱིད་ལྟ་བུ; སྒྲོག་ཆར་ཅན་པ་ལྟ་བུ;

144 Sausage, *n.* རྒྱུ་མ; ཕག་པའི་རྒྱུ་མའི་ནང་ཤ་རྡུག་དང་ཚིལ་བུས་
རྒྱོང་བ; (ཕག་པའི་དཀར་རྒྱུང; Sik. & Bhut.).

145 Savage, *a.* ངན་པ; ཀླ་ཀློ; རྡེད་པོ; ནགས་སེབ་དཀྱིལ་གྱི:
དམུ་རྒོད;

146 Savagely, *ad.* ཀླ་ཀློ་ལྟར; ངན་པོར;

147 Savannas, *n.* ཐང་ཆེན;

148 Save, *v.t.* སྐྱོབ་པ; སྐྱབས་འཇུག་གནང་བ;

149 Saving, *a.* བསྲི་ཅན; སྐྱོབ་བྱེད *n.* བསོག་པ;
བསོག་པའི་ནོར་རྫས;

150 Savingly, *ad.* བསྲིས་ནས; བསོག་འཇོག་བྱས་ནས;

151 Saviour, *n.* འདྲེན་པོ; སྐྱབས་མགོན;

152 Savour, *n.* བྲོ་བ;

153 Savoury, *a.* བྲོ་བ་ཅན;

154 Saw, *n.* སོག་ལེ; *v.t.* སོག་ལེ་རྒྱབ་པ; (མཐོང་བྱུང; of *See*).
ཤིང་དྲ་བ;

155 Saxon, *n.* སྔོན་བི་ལད་གོང་གནོན་བྱས་པའི་མི་རིགས་ཛར་མན་ཡུལ་
ནས་ཡོང་བ;

156 Say, *v.t.* ལབ་པ;

157 Saying, *n.* ལབ་རྒྱུའི་གཏམ; གཏམ; སྐད་ཆ;

158 Scab, *n.* རྨ་ཁྲེག;

159 Scabbard, *n.* གྲི་ཤུབས; ཤུབས;

160 Scabby, *a.* རྨ་ཤུ་ཅན;

161 Scabbies, *n.* པགས་ནད་ཇེ; ཇེ; (ཀོང; Sik.).

162 Scaffold, *n.* ཁྲི་སྟེགས; (Sik. & Bhut. ཨན་ཙི;) སྟེགས;

163 Scald, *v.t.* འཚིག་པ; སྲེག་པ; ཆུ་ཚན་གྱིས་པར་པ་ལ་ཆུ་བུར་
སྐྱེད་པ; ཆུ་ཚ་པོས་བསྲེག་པ;

164 Scale, *n.* ཚད; ཉ་སག; སྦྲུལ་སག་ལྟ་བུའི; *v.t.* འཛེག་པ;

165 Scallop, *n.* ཉ་ལྷིབས; (ན་གི་ཨམ་ཚིག; Collql.).

166 Scalp, *n.* ཀཔླི; (བནྡྷ; Tantric).

167 Scalpel, *n.* ཨེམ་ཆེའི་དྲས་རྒྱབ་རྒྱུའི་གྲི་ཆུང;

168 Scaly, *n.* ཉ་སག་ཅན; ཉ་སག་འདྲ་པོ་ཡོད་པ;

169 Scamble, *v.i.* སུ་ཐོབ་སྤར་བཤའ་བྱེད་པ;

170 Scamp, *n.* (འཛབ་ཆེན;) ཀུ་རེའི་ཚིག་ཏུ་འམ་གཅེས་པའི་བཟ་ཟུ་
ཤིན་ཏུ་ཡོད་འོང་བ་ལ་ཟེར; ངོ་ཐོག་ཡིན་ན་ཀུ་མ་
འཛབ་ཆེན་ལ་ཟེར; *v.t.* ལས་ཀ་རྫོར་པོར་བྱེད་པ;

171 Scamper, *v.i.* རྒྱུག་བཤར་སྐྱོད་པ; *n.* རྒྱུག་བཤའ; རྒྱུག་འགྲོས་
མྱུར་འཕུར;

172 Scan, *v.t.* ལྟ་བ; ཉུལ་བ;

173 Scandal, *n.* སྐུར་པ; མི་ཁ; འཕྱ་ཁ; འཕྱ་སྨོ;

174 Scandalize, *v.t.* མི་ཁ་འཕོག་ཏུ་བཅུག་པ; (འཕྱ་སྨོ་སླང་བ;
འཕྱ་སྨོ་གཡོ་བ; Collql.).

175 Scandalous, *a.* མི་ཁ་འཕོག་རྒྱུ; འཕྱ་སྨོ་ཅན;

176 Scandalously, *ad.* ཀུལ་ཀ་དང་བཅས་ཏེ;

177 Scanning. *n.* & *v.t.* ཚིག་བཅད་རྐང་པ་བགྲངས་པའི་ལས; also (scansion *n.*).

178 Scansores, *n.* བྱེའུ་སྤྱིར་ཁྲུ་མདུན་དུ་གཉིས་རྒྱབ་དུ་གཉིས་བྱས་པ་ཞིག;

179 Scant, *n.* དཀོན་པོ; ཕྲིད་ཙམ; འདང་ཙམ; འདང་ལམ་འདང་ཙམ;

180 Scantily, *ad.* དཀོན་ཐག་ཐག་བྱེད་དེ; དཀོན་མདོག་ཁ་པོ་བྱེད་དེ;

181 Scantiness, *n.* དཀོན་ཉམས; དཀོན་མདོག;

182 Scanty, *a.* དཀོན་པོ; ཉུང་ཉུང;

183 Scape-goat, *n.* སླུད་བཀལ་ནས་ཚེ་ཐར་བཏང་བའི་ར;

184 Scapegrace, *n.* བཀྲ་མ་ཤིས; ཕྲུ་གུ་དག་དུ་ཉེས་པ་ཤ་སྟག་འབྱུང་བ;

185 Scapula, *n* སོག་པ; དཔུང་པའི་སོག་པ;

186 Scar, *n.* རྨའི་བཀྲ; རྨ་རྗེས; (བྲག་གཟར; Rock).

187 Scarab, *n.* སྤྱི་དུས་ཨི་ཇི་པྟི་རྒྱལ་པོ་སོགས་ཀྱི་མགུལ་ལ་བཏགས་པའི་ནོར་བུའི་བྱེ་བྲག་འབུའི་དབྱིབས་སུ་བྱས་པ;

188 Scaramouch, *n.* སླུན་པོ་སྟོང་གདམ་ཅན་མི་ཀུན་གྱིས་གད་མོ་འི་གནས་སུ་བཞག་པ;

189 Scarce, *n.* ཉུང་ཉུང; དཀོན་པོ;

190 Scarcely, *ad.* དཀོན་པོར; དཀའ་མོར;

191 Scarcity, *n.* དཀོན་ལྟུགས;

192 Scare. *v.t.* དངངས་སྐྲག་བཀོད་པ; *n.* དངངས་སྐྲག;

193 Scarf, *n.* དར་ཡུག; (Sik. གཡང་ལྟུགས); བཟན; ཁ་དཀྲིས; བཀབ་ནེ; Bhut.

194 Scarification, *n.* གདར་སྲིག; ཤེམ་ཆེས་ལུས་ཀྱི་པགས་པར་གཙག་བུས་གདར་ཁ་རྒྱབ་པ་དེ;

195 Scarify, *v.t.* གཏར་སྲིག་རྒྱབ་པ;

196 Scarlet, *n.* དམར་པོ; ཁ་མདོག་དམར་སྨུག;

197 Scatter, *v.t.* གཏོར་བ;

198 Scattering, *n.* གཏོར་བཞིན་པ; ཐོར་བ; ཁ་ཐོར;

199 Scavenger, *n.* ལུད་འདྲེན་བྱེད; ལམ་འཕྱག་མི;

200 Scene, *n.* ལྟད་མོ;

201 Scenery, *n.* (Sik. རི་ལྗོངས་ཀྱི་ཆགས་གཞུང;) སའི་ཆགས་ཚུལ;
མཐོང་རྒྱ;

202 Scent, *n.* དྲི་ངད; དྲི་བཟང; དྲི་བསུང;

203 Scepsis, *n.* ཚད་མ་རིག་པའི་ཐེ་ཚོམ;

204 Sceptic, *n.* དད་མེད; ལོག་ལྟ་ཅན; ཐེ་ཚོམ་ཅན;

205 Sceptically, *ad.* ཡིད་མ་ཆེས་པ་ལྟར;

206 Scepticism, *n.* མི་དད་པའི་ངང་ཚུལ; ཡིད་ཆེས་མེད;

207 Sceptre, *n.* རྒྱལ་པོ་རྒྱལ་མོའི་ཕྱག་ལ་བསྣམས་རྒྱུའི་བེ་ཅོན;

208 Schedule, *n.* ཤོག་གྲིལ; དེབ་ཐོ; དཀར་ཆག;

209 Schema, *n.* མདོ; མདོར་བསྡུས;

210 Scheme, *n.* (Sik. གནད;) ཐབས; འཕྲུལ; འཆའ་གཞི;

211 Schemer, *n.* གཡོ་ག་ཤོམ་མཁན; ཐབས་སྒྲིག་མཁན;

212 Schism, *n.* ལྟ་བའི་ཁྱད་པར; ཆོས་ལུགས་ཀྱི་ནང་གསེས་ཀྱི་འབྱེ་བ;

213 Schismatic, *n.* ལྟ་བའི་ཁྱད་པར་གྱིས་དགོན་སྡེ་ལས་འགྱེ་མི;

214 Scholar, *n.* ཡོན་ཏན་ཅན; མཁས་པ; སློབ་མ; སློབ་ཕྲུག;

215 Scholarly, *a.* ཡོན་ཏན་ལྡན་པའི་ངང་ཚུལ་གྱི;

216 Scholarship, *n.* སློབ་གཉེར་འབྱོང་བའི་ཕྱོགས་སམ་མཐུན་རྐྱེན;

217 Scholastic, *a.* བསླབ་གཞིའི་སྐོར་གྱི;

218 Scholiast, *n.* འགྲེལ་པ་རྩོཾ་མཁན;

219 Scholium, *n.* དང་པོའི་དཔེ་ཆའི་ཤོག་ལྷེབས་ཀྱི་ཞོག་ཏུ་འགྲེལ་མཆན་
བྲིས་པ་དེ་ལ་ཟེར; མཆན་བུ;

220 School, *n.* བསླབ་གྲྭ; སྡེ; ཆོས་ལུགས་ཀྱི་སྡེ; སློབ་གཉེར་སྦྱང་ས;

221 Schooling, *n.* སློབ་གཉེར;

222 Schooner, *n.* གྲུ་ཟིང་ཆུང་ཆུང;

223 Sciagraphy, *n.* རི་མོར་གྲིབ་མདངས་རྒྱབ་པའི་ལག་ལེན་གྱི་རིག་པ;

224 Sciamachy, *n.* གྲིབ་མ་དང་འཐབ་པའི་བྱ་བ;

225 Sciametry, *n.* གཟའ་འཛིན་གྱི་བརྟག་དཔྱད;

226 Sciatica, *n.* དཔྱི་མགོ་ཡི་ནད;

227 Science, *n.* རིག་གནས; རིག་པ; (གཙུག་ལག; classical).

228 Scientific, *a.* རིག་གནས་དང་མཐུན་པའི;

229 Scientifically, *ad.* མངོན་སུཾ་ཚད་མའི་རིག་པ་ལྟར་ན;

230 Scimiter, *n.* རལ་གྲི;

231 Scintillate, *v.i.* མེ་སྟག་འཕྲོ་བ; འོད་ཆེམ་ཆེམ་བྱེད་པ;

232 Scintillation, *n.* མེ་སྟག་ཁྲོམ་མེ་བྱུང་རྒྱུ་དེ; མེ་སིན་འཕྲོན་པའི་བྱ་བ;
མེ་སྟག་སྤྲོ་བའི་བྱ་བ;

233 Scion, *n.* གདུང་རྒྱུད; རིགས; ལྕུག་ཕྲན; ཕྲུ་གུ;

234 Scirrhus, *n.* (ཟིམ་ཕྲོར་ (Sik.) ཕོར་པ;

235 Scissel, *n.* རིན་པོ་ཆེ་སྣ་ཚོགས་ཀྱི་རྡུལ་ཕྲུག;

236 Scissors, *n.* འཇོམ་ཙེ; ཇེམ་ཙེ;

237 Scoff, *v.i.* ཧི་ཧེ་བྱེད་པ; བརྙས་པ; བརྙས་བཅོས་བྱེད་པ;

238 Scoffer, *n.* ཧི་གོད་བྱེད་མི;

239 Scoffing, *n.* ཧི་གོད;

240 Scold, *v.i.* ཁ་ངན་སྨྲ་བ; ཚིག་རྩུབ་བརྗོད་པ;. ཤད་ཤད་གཏོང་བ; ཁ་ངན་རྒྱབ་པ;

241 Scolding, *n.* ཁ་ངན; ཚིག་རྩུབ;

242 Sconce, *n.* མགོ; སྒོག; སྐང་ཞུ; འཕབ་ར; འཛིང་ར;

243 Scoop, *v t.* (དབོག་པ; བཞར་བ; Sik.) འཆུ་བ; བཅུ་བ; *n.* སྐྱོག;

244 Scooper, *n.* པར་ཀོ་བའི་ལག་ཆ; (བཞར་མ; དི་ཀུང; Sik.).

245 Scope, *n.* དམིགས་པའི་དོན; དགོངས་དོན; རྒྱ་ཁྱོན་ཚད;

246 Scorch, *v.t.* མེ་བཞུར་གཏང་བ;

247 Score, *n.* ཁལ; རྩིས; ཉི་ཤུ;

248 Scorn, *n.* སྙིང་ཆུང; (བྱད་དམད; Bhut.) བརྙས་བཅོས; རྩིས་མེད;

249 Scorner, *n.* སྙིང་ཆུང་དུ་རྩི་མི;

250 Scornful, *a.* (སྙིང་མེད་ཡོག་ཡོག; Sik.) བརྙས་བཅོས་བྱེད་མདོག་ཁ་པོ;

251 Scorpio, *n.* སྡིག་པའི་ཁྱིམ; དུས་སྦྱོར་ཁྱིམ་བརྒྱད་པ;

252 Scorpion, *n.* སྡིག་པ་རྡྡྷ;

253 Scot, *n.* སྐོཊ་ལནྜ་ཎྜའི་མི; ཁྲལ; དཔྱ་ཁྲལ;

254 Scotch, *a.* སྐོཊ་ལ་ནྜ་ཎྜའི་ལུགས་སྲོལ་ལྟར;

255 Scottish, *a.* སྐོཊ་ལནྜ་ཎྜའི;

256 Scoundrel, *n.* མི་ངན; འཛབ་ཆེན; ཁྲེལ་གཞུང་མེད་པའི་མི; ཁྲེལ་མེད;

257 Scour, *v.t.* འཕྱིད་བདར; བྱི་དོར་བྱེད་པ;

258 Scourge, *v.t.* ལྕག་ཚན་གྱིས་བརྒྱབས་པ; *n.* ལྕག་ཚན;

259 Scourger, *n.* ལྕག་ཚན་ཞུ་བ་པོ;

260 Scout, *n.* སོ་པ; སྤྱལ་མ; ས་སྐྱོན་པ; *v.t.* བྲོར་མི་འཕྲད་པས་ངོར་བ; སྐྱུར་བ;

261 Scowl, *v i.* མིག་ངན་ལྟ་བ; གདོང་ནག་འདོན་པ;

262 Scrabble, *v.i.* རི་མོ་ཨ་ཀྱོག་བ་ཀྱོག་འབྲི་བ; རི་མོ་གང་བྱུང་འབྲི་བ;

263 Scraggy, *a.* (སྲིག་ཅིང་རྩུབ་པ; སྲིག་ཅིང་རོང་རོང; རྩུབ་ལ་རིད་པ; སྲིག་ཀྲོག; Sik.)

264 Scramble, *v.i.* སྲུ་མགྱོཊ་ཏབ་ཤ་རྒྱབ་པ;

265 Scrambling, *a.* མགྱོཊ་རེས་ཏབ་ཤ;

266 Scrap, *n.* ཚག་དུམ; བག་ལེབ་ཀྱི་དུམ་བུ; *n.* (fight འཐབ་འཛིང;)

267 Scrape, *v.t.* (Sik. བཞར་བ); (སྐྱི་བཀྲད་པ; Bhut.) *n.* བྱུར; གེགས; བགེགས;

268 Scraper, *n.* བཞར་མཁན;

269 Scraping, *n.* བཞར་བཞར་བའི་ཉག་ཉིག;

270 Scratch, *v.t.* སྲར་ཤ་རྒྱབ་པ; འབྲད་པ; (བྲེག་པ; Sik.) འདྲད་པ;

271 Scratch, *n.* སྲར་ཤ; ལག་དྲད;

272 Scratcher, *n.* འབྲད་མཁན; འདྲད་མཁན;

273 Scrawl, *v.t.* ཡི་གེ་ཛ་རེ་ཛོ་རེ་འབྲི་བ; སྨྱུག་གུ་འདྲེད་པ; *n.* (ཡི་གེ་ལྷུཊ་སྲོག་ས; Collql. Sik.)

274 Scream, *v.i.* སྐད་ངན་ཤོར་བ; སྐད་ཆེན་ཤོར་བ; *n.* སྐད་ངན;

275 Screech, *v.i.* ཅུག་པའི་སྐད་ལྷར་འདོན་པ; *n.* སྐད་ངན; ཅུག་སྐད;

276 Screen, *n.* ཡོ་ལ; བཅད; བར་ཤག;

277 Screw, *n.* བཙུས་ཕྱུར; *v.t.* བཙུས་ཕྱུར་རྒྱབ་པ;

278 Scribble, *v.t.* ཡི་གེ་བཟོ་མེད་འབྲི་བ;

279 Scribe, *n.* དྲུང་ཡིག; ཡིག་མཁན;

280 Scrimmage, *n.* འཐབ་འཛིང; འདྲེ་འཛིང; སྦྲར་འཛིང; ལག་འཛིང;

281 Scrip, *n.* སྐྱེའུ་ཚང; སྤྱང་པོའམ་གནས་སྐོར་པའི་སྐྱེའུ; (སྐྱེབ་ཚང; Sik.).

282 Scrip, *n.* དངུལ་འཛལ་བའི་འཛིན; འཁྱེར་འཛིན;

283 Script, *n.* ཡིག་ཚང; ཟུར་ཚང;

284 Scriptural, *a.* བསྟན་བཅོས་ཀྱི; གསུང་རབ་ཀྱི;

285 Scripture, *n.* བསྟན་བཅོས; གྲུབ་མཐའི་བསྟན་བཅོས; གསུང་རབ; དཾ་ཆོས་ཀྱི་གཞུང;

286 Scrivener, *n.* ཡིག་བྲིས་པ;

287 Scrofula, *n.* ལུས་ལ་སྦྲོས་སྐྲང་ཆད་མེད་ཀྱི་ནད;

288 Scroll, *n.* ཤོག་གྲིལ; འཆའ་གཞི; པོ;

289 Scrotum, *n.* རླིག་ཤུབས;

290 Scrub, *n.* སོན་སྐྱོང་གང་བའི་ས་ཆ; (ཚལ་འདུབ; ཚེར་འདུབ; Sik.).

291 Scrub, *v.t.* ཁྲུ་བདར་བྱས་པ;

292 Scrubby, *a.* (སྤྲོ་འདུབ་དམའ་ལེབ་ལེབ; Sik.) སོན་པ་ཅན;

293 Scruple, *n.* རྫིད་གོག་གི་དཀྱིལ་ཆུང་ཤོས་ཤིག; འཛལ་ཚད་ཆུང་ཤོས་ཐེ་ཚོམ; འཛེམ་བག;

294 Scrupulous, *n.* འཛེམ་བག་ཅན;

295 Scrutinize, *v.t.* ཞིབ་རྟོག་བྱེད་པ;

296 Scrutiny, *n.* ཞིབ་རྟོག;

297 Scud, *v.i.* གྲུ་ཟིང་རླུང་གི་མདུན་དུ་རྒྱུག་པ; བང་རྒྱུག་པ;

298 Scuffle, *n.* སྦྲར་འཛིང; ལག་འཛིང;

299 Scull, *n.* གྲུ་ཚང; གྲུ་སྐྱ་ཐུང་ལ་ཡང་བ་ཞིག;

300 Scullion, *n.* གཡོག་པོ་ལས་ཀ་སྙུག་བྲོ་འདྲ་བྱེད་མི; མི་སྨུག་རྩལ; ཐབ་ཚང་གི་གཡོག་པོ;

301 **Sculptor**, *n.* རྡོ་སྐུ་བཀོ་མཁན;

302 **Sculptural**, *a.* རྡོ་སྐུའི་རྣམ་པ་ཅན;

303 **Sculpture**, *n.* རྡོ་སྐུ་བཟོ་བའི་ལག་ལེན་གྱི་རིག་པ;
n. pl. རྡོ་སྐུའི་རིས;

304 **Scum**, *n.* ཉག་ཉིག; སྙིགས;

305 **Scummer**, *n.* འོ་མའི་དར་ཁ་གཡོ་བའི་ལག་ཆ་ཞིག;

306 **Scurf**, *n.* (གློའི་ཤོ; Sik.) (སོབ; མགོའི་སོབ་དོག; Bhut.)
མགོའི་དྲེག་པ;

307 **Scurrility**, *n.* འབྲས་དཀར་ཁྲབ་མིའི་སྐད་ཆ་ལྟ་བུ; ཁ་བཙོག;
བཙོག་གཏམ;

308 **Scurrilous**, *a.* འབྲས་དཀར་ཁྲབ་མིའི་སྐད་ཆ་ལྟ་བུ;
ཚུལ་མིན་གྱི་སྤྱོད་པའི;

309 **Scurrily**, *ad.* ངན་སྤྱོད་བྱེད་དེ; ཚུལ་མིན་གྱི་སྤྱོད་པའི་སྒོ་ནས;
བག་མེད་པར;

310 **Scurvy**, *n.* (Colql. ཛོ་ཀྱིར་བ;) ཕྱུས་ངན; ངན་སྤྱོད; ཀོང་པ;
ཟ་ཀོང; (ཀོང་གཟན; Sik.)

311 **Scutage**, *n.* ཞུམ་དོད་དུ་དངུལ་ཁྲལ་བསྡུ་བ;

312 **Scuttle**, *v.t.* གྲུ་ག་འབུགས་པ; གྲུ་གཟིངས་བུ་ག་ཕུག་ནས་སྣུབ་པ;

313 **Scythe**, *n.* ཟོར་ར; ཟོར་བ;

314 **Sea**, *n.* རྒྱ་མཚོ; པ་ཚ་ཅན་གྱི་རྒྱ་མཚོ;

315 **Seal**, *n.* ཐམ; ཐེའུ; ཐེ་ཙེ;

316 **Seal**, *n.* (the animal བྱང་གི་འཁྱག་རོམ་རྒྱ་མཚོའི་ནང་གནས
པའི་མངལ་སྐྱེས་སེམས་ཅན་མགོ་བོ་སྤྱམ་འདྲ་བ
ཁོག་སྨད་ཉ་འདྲ་བ་སྤུ་གྲ་ལེབ་ཡོད་པ་ཞིག་ལ་ཟེར;

317 Sealing-wax, *n.* ལ་ཆ;

318 Seam, *n.* ཚེམ་ཁ; ཚེམ;

319 Seamanship, *n.* རྒྱ་མཚོའི་གྲུ་གཟིངས་ཀྱི་ལས; རྒྱ་མཚོར་གྲུ་གཏོང་བའི་བྱ་བའམ་རིག་པ;

320 Seamless, *a.* ཚེམ་ཁ་མེད་པ;

321 Seamster, *n.* ཚེམ་བུ་པ;

322 Seamstress, *n.* ཚེམ་བུ་པའི་སྐྱེ་དམན;

323 Seamy, *n.* ཚེམ་ཁ་ཅན;

324 Seance, *n.* མི་མ་ཡིན་གྱི་ཆོ་འཕྲུལ་སྟོན་པ་ལ་བརྟག་དཔྱད་བྱེད་པའི་ཆེད་དུ་མི་འགའ་ཚོགས་པ;

325 Sear, *v.t.* བསྐམས་པ; སྐམ་ཏོག་གེར་བཏང་བ; སྐེམ་པ; མེ་བཞུར་རྒྱབ་པ; སྙིད་པར་བྱེད་པ;

326 Search, *v.t.* འཚོལ་བ; བཙལ་བ;

327 Searcher, *n.* འཚོལ་མཁན;

328 Searching, *a.* གཏིང་མཐོང་བའི; ལྟ་ཉུལ་བྱེད་པའི;

329 Searchingly, *ad.* ལྟ་ཉུལ་བྱས་ཏེ;

330 Searcloth, *n.* རོ་རས;

331 Season, *n.* ནམ་ཟླའི་དུས; དུས; ནམ་དུས; ནམ་ཟླ;

332 Seasonable, *a.* དུས་བབ་རན་པོ; དུས་ལ་བབ་པོ;

333 Seasoning, *n.* ཟས་ལ་རྫས་སྦྱོར; བྲོ་བ་འདོན་པའི་རྫས; སྦྲོད; ཚྭ་སྦྱོར; ཚོད་སྦྱོར; སྦྱོར;

334 Seat, *n.* སྡོད་ས; ཁྲི; (བཞུགས་ཁྲི; Hon.)

335 Secant, *a.* གཅོད་པར་བྱེད་པའི; གཏོག་པའི; བགོ་བར་བྱེད་པའི;

336 Secede, *v.i.* ཕྱིར་འགྲོ་བ; གྲལ་ནས་འཐོན་པ; རྒྱབ་ཤུད་བྱེད་པ; ཕྱི་ཉུར་བྱེད་པ;

337 Secession, *n.* ཕྱི་ཉུར; རྒྱབ་ཤུད;

338 Seclude, *v.t.* ཕྱིར་བཏོན་ནས་བཞག་པ; (གཅིག་པོར་ཕྲབ་ནས་བཞག་པ; Sik.) མཚམས་ལ་བཙུག་པ;

339 Seclusion, *n.* གཅིག་པོར་གནས་པ; དབེན་པ; ནས་མཐའ; མཚམས; (བཅད་རྒྱ; Hon.).

340 Second, *a.* དང་པོ་འི་ཕྱིས་ནས་གཉིས་པ; གཉིས་པ;

341 Secondary, *a.* རིམ་པ་གཉིས་པ; དོན་གཉིས་པ;

342 Secondly *ad.* གཉིས་པར;

343 Secrecy, *n.* སྦ་གསང; གསང་བ;

344 Secret, *a.* སྦས་པའི; གསང་བའི;

345 Secretary, *n.* དྲུང་ཡིག; སྤྱི་དྲུང; ཕྱག་མཛོད; དོ་དམ་པ;

346 Secretaryship, *n.* དྲུང་ཡིག་གི་གོ་ས;

347 Secrete, *v.t.* སྦ་བ; སྦེད་པ;

348 Secretion, *n.* ཆུ་སེར; རྣག;

349 Secretly, *ad.* སྦས་པའི་ཚུལ་གྱིས;

350 Sect, *n.* སྡེ; ཆོས་ལུགས་སོ་སོའི་སྡེ;

351 Sectarian, *a.* ཕྱོགས་རིས་ཅན; ཆོས་ལུགས་སོ་སོ་འི་སྡེའི་སྐོར;

352 Sectary, *n.* ཆོས་ལུགས་འཛིན་མཁན; ཕྱོགས་རིས་ཅན;

353 Section, *n.* ཕྱོགས་སྡེ; དུམ་བུ; སྡེ; སྡེ་ཚན; ལེའུ; སྐལ་བ; གཤག་མ; ཡང་གྲངས; ལེ་མཚན;

354 Sectional, *a.* ཕྱོགས་སྡེའི;

355 Sector, *n.* (Geometrical sector) སྐོར་ཁྱིམ་གི་དཀྱིལ་ནས་མུ་ཁྱུད་བར་དུ་རྩིབ་རིས་གཉིས་བྲིས་པའི་བར་དུ་གང་ཆུད་པའི་རྒྱ་ཁྱོན་དེ་ལ་ཟེར;  གང་གཏོག་ཟིན་པ་དེ; གཏོག་པར་བྱེད་མཁན་དེ་འདང་ངོ;

356 Secular, *a.* མི་སྐྱའི; འཛིག་རྟེན་པའི; མི་ཆོས་ཀྱི;

357 Secularization, *n.* ལྷ་ཆོས་ལས་མི་ཆོས་ལ་འགྱུར་བ;

358 Secularize, *v.t.* ལྷ་ཆོས་ལས་མི་སྐྱའི་དོན་ལ་ཕན་པ་བཟོ་བ;

359 Secure, *a.* བཙན་པོ; བློ་བདེ་མོ; འཇིགས་སྣང་མེད་པའི; (སྒྲིང་སྒྲིང; Sik.) གཏན་གཏན;

360 Securely, *ad.* ངེས་པོ་བྱེད་དེ; (སྒྲིང་གི; Bhut. & Sik.)

361 Security, *n.* བློ་བདེ; བཙན་ས; (གཏའ་མ; surety).

362 Sedan, *n.* འཁྱོར; ཐེབ་དཔྱང; འཁྱོགས་དཔྱང;

363 Sedate, *a.* མཡ་ཅན; ཆོ་ཅན; ཞི་བ; སྐམ་པོ;

364 Sedately, *ad.* ལྷོད་ལྷོད་དུ; ཞི་བའི་ངང་གིས;

365 Sedateness, *n.* ཞི་ཉམས; ལྷོད་ཉམས;

366 Sedentary, *a.* སྡོད་ཚུགས་ཅན་གྱི; སྡོད་པར་གོམས་པའི; སྡོད་ས་གཅིག་རང་ལ་སྡོད་པའི;

367 Sedge, *n.* ཚ་ཙ; ཚུ་དག; ཤུ་དག; ཚུའི་འགྲམ་དང་འདམ་རྫབ་སོར་ལ་སྐྱེ་བའི་སྤྲང་ཙ་ཙུབ་མོ་ཞིག;

368 Sediment, *n.* སྙིགས; ཉག་ཉོག; ཉོག;

369 Sedition, *n.* སྲི; སྤུང; སྤུང་སྲི; དཀྲུག་ཤིང;

370 Seditious, *a.* སྲི་ཅན; སྤུང་སྲི་ཅན;

371 Seditiously, *ad.* སྤུང་སྲི་སྡེ་དཀྲུག་གིས;

372 Seduce, *v.t.* སླུ་བ; རྫོད་པ; འཕྲིད་པ; འདྲིད་པ;

373 Seducement, *n.* སླུ་འཕྲིད;

374 Seducer, *n.* ཁ་སླུ་མཁན; མི་དགེའི་བཤེས་གཉེན;

375 Seduction, *n.* སླུ་འཕྲིད;

376 Sedulous, *a.* འབད་བརྩོན་ཅན;

377 Sedulously, *ad.* འབད་པ་ཆེན་པོས;

378 Sedulousness, *n.* འབད་བརྩོན;

379 See, *v.t.* མཐོང་བ; མིག་གིས་མཐོང་བ;

380 Seed, *n.* ས་བོན; (སོན; ས་ངོན; Sik.).

381 Seedy, *a.* (Sickly ནད་བུ་ཅན; ག་ཅོང་ཅན;)
(ས་བོན་གྱིས་གང་བ; full of seeds).

382 Seeing, *pp.i.* མཐོང་བཞིན་པ;

383 Seek, *v.t.* བཙལ་བ; འཚོལ་བ;

384 Seeker, *n.* འཚོལ་བ་པོ; འཚོལ་མཁན;

385 Seel, *v.t.* (མིག་ཐུང་གིས་འཛུམ་པ; Sik.).

386 Seem, *v.i.* ལྟར་སྣང་དུ་ཤར་བ; སྣང་བ; མཐོང་བ;

387 Seemer, *n.* སྣང་བ་པོ; སྣང་བར་འགྱུར་བ་པོ;

388 Seeming, *a.* ལྟར་སྣང་གི; སྣང་བའི; སྣང་བཞིན་པའི;

389 Seemingly, *ad.* ལྟར་སྣང་དུ; སྣང་བར;

390 Seemly, *a.* རིགས་པའི; འོས་པའི; འདྲ་ཆགས་པོ;

391 Seer, *n.* མཐོང་མཐོང་མཁན; མངོན་ཤེས་ཅན; མོ་མ; མོ་པ;
(weight of 80 tolas ཤེར; Hindi.)

392 Seesaw, *n.* བར་སྣང་དུ་གཡེང་བའི་རྩེད་མོ; ཕྱང་ལེབ་ཀྱི་སྣེ་གཉིས་
ལ་མི་གཉིས་སྡོད་ཡར་བདེག་མར་ བབ་བྱེད་དེ་ གཡེང་
བའི་རྩེད་མོ;

393 Seethe, *v.t.* སྐོལ་བ; ལྦྲ་བ་སོར་སོར་དུ་སྐོལ་བ; གདུ་བ;

394 Segment, *n.* དུམ་བུ; ཚལ་པ; ག་ཤག་མ;

395 Seignior, *n.* བདག་པོ; རྗེ་བོ; དཔོན་པོ;

396 Seine, *n.* ཉ་རྒྱ་ཆེན་པོ; ཉ་འཛིན་བྱེད་ཀྱི་གདོལ་ཆེན་པོ;

397 Seize, *v.t.* བཟུང་བ; འཛིན་པ; འཛིན་བཟུང་བྱེད་པ;

398 Seizer, *n.* འཛིན་པ་པོ;

399 Seizure, *n.* འཛིན་བཟུང;

400 Seldom, *ad.* དུས་འགར་རེ་ཙམ་མིན་པ;
(བར་བར་ཙམ་མིན་པ; སྐབས་སྐབས་མིན་པ;)

401 Select, *v.t.* གདེཾ་ཀ་རྒྱབ་པ; འདམས་པ; འདམས་ཀ་བྱེད་པ;
(འདེཾ་ང་བྱེད་པ; classical) (བསལ་བ;)

402 Selection, *n.* གདམས་ཀ; འདམས་ང; འདམས་ཀ;

403 Self, *a.* བདག་ཉིད; ང; རང; བདག; ང་བདག;

404 Selfish, *a.* རང་འདོད་ཅན;

405 Self-abandonment, *n.* རང་གིས་རང་བློས་གཏང་བའི་བྱ་བ;

406 Self-abasement, *n.* རང་གིས་རང་ཉིད་དམའ་འཕབ་པའི་བྱ་བ; [Sik.)

407 Self-abuse, *n.* རང་གིས་རང་ཉིད་ཀྱི་ཁྲ་བ་འབྱིན་པ; (གདའ་བརྡུང་བ;

408 Self-affected, *a.* རང་མཐོང་ཅན;

409 Self-asserting, *a.* རང་གི་བློ་ལ་གང་འཆར་བ་དེ་ཐག་ཆོད་ཐད་ཆོད་དུ་བཤད་
འདོད་ཅན;

410 Self-born, *a.* རང་བྱུང;

411 Self-conceit, *n.* རང་མཐོང་ཆེན་པོ; གཉའ་འདོད; [Sik.).

412 Self-confidence, *n.* རང་གིས་རང་ཉིད་ལ་བློས་ཁེལ་བ; (བློ་བདེ་སྡག་སྡག;

413 Self-denying, *a.* བདག་པས་གཞན་གཅེས་ཅན; བྱ་བ་བློས་གཏང་བ;

414 Selfishly, *ad.* རང་འདོད་ཀྱིས;

415 Selfishness, *n.* རང་འདོད;

416 Sell, *v.t.* འཚོང་བ; ཟོག་དང་དངུལ་བརྗེ་གསོར་རྒྱབ་པ;
ཁྲི་ཟམ་ནས་བླ་འཚོང་བ; མགོ་བསྐོར་བ;

417 Semantron, *n.* གྲིག་པའི་ལྷ་ཁང་དུ་ཚོགས་བརྡ་གཏོང་བའི་སྦྱང་ལེབ་ཀྱི་
གན་ཊི;

418 Sematic, *adj.* དོན་ལྡན; དྲྭ་མཚན་ཅན; ལྟས་དང་མཚན་མ་ཅན;

419 Semblance, *n.* འདྲ་བ; དཔེ; འདྲ་ཚུལ;

420 Semen, *n.* ཁྲིག་ལེ; སྐྱེས་པའི་ས་བོན; ཁུ་བ;
(བྱང་སེམས་དཀར་པོ; classical).

421 Semi, *n.* & *a.* ཕྱེད; ཕྱེད་ཀ;

422 Seminal, *a.* ཁྲིག་ལེའི; སྐྱེས་པའི་ཁྲིག་ལེའི;

423 Seminary, *n.* བསླབ་གྲྭ; སློབ་གཉེར་སྦྱང་ས;

424 Semiology, *n.* ལག་བརྡ་ཀང་བརྡའི་དོན་གོ་བར་བྱེད་པའི་རིག་པ;
སྨན་རྒྱུད་ལྟར་ན་ནད་ཀྱི་མཚན་ཉིད་བརྟག་དཔྱད་ཀྱི་སྐོར;

425 Sen, *n.* ཟ་པན་ཡུལ་གྱི་ཟངས་ཏི;

426 Senate, *n.* ཚོགས་འདུ་ལྷན་རྒྱས; བཀའ་ཤག་ལྷན་རྒྱས;

427 Senator, *n.* བློན་དྲུང; ཚོགས་འདུ་ལྷན་རྒྱས་ཀྱི་གྲལ་ནས་མི་གཅིག;

428 Senatorial, *a.* བློན་དྲུང་གི; བཀའ་ཤག་ལྷན་རྒྱས་ཀྱི་སྐོར་གྱི;

429 Send, *v.t.* གཏང་བ; གཏོང་བ;

430 Send-off, *n.* ཕེབ་སྐྱེལ; (Hon.) ལམ་སྐྱེལ;

431 Senescent, *a.* རྒས་པའི;

432 Seneschal, *n.* སྔ་དུས་སུ་ཁང་པ་ཆེན་པོའི་ནང་གི་གཉེར་ཆེན;

433 Senhor, *n.* པོར་ཏུ་གལ་གྱི་མི་དྲག་ལ་སྐུ་གཞོགས་ཟེར་བའི་དོད;

434 Senile, *a.* རྒད་པོ;

435 Senior, *a.* རྒན་པ; (སྐུ་བགྲེས; Hon.)

436 Senna, *n.* བ་ཞལ་སྨན་ཞིག;

437 Sensation, *n.* ཚོར་བ; ཚོར་སྣང; སྐད་གྲགས; ཀུན་གྱིས་ཚོར་བ;

438 Sensational, *a.* སྐད་གྲགས་ཅན; ཀུས་ནས་སློང་བྱེད; སེམས་དཀྲུག་བྱེད;

439 Sense, *n.* རིག་པ; ཚོ; ཡེ་ཚོད; དོན་དག; དོན; བློ་གྲོས;
ཚོར་བ; དབང་པོ; (Hon. དགོངས་པ;)

440 Senseless, *a.* ཚོ་མེད; དྲན་མེད; མནོ་མེད; ཚོར་བ་མེད་པ;

441 Sensibility, *n.* ཚོར་བ;

442 Sensible, *a.* ཚོར་བ་ཟབ་མོ; སེམས་ཚོར་ཅན; རིག་པ་ཅན; བློ་ལྡན;
ཚོར་བ་ཅན; ཤེས་བློ་ཅན; རྩལ་མཐུན; ཤང་པོ;

443 Sensibly, *ad.* ཚོར་བ་དང་ལྡན་པར;

444 Sensitive, *a.* ཚོར་བའི་དབང་པོ་རྣོན་པོ; ཚོར་བ་གསལ་པོ;
ཚོར་བ་རྣོ་པོ; དབང་པོ་རྣོན་པོ;

445 Sensitiveness, *n.* རིག་ཚོར་གསལ་དྭངས་པ་ཉིད; (མ་རིག་ཨ་ཚ; Sik.)

446 Sensory, *a.* ཙ་ཁམས; ཚོར་བའི་རྩ་མདུད་ཀྱི་འཁོར་ལོ;
ཚོར་བའི་དབང་པོ;

447 Sensual, *a.* སྤྱོད་ཞེན་གྱི; རེག་པའི་བདེ་བར་ཞེན་པའི;
ཞེན་ཆགས་ལ་དགའ་བའི; འདོད་ཆགས་ཅན;

448 Sensualist, *n.* སྤྱོད་ཞེན་ལ་ཆགས་པ་ཆེ་བ; འདོད་ཆགས་ཅན; འདོད་ལྡན;

449 Sensuality, *n.* སྤྱོད་པའི་བདེ་བར་ཆགས་པ་ཉིད; ཞེན་ཆགས; འདོད་ཆགས;

450 Sentence, *n.* ཚིག་རྐང; ཞལ་ཆེ; བཅད་མཆོས; ཡིག་གདང;
བརྗོད་པ;

451 Sententious, *a.* དོན་ཅན; གཏམ་གནའ་བོའི་དཔེ་དང་ལྡན་པ;
གཏམ་དཔེ་ཅན;

452 Sentient, *a.* སེམས་ཅན; ཚོར་བ་ཅན;

453 Sentiment, *n.* སེམས; འདུ་ཤེས; བསམ་པ;

454 Sentimental, *a.* ཁྲིམས་སེམས་དང་བཅས་པའི; འདུ་ཤེས་དང་ལྡན་པའི;
སྙིང་རྗེ་སྐྱེད་བྱེད;

455 Sentimentalism, *n.* འདུ་ཤེས་ཆེ་བའི་ངང་ཚུལ;

456 Sentimentality, *n.* འདུ་ཤེས་སམ་སྙིང་རྗེ་ཆེ་མདོག་ཁ་ཡུར;

457 **Sentinel,** *n.* སྒོ་སྲུང; སྒོ་ར་བ; སྒོར་ལྷུག་པ;

458 **Separable,** *a.* དབྱེ་རུ་ནུས་པ;

459 **Separate,** *v.t.* འཕྲལ་བ; སོ་སོར་དབྱེ་བ; དབྱེ་བ; དབྱེ་བ་འབྱེད་པ;

460 **Separately,** *ad.* ཁ་ཁ་སོ་སོར; སོ་སོར; ཁ་ཁ;

461 **Separation,** *n.* ཁ་གྲེས་པ; བྲལ་བ;

462 **Sepoy,** *n.* དམག་མི; རྒྱ་གར་གྱི་མི་རིགས་ཡིན་གཞུང་གི་དམག་མིར་འཛུག་པ་དག་ལ་ཟེར;

463 **Sepia,** *n.* ཉ་ཞིག་གི་གཟུགས་ལས་བྱུང་བའི་ཁ་བ་སྨུག་ནག་ཚོན་རྩིར་བཟོ་བ་ཞིག;

464 **Sepsis,** *n.* རྨ་གཉན; རྨ་རུལ;

465 **Septuagenarian,** *a. & n.* ལོ་ན་དྲུག་ཅུ་རེ་དགུ་དང་བརྒྱད་ཅུའི་བར་གྱི་རྒད་པོ;

466 **Septuagenary,** *a.* བདུན་ཅུའི;

467 **Sept,** *n.* རིགས་རུས; མི་རྒྱུད;

468 **September,** *n.* ཕྱི་ལུགས་ཀྱི་ཟླ་བ་དགུ་པ;

469 **Septennial,** *a.* ལོ་བདུན་པ་ཉུ་རེར་བྱུང་བའི;

470 **Sepulchral,** *a.* དུར་ཁང་གི་སྐོར; དུར་ཁང་གི; རོ་ས་ལ་སྦེད་པའི;

471 **Sepulchre,** *n.* དུར་ཁང; (རོ་འབུམ; Sik.)

472 **Sepulture,** *n.* དུར་ཞུགས; རོ་དུར་ཁང་དུ་སྦེད་པའི་བྱ་བ;

473 **Sequel,** *n.* མདོ་ཁ; སྙིང་པོ;

474 **Sequence,** *n.* ཉིཾ་སྒྲིར; ཕྱི་ནས་ཡོང་རྒྱུ; རྗེས་འབྲང་མདོ་ཁ; སྙིང་པོ;

475 **Sequent,** *a.* རྗེས་སུ་འབྲང་བའི;

476 **Sequester,** *v.t.* འཕྲལ་བ; སོ་སོར་བྱེད་པ;

477 **Sequestration,** *n.* ཁ་འཕྲམ; དབེན་པ; རི་ཁྲོད; བས་མཐའ; གཞུང་བཞེས;

478 Sequin, *n.* ཝྲི་ནི་སི་རྒྱལ་ཁབ་ཀྱི་གསེར་ཊཾ་ཞིག;

479 Seraglio, *n.* ཨུ་སྲུལ་སྨན་གྱི་སྐུ་དྲག་ཚོའི་སྐྱེ་དམན་སྡོད་ས;

480 Serai, *n.* མགྲོན་ཁང;

481 Seraph, *n.* མཁའ་འགྲོ;

482 Seraphic, *a.* མཁའ་འགྲོ་ལྟ་བུ;

483 Serb, *n.* སར་བི་ཡའི་མི;

484 Serenade, *v.t.* རོལ་གར; འབའ་འཇའ; *v.t.* མཚན་མོའི་དུས་སུ་
གླིང་གར་འབའ་འཇའ་དང་ཟློ་གར་གཏང་བ;

485 Serene, *a.* (Sik. ཟློ་སོད་པོ;) ཞི་བ; སྐྱིད་པོ;
(ཁུ་སིམ་པོ; Colql.)

486 Serenely, *ad.* སྐྱིད་པོ་བྱེད་དེ; ཞི་བར; (ཁུ་སིམ་མེ; Colql.)

487 Serenity, *n.* སྐྱིད་པོ་ཉིད; ཞི་བ;

488 Serf, *n.* (Sik. ཉང་བཟན;) ཁྲིམས་ཀྱི་བྱ་བ་བྱེད་མཁན་སྐྱེར་གཡོག;

489 Serfdom, *n.* ཉང་བཟན་གྱི་ཚུལ; སྐྱེར་གཡོག;

490 Serge, *n.* ཐྲེར་མ; བལ་གོས་ཐྲེར་ཕྲུག;

491 Sergeant, *n.* བཅུ་དཔོན;

492 Serial, *a.* གྲངས་ཀ་ལྟར; གྲངས་ཀྱི་རིམས་པའི; གྲངས་རིམ་གྱི;

493 Seriate, *v.t.* རིམ་བཞིན་བསྟར་བ;

494 Seriatim, *adv.* རབས་རིམ་ལྟར; རིམ་པ་ལྟར;

495 Sericate, *a.* དར་རྩི་གོས་ཆེན་གྱི་ངོས་ལྟ་བུ;

496 Sericulture, *n.* དར་སྲིན་གསོ་ལུགས; དར་སྐུད་འདོན་ལུགས;

497 Series, *n.* རབ་རིམས; གྲངས་རིམ; རིམ་པ;

498 Serious, *a.* (Colql. འཇོན་ཆེ;) ཚབས་ཆེ;
ཚབས་ཆེན་ or ཚབས་ཅན;

499 Serious, *a.* དངོས་; དངོས་གནས་; དོན་ལྡན་; ཚོ་ཅན་; གོད་བྲོ་མིན་
པའི་ངོ་གྲོག་; Sik. དོན་དམ་; མལ་ཅན་; Sik.

500 Seriously, *ad.* ཚབས་ཆེན་པོ་བྱེད་དེ་; དོན་དམ་པར་; དངོས་གནས་སུ་;
དངོས་སུ་;

501 Seriousness, *n.* འཛེབ་ཆེ་ལུགས་; ཚབས་ཆེ་ལུགས་;

502 Serjeant, *n.* དམག་མི་བཅུ་ཙམ་གྱི་འགོ་པ་;

503 Sermon, *n.* ཆོཊ་གཉིས་; ཆོཊ་སྲུ་ཆོས་བཤད་; ཚོགས་བཤད་;
ཚོགས་གཏམ་;

504 Sermonize, *v.t.* ཆོཊ་གདམས་སྲུ་འབྲི་བ་;

505 Serous, *a.* འོ་མའི་ཆུ་དང་འདྲ་བའི་; སླ་བ་; སླ་མོ་; དར་བ་འདྲ་བ་;

506 Serpent, *n.* སྦྲུལ་; སྦྲུལ་ཆེ་བའི་རིགས་; སྔོན་བདུད་སྡིག་ཅན་གྱིས་
སྦྲུལ་དུ་རྫུས་པས་ན་བདུད་སྡིག་ཅན་ཡའང་གོ་;

507 Serpentine, *a.* སྦྲུལ་ལྟར་ཀྱོག་ཀྱོག་;

508 Serrated, *a.* སོག་ལེ་ལྟར་སོ་ཅན་; སོག་ལེ་ལྟ་བུའི་སོ་ཅན་;

509 Serum, *n.* ཆུ་སེར་;

510 Servant, *n.* གཡོག་པོ་;

511 Serve, *v.t.* གཡོག་ཀྲུག་པ་; ཞབས་ཕྱི་ཞུ་བ་; (འབུལ་བ་; ཕྱུལ་བ་;
(ཕྱི་ཞུ་བྱེད་པ་; Hon.) བྲང་བ་; འདྲེན་པ་; འབྲིམ་པ་;

512 Servian, *a.* & *n.* སར་བི་ཡ་ལུང་པའི་མི་འམ་སྐད་;

513 Service, *n.* ལས་ཀ་; གཡོག་; ཞབས་ཕྱི་;

514 Serviceable, *a.* ལས་སུ་རུང་བ་; ཕན་འགྲོགས་པོ་; གོ་ཆོད་པོ་;

515 Servile, *a.* བྲན་ལྟར་; གུས་ལྡན་; ཧ་ཅང་གུས་པའི་ཚུལ་ཅན་;

516 Serviette, *n.* (གསོལ་ཅོག་གི་ཕྲག་ཏུ་གཉིང་རྒྱུའི་ལྟེ་རས་ཆུང་ཆུང་;
Sik.)

517 Servilely, *ad.* དམན་པའི་ཚུལ་གྱིས་; གུས་པའི་ཚུལ་གྱིས་;

518 Servility, *n.* གུས་ཚུལ; དམན་པའི་ཚུལ;

519 Servitude, *n.* ཁོལ; བྲན་ལས; ཁོལ་པོ་ཉིད;

520 Sessame, *n.* སྣུན་འབྲུ; (ཞིམ་ཚི; or ཟིམ་ཚི; Sik.) ཏིལ;

521 Session, *n.* བཞུར་སྟངས; ལྷན་རྒྱས་ཚོགས་པ;
བཀའ་ཤག་ལྷན་རྒྱས་ཚོར་དུས; འདུག་སྟངས;

522 Set, *v.t.* & *v.i.* སྒྲིག་པ; རྒས་པ; བཞག་པ;
Set it down སར་བཞག;
The sun is set ཉི་མ་རྒས་ཟིན;
Set the table or set the dishes ཅོག་ཅེའམ་
སྣོད་སྡེར་སྒྲིག་ཅིག; འཛོག་པ;

523 Settle, *n.* ཁྲི་མགྲོ་པོ; སྟེགས་བུ་མགྲོ་པོ;

524 Settled, *a.* ཞེད་འཛར་སྒུ་ཆགས་པ; ཁྲིམས་བཅད་པའི;
ས་གནས་ཚུགས་པའི; མཐིལ་དུ་ཆར་པའི;

525 Settlement, *n.* ཡུལ་ཆགས་པ; ས་བཀོས; ས་ཆ་ཚད་འཛལ་བའི་བྱ་བ;
དོ་དམ; འགྲིག་འཛགས; མཐུན་འགྲིག;

526 Settler, *n.* ཡུལ་དུ་གསར་ཆགས;

527 Seven, *a.* བདུན;

528 Seventeen, *a.* བཅུ་བདུན;

529 Seventeenth, *n.* བཅུ་བདུན་པ;

530 Seventh, *a.* བདུན་པ;

531 Seventieth, *a.* བདུན་ཅུ་པ;

532 Seventy, *a.* བདུན་ཅུ;

533 Sever, *v.t.* གཅད་པ; འཕྲལ་བ; སོ་སོར་འཕྲལ་བ;

534 Several, *a.* མང་པོ;

535 **Severally**, *ad.* སོ་སོར་;

536 **Severance**, *n.* འབྲལ་བ་ཉིད; འབྲལ་བའི་བྱ་བ;

537 **Severe**, *a.* ཚབས་ཆེན;

538 **Severely**, *ad.* ཚབས་ཆེན་པོར་;

539 **Severity**, *n.* བརྩབས་སིགས; དབང་ཡོད; དྲག་ཤུབ; སྙིང་རྗེ་མེད་པའི་ངང་ཚུལ;

540 **Sevres**, *n* སེ་བར་ཡུལ་དུ་བཟོས་པའི་དཀར་ཡོལ་སྤྱུས་ལེཿ་ཀྱི་རིཿ་ཞིག;

541 **Sew**, *v.t.* འཚེམ་པ;

542 **Sewage**, *n.* བཙོག་པ་ལྦ་ཆུའི་ལམ་བརྒྱུད་ནས་ཡོང་བ་ལ་ཟེར;

543 **Sewer**, *n.* ས་འོག་ཏུ་བཙོག་ཆུ་རྒྱུ་བའི་ལམ; བཙོག་ཆུའི་ཡུར་ཝ;

544 **Sewerage**, *n.* གྲོང་ཁྱེར་དུ་བཙོག་ཆུའི་ཡུར་བ་དང་དེའི་དོ་དམ་གྱི་བྱ་བ་སྐོར་ལ་ཟེར;

545 **Sewing**, *n.* འཚེམ;

546 **Sex**, *n.* མཚན་མ; ཕོ་མོ་མ་ཉིང་གི་རྟགས;

547 **Sexagenarian**, *a.* ལོ་ན་བཞི་བཅུ་ཞེ་དགུ་དང་བདུན་ཅུའི་ཡི་བར་གྱི་རྒན་པོ;

548 **Sexagenary**, *a.* དྲུག་ཅུའི;

549 **Sextan**, *a.* ཉི་མ་དྲུག་རེར་ལྷུང་བའི་ཚད་པ;

550 **Sextant**, *n.* སྐར་ཐིག་གི་དྲུག་ཆ;

551 **Sexton**, *n.* དགོན་སྡེའི་དོ་དམ་བྱེད་པའི་ལས་སྡེ་བའམ་དཔོན་པོ;

552 **Sexual**, *a.* ཕོ་མོའི;

553 **Sexualise**, *v.t.* ཕོ་མོར་དབྱེ་བ;

554 **Shabbily**, *ad.* (Colql. ཛ་རེ་ཛེ་རེ་བྱེད་དེ;) རྫིག་པ་དང་བཅས་ཏེ; གོས་ཧྲུལ་པོ་གྱོན་ཏེ;

555 Shabby, *a.* (Collql. ཛ་རེ་ཛོ་རེ;) དྲེག་པ་དང་བཅས་པ; གོས་ཧྲུལ་དྲེག་པ་ཅན་གྱོན་པ;

556 Shackle, *n.* ལྕང་ཐག; ལྕགས་སྒྲོག; ལྕུང་ཤན;

557 Shade, *n.* གྲིབ་མ; གྲིབ་མདངས;

558 Shading, *n.* (In art གྲིབ་མདངས;) སྒྲིབ་པའི་བྲུ་བ;

559 Shadow, *n.* གྲིབ་ནག; གྲིབ་མ;

560 Shadowy, *a.* གྲིབ་ནག་ལྟ་བུ; གྲིབ་མ་ཅན;

561 Shady, *a.* གྲིབ་བསིལ་ཅན;

562 Shaft, *n.* ཡུ་བ; མདའ; ཉག་ཕྲན; མདུང; གློག་འཁྱུག;

563 Shaggy, *a.* སྤུ་རྩུབ་པོ; རྩུབ་པོ;

564 Shagreen, *n.* ཀོ་བ་བྲུ་ལེ;

565 Shah, *n.* སྟག་གཟིག་ཡུལ་གྱི་རྒྱལ་པོ;

566 Shake, *v.t.* དཀྲུག་དཀྲུག་བྱེད་པ; འདར་བར་བྱེད་པ; སྒུལ་བ; བསིག་པ; གཡུག་པ; Sik.).

567 Shaking, *a.* བདར་བཞིན་པ; སྒུལ་གྱིན; སིག་སིག་འདར་བཞིན;

568 Shaky, *a.* འདར་སིག་གེ་བ; བརྟན་པོ་མེད་པ; ཡོམ་ཡོམ; (ཡེམ་ཡེམ; Bhut. & Sik.).

569 Shako, *n.* དམག་ཞྭ;

570 Shall, *v.i.* འགྱུར; ཡོང; བྱ་ཚིག་གི་ཚིག་གྲོགས; རྒྱུ; ཡོང; འགྱུར་ལ་སོང་པའོ;

571 Shallop, *n.* གྲུ་ཆུང་ཆུང;

572 Shallow, *n.* གཏིང་མེད་པ; (Sik. བྲུས་བྲུས; ཆལ་ཆལ;) གཏིང་སྲབ་པ;

573 Shallowness, *n.* གཏིང་ཉེ་བ; གཏིང་སྲབ་ལུགས;

574 Sham, *a.* སྙད་ཅན; གྱོད་ཅན; རྫུས་མ; ངོ་ཐོག་མན་པ;

575 Shamanism, *n.* གདོང་འདྲེ་མཆོད་པའི་ཆོས་ལུགས; བོན་ཆོས; བོན་ལུགས;

576 Shambles, *n.* བཤས་ར; བཤན་པའི་བཤས་ར;

577 Shame, *n.* ངོ་ཚ; ཁྲེལ;

578 Shamefaced, *a.* ངོ་ཚ་ཅན;

579 Shameful, *a.* ངོ་ཚ་པོ;

580 Shamefully, *ad.* ངོ་ཚ་པོ་བྱེད་དེ;

581 Shameless, *a.* ངོ་ཚ་མེད་པ; ཁྲེལ་མེད;

582 Shamelessly, *ad.* ངོ་ཚ་མེད་པ་བྱེད་དེ;

583 Shammy, *n.* ཀོ་བ་ཤག་པོ་ཞིག; ར་རྒོད་ཀྱི་ཀོ་བ་མཉེས་པ་ལ་ཟེར;

584 Shampoo, *v.t.* ཁྲུས་རྒྱབ་པའི་དུས་སུ་ལུས་མཉེད་ཕུར་བྱེད་པ;

585 Shamrock, *n.* སྔོ་ལྡུམ་འདབ་མ་གསུམ་ལྡན;

586 Shank, *n.* རྗེ་ངར; (ངར་གདོང; Sik.).

587 Shanty, *n.* སྦྱིལ་བུ; also སྦྱིལ་པོ;

588 Shape, *n.* གཟུགས་དབྱིབས; དབྱིབས; བཟོ་བལྟ;

589 Shapeless, *a.* གཟུགས་མི་སྡུག་པ; དབྱིབས་མི་ལེགས་པ;
བཟོ་དབྱིབས་འདི་ཡིན་མེད་པ;

590 Shapely, *a.* གཟུགས་མཛེས; འདྲ་ཆགས་པོ; དབྱིབས་ལེགས;
དཔེ་བྱད་ཅན;

591 Shard, *a.* རྫ་སྣོད་ཀྱི་དུམ་བུ; སྒོང་ཤུབས;
(plough-share ཐོང་ལྕགས;)

592 Share, *n.* སྐལ་བ; བགོ་བཤར;

593 Sharer, *n.* སྐལ་བ་ལེན་མཁན; ལས་དོན་གྱི་ཕྱག་འབྲེལ;

594 Shark, *n.* (ཉ་ཡ་ཡིམ; Bhut. & Sik.) ཉ་ཆེན་པོ་མི་ཁྱུར་མིད་
གཏང་ནུས་པ་ཞིག;

595 Sharp, *a.* རྣོན་པོ; རྣོ་བ;

596 Sharpen, *v.t.* རྣོ་བརྡོན་པ; རྣོ་ངར་སྐྱེད་པ; རྣོ་འདོན་པ; རྣོ་བདར་བ;

597 Sharper, *n.* རྣོ་འདོན་པ་པོ; ཁ་ཚོང་པ;

598 Sharpness, *n.* རྣོ་ངར; རྣོ;

599 Shatter, *v.t.* བསིལ་བུར་གཏོར་བ; བཅག་པ; དུམ་བུར་བསིལ་བ;

600 Shave, *v.t.* བཞུར་བ; བཞར་བ;

601 Shaver, *n.* གཞོན་ནུ; བཞར་བ་པོ; སྐྲ་མཁན; འབྲེག་བྱེད; སྐྲ་འབྲེག་མི; སྐྲ་བཞར་མི;

602 Shaving, *n.* བཞར་གྱིར; འབྲེག་བཞིན་པ;
shavings ཤིང་བཟོ་བྱས་པའི་ཉག་ཉིག;

603 Shawl, *n.* གཟན; བལ་གཟན;

604 She, *pron.* མོ; མོ་རང;

605 Shea, *n.* ཨ་ཕྲི་ཀ ནུབ་ཕྱོགས་སུ་ཡོད་པའི་ཤིང་སྡོང་ཤིང་མར་སྐྱེར་བ་ཞིག; མར་ཤིང;

606 Sheaf, *n.* ཆག་པ; (ཆས་ཆག; Sik.).

607 Shear, *v.t.* བལ་འབྲེག་པའི་ཅེམ་ཙེ; ཛེམ་ཙེ;

608 Sheath, *n.* གྲི་ཤུབས;

609 Sheathe, *v.t.* གྲི་ཤུབས་སུ་བཙུག་པ;

610 Shed, *v.t.* འབྱིན་པ; འདོན་པ; དོར་བ; *v.i.* འཛག་པ;

611 Sheen, *n.* མཆོད་ཆ་སྤྲོ་ལྷབ་ལྷབ་ཀྱི་འོད་ཟེར; འོད; གཟི་བརྗིད; གཟི་འོད;

612 Sheep, *n.* ལུག;

613 Sheepish, *a.* ལུག་ལྟ་བུ; གླེན་པ་ལྟ་བུ; སྡར་མ;

614 Sheepishly, *ad.* ལུག་ལྟ་བུར; གླུན་དགས་བརྡོན་དེ;

615 Sheer, *a.* ཁ་རྒྱང་; ཁ་ཁ་སོ་སོ་; དག་པ; ཁེ་གཙང་; གཙང་མ; ལྷད་མེད;

616 Sheet, *n.* ཡུག; རས་ཡུག; (དྲས་ཁ; of paper).

617 Shekel, *n.* ཡ་ཧུ་ད་པའི་ཊེ་ཀ་ཞིག;

618 Shelf, *n.* (ལྷང་ཁ Sik.); སྟེགས;

619 Shell, *n.* འགྲོན་བུ; *v.t.* པགས་པ་བཤུ་བ;

620 Shellac, *n.* ལ་ཚ;

621 Shell-fish, *n.* ཉ་སྐྱིབས; ཉ་ཕྱིས;

622 Shelter, *n.* ཡིབ་ཁུང་; ཡིབ་ས; སྐྱབས; སྐྱིབ; ཐག་སྐྱིབས;

623 Shelve, *v.t.* (ལྡིང་ཁར་བཀལ་ནས་བཞག་པ; Sik.). སྟེགས་བུའི་ཁྲོག་བཞག་པ; བཤོལ་བ;

624 Shelving, *n.* སྟེགས་བུར་འཇོག་པའི་བྱ་བ; སྟེང་བུ་སོར་སྒྲུབ་པའི་བྱ་བ;

625 Shepherd, *n.* ལུག་རྫི; རྫི་བོ;

626 Shepherdess, *n.* ལུག་རྫི་མོ; རྫི་མོ;

627 Sheriff, *n.* གྲོང་ཁྱེར་རེ་ཡུལ་ཁག་གི་དཔོན་པོ་ཆེན་པོ;

628 Sherry, *n.* རྒྱ་ཆང་དཀར་པོ;

629 Shew, *v.t.* སྟོན་པ; མཚོན་པ;

630 Shibboleth, *n.* ཚོད་བགམ་པའི་ཚིག; རང་ཕྱོགས་མཚོན་པའི་བརྡ;

631 Shield, *n.* (དགྲ་ལེ Bhut.); ཕུབ; ཕུབ་རྩང་; *v.t.* སྲུང་བ; སྐྱོབས་པ;

632 Shift, *v.t.* སྤོ་བ; བཤུད་པ; སྒྱུ་བ; སྒྱུས་འདེགས་པ;

633 Shifting, *n.* སྤོ་ཡིན; སྒྱུ་བཞིན་པ; སྤོ་བའི་བྱ་བ;

634 Shiftless. ཐབས་མེད; ཅུ་ཐུག་པ; ཅུ་རྡུགས་པ;

635 Shilling, *n.* (Sik. ཤ་ལླུ;) (ཊེ་ཀ) དབྱིན་ཇིའི་དངུལ་ཊཾ་ཞིག;

636 Shilly-shally, *v.i.* བློ་ཐག་མ་ཆོད་པ;

637 Shim, *n.* (Sik. ཤིང་ཤབ; ཤབས; རྩབས;)

638 Shimmer, *v.i.* འོད་ཟེར་འདར་བཞིན་ཤར་བ; འོད་འདར་ཡོཾ་ཡོཾ;

639 Shin, *n.* ངར་གདོང་; ཀང་ངར; རྗེ་ངར;

640 Shindy, *n.* འཁྲུག་པ; འཐབ་མོ; ཐམ་རམ; ཐུག་ཆོས;

641 Shine, *v.i.* ཤར་བ; འཚེར་བ; འོད་དུ་འབར་བ;

642 Shingle, *n.* ཤིང་ལེབ; གྲོ་མོ; སེག་མ;

643 Shingles, *n.* (Sik. འབྲི་ལྕུག;) མེ་དབལ;

644 Shining, *a.* འཚེར་བཞིན་པ; འོད་འཚེར་འཚེར;

645 Shinto, *n.* ཛ་པཱན་ལུང་པའི་ཆོས་ལུགས་རྙིང་པ་ནང་པའི་ཆོས་ཀྱིས་པ་
ལ་ཆེར་སྤྱནས་ཟིན་པ་དེའོ;

646 Ship, *n.* གྲུ་གཟིངས;

647 Shipmate, *n.* གྲུ་གྲོག་གི་ལས་སྡེ;

648 Shipment, *n.* གྲུ་གྲོག་གི་ཚོང་ཟོག;

649 Shipping, *n.* གྲུ་ལ་དོས་སོགས་འགེལ་བའི་བྱ་བ; རྒྱ་མཚོ་ནས་ཚུ་
གྲོག་འཁྲིས་འགྲུལ;

650 Shipwreck, *n.* གྲུ་ཆག་གྲུམ; གྲུ་བརླགས་པ;

651 Shire, *n.* ཡུལ་གྲུ; ཡུལ་ཁག; ཡུལ་སྡེ;

652 Shirk, *v.t.* བློ་དམན་ཞན་སེམས་ཀྱི་སྒོ་ནས་ལས་ལ་ཕྱི་ནུར་བྱེད་པ;
ལས་ལ་ཆོར་ནས་འཛུར་བ;

653 Shirt, *n.* (Hindi ཀཱ་མིཙ;) སྟོད་གོས;

654 Shit, *n.* & *v.i.* སྐྱག་པ; *v.i.* དྲི་ཆེན་དོར་བ; སྐྱག་པ་གཏང་བ;

655 Shiver, *n.* བསིལ་བུ; *v.i.* གྲང་བས་ཉེན་ནས་འདར་བ;

656 Shivering, *n.* པདར་བཞིན་པ;

657 Shoal, *n.* ཉ་ཁྲུ; (ཉའི་མཚོ་ཐད; Sik.) རབ;
ཆུ་ཀང་ཐང་བཀྲལ་ས;

658 Shoaly, *a.* ཉ་ཚོགས་ཅན; རབ་ཅན; གཏིང་སྲབ་ས; གཏིང་ཉེ་བའི;

659 Shock, *n.* ཐུག་སྒྲ; ཐུག་རྡགས; (འཛག་སྒྲ; Collql.) ཤུགས;
བརྡབ་པའི་ཤུགས;

660 Shocking, *a.* ཧ་ལས་པོ; ཉཾ་རྟོག་ཟ་པོ; འཇིགས་རུང; སྐྱུག་བྲོ་པོ;

661 Shockingly, *ad.* (ཉཾ་རྟོག་ཟ་པོ་བྱེད་དེ;) སྐྱུག་བྲོ་པོ་བྱེད་དེ;

662 Shoddy, *n.* སོག་པོ; ཧྲུལ་པོ; གོས་ཧྲུལ; *n.* ཨིན་མདོག;

663 Shoe, *n.* ལྷམ; (ཧེད; Chinese) ལྷམ་ཡུ་ཐུང་ཐུང;
v.t. རྟའི་རྨིག་པ་ལ་ལྕགས་རྒྱབ་པ;

664 Shogun, *n.* ཛ་པན་རྒྱལ་ཁམས་སུ་མི་རིགས་རྒྱུད་པར་བབ་པའི་
དམག་དཔོན་སྤྱི་ཁྲབས་ཆེན་པོ;

665 Shoot, *v.t.* མདའ་འཕང་བ; མེ་མདའ་རྒྱབ་པ; *v.i.* ཤར་དེ་ཡོང་བ;
ཤར་བ; (*n.* མྱུ་གུ; ལྕུག་ཕྲན; of herbs & plants).

666 Shooter, *n.* མདའ་འཕེན་བྱེད; མེ་མདའ་རྒྱབ་མཁན; མེ་མདའ་
པི་སི་ཏོལ་ཁ་རྒྱག་མ;

667 Shooting, *n.* ཁྲི་ར; བྱ་དང་རི་དྭགས་ཁྲི་ར་རྒྱབ་ཆོག་པའི་ཐོབ་ཐང;

668 Shop, *n.* (Hindi ཛོ་ཁང;) ཚོང་ཁང;

669 Shopping, *n.* ཉོ་ཆ; ཉོ་འཚོང;

670 Shore, *n.* (Sik. ཚལ་ཁ;) ཆུ་འགྲམ; འགྲི;
v.t. སྟེགས་རྒྱབ་པ; ཡར་བཏེག་པ;
n. འདེགས་བྱེད་ཀྱི་སྟེགས;

671 Short, *a.* & *adv.* ཐུང་ཐུང; མ་ལང་བ; མ་ལྡང་པ;

672 Short-lived, *a.* ཚེ་ཐུང;

673 Short-tempered, *a.* སྣ་ཐུང; སྤྲོ་ཐུང; རྒྱུ་མ་ཐུང་ཐུང;

674 Short-sighted, *a.* མཐོང་རྒྱ་ཐུང་ཐུང་;

675 Short-handed, *a.* ལག་སྟབས་བདེ་མིན; ལག་སྣེ་དབེན་པ; ལག་ཐུང་བ;

676 Shortage, *n.* དཀོན་ཞུགས; དཀོན་རྩོལ;

677 Shorten, *v.t.* ཐུང་དུ་གཏང་བ; སྐྱུང་བ;

678 Shortening, *n.* ཐུང་དུ་གཏང་བཞིན་པ;

679 Shortly, *ad.* མྱུར་དུ; མི་རིང་བར;

680 Shortness, *n.* ཐུང་ཚད;

681 Shot, *n.* རྡེའུ;

682 Should, *imp.* དགོས;

683 Shoulder, *n.* དཔུང་པ; ཕྲག་པ;

684 Shout, *v.i.* སྐད་ཆེན་པོ་རྒྱབ་པ;

685 Shove, *v t.* འཕུལ་བ; (འབི་འཛག་རྒྱབ་པ; Collql.).

686 Shovel, *n.* (Sik. ཉེམ;) ཁྱེམ; འཛག་མ;

687 Show, *v.t.* སྟོན་པ; *n.* ལྟད་མོ;

688 Shower, *n.* ཆར་འབབ; འབབ་སྟངས;

689 Showery, *a.* ཆར་ལྡན; ཆར་དུས་ཀྱི; ཆར་ཟིམ་ལྷར་འབབ་པའི;

690 Showiness, *n.* ངོམས་འདོད; ངོམ་དད;

691 Showing, *n.* སྟོན་ཀྱིན; སྟོན་བཞིན་པ; ངོམ་གྱིན;

692 Showman, *n.* ལྟད་མོ་སྟོན་མཁན;

693 Showy, *n.* ངོམ་དད་ཅན;

694 Shrapnel, *n.* མེ་སྒྲོག་གི་རྡེལ་ཤུབས་ཀྱི་ནང་དུ་རྡེའུ་ཕྲན་མང་པོ་ཡོད་པ;

695 Shred, *n.* སྣེ་ཚར; རས་སྐུད་ཀྱི་སྣེ་ཚར; *v.t.* འདྲལ་བ; དྲལ་བ;

696 Shrew, *n.* སྐྱེ་དམན་ཁ་ཆེ་པོ; སེམས་ཅན་བྱི་བ་འདྲ་པོ་ཞིག;
ཨ་བྲ་ or ཨ་ཕྲ;

697 Shrewd, *a.* བློ་རིག་བཀྲ་པོ; མགོ་བཀྲ་མོ; གྲུང་བ; གྲུང་པོ; གཙང་པོ; སྤྱང་པོ;

698 Shrewdly, *ad.* གྲུང་པོ་ཉིད་དེ; སྤྱང་པོ་ཉིད་དེ;

699 Shrewdness, *n.* གཙང་རིག; སྤྱང་གྲུང;

700 Shriek, *v i.* སྐྱི་ངག་འདོར་བ;

701 Shrift, *n.* མཐོལ་བཤགས; མཐོལ་བཤགས་འབུལ་ལོང;

702 Shrike, *n.* བྱིའུ་མཆུ་རྡོ་གྲུག་ཅིང་སོག་ལེའི་སོ་འདྲ་བ་ཡོད་པ་འབྲུ་དང་བྱིའུ་ཆུང་ལ་ཤིན་དུ་འཚེ་བའི་རིགས་ཤིག;

703 Shrill, *a.* སྐད་སྒྲ་ལ་འཛང་བ་རྣ་བར་གཟན་པོ; སྐད་རྣ་བར་གཟན་པོ; (ཟུར་སྐད་ལྷང་ལྷང; Sik.).

704 Shrimp, *n.* ཉ་སྡིག་སྲིན; སིའུ; སིའུ་བུང;

705 Shrine, *n.* ལྷ་ཁང; སྐུ་གདུང་དང་རིང་བསྲེལ་བཞུགས་སའི་སྒྲོམ་བུ;

706 Shrink, *v.i.* འཁུམ་པ; འཛུར་བ; ཕྱི་ཤུར་རྒྱབ་པ;

707 Shrinkage, *n.* འཁུམས་ཚད;

708 Shrinking, *a.* འཁུམ་བཞིན་པ; ཕྱི་ཤུར་རྒྱབ་བཞིན་པ; འཛུར་བཞིན་པ;

709 Shrivel, *v.i.* འཁུམ་པ;

710 Shroud, *n.* རོ་རས;

711 Shrub, *n.* (སྤོ་འདུབ; Sik.) སྡོང་བུ; ཕོན་པོ; ཕོན་སྡོང;

712 Shrubbery, *n.* ཕོན་པ; ཕོན་སྡོང་ལྡུམ་ར;

713 Shrubby, *a.* ཕོན་པས་གང་བ;

714 Shrug, *v.t.* དཔུང་གཤིག་རྒྱབ་པ; གཤིག་པ; བཤིག་པ; ཤིག་པ;

715 Shudder, *v.i.* འདར་བ; ལུས་པོ་འདར་བ;

716 Shuffle, *v.t.* (*prevaricate* འཛུར་བ;) shuffle cards ཤོག་སྒྲི་བ; (ཕན་ཚུན་ཤུད་པ; move).

717 Shun, *v.t.* སྤང་བ; འཛེམ་པ; འཛུར་བ;

718 Shunt, *v.t.* རེ་ལི་ལམ་གཞུང་ནས་ཟུར་ལོཾ་དུ་སྐྱུར་བ;

719 Shut, *v.t.* ཁ་གཅོད་པ; སྒྲུབ་པ; སྒོ་སྨོབ་ས་རྒྱབ་པ;

720 Shuttle, *n.* སྤུན་བུ; (སོན་པ; Sik.) སྤུན་རིང; Bhut.).

721 Shy, *a.* ངོ་ཚ་ཅན; ངོ་དམའ་བ;

722 Shyness, *n.* ངོ་= མའ་ཚུལ; ངོ་ཚ; བག་ཚ;

723 Shylock, *n.* དྲུན་བདག་སྐྱིད་ཀ་ཅང་ཆེ་ལ་ཤ་ཚ་མེད་པར་ལེན་མཁན;

724 Siamese, *n.* སཱ་ཡཾ་ལུང་པའི་མིའམ་སྐད;

725 Siberian, *n.* སཱ་ཨི་བྲཱི་རྀ་ཡུལ་པའམ་སྐད;

726 Sibilant, *a.* སྒྲ་གནས་སོ་ཅན; སྒྲ་འབྱིན་དུས་སོ་བར་ནས་སི་སྒྲ་དང་
བཅས་དེ་འདོན་དགོས་པའི་མིང་ངེ་སྒྲའི་རིགས་ལ་ཟེར;
དཔེར་ན:—སྲུ; ཟེར་བའི་མིང་ལྟ་བུའི;

727 Sibyl, *n.* ལྷ་བབ་སྒྲི་དམན; མོ་མ; (རྣལ་འབྱོར་མ; Sik.)
(ཨམ་ཇོ་མོ; Bhut.).

728 Siccative, *a.* & *n.* སྐམ་ཚོན་ལ་སྦྱག་རྒྱུའི་སྣུམ་བྱེད་ཀྱི་རྫས;

729 Sice, Syce, *n.* ཆིབ་དཔོན; རྟ་གཡོག; (ཨ་རྡུང་པ; Bhut.)

730 Sick, *a.* ནད་པ; ན་བ; བྲོ་འཚལ་བ; (སྐྱུང་བ; སྙུན་གྱེབས;
Hon)

731 Sicken, *v.i.* ན་བཙུགས་པ; ན་རུ་འཛུགས་པ;

732 Sickish, *a.* ཅུང་ཟད་ན་བ; ན་བ་ལྟ་བུ;

733 Sickle, *n.* ཟོར་བ;

734 Sickly, *ad.* ནད་གཅོང་ཅན; ནད་ཟུ་ཅན;

735 Sickness, *n.* ན་ཚ; ནད; (སྙུང་གཞི; Hon.).

736 Side, *n.* ཟུར; ལོགས; གཞོགས; ཕྱོར; *v.i.* ཕྱོར་སུ་འགྱུར;

737 Sidereal, *a.* སྐར་མའི་སྐོར; སྐར་མའི་འཁྲིས་ལས་གཞལ་བ;

738 Sideways, *ad.* ཟུར་བཙུས་ནས; ཟུར་བསྒྱུར་ནས; ཟུར་ལོགས་སུ;

739 Siding, *n.* ཟུར་ལམ; རེ་ལེའི་བཟུར་ལམ;

740 Sidle, *v.i.* (Sik. ཟུར་བརྡུད་རྒྱབ་སྟེ་འགྲོ་བ;) གྱུས་རྩུལ་ལི་ འཛིགས་ཚུལ་གྱིས་ཟུར་འགྲོས་བྱེད་པ;

741 Siege, *n.* དཔུང་གིས་བསྐོར་ཞུགས;

742 Sieve, *n.* ཚག་མ; (བསྒྲིགས་མ; Sik.) (དར་ཚག;) ཁྲོལ་མ;

743 Sift, *v.t.* དར་ཚག་རྒྱབ་པ; ཚག་མའི་ནང་ནས་བཙག་པ; འཚག་པ;

744 Sigh, *v.i.* དབུགས་རིང་ཕྱོར་བ; *n.* དབུར་རིང;

745 Sight, *n.* མིག་གི་དབང་པོ; མཐོང་ས; མཐོང་བའི་ནུས་པ; མཐོང་རྒྱ; ལྟད་མོ; མཐོང་ས;

746 Sighted, *a.* ཚ་དཔག་པ; མེ་མདའ་ཚ་དཔག་རྒྱུའི་ཆས་དང་ལྡན་པར་བྱེད་པ;

747 Sightless, *a.* མིག་དང་མ་ལྡན་པ; ཞ་ར; ཞར་ར; ལོང་བ; ལྡོང་བ; (ལོང་ང; Collql.)

748 Sightly, *a.* ལྟད་མོར་འོས་པ;

749 Sign, *n.* རྟགས; མཚན་མ; བརྡ;

750 Signal, *n.* བརྡའ; བརྡ;

751 Signalize, *v.t.* བརྡ་ཡིས་མཚོན་པ; ངོ་སོ་འདོན་པ; རྟ་འདོན་པ;

752 Signally, *ad.* མིག་ལྟོས་སུ་ཕན་པར;

753 Signature, *n.* མིང་རྟགས; ལག་རྟགས; རང་གི་མིང་ཡིག་རང་གིས་བྲིས་པ་ལ་ཟེར;

754 Sign-board, *n.* ཤིང་བྱང; མིང་བྱང; སྒོ་ཡིག; སྒོ་བྱང;

755 Signet-ring, *n.* ཐིའུ་ཡོད་པའི་སོར་གདུབ; མིང་རྟགས་ཡོད་པའི་སོར་གདུབ;

756 Signet, *n.* ཐེའུ; ཐེ་ཙོ; (ཐེའུ་ཚུང; or ཉང་ཐིཾ) དེཾ་སྦུག; ཐིཾ་ཀ; ཕྱག་དེཾ;

757 Signification, *n.* དོན;

758 Significant, *a.* (Bhut. དོད་པ་དབྱེར་པོ;) དོར་པོ; གསལ་པོ; དོན་ཅན;

759 Significantly, *ad.* (ཇམ་གཡེར་དོད་པོར; Bhut.) གསལ་བར; also གསལ་པོར;

760 Signify, *v.t.* དོན་མཚོན་པ; དོན་བཤད་པའམ་འཆད་པ; ངེས་ཚིག་རྗོད་པ;

761 Signor, *n.*
762 Signora, *n.*
763 Signorina, *n.*
} ཨི་ཊ་ལི་པའི་སྐད་དུ་སྐུ་གཞོགས་ལགས་ལྕམ་སྐུ་གཞོན་ལང་སྲས་མོ་ལགས་ཞེས་ཞུས་པའི་དོད་དོ;

764 Silence, *n.* ཁ་རོག; སྐད་ཅང་མེད་ལུགས; ཁ་བཙམ; ཁྲ་སིམ;

765 Silent, *a.* ཁ་རོག; ཁ་བཙུམ; ཁྲ་སིམ་མེ;

766 Silently, *ad.* ཁ་རོག་པར; (ཁྲ་སིམ་མེར;) (ཁྲ་སིམ་སིམ; Collql.).

767 Silenus, *n.* སི་གྲན་ར་བཟི་སྐྱུར་གོང་ཅན;

768 Silesia, *n.* དར་རས; རས་སྲབ་མོ;

769 Silhouette, *n.* འདྲ་པར་གདོང་ཕྱེད་སྟོན་ནས་བྲིས་པ; གདོང་ཕྱེད་ཀའི་དབྱིབས་ཀྱི་རི་མོ;

770 Silk, *n.* དར; གོས་ཆེན;

771 Silken, *a.* དར་གྱི; གོས་ཆེན་གྱི;

772 Silky, *a.* དར་ལྟ་བུ;

773 Sill, *n.* སྒོ་ཐེམ; སྒོ་ཁང་གི་མ་ཐེམ; ཐེམ་སྐེགས; མ་ཐེམ;

774 Sillily, *ad.* གླེན་པ་བཞིན་དུ; མོངས་པ་བཞིན་དུ; གླུན་པའི་ཚུལ་གྱིས;

775 Silliness, *n.* གླུན་མོངས; གླེན་དགས; གླུན་དང; ཀླུག་དང;

776 Silly, *a.* གླེན་པོ་; གླེན་པ་; (ལྐུགས་པ་; Collql.).

777 Silt, *n.* ཆུ་ཀླུང་སོང་ཆུ་ཡི་གཏིང་ན་ཆགས་པའི་འདམ་སྙིགས་;

778 Silvan, *a.* ནགས་ཚལ་གྱི་; ནགས་ཀྱི་;

779 Silver, *n.* དངུལ་;

780 Silvery, *a.* དངུལ་ལྟ་བུ་;

781 Similar, *a.* (འདྲ་པོ་; Sik.) འདྲ་བ་; གཅིག་པ་;

782 Similarity, *n.* འདྲ་ཚུལ་; འདྲ་ཤུགས་; གཅིག་ལུགས་;
(ཅོག་ཞིག་ཤུགས་; Bhut.) (ཅོག་ཞིག་པ་; Bhut.).

783 Simile, *n.* འདྲ་དཔེ་; ཚིག་གི་འདྲ་དཔེ་; དཔེ་;

784 Similitude, *n.* དཔེ་; འདྲ་ཤུགས་; མཉམ་;

785 Simmer, *v.i.* ཆུ་འཁོལ་བ་; ཆུ་ཚན་འཁོལ་བ་; འཁོལ་བ་;

786 Simper, *v i.* ཚེ་མེད་པའི་འཛུམ་སྟོན་པ་; ཆགས་ཉམས་བཅས་པའི་
འཛུམ་དམུལ་བ་;

787 Simple, *a.* ཀྲུང་པ་; (འདུས་མ་བྱས not compound);
(of persons གཡོ་སྒྱུ་མེད་པ་; རྒྱུད་གཞི་དྲང་པོ་);
རྒྱུ་གཞིས་དྲང་པོ་;

788 Simplicity, *n.* མ་བཅོས་; སྤྲོས་པ་མེད་ལུགས་; དྲང་ལུགས་;

789 Simplification, *n.* གོ་སླ་པོ་བཅོས་པ་ཉིད་; གོ་བདེར་བྱེད་པའི་བྱ་བ་;

790 Simplify, *v.t.* གོ་སླ་མོ་བཟོ་བ་; གོ་བདེ་བར་བྱེད་པ་;

791 Simply, *ad.* ཤ་སྟག་; ཤ་དག་; ཁ་ཀྲུང་; ཀྲུང་ཀྲུང་; འབའ་ཞིག་;
ལས་སླ་མོར་; འཇམ་ཤུག་བཞིར་;

792 Simulate, *v.t.* ཡིན་རྫུ་བྱེད་པ་; རྫུ་བ་;

793 Simulation, *n.* འདྲ་མ་; རྫུ་; རྫུན་;

794 Simultaneous, *a.* གཅིག་ཅར་; མཉམ་དུ་; སྐད་ཅིག་ཏུ་; ཅིག་ཅར་;
དུས་མཉམ་;

795 Simultaneously, *ad.* གཅིག་ཅར་དུ་; མཉམ་དུ་; དུས་མཉམ་དུ་;

796 Sin, *n.* སྒྲིབ་པ; སྡིག་པ; ཉེས་པ; ལྟུང་བ; སྐྱོན;

797 Since, *ad.* དེ་ནས་བཟུང་སྟེ; དེ་ཚུན; དེས་ན; དེའི་ཕྱིར་དུ;

798 Sincere, *a.* ཁ་ཞེ་མེད་པར་དྲང་པོ; དྲང་བ; དྲང་པོ; ངོ་ཚིག་ཅན;

799 Sincerity, *n.* དྲང་ཚུལ; དྲང་ལུགས; ཁ་ཞེ་མེད་ལུགས; དྲང་བ་ཉིད;

800 Sincerely, *ad.* ཁ་ཞེ་མེད་པར; སྙིང་གི་སྡིངས་ནས; དྲང་བས;

801 Sine, *n.* དཀར་ལས་མེད་པའི་གོ་ས་བདག་སྐྱེམ;

802 Sinew, *n.* རྩ་རྒྱུས; ཆུ་བ;

803 Sinewy, *a.* རྩ་ཁྲབ་ཁྲབ; རྩ་འཛར་འབུར; ཐང་པོ;
གཟུགས་པོ་ཐང་པོ; སྟོབས་ལྡན;

804 Sinful, *a.* སྡིག་པ་ཅན; སྡིག་ཅན;

805 Sinfully, *ad.* སྡིག་ཆེན་བྱས་ཏེ; སྡིག་པ་བྱས་ནས;

806 Sinfulness, *n.* སྡིག་པ; ཉེས་པ; སྐྱོན་སྒྲིབ; ཉོན་སྒྲིབ;

807 Sing, *v.i.* གླུ་ལེན་པ; གླུ་བླང་བ;

808 Singe, *v.t.* མེ་བཞུར་གཏོང་བ; མེ་གཞོབ་གཏོང་བ; བཞུར་བ;
མེ་ཡིས་བཞུར་བ;

809 Singer, *n.* གླུ་མཁན; གླུ་གཏོང་མཁན; གླུ་ལེན་མཁན;
(གླུ་དཔོན; Sik.)

810 Singing, *n.* གླུ; གླུ་ལེན;

811 Single, *a.* རྐྱང་པར; རྡོག་པོ་གཅིག; གཅིག་ཀྱེར; གཅིག་པུར;
གཅིག་ཀ; རེ་རེ; གཅིག་པོ;

812 Singleness, *n.* གཅིག་ཀྱེར་ཡིན་ཚུལ;

813 Singly, *ad.* རེ་རེ་བཞིན; གཅིག་པུར;

814 Sing-song, *n.* གླུ་ས་དབྱངས; གླུ་དབྱངས་མི་སྙན་པ;

815 Singular, *a.* སྤྱི་དང་མི་འདྲ་བ; གཅིག་རྐྱང; གཅིག; ཡ་མ་ཟུང;
ཁྱད་པར; ཁྱད་ཆོས;

816 Singularity, *n.* སྤྱི་དང་མི་འདྲ་བའི་རང་བཞིན; སྤྱི་དང་མི་འདྲ་ལུགས; ཁྱད་མཚར་ལུགས;

817 Singularly, *ad.* སྤྱི་དང་མི་འདྲ་བ་བྱེད་དེ; ཁྱད་པར་དུ; ཐེ་བྲག་ཏུ;

818 Sinister, *a.* (of heraldry གཡོན;. གཡོན་ཕྱོགས); ལྟས་ངན་པོ; གཡོན་ཅན; གཡོ་ཅན; གཡོ་སྒྱུ་ཅན;

819 Sink, *v.i.* ནུབ་པ; ཆུ་གཏིང་འབྱིང་བ; འབྱིང་བ;

820 Sinless, *a.* སྡིག་མེད;

821 Sinlessness, *n.* སྡིག་པ་མེད་ཚུལ;

822 Sinner, *n.* སྡིག་ཅན;

823 Sinuous, *a.* ལང་ལོང་ཅན; འཁྱུར་ཀྱོང་ཅན; ཕྱི་བཙུས་ནང་བཙུས་ཅན; འབར་འཁྱུར་ཅན; བཙུས་པ; འཚུས་པ;

824 Sip, *v.t.* ཧུབ་པ; ཧུབ་ཀྱིས་སྐྱོར་བ; ཧུབ་ཚུང་ངུས་བཏུང་བ; ཧུབ་ཀྱིས་འཐུང་བ;

825 Sir, *n.* སྐུ་གཉེགས; གཙོ་བོ; ཇོ་བོ; ཇོ་བོ་ལགས; སྐུ་ཞབས; སྐུ་ཞོགས;

826 Sire, *n.* ཕ; (Hon. ཡབ་ཆེན;) ཇོ་བོ; ཇོ་ཇོ;
(ལྷ; in addressing a king)
(ཨ་བྲིང; Sik. Lepcha).

827 Siren, *n.* དྲི་ཟའི་བུ་མོ་ལྷ་བུ་གཟུགས་མཐོང་སྐད་ཐོས་པ་ཙམ་གྱིས་སྐྱེས་པ་རྒྱོས་སུ་ནུས་པའི་སླུ་འབྲིད་ཅན་མ; མཚོ་སྨན་མོ; ཡིད་འཕྲོག་མ; འཇོ་སྒེག་མ;

828 Sirius, *n.* བྱང་སྐར; བྱང་གི་སྐར་མ་ཁྱི་ཐོད;

829 Sirloin, *n.* ཀང་གཟུག་གི་ཤ་རྡོག; ཀང་གཟུག;

830 Sirrah, *n.* ཁོ་རེ; ཀྭ་ཡེ; ལྦ་ཡེ;

831 Sirup, *n.* མངར་རྩི; སྦྲང་རྩིའི་ཁུ་བ;

832 Sister, *n.* སྲིང་མོ; (Hon. མཆེད;)
(Elder ཨ་ཅེ; Younger ནུ་མོ;)

833 Sisterly, *a.* སྲིང་མོ་ལྟ་བུ;

834 Sit, *v.i.* སྡོད་པ; (Hon. བཞུགས་པ;)

835 Sitter, *n.* སྡོད་མི; (བཞུགས་མི; Hon.)

836 Site, *n.* མལ; ས་ཆ; གནས;

837 Sitting, *n.* སྡོད་ཐོག; སྡོད་ཐང; སྡོད་སྟངས; ལྷན་རྒྱས་ཚོགས་པ;

838 Situated, *a.* གནས་པ;

839 Situation, *n.* སྡོད་གནས; གོ་གནས; གོ་ས; ས;

840 Six, *a.* དྲུག;

841 Sixpence, *n.* ཨ་ན་དྲུག; ཤིན་ཇིའི་དངུལ་ཊཾ་རྒྱ་གར་དུ་ཨ་ན་
དྲུག་གི་རྡོད;

842 Sixpenny, *a.* ཨ་ན་དྲུག་གི་དངུལ་ཞིག;

843 Sixteen, *a.* བཅུ་དྲུག;

844 Sixteenth, *a.* བཅུ་དྲུག་པ;

845 Sixth, *n.* དྲུག་པ;

846 Sixthly, *ad.* དྲུག་པར;

847 Sixtieth, *a.* དྲུག་ཅུ་པ;

848 Sixty, *a.* དྲུག་ཅུ;

849 Size, *n.* ཁྱོན; སྦོམ་ཆུང; ཚད; བོང; ལུས་ཚད; ཆེ་ཆུང;
བོང་ཚད; and བོང་ཚོད;

850 Sizing, *n.* བོང་ཚད་དང་བསྟུན་ཏེ་གཞིབས་ལུགས; (ཚད; ཐྱི;
བོང; དོ་ཇི; སྦྱོར་ཇི;) གཅེར་ཚང་ནས་ཐོབ་རྒྱུའི་
བཟའ་བཏུང་གི་ཚད; དངོས་གནས;

851 Skate, *n.* རྐང་མཐིལ་དུ་འདོགས་རྒྱུ་འཁོར་ལོ;

852 Skein, *n.* སྐུད་པའི་རྡོག་པ;

853 Skeleton, *n.* ཀེང་རུས ; (རུས་པའི་གྲོས ; Sik.).

854 Sketch, *n.* ཁྲོབ་རིས ; བཀོད་པ ; ཟུར་ཙམ་བསྡུ་བ ; རི་མོ ; རིས ;
བཀོད་རིས ; སྤོས ; སྤྱི་སྤྱོས ;

855 Sketchy, *a.* ཁྲོབ་བཟོ་འདྲ་པོ ; ཁྲོབ་རིས་ལྟ་བུ ;

856 Skewer, *n.* (ཟན་སྤྲུ ; Sik.) སྤྲུ་བ ; ཤ་བདགས་ནས་སྲེག་པའི་
ལྕགས་ཀྱི་སྤྲུ་བ ;

857 Skid, *n.* གྲུ་གཟིངས་ཀྱི་ལོང་སྲུ་ཤིང་ཆ་འདོང་ནས་གཏོང་སྐྱོན་
སྲུང་བྱེད ;

858 Skiff, *n.* གྲུ་ཆུང ;

859 Skilful, *a.* མཁས་པོ ; ཐབ་ཤེས་པ ; སྐྱེམ་པོ ; སྐྱུང་པོ ;
འབྱོངས་པོ ;

860 Skilfulness, *n.* སྐྱུང་བ ; སྐྱེད་ལུགས ; རྩལ་འབྱོང་ལུགས ; གྲུང་བ ;
གྲུང་ལུང ;

861 Skilfully, *ad.* སྐྱུང་པོ་བྱེད་དེ ; སྐྱེན་པོར ;

862 Skill, *n.* ཐབས ; སྐྱུང་རིག ; སྒྲུ་རྩལ ; རྩལ ;

863 Skilled, *a.* རྩལ་འབྱོངས་པོ ;

864 Skim, *v.t.* ཁ་ནས་གཡམ་པ ; དར་ཁ་འཕྱུག་པ ; བཞམས་པ ;

865 Skimmer, *n.* དར་ཁ་གཡམ་རྒྱུའི་ལག་ཆ ; སྤྲིས་མ་སོགས་བཞམས་
པའི་ལག་ཆ ; སྐྱོགས ; གཟར་བུ ;

866 Skin, *n.* པགས་པ ; ཀོ་བ ;

867 Skinned, *a.* པགས་པ་ཅན ; ཀོ་བ་ཅན ; ཤུན་ཅན ;

868 Skinny, *a.* ཀོ་བ་འདྲ་པོ ; ཀོ་བ་ཅན ; པགས་པ་ཅན ; ཤ་སྐམ་པོ ;

869 Skip, *v.i.* རྒྱང་རྒྱང་མཆོང་བ ; ཐག་མཆོང་རྒྱབ་པ ; མཆོང་བ ;

870 Skirmish, *n.* དམག་མི་ཐ་རེ་གྲོ་རེ་བྱས་ཏེ་ལག་སྤྲོད་པ ;
དམག་འཐབ་ཆུང་དུ ;

871 Skirmishing, *n.* འཁྲུག་ལག་སྤྲོད་པའི་མགོ་འཛུག་མི;

872 Skirt, *n.* གོས་མཐར; གོས་སྨབ; ཐུབ;

873 Skittish, *a.* འཕྲུར་ལྡོག་ཅན; (མལ་སེད; ཆོ་མེད; Bhut. & Sik.)
ཛབ་ཆུང; བག་མེད; འཆལ་པ;

874 Skulk, *v.i.* ཁྲི་ཉུར་ཀྲུབ་པ; ལམ་གཟུར་བ; འཛུར་བ; ཡིབ་པ;
གབ་པ;

875 Skull, *n.* ཀ་པ་ལ; ཐོད་པ;

876 Sky, *n.* ནམ་མཁར; གནམ; ཀུན་གསལ;

877 Slab, *n.* གར་པོ; འདམ; རྡོ་ལེབ;

878 Slabber, *v.i.* མཆིལ་མ་ཐོར་བ;

879 Slack, *a.* ལྷོད་ལྷོད; ཉི་བཀྲིག་བཀྲིག་མིན་པ;

880 Slacken, *v.i.* & *v.t.* ལྷོད་པ; ལྷོད་ལྷོད་གཏོང་བ; གློད་པ;

881 Slackness, *n.* ལྷོད་པ་ཉིད; ལྷོད་སྟངས;

882 Slag, *n.* ལྕགས་སམ་ཟངས་སོགས་ཞུན་འཁོལ་བའི་འཚོག་རོ་རྡོག;

883 Slaggy, *a.* ལྕགས་རོ་འདྲ་པོ;

884 Slake, *v.t.* ཁ་སྐོམ་བསོད་པ; ངོམ་བསོད་པ; ཁ་ངོམ་པར་བྱེད་པ;

885 Slam, *v.t.* སྒོ་འཕར་རྡེག་པ; སྒོ་ཤུགས་ཀྱིས་གཅད་པ;

886 Slander, *n.* སྨད་ར་བརྗོད་པ; ཕྲ་མ;

887 Slanderous, *a.* ཕྲ་མའི་ཉེས་པ་ཅན;

888 Slang, *a.* སྐད་ཟུར་ཆག; མི་ནག་པལ་པའི་སྐད; པལ་སྐད;
གྲོང་སྐད; ཟུར་སྐད;

889 Slant, *a.* ཕྲེད་སྐྱལ་ཅན; སེར་ཁར; ཕྲེད;

890 Slantingly, *ad.* ཕྲེད་སྐྱལ་དུ; ཡོན་པོར; ཕྲེད་ལ; ཕྲད་དུ;

891 Slap, *n.* འགྲམ་ལྕག; (ཐལ་ལྕག; Sik.).
v.t. ཐལ་ལྕག་ཕྱིས་པ; འགྲིམ་ལྕག་ཕྱིས་པ;

892 Slash, *v.t.* གྲིས་བྲེག་པ; གྲི་དབྱུག་ནས་གཅད་པ;

893 Slate, *n.* རྡོ་འི་བྱང་ཤིང; རྡོ་ཤོག; གྱ་མ; རྡོ་ལེབ;

894 Slating, *n.* རྡོ་ཤོག་གི་ཐོག་འགེབས་པ་ཉིད; རྡོ་ལེབ་ཀྱིས་ཐོག་
འབུབས་པའི་བྱ་བ;

895 Slattern, *n.* བུད་མེད་རང་ལུས་ཀྱི་བྱི་དོར་ཙམ་མི་ནུས་པ;

896 Slaty, *a.* གྱ་ས་ལྟ་བུ: རྡོ་ལེབ་ཅན; རྡོ་ལེབ་ལྟ་བུ; རྡོ་ནག་གི་
རྡོ་ཤོག་ཅན;

897 Slaughter, *n.* ཤི་གསད;

898 Slave, *n.* ཁོལ་པོ; བྲན་ཁོལ; བྲན; ཁོལ་བྲན; (གྱོ་བོ; Bhut.)

899 Slaver, *n.* ཁོལ་པོ་ཉོ་འཚོང་བྱེད་པའི་གྲུ་གཟིངས; མཆིལ་མ;
v.t. མཆིལ་མ་འཁྱེར་བ;

900 Slavery, *n.* བྲན་ཁོལ་བསྟེན་པའི་སྲོལ; ཁོལ་པོ་འཁོལ་བའི་སྲོལ;
བྲན་འཁོལ་སྲོལ;

901 Slavish, *a.* བྲན་ཁོལ་ལྟ་བུ;

902 Slavishly, *ad.* བྲན་ཁོལ་ལྟ་བུར;

903 Slay, *v.t.* གསད་པ; གསོད་པ; (བཀྲོང་བ; Hon.—used when
speaking of slaying a respectable person).

904 Slayer, *n.* གསད་མཁན; གསོད་པ་པོ; བཀྲོང་མི;

905 Sled, *n.* གངས་ཀྱི་ཐོག་རྒྱུག་རྒྱུའི་ཤིང་རྟ;

906 Sledge, *n.* ཐོ་ཆེན; ཐོ་བ་ཆེན་པོ; ཁ་བའི་སྟེང་དུ་རྒྱུ་བའི་ཤིང་རྟ;

907 Sleek, *a.* སྣུམ་ཆུར་ཆུར; སྣུམ་ཆུར་རེ་བ; སྣུམ་པོ;

908 Sleep, *n.* & *v.i.* (*n.*) གཉིད; *v.t.* ཉལ་བ; གཉིད་ཉལ་བ; གཉིད་ཁུག་པ;
གཉིད་ལོག་པ;

909 Sleeper, *n.* གཉིད་ཉལ་མཁན; ཉལ་མཁན; གཉིད་ལོག་མཁན;

910 Sleepiness, *n.* གཉིད་བྲོ་བའི་ཚུལ; གཉིད་བྲོ་ལུགས; གཉིད་འདོད་ལུགས;

911 Sleeping, *a.* གཉིད་ཉལ་ཞིང་ཡོད་པ; ཉལ་གྱིན; ཉལ་བཞིན་པ;

912 Sleepy, *a.* གཉིད་བྲོ་བ; གཉིད་ཅན; གཉིད་གསུར་བ; གཉིད་འདོད་པ;

913 Sleet, *n.* གངས་ཀྱི་བལ་འདབ་རླུང་གིས་བདས་ཡོང་བ; གངས་ཆར; ཁ་ཆར; ཁ་བ་དང་ཆར་པ་མཉམ་དུ་འབབ་པ;

914 Sleeve, *n.* ཕུ་དུང; ཕུ་ཐུང; (ཕུ་ལུང; Sik. & Bhut.).

915 Sleigh. *n.* ཁྱག་རོམ་གྲོག་འདྲེན་རྒྱུའི་ཤིང་རྟ; ཁྱག་པའི་གྲོག་ཁར་འདྲེན་པའི་ཐེག་པ;

916 Sleight, *n.* འཁྲུག་སྟབས; སྒྱུ་སྒྲུ;

917 Slender, *a.* ཕྲ་མོ; ཕྲ་བ; ཕྲ་པོ;

918 Slenderly, *ad.* ཕྲ་མོ་བྱེད་དེ;

919 Slenderness, *a.* ཕྲ་ཚུལ; ཕྲ་བ་ཉིད; ཕྲ་ལུགས;

920 Slice, *v.t.* ལེབ་ལེབ་དུ་འབྲེག་པ; དུམ་བུར་གཏུབ་པ; གཏུབ་པ;

921 Slide, *v.i.* འདྲེད་འདག་རྒྱབ་ནས་འགྲོ་བ; འདྲེད་དག་ཤོར་བ; འདྲེད་པ;

922 Sliding, *n.* འདྲེད་འདག་ཤོར་བཞིན་པ; འདྲེད་བཞིན་པ;

923 Slight, *a.* ཕྲན་བུ; ཅུང་ཟད; ཉག་ཕྲ; ཤ་སྐམ་པོ; (སྐུ་ཤ་སྐམ་པོ; Hon.—when applied to a person of slight build).

924 Slightly, *ad.* ཕྲན་བུར; ཕྲན་བུ་ཕྲན་བུར; ཅུང་ཟད་ཅུང་ཟད;

925 Slightness, *n.* ཉག་ཕྲ་ལུགས; ཕྲ་ལུགས; ཤ་སྐམ་ལུགས;

926 Slily, *a.* གཅང་པོ་བྱེད་དེ; གཡོ་སྒྱུའི་སྒོ་ནས;

927 Slim, *a.* ཕྲ་རིལ་རིལ; ཕྲ་མོ; ཤ་སྐམ་པོ; ཕྲ་བ; ཕྲ་པོ; (ཕྲ་སང་སང; Sik.).

928 Slime, *n.* རྫ; རྫ་ས; འདམ; འདམ་བག;

929 Slimy, *a.* རྫ་ས་ཡིས་གང་བ; འདམ་བག་ཅན; (འདམ་ཉིར་ཉིར; Sik.).

930 Sling, *n.* ཨུར་རྡོ; སྒུ་རྡོ; ཨུར་རྡོ་འཕེན་བྱེད་ཀྱི་ཐག་པ;

931 Slink, *v.i.* ཤུད་པ; ཤུད་དེ་གབ་སྟེ་ཕྱི་ཤུར་རྒྱབ་སྟེ་འགྲོ་བ; *v.t.* སྲོག་ཆགས་ཀྱི་མངལ་ལྷུགས་པར་བྱེད་པ;

932 Slip, *v.i.* འདྲེད་འདག་ཤོར་བ; ཙུད་རྒྱབ་པ; འདྲེད་པ;

933 Slipper, *n.* ཧྲད; ལྷམ་གོག་ཧྲད;

934 Slippery, *a.* འདྲེད་འདག་ཤོར་ཉེན་ཅན; སྣུཾ་ཧྲུས་ཧྲུས;

935 Slipshod, *a.* ཧྲད་ལྷམ་གོན་པའི; ལྷམ་ཡུ་རིང་པར་བརྡུགས་པའི་ཧྲད་ལྷམ་གྱོན་པ;

936 Slit, *v.t.* ཧྲལ་བ; བཀས་པ; འགེས་པ; གཤོག་པ; གཤག་པ;

937 Sliver, *n.* ཚལ་པ; དུམ་བུ་རིང་མོ; གཤགས; *v.t.* གཤག་མར་གཤག་པ;

938 Slobber, *v.i.* ཁ་ཆུ་ལུད་པ; ཁ་སྣ་ནས་མཆིལ་རྫབས་ལུད་པ;

939 Sloop, *n.* གྲུ་གཟིངས་དར་ཤིང་གཅིག་རང་གཅིག་བཅས་པ;

940 Slop, *n.* ཆུ་ཉག་ཉིག; ཐབ་ཚང་ནང་སྤྱོད་སོགས་བཤལ་བཀྲུ་བྱེད་པའི་ཆུ་སྙོག;

941 Slope, *n.* ཐུར; ཐུར་ཟུག་ཡིན་པ་ལ་དྲང་ཕྱོགས་སུ་མིན་པར་སེར་ཁར་རི་དབྱི་བལ་ཆགས་པ; *v.t.* དབྱི་ཞལ་འབབས་པ; Sik. *v.i.*). འབབ་གཞོལ;

942 Sloping, *a.* དབྱི་ཞལ་ཆགས་པ; ཐུར་སེག་གྲམ་སུ་ཕྱོགས་པའི; འབབ་བཞོལ་དུ་ཆགས་པ;

943 Slopingly, *ad.* དཔྱི་ཞལ་དུ ; Sik. སག་དྲས་སུ ; བྱུར་ལ ; (ཞོང་ངེར ; Colql.). འབབ་གཞོལ་དུ ;

944 Slot, *n.* འཕྲུལ་འཁོར་སོགས་ཀྱི་ནང་དུ་ལྕ་ཤུར་གཏོན་ནས་ཡོད་པ་དེའི་ནང་དེའི་ཆ་ལྷག་གཞན་འགྲིག་ཏུ་ཡོད་པའི་ལྕ་ཤུར ; ཤ་བའམ་ཁ་ཤའི་རྐང་རྗེས་ཀྱིས་མཚོན་པའི་ཤ་ལམ ;

945 Sloth, *n.* ལེ་ལོ ; སྙོམ་ལས ;

946 Slothful, *a.* ལེ་ལོ་ཅན ;

947 Slothfully, *ad.* ལེ་ལོ་བྱས་ནས ;

948 Slothfulness, *n.* ལེ་ལོ་ཆེ་ཚུལ ; ལེ་ལོའི་དབང་དུ་སོང་ཚུལ ; ལེ་ལོ ; སྙོམ་ལས ;

949 Slouch, *v.i.* གུག་སྒྱེ་འགྲོ་བ ; གུག་གུག་བྱེད་པ ; འདུད་པ ;

950 Slough, *n.* (འདམ་འཛེར ; Sik.) འདམ་ཀྱུག ; འདམ་རྫབ་ཅན ; སྦྲུལ་གྱིས་དོར་བའི་པགས་པོ ;

951 Sloven, *n.* རང་གི་ལུས་ཀྱི་གོས་ཀྱི་བྱི་དོར་གཅེས་སྲུས་མི་བྱེད་མཁན ;

952 Slow, *a.* བུལ་པོ ; ལྷོད་ལྷོད ; ཉོབ་ཉོབ ; ག་ལེ་བ ; མགྱོགས་པོ་མིན་པ ; (གོབ་པོ ;) (གོབ་གོབ ; Sik.).

953 Slowly, *ad.* ག་ལེ་ག་ལེ ; གོབ་པོ་བྱེད་དེ ; (བུལ་བར ; classical).

954 Slowness, *n.* ལྷོད་ཆ ; གོབ་ལྷུགས ; ཉོབ་ལྷུགས ; ལྷོད་ལྷུགས ; བུལ་བ ;

955 Slub, *n.* བལ་འཁལ་རྒྱུའི་ཆེད་དུ་བཙུས་ཙམ་བྱེད་དེ་བཞག་པ་གང ; བལ་འདབ་བཙུས་མ ;

956 Slubber, *v.t.* ལས་ཀ་ཞུན་མི་དག་པར་གང་བྱུང་བྱེད་པ ;

957 Sludge, *n.* འདམ་རྫབ་གར་པོ ;

958 Slug, *n.* མི་མདའི་ཟེའུ་བཟོ་དབྱིབས་རིལ་རིལ་མ་ཡིན་པ;

959 Slug, *n.* འབུ; འབུ་ཕྱི་ལོགས་སུ་ཕྱི་སྐོག་མེད་པ་ཞིང་ལྗང་
དང་སྨྱུ་གུ་སོགས་ལ་ཤིན་ཏུ་གཟན་པོ་དག་ལ་ཟེར;

960 Sluggard, *n.* མི་ཉོབ་ཉོབ; ལེ་ལོ་ཅན; མི་གོབ་གོབ; མི་བྲུལ་པོ;

961 Sluggish, *a.* འགྱུལ་སྐྱོད་མི་ནུས་པ; སྤོབས་ཤུགས་མེད་པ;

962 Sluggishness, *n.* འགྱུལ་སྤོབས་མེད་ལུགས;

963 Sluice, *n.* ཆུ་སྒོ; ཆུ་ཡུར་གྱི་ཀ;

964 Slum, *n.* གྲོང་ཁྱེར་ཆེན་པོའི་ནང་དུ་ལམ་མམ་སྲང་གག་བཙོག་པ;

965 Slumber, *v.i.* གཉིད་ཐུང་ཙམ་ཁུག་པ; གཉིད་ཧྲིབ་ཙམ་ཁུག་པ;

966 Slunk, *pp.* of slink. གཟུར་ནས་ཕྱིན་པ;

967 Slur, *v.t.* ནག་པོ་བཟོ་བ; མེད་པ་བྱེད་པ: ཞབས་འདྲེན་ཞུ་བ;
སྨོད་པ;

968 Slut, *n.* བུད་མེད་རང་ལུས་ཀྱི་གོས་ལ་གཙེས་སྲུས་དང་བྱི་དོར་མི་
ནུས་པ;

969 Sly, *a.* གཅང་པོ; གཡོ་སྒྱུ་ཅན; གཡོན་ཅན;

970 Slyly, *ad.* གཡོ་སྒྱུ་བྱས་ནས;

971 Slyness, *n.* གཡོ་སྒྱུ;

972 Smack, *v.i.* & *v.t.* ཀན་སྒྲ་ཐག་ཐག་འབྱིན་པ; (འོ་སྐྱེལ་བ; ཁ་སྦྱར་བ; to
kiss) (རོ་མྱང་བ; བྲོ་བ་མྱང་བ; to taste).

973 Small, *a.* ཆུང་ཆུང;

974 Smallness, *n.* ཆུང་ངུ;

975 Smalt, *n.* ཤེལ་སྔོན་པོ་ཞིག;

976 Smart, *adj.* གྱུང་པོ; མགོ་བདེ་པོ;

977 Smartly, *ad.* གྱུང་པོ་བྱས་ཏེ; མགོ་བདེ་པ་བྱས་ཏེ;

978 Smartness, *n.* རྒྱུ; མཚོར་ལྡུར; སྒྲུང་བ; གྲུང་བ; སྒྲུང་གྲུང;

979 Smash, *v.t.* རྡུག་རྡུག་གཅིག་པ; དུམ་བུར་བཤིལ་བ;
ཐལ་བར་རྡོག་བ;

980 Smatter, *v.i.* ཁ་རིག་རྒྱབ་པ; *n.* ཤེས་བྱའི་གནད་ཆོད་མ་ལོན་པའི་
ཁ་ཟད;

981 Smattering, *n.* ཡོན་ཏན་མཐར་ཕྱིན་རང་མེད་པའི་ཁ་ཐད;

982 Smear, *v.t.* འབྱུག་པ; སྐུ་བ; བསྐུ་བ;

983 Smell, *v.t.* དྲི་སྣོམ་པ; སྣོམ་པ;

984 Smelt, *v.t.* ལྷྭང་བཞུ་བ་ལ་ཟེར; ཞུག་རྒྱབ་པ;
ཡིའི་ཁྲི་ལྷ་བུ་ཞུར་དུ་བཀོལ་བ་ལ་ཟེར;

985 Smile, *v.i.* འཛུམ་སྟོན་པ; འཛུམ་པ; འཛུམ་དམུལ་བ;

986 Smilingly, *ad.* འཛུམ་དམུལ་ལེར; (འཛུམ་མེ་རེ; Sik.).

987 Smite, *v.t.* རྡེག་པ; རྡུང་བ; གསོད་པ;

988 Smith, *n.* མགར་བ;

989 Smithy, *n.* མགར་ཚང;

990 Smock, *n.* ནང་གོས་ཤ་སྒྲུར; བུད་མེད་ཀྱི་འོག་འཇུག;
སྒྲུ་གུའི་གོས་ཁེབས; (མགོ་གཙུག་མ; Bhut.).

991 Smoke, *n.* དུ་བ; དུད་པ;

992 Smokeless, *a.* དུ་བ་མེད་པ;

993 Smoker, *n.* ཐ་མ་ཁ་འཐེན་མི;

994 Smokiness, *n.* དུད་པས་སྒྲིབ་ཚུལ;

995 Smoking, *n.* དུ་བ་ཚུབ་ཚུབ; དུད་པ་འཐུལ་འཐུལ; ཐ་མ་ཁ་འཐེན་རྒྱུ;

996 Smoky, *a.* དུད་པ་འཐུལ་ལེ་བ; དུད་པ་ལང་ལང; དུ་བ་ཚུབ་ཚུབ;

997 **Smooth**, *a.* སྦུམ་ཆུར་རེ; འཇཾ་ཆུར་རེ་བ; ངོས་འཇམ་པོ;
སྦུམ་ཧུས་ཧུས; སློམས་པོ;

998 **Smoothfaced**, *a.* ངོ་སོད་ཅན; ངོ་དགའ་ཅམ་གྱི; ངོ་སྲུང་བའི;

999 **Smoothly**, *ad.* འཇཾ་ཤུག་གེ; སྦུམ་ཆུར་རེ; སློམས་པོར;

1000 **Smoothness**, *n.* ངོས་འཇམ་ལུགས; སྦུམ་ལུགས; སྦུམ་ཆ;

1001 **Smother**, *v.t.* དབུགས་བཀག་ནས་གསོད་པ; དབུགས་བཀག་པ;
དབུཊ་སུབ་པ;

1002 **Smoulder**, *v.i.* མེ་ལྕེ་མེད་བཞིན་དུ་འབར་བ; མི་མངོན་པར་འབར་བ;
(ཚ་སྨུག་ཏུ་འབར་བ; Sik.).

1003 **Smudge**, *v.t.* སྣག་འཛོབ་རྒྱབ་པ; རི་མོདམ་ཤོག་གུའི་ཐོག་ལ་
སྣག་འཛོབ་རྒྱབ་པ; ཕྱི་ལོགས་སུ་སྣང་བུ་སྐྱུང་ཆེད
དུ་དུ་བ་གཏོང་བ; ནག་ནོག་ཤོར་བ;

1004 **Smug**, *a.* རང་ཞེས་རང་ཉིད་ལ་ཆེམ་མཁན;
གཙང་སྒྲ་ཆེ་མདོག་ཁ་པོ;

1005 **Smuggle**, *v.t.* གཞུང་སར་ཤོ་ཁྲལ་སོགས་མ་བདབ་པར་ཚོང་ཟོག
གསང་སྟབས་ཀྱིས་ཕྱིར་འདོན་ནང་འདྲེན་བྱེད་པ;

1006 **Smuggler**, *n.* གསང་སྟབས་ཀྱིས་ཚོང་ཟོག་ཕྱིར་འདོན་དང་འདྲེན་
བྱེད་མི;

1007 **Smuggling**, *n.* གསང་སྟབས་ཀྱིས་ཚོང་ཟོག་ཕྱིར་འདོན་ནང་འདྲེན་བྱེད་
པའི་བྱ་བ;

1008 **Smut**, *n.* ནག་ཐིག; ནག་ཁྲིབ; དྲིག་པ; སྒྲོན་དྲིག; སྣང་དྲིག;
དུད་དྲིག; སྒྲི་ནག; སོལ་དོག; རྡུལ་སྤྲབ; དུ་བ་རལ་པ,

1009 **Smutty**, *a.* བཙོག་གཏམ་ཅན; རྫེན་གཏམ་ཅན;

1010 Snack, *n.* ཟས་ཕྲན་བུ་ཞིག་འ་རེ་ཙ་རེ་བྱས་ནས་བཟས་པ་ (ལ་ཟེར);

1011 Snaffle, *n.* སྲབ; སྲབ་ལྕྭ་རྐྱང་པ;

1012 Snag, *n.* (of tooth སོ་རོང; Sik.) གཟངས་རིང; ཁ་རྡུག;
(ཁཏ; Sik.) ཚེ་རླུམ་ལ་གཟངས་རིང;

1013 Snag, *n.* ཡལ་ག་རོང་པ; ཡལ་ག་རོང་རོང;

1014 Snail, *n.* སྦུག་པའི་བུ་མོ; (Sik. ཉོག་ཉོག); Lepcha དུག་ནོལ;
ན་བུན་བུ་མོ;

1015 Snake, *n.* སྦྲུལ; (Sik. འབིཙུ; or སྦིཙུ;) (Lep. སྦུ;)
ལྟོ་འགྲོ; ལྟོ་འཕྱེ; ལྕེ་གཉིས་པ;

1016 Snakish, *a.* སྦྲུལ་གྱི་སྤྱོད་པ་ལྟ་བུ;

1017 Snaky, *a.* སྦྲུལ་གྱི་བཟོ་ལྟ་བུ;

1018 Snap, *v.t.* ཧབ་ཤ་རྒྱབ་པ; འཕྲོག་པ; བཀོག་པ; སོ་རྒྱབ་པ;
སོ་འདེབས་པ; སྦུག་པ; ཐག་སེ་གཅད་པ; དུམ་
གྱིས་བཅག; ཧད་ཀྱིས་གཅོག་པ; ཐུལ་གྱིས་གཅོག་པ;

1019 Snapper, *n.* ཧབ་ཤ་རྒྱབ་མཁན;

1020 Snappish, *a.* ཧབ་ཤ་རྒྱབ་ཧླུང་ལང་པོ; སྡུ་ཐུང; སྡུ་ཚིགས་ཐུང་ཐུང;
ངར་ནས་ལབ་མཁན; ངར་ཧླུང་ལང་པོ;

1021 Snare, *n.* རྙི; རྒྱ; རྙི་ཐག;

1022 Snarl, *v.i.* ངུར་བ; སྡུར་བ; ངུར་སྐྲ་འཛིན་པ; འཁྲེན་པ;
ང་རོ་སྒྲོག་པ; ང་ར་སྐད་སྒྲོག་པ;

1023 Snatch, *v.t.* འཕྲོག་པ; ཧད་ཀྱིས་འཕྲོག་པ; དབང་ཡོད་ཀྱིས་ལེན་པ;

1024 Sneak, *v.i.* ཤུད་པ; ཡིབ་སྟེ་འགྲོ་བ; འཛབ་སྟེ་འགྲོ་བ; འཛབ་པ;

1025 Sneaking, *a.* འཛབ་མཁན;

1026 Sneer, *v.i.* ཁྲེར་གད་རྒྱབ་པ; སྣ་བཤད་རྒྱབ་པ; སྣ་བརྫེས་པ;
མ་ཚི་བའི་ཉི་འགྱུར་འདོན་པ; སྣང་ཆུང་བྱེད་པའི་
ཉི་འགྱུར་འདོན་པ; བརྙས་བཅོས་བྱེད་པ; ཧི་ཧི་བྱེད་པ;
(སྣུས་འཐིད་རྒྱབ་པ; Sik.).

1027 Sneeze, *v.i.* སྣ་སྦྲིད་པ; སྦྲིད་པ; (སྦྲིས་པ་ཤགས་པ; Sik.).

1028 Sneezing, *n.* སྦྲིད་པ;

1029 Snicker, *v.i.* དལ་བྲུས་གད་མོ་ཤོར་བ; ཆུང་ཙུར་གོད་པ;
ངང་གིས་གོད་པ;

1030 Sniff, *v.i.* དྲི་སྣོམ་པ; དཀུ་བ; (སྣུས་སྦྲིད་རྒྱབ་པ; Sik.).

1031 Snip, *v.t.* ཙེ་གཡམ་པ; དྲ་བ; དྲས་པ; སྤོ་གད་རྒྱབ་པ;

1032 Snipe, *n.* འདམ་བྱའི་རིགས་ཤིག;

1033 Snivel, *n.* སྣབས་ལུད; སྣབས; སྣ་ལུད; (སྣེའུ; Sik.).

1034 Snob, *n.* མི་རིགས་ངན; མི་རིགས་དམའ་བ; ལྐམ་བཟོ་བ;
མི་སྐྱེ་ས་སྐྱེ་ཁྲངས་མེད་པས་མི་དྲག་གི་ལས་དོན་
བྱེད་མཁན;

1035 Snod, *a.* གད་གཙང; གཙང་སྦྲ་ཆེ་མདོག་ཁ་པོ; *v.t.* གཡམ་པ;

1036 Snood, *n.* སྐྲ་འདོར; སྐྲ་འདོར་བྱེད་ལྷས་མ;

1037 Snooze, *v.i.* གཉིད་ཅོག་རྒྱབ་པ; (མིག་ཏུབ་རྒྱབ་པ;)

1038 Snore, *v.i.* གཉིད་དུ་ཙུར་པ་འབྱིན་པ; སྨུར་བ; ཙུར་བ;
ཙུར་སྒྲ་འབྱིན་པ;

1039 Snort, *v.i.* ཤུགས་ཀྱིས་གོད་པ; རིང་དུ་གོད་པ; ཤུགས་ཀྱིས་སྣ་
སྦྲིད་པ; གད་རྒྱངས་ཤོར་བ; ཛི་ཁ་བ; ཛི་སྣོཾ་པ;

1040 Snot, *n.* སྣབས་ལུད; སྣབས; *v.t.* སྣབས་ལུད་དོར་བ;

1041 Snout, *n.* ཕག་སྣ; (ཟང་མདུང; Sik.) མཆུ་དོ; ཕྲ་མཆུ; མཆུ་དོ; མཆུ;

1042 Snow, *n.* ཁ་བ; གངས; *v.i.* ཁ་བ་འབབ་པ; གངས་འབབ་པ;

1043 Snowy, *a.* ཁ་བ་ལྟ་བུ; ཁ་བ་ཅན; གངས་ཅན; དཀར་པོ; ཁ་བ་འདྲ་པོ;

1044 Snub, *v.t.* གཤེ་བ; སྨྱོ་བ; དམའ་འབེབས་པ; ཁ་བརྡུང་ཞུ་བ; ཁ་བརྡུང་གཏང་བ; (Sik. གདོང་བཅག་པ;) ལྟ་བ་ཕབ་པ; ལྟ་བ་གཅོག་པ; *n.* གདོང་བཙུན; ཁ་བརྡུང;

1045 Snuff, *n.* སྣ་ཐམགས; ཐ་མ་ཁ་ཕྱེ་མར་བརྡུགས་ནས་སྣ་ལ་འཐེན་བྱེད; སྣ་སྨན; སྣ་སྦྱོང; *v.t.* སྣ་ཐམག་འཐེན་པ to take snuff; ཞུ་མར་གྱི་རྩེ་གཡམ་པ to snuff a candle or trim a lamp.

1046 Snuffers, *n.* ཇེམ་ཙེ; ཞུ་མར་གྱི་སྡོང་རས་རྩེ་སྐྱོཾ་བྱེད་ཀྱི་ཇེམ་ཙེ;

1047 Snuffle, *v.i.* སྣ་སྐད་འདོན་པ; སྣ་ནས་ལྷུང་རྡུབ་པ;

1048 Snug, *a.* དྲོ་ཁྲིབ་ཁྲིབ; སྐྱིད་པོ; དྲོ་པོ;

1049 Snugly, *ad.* དྲོ་ཁྲིབ་ཀྱིས; སྐྱིད་པོ་བེད་དེ; དྲོ་པོར;

1050 So, *ad.* དེ་ལྟར; དེས་ན; དེ་ལྟ་བས་ན; དེའི་ཆེད་དུ; དེའི་ཕྱིར;

1051 Soak, *v.t.* སྦང་བ; ཆུ་ལ་སྦང་བ;

1052 Soaker, *n.* ཆང་པ; སྦང་མཁན; སྦང་བ་པོ; (རྡག་པར་ཆང་འཐུང་མི;) (ཁ་ཆང་ལ་སྦང་དད་ཅན; Sik.).

1053 Soaking, *n.* སྦང་བའི་བྱ་བ;

1054 Soap, *n.* ཡ་ཙེ; (ས་བུན; Hindi). (གླང་གླད;) (classical ཁྲུས་རྫས; དག་བྱེད་ཀྱི་རྫས;

1055 Soar, *v.i.* ནམ་འཕང་བཅད་པ; ལྡིད་བ; འཕུར་བ; ཕིར་བ; Colql.).

1056 Soaring, *n.* ནམ་འཕང་གཅོད་པའི་བྱ་བ; (ལྡིང་བཞིན་པ; འཕྱུར་བཞིན་པ; p. participle).

1057 Sob, *v.i.* ང་འགྲོ་མ་ཆོད་པ; (ངུ་ཤུམ་གཏོན་པ; Sik.) ཤུམ་པ; ངད་མོ་རྒྱབ་པ;

1058 Sobbing, *n.* ངུ་ཤུམ་རྒྱབ་བཞིན་པ; ངད་མོ;

1059 Sober, *a.* སེམས་དུལ་བ; སེམས་བརྟན་པོ; སྐམ་པོ; སེམས་མཁྲུལ་བ; (མདོག་སྐྱ་མོ; of colour).

1060 Soberly, *ad.* སེམས་བརྟན་པོར; མདོག་སྐྱ་མོར;

1061 Soberness, *n.* དུལ་བའི་ངང་ཚུལ;

1062 Sobriety, *n.* སྐམ་པོ་འི་ངང་ཚུལ; སེམས་བརྟན་ལུགས;

1063 Sociable, *a.* ཀུན་མཐུན; འགྲོགས་འོས་པ; འགྲོགས་སུ་རུང་བ;

1064 Sociably, *ad.* ཀུན་དང་མཐུན་པོར;

1065 Social, *a.* ཀུན་དང་མཐུན་པོ; མི་སྡེའི; སྤྱིའི; སྤྱིའི་ལར་རྒྱའི;

1066 Society, *n.* མི་སྡེ; སྤྱི་སྡེ; སྡེ; ཚོར་པ; མི་ཚོགས;

1067 Sock, *n.* ཨུ་སུ་སུ; ཀང་ཤུབས; (མོ་ཛ; Hindi).

1068 Socket, *n.* ཁུང; ལྟེ་ཁུང; མིག་ཁུང;

1069 Socrates, *n.* གྲིག་གི་སྟོན་པ་ཆེན་པོ; ཞིག་གི་མིང;

1070 Socratic, *a.* སོ་ཀྲེ་ཊི་སིའི་ལུགས་ལྟ་བུ;

1071 Sod, *n.* སྤང; རྩ་བག; སའི་གོང་བུ; (སྤང་གོང; Sik.).

1072 Soda, *n.* སྦུལ་དོག;

1073 Sodomy, *n.* ཡུལ་མ་ཡིན་པར་བགྲོད་པ; ཀུབ་ལ་སྦྱོར་བ་བྱེད་པ; (vulgar ཀུབ་རྒྱོ;) (བཤང་ཕི་དུ་སྤྱོད་པ; written).

1074 Soever, *n.* གང་ལྟར་རུང; གང་རུང; ཇི་ལྟར་རུང;

1075 Sofa, *n.* འདུག་ཁྲི; ཉལ་ཁྲི; ཁྲི;

1076 Soft, *a.* མཉེན་པོ; འཇམ་པོ; སྙི་བ; འབོལ་པོ;

1077 Soften, *v.t.* མཉེན་པོ་དམ་འཇམ་པོ་བཟོ་བ;

1078 Softening, *n.* འཇམ་པོ་བཟོ་བའི་བྱ་བ;

1079 Softly, *ad.* འཇམ་པོར; མཉེན་པོ་བྱེད་དེ;

1080 Softness, *n.* འཇམ་ལུགས; མཉེན་ལུགས; མཉེན་ཆ;

1081 Soil, *v.t.* & *n.* (*n.* ས་གཞི;) (night soil སྐྱག་པ; དྲི་ཆེན;)
(*v.t.* དྲི་མས་སྒོ་བ;) དྲི་མས་སྦག་པ; དྲི་མར་བྱེད་པ;

1082 Soiled, *a.* དྲི་མར་བྱས་པ; དྲེག་པས་སྦགས་པ;

1083 Sojourn, *v.i.* བར་སྐབས་གནས་བཅའ་བ; སྡོད་པ; གནས་པ;
(*n.* གནས་སྐབས་ཀྱི་སྡོད་ས;)

1084 Sojourner, *n.* སྡོད་མཁན;

1085 Sol, *n.* ཉི་མ; ཉིན་བྱེད;

1086 Solace, *v.t.* སྐྱོ་རོར་བྱེད་པ; སེམས་གསོ་གཏོང་བ;

1087 Solar, *a.* ཉི་མའི;

1088 Solder, *v.t.* ཏི་ཚའི་རྩི་ཡིས་སྦྱར་བ; རྫོལ་ཚགས་རྒྱ་པ; ཏི་ཚ་རྒྱབ་པ;
(technical ཚ་ལ་གཏོང་བ; ཚ་ལེ་བྱེད་པ;)

1089 Soldier, *n.* དམག་མི;

1090 Soldierly, *a.* དམག་མིའི་བཟོ་རྣམ་ཅན; དམག་མི་ལྟ་བུ; རྒོད་པོ;
རྒོད་མདོག་ཁ་པོ;

1091 Soldiership, *n.* དམག་མིའི་གོ་ས;

1092 Soldiery, *n.* དམག་དཔུང; དྲག་པོའི་སྡེ;

1093 Sole, *n.* ལྷཾ་མཐིལ; ཀང་མཐིལ; (ཉ་ཞིག་གི་མིང; the fish).

1094 Sole, *a.* རྫོག་པོ་གཅིག་རང་གཅིག; ཁ་རྐྱང; རྐྱང་རྐྱང;
(ཁེབ་གཙང; Colql.).

1095 Solely, *ad.* ཡིང་གི; ཀྱང་ཀྱང; འབའ་ཞིག; གཅིག་པོར;

1096 Solecism, *n.* ཉེར་སྤྱོད་དང་བརྡ་སྤྱོད་དང་འགལ་བ;

1097 Solemn, *a.* ཐྲང་སྲོང་འཁར་བ་མདུན་བཙུག་གིས; སྙིང་ཐག་པའི;
འགྲོ་ལུགས་དང་མཐུན་པའི; གུས་པའི; དང་བའི;

1098 Solemnity, *n.* ཚོག; ཚོ་གའི་ཡན་ལག;

1099 Solemnization, *n.* དུས་སྟོན; ཆོས་སྟོན; དགའ་སྟོན;
སྟོན་མོ་འགྱེད་པའི་བྱ་བ;

1100 Solemnize, *v t.* དུས་སྟོན་སྲུང་བ; དགའ་སྟོན་འགྱེད་པ;

1101 Solemnly, *ad.* སྙིང་ཐག་པའི་སྒོ་ནས; ཀུན་ནས་དང་བས;

1102 Solicit, *v.t.* ཞུ་བ; གུས་པས་ཞུ་བ; གསོལ་བ;
གསོལ་བ་འདེབས་པ;

1103 Solicitant, *n.* ཞུ་བ་པོ;

1104 Solicitation, *n.* ཞུ་བ;

1105 Solicitor, *n.* ཞུ་བ་པོ; ཁྲིམས་སར་དོ་བདག་གི་ཁ་ཚབ་བྱས་ནས
གཞའ་འགྱེད་པ་པོ; (ཝུ་ཀིལ; or
བ་ཀཱིལ Hindi Tibetanised).

1106 Solicitous, *a.* དུང་དུང; སེམས་འཁྲེང་ཅན;

1107 Solicitude, *n.* གདུང་སེམས; སེམས་ཁྲལ; སེམས་འཁྲེང; སེམས་ཁྲེལ;

1108 Solid, *a.* རེག་རེག; སྲུག་པོ; མཁྲེགས་པོ; སྲ་བ; མཐུག་པོ;
འཐུག་པོ;

1109 Solidarity, *n.* སྐྱིད་སྡུག་གཅིག་ལྟར; ལར་རྒྱ་གཅིག་ལྟར;

1110 Solidify, *v.t.* སྲ་བར་བྱེད་པ; སྲ་ཞིང་མཁྲེགས་པར་བཟོ་བ;

1111 Solidity, *n.* སྲ་མཁྲེགས; སྲ་མཚན; སྲ་ལུགས;

1112 Soliloquize, *v.i.* གཅིག་ལབ་རྒྱབ་པ;

1113 Soliloquy, *n.* གཅིག་ལབ;

1114 Solitarily, *ad.* དབེན་པར; གཅིག་པོར;

1115 Solitary, *a.* དབེན་པའི; གཅིག་ཀྱིར; བཅིག་པོ;
(*adv.* རང་ཉིད་གཅིག་ཀྱིར་རེ;)

1116 Solitude, *n.* དབེན་གནས; དབེན་པ; རི་ཁྲོད; བས་མཐའ;

1117 Solo, *n.* མི་གཅིག་རང་གཅིག་གིས་ལེན་པའི་གླུ་དབྱངས;

1118 Solstice, *n.* ཉི་ལྡོག་གི་དུས; ཉི་ལྡོག;

1119 Soluble, *a.* བཞུར་ཡོད་པ; བཞུ་རུ་ཡོད་པ; བཞུ་རུང་བ;
བཞུ་ཉན་པ;

1120 Solute, *a.* དལ་པོ; མ་འཆིང་བ; ལྷོད་པོ;

1121 Solution, *n.* བཞུ་བའི་ཁ་བ; བཞིག་པའི་བྱ་བ; ཞིག་ཚུལ;
སྒྲོ་འདོགས་གཅོད་ཚུལ;

1122 Solvable, *a.* རྒྱུ་རྐྱེན་བཀྲོལ་དུ་ཡོད་པ; སྒྲོ་འདོགས་སོགས་གཅོད་
བདེ་བ; བཀྲོལ་ནུས;

1123 Solve, *v.t.* བཀྲོལ་བ; འགྲོལ་བ; སྒྲོ་འདོགས་སོགས་གཅོད་པ;
འགྲེལ་བ; བཀྲལ་བ;

1124 Solvency, *n.* བུ་ལོན་འཇལ་ནུས; བུན་འཇལ་ནུས་ཚུལ;

1125 Solvent, *a.* བུན་འཇལ་ནུས;

1126 Solver, *n.* དོན་བཀྲལ་མཁན; རྒྱུ་མཚན་བཀྲལ་མཁན;

1127 Some, *a.* ཐར་བུ་ཞིག; དོག་ཙམ; འགའ; འགའ་ཞིག;

1128 Somerset, *n.* གཟུགས་པོ་མགོ་མཇུག་སློག་ནས་མཆོང་རྒྱུ་དེ;

1129 Something, *n.* ཅུང་ཟད; ཆ་ཙམ; དོག་ཙམ; གང་ཡིན་པ་ཞིག; ཅི;

1130 Sometime, *ad.* ནམ་ཞིག་གི་ཚེ;

1131 Sometimes, *ad.* སྐབས་སྐབས་སུ; མཚམས་མཚམས་སུ;

1132 Somewhat, *n.* འགའ་ཙམ་ཞིག; ཅུང་ཟད; ཅུང་ཞིག;
(ག་ཆེད; ག་ཙེན; Colql.) (གང་མཚམས;)

1133 Somewhere, *ad.* ཕྱོགས་གང་ན; ས་ཆ་གང་ན; གང་ན;

1134 Somniferous, *a.* གཉིད་དབབ་ནུས་པ; གཉིད་བཀུག་ནུས་པ;

1135 Son, *n.* (Hon. སྲས;) བུ;

1136 Song, *n.* གླུ; (གསུང་གླུ; Hon.) མགུལ་གླུ;
(མགུར་མ; Religious Hymn).

1137 Songster, *n.* གླུ་མཁན;

1138 Songstress, *n.* གླུ་མཁན་མོ;

1139 Soniferous, *a.* སྒྲ་འབྱིན་ནུས་པ; སྒྲ་དང་ལྡན་པ; སྒྲ་འདོན་ནུས་པ;
སྒྲ་ལྡན;

1140 Sonnet, *n.* རྩོམ་གླུ;

1141 Sonorous, *a.* སྐད་སྒྲོར་ཅན; སྐད་གདངས་ཆེན་པོ;

1142 Sonorously, *ad.* སྐད་སྒྲོར་ཆེན་པོ་བྱེད་དེ; སྐད་གདངས་ཆེན་པོ་བཏོན་ནས;

1143 Sonship, *n.* བུའི་གོ་ས; (སྲས་ཀྱི་གོ་འཕང; Hon.)

1144 Soon, *ad.* མྱུར་དུ; མགྱོགས་པར;

1145 Soot, *n.* དུ་དྲེག; དུད་པའི་དྲེག་པ;

1146 Sooterkin, *n.* (archaic) དོན་ཆུག་ངེས་པའི་ཐབས་གཤོམ;

1147 Sooth, *n.* དྲང་པོ; བདེན་བ;

1148 Soothe, *v.t.* ཐུར་མཉེས་པར་བྱེད་པ; ཐུགས་དོ་སྐྱོང་བ; ཞི་བར་བྱེད་པ;
སེམས་ཁྲུ་གཏོང་བ; དཔལ་ལས་བཤད་པ;
ཁ་གསག་བྱེད་པ;

1149 Soothingly, *ad.* མཉན་པོ་བྱེད་དེ; ཞི་བར་བྱས་ནས;

1150 Soothsay, *v.i.* ཐུགས་བརྟག་གསུང་བ; ལུང་སྟོན་པ;
མངོན་ཤེས་འཆད་པའི་བཤད་པ;

1151 Soothsayer, *n.* རྩིས་པ; མོ་མ; མངོན་ཤེས་ཅན;

1152 Soothsaying, *n.* ཕྲུགས་བརྡག་སྨྲ་བ; མོ; མངོན་ཤེས་ལུང་བསྟན;

1153 Sooty, *a.* དུ་དྲེག་དང་འབྲེལ་བ; དུ་དྲེག་ཅན;
(དུད་དྲེག་ཁོག་ཁོག; Sik.).

1154 Sop, *n.* སྤག་སླ་མོ; (དྲོན་གོང; ཟན་གོང;)
སྤག་ཤ་ཁུའམ་འོ་མ་ལ་སྦང་བ;

1155 Sophism, *n.* བརྫུན་ཡིན་པ་ལ་ཐ་སྙད་ཀྱིས་བདེན་པ་ལྟར་བཅོས་པ;
རྟོག་གེའི་རིག་པ; རྟོག་གེ;

1156 Sophist, *n.* མཚན་ཉིད་མཁན; རྟོག་གེ་པ;

1157 Sophisticate, *v.t.* & *v.i.* སླད་པ; སླད་རྒྱབ་པ;

1158 Sophistry, *n.* བསྒྲོན་དོར་གྱི་རྩོད་པ; ཚིག་གི་ཐ་སྙད;
མཚན་ཉིད་ཀྱི་རྩོད་པ; ཚིག་ཙམ་གྱི་རྩོད་པ;
མ་ཡིན་པ་ཡིན་པར་བརྫོད་པའི་འདོད་ཚུལ;

1159 Soporific, *a.* གཉིད་དབབ་པའི་ནུས་པ་ཅན; *n.* གཉིད་འགུར་བྱེད་ཀྱི་
སྨན;

1160 Soprano, *n.* གླུ་ལེན་དུས་མོའི་གདངས་དབྱངས་བཟང་ཤོས;
མོ་སྐད་ཐྲ་ལ་བཟང་ཤོས; མོ་སྐད་བཟང་ཤོས;

1161 Sopranist, *n.* མོ་སྐད་ཐྲ་ལ་བཟང་ཤོས་འདོན་ནས་གླུ་ལེན་མཁན;

1162 Sorcerer, *n.* ངན་སྔགས་མཁན;

1163 Sorceress, *n.* བུ་མེད་ངན་སྔགས་མཁན;

1164 Sorcery, *n.* (Bhut. ངན;) ངན་སྔགས; མཐུ་གཏད; གཏད;

1165 Sordid, *a.* ངན་པ; སྐྱུག་བྲོ་པོ; དམན་པ; མ་རབས;

1166 Sordidness, *n.* ངན་ལུགས; ངན་པའི་ཚུལ; སྐྱུག་བྲོ་བ;
མ་རབས་ཀྱི་སྤྱོད་པ;

1167 Sore, *n.* རྨ; སྐྲང་འབུར;

1168 Sorely, *ad.* ཚབས་ཆེན་བྱས་ཏེ; ཤིན་ཏུ;

1169 Soreness, *n.* སྐྲང་གཟུག;

1170 Sorites, *n.* རིགས་པའི་སྒྲུབ་ལུགས་དཔེར་ན་ཞི་མི་རྐང་བཞི་པའོ; རྐང་བཞི་པ་ནི་སེམས་ཅན་ནོ; སེམས་ཅན་ནི་དངོས་པོའོ; དེས་ན་ཞི་མི་དངོས་པོའོ; ཞེས་པ་ལྟ་བུའོ;

1171 Sorrel, *a.* (of pony ཁ་མདོག་ཟག་པ;) (བ་ལང་ཁ་ཚ་ཞེས་པའི་སྔོ་དེ་ལ་ཟེར; Sik.).

1172 Sorrow, *n.* ཀྱ་ངན; སེམས་སྡུག; སྐྱོ་ངལ; སྡུག་བསྔལ;

1173 Sorrowful, *a.* ཀྱ་ངན་ཅན; སེམས་སྡུག་ཅན; སྡུག་བསྔལ་ཅན;

1174 Sorrowfully, *ad.* སེམས་སྡུག་དང་བཅས་ཏེ; སྐྱོ་པོ་བྱེད་དེ;

1175 Sorrowfulness, *n.* སེམས་སྡུག་ཆེ་ལུགས; སྐྱོ་ཚུལ;

1176 Sorry, *a.* སེམས་སྐྱོ་མོ; སེམས་སྐྱོ་པོ;

1177 Sort, *n.* རིགས; རིགས་སོ་སོ; རྣཾ་པ; སྣ་ཁ;

1178 Sort, *v.t.* སོ་སོར་དབྱེ་བ; རྣཾ་པར་འབྱེད་པ;

1179 Sorter, *n.* སོ་སོར་དབྱེ་མཁན; རྣམ་པར་འབྱེད་མཁན;

1180 Sortie, *n.* ཇག་འཐབ; འཐྲོན་འཐབ;

1181 So-so, *a.* ཨབྟུ་ཅོ; སྤྲུས་དག་རང་མཉན་པ;

1182 Sortes, *n.* འཕྲེན་མོ; མོ་བཤད་ཤོག་ལེའི་ངོས་སུ་བྲིས་ཡོད་པ་ འཕྲེན་ནས་བརྟག་ཀྱུའི་མོ;

1183 Sortilege, *n.* མིང་ཡི་ག་སྒྲུག་པའི་མོ;

1184 Sorus, *n.* སྤྲུངས; (མཚོ་སྤྲོས; Sik.) སྤུང;

1185 Sot, *n.* གླན་པ; ཆང་བ;

1186 Sotto-voce, *adv.* ཤུབ་བུར; སྐད་ཆུང་ངུར; སྐད་དམའ་པོ་བྱེད་དེ;

1187 Sou, *n.* & *v.t.* ཐོ་རན་མིའི་ཟང་ཊེ་ཞིག;

1188 Soubrette, *n.* གཡོག་མོ་; ཞལ་ལྟ་མ་;

1189 Souchong, *n.* ཇ་ནག་འབྲུ་ཐང་གི་རིཊ་ཞིག་;

1190 Soudanese, *n.* སོ་ཊན་ཞེས་ཨེ་ཕྲི་ཀའི་ཡུལ་ཞིག་གི་མི་རིགས་;

1191 Souffle, *n.* སྒྲ་གསལ་པོ་རང་མིན་པ་ཞིག་; སྒྲ་ཆུང་ལ་མི་གསལ་བ་ཞིག་;

1192 Souffle, *n.* (སཱུ་ཕླེ་;) སྒོ་ངའི་དཀར་ཆ་དང་མངར་བྱ་སོགས་ཀྱིས་བཟོས་པའི་ཟས་འཇུ་སླ་མོ་ཞིག་;

1193 Sough, *n.* (སཱ) རླུང་ཤིང་སྡོང་གི་ཡལ་གའི་དཀྱིལ་ན་དལ་གྱིས་ཕུ་བའི་སྒྲ་;

1194 Soul, *n.* རྣམ་ཤེས་; བདག་; (ཨཱཏྨཱ་; Skt.).

1195 Sound, *a.* ཐང་ཐང་; སྐྱོན་མེད་; ཐང་པོ་;

1196 Sound, *n.* སྒྲ་;

1197 Sound, *v.t.* གཏིང་ཚོད་བླུ་བ་; གླེ་ཚོད་ལེན་པ་; གཏིང་བླུ་བ་; ཚོད་བགམ་པ་; གཏིང་འཇལ་བ་; ཆུའི་གཏིང་གཞལ་བ་;

1198 Soundly, *ad.* ཡག་ཐག་ཆོད་; ལེགས་པར་;

1199 Soundness, *n.* ཐང་རྒྱལ་;

1200 Soup, *n.* ཤ་ཁུ་; ཐུས་ཐང་;

1201 Sour, *a.* (of taste སྐྱུར་པོ་;) སྐྱུ་ཐུང་; སྐྱ་ཐུང་; (གདོང་སྐྱུར་མོ་; of temper).

1202 Source, *n.* ཀ་; ཆུའི་ཀ་; འབྱུང་གནས་; འབྱུང་ཁུངས་;

1203 Sourly, *ad.* སྐྱུར་ཐང་ངེར་; མ་དགའ་བར་; མ་ཚིམས་པར་; གདོང་སྐྱུར་པོ་བསྟན་ཏེ་;

1204 Souse, *v.i.* ཆུ་ལ་སྦང་བ་; ཆུ་ལ་བཙུག་པ་;

1205 South, *n.* ལྷོ་; ལྷོའི་ཕྱོགས་;

1206 Southerly, *a.* ལྷོ་ཕྱོགས་སུ་;

1207 **Southern**, *a.* ལྷོ་ཕྱོགས་ཀྱི;

1208 **Sovereign**, *n.* གསེར་ཊམ་ཕྱི་སྒོར་བཅོ་ལྔའི་རྡོད; རྒྱལ་པོ; གཙོ་བོ; གོང་མ;

1209 **Sovereignty**, *n.* རྒྱལ་པོའི་ཆད་དབང; རྒྱལ་སྲིད; རྒྱལ་པོའི་གོ་འཕང;

1210 **Sow**, *v.t.* ས་བོན་བཏབ་པ; ས་བོན་འདེབས་པ; (*n.* ཕག་མོ;)

1211 **Sower**, *n.* ས་བོན་བཏབ་མི; ས་བོན་འདེབས་མཁན;

1212 **Sowing**, *n.* ས་བོན་འདེབས་པའི་བྱ་བ;

1213 **Space**, *n.* (དབྱིངས; ཀློང; ངང; classical) ས་ཆ; རྒྱ; ཁྱོན; ས་རྒྱ; ཀྱ; བར་མཚམས; བར; མཚམས;

1214 **Spacious**, *a.* ཀྱ་ཡངས་པོ; ཡངས་པོ; ཡངས་པ;

1215 **Spaciously**, *ad.* ཀྱ་ཡངས་པོ་བྱེད་དེ;

1216 **Spade**, *n.* (ལག་ཆ་རྟེམ;) ལྕགས་ཁྱེམ; ས་ཀོ་བྱེད་ཀྱི་ལག་ཆ་ཞིག;

1217 **Spadeful**, *a.* རྟེམ་གང; ལྕགས་ཁྱེམ་གང;

1218 **Span**, *n.* (of hand མཐོ;) རྒྱང་རིང་ཐུང; རྒྱང;

1219 **Spang**, *n.* (རྒྱན་ཆ་འོད་ཆེམ་ཆེམ; ornament).

leap རྒྱང་མཆོང; མཆོང; (ཧུབ; Sik.).

1220 **Spangle**, *n.* ཐྲ; དངོས་པོ་འོད་ཆེམ་ཆེམ; *v.t.* ཐྲ་ཡིས་བརྒྱན་པ;

1221 **Spaniard**, *n.* ཨིསི་པེན་བྱ་བའི་ཡུལ་མི;

1222 **Spaniel**, *n.* ཁྱི་ཁྲི་རྣ་བ་རིང་པོའི་རིགས་ཞིག;

1223 **Spanish**, *a.* ཨི་སི་པེན་ཡུལ་གྱི་མིའམ་སྐད; ཨི་སི་པེན་ཡུལ་གྱི;

1224 **Spank**, *v.t.* བརྡུ་ཤ་ལག་མཐིལ་གྱིས་བརྡུང་བས་སྐྲ་འབྱིན་པ; ཐལ་ལྕག་ཕུ་བ; *n.* ཐལ་ལྕག;

1225 **Spanking**, *a.* & *adv.* ཡག་པོ; (Had a spanking time དུས་སྐྱིད་ཐག་ཆོད་ཅིག་བྱུང;)

1226 Spar, *n.* ཀ་ཕྲན; གདུང་མ; དར་ཤིང; ཤིང་རིལ;
(རྩེ་ཡུག; Sik.) ལྕམ་ཤིང;

1227 Spare, *v.t.* ཕང་བ; ལྷག་ཕྲོ་འདོར་བ; ཕང་སྐྱེ་བཞག་པ;
སྐྱོབས་པ; བསྲི་བ; སྤྲོད་ནུས་པ;

1228 Spare, *a.* (ཉག་ཕྲ་མོ; Sik. & Bhut.); (lean ཤ་སྐམ་པོ;)
དཀོན་པོ; (ཕྲེབས; as spare copy, etc.).

1229 Sparing, *a.* ཕང་བཞིན; ཕང་ཕང་འདྲ་བ; བསྲིས་བཞིན་པ;

1230 Sparingly, *ad.* ཕང་བཞིན་དུ; དཀོན་དཀོན་འདྲ་བ་བྱས་ཏེ;

1231 Spark, *n.* (Sik. མེ་ཟི; མེ་སྲིང;) མེ་སྟག; མེ་ཚག;

1232 Sparkle, *v.i.* ཚེམ་ཚེམ་བྱེད་པ; (འཁོལ་བ; wine) འཚེར་བ;
འོད་འཚེར་བ; *n.* འོད; འོད་ཟེར;

1233 Sparkling, *a.* འོད་ཚེམ་ཚེམ;

1234 Sparring, *n.* (རྫོག་རིལ་བརྡེ་རེས་རྩེ་བ; Colql.)
ཁ་ཚུར་སྣུན་རེས་བྱེད་པའི་རྩེད་མོ;

1235 Sparrow, *n.* བྱིའུ་མཆིལ་པ; (ནས་གཟན; སྐྱུག་བྱུ; Sik.).

1236 Sparse, *a.* ཐ་རེ་ཐོ་རེ; དཀོན་པོ;

1237 Sparseness, *n.* དཀོན་ཚུལ;

1238 Spasm, *n.* རྩ་འདུས; རྩ་འཁུམས;

1239 Spasmodic, *a.* གླང་ཟུག་འདྲ་བའི; གླང་འཐབ་འདྲ་བའི; གཟེར་གླང་
འདྲ་བའི; གླང་ཟུག་ལང་བ་འདྲ་པོའི;

1240 Spat, *v.i* (*past t.* མཆིལ་མ་དོར་ཟིན;) (*n.* ཉ་སྡིག་སྲིན་གྱི་སྒོ་ང;)

1241 Spatter, *v.t.* འཐོར་བ; གཏོར་བ;

1242 Spatula, *n.* ཚོན་རྩི་འདམ་སྨན་སྦྱོར་ལ་ཉེ་བར་མཁོ་བའི་གྲི;

1243 Spavin, *n.* རྟ་ཡི་དཔྱི་སྣང་ནས་ཞ་བའི་ནད;

1244 Spawn, *n.* ཉའམ་སྦྲུལ་པའི་སྒོང་;

1245 Speak, *v.i.* ལབ་པ; ཟེར་བ; སྨྲ་བ;

1246 Speakable, *a.* ལབ་བདེ; བརྗོད་དུ་རུང་བ; བརྗོད་བདེ;

1247 Speaker, *n.* ཁ་པ; ཞུ་བ་པོ; ལབ་མཁན; རྗོད་མཁན;

1248 Speakership, *n.* ཁ་པའི་གོ་ས;

1249 Speaking, *a.* ཁ་ལབ; བགྲོ་གླེང; སྨྲ་བརྗོད; གླེང་མོ;

1250 Spear, *n.* མདུང; (*v.t.* མདུང་རྒྱུར་རྒྱབ་པ; Sik.).
(*v.t.* མདུང་སྣུན་པ;)

1251 Special, *a.* ཆེད་མངགས; གཞན་དང་མི་འདྲ་བར་ཆེད་དུ་མངགས་པ་ལ་ཟེར; ཁྱད་པར་གྱི; ཁྱད་པར་ཅན, ཁྱེ་བྲག; ལྷག་པའི;

1252 Specialist, *n* བཟོ་རིག་གི་ཡན་ལག་གཅིག་ཁོ་ན་ལ་འབྱུངས་མཁན; རིག་པའི་ཡན་ལག་གཅིག་ཁོ་ན་ལ་འབྱོངས་པ;

1253 Speciality, *n.* ཁྱད་ཆོས; ཁྱད་པར;

1254 Specially, *ad.* ཆེད་མངགས་ཀྱིས; ཁྱད་པར་དུ; ཁྱེ་བྲག་ཏུ; ལྷག་པར་དུ; ལྷག་པར;

1255 Specie, *n.* གསེར་ཊམ་དངུལ་ཊམ་ཟངས་ཊི་སོགས;

1256 Species, *n.* རིགས; སྤུས; རྣམ་པ; སྣ; སྣ་ཁ;

1257 Specific, *a.* དབྱེ་བར་འབྱེད་པའི; དབྱེ་བའི;

1258 Specification, *n.* ཁྱད་པར་དུ་བརྗོད་པའི་ཐོ་བ; ཞིབ་མོར་བརྗོད་པའི་ཐོ་བ; ཁྱད་བརྗོད; རིམ་བརྗོད;

1259 Specify, *v.t.* གོ་རིམ་བཞིན་རྗོད་པ; རིམ་པ་བཞིན་རྗོད་པ; ཁྱད་པར་དུ་དབྱེ་བ; ཁྱད་པར་དུ་སྟོན་པ;

1260 Specimen, *a* དཔེ; སྤུས་ཚད;

1261 Specious, *a.* མཐོང་སྣང་མཛེས་པོ; སྤྲུས་མི་ལེགས་ཤིང་སྣང་ངོ་ཙམ་དུ་མཚར་བ; བཅོས་མ; རྒྱུངས་གཡེར་ཅན;

1262 Speciously, *ad.* མཐོང་སྣང་དུ་མཚར་པོ་བྱེད་དེ;

1263 Speck, *n.* གནག་ཐིག; ནག་ཐིགས;

1264 Speckle, *n.* ཐིགས་ཁྲ;

1265 Speckled, *a.* ཐིགས་ཁྲ་ཅན;

1266 Spectacle, *n.* (གཟིགས་སོ; Hon.) ལྟད་མོ; (མིག་ཤེལ; ཤེལ་མིག;) (སྤྱན་ཤེལ; Hon. Spectacles).

1267 Spectator, *n.* ལྟད་མོ་ལྟ་མཁན; གཟིགས་མོ་གཟིགས་མཁན;

1268 Spectre, *n.* དངོས་མེད་ཀྱི་གཟུགས་བརྙན་སྣང་བ; གཟུགས་བརྙན; འདྲེ; གདོང་འདྲེ;

1269 Spectrum, *n.* མིག་འཛུམ་རྗེས་གཟུགས་བརྙན་གྱི་བག་ཆགས་མིག་ཁར་འཆར་བ; འཇའ་ཤེལ་གྱིས་འཇའ་ཚོན་སོ་སོར་འབྱེད་དེ་ཡོ་ལའི་ངོས་ལ་སྟོན་པ་དེའོ;

1270 Speculate, *v.t.* ཞིབ་རྩིས་སམ་ཁ་རྩིས་བྱེད་པ;

1271 Speculation, *n.* ཁ་བཟང་ཟ་བའི་རེ་བའི་ཉོ་འཚོང; བསམ་པ; དགོངས་པ; ཁ་རྩིས; ཁ་གྲུང་གི་རྩིས་ཞིབ་མོ;

1272 Speculative, *a.* ཞིབ་རྩིས་ཀྱི་སྒོ་ནས; ཁ་བཟང་ཟ་བའི་རེ་བའི; སེམས་པའི; བསམ་པའི;

1273 Speculator, *n.* ཞིབ་རྩིས་བྱེད་མཁན; ཁ་ཆེན་པོ་ཟ་འདོད་ཀྱིས་ཉོ་འཚོང་བྱེད་མཁན; མནོ་མཁན;

1274 Speech, *n.* ཚོགས་གདམས; སྐད་ཆ; ཁ་བཤད; ཚོགས་བཤད; ཚོགས་གཏམ; གདམས་ངག; སྐད; གཏམ; གྲོས; (གསུང་གྲོས; Hon.).

1275 **Speechless,** *a.* ཁ་ལབ་རྒྱུ་མེད་པ; ཁ་མེད;

1276 **Speed,** *v.i.* & *v.t.* བང་རྒྱབ་པ; མྱུར་བ; མྱུར་དུ་བྱེད; བང་རྒྱུག་པ; བང་གཏོང་བ; (*n.*) བང;

1277 **Spell,** *n.* སྔགས; བཟླས་པ; ངན་སྔགས; སྒྲུང; (སྦྱོར་ཀློག; སྦྱོང་ཀློག; Spelling) རི་མོས;

1278 **Spelling,** *n.* སྦྱོར་ཀློག; (སྦྱོང་ཀློག; Sik.).

1279 **Spelt,** *n.* ཛར་མན་ཡུལ་དུ་སྐྱེ་བའི་གྲོའི་རིགས་ཞིག;

1280 **Spence,** *n.* གཉེར་ཚང; མཛོད; བཟའ་ཆས་ཀྱི་མཛོད; འབྲུ་མཛོད; འབྲུ་ཁང;

1281 **Spend,** *v.t.* & *v.i.* འཛད་པ; གཏོང་སྒོ་གཏང་བ; འགྲོ་སོང་གཏོང་བ; ཟད་པ;

1282 **Spender,** *n.* གཏོང་སྒོ་གཏོང་མཁན; འགྲོ་སོང་གཏང་མཁན;

1283 **Spew,** *v.t.* སྐྱུག་པ; མཆིལ་མ་དོར་བ;

1284 **Sphere** *n.* སྒོང་བུ; རིལ་མོ; རིལ་བ; ཞིང; ཞིང་ཁམས; ཁམས; དབྱིངས; འཇིག་རྟེན;

1285 **Spherical,** *a.* (སྒོང་རིལ; Sik.) རིལ་རིལ; སྒོར་སྒོར;

1286 **Spheroid,** *n.* སྒོང་གཟུགས; སྒོང་དོག་རིལ་རིལ; སྒོང་བུ་ལྟ་བུའི་དབྱིབས;

1287 **Sphinx,** *n.* སྔ་དུས་རྙིང་པའི་སྒྲུང་དུ་གདོང་བུད་མེད་ཡིན་པ་ལ་ལུས་སེང་གེ་བྱས་པ་མི་ལ་གབ་ཚིག་གི་འདྲིབ་དྲིས་ནས་ལན་ཀ་ཐེབས་ཚེ་བཙར་ནས་བསད་ཀྱི་ཡོད་ལུགས་བཤད་པ་དེའོ; གཟུགས་བརྙན་གདོང་བུད་མེད་འདྲ་པོ་གཟུགས་པོ་སེང་གེའི་འདྲ་པོ་བྱས་པ་ཞིག;

1288 **Spice,** *n.* སྨན་ཛས; ཤ་སྨན; སྤོད;

1289 Spicy, *a.* སྣན་རྫས་ཀྱི་དྲི་ངད་ཅན; ཤ་སྣན་ཅན; སྤོད་ལྡན;

1290 Spider, *n.* འབུ་སྡོམ་ནག; སྡོམ་ནག; སྡོམ;

1291 Spike, *n.* (of grain སྙེ་མ; འབྲུའི་སྙེ་མ;) (གཟེར; ལྕགས་གཟེར; མདུང་ཐུང; of iron).

1292 Spiked, *a.* སྙེ་མ་ཅན; ལྕགས་གཟེར་བརྒྱབས་པའི; གཟེར་ཅན;

1293 Spikenard, *n.* དྲི་བསུང་ལྡན་པའི་སྤོ་ཞིག; (རྒྱ་སྤོད་དུ; ཛ་ཊ་མཱ་ཤི; Hindi).

1294 Spile, *n.* ཤིང་གི་ཐུར་པ; ཐུར་པ; ཐུར་ཆུང;

1295 Spill, *v.t.* & *v.i.* བཤོ་བ; ཤོ་བ; འབོ་བ; དབོ་བ; (*n.*) ཁ་སྤུབ; ཤིང་སྤུབ;

1296 Spin, *v.t.* བཀལ་བ; འཁལ་བ;

1297 Spinneret, *n.* འབྲུའི་རིགས་ཀྱིས་སོ་སོའི་ཚང་གི་དྲ་བ་བཟོ་བྱེད་ཀྱི་དབང་པོ་དེའོ;

1298 Spinnery, *n.* སྐུལ་པ་འཁལ་སའི་ཁང་བ;

1299 Spinning-house, *n.* སྐྱེ་དམན་འཚལ་མོའི་རིགས་ཉེས་ཆད་དུ་སྐུད་པ་འཁལ་བཙུག་སའི་བཙོན་ཁང;

1300 Spinage, *n.* སྤོ་ཚོད་ཤིག;

1301 Spinal, *a.* སྒལ་ཚིགས་ཀྱི; སྒལ་ཚིགས་ཀྱི་སྐོར;

1302 Spindle, *n.* ཕང; ཐུང་བུ; ཕང་མ; སྐུད་པ་འཁལ་སའི་ཕང;

1303 Spine, *n.* སྒལ་ཚིགས; ཚེར་མ་རིང་པོ;

1304 Spinel, *n.* པདྨ་རག; པད་རག་སྤུས་ཞེར་གཅིག;

1305 Spinner, *n.* སྐུད་པ་འཁལ་མི; བལ་འཁལ་མཁན;

1306 Spinning, *n.* སྐུད་པ་འཁལ་བའི; བལ་འཁལ་བཞིན་པ;

1307 **Spinster**, *n.* (སྨིན་ཀཽར; Sik.) བུད་མེད་ན་ལོན་ཡིན་པ་ལ་ཁྱོ་ག་མེད་པའི་རིགས; མོ་རྐྱང་མོ; བལ་འཁལ་མཁན་གྱི་གྲལ་དུ་འཛུག་འོས་པའི་བུད་མེད; མོ་གཞོན་ཁྱོ་མེད;

1308 **Spiny**, *a.* ཚེར་མ་ཅན;

1309 **Spiracle**, *n.* སྦུག་སྣན; སྦུ་ག་སྤྲ་སོ; ཁུང་བུ; ཨི་ཁུང; དབུགས་རྔུབ་པའམ་གཏང་བའི་སྦུ་ག;

1310 **Spiral**, *a.* བཅུས་སྒུར་ལྷ་སྦུ;

1311 **Spiration**, *n.* དབུགས་རིང; (theol. ཡེ་ཤུའི་ཆོས་ལུགས་ལྟར་ན་དག་པ་ཡེ་ཤེས་པའི་ཕེབ་གྲལ;) དབུགས་རྔུབ་པའི་བྱ་བ;

1312 **Spire**, *n.* ཁང་པའི་ཐོག་གི་རྒྱན་ཆ་རྩེ་སྐྱུང་ཅན; ལྕུག་དཀྲིས;

1313 **Spirit**, *n.* (of wine ཨ་རག; ཉིང་ཁུ; དང་མ); བཅུད; སྙིང་པོ; དོན; ཡང་སྙིང; (Soul བདག; སེམས; རྣམ་ཤེས; བླ; སྲོག); ghost འདྲེ; འབྱུང་པོ; mental disposition སྤོབས་པ; གདིང; བློ་སྤོབས; (mettle ངར);

1314 **Spirited**, *a.* བརྩལ་ཡོད་པ; སྤོབས་པ་དང་ལྡན་པ; སྙིང་སྟོབས་ཅན; ངར་ཅན; *v.t.* འདྲེ་ལྟར་གར་སོང་འདིར་སོང་མེད་པར་ཡལ་དུ་བཅུག་པ; གར་སོང་མེད་པར་འཁྱེར་བྱིན་པ;

1315 **Spiritual**, *a.* སེམས་ཀྱི; ཐུགས་ཀྱི; ཆོས་ཕྱོགས་ཀྱི; ཆོས་ཀྱི; དངོས་མེད་ཀྱི; བླའི; ལྷའི; དོན་དམ་པའི; སེམས་དོན་གྱི; ཆོས་སྐོར་གྱི; ལྷ་ཆོས་ཀྱི;

1316 Spiritualism, *n.* (Philosophy བདག་དུ་ལྟ་བ; བདག་དག་པར་འཛིན་པ;)
(ཉོན་པོ་དང་ལྷ་བབ་དང་བོན་བོན་རྣལ་འབྱོར་མ་སོགས་ཀྱི་ཆོས་ལུགས; Sik.) གདོང་འདྲེ་འམ་ཤི་འདྲེ་འབོད་རྒྱུ་ཡོད་པའི་ཆོས་ལུགས་ཞིག;

1317 Spiritualist, *n.* ལྷ་བབ་སོགས་ལ་མོས་མཁན; (བོན་བོན་འབོང་ཁྲིང་སོར; Sik.) (བདག་དུ་ལྟ་བའི་གང་ཟག; Phil.).

1318 Spirituality, *n.* སྟོང་པ་ཉིད་ཀྱི་ག་ཤིས; སེམས་ཀྱི་ཁྱད་ཆོས;
ཆོས་སྡེའི་ཁོངས་གཏོགས; ཆོས་སྡེའི་ཐོབ་ཐང;

1319 Spiritualize, *v.t.* ཆོས་ཕྱོགས་སུ་སྒྱུར་བ; བློ་སྣ་ཡར་སྐྱེད་པ;
(དབུགས་དབྱུང་བ; to encourage or to infuse life.
དོན་ཆོས་སྐད་ཀྱི་དོན་ལྟར་བཀྲལ་བ; to attach a spiritual meaning.

1320 Spiritually, *ad.* དོན་དམ་པའི་ངོས་ནས; ཆོས་ཕྱོགས་ནས;

1321 Spirituous, *a.* ཨ་རག་གར་པོ་འི; ཨ་རག་གི;

1322 Spirt or Spurt, *v.i.* & *v.t.* ཆུ་ཤུགས་ཀྱིས་འཕྲོར་ཡོང་བ;
v.t. ཆུ་བཙིར་ནས་གཏོར་བ;

1323 Spit, *n.* ཤ་ཙང; ཤ་མེ་བསྲེག་སྐབས་སུ་བརྒྱུད་བྱེད་ཀྱི་ལྕགས་ཙང;

1324 Spit, *n.* མཆིལ་མ; *v.t.* མཆིལ་མ་འདོར་བ;
(Spit-box, པི་ད་ལ; Bhut.).
(ཞལ་བཟེད; Hon.) མཆིལ་མའི་སྣོད;

1325 Spite, *n.* སྙིང་ནད; སེམས་འཁོན; འཁོན་བཞག; སྙིང་སྣུན;
(in spite of སྣང་དག་མ་གདང་བར; Sik.).
བཀག་ཀྱང; མ་རྩིས་པར;

1326 Spitefully, *ad.* སྙིང་ནད་ཀྱིས; སེམས་འཁོན་གྱིས; འཁོན་དུ་བཟུང་ནས;

1327 **Spittle**, *n.* མཆིལ་མ; (ལྷགས་མཆིལ; Hon.).

1328 **Spittoon**, *n.* མཆིལ་མའི་སྣོད; (ཞལ་བཟེད; Hon.).

1329 **Splash**, *v.t.* ཆུ་ལ་ཆོབ་སླ་ཡིང་ངེ་སྐྱུར་བའམ་འཕྱོར་བ; ཆོ་གཏོར་བ;

1330 **Splay**, *v.t.* སེག་རྣམ་སྦྱ་འཁྱོག་པོར་བཟོ་བ, རྟའི་དཔུང་པའམ་ལག་ཤ་འཕྲུལ་བ;

1331 **Spleen**, *n.* (the intestine མཆེར་པ;) (རླུང་ཁམས; ཁྲག་རླུང; ཁོང་ཁྲོ; of temper).

1332 **Spleeny**, *a.* རླུང་ཁམས་མཐོན་པོ; ཁྲག་རླུང་ཅན; ཁོང་ཁྲོ་ཅན;

1333 **Splendid**, *a.* ཟིག་པོ; ངམ་ཟིག་ཅན; Colql. སྣད་བྱུང; ཐུལ་བྱུང;

1334 **Splendidly**, *ad.* ཟིག་པོ་བྱེད་དེ; ཡག་ཐག་ཆོད་བྱེད་དེ; ལེགས་པར;

1335 **Splendour**, *n.* ངམ་ཟིད; གཟི་ཇིད; དཔལ; འོད; གཟི་འོད;

1336 **Splenetic**, *n.* རླུང་ཁམས་ཅན; (Spleeny).
སྐྱོ་མདོག་ཅན; (Melancholy).

1337 **Splice**, *v.t.* སྐྱུད་པའི་སྣེ་མཐུད་མཐུད་པ; མཐུད་པ;

1338 **Splint**, *n.* ཤིང་སྐྱོར; རུས་པ་ལ་ཆག་ཀྲུམ་ཤོར་དུས་ཨེམ་ཆིས (ཤིང་སྐྱོར་རྒྱབ་ནས་འཆིང་རྒྱུའི་ཤིང་ལེབ་དེའོ; རྐང་པ་ཆག་པ་སོགས་བྱུང་སྐབས་རུས་པ་མཐུད་པའི་ཕྱིར་ཤིང་ལེབ་ཀྱི་བདའ་རལ་འཆིང་རྒྱུ་དེ; Sik. & Bhut.).

1339 **Splinter**, *n.* (ཤིང་གི་ཞོར་ཕྱུག; Sik.) གཤག་མ;

1340 **Split**, *v.t.* བཀས་པ; གཤོག་པ; གཤགས་པ; འགས་པ;

1341 **Splutter**, *v.i.* & *n.* ཁ་ལབ་དུས་མཆིལ་མ་ཐྲོར་ཐྲོར་འཐོན་པ;

1342 **Spoil**, *v.t.* མེད་པར་བཟོ་བ; འགྲོ་བརླག་གཏོང་བ; རློག་པ; བརླག་པ;

1343 **Spoiler**, *n.* མེད་པར་བཟོ་མཁན; བརླག་མཁན;

1344 **Spoke**, *n.* འཁོར་ལོའི་རྩིབས; རྩིབས; (ལབ་ཟིན་པ; pt. of speak).

1345 Spoken, *a.* ལབ་ཟིན་པ; སྨྲས་ཟིན་པའི;

1346 Spokesman, *n.* གཞན་གྱི་ཚབ་ཏུ་སྨྲ་བ་པོ; ཁ་པ;

1347 Spoliation, *n.* ཕྲོགས་བཅོམ; བརླག་སྟོར; འཕྲོག་ཆོམ;

1348 Sponge, *n.* རྒྱ་མཚོའི་གཏིང་ན་སྐྱེབ་པའི་སྲོག་ཆགས་གཟུགས་ཤི་ཁྲང་ཀྲུང་ཀྲུང་ཡོད་པ་ཞིག་གོ; (དེའི་གཟུགས་ནི་ད་ལྟ་ཆུ་འཛིབས་ཡ་ལ་མཁོ་བྱེད་ཆེ་བས་ཀུན་གྱིས་ཧ་ར་བྱས་ཡོང;) ཆུ་ཁྲར; ཆུ་འཛིབས;

1349 Spongy, *a.* (ཆུ་འཛིབས་ཅིང་ཟོབ་ཟོབ་ཡིན་པའི; Sik.). ཆུ་འཛིབས་འདྲ་བ;

1350 Sponsor, *n.* ཁག་འཁྲུགས་པ; ཕ་ཚབ; ཁས་འཁྲུག་པ; ཁག་ཐེག་པ;

1351 Spontaneity, *n.* རང་འདོད་ཀྱི་ཡིན་ཚུལ; རང་འདོད; (བློ་འབར; Sik.).

1352 Spontaneous, *a.* (རང་འདོད་བློ་འབར་ཀྱི; Sik.) རང་འདོད་ལྟར; རང་བློའི;

1353 Spool, *n.* འདྲ་པར་གྱི་ཤོག་གྲིལ; སྐུད་པ་དཀྲིས་སའི་ཤིང་རིལ; (འཁལ་ཚུང; Sik.).

1354 Spoon, *a.* ཐུར་མ; (བཞེས་ཐུར; Hon.).

1355 Sport, *n.* རྩེད་མོ; (སྐུ་རྩེད; Hon.).

1356 Sportful, *a.* རྩེད་མོ་རྩེ་དད་ཅན; (སྐུ་རྩེད་ལ་ཐུགས་མཉེས་པོ; Hon.).

1357 Sporting, *n.* རྩེད་མོ; ཁྲི་ར; (སྐུ་རྩེད; Hon.) རྩེ་བཞིན་པ; (སྐུ་རྩེད་གནང་བཞིན་པ; Hon.).

1358 Sportive, *a.* རྩེད་མོ་ལ་དད་པ;

1359 Sportsman, *n.* ཁྲི་ར་པ; རྔོན་པ; ཁྲི་ར་ལ་དགའ་བ;

1360 Spot, *n.* (place ས་ཆ; གནས;) (ཐིག; dot also ཐིགས; ནག་ཐིགས;) blemish ཞབས་འདྲེན;

1361 Spotted, *a.* ཐིགས་ཁྲ་ཅན; ཁྲ་ཁྲ; (གཟིག་ཁྲ་ཅན; of animals).

1362 Spousal, *a.* བག་མའི; (གཉེན་ཚང་འབྲུང་གི; Sik.) བག་སྟོན་གྱི; གཉེར་རྒྱབ་པའི་སྐོར;

1363 Spouse, *n.* བག་མ; ཆུང་མ; ཟླ་གྲོགས; བཟའ་ཟླ; ཟླ་བོ; ཁྱོ་གའམ་སྐྱེ་དམན;

1364 Spout, *n.* མཆུ; མཆུ་ཛོ; མཆུ་དོ; *v.i.* མཆུ་དོ་ནས་ཕྱིར་རྒྱངས་ཀྱིས་འཐོན་པ; ཤུགས་ཀྱིས་འཐོར་ཡོང་བ;

1365 Sprain, *v.t.* (ཚིགས་དཀྲུག་པ; ཚིགས་ཐུབ་ཤོར་བ; Sik. & Bhut.) ཚིགས་འཆུ་བ; ཚིར་འབུད་པ;

1366 Sprat, *n.* ཉེའུ་ཆུང; ཉ་ཆུང; ཉ་སྲིན; ཉེའུ;

1367 Sprawl, *v.i.* གན་རྐྱལ་དུ་གནས་ཅིང་རྐང་པ་བརྐྱངས་ནས་སྡོད་པ; རྐང་ལག་བརྐྱངས་ནས་ཉལ་སྡོད་པ;

1368 Spray, *n.* ཆུའི་ཟེགས་མ; of water (ཆུའི་བ་ཟེམ; Sik.). (of plant ཡལ་ག་ཕྲ་མོ; ལྕུག་མ; ལྕུག་ཕྲན;)

1369 Spread, *v.t.* འདིང་བ; རྐྱོང་བ; འགེབས་པ; འཁེབས་པ; གཅལ་བ; རྫལ་བ; སྒྲིལ་བ; འགྲེམས་པ; འདལ་བ; བཀྲམ་པ; *vb. n.* མཆེད་པ; འགྲེ་བ; རྒྱས་པ; དར་བ; ཁྱབ་པ; དགྲམ་པ;

1370 Spreading, *n.* ཁྱབ་བཞིན་པ; འགྲེམས་བཞིན་པ; etc.

1371 Sprig, *n.* (of plant ཡལ་ག་ཆུང་ངུ; སྨྱུ་གུ; སྨྲས་ཆུང;) (བུ་བརྒྱུད; ཁྱེའུ; child) (ཨ་ལོ; ཨ་ལོ;) Colql.

1372 Spright, *n.* ཐེའུ་རང; འབྱུང་པོ; མི་མ་ཡིན;

1373 Sprightful, *a.* སྤུར་པོ; (ཆུབ་ཀྱིར་ར; Colql.) ཆུབ་པོ; ཉིས་བདེ་མོ; སྐྱེན་པ;

1374 Sprightly, *ad.* ཀྲུག་པོ; ལུས་ཡང་པོ; སྒྲིན་པ; etc.

1375 Spring, *v.i.* མཆོང་བ; (ཡར་རྒྱབ་པ; Sik.) *n.* དཔྱིད་ཀ; of season སོས་ཀའི་དུས; (ཆུ་གཟར; ཆུ་མིག; Sik. of water).

1376 Springal, *n.* (archaic) གཞོན་ནུ; སྟག་ཤར; ཕོ་གཞོན;

1377 Spring-bok, *n.* རི་དྭགས་གཙན་འདྲ་པོ་ཞིག;

1378 Springe, *n.* & *v.t.* (*n.*) རྙི; (*v.t.* རྙིར་བཟུང་བ;)

1379 Sprinkle, *v.t.* གཏོར་བ; འཐོར་བ; (ཆབ་རྒྱབ་པ; Colql.) (ཁྲུས་ཆབ་གཏོར་བ; Hon.).

1380 Sprint, *v.i.* ཐག་ཐུང་ཐུང་ཞིག་རྒྱུག་པ;

1381 Sprit, *n.* རྒྱངས་ཤིང;

1382 Sprite, *n.* ཐེའུ་རང; འབྱུང་པོ;

1383 Sprout, *v.t.* འབུར་དུ་སྐྱེ་བ; སྐྱེ་བ; འབུར་བ;

1384 Spruce, *a.* དྭངས་འདྲ་ཅན; (idiom. གད་གཙང;) (འཛེམ་པོ; Sik.) (ཁམས་དྭངས་པོ; Colql. and idiom.).

1385 Spry, *a.* ཉ་ཐྲན; ཉེའུ;

1386 Spur, *n.* (of hill སྒང་ཟེ; སྒང་སྣ; སྒང་རྒྱུད;) རྟའི་སྦྲོ་ལ་གཙག་རྒྱུའི་ལྕགས་ཀློ་ཡུ་ལ་སྦྲག་པ་དེ་ལའང་ཟེར;

1387 Spurge, *n.* འོ་མ་རོ་ཁག་པོའམ་སྐྱུར་པོ་ཡོད་པའི་སྤྲོའི་རིཊ;

1388 Spurious, *a.* བརྫུ་མ; བརྫུས་མ; བཅོས་མ;

1389 Spuriously, *ad.* བརྫུས་མ་བྱས་ཏེ;

1390 Spuriousness, *n.* བརྫུས་མ་ཡིན་ལུགས;

1391 Spurn, *v.t.* རྡོག་ཐོས་འཕུལ་བ; རྡོག་རྒྱག་གིས་འཕུལ་བ; ཕྱིར་འཕུལ་བ; རྡོག་རྒྱག་གཞུ་བ;

1392 Spurt, *v.i.* ཆུ་ཤུགས་ཀྱིས་ཡར་འཕར་བ;

1393 Sputter, *v.t.* མཆིལ་མ་འཐོར་བ; ཁ་མགྱོགས་དྲགས་ནས་ཚིག་སྒྲ་མ་དག་པར་ལབ་པ;

1394 Spy, *n.* སོ་པ; སྐུལ་མ; སྐུལ་མི; བྱ་ར་བ; ས་ཉན་པ;

1395 Squab, *a.* རྒྱགས་པ; བཟོ་ལྟ་མ་ལེགས་པ; ལྷུས་ལྷུས;

1396 Squabble, *v.i.* ཙ་ཙོ་ཆེན་པོ་དང་བཅས་དེ་འཐབ་པ;

1397 Squad, *n.* དམག་རྫིས་སྦྱོང་བརྡར་གྱི་ཆེད་དུ་མི་དཔུང་ཕྲན་བུ་ཞིག་ཚོགས་པ;

1398 Squadron, *n.* དམག་ཚ; ཏ་དམག་གི་སྡེ་མི་གྲངས་ཉིས་བརྒྱ་ཙཾ་བྱས་པ; དམག་གྲུའི་སྡེ་ཚན;

1399 Squalid, *a.* དྲེག་པ་ཅན; ཉག་ཉིག་ཅན; དྲི་མ་ཅན;
(དྲེག་པ་ཁོག་ཁོག; Sik.).

1400 Squall, *n.* བུ་ཡུག་དང་བཅས་པའི་རླུང་ནག; རླུང་ཚུབ;
v.i. སྐད་ངན་རྒྱབ་པ; སྐད་ངན་ཤོར་བ;

1401 Squalor, *n.* དྲེག་པའམ་དྲི་མ་ཡོད་ཚུལ;

1402 Squander, *v.t.* སྟོང་ཟད་གཏོང་བ; འཕྲོ་བརླག་གཏོང་བ;

1403 Square, *a.* སྡེ་ཡངས་གྲུ་བཞི; གྲུ་བཞི; ལོགས་དང་གྲུ་ཆ་མཉམ་པའི་གྲུ་བཞི་ལ་ཟེར;
(ཡོ་འཁྱོག་ཉེ་རིང་མེད་པ; དྲང་པོ; honest or fair).

1404 Squash, *v.t.* བཙར་བ; བཙིར་བ;

1405 Squat, *v.i.* (Colql. པོ་ཙོག་པིས་ལ་སྡོད་པ;) ཙོག་པོར་སྡོད་པ;

1406 Squatter, *n.* ས་ལ་པོ་ཙོག་གི་སྡོད་མཁན; ཙོག་པོར་སྡོད་མཁན; ས་ཆའི་ཕྲོག་དུ་ས་བདག་ལས་དགོངས་སྐོར་མི་ཞུས་པར་སྡོད་མི;

1407 Squaw, *n.* ཨེ་མི་རི་ཀའི་མིའི་སྐྱེ་དམན;

1408 Squeak, *v.i.* སྐད་ཕྲ་མོ་ཤོར་བ; དཔེར་ན; *n.* ཙི་ཙིའི་སྐད་ལྟ་བུ;

1409 Squeal, *v.i.* ཕག་ཚུང་གི་སྐད་བཞིན་སྐད་ཤོར་བ;

1410 Squeamish, *a.* འཛེམ་ཏོག་ཅན; འཛེམ་ཚ་ཆེ་མདོག་ཁ་པོ;
ཡིད་སྨུན་སླ་བ; ཕྲུ་མཉེས་དཀའ་བ;

1411 Squeezable, *a.* བཙིར་དུ་ཡོད་པ;

1412 Squeeze, *v.t.* བཙིར་བ; འཚིར་བ;

1413 Squib, *n.* ཤོག་པག་མེ་ལ་སྦྱར་ནས་གཙོཾ་ལ་བསྐྱུར་བས་འགས་
མཁན་དེ; ཤོག་པག;

1414 Squill, *n.* སྤོ་སྨན་ཞིག; སྨྣད་འི་རིགས་ཤིག;

1415 Squint, *a.* མིག་ར་ཡོ; མིག་ཀྲ་ཡོ; ཞར་བལྟས་ཅན;
v.i. མིག་བཙུམ་རྒྱབ་པ; *v.i.* མིག་ཀླྲ་ཡོར་བལྟ་བ;

1416 Squire, *n.* མདའ་དཔོན་ནམ་བ་དུར་གྱི་ཨབ་ཕྲུག་གམ་སྐུ་སྲུང་པ;
འགོ་པ; གཉིས་གཞི་བདག་པོ;

1417 Squire-hood, *n.* སྐུ་མདུན་པའི་གོ་གནས; ཨབ་ཕྲུག་གི་གོ་ས;
སྐུ་སྲུང་བའི་གོ་ས;

1418 Squirrel, *n.* འཛགས་མ་ཀི་ལི; Sik. ཤིང་གས་དུ; Bhut.
(ཤིང་ལ་གནས་པའི་སྤྲག་ཚང་འབྲས་ལྡོངས་སུ་
འཛིང་མ་ལ་ཟེར་བ་དེའོ; Sik.).

1419 Squirt, *v.t.* ཆུ་མདའི་ནང་ནས་ཆུ་བཙིར་གྱིས་གཏོར་བ;
ཆུ་དུང་ནང་ནས་ཆུ་ཙིར་གྱིས་གཏོར་བ;

1420 Stab, *v.t.* མཚོན་གྱིས་བསྣུན་པ; (གྲི་སོབ་པ; གྲི་རྫང་བ; Sik.).

1421 Stability, *n.* དག་བརྟན; བརྟན་ཚུལ; བརྟན་ཐུགས;

1422 Stabbing, *n.* སོབ་པ; (སྒྲོ་གཟུར་མཚོན་མདུང་གིས་སོབ་བ;
Sik. གྲིའམ་མདུང་གིས་སྣུན་པའི་བྱ་བ;

1423 Stable, *n.* (Sik. ཏ་ཁྲིམ;) རྟ་ར; *a.* བརྟན་པ;

1424 Stabling, *v. n.* རྟ་རར་བཅུག་པའི་བྱ་བ;

1425 Stablish, *v.t.* (བཅའ་བ; ཀྲང་བཙུག་པ; archaic)
འཛུགས་པ; འགོད་པ; བཀོད་པ;

1426 Stablishment, *n.* མ་ཀང; རྒྱུན་དུ་གནས་པའི; ཞི་དྲག་གི་སྡེ;
ཞི་དྲག་གི་བཙུག་བའི་སྡེ;

1427 Stack, *v.t.* སྤུང་བ; *n.* སྤུངས; ཕུང་པོ;

1428 Staff, *n.* སྤྲ་རྒྱུག; འཁར་བ;

1429 Stag, *n.* ཤྭ་ཕོ; ཤྭ་བ;

1430 Stage, *n.* རིམ་པ; རྒྱ་རྟུའ; ཞག་བབས; ཞག་ས;
ཟློས་གར་ཁྲབ་སའི་ཁྲི;

1431 Stagger, *v.i.* གོམ་པ་འཁྱར་འཁྱོར་བྱས་པ; འཁྱོར་བ;
གོམ་པ་འཁྱོར་བ; འཁྱོར་ཏེ་འགྲོ་བ;
v.t. ཡེ་ཚོམ་སྐྱེད་པ; ཡེ་ཚོམ་སླང་བ;

1432 Staggering, *n.* འཁྱར་འཁྱོར་པོ; འཁྱོར་བཞིན་པ;

1433 Stagnant, *a.* འཁྱིལ་ནས་སྡོད་པའི;

1434 Stagnate, *v.i.* འཁྱིལ་བ; of heart or mind རྩལ་དུ་བཅུག་པ;

1435 Stagnation, *n.* འཁྱིལ་ལུགས;

1436 Staid, *a.* ཚོད་ཟིན་པོ; སྒམ་པོ;

1437 Stain, *v.t.* གནག་ཐིག; ནགས་ཐིགས; སྐྱོན;
(ཞབས་འདྲེན; character) ཐིགས;

1438 Stainless, *a.* གནག་ཐིག་མེད་པ; དྲི་མེད; སྐྱོན་མེད;

1439 Stair, *n.* (Colql. ཀན་ཙེ;) སྐས་ཀ; རྡོ་སྐས; སྐྱས་ཀ; སྐྱས་འཛེག; འཛེག་སྐྱས;

1440 Stake, *n.* (Sik. ར་ཕུར;) (of sport or game རྒྱན;) ཕུར་པ; རྡོས་ཕུར;

1441 Stale, *a.* བརྙིངས་པ; བརྙིངས་བས་བྲོ་བ་མེད་པ; སྙུངས་པ; སྨུམ་ས་པ; ཚམ་པ་སོགས་སྨུམས་པ་ལྟ་བུའི;

1442 Stalk, *n.* ཀང; སྡོང་པོ; ཡུ་བ; གྲོ་ཡི་ཀང; ཀན་ཙོམ་སྡོང་པོ; འབྲས་བུའི་ཡུ་བ;

1443 Stalk, *v.i.* གོམ་འགྱུང་རིང་ལ་ལྐོད་པོ་བྱས་ནས་འགྲོ་བ; ཁྲི་རར་རི་དྭགས་ཀྱི་རྗེས་སུ་ཡིབ་ཅིང་འདེད་པ; རྗེས་སུ་སྙེགས་པ;

1444 Stall, *n.* རྟ་ར; ལྷས་ར; ཚོང་ཁང་དུ་ཚོང་པ་སོ་སོའི་དངོས་པོ་བཀམ་སའི་ཁང་མིག; བཙོང་རྒྱུའི་ཙ་ལག་བཞག་སའི་སྒྲིགས་བུ; སྟེགས;

1445 Stallion, *n.* རྟ་ཕོ་ད; གསེབ;

1446 Stalwart, *a.* གཟུགས་སྟོབས་ཆེན་པོ;

1447 Stamen, *n.* མེ་ཏོག་གི་ཟེའུ་འབྲུའི་དཀྱིལ་ན་གནས་པའི་ཕོ་ཡི་ས་བོན་འཛིན་པའི་ཟེ་འབྲུ་དེའོ;

1448 Stammer, *v.i.* ཁ་ཟླིག་པ; ཟླིག་པ;

1449 Stammerer, *n.* ཁ་ཟླིག་ཅན; ཁ་ཟླིག་པ་པོ;

1450 Stammering, *n.* ཟླིག་ལུགས;

1451 Stamp, *v.t.* & *n.* (ཊི་ཀ་སི; Hindi postage) པར; *v.t.* ཐེའུ་རྒྱབ་པ; རྒྱས་བཏབ་པ; *v.i.* རྡོག་པ་རྒྱབ་པ; ཀང་པས་རྡིག་སྒྲ་རྒྱབ་པ; ཀང་པ་བརྡབ་པ;

1452 Stamp, *v.i.* ཡི་གེའི་སྐོགས་ལ་ཊི་ཀ་སི་རྒྱབ་པ;

1453 Stampede, *n.* ཧུར་རྒྱུག; *v.i.* སྤེབས་ཅིག་ཏུ་རྒྱུག་པ;

1454 Stanch, *v.t.* ཁྲག་བཅད་པ; ཁྲག་གཅོད་པ;

1455 Stand, *v.i.* ལང་བ; ལྡང་བ;

1456 Standard, *n.* (མདུང་དར; ཙུ་དར; རྒྱལ་མཚན; of banners)
(of weight ཚད་རྡོ; ཚད);
(of learning རྒྱུགས་ཚད);
(Standard price ཞུང་པའི་གོང་ཐང);

1457 Stander, *n.* ལང་ནས་སྡོད་མི; ལྡང་བ་པོ;

1458 Standing, *a.* ལངས་ནས; (ལངས་ལངས་པར; Sik.) ལྡང་བཞིན་པ;
ལྡང་བ; ལང་བ;

1459 Stanza, *n.* ཤློ་ཀ; ཚིགས་བཅད;

1460 Staple, *n.* ཡུལ་གྱི་འཐོན་སྐྱེས་གང་ཆེའི་འབྲུ་དངོས;
འཐོན་སྐྱེས་གཙོ་བོ; St. food གཙོ་ཆེར་སྤྱོད་པའི་ཟས;

1461 Star, *n.* སྐར་མ;

1462 Starboard, *n.* གྲུ་གཟིངས་ཀྱི་ལོགས་གཡས;

1463 Starch, *n.* *v.t.* རས་སོགས་ལ་བག་རྒྱབ་པ; འབྲུའི་རྩེ; ལྗི་བགས;
རས་ཅ་སོགས་ལ་རྒྱབ་རྒྱུའི་ལྗི་བག;

1464 Starchily, *ad.* མཁྲེགས་པོ་བྱེད་དེ;

1465 Stare, *n.* (Sik. མིག་ཁྲལ;) མིག་ཧུར་ཚུགས་སུ་ལྟ་ལུགས;
v.i. མིག་ཧུར་ཚུགས་སུ་ལྟ་བ;

1466 Stark, *a.* (མཁྲེགས་པོ stiff;) (རྗེན་པོ; སྐྱེན་མོ; གཅེར་བུ;
ཅེ་རང་མ; Colql. naked).

1467 Starlight, *n.* སྐར་མའི་འོད;

1468 Starling, *n.* བྱི་ཙུའི་རིགས་ཤིག; བྱིའུ་སྐྱ་ག་འདྲ་བ་ཞིག;

1469 Starry, *a.* སྐར་མ་ཅན;

1470 Start, *v.i.* — འཕྲོན་པ; ཆས་པ; འགྱུལ་ལ་ཆས་པ; ཁ་ཕྱོགས་འགྱུར་བ; མགོ་འཛུགས་པ; *v.t.* ཡིབ་ཁུང་ནས་འདོན་པ; འགྱུལ་བསྐྱོད་བྱེད་དུ་བཅུག་པ;

1471 Starting point, *n.* — བང་མགོ་འཛུགས་ས;

1472 Startle, *v.i.* & *v.t.* — དོན་འཕྲོར་པ; *v.t.* འཇིགས་སྐྲག་བཀོད་པ; སྐྲག་པ; དངངས་སྐྲག་བཀོད་པ;

1473 Starvation, *n.* — (Sik. ལྟོགས་བསད; ལྟོགས་འགྲི;) ལྟོགས་གྲི;

1474 Starve, *v.i.* & *v.t.* — (Sik. ལྟོགས་བསད་རྒྱབ་པ;) ལྟོགས་བཅུག་ནས་གསོད་པ; ལྟོགས་ཤི་རྒྱབ་པ; ལྟོང་པ;

1475 Starveling, *n.* — ལྟོགས་བསད་རྒྱབ་པའི་ཕྲུ་གུ; ལྟོགས་ཕྲུག;

1476 State, *n.* — གནས་ཚུལ; གནས་ལུགས; གོ་ས; ས; གཞུང; གཞུང་གི་མངའ་འབངས་ཡོངས; གོ་ས་བདག་རྐྱེན་དང་འོས་པའི་འགྲོ་ལུགས་ཀྱི་རྒྱན་ཆ་ལུགས་དང་བཞིན; པ་འཁོར་ཆས་དང་བཅས་དེ་ཟིལ་ཆེན་པོ་བྱས་ནས་འགྲོ་སྟོད་བྱེད་པ་ལའང་ཟེར; *v.t.* བཤད་པ་པོ; རྗོད་པ; སྨྲོས་པ; སྨྲ་བ;

1477 Stated, *a.* — སྔར་ནས་སྨྲས་ཟིན་པ; བཤད་པ;

1478 Statement, *n.* — བརྗོད་བྱ; ཐོ; (ཞུ་ཐོ; Hon.) ལོ་རྒྱུས; ཞུ་བ;

1479 Statesman, *n.* — ཡུལ་ཁྲིམས་སྐྱོང་བའི་བློ་གྲོས་ཅན; བྲུས་ཅན; རྫུས་ཅན; རྒྱལ་སྲིད་སྐྱོང་བའི་ཐབས་ལ་མཁས་པ;

1480 Statesmanship, *n.* — རྒྱལ་ཁྲིམས་སྐྱོང་བའི་བློ་གྲོས; རྫུས; བྲུས;

1481 Static, *a.* — འགྲོ་འོང་མེད་པར་གནས་པའི་དངོས་པོ་འི་སྐོར;

1482 Statics, *n.* — འགྲོ་འོང་མེད་པར་གནས་པའི་དངོས་པོ་འི་སྐོར་གྱི་རིག་པ;

1483 **Station**, *n.* — གནས; ས; རིམ་པ; རྣི་ཡི་སྡོད་ས; གོ་གནས; *v.t.* གནས་སུ་བཞག་པ; གནས་བཅའ་བ;

1484 **Stationary**, *a.* — གནས་བཅས་དེ་ཡོད་པ; སྤོ་བཤུད་མི་བྱེད་པ; མི་འགུལ་བ;

1485 **Stationer**, *n.* — ཤོག་གུ་སྨྱུ་གུ་སྣག་ཚ་སོགས་འཚོང་མཁན;

1486 **Stationery**, *n.* — འཚོང་རྒྱུའི་ཤོག་གུ་སྨྱུ་གུ་སྣག་ཚ་སོགས;

1487 **Statistics**, *n.* — ངེས་རྩིས; གྲངས་ངེས་པོ; ཡུལ་འབངས་སོགས་ཀྱི་ལོ་རྒྱུས; ཡུལ་ཁམས་སུ་མི་གྲངས་སྐྱེ་འཕེལ་ཤི་ཆད་ཀྱི་ངེས་རྩིས;

1488 **Statuary**, *n.* — རྡོ་སྐུའི་རིཙ; རྡོ་འི་འདྲ་སྐུ་བཟོ་བའི་རིག་པ;

1489 **Statue**, *n.* — རྡོ་སྐུ; རྡོ་སོཙ་ཀྱི་འབུར་སྐུ;

1490 **Statuesque**, *a.* — རྡོ་སྐུའི་འཁྱིང་བག་ཅན; རྡོ་སྐུ་འདྲ་བ;

1491 **Stature**, *n.* — གཟུགས་མཐོ་དམན; བོང་ཚོད; གཟུགས་ཚད; གཟུགས་རིང་ཐུང;

1492 **Status**, *n.* — གོ་ས་མཐོ་དམན; དྲག་ཞན;

1493 **Statutable**, *a.* — བཅའ་ཡིག་དུ་བཀོད་རུང་བའི;

1494 **Statute**, *n.* — བཅའ་ཡིག; ཁྲིམས་ཡིག; བཅས་པའི་ཁྲིམས;

1495 **Statutory**, *a.* — བཅའ་ཡིག་གི; ཁྲིམས་ཡིག་གི;

1496 **Staunch**, *a.* — གཏན་པོ; ངེས་པ་ཅན; དམ་ཚིག་ཅན; དཾ་ཚིག་གཙང་མ;

1497 **Stave**, *n.* — ཤིང་ཟམ་གྱི་ལགས་སྒྲོག་རྒྱུའི་སྦྱང་ལེབ་གུག་གུག་རེ་ལ་ཟེར; *v.t.* བཀག་པ; (S. off.) ཟློག་པ; ཡི་ཁུང་འབུད་པ; to delay འགོར་བ; འགྱི་བ; སྒོག་པ;

1498 **Stay**, *v.i.* — སྡོད་པ; གནས་པ; སྒུགས་པ; སྒུགས་ནས་སྡོད་པ;

1499 Stead, *n.* ཚབ ;

1500 Steadfast, *n.* ཐང་ལྷོད་མེད་པར་བརྟན་པོ ; བརྟན་པོ ; བརྟན་པ ; མི་གཡོ་བ ;

1501 Steadfastness, *n.* བརྟན་ལུགས ;

1502 Steadfastly, *ad.* བརྟན་པོར ;

1503 Steadily, *ad.* མ་གཡེལ་བར ; བརྩོན་གྲུས་མ་དོར་བར ; ལྷོད་མེད་དུ ;

1504 Steadiness, *n.* གཡེལ་བ་མེད་ལུགས ;

1505 Steady, *a.* བརྟན་པོ ; གཡེལ་མེད ; བརྩོན་གྲུས་ལྷོད་མེད ;

1506 Steak, *n.* ཤ་ལེབ ; བ་ལང་ཤ་འམ་ཕག་ཤ་འམ་རི་དྭགས་ཤ་སོགས་ལས་རྗོད་བྱའི་ལེབ་གཅིག་བྲེག་པ་དེ་ལ་ཟེར ;

1507 Steal, *v.t.* ཀུ་མ་ཀུ་བ ; ཀུ་བ ;

1508 Stealing, *n.* ཀུ་མ་ཀུ་ཡ་དེ ; ཀུ་བའི་བྱ་བ ;

1509 Stealth, *n.* ཀུ་མ ; གསང་སྟབས ; ཀུ་མ་ལྟ་བུའི་གསང་སྟབས ;

1510 Steam, *n.* རླངས་པ ;

1511 Steed, *n.* ཆིབས་པ ; ཆིབས ;

1512 Steel, *n.* ལྕཱ་ཁ་རྡོ ;

1513 Steep, *a.* *v.t.* སྦང་བ ; ཆུ་ལ་བཅུག་པ ; (*a.*) དྲང་བཙུག ; དྲང་ལོང ; གྱེན་གཟར་པོ ; (གྱེན་དི་པོ ; Colql.)

1514 Steeple, *n.* དབུ་རྩེ ; ཁང་བཟང་གི་ཐོག་ཁའི་གཟིར ; འགན་འཛིར ;

1515 Steeply, *ad.* གྱེན་ཐུར་གཟར་པོར ;

1516 Steer, *v.t.* & *n.* *n.* གླང་དར་མ ; གླང་ཆུང ; གྲུ་སྣ་འདྲེན་པ ; གྲུའི་ཁ་ལོ་སྒྱུར་བ ; གྲུ་གཏོང་བ ; ཁ་ལོ་སྒྱུར་པ ; སྣ་འདྲེན་པ ;

1517 Steerage, *n.* གྲུའི་སྣ་འདྲེན་པའི་གྱ་བ ; གྲུ་གཏོང་ལུགས ;

1518 **Steersman**, *n.* གྲུའི་སྐྱ་འདྲེན་མཁན; གྲུའི་ཁ་ལོ་པ;

1519 **Stellar**, *a.* སྐར་མའི;

1520 **Stellate**, *a.* སྐར་མའི་དབྱིབས་སུ་སྒྲིག་པ;

1521 **Stem**, *n.* སྡོང་པོ; མེ་ཏོག་གམ་འབྲས་བུའི་ཡུ་བ;
v.t. འགོག་པ; རྒྱུ་སོགས་བཀག་པ; གཞུང་གཅད་པ;

1522 **Stench**, *n.* དྲི་ངན; དྲི་དཀུ་བ;

1523 **Step**, *v.i.* གོཾ་པ་རྒྱབ་པ; གོམ་པ་བོར་བ; *n.* གོམ་པ;

1524 **Step-mother**, *n.* མ་གཡར་མོ; མ་གཡར;

1525 **Steppes**, *n.* ཐུ་ཤའི་ཡུལ་དུ་སྤང་ཐང་ཆེན་པོ་ལ་ཟེར;

1526 **Stereotype**, *n.* ཡིགེའི་པར་ལུགས་པར་བརྒྱབས་ནས་བཟོས་པ;

1527 **Stereotyped**, *a.* པར་བསྐོས་ནས་རྒྱབ་བཞག་པ་ནང་ལྟར;

1528 **Sterile**, *a.* (Sik. རབས་ཆད;) སྐྱེ་འཕེལ་མེད་པ;
(མོ་གཤམ; of woman); ལོ་ཐོག་མི་འབྱུང་བའི་ཞིང་
གཤིས་ངན་པ; ཞིང་སྐམ; ཞིང་ངན; ཚ་སྒོ་ཅན;

1529 **Sterility**, *n.* རབས་ཆད་ལུང; ཞིང་ངན་ཚུལ; ཚ་སྒོ་ལྡན་ལུགས;

1530 **Sterling**, *a.* དངུལ་ཀྱང; སྐར་ཀྱང; ཏིག་ཏིག; ཁུངས་ཅན;

1531 **Stern**, *a.* སྙིང་རྗེ་ལྟ་བུ; སྙིང་རྗེ་མེད་པ; དྲག་པོ; དྲག་ཤུལ་ཅན;

1532 **Sternly**, *ad.* སྙིང་མཁྲེགས་པོ་བྱེད་དེ; དྲག་ཤུལ་གྱི་སྒོ་ནས;
སྙིང་རྗེ་མེད་པར;

1533 **Sternum**, *n.* བྲང་ཁོག་གི་རུས་པ; མིད་པ་དང་ཕོ་བའི་བར་གྱི་
བྲང་རུས;

1534 **Sternutation**, *n.* སྦྲིད་པ; (སྦྲིད་པ་ཤོར་པ; Sik.)

1535 **Stertorous**, *a.* ངུར་སྐད་ལྟ་བུ; ངུར་སྐད་རྒྱབ་བཞིན་པའི;

1536 Steto, *v.t.* སོར་འཇོག་པ; པར་ཞུ་དག་བྱེད་སྐབས་བྲི་སྲུབ་རྒྱབ་ཟིན་པ་སླར་སོར་གནས་གྱིས་ཅེས་བསྐོ་བ;

1537 Stethoscope, *n.* སྒྲའི་སྒོ་ནས་ཁོག་ནང་ནད་བརྟག་དཔྱད་བྱེད་པའི་རྣ་ཅོ་འདྲ་བ་ཨེམ་ཆིའི་ལག་ཆ་ཞིག;

1538 Stew, *v.t.* ཐུག་པ་སྐོལ་བ;

1539 Steward, *n.* གཉེར་པ;

1540 Stewardship, *n.* གཉེར་པའི་གོ་གནས;

1541 Stick, *n.* སྦ་རྒྱུག; འཁར་རྒྱུག; འཁར་བ;

1542 Stick, *v.t.* (to stick སྦྱར་བ); *v.i.* འབྱར་བ; སྦྱན་པ; བཙུག་པ; མདུང་སོར་བཙུག་པ;

1543 Stick up for. (ཕྱོགས་བྱེད་པ) ཕྱོགས་པ; be stuck on ཡིད་སྦྱར་བ; སེམས་ཞེར་བ; (stuck up (*a.*) རང་མཐོང་ཆེན་པོ;)

1544 Stickle, *v.t.* to interpose སྐྱེལ་མ་བྱེད་པ;
(to mediate བར་མི་བྱེད་པ;)
(to contend) ཨུ་ཚུགས་ཀྱིས་འཐབ་པ;

1545 Sticky, *a.* སྦྱར་རྩི་ཅན;

1546 Stiff, *a.* མཁྲེགས་པོ; སྲ་མོ; སྲ་བ; གྱོང་པོ;

1547 Stiffen, *v.t.* སྲ་རུ་གཏོང་བ; སྲ་བར་བྱེད་པ; གྱོང་དུ་གཏོང་བ:

1548 Stiffening, *n.* སྲ་རུ་གཏོང་བའི་བྱ་བ;

1549 Stiffness, *n.* སྲ་ཚུལ; སྲ་ཤུར; གྱོང་ཤུགས;

1550 Stifle, *v.t.* སྐད་འགོག་པ; དབུགས་འགེག་པ; དབུགས་བཀག་པ; དབུགས་སྲུབ་པ; སྐྱེ་འགགས་གཏང་ནས་གསོད་པ;

1551 Stifling, *a.* དབུགས་སྲུབ་བཞིན་པ; དབུགས་བཀག་མཁན་འདྲ་བ;

1552 Stigma, *n.* ནག་ཐིགས; ནག་རྟགས; ཞབས་འདྲེན;

1553 **Stigmatize**, *v.t.* ཞབས་འདྲེན་ཞུ་བ;

1554 **Stile**, *n.* ར་བའི་སྐས་ཀ;

1555 **Still**, *v.t.* *n.* ཨ་རག་འཚག་ཀྱུའི་ཡོ་བྱད; *v.t.* ཁ་སིམ་མེར་གཏང་བ; *a.* སྐད་མེད་ཞུར་མེད; *adv.* ད་བར; ད་དུང;

1556 **Stillness**, *n.* ཁ་སིམ་ལྷུར;

1557 **Stilt**, *n.* རྐང་ཀྲུག;

1558 **Stimulant**, *n.* ངར་སྐྱེད་བྱེད་ཀྱི་རྫས; དཔེར་ན་ཨ་རག་ལྟ་བུ;

1559 **Stimulate**, *v.t.* ངར་སྐྱེད་པ; སྤོབས་སྐྱེད་པ;

1560 **Stimulative**, *a.* ངར་སྐྱེད་བྱེད; སྤོབས་སྐྱེད་བྱེད;

1561 **Stimulus**, *n.* ཧུར་སྐྱེད་པའི་རྫས; ངར་སྐྱེད་པའི་རྫས;

1562 **Sting**, *v.t.* སྦྲང་བུས་མདུང་རྒྱབ་པ; (*n.*) སྦྲང་མའི་མདུང;

1563 **Stingily**, *ad.* སེར་སྣ་བྱས་ཏེ;

1564 **Stinginess**, *n.* (Sik. དྲེབ;) སེར་སྣ;

1565 **Stingy**, *a.* (Sik. དྲེབ་མཁན;) སེར་སྣ་ཅན;

1566 **Stink**, *v.i.* དྲི་མ་ཁ་བ; *n.* དྲི་ངན; དྲི་དཀུ་བ;

1567 **Stint**, *v.t.* ནོར་བསྲིས་བྱེད་པ; ཕང་བཞིན་འགྲོ་སོང་གཏང་བ;

1568 **Stipend**, *n.* ཕོགས; སློབ་གཉེར་བྱེད་དུས་ཀྱི་ཕོགས་ཐོབ;

1569 **Stipendiary**, *a.* ཕོགས་ཐོབ་མཁན;

1570 **Stipulate**, *v i.* འགན་རྒྱ་འཛོག་པ; ཁ་ཆིག་ཟེ་བ;

1571 **Stipulation**, *n.* ཁ་ཆིག; གས་རྒྱ; འགན་རྒྱ;

1572 **Stir**, *v.t.* དཀྲུགས་པ; སྐྱུ་ཡ་བ;

1573 **Stirring**, *a.* དཀྲུགས་བྱེད; (སེམས་སྐྱུར་བྱེད;)

1574 **Stirrup**, *n.* ཡོབ; རྟའི་སྒ་ཆས་ཀྱི་ཡོབ;

1575 **Stitch**, *v.t.* ཚེམ་བུ་རྒྱབ་པ; འཚེམ་པ; *n.* ཚེམ;

1576 Stock, *n.* ཕུང་པོ་; ཕུང་; སྤུངས་; མཛོད་; (of tree སྡོང་པོ་;) (of capital མ་རྐང་; མ་རྩ་;) (*v.t.* སྤུང་བ);

1577 Stockings, *n.* ཨུས་མོ་སུ: རྐང་ཤུབས;

1578 Stockstill, *a.* འགུལ་སྐྱོད་མེད་པ;

1579 Stoic, *n* ཇོག་གེ་པ་ཟེ་ནོག་གི་སློབ་མའམ་རྗེས་འབྲང; ཆགས་བྲལ་ཅ; བདེ་སྡུག་བཟོད་སྒོམས་སྒོམ་མཁན;

1580 Stoke, *v.t.* མེ་སྤར་བ; མེ་སྤོར་བ;

1581 Stole, *n.* རྐང་མཐིལ་བར་སླེབ་པའི་ཆུ་པ་རིང་པོ; *v.t.* བརྐུས་ཟིན་པ;

1582 Stolid, *a.* བླུན་པོ; གླེན་པ; ལྐུགས་པ;

1583 Stomach, *n.* གྲོད་པ; ལྟོ་བ; ཕོ་བ; ཁོག་པ; གྲོད་ཁོག;

1584 Stomachic, *n.* ཕོ་བའི་སྨན;

1585 Stone, *n.* རྡོ; རྡོ་བ;

1586 Stony, *a.* རྡོ་ལྟ་བུ; རྡོ་ལྟར་མཁྲེག་པོ; (རྡོ་རོང; Sik.).

1587 Stool, *n.* ཙོག་ཙེ; སྟེགས་བུ; ཁྲི་སྟེགས; (བཤལ་བ; འཁྲུ་བ; purge).

1588 Stoop, *v.i.* སྨད་འགུག་པ; གུག་གུག་བྱེད་པ; མགོ་དགུར་བ; མགོ་བདད་ཞུ་བ;

1589 Stop, *v.t.* & *i.* སྒྲུག་པ; སྒྲུག་སྡོད་པ; དགག་པ; བཀག་པ; སྡོད་པ; འགེགས་པ;

1590 Stoppage, *n.* འགག་ཆ; བཀག་ཆ;

1591 Storage, *n.* མཛོད་དུ་སྤུང་བའི་བྱ་བ; མཛོད་དུ་སྤུད་ལག་འཇོག་པའི་གླ;

1592 Store, *n.* མཛོད; སྤུངས; ཕུང་པོ; མཛོད་ཁང; གཉེར་ཚང; *v.i.* སྤུང་བ; བསག་པ; གསོག་པ;

1593 **Stork,** *n.* བྱ་ཀྲུང་ཀྲུང་དཀར་མོ; ཁྲུང་ཁྲུང་དཀར་མོ; ཁྲུང་ཁྲུང;

1594 **Storm,** *n.* རླུང་ཚུབ; བུ་ཡུག; རླུང་དམར; རླུང་ནག;
དམག་ཆེན; *v.t.* དམག་རྒྱབ་པ; ཟུབ་རྒྱབ་པ;

1595 **Storming,** *n.* དམག་ཆེན་རྒྱབ་པའི་བྱ་བ;

1596 **Stormy,** *a.* རླུང་ཚུབ་ཅན; བུ་ཡུག་ལྡང་པོ;

1597 **Story,** *n.* སྒྲུང; གཏམ; ལོ་རྒྱུས; ཐོག; ཁང་པའི་ཐོག;

1598 **Stout,** *a.* སྟོབས་ཅན; རྒྱགས་པ; ཤ་འབྱོར་པོ; སྐུ་ཤ་འབྱོར་པོ;
ཉམས་བརྟས་པ;

1599 **Stoutly,** *ad.* སྟོབས་ཤུགས་དང་བཅས་ཏེ;

1600 **Stoutness,** *n.* སྟོབས་འབྱོར: ཉམས་སྟོབས; ཤེད་མོ;
ཉམས་བརྟས་ལུགས;

1601 **Stove,** *n.* མེ་ཐབ; ལྕགས་ཐབ; ལྕགས་སྒྲུད; ལྕགས་སྒྲིད;

1602 **Stow,** *v.t.* ཉེ་བར་འཇོག་པ; སྒྲིག་པ; འགེལ་བ; བཀལ་བ;

1603 **Straddle,** *v.i.* གོམ་རྒྱང་བོར་བ;

1604 **Straggle,** *v.i.* འཁྱམས་པ; དོན་མེད་སྤྱལ་བའམ་ཉལ་བ;

1605 **Straggler,** *n.* འཁྱམས་པོ;

1606 **Straight,** *a.* དྲང་པོ;

1607 **Straighten,** *v.t.* དྲང་པོར་སྒྲོང་བ; དྲང་པོར་བཟོ་བ;

1608 **Straightforward,** *a.* བཀའ་དྲང་རྒྱུ་དྲང; དྲང་པོ; ཐད་ཀར; མི་དྲང་པོ;
ཕྲུགས་དྲང་པོ;

1609 **Straightly,** *ad.* དྲང་པོར; དོག་པོར; དམ་པོར;

1610 **Straightway,** *ad.* ལམ་སང; འགྱངས་མེད; དེ་མ་ཐག་ཏུ;

1611 **Strain,** *v.t.* འཐེན་པ; འཚགས་པ; བཙག་པ;

1612 Strainer, *n.* (Sik. འཚགས་ཕི;) འཚགས་མ; ཚགས་མ; འཚགས་བྱེད; ཁྲོལ་མ;

1613 Strait, *a.* དོག་པོ; དམ་པོ;

1614 Straiten, *v.t.* དོག་པོ་བཟོ་བ; དོག་པོར་བཟོ་བ; དམ་པོར་བྱེད་པ;

1615 Straitly, *ad.* དོག་པོར; དོག་པོར་བྱས་ཏེ;

1616 Straitness, *n.* དོག་ལུགས; དམ་ལུགས;

1617 Strake, *n.* འཁོར་ལོའི་ཤན་ནི་ལྕགས་ཤན;

1618 Strand, *n.* འགྲམ; ཆུ་འགྲམ; མཚོ་འགྲམ;

1619 Strange, *a.* མ་འདྲིས་པ; གོ་འདྲིས་མེད་པ; ངོ་མ་ཤེས་པ; ཡ་མཚན་ཅན; ཡུལ་གཞན་གྱི; ཁྱད་མཚན་པོ; ངོ་མཚན་པོ;

1620 Strangely, *ad.* ཡ་མཚན་པོར; ཁྱད་མཚར་བར;

1621 Stranger, *n.* ངོ་མི་ཤེས་པའི་མི; མ་འདྲིས་པའི་མི; ཡུལ་གཞན་གྱི་མི; མགྲོན་པོ;

1622 Strangle, *v.t.* སྐེ་བསྡམ་ནས་བསད་པ; སྐེ་འགགས་བཏང་ནས་གསོད་པ; སྐེ་བཀག་བཏང་ནས་གསོད་པ; དབུགས་སྡུབ་པ;

1623 Strangling, *n.* དབུགས་སྡུབ་པའི་བྱ་བ;

1624 Strap, *n.* ལྷས་མ; སྒྲོག;

1625 Strapping, *a.* གཟུགས་པོ་རིང་པོ; གཟུགས་ཐང་པོ; མཛེས་པོ; འདྲ་ཆགས་པོ;

1626 Strata, *n.* སའི་རིམ་པ; ས་སོགས་ཀྱི་བརྩེགས་རིམ་རྣམས;

1627 Stratagem, *n.* གཡོ་འཕྲུལ; གཡོ་སྒྱུ; གཡོ་ཐབས; གཡོ;

1628 **Strategist,** *n.* གཡོ་འཕྲུལ་ཅན; ཐུས་ཅན; ཇུས་ཅན;
དམག་གི་བཀོད་པ་ལ་མཁས་པ;

1629 **Strategy,** *n.* གཡོ; དམག་བཀོད; དམག་ཇུས་སམ་ཐུས;

1630 **Stratum,** *n.* ས་སོགས་ཀྱི་བརྩེགས་རིམ; རིམ་པ;

1631 **Straw,** *n.* སྦུབ་མ; སོག་མ; གཟན་པ; སྦུར་མ;
གྲོ་སོགས་ཀྱི་ཀང་ངམ་སྦུ་བ;

1632 **Strawberry,** *n.* (Sik. འཚེར་ལུམ); དྭ་ལུམ;

1633 **Stray,** *v.i.* འཁྱར་བ; འཁྱམས་པ; གོལ་བ; ལམ་གོལ་བ;
ལམ་ནོར་བ;

1634 **Streak,** *n.* རི་མོ་ཁྲ་ཁྲ; རི་མོ;

1635 **Stream,** *n.* ཆུ་ཀླུང; རྒྱུག་ཆུ;

1636 **Streamlet,** *n.* ཆུ་ཕྲན; ཆུ་ཀླུང་ཆུང་ཆུང;

1637 **Streamy,** *a.* ཆུ་ཀླུང་གིས་གང་བ;

1638 **Street,** *n.* གཞུང་ལམ་ཆེན་པོ; སྲང; རྒྱ་སྲང;

1639 **Strength,** *n.* སྟོབས; ཤེད; སྐུ་ཤེད;

1640 **Strengthen,** *v.t.* བརྟན་པོར་བཟོ་བ; ཤེད་ཆེན་པོར་བཟོ་བ;

1641 **Strenuous,** *a.* བརྩོན་འགྲུས་ཅན; བརྩོན་པ་ལྷོད་མེད་པ; འབུངས་པའི;

1642 **Strenuously,** *ad.* བརྩོན་འགྲུས་ཀྱི་སྒོ་ནས;

1643 **Stress,** *n.* (Sik. འབུང;) མནན་པ; མནན་ཤུགས; མནན་སྟངས;

1644 **Stretch,** *v.t.* རྐྱོང་བ; བརྐྱང་བ; སྒྱོང་བ; བརྒྱང་བ; འཐེན་པ;

1645 **Stretcher,** *n.* རྒྱང་ཤིང; ནད་པ་དང་རོ་འཁྱེར་བའི་འཁྱོགས་དབྱུང;

1646 **Strew,** *v.t.* འཐོར་བ; གཏོར་བ; འགྲེམས་པ; དགྲམ་པ;

1647 **Stricken,** *a.* བརྡུངས་ཟིན་པའི; ཐོག་ཟིན་པའི; གཟིར་བའི;
མནར་བའི; ཟས་པའི;

1648 Strict, *a.* དམ་པོ; དོག་པོ; སྒྲིམ་ངེ་པོ; བཙན་པོ;

1649 Strictly, *ad.* དམ་པོར; དོག་པོར; བཙན་པོར;

1650 Strictness, *n.* སྒྲིགས་ངེ་ལུགས; བཙན་ལུགས;

1651 Stricture, *n.* ཆུ་འགགས་ཀྱི་ནད; ལུས་ཀྱི་རྩ་ལམ་སོགས་འགགས་པའི་ནད; གཞན་གྱི་བརྗོད་པ་རྩོམ་པ་སོགས་ལ་མཚན་འདོགས་ལུགས; མཚན་འདོགས་སྟངས;

1652 Stride, *n.* གོམ་པ་ཆེན་པོ; གོམ་རྒྱང;

1653 Strife, *a.* འཐབ་འཁྲུག; འཁྲུག་པ; འཁྲུག་འཛིང;
(རྒྱབ་འདེ; Colql. also རྒྱས་འདྲེ;)

1654 Strike, *v.t.* རྒྱབ་པ; འཕོག་པ; རྡུང་བ; རྡེག་པ;

1655 Striking, *a.* བློ་ལ་གཅག་པའི; ཡིད་ལ་འབབ་པའི; ཁྱད་མཚར་པོ; ཡ་མཚན་པོ;

1656 Strikingly, *ad.* ཡིད་ལ་གཅག་པའི་སྒོ་ནས; ཡ་མཚན་པོར;

1657 String, *n.* ཐག་པ; ཐག་པ་ཐྲ་ཞིང་ཐུང་ཐུང; སྐུད་པ; སྒྲོག; རྒྱུས་པ; ལྷགས་སྐུད;

1658 Stringent, *a.* དམ་པོ; བཀའ་སོགས་དམ་པོའམ་བཙན་པོ; བསླབ་བྱ་དམ་པོའམ་གལ་ཆེན་པོ;

1659 Stringently, *ad.* དམ་པོའི་ཚུལ་གྱིས; བཙན་པོའི་ཚུལ་གྱིས; གལ་ཆེ་བའི་སྒོ་ནས;

1660 Stringy, *a.* སྐུད་པ་ཅན; ལྷགས་སྐུད་ཅན; རྒྱུས་པ་ཅན;

1661 Strip, *v.t.* བཤུས་པ; ཤུ་བ; པགས་པ་ཤུ་བ; འཕྲོག་པ; མ་ཕྱིན་པར་ལེན་པ; དབང་ཡོད་བྱུས་ནས་ལེན་པ;

1662 Stripe, *n.* ཁྲ་ཁྲ; རི་མོ;

1663 Striped, *a.* ཁྲ་ཁྲ; རི་མོ་ཁྲ་ཁྲ་ཅན; རི་མོ་ཅན;

1664 Stripling, *n.* གཞོན་ནུ; ལོ་གཞོན་གཞོན; སྟག་ཤར;

1665 **Strive**, *v.i.* བརྩོན་འགྲུས་བྱེད་པ; བརྩོན་པ; འབད་པ; སྙིང་རུས་བྱེད་པ;

1666 **Striving**, *n.* བརྩོན་བཞིན་པ; འབད་ཀྱིན;

1667 **Stroke**, *n.* གནོད་ལ་འཕོག་ཐུགས; ཕོག་པའི་རྟགས; ཐུག; ཕྱུག་བསྡུལ; ཀྱུ་ངར; གནོད་ལ་ཕོག་སྟེངས; གནོད་ལ་ཕོག་པའི་རྣམ་པ;

1668 **Stroll**, *v.i.* འཁྲུམ་འཁྲུམ་ལ་འགྲོ་བ; འཁྲུམ་པ; *n.* འཁྲུམ་འཁྲུམ;

1669 **Strong**, *a.* སྟོབས་ཅན; ཤེད་ཅན; ཐང་པོ;

1670 **Stronghold**, *n.* རྫོང; མཁར; སྐར; འཛོང་ར; འཐབ་ར;

1671 **Strongly**, *ad.* བརྟན་པོར; ཤིན་དུ; ལེགས་པར;

1672 **Strop**, *n.* སྤྲ་གྲི་རྡར་བའི་ཀོ་ལེབ; ཀོ་རྡར;

1673 **Structural**, *a.* བཟོ་ཡི; བཀོད་པའི;

1674 **Structure**, *n.* བཟོ; བཟོ་དབྱིབས; བཀོད་པ; བཀོད་རིས; བཟོ་བལྟ;

1675 **Struggle**, *v.i.* འབད་པ; བརྩོན་པ; འཐབ་པ; འཛིང་བ;

1676 **Struggling**, *n.* འབད་བཞིན་པ; འཐབ་ཀྱིན;

1677 **Strumpet.** འཚལ་མོ; སྨད་འཚོང་མ; བཞང་འཚོང་མ;

1678 **Strut**, *v.i.* འཁྱིང་བག་དང་བཅས་སྟེ་འགྲོ་བ; ཉམས་བྱུས་ཏེ་འགྲོ་བ;

1679 **Struttingly**, *ad.* འཁྱིང་བག་དང་བཅས་ཏེ;

1680 **Stub**, *n.* ཤིང་བཅད་པའི་སྡོང་པོ; སྡོང་དུམ; ཤིང་སྡོང་བུ་དུམ་དུམ; ཤིང་ཟེ་དུམ;

1681 **Stubble**, *n.* སོག་རུ; སོག་རུམ; སོག་མ; (Sik. སོག་མ་ཟེ་དུམ;)

1682 **Stubborn**, *a.* གྱོང་པོ; བསླུ་ཁག་པོ; ཨུ་ཚུགས་ཆེ་པོ; ཨུ་ཚུགས་ཅན;

1683 **Stubborness**, *n.* གྱོང་ཚུལ; ཨུ་ཚུགས;

1684 Stubbornly, *ad.* ཨུ་ཚུགས་བྱས་ནས; ཨུ་ཚུགས་ཀྱིས;

1685 Stucco, *n.* ཞལ་བ; ཞལ་ལ;

1686 Student, *n.* སློབ་མ; སློབ་ཕྲུག; སློབ་གཉེར་པ;

1687 Studentship, *n.* སློབ་མའི་ཚུལ; སློབ་མའི་ལྡན་ཐབ་ཡོགས;

1688 Studied, *a.* བསླབ་སྦྱང་ཅན; བསླབ་སྦྱང་ལ་མཁས་པ; མཁས་པ; སྔོན་ནས་གནོན་བསམ་བཏང་ཟིན་པའི;

1689 Studio, *n.* ལྷ་བྲིས་པའི་ལས་ཀ་བྱེད་སའི་ཁང་པ; པར་ཁང;

1690 Studious, *a.* སློབ་གཉེར་ལ་བརྩོན་པོ; བརྩོན་འགྲུས་ཅན; མནོ་བསམ་ཅན;

1691 Studiously, *ad.* བརྩོན་འགྲུས་བྱས་ནས; བསམ་བློ་བཏང་ནས;

1692 Studiousness, *n.* སློབ་གཉེར་ལ་བརྩོན་ཚུལ; བརྩོན་འགྲུས; བསམ་བློ་བཏང་ཚུལ;

1693 Study, *n.* སློབ་གཉེར; བསླབ་སྦྱང; བསམ་མནོ; བསམ་བློ; སློབ་ཁང; ཀློག་ཁང; *v.i.* སློབ་གཉེར་བྱེད་པ; བསམ་བློ་བཏང་བ;

1694 Stuff, *n.* རས་ཅ; རས; རས་རྐྱང; ཐགས; ཐགས་ཀྱི་རྒྱུ; རྒྱུ; རྒྱུ་གཙང; སྙིགས; ཉག་ཉིག; སོག་མ; ཕུབ་མ; *v.i.* སོབ་རྒྱང་བ;

1695 Stuffing, *n.* སོབ་རྒྱངས; གསོབ་རྫས; སོག་མ་སོགས་སོབ་བརྒྱང་རྒྱུ་ལ་མཁོ་བའི་རྫས;

1696 Stultify, *v.t.* བླུན་པོར་བཟོ་བ;

1697 Stumble, *v.i.* འགྱེལ་བ; ཁ་ཐབ་པ; སྐྱུ་ཐབ་ཤོར་བ; ཐབ་པ; ཐེབས་པ;

1698 Stumbling, *n.* ཐབ་བཞིན་པ; ཁ་ཐབ་ལུགས;

1699 **Stump,** *n.* སྡོང་དུམ; ཤིང་སྡོང་བུ་དུམ་དུམ; (Sik. ཤིང་ཟོ་དུམ;)

1700 **Stunt,** *v.t.* སྐྱེད་སྤྱིང་ལས་འགོག་པ; སྐྱེད་སྤྱིང་མ་འཛུག་པ;
ཆེར་འཛུག་མ་སྟེར་བ;

1701 **Stunted,** *a.* མགོ་དུམ་དུམ; ཡར་བསྐྱེད་མེད་པ;
སྐྱེད་སྤྱིང་བཀག་པའི;

1702 **Stupefaction,** *n.* གླེན་པར་བཟོ་རྒྱུ; དྲན་མེད་བཟོ་རྒྱུ;
དྲན་མེད་བཟོ་བའི་བྱ་བ; བརྒྱལ་བ;

1703 **Stupefy,** *v.t.* གླེན་རླུགས་བཟོ་བ; དྲན་མེད་བཟོ་བ; གླེན་པོར་བཟོ་བ;
བརྒྱལ་བར་བྱེད་པ;

1704 **Stupendous,** *a.* དཔང་མཐོན་པོ; རྒྱ་ཆེན་པོ; རྒྱ་ཆེ་ཞིང་ཁྱད་མཚར་པོ;
ཡ་མཚན་པོ; ཁྱད་མཚར་པོ;

1705 **Stupendously,** *ad.* རྒྱ་ཆེར; ཁྱད་མཚར་བར; ཡ་མཚན་པོར;

1706 **Stupendousness,** *a.* རྒྱ་ཆེན; རྒྱ་ཆེ་ལུགས; ཁྱད་མཚར; ཡ་མཚན;

1707 **Stupid,** *a.* གླེན་པོ; གླེན་པ; རླུགས་པ;

1708 **Stupidity,** *n.* གླེན་སྙོངས; གླེན་པོ་ཉིད; གླེན་རླུགས;

1709 **Stupidly,** *ad.* གླེན་པ་ལྟར; གླེན་སྙོངས་ཀྱིས; གླེན་པའི་ཚུལ་གྱིས;

1710 **Stupor,** *n.* དྲན་མེད; མགོ་འཁྱོམ; བརྒྱལ་བ; བརྒྱལ་བོག;
ཚོར་བ་མེད་ཚུལ;

1711 **Sturdily,** *ad.* ངར་ཆེར; ངར་ནས; ཤུགས་ཀྱིས; ཨུ་ཚུགས་བྱས་ནས;

1712 **Sturdy,** *a.* ཤེད་ངར་ཅན; གྱོང་པོ; ཐང་པོ; སྟོབས་ལྡན;
ཨུ་ཚུགས་ཆེ་པོ;

1713 **Sturgeon,** *n.* ཉའི་རིགས་ཤིག;

1714 **Sturt,** *v.t.* ཁོང་ཁྲོ་སློང་བ; *n.* ཁོང་ཁྲོ;

1715 **Stutter,** *n.* ཁ་ལྡིག; ལྡིག་པའི་བྱ་བ; *v.i.* ཁ་ལྡིག་པ; ལྡིག་བ;

1716 **Stutterer**, *n.* ཐྱིག་པ་པོ; ཁ་ཐྱིག་མཁན;

1717 **Sty**, *n.* ཕག་ཚང; མིག་ཐུར;

1718 **Style**, *n.* བྲིད་སྟངས; བརྗོད་སྟངས; སྟངས་ཚུལ; ལུགས;
བཟོ་བལྟ; ཉིང;

1719 **Stylish**, *a.* འགྲིང་བག་ཅན; ཉམས་ཅན;

1720 **Stylishly**, *ad.* འགྲིང་བག་དང་བཅས་ཏེ; ཉམས་བསྟན་ནས;

1721 **Suasion**, *n.* སྐུལ་བའི་བྱ་བ; བསྐུལ་མ; བསླབ་བྱ;

1722 **Suasive**, *a.* སྐུལ་ཉན; སྐུལ་འོས;

1723 **Suavity**, *n.* འཇམ་ཚུལ; འཇམ་ལུགས; ཁ་འཇམ;

1724 **Sub**, *pr.* འོག; *n.* འོག་མ; དམན་པ;

1725 **Subaltern**, *a.* འོག་མ; དམན་པ;

1726 **Subcontract**, *n.* བོགས་མ་དམན་པ; བོགས་མ་གཉིས་བརྒྱུད;
བོགས་མ་ཡང་བརྒྱུད;

1727 **Subdivide**, *v.t.* ཡང་བགོས་རྒྱབ་པ; ཡང་བགོད་པ;
ཆུང་བགོས་བྱས་པའམ་རྒྱབ་པ;

1728 **Subdivision**, *n.* ཡང་ཆ; ཆ་ཡི་ཆ; ཡང་སྡེ; སྡེ་ཡི་སྡེ;
ཡང་བགོས་བཏོང་བའི་བྱ་བ;

1729 **Subdue**, *v.t.* བཏུལ་བ; འདུལ་བ; རྒྱལ་བ;

1730 **Subject**, *a.* འོག་མ; དམན་པ; ཆུང་བ; ཉན་པ;

1731 **Subject**, *n.* མངའ་འབངས; འབངས; བརྗོད་བྱ; བརྩོམ་བྱ;
བྱེད་པ་པོ;

1732 **Subjective**, *a.* བྱེད་པ་པོའི་སྐོར; བྱེད་པ་པོའི; བདག་དང་འབྲེལ་བའི;

1733 **Subjectively**, *ad.* བྱེད་པ་པོའི་ཚུལ་གྱིས;

1734 **Subjoin**, *v.t.* ཟུར་དུ་འབྲེལ་བ; ཟུར་དུ་བཏར་བ; སྣད་དུ་འདོགས་པ;
མཐར་མཐུད་པ; འཐུད་རྒྱབ་པ;

1735 Subjudge, *n.* ཁྲིམས་དཔོན་འོག་མ; ཁྲིམས་བདག་ཆུང་བ;

1736 Subjugate, *v.t.* དབང་དུ་བསྡུ་བ; དབང་དུ་སྡུད་པ; དབང་སྒྱུར་བ; དབང་དུ་བྱེད་པ; འདུལ་བ;

1737 Subjunctive, *a.* སྐད་འདོགས་ཅན; མཐའ་མཐུད་པའི;

1738 Sublimate, *v.t.* མཐོ་བར་བྱེད་པ; མངོན་པར་མཐོ་བར་བྱེད་པ; ཁྱད་པར་འཕགས་བཅུག་པ; ཁྱད་པར་དུ་འཕགས་སུ་འཇུག་པ; མངོན་པར་འཕགས་སུ་འཇུག་པ; གཙང་མར་བཟོ་བ; དག་པར་བྱེད་པ;

1739 Sublime, *a.* ཁྱད་པར་འཕགས་པ; ཁྱད་འཕགས;

1740 Sublimely, *ad.* ཁྱད་འཕགས་ཀྱི་སྒོ་ནས; མངོན་པར་མཐོ་བར;

1741 Sublimity, *n.* འཕགས་སྣངས; འཕགས་ཚུལ; མངོན་མཐོ; སེམས་སྐྱིད་བཟང་བ; མཐོ་ཁྱད; མངོན་པར་མཐོ་བ་ཉིད; ཆེ་བ་ཉིད; བདག་ཉིད་ཆེ་བ; མཐོ་ངག;

1742 Sublunary, *a.* ཟླ་བའི་འོག; འཇིག་རྟེན་གྱི; འཇིག་རྟེན་གྱི་སྐོར;

1743 Submarine, *a.* ཆུ་འོག་གི; རྒྱ་མཚོའི་འོག; རྒྱ་མཚོའི་སྙིངས་ན་གནས་ཐུབ་པའི་གྲུ; ཆུའི་སྙིངས་ན་འགྲོ་འདུག་བྱེད་ནུས་པའི་གྲུ་གཟིངས;

1744 Submerge, *v.t.* ཆུ་འོག་ཏུ་འཇུག་པ; འོག་ཏུ་བཅུག་པ; ཆུར་སྣུབ་པ; *v.i.* ཆུར་ནུབ་པ;

1745 Submersion, *n.* ཆུ་འོག་ཏུ་འཇུག་པའི་བྱ་བ;

1746 Submission, *n.* མགོ་འབུལ; འབུལ་ཡིཾ; མགོ་བཏུད; མགོ་དགུར་བའི་བྱ་བ,

1747 Submissiveness, *n.* སྙེམས་ཆུང་ལུགས; ཉམས་ཆུང་ཚུལ;

1748 Submissive, *a.* སྙེམས་ཆུང; ཉམས་ཆུང; ཁ་ལ་ཉན་པོ; བཀའ་ལ་ཉན་པོ;

1749 Submissively, *ad.* སྐིམས་ཆུང་གི་ཚུལ་གྱིས; ཉམ་ཆུང་གི་སྒོ་ནས;

1750 Submit, *v.t.* & *v.i.* འབུལ་ལོ་ཞུ་བ; སྙན་འབུལ་ཞུ་བ; འབུལ་བ; མགོ་དགུར་བ; མགོ་བཏུད་ཞུ་བ; ཁ་ལ་ཉན་པ; བཀའ་ལ་ཉན་པ;

1751 Subordinacy, *n.* འོག་མར་འགྱུར་ཚུལ; དམན་པའི་ཚུལ;

1752 Subordinate, *a.* འོག་མ; དམན་པ; *n.* ལས་ཚན་འོག་མ; *v.t.* དབང་དུ་སྡུད་པ; དབང་དུ་བྱེད་པ;

1753 Subordinately, *ad.* འོག་མར་གྱུར་པའི་ཚུལ་གྱིས; དམན་པའི་ཚུལ་གྱིས;

1754 Subordination, *n.* འོག་མའི་གནས་ཚུལ;

1755 Suborn, *v.t.* མནའ་རྫུན་སློག་པ; མནའ་རྫུན་སྐྱེལ་བཙུག་པ;

1756 Subpœna, *n.* དཔང་པོ་འབོད་བྱེད་བཀའ་ཤོག;

1757 Subscribe, *v.t.* ལྷན་ཐབས་བྱེད་པ; གཞམ་དུ་འབྲི་བ; གཞམ་དུ་འགོད་པ; རང་མིང་འབྲི་བ; རང་མིང་བཀོད་ནས་ར་སྤྲོད་པ; ཞལ་འདེབས་གཏང་བའམ་སྤྲེར་བ;

1758 Subscriber, *n.* ཞལ་འདེབས་གཏོང་བ་པོའམ་སྤྲེར་བ་པོ;

1759 Subscription, *n.* མཐུན་རྐྱེན; ཞལ་འདེབས;

1760 Subsequent, *a.* རྗེས་མ; ཕྱི་མ;

1761 Subsequently, *ad.* རྗེས་སུ; ཕྱིས་སུ;

1762 Subserve, *v.t.* ཞབས་ཕྱི་ཞུ་བ; གྲོགས་བྱེད་པ; ར་མདའ་བྱེད་པ; ར་འདེགས་པ; ར་འདྲེན་པ;

1763 Subservience, *n.* ཞབས་ཕྱི; གཡོག; ར་མདའ;

1764 Subservient, *a.* ཞབས་ཕྱི་ཞུ་མཁན; ར་མདའ་བྱེད་མཁན; གུས་པར་ཉན་པོ; འོག་མ; དམན་པ;

1765 Subserviently, *ad.* ར་མདའ་བྱས་ནས; གུས་ཚུལ་གྱིས; བཀའ་ལ་ཉན་པའི་སྒོ་ནས;

1766 Subside, *v.i.* ཞི་བ་པ; ཞིཾ་པ; ཆག་པ; ཚ་ཚད་སོགས་ཆག་པ;

1767 Subsidiary, *a.* ར་མདད་བྱེད་མཁན; གྲོགས་བྱེད་མཁན; ངཟར་བདྲུང་སྐྱབ་མཁན;

1768 Subsidize, *v.t.* དངུལ་གྱི་ཐོག་ནས་རོགས་རམ་སྒྲུབ་པ; དངུལ་གྱིས་ར་མདའ་བྱེད་པ; དངུལ་ཡོགས་སྟེར་བ;

1769 Subsidy, *n.* རྒྱལ་ཁག་ཆེ་བས་ཆུང་བ་སོར་ལ་དངུལ་ཡོར་གཏང་བ་དེ; གྲོགས་རམ; ར་མདའ; དངུལ་གྱི་རོགས་རམ; དམག་དུས་སྲུང་མདའ་ལེན་པའི་ཕྱིར་རྒྱལ་ཁག་ཆེ་བས་རྒྱལ་ཕྲན་རྣམས་ལ་དངུལ་གྱི་གྲོགས་རམ་སྟེར་བ་དེ; དངུལ་ཡོགས;

1770 Subsist, *v.i.* འཚོ་བ; འཚོ་ཞིང་གཞིས་པ;

1771 Subsistence, *n.* འཚོ་བ; ཟས; འཚོ་ཆས; འཚོ་ཐབས;

1772 Subsistent, *a.* འཚོ་བཞིན་པ;

1773 Subsoil, *n.* ས་འོག; ས་འོག་གི་རིམ་པ;

1774 Substance, *n.* དངོས་པོ; རྫས; རྒྱུ;

1775 Substantial, *a.* དངོས་པོར་གྱུར་པ; དངོས; ངོ་ཐོག; སྒྱུ་མ་མ་ཡིན་པ; སྲོག་ཆེན་པོ; ཡུན་རིང་ཐུབ་མཁན; སྲ་བ; མཁྲེགས་པོ; དངོས་པའི་རང་བཞིན་ཅན;

1776 Substantiality, *n.* ལུས་ཡོད་ལུགས; གཟུགས་ཉིད; གྲོག་ཆེ་ལུགས; ཐུབ་ཆེ་ལུགས; སྲ་བ་ཉིད; དངོས; དངོས་པ་ཡིན་ཚུལ; དངོས་པོ་ཉིད; གཟུགས་ཡོད་ཚུལ;

1777 Substantially, *ad.* དངོས་སུ; ངེས་པར; འཐམས་བུར་སྨིན་པའི་སྒོ་ནས; གདན་ལུགས་ཀྱིས;

1778 **Substantiate**, *v.t.* ར་སྤྲོད་པ; སྒྲུབ་པ; བདེན་པར་སྒྲུབ་པ; ཁ་མཚུ་སོགས་བདེན་པར་སྒྲུབ་པ; རིགས་པས་སྒྲུབ་པ;

1779 **Substantive**, *a.* ཡོད་པར་སྟོན་བཞིན་པའི; དངོས་པོ་དངོས་སུ་ཡོད་པར་མཚོན་བཞིན་པའི་དངོས; དངོས་གནས; ངོ་ཐོག; མིང་མཚོན་བྱེད་སྒྲ;

1780 **Substitute**, *v.t.* ཚབ་དུ་བཙུག་པ; ཚབ་འཛོག་པ; ངོ་ཚབ་འཛོག་པ; རྗེ་བ; *n.* ཚབ; ངོ་ཚབ; སྐུ་ཚབ;

1781 **Substitution**, *n.* ཚབ; ངོ་ཚབ་འཛོག་སྟངས; བརྗེ་བསོར; རྗེ་སྟངས;

1782 **Substitutional**, *a.* ཚབ་ཀྱི; ངོ་ཚབ་ཀྱི;

1783 **Substratum**, *n.* སའི་རིམ་པ; རིམ་པ;

1784 **Subtend**, *v.t.* འོག་ཏུ་སྒྲིལ་བ; ཁ་ཐུག་ཕྱོགས་པར་བཙུག་པ; ཁ་ཕྱོགས་སྤྲོད་པ;

1785 **Subterfuge**, *n.* ངོ་བརྫུན; འཛུར་ཐབས; ཐར་ཐབས; གཡོ་ཐབས; ཐབས་འཁྱུག; ཁ་འདྲི; གྱོད་བཤད; གཡོ་སྒྱུ; ཁག་དཀྲི;

1786 **Subterranean**, *a.* ས་འོག་གི;

1787 **Subtile**, *a.* ཟབ་མོ; ཟབ་པ; ཟབ་པོ; ཕྲ་བ; ཕྲ་ཞིང་ཕྲ་བ; གཡོན་ཅན; གཡོ་སྒྱུ་ཅན; གཙང་པོ;

1788 **Subtilize**, *v.t.* གཙང་མར་བྱེད་པ; སྦྱོང་བ; སྒྲུང་བ; ཕྲ་བར་གཏོང་བ; ཞིབ་མོར་བཟོ་བ; ཕྲ་མོར་བྱེད་པ; ཞིབ་ཏུ་གཏོང་བ; ཞིབ་ཞིབ་བྱེད་པ;

1789 **Subtility**, *n.* ཟབ་པ; ཟབ་ལུགས; ཕྲ་ལུགས; ཕྲ་ཞིབ; ཞིབ་ཆ; གཡོ་སྒྱུ;

1790 **Subtle,** *a.* ཟབ་པ; ཟབ་པོ; ཟབ་མོ; ཕྲ་བ; ཞིབ་པ; ཕྲ་ཞིང་ཕྲ་བ; གཡོན་ཅན; གཡོ་སྒྱུ་ཅན; གཅང་པོ;

1791 **Subtlety,** *n.* ཟབ་པ; ཟབ་ཚུལ; ཕྲ་ཞིབ; གཡོ་སྒྱུ;

1792 **Subtract,** *v.t.* དོར་བ; འཐེན་པ; ཕྲི་བ; འཕྲི་བ;

1793 **Subtraction,** *n.* ཕྲི་བ; འཕྲི་སྟངས;

1794 **Subtractive,** *a.* འཕྲི་བཞིན་པ; འཕྲི་རུང་བ; འཕྲི་ཉན་པ;

1795 **Subtrahend,** *n.* འཕྲི་གཞི; ཕྲི་བྱ;

1796 **Suburb,** *n.* གྲོང་ཁྱེར་གྱི་མཐའ་སྐོར; གྲོང་ཁྱེར་གྱི་ཉེ་སྐོར་རམ་ཉེ་འཁོར; གྲོང་ཁྱེར་གྱི་ཉེ་ཡོགས་སམ་ཉེ་འདབས;

1797 **Subvene,** *v.i.* འབྲས་ལྡན་འབྱུང་བ; འབྲས་བུ་ཅན་འགྱུར་བ; གྲོགས་བྱེད་རྒྱུ་འོང་བ; གྲོགས་སུ་འགྱུར་བ;

1798 **Subvention,** *n.* རོགས་རམ; གྲོགས་རམ; གཞུང་གི་ར་མདའ; ཕྱིས་སུ་གྲོགས་ལེན་པའི་ཕྱིར་གནས་སྐབས་དངུལ་གྱི་གྲོགས་རམ;

1799 **Subversion,** *n.* གཏོར་ཤུལ; སྡེ་གཟར; མགོ་མཇུག་སློག་ཚུལ; བཅོམ་རླག;

1800 **Subvert,** *v.t.* ཐལ་བར་རློག་པ; མེད་པར་བཟོ་བ; མགོ་མཇུག་སློག་པ; ཐད་ནས་གཏོར་བ; རྨངས་ནས་འབྱིན་པ;

1801 **Succeed,** *v.t.* *v.i.* རྗེས་སུ་རིམ་པར་འབྱུང་བ; རིམ་པར་རྒྱལ་ཁྲིར་འཛོག་པ; མགོ་འགྲུབ་པ; ཐུབ་པ; མཐར་སྐྱོལ་ཐུབ་པ; རྗེས་གནོན་པ; ཁྲི་རིམ་བརྒྱུད་ཀྱིས་གནོན་པ;

1802 **Succeeding,** *adj.* & *prest. participle.* རྗེས་སུ་འབྱུང་བཞིན་པ; རིམ་པར་ཁྲིར་འཛོག་གིན; ཐུབ་ཀྱིན;

1803 Success, *n.* རྒྱལ་ཁ; མངོན་ དོན་གྲུབ་པ; རྒྱལ་བ; དོན་གྲུབ; གྲུབ་པ; མཐར་སྐྱེལ་ཚུལ;

1804 Successful, *a.* རྒྱལ་བ་ཅན; མཐར་སྐྱེལ་ཐུབ་མཁན;

1805 Successfully, *ad.* རྒྱལ་བའི་སྒོ་ནས; མཐར་སྐྱེལ་ཐུབ་པའི་ཚུལ་གྱིས; བསམ་དོན་སྒྲུབ་པའི་ངོས་ནས;

1806 Succession, *n.* རིམ་པ; རིམ་བརྒྱུད; རིམ་པར་འབྱུང་ཚུལ; རིམ་པར་འབྲང་ཚུལ;

1807 Successive, *a.* རིམ་པར་རྗེས་སུ་འབྲང་བའི; རིམ་པར་འབྱུང་བའི; རིམ་བརྒྱུད་ཀྱི;

1808 Successively, *ad.* རིམ་པར; རིམ་པ་བཞིན་དུ; རིམ་བཞིན; རིམ་གྱིས; རིམ་པས; རྒྱུན་མ་ཆད་པར;

1809 Successor, *n.* རིམ་པར་འབྱུང་མཁན; རིམ་བརྒྱུད་ཀྱིས་གནོན་པ་པོ;

1810 Succinct, *a.* མདོར་བསྡུས་པའི; བསྡུས་པའི;

1811 Succour, *v.t.* ར་མདའ་བྱེད་པ; གྲོགས་བྱེད་པ; གྲོགས་རམ་བྱེད་པ;

1812 Succulent, *a.* བཅུད་ཅན; བཅུད་དང་ལྡན་པ; བཅུད་ཀྱིས་གང་བ;

1813 Succumb, *v.i.* ཐིམ་པ; མགོ་དགུར་བ; མགོ་བདད་ཞུབ; ཉན་པ;

1814 Such, *a.* འདི་ལྟར; འདི་འདྲ; འདི་ལྟ་བུ;

1815 Suck, *v.t.* འཇིབས་པ;

1816 Sucker, *n.* འཇིབས་མཁན;

1817 Suckle, *v.t.* ནུ་ཞོ་སྦྱིན་པ; འོ་མ་སྟེར་བ; སྣུན་པ; ནུ་ཞོ་སྣུན་པ;

1818 Suckling, *n.* ནུ་ཞོ་སྦྱིན་རྒྱུ; ནུ་ཞོ་སྣུན་བུ; མ་འབུར; འོ་འཐུང;

1819 Suction, *n.* འཇིབས; འཇིབ་པའི་བྱབ; འཇིབ་ཤུགས;

1820 Sudden, *a.* (ཧང་དོག་ཁ་མོ; Sik.) གློ་བུར;

1821 Suddenly, *ad.* (Sik. ཧང་དོག་ཁ་མོར;) གློ་བུར་དུ;

1822 **Suds,** *n.* ཡི་རྩེའི་ལྦུ་བ་དང་བཅས་པའི་ཆུ; ཁྲུས་རྫས་ཀྱི་ལྦུ་བ་དང་བཅས་པའི་ཆུ;

1823 **Sue,** *v.t.* གཏུག་པ; ཁྲིམས་སར་གཏུག་པ;

1824 **Suer,** *n.* གཏུག་མཁན; ཁྲིམས་སར་གཏུག་པ་པོ;

1825 **Suet,** *n.* ཚིལ; མཁལ་མའི་ཚིལ; ཁོག་ཚིལ; གྲོད་ཚིལ; སྤྲི་ཚིལ; བྲང་ཚིལ;

1826 **Suffer,** *v.t.* & *v.i.* བཟོད་པ; སྲན་པ; བསྲན་པ; བཟོད་པ་སྒོམ་པ; མནར་བ; བསྔལ་བ; སྡུག་བསྔལ་མྱོང་བ; གདུང་བ; གཟིར་བ;

1827 **Sufferable,** *a.* སྡུག་བསྲན་དུ་ཡོད་པ; བཟོད་ཐུབ་པའི; སྲན་ཐུབ་པའི;

1828 **Sufferance,** *n.* སྡུག་བསྲན; སྡུག་བསྔལ; སྡུག་པ; བཟོད་ཚུལ; སྲན་ཐུབ;

1829 **Sufferer,** *n.* སྡུག་མྱོང་མཁན; གཟིར་བ་པོ; བཟོད་པ་པོ; སྲན་པ་པོ;

1830 **Suffering,** *n.* སྡུག་བསྔལ; སྡུག་པ; གཟུག;

1831 **Suffice,** *v.i.* ཐུས་པ; འཐུས་པ; འགྲིག་པ; རན་པ; ཆོག་པ; ལྡང་བ; འདང་བ; ལང་བ;

1832 **Sufficiency,** *n.* ལངས་པའི་ཚོད; འཐུས་ཚད; རན་ཚད; ཆོག་ཚད; ལྡང་ཤུགས; འདང་ཤུགས; འདེངས་ཚོད;

1833 **Sufficient,** *a.* འཐུས་ཙམ; རན་ཙམ; ཆོག་ཙམ; ལྡང་བ; འདང་བ; འདེངས་པོ; ལྡིང་པོ;

1834 **Sufficiently,** *ad.* འཐུས་པ་ཉིད་དེ; འདངས་པར; ལངས་པར;

1835 **Suffocate,** *v.t.* དབུགས་འགོག་པ; དབུགས་སུབ་པ; སྐེ་བཀག་བཏང་ནས་གསོད་པ;

1836 **Suffocation,** *n.* དབུགས་སུབ་སྟངས; དབུགས་སུབ; སྐྱེ་འགག;

1837 **Suffragan,** *a.* གྲོགས་བྱེད་ཀྱིན; *n.* མཁན་པོ་ཆུང་བ;

1838 Suffrage, *n.* — རང་བློའི་འཐད་པ; རང་གི་འདོད་པ; དབང་པོ; བདེན་པའི་དབང་པོ;

1839 Suffuse, *v.t.* — ཁྱབ་པར་བྱེད་པ; ཁེབས་པར་གཏོང་བ; ཚོན་རྩ་སོགས་འགྲེམ་པ;

1840 Suffusion, *n.* — འགྲེམ་པའི་བྱ་བ; དགྲམ་སྟངས; ཁེབས་པར་གཏོང་སྟངས;

1841 Sugar, *n.* — བུར་ཀར; ཀ་ར; བྱེ་མ་ཀ་ར; བྱེ་དཀར;

1842 Suggest, *v.t.* — གྲོས་སྟོན་པ; བསླབ་བྱ་སྟོན་པ; ཇུས་སྤྲོད་པ; བྱུས་སྤྲོད་པ; བརྡ་སྟོན་པ;

1843 Suggestion, *n.* — གྲོས་སློར; བསླབ་བྱ; ཇུས; བརྡ;

1844 Suggestive, *a.* — གྲོས་སྟོན་བྱེད; བརྡ་སྟོན་པའི;

1845 Suggestively, *ad.* — གྲོས་བསྟན་ནས; བརྡ་བྱས་ཏེ;

1846 Suicidal, *a.* — རང་སྲོག་ལ་སྡིག་པའི; རང་སྲོག་གཅོད་པའི;

1847 Suicide, *n.* — རང་སྲོག་རང་གིས་བཅད་རྒྱུའི་ལས; རང་སྲོག་གཅོད་པའི་བྱ་བ; ལྟུབ་པ་པོ; རང་སྲོག་གཅོད་པ་པོ;

1848 Suit, *n.* — སྙན་ཞུ; ཁ་མཆུ; ཞུ་བ; *v.i.* འོས་པ; འགྲིག་པ;

1849 Suitable, *a.* — ཐུམ་པོ; རན་པོ; འོས་པོ; རིགས་པ;

1850 Suitableness, *n.* — ཐུམ་ཡོད; རན་ཡོད; འོས་ཚུལ; རིགས་པ་ཉིད; རིགས་ཚུལ;

1851 Suitably, *ad.* — ཐུམ་པོར; འོས་པར; རིགས་པར;

1852 Suite, *n.* — འཁོར་གཡོག; འཁོར་འདབ;

1853 Suitor, *n.* — ཁ་མཆུ་སྤྲོར་བ་པོ; སྙན་ཞུ་འབུལ་མཁན; ཁྲིམས་སར་གཏུགས་མཁན; ཞུ་གཏུགས་བྱེད་མཁན; གཉེན་འཚོལ་བ་པོ; གཉེན་སྤྲོར་བ་པོ; གཉེ་བོ; སྨྱུ་བོ; ཁ་མཆུ་རྒྱག་མཁན;

1854 Sulk, *v.i.* ངོ་གནག་པ; ངོ་ནག་སྟོན་པ; ངོ་ནག་པར་འགྱུར་བ;

1855 Sulky, *a.* ངོ་གནག; ངོ་ནག་ཅན; གདོང་ནག་ཅན;

1856 Sullen, *a.* ངོ་ནག་ཅན; གདོང་ནག་ཅན; ཁྲོ་ཉམས་ཅན;

1857 Sullenly, *ad.* ངོ་ནག་བསྟན་ནས; ཁྲོ་ཉམས་དང་བཅས་དེ;
ཨུ་ཚུགས་ཀྱིས;

1858 Sully, *v.t.* ནག་པོ་བཟོ་བ; དྲི་མར་བྱེད་པ; སྦག་པ;
དྲི་མས་སྦག་པ;

1859 Sulphate, *n.* ཚའི་རིགས་ཤིག;

1860 Sulphur, *n.* རྡོ་མུ་ཟི; མུ་ཟི; མུ་ཟི་རྡོ;

1861 Sultan, *n.* མུ་སུལ་ལྡན་གྱི་གོང་མའི་མཚན; ཏུ་རུ་ཀའི་རྒྱལ་པོ;

1862 Sultriness, *n.* (སྨུག་ཆིག; ཚད་དུབ; Sik.) ཚད་གདུང་ངམ་ཚ་གདུང;

1863 Sultry, *a.* ཚད་དུབ་ཅན; (སྨུག་ཆིག་ཅན; Sik.).
ཚ་གདུང་ངམ་ཚད་གདུང་ཅན;

1864 Sum, *n.* & *v.t.* *v.t.* སྡོམ་པ; རྩིས་སུ་སྡུར་བ; (*n.*) བསྡོམས་རྩིས;
སྡོམ; སྤྱི་སྡོམ; སྒོར་མོའི་ཚད;

1865 Summarily, *ad.* མདོར་བསྡུས་སུ; མདོར་བསྡུས་དེ; མདོར; མདོར་ན;
མདོར་བསྡུ་ན;

1866 Summary, *n.* མདོར་བསྡུས; སྡོམ; སྡོམ་ཚིག;

1867 Summer, *n.* དབྱར་ག; དབྱར་ཁ; དབྱར་ཀ; དབྱར; དབྱར་དུས;

1868 Summit, *n.* རྩེ; ཡང་རྩེ; རྩེ་མོ;

1869 Summon, *v.t.* སྐད་གཏང་བའམ་གཏོང་བ; འབོད་པ;

1870 Summons, *n.* འགུགས་ཤོག; དཔང་པོ་སོགས་ཁྲིམས་སར་འབོད་
བྱེད་ཀྱི་བཀའ་ཤོག;

1871 Sumptuary, *a.* འགྲོ་སོང་གི་སྐོར; གཏོང་སྐོའམ་འགྲོ་སོང་བསྒྲི་པའི་སྐོར;

1872 Sumptuous, *a.* གོང་ཆེན; རིན་ཐང་ཆེ་བ; བསོད་པ; བཟང་པོ; ཇོམ་བརྗིད་ཅན; ཇོམ་བག་ཅན; ཇོམ་པོ; ཛམ་བརྗིད་ཅན;

1873 Sumptuously, *ad.* ཇོམ་བརྗིད་བསྟན་ནས; (ཛམ་ཛམ་ཛིག་ཛིག་བྱས་ནས; Sik.).

1874 Sumptuousness, *n.* རིན་ཐང་ཆེ་ལུགས; ཇོམ་བརྗིད; ཇོམ་བག; ཇོམ་བརྗིད;

1875 Sun, *n.* ཉི་མ; ཉིན་མོར་བྱེད; པད་མའི་གཉེན; ཀུ་མུད་དགྲ; སྲིད་པའི་སྒྲོན་མེ;

1876 Sunday, *n.* གཟའ་ཉི་མ;

1877 Sunder, *v.t.* འབྲལ་བ; དབྲལ་བ;

1878 Sundries, *n.* གནས་ཚུལ་ཅག་ཅག; འདྲེས་མ; སྤེལ་མ; དངོས་པོ་རྣམ་པ་སྣ་ཚོགས; ཅ་གི་ཅོ་གི་སྣ་ཚོགས; དངོས་པོ་ཅག་ཅོག;

1879 Sundry, *a.* སྣ་ཚོགས; རྣམ་པ་སྣ་ཚོགས; རྣམ་པ་ཐ་དད; མི་གཅིག་པ;

1880 Sunflower, *n.* གང་ལས་ཉི་ཤར་མེ་ཏོག; ཉི་མ་གང་ཤར; ཉི་མའི་མེ་ཏོག;

1881 Sunken, *a.* ནུབ་ནས་ཡོད་པ; ནུབ་ཟིན་པའི;

1882 Sunless, *a.* ཉི་མ་མེད་པ;

1883 Sunlight, *n.* ཉི་མའི་འོད; ཚ་ཟེར; གདུང་བྱེད; ནམ་མཁའ་འཇམ; ཉི་མའི་འོད་ཟེར;

1884 Sunny, *a.* ཉི་འོད་ལྡན་པ; ཉི་མ་ཐོག་པའི;

1885 Sunrise, *n.* ཉི་ཤར; ཉི་མ་ཤར་བ;

1886 Sunset, *n.* ཉི་མ་རྒས་པ; ཉི་ནུབ;

1887 Sunshade, *n.* ཉི་གདུགས; གདུགས; ཚད་སྐྱོབ; ཚ་བ་སྐྱིབ; གདུང་སྐྱོབ;

1888 Sunshine, *n.* ཉི་འོད;

1889 Sup, *v.i.* & *v.t.* དགོང་ཁའི་ཁ་ཟས་ཟ་བ; དགོང་མོའི་ཁ་ལག་ཟ་བ;
ཐུབ་རི་འཐུང་བ; ཐུབ་འཐུང་བྱེད་པ;

1890 Super, *pr.* ལྷག་པར; ལྷག; ལྷག་པ;

1891 Superabundance, *n.* ལྷག་པར་རྒྱས་པ; རྒྱས་དྲག་པ; མང་བ; འབོལ་པོ་ཉིད;

1892 Superabundant, *a.* རྒྱས་དྲག་པ; འབོལ་དྲག་པ; མང་དྲག་པ;
མང་ཐབ་ཤོར་བ; མཁོ་བ་ལས་ལྷག་པ;

1893 Superadd, *v.t.* སྣོན་ཀ་རྒྱབ་པ; ཁ་སྣོན་རྒྱབ་པ; མང་དུ་སྣོན་པ;
ལྷག་པར་སྣོན་པ;

1894 Superaddition, *n.* ལྷག་པའི་ཁ་སྣོན;

1895 Superannuate, *v.t.* ལོ་གྲས་པས་བྱ་བ་མི་ཐེར་བར་སློག་པ; ལོ་རྒས་པའི་
ཕྱིར་ ཕོག་ཕྱེད་ བྱིན་ནས་ ཟུར་ བཞུགས་ འཇུག་ པ;
ལོ་རྒས་པས་ལས་ཐེར་མིན་དུ་འགྱུར་བ;

1896 Superb, *a.* ཇོམ་བག་ཅན; ཇོམ་པོ; ཇམ་བཟིད་ཅན; འགྱིང་བག
ཅན; ཇམ་ཇམ་ཟིག་ཟིག; མད་བྱུང; ཇིཾ་པོ; བཟིད་པོ;
ཟིལ་ཆེན་པོ; ཇོམ་བཟིད་ཅན;

1897 Superbly, *ad.* ཡང་གི་དང་པོ་བྱེད་དེ; ཇོམ་བཟིད་ཀྱི་ཚུལ་གྱིས;
ཇམ་ཇམ་ཟིག་ཟིག་བྱས་ནས;

1898 Supercargo, *n.* གྲུ་གཟིང་ཕྲག་ཚོང་ཟོག་གི་དོ་དམ་པ;

1899 Supercilious, *a.* བརྙས་བཅོས་མཁན; ཕོ་སོ་མཐོན་པོ; དབང་ཡོད་ཚ་པོ;
ཐམ་འདོད་མཁན; དཔའ་དོད་མཁན; དབང་ཡོད་མཁན;
ང་རྒྱལ་ཅན; རང་མཐོང་ཅན; རིགས་ལྡན; ཁེངས་ལྡན;

1900 Superciliously, *ad.* དབང་ཡོད་བརྙས་བཅོས་བྱེད་དེ; ང་རྒྱལ་བྱས་ཏེ;

1901 Supereminence, *n.* ཆེས་ཆེར་མངོན་མཐོ; ལྷག་པའི་ཆེ་བ་ཉིད; ཁྱད་དུ་འཕགས་ཚུལ;

1902 Supereminent, *a.* ལྷག་པར་མངོན་པར་མཐོ་བ; ཁྱད་པར་དུ་འཕགས་པ; རྨད་དུ་བྱུང་བ;

1903 Supererogation, *n.* སྤྱོད་ཚུལ་སྒྲིན་དྲགས་པ; ཉེས་སྤྱོད་སྤོམ་པར་ཤིན་དུ་གཟབ་དྲགས་པ; ཧ་ཅང་ཆོས་སྤྱོད་གྲིམས་དྲགས་པ་ཉིད; བྱ་འོས་ལས་ལྷག་པའི་བྱ་བ;

1904 Superficial, *a.* མངོན་གསལ; མངོན་པར་གསལ་བ; དཀའ་གནད་མེད་པ; གོ་དཀའ་བ་མེད་པ; ངོས་ཡོགས་འབའ་ཞིག་པ; ངོས་ཀྱི་སྐོར; ངོས་ཀྱི; ངོས་སྟེང; གདོང་ཉེ་བ; གདོང་མེད; (ཁ་གྲོག་ཙམ; Collql.).

1905 Superficially, *ad.* ངོས་ཡོར་འབའ་ཞིག་ཏུ; ངོས་སུ;

1906 Superficies, *n.* ངོས; གདོང; ཁ;

1907 Superfine, *a.* ཨང་གི་དང་པོ; གཞན་ལས་ལེགས་པ;

1908 Superfluity, *n.* ལྷག་ཐལ; འབོལ་ཐལ; ཉེར་མཁོ་ལས་ལྷག་པ་ཉིད; མང་བ;

1909 Superfluous, *a.* ལྷག་ཐལ་ཤོར་བ; ཉེར་མཁོ་ལས་ལྷག་པ; ལྷག་པོ; མང་དྲགས་པ;

1910 Superhuman, *a.* མི་ལས་ལྷག་པ; མའི་ནུས་པ་ལས་འདས་པ; མི་ལས་འཕགས་པ; ལྷའི; འཕགས་པའི;

1911 Superintend, *v.t.* ལྟ་རྟོག་བྱ་བ; ཞལ་ཏ་བྱེད་པ; ལྟ་རྟོག་བྱེད་པ; གཟིགས་རྟོག་གནང་བ; དོ་དམ་བྱེད་པ;

1912 Superintendence, *n.* ལྟ་རྟོག; དོ་དཾ; ཞལ་ཏ;

1913 Superintendent, *n.* ལྟ་རྟོག་པ; ལས་འགོ་པ; ལྟ་རྟོག་བྱེད་མཁན; དོ་དམ་པ;

1914 **Superintending.** *a.* ལྟ་རྟོག་བྱེད་བཞིན་པ; དོ་དམ་བྱེད་ཀྱིན;

1915 **Superior,** *a.* ཁྱད་པར་ཅན; རྒྱལ་བ; བླ; རབ; གོང་མ; རང་གི་གོང་མ; (Superior quality སྤྱུས་དག་པ; སྤྱུས་ལེགས་པ;)

1916 **Superiority,** *n.* ཆེ་བ་ཉིད; ཁྱད་འཕགས་ཚུལ; གོང་མ་ཡིན་ཚུལ; ལྷག; གོང་དུ་གྱུར་པ; ཁྱད; ཁྱད་པར; ཁྱད་ཆོས;

1917 **Superlative,** *a.* དྲག་ཤོས; མཐོ་ཤོས; ལྷག་ཤོས; གཞན་ལས་འཕགས་པ; ཨང་གི་དང་པོ;

1918 **Supernatural,** *a.* འཛིག་རྟེན་གྲགས་པ་ལས་འདས་པའི; རྒྱུན་དུ་སྤྱོད་པ་ལས་ལྷག་པའི; རྫུ་འཕྲུལ་གྱི;

1919 **Superscribe,** *v.t.* ཁ་ཡིག་རྒྱབ་པ; ཁ་ཡིག་འབྲི་བ;

1920 **Superscription,** *n.* མགོ་ཡིག; ཁ་ཡིག;

1921 **Supersede,** *v.t.* གོང་ནས་ལྷག་པ; ཐོབ་སྐལ་ནུས་པ་སོགས་ཀྱི་སྒོ་ནས་གཞན་གྱིས་གནོན་པ; གོ་ས་གནོན་པ;

1922 **Superstition,** *n.* ལོག་ལྟ; ལོག་དད; ལྷ་མཐོང་འདྲེར་འཛིན་གྱི་ཆོས་ལུགས་རྟོག་པ; རྣམ་རྟོག; མ་རིག་པའི་དབང་གིས་ཚུལ་མིན་གྱི་སེམས་གྱུས་དང་ལྷ་འདྲེའི་གནོད་པ་ལ་འཇིགས་པ; ཆེན་པོ;

1923 **Superstitious,** *a.* ལྷ་འདྲེའི་རྟོག་པ་ཅན; རྣམ་རྟོག་ཅན;

1924 **Superstructure,** *n.* གཞི་ལས་སྟེགས་པའི་བཀོད་པ; ཁྱིམ; ཁང་པ; སྟེང་དུ་བཀོད་པ་གང; སྤྱིའི་བཀོད་པ; རྨང་བཏིང་བའི་ཐོག་ཏུ་བཀོད་པ;

1925 **Supervene,** *v.i.* བར་མཚམས་བྱེད་པ; བསྣན་འབྱུང་བ; བར་དུ་འབྱུང་བ; བར་ཆད;

1926 **Supervention,** *n.* བསྣན་འབྱུང; བསྣོན་པ; སྣོན་ཀ; སྣོན་མ;

1927 Supervision, *n.* ལྟ་རྟོག; ལས་རྒྱབ་ཀྱི་བྱ་བ;

1928 Supervisor, *n.* ལྟ་རྟོག་པ; དོ་དམ་པ; ལྟ་རྟོག་བྱེད་མཁན;

1929 Supine, *n.* བྱ་ཚིག་ལས་གྲུབ་པའི་མིང་མཚོན་བྱེད་སྒྲ; དཔེར་ན་བྱ་བ་ཞེས་པ་ལྟ་བུ; གན་རྐྱལ; ལེ་ལོ་ཅན; བདང་སྙོམས་ཅན; སྙོམས་ལས་ཅན;

1930 Supper, *n.* ཕྱི་དྲོའི་ཟས; དགོང་མོའི་ཟས་སམ་ཁ་ལག; (དགོང་མོའི་ཞལ་ལག; Hon.).

1931 Supping, *n.* ཕྱི་དྲོའི་ཟས་ཟ་བའི་བྱ་བ; ཕྱི་དྲོའི་ཟས;

1932 Supplant, *v.t.* གཡོ་ཐབས་ཀྱིས་ཕ་རོལ་པ་དབྱུང་ནས་རང་ཉིད་གནས་སུ་འཁོད་པ; གཡོ་ཐབས་ཀྱིས་གཞན་གྱི་གནས་གནོན་པ;

1933 Supple, *a.* མཉེན་ལྷུག་ལྡན་པ; མཉེན་པོ;

1934 Supplement, *n.* ཁ་སྐོང; ཡན་ལག; ལྷན་ཐབས; ཆ་རྐྱེན; ཆ་ལག; འཕྲོས་གཏམ;

1935 Supplemental, *a.* ཁ་བསྐངས་སུ; ལྷན་ཐབསུ;

1936 Suppliant, *a.* & *n.* *n.* ཞུ་བ་པོ; གསོལ་བ་འདེབས་མཁན; *a.* གསོལ་བ་འདེབས་པའི;

1937 Supplier, *n.* མཁོ་བྱེད་སྒྲུབ་མཁན; མཁོ་སྒྲུབ་པ; སྒྲུབ་མཁན;

1938 Supplicant, *n.* སྙན་ཞུ་འབུལ་མི; ཞུ་གཏུགས་བྱེད་མཁན; ཞུ་མཁན; གུས་ཞུ་ཅན; གུས་པས་ཞུ་བ་པོ; གུས་ཞབས་ཀྱིས་ཞུ་མཁན;

1939 Supplicate, *v.t.* གུས་པས་ཞུ་བ; གསོལ་བ་བདབ་པ; གསོལ་བ་འདེབས་པ; ཞུ་བ་འབུལ་བ;

1940 Supplication, *n.* གསོལ་འདེབས; སྙན་ཞུ; ཞུ་བ; ཞུ་ཁྲ; ཞུ་ཡིག;

1941 Supply, *v.t.* སྒྲུབ་པ; འབུལ་བ; ཆད་སོག་བསྐང་བ; ཚབ་བྱེད་པ; ཚབ་འཛོག་པ; ཁ་སྐོང་བ; *n.* མཁོ་སྒྲུབ; དགོས་མཁོ; ཉེར་མཁོ; རྒྱུགས; འཚོ་རྒྱུགས;

1942 Support, *v.t.* གྲོགས་བྱེད་པ; ར་མདའ་བྱེད་པ; ཡར་བདེག་པ; སྐྱོང་བ; འདེག་པ; འཛིན་པ; སྐྱོར་བ; རྟེན་པ; གསོ་བ; གྲོག་བྱེད་པ; *n.* རྟེན; རྒྱབ་སྐྱོར; གྲོགས་རམ; ར་མདའ; འཚོ་བ; འཚོ་ཐབས;

1943 Supportable, *a.* རྟེན་རུང་བ; སྐྱོང་རུང་བ; གསོ་ཉན་པ; བསྲན་དུ་ཡོད་པ; སྐྱོར་རུང་བ;

1944 Suppose, *v.t.* རྟོག་པ; སྙཾ་པ; བསམ་པ; ཡིན་པ་ཚོད་འཛིན་བྱེད་པ; སེམས་པ; རྟོག་པར་བྱེད་པ; ཡིན་ནམ་སྙམ་པ;

1945 Supposition, *n.* ཡིན་ནཾ་སྙཾ་པའི་བློ; བསཾ་པ; སྣང་བ; བཞེད་པ; (Hon. བཞེད་ཚུལ; དགོངས་པ;) རྟོག་པ;

1946 Suppositional, *a.* ཡིན་སྙཾ་པའི་བློའི; བསམ་པའི; རྟོག་པའི; (Hon. དགོངས་པའི;)

1947 Suppress, *v.t.* མནན་པ; ཁ་བཀག་པ; ནོན་པ; འཛོམས་པ; བཅོམ་པ; གནོན་པ; སྦུབ་པ; འགོག་པ; གྱེན་ལོག་སོགས་ཚར་གཅོད་པ; གསང་བ;

1948 Suppression, *n.* ཁ་འགོག; མནན་པ; གནོན་སྟངས; ཚར་གཅོད་ཚུལ; གསང་ཚུལ;

1949 Suppressive, *a.* ཁ་འགོག་པའི; མནན་པའི; བཅོམ་པའི; གནོན་བྱེད; འདུལ་བྱེད; གསང་བྱེད;

1950 Suppurate, *v.i.* ཆུ་སེར་འདོན་པ; རྣག་འབྲོན་པ; རྣག་རྟོལ་བ; རྣག་བསག་པ;

1951 Suppuration, *n.* ཆུ་སེར་འབྱིན་པ་ཉིད; རྣག་སྨིན་པ;
(རྣག་ཚོགས་པ; Sik.) རྣག; ཆུ་སེར;

1952 Supremacy, *n.* གོང་མར་གྱུར་པ་ཉིད; གོང་མར་གྱུར་ཚུལ;
གོང་མར་འཛིན་སྟངས; གཙོ་བོར་གྱུར་ཚུལ;
ཆེ་བ་ཉིད; ལྷག་པའི་ཆེ་བ;

1953 Supreme, *a.* མཆོག; གོང་མ; གཙོ་བོ; ཆེ་ཤོས;

1954 Supremely, *ad.* མཆོག་ཏུ; ལྷག་པར;

1955 Surcoat, *n.* ཀའུ་ཅི; གོས་ཅི; གོ་ཁྲབ་ཀྱི་སྟེང་གོན་རྒྱུའི་ཀའུ་ཅིའམ་
ཁ་གོས་རིང་པོ;

1956 Sure, *a.* ངེས་པར; གོར་མ་ཆག; གོར་མ་བཀུམ་པ;
ངེས་པ; ཐེ་ཚོམ་མེད་པ; ཏན་ཏན; ཁྲིག་ཁྲིག;
གཏན་འཁེལ;

1957 Surely, *ad.* ཐེ་ཚོམ་མེད་པར; ངེས་ངེས; ངེས་པར; གཏན་གཏན;

1958 Surety, *n.* གཏའ་མ; ཁས་འཁྲུག; ངེས་པ་ཉིད;

1959 Surf, *n.* བ་ཐྲི; རྦ་རླབས་ཀྱི་བ་ཐྲི; ཆུ་རླབས་འགྲམ་དང་
བརྡབས་པ་ལས་སྐྱེས་པའི་ལྦུ་བ; ཆུའི་རྦ་འཐབ་
པ་ལས་སྐྱེས་པའི་ལྦུ་བ;

1960 Surface, *n.* ངོས; གདོང; ཁ;

1961 Surfeit, *n.* ཁམས་ལྡོག; སེམས་སུན་པ; ཡིད་སུན་པ; ཁམ་ལོག;
ཞེ་ལོག; དང་ག་འགག་པ; དང་ཁ་མི་བདེ་བ;
ཁམས་ལོག;

1962 Surge, *n.* རྦ་རླབས་འཕྱོ་བ; *v.i.* རྦ་རླབས་འཕྱོ་བ;
འཕྱོ་བ; གཡེང་བ; ཆུས་གཡེང་བ;

1963 Surgeon, *n.* རོ་དྲའི་གསོ་དཔྱད་ལ་མཁས་པའི་སྨན་པ; གསོ་དཔྱད་པ; འཚོ་བྱེད་པ;

1964 Surgery, *n.* གཅོད་ཅིང་དྲ་བའི་གསོ་དཔྱད; བྱང་ཁོག་གཡུ་ཐིག་གི་རིག་པ; གསོ་དཔྱད་ཀྱི་གྲལ་ནས་རོ་དྲའི་རིག་གནས; གཅོད་བྲལ་བྱེད་པའི་གསོ་དཔྱད;

1965 Surgical, *a.* གསོ་དཔྱད་རོ་དྲའི;

1966 Surgy, *a.* ཐ་རླབས་འཁྲོ་བའི; ཐ་རླབས་ཅན; ཆུ་རླབས་འཁྲོ་བཞིན་པ;

1967 Surly, *a.* གྲོང་པོ; (རླུང་གཟན; Bhut.). འཛིང་པ་སྤྲོམ་པོ; གུས་ཞབས་མེད་མཁན; ཞེ་ས་མེད་མཁན; མ་རབས་ཀྱི་སྤྱོད་པ་ཅན; (ལྐུག་སྐྱིད་ལོག་ལོག; Sik.).

1968 Surmise, *v.t.* བསམ་པ; རྟོག་པ; དགོངས་པ; ཚོད་བྱེད་པ; སེམས་ཉི་བྱེད་པ; ཡིན་ནཾ་སྙམ་པ; དོགས་པ་ཟ་བ; ཐེ་ཚོམ་ཟ་བ; (བློ་ཚོད་དཔག་པ; Sik.).

1969 Surmount, *v.t.* རྒལ་བ; ཐར་བ; ཐར་བར་བྱེད་པ; འཐམ་པར་བྱེད་པ; སྟེང་དུ་ཞོན་པ; ཐོག་དུ་ཞོན་པ; རྒྱལ་བ; འདའ་བ; དཀའ་ལས་འདའ་བ; བར་ཆད་ལས་འདའ་བ;

1970 Surmountable, *a.* སྟེང་དུ་ཞོན་འོས་པ; བརྒལ་ནུས; རྒྱལ་ཐུབ་པའི;

1971 Surname, *n.* རུས་ཚན་གྱི་མིང; རུས་པའི་མིང; རུས་མིང; རུས་མཚན; རུས་ཁུངས;

1972 Surpass, *v.t.* ཡོན་ཏན་དང་བྱ་བ་སོགས་ལ་གཞན་ལས་འཕགས་པ; འདའ་བ; ལྷག་པར་འགྱུར་བ; ཕ་རོལ་དུ་འགྲོ་བ; ཡོན་ཏན་དང་བྱ་བ་སོགས་ཀྱི་ཕ་རོལ་དུ་འགྲོ་བ;

1973 Surpassing, *a.* ཕྱུལ་དུ་ཕྱིན་པ; ཕྱུལ་དུ་བྱུང་བ; ལྷག་པའི; ལྷག; ལྷག་པ; ཡང་གི་དང་པོ; ཤིན་ཏུ་ལེགས་པ; མེད་དུ་བྱུང་བ;

1974 Surplice, *n.* ཤན་ཐེ; ཤན་ཐོ; ཀ་ཆེ་དཀར་པོའི་ཤན་ཐོ; འཇོལ་སྤྲེར; འཇོལ་བེར;

1975 Surplus, *n.* ལྷག་མ; ལྷག་འཕྲོས; ལྷག་ལུས; འཕྲོས; འཕེལ; མང་དྲགས;

1976 Surprisal, *n.* ཀུ་འཐིབ; ཀུན་ཏིབ; ཇག་ཏིབ;

1977 Surprise, *v.t* གློ་བུར་དུ་འོངས་ནས་ལེན་པ; གློ་བུར་དུ་སོང་ནས་བཟུང་བ; གློ་བུར་དུ་དམག་རྒྱབ་པ; ཡ་མཚན་བྱེད་འཛུག་པ; མགོ་འཕྲོམ་འཛུག་པ; ཇག་ཏིབ་རྒྱབ་པ; ཀུན་ཏིབ་རྒྱབ་པ; ཀུན་འཐིབ་རྒྱབ་པ; མཚན་ཏིབ་རྒྱབ་པ;

1978 Surprising, *n* ཧ་ལས་པོ; ཡ་མཚན་པོ;

1979 Surrender, *v.t* & *v.i.* གཏོད་པ; གཏད་པ; སྤྲོད་པ; ཁས་ལེན་པ; ཉན་པ; སྤྲོང་བ; སྤང་བ; ཁ་བདགས་པ; མགོ་བདགས་པ; ཁ་འདོགས་པ; མགོ་འདོགས་པ; མགོ་གུར་བ; མགོ་འབུལ་ལུས་འབུལ་བྱེད་པ; མགོ་བདད་ཞུ་བ; མགོ་བོ་གཏོད་པ;

1980 Surreptitious, *a.* གཡོ་ཀུན་གྱིས་བྱས་པའི; གཡོ་སྒྱུས་བྱས་པའི; གསང་བས་བྱས་པའི;

1981 Surreptitiously, *ad.* གཡོ་ཀུན་གྱིས་སྒོ་ནས་བྱས་པའི་གཡོ་སྒྱུ་བྱས་ནས; ཀུན་ཐབས་ཀྱིས; གསང་ཐབས་ཀྱིས;

1982 Surround, *v.t.* མཐའ་སྐོར་བ; སྐོར་བ;

1983 Surrounding, *n.* མཐའ་སྐོར; མཐའ་འཁོར; ཉེ་སྐོར; ཉེ་འཁོར; ཉེ་འདེབས;

1984 Surtout, *n.* ཁ་གོན; ཁ་གོས་རིང་པོ; འཇོལ་བེར; གོས་འཇོལ་བེར; ལྷུགས་རི; འཇོང་ར;

1985 **Surveillance**, *n.* དོགས་ཟེར ; ཟེར ; ལྟ་རྟོག ; (གཟིགས་རྟོག ; Hon.);
མིག་འོག་བཞག་པའི་བྱ་བ ;

1986 **Survey**, *v.t.* གཞལ་བ ; ས་འཇལ་བ ; ས་ཚད་འཇལ་བ ;
ལྟ་རྟོག་བྱེད་པ ; (གཟིགས་རྟོག་གནང་བ ; Hon.).

1987 **Surveying**, *n.* གཞལ་ལས ; ས་ཚད་འཇལ་བའི་རིག་པ ;

1988 **Surveyor.** གཞལ་མཁན ; ས་ཚད་འཇལ་མཁན ;
ལྟ་རྟོག་བྱེད་མཁན་དཔོན་པོ ;

1989 **Survival**, *n.* གཞན་ལས་ལྷག་པར་འཚོ་བའི་ཚུལ ; གཞན་ལས་ལྷག་
པར་གནས་པའི་ཚུལ ;

1990 **Survive**, *v.t.* གཞན་ ཚ་མེད་ ཤུལ་ མེད་ གྱུར་ བའི་ རྗེས་ ཀྱང་ གནས་པ ;
ཐར་བ ; ཚེ་ཐར་བ ; འཚོ་ཞིང་གཞིས་པ ; ཤི་བའི་
རྗེས་ལུས་པ ; གཞན་ལས་ལྷག་པར་འཚོ་བ ; གཞན་
ཤི་བའི་རྗེས་ཀྱང་འཚོ་བ ;
གཞན་ལས་ལྷག་པར་གནས་པ ;

1991 **Survivor**, *n.* གཞན་དག་ཤི་བའི་རྗེས་ཀྱང་འཚོ་མཁན ;

1992 **Susceptible**, *a.* ཉན་རྣང་བ ; བཀའ་བློ་བདེ་བ ; ཚོར་བ་ཅན ;
བསམ་ཤུགས་སྐྱེ་འོས ;

1993 **Suspect**, *v.t.* དོགས་པ་ཟ་བ ; ཐེ་ཚོམ་ཟ་བ ; དོགས་པ་སློང་བ ;
རྟོག་པ་སྐྱེད་པ ;

1994 **Suspend**, *v.t.* དཔྱང་བ ; འགེལ་བ ; བཀལ་བ ; བཤོལ་བ ;
ཕྱི་བ་ཀོལ་རྒྱུག་པ ; འདོན་པ ; བཏོན་པ ;
དགོངས་འཕོག་གཏོང་བ ; གནས་སྐབས་སུ་གོ་གནས་
ལས་ཕུད་པ ;

1995 **Suspense**, *n.* ཚམ་ཚོམ ; ཕྱི་བ་ཤོལ ; འཕྱང་མོ ; ཐེ་འཚོམ ; ཚམ་ཚུམ ;

1996 Suspension, *n.* དཔྱང་བའི་བྱ་བ; དཔྱང་བ; དགོངས་ཕོག; བཞོལ་བ; ཕྱི་བཞོལ;

1997 Suspicion, *n.* དོྟ་པ; ཐེ་ཚོམ;

1998 Suspicious, *a.* དོྟ་པ་ཅན; ཐེ་ཚོམ་ཅན;

1999 Suspiciously, *ad.* དོགས་པ་བཟུམ་ནས; ཐེ་ཚོམ་གྱིས; དོགས་པ་ཟ་བོ་བྱེད་དེ;

2000 Sustain, *v.t.* རྟེན་པ; འདེགས་པ; སྐྱོང་བ; གསོ་བ; འཚོ་བ; བཟོད་པ; སྲན་པ;

2001 Sustenance, *n.* འཚོ་བ; འཚོ་ཐབས; བཟའ་བ;

2002 Sustentation, *n.* འཚོ་བ; འཚོ་ཐབས; གྲྭ་པ; དབུལ་པོ་རྣམས་ལ་གྲོགས་རམ་བྱེད་པའི་ཞལ་འདེབས;

2003 Sutler, *n.* དམག་སྒར་ལ་དམག་རྒྱགས་སྐྱུབ་མཁན;

2004 Swaddle, *v.t.* ཁྲིའུ་སྟན་དུ་སྒྲིལ་བ; ཕྲུག་གུ་སོགས་ལ་གོས་དམ་པོར་འཆིང་བ;

2005 Swagger, *v.i.* འཁྱིང་བ; ཉམས་བྱུས་ནས་ལབ་པ; ཕོ་སོ་བྱེད་པ; རང་སྟོད་བྱས་པ; ཉམས་བྱུས་ནས་འགྲོ་བ; ཉམས་བསྟན་ནས་འགྲོ་བ; འཁྱིང་བག་རྩལ་གྱི་འགྲོ་བ;

2006 Swaggerer, *n.* ཉམས་བསྟན་ནས་འགྲོ་མཁན; ཕོ་སོ་ཅན;

2007 Swain, *n.* སོ་ནམ་པ; གཞོན་ནུ; མཛའ་བོ; གཉེ་བོ;

2008 Swallow. *v.i.* མིད་པ; མིད་པས་ཟ་བ; ཁྲུར་མིད་པ; ཁྲུར་མིད་གཏང་བ; *n.* བྱིའུ་ཁྲག་ཏ; ཁྲག་ཏ; ཁྲག་ཏྲ; ཨ་ལི་ཁྲག་ཏྲ; ཚད་སྤྱོད; ཚར་དགའ;

2009 Swamp, *n.* འདམ་རྫབ; འདམ་ཁྲོད; འདྃ; འདྃ་ཚུག; འདྃ་འཛིར; (Sik. འདྃ་མཚོ;)

2010 Swampy, *a.* འདམ་ཅན; འདམ་རྫབ་ཅན; འདམ་བག་ཅན;
རྫབ་རྡོང་ཅན; རྫབ་རྫོབ་ཅན;

2011 Swan, *n.* ངང་པ;

2012 Swank, *a.* གཉེན་པ; མཉེན་པ;

2013 Swap, *v.t.* རྗེ་བ; ཕན་ཚུན་རྗེ་བ;

2014 Sward, *n.* སྤང; རྩྭ་སྤང; སྤང་སོག; སྤང་ཐང;

2015 Swarm, *n.* (Sik. མཚོ་ཐུད;) ཚོགས; ཁྱུ; སྦྲང་མའི་ཚོགས;

2016 Swarthy, *a.* ཤ་ཀྲི་ནག་པོ; ཤ་ནག་པོ; སྐུམ་ལ་གནག་པ;
སྐུམ་ཞིང་གནག་པ;

2017 Swathe, *v.t.* འབྲུར་རྒྱབ་པ; དམ་པོར་འཆིང་བ; གོས་སྲུ་སྒྲིལ་བ;

2018 Sway, *v.t* དབང་སྒྱུར་བ; དབང་བྱེད་པ; རྒྱལ་སྲིད་ཀྱི་ཁ་ལོ་སྒྱུར་བ;
རྒྱལ་སྲིད་བྱེད་པ; *n.* རྒྱལ་སྲིད; དབང; སྐུ་དབང;
ཚད་དབང;

2019 Swear, *v.i.* མནའ་འབོར་བ; མནའ་སྐྱེལ་བ; ཐྲོ་བོར་བ;
(དབུ་མནའ་བཞེས་པ; Hon.).

2020 Sweat, *n.* རྔུལ; ཚད་པའི་དབང་ལུས་ལས་བྱུང་བའི་རྔུལ་ནག;
རྔུལ་ནག; ཚད་སྐྱེས;

2021 Sweaty, *a.* རྔུལ་ནག་ཆོར་ཆོར; རྔུལ་ནག་ཅན; རྔུལ་ནག་གིས་
སྦྲངས་པ; བརྩོན་འགྲུས་ཅན;

2022 Sweep, *v.t.* འཕྱག་པ, འཕྱུག་པ; གད་དར་བྱེད་པ; བྱི་དོར་བྱེད་པ;

2023 Sweeper, *n.* འཕྱག་བདར་པ; གད་པ; གད་མཁན; གད་རྒྱབ་མཁན;
ར་རྒྱབ་པ; རོ་རྒྱབ་པ;

2024 Sweet. (of smell བསུང་ལྡན; དྲི་བསུང་ཅན; བསུང་ངད་ཅན;)
(of form མཛེས་པ;) (of sound སྙན་པ;)
ཞིམ་པོ; མངར་མོ;

2025 Sweet, *a.* ཞིམ་པོ ; མངར་པོ ; མངར་བ ; མངར་མོ ;

2026 Sweeten, *v.t.* མངར་མོ་བཅོས་པ ; མངར་མོ་བཟོ་བ ;

2027 Sweetheart, *n.* སྙིང་སྡུག ; མཛའ་མོ ; དགའ་མ ; སྙིང་ཉེ་མ ; སྲིད་མོ ;

2028 Sweetish, *a.* (མངར་སང་སང ; Sik.) ཚུང་ཟད་མངར་མོ ;
མངར་མདངས་ཅན ;

2029 Sweetly, *ad.* ཡིད་གར་འོང་པོ་བྱེད་དེ ; འཇམ་འཇམ་གྱིས ;
འཇམ་ཐབས་ཀྱིས ;

2030 Sweetmeat, *n.* མངར་བྲུ ; མངར་ཆ ; མངར་ཛས ; བྲི་རིལ ;

2031 Sweetness, *n.* མངར་མདངས ; མངར་བ ; མངར ;

2032 Swell, *v.i.* སྦོས་པ ; སྦོ་བ ; སྦང་བ ;

2033 Swelling, *n.* སྦང་སྦོས ; སྦང་འབུར ; སྦངས་པོ ;

2034 Swerve, *v.i.* འགོལ་བ ; ལམ་འགོལ་བ ; བྱ་འོས་ལ་འཛུར་བ ;
འཛུར་བ ;

2035 Swerving, *n.* འགོལ་སྟངས ; འཛུར་སྟངས ;

2036 Swift, *a.* ཁྱུག་པོ ; སྐྱེན་པ ; སྐྱེན་པོ ; མགྱོགས་པ ; མྱུར་པོ ;

2037 Swiftly, *ad.* སྐྱེན་པོ་བྱེད་དེ ; མགྱོགས་པོར ; མྱུར་བར ; མྱུར་དུ ;
ཐྲལ་དུ ;

2038 Swiftness, *n.* སྐྱེན ; ཁྱུག་སྟབས ; མགྱོགས་འགྲོས ; མྱུར་འགྲོས ;
མྱུར་བ ;

2039 Swill, *v.t.* ཧབ་འཐུང་བྱེད་པ ; ཧབ་ཧོབ་འཐུང་བ ; བཀྲེས་ངབ་
ཀྱིས་འཐུང་བ ; ལྟོ་ངབ་ཀྱིས་འཐུང་བ ;

2040 Swim, *v.i.* སྐྱལ་རྒྱབ་པ ; ཀྱལ་རྩེ་བ ; ཚུལ་ཀྱལ་རྒྱབ་པ ;

2041 Swimmer, *n.* ཀྱལ་རྒྱབ་མཁན ;

2042 Swimming, *n.* ཀྱལ་རྒྱབ ; ཀྱལ་རྩེད ; སྐྱལ ;

2043 Swindle, *v.t.* མགོ་སྐོར་གཏོང་བ; དབུ་སྐོར་ཞུ་བ;

2044 Swindler, *n.* མགོ་སྐོར་གཏང་མཁན; or གཏོང་མཁན;
དབུ་སྐོར་ཞུ་མཁན;

2045 Swine, *n.* ཕག་པ; ཕག; ས་སློག; ངུར་སྨྲ་ཅན; ཕྲུ་རིངས;

2046 Swineherd, *n* ཕག་རྫི;

2047 Swing, *v.i.* འཕྱུང་བ; གཡེང་བ; ཡིང་ཡིང་བྱེད་པ;
འཁྱོང་འཁྱོང་ཡུག་ཡུག་བྱེད་པ;

2048 Switch, *n.* ལྕུག; ལྕུག་ཚན་ཕྲ་མོ; རྒྱུག་པ་ཕྲ་མོ; རྣལྕེ;
རེ་ལིའི་ཁ་ལོ་སྒྱུར་བྱེད་འཕྲུལ;

2049 Swivel, *n.* འཁྲུལ་མིག་བརྒྱུས་པ; འཁྲིལ་མིག་བརྒྱུས་པ་
ལྕུགས་སྒྲོག; ལྕུགས་སྒྲོག་བརྒྱུས་པ;

2050 Swoon, *v.i.* དྲན་མེད་བརྒྱལ་བ; བརྒྱལ་བ; དྲན་མེད་འགྱུར་བ;

2051 Swoop, *v.t.* ཁྲ་ལྟར་གཞུར་བ; ཞུར་བ; གཞུར་བ; བྱ་འདེད་གཏོང་བ;

2052 Swop, *v.t.* རྗེ་བ; དངོས་པོ་ཕན་ཚུན་རྗེ་བ;

2053 Sword, *n.* གྲི་རིང; རལ་གྲི; དཔའ་གདམ; ཤང་ལང; ཤོག་ལང;

2054 Swordsmap, *n.* གྲི་རྩེད་མཁན; གྲི་གཡུག་པར་མཁས་པ;

2055 Sworn, *pp.* མནའ་བོར་ནས་ཡོད་པ; མནའ་བོར་ཟིན་པ;
མནའ་བསྐྱལ་ཟིན;

2056 Sycamore, *n.* (ཀ་ལ་ལྷང་སྡོང་པོ; Sik.) གཡོར་སེའམ་ཀ་ལ་ལྷང་ཤིང;
ཨན་ཛིར་ཤིང་སྡོང;

2057 Sycophancy, *n.* དཔལ་ཡིས; ཁ་གསག; ཁ་བསག;

2058 Sycophant, *n.* དཔལ་ལས་ཤོད་མཁན; ཁ་གསག་བྱེད་མཁན;

2059 Syllabic, *a.* ཚིག་འབྲུའི་སྐོར; ཚིག་འབྲུའི;

2060 Syllable, *n.* ཚིག་འབྲུ; སྒྲ་ཕྲེང་གཅིག; བརྗོད་ཕྲེང་གཅིག;

2061 Syllogism, *n.* རིགས་པས་སྒྲུབ་སྟངས ;

2062 Syllogistic, *a.* རིགས་པས་སྒྲུབ་སྟངས་ཀྱི་སྐོར ;

2063 Sylph, *n.* མཁའ་འགྲོ་མ ; ཌཱ་ཀི་ནཱི ;

2064 Symbol, *n.* ཧཱ ; བརྡའ ; བརྡ ;

2065 Symbolic, *a.* བརྡའི ; བརྡའི་སྐོར ; རྟགས་ཀྱི་སྐོར ; གཟུགས་སུ་བཀོད་པའི ;

2066 Symbolical, *a.* བརྡའ་མཚོན་པའི ; བརྡའི ; བརྡའི་སྐོར ; རྟགས་ཀྱིས་མཚོན་པའི ;

2067 Symbolically, *ad.* བརྡ་ཡི་སྒོ་ནས ; རྟགས་ཀྱིས་མཚོན་པའི་ཚུལ་གྱིས ; གཟུགས་སུ་བཀོད་པས ;

2068 Symbolism, *n.* བརྡའ་མཚོན ; བརྡ་ཡིས་མཚོན་སྣང ;

2069 Symbolize, *v.i.* & *v.t.* བརྡའ་ཡིས་སྟོན་པ ; བརྡ་ཡིས་མཚོན་པ ; ཡོན་དན་མཚུངས་པ ; འདྲ་བ ;

2070 Symmetrical, *a.* ཚད་ལྡན ; དཔེ་བྱད་ཅན ; ཆ་ཞེང་འགབ་པ ; མཆུ་ཞེང་འགམ་པ ;

2071 Symmetry, *n.* ཚད ; བཟོ་དབྱིབས་ལེགས་པོ ; དཔེ་བྱད ; མཆུ་ཞེང ; འགབ་སྟངས ;

2072 Sympathetic, *a.* སེམས་ཚོར་ཅན ; ཤ་ཚ་ཅན ; སྙིང་རྗེ་ཅན ; བྱམས་ལྡན ; བརྩེ་ལྡན ;

2073 Sympathetically, *ad.* སྙིང་རྗེ་བསྐྱེས་ནས ; རང་མཉམས་བསམ་ནས ;

2074 Sympathize, *v.i.* ཤ་ཚ་བྱེད་པ ; སེམས་ཀྱིས་སྦྱོར་པ ; སྙིང་རྗེ་ལྷ་བ ; བྱམས་པ་བྱེད་པ ;

2075 Sympathy. ཤ་ཚ ; སེམས་ཚོར ; སྙིང་རྗེ ; རང་དང་མཉམ་པའི་ བསམ་པ ; བྱམས་པ ;

2076 Symphony, *n.* སྒྲ་མཐུན་ཞིང་སྙན་པ; དབྱངས; སྒྲ་དབྱངས; དབྱང་སྙན; འཇེབས; སྙན་འཇེབས;

2077 Symptom, *n.* ན་སྣང; ཡོད་རྟགས; ཡོད་པར་མཚོན་བྱེད; རྟགས; མཚན་མ;

2078 Synagogue, *n.* ཡ་ཧུ་དཱ་པའི་བཤད་བསྒྲུབ་ཀྱི་ཚོགས; ཡ་ཧུ་དཱ་པའི་བཤད་བསྒྲུབ་ཀྱི་གནས;

2079 Synchronism, *n.* དུས་གཅིག་དུ་བྱུང་ཚུལ; དུས་གཅིག་དུ་བྱུང་བ; རྣམས་རིམས་འཛོག་སྣངས;

2080 Syncopate, *v.t.* ཚིག་གི་ནང་ནས་ཡི་གེ་གཅིག་གམ་མང་པོ་སྤུད་པ; ཡི་གེ་སྤུད་པ;

2081 Syncope, *n.* ཚིག་གི་ནང་ནས་ཡི་གེ་སྤུད་ཚུལ; བསྡུ་ཡིག;

2082 Syndicate, *n.* དོ་དམ་བྱེད་མཁན་རྣམས་ཀྱི་ཚོགས; ལྷན་རྒྱས; དབང་བྱེད་ཚོགས་པ;

2083 Synod, *n.* ལྷན་རྒྱས; དགེ་འདུན་གྱི་ཚོགས; ཆོས་ཀྱི་མདུན་ས; རྩོད་ཚོགས;

2084 Synonym, *n.* དོན་གཅིག་མིང་གི་རྣམས་གྲངས; སྒྲ་དོན་ཚིག་གཅིག་པ; དོན་སྒྲ་གཅིག་པ; དོན་གཅིག་པའི་སྒྲ; གཞན་དང་དོན་གཅིག་པའི་ཚིག;

2085 Synonymous, *a.* དོན་གཅིག་མིང་གི་རྣམས་གྲངས་ཅན; དོན་གཅིག་སྒྲ་མང་ཅན; སྒྲ་མང་དོན་གཅིག་གི་སྐོར; སྒྲ་དོན་ཚིག་གཅིག་གིས་མཚོན་པའི; དོན་གཅིག་པ; དོན་འདྲ་བ;

2086 Synopsis, *n.* སྡོམ; སྤྱི་སྡོམ; མདོར་བསྡུས; བསྡུས་པ; བཏུས་པ;

2087 Syntax, *n.* ཚིག་སྦྱོར་ཚུལ; རྗོད་བྱེད་སྦྱོར་ཚུལ;

2088 Synthesis, *n.* སྦྱོར; སྦྱོར་བྱེད; སྦྱོར་ཚུལ; སྒྲུབ་ཚུལ; བརྗོད་བྱ་ཕྱོར་བ་རྣམས་སྦྱོར་སྣང;

2089 Syringe, *n* — ཆུ་འཆོར་བྱེད; ཆུ་མདའ;

2090 System, *n.* — འབྲེལ་ཚུལ; རྒྱུད་པའི་ཚུལ; ཐབས; འགྲོ་ལུཊ; ལུགས; ཚུལ; གནས་ལུགས; རྣམ་བཞག; ཆགས་ཚུལ;

2091 Systematic. — མགོ་མཇུག་སྒྲིག་པོ; ཐབས་ལྡན; ལུགས་བཞིན; ཚུལ་བཞིན;

2092 Systematically, *ad.* — ལུགས་བཞིན་དུ; ཚུལ་བཞིན་དུ; ལུགས་སྲོལ་བཞིན་དུ;

2093 Systematize, *v.t.* — ལུགས་བཞིན་དུ་བྱེད་པ; ཚུལ་བཞིན་དུ་བྱེད་པ; ལུགས་སྲོལ་བཞིན་དུ་བྱེད་པ;

T

1 Tabefaction, *n.* — རིད་པ་ཉིད; ནད་ཀྱིས་རྒུད་ཚུལ; རིད་པ; སྐམ་པ; སྐེམ་པ;

2 Tabefy, *v.i.* — རིད་པ; ཉམས་པ; རྒུད་པ; སྐེམ་པ;

3 Tabernacle, *n.* — མཆོད་ཁང; མཆོད་པའི་གནས; གུར་མཆོག; གུར; གནས་སྐབས་ཀྱི་སྡོད་ས; མི་ཡི་ལུས; ལྷ་ཁང;

4 Tablature, *n.* — ལྷ་བྲིས; རི་མོ; གཟུགས་བརྙན; འཆར་སྒོ; རོ་ཉམས་ཅན་གྱི་ངག;

5 Table, *n.* — མདོར་བསྡུས་བཤད་པ; མགྲོན; བཟའ་བ; རེའུ་མིག; ལྕོག་ཙེ; གསོལ་ལྕོག; རྒྱ་ལྕོག; ཅོག་ཙེ; ཅོག་བརྩེགས; དཀར་ཆག; ཐོ;

6 Multiplication Table. — དགུ་མཐའ; (རེའུ་མིག; Statement or Table).

7 Tablet, *n.* — བྱང་བུ; བྱང་ཤིང; འབྲི་བའི་ཕྱིར་བ་སོའི་ལེབ་དང ཤིང་ལེབ་སོགས; བྲེ་མ་ཀ་རས་བགོས་པའི་སྨན རིལ་ལེབ་ལེབ;

8 **Tabour**, *n.* རྔ་ཆུང་;

9 **Tabular**, *a.* ལྡེབ་རྩེའི་བཟོ་ལྟ་བུ; ལེབ་མོ; ལེབ་པོ; ལེབ་ལེབ; རེའུ་མིག་ཅན; རེའུ་མིག་དུ་བཀོད་པའི;

10 **Tabulate**, *v.t.* རེའུ་མིག་དུ་འགོད་པ; དཀར་ཆག་བཟོ་བ; ཐོ་འབྲི་བ;

11 **Tabulation**, *n.* རེའུ་མིག་དུ་འགོད་པའི་བྱ་བ; དཀར་ཆག་བཟོ་བའི་བྱ་བ;

12 **Tacit**, *a.* ཁ་ནས་མ་ལབ་ཀྱང་ཧ་གོ་བའི; མ་བཤད་ཀྱང་མཚོན་པའི; ཁ་རོག; ཁ་བཙུམ; སྨྲ་མ་འབྱིན་པའི;

13 **Tacitly**, *ad.* མ་བཤད་ཀྱང་མཚོན་ནས; ཁ་རོག་བསྡད་ནས; ཁ་རོག་པར;

14 **Taciturn**, *a.* ཁ་སྒྲུག་རོག་པ; ངག་བཙུན་པ; སྨྲ་ཉུང; རང་བཞིན་གྱིས་ཁ་མང་པོ་མི་ལབ་མཁན; ཁ་ཉུང;

15 **Taciturnly**, *ad.* ཁ་ཉུང་ཚུལ་གྱིས;

16 **Taciturnity**, *n.* ཁ་ཉུང་ཚུལ;

17 **Tack**, *v.t.* སྦྱིལ་བ; གཟེར་གྱིས་སྦྱིལ་བ; *n.* ལྕགས་གཟེར་ཆུང་ཆུང; སྦྱིག་ར; གོས་འཛིན་བྱེད་སྦྱིག་ར;

18 **Tackle**, *n.* ལྡིད་ཅན་དངོས་པོ་རྣམས་འདེགས་བྱེད་འཐེན་བྱེད་འཁྲུལ;

19 **Tackling**, *n.* གྲུའི་ཡོ་བྱད་ལག་ཆ་རྣམས;

20 **Tact**, *n.* འཛེམ་ཚུལ; ལས་སྟངས; བྱེད་སྟངས; འགྲོན་སྟངས; ཡོང་སྟངས; གྱུང་བ; ཅང་རིག; གཙང་དྲུང; སྐྱུང་སྐྱུང; སྐྱུང་བ; འཛེམ་པ; ཡང་དཔག་པའི་རྟོགས་པ;

21 **Tactic**, *a.* དམག་གི་བཀོད་པའི་སྐོར;

22 **Tactician**, *n.* དམག་གི་བཀོད་པ་ལ་མཁས་པ;

23 Tactics, *n.* དམག་གི་བཀོད་པ; དམག་གི་རིག་པ; དམག་རྒྱབ་སྟངས; ཇུས; བྱུས; གཡོ་ཐབས; གཡོ་འཕྲུལ; རྒྱལ་ཐབས;

24 Taffeta, *n.* དར་གོས་ཀྱི་རྣམ་པ་ཞིག;

25 Tag, *n.* ཞགས་སྣེར་འདོགས་པའི་ལྕགས་འཛིན; ཐག་སྣེར་འདོགས་པའི་ལྕགས་ཀྱུ; ཞགས་སྣེར་འདོགས་པའི་ལྕགས་ཀྱུ;

26 Tail, *n.* ཇ་མ; མཇུག་མ;

27 Tailor, *n.* ཚེམ་པ; ཚེམ་བུ་པ; ཚེམ་བུ; ཚེམ་པོ; དབུ་མཛད;

28 Taint, *v.t.* དྲི་མར་བྱེད་པ; སྦག་པ; དྲི་མས་སྦག་པ; མེད་པར་བཟོ་བ;

29 Take, *v.t.* ལེན་པ; འཕྲོད་པ; འཛིན་པ; བཞེས་པ; བསྣམས་པ; སྣོམ་པ; འཁུར་པ; འཁྱེར་བ; འཁྱེར་འགྲོ་བ; སྣོམ་ལེན་པ; བསྣམས་ལེན་པ;

30 Taken, *p.t.* *a.* སྙིག་ལྡན; འཛེ་སྙིག་ཅན; འཛེ་བག་ཅན; ལེན་ཟིན་པ; བླངས་ཟིན་པ; བླངས་པ;

31 Taking, *n.* ལེན་པའི་བྱ་བ; ལེན་སྟངས; འཛིན་སྟངས; *a.* ཡིད་འཕྲོག་མཁན; སེམས་ཤོར་འཇུག་མཁན;

32 Takingly, *ad.* ཡིད་འཕྲོག་ནས;

33 Tale, *n.* ལོ་རྒྱུས; སྒྲུང; སྒྲུངས; རྣམ་ཐར;

34 Talent, *n.* བློ; རིག་པ; ཡོན་ཏན; སྒྱུ་ཡོན;

35 Talisman, *n.* ཕྱགས་བདབ་པའི་དངོས་པོ; སྲུང་བ; མགུལ་སྲུང; སྲུང་མདུད; གསུང་མདུད; སྲུང་རྟེན;

36 Talk, *v.i.* སྨྲ་བ; གཏཾ་བྱེད་པ; ལབ་པ; རྗོད་པ; གསུང་བ; གྲོས་བྱེད་པ;

37 Talkative, *a.* སྨྲ་འདོད་ཅན; ལྷེ་བདེ་པོ; ཁ་བདེ་པོ; ཁ་པོ་ཆེ;
ཁ་མང་པོ; ཁ་རྒྱག་པ; ཁ་དྲག་པ;

38 Talker, *n.* སྨྲ་མཁན; སྨྲ་བ་པོ; ལབ་མཁན;

39 Talking, *n.* སྨྲ་མཁན; ཁ་ལབ་ཞེས་པ; སྨྲ་བའི་ནུས་པ་ཅན;
ཁ་དབང་ཅན;

40 Tall, *a.* གཟུར་རིང; མཐོན་པོ; འཛོང་འཛོང;
གཟུགས་པོ་རིང་པོ; སྐུ་གཟུགས་རིང་པོ;

41 Tallage, *n.* དཔྱ་ཁྲལ་གྱི་རྣམ་པ་ཞིག;

42 Tallow, *n* ཚིལ་བུ; ཚིལ;

43 Tally, *n.* *v.i.* འགོ་ཐུག་པ; ར་ཐུག་པ; རྩིས་མགོ་ཐུག་པ;
འཚམས་པ; འོས་པ; འགྲིགས་པ; སྒོ་ཐུག་པ;
ཆ་མཚུངས་པ; ཉག་བཅས་རྩིས་བྱེད་ཤིང; ཉ་ག་སོགས;

44 Talmud, *n.* ཡ་ཧུ་དཱ་པའི་བཅས་ཁྲིམས་དང་སྔོན་བྱུང་སྐོར་གྱི་བསྟན་
བཅོས;

45 Talon, *n.* སྡེར་མོ; སྡེར་ཀུ;

46 Tamable, *a.* འདྲིས་སུ་བཟུག་ནུས་པ; འདུལ་རུང་བ;
གདུལ་བར་རུང་བ; འཇུན་པར་ཉན་པ;
གཞུན་པར་རུང་བ;

47 Tamability, *n.* འདྲིས་པར་འཇུག་ཉན་པའི་ཚུལ; འདུལ་བར་རུང་ཚུལ;

48 Tamandua, *n.* གྲོག་མ་ཟ་མཁན; སྲོག་ཆགས་ཀྱི་རིགས;

49 Tamarisk, *n.* འོམ་བུ; ཨུམ་བུ;

50 Tamarind, *n.* སྐྱུ་རུ་ར; རྒྱལ་འབྲས; བཙུད་ལྡེ་པ;

51 Tambourine, *n.* ལག་རྔ; ལག་པ་གཅིག་གིས་བརྡུང་རྒྱུའི་རྔ་པགས་
ཡོགས་གཅིག་པ;

52 Tame, *a.* འཇུན་པ ; འདྲིས་སུ་བཅུག་པ; འདྲིས་པར་འཇུག་པ; དུལ་བ; འདྲིས་པ; དུལ་མོ; *v.t.* ཀླིང་པོ་བཟོ་བ; འདུལ་བ;

53 Tameless, *a.* མ་འདྲིས་པ;

54 Tameness, *n.* འདྲིས་ཚུལ; འདྲིས་ལུགས; འདྲིས་སྟངས;

55 Tamely, *ad.* དུལ་པོར; ཞི་བར; གུས་པས;

56 Tamper, *v.i.* (བསླད་བཅུག་པ;) བཅུག་པ; ལག་པ་བཅུག་པ; ཐེ་གཏོགས་བྱེད་པ; ཐེ་ཚོགས་བྱེད་པ;

57 Tan, *v.t.* མཉེད་པ; མཉེ་བ; ཀོ་བ་མཉེད་པ;

58 Tangent, *n.* སྒོར་ཐིག་གི་མུར་གཏུགས་པའི་རི་མོའི་བཅད;

59 Tangibility, *n.* རེག་ཚུལ; ཚོར་ཚུལ;

60 Tangible, *a.* རེག་བྱ ; རེག་པ་ཅན; རེག་པ་ལས་ཚོར་བ་ཅན; ཚོར་བ་ཅན;

61 Tangle, *v.t.* མགོ་སྙོར་བ; མགོ་གཡོག་གཏོང་བ; *v.i.* སྣ་ཁྲིང་བ; སྣ་འཛིང་བ; སྣ་འཁྲིལ་བ; སྐུད་པ་འཛིང་བ; རྟི་འཛུགས་པ; རྟིར་བཟུང་བ; རྟིར་འཛུད་པ; ཀྲུར་འཛུད་པ; ཀྲུར་སྙོན་པ;

62 Tank, *n.* རྫིང; རྫིང་བུ; ཆུ་ཁྲིམ; ཆུ་མཛོད;

63 Tankard, *n.* ཁ་གཅོད་བཅས་འཐུང་བའི་དངུལ་སྣོད་ཁྲི་སྣོད་སོགས;

64 Tanner, *n.* ཀོ་བ་མཉེད་མཁན;

65 Tanning, *n.* མཉེད་པའི་ལས; མཉེད་སྟངས; ཀོ་བ་མཉེད་པའི་རིག་པ;

66 Tantalize, *v.t.* ཐོབ་འདོད་ཀྱིས་མནར་བར་བྱེད་པ; མཁོ་དོན་སྒྲུབ་མ་ཐུབ་པ་ལ་སྒྲུབ་འདོད་སྐྱེད་དུ་འཇུག་པ; བརྣབ་སེམས་སྐྱེད་འཇུག་པ;

67 **Tantamount**, *a.* རིན་གོང་མཉམ་པ; དོན་མཚུངས་པ; མཉམ་པ; མཚུངས་པ; འདྲ་བ; གཅིག་པ;

68 **Tantrum**, *n.* སེ་དགའ་བའི་རྣམ་འགྱུར; སྣ་ཕྲུང; སྣ་ཕྲུང་རྩུལ;

69 **Tap**, *v.t.* & *v.i.* པས་རག་སོགས་འདྲེན་བྱེད་ལྕུགས་སྦུབས; *n.* ལྕུགས་སོགས་ལས་བཟོས་པའི་སྦུབས་ཅན་གཅིའུ; དལ་གྱིས་རེག་པ; དལ་གྱིས་རྡུང་བ; དག་དག་གཏང་བ; འབིགས་པ; འབྲུགས་པ; ཐུག་ནས་འདོན་པ;

70 **Tape**, *n.* ཀྲི་སྒྲོག; ཀླས་མ; ཐག་ཚད; ཚད་ཐག; འཇལ་ཐག;

71 **Taper**, *v.i.* ཙེ་མཐུག་བདོན་པ; རྩེ་མཐུག་འདོར་བ; ཟ་ཡབ་ཀྱི་རྣམ་པ་ཅན་དུ་བྱེད་པ; ཟ་མའི་དབྱིབས་ཅན་དུ་བྱེད་པ;

72 **Tapestry**, *n.* རས་ཚའི་ཐོག་དུ་རི་མོ་ཚོམ་བྲུབ་དང་བཅས་པ;

73 **Tapir**, *n.* སེམས་ཅན་མིག་པ་ཡག་པ་འདྲ་བ་སྣའི་ཟང་མདུང་ཕྲུང་ཕྲུང་ཡོད་པ་བསེ་རུའི་རིགས་སུ་ཉེ་བ་ཞིག;

74 **Tapis**, *n.* རྫོད་བྲུ་གླིང་མོ་འདྲ་ཡིན་ན་དགོངས་བཞེས་མཛོད་བཞིན་པ་གང་ཡིན་པ་དེའོ;

75 **Tapster**, *n.* ཚང་ཁང་སོགས་ལ་ཚང་འདྲེན་མི;

76 **Tar**, *n.* (Hindi ཨལ་ཀ་ཏྲ; རོ་གན;) བཀྲག་རྩི་ནག་པོ་ཤང་ཤིང་ངམ་རྡོ་སོལ་ལས་བྱུང་བ་ལྕུགས་དང་ཤིང་ཚའི་ལོགས་ལ་བྱུག་པས་འབུའི་གནོད་པ་དང་རུལ་ཉམ་དང་གཅའ་སྲུང་ཐུབ་པའི་རྩི་དེའོ; ཤང་རྩུ; གྱུ་རི་མཉན་པ་དག;

77 **Tarantula**, *n.* འབྲུ་སྦྲོམ་གྱི་རིགས་ཤིག;

78 **Tarboosh**, *n.* ཁ་ཆེ་འམ་མུ་སུལ་མན་གྱི་ཞྭ་མོ་ཞིག;

79 **Tardigrade**, *n.* སྒྲོག་ཆགས་འགྲོ་འདུག་གོབ་པོའི་རིགས་སམ་རྐྱེད་ལུག་གི་རྣ་པ་ཅན་གྱི་རིགས;

80 Tardily, *ad.* ལེ་ལོ་བྱས་ཏེ ; གོབ་པོ་བྱེད་དེ; ཕྱིས་པོ་བྱེད་དེ; སྙོམས་ལས་བྱས་ཏེ ;

81 Tardiness, *n.* ལེ་ལོ; གོབ་ཚུལ; བུལ་ལུགས; སྙོམས་ལས ;

82 Tardy, *a.* བུལ་བ ; (Sik.) གོབ་གོབ; (Tib.) བུལ་པོ; ཕྱིས་པོ; (Sik. ཉོབ་ཉོབ; ཉོབ་པོ;) ལེ་ལོ་ཅན;

83 Tare, *n.* (weed) ཡུར་མ; འཇག་ཡུར; འབྲུའི་ལྗང་པའི་དཀྱིལ་དུ་སྐྱེ་བའི་ཡུར་མ; (of weight) ཅ་ལག་གི་སྣོད་ཀྱི་ལྗིད་གོག;

84 Targe, *n.* ཕུབ; (དགྲ་ལེ; Bhut.) (ཌྷལ; Hindi).

85 Target, *n.* འབེམ; འབེན; ཕུབ་ཆུང; མདའ་དང་མེ་མདའ་སོགས་རྒྱག་སའི་འབེན; (ཚོ; སྦ; Sik.).

86 Tariff, *n.* ཤོ་ཁྲལ; ཤོ་གམ; ཤོ་ཁྲལ་བདའ་དེད་བྱ་རིགས་ཀྱི་དེབ་ཐོ; ཤོ་ཁྲལ་ལེན་སྒྲོལ;

87 Tarnish, *v.t.* གཡའ་འཁོར་དུ་བཙུག་པ; བཀྲག་མདངས་འགྲིབ་པ; *v.i.* སྦག་པ; དྲི་མར་བྱེད་པ; བཀྲག་ཡལ་བ; *n.* གཡའ; སྦུག;

88 Taro, *n.* ཏོ་བའི་རིགས་ཤིག ;

89 Tarpaulin, *n.* ཆུ་སྐྱོབ; ཆར་ཁེབས; ཙ་རས་ཆུ་ཐུབ་བཟོས་བཞག་པ་དེ་ལ་ཟེར; སོ་མར་ཅའི་རས་འཐུག་པོ་འི་ཡོགས་ལ་སྣུམ་ཚོན་བྱུག་ནས་ཆུ་ཐུབ་བཟོས་པ་དེ་ལ་ཟེར; ཙ་རས་བཀྲག་ཙི་ཅན;

90 Tarry, *v.i.* སྡོད་པ; འགོར་བ; གནས་པ; འཕྱི་པ; ལམ་དུ་འཁོར་བ; འགོར་སྐྱིལ་བྱེད་པ;

91 Tart, *a.* (of taste) རོ་རྣོ་པོ; རོ་ངར་པོ; སྐྱུར་པོ; (of reply ཁ་གཟེར་པོ; ཁ་ལན་རྣོ་པོ;) Pie བག་ལེབ་ཀྱི་ཁ་ལ་ཤིང་འབྲས་ཚོས་པོ་ཡོད་པ; ཤིང་འབྲས་བག་ལེབ;

92 Tartan, *n.* བལ་གོས་རི་མོ་གཟི་ཤ་རིས་སུ་ཡོད་པའམ་ཕྲ་ཤ་རི་ཅན;

93 Tartar, *n.* སྟོ་དྲིག; ཚང་ཟེར་གྱི་ལོགས་ལ་ཆགས་པའི་ཚང་ཉིག་དམར་པོ་འབྲས་སྐོག་བུ་ཆགས་པ་དེའི; Native of Tartary སོག་པོ;

94 Tartar-emetic, *n.* བ་ཤལ་སྨན་ནུས་པ་ཧ་ཅང་ཆེན་པོ་ཞིག; ཚྭ་བ་ཤལ; གཡའ་ཡི་ཚྭ་བ་ཤལ;

95 Tartarus, *n.* སྤྱ་དུས་གྲིག་པའི་ཆོས་ལུགས་ལྟར་ན་བར་དོའི་གནས་སུ་ལྷ་མིན་གྱི་རྒྱལ་ཁམས་ཤིག;

96 Tartly, *ad.* (Sik. ཚ་ཐང་ཐང་བྱེད་དེ;) སྐྱུར་པོ་བྱེད་དེ; ཁ་ཚ་པོ་བྱས་ཏེ;

97 Tartness, *n.* ཁ་ཚ་ལུགས; སྐྱུར་ལུགས; ཚ་ལུགས; རོ་རྣོ་ལུགས; ཚིག་རྣོ་སྤྲངས;

98 Tartuffe, *n.* ཆོས་པ་ཁ་གཅིག་ཞེ་གཉིས་ཅན; ངོ་ཀློག་ཅན་གྱི་ཆོས་པ;

99 Tasimeter, *n.* གློག་འཕྲུལ་གྱིས་ཚ་གྲང་བརྟག་བྱེད་ཀྱི་ལག་ཆ་ཞིག;

100 Task, *n.* བྱ་བ; བྱ་འོས; ཁག; རྒྱུད; ལས་སྐལ; རང་གིས་བྱ་རྒྱུར་ཁས་བླངས་པའི་ལས་ཀ; རང་གིས་འགན་བླངས་པའི་ལས;

101 Tassel, *n* དར་ཐོད; (Sik. & Bhut. ཁན་ཙར;) ཁ་ཚར; ཁ་འཛར; སྣེ་རལ; སྣེ་ཚར;

102 Taste, *n.* རོ; བྲོ་བ; *v.t.* རོ་མྱང་བ;

103 Tasteful, *a.* — བྲོ་བ་ཅན; ཉིས་སྨྱོང་ཅན; བཀོད་མཛེས; ཉམས་སྨྱོང་ཅན་གྱིས་བཀོད་པ; སྒྲིགས་བཀོད་ལེགས་པ; ཚར་དུ་དངར་བ; གཟིལ་དངར་སྒྲིགས་པ;

104 Tastefully, *ad.* — བཀོད་པ་ཡིད་དུ་འོང་བ་བྱས་ཏེ; ཡིད་དུ་འབབ་པོ་བྱས་ཏེ; ཚར་དུ་དངར་བར་བྱས་ཏེ; ཚར་དངར་བགྱིས་ཏེ;

105 Tasteless, *a.* — བྲོ་བ་མེད་པ; རོ་དང་མི་ལྡན་པའི;

106 Tastily, *ad.* — རོ་ལྡན་པོ་བྱས་ཏེ; བྲོ་བ་ཞིམ་པོ་བྱས་ཏེ; བྲོ་བ་དང་ལྡན་པར; བཅུད་ལྡན་བྱས་ཏེ;

107 Tasty, *a.* — རོ་ལྡན; བྲོ་བ་ཅན; ཞིམ་པོ;

108 Tatter, *n.* — དུག་ཧྲུལ; རས་ཧྲུལ; ཅབ་ཧྲལ; རལ་གོག; ཧྲུལ་བ; ཧྲུལ་པོ; དུག་ཚལ;

109 Tattle, *n.* — དོན་མེད་ཀྱི་སྐད་ཆ; *v.i.* ཆོ་མེད་པའི་གཏམ་སྨྲ་བ; འཆལ་གཏམ;

110 Tattoo, *n.* — ཛ་དང་དུང་སྨྲ་འབྲིན་ནས་དམག་མི་རང་གནས་སུ་འགུག་པའི་བརྡ;

111 Tattoo, *a.* — གཟུགས་ཀྱི་པགས་པའི་ངོས་ལ་ཁབ་གཅིག་རྒྱབ་ནས་རི་མོ་བྲིས་པ་ལའང་ཟེར; འཚགས་ཤ་ཁྲ་སྟོན་པ; གཙབ་ཀྱིས་ཤ་ཁྲ་སྟོན་པ;

112 Tatty, *n.* — ཀྱི་ གར་ དུ་ རྟ་ཧྲི་ བསྲུང་ ཅན་ ཁུསི་ཁུསི་ ཅེས་ པ་ དེའི་ རྩ་ བཟག་ལས་བཟོས་པའི་ཡོལ་བ་དབྱར་ཚད་པ་ཚ་དུས་སྒོ་དང་སྒྲི་ཁང་ཡོད་ལ་དཔྱུང་རྒྱུ་དེའོ;

113 Taunt, *a.* — (Sik. ཏི་ཀོད་རྒྱབ་ཅིང་འཕྱ་སྨོད་བྱེད་པ;) ཡབ་གཤེ་གཏོང་བ; འཕྱབ་དང་བཅས་སྨིང་པ; འཕྱ་སྨིང་བྱེད་པ;

114 **Taught**, *pt.* of teach. བསླབས་ཟིན་པ; བསླབས་པ;

115 **Tauntingly**, *ad.* ཤད་ཤད་གཏོང; འཕྱ་བའི་ཚུལ་གྱིས;
འཕྱ་སྨད་རྒྱབ་དེ; འཕྱ་སྨྱིང་ཚུལ་གྱིས;

116 **Taurus**, *n.* གླང; གླང་གི་ཁྱིམ; དུས་སྦྱོར་གྱི་ཁྱིམ་གཉིས་པ;
རྒྱ་སྐར་ཞིག་གི་མིང;

117 **Taut**, *a.* སྒྲིང་གིས; སྒྲིང་སྒྲིང; དྲང་གིས; ཐང་གིས;
ལྷོད་ལྷོད་མ་ཡིན་པར;

118 **Tautology**, *n.* དན་དན་ དང་ ཁྱད་ མཚར་ གྱི་དོན་དུ་དོན་གཅིག་ ལ་ སྒྲ་མི་
འདྲ་བ་གཉིས་བཀྲར་ནས་རྗོད་སྒྲོལ; དོན་གཅིག་པ་
ཡིན་པ་ལ་སྒྲ་མི་ གཅིག་པ་གཉིས་ཀྱིས་བཀྲར་ཟློས་ལན་
གཉིས་སུ་བརྗོད་པ; དཔེར་ན་སྔར་དུ་བསླབས་བྱུང་
མགྱོགས་པོ་བསླབས་བྱུང་ཞེས་ལན་མ་གཉིས་སུ་བརྗོད་
པ་ལྟ་བུ;

119 **Tavern**, *n.* ཚང་ཁང; ཟ་ཁང;

120 **Taw**, *v.t.* དམར་གོ་ཙྭ་སྦྱར་དང་ལན་ཚྭའི་ཆུ་ལ་སྦང་ནས་མཉེ་བ;

121 **Taw**, *n.* རྡོ་རིལ་གྱི་རྩེ་མོ་ཞིག;

122 **Tawdry**, *a.* བཀྲག་ཆེ་ལ་སྙིང་པོ་མེད་པ; (ཧར་པོ; Collql.).

123 **Tawny**, *n.* སེར་སྐྱ་མདོག; མདོག་སྐྱ་པོའི་ནང་ནས་སེར་པོ་ཆུང་
ཟད་ཡོད་པ; འོལ་བའི་མདོག; འོལ་ཁ; དུར་སེར;
དུར་སྐྱ;

124 **Tax**, *n.* ཁྲལ; དཔྱ; འབབ;

125 **Taxable**, *a.* ཁྲལ་འགེལ་རུང་བ; ཁྲལ་འགེལ་འོས;
དཔྱ་ཁྲལ་བསྡུ་འོས;

126 **Taxation**, *n.* ཁྲལ་བསྡུ; ཁྲལ་སྡུད; དཔྱ་སྡུད;

127 Tea, *n.* ཇ; རྒྱ་ཇ; རྒྱ་ལྗོན; ཇ་འབྲུ; འབྲུ་དང; ལྗོན་འདབ; ལྗོན་བག;

128 Teach. *v.t.* སྟོན་པ; སློབ་པ;

129 Teachable, *a.* སྟོན་དུ་ཡོད་པ; བསླབ་བྱ་བསྟན་དུ་ཡོད་པ; སྟོན་པར་རུང་བ;

130 Teacher, *n.* སློབ་དཔོན; དགེ་མཁན; སྟོན་པ;

131 Teaching, *n.* བསླབ་བྱ; གདམས་ངག; མན་ངག; ཞལ་ཏ; ཞལ་གདམས; གསུང་གདམས; གསུང་རབ;

132 Teak, *n.* སེང་ལྡེང་ཤིང;

133 Teal, *n.* ཆུ་བྱ;

134 Team, *n.* གླང་དོར; རྨོས་དོར; དོར; གཡག་དོར; མཛོའི་དོར;

135 Teamster, *n.* གླང་དོར་བདའ་མཁན; རྨོས་དོར་གྱི་ཁ་ལོ་པ; མགྲོང་མཁན; རྨོས་མཁན;

136 Tear, *n.* མིག་ཆུ; མཆི་མ; *v.t.* གཤག་པ; ཧྲལ་བ; གཤོག་པ; *v.i.* རལ་བ;

137 Tearful, *a.* མཆི་མ་ནར་རེ་བ; མཆི་མ་ནར་ནར; མིག་ཆུ་ནར་ནར;

138 Tease, *v.t.* ཁོང་ཁྲོ་སློང་བ; (Sik. གཟད་པ; རྩེད་མོར་གཟད་པ; ཟག་ཀྲོ་སོག་པ; ཀུ་རེ་བྱེད་པ;

139 Teat, *n.* ནུ་མ; ནུ་ཏྲེ; ནུ་ཏོག;

140 Technic, *a.* & *n.* ལག་ཤེས་རིག་གནས་ཀྱི་སྒྱུ་མིང; བཟོ་རིགས་ཀྱི་ཤེས་བྱ;

141 Technical, *a.* བརྡ་ཆད་ཀྱི; བརྡ་ཁྱད་ཀྱི; བརྡ་ཁྱད་ཀྱི་སྐོར; བཟོའི་ལག་ལེན་སོ་སོའི་བྱེ་བྲག་གཅིག་གི་སྐོར;

142 Technicality, *n.* བཟོའི་བྱེ་བྲག་ལ་དམིགས་པའི་རྗོད་པ; བརྡ་ཁྱད; བརྡ་ཆད;

143 Technically, *ad.* བཟོ་པའི་སྐད་ལྟར་ན; བརྡ་ཁྱད་ཀྱི་སྒོ་ནས;

144 Technicon, *n.* འབའ་ཛ་གདོག་སྟངས་སྒྲུང་མའི་འཕྲུལ་ཆས་ཞིག ;

145 Techniphone, *n.* འབའ་ཛི་གདོང་སྟངས་ཀྱི་ཀྲང་ལིག་གི་སྟབས་སྦྲོབས་རྒྱའི་
སྐིམ་ཞིག ;

146 Technique, *n.* གྲ་སྟོན་སྒྱུར་ལུགས་སམ་ཡང་ན་ལྷ་རིས་གདོང་སྟངས་ཀྱི་
ལག་ལེན་མན་ངག ; ལག་རྒྱུན་མན་ངག ;

147 Technology, *n.* བཟོ་རིག་སྤྱིང་ལག་བཟོ་སྤྱིའི་རིག་གནས ;

148 Tectonic, *a.* & *n.* བཟོ་འམ་བཀོད་པའི ; བཟོ་འམ་སྒྲབ་ལུགས་ཀྱི ;
ལག་བཟོ་འི ; བཟོ་རིག་སྤྱིའི་སྐོར ;

149 Ted. རྩྭ་ཨ་ལོག་རྒྱབ་ནས་ཉི་མར་པཀྲམ་པ ;

150 Te-Deum, *n.* དཀོན་མཆོག་ལ་བདང་རག་འབུལ་བའི་མགུར་མ ;

151 Tedious, *a.* འོ་བརྒྱལ་པོ ; ཞུ་སྨུག་པོ ; ཐང་ཆད་པོ ;
དཀའ་ལས་ཁག་པོ, འཆོར་པོ ;

152 Tediously, *ad.* དཀའ་བ་བྱས་དེ ; འོ་བརྒྱལ་བྱས་དེ ; འཆོར་བཞིན་དུ ;
ངལ་དུབ་བྱས་དེ ;

153 Tediousness, *n.* དཀའ་ལས ; འོ་བརྒྱལ ; དཀའ་ལུགས ; དཀའ་བ ;
འཆོར་ལུགས ;

154 Tedium, *n.* དཀའ་ངལ ; འོ་བརྒྱལ ; ཐུགས་ངལ ;

155 Tee, *n.* ཡི་གེ་ཊི ; སྐྱི་ཤིང་སྐྱོག ;
Sik. Carpentry སྦྱོབ་དཔོན་སྐྱོག ;

156 Teem, *v.i.* མང་པོར་སྐྱེ་བ ; འབོལ་པོར་སྐྱེ་བ ; མང་དུ་སྐྱེ་བ ;
ཀང་ཐོར་ཀང་བ ,

157 Teeming, *a.* མང་པོས་ཁེངས་ནས་ཡོད་པ ; འབོལ་པོ་ཡོད་པ ;

158 Teens, *n.* ལོན་བཅུ་གསུམ་དང་བཅུ་དགུའི་བར་གྱི་མི་གཞོན་ལ་ཟེར ;

159 Teeth, *n.* སོ ; མཆེ་བ ; ཁ་སོ ; སོ་དག ; སོ་རྣམས ;

160 Teething, *a.* སོ་སྐྱེ་དུས;

161 Teetotaler, *n.* ཆང་མི་ཐུང་མཁན; ཆང་སྤྱང་མཁན;
ཇ་ཙམ་གྱིས་ཚོག་པར་བྱེད་མཁན;

162 Teetotalism, *n.* ར་བཟིའི་བཏུང་བ་ནད་དེ་སྤང་པའི་བྱ་བ;
ཆང་དང་ཨ་རག་སོགས་སྤངས་པའི་ལས;

163 Tegument, *n.* སེམས་ཅན་གྱི་གཟུགས་ཀྱི་ཁེབས་རང་ཆས་སུ་ཡོད་པ;

164 Teknonymy, *n.* བུ་ཚའི་མིང་ནས་ཕ་མའི་མིང་འདོགས་སྲོལ;

165 Tela, *n.* རྩ་རྒྱུད་ལས་དྲ་བ་འདྲ་བའི་ལུས་ཀྱི་དར་མ;

166 Telautograph, *n.* ལྕགས་སྐུད་ལན་ཡི་གེ་འགོད་མི;

167 Telegram, *n.* ལྕགས་ཐག་ཐོག་ཏུ་གསལ་གཏང་རྒྱུ; ལྕགས་སྐུད་ལན;

168 Telegraphy, *n.* ལྕགས་ཐག་སྦྲག; or ལྕཊ་སྐུད་ཊྲག;

169 Telegraph, *n.* ལྕགས་ཐག་གི་ཐོག་ཏུ་བརྡ་གཏང་བའི་འཕྲུལ་འཁོར;
v.t. ལྕགས་སྐུད་ཐོག་ལན་གཏང་བ;

170 Telegraphy, *n.* ལྕགས་སྐུད་ཀྱི་ཐོག་ལན་གཏང་ཐབས་ཀྱི་རིག་པ;

171 Teleology, *n.* མཐར་ཐུག་གི་རྒྱུའི་འདོད་ཚུལ;

172 Teleosaurus, *n.* རྡོར་འགྱུར་གྲུབ་པའི་སྔ་དུས་ཀྱི་ཆུ་སྲིན་གྱི་རིགས་ཞིག;

173 Telepathy, *n.* ལུས་ཀྱི་དབང་པོ་སོགས་མ་བརྒྱུད་པའི་གཞན་གྱི་སེམས་
ལ་དབང་སྒྱུར་ཐུབ་པའི་ནུས་པ;

174 Telephone, *n.* ལྕགས་སྐུད་བརྒྱུད་ནས་ཁ་ལབ་པའི་ཐབས་འཕྲུལ;

175 Telescope, *n.* རྒྱང་ཤེལ; རྒྱང་དུ་ཡོད་པའི་དངོས་པོ་ཉེ་བར་མཐོང་བར་
བྱ་བའི་ཐབས་འཕྲུལ་ཞིག;

176 Tell, *v.t.* བཤད་པ; འཆད་པ; སྨྲ་བ; ཟེར་བ; རྗོད་པ;
བརྗོ་བ; བརྗོས་པ; ལབ་པ; སྐད་པ;

177 Teller, *n.* དངུལ་ཁང་དུ་དངུལ་བགྲང་དེ་སྤྲོད་ལེན་བྱེད་མཁན;

178 **Tellurian**, *n.* ས་ཆེན་པོ་འདི་ཐོག་སྡོད་མཁན; ས་ཐོག་འདིར་གནས་པའི་སེམས་ཅན;

179 **Tellurion**, *n.* ཉིར་མཚན་དང་ནམ་དུས་ཀྱི་འགྱུ་བ་མཚོན་བྱེད་ཀྱི་ཐབས་འཕྲུལ;

180 **Tellurium**, *n.* ལྷུ་ཟི་འདྲ་བའི་དངོས་པོ་ཐོན་ཕྱུས་དཀོན་ཅིང་མདོག་དངུལ་འདྲ་བ་ཞིག;

181 **Temerity**, *n.* ཡ་མེད; རྒོད་ཐལ་ཤོར་བའི་བྱ་བ; རྒོད་དྲགས་པའི་ལས; རྒོད་དྲགས་པའི་རང་བཞིན;

182 **Temper**, *v.t.* & *n.* ངར་གླུད་པ; འཇམ་པ་ཆུ་གླུད་ཅིང་གར་སླ་རན་པར་མཉེ་བ; *n.* ངར་ཆོད;

183 **Temperament**, *n.* ཁམས; རྒྱུ་གཤིས; ངང་ཚུལ;

184 **Temperance**, *n.* བཟའ་བཏུང་གི་ཚོད; ཚོད; འབྲིང་ཚོད;

185 **Temperate**, *a.* ཚོད་ཤེས་པ; ཚོད་ཡོད; ཚོད་ཅན;

186 **Temperately**, *ad.* ཚོད་ཤེས་པ་བྱས་ཏེ; ཚོད་དང་མཐུན་པར;

187 **Temperature**, *n.* ཚ་གྲང; གྲང་རྡོད; ཚ་གྲང་གི་གནས་ལུགས;

188 **Tempest**, *a.* རླུང་དྲག་པོ; རླུང་དམར; རླུང་ཚུབ; དུས་འཁྲུག;

189 **Tempestuous**, *a.* རླུང་དམར་ཅན; རླུང་ཚུབ་ཅན;

190 **Templar**, *n.* ཕྱི་དུས་སུ་ཆོས་པའི་ནང་ནས་གནས་སྐོར་བ་དག་སྲུང་སྐྱོབ་བྱེད་པར་དམ་བཅས་བའི་དཔའ་བོ་གོ་མཚོན་ཐོགས་པའི་སྡེ་ཞིག;

191 **Temple**, *n.* ལྷ་ཁང; དགོན་ཁང; དཔྲལ་བ་དང་རྣ་བའི་བར་གྱི་རྣ་ཆིགས་གཉིས་པོ་དེའོ; (རྣས་ཆིགས་པ; Sik.& Bhut.).

192 **Temporal**, *a.* གནས་སྐབས་ཀྱི; ཚེ་འདིའི་དོན་གྱི;

193 **Temporality**, *n.* མཐུན་ཀྱེན; བདོག་པའི་གཞིས་ནོར;

194 Temporarily, *ad.* གནས་སྐབས་སུ;

195 Temporary, *a.* གནས་སྐབས་ཀྱི; སྐབས་ཐུར་གྱི; བར་སྐབས་ཀྱི;

196 Temporize, *v.i.* ལས་ཐག་ཆོད་པོ་མི་བྱེད་པར་ཁ་ཐུག་གནས་སྐབས་ཙམ་ཀྱི་དོན་ལ་ཕན་པའི་བྱ་བ་བྱེད་པ; འཇིག་རྟེན་དང་སྟུན་པ; (འགྲོ་ལ་ཕན་ཕྱིར་གྱི་བྱ་བ་བྱེད་པ; Collql. Sik. ironical).

197 Tempt, *v.t.* སླུ་བ; བྲིད་པ; མགོ་སྐོར་བ; མགོ་གཡོགས་གཏང་བ;

198 Temptation, *n.* སླུ་བྲིད; མགོ་སྐོར; སླུ་རྫོ; མགོ་གཡོགས;

199 Tempter, *n.* སླུ་མཁན;

200 Tempting, *a.* སླུ་བཞིན་པའི; ཡིད་འཕྲོག་མཁན; (སེམས་ཤོར་ཆེ་ཆེ; Sik.).

201 Ten, *a.* བཅུ་ཐམ་པ;

202 Tenable, *a.* བརྟན་པོ; སྲུང་ནུས་པ; སྲུང་སྐྱོབ་བྱས་ན་ཐུབ་པའི; སྲུང་སྐྱོབ་འོས་པའི; སྲུང་དུ་རུང་བའི;

203 Tenableness, *n.* ཕས་ཀྱིས་རྒོལ་བ་ལས་སྲུང་ཐུབ་ལུགས; བརྟན་ལུགས;

204 Tenacious, *a.* (ལག་ཙ་དཾ་པོ; Sik.) ཨུ་ཚུགས་ཆ་པོ; སྡུག་སྲན་ཆེན་པོ; སྙིང་རུས་ཆེན་པོ;

205 Tenaciously, *ad.* ཨུ་ཚུགས་ཆ་པོ་བྱས་ཏེ; སྲན་ཐུབ་ཀྱི་སྒོ་ནས;

206 Tenacity, *n.* ཨུ་ཚུགས; སྡུག་སྲན; སྙིང་རུས; སྲན་ཐུབ;

207 Tenaculum, *n.* ཨེམ་ཆིའི་ལག་ལ་ལྕགས་ཀྱུ་རྣོ་པོ་གཅོད་དྲལ་གྱི་སྐབས་སྲུ་ཙ་རྣམས་བཟུང་རྒྱུའི་ཆེད་དུ་མཁོ་བ་ཞིག;

208 Tenancy, *n.* ས་ཐོག་ཁྲལ་འཇལ་ནས་སྤྱོད་པའི་སྲོལ;

209 Tenant, *n.* ཁྲལ་པ; ས་བདག་ལས་ས་གླང་ཁྲལ་འཇལ་ནས་སྤྱོད་མི; འབངས;

210 Tenantry, *n.* ཁྲལ་རིགས; ཁྲལ་སའི་ཐོག་གང་ཡོད་ཀྱི་ཁྲལ་པ་དག་ལ་ཟེར; འབངས;

211 **Tend**, *v.i.* ཁ་ཕྱོགས་པ; ཁ་ཕྱོགས་གཅིག་ཏུ་གཏད་ནས་འགྲོ་བ; ཁ་གཏོད་པ; *v.t.* ཅག་བྱེད་པ; འཚོབ; འཚོ་སྐྱོང་བྱེད་པ;

212 **Tendency**, *n.* ཐྲོ་ཕྱོགས; འདོད་ཕྱོགས; བློ་འདོད; ཡིད་ཕྱོགས;

213 **Tender**, *n.* *n.* གྲུ་གཟིངས་ཆེ་བའི་འཁོར་དུ་གྲུ་ཆུང་ཡོད་པ་ཉེར་མཁོ་སྐྱེལ་འདྲེན་བྱེད་པར་མཁོ་བ་དག་གོ; *v.t. & v.i.* འབུལ་བ་ཕུལ; འབུལ་བ; ཕུ་བ; *n.* འབུལ་བ; ཕྱག་མཇལ; མཉེན་པོ; འཇམ་པོ; འཇམ་མཉེན;

214 **Tenderly**, *ad.* འཇམ་པོའི་ངང་ནས; ཤ་ཚའི་ངང་ནས; ངང་འཇམ་པོར;

215 **Tenderness**, *n.* འཇམ་ལུགས; མཉེན་ལུགས; མཉེན་ཆ; མཉེན; འཇམ་མཉེན;

216 **Tendon**, *n.* རྩ; རྩ་བརྒྱུས; བྱིམ་པ་དང་རྟིང་པའི་བར་གྱི་རྩ་བརྒྱུས་དེའོ;

217 **Tendinous**, *a* བརྒྱུས་པ་ཅན;

218 **Tendril**, *a.* རྩ་ཕྲན; སྤོ་འི་ལྕུགས་ཕྲག; (ཚུ་འབེས་ལྕུགས་ཕྲག; Sik.) ལོ་མ་མེད་པའི་ཕྲག་པ་ཕྲ་མོ; ག་གོན་འཁྲི་ཤིང་གི་ལོགས་ནས་སྐྱེ་བའི་སྤོ་འི་སྐྱུད་པ་ཕྲ་མོ་ཤིང་གཞན་གྱི་སྟེང་དུ་དཀྲི་བ་དེའོ; སྤོ་དུམ་གྱི་སྐྱུད་པ;

219 **Tenement**, *n.* ས་བདག་གིས་བཟུང་བའི་ས་ཆ; ས་གཞིས; གཞིས་ཀ; གཞིས;

220 **Tenet**, *n.* ཆོས་ལུགས; ལྟ་བ; འདོད་ཚུལ;

221 **Tenfold**, *a.* བཅུ་སྒྱུར; བཅུ་ལྡབ;

222 **Tenner**, *n.* དངུལ་དོད་གཞུང་ལོར་གསེར་ཊཾ་བཅུའི་དོད; གཞུང་གི་དངུལ་དོད་ལོར་ཤོག་གསེར་ཊཾ་བཅུའི་དོད;

223 Tenor, *n.* — (Hon. དགོངས་ཕྱོགས) དོན་གྱི་བརྒྱུད; ཁ་ཕྱོགས; ཡང་སྙིང; དོན་སྙེ་བ; Law དོན་ངོ་ཐོག; Music ཕོ་སྐད་བཟང་ཤོས; (ངོ་བཤུས; exact copy).

224 Tense, *n.* & *a.* — དུས; (བྱེད་སྒྲའི་མིང་ཅན་གྱི་སྒྲ་ལ་དུས་གསུམ་དང་སྦྱོན་འགྱུར་ལྡོག་ཡོད་པའི་དུས་གསུམ་པོ་འདི; འདས་དང་མ་འོངས་ད་ལྟ་གསུམ་མོ;

225 Tension, *n.* — འཐེན་ཤུགས; སྒྲིམ་སྟངས;

226 Tent, *n.* — གུར; སྦྲ;

227 Tentative, *a.* — བརྟག་དཔྱད་ཀྱི་ཆེད་དུ་བྱེད་པའི; ཚོད་བརྟག་པའི་ཆེད་བྱས་པའི; ཚོད་བརྟག་ཆེད;

228 Tentacle, *n.* — སྲོག་ཆགས་ཉ་དང་སྦྲིག་སྦྲིན་སོགས་ཀྱི་མགོ་འམ་ཁ་ནས་སྐྱེས་པའི་ར་ཅོའམ་སྤྲུ་ཉག་འདྲ་བ་མཉེན་ལྕུག་ལྡན་པོ་ནོམ་ནོམ་བྱེད་པ་ལ་མཁོ་བ་དག་ལ་ཟེར;

229 Tenuity, *n.* — སྲབ་ལུགས; (རླུང་ཡིན་ན་སླ་ཚུལ; of air); of style སྐྱེ་ལུགས; སྐྱེ་ཚུལ;

230 Tenuous, *a.* — དཀོན་པོ; ཉག་སྲབ; སྲབ་མོ; ཆུང་ཆུང; ཟབ་པོ; ཟབ་མོ;

231 Tenter, *n.* — རས་ཆ་ཉི་མར་བསྐམ་རྒྱུའི་འཕྲུལ་འཁོར་ཞིག;

232 Tenth, *a.* — བཅུ་པ;

233 Tenthly, *ad.* — བཅུ་པར;

234 Tentmaker, *n.* — སྦྲ་བཟོ་མཁན; གུར་བཟོ་མི;

235 Tensity, *n.* — སྒྲིམ་ལུགས; གྲིམ་སྒྲིམ་ཚུལ;

236 Tenure, *n.* ས་ཆ་བོགས་མར་ལེན་པའི་དཀར་རྟེན་ནས་བཀའ་འཛིན; ཁྲལ་སར་དབང་ཆའི་བཀའ་འཛིན;

237 Tepid, *a.* དྲོན་འཇམ; (Sik. ལབ་ལོབ; དྲོད་ཤུག་སྐོག; དྲོད་འཇམ;)

238 Terebinth, *n.* ཐང་ཤིང; ཐང་ཤིང་སྤྲུམ་དར་ཡིན་ཞེས་པ་སྦྱིན་མི་དེ; དྲར་ཡིན་སྤྲུམ; ཐང་མར;

239 Term, *n.* ཚིག; མིང; གདམ; གདོ་ཚིག; ཁ་ཚིག;

240 Termagant, *a.* འཐབ་རྩེ་རྩོད་པོ; བུད་མེད་ཁ་དྲག་ཅན་ཆོ་པོ;

241 Terminable, *a.* མཇུག་བསྡུ་འོས་པ; མཇུག་སྡུ་མཚམས; དུས་འདས་མཚམས; མཇུག་སྡུ་རུ་ཡོད་པ;

242 Terminate, *v.t.* མཇུག་བསྡུ་བ; *v.i.* མཐའ་ལ་ཐུག་པ; མཐར་ཐུག་པ;

243 Termination, *n.* མཐའ; མཐར་མཇུག;

244 Terminology, *n.* མིང་རན་པར་བརྡགས་པའི་རིག་པ; བྱ་བ་སོ་སོའི་མིང་རན་པར་བརྡགས་པའི་རིག་པ; མིང་བརྡགས་ཐབས;

245 Terminus, *n.* མཐའ; རེ་ལིའི་སྐྱོད་ས་མཇུག་མ་དེ; རེ་ལེའི་སྐྱེ་ཤན་གྱི་མཐར་ཐུག་དེ;

246 Terrace, *n.* བང་རིམ; རྡོ་སྐས; རིམ་རྩེགས;

247 Terrestrial, *a.* སའི; ས་སྟེང་གི; ས་གྲོག་གི;

248 Terrible, *a.* འཇིགས་རུང; འཇིགས་སུ་རུང་བའི; ཡ་ང་པོ;

249 Terribly, *ad.* འཇིག་སུ་རུང་པོར;

250 Terrier, *n.* ཁྱི་ཨབ་སོག;

251 Terrific, *a.* ཁྲོ་བོ; འཇིགས་པོ; དྲག་པོ;

252 Terrify, *v.t.* སྐྲག་རི་བཀོད་པ; འཇིགས་རི་བཀོད་པ; དངངས་སྐྲག་བཀོད་པ;

253 Terriginous, *a.* ས་ལས་འབྱུང་བའི ; ས་ལས་གྲོན་པའི ;

254 Territorial, *a.* མངའ་འོག་གི་ས་ཆའི་སྐོར་གྱི; མངའ་ཁུལ་གྱི;
མངའ་ཁོངས་ཀྱི ; མངའ་ཞབས་ཀྱི ;

255 Territory, *n.* མངའ་འོག་གི་ས་ཆ; མངའ་ཁུལ; ཆ་སྐྱུད ;
མངའ་ཁོངས་སུ་སྐྱུད་པའི་ས་ཆ ;

256 Terror, *n.* འཇིགས་སྐྲག; དངངས་སྐྲག; འཁམ་པ; བོག་པ ;
བོག་བརྒྱལ ;

257 Terrorism, *n.* འཇིགས་སྐྲག་གི་རྣམ་པ ; དྲག་ཐུབ; དྲག་ཤུལ ;
འཇིགས་སྣངས ;

258 Terrorist, *n.* དྲག་ཤུལ་གྱིས་དབང་སྒྱུར་བ་ལ་དད་པ ; དྲག་ཐུབ་ཀྱིས་
སྒོ་ནས་དབང་སྒྱུར་བ་ལ་དགའ་བ; དྲག་ཤུལ་གྱིས་
འདུལ་བའམ་སྤྱོད་པར་དགའ་བ ;

259 Terse, *a.* ཚིག་ཉུང་ལ་དོན་ཚང་ཞིང་སྙན་འཇེབ་ལྡན་པོ ;
ཚིག་ཉུང་སྙན་འཇེབ་ཅན; ཚིག་ཉུང་དོན་འདུས ;
ཚིག་ཉུང་དོན་རྒྱས ; (སྐར་ཏིག་འདྲིལ ; Bhut.).

260 Terseness, *n.* དོན་ཧྲུམ་ལུགས ; ཚིག་ཉུང་ལ་དོན་ཧྲུམ་ཚུལ ;

261 Tertiary, *a.* རིམ་པ་གསུམ་པ ; སའི་བང་རིམ་གསུམ་པའི་སྐོར ;

262 Test, *n.* & *v.t.* ཚོད་བརྟག; *v.t.* སྤྱུས་ལེགས་ཞེར་བརྟག་པའི་བྱ་བ ;
ཁངས་ཐུབ་མི་ཐུབ་བརྟག་པའི་བྱ་བ ;
སྤུས་དག་མིན་རྟོག་བྱེད་ཀྱི་བྱ་བ ;

263 Tessellate, *v.t.* ཤོ་རིས་སུ་སྒྲིག་པ ; ཤོ་མིག་རིས་སུ་སྒྲིག་པ ;

264 Tessellated, *a* ཤོ་མིག་རིས་སུ་བསྒྲིགས་ནས་ཡོད་པ ;

265 Testament, *n.* (Hon. ཞལ་གདམས ; ཞལ་ཆེམས ; བཀའ་ཆེམས ;)
ཁ་ཆེམས ;

266 **Testamentary**, *a* ཁ་ཆེམས་ཀྱི; (ཞལ་ཆེམས་ལྟར་ན; Hon.) ཁ་ཆེམས་ཀྱི་སྐོར;

267 **Testate**, *n.* & *a.* ཁ་ཆེམས་འཇོག་པ་པོ; ཁ་ཆེམས་བཞག་མཁན; *a.* ཁ་ཆེམས་བཞག་ཟིན་པའི;

268 **Testator**, *n.* ཁ་ཆེམས་འཇོག་མི;

269 **Testatrix**, *n.* ཁ་ཆེམས་འཇོག་མི་སྐྱེ་དམན; བུད་མེད་ཁ་ཆེམས་འཇོག་མི; ཁ་ཆེམས་འཇོག་པ་མོ;

270 **Testamur**, *n.* ཨིན་ཇིའི་བསླབ་གྲྭ་ཆེན་པོ་གང་རིགས་ཞིག་ལ་ཡིག་རྒྱུགས་འབྱོལ་ཡོད་ཅེས་པའི་ལག་འཁྱེར;

271 **Tester**, *n.* ཞོ་རིག; ཞོ་རིལ; གནམ་ཡོལ; ཨ་ན་དྲུག་གི་དངུལ་ཐིག;

272 **Testicle**, *n.* བརླིག་པ; (བམ; Hon.).

273 **Testify**, *v.i.* བདེན་པའི་དཔང་པོ་བྱེད་པ; ཆ་དཔང་བྱེད་པ;

274 **Testimonial**, *n.* ལག་འཁྱེར་ཡི་གེ; (ན་འཕྲིང་པོ་ཡོད་ལུགས་རྗོད་པའི་ཡིག; Bhut.) ན་འཕྲིང་ཁྲངས་བཙུན་ཡོད་ཅེས་རྗོད་པའི་ལག་འཁྱེར;

275 **Testimony**, *n.* དཔང་པོ་བྱས་པའི་ཡིག;

276 **Testing**, *n.* རྟོག་དཔྱོད; ལེ་ཉེས་བརྟག་པའི་ལས; སྤུས་དག་མི་དག་བརྟག་པའི་བྱ་བ; གསེར་དངུལ་བརྟག་དཔྱད;

277 **Testudinal**, *a.* རུས་སྦལ་གྱི་སྐོར་རམ་ཡང་ན་རུས་སྦལ་འདྲ་བའི;

278 **Testudo**, *n.* སྔོན་དུས་རོ་མ་ནའི་དམག་མི་རྣམས་དགྲ་རྫོང་འགྲོག་དུས་ཕུབ་མཐུད་ནས་རུས་སྦལ་གྱི་བཟོ་ལྟ་འདྲ་བ་བཟོས་པ་དེ་ལ་ཟེར; ཕུབ་སྒྲིག་མདའ་མཚོན་སོགས་ཡིན་ཐབས་ཕུབ་སྐོར;

279 **Testy**, *a.* སྣ་ཚོགས་ཐུང་ཐུང་ཐུང; སྣ་ཐུང; སྤྲོ་ཐུང; རླུང་ཁམས་མགོ་པོ; (རླུང་གཟན; Sik. & Bhut.).

280 Tetanus, *n.* ལུས་ཀྱི་རྩ་གཞི་འཁུམས་པའི་ནད;
རྩ་གཞི་སྡུད་པར་བྱེད་པའམ་འཁུམ་བྱེད་ཀྱི་ནད;

281 Tether, *n.* སྒྲིད་པ་འཆིང་བའི་ཐག་པ; སྒྲིད་ཆིངས; ཤེས་བྱའི་ཚད; མངའ་ཐང་གི་ཚད; ཚད་དབང་གི་ཚད; སྒྲོག་ཐག; ཀང་སྒྲོག; སྒྲིད་སྒྲོག;

282 Tetragon, *n.* གྲུ་བཞི་ལྡན་གྱི་རི་མོ; རི་མོ་གྲུ་བཞི་ཡོད་པ; རི་མོ་གྲུ་བཞི;

283 Tetrarch, *n.* སྔ་དུས་རོམ་གྱི་རྒྱལ་ཁབས་སུ་རྗོང་གཞིས་ཀྱི་བཞི་ཆ་ལ་དབང་བའི་རྗོང་བདག་ཆུང་ངུ;

284 Tetragram, *n.* མིང་གཅིག་ལ་ཚིག་འབྲུ་བཞི་ཡོད་པ;

285 Tetrasyllable, *n.* མིང་གཅིག་ལ་ཚིག་འབྲུ་བཞི་ཡོད་པ;

286 Teutonic, *a.* ཛར་མན་དང་ཨིན་ཛི་དང་སྐན་ཌི་ནེ་བྷེན་མི་རིགས་ཀྱི་ཆད་འཁྲུངས་ཊེའུ་ཊོན་གྱི་སྐད་དམ་མི་རིགས;

287 Text, *n.* མདོ; ཚིག་སྦྱོར; ཚིག་འདུས;

288 Textual, *a.* མདོའི; ཚིག་སྦྱོར་གྱི;

289 Texture, *n.* ཐག་སྟངས; རས་སོགས་ཀྱི་གཤེས་ཀ;

290 Than, *c.* ནས; པས; ལས;

291 Thane, *n.* སྐོཊ་ལནྜ་གྱི་རྗོང་དཔོན;

292 Thank, *v.t.* ཐུགས་རྗེ་ཆེ་ཞེས་བརྗོད་པ;

293 Thankful, *a.* དྲིན་གཟོ་ཅན; དྲིན་ཚོར་ཅན;

294 Thankfully, *ad.* བཀའ་དྲིན་བསམས་ཤེས་བཅས་ཏེ; དྲིན་གཟོ་དང་བཅས་ཏེ;

295 Thankfulness, *n.* དྲིན་གཟོ; བཀའ་དྲིན་བསམ་ཤེས; (སྐུ་དྲིན་བསམ་ཤེས; Hon.) དྲིན་དུ་ཤེས་པ;

296 Thankless, *a.* དྲིན་མེད; དྲིན་དུ་མི་གཟོ་བ; དྲིན་མི་ཤེས་པ;

297 **Thanklessness,** *n.* དྲིན་གཟོ་མེད་པའི་རང་བཞིན; དྲིན་གཟོ་མེད་སྣངས;
དྲིན་གཟོ་མེད་ཚུལ;

298 **Thanksgiving,** *n.* བདྲང་རག; ལེགས་འབུལ; ལེགས་གསོལ;

299 **That,** *pr.* དེ; (ཕ་གི; Colql.) ཕར་ཕྱོགས་ན་ཡོད་པ་དེ;

300 **Thatch,** *n.* ལོ་ཡག; ལྡིང་པ; རྒྱ་གར་མོན་རོང་རྣམས་སུ་ཐོག
འགེབ་བྱེད་ཀྱི་རྩྭ་རིང་ཞིག;

301 **Thatching,** *n.* ལོ་ཡག་གི་ཐོག་འགེབ་པ; རྩྭའི་ལྡིང་པས་ཐོག་འགེབ་
པའི་བྱ་བ;

302 **Thaumaturgy,** *n.* རྫུ་འཕྲུལ་སྟོན་པའི་ལས;

303 **Thaw,** *v.i.* གངས་ཞུ་བ; ཁ་བ་ཞུ་བ; *v.t.* གངས་གཞུ་བ;
n. གངས་ཞུ; ཁ་བ་ཞུ་བ;

304 **Thawy,** *a.* གངས་ཞུ་ལ་ཁད་པ; ཁ་བ་ཞུ་མཚམས;
གངས་ཞུ་མཁན་ལྟ་བུ;

305 **The,** *a.* དེ; དེ་ཀ;

306 **Theatre,** *n.* ཟློས་གར་ལྟད་མོའི་ཁང་པ; (ནཱཙ་གྷར; Hindi)
ལྟད་ཁང; རྩེ་མོའི་ཁང་པ;

307 **Theatrical,** *a.*, *n.* ཨ་ཅེ་ལྷ་མོ་བ་ལྟ་བུ; ཟློས་གར་ལྟ་བུ;

308 **Theatricals,** *n.* ཟློས་གར; ལྷ་མོ; ཟློས་གར;

309 **Thee,** *pr.* ཁྱེད་ལ; ཁྱོད་ལ; (ཉིད་པ in letters; སྐུ་ཉིད་པ Hon.).

310 **Theft,** *n.* རྐུ་མ; མ་བྱིན་ལེན; རྐུ་བ;

311 **Their,** *a.*, *pr.* ཁོང་ཚོའི; ཁོ་པའི;

312 **Theirs,** *a.*, *pr.* ཁོང་ཚོའི;

313 **Theism,** *n.* ལྷ་འི་དཀོན་མཆོག་གཅིག་ཡོད་པའི་ལྟ་བ;
འཇིག་རྟེན་གྱི་བྱེད་པོ་གཅིག་ཏུ་འདོད་པའི་ལྟ་བུ;

314 Theist, *n.* ལྷ་གཅིག་ལ་མོས་མཁན; འཇིག་རྟེན་གྱི་བྱེད་པོ་གཅིག་ལ་མོས་མཁན;

315 Them, *pr.* ཁོ་པར; ཁོང་ཚོལ; ཁོང་ཚོར;

316 Theme, *n.* ལོ་རྒྱུས; གཏཾ; སྐད་ཆ;

317 Themselves, *pron.* ཁོ་རང་ཚོལ; ཁོ་རང་ཚོར;

318 Then, *ad.* དེ་སྐབས་སུ;

319 Thence, *ad.* དེ་ནས;

320 Thenceforth, *ad.* དེ་ནས་བཟུང; དེ་ཚུན; དེ་ནས་ཚུན་ཆད; དེ་ནས་ཚུར་བྱས;

321 Thenceforward, *ad.* དེ་ནས་བཟུང; དེ་ཚུན་ཆད;

322 Theocracy, *n.* ཆོས་སྲིད; སྣང་སྲིད་ཀྱི་ཆོས་ཀུན་གཙོ་བོ་གཅིག་གི་བཀོད་པར་འདོད་པའི་གྲུབ་མཐའ;

323 Theodolite, *n.* སྐར་ཚོད་དང་ས་ཚོད་བརྟག་རྒྱུའི་འཕྲུལ་གྱི་ལག་ཆ་ཞིག; རྒྱང་ཤེལ་གྱི་འཕྲུལ་འཁོར་ཞིག;

324 Theogony, *n.* ལྷ་རྣམས་ཀྱི་བྱུང་རབས་དང་ཆད་ཁུངས; སྔ་མོའི་རྩོམ་གླུའི་ནང་བཤད་པ་བཞིན;

325 Theologian, *n.* ཆོས་ལ་མཁས་པ; འཇིག་རྟེན་བྱེད་པོ་གཅིག་ཏུ་འདོད་པའི་ཆོས་ལུགས་ལ་མཁས་པོ;

326 Theology, *n.* འཇིག་རྟེན་གྱི་བྱེད་པོ་གཅིག་ཏུ་འདོད་པའི་གྲུབ་མཐའ; སྟོན་པའི་གཞུང;

327 Theomachy, *n.* ལྷ་ལ་འགྲན་ཅིང་འཐབ་པའི་བྱ་བ;

328 Theomancy, *n.* ལྷ་ལས་ལུང་བསྟན་ཞུ་སྲོལ; ལྷ་ལས་ལུང་བརྟག་ཞུ་སྲོལ;

329 Theomania, *n.* རང་ཉིད་ལྷར་འཁྲུལ་བདམ་ཆོལ་བ;

330 Theomorphic, *a.* ལྷའི་རྣམ་པ་ཅན; ལྷའི་གཟུགས་བརྟན་འདྲ་བ;

331 Theopathy, *n.* ལྷའི་བསྐྱེད་རིམ་སྒོམ་པ་ལས་བྱུང་བའི་དང་བའི་དད་
པའམ་གདུང་ཤུགས;

332 Theorem, *n.* ར་སྤྲོད་བྱ་དགོས་པའི་བདེན་པ;
རྒྱ་མཚན་གྱིས་ར་སྤྲོད་པའི་ཚད་མ;

333 Theoretical, *a* བློ་ཡིས་དཔག་པའི; འོས་ཚོད་ཀྱི་བསྒྲུབ་སྟངས;
ལག་ལེན་མེད་པའི་བློས་དཔག་གི་བསྒྲུབ་སྟངས;

334 Theoretically, *ad.* བློ་ཡིས་དཔག་སྟེ; བློས་དཔག་གིས;

335 Theorize, *v.i.* བློས་དཔག་སྟེ་ཆོས་ཤིག་བསྒྲུབ་པ;

336 Theory, *n.* བློས་དཔག་པའི་ཆོས་སམ་གཞི་འགའ་ཞིག;

337 Theosophy, *n.* བླ་ལྷའི་བཀའ་བབ་དུས་ཐོག་ཏུ་འཇུག་པར་འདོད་
པའི་གྲུབ་ཐ;

338 There, *ad.* དེར; དེ་ཁར; དེ་ན; དེ་རུ; དེ་ལ;

339 Thereabouts, *ad.* དེ་ཙམ; དེ་ཁ་ཙམ; དེའི་ཉེ་འདབ་སུ;

340 Thereafter, *ad.* དེ་ཕྱིན; དེའི་ཕྱི་ནས; དེ་རྗེས; དེའི་རྗེས་ནས;

341 Thereat, *ad.* དེ་ཐོག; དེར; དེའི་བསྐང; དེ་ཙ་ན;

342 Thereby, *ad.* དེ་ནས; དེ་ལས;

343 Therefore, *conj.* དེས་ན; དེའི་ཕྱིར་དུ; དེ་བས་ན; དེ་ལྟ་བས་ན;
དེ་ལྟར་ན;

344 Therefrom, *ad.* དེ་ནས;

345 Therein, *ad.* དེ་ནང; དེ་ནང་ན; དེའི་ནང་ན;

346 Thereinto, *ad.* དེ་ནང; དེའི་ནང་དུ; དེའི་ནང་ཉིད་དུ;

347 Thereof, *ad.* དེའི; དེ་ཡི;

348 Thereon, *ad.* དེ་ཁར; དེ་ཐོག; དེ་སྟེང; དེའི་བསྐང;

349 Thereto, *ad.* }
Thereunto. } དེར; དེ་ཐུབ; དེ་བར; དེ་ག་ཙམ;

350 Theretofore, *c.* དེ་སྔ་ནས; དེའི་སྔོན་ནས; དེ་གོང་ནས;

351 Thereunder, *ad.* དེ་འོག; དེ་འོག་ཏུ; དེའི་གཤམ་དུ; དེའི་སྨད་ན;

352 Thereunto, *ad.* དེའི་བར; དེ་ཐུབ; དེ་བར;

353 Thereupon, *ad.* དེ་ཐོག; དེ་ནས; དེའི་ཁར; དེ་སྟེང; དེའི་གོང; དེའི་ཟླ་ན;

354 Therewith, *ad.* དེ་དང་མཉམ་དུ; དེ་འབྲེལ; དེ་དང་ལྷན་ཅིག; དེ་དང་སྤབས་ཅིག;

355 Therewithal, *ad.* དེ་མཚུངས; དེ་དང་མཉམ་དུ; དེ་དང་མཚུངས་པར;

356 Thermometer, *n.* ཚ་གྲང་གཞལ་བྱེད་ཀྱི་ལག་ཆ; དྲོད་གཞིར་བརྟག་ཐབས;

357 Thesaurus, *n.* ཚིག་མཛོད; མིང་མཛོད; དོན་གཅིག་སྒྲ་མང་སྟོན་པའི་གཞུང;

358 These, *pron.* འདི་དག; འདི་རྣམས; འདི་ཀུན; འདི་ཡོངས; འདི་ཚོ; འདི་རིགས;

359 Thesis, *n.* གྲུབ་ཐ་མཛོད; གྲུབ་ཐ་ཐ་དད་མདོར་སྟོན་པའི་གཞུང;

360 They, *pr.* ཁོང་ཚོ; ཁོ་པ་ཚོ; ཁོང་ཅག; ཁོ་པ་རྣམས;

361 Thick, *a.* གར་པོ; མཐུག་པོ; མཐུག་རྫས་ཅན; སྟུག་པོ;

362 Thicken, *v.t.* གར་དུ་གཏང་བ; མཐུག་དུ་གཏང་བ; གར་པོ་བཟོ་བ; ཐུག་པོ་བཟོ;

363 Thickening, *n.* ཐུག་ཏུ་བཏང་བའི་ལས; མཐུག་པོར་བྱ་བ; ཐུག་པོར་བྱེད་པ;

364 Thicket, *n.* ནགས་ཚལ་ཐུག་པོ; (ཚལ་འདུབ; Sikkim) འཚག་མཐུག་པོ; ནགས་ཚལ; འཚག་སྟུག་པོ;

365 Thickly, *ad.* མཐུག་པོར; མཐུག་པོར་བྱས་ཏེ;

366 Thickness, *n.* མཐུག་ཚོད; མཐུག་ཚད;

367 **Thickset,** *a.* གཟུགས་ཐུང་ལ་སྦོམ་པ;

368 **Thick,** *a.* འཐུག་པོ; མཐུག་པ; (to be thick).
གཟུགས་རགས་པ; ལུས་སྦུལ་པོ; སྦོམ་པ;

369 **Thief,** *n.* རྐུ་མ; ཨར་རྐུན; རྐུན་མ;

370 **Thieve,** *v.i. & t.* རྐུ་བ; ཨར་རྐུན་རྒྱག་པ; རྐུ་མ་བརྐུ་བ;
v.t. རྐུ་མ་རྐུ་བར་བྱེད་པ;

371 **Thievish,** *a.* རྐུ་དད་ཅན; རྐུན་པོ་ལྟ་བུའམ་རྐུན་པོ་ལྟར;
རྐུ་བར་སེམས་པ; རྐུ་བར་དགའ་བ;

372 **Thievishness,** *n.* རྐུ་དད; རྐུ་བར་དད་ལུགས; བརྐུ་བར་དགའ་སྤྱངས;

373 **Thigh,** *n.* བརླ་ཤ; བརླ;

374 **Thimble,** *n.* མཛུབ་ཤུབ; མཛུབ་སྐྱེན; (ཅོག་མོ; Colql.)
མཛུབ་བརྡན;

375 **Thimbleful,** *a.* མཛུབ་གདེན་གང; མཛུབ་སྐྱེན་གང; ཅོག་མོ་གང;

376 **Thin,** *a.* སྲབ་མོ; སླ་མོ; སྲབ་པོ;

377 **Thine,** *a.* ཁྱོད་ཀྱི; ཁྱེད་རང་གི; ཁྱོད་ཀྱི;

378 **Thing,** *n.* ཅ་ལག; ཡབ་ཅ; དངོས་པོ; ཡོ་བྱད; ཅ་ག;
སྤྱད་དངོས; རྒྱུ་ཆ;

379 **Think,** *v.i.* བསམ་བློ་གཏོང་བ; བསམ་མནོ་བསྒོར་བ; བསམ་པ;
(Sik. མནོ་བསམ་གཏང་བ; མནོ་བ;)

380 **Thinker,** *n.* མནོ་ཆ་མཁན; བསམ་མཁན; བསམ་བློ་གཏང་མཁན;
རྟོག་མཁན;

381 **Thinking,** *n.* མནོ་རྒྱུ; བསམ་རྒྱུ; (participle བསམ་བློ་གཏོང་བཞིན་པ;)

382 **Thinly,** *ad.* སྲབ་མོར; (སྲབ་ཤོག་ཤོག་བྱེད་དེ; Sik.)
སྲབ་མོར་བྱས་དེ;

383 **Thinness,** *n.* སྲབ་ཡོད; སྲབ་ལྷུཊ; སྲབ་ཚུལ; སྲབ་སྣངས;

384 **Third,** *a.* གསུམ་པ; (ཨང་གི་གསུཾ་པ; Colql.).

385 **Thirdly,** *ad.* གསུམ་པར;

386 **Thirst,** *v.i.* ཁ་སྐོམ་པ; (ཞལ་སྐྱེམས་པ; Hon.) *n.* ཁ་སྐོམ; (ཞལ་སྐྱེམ; Hon.).

387 **Thirstily,** *ad.* ཁ་སྐོམ་མདོག་ཁ་པོར; སྐྱེམས་མདོག་ཁ་པོ་བྱས་ཏེ;

388 **Thirstiness,** *n.* ཁ་སྐོམ་ཚུབ; ཁ་སྐོམ་ལུགས; སྐོམ་མདངས; སྐོམ་ཉམས;

389 **Thirsty** *a.* ཁ་སྐོམ་པོ;

390 **Thirteen,** *a.* བཅུ་གསུམ;

391 **Thirteenth,** *a.* བཅུ་གསུམ་པ; པ་པ;

392 **Thirtieth,** *a.* སུམ་བཅུ་པ;

393 **Thirty,** *n.* གསུམ་ཅུ་ཐཾ་པ;

394 **This,** *pronoun.* འདི; འདི་ག; འདི་རང;

395 **Thistle,** *n.* ཙ་འབྲར་ཙེ; ཙ་སྤྱིད་ཤུག; (སྤྲེམ་པོ་མདའ་རྒྱག་མ; Sik.).

396 **Thither,** *ad.* ཕར་ཕྱོཊ་སུ; ཕར་ནང་ན; ཕྲར་ལོགས་སུ; (ཕ་གི་ན; ཕ་གིར; Col.).

397 **Thitherward,** *ad.* ཕར་ཕྱོཊ་སུ; ཕར་ཕྱོགས་སུ་བསྟན་ནས; ཕར་ཕྱོགས་ས་རྟེས་ནས; ཕར་ཕྱོགས་སུ་གཏད་ནས;

398 **Thong,** *n.* (Bhut. རྒྱུན; ཀོ་རྒྱུན; ཤ་ཐག;) ཀོ་ཐག; འདྲང་ཤག;

399 **Thorax,** *n.* ལུས་ཀྱི་མདུན་ཆ; སྐེ་དང་ལྟོ་བའི་བར་གྱི་མདུན་ཆ;

400 **Thorn,** *n.* ཚེར་མ;

401 **Thorny,** *a.* ཚེར་མ་ཅན;

402 **Thorough**, *a.* རྣམ་དག; ཡང་དག; ཕྱུག་ཚོད; ཁྱངས་གྲུབ: མཐར་ཕྱིན; དཔྱིས་ཕྱིན; ཚར་ཕྱིན;

403 **Thoroughfare**, *n.* གཞུང་ལམ; (བརྒྱ་ལམ་སྤྱོང་ལམ; Colql. & Sik.).

404 **Thoroughly**, *ad.* རྣམ་པར་དག་པར; (ཡག་ཐག་ཚོད་བྱེད་དེ; Colql.) མཐར་ཕྱིན་པར; ལེགས་པར;

405 **Those**, *pron.* དེ་ཚོ; དེ་དག; དེ་ཀུན; དེ་རྣམས;

406 **Thou**. *pron.* ཁྱོད; ཁྱེད; (ཉིད; in letters=སྐུ་ཉིད;)

407 **Though**, *ad.* ཡིན་ཀྱང; ལའང་ཀྱང; འོན་ཀྱང; འོན་ཏང; འོན་ཏེ;

408 **Thought**, *n.* མནོ་བསཾ; བསཾ་བློ; བསམ་མནོ; བློ; བློ་ཐེ;

409 **Thoughtful**, *a.* མནོ་བསམ་ཅན; བློ་ལྡན; རྟོག་དཔྱོད་ཅན; (དཔྱོད་ལྡན; classical).

410 **Thoughtfully**, *ad.* བློ་སེམས་ལེའ་པར་བཏང་དེ; ལེགས་པར་བརྟགས་དེ; ལེགས་པར་དཔྱད་དེ; ལེགས་པར་མནོས་དེ; གཞིགས་དེ;

411 **Thoughtfulness**, *n.* བསམ་བློ་ལེགས་པར་དཔྱོད་སྟངས; བསམ་སྟངས; བསམ་ཚུལ;

412 **Thoughtless**, *a.* བསམ་མནོ་གཏང་རྒྱུ་མེད་པའི; རྒྱ་ཆོམ་དུ་བྱེད་པ་ཅན; རྒྱ་ཆོམ; མནོ་མེད; བསམ་མེད; བབ་ཅོལ་ཅན;

413 **Thoughtlessness**, *n.* མནོ་མེད; བསམ་མེད; བསམ་རྒྱུ་མེད་ཚུལ: མནོ་རྒྱུ་མེད་ལུགས;

414 **Thousand**, *a.* སྟོང་ཕྲག; བརྒྱ་ཚོ་བཅུ; སྟོང་ཚོ;

415 **Thousandth**, *n.* སྟོན་ཕྲག་གཅིག་པ;

416 **Thraldom**, *n.* བྲན་གྱི་ཚུལ; འཁོལ་པོའི་ཚུལ;

417 **Thrash**, *v.t.* བརྡུང་བ; སྤྲུག་པ; རྡེབ་པ; བརྡབ་པ;

418 Thrashing, *n.* བརྡེག་བརྡུང་; བརྡུང་བརྡེག; ཉེས་བརྡག; བརྡུང་གཏག; ཉེས་གཏག; བརྡེག་འཚོག;

419 Thread, *n.* སྐུད་པ; འཚེམ་སྐུད; སྣལ་མ; སྲིད་བུ;

420 Threadbare, *a.* གོས་རྒྱལ; གོས་སྐུད་པ་ཐུག་ཟད་ཚར་བའི་རྒྱལ་པོ; ཟད་འདྲུད་གྲོན་པའི་གོས་སྙིང་སོགས;

421 Threat, *n* (Colql. འཇིགས་རི;) སྡིགས་པ; འཇིགས་སྐྲངས; སྡིགས་སྐྲངས;

422 Threaten, *v.t.* འགམ་པ; སྐད་འགམ་པ; འཇིགས་རི་འགོད་པ; སྡིགས་པར་བྱེད་པ;

423 Threatening, *n.* (མི་འདོད་པའི་རྐྱེན་གློག་ཏུ་འབབ་ལ་ཁད་པོ; Colql.) བྱུས་ཉེས་འབྱུང་ཉེ་བ; རྐྱེན་ངན་འགྱུར་ཉེན་ཆེ་བ;

424 Three, *a.* གསུམ;

425 Threshold, *n.* སྒོ་ཐེམས; ཐེམས་པ;

426 Thrice, *ad.* ལན་མ་གསུམ; ཐང་གསུམ; ལན་གསུམ; ཚར་གསུམ;

427 Thrift, *n.* བསོག་འཇོག; ཉིབ་རྩིས; ཞིབ་རྩིས; ཞིབ་འཚག; རྩིས་དམ;

428 Thriftiness, *n.* ཞིབ་རྩིས; བསོག་འཇོག; རྩིས་དམ་ལུགས; ཞིབ་ཆ་ཆེ་ལུགས;

429 Thriftless, *a.* ཞིབ་རྩིས་བསོག་འཇོག་མེད་པ; རྩིས་མི་དམ་པ;

430 Thrifty, *n.* ཞིབ་རྩིས་དང་བསོག་འཇོག་ཅན; ཕང་སེམས་ཅན; ཞིབ་ཆ་ཅན; རྩིས་དམ་པོ;

431 Thrill, *v.t.* (Sik. ཚ་གྲུང་གྲུང་གིས་ཆོར་བ;) ལྷང་ལྷང་དུ་ཆོར་བ;

432 Thrilling, *a.* ལྷང་ངེ་བ; མེར་རེ་བ;

433 Thrillingly, *ad.* ལྷང་ངེར; མེར་རེར;

434 Thrive, *v.i.* (Sik. ཡར་སྐྱིད་བདྲ་པ;) དར་བ; ཡར་འགྲོ་བྱུང་བ; འཕེལ་བསྐྱེད་བྱུང་བ; རྒྱས་པ;

435 **Thriving**, *a.* དར་བཞིན་པ; རྒྱས་བཞིན་པ;
འཕེལ་བསྐྱེད་འབྱུང་བཞིན་པ;

436 **Throat**, *n.* མིད་པ; ཨོལ་སྒོ; (མགྲིན་པ; Hon.) གྲེ་བ;
ཨོལ་མ་སྡོང;

437 **Throb**, *v.i.* ཐུག་ཐུག་བྱེད་པ; འཕར་བ; ཀྱལ་ཀྱལ་བྱེད་པ;
གྲིང་གྲིང་བྱེད་པ;

438 **Throbbing**, *n.* འཕར་བཞིན་པ; ཐུག་ཐུག་བྱེད་བཞིན་པ;
ཀྱལ་ཀྱལ་འཕར་བཞིན་པ;

439 **Throe**, *n.* ཟུག་རྔུ; ཟུག་གཟེར;

440 **Throne**, *n.* གསེར་ཁྲི; སེང་ཁྲི; ཁྲི; རྒྱལ་ས;

441 **Throng**, *n.* མི་ཚོད; སྐྱེ་བོའི་ཚོགས;

442 **Throstle**, *n.* བྱིའུ་གསུང་སྙན་ལྡན་པ་ཞིག;

443 **Through**, *pr.* བརྒྱུད་དེ;

444 **Throughout**, *pr.* རིང; སྐབས; བར; ཐོག་ཐག; བསྐང;

445 **Throw**, *v.t.* & *n.* འཕང་པ; འཕེན་པ; དབྱུག་པ; རྡོ་ལྷར་འཕེན་པ;
འདོར་བ; སྐྱུར་བ; ཤོ་ལྷར་རྒྱག་པ; *v.t.* རྒྱག་པ;
Throw out ཕྱིར་དབྱུང་བ; ཕྱིར་ཕྱུང་བ;
ཕྱིར་འབིད་པ; ཕྱིར་འབུད་པ;
Throw over འབོར་བ; སྤྱོང་བ; བོར་བ;
Throw up ཡར་འདེགས་པ; ཡར་བཀན་པ;
Throw up a job སྐྱུར་བཞག་པ; སྐྱུར་བ; གཏོར་བ;
བསྐྱུང་བ; འབོར་བ; བཤོལ་བ; བོར་བ; འཕྲེན་པ;
བསྐྱུག་པ; ཟས་ལོག་པ; (*n.*) ཤོའི་འཕེན་ཐེང;

446 **Thrum,** *n.* འཐགས་ཆའི་ཡོགས་ནས་འཐགས་བཀྲོལ་རྗེས་སྐྱུད་པའི་སྣེ་ཙར་འཐགས་ཆའི་སྟེར་ལུས་པ་དེ; སྲིང་སྐྱུད་སྲོམ་པ; སྐྱུད་ཆག་རྐྱང་པ་ཞོར་ནས་ཡོད་པ; *v.t.* མཚུབ་མོས་སྣྲ་སྣན་ཤུར་ཀྱིས་འཁྲོལ་བ; ཤུགས་ཀྱིས་སྐྲུར་བ;

447 **Thrush,** *n.* ཁ་ནད; ཇིའུ་ཆུང་གི་སྐབས་སུ་རྩའི་ནད; བྱིའུ་སྐད་སྐྲར་གྱི་རིགས་ཞིག;

448 **Thrust,** *v.t.* ཤུགས་ཀྱིས་འཛུགས་པ; སྣུན་པ;

449 **Thumb,** *n.* མཐེབ་ཆེན;

450 **Thunder,** *n.* གཉི་ལྡིར; ཐོག; འབྲུག་གི་ལྡིར་སྒྲ; ལྡི་འབབ;

451 **Thunderer,** *n.* ཐོག་འཕེན་མཁན; བརྒྱ་བྱིན; སྤྲ་དུས་གླིག་པས་ལྷའི་དབང་པོ་ལའང་འདོད;

452 **Thundering,** *n.* འབྲུག་སྒྲ་ལྡིར་བཞིན་པ; འབྲུག་སྒྲ་འབྱིན་བཞིན་པ;

453 **Thunderous,** *a.* འབྲུག་སྒྲ་ལྡིར་བའི; འབྲུག་སྒྲ་ལྟར་འབྱིན་པའམ་སྒྲོགས་པ;

454 **Thursday,** *n.* གཟའ་ཕུར་བུ; ལྷའི་བླ་མ;

455 **Thus,** *ad.* འདི་ལྟར་རོ; འདི་བཞིན་ནོ; འདི་ཙུག;

456 **Thwack,** *v.t.* དབྱུག་པའམ་གྲི་ལྕག་གིས་བརྡེག་པའམ་བརྡུང་བ;

457 **Thwart,** *v.t.* དགག་ཆ་རྒྱབ་པ; འགེག་པ; འགོག་པ;

458 **Thwarting,** *n.* དགག་བཞིན་པ; འགེག་བཞིན་པ; འགོག་བཞིན་པ;

459 **Thy,** *pr.* ཁྱོད་ཀྱི; ཁྱེད་ཀྱི; ཉིད་ཀྱི;

460 **Thyme,** *n.* སྤོ་འུ་སི; སྤོ་སྨན་འུ་སི;

461 **Thyself,** *pr.* ཁྱོད་རང; ཁྱེད་རང; ཉིད་རང;

462 **Tiara,** *n.* ཅོད་པན; དབུ་རྒྱན; ནོར་བུའི་ཐོད་རྒྱན;

463 **Tick,** *n.* ལྷུག་ཞིག; ཏིག་ཏིག་ཞེས་པའི་སྒྲ; (འབྲུ་སྐྱེམ་བག; Sik.) the insect ཤམ་དཀར་མ; (Sik.). སི་དྲི་པ་ལ;

464 Ticket, *n.* ཐེའུ་ཤོག ; (ཊི་ཀིཊ ; Hindi or English now in use); སྦྱགས་ཧྲགས ; new word in use.

465 Tickle, *v.t.* (Colql. ཨི་ཙི་བསྐུལ་བ ;) ཟ་ཕྲུག་བསྐུལ་བའམ་སློང་བ ; (to amuse, to divert ངོ་དགའ་གཏོང་བ ;) (Colql. གི་ཙི་ཀུག་ཙེ ;) (གཡང་ཙི་ཟྭ་བ ; Bhut.) (འདིག་རི་གཡག་པ ; Sik.).

466 Tickling, *n.* ཨི་ཙི་བསྐུལ་བ་ལྟར ; ཟ་ཕྲུག་སློང་བ་ལྟར ; (འདིག་རི་གཡག་ཆེ་ཆེ ; Sik.).

467 Ticklish, *a.* (འདིག་རི་གཡག་ཆེ་ཆེ ; Sik.). གཡང་ཟ་པོ ;

468 Ticklishness, *n.* ཨི་ཙི་ལང་པོ ; ཟ་ཕྲུག་ལང་པོ ; གཡང་ཟ་ལུགས ; {འདིག་རི་གཡག་དད ; Sik.}.

469 Tidbit, *n.* ཟས་ཞིམ་པོའི་ཁམ་ཚད ; དང་ཟས ; མཆེས་ཟས ;

470 Tide, *n.* དུས་རླབས ; ཐུན་ཚོད་ཀྱི་རླབས ; ཤ་འོད་དམ་ཤ་ཡོག :

471 Tidily, *ad.* གཙང་སྦྲ་དོད་པོ་བྱས་ཏེ ; ཁམས་དང་པོ་བྱས་ཏེ ; གད་གཙང་པོ་བྱས་ཏེ ;

472 Tidiness, *n.* གཙང་སྦྲ ; ཁམས་དྭངས་ཚུལ ; གཙང་སྦྲ ; ཁྲིས་དྭངས ;

473 Tidy, *a.* ཁྲིས་དྭངས་པོ ; གཙང་སྦྲ་དོད་པོ ;

474 Tie, *v.t.* བཀྲིཊ་པ ; འཆིང་བ ; བསྡིམ་པ ;

475 Tier, *n.* བང་རིམ ; སྟེགས་བུ་སོགས་ཀྱི་རིམ་པ ; རི་ལྡེབ་ལྟ་བུའི་བབ་ཤོལ ;

476 Tiffin, *n.* ཉིན་དགུང་གི་བཟའ་བ ; དགུང་ཟས ; གདུགས་ཚོད ; ཉིན་བྲེད་ཁ་ཡོལ་གྱི་ཟས ;

477 Tiger, *n.* སྟག ; གཙན་གཟན་སྟག ;

478 Tight, *a.* དམ་པོ ; (དམ་ཀྲིག་ཀྲིག ; Sik.) དམ་ཀར་ཀར ;

479 Tightens, *v.t.* དམ་དུ་བཅིང་བ ; དམ་དུ་གཏང་བ ;

480 Tightly, *ad.* དམ་པོར; དམ་པོར་བྱེད་དེ;

481 Tightness, *n.* དམ་པོད; དམ་སྟངས; དམ་ལུགས; དམ་ཚུལ;

482 Tigress, *n.* སྟག་མོ; མོ་སྟག;

483 Tigrish, *a.* སྟག་འདྲ་པོ;

484 Tile, *n.* ཛ་སྲག; ཛ་སྲོ; ཛ་སྲང;

485 Till, *conj.* དེ་བར; བར་དུ; རིང་ལ; དེའི་རིང;
n. ས་གཡའ་མ; *v.t.* ས་ལས་རྨོ་ཀོ་བྱེད་པ;

486 Tillage, *n.* ཁྲ་སློག; རྨོས་བཀོས; རྨོ་བཀོ་བྱ་བ;

487 Tilt, *v.i.* ཧ་ཕོག་ཏུ་མདུང་ཁྲིར་ནས་འཕུལ་བ; ཧ་ཕྲོག་ནས་རྩལ་
མདུང་རྩེ་བ; མཁྲིལ་གསེངས་པའམ་གཟེངས་པ;

488 Timber, *n.* ཤིང་ཆ;

489 Timbrel, *n.* ང་རྔང; ཌ་མ་རུ; ཅང་ཏེའུ; ཌ་རུ; སྦུན་ཌ་མ;

490 Time, *n.* དུས;

491 Timely, *a.* དུས་སུ་བབ་པ; དུས་ཕོག་འཁེལ་བ;

492 Timid, *a.* སེམས་ཆུང་བ; འཇིགས་དད་མཁན; སྤྲར་མ;
གླད་ཆུང; སྙིང་ཁིམས་ཆུང་བ;

493 Timidity, *n.* སེམས་ཆུང; འཇིགས་བློ; སེམས་ཆུང་སྟངས;
འཇིགས་སྣང་ཆེ་ལུགས; སྙིང་ཆུང་སྟངས;

494 Timidly, *ad.* སེམས་ཆུང་གི་ངང་ནས; འཇིགས་སྣང་དང་བཅས་ཏེ;

495 Timorous, *a.* འཇིགས་སྣུང་ལང་པོ; འཇིགས་སྣང་ཆེན་པོ;

496 Timorously, *ad.* འཇིགས་ཚུལ་དང་བཅས་ཏེ;

497 Tin, *n.* ཧྲུཏ་དཀར; (Sik.) ཤ་དཀར; ཏིག་ཙ;

498 Tincture, *n.* ཚོས་མདངས; ཚོས་ཁ; ཚོན་མདོག; སྨན་གྱི་ཉིང་ཁུ;
v.t. རོ་བསྒྱུར་བ; མདངས་བསྒྱུར་བ;

499 **Tinder**, *n.* སྤྲ་བ; མེ་ལྕགས་ཀྱི་མེ་ལྕེ་ལེན་བྱེད་ཀྱི་སྤྲ་བ་དེའོ;

500 **Ting**, *n.* ཌིང་ཞེས་པའི་སྒྲ; ཌིང་སྒྲ་འབྱིན་པ;

501 **Tinge**, *n.* ཚོན་མདོག; ཚོན་མདངས; *v.t.* མདངས་ཚོན་ག་ཏོང་བ;
ཀློ་འདྲིད་པ;

502 **Tingle**, *v.i.* སྤྲིར་བ; སྤྲིད་པ;

503 **Tingling**, *a.* སྤྲིར་བཞིན་པའི; སྤྲིར་བའི;

504 **Tinker**, *n.* རག་སྣོད་སོར་བཟོ་མཁན;
སྣོད་ཆས་བཟོ་བཅོས་བྱེད་མཁན;

505 **Tinkling**, *n.* ཌིང་ཌིང་ཞེས་དྲིལ་བུའི་སྒྲ་ལྷ་བུ་འབྱིན་མཁན;

506 **Tinman**, *n.* ཤ་དཀར་གྱི་བཟོ་པ; ལྕགས་དཀར་གྱི་བཟོ་པ;

507 **Tinsel**, *n.* གསེར་ཟོང; ཤར་ཟོག; མིག་སྣང་མཛེས་བྱེད་ཀྱི་ཟོག;

508 **Tint**, *n.* ཚོས་ཁ; མདངས; ཚོན་མདངས; ཚོས་མདངས;

509 **Tiny**, *a.* ཆུང་ཆུང; ཕྲ་མོ;

510 **Tip**, *n.* རྩེ; རྩེ་མོ; *v.t.* ཕྲུག་ཙམ་བྱས་བཏུང་བ;
to bribe (རྩེ་བ་རྡོ་ བྱིན་པ; བརྡན་པ་སྤྲོད་པ;)

511 **Tipple**, *n.* ཆང་ཨ་རག་གར་མོ་སོར་ལ་ལོངས་སྤྱོད་པ;

512 **Tippler**, *n.* ར་བཟི་ཅན; སྐྱུར་གོང་ཅན;

513 **Tipsy**, *a.* ར་བཟི་བཞིན་པ; ར་བཟི་ནས་ཡོད་པའི;

514 **Tiptoe**, *n.* & *v.i.* རྐང་མཐེབ་ཀྱི་རྩེ; རྐང་པའི་མཐེ་བོང་དེ་ཉིད་ས་ལ
བཏད་དེ་འདིང་པ; གསེང་ཞིང་འགྲོ་བ;

515 **Tiptop**, *n.* ཡང་རྩེ; དར་རྩེ;

516 **Tirade**, *n.* བཤད་སྤྱང་དྲག་ལ་ཕུན་རིང; བཀའ་བསྐུར་ངོར་དྲག;
བཀའ་བཀྱོན་ཆ་པོ;

517 **Tire**, *n.* (of attire གོས་ཆས; མགོ་ཆ;)
(འཁོར་ལོའི་ལྕུང་ཤོན; tire of a wheel);
v.t. ངལ་བཙུག་པ; ཐང་ཆད་བཙུག་པ; *v.i.* ངལ་བ;
དུབ་པ; ཐང་ཆད་པ; ཞུ་བརྡུགས་པ; ཞུ་དུབ་པ;

518 **Tiresome**, *a.* འོ་བརྒྱལ་པོ; ཐང་ཆད་པོ; ངལ་དུབ་ཆེན་པོ;

519 **Tissue**, *n.* དག་གསེ; སྐྲིན་གབ; ཟ་བབ; (ཙ་རྒྱུས; དར་ཟ;
ཕྲུར་བ; ཕྲུན་པགས;
(Tissue-paper, *n.* ཤོག་བུ་ཞིན་དུ་སྲབ་མོ;)

520 **Tit**, *n.* བྱིའུ;

521 **Tit-for-tat**, *n.* ལན་ཆབ; ངན་ལན་ངན་གྱི་ལྡོན་པའི་བྱ་བ;

522 **Titan**, *n.* ལྷ་མིན;

523 **Titanic**, *a.* བོང་ཆེན་པོ; གདོས་ཆེ་བ;

524 **Titania**, *n.* རྡི་ཟའི་རྒྱལ་མོ; ཕྱི་ལུགས་སྒྲུང་གཏམ་ལྟར་ན་རྡི་ཟའི་
རྒྱལ་པོ་ཨོ་བི་རོན་ཟེར་བ་དེའི་ཆུང་མའོ;

525 **Tithe**, *n.* ཁྲལ; བཅུ་ཁྲལ; བཅུ་ཤོག;

526 **Titillate**, *v.i.* ཀི་ཙི་བཀོད་པ; ཡི་ཙི་བསྐུལ་བ; ཟ་ཕྲུག་སྐྱོང་བ;
(འདིག་རི་གཡག་པ; Sik.) (གཡང་རྩི་ཀ་བ; Bhut.)

527 **Titillation**, *n.* ཀི་ཙི་བཀོད་པའི་ལས་རེ་ཉིད; ཟ་ཕྲུག་སྐྱོང་བའི་བྱ་བ;

528 **Title**, *n.* གོ་ས; གོ་གནས; མཚན; ཐོབ; གོ་ཐོབ; ཚོ་ལོ;
ཁ་བྱང; མིང་བྱང; མཚན་བྱང;

529 **Titmouse**, *n.* བྱིའུ་ཆུང་ངུའི་རིགས་ཤིག;

530 **Titter**, *v.i.* གད་མོ་དགོད་པ; ཧི་ཧི་ཞེས་དགོད་པ;
ཆུང་ངུར་དགོད་པ; ཟུར་དགོད་བྱེད་པ; དགོད;

531 **Tittle,** *n.* ཡོང་གཏམ་ལབ་པ; འཆལ་གཏམ་སྨྲ་བ; ངག་འཁྱལ་སྨྲ་བ;

532 **Titular,** *a.* མིང་ཙམ་དུ་མཆིས་པའི; མིང་ཙམ་དུ; མིང་ཙམ་པོ;

533 **To,** *pr.* ལ་{སུ་རུ་ར་དུ་ན་ལ་དུ་ཏུ;}

534 **Toad,** *n.* (མཛེ་སྦལ; Sik.) སྦལ་པའི་བྱེ་བྲག;

535 **Toad-eater,** *n.* ངོ་སྲུང་ཅན; ཁ་གསག་ཅན; ཁ་གཅང་མཁན;

536 **Toad-stool,** *n.* དུག་ཤ་མོ; ཤ་མོ་དུག་ཅན;

537 **Toady,** *n.* ངོ་སྲུང་མཁན; ཁ་བཙང་མཁན;

538 **Toast,** *v.t.* མེ་ལ་བསྲེག་པ;

539 **Tobacconist,** *n.* ཐ་མ་ཁ་འཚོང་མཁན;

540 **Toddy,** *n.* ཁ་སྦུར་ཤིང་ལས་འབྱུང་བའི་ཆང; ཤིང་ཆང;

541 **Toe,** *n.* ཀང་པའི་མཐེབ་མོ; ཀང་མཐེབ;

542 **Together,** *ad.* མཉམ་པོར; མཉམ་དུ; སྦུ་ལ; ལྷན་དུ; ལྷན་ཅིག་ཏུ; སྦེབ་ཅིག་ཏུ;

543 **Toil,** *v.i.* ལས་བྱེད་པ; དཀའ་བ་སྤྱད་པ; *n.* དཀའ་ཚེགས; དཀའ་བ; དཀའ་ལས;

544 **Toiler,** *n.* ལས་བྱེད་མཁན; དཀའ་ལས་བྱེད་མཁན;

545 **Toilet,** *n.* (Colql. ཁྲང་འཁྲུ;) ཁྲུས་ཀྱི་བྱ་བ; ཁྲུས; བྱི་དོར; བྱད་བྲུག;

546 **Toilsome,** *a.* དཀའ་ལས་ཅན; དཀའ་མོ; དཀའ་པོ;

547 **Token,** *n.* མཚན་མ; བརྡ; སེམས་དགའི་རྟེན; མཛའ་རྟེན; ཡིད་དགའི་རྟེན;

548 **Tolerable,** *a.* གང་མཆམས་ཞིག; མཆམས་པོ; ལྷུར་སྣང; མཆམས་མཆམས; ཅོག་ཙམ; འགྲིགས་ཙམ; རན་ཙམ;

549 Tolerably, *ad.* — གང་མཆོས་ཞིག་དུ; གང་མཆམས་སུ;

550 Tolerance, *n.* — བློ་ཐེག་ཆེ་བ; ཁོངས་ཡངས་པ; སེམས་བཞོང; བཟོད་བསྲན; བཟོད་པ; བློ་ཁོག་ཡངས་པ; དགོངས་སྐྱེད་ཆེ་བ;

551 Tolerant, *a.* — སེམས་བཞོང་ཅན; བློ་ཡངས; ཁོག་ཡངས; ཁོངས་ཡངས; བཟོད་ལྡན; བཟོད་ཐུབ་པ; བཟོད་བསྲན་ཅན;

552 Tolerate, *v.t.* — བློས་བཟོད་པ; (བསྲན་པ; Collql.) བག་ཡངས་སུ་འཇོག་པ; བློས་འཁུར་བ; བྱེད་དུ་བཅུག་པ; ཅི་དགར་འཇོག་པ; (སྲན་པ;)

553 Toleration, *n.* — ཅི་དགར་བྱེད་འཇུག་སྤངས; བཟོད་བསྲན; བསྲན་སྐྱེད;

554 Toll, *n.* — ཤོ; ཤོ་ཁྲལ; ཤོ་གམ; ཚོང་ཁྲལ; དཔྱ; དཔྱ་ཁྲལ; བཅུ་ཁ; ཚོང་ཟོག་གི་སྟེང་ནས་ཁྲལ་བསྡུ་བ་དེའོ; *v.t,* དྲིལ་བུ་དཀྲོལ་བ; དྲིལ་བུ་རྡུང་བ; དྲིལ་བུ་འཁྲོལ་བ; དྲིལ་སྒྲ་སྒྲུལ་བ; དྲིལ་སྒྲ་སྒྲོག་པ;

555 Tomb, *n.* — སྤུར་ཁང; བང་སོ; སྤུར་ཁྲིམ; བམ་སོ; དུར;

556 Tomtit, *n.* — བྱིའུ་ཆུང་ཆུང་ཞིག་ལ་ཟེར;

557 Ton, *n.* — སྟོན་ཏེ་ཤུ་ཙ་བརྒྱད་ཀྱི་ལྗིད་ལ་ཟེར;

558 Tone, *n.* — དབྱངས; སྒྲ་དབྱངས; སྐད་གདངས; གདངས;

559 Tongs, *n.* — ཀམ་པ; སྐམ་པ;

560 Tongue, *n.* — ལྕེ; (ལྗགས; Hon.)

561 Tonic, *n.* — ཡུན་དུ་བསྟེན་དགོས་པའི་སྨན; སྟོབས་སྐྱེད་སྨན; སྟོབས་སྐྱེད་དང་གཅོང་ནད་སེལ་བའི་རྒྱུན་སྨན;

562 Tonnage, *n.* ཟོག་དངོས་ཀྱི་ཁྲལ; མོན་ནམ་ཧྲོ་ན་རེ་རེའི་ཐོག་ནས་བསྡུ་རྒྱུའི་ཤོ་ཁྲལ་དེའོ; ཚོང་ཟོག་གང་ཡོད་ཀྱི་ཐོག་ནས་ཁྲལ་བསྡུ་བ་དེའོ; གྲུ་གཟིངས་ཀྱིས་དོས་པོ་ས་འཁྱེར་བའི་ནུས་པའམ་འཁྱོག་ཚད;

563 Tonsil, *n.* ལྕེའི་རྩ་བར་ཡོད་པའི་སྐྲན་ཟོག་གཉིས་པོ་ལས་གང་རུང་ཞིག; (Sik. ལྕེ་ཆུང; ཡ་ཀན་གྱི་ལྕེ་ཆུང; མིད་ཕྲུག; = Uvula).

564 Tonsure, *n.* སྐྲ་འབྲེག་པའི་ལས; སྐྲ་འདྲེག་བྱེད་ཀྱི་བྱ་བ;

565 Too, *ad.* & *conj.* འང; ཡང; ཀྱང;

566 Tool, *n.* ལག་ཆ; བཟོ་ཆས;

567 Tooth, *n.* སོ; (Hon. ཚེམས;)

568 Top, *n* རྩེ; (ཕུ་གུའི་རྩེད་མོ་རྩེ་རྒྱུའི་ཙ་ལག་ཅིག་གོ; Collql.) ཕྲུ་གུའི་རྩེ་ཆས་ཤིག;

569 Topaz, *n.* མདོག་སྣ་ཚོགས་སམ་མ་ངེས་པའི་ནོར་བུའི་རིགས་ཤིག;

570 Topic, *a.* སྐབས་ཀྱི་བརྗོད་བྱ; གླེང་བྱ; གནད་དོན; སྐད་ཆ; བརྗོད་བྱ; བརྩད་བྱ;

571 Topmast, *n.* གྲུ་གཟིངས་ཀྱི་དར་ཤིང་གོང་མ;

572 Topmost, *a.* ཡང་རྩེ; མཐོ་ཤོས; ཐམས་ཅད་ཀྱི་ནང་ནས་མཐོ་ཤོས;

573 Topography, *n.* ཡུལ་ཆར་ཚུལ་བཤད་པ; ཡུལ་ཆགས་སྟངས;

574 Topple, *v.i.* ཐབ་དུ་འགྱེལ་བ; ཐབ་དུ་ཤོར་བའམ་ལྷུང་བ;

575 Torch, *n.* མེ་ཆག; (འབར་གཟི; Sik.) པད་འབར;

576 Torment, *n.* མནར་གཅོད; གདུག་གཅོད;

577 Tormenter, *n.* སྡུག་པོ་གཏོང་མཁན; མནར་གཅོད་གཏོང་མཁན; གདུག་གཅོད་གཏོང་མཁན;

578 Tornado, *n.* རླུང་ཚུབ་ཤུར་ཆེན་པོ; རླུང་དམར་ཤུགས་ཆེན་པོ; རླུང་ཁང་རྒྱུགས་པ;

579 Torpedo, *n.* རྒྱ་མཚོའི་ནང་གི་ཉ་ལུས་ལས་རིངས་བྱེད་ཀྱི་དུག་རླངས་སྒྲོ་བའི་དབང་པོ་ལྡན་པ; དེང་དུས་རྒྱ་ཐོག་གི་དམག་ལ་མགོ་བའི་པ་རོལ་པའི་གཟིངས་གཏོར་བྱེད་ཀྱི་འཕྲུལ་ཆས་རྫས་ངན་གྱིས་བཀང་བ་ཞིག; གྲུ་གཟིངས་གཏོར་བའི་འཕྲུལ་འཁོར;

580 Torpid, *a.* ཉ་ལེ་ཉོ་ལེ; འགུལ་སྐྱོད་མི་ནུས་པ; ལས་སུ་མི་རུང་བ; ཉར་ཉོར; སྐྱིད་ལུག; སྒྲིད་པར་གྱུར་པ;

581 Torpidity, *n.* འཁྱར་ནས་འགུལ་སྐྱོད་མ་ནུས་པར་ལུས་པའི་ཚུལ; སྒྲིད་སྟངས; སྒྲིད་ཚུལ;

582 Torpor, *n.* ཉ་ལེ་ཉོ་ལེའི་ཚུལ; ཉར་ཉོར་གྱི་རྣམ་པ; འགུལ་སྐྱོད་མི་ནུས་པའི་ཚུལ; སྒྲིད་སྟངས་སམ་སྒྲིད་ཚུལ;

583 Torrent, *n.* འབབ་གཟར; འབབ་རྒོད; འབབ་ཆུ;

584 Torrid, *a.* ཚད་པས་བཙོས་པ; ཚད་པ་ཆེ་པོ; (ཚད་པས་ཁོལ་བ; Sik.) དཀྱུན་དུང་ཅན་ནམ་ཚ་ཤོད་ཅན;

585 Tortoise, *n.* རུས་སྦལ;

586 Tortuous, *a.* ཀ་རེ་ཀོ་རེ; ཀ་ཀོར; ཀྱ་གེ་ཀྱོ་གེ; ཁྱག་ཁྱོག་ཅན་དེ་མི་དྲང་བ; འཆུས་པ; བཅུས་པ; གྱ་གྱུ་ཅན;

587 Torture, *n.* མནར་གཅོད;

588 Tory, *n.* ཨིན་ཇིའི་བཀའ་ཤག་ལྷན་རྒྱས་ཀྱི་གྲལ་ནས་སྲིད་ལུགས་ཀྱི་ཆོ་རིས་ཐོབ་ཐང་ལ་མོས་པའི་ཤོག་གམ་སྡེ་ཚན; ལྷ་མིའི་རྗེ་བོ་སོགས་ཀྱི་སྲིད་སྐྱོང་བཟུང་མཁན;

589 Toss, *v.t.* དབྱུག་གཏང་བ; གཞིངས་ཀྱིས་འཕེན་པ;
རྒྱངས་ཀྱིས་འཕེན་པ;

590 Total, *a.* ཁྱོན་བསྡོམས; ཡོངས་བསྡོམས;

591 Totally, *ad.* ཡོངས་སུ; ཐད་དེ; ཡོངས་སུ་རྫོགས་པར;

592 Totter, *v.i.* (Collql. ཁྱ་རེ་ཁྱོ་རེ་བྱེད་པ;) གོམ་ཚུགས་མི་ཐེན་པ;
འཁྱོར་བ; འཁྱོམ་པ; ཁྱོམ་ཁྱོམ་འགྲོ་བ;

593 Toucan, *n.* བྱ་གོ་བོ; འདབ་ཆགས་དགོ་བོ;
(Sik. དགོ་རང; དགོད་བྱ;)

594 Touch, *n.* རེག་བྱ; རེག་པ; རེག; ལུས་རེག;

595 Touchingly, *ad.* སྙིང་ལ་འཛེར་པོར; སྙིང་ལ་འབབ་པོའམ་འཕྲོད་པོ་
བྱས་ཏེ; སྙིང་ངམ་ཡིད་ལ་འཕྲད་པོར; ཡིད་ལ་
ཟུག་པར; ཡིད་ལ་བབས་པར;

596 Touchy, *a.* ཁྲིང་ལང་དད་ཅན; (ཏིག་ཐུང་བ; ཏིག་གཏུམ་པ; Sik.)
བཟེ་རེ་ཅན; བཟེ་རག་པོ; སྣ་ཐུང; བཟེ་རེ་ཆུང;
བཟོད་བསྲན་ཆུང;

597 Tough, *a.* སྲ་བའམ་མཁྲེགས་པ; མཁྲེགས་པོ;
མི་སློ་བའམ་མི་འབོལ་བ;

598 Toughen, *v.t.* སྲ་བར་བྱེད་པ; མཁྲེགས་པོར་བྱེད་པ;

599 Toughish, *a.* མཁྲེགས་པོ་ཙམ; སྲ་བ་ཙམ;

600 Toughness, *n.* སྲ་ཡོད; སྲ་ཚུལ; མཁྲེགས་ཚུལ; མཁྲེགས་ལུགས;

601 Tour, *n.* འགྲུལ; ཡུལ་སྐོར; ཡུལ་སྐྱོད: ཡུལ་ལྡོངས་གཤེར;
འགྲུལ་འགྲིམ; ལྡོངས་རྒྱུ;

602 Tourist, *n.* ཡུལ་སྐོར་ན་མཁན; འགྲིམ་འགྲུལ་མཁན;

603 Tourmalin, *n.* སུ་ཕྲན་རྡི; རིན་པོ་ཆེའི་རྡོའི་བྱེ་བྲག་ཏ་ཙང་རིན་
ཐང་ཅན་མིན་པ་གཅིག;

604 Tourniquet. ཨེམ་ཆིའི་གཙུ་བྱེད་ཀྱི་ལག་ཆ་ཞིག ;

605 Tournament, *n.* དཔའ་རྩལ་ངོམ་པའི་བྱ་བ ; རྩལ་ངོམ ;

606 Tow. *n.* སོ་མ་ར་ཙ ; *v.t.* གྲུ་ཐག་འཐེན་རྒྱབ་པ ;
གྲུ་གཟིངས་ཐག་པས་འཐེན་པའམ་འདྲེན་པ ;

607 Toward, *pr.* ཕྱོཊ ; ཁ་ཕྱོགས ;

608 Towel, *n.* (ཞལ་ཕྱིས ; Hon.) གདོང་ཕྱིས ; ཁྲུས་རས ;
ལག་འཕྱིད ; ཨ་ཅོར ;

609 Tower, *n.* ལྕོག ; ལྕོག་མཁར ;

610 Towering, *a.* མཐོ་གཟེངས་གཟེངས ; ཇམས་མཐོ་བ ; ཧ་ཅང་མཐོན་པོ ;

611 Town, *n.* གྲོང་མཆོ ; གྲོང་ཁྱེར ;

612 Towns, *n.* གྲོང་མཆོ་རྣམས ; གྲོང་ཁྱེར་རྣམས ;

613 Township, *n.* གྲོང་ཁྱེར་གཅིག་གི་ཁོངས་སུ་གཏོགས་པའི་ས་ཆ ;

614 Townsman, *n.* གྲོང་ཁྱེར་པ ;

615 Toy, *n.* & *v.i.* རྩེ་ཆས ; ཕྲུ་གུའི་རྩེ་ཆས ; *v.i.* འཕྲལ་དུ་ཉམས་དགའ་
བྱ་བའམ་གནས་སྐབས་སུ་ཡོད་དགའ་བར་བྱེད་པ ;
རྩེད་མོ་རྩེ་བ ;

616 Trace, *n.* རྗེས ; ཤུལ ; *v.t.* རྗེས་གཅོད་པ ; ཤུལ་སྐོགས་པ ;

617 Tracing, *n.* རི་མོ ; ཧྲམ་རིས ; རི་མོ་སློག་པའི་བྱ་བ ; སློག་རིས ;

618 Track, *v.t.* རྗེས་གཅོད་པ ; བདའ་བ ; ཀང་རྗེས་བཅད་ནས་བདའ་བ ;

619 Trackless, *a.* ལམ་ཤུལ་མེད་པ ; ལམ་མེད་པ ;

620 Tract, *n.* (of a country ས་ཆའམ་ས་གཞི ;) (དཔེའུ་ཆུང་ངམ་
དཔེ་ཆོན ; a small book).

621 Tractability, *n.* བསླུལ་བདེ ; མཉེན་ཚུལ ; ཁ་ལོ་བསྒྱུར་བདེ་ཚུལ ;
གཞུར་ཉན་སྟངས ;

622 Tractable, *a.* བསླུལ་བདེ; སླབ་ཁ་དུལ་མོ; མཉེན་པོ; གཞུན་བདེ;
གཞུན་ཉན་པ; ཁ་ཙར་འཁྲིལ་པ; ཁ་ལོ་བསྒྱུར་བདེ;

623 Tractableness, *n.* (idem) སླབ་ཁ་དུལ་བ་ཉིད; མཉེན་ལུགས;

624 Traction, *n.* འཐེན་སྟོབས; འཐེན་ཤུགས; འདྲེན་ཤུགས;
འཐེན་སྟངས; འདྲེན་སྟངས;

625 Trade, *n.* ཚོང; ཚོང་བྱ་བའི་ལས་སམ་ཚོང་གི་ཐབས;

626 Trader, *n.* ཚོང་པ;

627 Tradesfolk, *n.* ཚོང་པའི་མི;

628 Tradesman, *n.* ཚོང་པ;

629 Trading, *a.* ཚོང་གི; (Trading place ལས་སྒོ;) ཚོང་ལག་གི;

630 Tradition, *n.* གདམ་རྒྱུད; གནའ་བོའི་གདམ་རྒྱུད; ལོ་རྒྱུས;
གནའ་གདམ; སྔོན་རབས; གནའ་སྲོལ; སྔོན་སྲོལ;

631 Traditional, *a.* གདམ་རྒྱུད་ཀྱི; གནའ་གདམ་ལྟར་གྱི; གནའ་སྲོལ་ལྟར་གྱི;

632 Traditionally, *ad.* གདམ་རྒྱུད་ལྟར་ན;

633 Traduce, *v.t.* འཕྱ་ཁ་གཏང་བ; སྨོད་པ; འཕྱ་སྨད་བྱེད་པ; སྐྱོན་རྗོད་པ;

634 Traducer, *n.* འཕྱ་བ་བོ; འཕྱ་ཁ་གཏོང་མཁན;

635 Traffic, *n.* ཚོང; ཚོང་འགྲུལ; ཚོང་གི་ཐབས་ལག;
v.t. ཚོང་བྱེད་པ;

636 Tragedian, *n.* བརྗོད་བྱ་འགའ་ཞིག་གི་རེ་ཆད་ཚེ་མཐར་གདུགས་པའི་
ཟློས་གར་བྱེ་བྲག་རྩོམ་པ་པོ་འམ་རྩེ་བ་པོ;

637 Tragedy, *n.* བརྗོད་བྱ་གང་གི་རེ་ཆད་ཚེ་མཐར་གདུགས་པ་མཚོན་
པའི་ཟློས་གར; མྱ་ངན་དང་འཇིགས་རུང་གི་ཟློས་གར;

638 Tragic, *a.* མྱ་ངན་དང་འཇིགས་རུང་གི་ཟློས་གར་དང་མཚུངས་པའི;
ཡང་ན་དེའི་སྐོར;

639 Trail, *v.t.* ས་ལ་འདྲུད་པ; ཀང་རྗེས་བརྟགས་ནས་རྗེས་གཅོད་པ;

640 Train, *v.t.* སྦྱོང་བ; རྩལ་སློབ་པ; འདུལ་བ; སློབ་པ; འཛིན་པ;
(*n.* རེལ་གཱ་ཌི Hindi).

641 Trained, *a.* འབྱོངས་པ; རྩལ་འབྱོངས་པ; གོམས་པ; འབྱུངས་པ;

642 Training, *n.* སྦྱང་བ; གོམས་སྦྱོབས; སྦྱང་བདར;
སྦྱང་སྦྱོབས་སམ་རྩལ;

643 Trait, *n.* རི་མོ; པར; ལག་བྲིས; བྱད་བཞིན; རྒྱུད་གཤིས;
གཤིས་ལུགས; རང་བཞིན; གཤིས་ཀ;

644 Traitor, *n.* བློ་བདད་ཀྱང་སླུ་མཁན; ངོ་ཚིག་མི་སྲུང་མཁན; རང་
སྡེ་འཇོམས་མཁན; རང་ལུགས་སམ་རང་ཕྱོགས་
འཇོམས་མཁན; ཟླ་འཚོང་པ; རང་སྡེ་གཤིག་མཁན;
མཛའ་བ་སླུ་མཁན; སྙིང་རྐུ་མཁན; གྱ་གྱུ་ཅན;
(སྐྱི་བཟར; བསྟན་གཤིག; Sik. & Bhut.).
དམ་ཉམས;

645 Traitorous, *a.* བསྟན་པ་གཞིག་མཁན་འདྲ་པོ;

646 Traitorously, *ad.* ངན་བསླུས་ཀྱིས;

647 Trammel, *v.t.* ཀང་སྒྲོག; དོལ; ཉ་པ་དང་འདམ་བྱ་བཟུང་མིའི་དོལ་
ལ་ཟེར; རྟ་ལ་འགྲོས་སློབ་ཐབས་ཀྱི་ཀང་སྒྲོག; ཉ་རྒྱ;

648 Tramp, *v.t.* གོམ་པ་བརྒྱབས་ནས་འགྲོ་བ; གོམ་པ་དྲག་དུ་འདོར་བ;
གོམ་པ་ཤུགས་ཀྱིས་རྒྱག་པ;

649 Trample, *v.t.* རྡོག་བརྫིས་གཏོང་བ; རྫི་བ; ཀང་འོག་རྫི་བ;
རྡོག་པས་རྫི་བ;

650 Trance, *n.* དྲན་ཚོར་མེད་པའི་ངང; དྲན་པ་མི་གསལ་བ;
འདུ་ཤེས་མེད་ཚུལ; འགོག་སྙོམས་ཀྱི་སེམས་ལྟ་བུ;
ལུང་མ་བསྟན་གྱི་སེམས; བྲིང་གོད;

651 **Tranquil,** *a.* ཞི་བ; ལྷམ་མེ; ལྷན་ནེ; ཅམ་མེ; ཞི་ཞིང་དུལ་བ; མི་འཁྲུགས་པ; སིམ་པོ; འདུ་འཛི་མེད་པ;

652 **Tranquillity,** *n.* ཞི་བ; སིམ་པོ;

653 **Tranquillize,** *v.t.* ཞི་བར་བྱེད་པ; དུལ་བར་བྱེད་པ;

654 **Trans,** *pr.* ཕར་ཕྱོགས; ཕ་རིའི་ལོགས; ཕར་ལོགས; ཕར་ངོས; ཕར་འདབས; ཕར་ངོགས;

655 **Transact,** *v.t.* ལས་བྱེད་པ; བྱ་བ་བྱེད་པ; བྱེད་པ; བགྱིད་པ; དོ་དམ་བྱེད་པ;

656 **Transaction,** *n.* དོ་དམ; ཉོ་འཚོང; ལས; བྱ་བ; བགྱི་བ; བསྒྲུབ་པ;

657 **Transcend,** *v.t.* གོང་དུ་འཕར་བར་བྱེད་པ; ཁྱད་འཕགས་སུ་བྱེད་པ; གཞན་ལས་ཁྱད་ཞུགས་བྱེད་པ; ཕ་རོལ་དུ་ཕྱིན་པར་བྱེད་པ;

658 **Transcendence,** *n.* བླ་ནར་འཕག་སྟངས; གོང་ན་མེད་ཚུལ; གཞན་ལས་ལྷག་ཚུལ; ཁྱད་པར་འཕག་སྟངས; ཁྱད་འཕག་ཚུལ; བླ་མེད་ཚུལ;

659 **Transcendent,** *a.* ཁྱད་པར་འཕགས་པ; བླ་མེད་པ; ཁྱད་འཕགས; ཕ་རོལ་དུ་ཕྱིན་པ;

660 **Transcribe,** *v.t.* ཡིག་འདྲ་བཤུས་བྱེད་པ; ཡི་གེ་ངོ་བཤུས་བྱེད་པ; དཔེ་བཤུ་བ; འདྲ་དཔེ་བཤུ་བ; བཤུ་བ;

661 **Transcript,** *n.* དཔེ་བཤུས, འདྲ་བཤུས; ངོ་བཤུས; also ངོ་ཤུས;

662 **Transcription,** *n.* འདྲ་བཤུས་རྒྱབ་པའི་བྱ་བ; ངོ་བཤུས་བྱེད་པའི་བྱ་བ;

663 **Transfer,** *v.t.* སྤོ་བ; འཕོ་བ; སྐྱས་པ; འཕོ་བསྐྱས; ཤུད་པ; སྐྱ་བ; སྐྱས་འདེགས་པ;

664 Transfer, *n.* སྤོ་བའི་བྱ་བ; སྤོ་སྟངས;

665 Transferable, *a.* སྤོས་སུ་རུང་བ; སྤོ་རུ་རུང་བ; སྐྱ་བར་རུང་བ; སྐྱ་ཆོག་པ; སྤོ་བདེ་བ; སྤོ་ཆོག་པ; ཤུད་ཆོག་པ;

666 Transfiguration, *n.* རྣཾ་པ་འགྱུར་ཚུལ་དེ་དཔེར་ན་འོད་ལུས་གྲུབ་པ་ལྟ་བུའོ;

667 Transfigure, *v.i.* རྣམ་པ་འགྱུར་བའམ་འཕོས་པ; *v.t.* རྣམ་པ་སྒྱུར་བ;

668 Transfix, *v.t.* མཚོན་རྣོན་པོས་འབིད་པའམ་འབིགས་པ་སྟེ; སྒྲུབ་འདོན་པ་ལྟ་བུའོ; འབིད་པ; འབིགས་པ; (མདུང་བརྒྱུས་རྒྱབ་པ; Sik.) འབུགས་པ;

669 Transform, *v.t.* བཟོ་ལྟ་སྒྱུར་བ; རྣམ་པ; སྒྱུར་བ; སྤྲུལ་བ; *v.i.* རྣཾ་པ་འགྱུར་བ; ཛུ་བ;

670 Transformation, *n.* རྣམ་པ་གཞན་དང་གཞན་དུ་འགྱུར་བའམ་རྣམ་པ་མི་གནས་པར་འགྱུར་བའང་ངོ;

671 Transfuse, *v.t.* སྣོད་གཅིག་ནས་གཅིག་དུ་འབྲོ་བ; འབྲོ་བ;

672 Transgress, *v.t.* ཁྲིམས་འགལ་བྱེད་པ; ཚུལ་མིན་བྱེད་པའམ་ཚུལ་འགལ་བྱེད་པ; ཁྲིམས་འདྲལ་བ;

673 Transgression, *n.* འགལ་འཁྲུལ; ནོངས་འཁྲུལ་ལམ་འཁྲུལ་པ; དཀྲམ་ཀྱི་འཕྲུག་པ; ཁྲུད་གསོད; ཁྲིམས་འགལ; ཉེས་དམིགས; སྡིག་པ;

674 Transgressor, *n.* འགལ་འཁྲུལ་བྱེད་པ་པོ; ཁྲུད་གསོད་བྱེད་པ་པོ; ནོངས་འཁྲུལ་མཁན;

675 Transient, *a.* ཡུད་ཙམ་པ; མི་རྟག་མི་བརྟན་པ; ཡུན་རིང་མི་གནས་པ; ཉེ་ཚེ་བ; སྐད་ཅིག་མ; ཐང་ཙམ་པ; མི་རྟག་པ;

676 Transit, *n.* དཀྲུང་ནས་འགྲོ་བ; སྐེད་བཅད་དུ་འགྲོ་བ; སྒང་ནས་འགྲོ་བ; ཁ་ནས་འགྲོ་བ; ཐོག་ནས་འགྲོ་བ; སྟེང་ནས་འགྲོ་བ; འགོམ་པ; འགོང་ཚུལ; འགོང་སྟངས;

677 **Transition,** *n.* གནས་གཅིག་ནས་གཞན་དུ་རྒྱུ་བའི་བྱ་བ; འགྱུར་བ;
འཕོ་འགྱུར; འཕོ་སྟངས; འགྱུར་བ་ཉིད;
གནས་དུས་འགྱུར་ཚུལ; འཕོ་ཚུལ; འགྱུར་སྟངས;

678 **Transitive,** *a.* ཡུལ་དང་ལྡན་པའི་བྱ་ཚིག་གི་སྐོར;

679 **Transitory,** *a.* ཡུད་ཙམ་པ; སྐད་ཅིག་མ; མི་རྟག་པ;

680 **Translate,** *v.t.* སྒྲ་སྒྱུར་བ; སྒྱུར་བ; སྐད་སྒྱུར་བ; བརྡ་སྒྱུར་བ;

681 **Translation,** *n.* སྒྲ་སྒྱུར; བརྡ་སྒྱུར; སྐད་སྒྱུར;
སྐད་སོགས་སྒྱུར་བའི་བྱ་བ;

682 **Translator,** *n.* སྒྲ་སྒྱུར་པ; ལོ་ཙཱ་བ; སྐད་སྒྱུར་པ;

683 **Transliterate,** *v.t.* ཕ་རོལ་པའི་སྐད་བོད་ཡིག་ཏུ་འབྲི་བ; དཔེར་ན་སྤྱང་ལྡར་
བརྡ་ཙམ་སྒྱུར་བ; ཡུལ་གཅིག་གི་སྐད་ཡུལ་གཞན་
གྱི་ཡི་གེར་འབྲི་བ;

684 **Translucent,** *a.* དྭངས་མོ་ཤེལ་ལྟར་མ་ཡིན་པར་འོད་ཙམ་མཐོང་བའི;
དྭངས་ཆ་ཅན་གྱི་དངོས་པོ་སྤྱི; ཉི་ལམ་ལྟ་བུའི;
གཤིས་ཅི་མཐོང་བའི;

685 **Transmigrant,** *a.* རྣམ་པ་འཕོ་མཁན; གནས་སྐབས་འཕོ་བ་པོ;
ལུས་འཕོ་མཁན;

686 **Transmigrate,** *v.t.* ཡུལ་ཅིག་ནས་གཞན་དུ་སྤོ་བ; འཕོ་བསྐྱུས་བྱེད་པ;
རྟེན་བརྗེ་བ; གནས་ལས་འཕོ་བ;

687 **Transmigration,** *n.* གནས་སྐབས་སོ་སྣང་ཚུལ་འཕོ་བ་སྤྱི; བདག་འདོད་པའི་
ལུས་འཕོ་བར་ཁས་ལེན་པ་བཞིན་ནོ; ཤེས་ལུས་
གཅིག་ནས་འཕོས་ལུས་གཞན་བླང་བ་ལ་ཟེར;
རྟེན་བརྗེ་བའམ་གནས་ལུས་ཙམ་འཕོ་བ་ལ་ཟེར;
གནས་གཅིག་ནས་གཞན་དུ་འཕོ་བའམ་ལུས་གཅིག་
ནས་གཞན་དུ་འཕོ་བ་དེའོ;

688 Transmission, *n.* ཡུལ་གཅིག་ནས་གཞན་ལ་དངོས་པོ་སོགས་བསྐུར་བའི་ལས; དངོས་པོ་སོགས་ས་ཚིགས་ཀྱིས་བསྐུར་བའམ་བརྫང་བ;

689 Transmit, *v.t.* ས་ཆ་གཅིག་ནས་གཞན་དུ་དངུལ་ཡི་ཟང་ཟིང་སྐུར་བ;

690 Transmutation, *n.* དངོས་པོ་སོགས་ཀྱི་རང་བཞིན་དང་རྣམ་པ་ཡོངས་སུ་འགྱུར་བ་སྟེ; ལྕགས་གོང་གསེར་དུ་འགྱུར་བ་ལྟ་བུའོ;

691 Transmute, *v.t.* དངོས་པོ་ཡོངས་སུ་སྒྱུར་བ; དཔེར་ན་འོ་མ་ཞོ་ལ་སྒྱུར་བ་ལྟ་བུའོ;

692 Transparency, *n.* དྭངས་གསལ; གསལ་དྭངས; དྭངས་ཆ;

693 Transparent, *n.* དྭངས་ཤིང་གསལ་བ་ཤེལ་ལྟ་བུ; དྭངས་མོ; གསལ་པོ; དྭངས་པོ; ཕྱི་ནང་གཉིས་གསལ;

694 Transparently, *ad.* གསལ་བར; དྭངས་པར; དྭངས་མོར;

695 Transpire, *v.t.* རྔུལ་རླངས་པ་སྤུའི་བུ་ག་ནས་ཕྱིར་འབྱིན་པ; རྔུལ་རླངས་འབྱིན་པ; ཀུན་གྱིས་ཚོར་བ; རྔུལ་རླངས་དབྱུང་བ;

696 Transplant, *v.t.* ཤིང་སོན་སྐྱེ་འཛུགས་བྱེད་པ; རྩ་སྤོས་རྒྱག་པ; རྩ་བ་སྤོ་བ; སྡོང་འཛུགས་རྒྱག་པ; ཤིང་གི་སྡོང་བུ་སོགས་རྩ་བ་ནས་ཕྱུངས་ཏེ་ས་གཞི་གཞན་དུ་འཛུགས་པ;

697 Transport, *v.tr.*, *n.* གནས་གཅིག་ནས་གཞན་དུ་སྐྱེལ་བ; འཁྲིད་པ; གཏོང་བའམ་སྐུར་བ་སོགས་ཏེ; ཡང; རྒྱང་ཕུད་གཏོང་བ; སྐྱུགས་པ་དང་ཡུལ་གཅིག་ནས་གཞན་དུ་སྐྱེལ་བ་སོགས་ཏེ; *v.t.* སྐྱེལ་བ; འཁྱེར་བ; འཁུར་བ; ཡང; *v.t.* དོ་བུ་སྐྱེལ་འདྲེན་བྱེད་པ; *n.* དབོར་འདྲེན; *n.* དབོར་བསྐྱེལ; བདའ་གླ; དོས་གླ;

n. (ཁྲོ་བ་མཐར་འཇོགས; transport of rage).

n. (དགའ་དགས་པའི་ཤུགས; transport of joy).

n. བསམ་ཤུགས;

698 Transportation, *n.* མཐར་འཇུག; མཐར་འཕེན; མཐར་སྐྱོད; རྒྱངས་ཕུད་གཏོང་བ་སོང་དེ;

699 Transporting, *a.* ཡིད་འཕྲོག་པོ; དགའ་བ་མི་ཚོམ་པ; དགའ་བ་མངོན་དུ་གྱུར་པའི;

700 Transposal, *n.* ཚབ; ཚབ་དུ་འཇོག་སྟངས; གོ་རིམ་བསློགས་དེ་སྒྲིག་སྟངས; རིམ་པ་བསློགས་དེ་འཇོག་སྟངས; གོང་འོག་བསློགས་དེ་འཇོག་སྟངས;

701 Transpose, *v.t.* དངོས་པོ་སོགས་གནས་སྤོ་བ; ཚབ་དུ་འཇོག་པ; གོ་རིམ་མམ་རིམ་པ་བསློགས་དེ་སྒྲིག་པ;

702 Transposition, *n.* རིམ་པ་བསློགས་དེ་འཇོག་སྟངས; དངོས་པོ་གཅིག་གི་ཚབ་དུ་གཞན་ཞིག་གཞག་པ;

703 Transubstantiate, *v.t.* དངོས་པོའི་རང་བཞིན་གཞན་དུ་སྒྱུར་བའམ་གཤིས་གཞན་དུ་སྒྱུར་བ; དངོས་པོ་གཅིག་ནས་གཞན་ཞིག་དུ་སྒྱུར་བ;

704 Transubstantiation, *n.* དངོས་པོའི་རང་བཞིན་ནམ་གཤིས་གཞན་དུ་འགྱུར་སྟངས;

705 Transverse, *a.* ཕྲེད་ལའི; (ཀུར་ཁ་བཞིན་དུ; Sik.) སྒག་ལ; (སྐྱིལ་ཞི; obsolete form). སྒག་ལ་གནས་པའི; ཕྲེད་ལ་གནས་པའི;

706 Transversely, *ad.* ཕྲེད་ལ; སྒག་ལ; འཕྲེད་དུ;

707 Trap, *n.* རྙི; རྒྱ; (སྣབ་མ; Sikkim) སྣོད་པ; (འཛོལ་སྒྲུབ; གག་པ;) (obsolete form).

708 Trapezium, *n.* གྲུ་བཞི་ཟུར་གྲུ་ཁྱོག; གྲུ་བཞི་ངོས་མི་མཉམ་པ;

709 Trappings, *n.* རྒྱན་གོས; རྒྱན་ཆ; འདོགས་ཆས; རྟའི་རྒྱན་ཆས;

710 Trash, *n.* ཉག་ཉིག; ཟ་རྩ་མི་རུང་བའི་ཟས་རོ; རྒྱུ་དངོས་ཕན་ཆེའང་མི་ཕྲོད་པ; (མི་ཆེའང་མི་བརྟུབ་པ; Sik.) (རྗེ་མི་ཕྲོགས་པ; of persons).

711 Travail, *v.i.* དཀའ་ཕྲུབ; སྐྱེ་ནད; བཙའ་ཟུག; བཙའ་ནད; སྐྱེ་ཟུག;

712 Travel, *v.i.* འགྲུལ་རྒྱུག་པ; འགྲོ་བ; བགྲོད་པ; འགྲུལ་བ; འགྲིམ་པ; འགྲིམ་འགྲུལ; *n.* འགྲུལ;

713 Traveller, *n.* འགྲུལ་པ; འགྲོན་པོ; འགྲིམ་འགྲུལ་བྱེད་མཁན; འགྲུལ་བ་པོ;

714 Traverse, *a.* སྐོར་བཅད་དུ་ཡོད་པ; ཕྲད་དུའམ་སག་དུ་ཡོད་པའི; འཕྲེད་ལ་གནས་པའི;

715 Tray, *n.* ཤིང་ཁྲོས; or ཤིང་སྡྲོལ; a wooden tray) སྡེར་གཞོང; གཞོང་པ; (ཐ་པག; Sik.) (གསོལ་གཞོང; Hon.)

716 Treacherous, *a.* (Sik. སྐྲི་གཟན་ཀློག་བསླུ་ས་ཅན;) ཀློ་བདུད་སླུ་མཁན; མཛའ་བ་སླུ་བ; སྙིང་རུ་མཁན; གྱ་གྱུ་ཅན; ངོ་ཉམས;

717 Treachery, *n.* ཀློག་སླུ; སྙིང་རུ་བའི་བྱ་བ; སླུ་འཕྲིད; གྱ་གྱུ; ངོ་ཚོག་འདྲལ་བའི་བྱ་བ;

718 Treacherously, *ad.* ཀློག་བསླུས་ཀྱིས; གྱ་གྱུ་བྱས་ནས; དམ་ཚིག་དྲལ་ནས;

719 Treacle, *n.* བུར་སླག་གི་ཁུ་བ; བུ་རམ་དམར་པོའི་ཁུ་བ་བསྐ་བའམ་གར་བ;

720 Tread, *v.i.* & *v.t.* རྐང་པས་རྫི་བ; ཆག་ཆག་འདེབས་པ; འཆག་པ; རྫི་བ;

721 Tread, *n.* ཀང་པས་རྫི་བའི་སྒྲ; གོམ་སྒྲ; རྡོག་སྒྲ; གོམ་པ;
གོམ་འགྲོས;

722 Treason, *n.* ནང་བསླུ; སྙིང་བཀྲུ; གྱེན་ལོག; གཞུང་ལ་ངོ་ལོག;
དམ་ཉམས; ངོ་འདྲལ;

723 Treasonable, *a.* ལྐོག་བསླུའི་རྣམ་པ་ལྟ་བུ; སྙིང་བཀྲུ་བའི;

724 Treasure, *n.* གཏེར; ནོར; དངུལ་མཛོད;

725 Treasurer, *n.* ཕྱག་མཛོད; དཀོར་བདག;

726 Treasurership, *n.* ཕྱག་མཛོད་པའི་གོ་ས; བང་མཛོད་པའི་གོ་གནས;

727 Treasury, *n.* དཀོར་མཛོད; དངུལ་ཁང; དངུལ་མཛོད; མཛོད;

728 Treat, *v.t.* སྐྱོང་བ; (སྨན་དཔྱད་བྱེད་པ; of medicine) བཅོས་
ཐབས་སམ་བཅོས་ཁ་བྱེད་པ; མགྲོན་གཏོང་བའམ་
བཟའ་བཏུང་སོགས་འདྲེན་པ་མགྲོན; བཅོས་བསྒྱུར་
བྱེད་པ; སྤྱོད་པ; ཐུགས་སྤྲོ;

(to discourse on) བགྲོ་གླེང་བྱེད་པ;

(to feast) བཟའ་བཏུང་གིས་སྤྲོ་བ་སྐྱེད་པ;

729 Treat, *n.* ཐུར་སྤྲོ; མགྲོན;

730 Treatise, *n.* ལག་ལེན་གྱི་བྱེ་བྲག་ཟུར་དུ་བཀོལ་བའི་དཔེ་ཆ; ཡ་རྒྱལ་
གྱི་བཤད་པའི་དཔེ་ཚུང་གཞུང; ལག་ལེན་གྱི་བཤད་
པའི་དཔེ་ཆ; བརྗོད་བྱ་བྱེ་བྲག་གི་དཔེ་ཚུང;

731 Treatment, *n.* (བཅོས་ཁ; medl.) སྨན་བཅོས; སྨན་དཔྱད; སྤྱོད་པ་སྤྱོད་
སྟངས; བཅོས་ཐབས; མཐུན་ལི; སྤྱོད་སྟངས;
བྱེད་སྟངས;

732 Treaty, *n.* འཆིང་འགྲིག; བཟང་སྒྲིག; ཁྲིམས; བསྡུམ་པ;
ཁྲིམས་འཛུགས; འཁོར་འདུམ; མཐུན་ལམ;
མཐུན་འགྲིག; འདུམ; སྡུམ;

733 Treble, *a.* གསུམ་ལྡབ་; གསུམ་འགྱུར་;

734 Tree, *n.* ཤིང་སྡོང་; ཤིང་; སྡོང་པོ་; ལྗོན་ཤིང་;

735 Treeless, *a.* ཤིང་སྡོང་མེད་པ་; སྡོང་པོ་མེད་པ་; ཤིང་མེད་; ཤིང་གི་དབེན་པ་;

736 Trellis, *n.* སྒྲི་ཁྲུང་ངམ་སྐར་ཁུང་གི་དྲ་མིག་; སྤྲོས་མ་; རྒྱ་ཁྲ་; ཁྲ་མ་; ཁྲ་སྒོ་; ཤིང་ངམ་ལྕགས་ཀྱི་དྲ་མིག་;

737 Tremble, *v.i.* འདར་བ་; འགྱུལ་བ་;

738 Trembling, *n.* འདར་ཞིང་ཡོད་པ་; འདར་བཞིན་པ་;

739 Tremendous, *a.* འཇིགས་སུ་རུང་བ་; འཇིགས་རྔམས་ཅན་; བག་ཚ་བ་; བག་འཁྲིས་པ་;

740 Tremor, *n*, ལུས་འདར་; ཤ་འདར་; འདར་; གསིག་པ་; གསིག་གསིག་;

741 Tremulous, *a.* འདར་ཞིང་ཡོད་པ་; གསིག་ཅིང་ཡོད་པ་; གསིག་བཞིན་པ་;

742 Trench, *n.* ས་ཕུར་; ཧོབས་; ས་དོང་; *v.t.* ཧོབས་འདྲུ་བའམ་ཀོ་བ་; ས་ཕུར་འདྲུ་བའམ་ཀོ་བ་;

743 Trenchant, *a.* ཆོད་པོ་; རྣོ་ཆོད་ཅན་; ཚིག་རྣོ་པོ་; རྣོ་པོ་;

744 Trencher, *n.* ཤིང་སྡྲོལ་; ཤིང་ཁྲོལ་; གཞོང་པ་; (གསོལ་ཁྲོལ་; Hon.)

745 Trepidation, *n.* བློ་ཚབ་ཚུབ་; སེམས་ཐློང་ཐློང་; ཧབ་ཅིང་འདར་བའི་རྣམ་འགྱུར་;

746 Trespass, *v.i.* ཧར་འཛུལ་ལམ་ཧམ་འཛུལ་རྒྱག་པ་;

747 Trespasser, *n.* དབང་ཡོད་ཀྱིས་པ་རོལ་པའི་ཁང་པའམ་ས་ཆར་འཛུལ་མཁན་; དབང་ཡོད་རང་འཚམས་སུ་མིའི་ནང་ལ་གཞུག་པ་པོའམ་འཛུལ་བ་པོ་;

748 Tress, *n.* བུད་མེད་ཀྱི་སྐྲའི་ལན་བུའམ་ལན་ཚར་ཆུང་ངུ ;

749 Trestle, *n.* ཀྲུ་ཅོག་གི་རྐང་པ་ལྟེབས་ཅོག་བརྒྱག་ཏུ་ཡོད་པའི་རྐང་
སོགས་དང་ལས་ཁྲི་སོགས ;
ག་གོ་ན་ནམ་ཙུང་འཞིམ་བཀྲམ་སའི་ཀྲེབ ; Sik.)

750 Tret, *n.* ཉོ་འཚོང་སོགས་ཀྱི་སྐབས་སུ་སྟོན་ཁ་སྐྱེར་བའམ་ཁ་
གསོའམ་སྟོན་མ་སྤྲིན་པ་དེའོ ;

751 Trey, *n.* སུ་གོ་སྟེ་ཤོ་མིག་གི་གྲངས་གསུམ་པའོ ;

752 Triad, *n.* གསུམ་འབྲེལ ; གསུམ་ཚོགས ; གསུམ་འདུས ;

753 Trial, *n.* དཀའ་བ ; ངལ་ཚོགས ; སྡུག་པོ ; དཀའ་ཚོགས ;
དཀའ་སྤྲད ; ཞིབ་དཔྱོད ; ཚོད་བལྟ ; ཚོད་འགམ ;
ཉམས་ཚོད ; བརྟག་དཔྱད ;

754 Triangle, *n.* ཆོས་འབྱུང་ངམ་ཧཱུྃ་ཁྲང་རིས ; རི་མོ་གྲུ་གསུམ་པ ; ཟུར་
གསུམ ; ལོགས་གསུམ་དང་གྲུ་གསུམ་ལྡན་པའི་རི་མོ ;

755 Triangular, *a.* གྲུ་གསུམ་པ ;

756 Tribe, *n.* མི་བརྒྱུད ; མི་རྒྱུད ; མི་རིགས ; རིགས་ཚན ;

757 Tribulation, *n.* སྡུག་བསྔལ ; ཉུ་ངན ;

758 Tribunal, *n.* ཁྲིམས་ར ; ཁྲིམས་ཁང ;

759 Tributary, *n.* གཙང་ཕྲན་གཙང་པོ་ཆེན་པོའི་ནང་དུ་འབབ་མཁན ;
གྲོགས་བྱེད་ཆུ་ཕྲན ; *a.* ཁྲལ་འདེབས་མཁན ;
ཁྲལ་འཇལ་མཁན ; ཞོགས་འབབ་འབུལ་མཁན ;
གཏན་འཇལ་འབུལ་མཁན ;

760 Tribute, *n.* འབུལ་བ ; ཁྲལ ; དཔྱ ; ཞོགས ; འབབ ;
མིས་པ་ནམ་མགྱུ་བའམ་ཡང་ན་བསྟོད་པའི་ཚིག་གོ ;

761 Trice, *v.t.* ཡར་བཏགས་པ; ཡར་འཐེན་པའམ་འདྲེན་པ;
n. ཡུད་ཙམ;

762 Trick, *v.t.* གཡོ་སྒྱུ་གཏོང་བའམ་སྒྱུ་ཐབས་བྱེད་པ; སྒྱུ་ཐབས་བྱེད་པ;

763 Trickle, *v.i.* འཛག་པ; ཆུ་སོགས་འཛེར་བ;

764 Trident, *n.* རྩེ་གསུམ; (ཏྲི་ཤཱུལ; Sanskrit) མདུང་རྩེ་གསུམ་པ;

765 Triennial, *n.* ལོ་གསུམ་རེར་འཁོར་བའམ་ལོ་གསུམ་རིང་གནས་པ;

766 Trifle, *v.i.* ཁྲོ་བརླག་གཏང་བ; སྙིང་མེད་བསྐྱུར་བ; ཆུས་གསན་
པའམ་གཟེན་པ; རྩིས་ཐང་མེད་པ;

767 Trifler, *n.* སྙིང་མེད་སྐྱུར་མཁན; རྩིས་མེད་གཏོང་མཁན;

768 Trifling, *a.* སྙིང་མེད; ཕྲན་བུ; རྩིས་ཆུང; ཕྲན་ཚེགས;

769 Triflingly, *ad.* རྩིས་ཆུང་དུ;

770 Trigger, *n.* མེ་མདའི་དྲ; མེ་མདའི་སྐམ་པ;

771 Trigonometry, *n.* གྲུ་གསུམ་ཚད་གཞལ་གྱི་ཐིག་ཚད; ལོགས་གསུམ་
དང་གྲུ་གསུམ་འཇལ་བས་ས་ཚོད་ཐིག་པའི་རིག་པ;
བྲེ་ཀང་རིས་ཀྱི་ཐིག་ཚད;

772 Trilingual, *a.* སྐད་རིགས་གསུམ་ལྡན; སྐད་གསུམ་ཤན་སྦྱར་རམ་
བརྡ་གསུམ་ཤན་སྦྱར;

773 Trill, *v.t.* འདར་སྐད་དང་བཅས་གདངས་རིན་འགྲིན་པ;

774 Trillion, *n.* གྲངས་ཀྱི་གནས་གཞན་ཀྲུ་རིགས་ཆེན་པོ་ཞེས་པ་དེའོ;
ས་ཡ་གསུམ་འགྱུར་གྱི་གྲངས་ཀྱི་མིང; དཀྲིགས་
ཆེན་པོ;

775 Trim, *a.* བཀོད་ག་ཤོམ་ལེགས་པ; འདྲ་ཆགས་པོ;

776 Trimming, *n.* རྩེ་གཡམ་པ; རྩེ་གཅོད་པ; རྩེ་གད་དམ་མགོ་གད་
རྒྱུག་རྒྱུ་དེའོ;

777 **Trinity**, *n.* རྣམ་གསུམ; ཚུལ་གསུམ; གསུམ་འདུས;
ཉཾ་པ་གསུཾ་ཧྣན; གསུམ་འདུས་ཀྱི་འདོད་པའམ་ལྷ་བ;

778 **Trinket**, *n.* རྒྱན་ཆ་རིན་ཐང་ཆུང་ངུ; རིང་ཐང་ཆུང་ངུའི་དངོས་པོ;
དངོས་པོ་ཙ་ཆུང;

779 **Trio**, *n.* གསུམ་པོ; གསུམ་ཀ; གསུམ་འབྲེལ; གསུམ་འདུས;
གླུ་མཁན་གསུམ་གྱིས་སྐབས་གཅིག་ཏུ་ལེན་དགོས་པའི་
གླུ་དབྱངས;

780 **Trip**, *v.i.* དལ་གྱིས་འགྲོ་བ; རྡབ་པ; (སྐུ་རྡབ་ཤོར་བ; Hon.)
ནོར་བ; འཁྲུལ་བ; གོམ་པ་ཡངས་མོར་རྒྱབ་བ;
ཡང་ཟེར་གྱི་གོམ་པས་བྲོ་གར་འཁྲབ་པ;

781 **Tripartite**, *a.* གསུམ་བགོས་སུ་ཡོད་པའི; དུམ་བུ་གསུམ་པའམ་ལྷུ་
གསུམ་པ; ཆདམ་དུམ་བུ་གསུམ་དུ་བགོས་པའི;

782 **Tripe**, *n.* རྒྱུ་མ;

783 **Tripetalous**, *a.* འདབ་མ་གསུམ་ལྡན; འདབ་གསུམ་ཅན;
འདབ་གསུམ;

784 **Triphthong**, *n.* དབྱངས་ཡིག་གསུམ་འབྲེལ;

785 **Triple**, *a.* གསུམ་འབྲེལ; གསུམ་ལྡན; གསུམ་འདབ; གསུམ་ལྡབ;

786 **Triplicate**. *a.* འདྲ་དཔེ་གསུམ་པ; གསུམ་ལྡབ; གསུམ་འདབ;
n. གཉིས་དང་འདྲ་བའི་དཔེ་གསུམ་པ;

787 **Triplication**, *n.* དཔེ་གསུམ་དུ་བཤུ་སྟངས;

788 **Tripod**, *n.* ཅོག་ཙེ་སོགས་རྐང་གསུམ་པ;
རྐང་གསུམ་མམ་རྐང་གསུམ་པ;

789 **Tripping**, *n.* གར་གྱི་རྣམ་པ་ཞིག; གོམ་པ་སང་ཞིང་དལ་བུས་
འགྲོ་སྟངས;

790 Trippingly, *ad.* གོམ་པ་ཡང་ཞིང་དལ་བུར་འགྲོ་ཚུལ་གྱིས ;
གོམ་འགྲོས་ཡང་པོ་བྱེད་དེ ;

791 Trite, *a.* བརྙིངས་པ ; རྙིངས་པ ; སྲུམ་པ ; སྲུམས་པ ;
དཀྲུས་མ ;

792 Tritely, *ad.* བརྙིངས་ནས ;

793 Triturate, *v.t.* ཞིབ་མོར་འཐག་པ ; ཕྱེ་མར་འཐག་པ ;

794 Triumph, *n.* རྒྱལ་ཁ ; *v.i.* རྒྱལ་བ ;

795 Triumphal, *a.* རྒྱལ་ཁའི་དྲང་ཀྱི ; རྒྱལ་བའི་སྐོར ;

796 Triumphant, *a.* རྒྱལ་ཁ་ཐོབ་པའི་རྣམ་འགྱུར་ཅན ; རྒྱལ་མཁན ;

797 Triumphantly, *ad.* རྒྱལ་བའི་རྣམ་འགྱུར་གྱིས ; རྒྱལ་བའི་ཚུལ་གྱིས ;

798 Triune, *a.* གཅིག་ལ་གསུམ་ལྡན ;

799 Trivet, *n.* སྒྲེད་པོ ; སྒྲིད་བུ ; ལྕགས་སྒྲེད་དམ་ལྕང་སྒྲིད ;

800 Trivial, *a.* ཙ་མེད ; རྩིས་ཆུང ; དོན་མེད ; སྙིང་པོ་མེད་པའི ;

801 Trivially, *ad.* དོན་མེད་པར ; རྩིས་ཆུང་དུར ; ཙ་མེད་པར ;

802 Troll, *v.t.* སྐོར་བ ; སྐད་ཆེན་པོ་བརྒྱབས་ནས་གླུ་རྒྱུན་ཆད་མེད་
པར་ལེན་པ ;

803 Trollop, *n.* ལུས་དང་གོས་ལ་གཙང་སྦྲ་མི་བྱེད་མཁན་གྱི་བུད་མེད ;

804 Troop, *n.* དམག ; དམག་དཔུང ; དམག་ཚོགས ; དཔུང་ཚོང ;

805 Trooper, *n.* རྟ་དམག ;

806 Trophy, *a.* (གཉག ; ནོམ ; Collql. Sik. & Bhut.)
རྒྱལ་བའི་མཚན་མ ; རྒྱལ་བའི་རྟགས ; རྒྱལ་རྟགས ;

807 Tropic, *n.* ཚད་པ་ཆེ་བའི་ཡུལ ;

808 Tropical, *a.* ཚད་པ་ཆེན་པོ་འི་ཡུལ་གྱི ;

809 **Trot**, *v.i.* འདུར་བ; བང་འགྲོས་རྒྱབ་པ; འདུར་འདུར་རྒྱུག་པ; འདུར་འདུར་འགྲོ་བ; འདུར་རྒྱབ་པ;

810 **Troth**, *n.* ངང་པོའི་སྙིང་གནས; བདེན་པ; དད་པ; ཡིད་ཆེས; ངང་གནས;

811 **Troubadour**, *n.* གླུ་མཁན; དཔའ་བ་ལ་དགའ་བའི་རིགས་ཞིག;

812 **Trouble**, *v.t.* སྡུག་གཏང་བ; དཀྲུག་པ; *n.* སྡུག་པ; སྐྱ་ངན; སྡུག་བསྔལ; དཀའ་ལས;

813 **Troublesome**, *a.* དཀའ་ཚེགས་ཅན; ཚེགས་ཅན; དཀའ་ལས་ཁག་པོ; སྐྱུ་མཉེལ་པོ;

814 **Troublesomeness**, *n.* དཀའ་ཚེགས; དཀའ་ལས་ཆེ་ལུགས; ཚེགས;

815 **Troublous**, *a.* མི་སྐྱིད་པའི་སྡེ་འཁྲུག་གིས་ཁྱབ་པའི; སྡེ་གཟར་ཆེན་པོའི; དུས་ཟིང་ཅན;

816 **Trough**, *n.* གཞོང་པ; ཁྲི་གཞོང་དང་ཧ་གཞོང་སོགས; ཤིང་ཁྲོལ;

817 **Troupe**, *n.* གླུ་མཁན་གར་མཁན་རྣམས་ཀྱི་ཚོགས;

818 **Trousers**, *n.* དོར་མ; རྐང་སྣམ; གོས་ཐུང; སྐྲ་ཐུང; རྐང་ཚ;

819 **Trout**, *n.* ཉ་པོ; ཉའི་རིགས་ཞིག;

820 **Trow**, *v.i.* ཡིད་ཆེས་པ; མནོ་བ; བསམ་པ; འདོད་པ; ཡིན་པར་འདོད་པ; བདེན་པ་ཡིན་པར་འདོད་པ;

821 **Trowel**, *n.* ཞལ་བ་དང་ཚོན་སོགས་ཁྱབ་པར་གདལ་བའི་ལག་ཆ;

822 **Truant**, *n.* (Collql. ཆོས་ཐོག་རྒྱབ་མཁན;) (བྲོས་འཁོམ་པ; Sik. & Bhut.). ལོ་ལོའི་དབང་དུ་སོང་ནས་བསླབ་གྲྭར་འགྲོ་བ་ལ་མཆོར་བའི་ཕྲུག་གུ;

823 **Truce**, *n.* འཆིང་འགྲིག་ཐབས་བྱེད་པའི་ཕྱིར་གནས་སྐབས་སུ་ཡུན་ཐུང་ངུའི་བར་དམག་འཐབ་བ་ཤོལ་བའི་བྱ་བ;

824 Truck, *v.i.* རྗེ་བ; དངོས་པོ་ཕན་ཚུན་རྗེ་བ;

825 Truckle, *n.* འཁོར་ལོ་ཆུང་ཆུང;

826 Truckle, *v.i.* མགོ་དགུར་བ; ཉར་པ; ཁ་ལ་ཉན་པ; བཀའ་ལ་ཉན་པ;

827 Truckling, *n.* མགོ་དགུར་སྟངས;

828 Truculent, *a.* སྙིང་རྗེ་མེད་པ; མི་སྲུན་པ; མ་རུང་པ; གདུག་པ;

829 Trudge, *v.i.* རྐང་ཐང་ལ་འགྲོ་བ;

830 True, *a.* ངོ་ཐོག; དངོས་ནས; དྲང་པོ; བདེན་པ;
བསླུ་བ་མེད་པ;

831 Trueness, *n.* བདེན་ལུགས; དངོས་ནས་ཡིན་ལུགས;

832 Truism, *n.* བདེན་པའི་ཆོས; མངོན་སུམ་བདེན་པ;
བསླུ་བ་མེད་ལུགས;

833 Truly, *ad.* ངོ་ཐོག་ཏུ; བདེན་པར; དྲང་པོར;

834 Trump, *v.t.* མགོ་སྐོར་བ; མགོ་སྐོར་གཏོང་བ;

835 Trumpery, *n.* དོན་མེད་ཀྱི་གཏམ; འཆལ་གཏམ; སྙིང་པོ་མེད་པའི་
དངོས་པོ;

836 Trumpet, *n.* དམག་དུང; རག་དུང; དུང;

837 Trumpeter, *n.* དུང་པ; དམག་དུང་འབུད་མཁན;

838 Truncate, *v.t.* གཡམས་པ; རྩེ་གཡམས་པ; གཅོད་པ; འབྲེག་པ;
བསྐྱེད་བསྲིང་གཅོད་པ; རྩེ་གད་གྲུག་པ; མགོ་གད་
གྲུག་པ;

839 Truncated, *a.* བཅད་པའི; བྲེགས་པའི;

840 Truncheon, *n.* འཁར་བ; འཁར་རྒྱུག; རྒྱུག་པ; དབྱུག་པ;
དབྱུག་ཏོ;

841 Trundle, *n.* ཅ་ལག་གམ་དངོས་པོ་རིལ་རིལ་; (འཁོར་ལོ་སོ་ཅན་ལ་སོའི་ནང་ལ་བུ་གའམ་དུང་ཆུང་ཅན་ཡིན་པ་; Sik.) འཁོར་ལོ་ཆུང་ཆུང་;

842 Trunk, *n.* སྡོང་པོ་; of a tree. (སྒཾ; སྒྲོམ; box).

843 Truss, *n.* རྒྱ་སོགས་ཀྱི་ཆག་པ; *v.t.* དམ་པོར་འཆིང་བ; འཆིང་བ;

844 Trust, *n.* བློ་གཏད; ཡིད་ཆེས; *v.t.* བློ་གཏོད་པ; བློ་ཁེལ་བ; ཡིད་ཆེས་པ;

845 Trustee, *n.* (ཕ་ཚབ;) བློ་ཐུབ་པའི་མི; བློ་ཁེལ་བའི་མི; དངོས་པོ་བཅོལ་བའི་མི; གཉེར་བཅོལ་གྱི་ཡུལ;

846 Trusteeship, *n.* ཕ་ཚབ་ཀྱི་གོ་ས; དངོས་པོ་བཅོལ་དུ་རུང་བར་བློ་ཁེལ་བའི་མིའི་གོ་ས;

847 Trustful, *a.* རང་ལ་བློ་གཏད་པའི; བློ་གཏད་ཡིད་ཆེས་བྱེད་མཁན; བློ་རང་ལ་གཏད་པའི;

848 Trustfully, *ad.* བློ་གཏད་དེ; བློ་ཁེལ་ནས; ཡིད་ཆེས་ནས;

849 Trustfulness, *n.* བློ་གཏད་ཚུལ; བློ་བཀལ་ཚུལ;

850 Trustworthiness, *n.* བློ་གཏད་ཐུབ་ལུགས; བློ་ཁེལ་ལུགས; ཡིད་རྟོན་ལུགས; ཡིད་ཆེས་ལུགས;

851 Trustworthy, *a.* བློ་ཁེལ་འོས་པ; བློ་གཏད་ཐུབ་པ; ཡིད་རྟོན་རུང་བ; བློ་ཐུབ;

852 Trusty, *a.* བློ་ཐུབ; བློ་ཁེལ་འོས་པ; ཡིད་རྟོན་རུང་བ; བློ་ཐུབ;

853 Truth, *n.* བདེན་པ; གདམ་དྲང་; ཁ་དྲང;

854 Truthful, *a.* དྲང་པོ; བདེན་པ;

855 Truthfully *ad.* བདེན་པར; དྲང་པོར;

856 Truthfulness, *n.* བདེན་ལུགས; བདེན་ཚུལ;

857 Try, *v.i.* (to endeavour སྙིང་རུས་བྱེད་པ; བརྩོན་པ; བརྩོན་འགྲུས་བྱེད་པ; འབད་པ;)
(in the sense of 'to test' ཚོད་ལྟ་བ; ཉམས་སད་པ; དཔྱོད་པ;)
(*n.* ཚོད་བལྟ; བརྟག་པ; test).

858 Trying, *a.* བསྲན་དཀའ་མོ; བཟོད་དཀའ; ཐེག་དཀའ;

859 Tub, *n.* (ཆུ་ཟོམ; Sik.) ཆུ་གཞོང; གཞོང་པ;

860 Tube, *n.* (ཆུ་དུང; དོང་པོ; དུང་ཕུང; Sik.) དོང་མོ; ཤིང་དོང; སྦུ་དོང; ལྕོང་མོ; ལྕུགས་དོང; ལྕུགས་སྦུབས; ཤིང་སྦུབས;

861 Tubercle, *n.* ཐོར་པ; སྨིན་ཐོར;

862 Tuberous, *a.* རྩ་འབྲས་ཅན; ལྦ་བ་ཅན; རྩ་བའི་འབྲས་བུ་ཅན;

863 Tubular, *a.* དོང་པོ་འདྲ་བ; དོང་པོའི་དབྱིབས་ཅན;

864 Tubule, *n.* དོང་པོ་ཆུང་ཆུང;

865 Tuck, *n.* རལ་གྲིའི་རྣམ་པ་ཞིག; གོས་ཀྱི་ལྟེབ་མ; སྒྲོག་གི་རྒྱུ་ཡི་རྣམ་པ་ཞིག;

866 Tuesday, *n.* གཟའ་མིག་དམར;

867 Tuft, *n.* ཚོམ; ཚོམ་པ; ཚོམ་པོ; ཚོམ་བུ; ཆག་པ; ཚོགས;

868 Tug, *v.t.* འཐེན་པ; ཤེད་ཀྱིས་འཐེན་པ;

869 Tuition, *n.* སློབ་གཉེར; བསླབ་སྦྱོང; བསླབ་པ;

870 Tulip, *n.* མེ་ཏོག་གི་རྣ་པ་ཞིག;

871 Tumble, *v.i.* བརྡབ་ཤོར་བ; ཐབ་ལ་ཤོར་བ; འགྱེལ་བ; རྡབ་པ; རྡེབས་པ; འགྲིལ་བ; གཟག་པ;

872 Tumbler, *n.* (the glass ཆུ་བཏུང་བའི་ཤེལ་སྡོད; ཤེལ་ཕོར;)
(འགྱེལ་བ་པོ; one who tumbles).

873 Tumbling, *n.* འགྱེལ་བའི་བྱ་བ; ཐབ་འགྱེལ; རྡབ་པའི་བྱ་བ;

874 Tumid, *a.* སྐྲངས་པ; སྦོས་པ;

875 Tumour, *n.* སྐྲང་འབུར; གཉན་འབུར;

876 Tumult, *n.* འར་ཅུར; ཅུར་སྒྲ; འཁྲུག་པ; ཅ་ཅོ; འཁྲུག་ཟིང; (རྒྱས་འདྲེ; Collql.) རྒྱ་འདྲེ; རྒྱབ་འདྲེ;

877 Tumultuary, *a.* ཅུར་སྒྲ་ཅན; ཅ་ཅོ་ཅན; འཁྲུག་ཟིང་ཅན;

878 Tumultuous, *a.* འཁྲུག་ཟིང་ཅན; ཅུར་སྒྲ་ཅན;

879 Tumultuously, *ad.* འཁྲུག་དང་ཆེན་པོ་བྱེད་དེ; ཅུར་སྒྲ་དང་བཅས་ཏེ; ཅ་ཅོ་བྱས་ཏེ;

880 Tumultuousness. འཁྲུག་ཟིང་སླང་དད;

881 Tun, *n.* ཟེམ; ཆུ་ཟེམ; ཆུ་བཟོམ; ཆུ་རྫམ་མ;

882 Tunable, *a.* དབྱངས་འདོན་འོས; གདངས་སྙན་ཅན; དབྱངས་སྙན་ཅན; སྙན་འཇེབས་ཅན; སྙན་པོ;

883 Tune, *n.* (གླུ་འཇགས; Sik.) གདངས་དབྱངས; གླུ་གདངས; གླུ་དབྱངས; སྙན་འཇེབས; གདངས་སྙན; དབྱངས་སྙན; དབྱངས;

884 Tuneful, *a.* དབྱངས་དང་ལྡན་པ; སྙན་པ; གདངས་སྙན་ཅན; དབྱངས་སྙན་ཅན; སྙན་འཇེབས་པོ;

885 Tuneless, *a.* དབྱངས་མེད་པ; དབྱངས་སྙན་མེད་པ; མི་སྙན་པ;

886 Tunic, *n.* གོས; དུག་ལོག; ཆུ་པ; པགས་པ; དབང་པོའི་ཤུབས;

887 Tunicle, *n.* བེར; བེར་ཐུལ; འཇོལ་བེར; ཆུ་པ; པགས་པ;

888 Tunnel, *n.* རི་ཕུག་པའི་ལམ; ས་འོག་གི་ལམ;

889 Tunnelling, *n.* ས་འོག་གི་ལམ་བཟོ་བའི་བྱ་བ;

890 Turban, *n.* ཐོད; མགོ་བོའི་ཐོད; ཐོད་ཁེབས; ཐོད་དཀྲིས; མགོ་དཀྲིས;

891 Turbid, *a.* — རྙོག་མ་ཅན; ཉོག་པ; རྙོག་པ; ཉག་ཉོག;

892 Turbulence, *n.* — ཉག་ཉོག་ཆེ་པོ; འཁྲུག་ཟིང; ཟིང; ཟིང་ཆ; རྒྱབ་འདྲེ; སྡེ་འཁྲུག;

893 Turbulent, *a.* — ཟིང་སླང་དད་ཅན; འཁྲུག་ཟིང་ཅན; སྡེ་འཁྲུག་ཆེན་པོའི;

894 Turbulently, *ad.* — ཟིང་སློང་དད་ཀྱིས; འཁྲུག་ཟིང་གིས; སྡེ་འཁྲུག་ཆེན་པོས;

895 Turf, *n.* — སྤང; སྤང་ལོག; སྤང་ཐང; རྟ་རྒྱུག་གཏོང་ས; རྟ་རྒྱུག་གཏོང་བའི་ཐང;

896 Turfy, *a.* — སྤང་ཅན;

897 Turk, *n.* — ཏུ་རུ་ཁ་ཧོར; ཏུ་རུ་ཀ; ཏུ་རུ་ཁ; ཏུ་རུ་ཀ;

898 Turkey, *n.* — ཧོར་ཡུལ; ཏུ་རུ་ཁའི་ཡུལ;

899 Turkish, *n.* — ཏུ་རུ་ཁ་ཡི་སྐད; ཏུ་རུ་ཀའི་སྐད; ཏུ་རུ་ཀའི་ཡུལ་གྱི་སྐད;

900 Turmeric, *n.* — གསེར་ལྡན; སེར་མོ; ཡུང་ང; ཟྭ་སེར; སྐྭ་སེར; ཡུང་བ; གསེར་འཛོམས; མདོག་མཆོག;

901 Turmoil, *v.t.* — མགོ་འཁྲོམས་འཛུག་པ; སྨུག་གཏང་བ; སྨུག་པོ་གཏང་བ; མགོ་འཁོར་འཛུག་པ;

902 Turn, *v.t.* & *v.i.* — (*v.t.*) སྒྱུར་བ; (to turn off བཟློག་པ;) འགྱུར་བ; (to turn out འབྱིན་པ); to turn round འཁོར་བ); (to turn up, འབྱུང་བ; འགྱུར་བ; འབྱིན་པ); (to turn upside down སྤུབ་པ; ཁ་སྤུབ་པ); སློག་པ; ཟློག་པ;

903 Turn, *n.* — (སྐབས་ལེན); རེས; རེ་མོས; རེས་མོས;

904 Turned, *a.* — བསྒྱུར་བའི; ཁ་ཕྱོགས་བསྒྱུར་བའི;

905 Turner, *n.* སྒྱུར་བ་པོ; (ཕུག་རོན་གྱི་རྣམ་པ་ཞིག; the pigeon).

906 Turning, *n.* ལམ་གྱི་སྒྲི་ཀྱོག; ལམ་ཀྱོག;

907 Turnip, *n.* (Sik. ཉུང་རྡོག;) ཉུང་མ;

908 Turnkey, *n.* བཙོན་གྱི་ལྡེ་མིག་རྣམས་འཛོག་མཁན; བཙོན་སྲུང;

909 Turnpike, *n.* དཔྱ་ཁྲལ་འཛལ་འཛུག་པའི་ཕྱིར་འགྲུམ་པ་འགོག་
བྱེད་རྒྱ་སྒོ;

910 Turpentine, *n.* ཐང་རྩི་སྐྱུམ; ཐང་རྩུ; ཐང་མར;

911 Turpitude, *n.* གཞིས་ངན་པ; གདུག་པའི་ཚུལ; མ་རབས་ཀྱི་ཚུལ;

912 Turret, *n.* སྤྱིའུ; སྤྱིའུ; སྤུ་ཤུ; སྤུ་ཤུད; ཡང་ཐོག; བསིལ་ཁང;
ལྷོག; དབུ་རྩེ; (ལྷང; ཟན་ལྷང; Chinese word Tibetanised.)

913 Turtle, *n.* རུས་སྦལ;

914 Tusk, *n.* མཆེ་བ; མཆེ་སོ;

915 Tusked, *a.* མཆེ་བ་ཅན;

916 Tut, *int.* ཨི་སྨན་པའི་སྐད; ཡིད་མི་ཆེས་པའི་སྒྲ; འཕྱ་བའི་སྒྲ;
འཕྱ་ཚིག; མི་བཟོད་པའི་སྒྲ;

917 Tutelage, *n.* སློབ་དཔོན་གྱི་བསྟེན་ཚུལ; སྐྱུང་ཞིང་འཛུན་སྟངས;

918 Tutelary, *a.* སྐྱུང་མཁན; སྐྱོབ་མཁན; སྐྱོང་མཁན;

919 Tutor, *n.* དགེ་རྒན; སློབ་དཔོན;

920 Tutorage, *n.* སློབ་དཔོན་གྱི་ཚུལ;

921 Tutorship, *n.* དགེ་རྒན་གྱི་གོ་ས;

922 Twaddle, *n.* དོན་མེད་ཀྱི་གཏམ; འཆལ་གཏམ; ཀྱལ་ཀ; ཀྱལ་པ;

923 Twain, *a.* or *n.* གཉིས་ཀ; གཉིས; མཚོ་མ;

924 Twang, *v.i.* གཞུ་ཐག་འཕྲེན་པའི་སྒྲ་འབྱིན་པ;

925 Tweed, *n.* སྣམ་བུའི་རྣམ་པ་ཞིག;

926 Twelfth, *a.* བཅུ་གཉིས་པ ;

927 Twelve, *a.* བཅུ་གཉིས ;

928 Twentieth, *a.* ཉི་ཤུ་པ ;

929 Twenty, *n.* ཉི་ཤུ ; ཉི་ཤུ་ཐམ་པ ;

930 Twice, *ad.* ལོག་ལྡབ ; གཉིས་ལྡབ ; གཉིས་འགྱུར ;

931 Twig, *n.* ཡལ་ག་ཕྲ་མོ ; ལྕུག་པ ; ལྕུག་གྲུ ; ལྕུག་ཕྲན ;

932 Twilight, *n.* ཐོ་རང་གི་འོད ; ཐུན་མཚམས ;

933 Twin, *n.* མཚེ་མ ; (མཚེ་འབྲིལ ; Sik.)

934 Twine, *v.t.* སྒྲིམ་པ ; སྒྲིལ་བ ; གཙུད་པ ; གཙུ་བ ;

935 Twinge, *v.i.* གཟེར་གླང་རྒྱབ་པ ; གླང་ཐབས་རྒྱབ་པ ;
གཟེར་གཡའ་བ ;

936 Twinging, *n.* གཟེར་གླང ;

937 Twinkle, *v.i.* འཚེར་བ ; འོད་འཚེར་བ ; འོད་རྒྱབ་པ ;
མིག་ཙུམ་རྒྱབ་པ ; མིག་ཁྲབ་ཁྲབ་བྱེད་པ ;

938 Twinkling, *n.* སྐད་ཅིག་པ ; སྐད་ཅིག་མ ; སྐད་ཅིག་མའི་ཡུན ;
(*v.i.* ཆེམ་ཆེམ་འབར་བ ;) (*v.i.* འོད་ཆེམ་ཆེམ་
བྱེད་པ ;) (*n.* མིག་ཙུམ ;) *n.* སྐད་ཅིག ;

939 Twirl, *v.t.* སྐོར་བ ; ཀླད་ལ་སྐོར་བ ;

940 Twist, *v.t.* བཙུས་ཕྱུར་རྒྱབ་པ ; གཙུད་པ ; གཙུ་བ ; སྒྲིམ་པ ;

941 Twit, *v.t.* སྨད་ར་བརྗོད་པ ; ཁ་ངན་སྨྲ་བ ; སྐྱོན་བརྗོད་པ ;
ག་ཤེ་ག་ཤེ་གཏོང་བ ;

942 Twitch, *v.t.* ཕྱུར་བཙུས་རྒྱབ་པ ; ཤེད་ཀྱིས་འཐེན་པ ;

943 Twitter, *v.t.* & *v.i.* བྱིའུ་བཞིན་སྐད་ཆུང་ཆུང་འདོན་པ ; ཙ་ཅོ་སྒྲོག་པ ;

944 **Twittering,** *n.* བྱིའུའི་སྐད; ཙ་ཙོ; ཀ་ལི་ཀི་ལ;

945 **Two,** *a.* གཉིས;

946 **Tympanum,** *n.* རྣ་བའི་ཕྱི་ནང་འབྱེད་པའི་པགས་རྒྱ་ཤིན་ཏུ་མཉེན་ཞིང་སྲབ་པ; རྣ་བའི་ཕྱི་ལོགས་དང་ནང་ལོགས་འབྱེད་བྱེད་པགས་འཛམ;

947 **Type,** *n.* པར; སྤྱུས་ཚད; པར་གྱི་ཡི་གེ་རྣམས; དཔེ;

948 **Typhoon,** *n.* བུ་ཡུག; རླུང་དམར; རླུང་ཚུབ; རླུང་ནག;

949 **Typhus,** *n.* འགོ་བའི་ཚད་ནད; འགོ་ཚད;

950 **Typical,** *a.* དཔེ་མཚོན་བྱེད; དཔེའི་སྐོར; པར་གྱི་སྐོར;

951 **Typically,** *ad.* དཔེར་བརྗོད་ནས; དཔེ་ཡིས་མཚོན་ནས;

952 **Typify,** *v.t.* དཔེར་མཚོན་པ; དཔེ་ཡིས་མཚོན་པ; རྟགས་ཀྱིས་མཚོན་པ;

953 **Typography,** *n.* པར་གྱི་སྐོར་གྱི་ཤེས་བྱ; པར་གྱི་རིག་པ; པར་རྒྱབ་སྟངས;

954 **Tyrannical,** *a.* སྙིང་རྗེ་མེད་པ; གཅན་པ; གཅན་པོ; དབང་བཙན་དྲག་པོ; དབང་ཡོད་ཅན; དབང་ཡོད་ཚ་པོ;

955 **Tyrannically,** *ad.* སྙིང་རྗེ་མེད་པར; དབང་བཙན་པོའི་ཐུབ་ཚོད་ཀྱིས; དབང་ཡོད་བྱས་ནས;

956 **Tyrannize,** *v.i.* སྡུག་པོ་གཏོང་བ; དབང་ཡོད་འཚོང་བ; དབང་ཡོད་བཙོངས་པ; དབང་ཡོད་བྱེད་པ; བརྡབས་སྡིགས་གཏོང་བ;

957 **Tyrannous,** *a.* བཙན་པོ; དྲག་པོ; གཅན་པོ;

958 **Tyranny,** *n.* དབང་ཡོད; བརྡབས་སྡིགས;

959 Tyrant, *n.* — དབང་ཡོད་བྱེད་མཁན ; བཙབས་སིགས་གཏོང་མཁན ;
སྡུག་པོ་གཏོང་མཁན ; བཙན་པོ ; དྲག་པོ ;
དབང་ཡོད་མཁན ; མི་གཉན ; མི་གཉན་པ ;
མི་གཉན་པོ ;

960 Tyro, *n.* — སློབ་གཉེར་མགོ་འཛུགས་མཁན ; གསར་བུ ;

U

1 Uberous, *a.* — འབྲས་བུ་ཅན ; འབོལ་པོ ; མང་པོ ;

2 Ubiquitous, *a.* — ཀུན་ཁྱབ ; ཀུན་ལ་ཁྱབ་བྱེད ;

3 Ubiquity, *n.* — ཀུན་དུ་ཁྱབ་པ་ཉིད ; ཀུན་ལ་ཁྱབ་ཚུལ ; དུས་གཅིག་དུ་
གནས་ས་ཐམས་ཅད་དུ་ཡོད་ཚུལ ;

4 Udder, *n.* — དུད་འགྲོ་བ་ཕྱུགས་ལྷ་བུའི་ནུ་མ ;

5 Ugliness, *n.* — བཟོ་ཉེས ; མི་སྡུག ; མི་མཛེས་པ ;

6 Ugly *a.* — མི་སྡུག་པ ; བཟོ་ཉེས་པོ ; མི་མཛེས་པ ;
མཛེས་པོ་མེད་པ ; ཁ་དོག་ཉེས་པོ ;

7 Ulcer, *n.* — རྨ་ཤུ ; ཤུ་བ ;

8 Ulcerous, *a.* — རྨ་ཤུ་ཅན ; ཤུ་བ་ཅན ;

9 Ulterior, *a.* — མཐར་ཐུག་གི ; ཕ་རོལ་གྱི ; ཕྱི་རོལ་གྱི ;
མ་འོངས་པའི ; ཕྱི་མའི ;

10 Ultimate, *a.* — མཐའ་མ ; མཐའ་ཤོས ;

11 Ultimately, *ad.* — མཐའ་མར ; མཐར ; ཐ་མར ;

12 Ultimatum, *n.* — མཐའ་ཚིག ; མཐུན་ཐབས་ཀྱི་ཐ་མ ; འཆིང་འགྲིག་གི་
སྐོར་བརྗོད་གྲུ་མཐའ་མ ; ཚིག་མཐའ་མ ;
བརྗོད་པ་ཐ་མ ; མཐའ་མའི་ཚིག ;

13 Ultimo, *n.* ཟླ་བ་སྔ་མ;

14 Ultra, *a.* ཕྱི་ཡོང; ཕྱི་རོལ; ཕ་རོལ; མཐའ་མ;

15 Ultramarine, *n.* མཐིང་ཚོན་རྩ་ཆེན་པོ་ཞིག; *a.* རྒྱ་མཚོའི་ཕ་རོལ;

16 Umber, *n.* སྨུག་སྨྱུ; ཚོན་མདོག་སྨུག་སྨྱུ་བཟོ་བའི་ལྡུགས་ཀྱི་
བཙའ་འམ་གཡའ;

17 Umbilical, *a.* ལྟེ་བའི; ལྟེ་བའི་སྐོར; ལྟེ་བའི་ཐེད་ཀྱི;

18 Umbrage, *n.* འཁང་འཁོན; ཀོ་ལོང; ཁོང་ཁྲོ; ཁྲོ་བ; གྲིབ་མ;

19 Umbrageous, *a.* གྲིབ་ནག་ཅན; གྲིབ་མ་ཅན;

20 Umbrella, *n.* ཉི་གདུགས; གདུགས;

21 Umpire, *n.* དཔང་པོ; བར་མི;

22 Un. མ; མི; མེད; མིན; མིན་ཞེས་པའི་ཚིག; དགག་ཚིག;
དགག་སྒྲ; དགག་པའི་ཚིག་ཕྲད;

23 Unabated, *a.* ཉུང་དུ་མ་བཏང་བ; མར་བཅག་མེད་པ;
མར་བབ་མེད་པ; མ་བཅག་པ; མར་མ་ཕབ་པ;

24 Unable, *a.* མ་ཐུབ་པ; མི་ཐུབ་པ;

25 Unabridged, *a.* མ་བསྡུས་པ; མ་བཏུས་པ;

26 Unabsolved, *a.* བཤགས་པས་མ་དག་པ; བཤགས་པ་མ་བཞེས་པ;
དགོངས་ཡང་མ་བཏང་བ; བཟོད་པར་མ་བཞེས་པ;

27 Unacceptable, *a.* བཞེས་ཉན་མེད་པ; བཞེས་མི་འོས་པ; ཡིད་དུ་མི་འོང་བ;

28 Unaccepted, *a.* མ་བཞེས་པ;

29 Unaccommodating, *a.* བདེ་དགྲེས་རྒྱུ་མེད་པ; མི་ཉན་པ;

30 Unaccompanied, *a.* གྲོགས་མེད; རོགས་མེད; མ་འགྲོགས་པ;
འགྲོགས་པར་མ་བྱས་པ;

31 Unaccomplished, *a.* མ་གྲུབ་པ; མ་ཚར་བ; (མ་འབྱོན་པ; Sik.)
མ་རྫོགས་པ;

32 Unaccountable, *a.* ཁག་འགན་འཁུར་མི་དགོས་པ; ཁག་ཐེག་འགན་འཁུར་མི་དགོས་པ; རྒྱུ་རྐྱེན་བརྗོད་དུ་མེད་པ; རིགས་པས་བསྒྲུབ་རྒྱུ་མེད་པ; རིགས་པ་མི་མངའ་བ;

33 Unaccustomed, *a.* མ་གོམས་པ; མ་སྦྱངས་པ; མ་སྦྱོང་བ;

34 Unacquainted, *a.* ངོ་མ་ཤེས་པ; སྔར་འདྲིས་མེད་པ; མ་འདྲིས་པ;

35 Unadjusted, *a.* མ་བསྒྲིགས་པ;

36 Unadorned, *a.* མ་བརྒྱན་པ; མ་སྤྲས་པ; མ་སྤྲུད་པ; (འཇམ་སང་སང; Colql.).

37 Unadvisable, *a.* གྲོས་སུ་མི་ཡོག་པ; མི་རིགས་པ; མི་སྤྲམ་པ; མི་རུང་བ;

38 Unadvised, *a.* གྲོས་བསྟུན་མེད་པའི; གྲོས་མ་བྱས་པ; རིགས་པར་མ་ཡིན་པ;

39 Unaffected *a.* བསྒྱུར་བཅོས་མེད་པ; ཡིད་ལ་མ་བབ་པ; སེམས་མ་གྱུར་པ; ཡིད་ལ་མ་ཡོག་པ;

40 Unagitated, *a.* མ་འཁྲུགས་པ; མ་ཚུབ་པ; མ་དཀྲུགས་པ;

41 Unaided, *a.* ར་མདའ་མེད་པ; གྲོགས་མེད; གྲོགས་རམ་མ་བྱས་པ; ར་མདའ་མ་བྱས་པ;

42 Unallotted, *a.* མ་བགོས་པ; བགོ་བཤའ་མ་བརྒྱབས་པ;

43 Unalloyed, *a.* མ་བསླད་པ; ལྷད་མ་བརྒྱབས་པ; ལྷད་ཀྱིས་མ་བསླད་པ;

44 Unalterable, *a.* འགྱུར་མེད;

45 Unanimity, *n.* ལར་རྒྱ་གཅིག་པ; ཁ་གཅིག་པ; ལག་རྒྱ་གཅིག་པ; སྤྱི་སེམས་མཐུན་སྣངས; བློ་ཁ་མཐུན་ཚུལ;

46 Unanimous, *a.* སེམས་མཐུན་པོ; ཁ་འཆམ་པོ; ཁ་མཐུན་པ; གྲོས་མཐུན་པ;

47 Unanimously, *ad.* ཁ་འཆམས་ཏེ; ཐམས་ཅད་ཀྱི་སེམས་མཐུན་ནས; ཁ་མཐུན་ཏེ;

48 Unanswerable, *a.* ལན་མེད ; ལན་འདེབས་མི་ནུས་པ ; ལན་རྒྱབ་མི་ཐུབ་པ ;

49 Unappalled, *a.* མ་སྐྲག་པ ; མ་འཇིགས་པ ; མ་དངངས་པ ;
འཇིགས་སྐྲག་ཏུ་མ་གྱུར་པ ;

50 Unapparelled, *a.* གོས་མ་བསྐོན་པ ; གོས་མ་གྱོན་པ ;

51 Unappeasable, *a.* ཞི་བར་འགྱུར་མི་ཐུབ་པ ; ཐུགས་དམ་མི་སྐོང་བ ;
མི་ངོམས་པ ; མི་ཚིམ་པ ; ངོམས་པ་མེད་པ ;

52 Unappeased, *a.* ཞི་བར་མ་གྱུར་པ ; ཐུགས་དམ་མ་བསྐངས་པ ;
མ་ངོམས་པ ; མ་ཚིམས་པ ;

53 Unappreciated, *a.* མཐོང་མེད་པ ; མ་གུས་པ ; མ་འཐད་པ ; མ་མོས་པ ;

54 Unapproachable, *a.* ཞབས་བཅར་ཞུ་ནུས་མེད་པ ; དྲུང་དུ་བཅར་ས་མེད་པ ;
ཉེ་བར་འགྲོ་མི་ཐུབ་པ ; སླེབ་མི་ཐུབ་པ ;

55 Unappropriated, *a.* གང་ལ་ཡང་མ་འབྱོར་བ ; བདག་ཏུ་མ་བཟུང་བ ;
བདག་གིར་མ་བྱས་པ ;

56 Unapproved, *a.* དགོངས་པ་མ་གནངས་པ ; མ་བསྟན་པ ; མ་མཆོན་པ ;
མ་བསྒྲུབས་པ ; རྫུང་བར་ཁས་མ་བླངས་པ ; མ་འཐད་པ ;
མ་བསྔགས་པ ; མ་བསྟོད་པ ;

57 Unapt, *a.* མི་ཡོང་བ ; མི་འབྱོན་པ ; མི་ལྷུགས་པ ; མི་རིགས་པ ;
མི་རུང་བ ; མི་འོས་པ ;

58 Unarmed, *a.* གོ་མཚོན་དང་མི་ལྡན་པ ; མཚོན་ཆ་མེད་པ ;

59 Unascertained. རྟོག་ཞིབ་མ་དཔྱད་པ ; ཡང་དག་པར་མ་ཤེས་པ ;
ལེགས་པར་མ་རྟོགས་པ ;

60 Unasked. *a.* མ་སླངས་པ ; མ་བཙལ་བ ; མ་དྲིས་པ ; མ་བསླངས་པ ;

61 Unassailable, *a.* ཁྲོལ་ནུས་མེད་པ ; ཁྲོལ་མི་ནུས་པ ; དམག་རྒྱབ་མི་
ཐུབ་པ ; འཐབ་མི་ཐུབ་པ ; མི་ཚུགས་པ ;

62 Unassisted, *a.* གྲོགས་མེད་པ; གྲོགས་མ་བྱས་པ; ར་མདའ་མ་བྱས་པ;

63 Unassuming, *n.* སྙེམས་ཆུང; ཉམས་ཆུང; བག་ལྷན; ངོ་ཚ་ཤེས་པ;

64 Unattainable, *a.* སླེབ་མི་ཐུབ་པ; ཐོབ་མེད་པ; ཐོབ་མི་ཐུབ་པ; རྙེད་མི་ཐུབ་པ; འབྱོར་མི་ཐུབ་པ;

65 Unattempted, *a.* མ་བརྩམས་པ; མ་བརྩོན་པ; བརྩོན་འགྲུས་མ་བྱས་པ; འབད་རྩོལ་མ་བྱས་པ;

66 Unattended, *a.* མ་བསྐྱངས་པ; འཁོར་དང་མི་ལྡན་པ; འཁོར་གཡོག་དང་མ་བཅས་པ; མ་འགྲོགས་པ;

67 Unattractive, *a.* ཡིད་འདྲེན་མི་ནུས་པ; མི་སྡུག་པ; ཡིད་འཕྲོག་མི་ཐུབ་པ;

68 Unauthorized, *a.* བྱེད་པའི་ཚད་དབང་མི་མངའ་བ; བྱེད་པའི་གནང་བ་མེད་པ; ཁག་མེད་འགན་མེད; ཚད་དབང་དང་མི་ལྡན་པ; བྱེད་མི་ཆོག་པ;

69 Unavailing, *a.* དོན་མེད; ཁེ་མི་ཟ་བ; དོན་དག་མེད་པ; ཕན་ཐོགས་མེད་པ;

70 Unavenged, *a.* དགྲ་ཤ་མ་བླངས་པ; དགྲ་ལན་མ་འཁྱེར་བ; དགྲ་ལན་མ་བླངས་པ;

71 Unavoidable, *a.* འཛུར་མི་ཐུབ་པ; འཁྱོལ་མི་ནུས་པ; དཀྱོལ་མི་ཐུབ་པ; སྤངས་ཏེ་འགྲོ་ས་མེད་པ; ཐབས་མེད་པ; འཛུར་ཐབས་མེད་པ;

72 Unavoidably, *ad.* ཀ་མེད་དུ; ཐུ་མེད་དུ; ཐབས་མེད་དུ; ངེས་པར; ཅི་ནས་ཀྱང;

73 Unaware, *a.* ཚ་མེད; རྒྱུས་མེད; མ་ཤེས་པ; གློ་བུར; གླང་ཐབས;

74 Unbalanced, *a.* ཆ་མ་མཉམ་པ; ཆ་མ་སྙོམས་པ;

75 **Unbearable,** *a.* མ་ཐེག་པ; བཟོད་སྲན་མི་ཐུབ་པ; མི་བཟོད་པ;
བཟོད་མི་ཐུབ་པ; སྲན་མི་ཐུབ་པ;

76 **Unbecoming,** *a.* མི་ཐུམ་པ; བབ་མི་ཆགས་པ; མི་རིགས་པ; མི་རུང་བ;

77 **Unbelief,** *n.* གྲུབ་མཐའ་མེད་པའི་ཚུལ; ལོག་ལྟ; དད་ལོག;
ལོག་སེམས; ཆོས་ལུགས་མེད་ཚུལ;

78 **Unbeliever,** *n.* ཆོས་ལུགས་མེད་མཁན; ཕྱི་པ; ཕྱི་རོལ་བ;
ཡིད་མི་ཆེས་མཁན; ལོག་པར་ལྟ་མཁན;
སྟོན་པའི་གསུང་རབ་ལ་ཡིད་མི་ཆེས་མཁན;

79 **Unbelieving,** *a.* ཡིད་ཆེས་དད་པ་མེད་བཞིན་པ;

80 **Unbend,** *v.t.* འཁྲུག་སྲོང་བ; གུག་བསྲང་བ;. ཡོན་པོ་སྲོང་བ;
སྲོང་བ; དྲང་པོ་བཟོ་བ;

81 **Unbias,** *v.t.* ཕྱོགས་སུ་ལྷུང་བར་མི་བྱེད་པ; བློ་མི་འཁྲུག་པ;
བློ་དྲང་པོ་བཟོ་བ; ཕྱོགས་རིས་མི་བྱེད་པ;

82 **Unbidden,** *a.* བཀའ་གནང་བ་མེད་པའི; མ་བོས་པའི; བཀའ་མ་
གནངས་པ; ཞུ་མཁན་མེད་པའི; བཀའ་མ་སྩལ་པ;
མ་སྤྲས་པ; མ་བོས་པ;

83 **Unbind,** *v.t.* བཀྲོལ་བ; འགྲོལ་བ; དགྲོལ་བ;

84 **Unblamable,** *a.* སྐད་འཛུག་མི་རུང་བ; སྐད་འདོགས་མི་རུང་བ;
སྐད་འཚོལ་མི་རུང་བ;

85 **Unblemished,** *a.* དྲི་མ་མེད་པ; སྐྱོན་མེད་པ; ཉེས་སྐྱོན་མེད་པ;
ཁ་གསོགས་མ་ཡོག་པ; དྲི་མར་མ་གྲུས་པ;
དྲི་མས་མ་སྦགས་པ;

86 **Unblest,** *a.* འབྱོར་པ་དང་མི་ལྡན་པ; བྱིན་གྱིས་མ་བརླབས་པ;
བསོད་ནམས་མེད་པ;

87 Unblushing, *a.* ངོ་ཚ་བའི་འཛུམ་མི་ཤོར་བ; ངོ་ཚ་མེད་པ;
ཁྲེལ་མེད་པ; བག་ཚ་བ་མེད་པ;

88 Unborn, *a.* མ་སྐྱེས་པ; འབྱུང་འགྱུར;

89 Unbosom, *v.t.* ཁོག་པ་ནས་ཕྱིར་འདོན་པ; གསང་བ་སྟོན་པ;
མ་གསང་བར་བཤད་པ;

90 Unbought, *a.* མ་ཉོས་པ;

91 Unbounded, *a.* ཚད་མེད; དཔག་མེད; དཔག་ཏུ་མེད་པ; མཚམས་མེད;

92 Unbridled, *a.* དབང་པོའི་སྒོ་མ་བསྡམས་པ; འདོད་པའི་དབང་དུ་
གྱུར་པ; འདོད་ཆགས་ཆེན་པོ; འདོད་ལྡན;
དབང་པོ་ཡུལ་ལ་ཤོར་བ; དབང་པོ་ཡུལ་གྱི་དབང་དུ་
སོང་བ; སྲབ་མེད; ཡང་དུ་ཤོར་བ; སྲབ་ཀྱིས་
མ་ནོན་པ; ཡང་ཤོར་ཅན;

93 Unbroken, *a.* མ་ཆག་པ; རྒྱུན་ཆད་མེད་པ; མ་བདུལ་བ; མ་བཅུན་པ;
(ཀུན; ཐམས་ཅད; རིལ་པོ; in the sense of whole.)

94 Unbrotherly, *a.* སྤུན་ཟླ་བཞིན་མ་ཡིན་པ; བརྩེ་བ་མེད་པ;

95 Unbuild, *v.t.* བཤིག་པ; བཟོས་པ་སླར་བཤིག་པ; ཧློག་པ;
ས་ལ་ཧློག་པ;

96 Unburden, *v.t.* ཁུར་འབེབས་པ; ཁུར་བོར་བ; ཁུར་པོ་འབོར་བ;
ཁུར་སྦབ་པ; ཁུར་ཕབ་པ;

97 Unburied, *a.* ཁུང་དུ་མ་སྦས་པ; མ་སྦས་པ;

98 Unburnt, *a.* མ་ཚིག་པ; མ་བསྲེགས་པ;

99 Uncalled, *a.* མ་བོས་པ; མ་བོས་པའི;

100 Uncared, *a.* སྣང་དག་མ་བཏང་བ; ཅག་ག་མེད་པ; ཅག་ག་མ་བྱས་པ;
མ་ཉར་བ; མ་བརྩིས་པ; སྣང་དག་མ་བྱས་པ;

101 Unceasing, *a.* རྒྱུན་ཆད་མེད་པ; རྒྱུན་མ་ཆད་པ;

102 Unceasingly, *ad.* རྒྱུན་མི་ཆད་པར; རྒྱུན་མ་ཆད་པར;

103 Unceremonious, *a.* ཕྱག་དུད་མེད་པ; ཕྱག་དུད་མ་བྱས་པ; བཀུར་སྟི་སྒྲི་ཞུ་མ་བྱས་པ; མི་ཆོས་ཀྱི་སྒྲིགས་དང་མི་མཐུན་པ; ཞེ་ས་མེད་པ; གུས་ཞབས་མེད་པ; རིམ་གྲོ་མ་བྱས་པ;

104 Uncertain, *a.* ཁྲིག་ཁྲིག་མེད་པ; མ་ངེས་པ; ངེས་པ་མེད་པ; གཏན་ཁེལ་མེད་པ;

105 Uncertainty, *n.* ངེས་པ་མེད་པའི་ཚུལ; ཐེ་ཚོམ; སོམ་ཉི;

106 Unchained, *a.* མ་བཅིངས་པ; སྒྲོག་གིས་མ་བཅིངས་པ; ལྕགས་སྒྲོག་བཀྲོལ་བ;

107 Unchallenged, *a.* ཁ་ལ་མེད་པ; འགྲན་པར་མ་བོས་པ; འགྲན་ཟླ་བྱེད་པར་མ་བོས་པ;

108 Unchangeable, *a.* འགྱུར་ནུས་མེད་པ; འགྱུར་མེད; མི་འགྱུར་བ;

109 Unchangeableness, *n.* མི་འགྱུར་བ་ཉིད; འགྱུར་མི་ནུས་པའི་ཚུལ;

110 Uncharitable, *a.* ཐུགས་ཡངས་མེད་པ; སྦྱིན་པར་མི་དད་པ; སྦྱིན་པ་སྦྱིན་པར་མི་ཡོད་པ; སྦྱིན་པར་མི་ཡོད་པ; ལག་པ་དམ་པོ;

111 Uncharitableness, *n.* སྦྱིན་པར་མི་དད་པ་ཉིད; སྦྱིན་པ་སྦྱིན་པར་མི་ཡོད་པའི་ཚུལ;

112 Unchaste, *a.* སྤྱོད་པ་འཆལ་བ; འཆལ་པ; འཆལ་པོ; ཚུལ་འཆལ་པོ; མི་གཙང་བ; ལུས་ཚད་མི་ཐུབ་པ; སྤྱོད་པ་མི་གཙང་བ; དབང་པོའི་སྒོ་མ་བསྡམས་པ;

113 Unchecked, *a.* མ་འགགས་པ; འགགས་མེད; མ་བཀག་པ;

114 Unchilled, *a.* མ་འཁྱགས་པ; གྲངས་ནས་མ་འཁྱགས་པ;

115 Uncivil, *a.* མ་དུལ་བ; ཡ་རབས་བཟང་པོའི་སྤྱོད་ལམ་དང་མི་ལྡན་པ; ཞེ་ས་མེད་པ; གྱོང་པོ;

116 Uncivilized, *a.* འཇིག་རྟེན་གྱི་ལུགས་ལ་མི་མཁས་པ; ཡ་རབས་ཀྱི་སྤྱོད་པས་མ་བརྒྱན་པ; མཐའ་འཁོབ་པ; མ་དུལ་བ; ཤེས་བྱ་ཡོན་ཏན་གྱིས་མ་ཕྲུལ་བ; ལུགས་གཉིས་ལ་མི་མཁས་པ;

117 Unclad, *a.* གོས་དང་མི་ལྡན་པ; གོས་མ་གོན་པ; མ་གྱོན་པ; མ་བསྐོན་པ;

118 Unclaimed, *a.* བདག་པོ་བྱ་མི་མེད་པ; བདག་གིར་མ་བྱས་པ; བདག་པོ་མེད་པ;

119 Uncle, *n.* ཨ་ཁུ; ཁུ་བོ; ཞང་པོ; ཕ་སྤུན; ཨ་ཞང;

120 Unclean, *a.* མ་གཙང་བ; མ་དག་པ; བཙོག་པ་ཅན;

121 Uncleanly, *ad.* མི་གཙང་བར; གཙང་སྦྲ་མེད་པར; མ་དག་པར;

122 Uncleanness, *n.* མི་གཙང་བ་ཉིད; མི་གཙང་བ; གཙང་མ་མེད་པའི་ཚུལ; བཙོག་པ;

123 Uncleanliness, *n.* གཙང་སྦྲ་མི་ལྡན་པ་ཉིད; མི་གཙང་བ; བཙོག་པ; གཙང་སྦྲ་མེད་ཚུལ;

124 Unclerical, *a.* ཆོས་མིན; ཆོས་མིན་སྤྱོད་པ་ཅན; གྲྭ་པའི་ཚུལ་དང་མི་མཐུན་པ;

125 Unclose, *v.t.* ཁ་ཕྱེ་བ; ཁ་འབྱེད་པ; གསལ་བར་སྟོན་པ;

126 Unclothe, *v.t.* གོས་ཕུད་པ; གོས་འབུད་པ; གོས་དབུད་པ;

127 Unclothedness, *n.* གོས་ཕུད་པ་ཉིད;

128 Unclouded, *a.* སྤྲིན་མེད; སྤྲིན་པས་མ་བསྒྲིབས་པ;

129 Uncoloured, *a.* ཚོན་མ་བྱུགས་པ; ཚོན་མ་སྦྱར་བ; སྒྲོ་མ་བཏགས་པ; བདེན་པ; ཚོན་མདོག་མ་བྱུགས་པ; ཚོས་མ་བརྒྱབས་པ; ཚོས་མ་བྱས་པ;

130 Uncomely, *a.* ཡིད་མི་འོང་བ ; མི་སྡུག་པ ; མི་མཛེས་པ ; མི་སྲམ་པ ;

131 Uncomfortable, *a.* ཉམས་མི་དགའ་བ ; མི་བདེ་བ ;

132 Uncommon, *a.* དཀོན་པོ ; དཀོན་མོ ; ཡ་མཚན་པོ ; ཁྱད་མཚར་པོ ;
ཐུན་མོང་མ་ཡིན་པ ; ཕལ་པ་མ་ཡིན་པ ; ཁྱད་པར་ཅན ;

133 Uncomplaining, *a.* ཞུ་ལོག་མི་བྱེད་པ ; ཞུ་ཐུག་མི་བྱེད་པ ;

134 Uncompromising, *a.* ཨུ་ཚུགས་ཚ་པོ ; མཐུན་གཞིབ་མི་བདེ་བ ; མི་མཐུན་པ ;
མི་འཆམ་པ ; མི་སྙམ་པ ; མི་ཉན་པ ;

135 Unconcern, *n.* འབྲེལ་མེད་ཚུལ ; དོན་མེད་ཚུལ ; ཐེ་གཏོགས་མེད་པའི་
ཚུལ ; སེམས་འཁྲེང་མེད་ཚུལ ;

136 Unconcerned, *a.* དོན་མེད་པ ; ཐེ་གཏོགས་མེད་པ ; སེམས་འཕྲེང་མེད་པ ;
སེམས་ནད་མེད་པ ; འབྲེལ་བ་མེད་པ ;

137 Uncondemned, *a.* ཉེས་སྐྱོན་མ་བརྗོད་པ ; སྐད་མ་བཙུགས་པ ; སྐད་མ་
བཏགས་པ ; ཁྲིམས་མ་བཏང་བ ;

138 Unconditional, *a.* འཆིང་བྱེད་མེད་པ ; འཛེམ་ཚད་མེད་པ ; འཛེམ་མཚམས་
མེད་པ ; རང་དབང་ཡོད་པ ; རང་དབང་ཅན ;
དོན་ཚན་གྱི་འཛེམ་ཆ་མེད་པ ; བསྲུང་བྱ་མེད་པ ;
སྡོམ་བྱེད་མེད་པ ;

139 Unconditionally, *ad.* རང་དབང་གིས ; རང་འདོད་བཞིན་དུ ;

140 Unconfined, *a.* བཙོན་དུ་མ་བཙུག་པ ; བཙོན་རར་མ་བཅིངས་པ ;
བཙད་ཀྱར་མ་བཞག་པ ; མ་བཀག་པ ;

141 Unconfirmed, *a.* ཡིན་པར་ཁས་མ་བླངས་པ ; རྩིས་འཛེག་མ་བྱས་པ ;
ཁས་ལེན་མ་བྱས་པ ; ཞལ་གྱིས་མ་བཞེས་པ ;
མ་བསྒྲུབས་པ ;

142 Unconformable, *a.* མི་གཅིག་པ; མི་འདྲ་བ; མི་མཚུངས་པ; འཁྲིལ་མི་བདེ་བ; མི་མཐུན་པ; འགལ་བ;

143 Uncongenial, *a.* ཁམས་དང་མི་མཐུན་པ; བློ་མི་མཐུན་པ;

144 Unconnected, *a.* མ་མཐུད་པ; མ་འཐུད་པ; མ་འབྲེལ་པ; འབྲེལ་བ་མེད་པ; འབྲེལ་མེད;

145 Unconquerable, *a.* གཞོམ་དུ་མེད་པ; རྒྱལ་མི་ཐུབ་པ; འཇོམས་པར་མི་ནུས་པ; འདུལ་བར་མི་ནུས་པ; དབང་དུ་སྒྱུར་མི་ཐུབ་པ; དབང་དུ་སྡུད་མི་ནུས་པ; འཕམ་པར་བྱེད་མི་ཐུབ་པ; མི་འཕམ; (མི་ཕམ; usually written).

146 Unconquered, *a.* མ་ཕམ; མ་བདུལ་བ; མ་བཅོམ་པ; དབང་དུ་མ་བསྒྱུར་བ; དབང་དུ་མ་བསྡུས་པ; (མ་རྒྱལ་བ; rarely) འཕམ་པར་མ་གྱུར་པ;

147 Unconscious, *a.* དྲན་མེད; ཚོར་བ་མེད་པ; མ་ཤེས་པའི; མ་རིག་པའི;

148 Unconsciously, *ad.* མ་དྲན་པར; དྲན་མེད་དུ; ཚོར་བ་མེད་པར; མ་ཤེས་པར; མ་རིག་པར; མ་ཤེས་ནས; མ་རིག་ནས;

149 Unconsecrated, *a.* རབ་གནས་མ་བྱས་པའི;

150 Unconstitutional, *a.* རྒྱལ་ཁྲིམས་དང་མི་མཐུན་པ; ཁྲིམས་དང་འགལ་བ;

151 Unconstrained, *a.* དབང་ཡོད་མ་བྱས་པ; ཐུབ་ཚོད་མ་བྱས་པ; ཨུ་ཚུགས་མ་བྱས་པ; ཨུ་ཙུག་མ་བྱས་པ; ནན་དན་མ་བྱས་པ; རང་འཐད་པའི; རང་འདོད་པའི; རང་དགའ་བའི; སྐྱུག་པོ་མ་བཏང་བ;

152 Unconsumed, *a.* མ་ཟེད་པ; ཟད་མེད; ཟད་པ་མེད་པ; ཟད་མི་ཤེས་པ;

153 Uncontaminated, *a.* མ་འགོས་པ; མ་གོས་པ; མ་བསྐྱོས་པ; དྲི་མས་མ་སྦགས་པ;

154 Uncontested, *a.* མ་འཐབ་པ; འགྲན་ཡ་མེད་པ; མ་བརྩད་པ; མ་བཀྲོལ་བ; མ་འཛིང་བ; རྩོད་མེད;

155 Uncontrollable, *a.* དབང་གིས་མི་འཆུན་པ; འཆུན་མི་ཐུབ་པ; འཛུན་མི་ཐུབ་པ; དབང་དུ་སྡུད་མི་ཐུབ་པ; དབང་དུ་སྒྱུར་མི་ནུས་པ; དབང་བྱེད་མི་ཐུབ་པ; དབང་དུ་བྱེད་མི་ཐུབ་པ; ཁ་ལོ་མི་འཆུན་པ;

156 Uncontroverted, *a.* མ་བརྩད་པ; མ་བཀྲོལ་བ;

157 Unconverted, *a.* བློ་མ་བསྒྱུར་བ; ཆོས་སུ་མ་བསྒྱུར་བ; མ་བསྒྱུར་བ;

158 Unconvicted, *a.* ཉེས་པ་ཅན་དུ་མ་བསྒྲུབས་པ; ཉེས་པ་མ་ཐོག་པ; ཁྲིམས་མ་བཅད་པ;

159 Unconvinced, *a.* ཡིད་ཆེས་སུ་མ་བཅུག་པ; ཡིད་རྟོན་པར་མ་བཅུག་པ; ཉེས་ཅན་དུ་མ་བསྒྲུབས་པ; ཉེས་པ་མ་བཅད་པ;

160 Uncorrected, *a.* དག་ཆ་མ་བཙོན་པ; ཞུ་དག་མ་བྱས་པ; ཞུ་དག་མ་བཏང་བ;

161 Uncorrupt, *a.* ཉེས་པས་མ་བསླད་པ;

162 Uncorrupted, *a.* ངན་པས་མ་བསླད་པ; ལྷད་ཀྱིས་མ་བསླད་པ; རྩུལ་དུ་མ་བཅུག་པ; ཕག་སྨུག་མ་སླད་པ;

163 Uncounselled, *a.* གདམ་འདྲི་བསྟུན་མེད་པའི; གྲོས་མ་བྱས་པ; གྲོས་མ་བསྟུན་པ; ཕྱིན་ཅི་ལོག་ཏུ་གྲོས་བྱས་པ; གྲོས་ལོག་པར་བྱས་པ;

164 Uncourteous, *a.* ཡ་རབས་ཀྱི་སྤྱོད་པ་དང་འགལ་བ; ཞེ་ས་མེད་པ; གུས་ཞབས་མེད་པ;

165 Uncouth, *a.* མི་སྨུག་པ; གླེན་པའི་ཚུལ་གྱི; གླེན་སྤྲངས་ཀྱི; འདྲ་མ་ཆགས་པ; འདྲ་ཆགས་པོ་མེད་པ;

166 Uncover, *v.t.* ཁ་བ་ཤུ་བ; ཁ་འབྱེད་པ; ཁ་ཕྱེ་བ; ཁ་སེལ་བ; ཁ་དབྱེ་བ; ཁ་བསང་བ;

167 Uncreated, *a.* མ་བཅོས་པ; མ་བཟོས་པ; མ་བསྐྱེད་པ;

168 Uncrowded, *a.* མ་འཚངས་པ; ཤོང་ས་ཡོད་པ;

169 Unction, *n.* བྱུག་པ; བྱུག་རྫས; ཆོས་དར་བར་བྱེད་པའི་ཤུགས; ཆོས་དར་བར་བྱེད་པའི་སེམས་སྟོབས;

170 Uncultivated, *a.* ལོ་ཐོག་མ་བཏབ་བ; ཞིང་དུ་མ་སྦྱུར་བ; ཞིང་མ་བཏབ་པ; མ་རྨོས་པ; རྨོན་པ་མ་བརྒྱབས་པ; ཞིང་ལས་མ་བྱས་པ;

171 Uncured, *a.* མ་ཕན་པ; དྲག་པར་མ་བཟོས་པ; ནད་མ་གསོས་པ; གསོ་བར་མ་བྱས་པ;

172 Uncut, *a.* མ་བཅད་པ; མ་བཏུབས་པ; རིལ་པོ; ཐམས་ཅད;

173 Undamaged, *a.* སྐྱོན་མེད; ཉམས་མེད; མ་ཉམས་པ;

174 Undaunted, *a.* ཉམ་ང་མེད་པ; བག་ཚ་མེད་པ; ཞུམ་པ་མེད་པ; མི་ཁྲམ་པ; ཁྲམ་པ་མི་མངའ་བ; སྙིང་སྟོབས་ཅན; འཇིགས་མེད; མི་འཇིགས་པ; དཔའ་བོ; སྤོབས་པ་ཅན;

175 Undauntedly, *ad.* མི་ཞུམ་པར; ཁྲམ་པ་མེད་པར; བག་ཚ་བ་མེད་པར; ཉམ་ང་བ་མེད་པར;

176 Undecaying, *a.* རུལ་ཧྲམ་མེད་པ; མི་རུལ་བ; མི་ཉམས་བཞིན་པ;

177 Undeceive, *v.t.* མགོ་བསྐོར་ལུགས་སེལ་བ; མགོ་སྐོར་སེལ་བ; མགོ་སྐོར་འདོར་བ; མགོ་སྐོར་སྤང་བ; ཡིན་ལུགས་ཇི་བཞིན་སྟོན་པ;

178 Undecided, *a.* ཐག་མ་ཆོད་པ; ཐག་མ་བཅད་པ;

179 **Undefended,** *a.* རྒྱབ་མེད་དཔུང་མེད; རྒྱབ་མ་བྱས་པ; དཔུང་མ་བྱས་པ; མ་བསྲུངས་པ; མ་བསྐྱབས་པ;

180 **Undefiled,** *a.* གྲིབ་ཀྱིས་མ་གོས་པ; དྲི་མས་མ་གོས་པ; དྲི་མས་མ་བསྒོས་པ; དྲི་མས་མ་སྦགས་པ; དྲི་མེད; གཙང་བ; གཙང་མ;

181 **Undeniable,** *a.* མིན་ཞེས་ཟེར་ས་མེད་པ; མིན་ཞེས་གྲོལ་ས་མེད་པ; རྒྱབ་འགལ་བྱེད་ས་མེད་པ; རྒྱབ་འགལ་བྱེད་མི་ཐུབ་པ; ཀ་ནེད་ཉན་ཙུང་བ;

182 **Under,** *pre. & adv.* འོག་ཏུ; འོག; གཤམ་དུ; གཤམ; གཤམ་ལ;

183 **Undercurrent,** *n.* ཆུ་རྒྱུན་འོག་མ; ཆུའི་འོག་གི་ཆུ་རྒྱུན; ཆུ་ངོས་ཀྱི་འོག་གི་ཆུ་རྒྱུན;

184 **Underdo,** *v.t.* ལེགས་པར་མ་འཚོད་པ; དགོས་པ་ལས་ཉུང་ཉུང་བྱེད་པ; ཉེར་འཁོ་ལས་ཉུང་བར་བྱེད་པ;

185 **Underestimate,** *v.t.* རྩིས་གཞིག་མི་བྱེད་པ; ཆུང་ཆུང་རྩི་བ; ཤིན་ཏུ་ཆུང་བར་བསམ་པ; དམའ་འབེབས་པ; ཆ་འཇོག་མི་བྱེད་པ; ཆུང་ངུར་སེམས་པ;

186 **Underfoot,** *a.* རྐང་འོག; (*adv.* རྐང་པའི་འོག་ཏུ; རྐང་འོག་ཏུ; འོག་ཏུ;)

187 **Undergarment,** *n.* སྨད་གོས; ཤམ་གོས; ཤམ་ཐབས; སྨད་གཡོགས; སྨད་དཀྲིས; འོག་འཛུག;

188 **Undergo,** *v.t.* མནར་བ; མྱོང་བ; བཟོད་པ; སྲན་པ;

189 **Underground,** *a.* ས་འོག;

190 **Undergrowth,** *n.* ཤིང་སྡོང་ཆུང་ཆུང; སྡོང་བུ; སྔོན་པོ; སྔོན་པ; ཤིང་སྡོང་གི་འོག་ཏུ་སྐྱེ་མཁན་སྡོང་བུ་དང་རྩྭ་སོགས; སྡོང་ཕྲན;

191 Underhand, *ad.* གསང་ཐབས་ཀྱིས; གསང་བ་བྱས་ནས; གཡོ་སྒྱུ་བྱས་ནས; *a.* གསང་བ;

192 Underived, *a.* འབྱུང་ཁུངས་མེད་པ; ཁུངས་སྐྱུབ་ཏུ་མེད་པ;

193 Underlie, *v.t.* འོག་ཏུ་གནས་པ; གཞི་རུ་འགྱུར་བ; རྩིག་གཞིར་འགྱུར་བ;

194 Underline, *v.t.* གཤམ་དུ་ཐིག་རྒྱབ་པ; ཚིག་རྣམས་ཀྱི་འོག་ཏུ་ཐིག་འཐེན་པ;

195 Underling, *n.* མི་ཞན་པ; སྐྱེ་བོ་དམན་པ; མ་རབས; མི་ངན;

196 Undermine, *v.t.* ས་འོག་ནས་དོང་འབྲུ་བ; ས་འོག་ནས་ལམ་བཟོ་བ; གསང་ཐབས་ཀྱིས་གནོད་པ་སྐྱེལ་བ;

197 Undermost, *a.* དམའ་ཤོས; གོ་ས་ཆུང་ཤོས;

198 Underneath, *ad.* འོག་ཏུ; འོག་ལ;

199 Underrate, *v.t.* རིན་གོང་ཆུང་ངུར་འཛིན་པ; གོང་ཆུང་ཆུང་རྒྱབ་པ; རིན་ཐང་ཆུང་ངུར་འབེབས་པ; གོང་ཆུང་རྒྱབ་པ;

200 Undersell, *v.t.* གོང་ཆུང་ངུར་འཚོང་བ; གཞན་ལས་གོང་ཆུང་བྱས་ནས་འཚོང་བ; རིན་ཐང་ཆུང་ངུར་འཚོང་བ;

201 Underside, *n.* འོག་གི་ཡོགས; འོག་ངོས;

202 Undersign, *v.t.* གཤམ་དུ་མིང་རྟགས་བཀོད་པ; གཤམ་དུ་མིང་འབྲི་བ; མིང་ཁུངས་འབྲི་བ;

203 Undersigned, *n.* གཤམ་དུ་མིང་འགོད་མཁན;

204 Understand, *v.t.* ཧ་གོ་བ; གོ་བ; ཤེས་པ; རྟོགས་པ;

205 Understanding, *n.* གོ་བ; རིག་པ; བློ་གྲོས; ཁ་ཚད; ཚད; ཚད་དོན; ཚད་མདོ;

206 Understood, *a.* གོ་བས་དཔྱད་དགོས་པ; pa. t. གོ་སོང; གོ་བྱུང;

207 Undertake, *v.t.* འགར་གླངས་པ; བྱ་བར་ཁས་ལེན་པ; ཁས་ལེན་པ;
འགན་འཁུར་བ; འགན་ཐེག་པ; ཁག་འཁུར་བ;
ཁག་ཐེག་པ; བྱ་བ་རྩོམ་པ; འགན་ཐེག་བྱེད་པ;
ཁག་ཐེག་བྱེད་པ;

208 Undertaker, *n.* ཁས་ལེན་མཁན; འགན་འཁུར་མི;

209 Undertaking, *n.* ཁག་འགན; ཁས་ལེན་པའི་ལས; འགན; ཁག;
བྱ་བ; རྩོམ་པ; གཡོག;

210 Undervalue, *v.t.* རིན་ཐང་དམའ་བར་བཟུང་བ; བརྙས་བཅོས་བྱེད་པ;
རིན་ཐང་མི་ཚི་བ; བརྙས་པ; བརྙས་ཐབས་བྱེད་པ;

211 Underwood, *n.* ཤིང་སྡོང་ཚུང་ཚུང;

212 Underwrite, *v.t.* འོག་ཏུ་འབྲི་བ; གཞམ་ཏུ་འབྲི་བ;

213 Underwriter, *n.* གཞམ་ཏུ་འབྲི་མཁན;

214 Undeserved, *a.* མི་འོས་པའི; མི་རིགས་པ; སྐལ་བ་ཐོབ་མི་འོས་པ;

215 Undeservedly, *ad.* མི་འོས་པར; མི་རིགས་པར; སྐལ་བ་ཐོབ་མི་འོས་པར;

216 Undesigning, *a.* གཡོ་བསྐོར་སོགས་ཐབས་ལ་མི་འབད་པ; གྲབས་གཞོམ་
ངན་པ་མི་བྱེད་པ; གཡོ་སྒྱུ་མེད་པ; དྲང་པོ; གཟུ་བོ;

217 Undesirable, *a.* བློར་མི་བབ་པའི; མི་འདོད་པའི; མི་རིགས་པ;
མི་རུང་བ;

218 Undetermined, *a.* ཐག་མ་ཆོད་པ; ཐག་མ་བཅད་པའི;

219 Undeterred, *a.* མ་བཀག་པ;

220 Undeviating, *a.* མི་འཁྲུལ་བ; ལམ་མི་ནོར་བ; མོ་འགོལ་བ;

221 Undiminished, *a.* ཉུང་དུ་མ་སོང་བ; མ་ཉམས་པ; མ་གྲི་བ;

222 Undisciplined, *a.* སྦྱང་བརྡར་མ་བྱས་པ; མ་སྦྱངས་པ; མ་བཙུན་པ;
དམག་སྦྱོང་མ་བསླབས་པ; སྒྲིགས་ལམ་མ་བསྟེན་པ;

223 Undiscovered, *a.* མ་མཐོང་བ; མ་བསྟན་པ; མ་མཚོན་པ; མ་བཀྲོལ་བ;

224 Undisguised, *a.* མ་བརྫུས་པ; ཆ་ལུགས་མི་གཅིག་པ་མི་སྤྲད་པ; སྦྲ་གསང་མེད་པ; དྲང་པོ; དང་བ;

225 Undismayed, *a.* མ་སྐྲག་པ; མ་དངངས་པ; མ་འཇིག་པ; སྤོབས་པ་ཅན; མ་ཁྲམ་པ;

226 Undisputed, *a.* རྩོད་མེད; གླེང་མེད; མ་བརྩད་པ;

227 Undistinguishable, *a.* སོ་སོར་འབྱེད་དུ་མེད་པ; མི་གསལ་བ; ཁྱད་དད་འབྱེད་མི་ཐུབ་པ; དབྱེ་བ་བྱེད་མི་ནུས་པ; དབྱེར་མེད;

228 Undistinguished, *a.* ངོ་སོ་མ་ཐོན་པ; ངོ་བསོ་ཅན་དུ་མ་གྱུར་པ; ངོ་བསོ་མཐོན་པོ་མེད་པ;

229 Undistracted, *a.* མ་གཡེངས་པ; སེམས་མ་གཡེངས་པ;

230 Undisturbed, *a.* མ་དཀྲུགས་པ; གཡེང་བར་མ་བཅུག་པ; སེམས་གཡེང་མ་བཅུག་པ; མ་སྐྱོག་པ; བྱ་བ་མ་སྐྱོག་པ; ལས་ཀ་མ་སྐྱོག་པ;

231 Undivided, *a.* མ་བགོས་པ; བགོ་བཤའ་མ་བརྒྱབས་པ; རིལ་པོ;

232 Undo, *v.t.* བཀྲོལ་བ; བྱ་བ་སྐྱོག་པ; འགྲོལ་བ; དགྲོལ་བ; ཉམས་པར་བྱེད་པ;

233 Undone, *a.* མ་བྱས་པ; མ་བསྒྲུབས་པ; ཉམས་པར་བྱས་པ; བཀྲལ་བ;

234 Undoubted, *a.* ཐེ་ཚོམ་མེད་པ; དོགས་པ་མེད་པ; སོམ་ཉི་མེད་པ; དེས་པ;

235 Undoubtedly, *ad.* ཐེ་ཚོམ་མེད་པར; དོགས་པ་མེད་པར; སོམ་ཉི་མེད་པར; ཉེས་བྱུང་མེད་པར; ངེས་པར;

236 Undress, *v.t.* གོས་ཕུད་པ; གོས་བཤུ་བ; གོས་འབུད་པ; གོས་དབུད་པ; གོས་བཤུད་པ;

237 Undressed, *a.* གོས་བཤུས་ཟིན་པ; གོས་ཕུད་པ;

238 Undulate, *v.t.* & *v.i.* ཐ་རླབས་བཞིན་གཡོ་བ; (སྣང་ག་ཤོང་དུ་ཚང་བ; Sik.) ལྡེམ་ལྡེམ་འགྱུལ་བ; ལྡེམ་པ; ལྡེམ་ལྡེམ་པ; ལྡེམ་ལྡེམ་གཡོ་བ;

239 Undulation, *n.* ལྡེམ; ལྡེམ་སྟངས; ཐ་རླབས་བཞིན་གཡོ་སྟངས; (སྣང་ག་ཤོང; Sik.).

240 Unduly, *ad.* མི་འོས་པར; མི་རུང་བར; ཆེས་མང་བར; ཆེས་ལྷག་པར; མི་རིགས་པར; མི་སྲིམ་པར; འདྲ་མ་ཆགས་པར:

241 Undutifulness, *n.* ཞབས་ཕྱི་མི་འཐེར་བ་ཉིད; བཀའ་ལ་མི་ཉན་སྟངས; ཁ་ལ་མི་ཉན་སྟངས;

242 Undying, *a.* འཆི་མེད; ཤི་རྒྱུ་མེད་པ; རྟག་པར་གནས་པའི;

243 Unearthly, *a.* ས་འདིའི་མིན་པའི; འཇིག་རྟེན་ལས་འདས་པའི; ལྷ་ཡི; རྫུ་འཕྲུལ་ཅན;

244 Uneasiness, *n.* སེམས་དཀྲུག་སྟངས; མི་བདེ་བ་ཉིད; བདེ་བ་མེད་པའི་ཚུལ; བདེ་སྐྱིད་མེད་སྟངས; ཞི་བ་མེད་ཚུལ;

245 Uneasy, *a.* མི་བདེ་བ; བློ་མི་བདེ་བ; སེམས་མི་བདེ་བ; སེམས་དཀྲུག་པ;

246 Uneducated, *a.* སློབ་གཉེར་མ་བྱས་པ; མ་བསླབས་པ; མི་མཁས་པ; ཡོན་ཏན་མ་འབྱོངས་པ; བསླབ་སྦྱོང་མ་བྱས་པ:

247 Uneffected, *a.* དོན་མ་གྲུབ་པ; མ་བསྒྲུབས་པ;

248 Unembarrassed, *a.* (མ་སྐྱེངས་པ; Sik.) མགོ་འགྲོམས་མ་བཙུག་པ: མགོ་འཁོར་མ་བཙུག་པ;

249 Unemployed, *a.* ལས་ཀ་མེད་པ; ལས་ཀ་མ་འགྲོར་བ; བྱ་བ་མེད་པ;

250 Unendowed, *a.* སྐལ་བ་མི་ལྡན་པ; མི་ལྡན་པ;

251 Unendurable, *a.* བཟོད་དཀའ; བཟོད་དཀའ་བ; མི་བཟོད་པ; བཟོད་མི་ཐུབ་པ;

252 Unenlightened, *a.* ཤེས་བྱ་དང་མི་ལྡན་པ; ཡོན་ཏན་མེད་པ; སློབ་གཉེར་མ་བྱས་པ; རིག་པ་མ་སངས་པ;

253 Unenviable, *a.* ཡིད་སྨོན་མི་འཚོར་བ; ཕྲག་དོག་བྱེད་མི་རུང་བ; ཕྲག་དོག་བྱེད་མི་འོས་པ;

254 Unequal, *a.* མི་མཉམ་པ; མཉམ་མེད; མཉམ་པ་མེད་པ; མི་སྙོམས་པ; འདྲ་མཉམ་མིན་པ; མི་འདྲ་བ; འདྲ་འདྲ་མ་ཡིན་པ;

255 Unequalled, *a.* མི་མཉམ་པ; མཉམ་མེད; མཚུངས་མེད; མཚུངས་བྲལ; ཟླ་མེད;

256 Unequally, *ad.* མི་མཉམ་བཞིན་དུ; མི་མཉམ་པར; མཉམ་མཉམ་མེད་པར;

257 Unequivocal, *a.* མངོན་གསལ; ཁ་ཞེ་མེད་པ; ངོ་ལྐོག་མེད་པ; ཐེ་ཚོམ་མེད་པ; མངོན་པར་གསལ་བ;

258 Unerring, *a.* ནོར་འཁྲུལ་མེད་པ; མི་ནོར་བ; ནོར་མེད; མི་འཁྲུལ་བ;

259 Unessential, *a.* ཇོག་ཀ་མེད་པ; དགོས་པ་མེད་པ; དགོས་མེད; མཁོ་མེད; རྩ་མེད; གལ་ཆེ་མེད་པ; སྙིང་པོ་མེད་པ; ཇོག་ཁ་མེད་པ; དོན་ལ་མི་ཕན་པ;

260 Uneven, *a.* ཁོད་མི་མཉམ་པ; ཁོད་མི་སྙོམས་པ; འཁོད་མི་སྙོམས་པ; ངོས་མི་སྙོམས་པ; མི་སྙོམས་པ;

261 Unevenness, *n.* ཁོད་མི་མཉམ་ལྟངས; མི་སྙོམས་ལྟངས;

262 Uneventful, *a.* གནས་སྐབས་གལ་ཆེན་གང་ཡང་མ་བྱུང་བ;

263 Unexampled, *a.* དཔེ་ཟླ་མེད་པ; དཔེ་མེད; མཚུངས་མེད; ཟླ་མེད;

264 Unexceptionable, *a.* ཐེ་ཚོམ་བྱེད་མི་རུང་བ; ཅོད་མེད; སྐྱོན་མེད; ཟུར་དུ་
ཕུད་མི་རུང་བ; དམིགས་བསལ་དུ་འཇོག་མི་རུང་བ;

265 Unexecuted, *a.* མ་བྱས་པ; མ་བསྒྲུབས་པ;

266 Unexemplified, *a.* དཔེར་མ་མཚོན་པ; དཔེར་མ་བརྗོད་པ;
དཔེ་ཡིས་མ་མཚོན་པ;

267 Unexercised, *a.* མ་སྦྱངས་པ; སྦྱང་བརྡར་མ་བྱས་པ;

268 Unexpected, *a.* གློ་བུར; རེ་བ་མེད་པ; གླང་ཐབས;

269 Unexplained, *a.* དོན་མ་བཀྲལ་བ; དགོངས་པ་མ་བཀྲལ་བ; དགོངས་
པ་མ་བཀྲོལ་བ; དོན་མ་བཀྲོལ་བ; མ་བཀྲལ་བ;

270 Unexplored, *a.* ས་མ་སྨྱུལ་བ; རྒྱལ་ཁམས་མ་སྨྱུལ་བ; མ་མཐོང་བ;
ས་ཆོད་མ་བརྟགས་པ; ས་ཉུལ་མ་བྱས་པ;
མ་སྨྱུལ་བའི;

271 Unexposed, *a.* མཐོང་སར་མ་བཞག་པ; གསང་བ; སྦས་པ;

272 Unextinguishable, *a.* གསད་མི་ནུས་པ; གསོད་མི་ཐུབ་པ;
སྣུབ་པར་མི་ནུས་པ;

273 Unfading, *a.* ནུས་པ་མི་ཉམས་པ; སྤོབས་མི་ཉམས་པ;
རྙིད་པར་མི་ཉན་པ; མི་རྙིད་པ; མི་ཡལ་བ;

274 Unfailing, *a.* སླུ་མེད; ཉམས་མེད; མི་ཉམས་པ; ངག་པ;

275 Unfair, *a.* གཡལ་པོ་ཡིན་པ, དྲང་པོ་མ་ཡིན་པ, དྲང་པོ་མིན་པ,
གཟུ་བོ་མིན་པ; མི་རིགས་པ;

276 Unfaithful, *a.* དམ་ཚིག་ཡག་པོ་མེད་པ; དམ་ཚིག་མི་སྲུང་མཁན;
དམ་ཚིག་འདྲལ་མཁན; གློ་ཁེལ་མི་ཐུབ་པ;

277 Unfaithfulness, *n.* དམ་ཚིག་མེད་ཚུལ; དམ་ཚིག་འདྲལ་སྟངས;

278 Unfaltering, *a.* མི་གཡོ་བ; མི་འདར་བ; ཁ་མི་ལྡིག་པ; འདར་ཞུམ་མེད་པ;

279 Unfashionable, *a.* སྒྲིགས་ལམ་དང་མི་མཐུན་པ; ཀུན་གྱི་འགྲོ་ལུགས་དང་མི་མཐུན་པ; ཡུལ་ཁྲིམས་དང་མི་མཐུན་པ; ཡུལ་ཁྲིམས་འདྲལ་མཁན; ཀུན་སྤྱོད་མགྲོ་ལུགས་དང་མི་མཐུན་པ

280 Unfathomable, *a.* གཏིང་དཔག་ཏུ་མེད་པ; གཏིང་གཞལ་དུ་མེད་པ;

281 Unfavourable, *a.* མི་ཕན་པ; དྲིན་ཅན་མ་ཡིན་པ; མཐུན་རྐྱེན་དུ་མི་འགྲོ་བ; གྲོགས་སུ་མི་འགྲོ་བ; མི་མཐུན་པ; མི་འགྲོད་པ;

282 Unfavourably, *ad.* བློ་དང་མི་མཐུན་པར; བློ་ལ་མ་ཕྱིན་པར; མི་མཐུན་པར;

283 Unfeeling, *a.* སྙིང་རྗེ་མེད་པ; སེམས་ཚོར་མེད་པ; ཤ་ཚ་མེད་པ; བརྩེ་སེམས་མེད་པ; བྱམས་སེམས་མེད་པ;

284 Unfeigned, *a.* མ་བཅོས་པ; མ་བརྫུས་པ; སྙིང་སྙིངས་ནས; ཁ་ཞེ་མེད་པ; བཅོས་མ་མིན་པ;

285 Unfelt, *a.* མ་ཚོར་བ; མ་ཤེས་པ;

286 Unfetter, *v.t.* འགྲོལ་བ; ལྕགས་སྒྲོག་འགྲོལ་བ; སྒྲོལ་བ; ཐར་བར་བྱེད་པ; བཅིངས་པ; བཀྲོལ་བ; ལྕགས་སྒྲོག་གློད་པ; རྐང་ལྕགས་བཀྲོལ་བ;

287 Unfilial, *a.* བུ་ཚའི་རྣམ་པ་དང་མི་འདྲ་བ; ཕ་མའི་བཀའ་ལ་མི་ཉན་པ; བུའི་བསམ་བློ་དང་མི་ལྡན་པ; བུའམ་བུ་མོའི་བྱ་འོས་དང་མི་མཐུན་པ;

288 Unfinished, *a.* མ་གྲུབ་པ; མ་ཚར་བ; མ་རྫོགས་པ; མཐར་ན་འབྱོང་བ;

289 Unfit, *a.* མི་རན་པ; མི་འོས་པ; མི་རིགས་པ;
v.t. མི་འོས་པར་བྱེད་པ; མི་རིགས་པར་བྱེད་པ;

290 Unfix, *v.t.* སྒྲོད་པོར་གཏོང་བ; བརྟན་པོ་འདོན་པ; བརྟན་པོ་འཁྲིན་པ;
བརྟན་པོ་འགོག་པ; བསྐྱོན་པ་སྦྲར་ཕྱུད་པ; ཕྱུད་པ;

291 Unfixed, *a.* བུད་ནས་ཡོད་པ; ཐིད་པ; གོག་པ; བརྟན་པོ་བརྡོན་པ;

292 Unfledged, *a.* ཤོག་ཙ་མ་རྒྱས་པ; ན་མ་ལོན་པ; ཤོག་སྒྲོ་མ་རྒྱས་པ;
ཤོག་སྒྲོ་མ་སྐྱེས་པ;

293 Unfold, *v.t.* ལྟབ་ཆོགས་བཤིག་པ; ལྟེབ་བཤིག་པ; ལྟབ་ཆོགས་
སྒྲུག་པ; ཁ་ཕྱེ་བ; ལྟབ་སློག་པ; ཕྱེ་བ; བཀྲལ་བ;
དོན་བཀྲལ་བ;

294 Unfollowed, *a.* རྗེས་འདེད་མེད་པ; རྗེས་སུ་མ་དེད་པ;
རྗེས་སུ་མ་འབྲངས་པ;

295 Unforeseen, *a.* སྔོན་ནས་མ་དྲན་པ; གློ་བུར; གློ་བུར;

296 Unforgiving, *a.* དགོངས་པ་ཡང་རྒྱ་མེད་པ; སྙིང་རྗེ་མི་གཟིགས་པ;
བཟོད་པ་མི་བཞེས་པ;

297 Unforgotten, *a.* མ་བརྗེད་པ; མ་བསྐྱུད་པ; མ་དཀྲུད་པ; མ་བསྙེལ་བ;

298 Unformed, *a.* མ་བཅོས་པ; དབྱིབས་སུ་མ་བསྒྲུབས་པ;
དབྱིབས་མི་ལེགས་པ; བཟོ་དབྱིབས་མེད་པ;

299 Unfortified, *a.* འཛིང་ར་ལྕགས་རི་མེད་པ; བཙན་པོར་མ་བཟོས་པ;

300 Unfortunate, *a.* བསོད་བདེ་མེད་པ; བསོད་ནམས་ཆུང་བ;
(སྐུ་བསོད་ཆུང་བ; Hon.)

301 Unfounded, *a.* རྩིག་རྟེན་མེད་པ; ར་མེད; ཁུངས་མེད; རྩ་བ་མེད་པ;
གཞི་མེད་པ; རྩིག་སྨང་མེད་པ;

302 Unfree, *a.* རང་དབང་མེད་པ; གཞན་གྱི་དབང་དུ་གྱུར་པ;
ཁོལ་པོར་གྱུར་པ;

303 Unfrequented, *a.* རྒྱུན་དུ་འགྲོ་སྐྱོད་བྱེད་མ་སྐྱོང་བ;
འགྲོ་འོང་མང་པོ་མེད་པའི; ལམ་སོར་མ་ཁིལ་བའི;

304 Unfrequently, *ad.* རྒྱུན་དུ་མེད་པར; བརྒྱ་ལམ་དུ; དུས་འགའ་ཞིག་དུ;

305 Unfriendly, *a.* མི་མཐུན་པ; མི་དགའ་བའི; སྡང་བ; སྡང་བའི;
ad. བློ་མི་མཐུན་པར; མི་དགའ་བར;
སྡང་བའི་ཚུལ་གྱིས; སྡང་བར་བྱས་ནས;

306 Unfruitful, *a.* འབྲས་བུ་མེད་པ; འབྲས་བུ་མི་སྐྱེ་བ;
འབྲས་བུ་མི་འདོགས་པ;

307 Unfruitfulness, *n.* འབྲས་བུ་མི་བདགས་ལུགས; འབྲས་བུ་མེད་པའི་ཚུལ;
འབྲས་བུ་མི་སྐྱེ་ལུགས;

308 Unfulfilled, *a.* བློ་ཁ་མ་རྫོགས་པ; ཡིད་མ་རང་བ; མ་བསྒྲུབས་པ;
མ་གྲུབ་པ; མ་ཚར་བ;

309 Unfurl, *v.t.* བཀྱུང་བ; ཀྱེར་བ; བརྐྱུང་བ; རྐྱོང་བ; འཕར་བ;

310 Unfurnished, *a.* ཅ་ལག་མེད་པ; སྤྱད་ལག་མེད་པ; སྤྲད་ལག་དངོས་པོ་
མེད་པ; ཆས་དང་མི་ལྡན་པ; ཁང་པའི་ནང་ཆས་
སོར་མི་ལྡན་པ; མ་བསྒྲུབས་པ;

311 Ungainly, *a.* འདྲ་ཆགས་པོ་མེད་པ; མི་མཛེས་པ;
(གོ་ཁྲོག་ཁྲོག; Sik.) (གོག་པོ; Sik.)
འདྲ་མ་ཆགས་པ; འདྲ་མི་ཆགས་པ;

312 Ungallant, *a.* སྐྱེ་དམན་ལ་མགྲོང་ཆ་བཞག་ཆུང་བ;
བུད་མེད་ལ་ཞེ་ས་མེད་པ; མོ་མགྲོང་ཆུང་བ;

313 Ungathered, *a.* མ་བསྒྲུགས་པ; མ་འཐུས་པ; མ་བསྡུས་པ;

314 Ungenerous, *a.* བློ་གྲུ་ཆུང་བ; གཏོང་མི་ཕོད་པ; ལག་པ་དམ་པོ;
ཁོག་ག་ཤོང་ཆུང་བ; བློ་ཁོག་ཡངས་པོ་མིན་པ;
Sik. བློ་ཆུང་ཆུང; སྙིན་ཅན་མ་ཡིན་པ;

315 **Ungentlemanly**, *a.* མི་བཟང་པོ་ལྟར་མ་ཡིན་པ; ཡ་རབས་ཀྱི་སྤྱོད་པ་དང་མི་ལྡན་པ;

316 **Ungird**, *v.t.* སྐ་རགས་བཤིག་པ; སྐེ་རག་བཀྲོལ་བ; སྐེ་རག་ཕུད་པ; སྐེ་རགས་འགྲོལ་བ; སྐ་རགས་གློད་པ;

317 **Ungodliness**, *n.* ཆོས་དང་མི་མཐུན་པའི་ཚུལ་ངན; ལྷ་ཆོས་དང་མི་མཐུན་པའི་ཚུལ; ཆོས་མིན་སྤྱོད་པ;

318 **Ungodly**, *a.* དཀོན་མཆོག་ལ་མ་འཇིགས་མཁན; སྡིག་ཅན; ཆོས་མེད; ལྷ་ཆོས་དང་འགལ་བ; རྗོས་དང་མི་མཐུན་པ; ཆོས་མིན;

319 **Ungovernable**, *a.* ཁྲིམས་འོག་མི་ཚུད་པ; ཁྲིམས་འོག་མི་འཚུད་པ; ཁྲིམས་འོག་མི་གནོན་པ;

320 **Ungraceful**, *a.* འགྱིང་བག་དང་མི་ལྡན་པ; འདྲ་མི་ཆགས་པ; མི་མཛེས་པ;

321 **Ungracefully**, *ad.* འདྲ་མ་ཆགས་པར; མ་མཛེས་པར; མི་སྤྲུམ་པར; Sik. ཁྲོ་ལོག་པོ; ཁྲོ་ལོག་གེ;

322 **Ungracious**, *a.* ཁྲེལ་མེད: རྩ་ངན; ངན་པོ; ངན་པ; གཤིས་ངན; རྩ་ངར་པོ;

323 **Ungrammatical**, *a.* སུམ་རྟགས་དང་མི་མཐུན་པ; མི་དག་པ; མ་དག་པ: ལུང་དུ་སྟོན་པ་དང་འགལ་བ; བརྡ་སྤྲོད་གཞུང་དང་འགལ་བ; ལུང་སྟོན་པའི་ཚུལ་དང་མི་མཐུན་པ; བརྡ་སྤྲོད་ཀྱི་ཚུལ་དང་འགལ་བ; ལུང་སྟོན་པའི་ཚིག་དང་འགལ་བ;

334 **Ungrateful**, *a.* བྱས་པ་མི་གཟོ་མཁན; དྲིན་མི་སེམས་མཁན; དྲིན་གཟོ་མེད་པ; དྲིན་མི་གཟོ་བ; དྲིན་མི་གཟོ་མཁན;

325 Ungratefulness, *n.* དྲིན་གཟོ་མེད་ཚུལ; དྲིན་གཟོ་མེད་པའི་རང་བཞིན; དྲིན་མི་གཟོ་བའི་ཚུལ;

326 Unguarded, *a.* མ་བསྲུངས་པ; རིག་པ་མ་བསྒྲིམས་པ;

327 Unhallowed, *a.* བཙོག་པ་ཅན; རབ་གནས་མ་བྱས་པ; གྲིབ་ཅན; སྡིག་སྒྲིབ་ཅན; སྨེའམ་དམེ་གྲིབ་ཅན; མ་གཙང་བ; སྨེ་གྲིབ་ཅན; སྨེད་པོ;

328 Unhandsome, *a.* ཡིད་གར་མི་འོང་བ; མི་སྡུག་པ; ཡིད་དུ་མི་འོང་བ; མི་མཛེས་པ;

329 Unhandy, *a.* ལག་ལེན་མི་བདེ་བ; ལག་འཆང་བ་སོགས་མི་བདེ་བ; ལག་པར་འཁྱེར་མི་བདེ་བ; ལྟབས་མི་བདེ་བ;

330 Unhappily, *ad.* བག་མི་ཕེབ་པ; སེམས་ལྷོད་པོ་མ་བྱུས་ནས; མི་སྐྱོ་བར; མི་བདེ་བར; སེམས་མི་སྐྱིད་པར; བདེ་སྐྱིད་མེད་པར; བློ་མི་བདེ་བར;

331 Unhappy, *a.* ཉམས་མི་དགའ་བ; མི་བདེ་བ; སྐྱིད་པོ་མེད་པ; བདེ་སྐྱིད་མེད་པ; མི་སྐྱིད་པ;

332 Unharmed, *a.* གནོད་པ་མེད་པ; གནོད་པ་མ་བྱས་པ; གནོད་པ་མ་བསྐྱལ་བ;

333 Unharness, *v.t.* སྒ་ཆས་བཤུ་བ;

334 Unhead, *v.t.* སྐེ་གཅོད་པ; སྐེ་འབྲེག་པ; མགོ་ལེན་པ; མགོ་གཅོད་པ; མགོ་འབྲེག་པ;

335 Unhealthy, *a.* ཉམས་མི་བདེ་བ; ནད་ཀྱིས་བཏབ་པ; ནད་ཡོག་པ; གཟུགས་མི་བདེ་བ; གཟུགས་མི་བཟང་བ; ཁམས་མི་བདེ་བ; འདུ་བ་འཁྲུགས་པ;

336 Unhearable, *a.* ཉན་མི་རུང་བ; ཉན་པར་མི་འོས་པ;

337 Unheard, *a.* ས་ཐོས་པ; མ་གོ་བ; སྔར་མ་ཐོས་པ;

338 **Unhesitating**, *a*. བཤོལ་བ་མེད་པ; བཤོལ་དུ་མེད་པ; འཐེ་ཆ་མེད་པ;
ཐེ་ཚོམ་མེད་པ; སོམ་ཉི་མེད་པ; ཡིད་གཉིས་མེད་པ;

339 **Unhesitatingly**, *ad*. འཐེན་ཆ་མེད་པར; ཕྱི་ཐུར་མེད་པར; ཐེ་ཚོམ་མེད་པར;

340 **Unholy**, *a*. དྲི་མ་ཅན; སྡིག་ཅན; སྡིག་སྒྲིབ་ཅན; མི་གཙང་བ;
སྡིག་དང་འདྲེས་པ; མ་གཙང་བ; མ་དག་པ;

341 **Unhorse**, *v.t.* རྟ་ལས་གཟག་དུ་འཇུག་པ; རྟ་ལས་ཕབ་པ;
རྟ་ལས་འབེབས་པ; རྟ་ལས་ལྷུང་དུ་འཇུག་པ;

342 **Unhurt**, *a*. རྨ་སྐྱོན་མེད་པ; རྨ་མ་བཟོས་པ; མ་རྨས་པ;
སྐྱོན་མ་བྱུས་པ;

343 **Unicorn**, *n*. བསེ་རུ; སྔ་དུས་ཀྱི་སྒྲུང་གཏམ་དུ་རྒྱ་གར་དུ་ཡོད་
པར་གྲགས་པའི་སེམས་ཅན་རྟའི་གཟུགས་ལ་དཔྲལ་
བར་ར་ཅོ་ཡོད་པ་ཞིག;

344 **Uniform**, *a*. མཚུངས་པའི་ཆ་ལུགས; རིགས་མཐུན་གྱི་ཆས;
འདྲ་བའི་དམག་ཆས; ཤོ་བསྒྲིགས; ཚང་མ་
གཅིག་པ; གཟུགས་འདྲ་བ; བྱེད་སྟངས་འདྲ་བ;

345 **Uniformity**, *n*. ཤོ་མཉམ; ཤོ་སྙོམ་པ་ཉིད; གཟུགས་འདྲ་སྟངས;
མཚུངས་ཆོས;

346 **Uniformly**, *ad*. ཤོ་བསྒྲིགས་ནས; ཤོ་སྒྲིག་པོ་བྱས་ཏེ; ཤོ་མཉམ་པོ་
བྱེད་དེ; ཤོ་སྙོམ་པོར; ཆས་གོས་མཚུངས་པར་
གྱོན་ནས;

347 **Unimaginable**, *a*. བློས་དཔག་ཏུ་མེད་པ; བསམ་ཡས་འདས་པ;
བསམ་གྱིས་མི་ཁྱབ་པ; བློ་འདས;

348 **Unimpassioned**, *a*. བློ་ཚབ་ཚུབ་མེད་པ; བློ་བདེ་པོ; འདོད་བྲལ;
ཞི་བ; བསིལ་བ;

349 Unimpeachable, *a.* སྐྱོན་འདོགས་སུ་མེད་པ; སྐྱད་འདོགས་མི་རུང་བ;

350 Unimportant, *a.* སྣར་ཆེན་མིན་པ; མཐོང་ཆེན་མིན་པ; རྩིས་ཆེན་མིན་པ;
ཙ་ཆེན་པོ་མ་ཡིན་པ; གལ་ཆེན་པོ་མིན་པ;

351 Unimpressive, *a.* བློ་ལ་གོ་བ་མི་ཐེབས་པ; བློ་ལ་རི་མོ་མི་ཐེབས་པ;
བློར་མི་འབབ་པ; བློར་མི་ཐུབ་པ;

352 Unimproved, *a.* ལེགས་བཅོས་མེད་པ; བཟོ་སྐྱོར་མ་བྱས་པ;
ཡར་བསྐྱེད་མ་བྱས་པ;

353 Uninfluenced, *a.* བློ་ཁ་མ་བསྒྱུར་བ; སེམས་མ་བསྒྱུར་བ;

354 Uninformed, *a.* ལན་མ་བསྐུལ་བ; ལོན་མ་སྤྲོད་པ; ལོན་མ་བསྐུལ་བ;
མ་སྤྲན་པ; བརྡ་མ་སྤྲན་པ; ཆ་རྒྱུས་མེད་པ;
བརྡ་མ་བཏང་བ; ལན་མ་སྤྲད་པ;

355 Uninhabitable, *a.* ཡུལ་ཆགས་སུ་མེད་པ; ས་འཚུགས་མི་ཐུབ;
ཡུལ་ཆགས་མི་ཐུབ་པ;

356 Uninhabited, *a.* མི་མ་ཆགས་པ; ཡུལ་མ་ཆགས་པ; ས་མ་ཚུགས་པ;
ཡུལ་སྟོང;

357 Uninjured, *a.* མ་སྐྱོན་པ; སྐྱོན་མ་བྱས་པ; གནོད་པ་མ་བྱས་པ;
རྨ་མ་བཟོས་པ;

358 Uninspired, *a.* བྱིན་རླབས་མ་བསྐྱེད་པ; ནུས་ཤུགས་མ་ཐོབ་པ;
ཁོང་དུ་ཅི་ཡང་མ་ཞུགས་པ; བྱིན་རླབས་མ་ཞུགས་པ;

359 Uninstructed, *a.* བསླབ་སྦྱང་མེད་པའི; བསླབ་སྦྱང་བྱེད་མ་བཅུག་པ;
མ་བསླབས་པ;

360 Unintelligible, *a.* ཧ་མི་གོ་བ; མི་འཁུམ་པ;

361 Uninterested, *a.* ཁེ་གུད་མེད་པའི; རང་དོན་ཅན་མིན་པ;
ཕྱོགས་རིས་ཅན་མིན་པ;

362 Uninterrupted, *a.* དགག་བསྐྱིལ་མེད་པ ; དགག་ཆ་མེད་པ ; རྒྱུན་མ་ཆད་པ ;

363 Uninteresting, *a.* བློ་ཁ་འདྲེན་ནུས་མེད་པ ; དང་བ་བསྐྱེད་རྒྱུ་མེད་པ ; ཡིད་དུ་མི་འོང་བ ; ཡིད་གར་མི་འབབ་པ ; བློར་མི་འབབ་པ ;

364 Uninvited, *a.* མགྲོན་དུ་མ་བོས་པ ; མགྲོན་དུ་སྤྱན་མ་དྲངས་པ ;

365 Union, *n.* མཐུན་ལམ ; འགྲོགས་ཚུལ ; འཆམ་སྡངས ; ནང་ཁ་མཐུན་སྡངས ; ལག་རྒྱ་ཆེ་སྡངས ; འབྲེལ་པ ; གཅིག་དུ་འདུས་པ ; མཐུན་འགྲིག ; མཐུན་གཞིབ ; ཁ་འགྲིག་སྡངས ; བློ་སེམས་འགྲིག་ཚུལ : མཐུན་སྡངས ;

366 Unionist, *n.* མཐུན་པར་འདོད་མཁན ; འཆམ་པར་འདོད་མི ;

367 Unique, *a.* འགྲོགས་པར་འདོད་མཁན ; ནང་ཁ་མཐུན་པོ ; ཁ་འཆམ་པོ ; ལག་རྒྱ་ཆེན་པོ ; ཁ་འདུམ་པོ ; ཟླ་མེད ; ཟླ་བྲལ ; མཚུངས་མེད ; མཚུངས་བྲལ ; དཔེ་མེད ;

368 Unison, *n.* གླུ་དབྱངས་ཀྱི་སྟབས་མཐུན་ལུགས ; སྒྲའི་མཐུན་འགྱུར ; སྐད་གདངས་མཚུངས་ཚུལ ; སྐད་གདངས་མཐུན་ལུགས ;

369 Unit, *n.* གཅིག ; མིའམ་ཅ་ལག་གཅིག་པོ་ཁོ་ན ; རྫོག ; རྫོག་པོ ; རྫོག་པོ་གཅིག ;

370 Unitarian, *n.* མཆོག་གི་བདག་ལ་ངོ་བོ་གཅིག་ཉིད་དུ་འདོད་མཁན ; དཀོན་མཆོག་སྐུ་གསུམ་དུ་མི་འདོད་པར་གཅིག་ཁོ་ནར་འདོད་མི ;

371 Unite, *v.i.* གཅིག་ཏུ་འགྱུར་བ ; མཉམ་དུ་བྲེད་པ ; ཁ་འཆམ་པ ; མཐུན་པ ; *v.t.* མཐུད་པ ; སྦྲག་པ ; འཐུད་པ ; སྦྱོར་བ ; སྦྲེལ་བ ;

372 United, *a.* མཐུད་མཐུད་པ; གཅིག་ཏུ་འབྲེལ་བ; སྦྲེལ་ཟིན་པ; ཁ་འཆམ་པའི; ཁ་མཐུན་པའི;

373 Unitedly, *ad.* ཁ་མཐུན་གྱིས; ཁ་མཐུན་ནས; མཉམ་དུ; མཉམ་སྦྲེལ་གྱིས; མཉམ་འབྲེལ་གྱིས;

374 Unity, *n.* མཐུན་སྟངས; མཐུན་ལམ; ནང་ཁ་མཐུན་སྟངས; ལག་རྒྱ་འབྲེལ་སྟངས; གཅིག་པོ་ནའི་རང་བཞིན; མཐུན་ཆ; མཆོག་གི་བདག་གཅིག་ཉིད་ཡིན་པའི་འདོད་ཚུལ;

375 Universal, *a.* ཀུན་ཁྱབ; ཀུན་འདུས; མཐའ་མེད་པ; ཐམས་ཅད;

376 Universality, *n.* ཀུན་ལ་ཁྱབ་པའི་ཆོས; ཀུན་ལ་ཁྱབ་སྟངས; ཀུན་ལ་ཁྱབ་ཚུལ;

377 Universally, *ad.* སྣང་སྲིད་ཀུན་གྱིས; ས་ཆ་ཐམས་ཅད་དུ; ཐམས་ཅད་དུ; ཕལ་ཆེར;

378 Universe, *n.* སྣང་སྲིད; འཇིག་རྟེན; འཁོར་བ; སྲིད་པ;

379 University, *n.* གྲྭ་ཚང; གཙུག་ལག་ཁང; གྲྭ་ས་ཆེན་པོ;

380 Unjointed, *a.* མཐུད་མཚམས་མེད་པ; ཚིགས་མེད་པ; དབྱེ་བྱེད་སྐྲ་མེད་པ;

381 Unjudged, *a.* ཞིབ་དཔྱད་མ་བྱས་པ; བརྟག་དཔྱད་མ་བྱས་པ; མ་བརྟགས་པ; ཁྲིམས་མ་བཅད་པ;

382 Unjust, *a.* བཀའ་ཁྲིམས་མ་དྲང་པ; ཁྲིམས་མི་དྲང་བ; ཁྲིམས་དྲང་པོ་མེད་པ;

383 Unjustifiable, *a.* བདེན་པ་སྐྱོང་དུ་མེད་པ; མི་རིགས་པ;

384 Unjustly, *ad.* ཁྲིམས་མི་དྲང་བར; ཁྲིམས་དྲང་པོ་མ་བཅད་ནས; ཁྲིམས་ནང་བཞིན་མ་ཡིན་པར;

385 **Unkind**, *a.* སྙིང་རྗེ་མེད་པ; དྲིན་ཅན་མ་ཡིན་པ; ཞེ་ཚ་མེད་པ:

386 **Unkindly**, *ad.* སྙིང་རྗེ་མེད་པར;

387 **Unkindness**, *n.* སྙིང་རྗེ་མེད་པའི་རང་བཞིན; སྙིང་རྗེ་མེད་ཚུལ; དྲིན་ཅན་མིན་ཚུལ; བྱམས་སྐྱོངས་མེད་ལུགས;

388 **Unkingly**, *a.* རྒྱལ་པོས་མཛད་མི་འོས་པ; རྒྱལ་པོའི་མཛད་པ་དང་མི་མཐུན་པ;

389 **Unknowing**, *a.* མི་ཤེས་པ; མི་རིག་པ; བླུན་པོ;

390 **Unknown**, *a.* མ་རིག་པ; མ་ཤེས་པ;

391 **Unlace**, *v.t.* (Sik. ལྷམ་སྒྲོག་ཕུད་པ;) སྒྲོག་ཐག་བཀྲོལ་བ; གོས་འབུད་པ; ལྷམ་སྒྲོག་འགྲོལ་བ;

392 **Unlade**, *v.t.* དོ་པོ་ཕབ་པ; ཁལ་ཕབ་པ; དོ་བོ་འབེབས་པ; ཁུར་འབེབས་པ; དོ་པོ་སྤབ་པ;

393 **Unladylike**, *a.* བཙུན་མོའི་མཛད་པ་དང་མི་འདྲ་བ; རྗེ་མོས་མཛད་པར་མི་འོས་པ; བཙུན་མོའི་སྤྱོད་པ་དང་མི་མཐུན་པ;

394 **Unlamented**, *a.* སུས་ཀྱང་སྨྲ་ངན་མ་བྱས་པ; སུས་ཀྱང་ཆོ་ངེ་མ་བཏོན་པ; ཆོ་ངེས་མ་བཏབ་པ;

395 **Unlawful**, *a.* ཁྲིམས་དང་མི་མཐུན་པ; ཁྲིམས་དང་འགལ་བ; མི་རིགས་པ;

396 **Unlawfully**, *ad.* ཁྲིམས་འགལ་བྱས་ཏེ; ཁྲིམས་དང་མི་མཐུན་པར; མི་རིགས་པར;

397 **Unlawfulness**, *n.* ཁྲིམས་དང་མི་མཐུན་པའི་ཀུ་བ,

398 **Unlearned**, *a.* སློབ་གཉེར་མ་བྱས་པ; བླུན་པོ; མཁས་པ་མ་ཡིན་པ; ཡོན་དན་མ་སྦྱངས་པ; (བརྗེད་པ; to forget) བསླབ་སྦྱང་མ་བྱས་པ;

399 Unleavened, *a.* བསྒྱུར་བཅོས་མ་བྱས་པ;

400 Unless, *conj.* དེ་མིན; མིན་ན; མ་ཡིན་ན; ན; གལ་ཏེ་ན; གལ་ཏེ;

401 Unlettered, *a.* བསླབ་སྦྱང་མ་བྱས་པ; མ་བསླབས་པ; བླུན་པོ;
ཡི་གེར་མ་འཁོད་པ; ཡི་གེ་མ་འབྱོངས་པ;
ཡི་གེ་མ་སྦྱངས་པ;

402 Unlicensed, *a.* བཀའ་མེད་པ; བཀའ་མ་ཐོབ་པ; བཀས་མ་གནང་བ;
བཀའ་མ་གྲོལ་བའི; གནང་བ་མེད་པ;
གནང་བ་མེད་པར་བྱས་པ;

403 Unlike, *a.* མི་འདྲ་བ; མི་མཚུངས་པ; མི་གཅིག་པ;

404 Unlimited, *a.* ཚད་མེད; ཚད་བཟུང་མེད་པ; མཐའ་མེད་པ;
མཐའ་ཀླས; མཐའ་ཡས;

405 Unload, *v.t.* ཁུར་ཕབ་པ; དོས་ཕབ་པ; ཁུར་ཚ་ཕབ་པ;
ཁུར་སྤབ་པ;

406 Unlock, *v.t.* སྒོ་ལྕགས་དབྱེ་བ; སྒོ་ལྕགས་འབྱེད་པ; སྒོ་ལྕགས་ཕྱེ་བ;

407 Unlocked, *a.* དབྱེ་ཟིན་པ; ཕྱེས་པ; སྒོ་ལྕགས་ཕྱེས་པ;

408 Unlovely, *a.* ཡིད་དུ་མི་འོང་བ; ཡིད་གར་མི་འོང་བ;

409 Unluckily, *ad.* ཁ་ཛེ་ཆུང་སྟེ; བསོད་ནམས་ཆུང་བས;
བསོད་བདེ་ཆུང་བས; སྐབས་ཉེས་ནས;

410 Unlucky, *a.* བསོད་བདེ་སྐམ་པོ; སྐྱ་བསོད་སྐམ་པོ; སྐྱ་བསོད་
ཆུང་ཆུང; བསོད་ནམས་མེད་པ; བསོད་ནམས་
ཆུང་ཆུང; བསོད་བདེ་ཆུང་ཆུང;

411 Unman, *v.t.* ཕོ་མཚན་འབྲིག་པ; མི་མིན་བཟོ་བ; ཕོ་མིན་བཟོ་བ;
ཤ་གཅོད་པ;

412 **Unmanageable**, *a.* དབང་དུ་སྒྲུར་མི་ཐུབ་པ; དབང་དུ་སྒྱུད་མི་ཐུབ་པ; ཁ་ལོ་མི་འཆུན་པ; ཁ་ལོ་མི་འཆུན་པ; བསྒྲུར་བཀོད་མི་ནུས་པ; འཆུན་མི་ཐུབ་པ;

413 **Unmanly**, *a.* ཁྲོ་ག་ལ་མི་སྲམ་པའི; ཕོ་ལ་མི་རུང་བ; མ་རབས་ལྟ་བུ; སྨར་མ་ལྟ་བུ;

414 **Unmanned**, *a.* མི་རྣམས་དང་མི་ལྡན་པ; ཐུ་བཙུན་པ; རྡིག་འཕྲས་ཕྱུང་བ; མིག་ལྟོས་མེད་པ; འདྲིས་མེད; ཤ་བཙད་པ; ཕོ་མཚན་བྲེགས་པ;

415 **Unmannerly**, *a.* སྒྲིགས་མེད་ཁྲིམས་མེད; ཡ་རབས་ཀྱི་ཚུལ་དང་མི་ལྡན་པ;

416 **Unmarried**, *a.* གཉེན་མ་བརྒྱབས་པ; ཆུང་མ་མེད་པ; བཟའ་ཟླ་མེད་པ; ཁྱིམ་ཐབས་མེད་པ; ཆུང་མ་མ་བླངས་པ;

417 **Unmask**, *v.t.* འབག་བཤུ་བ; འདྲ་འབག་བཤུ་བ; ཞལ་འབག་བཤུ་བ; སྐྱོན་སྟོན་པ; གསལ་བར་སྟོན་པ; གསལ་པོར་མཚོན་པ;

418 **Unmeaning**, *a.* དོན་གང་ཡང་མེད་པ; ཚོ་མེད; དོན་མེད;

419 **Unmeasured**, *a.* ཚད་མ་གཞལ་བ; ཚད་མེད་པ; དཔག་ཏུ་མེད་པ; མཐའ་མེད; མཐའ་ཡས; མཐའ་ཀླས; གྲངས་མེད; གཞལ་དུ་མེ;

420 **Unmentioned**, *a.* མ་བརྗོད་པ; མ་བཤད་པ; མ་སྨྲས་པ; མ་ལབ་པ;

421 **Unmerciful**, *a.* བྱམས་སྙིང་མེད་པ; བྱམས་སྙིང་རྗེ་མེད་པ; སྙིང་རྗེ་མེད་པ; ཐུགས་རྗེ་མེད་པ;

422 **Unmercifully**, *ad.* བྱམས་སྙིང་མེད་པར; སྙིང་རྗེ་མེད་པར; ཐུགས་རྗེ་མེད་པར; སྙིང་རྗེ་མ་བལྟས་ནས; ཐུགས་རྗེ་མ་གཟིགས་ནས;

423 Unmercifulness, *n.* བྱམས་སྙིང་མེད་ལུགས; སྙིང་རྗེ་མེད་ཚུལ;

424 Unmerited, *a.* མ་འོས་པ; འོས་འབབ་མེད་པ; སྐལ་བ་བཟོབ་མི་འོས་པ;
སྐལ་བབ་མེད་པ;

425 Unmindful, *a.* བློ་ལ་མ་ངེས་པ; མི་ཉར་མཁན; སེམས་རྩེ་གཅིག་དུ་
མི་གཏོང་མཁན; སྣང་དག་མི་གཏོང་བ; ཉར་བ་མི་
བྱེད་མཁན; ཅག་ག་མི་བྱེད་པ; སེམས་འཕྲེང་མི་
བྱེད་པ; སེམས་འཁྲུལ་མི་བྱེད་མཁན;

426 Unmingled, *a.* མ་འདྲེས་པ; མ་བསྲེས་པ; བསྲེས་པ་བསལ་བ;

427 Unmistakable, *a.* ནོར་ཡ་མེད་པ; ནོར་བ་མེད་པ; ནོར་མི་ཐུབ་པ;
གསལ་བ; གསལ་པོ; ནོར་དོགས་མེད་པ:

428 Unmitigated, *a.* དྲག་པོ; ཤུགས་ལ་ལྷོད་ཆ་མེད་པ; ཞི་བར་མ་གྱུར་པ;
མ་བཅག་པ; མ་བསྐྱངས་པ;

429 Unmixed, *a.* བསྲེས་མེད་པ; མ་བསྲེས་པ; མ་འདྲེས་པ:
ལྷད་མེད་པ; མ་བསླད་པ;

430 Unmolested, *a.* དཀྲིག་མཁན་མེད་པ; མ་དཀྲིགས་པ; མ་སྐྲོག་པ:
སྡུག་པོ་མ་བཏང་བ;

431 Unmoor, *v.t.* གཏིང་རྡོ་བཏགས་པ་ལས་བཀྲོལ་བ; གཏིང་རྡོ་བཏང་བ;
སྒྲོག་པ; གཏིང་རྡོ་སྒྲོག་པ; གཏིང་རྡོ་སྒྲུད་པ;

432 Unmoved, *a.* གཡོ་འགྱུལ་མེད་པ; མི་གཡོ་བ; ཡིད་ལ་མ་བབ་པ;
ཡིད་ལ་མ་ཕོག་པ;

433 Unnamed, *a.* མིང་མ་བརྗོད་པ; མིང་མ་ལབ་པ; མིང་མ་བཏགས་པ;

434 Unnatural, *a.* འཇིག་རྟེན་འགྲོ་ལུགས་དང་འགལ་བ; ལུགས་དང་མི་
མཐུན་པ; ཚུལ་མིན་པ; རང་བཞིན་མ་ཡིན་པ;
དངོས་མིན་པ; བཅོས་པ; བཅོས་མ; ཚུལ་དང་
འགལ་བ; ལུགས་དང་འགལ་བ; ཁྲིམས་དང་
འགལ་བ;

435 Unnaturally, *ad.* ཀུན་འགྲོའི་ལུགས་དང་མི་ལྡན་པར;
ལུགས་དང་མི་མཐུན་པར;

436 Unnecessarily, *ad.* མཁོ་བྱེད་མེད་པར; མཁོ་མེད་པར; མི་དགོས་པར;

437 Unnecessary. མཁོ་མེད; དོན་མེད; དགོས་མེད;

438 Unnerve, *v.t.* སྤོབས་ཉམས་པར་བྱེད་པ; སྤོབས་མེད་པ་བཟོ་བ;
ཙ་སྤོབས་ཉམས་སུ་འཇུག་པ;
(Sik.) ཙ་འདར་རྒྱབ་བཅུག་པ;

439 Unnoticed, *a.* མ་ཚོར་བ; མ་བརྟགས་པ; མ་རིག་པ; མ་ཤེས་པ;
སྣང་བ་མ་བྱུང་བ; ཉེས་ཞིབ་མ་བྱུང་བ;

440 Unnumbered, *a.* གྲངས་ཀ་མ་ཐེབས་པ; གྲངས་ཀ་རྒྱབ་མ་ཐུབ་པ;
གྲངས་མེད; གྲངས་ཡས;

441 Unobjectionable, *a.* དགག་ཆ་མི་ཡོད་པ; དགག་པ་རྒྱབ་མི་འོས་པ;
དགག་པ་རྒྱབ་མི་ཚུང་བ; དགག་དུ་མ་ཚུང་བ;

442 Unobservable, *a.* བརྟག་པས་མི་མཐོང་བ; མི་སྣང་བ; མི་མཐོང་བ;
བརྟག་པར་མི་འོས་པ; བརྟག་པར་མི་ཚུང་བ;
དཔྱད་པར་མི་ཚུང་བ;

443 Unobserved, *a.* མ་ཚོར་བ; མ་བརྟགས་པ; མ་བསྲུང་བ;
སྣང་བ་མ་བྱུང་བ; ཉམས་གཞིག་མ་བྱུང་བ;

444 Unobstructed, *a.* ཀ་ཀོར་དགག་བསྐྱིལ་མེད་པ; མ་བཀག་པ;
དགག་ཆ་མ་བྱས་པ;

445 Unoccupied, *a.* ཡན་པ; བདག་དུ་མ་བཟུང་བ; བདག་གིར་མ་བྱས་པ;
བྱ་བར་མ་འབྱུངས་བ; བྲེལ་བ་མེད་པ;

446 Unofficial, *a.* གཙོ་ཇོང་མ་གཏོགས་པ; དཔོན་ཆེ་ཚན་མ་ཡིན་པ;
ཆེ་ཚན་ཁག་མིན་པ; (Sik.) ཡིག་ཚང་བརྒྱུད་དེ་མིན་
པའི་ནང་ཅག་ང་གི;

447 Unopened, *a.* ཁ་མ་བཤིག་པ; ཁ་མ་ཕྱེས་པ; ཁ་མ་ཕྱེ་བ;

448 Unopposed, *a.* ཀྲོལ་བ་མེད་པ; མ་བཀྲོལ་བ; མ་བཀག་པ;
དགག་པ་མ་བརྒྱབས་པ;

449 Unostentation, *n.* ངོམ་འདོད་མེད་པ; ཇོམ་བརྗིད་མེད་ཚུལ; ཇོམ་བག
མེད་ཚུལ; ཉམས་མེད་སྤྱངས; གཟི་བརྗིད་མེད་སྤྱངས;

450 Unowned, *a.* བདག་པོ་མེད་པ; བོར་བ; བདག་ཏུ་མ་བཟུང་བ;
བདག་གིར་མ་བྱས་པ;

451 Unpack, *v.t.* ཁུར་པོ་བཤིག་པ; དོ་བོ་བཤིག་པ; ཁ་བཤིག་པ;
དོ་བོ་ཁ་འབྱེད་པ;

452 Unpaid, *a.* གླ་མ་བསྤྲེར་བ; གླ་མེད; གླ་མ་སྤྲད་པ; མ་བཅལ་བ;

453 Unpalatable, *a.* དང་ཁར་མི་འགྲོ་བ; བྲོ་བ་མེད་པ; རོ་མེད་པ;
ཞིམ་པོ་མེད་པ;

454 Unparalleled, *a.* ཡ་ཟླ་མེད་པ; དཔྲ་ཟླ་མེད་པ; འགྲན་ཟླ་མེད་པ;
ཟླ་མེད; དཔེ་མེད; མཚུངས་མེད; དོ་ཟླ་མེད་པ;

455 Unpardonable, *a.* བཤགས་པས་མི་ལོ་བ; དགོངས་པ་གཏོང་མི་འོས་པ;
བཟོད་པར་བཞེས་མི་རུང་བ; བཟོད་པར་མི་འོས་པ;

456 Unpardoned, *a.* དགོངས་ཡང་མ་གནང་བ; དགོངས་པ་མ་བཏང་བ;
བཟོད་པར་མ་བཞེས་པ;

457 Unpaved, *a.* རྡོ་བཅལ་མ་བསྒྲིགས་པ; རྡོ་བཅལ་མ་གཏིང་བ;

458 Unperceived, *a.* མཐོམ་བ; མི་སྣང་བ; མི་མངོན་པ; མ་རྟོད་པ;
མ་ཤེས་པ; མ་སྣང་བ; མ་མངོན་པ;

459 Unpeopled, *a.* མི་མེད; ལུང་སྟོང; ཡུལ་སྟོང; ཡུལ་གྲོང་ས་ཆགས་པའི;

460 Unphilosophical, *a.* ཚད་མའི་བརྡ་དང་མི་མཐུན་པ; མཚན་ཉིད་དང་མི
མཐུན་པ; རིགས་པ་དང་འགལ་བ; རྟོག་གེའི
ཐ་སྙད་དང་མི་མཐུན་པ; ཚད་མའི་ཐ་སྙད་དང
འགལ་བ; ཚད་མ་རིག་པའི་ཐ་སྙད་དང་མི་མཐུན་པ;

461 **Unpin**, *v.t.* གཟེར་འདོན་པ; ཁབ་གཟེར་འདོན་པ; གཟེར་འབུད་པ; གཟེར་ཕུད་པ;

462 **Unpitied**, *a.* སྙིང་རྗེ་བྱེད་མཁན་མེད་པ; སྙིང་རྗེ་མ་བལྟས་པ; ཐུགས་རྗེ་མ་གཟིགས་པ;

463 **Unpitying**, *a.* སྙིང་རྗེ་མེད་པ; སྙིང་རྗེ་མི་ལྷ་བ;

464 **Unpleasant**, *a.* མི་དགའ་བ; ཡིད་ཁར་མི་འོང་བ; ཉམས་མི་དགའ་བ; ཡིད་དུ་འཐམ་ཡིད་གར་མི་འོང་བ;

465 **Unpleasantness**, *n.* མི་དགའ་བ་ཉིད; མི་དགའ་བའི་ཚུལ; མི་དགའ་བའི་རྣམ་པ;

466 **Unpleasing**, *a.* ཡིད་དུ་མི་འོང་བ; ཡིད་གར་མི་འོང་བ; མི་དགའ་བ; ཉམས་མི་དགའ་བ; ཞེ་མེར་པོ; སྐྱུག་བྲོ་བོ; ཞེ་སུན་པ;

467 **Unpolished**, *a.* བྱི་དོར་མ་བྱས་བ; འཕྱིད་བདར་མ་བྱས་པ; འཕྱིད་མ་བརྒྱབས་པ;

468 **Unpopular**, *a.* ཀུན་དང་མི་མཐུན་པ; ཀུན་གྱིས་མི་བསྔགས་པ; ཀུན་གྱི་ཡིད་གར་མི་འོང་བ; ཀུན་དང་མཐུན་གཉིབས་མི་ཆེ་བ; ཀུན་དང་མཐུན་འདྲིས་མི་ཆེ་བ;

469 **Unpractised**, *a.* མ་འབྱོངས་པ; མ་གོམས་པ; མ་སྦྱངས་པ; སྦྱང་བརྡར་མ་བྱས་པ;

470 **Unprecedented**, *a.* སྔོན་ནས་དཔེ་སྲོལ་མེད་པ; ཁྱད་པར་དུ་འཕགས་པ; དཔེ་མེད; ཟླ་མེད;

471 **Unprejudiced**, *a.* སེམས་ཕྱོག་མེད་པ; གཞི་ནས་སེམས་ལ་གནག་པ་མེད་པ; ཉེ་ཁ་ཕྱོགས་མེད; རིས་བྲལ; སེམས་གཞི་མི་གནག་པ; རིས་སུ་མ་བཅད་པ; གཉེན་མ་བསྡོངས་བ; ཕྱོགས་མ་བྱས་པ; ཕྱོགས་མེད་པ; ཕྱོགས་རིས་མེད་པ; ཕྱོགས་ལྷུང་མེད་པ: ཟློ་འཁོར་གཉེར་བཞག་མེད་པ;

472 Unpremeditated, *a.* སྔོན་ནས་མ་དྲན་པ ; གློ་བུར་བ ; སྔོན་ནས་མ་བསམས་པ ; སྔོན་ནས་བསམ་བློ་མ་བཏང་བ ; སྔ་མ་ནས་གྲབས་གཞིམས་མ་བྱས་པ ; བཙན་ཐབས་པ ;

473 Unprepared, *a.* གྲབས་མ་འགྲིག་པ ;

474 Unpretending, *a.* སྙེམས་ཆུང ; མ་ཡིན་ཡིན་མདོག་མེད་པ ; གྱོད་མི་ཤེད་མཁན ; བག་ལྡན ; གྱ་གྱུ་མི་སླུས་པ ;

475 Unprincipled, *a.* བློ་ལ་གཞུང་མེད་པ ; རྒྱུ་འབྲས་མེད་པ ; གྲུབ་མཐའ་མེད་པ ; གཞུང་གྱི་ཐག་མེད་པ ; འདོད་ལུགས་མེད་པ ; འདོད་ལུགས་ཡི་བརྟན་པ ;

476 Unprinted, *a.* པར་དུ་མ་འཁོད་པ ; པར་དུ་མ་བཀོད་པ ; པར་མ་བཀོད་པ ; པར་མ་བསྒྲུབས་པ ;

477 Unproductive, *a.* འཐོན་ཁུངས་མེད་པ ; སྐྱེ་ཁུངས་མེད་པ ;

478 Unproductiveness, *n.* འཐོན་ཁུངས་མེད་པ་ཉིད ; འཐོན་ཁུངས་མེད་སྟང ; སྐྱེ་ཁུངས་མེད་སྟང ;

479 Unprofitable, *a.* ཁེ་མེད ; ཁེ་ཁྲེ་མེད་པ , ཁེ་མ་མེད་པ ; ཁེ་སྤྲགས་མེད་པ ; འབྲས་བུ་མེད་པ ; དོན་མེད ; ཕན་ཐོགས་མེད་པ ;

480 Unprofitableness, *n.* ཁེ་བཟང་མེད་པ་ཉིད ; ཁེ་སྤོགས་མེད་ཚུལ ; ཁེ་བཟང་མེད་ཚུལ ;

481 Unpromising, *a.* ཁས་ལེན་མི་བྱེད་པ ; རེ་བ་ཆེར་བསྐྱེད་ས་མེད་པ ; སྤོ་ལོ་འཆར་བ ; སྤོ་ལོ་འཆར་མཁན ;

482 Unpropitious, *a.* བཀྲ་མི་ཤིས་པ ; རྟེན་འབྲེལ་ཡག་པོ་མེད་པ ;

483 Unprosperous, *a.* ཡར་བསྐྱེད་མེད་པ ; དར་རྒྱས་མེད་པ ; བསོད་བདེ་མེད་པ ; བསོད་བདེ་སྐམ་པོ ; བསོད་ནམས་ཆུང་ཆུང ;

484 Unprotected, *a.* མགོན་སྐྱབས་མེད་པ ; མ་བསྐྱབས་པ ; མགོན་མེད ; སྐྱབས་མེད ; མ་བསྲུངས་བ ; རྫིས་སྲུ་མ་བཟུང་བ ;

485 **Unprovided**, *a.* མ་བསྒྲུབས་པ; གྲབས་གསར་མ་བྱས་པ; གྲ་སྒྲིགས་མ་བྱས་པ; སྟ་གོན་མ་བྱས་པ;

486 **Unprovoked**, *a.* ཁོང་ཁྲོ་ཡང་དོན་མེད་པ; སྐད་མེད; བརྙས་པ་མེད་པ; བརྙས་མེད; མ་དཀུགས་པ; མ་དཀྲིག་པ; འགྲན་ཟླར་མ་བོས་པ; དགྲ་ཟླར་མ་བོས་པ; འགྲན་ཟླར་མ་སྦྲན་པ;

487 **Unpublished**, *a.* པར་དུ་མ་འཁོད་པ; པར་དུ་མ་བསྒྲུབས་པ; པར་མ་བཀོད་པ; གདན་ལ་མ་ཕབ་པ;

488 **Unqualified**, *a.* ཕུན་སུམ་མ་ཚོགས་པ; ཡོན་ཏན་མ་ཚང་བ; མི་འོས་པ; གོ་ཆོད་པོ་མེད་པ; གོ་ཆོད་མེད་པ; གོ་མི་ཆོད་པ; ཕན་མི་ཐོགས་པ; ཕན་ཐོགས་མེད་པ;

489 **Unquenchable**, *a.* ཁ་སྐོམ་མི་གསོད་པ; ཁ་སྐོམ་གསོད་དུ་མི་ནུས་པ; ཁ་མི་ངོམས་པ;

490 **Unquestionably**, *ad.* གདོན་མི་ཟ་བར; ཐེ་ཚོམ་མེད་པར; ངེས་པར;

491 **Unquestioned**, *a.* མ་དྲིས་པ; དྲི་བ་མ་དྲིས་པ; དྲི་བ་མ་བཀོད་པ; འགྲན་ཟླར་མ་བོས་པ; རྩོད་མེད; ཐེ་ཚོམ་མེད;

492 **Unravel**, *v.t.* གསང་བའི་དོན་བཀྲོལ་བ; འགོལ་བ; དགྲོལ་བ; མདུད་པ་འགྲོལ་བ; སྐྱུད་པ་སོགས་འཛིངས་པ་སང་བ;

493 **Unready**, *a.* གྲ་སྒྲིག་མེད་པ; གྲ་མ་བསྒྲིགས་པ; གྲ་སྒྲིག་པོ་མེད་པ; གྲབས་གསར་མེད་པ;

494 **Unreal**, *a.* མི་ངེས་པ; དངོས་མ་ཡིན་པ; དངོས་མེད; དངོས་པོ་མེད་པ; ངོ་མ་མིན་པ; ངོ་ཐོག་མིན་པ; མཐོང་སྣང་ཙམ་སྒྱུ་མ་ལྟ་བུ; མིག་འཕྲུལ་ཆེན་པོ; མིག་འཁྲུལ་ཆེན་པོ;

495 Unreasonable, *a.* བློ་ལ་མི་འཐད་པ; མི་རིགས་པ; རིགས་པ་དང་འགལ་བ;

496 Unreconciled, *a.* སྨུམ་མ་ཐུབ་པ; མ་བསྨུམ་པ; སྨུམ་པར་མ་ཐུབ་པ;

497 Unrecorded, *a.* ཐོར་མ་བཀོད་པ; ཐོ་ལ་མ་བྲིས་པ; ཐོ་མ་བྲིས་པ;

498 Unredeemed, *a.* མ་བླུས་པ; བླུ་བ་མ་གནངས་པ;

499 Unrefined, *a.* དག་འདོན་མ་ཐུབ་པ; དག་པར་མ་ཐུབ་པ; དག་ཕྱེར་མ་ཐུབ་པ; བཙོམ་མ་ཡིན་པ; བཙོས་མ་མིན་པ;

500 Unregarded, *a.* དགོངས་གཟིགས་མ་གནང་བ; མཐོང་མ་ཐུབ་པ; མ་རྟིས་པ; བཀུར་སྟི་མ་ཐུབ་པ; སྣང་དག་མ་བཏང་བ; གཟིགས་རྒྱུང་མེད་པ; གཟིགས་རྒྱུང་མ་གནངས་པ;

501 Unregistered, *a.* ཐོ་འམ་དཀར་ཆག་ཏུ་མ་བཀོད་པ; ཐོ་རུ་མ་བྲིས་པ; ཐོ་མ་བྲིས་པ;

502 Unrelenting, *a.* སྙིང་རྗེ་མེད་པ; དྲག་པོ; གཅན་པ; གཅན་པོ;

503 Unremittingly, *adv.* བསྟུད་དེ; ནན་གྱིས་བསྟུད་དེ; བདུད་མར; རྒྱུན་མ་ཆད་པར; རྟག་པར;

504 Unrenewed, *a.* བསྐྱར་དུ་མ་བཅོས་པ; བསྐྱར་དེ་མ་ཐུབ་པ; ཡང་བསྐྱར་མ་བཟོས་པ;

505 Unrepealed, *a.* མེད་པར་མ་བཟོས་པ; ཚར་མ་བཅད་པ; ཞལ་ལྕེ་སོགས་མ་བཀོལ་བ; མ་བསུབས་པ; སྨར་མ་བཏོན་པ;

506 Unrepentant, *a.* གནོང་འགྱོད་མེད་པ; གནོང་བ་མེད་པ; ཞེ་གནོང་མེད་པ; སེམས་འགྱོད་མེད་པ;

507 Unreported, *a.* སྒྲ་མ་བསྒྲགས་པ; བཀའ་མ་བསྒྲགས་པ; དྲིལ་མ་བསྒྲགས་པ; ཁྲིམས་མ་བསྒྲགས་པ; བརྡ་མ་བཏང་བ; སྙན་ཞུ་མ་བཏང་བ; འམ་མ་ཕུལ་བ; ཡུལ་འབངས་སོགས་ཀྱི་བདེ་སྡུག་སྤྱོད་འགྲོས་སྐོར་གྱི་གནས་ཚུལ་མ་ཕུལ་བ;

508 Unreprievable, *a.* གསོད་པའི་བཀའ་ཕྱི་བཤོལ་མི་ཐུབ་པ; ཁྲིམས་ས་ནས་གསོད་པའི་བཅད་ཁྲ་གནང་ཟིན་པ་དེ་ཕྱི་བཤོལ་མི་ཐུབ་པ;

509 Unrepresented, *a.* ཚབ་མེད་པ; སྐུ་ཚབ་མེད་པ; [illegible]ཚབ་མེད་པ;

510 Unreserved, *a.* ཁ་ཞེ་མེད་པ; དོགས་ཟོན་མེད་པ; ཟོན་མེད་པ; གང་ཡང་ཀློར་གསང་ཐབས་སྲུ་མ་བཞག་པ; གཡོ་རྒྱུ་མེད་པ;

511 Unresisted, *a.* མ་བཀག་པ; མ་བཀྲོལ་བ;

512 Unresisting, *a.* འགེགས་པ་མེད་བཞིན; མི་རྒོལ་བཞིན; རྒོལ་བ་མེད་བཞིན;

513 Unresolved, *a.* ཐག་མ་ཆོད་པ; ཐག་མ་བཅད་པ; ཆནས་ཆ་རྟུ་མ་བཏང་བ;

514 Unrestrained, *a.* མ་བཀག་པ; དབང་དུ་མ་བཞག་པ; ཚོད་མ་ཟིན་པ; ལང་ཤོར;

515 Unreturned, *a.* སླར་མ་ལྡོག་པ; མ་ལོག་པ;

516 Unrevealed, *a.* ལུང་མ་བསྟན་པ; མ་བསྟན་པ; མ་མཚོན་པ;

517 Unrewarded, *a.* བུ་དགའ་མ་བསྐྱེར་བ; ཇན་པ་མ་བྱིན་པ; ཇན་པ་མ་ངན་ང་བ; གསོལ་རས་མ་གནང་པ;

518 Unriddle, *v.t.* ལྡིམ་ཆོད་པ; ལྡོམ་ཆོད་པ; ལྡེམ་གཅོད་པ; ལྡེམ་པོ་ཀློག་པ; ལྡེམ་གཏམ་ཀློག་པ; ལྡེམ་ངག་སྒྲོགས་པ;

519 Unrighteous, *a.* མི་དགེ་བ; མ་རབས; དྲང་པོ་མ་ཡིན་པ; ངན་པ;

520 Unrighteousness, *n.* མི་དགེ་བའི་ལས; མི་དགེ་བའི་བྱ་བ; མ་རབས་ཀྱི་ཚུལ;

521 Unripe, *a.* རྗེན་པ; མ་སྨིན་པ;

522 Unrivalled, *a.* ཟླ་མེད; མཚུངས་མེད; འགྲན་ཟླ་མེད་པ;

523 Unroll, *v.t.* བཀྲང་བ; བཤིག་པ; ཁ་འབྱེད་པ; ཁ་ཕྱེ་བ; ཤོག་དྲིལ་ལྟ་བུ་རྐྱོང་བའམ་སྣར་བའམ་གཤིག་པ;

524 Unruly, *a.* ཁྲིམས་མེད; ཀྱོང་པོ; དབང་དུ་མི་ཚུད་པ; དབང་གིས་མི་འཆུན་པ;

525 Unsafe, *a.* ཉེན་ཁ་ཆེན་པོ; མི་བརྟན་པ; བརྟན་པོ་མེད་པ; ཉེན་ཅན; ཉེན་ཀ་ཅན;

526 Unsaleable, *a.* མི་བྲིམ་པ; འཚོང་མི་ཐུབ་པ; བཙོང་མི་ཐུབ་པ;

527 Unsanctified, *a.* རབ་གནས་མ་བྱས་པ;

528 Unsatiable, *a.* མི་ངོམས་པ; ངོམས་པ་མེད་པ; མི་ཚིམ་པ; ཚིམ་པ་མེད་པ;

529 Unsatisfactory, *a.* ཡིད་ཆེས་མི་ཐུབ་པ; ཡིད་རྟོན་མི་ཐུབ་པ;

530 Unsatisfied, *a.* མ་ངོམས་པ; མ་ཚིམས་པ; འདོད་པ་མ་གང་བ;

531 Unsavoury, *a.* བྲོ་བ་མེད་པ; རོ་མེད་པ; ཞིམ་པོ་མེད་པ; མི་ཞིམ་པ;

532 Unsay, *v.t.* རྒྱབ་འགལ་བྱེད་པ; སློན་པ; བསློན་བྱེད་པ; བསློན་དོར་བྱེད་པ;

533 Unscholarly, *a.* མཁས་པ་ལྟ་བུ་མ་ཡིན་པ; པཎྜིད་ལྟ་བུ་མིན་པ;

534 Unscriptural, *a.* གསུར་རབ་ཀྱི་དགོངས་པ་དང་མི་མཐུན་པ; གསུང་རབ་ཀྱི་བརྡ་དང་མི་མཐུན་པ; བསྟན་བཅོས་ཀྱི་ལུགས་དང་མི་མཐུན་པ; གསུང་རབ་དང་མི་མཐུན་པ;

535 Unscrupulous, *a.* བསམ་པ་ངན་པ; དོགས་ཟོན་མི་བྱེད་མཁན;

536 Unseal, *v.t.* ཐམ་ཀ་བཅག་པ; དམ་ཁ་གཅོག་པ; དམ་ཕྱག་བརྒྱབས་པ་བཤིག་པ; ཐེ་ཚེ་བཤིག་པ; དམ་ཕྱག་ཁ་ཕྱེ་བ;

537 Unsearchable, *a.* བཙོལ་ནས་ཐོབ་མི་ཐུབ་པ; འཚོལ་བས་མི་བརྙེད་པ; འཚོལ་དུ་མེད་པ; བཙོལ་ནས་རྙེད་མི་ཐུབ་པ;

538 Unseasonable, *a.* དུས་མིན; དུས་མ་ཡིན་པ; སྐབས་མིན; སྐབས་སུ་མ་བབ་པ;

539 Unseasoned, *a.* བྲོ་བ་འདོན་བྱེད་རྫས་མ་བཏབ་པ; རྫས་ཀྱི་བྲོ་འདོན་སྨན་སྣ་སོགས་མ་བཏབ་པ; དུས་སུ་མ་སྨིན་པ; ཉམས་མྱོང་མེད་པ;

540 Unseat, *v.t.* སྟོད་ས་འཁྲོག་པ; ཁྲི་ལས་འབབས་པ; ཁྲི་སྟེང་ནས་སྤྲབ་པ;

541 Unseaworthy, *a.* གྲུ་མཚོར་བྲེས་སུ་འཁྲུམས་མི་ནུས་པ; གྲུ་མཚོའི་འགྲུལ་པར་མི་འོས་པ; གྲུ་མཚོར་འགྲུལ་མི་འཕེར་བ;

542 Unseemly, *a.* མི་རིགས་པ; མི་རུང་བ; བག་མེད; བག་ལྡན་མིན་པ;

543 Unseen, *a.* མི་མངོན་པ; མ་མཐོང་བ; མི་མཐོང་བ;

544 Unsent, *a.* མ་བཏང་བ; བཏང་མེད་པ; མ་བསྐུར་བ;

545 Unserviceable, *a.* གོ་ཆོད་པོ་མ་ཡིན་པ; ཕན་ཐོག་པོ་མིན་པ; ཕན་མི་ཐོག; ལས་ཕེར་མིན; མི་ཕེར་བ; བྱ་བ་མི་ཕེར་བ; ཕེར་པོ་མིན་པ;

546 Unsettle, *v.t.* དཀྲུག་པ; དཀྲོག་པ; བརྟན་པོ་འདོན་པ; བརྟན་པོ་འབྱིན་པ;

547 Unsettled, *a.* ངེས་མེད; ཆ་ངེས་མེད་པ་སོམ་ཉི་ཅན; ཐག་མ་ཆོད་པ; ཐག་མ་བཅད་པ; དཀྲུགས་པ; དཀྲོགས་པ; བརྟན་པོ་འདོན་པ; བརྟན་པོ་མེད་པ;

548 Unshaken, *a.* མི་གཡོ་བ; མ་གཡོས་པ; མི་སྐྱོད་པ; མ་བསྐྱོད་པ; བརྟན་པོ; གཡོ་འགྲུལ་མེད་པ;

549 Unsheathe, *v.t.* ཤུབས་ནས་འདོན་པ; ཤུབས་ནས་འབྱིན་པ; ཤུབས་ནས་ཐོད་པ;

550 Unsheltered, *a.* ཡིབ་ཁྲང་ཉེ་དང་འཛབ་ས་མེད་པ་;

551 Unshrinking, *a.* བྱ་བ་ཉེན་ཀ་སོགས་ལས་མི་འཛུར་བ; མི་ལྡོག་པ; མི་འཛིགས་པ; མི་སྐྲག་པ;

552 Unshriven, *a.* ཉེས་པ་མ་བཤགས་པ; ལྷུང་བ་མ་བཤགས་པ; སྡིག་པ་མ་བཤགས་པ;

553 Unsightly, *a.* མི་སྡུག་པ; མི་མཛེས་པ; མཛེས་པོ་མེད་པ; ཁ་དོག་ཉེས་པོ; ལྟ་ན་མི་སྡུག་པ;

554 Unsisterly, *a.* སྲིང་མོ་ལྟ་བུ་མ་ཡིན་པ; སྲིང་ལྟར་མི་དུང་བ;

555 Unskilful, *a.* མི་སྤྱང་བ; སྤྱང་པོ་མིན་པ; རྩལ་མེད་པ; རྩལ་ཅན་མིན་པ; མི་མཁས་པའམ་མ་མཁས་པ; མི་སྐྱེན་པ; མི་གྱུང་བ; གྱུང་པོ་མིན་པ;

556 Unsociable, *a.* མི་གྲལ་མི་གཤོགས་པ; ཀུན་ལ་འཚེ་བ; འགྲོགས་པར་མི་མཐུན་པ; འགྲོགས་པར་མི་དགའ་བ;

557 Unsocial, *a.* ཀུན་དང་འགྲོགས་མི་བདེ་བ; སྐྱེ་ཀུན་དང་འདྲེ་བར་མི་དགའ་བ; དབེན་པར་དགའ་བ; མི་དམངས་དང་མི་མཐུན་པ; དམངས་ཕལ་པ་དང་མི་འགྲོགས་པ;

558 Unsoiled, *a.* དྲག་དྲིག་མེད་པ; དྲི་མར་མ་བྱུས་པ; དྲི་མས་མ་སྦགས་པ;

559 Unsold, *a.* མ་བཙོང་བ; བཙོང་མ་ཚར་བ; མ་བྲིམ་པ;

560 Unsoldierly, *a.* དམག་མིར་མི་འོས་པ; དམག་མི་ལྟ་བུ་མིན་པ; དཔའ་པོ་མིན་པ;

561 Unsolicited, *a.* མ་ཞུས་པ; སྙན་ཞུ་མ་ཕུལ་བ; མ་བསླངས་པ;

562 Unsophisticated, *a.* སླ་བ; མ་བཅོས་པ; བཅོས་མ་མ་ཡིན་པ; ལྷད་མེད; ལྷད་ཀྱིས་མ་བསླད་པ; མ་བསླད་པ; དངོས; ངོ་མ; ལས་སླ་པོ;

563 **Unsound**, *a.* ཁམས་མི་བདེ་བ; ཐང་པོ་མེད་པ; གཟུགས་པོ་ཐང་པོ་མེད་པ;

564 **Unsown**, *a.* མ་བཏབ་པ; ས་བོན་མ་བཏབ་པ;

565 **Unsparing**, *a.* སྙིང་རྗེ་མེད་པ; སྤྲི་མེད; སྤྲ་སྤྲི་མེད་པ; བསྤྲི་ཚགས་མི་བྱེད་མཁན; བསྤྲི་བ་མེད;

566 **Unspeakable**, *a.* བརྗོད་ལས་འདས་པ; བརྗོད་དུ་མི་ཤུབ་པ; བརྗོད་མེད; བརྗོད་དུ་མེད་པ; བརྗོད་བྱ་མིན་པ; བརྗོད་ཀྱིས་མི་ལང་བ;

567 **Unspoiled**, *a.* མེད་པར་མ་བཟོས་པ; མ་བརླགས་པ;

568 **Unspoken**, *a.* མ་ལབ་པ; མ་བརྗོད་པ; མ་སྨྲས་པ; མ་གསུངས་པ;

569 **Unspotted**, *a.* ཐག་ཐིག་མེད་པ; དྲི་མེད; དྲི་མ་མེད་པ; ཉེས་མེད;

570 **Unstable**, *a.* མི་བརྟན་པ; བརྟན་པོ་མེད་པ; མི་རྟག་པ; ཡིད་རྟོན་མི་འོས་པ;

571 **Unstained**, *a.* དྲི་མེད; དྲི་མར་མ་བྱས་པ; དྲི་མས་མ་སྦགས་པ;

572 **Unstamped**, *a.* ཊི་ཀ་སི་མ་སྦྱར་བ; ཊི་ཀཱཊ་མ་བརྒྱབས་པ; ཊི་ཀཱཊ་མ་སྦྱར་བ;

573 **Unsteadfast**, *a.* བརྟན་པོ་མེད་པ; མི་བརྟན་པ;

574 **Unsteady**, *a.* བརྟན་པོ་མེད་པ; མི་བརྟན་པ; མི་རྟག་པ; འགྱུར་བ;

575 **Unstring**, *v.t.* ལྕུགས་སྐྱུད་སྡུད་པ; ལྕུགས་སྐྱུད་སྒྲོག་པ; སྐྱུད་པ་སྒྲོག་པ; རྒྱུད་ཐག་འགྲོལ་བ; རྒྱུད་ཐག་དགྲོལ་བ; [illegible] གཏོང་བ; ལྷུག་ལྷུག་བྱེད་པ; ལྷུག་དུ་གཏོང་བ;

576 **Unstudied**, *a.* བསླབ་སྦྱོང་མ་བྱས་པ; མ་བསླབས་པ; སྔོན་ལ་བསམ་བློ་མ་བཏང་ནས་བྱས་པ;

577 Unsubstantial, *a.* དངོས་པོ་མེད་པ; དངོས་མེད; སྙིང་པོ་མེད་པ;

578 Unsuccessful, *a.* དོན་མ་གྲུབ་པ; དོན་མ་བསྒྲུབས་པ; བསོད་བདེ་སྐམ་པོ; མཐར་མ་ཕྱིན་པ;

579 Unsuitable, *a.* མི་འོས་པ; མི་རིགས་པ; མི་རུང་བ; མི་འགྲིག་པ;

580 Unsuited, *a.* མི་འོས་པ; མི་རིགས་པ; མི་འགྲིག་པ;

581 Unsullied, *a.* དྲི་མེད; དྲི་མར་མ་བྱས་པ; དྲི་མས་མ་སྦགས་པ;

582 Unsupported, *a.* རྒྱབ་སྐྱོར་མེད་པ; མ་བསྐྱོར་བ; རྒྱབ་མ་བྱས་པ; གྲོགས་མ་བྱས་པ;

583 Unsurpassed, *a.* གང་གིས་ཀྱང་དེ་ལས་མ་ལྷག་པ; དེའི་གོང་ན་གང་གིས་ཀྱང་ཁྱད་པར་དུ་མ་འཕགས་པ;

584 Unsuspected, *a.* དོགས་སྣང་མེད་པ; ཐེ་ཚོམ་མེད་པ; དོགས་པ་མ་བྱས་པ;

585 Unsuspecting, *a.* དོགས་སྣང་མེད་བཞིན་པའི; ཐེ་ཚོམ་མི་བྱེད་པའི; ཐེ་ཚོམ་མི་བྱེད་བཞིན་པ;

586 Unsustained, *a.* རྒྱབ་སྐྱོར་མ་བྱས་པ; མ་བཏེགས་པ; གྲོགས་མ་བྱས་པ; མ་བཟོད་པ; མ་བསྲུན་པ;

587 Unswept, *a.* ཕྱི་དོར་མ་བྱས་པ; མ་འཕྱགས་པ; ཕྱག་བདར་མ་བྱས་པ; གད་མ་བརྒྱགས་པ;

588 Unswerving, *a.* གཞུར་ཡ་མེད་པ; མི་འཛུར་བ; མི་གཞུར་བ; མི་འཁྱོལ་བ;

589 Unsymmetrical, *a.* དཔེ་བྱད་ཀྱིས་མི་བརྒྱན་པ; ཆུ་ཞེང་མི་འགབ་པ; མཆུ་ཞེང་མི་འགབ་བ;

590 Untainted, *a.* དྲི་མར་མ་བྱས་པ; དྲི་མས་མ་སྦགས་པ;

591 Untameable, *a.* འདྲིས་མི་བདུབ་པ; འདྲིས་པར་མི་ཉན་པ; འདྲིས་མི་ཚུད་པ; བརྟུལ་མི་ནུས་པ; འདྲིས་སུ་འཇུག་མི་ཐུབ་པ;

592 Untamed, *a.* ཀླིང་པོ་མ་བཅོས་པ; འདྲིས་སུ་མ་བཙུག་པ; མ་འདྲིས་པ; མ་དུལ་བ; མ་བདུལ་བ;

593 Untasted, *a.* མ་མྱངས་པ; བྲོ་བ་མ་མྱངས་པ; བྲོ་བ་མ་བལྟས་པ;

594 Untaught, *a.* མ་བསླབས་པ; བསླབ་སྦྱང་མ་བྱས་པ; (མ་ལོབ་པ; Collql.).

595 Untenable, *a.* མི་བརྟན་པ; བརྟན་པོ་མེད་པ; བདག་ཏུ་བཟུང་ནས་འཛོག་མི་ཐུབ་པ; སྐྱུང་མི་ནུས་པ;

596 Untendered, *a.* མ་ཕུལ་བ; འབུལ་ལམ་མ་ཕུས་པ;

597 Unthankful, *a.* བྱས་པ་ཆུད་གཟོན་པ; བྱས་པ་མི་ཚོར་བ; ཐུགས་རྗེར་མི་གསན་པ; དྲིན་མི་གསན་པ; དྲིན་མེད་གཟོ་བ; བྱས་པ་མི་གཟོ་བ; དྲིན་མི་བསམ་པ;

598 Unthinking, *a.* མི་བསམ་པ; བསམ་པ་མེད་པ; སེམས་འཁྲིང་མེད་པ; སེམས་འཁྲིང་མི་བྱེད་མཁན; སེམས་ཁྲེལ་མེད་པ; སེམས་འཁྲལ་མེད་པ; ཐུགས་ལས་མེད་པ; སེམས་ལས་མེད་པ; བསམ་མནོ་མེད་པ;

599 Unthought, *a.* མ་བསམས་པ; བསམ་བློ་མ་བཏང་བ; མ་མནོས་པ;

600 Unthoughtful, *a.* བསམ་མནོ་མེད་པ; མནོ་མེད; བསམ་པ་མེད་པ; བསམ་མེད;

601 Unthrift, or unthriftiness, *n.* ཕང་སེམས་མེད་པའི་ཚུལ; འཕྲོ་རླག་ཆེ་ལུགས;

602 Unthrifty, *a.* ཕང་སེམས་མེད་པ; ཕང་སེམས་ཅན་མིན་པ; བསྲི་མེད; འཕྲོ་རླག་མཁན;

603 Untidy, *a.* ཚར་དུ་མི་དངར་བ; ཀྲལ་མ་བསྒྲིགས་པ; རྫོར་པོ; སྤྱོད་ལམ་མི་མཁས་པ; གོན་སྟངས་མི་མཁས་པ; རྫོར་པོ; གཙང་སྦྲ་མེད་པ; འདྲ་མི་ཆགས་པ; འདྲ་ཆགས་པོ་མེད་པ;

604 Untie, *v.t.* མདུད་པ་བཤིག་པ; མདུད་པ་བཀྲོལ་བ; འགྲོལ་བ; དགྲོལ་བ;

605 Until, *pr. and ad.* དེ་ཐུག; མ་རན་བར; ཐུག་ལ; བར་དུ; དེའི་བར་དུ; བར་ལ; བར;

606 Untilled, *a.* མ་རྨོས་པ; ཞིང་མ་རྨོས་པ; རྨོན་པ་མ་བརྒྱབས་པ;

607 Untimely, *a.* དུས་མིན་གྱི; དུས་མིན; དུས་མ་ཡིན་པ; དུས་ལ་མ་བབ་པ; *adv.* དུས་ལ་མ་བབ་པར;

608 Untired, *a.* ཐང་མ་ཆད་པ; བྱ་བར་མི་སྐྱོ་བའམ་ངལ་དུབ་དུ་མི་སེམས་པ; སྐྱོ་དུབ་མེད་པ; མི་དུབ་པ; ངལ་དུབ་མེད་པ; སྐྱོ་ངལ་མེད་པ;

609 Untiring, *a.* མི་སྐྱོ་བ; མི་ངལ་བའི; མི་ངལ་བ; མི་དུབ་པ; ཐང་མ་ཆད་པ;

610 Unto, *prep.* ལ; ན; སུ; ཏུ; ར; དུ; རུ;

611 Untold, *a.* གྲངས་ཀ་རྒྱབ་མི་ཐུབ་པ; བགྲང་བར་མི་ནུས་པ; བརྗོད་དུ་མེད་པའི; མ་བརྗོད་པ; མ་ལབ་པ; མ་བཤད་པ; བརྗོད་ལས་འདས་པ;

612 Untouched, *a.* མ་རེག་པ;

613 Untoward, *a.* མི་མཐུན་པའི; འོག་ཏུ་མི་ཚུད་པའི; ཨུ་ཚུགས་ཆེ་པོ; མི་ཉན་པ;

614 Untowardly, *a.* མི་མཐུན་པར;

615 Untractable, *a.* དབང་གིས་མི་འཆུན་པ; འདུལ་མི་ཐུབ་པ; མི་ཐུལ་བ; མི་དུལ་བ; འོག་ཏུ་མི་ཚུད་པ; འོག་ཏུ་མི་གནོན་པ;

616 Untracked, *a.* རྗེས་འདེད་མེད་པ; རྐང་རྗེས་ཀྱི་རྗེས་སུ་མ་བསྙེགས་པ; (རྐང་རྗེས་མ་བཅད་པ; Sik.)

617 Untrained, *a.* དམག་སྦྱོང་མ་བསླབས་པ; དམག་རྩས་མ་བསླབས་པ; མ་བཙུན་པ; མ་སྦྱངས་པ; མ་བདུལ་བ; བསླབ་སྦྱངས་མ་བྱས་པ; མ་བསླབས་པ;

618 Untranslatable, *a.* སྒྲ་བསྒྱུར་མ་ཐུབ་པའི; སྒྱུར་དུ་མི་རུང་བ; སྒྲ་སྒྱུར་བར་མི་རུང་བ;

619 Untravelled, *a.* བྲེས་སྐུམ་སོང་བ; ཕྱོགས་སུ་མ་ཕྱིན་པ; བྲེས་མ་འགྲིམ་པ; འགྲུལ་མ་བརྒྱབས་པའི; འགྲིམ་འགྲུལ་མ་བྱས་པ;

620 Untried, *a.* མ་བརྟགས་པ; མ་བརྩོན་པ; མ་བརྩམ་པ;

621 Untrodden, *a.* ཀང་པས་མ་བརྫིས་པའི; མ་བཙགས་པ; ཀང་པས་མ་བཙགས་པ;

622 Untroubled, *a.* མ་འཁྲུགས་པའི་འི་མ་འཁྲུགས་པ; མ་དཀྲུག་པ;

623 Untrue, *a.* མི་བདེན་པ; རྫུན; བརྫུན; དྲང་པོ་མིན་པ; དམ་ཚིག་མེད་པ;

624 Untruly, *ad.* མི་བདེན་པར; བརྫུན་དུ;

625 Untruth, *n.* བརྫུན; སྐྱག་རྫུན; ཞལ་རྫུན; ཧམ་པ; རྫུན་ཚིག;

626 Untruthful, *a.* བརྫུན་ཅན; ཧམ་པ་ཅན; དྲང་པོ་མིན་པ;

627 Untutored, *a.* མ་བསླབས་པ; དགེ་རྒན་མ་བསྟེན་པ; སློབ་དཔོན་མ་བསྟེན་པ;

628 Untwine, *v.t.* དཀྲིས་བཤིག་པ; དཀྲིས་འགྲོལ་བ; གྲིམ་བཤིག་པ; དཀྲིས་པ་བཤིག་པ; བསྒྲིམས་ག་ཤིག་པ;

629 Untwist, *v.t.* གྲིམ་སློག་པ; གྲིམ་སློག་རྒྱབ་པ; བཙུས་ལོག་རྒྱབ་པ; བཙུས་བཤིག་པ; བཙུས་འགྲོལ་བ;

630 Unusual, *ad.* ཕལ་པ་མ་ཡིན་པ; དུས་རྒྱུན་དང་མི་འདྲ་བ; སྔར་སྲོལ་མེད་པ; སྔོན་མ་བྱུང་བ; ཁྱད་པར་དུ་འཕགས་པ; དཀྱུས་མ་མིན་པ;

631 Unutterable, *a.* བརྗོད་དུ་མེད་པ;. བརྗོད་མེད; བརྗོད་ལས་འདས་པ; བརྗོད་ཀྱིས་མི་ལང་བ;

632 Unvaried, *a.* མི་འགྱུར་བ; འགྱུར་མེད; རྟག་པ; མ་གྱུར་བ; མ་བསྒྱུར་བ;

633 Unvarnished, *a.* རྩི་མ་བཏང་བ; ཕྱིས་དེ་རྩི་མ་བཏང་བ; བཀྲག་རྩི་མ་བྱུག་པའི་སྣག་རྩི་མ་བཏང་བ;

634 Unvarying, *a.* མི་འགྱུར་བ; འགྱུར་བ་མེད་པ; རྟག་པ; བརྟན་པ; ཐེར་ཟུག;

635 Unveil, *v.t.* ངོ་ཁེབས་བཤུ་བ; ཁེབས་ཕྱེ་བ; གདོང་ཁེབས་འབྱེད་པ;. ཁེབས་སང་བ; གདོང་ཁེབས་སང་བ;

636 Unviolated, *a.* མ་ཉམས་པ; ཁྲིམས་སོགས་མ་ཉམས་པ; གཡེམ་མ་བྱས་པ; ལོག་གཡེམ་མ་བྱས་པ; བྱི་བོ་མ་བྱས་པ; མ་བཀྲོས་པ; ཨི་གཙང་བ་མ་བྱས་པ; ཆགས་པ་མ་སྤྱད་པ; སྐྱོན་གྱིས་མ་གོས་པ; གནོད་པ་མ་བྱས་པ;. སྐྱོན་མ་བྱས་པ;

637 Unvisited, *a.* མ་མཇལ་བ; མ་ཕྲད་པ; མ་ཐུག་པ; ལྟ་རྟོག་མ་བྱས་པ;. གཟིགས་རྟོག་མ་གནང་བ;

638 Unwarily, *ad.* མ་རིག་པར; མ་ཚོར་བར; ཟོན་མེད་པར; ཟོན་མ་བྱས་ནས; དོགས་ཟོན་མ་བྱས་ནས;

639 Unwarrantable, *a.* མི་རིགས་པ; མི་འོས་པ; མི་རུང་བ; ཁྲིམས་དང་འགལ་བ;

640 Unwarranted, *a.* མི་རིགས་པའི; བཀའ་ཤོག་མེད་པ;
འགྱུགས་རྒྱའམ་འགྱུགས་ཤོག་མེད་པ;

641 Unwary, *a* སྣང་བ་མེད་པ; རྟོག་པ་མེད་པ; ཟོན་མེད;
དོགས་ཟོན་མེད་པ;

642 Unwashed, *a* མ་འཁྲུས་པ; མ་ཁྲུས་པ; མ་བཀྲུས་པ;

643 Unwasted, *a.* མ་བརླགས་པ; མ་བཏོར་བ; མེད་པར་མ་བཟོས་པ;
འཕྲོ་བརླག་མ་བཏང་བ;

644 Unwatched, *a.* ལྟ་རྟོག་མ་བྱས་པ; ལྟ་སྐྱུལ་མ་བྱས་པ; མ་བསྲུངས་པ;
བྱ་ར་མ་བྱས་པ; མེལ་ཚེ་མ་བྱས་པ;

645 Unwavering, *a.* མི་གཡོ་བ; མི་སྐྱོད་པ; མི་འགྱུལ་བ; བརྟན་པོ;

646 Unwearied, *a.* མ་ངལ་བ; སྐྱོ་ངལ་མེད་པ; ཐང་མ་ཆད་པ;
མ་དུབ་པ; མ་མཉིལ་བ;

647 Unweighed, *a.* སྲང་ལ་མ་བཏེགས་པ; རྒྱ་མ་སོགས་ལ་མ་བཏེགས་པ;
མ་བཏེགས་པ; མ་འགྲིགས་པ; མ་ཁྲོག་པ;
མ་བཀུག་པ;

648 Unwelcome, *a* ཡོང་བས་མི་དགའ་བ; ཉམས་མི་དགའ་བ; དགའ་
ནས་མ་བསུས་པའི; ཕེབས་བསུ་མ་བྱས་པའི;
ལེགས་འོང་མ་བྱས་པ; ཕྱག་ཕེབས་མ་ཞུས་པ;
ཁམས་འདྲི་མ་བྱས་པ; སྣུན་མ་དྲིས་པ;

649 Unwell, *a.* མ་བདེ་བ; གཟུགས་མི་བདེ་བ; ཁམས་མི་བདེ་བ;
ན་བ;

650 Unwholesome, *a.* ཁམས་དང་མི་འཕྲོད་པ; དང་ཁར་མི་འགྲོ་བ; ཉམས་
མི་དགའ་བ; རྫས་ཡོག་དུག་ཅན;

651 Unwieldiness, *n.* ལག་ལེན་མི་བདེ་ལུགས; འགྱུལ་སྐྱོད་མི་བདེ་ཚུལ;
ཆོང་ཚོད་ཆེ་ཚུལ; བོང་ཚད་ཆེ་སྟངས; སྦོམ་སྟངས;

652 Unwieldy, *a.* བསྒྱུར་མི་བདེ་བའི ; ལག་ལེན་མི་བདེ་བ ; སྤྱབས་མི་བདེ་བ ; འགྱུལ་སྐྱོད་མི་བདེ་བ ; བོང་ཚོད་ཆེན་པོ ; བོང་ཆེན ; སྦོམ་པོ : སྦོམ་པ ; ཁ་ལོ་མི་འཆུན་པ ; དབང་གིས་མི་འཆུན་པ ; འོག་ཏུ་མི་ཚུད་པ ;

653 Unwilling, *a.* བློ་འདོད་མེད་པའི ; བྱེད་འདོད་མེད་པའི ; མི་འདོད་པ ; མི་དགའ་བ ; མི་འཐད་པ ;

654 Unwillingly, *ad.* བྱ་སྙིང་མི་འདོད་བཞིན་དུ ; མི་འདོད་པར ; མ་དགའ་བར ; མ་འཐད་པར ;

655 Unwillingness, *n.* བྱ་སྙིང་མི་འདོད་པ་ཉིད ; མི་འདོད་སྟངས ; མི་དགའ་ཚུལ ;

656 Unwise, *a.* མི་མཁས་པ ; མཁས་པ་མིན་པ ; གུང་པོ་མིན་པ ; བླུན་པོ ; མིག་རྒྱང་རིང་པོར་མི་སེམས་པ ; མཐའ་ཕྱུགས་མི་བསམ་མཁན ;

657 Unwisely, *ad.* མི་མཁས་པར ; བློ་ཞན་ལུགས་ཀྱིས ; བླུན་པོའི་ཚུལ་གྱིས ; ཕྱུགས་ལ་མ་ཐྲས་བར ;

658 Unwitnessed, *a.* དཔང་པོ་མེད་བཞིན་པའི ; དཔང་པོ་མ་བྱས་པ ; རམ་སྒྲུད་པ ; མ་མཐོང་བ ;

659 Unwittingly, *ad.* མ་རིག་པར ; མ་ཤེས་པར ; མ་ཤེས་ནས ; མི་ཤེས་བཞིན་དུ ;

660 Unwomanly, *a.* སྐྱེ་དམན་གྱི་ཚུལ་དང་མི་ལྡན་པ ; བུད་མེད་ལ་མི་འོས་པ ;

661 Unwonted, *a.* དུས་རྒྱུན་དང་མི་འདྲ་བ ; བརྒྱ་ལམ ; མ་གོམས་པ ; མ་འདྲིས་པ ; ཕལ་པ་མིན་པ ; དུས་རྒྱུན་གྱི་ལུགས་དང་མི་འདྲ་བ ;

662 Unworn, *a.* མ་གྱོན་པ ; མ་གོན་པ ; མ་ཟད་པ ;

663 Unworthily, *ad.* མི་འོས་པར; འོས་བབ་མ་བལྟས་ནས; སྐལ་བབ་མ་བལྟས་ནས; བབ་དང་མ་བསྟུན་ནས; འོས་མ་བརྩིས་ནས;

664 Unworthiness, *n.* མི་འོས་པའི་ཚུལ;

665 Unworthy, *a.* མི་འོས་པ; འོས་པ་མིན་པ; འོས་འགབ་མིན་པ; འོས་བབ་མེད་པ; བབ་མེད་པ; བབ་མིན་པ; བབ་འོས་མེད་པ; བབ་འོས་མིན་པ;

666 Unwounded, *a.* རྨ་སྐྱོན་མེད་པ; རྨ་མ་བཟོས་པ; མ་རྨས་པ; སྐྱོན་མ་བྱུས་པ;

667 Unwritten, *a.* ཡི་གེར་མ་བཀོད་པ; ཡི་གེར་མ་བྲིས་པ; ཁའི; ཁ་ཡི;

668 Unyielding, *a.* ཉར་མི་བདུབ་པ; ཕམ་ཁ་མི་ལེན་པ; ཁས་མི་ལེན་པ; མི་ཉན་པ; མགོ་མི་དགུར་བ; མགོ་གདད་མི་ཕྱུ་བ; ཨུ་ཚུགས་ཚ་པོ; མཉེན་པ་མིན་པ; མཉེན་པོ་མིན་པ; གྲོང་པོ; མགོ་བདགས་མི་འཆོལ་བ;

669 Up, *ad.*, *prep.* སྟེང་དུ; ཡར་ལ; སྟེང་ལ; སྒང་ལ; སྟེང; ཡར;

670 Upanishad, *n.* ཧིན་དུའི་བསྟན་བཅོས;

671 Upas, *n.* ཤིང་སྡོང་ཨནྟ་ཛར་རས་ཨན་ཙར་ཞེས་བྱ་བའི་ཁྲ་བའམ་བཙུད; སྦྲོ་དུག་བཙན་པོ་ཞིག;

672 Upbraid, *v.t.* གཤེ་བ; གཤེ་གཤེ་གཏོང་བ; བཀའ་བཀྱོན་པ; བཀའ་བཀྱོན་གནང་བ;

673 Upbraiding, *n.* གཤེ་གཤེ; (བཀའ་བཀྱོན; Hon.)

674 Upcast, *a.* ཡར་བྲིང་བ; ཡར་འཕང་པ; གྱེན་དུ་བརྫེས་པ;

675 Upheave, *v.t.* མཐོ་བར་བྱས་པ; མཐོ་སར་སྐྱེལ་བ; ཡར་འཕྲུ་བ; ཡར་སློང་བ; ཡར་འདེགས་པ; འཕྱུར་བ; ཡར་འཕྱུར་བ; འབུར་དུ་འཐོན་པ; ས་སོགས་འབུར་དུ་ལང་བ;

676 Uphill, *a.* ཁ་གྲེན; ཁག་པོ; དཀའ་ལས་ཁག་པོ; གྲེན;

677 Uphold, *v.t.* སྲོལ་གཟུང་བ; འདེགས་པ; ཡར་འདེགས་པ; རྟེན་པ; རྒྱབ་སྐྱོར་བྱེད་པ;

678 Upholder, *n.* སྲོལ་གཟུང་མཁན; འདེགས་མཁན;

679 Upholsterer, *n.* ཉལ་ཁྲི་དང་ཁྱིམ་ནང་ཆས་སོགས་འཚོང་མི; ཁྱིམ་གྱི་ཡོ་བྱད་འཚོང་མཁན;

680 Upland, *n.* རི་མཐོ་ས; ས་མཐོན་པོ; ས་ཆ་མཐོན་པོ;

681 Uplift, *v.t.* ཡར་བཏེག་པ; ཡར་འདེགས་པ; ཡར་སློང་བ; ཡར་འབྱུ་བ; ཡར་ལེན་པ;

682 Upmost, *a.* མཐོ་ཤོས; ཚང་མའི་སྟེང་མ; བླ་ན་མེད་པ; རྩེ་མ; རྩེ་ཤོས; སྟེང་ཤོས;

683 Upon, *prep.*, *adv.* སྟེང་དུ; དེ་ཐོག; གོང་དུ; སྒང་ལ; སྟེང་ལ; ཐོག་ཁར; སྟེང; སྒང;

684 Upper, *a.* ཡ་གི; སྟེང་ན; ཐོག་མ; གོང་མ;

685 Upper hand, *n.* ཟུས་ཁ; ཟུས་བདེ; རྒྱལ་བ; རྒྱལ་ཁ; ཟུས་ལེགས; རྒྱལ་སྟངས; རྒྱལ་ཁ་འཐོན་སྟངས;

686 Uppermost, *a.* ཀྱི་སྟེང་མ; ཐམས་ཅད་ཀུན་གྱི་གཙོ་བོ; མཐོ་ཤོས; སྙིང་ཤོས; ཆེ་ཤོས; ཚད་དབང་ཆེ་ཤོས; བླ་ན་མེད་པ; གོང་མ; གཙོ་བདག;

687 Uppish, *a.* མཐོ་འདོད་ཅན; ཡིན་མདོག་ཁ་པོ; ཐྱམ་འདོད་ཆེན་པོ;

688 Upright, *a.* དྲང་པོ; ཀྱེར་ཀྱེར; ཀྲོང་ཀྲོང; ཀྱེ་རེ; ཀྱེར; ཀྱེ་རེ; ཀྲོང; ཀྱེར་མོ; ཀྲོང་མོ;

689 Uprightness, *n.* དྲང་ཚུལ; དྲང་སྟངས;

690 Uprising, *n.* ཡར་ལང་ཚུལ; གྱེན་ལ་འཛེག་སྟངས; ངོ་ལོག;
འབངས་ཁ་བསྡེབས་ཏེ་ངོ་ལོག; འབངས་ཁ་
འགྲིལ་ཏེ་གྱེན་ལོག;

691 Uproar, *n.* ཅུར་སྒྲ; ཀུ་ཅོ; ཅ་ཅོ; ཀི་ལི་ཀི་ལ; ཅུར; ཅུར་སྒྲ;

692 Uproarious, *a.* ཀུ་ཅོ་ཅན; ཅ་ཅོ་ཅན; ཅ་ཅོ་ཆེ; ཅུར་སྒྲ་ཅན;

693 Uproot, *v.t* རྩ་བ་ནས་བཀོག་པ; ར་བཀོག་པ; རྩ་བ་འགོག་པ;
ཧྲུངས་ནས་འབྱིན་པ; རྩ་བ་འདོན་པ; རྩ་བ་ནས་
འདོན་པ; ར་རྩ་བཀོག་པ;

694 Upset, *v.t.* མགོ་མཇུག་སློག་པ; ཁ་སྦུབ་སློག་པ; སྟེང་འོག་སློག་པ;
སློག་པ;

695 Upshot, *n.* ཇོ་ཁ; སྙིང་པོ; ཇོག་ཁ; མཐར་འབྲས; དོན་སྙིང;

696 Upside, *n.* ངོས་སྟེང་མ; སྟེང་གི་ངོ; སྟེང་གི་ངོས; སྟེང་གི་ཕྱོགས;

697 Upstart, *n.* མ་རབས་མཐོ་སར་འཁོད་པ; གློ་བུར་དུ་ཕུན་སུམ་
ཚོགས་པར་གྱུར་པ; གློ་བུར་དུ་འབར་བ; *a.* གློ་བུར་
དུ་ཕུན་སུམ་ཚོགས་བཙུག་པའི;

698 Upstay, *v.t.* ཡར་བཏེག་པ; ཡར་འདེགས་པ;

699 Upturn, *v.t.* ཡར་སློག་པ; ཡར་སྒྱུར་བ;

700 Upward, *a.* ཡར་ཕྱོགས་པ; ཁ་ཡར་བལྟས; ཁ་ཡར་བདད་པ;
ཡར་བདད་པ;

701 Uranus, *n.* གཟའ་སྐར་གཅིག་གི་མིང;

702 Urban, *a.* གྲོང་ཚོའི; གྲོང་གི; གྲོང་ཁྱེར་གྱི;

703 Urbanity, *n.* འགྲོ་ལུགས་མཁས་སྟངས; ཡ་རབས་བཟང་པོའི་ཚུལ;
སྤྱོད་ལམ་ཟབ་སྟངས; བཟང་སྤྱོད; ཁ་འདི་འཛམ་
སྟངས;

704 Urchin, *n.* བྱིའུ་རང; ཕྲུ་གུ་གནོད་བསྐྱལ་འདོད་ཅན; ཕྲུག་གུ་ཚུབ་ཐེར; ཕྲུག་གུ་སྤྱོད་པ་རྩིང་པོ; ལྷ་མོ; མཁའ་འགྲོ་མ;

705 Urge, *v.t.* ནན་གྲིས་སྐུལ་བ; ཨུ་ཚུག་བྱེད་པ; ཨུ་ཚུགས་བྱེད་པ; ནན་ཏན་བྱེད་པ; ནན་ཏུར་བྱེད་པ; ནན་ཐུར་བྱེད་པ;

706 Urgency, *n.* གལ་ཆེ་ཚུལ; གལ་པོ་ཆེ; དོ་གལ; གལ; གནད; མདོ; མཁོ་བ; དགོས་པ,

707 Urgent, *a.* གལ་ཆེན་པོ; གལ་ཆེ་བ; མཁོ་ཆེན་པོ; དགོས་པ་ཆེན་པོ; ཛ་དྲག; ཚ་འདོད་ཀྱི; གལ་འགག་ཅན;

708 Urgently, *ad.* གལ་པོ་ཆེར; གལ་ཆེ་བར; གལ་ཆེ་བྱུས་ནས;

709 Urinate, *v.t.* གཅིན་གཏང་བ; ཆབ་གསང་གཏང་བ; གཅིད་པ; གཅིན་གཅིད་པ; གཅིན་གཅི་བ; (དྲི་ཆུ་གསོལ་བ; Hon.) (Hon. ཆབ་གསོལ་བ;) གཅིན་གཏོང་བ; (སྐུ་གསང་གནང་བ; གསང་ཆབ་གནང་བ; Hon.).

710 Urine, *n.* གཅིན་པ; (དྲི་ཆུ; གཅིན;) (ཆབ་གསང; སྐུ་གསང; Hon.).

711 Urn, *n.* ཐུམ་པ; སྐུ་གདུང་གི་སྒྲོམ་བུ; གཏེར་གྱི་སྒྲོམ་བུ; གདུང་རིང་སྲེལ་གྱི་སྒྲོམ་བུ;

712 Ursa, *n.* བྱང་སྐར་དོམ་ཞེས་པ་ཆེ་ཆུང་གཉིས་ཡོད་པ་དེའོ;

713 Us, *pron.* ང་ཚོ་ལ; ང་ཚོར; ངེད་ཅག་ལ; ངེད་ཚོ་ལ; ངེད་དག་ལ; ངེད་རྣམས་ལ;

714 Usage, *n.* བྱེད་སྟངས; འགྲོ་ལུགས; སྲོལ; ལུགས་སྲོལ; སྤྱོད་པ; སྤྱོད་ལམ; སྤྱོད་ཚུལ; སྤྱོད་སྟངས; ལར་རྒྱུ; ལག་རྒྱུ; འབྲེལ་ཚུལ; འབྲེལ་སྟངས; མཐུན་གཞིབས་གང་ཆེ; མཐུན་གཤིབས; མཐུན་ལམ;

715 Use, *n.* མཁོ་བྱེད; ཕན; མཁོ; ཕན་ཆ; ལག་ལེན;
ལག་ལེན་བྱེད་སྟངས;

716 Useful, *a.* ཕན་ཐོགས་པོ; མཁོ་ཅན; མཁོ་ཆེན་པོ; གོ་ཆོད་པོ;

717 Usefully, *ad.* ཕན་པར; ཕན་ཐོགས་པོར;

718 Usefulness, *n.* ཕན་ཐོགས་ཚུལ; ཕན་པ; ཕན་སྟངས;

719 Usher, *n.* མགྲོན་གཉེར; མགྲོན་པོ་སློ་ནས་ཁྲིད་དེ་གྲལ་བཙུག་མི;
ཡར་གསལ་ཞུ་མཁན; སྙན་གསན་ཞུ་མཁན;
སྙན་གསྣར་འབེབས་མཁན;

720 Usual, *a.* དུས་རྒྱུན་བཞིན; དུས་རྒྱུན་ལྟ་བུ; ལུགས་བཞིན;
ཕལ་པ;

721 Usually, *ad.* དུས་རྒྱུན་དུ; དག་པར; ཕལ་ཆེར; ལུགས་བཞིན་དུ;

722 Usurer, *n.* བུན་སྐྱེད་ཆེན་པོར་གཏོང་བ་པོ; སྐྱེད་དུ་གཏང་མཁན;
སྐྱེད་ལ་སྐྱེད་འཕེལ་བུན་གཏོང་མཁན; སྐྱེད་འཁྲི་
ཆེན་པོའི་བུན་གཏོང་མཁན;

723 Usurp, *v.t.* ཚད་དབང་བཙན་འཕྲོག་བྱེད་པ; འོས་བབ་མེད་པར་
ལེན་པ; ཐོབ་སྐལ་ལས་ཐོབ་ཐང་མེད་པར་ལེན་པ;

724 Usurpation, *n.* ཚད་དབང་བཙན་འཕྲོག;

725 Usurper, *n.* ཚད་དབང་འཕྲོག་མཁན; འཕྲོག་མཁན;
མ་བྱིན་པར་ལེན་མཁན;

726 Usury, *n.* དངུལ་སྐྱེད་ཆེན་པོ་བླངས་ནས་བུན་གཏོང་སྟངས;
མི་རིགས་པའི་སྐྱེད; མི་རུང་བའི་སྐྱེད; སྐྱེད་ལ་སྐྱེད་
རྩིས་བྱེད་སྟངས;

727 Utensil, *n.* སྣོད; སྣོད་ཀྱོག; ལྕུགས་ཆས; ལག་ཆས; ལག་ཆ;
ཐབ་ཆས;

728 Utility, *n.* ཕན་ཐོགས; གོ་ཆོད; ཕན་པ;

729 Utilize, *v.t.* གོ་གཅོད་པ; གོ་ཆོད་པ; ཕན་པ་སྒྲུབ་པ; གཡོག་ཏུ་བཀོལ་བ; གཡོག་ཏུ་འཁོལ་བ; དོན་སྒྲུབ་པ;

730 Utmost, *a.* གང་ཐུབ་ཐུབ; གང་ནུས; ད་ཅང་རིང་ཤོས; ད་ཅང་ཆེ་ཤོས;

731 Utopian, *a.* སེམས་སྣང་སྒྱུ་མ་ལྟ་བུའི; སེམས་ཀྱི་འཆར་སྒོ་ལྟ་བུ; བསམ་པའི; བསམ་པ་ཙམ;

732 Utter, *v.t.* བརྗོད་པ; སྒྲ་བརྗོད་པ; སྨྲ་བ; ལབ་པ; སྒྲ་འབྱིན་པ; གནས་ཚུལ་གྱི་ཡི་གེ་སོགས་བཀྱེ་བའམ་འགྲེམས་པའམ་བཀྲམ་པའམ་ལག་པ་བརྒྱུད་པ; སྐད་འདོན་པ;

733 Uttering, *n.* སྒྲ་བརྗོད;

734 Utterance, *n.* སྒྲ་བརྗོད; བརྗོད་སྟངས; སྨྲ་ཚུལ; བརྗོད་པ; སྨྲ་བ; སྦྱོར་ཀློག;

735 Utterly, *ad.* རྩ་བ་ཉིད་ནས; རྩ་བ་ནས; རྩ་ནས; ཐད་ནས; ཐམས་ཅད; ཡོངས་སུ;

736 Uttermost, *a.* མཐར་ཐུག; མཐའ་ཤོས; མཐའ་མ; ད་ཅང་རིང་ཤོས;

737 Uxorious, *a.* སྐྱེ་དམན་གྱི་འདོད་ཁར་གཏང་མི; ཆུང་མར་དད་ཅན; ཆུང་མའི་ཁོལ་པོ; ཆུང་མའི་དབང་ཁ་ཅན; ཆུང་མའི་ཁ་རྩར་འདུས་པ;

738 Uxoriously, *ad.* སྐྱེ་དམན་ལ་དད་ཅིང; ཆུང་མའི་ཁོལ་པོར་གྱུར་ནས;

V

1 Vacancy, *n.* སྟོང་ཆ; གདན་ཐོབ་སྟོང་པ; ལོང; ཁོམ་པ; སྟོང་པ; མ་ངེས་པའི་གོ་གནས;

2 Vacant, *a.* སྟོང་པ; བདག་མེད; བདག་ཏུ་མ་བཟུང་བ; ལོང་ཡོད; ཙོག་པ;

3 Vacate, *v.t.* སྟོང་པར་བཞག་པ; སྤྱོང་བ; སྟོང་པ་བཟོ་བ; སྟོངས་པ; ས་གནས་སྟོངས་པ; གོ་ས་འཇོག་པ; གོ་གནས་དོར་བ;

4 Vacation, *n.* དགོངས་པ; ལོང; ལོང་ཡོད་པའི་དུས; ཆོས་མཚམས; དགོངས་སང; གུ་ཡངས; ཆོས་སང;

5 Vaccinate, *v.t.* སྨན་འཛུག་པ; འབྲུཾ་བུའི་སྨན་འདེབས་པ; འཆོག་པ; བཙོག་པ; གཙོག་པ; འབྲུམ་འཛུག་པ; འབྲུམ་སྨན་འཛུགས་པ; འབྲུམ་འཚུགས་པ;

6 Vaccination, *n.* འབྲུཾ་བུའི་སྨན་ལུས་ལ་འཛུག་རྒྱུ་དེ; སྨན་འཛུགས་སྟངས; འཆོག་སྟངས;

7 Vaccine, *a.* འབྲུཾ་སྨན་འཛུག་སྐོར; སྨན་འཛུགས་པའི་སྐོར; འཆོག་པའི་སྐོར;

8 Vacillate, *v.i.* ཡོམ་ཡོམ་བྱེད་པ; ཁྲུག་ཁྲོག་བྱེད་པ; ཡོམ་པ; ཐེ་ཚོམ་ཟ་བ; རིམ་རྒྱང་བྱེད་པ; པར་སྐྱེལ་བྱེད་པ; པར་རྒྱང་བྱེད་པ;

9 Vacillation, *n.* ཡོ་ཁྲོམ; བློ་ཐེ་ཚོམ; བློ་འགྱུར་མདོག; ཡོམ་བའི་བྱ་བ;

10 Vacuity, *n.* སྟོང་པ་ཉིད; སྟོང་པ; སྟོང་ཆ;

11 Vacuum, *n.* སྟོང་པའི་ས; སྟོང་པ; སྟོང་ཆ;

12 Vagabond, *n.* མི་འཁྱམ; ཨན་པ; འཁྱར་བ; འཁྱམས་པོ; མི་འཁྱར; མི་ཨན་པ;

13 Vagary, *n.* སེམས་ཡིངས; ཡང་མ་ཡིངས; གར་མཉོ་མེད; གར་དྲན; གང་དྲན་དྲན; སེམས་ཀྱི་ཡན་དུ་ཤོར་སྟངས; སེམས་གཡེང་སྟངས; འདིག་རྒྱུ; སེམས་འཁྲོད་པ;

14 Vagrant, *a.* ཡན་པ; འཁྱམས་པོ; *n.* མི་འཁྱམས་པོ; སྤྱོང་མཁན; སྤྱོང་མོ་པ;

15 Vague, *a.* གསལ་པོ་མེད་པ; བསམ་པ་མི་གསལ་བ; ངེས་མེད; གཡེང་བའི; ཁྲིག་ཁྲིག་མེད་པ; ཐེ་ཚོམ་ཅན; དོན་མེད;

16 Vaguely, *ad.* མི་གསལ་བཞིན་དུ; མི་གསལ་བར; ངེས་པ་མེད་པར;

17 Vagueness, *n.* མ་ངེས; རྒྱ་ཡན; གསལ་པོ་མེད་ཚུལ; གཡེང་ཚུལ;

18 Vail, *n.* གདོང་ཁེབས; ངོ་ཁེབས; ལུས་ཁེབས; ཁེབས; སང་རས; གསང་རས; གདོང་གསང; གདོང་རས;

19 Vain, *a.* ཆོ་མེད; མཆོར་པོ; དོན་མེད; འཕྱུར་པོ; རང་སྤྱོད་ཚ་པོ; རང་འདོད་ཚ་པོ; ཡིན་མདོག་ཁ་པོ; རང་མཐོང་ཅན;

20 Vainglorious, *a.* ང་རྒྱལ་ཅན; རང་མཐོང་ཅན; རང་སྤྱོད་ཚ་པོ; རང་སྤྱོད་ཅན;

21 Vainglory, *n.* རང་མཐོང; རང་སྤྱོད; བདག་སྤྱོད; རང་རྒྱང;

22 Vainly, *ad.* དོན་མེད་པར;

23 Vale, *n.* ལུང་པ; རོང; གཞོང; གཞོངས;

24 Valediction, *n.* ཕེབས་བསྐྱལ་བྱེད་བཞུར; ཚིག་གི་ལེགས་སྐྱེམ; ལེགས་སྐྱེམ་གྱི་ཚིག; འབྲལ་ཁའི་ཚིག; འབྲལ་ཚིག;

25 Valedictory, *a.* འཕེབས་བསྐྱལ་བྱེད་ཅིག་ཅེས་པའི; འབྲལ་ཁའི་ཚིག་རྫོད་བཞིན་པ; དགོངས་པ་ཞུ་བཞིན་པ; ལེགས་སྐྱེམ་ཚིག་གི;

26 Vakeel, *n.* (E. Ind.) ཕྱི་བློན་སྐུ་ཚབ; ཁྲིམས་སར་ཁ་ཚབ; སྐུ་ཚབ;

27 **Valence**, *n.* མལ་ཁྲིའི་གཤམ་ཡོལ;

28 **Valenciennes**, *n.* འཆོམ་བྲུབ་སྤྲུས་ལེགས་ཞིག;

29 **Valentine**, *n.* ཆུང་སྐྱིས་མཛའ་བོ; མཛའ་མོ; སྙིང་སྡུག; མཛའ་གཅུགས; བློ་ཉེ; བྱམས་པ; ཁྱད་པར་དུ་ཕྱི་ཟླ་གཉིས་པའི་ཚེས་བཅུ་བཞི་ལ་བདམས་པའི་མཛའ་བོའམ་མཛའ་མོ; གསང་ཡིག; ཀ་བཤད; ཀ་བསྐོམ; ཕྱི་ཟླ་གཉིས་པའི་ཚེས་བཅུ་བཞི་ལ་བཏང་བའི་མཛའ་གྲོགས་ཀྱི་གསང་ཡིག;

30 **Valet**, *n.* སྐུ་མདུན་པ; ཞབས་ཕྱི; ཞལ་ཏ་པ; སྐུ་གཙར་པ; or ཞལ་ལྟ་པ;

31 **Valetudinarian**, *a.* ནད་གཅོང་ཅན; གཅོང་ནད་ཀྱི་སྐྱོར; གཅོང་པོ; གཅོང་སྐྱེ;

32 **Valiant**, *a.* སྙིང་སྟོབས་ཅན; དཔའ་བོ; སྙིང་མཚན་ཅན; བློ་སྟོབས་ཆེན་པོ;

33 **Valid**, *a.* རིགས་པ; ཐུང་བ; འོས་པ; མདོ་ཁ་ཅན; འདོ་ཡོད; མདོ་ཅན;

34 **Validity**, *n.* བདེན་པར་གྲུབ་པའི་གཏན་ཚིགས; ཚིག་དོན་ནོ་བའམ་ཟློག་ག་ཅན; བདེན་པར་གཞི་བཅའ་བ; བདེན་པར་གྲུབ་པའི་སྟོབས; འཐད་པའི་ཚིག;

35 **Validate**, *v.t.* ཐུང་བར་བྱེད་པ; མདོ་ཁ་ཡོད་པ་བཟོ་བ;

36 **Valise**, *n.* ཀོ་སྒྲོམ་འཁྱེར་བདེ;

37 **Valkyr**, *n.* ནོར་ཁྲི་ལྷུང་པའི་སྐྱུང་ལྷར་ན་ཁོ་པའི་ལྷ་ཨོ་ཏིན་ཞེས་པའི་འཁོར་དུ་ལྷ་མོ་མི་བོ་དམག་དུ་ཤི་རྒྱུ་ལུང་བསྟན་མི;

38 **Valley**, *n.* ལུང་ཀོང; ལུང་པ; རོང; གཞོང; ལུང་ལག; གཞོངས;

39 Valorous, *a.* སྙིང་སྟོབས་ཅན; རྒོད་པོ; དཔའ་བོ;

40 Valour, *n.* བློ་སྟོབས; སྙིང་སྟོབས; དཔའ; དཔའ་བ;

41 Valuable, *a.* རིན་ཐང་ཅན; མཁོ་ཅན; གོང་ཆེན; གཅོགས་ཆེན;
སྣང་ཆེན; རྩ་ཆེན;

42 Valuation, *n.* རིན་ཚད; གོང་ཚད་རྒྱབ་སྟངས; གོང་ཚད་དཔྱོད་སྟངས;

43 Value, *n.* རིན; གོང; བཟོ; རིན་ཐང; གོང་ཐང; གོང་ཚད;

44 Valueless, *a.* རིན་མེད; སྣང་མེད; མཁོ་མེད;

45 Valve, *n.* སྒོ་བཀྲུབ་རྒྱུ་ཡོད་པའི་སྒོ་འདབ་ཅིག;
སྒོ་འཕར་ལྕེབ་ཅན་གྱི་ཡ་གཅིག་གམ་ཕྱེད་ཆ་གཅིག;

46 Vambrace, *n.* ལག་ངར་གྱི་ཐོག་ཏུ་གོན་རྒྱུའི་གོ་ཆ;

47 Vampire, *n* རོ་ལང; ཤི་འདྲེ; མི་གཞན་གྱི་ཁྲག་འཇིབ་ནས་རང་
ཉིད་འཚོ་བའི་འདྲེ;

48 Van, *n.* ཅ་སྣ; དམག་དཔུང་གི་གདོང་མ; ཅ་ལག་འདྲེན་བྱེད་ཀྱི་
ཤིང་རྟ; དངོས་པོ་འདྲེན་བྱེད་ཀྱི་ཤིང་རྟ;

49 Vandalism, *n.* ཆོས་དང་རིག་གནས་རྙིས་ལ་སྣང་ཚུལ;
ཁྲིམས་བསྲི་ལ་སྣང་ཚུལ;

50 Vandal, *n.* & *a.* སྔོན་རྣམ་བཅོམ་སྟོར་བྱུས་མཁན་ཛར་མན་གྱི་རིགས་ཞིག;

51 Vanguard, *n.* དམག་གི་མགོ; དམག་དཔུང་གི་གདོང་གྲལ;

52 Vanish, *v.i.* ཡལ་བ; མི་སྣང་བར་འགྱུར་བ;

53 Vanity, *n.* མཆོར་འདོད; སྙེམ་སེམས; རང་མཐོང; རང་སྟོད;

54 Vanquish, *v.t.* འཕམ་པར་བྱེད་པ; རྒྱལ་བ; འདུལ་བ;

55 Vantage, *n.* རྒྱལ་ཁ; སྟབས་བདེ; རྒྱལ་བ; འགོང་སྟངས;
ཕན་ཐོགས; ཕན་ཆ;

56 Vantageless, *a.* རྒྱལ་ཁ་མེད་པ; ཕན་ཆ་མེད་པ; ཕན་ཐོགས་མེད་པ;

57 **Vapid,** *a.* — བྲོ་བ་མེད་པ ; རོ་བཅུད་ཉམས་པའམ་ཡལ་བ ; སྐུམ་པ ;
ཁ་ཞོར་བ ; བཅུད་ཞོར་བའི་ཡལ་བ ;

58 **Vaporize.** *v t.* & *v.i.* — རླངས་པར་སྒྱུར་བ ; རླངས་པར་འགྱུར་བ ;
རླངས་པའི་རྣམ་པར་འགྱུར་བ ;

59 **Vaporous,** *a.* — རླངས་ཀྱི་ཚུལ་ཅན ; རླངས་པ་འདྲ་བ ;
རླངས་པས་གང་བ ;

60 **Vapour,** *n.* — རླངས་པ ; ངད ;

61 **Vapoury.** *a.* — རླངས་པ་ལྟ་བུ ; རླངས་པས་གང་བ ;
(meaning short-tempered སྣ་ཐུང ; སྤྲོ་ཐུང ;)

62 **Vaporish,** *a.* — རླངས་པས་གང་བ ; (temper) སྣ་ཐུང ; སྤྲོ་ཐུང ;
(ཊིག་གཏུམ་པ ; Sik. & Bhut. རླུང ; གཟན ;)

63 **Vapulation,** *n.* — ཉེས་འདག ; བརྡུང་འདག ; ལྕག་ཚན་གྱིས་བརྡུང་བ ;

64 **Variable,** *a.* — འགྱུར་མདོག་ཅན ; འགྱུར་མཁན ; མི་རྟག་པ ;

65 **Variableness,** *n.* — འགྱུར་མདོག་ཅན་གྱི་ཚུལ ; འགྱུར་ཚུལ ;

66 **Variance,** *n.* — མི་མཐུན་མི་འཆམ་མི་ཅིག་པའི་ཚུལ ; འགྱུར་ལྡོག ;
དབྱེན་པ ; དབྱེན་བྱེད ; འགྲས་སྡངས ;

67 **Variation,** *n.* — འགྱུར་མདོག ; ཁྱད་པར ; འགྱུར་སྡངས ; རྣམ་འགྱུར ;

68 **Variedly,** *ad.* — རྣམ་པ་སྣ་ཚོགས་སུ ; སྣ་ཚོགས་ཀྱི་སྒོ་ནས ;

69 **Variegate,** *v.t.* — ཚོས་ཁ་མི་ཅིག་པ་སྣ་ཚོགས་ཀྱིས་བཀྲ་བར་བྱེད་པ ;

70 **Variegation,** *n.* — སྤྱི་ལོ་ཚོས་མདོག་ལྗང་ཁུ་ཡོད་སར་མདོག་གཞན་ཤར་བ ;

71 **Variety,** *n.* — སྣ་ཚོགས ; རྣམ་པ་སྣ་ཚོགས ; མི་འདྲ་བ ; ཁྱད་པར ;

72 **Variety show,** *n.* — གླུ་དང་ གཞས་ དང་བྲོ་དང་ གད་མོ་སློང་བའི་ ལྟད་མོ་
སོགས་འདྲེས་མར་སྟོན་པའི་རྩེད་སྣ ; གླུ་གར་དང་
གཞད་གད་འདྲེས་མར་སྟོན་པའི་རྩེད་འཛེ ;

73 Various: *a.* — མང་པོ; སྣ་ཚོགས; མི་འདྲ་བ; མི་གཅིག་པ; རྣཾ་པ་སྣ་ཚོགས;

74 Varnish, *n.* — བཀྲག་ཚི; *v.t.* བཀྲག་ཚི་བྱུག་པ; བཀྲག་ཚི་གཏོང་བ;

75 Vary, *v.i.* — འགྱུར་བ; འགྱུར་མདོག་སྟོན་པ; *v.t.* སྒྱུར་བ; བཀྲ་བར་བྱེད་པ; མི་འདྲ་བ་སྟོན་པ;

76 Vascular, *a.* — སེམས་ཅན་གྱི་རྩ་ཡི་སྐོར; རྩ་ཅན; རྩ་རྒྱུས་ཅན;

77 Vase, *n.* — མེ་ཏོག་དམ་འབི; མེ་ཏོག་བུམ་པ;

78 Vassal, *n.* — འབངས; མངའ་འབངས; ཁྲལ་པ; ཁོལ་པོ; བྲན་ཁོལ;

79 Vassalage, *n.* — འབང་ས་སུ་འཁོད་པ་ཉིད; འབངས་སུ་གྱུར་པ་ཉིད;

80 Vast, *a.* — རྒྱ་ཆེན་པོ; ཁྱོན་ཡངས་པ; ཀློང་ཡངས་པ;

81 Vastly, *ad.* — རྒྱ་ཆེར;

82 Vastness, *n.* — རྒྱ་ཆེ་བ་ཉིད; རྒྱ་ཆེ་ལུགས; རྒྱ་ཆེ་བ;

83 Vat, *n.* — ཚང་བླུག་སའི་ཤིང་གི་ཟོ་ཆེན་པོ; ཟོ་ལག་ཆེན་པོ; གཞོར;

84 Vatican, *n.* — རོམ་དུ་པོབ་ཅེས་པའི་མངའ་དབང; ཡེ་ཤུའི་ཆོས་ལུགས་ཀྱི་སྤྱི་གཉིས་ལས་རྙིང་མ་བའི་དོད་དེ་རོ་མན་ཀ་ཐོ་ལིག་བྱ་བ་ཡིན་ལ་དེ་དག་གི་ཆོས་བདག་དེ་པོབ་ཅེས་བྱ་བ་དེ་ཡིན; གདན་ས་དེ་རོམ་ཞེས་པའི་སྔོན་གྱི་རྒྱལ་ས་ཆེན་པོ་དེར་ཆར་པས་ན་རོ་མན་ཀ་ཐོ་ལིག་བྱ་བའི་ལྷ་མི་གཉིས་ཐད་ཀྱི་དབང་ཐང་ལ་ཟེར; རོམ་གྱི་རྒྱལ་སར་པོབ་ཞེས་པའི་བླ་བྲང་གི་དོད་བྱེ་པོ་བྲང་དེའོ;

85 Vault, *n.* — བ་གམ་གྱི་རྣཾ་པ; ས་འོག་རྩིག་ཁང་གུང་ཐོག་ཀླུམ་པོ་ཅན;

86 **Vault,** *v.i.* ལག་པ་གཉིས་ས་ལ་གཙུག་པའམ་ཡང་ན་རྒྱུག་པ་རིང་པོ་ས་ལ་བཙུགས་ནས་འཆོང་པ;

87 **Vaulted,** *a.* གུང་ཐོག་ཧླུཾ་པོ་ཐུས་པའི་བ་གཾ་གྱི་ཉཾ་པ་ཅན;

88 **Vaulter,** *n.* རྒྱང་མཆོང་རྒྱབ་མཁན; མཆོང་མཁན;

89 **Vaunt,** *v.i.* ང་རྒྱལ་གྱི་གཏམ་ཤོད་པ; རློམས་སེམས་བྱེད་པ; དཔའ་སྐད་འདོན་པ; ཁ་ཟད་བྱེད་པ; དཔའ་ངོམ་བྱེད་པ; དཔའ་ངར་འདོན་པ; དཔའ་གཏཾ་བ་ཤོད་པ;

90 **Vaunting,** *n.* དཔའ་གཏཾ; སྟོང་གཏཾ; ཁ་ཟད; རང་སྟོད;

91 **Veal,** *n.* བེའུའི་ཤ;

92 **Veda,** *n.* ཧིན་དུའི་རིག་བྱེད་ཀྱི་བསྟན་བཅོས;

93 **Vedanga,** *n.* རིག་བྱེད་ཀྱི་ཡན་ལག་གམ་ཆ་ལག;

94 **Vedanta,** *n.* རིག་བྱེད་མཐའ་པའི་འདོད་ཚུལ་ལམ་གྲུབ་མཐ;

95 **Vedette,** *n.* དམག་ཧུའི་གདོང་དུ་འགྲོ་བའི་སོ་པ་རྟ་ལ་ཞོན་ནས་འགྲོ་མི;

96 **Veer,** *v.i.* & *v.t.* ཁ་ཕྱོགས་སྒྱུར་བ; ཁ་ལོ་སྒྱུར་བ; *v.i.* ཁ་ཕྱོགས་འགྱུར་བ; རླུང་བཞིན་ཁ་ཕྱོགས་འགྱུར་བ;

97 **Vegetable,** *n.* སྔོ་ཚོད; ཚོད་མ; ལྡུམ; སྔོ་ལྡུམ;

98 **Vegetaline,** *n.* ཤིང་ཐོག་ཀྱི་རྩ་ལ་རྫས་སྦུ་ཟི་སྦྱར་རྒྱབ་ནས་བ་སོའི་རི་མོ་འདམ་བྲུ་རུ་འདྲ་བ་བཟོས་པ་ལ་ཟེར;

99 **Vegetate,** *v.i.* ཉཾ་གཡིང་གི་ངང་ལ་མི་ཚེ་འདའ་བ; སྔོ་སོགས་སྐྱེ་བ; སྐྱེ་བ;

100 **Vegetation,** *n.* སྔོ; ཤིང་སྔོ; སྐྱེ་སྐྱིང; སྐྱེ་བ;

101 **Vehemence,** *n.* ཤུགས; ངར་ཤུགས; དྲག་ཤུལ;

102 Vehement, *a.* དྲག་པོ་; གཏུམ་པོ་; ངར་ཤུགས་ཅན་; དྲག་ཤུལ་ཅན་;

103 Vehemently, *ad.* ངར་ཡང་ནས་; ངར་ཤུགས་ཀྱིས་; དྲག་ཤུལ་གྱིས་;

104 Vehicle, *n.* ཐེག་པ་; བཞོན་པ་;

105 Vehm-gericht, *n.* སྔོན་ཕྱི་ལོ་རབ་འབྱུང་བཅུ་བཞི་པ་དང་བཅོ་ལྔ་པའི་ནང་ཛར་མན་ཡུལ་དུ་མཚན་མོར་ཁྲིམས་དཔྱད་ཀྱི་ཚོགས་འདུ་འཛོམ་ནས་གསང་སྟབས་ཀྱིས་ཉེས་པ་གཅད་པའི་སྡེ་ཞིག་;

106 Veil, *n.* གདོང་ཁེབས་; གདོང་གཡོག་; གདོང་གྲིབ་;

107 Vein, *n.* ལུས་ཀྱི་རྩ་ of body; of minerals གཏེར་ཁ་; བྲག་དུ་ལྕགས་ཟངས་དངུལ་སོགས་འཁོད་པའི་གྲལ་ལམ་རིམ་པ་;

108 Velocipede. མི་རྐང་གིས་ཞོན་རྒྱུའི་ཤིང་རྟ་འཁོར་ལོ་; མི་རེ་ཞོན་པའི་འཕྲུལ་འཁོར་;

109 Velocity, *n.* མྱུར་རྒྱོད་; མྱུར་སྟངས་; མགྱོགས་ཚུལ་; མགྱོགས་ཁྱད་;

110 Velvet, *n.* གོས་ཆེན་སྒྱུ་མ་; (གོས་ཕྲུག་; Bhut.)
(སྨུཁ་སྨུལ་; Hindi known in Sikkim).

111 Velveteen, *n.* རས་སྒྱུ་མ་; (རས་ཀྱི་གོས་ཕྲུག་སྒྱུས་ཞེར་;)
(In Sikkim སྨུག་སྨུལ་;)

112 Venal, *n.* ཁེ་བཟང་ཟ་བའི་ཆེད་དུ་བཙོངས་པའི་; ཁེ་བཟང་ལ་བརྙམ་པའི་; རྫ་ཁམས་ཀྱི་; རྫ་ཁམས་ལ་གནས་པའི་; རྫའི་; རིན་གྱིས་ཉོས་པའི་;

113 Venality, *n.* རང་གི་ཡོན་ཏན་སོགས་ཧྲན་པའི་ཆེད་དུ་འཚོང་འདོད་; ཞེས་བྱ་རྙེད་ཐོབ་ཕྱིར་བརྗེ་འདོད་;

114 Vend, *v.t.* འཚོང་བ་; བཙོང་བ་;

115 Vender, *n.* འཚོང་བ་པོ་; འཚོང་མཁན་; ཚོང་པ་;

116 **Veneer**, *v.i.* — *v.t.* ཤིང་ལེབ་སྲུས་ལེགས་པས་འགེབ་པ ; ཕྱི་ནས་བཟང་ལེན་གཏོང་བ; (*n.* ཕྱི་ནས་ཤིང་སོགས་ཀྱི་བཟང་སྐྱོར་རིཾ་བཟང་ལེན ;) *v.t.* ནང་ན་ཤིང་ཟོབ་ཀྱི་ཁར་ཕྱི་ནས་ཤིང་བཟང་པོའི་ཁ་རྒྱན་རྒྱབ་ནས་ཡིན་མདོག་ཁ་པོ་བཟོས་པ ; ཕྱི་ནས་ཤིང་སོགས་བཟང་སྐྱོར་གཏོང་བ ;

117 **Venerable**, *a.* — བཙུན་པ ; ཕྱག་བྱ་འོས ; ཕྱག་གི་གནས ; བཀུར་འོས ; རྗེ་བཙུན ;

118 **Venerate**, *v.t.* — སྙན་བཀུར་ཞུ་བ ; བསྙེན་བཀུར་བྱེད་པ ; བཀུར་བ ; བཀུར་སྟི་བྱེད་པ ; མོས་པ ; མོས་གུས་བྱེད་པ ;

119 **Veneration**, *n.* — མོས་གུས ; མོས་པ ; བསྙེན་བཀུར ; བཀུར་སྟི ;

120 **Venereal**, *a.* — འཁྲིག་པའི་སྐོར ; ཕོ་མོ་འདུ་བའི་སྐོར ;

121 **Venery**, *n.* — ཁྱི་ར ; བརྔོན་པ ; ལིངས ; འཁྲིག་པ ; ཕོ་མོ་འདུ་བའམ་སྦྱོར་བ ;

122 **Venetian**, *a.* — བྷི་ནི་སི་ཞེས་པའི་ཡུལ་གྱི ; བྷི་ནི་སེའི་སྐོར ;

123 **Vengeance**, *n.* — དུག ; དགྲ་ལན ; སྙིང་ནད ; དགྲ་ཤ ;

124 **Vengeful**, *a.* — དགྲ་ལན་ལེན་འདོད་ཅན ; དུག་ཁྲིགས་པ ; སྙིང་ནད་ཆགས་པ ;

125 **Venial**, *a.* — བཤགས་འོས ; དགོང་པ་ཡང་འོས ; བཟོད་པར་འོས་པ ; བཟོད་འོས ;

126 **Venison**, *n.* — ཤ་བའི་ཤ ;

127 **Venom**, *n.* — སྦྲུལ་གདུག་པའམ་སྡིག་པ་ར་ཙའི་དུག་ཧ་ཅང་ནུས་པ་ཆེན་པོ་སོ་རྒྱབ་པའི་མོད་ལ་ཕ་རོལ་པའི་ལུས་ལ་ཁྱབས་ཅིང་སྲོག་བཅོམ་ནུས་པའི་དུག་རྩ ; དུག ; སྙིང་ནད ; སྙིང་སྣན ; ཕྲག་དོག ; ཀི་ཡ ;

128 Venomous, *a.* དུག་ཅན; ཀ་ལ་ཅན;

129 Venomously, *ad.* དུག་ལྟ་བུར;

130 Vent, *n.* རླུང་འགྲོ་བའི་བུ་ག་ཕྲ་མོ; བུ་ག;

131 Vent, *v.t.* བུ་གའི་ནང་ནས་རླུང་གཏོང་བ; བུ་གའི་ནང་ནས་རླུང་འདོན་པ་བཞིན་ཁ་ནས་ལབ་པ; བུ་གའི་ནང་ནས་རླུང་འདོན་པ; ཤུགས་ཀྱིས་གཏང་བ; གཞོ་བ; སྒྲ་སྒྲོགས་པ; འཚོང་བ;

132 Ventilate, *v.t.* ཁྱིམ་སོགས་ལ་རླུང་རྒྱུ་བའི་ལམ་བཟོ་བ; ཁྱིམ་སོགས་ལ་རླུང་སྒོ་འཛུགས་པའམ་བཟོ་བ; རླུང་རྒྱུག་ཏུ་བཅུག་པ; རླུང་དང་འོད་འཕོག་པར་བྱེད་པ;

133 Ventilation, *n.* ཁང་པའི་ནང་རླུང་ཞུགས་སུ་བཅུག་པའི་ཐབས; རླུང་འོང་ཐབས; རླུང་སྒོ་བཟོ་ཐབས;

134 Venture, *n.* སྤྲོབས་པ; བློ་སྟོབས; *v.i.* ནུས་པ; སྤོ་བ; སྲོག་དང་སྤོ་བ; ཡ་གཡུག་རྩེ་བ; སྤོ་བ; སྤྲོབས་པར་བྱེད་པ;

135 Venturer, *n.* ཡ་གཡུག་རྩེ་མཁན; སྤྲོབ་པར་བྱེད་མཁན; སྲོག་སྤོ་མཁན;

136 Venturing, *n.* ཡ་གཡུག་རྩེ་བཞིན་པ; སྤྲོབས་བཞིན་པ; སྤོ་བཞིན་པ;

137 Venturous, *a.* སྲོག་དང་སྤོ་མཁན; ཡ་གཡུག་ཅན; སྙིང་ཁམས་ཅན; སྤྲོབས་པ་ཅན; བློ་སྟོབས་ཅན; དཔའ་བོ;

138 Venus, *n.* བུད་མེད་གཟུགས་བྱད་ལྷ་ན་སྨུག་པ་འདོད་པའི་རྒྱལ་མོ་དང་མཉམ་པ་དག་ལ་ཟེར; པ་ལྷ་སངས; པ་སངས;

139 Veracious, *a.* བདེན་པ་སྨྲ་བ; བདེན་པར་སྨྲ་མཁན; དྲང་པོ; གསོང་པོ;

140 Veracity, *n.* ངག་ཏུ་བདེན་པ་སྨྲ་བ་ཉིད; བདེན་པ; བདེན་པར་སྨྲ་བ; གསོང་གཏམ;

141 **Veranda**, *n.* རབ་གསལ་; འགག་; ཁྱམས་; ཐོག་གཡང་;
གཡབ་སྟེང་; གཡབ་འཁོར་;

142 **Verb**, *n.* བྱ་བའི་རིགས་མཚོན་བྱེད་ཀྱི་ཚིག་གམ་སྒྲ་; བྱ་ཚིག་;
བྱ་ཚིག་དང་བྱེད་ཚིག་གསལ་བྱེད་སྒྲ་;

143 **Verbal**, *a.* ངག་ནས་; ཁ་ནས་; ཁ་ཡི་;

144 **Verbally**, *ad.* ངག་ཐོག་ནས་; ཁ་ནས་;

145 **Verbatim**, *ad.* ཚིག་རེ་རེ་བཞིན་དུ་;

146 **Verbiage**, *n.* ཚིག་མང་ཞིང་འབེལ་བ་ཉིད་; ཚིག་མང་ལ་དགོས་དོན་
ཉུང་བ་; ཚིག་མང་བའམ་ཚིག་རྒྱས་པ་; ཚིག་རྫོག་
ཆེ་བ་; ཚིག་གི་ལོ་མ་རྒྱས་དྲགས་དོན་རྟོག་ཁ་མེད་པ་;

147 **Verbose**, *a.* ཚིག་མང་ཐལ་ཞེར་བ་; ཚིག་རྒྱས་དྲགས་པ་;
ཚིག་མང་བ་;

148 **Verbosity**, *n.* ཚིག་རྒྱས་; ཚིག་མང་; ཚིག་གི་ལོ་མ་;
(ཁ་གྱུང་དོན་མེད་; སྟོང་ཞེབ་; Sik.).

149 **Verdant**, *a.* སྔོ་སྐྱིས་; སྔོ་སྐྱེན་; སྔོ་བ་; སྔོ་ཤེང་ཤེང་; སྔོ་མཐིང་ངེ་;
མ་བྱ་ཅན་;

150 **Verdict**, *n.* ཁྲིམས་སའི་བཅད་མཚམས་; ཁྲ་ས་; ཁྲིམས་བདག་
ག་ཞེར་དཔང་སོའི་ཀྱི་བློ་ལ་བབ་པའི་བཅད་མཚམས་;

151 **Verdigris**, *n.* ཟངས་གཡའ་; ཟངས་ཀྱི་བཙའ་;

152 **Verdure**, *n.* སྔོ་; སྔོ་བསམངས་; ལྗང་བསམངས་; མ་བྱ་ཅན་; སྔོ་ལོ་;

153 **Verge**, *n.* མཐའ་; སུ་; སུ་མཐའ་; མཚམས་;

154 **Verger**, *n.* ཆོས་ཁྲིམས་པ་; འཁར་བ་འཆང་མཁན་; དགེ་སྐོས་;

155 **Verification**, *n.* བདེན་པ་ར་སྤྲོད་; ར་སྤྲགས་; ར་སྤྲོད་; ར་འཕྲོད་པ་;
བདེན་པ་སྒྲུབ་ཕྱངས་སམ་སྒྲུབ་ཚུལ་;

156 Verify, *v.t.* ར་སྤྲུག་པ; ར་སྤྲོད་པ; ཁྲངས་སྐྱེལ་བ; ཁྲངས་སྤོན་པ; ཁྲངས་སྒྲུབ་པ;

157 Verily, *adv.* ངེས་པར;

158 Veritable, *a.* ངེས་པ; བདེན་པ; གཏན་གཏན; ངོ་ཐོག; དངོས་གནས; ངེས་པ་ཅན;

159 Verity, *n.* ངེས་དིག; ངེས་པ; བདེན་པ; ངེས་པའི་གཏམ; བདེན་གཏམ;

160 Vermicelli, *n.* རྒྱ་ཐུག་ཞིའི་མན;

161 Vermilion *n.* རྒྱ་ཚོས; མཚལ; རྒྱ་མཚལ;

162 Vermeil, *n.* གསེར་ཆུའི་བཀྲག་འདོན་གྱི་རྩི;

163 Vermin, *n.* འབུ; འཚོ་བྱེད་འབུ་རྣམས; ཤིག་དང་འདྲི་ཤིག་དང་འཇུ་བ་སོགས་འཚོ་བྱེད་འབུ་རྣམས;

164 Vernacular, *a.* ཡུལ་གྱི; སོ་སོའི་ཡུལ་གྱི; རང་ཡུལ་གྱི; ཕ་ཡུལ་གྱི; *n.* ཡུལ་སྐད; རང་ཡུལ་གྱི་སྐད; ཕ་ཡུལ་གྱི་སྐད; མ་སྐད;

165 Vernal, *a.* དཔྱིད་ཀའི; དཔྱིད་དུས་ཀྱི;

166 Versatile, *a.* བློ་བུ་བ་གཅིག་ལ་འཇུག་འགྱུར་གཞན་ཞིག་ལ་འཇུག་སླ་པོ; འགྱུར་སླ་པོ; འཁོར་བར་རུང་བ; འགྱུར་མཁན; མི་རྟག་པ;

167 Versatility, *n.* འགྱུར་མདོག; བློ་བཀོལ་འཇུག་བདེ་ཚུལ; བློ་བུ་བ་སྣ་ཚོགས་ལ་སྤྲོ་འཇུག་སླ་བ;

168 Verse, *n.* ཚིགས་བཅད;

169 Versed, *a.* ཁོང་དུ་ཆུད་པ; རྒྱུས་ཡོད; ཉམས་མྱོང་ཅན; མཁས་པ; འཇོངས་པོ;

170 Versification, *n.* ཚིགས་རྩོམ; ཚིགས་བཅད་དུ་རྩོམ་སྟངས;

171 Versify, *v.i.* *v.t.* ཚིགས་བཅད་དུ་འཆད་པ; ལྷུག་པ་ལས་ཚིགས་བཅད་དུ་སྒྱུར་བ; ཚིག་བཅད་དུ་འབྲི་བ; ཚིགས་བཅད་དུ་རྩོམ་པ;

172 Version, *n.* སྐད་སྒྱུར; སྒྱུར་བ; འགྱུར; དཔེ་འགྱུར;

173 Versus, *prep.* ཕར་ཕྱོགས; ལྡོག་ཕྱོགས; འགལ་ཟླ; (བྲང་སྤྲད; Sik.).

174 Vertebra, *n.* སྒལ་ཚིགས་དང་རྩིབ་མ;

175 Vertebrate, *a.* སྒལ་ཚིགས་ཅན;

176 Vertex, *n.* རྩེ; སྒང; རྩེ་མོ; སྤྱི་གཙུག;

177 Vertical, *a.* ཚངས་ཐིག་འདྲ་བའི་དྲང་ཚུགས་སུ་ཡོད་པའི; དྲང་གཙུག་ཏུ; ཀྱི་རི་བ; དྲང་པོ; གྱེན་ལ; དྲང་ཚུགས་པའི; (ཙུག་ཀྱིར་རི; Sik.).

178 Vertically, *ad.* ཀ་རི་ལ; དྲང་པོར; དྲང་ཚུགས་སུ; ཀྱོང་ངེར;

179 Vertigo, *n.* མགོ་ཡུ་འཁོར་བ; མགོ་འཁོར་བ; མགོ་འཐོམས་པ;

180 Very, *ad.* ཤིན་ཏུ; ལྷག་པར; ཧ་ཅང;

181 Vesicle, *n.* སྒང་བུག་ཚུང་ཚུང; ཚུ་གང; ཚུ་བུར;

182 Vesper, *n.* སྐར་ཆེན; ས་སྲོད་ཀྱི་དུས; སྲོད་ཀྱི་སྐར་མ; Sik. པ་ལྷ་སངས;

183 Vespiary, *n.* སྦྲང་མ་པོ་དོང་མའི་ཚང;

184 Vessel, *n.* སྣོད; གྲུ; གྲུ་གཟིངས;

185 Vest, *n.* *v.t.* ཚད་དབང་སྤྲོད་པ; དབང་བྱིན་པ; རྒྱུ་དངོས་སོགས་སྤྲོད་ཆོག་དབང་བྱིན་པ; སྟོད་ལེ; གོ་ཙེ; གོས; ཚུ་པ; ཁ་སྦྱར; བྱར་བྱར (སྦྲ་སྦྲ; Collql.)

186 Vesta, *n.* གཞོན་ནུ་མ་གྲོང་ཆོས་ཀྱིས་མ་གོས་པ ;
ཁྲོ་མ་ཡོག་པ; མེ་ཐབ་ཀྱི་ལྷ་མོ;

187 Vestal, *a.* གཞོན་ནུ་མའི ;

188 Vested, *a.* ཆོས་གོས་སོ་ཡང་རྟེན་འབྲེལ་གྱི་ཆས་གྱོན་པ;

189 Vestibule, *n.* ཁྱིམ་གྱི་མདུན་དུ་ཁྱམས་ཡངས་པ; ཁྱིམ་གྱི་འཇུག་
ངོགས་ལ་ཡོད་པའི་ཁང་མིག་ཆེན་པོ; སྒོ་འགག;
སྒོ་ནས་ཡར་ཡོང་བའི་འགག; བར་ཁྱམས;

190 Vestige, *n.* རྗེས; ཤུལ; མལ; རྐང་རྗེས;

191 Vestment, *n.* གོས; ཆུ་པ; ན་བཟའ;

192 Vestry, *n.* ཆོས་གོས་བཞག་སའི་མཛོད་ཁང;

193 Vesture, *n.* གོས; ཆུ་པ; ན་བཟའ;

194 Vetch, *n.* (རྟ་འབེས; རྡོས་མ; རྡོས་ཆུང་མ; Sik.).

195 Veteran, *a.* དམག་མི་རྒོད་པོ; གཡུལ་ངོར་འབྱོངས་པོ; ཆགས་
སྣང་རྒོད་པོ; Bhut. དམག་མི་ཉམས་སྦྱོང་ཅན;
གཡུལ་གྱི་ཉམས་སྦྱོང་ཅན;

196 Veterinary, *a.* & *n.* གནག་ཕྱུགས་ཀྱི་ནད་ཀྱི་སྨན་བཅོས་ལ་མཁས་པའི་སྨན་པ;
རྟའི་ཨེམ་ཆི; *a.* གནག་ཕྱུགས་ཀྱི་ནད་གསོ་བའི་སྐོར;

197 Veto, *n.* འགག་ཆ་རྒྱབ་པའི་བཀའ་རྒྱ; དགག་འགྲོལ་ཐུབ་པའི་
ཚད་དབང; གྲོས་བསྡུན་ཚར་བ་དེ་དགག་ཐུབ་པའི་
ཚད་དབང;

198 Vex, *v.t.* སྡུག་པོ་གཏོང་བ; འཚེ་བ; གཙེར་བ, ཁོང་ཁྲོ་སླང་བ;
ཁོང་ཁྲོ་སློང་བ;

199 Vexation, *n.* ཁོང་ཁྲོ; སུན་གཙེར; སེམས་སུན;

200 Vexatious, *a.* ཁོང་ཁྲོ་སླང་བའི; འཚེ་བའི;

201 Vexatiously, *ad.* སྙུན་ཅིང་གཙེར་བས; འཚེ་བ་བྱས་ནས;
ཁོང་ཁྲོ་བསླང་ནས;

202 Vexed, *a.* ཁོང་ཁྲོ་ལངས་ནས་ཡོད་པ;

203 Via, *n.* ལམ; (*adv.* བརྒྱུད; ཐོག; ཐོག་ནས; བརྒྱུད་ནས;)

204 Viaduct, *n.* གཞོངས་སམ་ཆུ་ཀླུང་གི་སྟེང་དུ་རི་ལིའི་ཟམ་པ;
ལུང་ཟམ;

205 Vial, *n.* ཤེལ་དམ་ཆུང་ཆུང;

206 Viand, *n.* བཟའ་ཆ; བཟའ་བ; ལྟོ; ཟས; ཁ་ལག;

207 Vibrate, *v.i.* གཡེང་བ; ལིང་ལིང་བྱེད་པ; ལྡེམ་པ; ལྡེམ་ལྡེམ་པ;
ལྡེམ་ལྡེམ་བྱེད་པ; ལྡེམ་ལྡེམ་གཡོ་བ; སྤྲིང་བ;
གཡོ་བ; འགུལ་བ; འདར་བ;

208 Vibration, *n.* སྤྲིང་ཚུལ; གཡོ་འགུལ; འདར་འདར; གཡེང་སྟངས;
ལིང་ལིང; ལྡེམ་སྟང; ལྡེམ་ལྡེམ;

209 Vibratory, *n.* འདར་བཞིན་པ; གཡེང་བའི; ལྡེམ་གྱིན; གཡོ་བཞིན་པའི;

210 Vicar, *n.* བླ་ཚབ; མཁན་པོའི་ཕྱག་སྐྱེལ; ངོ་ཚབ; སྐུ་ཚབ;

211 Vicarage, *n.* གྲོང་གི་དགོན་པའམ་ལྷ་ཁང་དཔོན་སློབ་ཀྱི་ཤག;

212 Vice-admiral, *n.* གྲུ་གཟིངས་དམག་དཔོན་གྱི་ལས་རིགས;

213 Vicarious, *a.* གཞན་གྱི་ཚབ་བྱས་པའི; ངོ་ཚབ་བྱེད་བཞིན་པ;
ངོ་ཚབ་བྱས་པ;

214 Vicariously, *ad.* ངོ་ཚབ་བྱས་ནས; ངོ་ཚབ་ཀྱི་སྒོ་ནས;

215 Vice, *n.* སྐྱོན; སྡིག་པ; མི་དགའ་བ; ངན་སེམས;
གནོད་སེམས; ཉེས་སྤྱོད; ཉེས་པ;
the instrument གཅུས་ཕུར་གྱི་འཕྲུལ་གྱིས་དངོས་
པོ་རྩི་པོར་བཟུང་རྒྱུའི་ལག་ཆ;

216 Vice-chancellor, *n.* བསླབ་གྲྭའམ་གཙུག་ལག་གི་འགོ་བྱེད་ཀྱི་ལས་རོགས;

217 Vice-consul, *n.* ཕྱོགས་སུ་མངགས་པའི་ཕྱི་བློན་གྱི་ལོས་རོགས;

218 Vicegerency, *n.* རྒྱལ་ཚབ་ཁྲི་པའི་གོ་གནས; རྒྱལ་ཚབ་ཀྱི་གོ་ས;
སྐུ་ཚབ་ཀྱི་གོ་གནས;

219 Vicegerent, *a.* ཁྲི་པ; རྒྱལ་ཚབ; ངོ་ཚབ; སྐུ་ཚབ;
a. ངོ་ཚབ་ཀྱི་བྱ་བ་བྱེད་བཞིན་པའི;

220 Vice-president, *n.* ཁྲི་པའི་ཚབས་སམ་ལས་རོགས;

221 Viceregal, *a.* རྒྱལ་ཚབ་ཀྱི;

222 Viceroy, *n.* རྒྱལ་ཚབ;

223 Viceroyalty, *n.* རྒྱལ་ཚབ་ཀྱི་གོ་ས;

224 Vicinity, *n.* ཉེ་འདབས; ཉེ་ལོགས; མཐའ་བསྐོར; ཉེ་འཁོར;
ཉེན་ཀོར; གམ་ཡོ;

225 Vicious, *a.* ངན་པོ; རྩུབ་པོ; སྤྱོད་ཉེས; ངན་པ; གདུག་པ;
འཚེ་བྱེད;

226 Viciously, *ad.* སྤྱོད་པ་ངན་པོ་བྱས་ཏེ; ངན་པ་བྱས་ཏེ;
གདུག་པའི་སྒོ་ནས: འཚེ་བ་བྱས་ནས;

227 Viciousness, *n.* སྤྱོད་ཉེས; ངན་སེམས; གདུག་སྤྱོད; ངན་སྤྱོད;
འཚེ་བ; གནོད་སེམས;

228 Vicissitude, *n.* སྐྱིད་སྡུག; འགྱུར་བ; འགྱུར་འཚུལ; དར་རྒུད;

229 Victim, *n.* དམར་མཆོད་གཏོང་བའི་སྲོག་ཆགས; བཙོན; མནར་བྱ;
གཟིར་བྱ; གདུང་བྱ; ཉན་བྱ; ཉམ་ཐག་པ;
ཞུ་ཐུག་པ; ཞུ་རྡུགས་པ; ཉེན་པ; བཙོན་པ;

230 Victimize, *v.t.* དམར་མཆོད་གཏོང་བ; མགོ་སྐོར་བ; མགོ་སྐོར་གཏོང་བ;
བརླག་པའི་ཆེད་དུ་དབང་དུ་བྱེད་པ;

231 Victimized, *a.* མགོ་བསྐོར་ཚར་བའི ; དམར་མཆོད་བཏང་ཚར་བའི ;

232 Victor, *n.* རྒྱལ་མཁན ; རྒྱལ་བ་པོ ; དམག་རྒྱལ་མཁན ;

233 Victoria, *n.* རྣམ་པར་རྒྱལ་མ ; རྣམ་རྒྱལ་མ་ཞེས་ཨིན་ཇིའི་རྒྱལ་མོ་མཚན་ཡོངས་སུ་གྲགས་པ་དེའོ ;

234 Victorious, *a.* རྒྱལ་བའི་སྐོར ; རྒྱལ་བ་མཚོན་བཞིན་པ ; རྒྱལ་བའི ;

235 Victory, *n.* རྒྱལ་ཁ ; རྒྱལ་བ ;

236 Victual, *v.t.* རྒྱགས་སྒྲུང་པ ; འཚོ་བ་སྒྲུབ་པ ; བཟའ་བ་སྒྲུབ་པ ; *n.* རྒྱགས ; བཟའ་བ ; ལྟོ ;

237 Victualler, *n.* རྒྱགས་སྒྲུབ་མཁན ; བཟའ་བ་སྒྲུབ་མཁན ; འཚོ་བ་སྒྲུབ་མཁན ;

238 Vide (Imperative). ལྟོས་དང ; ལྟོས་ཤིག ;

239 Vie, *v.i.* འགྲན་པ ; འགྲན་ཟླ་བྱེད་པ ; སྒྲུན་པ ; སྡུར་བ ;

240 View, *v.t.* མིག་མཐོང ; ལྟད་མོ ; ལྟར་སྣང ; སྣང་ངོ ; བསམ་པ ; དགོངས་པ ; མཐོང་སྣང ; མཐོང་ས ; རྒྱ་མཐོངས ; ལྟ་རྟོག ; གཟིགས་རྟོག ; *v.i.* ལྟ་བ ; མཐོང་བ ; ལྟ་རྟོག་བྱེད་པ ; གཟིགས་རྟོག་གནང་བ ; སེམས་པ ; བསམ་པ ; དགོངས་པ ;

241 Vigil, *n.* གཉིད་མ་ཉལ་བར་བསྲུང་བ ; མེལ་ཚེ ; ཆོས་ཀྱི་སྤྱོད་པ་སྲུང་གནས་སོགས་མཚན་གང་མེལ་ཚེ་བྱེད་བཞིན་དུ་བསྲུང་བ ;

242 Vigilance, *n.* བྱ་ཚེ ; མེལ་ཚེ ; མཚན་མོའི་བྱ་ར ; རིག་པ་སྒྲིམ་ལྡངས ;

243 Vigilant, *a.* རིག་པ་གྲིམས་པ ; མེལ་ཚེ་བྱེད་བཞིན་པ ; བྱ་ར་བྱེད་བཞིན་པ ; གྲིམས་པ ;

244 Vigorous, *a.* རྩལ་ཆེན ; ཤུགས་ཆེན ; སྟོབས་ལྡན ; སྟོབས་ཆེན ; སྤོབས་པ་ཅན ;

245 Vigour, *n.* སྟོབས; ཤེད; བློ་སྟོབས; ཤུགས; སྤོབས་པ;

246 Vile, *a* ངན་པ; མ་རབས; ངན་པོ; བཙོག་པོ; ངན་སྤྱོད་ཅན; བཙོག་པ;

247 Vileness, *n.* ངན་སྤྱོད; ངན་སེམས; ངན་པ;

248 Vilifier, *n.* སྨད་མཁན; དམའ་འབེབས་བྱེད་མཁན; སྨོད་མཁན; སྨད་ར་གཏོང་མཁན;

249 Vilify, *v.t.* སྨད་པ; དམའ་འབེབས་པ; སྨོད་པ; སྨད་ར་གཏོང་བ; སྨ་འབེབས་པ; སྨ་འབེབ་བྱེད་པ;

250 Villa, *n.* ཁང་པ; ཀོ་ཊི; གཞིས་ཀ; གཞིང་ཁང;

251 Village, *n.* གྲོང་ཚུང; གྲོང;

252 Villager, *n.* གྲོང་པ;

253 Villain, *n.* མི་ངན; བསྟན་ཤིག; འཛབ་ཆེན;

254 Villainous, *a.* མི་ངན་པའི་ཆ་ལུགས་ཅན; ངན་པ; ངན་སྤྱོད་ཅན; མ་རབས; གདུག་པ;

255 Villainy, *n.* མི་ངན་གྱི་སྤྱོད་པ; མ་རབས་ཀྱི་སྤྱོད་པ; མཚོས་མེད་ཀྱི་ལས་ངན་ནམ་ཉེས་དམིགས;

256 Vincible, *a.* འདུལ་དུ་ཡོད་པ; འདུལ་ཐོད་པའི; རྒྱལ་ཐུབ་པ; འདུལ་རུང་བ;

257 Vindicate, *v.t.* རིགས་པས་སྒྲུབ་པ; བདེན་པ་སྒྲུབ་པ; བསྒྲུང་བ; (བདེན་པ་བསྒྲོང་བ; Sik.) ཕྱོགས་འཛིན་ནམ་ཕྱོགས་འཕེན་བདེན་རྒྱབ་བྱེད་པ; རྒྱབ་བྱེད་པ;

258 Vindication, *n.* སྲུང་སྐྱོབས; རྒྱབ་སྐྱོར; ཕྱོགས་འཛིན་བདེན་རྒྱབ; རིགས་པས་སྒྲུབ་ཚུལ;

259 Vindictive, *a.* (འཁོན་བཞག་ཅན; Sik.) འཁོན་འཛིན་ཅན; ཤ་འཁོན་ནཾ་སྙིང་ནད་ཅན; དགྲ་ཤ་ལེན་འདོད་ཅན;

260 Vindictively, *ad.* དགྲ་ཤ་ལེན་འདོད་ཀྱི་སྒོ་ནས; འཁོན་འཛིན་གྱི་སྒོ་ནས;

261 Vindictiveness, *n.* (འཁོན་བཞག; འཁོན; Sik.) དགྲ་ཤ་ལེན་འདོད་ཆེ་ཚུལ; སྙིང་ནད;

262 Vine, *n.* (Sik. རྒུ་འབེས;) རྒུན་འབྲུམ་ཤིང;

263 Vinegar, *n.* ཆུ་སྐྱུར; ཆུའུ; སྐྱུ་རུ; སྐྱུར་མོ; བྱང་ཡུའི; ཟས་ཆུའུ; བཟའ་ཆུའུ;

264 Vineyard, *n.* རྒུན་ཚལ; རྒུན་འབྲུམ་ལྡུཾ་ར; རྒུ་ཏྲཱུ་ཅིའི་ར་བ; རྒུན་འབྲུམ་གྱི་ར་བ;

265 Vintage, *n.* རྒུན་ཆང; རྒུན་འབྲུམ་མའི་ལོ; རྒུན་ལོ; རྒུན་ཐོག; རྒུན་འབྲུམ་གྱི་ལོ་ཐོག་སྡུ་བའི་དུས;

266 Viol, *n.* པི་ཝང; སྒྲ་སྙན; རྒྱུད་མང; ཕང་འཁྲོལ;

267 Violable, *a* གཏོད་པ་བསྐྱལ་བདེ; སྐྱོན་བདེ; ཐུབ་ཆོད; ཁྲིམས་འདུལ་ཐུབ་པ; སྐྲ་བསྐྱེད་པ; ཁྲིམས་ཇི་ནུས་པ;

268 Violate, *v.t.* ལོག་གཡེམ་བྱེད་པ; (དབང་ཡོད་ཀྱིས་རྒྱོ་བ; vulgar: a virgin or a lady) གནོད་པ་སྐྱེལ་བ; གནོད་པ; ཁྲིམས་འགལ་བྱེད་པ;

269 Violation, *n.* སྐྱོན; གནོད་འགལ; གནོད་པ; ཁྲིམས་འགལ; ལོག་གཡེམ;

270 Violator, *n.* གནོད་པ་བཀྱལ་མཁན; ཁྲིམས་དང་འགལ་མཁན; ཁྲིམས་འདུལ་བྱེད་མཁན; ལག་གཡེམ་བྱེད་མཁན; (རྒྱོ་མཁན; vulgar).

271 Violence, *n.* གནོད་པ; ཤུགས; དམུ་རྒོད; དྲག་ཤུལ; དབང་ཡོད; ལོག་གཡེམ;

272 Violent, *a.* དྲག་པོ; ཤུགས་ཅན; དམུ་རྒོད་ཅན; དྲག་ཤུལ་ཅན; དབང་ཡོད་ཅན; དབང་ཡོད་ཆེན་པོ;

273 Violet, *n.* སྤྲང་རྒྱན་མེ་ཏོག; (མེ་ཏོག་བ་ན་བ; R. Hindi) རྒྱན་འབྲུམ་མདོག་ཅན;

274 Violin, *n.* པི་ཝང; སྒྲ་སྙན; རྒྱུད་མང;

275 Violinist, *n.* པི་ཝང་གཏོང་མཁན; པི་ཝང་སྒྱུར་མཁན; པི་ཝང་མཁར;

276 Violoncello, *n.* པི་ཝང་རྒྱུད་བཞི་པ; སྒྲ་སྙན་རྒྱུད་བཞི་པ;

277 Viper, *n.* སྦྲུལ; དུག་སྦྲུལ; གདུག་སྦྲུལ;

278 Viperous, *a.* དུག་སྦྲུལ་ལྟ་བུ; དུག་ཅན; གདུག་པ; གདུག་སྦྲུལ་འདྲ་བ;

279 Virago, *n.* བུད་མེད་ཁ་ཚ་པོ; སྐྱེ་དམན་འཐབ་རྩེ་རྣོ་པོ;

280 Virgin, *n.* གཞོན་ནུ་མ; བུ་མོ་ན་ཆུང; ཁྱོ་མ་ཕོག་པ; གྲོང་ཚོག་གིས་མ་གོས་པ;

281 Virginity, *n.* གཞོན་ནུ་མ་གྲོང་ཚོས་ཀྱི་མ་གོས་པའི་ཚུལ; ན་ཆུང་མ་ཁྱོ་དང་མ་འགྲོགས་པའི་སྐབས;

282 Virgo, *n.* དུས་སྦྱོར་བུ་མོ; བུ་མོ; ཁྱིམ་བཅུ་གཉིས་ལས་བུ་མོ་འི་ཁྱིམ;

283 Virility, *n.* སྐྱེད་བྱེད་ནུས་པ; རོ་ཙ; རོ་གཙའ; ཐིག་ལེའི་སྟོབས; སྐྱེས་པའི་ཕོ་སྟོབས; སྐྱེས་པ་ཁྱོ་གའི་སྟོབས; དངས་མའི་སྟོབས;

284 Virtual, *a.* ནུས་པ་དང་ལྡན་པ;

285 Virtue, *n.* ཡོན་དན; དགེ་བ; ནུས་པ; བཟང་སྤྱོད; བདག་པོ་འི་བརྟུལ་ཞུགས;

286 Virtuoso, *n.*	ཙ་ལག་རྟིང་པའི་རྒྱུས་དང་ཉམས་ལྡན; སྒྱུ་རབས་ཀྱི་གཏམ་ དང་དངོས་པོའི་ཉམས་ཞིབ་ཅན;
287 Virtuous, *a.*	དགེ་ལྡན; བཟང་སྤྱོད་ཅན;
288 Virulence, *n.*	དུག; སྙིང་ནད; འཁོན; གཉིང་ནད; སྡང་སེམས; སྙིང་སྨྲན; ཀ་ཡ;
289 Virulent, *a.*	དུག་ཅན; འཁོན་ཅན; འཁོན་འཛིན་ཅན;
290 Virulently, *ad.*	སྡང་སེམས་ཀྱི་སྒོ་ནས; འཁོན་འཛིན་གྱི་སྒོ་ནས;
291 Virus, *n.*	རིག་དུག; ནད་ཀྱི་རྣག་ཆུའམ་ཆུ་སེར་གྱི་དུག; དཔེར་ན; འབྲུམ་ནད་ཀྱི་རྣག་ཆུའི་དུག་ལྟ་བུ;
292 Vis-a-vis, *adv.*	གདོང་སྤྲད་དུ;
293 Viscera, *n. pl.*	ནང་ཁྲོལ; སྙིང་དང་མཆིན་པ; ཕྲུད་པ་ལྟ་བུ;
294 Visage, *n.*	ངོ; གདོང; བཞིན;
295 Viscid, *a.*	(Sik. ཤན་ཐག་ཅན;) ཆོ་ཅན; ཆོ་བ་ཅན; ཆོ་རིང;
296 Viscount, *n.*	བློན་རི་ཊ་རིམ་པ་བཞི་པ; བློན་རིགས་ཀྱི་གོ་གནས;
297 Viscous, *a.*	(ཤན་ཐག་ཅན; Sik.) ཆོ་ཆེན; ཆོ་རིང; ཆོ་བ་ཅན;
298 Visibility, *n.*	མིག་གི་མཐོང་སར་ཡོད་པ་ཉིད; མངོན་སུམ་མིག་མཐོང་ དུ་ཡོད་ཚུལ; སྣང་ཚུལ;
299 Visible, *a.*	མངོན་པ; མཐོང་སར་ཡོད་པ; མངོན་སུམ;
300 Visibly, *ad.*	མཐོང་བཞིན་དུ; མངོན་སུམ་དུ;
301 Vision, *n.*	སྣང་བ; མཐོང་སྣང; ལྟར་སྣང; མཐོང་བའི་ནུས་པ; དམིགས་ཡུལ; སྒྱུ་མ; མིག་ཤེད; མཐོང་ཤེད;
302 Visionary, *n.*	(མཐོང་མཐོང་མཁན; Sik.) *a.* ལྟར་སྣང་ཙམ; སྣང་བ་ལྟ་བུ; བརྫུན་སྣང་ངམ་སྒྱུ་མ་ལྟ་བུ;

303 Visit, *v.t.* འཕྲད་པ; ཐུག་ཕྲད་བྱེད་པ; ལྟ་རྟོག་བྱེད་པ; གཟིགས་རྟོག་གནང་བ; མཇལ་བ; བཅར་བ; ཞབས་བཅར་ཞུ་བ;

304 Visitant, *n.* འཕྲད་མཁན; མཇལ་མཁན;

305 Visitation, *n.* ཐུག་ཕྲད; མཇལ་ཁ; ལྟ་རྟོག; གཟིགས་རྟོག;

306 Visiting, *n.* འཕྲད་པའི་བྱ་བ; ཐུག་འཕྲད; མཇལ་འཕྲད; ལྟ་རྟོག་གི་ལྟ་ཞིབ་བྱེད་པའི་བྱ་བ; ལྟ་སྐོར་རམ་ལྟ་རྒྱུལ་བྱེད་པའི་བྱ་བ;

307 Visitor, *n.* འཕྲད་མཁན; (མཇལ་འཕྲད་མཛད་མཁན; Hon.) ལྟ་རྟོག་བྱེད་མཁན; གཟིགས་རྟོག་གནང་མཁན;

308 Visor, *n.* རྨོག་གི་གདོང་ཁེབས; འབག་རྨོག; རྨོག་དང་འབྲེལ་བའི་གདོང་སྒྲིབ; འབག; འདྲ་བག;

309 Vista, *n.* ཤིང་སྡོང་གྲལ་བསྟར་བའི་དཀྱིལ་ནས་མཐོང་རྒྱ; མདུན་ཕྱོགས་མཐོང་ས་ཡངས་པ;

310 Vital, *a.* གནད་ཁག་ཆེན་པོ; གནད་ཆེ; གནད་འགག་ཅན; གལ་ཆེ་བ; སྲོག་ལ་ཕན་བྱེད;

311 Vitality, *n.* སྲོག; ཤར་སྐྱེད་ཀྱི་ནུས་པ;

312 Vitalize, *v.t.* ཡང་གསོ་བ; སྲོག་སྐྱེད་པ; གསོན་པོར་བྱེད་པ; འཆི་བ་འམ་ཤི་བ་གསོ་བའམ་སློང་བ;

313 Vitals, *n.* ནང་གི་དོན་སྣོད་ནང་ཁྲོལ; སྙིང་སོགས་དོན་སྣོད་ལྔ; སྲོག་ལ་མཁོ་བྱེད་ནང་ཁྲོལ་རྣམས;

314 Vitreous, *a.* ཤེལ་ལྟ་བུ; ཤེལ་གྱི;

315 Vitiate, *v.t.* བསླད་ནས་སྤུས་ཞན་དུ་གཏོང་བ; སླད་པ; ལྷད་རྒྱབ་པ་འམ་གཏོ་བ; སྐྱོན་ཅན་བྱེད་པ;

316 Vitiation, *n.* ངན་བསླད; ལྷད; གསེས་ལྷད;

317 Vitrify, *v.t.* ཤེལ་དུ་སྒྱུར་བ; ཤེལ་དུ་བཟོ་བ; *v.i.* ཤེལ་དུ་འགྱུར་བ;

318 Vitriol, *n.* མུ་ཟི་ལས་བཏོན་པའི་ཞུན་ཆུ; རིན་ཆེན་སོགས་ཀྱི་ཞུན་ཆུ; མུ་ཟི་དང་རིན་པོ་ཆེ་སོགས་ཀྱི་ཞུན་ཆུ;

319 Vituperate, *v.t.* སྨོད་ར་རྒྱབ་པ; སྐྱོན་འདོགས་པ; ཚིག་ངན་རྗོད་པ; སྨོད་པ; སྡིང་བ;

320 Vituperation, *n.* ཚིག་ངན་སྣ་ཚོགས; ཁ་ངན; སྡིང་ཚིག; སྨོད་ར;

321 Vivacious, *a.* སྤྲུང་གྲུང་འཛོམས་པོ; གྲུང་པོ; གཙང་པོ; བྲོད་པོ; གུ་ཡངས་པོ; ཤང་པོ; སེམས་སྤྲུ་ཡངས་པ;

322 Vivaciously, *ad.* སྤྲུང་གྲུང་འཛོམས་པོ་བྱེད་དེ; བྲོད་པོར;

323 Vivacity, *n.* སྤྲུང་གྲུང; ཤང་ཉམས; སྤྲུང; གྲུང;

324 Viva voce, *adv.* ངག་ཐོག་ནས; ཁ་ནས;

325 Vivid, *a.* ཁྲ་ལི་ལི; གསལ་པོ; གསལ་ཆ་དོད་པོ; ཁྲ་ལྷམ་མེ; ཁྲ་ལྷལ་ལེ; ཁྲ་གསལ་ལེ;

326 Vividly, *ad.* གསལ་པོར; གསལ་ལེར; མངོན་པར་གསལ་བར;

327 Vividness, *n.* གསལ་ཆ; ཧྲངས་ཆ;

328 Vivify, *v t.* གསོ་བ; འཆི་བ་འམ་ཤི་བ་གསོ་བ; གསོན་པོར་བྱེད་པ;

329 Vivisection, *n.* ཀླུ་དུས་བསིལ་ཞིང་གཞག་སྡེ་ལྟ་བའི་ལས; སྲུང་པོ་གཞག་དཔྱོད; ལུས་གཞན་བལྟ་ཕྱིར་སྲུང་པོ་གཞག་དཔྱོད;

330 Viz, *ad.* (literally མིང་དུ་དབྱེ་ན; སོ་སོར་དབྱེ་ན;) དེ་ཡང; དེ; ཏེ; སྟེ;

331 Vizard, *n.* འབག; འདྲ་འབག;

332 Vizier, *n.* བཀའ་བློན; སྲུ་སྲུལ་སྣན་ཀྱི་བློན་པོ; མདུན་ན་འདོན; བློན་ཆེན;

333 Vocable, *n.* མིང; སྒྲ; ཚིག; ངག;

334 Vocabulary, *n.* (སྐད་ཀྱི་ཤན་འབྱར; Collql.) མིང་མཛོད; ཚིག་མཛོད; ཚིག་གཏེར;

335 Vocal, *a.* སྐད་ཀྱི; སྒྲ་ལྡན; སྐད་བརྒྱབས་ནས་བརྗོད་པ;

336 Vocalize, *v.t.* རྗོད་པ; ལབ་པ; སྨྲ་ལེན་པ; སྒྲ་ལྡན་ནས་སྐད་ཅན་དུ་སྒྱུར་བ;

337 Vocation, *n.* ལས; བྱ་བ; རང་ལ་འཁྲི་བའི་འགན་ནམ་ལས་ན; འབོད་པ; འབོད་པའི་བྱ་བ;

338 Vocative, *n.* བོད་སྒྲ; བོད་ཚིག; *a.* འབོད་པའི་སྐོར; བོད་སྒྲའི་སྐོར;

339 Vociferate, *v.i.* ཀུ་ཅོ་སྒྲོགས་པ; ཅ་ཅོ་འདོན་པ;

340 Vociferation, *n.* ཀུ་ཅོ; ཅ་ཅོ;

341 Vociferous, *a.* ཀུ་ཅོ་ཅན; ཅ་ཅོ་ཅན;

342 Vogue, *n.* སྲོལ; ལུགས་སྲོལ; ལུགས; ལག་ལེན; ཉེར་སྤྱོད;

343 Voice, *n.* སྐད; གདངས; དབྱངས; སྒྲ;

344 Void, *a.* སྟོང་པ;

345 Voidness, *n.* སྟོང་པ་ཉིད; སྟོང་ཆ;

346 Volatile, *a.* ཁ་ཤོར་བའམ་ངར་ཤོར་རྒྱུ་ཡོད་པའི; ཡལ་འགྲོ་མཁན; ཕྲོད་པོ; སེམས་གུ་ཡངས་པོ; ལྷངས་པ་འདོན་བཞིན་ཡལ་འགྲོ་བའི; ལྷངས་པ་འཕྱུར་འཕྱུར་འཐོན་བཞིན་ཡལ་འགྲོ་བའི;

347 Volatileness, *n.* ཡལ་འགྲོ་བའི་ཚུལ; ཨ་རག་གར་པོ་ལྡུབ་སྐྱུངས;

348 **Volatilize**, *v.t.* རླངས་པར་ཡལ་དུ་བཅུག་པ; རླངས་པ་འདོན་བཞིན་ཡལ་དུ་བཅུག་པ;

349 **Volcanic**, *a.* རིའི་ཁོག་པ་ནས་མེ་དང་དུ་བ་ཁྲོ་ཆུ་འབྱིན་པའི; མེ་རིའི་སྐོར; མེ་རིའི;

350 **Volcano**, *n.* རིའི་ཁོག་ནས་མེ་དུད་ཁྲོ་ཆུ་སོགས་འཁོལ་ཞིང་འཐོན་མཁན; རི་ཧ་གདོང་མེ་ཅན; གྲོད་མ་ཁའི་མེ; ཆུ་མཁྲིས; མེ་རི;

351 **Volition**, *n.* བློའི་འདུག་པ; ཡིད་ཀྱི་འགྱུ་བ་སེམས་ཀྱི་འགྱུ་བ: འདུ་བྱེད; བློའི་ལས; སེམས་སྤོབས; བློ་སྤོབས; བློ;

352 **Volley**, *a.* མེ་རྫབ; མེ་མདའ་མང་པོ་དུས་གཅིག་ལ་རྒྱབ་པ་དེ; གྲུར་ཤོག;

353 **Volt**, *n.* རྟ་པས་མདུང་འཕྱུལ་འཛུར་བའི་ཚེད་དུ་ཕྱི་འགྲོས་འཁྱིར་གྱིས་བྱེད་པ; *n.* རྟའི་ཕྱི་འགྲོས; (of electricity: གློག་གི་ཤུགས་གཞལ་བའི་གྲངས་ཚད;)

354 **Voltaic**, *a.* རྫས་ལས་བསྒྲུབ་པའི་གློག་གི་སྐོར;

355 **Volubility**, *n.* (Sik. ལྕེ་མཆུ་བདེ་ཉམས;) ཁ་བདེ; ཁ་དབང་ཡོད་ལུགས; ཁ་སྦྱང;

356 **Voluble**, *a.* (Sik. ལྕེ་མཆུ་བདེ་པོ;) ཁ་བདེ་པོ; ཁ་སྦྱང་ཅན; ཁ་དབང་ཅན;

357 **Volume**, *n.* པོ་ཏི; གླེགས་བམ; དཔེ་ཆ; བོང་ཚད; ཕྲུ; དཔེ, བོང; ཚད;

358 **Voluminous**, *a.* རྒྱ་ཆེན་པོ; བོང་ཆེ་བ; ཚིག་རྒྱས་པ; དཔེ་ཆ་བོང་ཆེན་པོ;

359 **Voluminously**, *ad.* རྒྱ་ཆེར;

360 Voluntarily, *ad.* རང་གི་བློ་འདོད་ལྟར་ཁས་བླངས་ཏེ; རང་དགའ་སྟེ; རང་འདོད་བཞིན་དུ; རང་འཐད་དེ;

361 Voluntary, *a.* རང་གིས་ཁས་བླངས་པའི; རང་གིས་བློས་བླངས་པའི; རང་འདོད་བཞིན;

362 Volunteer, *n.* རང་གི་འདོད་པ་ལྟར་དམག་གཡོག་ལ་འཛུལ་མཁན; *v.i.* རང་འདོད་ཀྱི་དམག་མིར་འཛུལ་བ; (*n.* ཁས་བླང་པ; ཁས་བླངས་པ; Bhut. & Sik.) རང་འདོད་བཞིན་དུ་ཞབས་ཕྱི་ཞུ་མཁན; དང་དུ་ལེན་མཁན;

363 Voluptuous, *a.* འདོད་སྲེད་ཅན; འདོད་ཆགས་ཅན; ཆགས་པ་ཆེན་པོ; འདོད་ལྡན; འདོད་སྲེད་ཆེ་ཉིས་ཁ་པོ;

364 Voluptuously, *ad.* འདོད་སྲེད་ཆེ; པོ་བྲུས་ཏེ; འདོད་ཆགས་ཀྱི་སྒོ་ནས;

365 Voluptuousness, *n.* འདོད་པ་ལ་སྲེད་ཞེན; འདོད་ཆགས; སྲེད་པ; འདོད་པ;

366 Volute, *n.* ལྕུག་དཀྲིས; གཙུས་རིས; ལྕུས; སྒྲོས་ཆེན; སྒྲོལ་ཆེན; ཟགོད་མོ; ཀ་བའི་མགོ་ལ་གཙུས་པའི་བཟོ་རིས; དུང་གི་འཁྲིལ་སྟངས; དུང་གཡས་འཁྱིལ;

367 Vomit, *v.i.* སྐྱུག་པ; ངན་སྐྱུག་པ;

368 Vomiting, *n.* སྐྱུག་པ; ངན་སྐྱུག;

369 Voracious, *a.* བཀམ་ཆགས་ཅན; ཟ་ཧབ་ཅན; (Sik. ལྟོགས་ཧོབ་ཅན; ལྟོགས་ངབ་ཅན;) བཀྲེས་ཧབ་ཅན; ལྟོགས་ཧབ་ཅན;

370 Voraciously, *ad.* (ལྟོགས་བཧབས་ཀྱིས;) བཀྲེས་བཧབས་ནས or བཧམས་ནས;

371 Voracity, *n.* (ལྟོགས་ཧོབ; Sik. ལྟོགས་ཧབ;) བཀམ་ཆགས;

372 Vortex, *n.* ཆུ་བཞིན་འཁྱིལ་ཞིང་དབུས་སུ་ཀྱོང་ཀྱོང་ཡོད་པ; མཚོ་འཁོར; (eddy ཨུང་དུར་ Sik.)

373 Votary, *a.* སྨོན་གཙང; སྨོན་ལྡན; སྨོན་པ་མ་ཉམས་པར་སྲུང་མཁན; བླ་མའི་བཀའ་འབངས་ཡི་དམ་སྒྲུབ་པ་པོ; བསྒྲུབ་བྱ; སྒྲུབ་པ་པོ;

374 Vote, *n.* གདམ་ཀའི་ཚིག; སྤྱི་འདུན; འོས་བློ; སྤྱི་འདོད; འོས་འདེན; མི་མང་སྤྱིའི་འདོད་པར་འཐད་པའི; མཚོན་པ;

375 Voter, *n.* འོས་བློ་འབུལ་མཁན; འོས་རྗོད་མཁན;

376 Vouch, *v.t.* & *v.i.* དཔང་དུ་འཛུག་པ; དཔང་པོར་འགོད་པ; དཔང་བྱེད་པ; ར་སྤྲོད་པ;

377 Voucher, *n.* དཔང་ཡིག; གན་འཛིན; འཛིན; གན་ཡིག; དཔང་རྒྱ; ཆ་དཔང་གི་ཡི་གེ;

378 Vouchsafe, *v.t.* གནང་བ; སྩོལ་བ; མཛད་པ; *v.i.* བག་ཕེབས་པན་སྨྲ་བ; དུས་བར་སྨྲ་བ;

379 Vow, *n.* དམ་བཅའ; དམ་ཚིག; *v.t.* or *v.i.* དམ་བཅའ་འབུལ་བ; དཾ་བཅའ་སྲུང་བ;

380 Vowel, *n.* ཨ་ལི; དབྱངས་ཡིག; དབྱངས་ཨ་འཕྲེང;

381 Voyage, *n.* གྲུ་གཟིངས་ནང་ལ་འགྲུལ་དུ་འགྲོ་རྒྱུ་དེའོ; ཆུ་ཐོག་གི་འགྲུལ;

382 Voyager, *n.* གྲུ་གཟིངས་ཐོག་འགྲོ་བའི་འགྲུལ་པ; ཆུ་ཐོག་འགྲོ་མཁན་ནས་འགྲུལ་པ;

383 Vulgar, *a.* མ་རབས; ཕལ་པ; ཞི་ས་མེད་པ; དམངས་ཕལ་པའི་རིགས; ཕལ་སྐད;

384 Vulgarism, *n.* ཐ་མལ་པའི་ཆ་ལུགས; ཡུལ་གྱི་ཉེར་སྤྱོད; ཕལ་པའི་
སྐད་ལུགས; ཡུལ་གྱི་སྐད་ལུགས;

385 Vulgarity, *n* ཐ་མལ་པའི་སྤྱོད་པ; མ་རབས་ཀྱི་སྤྱོད་ཚུལ;

386 Vulgarly, *ad.* ཐ་མལ་པའི་ཚུལ་གྱིས; མ་རབས་ཀྱི་ཚུལ་གྱིས;

387 Vulnerability. ཐོ་བཙམ་ནུས; གླགས་རྙེད་ལུགས; གནོད་པ་སྐྱེལ་
ཐུབ་ལུགས; ཐུབ;

388 Vulnerable, *a.* གླགས་བརྙ་ཐུབ་པ; གླགས་རྙེད་པ; གནོད་པ་སྐྱེལ་
ཐུབ་པ; (Sik. རྐོལ་རྒྱུགས་པ;)

389 Vulture, *n.* བྱ་རྒོད;

390 Vulturish, *a.* བྱ་རྒོད་ལྟ་བུ;

391 Vulva, *n* (སྟུ་ vulgar) མོ་མཚན; (པདྨ; བྷ་ག་ classical).

W

1 Wabble, *v.i.* ཡོ་འཁྱོག་རྒྱབ་པ; ལྷེམ་ལྷེམ་བྱེད་པ;
གཡོ་བཞིན་འགྲོ་བ;

2 Wad, *n.* མེ་མདའི་རྫེའུའི་ཤོག་བཙངས; ཤོག་བུ་སོགས་ལས་
བཟོས་པའི་མེ་མདའ་འམ་མེ་སྒྲོགས་ཀྱི་ཁ་གཅོད;
(རྫེའུའི་ཤབསྦུ་ཤུ་ཀུ; Sik.) མེ་མདའི་རྫེལ་ཤབས་
ཤུ་ཀུ;

3 Wadding, *n.* བར་འཚང; ཤོག་བུའི་བཙང་ངམ་འཚང;
སྲིན་བལ་སོགས་ཀྱི་བར་འཚང་ངཾ་བར་བརྒྱང;

4 Waddle, *v.i.* གོམ་པ་དལ་བུར་འཁྱོར་བཞིན་འགྲོ་བ; གཟུགས་གཡོ་
བཞིན་འགྲོ་བ; གོམ་པ་ཐུང་ངུ་བརྒྱབས་ཅིང་གཟུགས་
པོ་ཡ་ཡོ་བཞིན་འཁྱོར་བ;

5 **Wade**, *v.i.* ཆུ་ལ་གོམ་པ་རྒྱབ་ནས་འགྲོ་བ; ཆུ་རབ་བརྒྱབས་ཏེ་འགྲོ་བ; ཆུ་རྐྱལ་བཞིན་འགྲོ་བ;

6 **Wafer**, *n.* (ཁྲ་ལེབ་སྲབ་པོ; Sik.) སྣན་མ་སོགས་ལས་བཟོས་པའི་བག་ལེབ་སྲབ་པོ; སྦྲ་ཡིན;

7 **Waft**, *v.t.* ལག་གཡུག་རྒྱབ་པ; རླུང་ངམ་ཆུས་འཁྱེར་བ; ལག་པ་གཡབ་པ; གཡབ་གཡུག་བྱེད་པ;

8 **Wag**, *v.t.* or *v.i.* གཟུགས་པོ་ཁྱོག་རྒྱབ་པ; ལྡེམ་ལྡེམ་བྱེད་པ; སྐྱུལ་བ; འགྱུལ་བ;

9 **Wage**, *v.t.* དམག་རྒྱབ་པ; གཡུལ་འགྱེད་པ; སྡོ་བ; སྡོག་དང་སྡོ་བ; ལག་ལེན་ལ་ཞུགས་པ; དཔེར་ན་གཡུལ་ངོར་ཞུགས་པ་ལྟར; ལག་ཏུ་འགེལ་བ; བྱ་བ་ལ་གཞོལ་བ; བྱ་བ་རྩོམ་པ;

10 **Wager**. རྒྱལ; རྒྱན; ཀླུགས; *v.t.* རྒྱན་འཛུག་པ; རྒྱན་སྐྱུར་བ; རྒྱན་གཙུག་པ;

11 **Wages**, *n.* གླ་ཆ; གླ; ཕོག; ཇན་པ; གླ་ཕྲོབ;

12 **Waggery**, *n.* གཏོད་འགལ་དང་ལྡན་པའི་ཁྲ་ཅོ; ཀུལ་ཀ; རྩེད་མོ; བཞད་གད; ཀུ་རེ;

13 **Waggish**, *a.* ཁྲ་ཅོ་ཅན;

14 **Waggle**, *v.i.* & *v.t.* གཟུགས་པན་ཙུན་སྒྲོ་ཤུད་བྱེད་པ; ཅོག་གེར་མ་སྡོད་པ; ལྡེམ་ལྡེམ་བྱེད་པ; གཡོ་བཞིན་འཁྱོར་བཞིན་འགྲོ་བ; འགྱུལ་བ;

15 **Waggon**, *n.* རྫས་འདྲེན་བྱེད་ཀྱི་ཤིང་རྟ; བ་གླང་གིས་འཐེན་པའི་ཤིང་རྟ་འཁོར་ལོ;

16 **Wagonette**, *n.* ཤིང་རྟ་ཆུང་ངུ; རྟ་ཡིས་འདྲེན་པའི་ཤིང་རྟ་འཁོར་ལོ;

17 Wagtail, *n.* བྱིའུ་རྟག་པར་ཞུ་གྲུ་གཡུག་གཡུག་བྱེད་མཁན; བྱིའུ་མཇུག་སྒྲོ་རྟག་ཏུ་འགྱུལ་མི་ཞིག;

18 Waif, *n.* འཁྱར་པོ; (མི་འཁྱམས; བདག་པོ་མེད་པའི་ནོར་ལམ་ཁ་ནས་ཐོབ་ཐོབ་པ; Sik.)

19 Wail, *v.t.* ཀུ་ངན་གྱི་ཆོ་ངེས་འདོན་པ; སྨྲེ་སྔགས་འདོན་པ; ཀུ་ངན་བྱེད་པ; ངུ་བ; ཤུམ་པ་ Hon.) ཆོ་ངེས་འདེབས་པ;

20 Wailing, *n.* ཀུ་ངན་གྱི་སྨྲེ་སྔགས; ཀུ་ངན; ཆོ་ངེས;

21 Wain, *n.* ཤིང་རྟ; རྟའི་གླ་རི; གླང་གོག་གླ་རི; ནོར་འདྲེན་བྱེད་ཀྱི་ཤིང་རྟ;

22 Wainscot, *n.* སྤང་ལེབ་འདིང་སྤངས; *v.t.* སྤང་ལེབ་འདིང་བ;

23 Waist, *n.* སྐེད་པ; རྐེད་པ;

24 Wait, *v.i.* བསྒུགས་སྡོད་པ; སྒུག་པ; སྐུ་གཅར་དུ་སྡོད་པ;

25 Waiter, *n.* སྐུ་མདུན་པ; སྤྱན་སྔ་པ; མགྲོན་གྱི་སྣེ་ལེན་བྱེད་མཁན་གཡོག་པོ; བཟའ་བཏུང་སོགས་འབྲིམ་མཁན; གཡོག་པོ; ཞབས་ཕྱི; སྐུ་གཅར་པ; གཾ་གཅར་པ; ནང་འཁོར་པ;

26 Waiting, *n.* སྒུག་བཞིན་པ; སྐུ་གཅར; སྒུག་པའི་བྱ་བ;

27 Waive, *v.t.* གནས་སྐབས་སུ་རྒྱུ་དངོས་ལ་རྩོད་གཞི་འདོར་བ; གན་འཛིན་གྱི་སེལ་གཏོང་བ; སྐབས་ཟུར་བློས་གཏང་བ; སྤོང་བ;

28 Wake, *v.i.* གཉིད་སད་པ; གཉིད་ལས་སློང་བ; གཉིད་ལང་བ;

29 Wakeful, *a.* གཉིད་ལ་མི་ཤོར་བ; གཉིད་མི་ཉལ་བ; གཉིད་མི་ལོག་པ; མེལ་ཚོ་བའི; སྐོར་གཡེངས་པ;

30 Wakefulness, *n.* གཉིད་མེད་ཚུལ; བྱ་ར; མིག་ཆེ; སྐོར་གཡེངས;

31 Waken, *v.i.* གཉིད་སང་བ; གཉིད་སད་པ; *v.t.* གཉིད་ལས་སློང་བ; གཉིད་སློག་པ;

32 Wakening, *n.* གཉིད་སང་བའི་བྱ་བ; གཉིད་སློང་བའི་བྱ་བ;

33 Wale, *n.* ལྕག་གི་རྨག་ཐིག; གྲུ་གཟིངས་ཀྱི་ཟུར་དུ་སྤང་ཤིང་ཟུར་བསྐྱངས་ཏེ་ཡོད་པ;

34 Walk, *v.i.* སྐྱ་སངས་ལ་འགྲོ་བ; Hon. ཞབས་ཐང་ལ་ཕེབས་པ; འགྲོ་བ; འཆམ་འཆམ་བྱེད་པ; འཁྱམ་འཁྱམ་ལ་འགྲོ་བ; འཆག་པ; རྐང་ཐང་འགྲོ་བ;

35 Walker, *n.* རྐང་འགྲོས་པ; འཆམ་འཆམ་བྱེད་མཁན; འཆག་མཁན;

36 Walking, *n.* འཆམ་འཆམ; རྐང་པས་འགྲོ་བ; རྐང་ཐང་འགྲོ་བའི་བྱ་བ;

37 Wall, *n.* རྩིག་པ;

38 Wallop, *v.t.* རྡུང་བ; གཞུ་བ; ལྕག་གིས་འཕྲབ་པ; ལྕག་ཚན་གཞུ་བ; *v.i.* འཁོལ་བ; ལྦུ་བ་ཟེར་ཟེར་བྱེད་དེ་འཁོལ་བ;

39 Walloping, *n.* བརྡེག་བརྡུང; རྡུང་རྡེག;

40 Wallow, *v.i.* འདམ་ལ་འགྲེལ་བ; འདམ་ལ་འཁྱིང་བ; གཙོག་སར་ལ་འགྲེ་ལོག་རྒྱབ་པ; འདམ་གཙོག་ནང་ལ་འགྲེ་བ;

41 Walnut, *n.* སྟར་ག; སྟར་ཀ; སྟར་ཁ;

42 Waltz, *n.* ཞབས་བྲོ; རྐང་བྲོ; ཞབས་བྲོ་དང་གླུ་བཞས་དང་བཅས་མི་གཉིས་ཀྱི་འཁྲབ་པའི་བྲོ;

43 Wan, *a.* བཀྲག་མེད; བཀྲག་མདངས་མེད་པ; ནད་པའི་གདོང་འདྲ་བ;

44 Wand, *n.* ལྕུག་ཚན་ཕྲ་མོ; འཁར་རྒྱུག; འཁར་བ;

45 Wander. འཁྱར་བ; འཁྱམ་པ;

46 Wanderer, *n.* འཁྱར་པོ; འཁྱམ་པོ;

47 Wandering, *n.* འཁྱམ་ནས་འགྲོ་བ་ཉིད; འཁྱར་བ་ཉིད; *a.* འཁྱམ་མཁན; འཁྱམ་པའི;

48 Wane, *v.i.* ཟག་བ; ཟགས་པ; ཟུད་པ; ཟླ་བ་མར་ངོར་འབབ་པ; མར་ངོར་གཞོལ་བ; རྒུད་པ; འགྲིབ་པ; ཟླ་བ་འགྲིབ་པ;

49 Waning, *n.* རྒུད་བཞིན་པ; འགྲིབ་བཞིན་པ;

50 Want, *n.* དགོས་པ; དབུལ་འཕོངས; མཁོ་བྱེད;

v.t. and *v.i.* འདོད་པ; མཁོ་བ; དགོས་པ;

51 Want, *v.i.* དགོས་པ; མཁོ་བ; *v.t.* འདོད་པ; མེད་པས་འཕོངས་པ;

52 Wanting, *a.* མེད་པ; མ་ཚང་བ; མེད་པས་འཕོངས་པ;

53 Wanton, *a.* འཆལ་པོ; འཆལ་མོ; དོན་མེད་ཀྱི; སྨད་འཚོང་མ; ངན་རོལ་མ; གཞང་འཚོང་མ; དབང་པོའི་སྒོ་མ་བསྡམས་པ; བག་མེད་དུ་འཁྱམ་མཁན་ནཾ་རྩེ་མཁན;

54 Wantonly, *ad.* དོན་མེད་དུ; རྒྱུ་མཚན་མེད་པར;

55 Wantonness, *n.* འཆལ་ཚུལ; ངན་སྤྱོད; བག་མེད་པའི་ཚུལ;

56 War, *n.* གཡུལ་ངོ; དམག; (Bhut. ཆགས་སྡང; prond. ཆས་སྡང;) འཐབ་མོ;

57 Warble. སྒྲ་དབྱངས་འདོན་པ; གདངས་འཐེན་པ; སྒྲ་ལེན་པ; བྱིའུ་གསུང་སྙན་སྒྲུར་བ; བྱིའུ་སྒྲ་སྐད་འདོན་པ; བྱིའུ་སྐད་སྙན་རྒྱབ་པ;

58 Ward. *v.t.* སྲིག་པ; འགེགས་པ; (*n.* སྲུང་བའི་བྱ་བ; བྱ་ར; མེལ་ཚེ; བཙོན; སྨན་ཁང་གི་ཁང་མིག;) *v.t.* སྲུང་བ; སྐྱོབ་པ; ཅག་ག་བྱེད་པ; བྱ་ར་བྱེད་པ; མེལ་ཚེ་བྱེད་པ;

59 Warden, *n.* སྒོ་ར་བ; (Bhut. སྒྲུ་དྲུང;) ཆོས་ཁྲིམས་པ; སྲུང་མཁན; སྲུང་མི; བྱ་ར་བ; མེལ་ཚེ་བ; ཙོན་སྲུང;

60 Warder, *n.* སྒོ་སྲུང; སྲུང་མི; སྲུང་མཁན; མེལ་ཚེ་བ; བྱ་ར་བ;

61 Wardrobe, *n.* ན་བཟའ་ཁང; གོས་ཁང; གོས་མཛོད; གོས་འཇོག་པའི་ཁང་མིག; གོས་སྒམ; དུག་ལོག་བླུགས་པའི་སྒམ;

62 Ware, *n.* སྤྱད་ལག; སྤྱད་དངོས; ཡོ་བྱད; སྤྱད་ལག་དངོས་པོ; དངོས་པོ; ཅ་ལག; ཟོག་ཆ; ཚོང་ཟོག; ཟོང; ཟོང་ཟོག; འཚོང་རྒྱུའི་དངོས་པོ;

63 Warehouse, *n.* ཟོག་ཁང; ཚོང་ཟོག་གི་ཁྱིམ; སྤྱད་དངོས་ཀྱི་མཛོད; ཟོག་ཁང; དངོས་སྤྱད་སྣ་ཚོགས་འཇོག་སའི་ཁང་པ;

64 Warfare, *n.* གཡུལ་ངོ; འཛིང་རེས; འཐབ་མོ; གཡུལ་དམག; དམག་གཡོག; དམག་ལས;

65 Warlike, *a.* དམག་གི; དམག་གི་སྐོར; དམག་མིར་འོས་པ; དཔའ་བོ; རྒོད་པོ; དམག་ལ་དགའ་བ; འཐབ་མོར་དགའ་བ; གཡུལ་ལ་དགའ་མཁན; གཡུལ་གྱི;

66 Warlikeness, *n.* དམག་ལ་དགའ་ལུགས་སམ་དགའ་མདོག;

67 Warm, *a.* དྲོན་པོ; དྲོན་མོ; དྲོ་པོ; དྲོད་ཅན; *v.t.* སྲོ་བ; དྲོད་འདོགས་པ; *v.i.* དྲོ་བ; དྲོད་སྐྱེ་བ; དྲོད་ཁྱེག་པ; དྲོད་འདོགས་པ; དྲོད་སླེབས་པ;

68 Warming, *n.* སྲོ་བའི་བྱ་བ; དྲོད་འདོགས་སྟང;

69 Warmly, *ad.* དྲོན་པོར ; དྲོད་དང་བཅས་པ; དགའ་སྤྲོ; སྙིང་ནས་འདོད་ནས ;

70 Warmth, *n.* དྲོད; དྲོ་བ;

71 Warn, *v.t.* བརྡ་གཏོང་བ; མ་འོང་པ་ལ་གེགས་པར་འབྱུང་རྒྱུ་སོགས་ཤེས་སུ་འཇུག་པ; རིག་པ་སྒྲིམ་དུ་འཇུག་པ; བསླབ་བྱ་བྱེད་པ; དོགས་ཟོན་སྐྱུལ་བ; སྒྲིམ་འཇུག་པ; བྱ་གཏོང་བ; ཁས་ལན་སྐྱུལ་བ; མ་བྱེད་ཅེས་བཀའ་བསྒྲོ་བ; འཁྲིན་གཏོང་བ;

72 Warning, *n.* བྱ; དཔེར་ན་དགྲ་བྱུང་ན་བྱ་གཏོང་ཞེས་པའི་བྱའོ; བསླབ་བྱ; ཁ་ད; དོགས་ཟོན;

73 Warrant, *v.t.* ཁག་འཁུར་བ; ཁག་ཁྱུག་པ; དབང་སྤྲད་པ; དབང་གནང་བ; *n.* བཀའ་རྒྱ; བཀའ་ཤོག; འགུགས་ཤོག; ཁས་ཁྱུག; ཁག་ཁྱུགས; ཁག་འགན་ལེན་པ; ཁག་ཐེག་བྱེད་པ; ཁག་ཐེག་པ; ཁག་རྒྱག་པ;

74 Warrantable, *a.* ཚད་དབང་དང་ཁག་ཡོད་པའི ; རྟུང་བ; ཚོག་པ; རིགས་པ; འོས་པ;

75 Warrior, *n.* གཡུལ་ངོར་བརྩོན་པ; དམག་མི; དམག་གི་ཉམས་སྙིང་ཅན;

76 Wart, *n.* འཇེར་པ; མཇེར་པ;

77 Warty, *a.* འཇེར་པ་ཅན; མཇེར་པ་ཅན; མཇེར་པ་འདྲ་བ;

78 Wary, *a.* བྱ་ར་ཅན; གཙང་པོ; རིག་པ་གྲིམས་པ; ཟོན་ཡོད; ཟོན་ཅན; དོགས་ཟོན་ཅན;

79 Was, *v.i.* བྱུངས; "to be" ཞེས་བྱ་བའི་སྐྱེས་བུ་གསུམ་པའི་འདས་པའི་གཅིག་ཚིག; འདས་པའི་དུས་སུ་མཆིས་པའི་ཚིག་གོ ; འདུག; རེད; ཡོད་པ་རེད; གདའ;

80 Wash, *v.t.* འཁྲུད་པ; བསིལ་བ; བཤལ་བ; ཆུས་འདག་པར་བྱེད་པ;

81 Washing, *n.* འཁྲུད་པའི་བྱ་བ; འཁྲུད་མ; བཤལ་ཆུ; འཁྲུ་བཤལ;

82 Washer, *n.* འཁྲུད་མཁན; འཁྲུད་པ་པོ;

83 Washy, *a.* ཤེད་ཆུང་ཆུང; ཤེད་ཆུང; སླ་མོ; སླ་བ; ཉོན་པོ; ཉོན་པ; བཞའ་བ; གཤེར་བ; སྟོབས་མེད་པ; ལུས་གཟོར་ཆུང་བ;

84 Wasp, *n.* སྦྲང་བུ་མདུང་ཅན་འབྲས་ལྗོངས་སུ་ཡོ་དོང་མ་ཞེས་བྱ་བ་དེའོ; དུག་སྦྲང་མདུང་ཅན;

85 Waspish, *a.* དུག་སྦྲང་མདུང་ཅན་འདྲ་བ; སྐྱེད་པ་ཕྲ་བ་དང་ལྡན་པ; སྐྱེད་ཕྲ་ཅན; གསེར་སྦྲང་འདྲ་བ; ཁ་ཚ་པོ; ཁ་ཡབ་སྤངས་རྩུབ་པོ; སྣ་ཕྲུང; སྣ་ཕྲུང་བ; སྤྲོ་ཕྲུང་བ;

86 Wast, *v.i.* བྱུངས་ "to be" ཞེས་བྱ་བའི་སྐྱེས་བུ་གཉིས་པའི་འདས་པའི་གཅིག་ཚིག;

87 Waste, *v.t.* ཆུད་གཟོན་པ; ཆུད་ཟོད་གཏོང་བ; *n.* བཙོམ་ཉག; གཏོར་གཤིག; འཕྲོ་བརླག; ཆུ་ཟོད; སྤོར་བ; ཕུགས་དར; གད་སྙིགས; ཕུགས་སྙིགས; འཕྲོ་ *v.t.* བརླག་གཏང་བ; སྤོར་བ; མེད་པར་བཟོ་བ; ཉོག་པ; གཤིག་པ;

88 Wasteful, *a.* ཆུད་ཟོད་མཁན; སྤོར་མཁན; འཕྲོ་བརླག་གཏོང་མཁན; ཉོག་མཁན;

89 Wastefully, *ad.* འཕྲོ་བརླག་བཏང་ནས;

90 Waster, *n.* འཕྲོ་བརླག་གཏོང་མཁན; སྤོར་མཁན; ཉོག་མཁན; གཤིག་མཁན;

91 Watch, *n.*, *v.t.*, & *v.i.* — སྲུང་བ; བྱ་ར་བྱེད་པ; མེལ་ཚེ་བྱེད་པ; མིག་ལྟ་བ; རིག་པ་སྒྲིམ་པ; *n.* ཆུ་ཚོད་འཁོར་ལོ timepiece; བྱ་ར; མེལ་ཚེ; སྲུང་བའི་བྱ་བ; བྱ་ཚེ;

92 Watchful, *a.* — བྱ་ར་ཅན; བྱ་ར་བྱེད་མཁན; སྲུང་མཁན; རིག་པ་གྲིམས་པ; དོགས་ཟོན་ཅན; བྱ་ར་མཁན;

93 Watchfully, *ad.* — བྱ་ར་བྱས་ཏེ; མེལ་ཚེའི་སྒོ་ནས;

94 Watchfulness, *n.* — བྱ་ར; མེལ་ཚེ; བྱ་ཚེ;

95 Water, *n.*, & *v.t.* — ཆུ་བླུད་པ; ཆུ་ལྷུད་པ; ལྷུད་པ; བླུད་པ; ཆུ་འདྲེན་པ; ཆུ་གཏོང་བ; ཡུར་བ; *n.* ཆུ; Hon. ཆབ; ཆུ་ཀླུང; མཚོ; རྒྱ་མཚོ; གཅིན་པ urine; རིན་པོ་ཆེའི་བཀྲག་མདངས; of gems.

96 Watered, *a.* — ཆུ་བླུད་ཡོད་པ; ཆུ་བླུད་ཚར་བ; ཆུ་བྲངས་པ; ཡུར་ཟིན་པ;

97 Watering, *n.* — ཆུ་བླུད; ཆུ་འདྲེན་པའི་བྱ་བ; ཡུར་བའི་བྱ་བ;

98 Waterish, *a.* — ཆུའི་བྲོ་བ་ཅན; ཆུ་འདྲ་བ; སླ་བ;

99 Watery, *a.* — ཞེད་ཆུང; ལུས་གཏོད་ཆུང་བ; ཆུ་ལྟ་བུ; ཆུའི་སྐོར; སླ་བ; སླ་མོ; བྲོ་བ་མེད་པ; རོ་མེད་པ; སྟོབས་མེད་པ;

100 Wattle, *n.* — ལྕུག་པ; ལྕུག་གྲུ; ལྕུག་ཕྲན; ལྕུག་མ;

101 Wave, *n*, — བ་རླབས; རླབས; དབའ་རླབས;

102 Waveless, *a.* — བ་རླབས་མེད་པ;

103 Waver, *n.* — འཁྱོམས་པ; འགྱུལ་ཤིག་ཤིག་བྱེད་པ; འདར་ཤིག་ཤིག་བྱེད་པ; འདར་ཡོམ་ཡོམ་བྱེད་པ; ཡོམ་པ; ཡོམ་ཡོམ་བྱེད་པ; འཁྱོར་བ;

104 Wax, *n.* (*v.t.* སྤྲ་ཚིལ་འབྱུག་པ; *v.i.* འཕེལ་བ; ཟླ་བ་འཕེལ་བ;) ཟླ་བ་རྒྱས་པ; ཟླ་བ་ཉ་གང་བ; ཟླ་བ་ཡར་ངོར་འཛེག་པ; ཟླ་བ་དཀར་ཕྱོགས་སུ་འཛེག་པ; *n.* སྤྲ་ཚིལ; ལ་ཆ; ཀླད་པགས; ཉ་བའི་དྲི་མ; རྒྱུད་སྐྱུད་སྦྲོང་བའི་རྩི་ཚུ;

105 Waxen, *a.* སྤྲ་ཚིལ་ལས་གྲུབ་པ; སྤྲ་ཚིལ་གྱི; སྤྲ་ཚིལ་འདྲ་བ;

106 Wax-light, *n* ཞུ; སྤྲ་ཚིལ་གྱི་མེ་འོད་དམ་མདངས; སྤྲ་ཚིལ་ལས་བཟོས་པའི་སྒྲོན་མེ; སྤྲ་ཚིལ་གྱི་སྣང་གསལ;

107 Wax-wing, *n.* བྱིའུ་ཆུང་ངུ་གཅིག་གི་རིགས;

108 Way, *n.* བྱེད་ཚུལ; བྱེད་སྟངས; ཐབས; ལམ; ལམ་ག; བགྲོད་བྱ; བགྲོད་ལམ; ཐག་རིང་ཐུང; ཕྱོགས; ཡར་བསྐྱེད;

109 Wayfare, *v i.* ཀང་འགྲུལ་རྒྱབ་པ; ཀང་ཐང་ལ་འགྲུལ་བ; ཀང་ཐང་ལ་འགྲོ་བ; འགྲུལ་རྒྱབ་པ;

110 Wayfaring, *a.* ལམ་འགྲུལ་པ; ཀང་ཐང་ལ་འགྲུལ་མཁན; ཀང་ཐང་ལ་འགྲུལ་བཞིན་པ;

111 Waylay, *v.t.* ལམ་སྒྲུག་རྒྱབ་པ; སྒྲུག་རྒྱབ་པ; སྒྲུག་ར་རྒྱབ་པ;

112 Wayward, *a.* རང་འདོད་ནན་དན་དུ་སྒྲུབ་མཁན; རང་སྣང་གང་ཤར་བྱེད་མི; ཨུ་ཚུགས་ཆེ་པོ; ཨུ་ཐུག་ཆེ་པོ; དཔྲལ་མགོ་ཅན; (མགོ་ཀྱང་གཅིག; Sik.)

113 Waywardly, *ad.* སྣང་བ་གང་ཤར་བྱས་ཏེ; ཨུ་ཚུགས་བྱས་ཏེ; ཨུ་ཐུག་བྱས་ནས;

114 Waywardness, *n.* སྣང་བ་གང་ཤར; ཨུ་ཚུགས; ཨ་ཐུག;

115 We, *pro.* ང་ཚོ; ཨུ་ཅག; ང་ཅག; ཨུ་བུ་ཅག; ངེད་ཅག; ང་རང་འཚོ; འོ་སྐོལ;

116 Weak, *a.* ཞན་པ; ཁམས་ཞན་པ; ལུས་གཉེར་ཆུང་བ; སྲིག་པོ; རྒུད་པོ; ཤ་ཆུང་བ; ཤེད་ཆུང; སྟོབས་མེད་པ; སྙིམ་པ; རིད་པ; ཉམ་ཆུང;

117 Weaken, *v.t.* སྟོབས་འཇུན་པ; ཤེད་མི་ཞན་དུ་འཇུག་པ; སྟོབས་ཉམས་སུ་འཇུག་པ; གར་སླ་གསེ་བ; གར་སླ་ཁྲི་བ; ཤེད་སྨུག་དུ་འཇུག་པ;

118 Weakling, *n.* ཉམ་ཐག་པོ; རྒུད་པོ; ཉམ་ཆུང; ནང་གཙོང་ཅན; གཙོང་པོ;

119 Weakly, *ad.* སྟོབས་མེད་པར; ཉམ་ཆུང་གི་སྒོ་ནས;

120 Weakness, *n.* སྨུག་སྟངས; ཤེད་སྨུག་སྟངས; རིད་སྟངས; རིད་ཚུལ; ཤ་ཤོར་སྟངས; ཞན་སྟངས; ཞན་ཚུལ; ཆག་སྟངས; ཤེད་ཆག་ཚུལ;

121 Weal, *n.* སྐྱིད་པ; སྐྱིད་པོ; ཡར་འཕེལ; ཡར་བསྐྱེད; དར་རྒྱས; བདེ་བ; བདེ་སྐྱིད; བདེ་ཐབས;

122 Wealth, *n.* ནོར་རྫས; རྒྱུ་རྫས; འབྱོར་བ; ནོར; རྫས; ཡོ་བྱད;

123 Wealthily, *ad.* ནོར་རྫས་དང་ལྡན་པར; ནོར་དང་བཅས་པར; ཕྱུག་པོ་བྱེད་དེ;

124 Wealthy, *a.* ཕྱུག་པོ; ནོར་ལྡན; འབྱོར་ལྡན; རྫས་ལྡན; ཡོ་བྱད་ལྡན་པོ;

125 Wean, *v.t.* གཞན་ལ་ཞེན་ཆགས་སྤོང་བར་འཇུག་པ; འཕྲལ་བ; འོ་མ་གཅོད་པ; ཕྲུག་གུར་འོ་མ་གཅོད་པ;

126 Weapon, *n.* མཚོན་ཆ; མཚོན; ལག་ཆ;

127 Wear, *v.i. & v.t.* བཟར་ནས་འཛད་པ; ལོངས་སྤྱོད་ནས་འཛད་དུ་འཇུག་པ; ཐང་ཆད་པ; ངལ་བ; གྱོན་པ; གོན་པ; འཛད་འཇུག་པ; བཟར་ནས་འཛད་དུ་འཇུག་པ;

128 Wearer, *n.* གྱོན་མཁན;

129 Weariness, *n.* ངོ་བརྒྱལ; ངལ་བ; སྐུ་ངལ་བ; དུབ་པ; ངལ་དུབ;

130 Wearisome, *a.* ངལ་བར་འཇུག་མཁན; དཀའ་ལས་ཁག་པོ; མགོ་ན་པོ; ངལ་ཚེགས་ཆེན་པོ; དཀའ་ཚེགས་ཆེན་པོ; ངོ་བརྒྱལ་པོ; སྐྱུན་པོ; མགོ་ཉེག་པོ; མགོ་འཁོར་པོ;

131 Wearisomeness, *n.* དཀའ་ལས; ངོ་བརྒྱལ; དཀའ་ཚེགས; ངལ་དུབ; མགོ་ཉེག; མགོ་ན;

132 Weary, *v.t.*, *a.* ངལ་དུབ་ཅན; དུབ་པ་ཅན; དུབ་པ; དུབ་པོ; ངལ་བར་འཇུག་མཁན; ངལ་འཇུག་པ; ངལ་བར་འཇུག་པ; *v.i.* ངལ་བ; དུབ་པ;

133 Weasel, *n.* སྲེ་མོང; (གཟི་མོང; Sik.) སྲེ་མོ; ནེའུ་ལེ; དབྲི་མོང;

134 Weather, *n.* ཚ་གྲང་སོགས་ཀྱི་གནས་སྐབས; གནམ; ནམ་མཁའ; གནམ་གཤིས; དུས་དྲོ་གྲང་སྐམ་རློན་སོགས་ཀྱི་གནས་སྐབས;

135 Weave, *v.t.* འཐག་པ; ཐགས་འཐག་པ;

136 Weaver, *n.* ཐ་ག་པ; འཐག་མཁན; ཐགས་འཐག་མཁན; ཐགས་མཁན;

137 Weaving, *n.* འཐག་པའི་བྱ་བ; ཐགས་འཐག་པའི་རིག་པ; ཐ་ག་པའི་ལས;

138 Weazon, *a.* རྒན་པོ; ཞྭ་མོ; སྐབ་མོ; སྐྲེག་པ; རིད་པ; ཞན་པ; ཁམས་ཞན་པ;

139 Web, *n.* ཤག་གི་དྲ་བ; ཡན་ལག་གི་དྲ་བ; དྲ་བ; ཐགས; བྲུབས; གོས་བྲུབས; ཕྱུག; སྡོམ་ཐག; སྲིན་པོའི་ཁ་རྒྱུ;

140 Wed, *v.t.* ཆུང་མ་ལེན་པ; གཉེན་རྒྱབ་པ; བག་མར་བླང་བ; མནའ་མ་ལེན་པ;

141 Wedge, *n.* ཤིང་གཟེར; ཀ་ཙུ; ཛབས; ཤིང་ཛབས; ལྕགས་ཛབས; སྐྱེག་བུ;

142 Wedlock, *n.* བཟའ་མི་འི་ཚུལ; གཉེན་ལམ; ཕོ་མོ་འགྲོགས་སྡངས; གཟའ་ཤུག་ཏུ་འགྲོགས་སྡངས; གཟའ་ཤུག་གི་ཚུལ; བག་སྟོན; བག་མ་གཏོང་ལེན; གཉེན; གཉེན་སྦྱོར; ཁྲོ་ཤུག་གི་ཚུལ;

143 Wednesday, *n.* གཟའ་ལྷག་པ;

144 Weed, *n.* རྩྭ་ངན; ཡུར་མ; (*v.t.* ཡུར་མ་གཡུར་བ; ཡུར་མ་རྒྱབ་པ; Sik.)

145 Weed *v.t.* ཡུར་མ་རྒྱབ་པ; རྩྭ་ངན་ཀོ་བ; (ཡུར་མ་གཡུར་བ; Sik.) གཡུར་མ་གཡུག་པ;

146 Week, *n.* བདུན་ཕྲག;

147 Weekly, *a.* བདུན་ཕྲག་རེ་བཞིན;

148 Ween, *v.i.* བློ་ལ་ཤར་བ; མནོ་བ; བསམ་པ; སེམས་པ;

149 Weep, *v.i.* ངུ་བ; མིག་ཆུ་གཏོང་བ; ཤུམ་པ;

150 Weeper, *n.* ངུ་མཁན; ངུ་མི;

151 Weeping, *a.* ངུ་བཞིན་པ;

152 Weevil, *n.* སྦུད; འབྲུ་ཟ་བའི་འབུ; སྦོད; འབྲུའི་སྲིན་འབུ; འབྲུ་རིགས་ཀྱི་སྲིན་བུ;

153 Weft, *n.* སྤུན; ཐགས་ཀྱི་སྤུད་པ་ཕྲེད་ལ་འགྲོ་བ་དེའོ; འཐུད་མ;

154 Weigh, *v.t.* འདེགས་པ; འདེག་པ; སྲང་ལ་འདེགས་པ; འགྱོག་པ; གྱེན་དུ་འགྱོག་པ; འདེགས་འགྱོག་བྱེད་པ; ཨང་རྫི་སྲང་ལ་འདེགས་པ; སྲང་ལ་བཀུག་པ;

155 Weight, *n.* ཡང་ལྕི; ཡང་ལྗི; ལྗིད་པ; འདེགས་ཚོད; ལྗི; ལྕི; ལྗི་གོག; ལྗིད; སྤང་རྡོ; ཉག་རྡོ; འགྲོག་རྡོ; རྒྱ་རྡོ; འདེགས་རྡོ;

156 Weightily, *ad.* ལྗི་མོར; ལྗི་དྲག་གེར;

157 Weightiness, *n.* ལྗི་སྟངས; ལྗིད་ཆེ་ལུགས; ལྗིད;

158 Weighty, *a.* ལྗི་བ; ལྗིད་ཅན; ལྗིད་ཆེ་བ; ལྕི་བ; གལ་ཆེ་བ; ཚ་ཆེ་བ; ལྗི་མོ; ལྗི་དྲག་གེ་བ; ལྗི་པོ; ལྕི་པོ; ལྗི་དྲག་གི;

159 Weird, *a.*, *n.* ངན་ལྟགས; བསོད་བདེ; བསོད་ནམས; ངམ་གཉག་པོ; མཐོང་ན་འཇིགས་སྣང་སྐྱེ་བའི; རྫུ་འཕྲུལ་ཅན; ངན་ལྟགས་ལ་མཁས་པ;

160 Welcome, *a.* འོང་བའི་དགའ་སྤྲོ; བསུ་བ; ཕེབས་བསུ; མདུན་བསུ; བསྐུར་སྟི; བསྙེན་བཀུར; *a.* བསུས་པའི; བསུ་བ་བྱས་པ; བཀུར་སྟི་བྱས་པ; དགའ་བའི; སེམས་འཐད་པ; *v.t.* བསུ་བ; བསུ་བ་བྱེད་པ; ལེགས་འོངས་རྗོད་པ; ཕྱག་ཕེབས་གནང་བྱུང་ཟེར་བ;

161 Weld, *v.t.* ཞུན་གཏང་བ; ཞུན་སྦྱོལ་བ; ཞུན་ཐར་གཅོད་པ:

162 Welfare, *n.* སྐྱིད་པ; ཁམས་བཟང; བདེ་སྐྱིད; བདེ་འཇགས: དུས་བདེ་གཞོལ་འཇགས;

163 Welkin, *n.* བར་སྣང; གནམ; ནམ་མཁའ;

164 Well, *n.* ལྡིང་ཀ; ཆུ་དོང; ཆུ་མིག; ཁྲོན་པ;

165 Well, *a.* ལེགས་པ; ཁམས་བཟང་པོ; གཟུགས་པོ་བདེ་པོ; ཐང་པོ; ཡག་པོ; བདེ་མོ; *adv.* འོ་ན; དེ་ནས; ལེགས་པར; རྣམ་པར;

166 Welsh, *n.* ཝེལ་ཞུང་པའི་མི་འམ་དེ་པའི་སྐད;

167 Welter, *n.* ཆུ་ལ་འབྲིང་བ; བྲིངས་པ; ཐལ་བར་འགྲེ་བ; ཐལ་བར་འགྲེ་ལོག་རྒྱབ་པ; འདམ་མམ་ཁྲག་ལ་འགྲེ་ལོག་རྒྱབ་པ;

168 Wench, *v.i.* དམན་ཆུང; གཡོག་མོ་གཞོན་ནུ་མ; སྨད་འཚོང་མ; འཆལ་མོ; བུ་མོ; དམན་ཤར; སྙིག་མོ;

169 Went (*p.t.* of 'go.') ཕྱིན་པ; སོང་བ; སོན་པ;

170 Wept, *p.t.* ངུས་པ; ངུས་ཚར་བ; བཤུམས་པ; བཤུམས་ཟིན་པ;

171 Were, *v.i.*, *pl.*, *p.t.* འདས་པ་མང་ཚིག; "to be."

172 Werewolf, *n.* ངན་སྔགས་ཀྱིས་ལུས་གཅན་གཟན་དུ་འགྱུར་ནུས་པའི་མི་འམ་ཡང་ན་སྤྱང་ཀུར་རྫུ་ནུས་མི;

173 Wert *pa. t.* of བྱིངས་ "to be". ཞེས་བྱ་བའི་རྒྱ་མཚན་གྱི་དོན་མཚན་བྱེད་འདས་པའི་ཚིག་གྲོགས་གཅིག;

174 Wen, *n.* ལྦྲ་བ; སྐྱི་ལ་འབྱུང་བའི་ལྦྲ་བ;

175 Wesleyan, *n.* ཡེ་ཤུའི་ཆོས་ལུགས་འཛིན་པའི་གྲལ་ནས་ཝེ་ཟླི་ཡན་སེ་ཕྲོ་ཊིཥྚ་བྱ་བའི་གྲུབ་མཐའ་འཛིན་མཁན;

176 West, *n.* ནུབ;

177 Western, *a.* ནུབ་ཀྱི; ནུབ་ཕྱོགས་སུ་གནས་པའི; ནུབ་ཕྱོགས་ཀྱི;

178 Westward, *ad.* ནུབ་ཕྱོགས་སུ; ནུབ་ངོས་སུ;

179 Wet, *a.* ཆུ་ཡིས་སྦངས་ཡོད་པ; རློན་པ; རློན་པོ; རླན་ཅན; གཤེར་བ; *n.* ཆུ; རླན; གཤེར; *v.t.* སྦང་བ; བརླན་པ;

180 Whack, *n.* བརྡེག་བརྡུང;

181 Whale, *n.* ཉ་ཆེན་ཡོར་མོ་འི་རིགས; Sik. ཉ་འཛིན་ཁྲི; རྒྱ་མཚོར་གནས་པའི་སྲོག་ཆགས་ཀྱི་གྲལ་ནས་ལུས་བོངས་ཆེ་ཤོས་ཉ་ཧོལ་བུ་བ་འདིའོ;

182 Whaling, *n.* ཉ་ཆེན་ཧོལ་དེ་གཟུང་ཐབས; ཉ་འཛིན་ཁྲི་བསད་ཐབས;

183 Wharf, *n.* མཚོ་འགྲམ་ན་རྡོའམ་ཤིང་གི་ཁྲི་སྟེགས་ཀྱི་ཐོག་ཏུ་གྲུ་གཟིངས་ཀྱི་དོ་པོ་འགེལ་འབེབས་བྱེད་ས; གྲུ་ཁ; ཆ་འགྲམ; ཆུའི་འགྲམ་ན་རྡོའམ་ཤིང་བརྩེག་པའི་ཐོག་གྲུ་གཟིངས་དོ་བུ་འགེལ་ས;

184 Wharfage, *n.* གྲུ་གཟིངས་ལ་དོ་པོ་འགེལ་འབེབས་བྱེད་པའི་ཤོ་ཁྲལ; གྲུ་ཤོ; གྲུ་གཟིངས་ལ་དོ་པོ་འགེལ་འབེབས་བྱེད་པའི་ཁྲལ;

185 What, *pron.* གང; ཅི; ཇི; ག་རེ; ག་ཚོད; ཅི་ཙམ; ཇི་ཙམ; ཇི་གང;

186 Whatsoever, *a.* གང་ཡིན་ཀྱང;. གང་ཡོད;

187 Whatever, *pron.* གང་ཡིན་པ; གང་དག; གང་ཡོད;

188 Wheat, *n.* གྲོ; (དཀར; Bhut.) (wheat, flour བག་ཕྱེ;) གྲོ་ཞིབ;

189 Wheedle, *v.t.* སླུ་ཚིག་གིས་མགོ་སྐོར་བ; སླུ་བ; དཔལ་ལས་བཤད་པ; ཁ་གསག་བྱེད་པ;

190 Wheel, *n.* འཁོར་ལོ;

191 Whelm, *v.t.* མནན་པ; ཡོངས་སུ་འགེབས་པ; ཡོངས་སུ་སྒྲིབ་པ; ཆུར་འཛུག་པ; ཆུར་རྒྱབ་པ; ཆུར་སྦྲང་བ; ཆུར་འབོགས་པ; རློག་པ; བཤིག་པ; གཤིག་པ;

192 Whelp, *n.* སྟག་སེང་དོམ་དང་སྤྱང་ཀུ་སོགས་ཀྱི་ཕྲུག་གུ; ཨ་ཡོ; ཁྱི་གུ; ཁྱི་ཕྲུག;

193 When, *ad.* ནམ་ཞིག; ནམ; ག་ཙམ་ན; ག་དུས; གང་གི་དུས;

194 Whence, *ad.* ག་ནས; གང་ནས;

195 Whenever, *ad.* ནམ་ཡིན་ཅང; ནམ་ཡིན་ཀྱང; ནམ་ཞིག་ལ;
ག་དུས་ཤིག་ལ; གང་གི་དུས་ཤིག་དུ;

196 Whensoever, *ad.* ནམ་ཡིན་ཡང; ནམ་ཡིན་ཅང; ནམ་ཞིག་ལ;
ག་དུས་ཤིག་ལ;

197 Where, *ad.* ག་ཅུ; གང་དུ; ག་པ; ག་ན; གར;

198 Whereabout, *ad.* ག་ཕྱོགས་སུ; གང་གི་ཕྱོགས་སུ; གང་གི་ཉེ་འདབས་སུ;
ས་ཆ་གང་གི་ཉེ་ལོགས་སུ; གང་གི་ཐག་ཉེར;

199 Whereas, *conj.* དེས་ན; དེ་ལྟ་བས་ན; གང་གི་ཕྱིར་ན; དེའི་ཕྱིར་ན;

200 Whereat, *ad.* དེར; གང་གི་ཐོག; གང་གི་རྗེས་སུ; དེའི་རྗེས་སུ;
དེ་ནས;

201 Whereby, *ad.* གང་གིས; ཅི་ཞིག་གིས; གང་གི་སྒོ་ནས;
གང་ལ་བརྟེན་ནས;

202 Wherefore, *ad.* གང་གི་ཕྱིར; ཅིའི་ཕྱིར; ཅི་ལ; གང་གི་དོན་ལ;
ག་རེའི་དོན་ལ;

203 Wherein, *ad.* གང་གི་ནང་ངམ་ཉང་དུ; རྣམ་པ་གང་ལ;
ཚུལ་གང་ལ; གང་ལ;

204 Whereof, *ad.* གང་གིས;

205 Whereon, *ad.* གང་གི་སྟེང་དུ; གང་གི་རྐྱེན་གྱིས;

206 Whereto, *ad.* གར; གང་ན;

207 Whereupon, *ad.* གང་གི་ཐོག; དེ་མ་ཐག; གང་གི་རྐྱེན་གྱིས;
གང་ལ་བརྟེན་ནས; དེ་ནས; གང་གི་རྗེས་སུ;

208 **Wherever,** *ad.* གང་དུ་འང; ག་ན་ཡང; གང་དང་གང་དུ; གང་དུའང་རུང; (Col.) ག་རུ་ཡིན་ཀྱང; ག་པ་ཡང; གང་དུ་ཡང;

209 **Wherewithal,** *ad.* གང་གིས; གང་དང་བཅས;

210 **Wherry,** *n.* ཤིང་གྲུ་ཆུང་ཆུང; Sik. ཕྱ་གྲུ; ཕྱ;

211 **Whet,** *v.t.* རྡར་བ; རྣོན་པོར་བྱེད་པ; རྣོ་འདོན་པ; འཕྱུལ་རྡར་རྒྱག་པ; མཆོན་སོགས་ཀྱི་ཁ་སྐྱོང་བའམ་ཁ་ཚབ་སྒྲར་བ; སེམས་སྐྱུར་བ; གཞན་གྱི་དགྲར་སློང་བ;

212 **Whether,** *conj.* འམ; ཡང་ན; གལ་ཏེ; ཅི་སྟེ་ན;

213 **Whetstone,** *n.* རྡར་རྡོ; འཇེང;

214 **Whey,** *n.* དར་ར; ཆུར་ཁྲ; དཀར་ཆུ; ཆུ་སྐྱུ; ཚབ་སྐྱུ;

215 **Which,** *pron.* གང་དག; གང་ཞིག; གང་སྐྱོ; གང; ག་རེ; ག་གི; ག་གེ;

216 **Whichever,** *pr.* གང་སུ་ཞིག; གང་རུང; སུ་གང་རུང;

217 **Whiff,** *n.* ཁ་རླངས་སམ་འདམ་གཏོང་བའི་རྒྱུན་གཅིག; ཐ་མ་ཁ་འདམ་ཐང་གཅིག; རླུང་དམར; རླུང་ཚུབ་ཐྲན་བུ་ཞིག; དབུད་རླངས; རླུང་ཤོག;

218 **Whiffle,** *v.i.* རླུང་གི་ཁ་ཕྱོགས་འགྱུར་བ; བདེན་པའི་ཕྱོགས་ལས་འཛུར་བ; སེམས་ཉི་ཅན་ནམ་ཡིད་གཉིས་ཅན་དུ་འགྱུར་བ; རླུང་ཕྱོགས་སྣ་ཚོགས་སུ་འགྱུར་བ;

219 **Whig,** *n.* ཧྭིན་ཛིའི་བཀའ་བློན་ལྷན་རྒྱས་ཀྱི་གྲལ་ནས་བློ་ཁོག་ཡངས་པ་དག་གི་སྡེ་དེའོ; ཧྭིན་ཛིའི་བློན་རིགས་ཀྱི་སྡེ་བློ་རྒྱ་ཆེ་ལ་སྤྱི་དོན་གཙོ་བོར་བྱེད་པ་རྣམས;

220 **While,** *v.t.* དུས་འདའ་རུ་བཅུག་པ; ཡུན་འཕྱུལ་བ;

221 While, *conj.* ཇི་སྲིད་དུ; དུས་ན; དུས་སུ; དུས་དེ་ཙ་ན; ཡུན; དུས; རིངས; བྱ་བ་བྱེད་བསྐང; བྱེད་རིངས; བྱ་བ་བྱེད་པའི་དུས; *adv.* ཇི་སྲིད་བར;

222 Whim, *n.* བསམ་བློའི་འགྱུར་མདོག; བློའི་འགྱུར་མདོག; འཆར་སྒོ; རྣམ་རྟོག; སེམས་ཀྱི་འཆར་སྒོ;

223 Whimbrel, *n.* བྱའི་རིགས་ཤིག;

224 Whimper, *v.i.* ངུ་སྐད་ཚུང་ཚུང་འདོན་ནས་ངུ་བ; སྐད་ཚུང་ཞིང་ཞྲ་པོ་བཏོན་ནས་ངུ་བ;

225 Whimsical, *a.* འགྱུར་མདོག་ཅན; རྟོག་པ་ཅན;

226 Whine, *v.i.* ཁྱིའི་ངུ་སྐད་བཏོན་པ་བཞིན་དུ་ཡབ་རྒྱབ་པ; ཤིན་དུ་གྲུས་ཞིང་ཉམས་ཚུང་གི་སྒོ་ནས་ཞུ་ཕྱུག་བྱེད་པ;

227 Whinny, *v.t.* རྟ་འཚེར་སྐད་འདོན་པ; རྟ་དགའ་བའི་རྣམ་འགྱུར་གྱིས་འཚེར་སྐད་ཚུང་ཚུང་འདོན་པ་དེ་འཚེར་བ; འཚེར་སྐད་རྒྱབ་པ;

228 Whip, *v.t.* རྟ་ལྕག་ཞུ་ར; ལྕག་གིས་འཕྲབ་པ; *n.* ལྕག་ཚན; ལྕག; རྟ་ལྕག; འདེད་མཁན; ཁ་ལོ;

229 Whipper, *n.* ལྕག་ཚན་གྱིས་འཕྲབ་མཁན; གཞུ་མཁན;

230 Whipping, *n.* ལྕག་ཚན་གྱིས་འཕྲབ་པའི་བྱ་བ; གཞུ་བའི་བྱ་བ;

231 Whirl, *v.t.* འཁྱིར་འཁྱིར་སྐོར་བ; འཁོར་བ; འཁྱིར་བ; འཚུབ་པ; མྱུར་བར་སྐོར་བ;

232 Whirligig, *n.* ཕྲུག་གུའི་བྲིས་པའི་རྩེད་མོ་རྩེ་རྒྱུའི་ཅ་ལག; ཕང་བུ;

233 Whisk, *n.* གོས་པ་མྱུར་དུ་སྤྱོ་བའི་ཤུག་ཤུག་ཅེས་པའི་སྒྲ་དང་བཅས་འགྲོ་སྟངས; མགྱོགས་འགྲོས; ཕྱུག་མ; *v.t.* མགྱོགས་པོར་འཕྱུག་པ;

v.i. སྐྱེར་ཞིང་སྤུར་བའི་སྒོ་ནས་འགྲོ་བ;
བྲེལ་ཞིང་སྤུར་པོར་འགྲོ་བ; བརྒྱུར་ནས་འགྲོ་བ;

234 **Whisker,** *n.* (Sik. རྒྱམ་ཞོལ;) or རྒྱ; རྒྱ་ཞོལ;

235 **Whisky,** *n.* ཆང་ཨ་རག་ཅིག་གི་མིང; དཀར་ཆང་ཨ་རག;
གྲོའི་ཨ་རག;

236 **Whisper,** *n.* ཤུབ་ཤུབ; (ཁ་ཤོབ; Sik.) ཤབ་ཤུབ; ཤུབ;
ཤབ་ཤོབ; *v.i. and v.t.* ཤུབ་པ; ཤུབ་པར་སྨྲ་བ;
ཤུབ་བྱེད་པ; ཤབ་ཤོབ་ལབ་པའི་སྨྲ་བ;

237 **Whisperer,** *n.* ཁ་ཤོབ་ལབ་མཁན;

238 **Whispering,** *n.* ཤབ་ཤུབ; ཤུབ་ཤུབ; ཤུབ་སྒྲ; ཤབ་ཤོབ;

239 **Whistle,** *v.i.* འབི་སི་རྒྱབ་པ; སི་རྒྱབ་པ; སི་བརྡ་གཏོང་བ;
ཤུ་རྒྱབ་པ; སི་སྒྲས་འབོད་པ;

240 **Whistling,** *n.* འབི་སི་སི་སི; སི་སྒྲ; སི་བརྡ; སི་སྐད; ཤུ;

241 **Whit,** *n.* ཕྲ་རྡུལ; རྡུལ; རྡུལ་ཕྲན; རྡུལ་ཕྲ་རབ;
རྡུལ་ཕྲ་རབ་ཆ་མེད; རྡུལ་ཕྲན་ཆ་མེད;

242 **White,** *a.* དཀར་པོ; དཀར་མོ; མདོག་དཀར་པོ; དཀར་བ;

243 **Whiten,** *v.t.* དཀར་པོ་བཟོ་བ; དཀར་པོར་འགྱུར་བ;

244 **Whiteness,** *n.* (Sik. དཀར་མདངས;) དཀར་ཚུལ; དཀར་ལུགས;
དཀར་བ་ཉིད;

245 **Whitewash,** *n.* ས་དཀར་བྱུག་པ; ས་དཀར; དཀར་རྩི; *v.t.* དཀར་
རྩི་གཏོང་བ; ས་དཀར་གཏོང་བ;

246 **Whither,** *ad.* གང་དུ; ག་པ; ག་རེར; གང་ན;

247 **Whithersoever,** *ad.* གང་དུ་ཡིན་ཀྱང; གང་ན་ཡང; གང་ན་ཡིན་རུང;

248 **Whitherward,** *ad.* ག་ཕྱོགས་སུ; གང་གི་ཕྱོགས་སུ;

249 Whitish, *a.* (སྐྱ་ཟེར; Sik.) དཀར་སྐྱ; ཅུང་ཟད་དཀར་པོ; སྐྱ་བོ; also སྐྱ་བ; སྐྱ་ཤུག་ཙེ;

250 Whitlow, *n.* སོར་མོ་གཡའ་ཞིང་སྐྲང་སྦྲོས་བྱེད་པའི་ནད; ཆུ་སེར་གཡའ་ནད;

251 Whittle, *v.t.* གྲིས་གཅོད་པ; གྲིས་གཞོག་པ; གྲིས་གཞུར་བ;

252 Whiz, *v.i.* ཤུར་སྐད་འགྲོན་པ; ཤུར་སྒྲ་རྒྱབ་པ;

253 Who, *pron.* སུ;

254 Whoever, *pron.* སུ་ཞིག་ཡིན་ཀྱང; སུ་ཡང; སུ་ཡིན་རུང;

255 Whole, *a.* སྒང་པོ; ཚང་མ; ཐམས་ཅད; ཀུན; མཐའ་དག; ཧྲིལ་པོ; ཡོངས་རྫོགས; རིལ་པོ; ཡོངས;

256 Wholesale, *a.* སྤེ་བ་འཚོང; རིལ་འཚོང;

257 Wholly, *ad.* མ་ནས; རྩ་ནས; གཏན་ནས; རིལ་པོར; ཧྲིལ་པོར; ཐད་ནས;

258 Whom, *pr.* སུ་ལ;

259 Whomsoever. སུ་ལ་ཡིན་ཀྱང or ཡིན་རུང; སུ་ལའང; སུ་ལ་ཡང;

260 Whoop, *v.i.* ར་མདའ་སྒྲོན་པ; ཀི་སྒྲ་འདོན་པ; *n.* ཀི་ཀི་སྭོ་སྭ;

261 Whore, *n.* འཆལ་མོ; སྨད་འཚོང་མ; བཞང་འཚོང་མ; གཞང་འཚོང་མ; *v.i.* ལོག་པར་གཡེམ་པ; ལོག་གཡེམ་བྱེད་པ;

262 Whoredom, *n.* ལོག་གཡེམ; འཆོལ; འཆལ; (Classical རྗེན་མཚོད; སྐྱུ་བརྟན་མཚོད;) འཆལ་ཚུལ; གཡེམ་པ; (ཡོ་ལང་བདག་མེད; Sik.).

263 Whoremonger, *n.* འཆལ་པོ; ཐག་པ་འཐེན་མཁན; པོ་མོའི་བར་མི; གསང་བ་པ;

264 Whorl, *n.* དུང་གི་འཁྱིལ; དུང་གི་རིས་མཁྱུད; སྡོང་པོའི་མཐར་སྐོར་ནས་འཁྱིལ་བའི་ལོ་འདབ་གང;

265 Whose, *pron.* སུ་ཡི; སུའི; གང་གི;

266 Whosoever, *pron.* སུ་ཞིག་ཡིན་རུང; སུའང; སུ་ཡང; སུ་ཡིན་རུང;

267 Why, *ad.* གང་གི་ཕྱིར; ཅི་ཕྱིར; ཅིའི་ཕྱིར; ཅིའི་ཆེད་དུ; ཅིའི་སླད་དུ; ཅི་ལ; གང་གི་དོན་དུ; ག་རེ་དོན་ལ;

268 Wick, *n.* སྡོང་རས; སྡོང་བུ; སྡོང་རྐང; མཆོད་སྡོང;

269 Wicked, *a.* སྤྱོད་ཉེས་ཅན; བཀྲ་མ་ཤིས་པ; ངན་པ; ངན་པོ; གདུག་པོ or པ; ངན་སྤྱོད་ཅན;

270 Wickedly, *ad.* བཀྲ་མ་ཤིས་པར; ངན་པར; གདུག་རྩུབ་ཀྱིས; ངན་པའི་སྒོ་ནས;

271 Wickedness, *n.* སྤྱོད་ངན; སྡིག་གདུག་གི་སྤྱོད་པ; གནོད་སེམས;

272 Wicker, *a.* (ཟེས་མ་ལྷས་པའི; Sik.) ལྕང་མའི་ལྕུག་སྲན་གྱིས་བཟོས་པའི; འབིག་ལྕུག་གིས་ལྷས་ནས་བཟོས་པའི; ཙོལ་པོ་བཟོ་ཡ་གི་ལྕུག་སྲན;

273 Wicket, *n.* སྒོ་ཆུང; སྒོ་ཁྲང or གྲང; ཤིང་གསུམ་འབེན་དུ་བཙུགས་ནས་རྩེ་རྒྱུའི་རྩེད་མོ་ཞིག;

274 Wide, *a.* ཞེང་ཁ་ཆེན་པོ; གུ་ཡངས་པོ; ཞེང་ཅན; ཡངས་པ; རྒྱ་ཆེན་པོ;

275 Widely, *ad.* ཡངས་པར; རྒྱ་ཆེར; གུ་ཡངས་པོ་བྱེད་དེ; གུ་ཡངས་སུ;

276 Widen, *v.t.* ཡངས་པར་གཏོང་བ; གུ་ཡངས་པོ་བཟོ་བ; ཁ་ཞེང་ངམ་རྒྱ་ཆེ་རུ་གཏོང་བ;

277 Wideness, *n.* ཡངས་ཚུལ; ཞེང; ཡངས་ཁུགས; རྒྱ་ཆེ་ཁུགས;

278 Widow, *n.* (མོ་རེང་མ; or མོ་ཧྲང་མ; Sik. and Bhut.)
ཡུགས་ས་མ་ or མོ; ཡུགས་ཟ་མོ;

279 Widower, *n.* (ཕོ་ཧྲེང; ཡུགས་ས་པོ; Sik. and Bhut.)
ཡུགས་ཟ་པ; ཡུགས་ཕོ;

280 Widowhood, *n.* (མོ་ཧྲེང་ལུས་པའི་ཚུལ; Sik. and Bhut.)
ཡུགས་སའི་ or ཟའི་ཚུལ;

281 Width, *n.* ཞེང་ཁ;

282 Wield, *v.t.* ཁ་ལོ་སྒྱུར་བ; ལས་སུ་སྐྱུལ་བ; ཚད་དབང་ལག་
དུ་ལེན་པ;

283 Wife, *n.* ཆུང་མ; སྐྱེ་དམན; གཉན་གྲོགས; ཚོ་གྲོགས;
འཛོའ་གྲོགས; གཟིམས་གྲོགས;

284 Wifeless, *a.* ཆུང་མ་མེད་པ; ཕོ་ཧྲེང;

285 Wig, *n.* སྐྲ་བཙུགས; (ཏོམ་ར; སྐྲ་ཙུགས; Sik. and Bhut.)
སྐྲ་ཡིས་བཅོས་པའི་ཞྭ་མོ; ཙུན་སྐྲ;

286 Wigwam, *n.* ཨེ་མེ་རི་ཀའི་ཡུལ་མི་དངོས་གནས་ཡོད་པ་སོགས་ཀྱི་
སྤྱིལ་བུའི་སྦྲ་ཁྲིམ;

287 Wild, *a.* གྱོང་པོ; མ་དུལ་བ; ངན་པ་གཅན་རེང; མཐའ་འཁོབ་པ;
ས་གནས་མ་ཆགས་པའི་ལུང་སྟོང; ཀླ་ཀློ; མ་འདྲིས་
པའི; ནགས་ཀྱི; འབྲོག་པ་ལྟ་བུ;

288 Wilder, *v.t.* འཁྲུམ་དུ་འཇུག་པ; འཁྲུར་དུ་འཇུག་པ;
འགོལ་དུ་འཇུག་པ; མགོ་འཐོམས་འཇུག་པ;

289 Wilderness, *n.* ཀུ་ངམ་ཐང; མི་མེད་ལུང་སྟོང; ནགས;

290 Wildly, *ad.* གྱོང་པོའི་ཚུལ་གྱིས;

291 Wildness, *n.* སྐྱུགས་དྲགས ; བྲ་བླའི་དྲགས ; སྐྱུགས་ཚུལ ; ཁྲིམས་མེད་ཟུགས ;

292 Wile, *n.* གཡོ་སྒྱུ ; ཕྲ་མ ; གཡོ ; གཡོ་ཁྲམ ; གྱ་གྱུ ; མགོ་སྐོར ;

293 Wilful, *a.* ཨུ་ཚུགས་ཆེ་པོ ; རང་གི་བསམ་པ་ལྟར་ནན་དན་བྱས་མཁན ; ཀླི་ཅན ; དཔལ་མགོ་ཅན ; རང་དགའ་ཆེན་པོ ;

294 Wilfully, *ad.* ཨུ་ཚུགས་བྱས་ནས ;

295 Wilily, *ad.* གཅང་པོ་བྱས་ནས ; or གཅང་པོར ; གཡོ་སྒྱུ་བྱས་ནས ;

296 Will, *n.* (testimony ཁ་ཆེམས ; Hon. ཞལ་ཆེམས ;) ཡང་ (སྙིང་སྟོབས་) སེམས་རྩལ ; of mind) བསམ་པ ; འདོད་པ ; མ་འོངས་པའི་དུས་མཚོན་བྱེད་ཀྱི་བྱ་ཚིག་ཚིག་གྲོགས ; དཔེར་ན་འགྱུར་རྒྱུ་ཡོང་ངོ ; *v.t.* and *v.i.* also. འདོད་པ་ཡོད་པ ; ཐག་གཅོད་པ ; བཀའ་གནང་བ ; ཁ་ཆེམས་འཇོག་པ ;

297 Willing, *a.* ཁ་ལ་ཉན་པོའམ་ཉན་མཁན ; འཐད་མཁན ; འདོད་པ་ཡོད ;

298 Willingly, *ad.* དགའ་བཞིན་དུ ; དགའ་སྤྲོ ; རང་འདོད་བཞིན་དུ ; འདོད་དེ ;

299 Willingness, *n.* རང་འདོད་ཡོད་ལུགས ; དང་འདོད ; བློ་འདོད ;

300 Willow, *n.* ཤིང་ལྕང་མ ; ལྕང་སྡོང ;

301 Wily *a.* གཅང་པོ ; གཡོ་ཅན ; གཡོ་སྒྱུ་ཅན ; གྱ་གྱུ་ཅན ; མགོ་སྐོར་མཁན ;

302 Win, *v.t.* and *v.i.* རྒྱལ་ཁ་ཐོབ་པ ; རྒྱལ་བ , ཆེད་ཀ , ཐོབ་ཀ , སཀྱུ ཐབས་བྱེད་པ ; དགའ་ཐབས་བྱེད་པ ; མཉེས་པའམ་དགྱེས་པའི་ཐབས་བྱེད་པ ;

303 Wince, *v.i.* འདྲོག་སྤྲེ་མིག་འཛུམ་བྱེད་པ ; འཕྲབ ;

304 Winch, *n.* དངོས་ཆས་ཡར་འདེགས་བྱེད་ཀྱི་འཁྲུལ་ཆས་ཤིག; སྐོར་གཏོར་བྱ་རྒྱུའི་འཁྲུལ་འཁོར་གྱི་ལག་ཆ་ཞིག; *v.t.* འཁྲུལ་རྒྱབ་པ; འདྲོག་པ;

305 Wind, *n.* & *v.t.* འབུད་པ; བརྡ་གཏོང་བའི་ཕྱིར་འབུད་པ; *n.* (of wind in the stomach འོག་རླུང; སྒྲོས་རྫིངས; སྒྲོས་ཁྲིག; སྤྱིན་ལྷགས་པ;) རླུང; དབུགས; *v.t.* སྒྲིལ་བ; འཁོར་ལོའི་གཅུས་སྤུར་སྒྲིར་བ; གཅུད་པ; གཅུ་བ;

306 Windage, *n.* མེ་སྒྲོགས་ཀྱི་ཁ་ཚད་དང་རྡེའུའི་ཚད་ཀྱི་བར་རླུང་འགྲོན་སའི་བར་ཤུགས་ཀྱི་ཚད;

307 Winding, *a.* གཅུས་སྤུར་ལྟར་སྒྲིར་སྒྲིར་ཡོད་པ; གཅུད་བཞིན་པ; གཅུས་སྤུར་ལྟ་བུ;

308 Window, *n.* (colql. གི་གུང;) སྒོ་ཆུང; སྒི་ཁུང; སྐར་ཁུང; དཀར་ཁུང;

309 Windy, *a.* རླུང་ལྡང་པོ; རླུང་ཆེ་པོ; རླུང་ཆེན་པོ་དང་ལྡན་པ; སྦྱོང་ཤོབ་ཅན; སྒྲོས་ཁྲིག་ཅན;

310 Wine, *n.* ཆང; རྒུན་ཆང;

311 Wing, *n.* ཤོག་པ; གཤོག་པ;

312 Winged, *a.* ཤོག་པ་ཅན; ཤོག་ལྡན; གཤོག་ལྡན;

313 Wink, *v.i.* མིག་ཚུ་བྱེད་པ; མིག་འཛུམ་པ; མིག་ཚུམ་ཚུམ་བྱེད་པ; མིག་ཚུམ་རྒྱབ་པ; མིག་བརྡ་བྱེད་པ; མ་མཐོང་ཁུལ་བྱེད་པ; མིག་གི་མཐོང་བ་ལྟར་བྱེད་པ;

314 Winner, *n.* རྒྱལ་མཁན; རྒྱལ་བ་པོ; རྒྱལ་ཁ་ཐོབ་མཁན;

315 Winning, *a.* ཡིད་འཕྲོག་པོ; ཡིད་འོང; དབང་མཁན; དང་བ་འདྲེན་མཁན; *n.* རྒྱལ་ཁ; རྒྱལ་ཟིན་པའི་དངོས་པོ; རྒྱལ་ཁ་ཐོབ་པའི་ནོར; ཐོབ་ནོར;

316 **Winnow**, *v.t.* འཁྲབ་པ; འབྲུ་སོགས་འཁྲབ་པ; འཚག་བ;
སིལ་མས་འཚག་པ; ཚའུ་རྒྱབ་པ; བརྡག་
དཔྱད་བྱེད་པ; ཞིབ་དཔྱོད་བྱེད་པ;

317 **Winnowing**, *n.* འཁྲབ་པའི་བྱ་བ; ཞིབ་དཔྱོད: བརྡག་དཔྱད;

318 **Winsome** *ad.* ཡིད་དུ་འོང་པོ;

319 **Winter**, *n.* དགུན་ཀ; དགུན; དགུན་ཚོགས; དགུན་དུས;
དགུན་ཁ; *v.i.* དགུན་ཀ་འདའ་བ;

320 **Wipe**, *v.t.* སྤུབ་པ; འཕྱི་བ; འཕྱིད་པ; འབྱིད་པ; དབྱི་བ;

321 **Wire**, *v.t.*, *n.* ལྕགས་སྐུད; ལྕགས་གསེར་དངུལ་སོགས་ཀྱི་སྐུད་པ;
ཏཱར་སྐུད; ལྕགས་སྐུད་ཀྱིས་འདོགས་པ; ལྕགས་
སྐུད་གཏོང་བ; ཏཱར་སྐུད་གཏོང་བ;

322 **Wisdom**, *n.* མཁྱེན་རྒྱ; མཁྱེན་པ; ཤེས་པ; བློ་གྲོས; ཤེས་རབ;
ཅང་རིག; ཡོན་ཏན; ཤེས་བྱ;

323 **Wise**, *a.* རྡུང་པོ; གཙང་པོ; ཡོན་ཏན་ཅན; མཁས་པ;
བློ་གྲོས་ཅན; ཤེས་རབ་ཅན; ཅང་ཤེས་པ; མཁས་པོ;

324 **Wisely**, ad. མཁས་པོར; མཁས་པའི་ཚུལ་གྱིས; མཁས་པར་བྱས་
ནས; བློ་གྲོས་ཀྱི་སྒོ་ནས;

325 **Wish** *v.i.* and *v.t.* འདོད་པ་སྐྱེད་པ; འདོད་པ; འདོད་པ་བྱེད་པ;
v.i. འདོད་པ་ཡོད་པ; འདོད་པ་སྐྱེ་བ;

326 **Wishful**, *a.* རང་འདོད་ཅན; དང་འདོད་ཞེན་པོ; འདོད་པ་ཅན;
འདོད་མཁན; སྙིང་འདོད་པོ; སྙིང་བྲོ་བོ;

327 **Wishfully**, *ad.* དང་འདོད་བྱས་ནས; སྙིང་འདོད་པའི་སྒོ་ནས;
སྙིང་ནས་འདོད་ནས;

328 **Wit**, *v.i.* & *n.* རིག་པ; ཤེས་པ; *n.* བློ་གྲོས; དྲན་རིག; ལན་ཚ་བ; ལན་ཚ་སྤྱངས;

329 **Witch**, *n.* ངན་སྔགས་མཁན་མ; མཐུ་མཁན་མ; *v.t.* འགོང་བ; ཡིད་འཕྲོག་པ; སེམས་འཕྲོག་པ; ངན་སྔགས་བྱེད་པ; མཐུ་གཏོང་བ; *n.* གསོན་འདྲེ་མོ; འགོང་བ་མོ; མཁའ་འགྲོ་མ; ཌཱ་ཀི་ནི; ཡིད་འཕྲོག་མ;

330 **Witchcraft**, *n.* རྦོད་ཟོར; ངན་སྔགས; མཐུ; ཟོར; གཏད; མཐུ་གཏད; ངན་གཏད; མཐུ་ཟོར;

331 **With**, *prep.* མཉམ་པོར; མཉམ་པོ; མཉམ་དུ; རང་མཉམ་དུ; ལྷན་དུ; ལྷན་རྒྱས;

332 **Withal**, *ad.* ཐམས་ཅད་དང་བཅས་པར; ལྷག་མ་བཅས་ཏེ; མ་ཟད; དེ་མཚུངས; དེ་དང་མཚུངས་པ;

333 **Withdraw**, *v.t.* ཕྱི་ནུར་རྒྱབ་པ; ཕྱིར་ལོག་པ; ཕྱིར་ལྡོག་པ; *v.t.* ཕྱིར་ལེན་པ; ཕྱིར་ལོག་ལེན་པ; སེལ་གཏོང་བ; རྩོད་གླེང་སྤྲོད་འཛལ་སོགས་ལ་སེལ་གཏོང་བ;

334 **Withdrawal**, *n.* ཕྱིར་ལེན་པའི་བྱ་བ;

335 **Wither**, *v.i.* རང་བཞིན་སྐམ་པ; རྙིད་པ; *v.t.* རྙིད་པར་འཇུག་པ;

336 **Withered**, *a.* བརྙིད་པ; བརྙིད་པའི;

337 **Withhold**, *v.t.* འགེགས་པ; འགོག་པ;

338 **Within**, *prep.* and *adv.* ནང་ལ; ནང་དུ; ནང་ཕྱོགས་སུ; ནང་ལོགས་མ;

339 **Without**, *prep.* and *adv.* ཕྱི་ལ; ཕྱི་རུ; ཕྱི་ལོགས་ལ; ཕྱི་ན; མེད་པར;

340 **Withstand**, *v.t.* འགེགས་པ; འགོག་པ; གདོང་འགེགས་བྱེད་པ; གདོང་འཛིང་རྒྱག་པ;

341 Witness, *n.* འཛོམ་དཔང་; དཔང་པོ; དཔང་; བདེན་དཔང་; མི་དྲང་; བར་དཔང་; ཉེས་དཔང་; ཚ་དཔང་; བར་མི; *v.t.* and *v.i.* དཔང་པོ་བྱེད་པ; མི་དཔང་བྱེད་པ; དཔང་འཛེར་བ; ལྟ་བ; མཐོང་བ;

342 Witticism, *n.* ཁ་ལས; ཀུ་ལག; གཞིངས་པ; ཞལ་བཀྱུ; སླ་བཀྱུ; ཁ་ཤོབ;

343 Wittingly, *ad.* ཤེས་བཞིན; ཤེས་བཞིན་དུ; ཆེད་དུ;

344 Witty, *a.* ཡིན་སྐྱིན་པོ; ལན་རྣོ་པོ; ཡིན་ཕྲབ་པོ; ལན་གཞོན་པོ; བློ་གྲོས་ཅན; རིག་པ་ཅན; སྙིང་ཚིག་དང་བཅས་པ; ལན་ཚ་པོ;

345 Wive, *v.i.* and *v.t.* སྐྱེ་དམན་ལེན་པ; ཆུང་མ་ལེན་པ; གཉེར་གྲུབ་པ; མདུན་མ་ལེན་པ;

346 Wizard, *n.* བོན་པོ; སྔགས་པ; ངན་སྔགས་མཁན; མཐུ་མཁན;

347 Woe, *n.* བར་ཆད; བར་ཆད་ཆེན་པོ; བཀྲ་མི་ཤིས; བྱུར; དམོད་པ; དམོད་མོ; བྱུར་གེགས; ཕན; བྱུར་ཕན; གེགས་བར; འོ་དོད; སྐྱོ་བ; སེམས་སྡུག; སྡུག་བསྔལ; མྱ་ངན; སེམས་སྐྱོ; སེམས་འཁྲེལ;

348 Woful, *a.* སྐྱོ་མདོག་ཅན; སྡུག་བསྔལ་ཅན; མྱ་ངན་ཅན; བཀྲ་མི་ཤིས་པ; བསོད་བདེ་ཀླམ་པོ;

349 Wofully, *ad.* མྱ་ངན་བྱས་ནས;

350 Wolf, *n.* སྤྱང་ཀི; སྤྱང་ཀུ; སྤྱང་ཁྲ;

351 Woman, *n.* སྐྱེ་དམན; བུད་མེད; ཟ་མ;

352 Womanish, *a.* ངད་རིད་ལྟ་བུ; བུད་མེད་ཀྱི་ཆོས་དང་ལྡན་པ;

353 Womankind, *n.* བུད་མེད་ཀྱི་རིགས;

354 Womanly, *ad.* བུད་མེད་ཀྱི་ཚུལ་དང་ལྡན་པ; བུད་མེད་ཀྱི་ཆོས་དང་ལྡན་པ; བུད་མེད་ལྟ་བུ;

355 Womb, *n.* མངལ; ལྷུམས; བུ་སྣོད;

356 Won, *v.i.* ཐྱིངས་ "to win" ཞེས་བྱ་བའི་འདས་པའི་ཚིག; རྒྱལ་ཁ་ཐོབ་པ; ཐོབ་པ; གནས་པ; བཞུགས་པ; གོམས་པ;

357 Wonder, *n.*, *v.i.* ཁྱད་ཏུ་མཚར་བ; ངོ་མཚར་བ; ཡ་མཚན་པ; ཧ་ལས་པ; ཁྱད་མཚར་བྱེད་པ; ངོ་མཚར་བྱེད་པ; ཡ་མཚན་བྱེད་པ; ཡ་མཚན; ཁྱད་མཚར; *v.i.* ཡ་མཚན་སྐྱེ་བ; ངོ་མཚར;

358 Wonderful, *a.* ཡ་མཚན་ཅན; ཡ་མཚན་པོ; ཁྱད་མཚར་པོ; མཚར་ཆེ་བ; མཚར་བ; མཚར་པོ;

359 Wonderfully, *ad.* ཡ་མཚན་གྱི་སྒོ་ནས; ཡ་མཚན་བྱས་ནས; མཚར་ནས;

360 Wondrous, *a.* ངོ་མཚར་པོ; ངོ་མཚར་ཅན; ཡ་མཚན་པོ; ཡ་མཚན་ཅན; ཁྱད་མཚར་པོ; ཁྱད་མཚར་ཅན;

361 Wont, *a.*, *n.* གོམས; གོམས་ལུགས; གོམས་ཚུལ; གོམས་སྦྱོང; *v.i.* གོམས་པ; གོམས་པ་ཡོད་པ; གོམས་ཡོད་པ; གོམས་པ; གོམས་པ་ཅན; འབྱོངས་པ; གོམས་ལུགས་ཅན; གོམས་པོ;

362 Wonted, *a.* གོམས་པ; གོམས་པ་ཅན;

363 Woo, *v.t.* and *v.i.* གཉེ་བ; སྨྱེ་བ; བུད་མེད་ལ་སེམས་གཅོང་ཞུག་པ; སེམས་ཆགས་བྱེད་པ; སེམས་ཆགས་ཀྱི་སྒོ་ནས་གཉེན་འདེབས་པ;

364 Wood, *n.* ཤིང; ཤིང་ནགས;

365 Wooden, *a.* ཤིང་གི་; ཤིང་ལས་བཟོས་པའི་;

366 Woody, *a.* ཤིང་ནགས་ཅན་; ཤིང་སྡོང་གི་གང་བ་; ཤིང་གི་;

367 Wooer, *n.* གཞོན་ནུ་མ་ལ་ངག་སྙན་པོས་སླུ་མཁན་; གཉེ་མཁན་; གཉེ་བོ་; སློ་བ་པོ་;

368 Woof, *n.* སྤུན་; འཐགས་ཀྱི་སྤུར་;

369 Wooing, *n.* ཁ་སླུས་རྒྱབ་པ་; གཉེ་བའི་བྱ་བ་; དཔལ་ལས་;

370 Wooingly, *ad.* གཉེས་ནས་; གཉེ་བའི་སྒོ་ནས་; སེམས་ཆགས་བྱས་ནས་;

371 Wool, *a.* བལ་;

372 Woollen, *a.* བལ་གྱི་; བལ་ལས་གྲུབ་པའི་; བལ་ལས་བཟོས་པའི་; *n.* སྣམ་བུ་; བལ་ལས་བཟོས་པའི་གོས་རྒྱུ་;

373 Woolly, *a.* བལ་ལྟ་བུ་; བལ་ཅན་; བལ་དང་ལྡན་པ་;

374 Woolstapler, *n.* བལ་འཚོང་མཁན་; བལ་གྱི་ཚོང་པ་; བལ་གྱི་ཚོང་དཔོན་; བལ་ཚོང་པ་;

375 Word, *n.* གསུང་རབ་; ཁ་ཆད་; ཆད་; ཁ་གདན་; ཁ་བཅད་; ཚིག་; སྒྲ་; གྲོས་; གྲོས་གླེང་; ལོན་; སྐད་ཆ་; འཕྲིན་; བཀའ་གསུང་; ཁས་ལེན་;

376 Wording, *n.* རྩོམ་བཟོ་; རྩོམ་ལུགས་སམ་ཚིག་རྒྱུག་སྟངས་; ཚིག་འཇུག་སྟངས་; ལབ་སྟངས་; བཤད་སྟངས་; རྩོམ་སྟངས་; རྒྱུག་བཟོ་;

377 Wordy, *a.* ཚིག་དོན་རྒྱ་ཆེ་བ་; སྤྲོས་བཤད་ཅན་; རྒྱས་བཤད་ཅན་; ཚིག་མང་དང་ལྡན་པ་; ཚིག་རྒྱས་པ་; ཚིག་དོན་རྒྱས་པ་;

378 Work, *v.t.* and *v.i.* བྱ་བ་ལ་གཞོལ་བ་; དོ་དམ་བྱས་པ་; ཟུག་པ་; འཛིན་པ་; *n.* ལས་; ལས་ཀ་; བྱ་བ་; འདབ་རྩོལ་; བཟོ་ཁང་; དཔེ་ཆ་; རྩོམ་; *v.t.* ལས་བྱེད་པ་; ལས་ཀ་བྱེད་པ་; འབད་རྩོལ་བྱེད་པ་; བརྩོན་འགྲུས་བྱས་པ་;

379 Worker, *n.* ལས་བྱེད་མཁན; ལས་ཀ་བྱེད་མཁན;

380 Workhouse, *n.* བཟོ་ཁང; ལས་གྲྭ; ལས་སྒོ;

381 Working, *n.* ལས; ལས་ཀ; བྱ་བ; འབད་པ; བརྩོན་འགྲུས; ཆང་སོགས་ལང་སྦྱངས; འཁུར་བ་སོགས་ཀྱི་ཟན་སྐོང་ལང་སྦྱངས; ཀྱུ་འཁུར་སོགས་ཀྱི་ཟན་སྐོང་ལང་སྦྱངས; *a.* ལས་བྱེད་མཁན; ལས་ཀ་བྱེད་མཁན; འབད་མཁན; བརྩོན་མཁན;

382 Workman, *n.* ལས་པ; ལས་ཀ་བྱེད་མཁན་མི; ལས་མི; ལག་བཟོ་པ; བཟོ་པ; ལག་བཟོ་མཁན;

383 Workmanlike, *a.* བཟོ་པ་དང་མཐུན་པ; ལག་བཟོ་པ་འདྲ་བ; བཟོ་བོ་ལ་འོས་པ; ལག་བཟོ་མཁན;

384 Workmanship, *n.* བཟོ; ལག་བཟོ; བཟོའི་རིག་པ; བཟོ་རིག;

385 World, *n.* འཇིག་རྟེན; འཁོར་བ; སྲིད་པ;

386 Worm, *n.* འབུ; འབུ་སྲིན; སྲིན་བུ;

387 Worn-out, *a.* ཐང་ཆད་པ; འོ་བརྒྱལ་བ; ཟད་པ; རྙིང་པ; བརྙིངས་པ; ཐད་པོ; ཟད་ཐར;

388 Worry, *v.t.* སྡུག་པོ་གཏོང་བ; བྱིས་དགྲ་སྐྱེལ་བ; ཇོན་ཆེན་བྱེད་པའམ་སྐྱེལ་བ; སྨུན་མཚོར་འཐུག་པ;

389 Worse, *a.* ལྷག་པར་དུ་ཉེས་པ; དེ་བས་ཉེས་པ; ངན་རབ; སྡུག་རབ; ཉེས་རབ;

390 Worship, *n.* མཆོད་པ; ཕྱག་མཆོད; བཀུར་སྟི; བསྙེན་བཀུར; *v.i.* and *v.t.* མཆོད་པ; མཆོད་པ་བྱེད་པ; བཀུར་བ; བཀུར་སྟི་བྱེད་པ; བསྙེན་པ; བསྙེན་བཀུར་བྱེད་པ;

391 Worshipful, *a.* མཆོད་འོས; མཆོད་པར་འོས་པ; བཀུར་འོས;

392 Worshipper, *n.* མཆོད་པ་པོ;

393 Worshipping, *n.* མཆོད་པའི་བྱ་བ; མཆོད་པ; བསྙེན་བཀུར;

394 Worst, *a.* ཐམས་ཅད་ལས་ཉེས་ཤོས; ངན་ཤོས; སྡུག་ཤོས; ཉེས་ཤོས; *v.t.* རྒྱལ་བ; འཕམ་པར་བྱེད་པ;

395 Worsted, *n.* བལ་སྐུད; སྣལ་མ; སྤྲིང་སྐུད;

396 Wort, *n.* སྔོ་རིགས་ཤིག; སླུས; སྤྲང་སླུམ;

397 Worth, *n.* ངོ་རིན; གོང; མཐོང; རིན་ཐང; རིན; ཁྱད་ཆོས; ཡོན་ཏན;

398 Worthiness, *n.* ཁྱད་ཆོས; ཡོན་ཏན;

399 Worthless, *a.* དོན་མེད; མཁོ་མེད; རྩ་མེད; གོང་མེད; རྩིས་མེད; ཆོ་སྣེད;

400 Worthy, *a.* འོས་པོ or པ; མཉམ་མཉམ; འདྲ་འདྲ; ཡོན་ཏན་དང་ལྡན་པའི་མི; ཡོངས་སུ་གྲགས་པའི་མི; ཁྱད་དུ་འཕགས་པའི་གང་ཟག;

401 Would, past tense of will. ཚིག་གྲོགས (རྒྱུ; will) ཞེས་པའི་འདས་ཚིག;

402 Wound, *n.* རྨ; *v.t.* རྨ་བཟོ་བ; རྨ་བ;

403 Wrangle, *v.i.* ཚིག་པ་ཟ་བཞིན་རྩོད་པ; ངར་ནས་རྩོད་པ; ཀུ་རེ་ཆེན་པོས་རྩོད་པ; རྒྱ་འདྲེ་རྒྱབ་པ; ཁ་འཐབ་རྒྱབ་པ; རྩོད་པ;

404 Wrangler, *n.* རྩིས་ཀྱི་རྒྱུགས་རིམ་པ་མཐོ་ཤོས་ཐྲོད་པའི་རྩིས་མཁན; ཚིག་པ་ཟས་ནས་རྒྱ་འདྲེ་རྒྱབ་མཁན;

405 Wrangling, *n.* རྒྱ་འདྲེ; ཁ་འཐབ; འཁྲུག་པ; རྩོད་པ;

406 Wrap, *v.t.* དཀྲི་བ; གཏུམ་པ; སྒྲིལ་བ; (སྒྲུར་བ; Sik. and Bhut.). Also འཐུམ་པ or བཏུམ་པ;

407 Wrapper, *n.* གཟན; ཁ་དཀྲི; Hon. ཞལ་དཀྲི; དཀྲི་ཡའི or རས; སྒྲིལ་མཁན;

408 Wrath, *n.* ཞེ་སྡང་; ཁྲོ་བ; (Hon. དགོངས་ཆོས; དབྱིངས་ཆོས; ཐམ་མཁྱེན་འགལ་བ; དགོངས་ཁྲེལ; དབྱིངས་ཁྲེལ; དགོངས་འགལ; དབྱིངས་འགལ;)

409 Wrathful, *a.* ཞེ་སྡང་ཅན; ཐུགས་གདུམ་པོ; ཁྲོང་ཁྲོ་ཅན; ཁྲོ་བོ; གདུམ་པོ;

410 Wrathfully, *ad.* ཁྲོས་ནས; ཚིག་པ་ཟས་ནས; ཁོང་ཁྲོ་ལངས་ནས; ཁྲོ་བོའི་ཚུལ་གྱིས;

411 Wreak, *v.t.* མནར་གཅོད་གཏོང་བ; དགྲ་ཤ་ལེན་པ;

412 Wreath, *n.* དོ་ཤལ; འཕྲེང་བ; ཕྲེང་; དྲ་བ; ཕྲེང་བ;

413 Wreathe, *v t.* and *n.* འཕྲེང་བ་རྒྱུད་པ; ཕྲེང་བ་སྟར་བ; གཅུད་པ; སླི་བ; དཀྲི་བ;

414 Wreathing, *n.* དཀྲི་བཞིན་པ; འཕྲེང་བ་རྒྱུད་པའི་བྱ་བ;

415 Wreck, *n.* གྲུ་གཟིངས་བརླགས་པའི་ཞིག་རོ; ཆག་རོ; ཐོར་རོ; ཆགས་རོ; གྲུ་གཟིངས་ཆག་གྲུམ་ཤོར་ནས་ནོར་མི་ཉན་པ; *v.t.* རླག་པ; *v.t.* གྲུ་གཟིངས་རླག་པ;

416 Wren, *n.* བྱིའུ་ཆུང་གི་རིགས་ཤིག;

417 Wrench, *v.i.* གཅུས་བཙོར་བྱས་ནས་འཕྲོག་པ; ཤུགས་ཀྱིས་འཐེན་པ; གཅུས་ནས་འཐེན་པ་གཅུད་པ; ཚིགས་འབུད་པ;

418 Wrest, *v.t.* འཕྲོག་པ; གཅུས་ནས་འཐེན་པ; མ་བྱིན་པར་ལེན་པ; དོན་སོགས་གཅུས་ནས་སྒྱུར་བ;

419 Wrestle, *v.i.* and *v.t.* སྡོལ་བ; སྐྱད་པ་ནས་འཛུས་ཏེ་འཛིང་བ; ཨབ་ཐང་, འཆང་བ; སྤྲི་ག་འཆང་བ; འཛིང་རེ་གཏོང་བ; ཨབ་དང་རྩེ་བ; སྤྲ་བ; ཛབ་རེ་བྱེད་པ; (སྐོར་རྟགས་རྒྱབ་པ; Sik.) སྐྱིད་པ་ཤེ་རྒྱབ་པ; Bhut.

420 Wrestler, *n.* (སྐྱོར་དུག་རྒྱབ་མཁན; Sik.) སྒྲེ་ག་འཆང་མཁན;
ཡབ་ཐྲང་འཆང་མཁན;

421 Wrestling, *n.* སྒྲེ་ཀ; སྒྲེ་ཁ; སྒྲེ་ག; (སྐྱོར་དུག; Sik.)

422 Wretch, *n.* ཐབས་རྡུགས་པོ; ངན་པ; མི་ངན; མི་སྐྱོ་ལེ་བ;
མི་ཁུ་རྡུགས་པོ; མི་བསོད་བདེ་སྐམ་པོ;

423 Wretched, *a.* ཁུ་རྡུགས; སྡུག་རྡུལ; (སྐྱོ་སྐྱོ་བ; Sik. and Bhut.)

424 Wretchedness, *n.* སྡུག་བསྔལ; ཁུ་རྡུགས་ཚུལ; ཐབས་རྡུགས་ཤུགས;

425 Wriggle, *v.i.* འཁྱིག་པོར་འགྲོ་བ; ཁ་འབུབ་གོག་པ;
གོག་ནས་འགྲོ་བ;

426 Wright, *n.* བཟོ་བོ; བཟོ་བ་པོ; བཟོ་མཁན;

427 Wring, *v.t.* སྡུག་པོ་གཏོང་བ; དབང་ཡོད་བྱས་ནས་འཕྲོག་པ;
གཙུད་པ; གཙུ་བ; གཙུས་ནས་ཕྱི་ལ་འཐེན་པ;
འཚིར་བ; སྒྲིམ་པ; གཙིར་བ;

428 Wringing, *n.* གཙུད་པའི་བྱ་བ;

429 Wrinkle, *n.* གཉེར་མའི་ཐང་རིམ; བསྙེར་མ; གཉེར་མ; སྙུལ;
སྙུལ་ཉེས; ལྷེབ་ཉེས; (also ལྷེབ་ཉེས;)

430 Wrist, *n.* (ལག་པའི་ཕྲུར་མ; Sik.) འཁྲིག་མ; ལག་ངར;
(ཉེར་བུ་འཆིང་གནས; Classical).

431 Writ, *n.* ཡི་གེ; བཀའ་ཤོག; འགུགས་ཤོག; དགུག་ཤོག;

432 Write, *v.t.* ཡི་གེ་འབྲི་བ; འབྲི་བ; ཡི་གེར་འགོད་པ;
(ཕྱག་བྲིས་གནང་བ; Hon.)

433 Writer, *n.* ཡི་གེ་འབྲི་མཁན; དྲུང་ཡིག; ཡིག་མཁན; ཡི་གེ་པ;

434 Writhe, *v.t.* ཟུག་རྔུའི་དབང་གིས་ལུས་གཙུ་བ; ཟུག་རྔུས་ལུས་འགྲེ་
བདམ་ཉལ་ལྷང་བྱེད་པ; ཤུགས་ཀྱི་གཙུད་པ; གཙུད་པ;

435 Writing, *n.* ཡི་གེ ; འབྲི་བའི་བྱ་བ ; བྲིས་མ ; བྲིས་ཡིག ; རྩོམ ; བརྩམས་པ ;

436 Wrong, *a.* མི་རིགས་པ ; ལོག་པ ; མི་འོས་པ ; འོས་མིན ; མ་དག་པ ; ཁྲིམས་མེད ; བརྡབས་སིགས ; གནོད་པ ; *n.* གནོད་པ ; སྐྱོན ; དབང་ཡོད ; *v.t.* ངན་བྱས་པ ; འོས་མིན་བྱས་པ ; ལོག་པར་བྱ་ས་བ ; ཁྲིམས་མེད་བྱེད་པ ; བརྡབས་སིགས་གཏོང་བ ; གནོད་པ་སྐྱེལ་བ ;

437 Wrongfully, *ad* མི་རིགས་པར ; ཁྲིམས་དང་འགལ་བར ;

438 Wrongly, *ad.* འཁྲུལ་ནས ; མ་དག་པར ; མི་རིགས་པར ;

439 Wroth, *a.* ཞེ་སྡང་ཅན ; སྡང་བཞིན ; ཚིག་པ་ཟ་བཞིན ; འཇིགས་སྣངས་སམ་ཇོས་སྣང་དང་བཅས་དེ ;

440 Wrought, *a.* བཟོས་པ ; བཟོས་པའི ; འབད་རྩོལ་གྱིས་བཟོས་པ ;

441 Wry, *a.* འཁྱོག་པོ ; ཀྱོག་པོ ; གདོང་ཡོ ; ངོ་གདོང་བརྗེས་ནས་བ ;

X

1 Xanthochroi, *n.* མིའི་རིགས་མི་འདྲ་བའི་རིག་པ་ལ་མཁས་པ་ཧག་སླི་ལ་སོགས་པའི་ལུགས་ལྟར་མི་རིགས་སྐྱེ་ལྡའི་ཡ་གྱལ་ཞིག ;

2 Xanthomelanous, *a.* སྐྲ་སྨུ་གནག་ཅིང་ཤ་པགས་སེར་པོའི་མི་རིགས་ཀྱི་སྐོར ;

3 Xanthopsy, *n.* དངོས་པོ་ཐམས་ཅད་མདོག་སེར་སྐྱར་མཐོང་བའི་མིག་ཡོང་སྟངས་སམ་མིག་ནད་ཀྱི་རྣམ་པ་ཞིག ;

4 Xantheine, *n.* མེ་ཏོག་རིགས་ལས་བཟོས་པའི་ཚོས་སེར་པོ ;

5 Xanthium, *n.* ཙ་ངན་ཡུར་མའི་རིགས་ཤིག ;

6 Xanthoma, *n.* སྤྲིས་སྐྲངས་རི་མོ་སེར་སྐྲ་བཅས་པའི་པགས་པའི་ནད ;

7 Xanthippĕ, *n.* — སྔོན་དུས་གྲི་སིའི་ཡུལ་དུ་མཁས་པ་ཆེན་པོ་སོ་ཀྲ་ཊི་ཞེས་པའི་སྐྱེ་ཁ་ཚ་པོ་ཞིག་ཡོད་འདུག་པ་དེའི་མིང་ལས། དྲས་ནས་སྐྱེ་དམན་ཁ་ཚ་པོ་ཡོད་རིས་ལ་དེ་འདྲ་ཟེར; སྨྲ་སྦྱང་མ; སྒྲོ་སྦྱང་མ;

8 Xanthous: Combined form of Greek Xanthos, yellow. — སེར་པོ;

9 Xanthate, *n.* — ཟན་ཐྲིག་ཨེ་སིཌ་ཅེས་པའི་ཚ་རིགས་གཅིག;

10 Xebec, *n.* — གྲུ་གཟིངས་ཆུང་ཆུང་དར་ཤིང་གསུམ་དང་ལྡན་པ་མེ་ཊི་ཊེ་རྲེ་ནིའན་རྒྱ་མཚོར་གཏང་སྲོལ་ཡོད་པ་ཞིག་ལ་ཟེར;

11 Xĕnēlasia, *n.* — སྔོན་གྲིག་གི་གྲལ་ན་སྤྲར་ཊན་རྒྱལ་ཁག་གི་ཡུལ་ཁྲིམས་ཕྱི་རོལ་པའི་མི་རིགས་ཕྱིར་འབུད་བྱེད་སྲོལ་ཞིག་འདུག་པ་དེ་ལ་ཟེར;

12 Xeno: Combd. forms of Greek Xeno. — ཕྱི་རོལ་གྱི་མི་རིགས;

13 Xenial, *a.* — གནས་མགྲོན་གྱི་དཾ་ཚིག་གི་སྐོར; མགྲོན་དུ་གཉེར་བ་དང་བཀུར་སྟི་བྱེད་པའི་སྐོར;

14 Xero: Combd. form of Gk. Xeros. — སྐམ་འགྲོ་བ;

15 Xero-philous, *a.* — (Botany) ཡུལ་ཚ་ཞོད་ཅན་དང་མཐུན་པའི་ or ཡང་ན་ཡུལ་ཚད་པ་ཚ་སར་རྒྱས་པའི;

16 Xenium, *n.* — མགྲོན་པོ་ལ་ཕུལ་བའི་ལག་རྟགས;

17 Xenodochy, *n.* — མགྲོན་པོ་གསར་ཕེབས་ཀྱི་ཕེབ་བསུ; མགྲོན་པོའི་གདུན་བསུ;

18 Xenodocheum, *n.* — མགྲོན་ཁང; ཚོགས་ཆེན; ཚོགས;

19 Xenogenesis, *n.* — ཕ་དང་མ་གཉིས་གང་དང་ཡང་རྩ་བ་ནས་མི་འདྲ་བའི་བུ་རྒྱུད; ཕ་མའི་རིགས་ཀྱི་རྗེས་སུ་མ་འབྲང་བའི་བུ་རྒྱུད;

20 Xenomania, *n.* ཡུལ་གཞན་གྱི་དངོས་ཆས་ལ་སྣང་ཆེ་བྱེད་སྤྲོལ;

21 Xenomenia, *n.* ཟླ་མཚན་ལྷག་པ; སྐྱེད་པ་ཞོར་བ;

22 Xeransis, *n.* སྐེམ་ཚུལ; སྐེམ་སྟངས; སྐམ་པ; སྐོགས་ཤུ;

23 Xerantic, *adj.* སྐེམ་བྱེད; སྐེམ་པའི; སྐེམ་མཁན;

24 Xerasia or Xerosis, *n.* སྐོགས་ཤུ; སྐྲ་སྤྱིའི་ཚི་སྐོགས་པར་བྱེད་པའི་པགས་ནད་ཀྱི་བྱེ་བྲག་གཅིག;

25 Xeroderma, *n.* པགས་པའི་སྐམ་ནད; ལུས་ཚི་སྐོགས་པར་བྱེད་པའི་པགས་པའི་ནད་གཅིག;

26 Xerodes, *n.* སྐྲངས་འབུར་སོགས་ཀྱི་ཁ་སྐོགས་པའམ་ཁ་སྐེམ་པ; (པའམ་ཚུར་ཁྱུམ་པ; Sik.)

27 Xiphi, *n.* Combd. form of Gk. Xiphos. རལ་གྲི;

28 Xiphoid, *a.* རལ་གྲིའི་བཟོ་ཅན;

29 Xoanon, *n.* སྔོན་གྱི་དུས་སུ་རྒྱ་ཤིང་ལ་བྲུས་པའི་སྐུ་འདྲ་གནམ་ནས་བབས་པར་ཡིན་པར་འདོད་པ་དག་ལ་ཟེར;

30 Xylography, *n.* ཤིང་རྐོས; ཤིང་ལ་རྐོས་རྒྱབ་པའི་བྱ་བ;

31 Xyster, *n.* རྣས་པ་གཞར་རྒྱུའི་ལག་ཆ་ཞིག; ལྷམ་རའི་ནང་དུ་འཆག་སའི་ལམ;

32 Xystus, *n.* སྔོན་གྱི་དུས་སུ་སྒོར་ཕྲག་སྤྱུབ་ནས་སྐྱ་རྩལ་འབྱོངས་ས་བཟོས་པ་དེ་ལ་ཟེར;

Y

1 Yacht, *n.* སྲིད་སྲིད་གཏང་རྒྱུའི་ཆེད་དུ་བཟའ་བཏུང་ལོངས་སྤྱོད་ཀྱི་, དངོས་པོ་བཅས་པའི་གྲུ་གཟིངས་ཆུང་ཆུང;

2 Yachting, *a.* གཟའ་སྤྱོད་དང་དྭངས་གྲ་བཅས་པའི་གྲུ་གཟིངས་ཆུང་ངུའི་ནང་དུ་འགྲོ་བའི་བྱ་བ;

3 **Yah**, *intjn.* ཧེ་ཧེ་ཟུས་པའི་ཚིག; (ཚོ་མེད་མལ་མེད་དུ་ཧི་བའི་ཚིག; Sik.)

4 **Yahoo**, *n.* དུད་འགྲོ་མིའི་ལུས་ཅན; མིའི་ལུས་ལ་དུད་འགྲོའི་སེམས་ཅན;

5 **Yak**, *n.* དུད་འགྲོ་གཡག; བོད་ཡུལ་དུ་ཡོད་པའི་གླང་གོག་སྤུ་རིང་ལ་ཞོལ་ལེ་ཟ་སྐད་ཕག་པ་ལྟར་འཁྲེན་སྐད་དམ་ངུར་སྒྲ་འབྱིན་པའི་རིགས་ཤིག;

6 **Yam**, *n.* གྲོ་མ; ཞོ་གོག་མངར་མོ;

7 **Yama**, *n.* ཧིན་དུའི་གཤིན་རྗེ་ཆོས་རྒྱལ; གཤིན་རྗེ;

8 **Yankee**, *n.* ཡེ་མེ་རི་ཀའི་ཕྱི་གླིང་པ; ཡེ་མེ་རི་ཀ་ལ་གནས་སྡོད་བྱས་པའི་ཡུ་རོབ་ཀྱི་མི་རྒྱུད;

9 **Yankeeism**, *n.* ཡེ་མེ་རི་ཀའི་ཡིན་ཛིའི་མི་རིགས་ཀྱི་ཉེར་སྤྱོད; ཡིན་ཛིའི་མི་རིང་ཡེ་མེ་རི་ཀར་གནས་འཛིང་སྡོད་མི་ཉམས་ཀྱི་སྐད་འཛིང་དང་སྤྱོད་འགྲོས;

10 **Yap**, *v.i.* ཁྱི་བཞིན་སྐད་རྒྱབ་པ; འཚང་བ; ཧབ་པ; འཕྱུང་བ; ཟུག་པ; སྨུག་པ;

11 **Yard**, *n.* (Sik. དྭང་ར;) ཁྲུ་དོའི་ཚད་ཅིག; སྒོ་ར; ཁྲམས;

12 **Yarn**, *n.* སྐལ་མ; སྐུད་པ; བལ་སྐུད; སྲིང་སྐུད;
(traveller's) འགྲུལ་པའི་སྒྲུང་གཏམ;

13 **Yarrow**, *n.* སྤོ་སྤུ་ཧག་དུ་སྤོ་ཞིང་དྲི་ངད་རྣོ་ལ་བྲོ་བ་བསྐ་བ་ཞིག;

14 **Yashmak**, *n.* ཏུ་རུལ་མན་སྐྱེ་དམན་གྱི་གདོང་གཡོགས་སམ་གདོང་ཁེབས;

15 **Yataghan**, *n.* ཏུ་རུལ་མན་གྱི་གྲི་རིང་ལག་མགོ་དང་མཛུབ་མོའི་སྐྱོབ་མེད་པ;

16 **Yaw**, *v.i.* and *n.* *v.i.* གྲུ་ལམ་གཞུང་གཤག་ལས་འཁྱོར་བ;
n. གྲུ་གཟིངས་གྲུ་ལམ་ལས་འཁྱོར་ཚུལ;

17 Yawl, *n.* གྲུ་གཟིངས་ཆེན་པའི་ནང་དུ་སྤྱོད་པའི་གྲུ་ཆུང་;

18 Yawn, *v.i.* གཡལ་འཕྲུར་བ; གཡལ་བ; གླལ་བ; ཨག་སྟོང་རྒྱབ་པ;

19 Yawningly, *ad.* ཁ་གདངས་བཞིན; ཁ་གདངས་ནས; གླལ་ནས; ཨག་སྟོང་བརྒྱབས་ནས;

20 Ye, *pronoun.* ཁྱེད་ཅག; ཁྱེད་ཚོ; ཁྱོད་ཚོ; ཁྱོད་རྣམས; ཁྱོད་ཅག; ཁྱེད་རྣམས;

21 Yea, *ad.* ཡིན་ནོ; ཡིན་ངེས་སོ; (ལགས་ཡིན; ལགས་རེད; ལེགས་སོ; Hon.) ལགས; ལགས་སོ; also, ལགས་སི; and ལགས་སེ;

22 Year, *n.* ལོ; མི་ལོ;

23 Yearling, *n.* སེམས་ཅན་ལོ་འཁོར་མ; སེམས་ཅན་ཚང་འཁོར་མ; ལོ་གཅིག་ལོན་པའི་སེམས་ཅན;

24 Yearly, *ad.* ལོ་ལྟར; ལོ་རེ་རེ་བཞིན; or ལོ་རེ་བཞིན;

25 Yearn, *v.i.* དྲན་སྣང་སྐྱེ་བ; དྲན་པ; སྙིང་ནས་འདོད་པ; ཀུ་ངན་ནས་སྡུག་བསྔལ་བྱེད་པ; སེམས་སྐྱོ་བ;

26 Yearning, *n.* དྲན་ཐུག; བརྩེ་གདུང; བརྩེ་བའི་སེམས; བྱམས་སེམས;

27 Yeast, *n.* ཕབ; ཆང་ཚི; སྦྲུ་བ; དབུ་བ;

28 Yeasty, *a.* ཕབ་རྩི་འདྲ་བ; སྦྲུ་བ་ཅན;

29 Yell, *v.i.* སྐད་ངན་འཚོར་བའམ་ཤོར་བ; ངར་སྒྲ་འདོན་པ; འཇིགས་སྐད་རྒྱབ་པ; *n.* སྐད་ངན;

30 Yellow, *a.* སེར་པོ; སེར; *n.* མདོག་སེར་པོ; སེར་མདོག;

31 Yelp, *v.i.* ཁྱི་གུ་དང་སྤྱང་ཀྱུག་གི་སྐད་ལྷང་ལྷང་རྒྱབ་པ; *n.* ཁྱི་སྐད་ལྷང་ལྷང་རྒྱབ་པའམ་འདེབས་པ; འཚང་བ; ཧབ་པ;

32 Yeoman, *n.* རྟུད་ཁག ; གཞིས་ཀྱི་བདག་པོ ; ཁྲལ་མི ; གྲོང་གསེབ་པ ; སོ་ནམ་བ ; ཁྲལ་པ ; གཞིས་པ ; (Sik. མདའ་ཆ་པ ;) (སྔོན་དུས་ཀྱི་དཔའ་གཟི་པོ ; or དཔའ་ཟམ་པ ; Bhutan).

33 Yes, *ad.* ཡིན ; ཡོང ; རྟང ;

34 Yesterday, *n.* ཁ་སང ; མདང་ཉིན ; མདང་སང ; ཁ་རྩང ; ཁར་ས or ཁར་སེ or ཁར་སང ;

35 Yester-night, *n.* མདང་དགོང ; མདང་སུམ ; མདང་ཉུབ ; མདང་མཚན་མོ ; or མདང ;

36 Yet, *ad.* མ་ཟད ; མི་ཚད ; མ་ཟད་དེ ; ད་བར ; ད་དུང ; *conjn.* འོན་ཀྱང : ཡིན་ཀྱང ; འོན་དང ; ཡིན་ཡང ; འོན་ཏེ ;

37 Yew, *n.* ཤིང་སྡོང་ཆེན་པོའི་རིགས ; དབྱར་དགུན་མེད་སྔོན་པོར་སྡོད་པའི་ཤིང་སྡོང་ཅིག ;

38 Yield, *v.t.* སྦྱིན་པ ; སྟེར་བ ; འབྲོན་པ ; སྐྱེད་པ ; སྐྲུན་པ ; གཏོང་བ ; ཁས་ལེན་པ ; སྤྲོང་བ ; *v.i.* མགོ་དགུར་བ ; ངག་ལ་ཉན་པ ;

39 Yielding, *a.* (འཇམ་པོ ; ཉེབ་ཉེབ ; (Sik.) མཉེན་པོ ; or པ ; བཀའ་ལའམ་ཁ་ལའམ་ངག་ལ་ཉན་པོ ; མགོ་དགུར་མཁན ;

40 Yieldingly, *ad.* ངག་ལ་ཉན་ནས ; མཉེན་པར ;

41 Yodel, *v.t.* and *v.i.* ཚིག་ཅང་མེད་པའི་གླུ་གདངས་སྣན་པོ་འཐེན་པ ;

42 Yoga, *n.* རྣལ་འབྱོར་པའི་ལྷ་བཞམ་གྲུབ་མཐའ་རིན་དུའི་སྒོམ་སྒོར་གྱི་ཆོས ; ཡོ་གའི་ཆོས ;

43 Yogi, *n.* རྣལ་འབྱོར་པ ; སྒོམ་གྱི་ཉམས་ལེན་བྱེད་མཁན ;

44 Yo-heave-ho Yo-ha, *intjn.* ངངས་ཆས་ལྗིད་ཆེན་པོ་དབོར་འདྲེན་བྱེད་དུས་གྲུ་ཐོག་མཉན་པ་རྣམས་ཀྱིས་འདོན་པའི་སྐད ; དཔེར་ན་བོད་པའི་ལས་མི་རྣམས་ཀྱིས་ཨོཾ་སུ་ལ་མ་ཧི་ཞེས་འདོན་པའི་གདངས་ཀྱི་རོད་རེའོ ;

45 Yoke, *n.* འཁོལ་པོ་ཡིན་པར་མཚོན་པའི་རྟགས་སུ་སྐེ་ལ་གཡོག་རྒྱུའི་སྐེ་འཆིང་ངམ་གཉའ་འཆིང ; གཉའ་ཤིང ;

46 Yoking, *n.* གཉའ་ཤིང་སྦྱོར་སྟངས་སྦྱོར་སྟངས་སམ་སྦྲེལ་སྟངས ;

47 Yolk, *n.* སྒོ་ངའི་སེར་ཤིག ; སེར་རིལ ;

48 Yon, *pr.* ཕ་གི ; ཕར་ཙམ་གྱི ; *adv.* ཕ་གིར ; ཕ་གི་ལ ; ཕར་ཙམ་ལ ;

49 Yonder, *a.* and *adv.* ཕ་གི ; ཕར་ཙམ་གྱི ; ཕ་གིར ;

50 Yore, *n.* སྔ་མོའི་དུས ; སྔོན་གྱི་དུས ; མཐའ་བོའི་དུས ;

51 You, 2*nd persn. pron.* ཁྱོད ; (ཁྱེད ; ཉིད ; སྐུ་ཉིད ; Hon.)

52 Young, *a.* གཞོན་པ ; ཕྲུག་གུ ; ཕྲུག ; དཔེར་ན་དུད་འགྲོའི་ཕྲུག་གུ ; ལོ་ན་སོ་གཞོན་གཞོན ;

53 Youngster, *n.* གཞོན་ནུ ; ན་ཕྲ ; ཆུང་ཆུང ; ན་གཞོན ; སྟག་ཤར ;

54 Your, *pr.* ཁྱོད་ཀྱི ; ཁྱེད་ཀྱི ; ཉིད་ཀྱི ; སྐུ་ཉིད་ཀྱི ;

55 Yours, *pr.* ཁྱོད་རང་གི ; ཁྱེད་རང་གི ; ཉིད་རང་གི ; སྐུ་ཉིད་ཀྱི ; yourself ཁྱོད་རང ;

56 Youth, *n.* གཞོན་དུས ; or གཞོན་པའི་ལང་ཚོ ; ལང་ཚོ་དར་དུས ; གཞོན་པའི་གནས་སྐབས ; གཞོན་ནུ ; སྟག་ཤར ; གཞོན་ནུ་རྣམས ;

57 Youthful, *a.* གཞོན་ཤ་ཅན ; ལང་ཚོ་ཅན ; ལང་ཚོ་ལྡན་པའམ་རྒྱས་པ ;

58 Youthfully, *ad.* — གཞོན་པའི་ཚུལ་གྱིས ;

59 Youthfulness, *n.* — ལང་ཚོ ; གཞོན་ཚུལ ; གཞོན་ནུའི་དུས ; གཞོན་པའི་དུས ;

60 Yule, *n.* — སྔོན་པ་ཡེ་ཤུ་འཁྲུངས་པའི་ཆོས་གྲངས ; ཡེ་ཤུ་འཁྲུངས་པའི་དུས་ཆེན ;

Z

1 Zaffre, Zaffer, *n.* — ཀོ་བལྟ་ཞེས་པའི་ཚོན་རྫི་མཐིང་ཚོན་གྱི་རྒྱུ ; མཐིང་མདོག་དང་དཀར་ཡོལ་རྩི་སྦྱོན་གཏོང་རྒྱུ་ལ་མཁོ་བ་ཞིག ;

2 Zany, *n.* — རྣམ་ཐར་བཤད་མོ་སྟོན་དུས་གད་མོ་སླང་མཁན་གྱི་རོགས་བྱེད་མཁན ; གད་མོ་སླང་མཁན ; མི་ཚེ་མེད་ལའང་གོ ;

3 Zanzibari, *n.* — ཟན་ཟི་བར་གྱི་མི་རིགས ;

4 Zaptieh, *n.* — ཛ་ཏྲ་ཁིའི་སྐོར་ཆག་པའམ་ཕུ་ལི་སི ;

5 Zarathustr. Zoroaster, *n.* — པར་སིའི་མི་རིགས་ཀྱི་སྟོན་པ ;

6 Zarēba, *n.* — ཛ་བས་བསྐོར་བའི་བཙན་ཆས་སྒོ་ཏན་གྱི་ཡུལ་དུ་དམག་སྒར་སྲུང་ཆེད་ཀྱི་སྒོར ;

7 Zeal, *n.* — རྩོལ་བ ; བརྩོན་འགྲུས ; འབད་པ ; འབད་རྩོལ ; སྙིང་རུས ; ཁུར་ཞེན ; ཁུར་ཆེ་སྤྲངས ; ཁུར ; དང་འདོད ;

8 Zealot, *n.* — འབད་རྩོལ་ཅན ; བརྩོན་འགྲུས་ཅན ; ཁུར་འཛིན་མཁན ;

9 Zealous, *a.* — བརྩོན་འགྲུས་ཅན ; སྙིང་རུས་ཅན ; འབད་རྩོལ་ཅན ;

10 Zealously, *ad.* — བརྩོན་འགྲུས་བྱས་ནས ; འབད་རྩོལ་བྱས་ནས ; སྙིང་རུས་བྱས་ནས ;

11 Zebra, *n.* — རྟ་འགྲོ་རྐྱང ; ཨ་ཧྥྲི་ཀའི་ཡུལ་ན་ཡོད་པའི་རྐྱང་སྟག་རིས་ཅན ;

12 Zebu, *n.* རྒྱ་གར་ཤར་ཕྱོགས་ཀྱི་གླང་གོག་གཉའ་རྗོག་ཅན; མཛོ་པོ; བོད་ཀྱི་མཛོ་པོ;

13 Zedoary, *n.* རྒྱ་གར་གྱི་སྨན་སྣ་ཟླ་སྨུག་འདྲ་པོ་ཞིག; (ཟེ་ལེག; Sik.)

14 Zeit-geist (*tsi.gi.*), *n.* German. དུས་ལ་དཔག་པའི་མི་དམངས་ཀྱི་བསམ་སྦྱོར; དུས་དབང་ལ་དཔག་པའི་མི་དམངས་ཀྱི་བསམ་འདུན;

15 Zemindar, *n.* རྒྱ་གར་ཡུལ་གྱི་ས་བདག་གམ་གཞིས་ཀའི་བདག་པོ་སོགས་ལ་ཟེར;

16 Zenana, *n.* རྒྱ་གར་ཡུལ་དུ་སྐྱ་དྲག་གི་ལྕམ་སོགས་དང་སྐྱེ་དམན་སྡོད་སའི་ཁང་མིག་སོ་སོ་ཡོད་པ་དེའོ;

17 Zend, *n.* སྟག་གཟིག་གི་རྒྱལ་ཁབས་ན་སྔོན་དུས་དར་བའི་སྐད་ལེགས་སྦྱར་གྱི་སྐད་དང་འདྲ་ཚད་པ་ཞིག་ཡོད་པ་དེའོ;

18 Zenistvo, *n.* རུ་ཤའི་ཡུལ་སྡེ་སོ་སོའི་འཐུས་མི་ལྷན་རྒྱས་ཀྱི་གྲལ་ནས་ཡུལ་སྐྱོང་དེ་ཀའི་སྒྱུར་བཀོད་བྱེད་མི་དག་ལ་ཟེར;

19 Zenith, *n.* གུང; དགུང; སྟེང་ཕྱོགས;

20 Zephyr, *n.* སྲི་སིར; རླུང་བསིལ་འཇམ་པོ; ནུབ་ཕྱོགས་ཀྱི་རླུང; བདེ་འཇམ་བསིལ་བའི་ཉམས་སྐྱེད་པའི་རླུང;

21 Zero, *n.* ཀླད་ཀོར; ཐིག; (དོར)

22 Zest, *v.t.* བྲོ་བ; རོ; བཟའ་བཏུང་ལ་བྲོ་བ་འདོན་བྱེད་ཀྱི་རྫས; རྒྱུན་ཆང་ལ་བྲོ་བ་འདོན་པའི་ཆེད་དུ་ཚ་ལུ་པགས་པ་བཏབ་པ་དེ;

23 Zeus, *n.* གྲིག་པའི་ཡུལ་དུ་མཆོད་པའི་གངས་རི་ཨོ་ལིམ་པ་སི་ཞེས་པ་དེར་གནས་པའི་ལྷ་ཐམས་ཅད་ཀྱི་གཙོ་བོ; ལྷ་དབང; རྒྱ་བྱིན;

24 Zigzag, *n.* རི་མོ་ཀྱོག་པོ; ལམ་ཁུག་པ; རི་མོ་འཁྱོག་པོ; (ལམ་གྱི་ཀྱོག; Sik. and Bhut.)

25 Zinc, *n.* ཏིག་ཚ; ཏིག་ཙ;

26 Zincographer, *n.* ཏིག་ཚའི་ཤོག་ལེབ་ཀྱི་ངོས་ལ་པར་རྐོ་མཁན; ཏིག་ཤོག་གི་ངོས་ལ་པར་རྐོ་མཁན;

27 Zincography, *n* ཏིག་ཚའི་ལོགས་ལ་པར་རྐོ་བའི་རིག་པ;

28 Zion, *n.* ཡ་ཧུ་ད་པའི་ཡུལ་ལྗོངས; སྔོན་ཡ་ཧུ་དུ་པའི་རྒྱལ་པོ་ཏེ་ཟིད་དང་དེའི་གདུང་འཚོབ་རྣམས་ཀྱི་གདན་ས;

29 Zither, *n.* སྒྲ་བསྙན་ནམ་རྒྱུད་མངས་ཀྱི་བྱེ་བྲག་གཅིག;

30 Zodiac, *n.* ཉི་མའི་རྒྱུ་ལམ་དང་ཁྱིམ་བཅུ་གཉིས་ཀྱི་གནས་ས; ཁྱིམ་གྱི་འཁོར་ལོ; གོ་ལ; ཉི་ཁྱིམ་བཅུ་གཉིས;

31 Zodiacal-light. ཐུན་མཚམས་ཀྱི་འོད; ཟེར་གཉིས;

32 Zone, *n.* སྐྱེ་རགས; སྐྱེད་འཆིང; གནས; ས་ཆ; སྐ་རགས; འཛམ་བུའི་གླིང་འདི་ཉིད་ཚ་གྲང་དབང་གིས་ཆ་ལྔར་བཏང་བའི་ཆ་གཅིག;

33 Zoography, *n.* སེམས་ཅན་རྣམས་ཀྱི་བརྟག་ཐབས; སེམས་ཅན་ཐམས་ཅད་ཀྱི་སྐོར་གྱི་རིག་པ;

34 Zoological garden, *n.* སྲོག་ཆགས་སྣ་ཚོགས་ཀྱི་ལྡུམ་ར; སེམས་ཅན་སྣ་ཚོགས་ཀྱི་ར་བ;

35 Zoology, *n.* སེམས་ཅན་སྣ་ཚོགས་བརྟག་ཐབས; སེམས་ཅན་སྣ་ཚོགས་ཀྱི་དབྱེ་བ་འབྱེད་པའི་རིག་པ; སྲོག་ཆགས་སྣ་ཚོགས་བརྟག་ཐབས;

36 Zoophytic, *a.* ཤིང་ལོའམ་སྔོ་རིགས་དང་སྲོག་ཆགས་གཅིག་ཏུ་འབྲེལ་བའི་སྲོག་ཆགས་ཀྱི་སྐོར; སྔོ་དང་སྲོག་ཆགས་གཉིས་ཀའི་ཆོས་ལྡན་པའི་དངོས་པོ་འི་སྐོར;

37 Zouave, *n.* ཕྲེ་རིན་ཅི་དམག་མི་ཨེ་རིབ་ཀྱི་ཆས་སྒྲུས་པ་ལ་ཟེར;

38 **Zounds**, *n.* དབང་ཕྱུག་གི་སྐུ་ལུས་ལ་རྨ; ཞེས་ཚིག་པ་ཟ་དུས་ལབ་པའི་དམོད་ཚིག;

39 **Zulu**, *n.* ཨ་ཕྲི་ཀའི་ལྷོ་ཕྱོགས་ན་ཡོད་པའི་ཀཱ་ཕིར་གྱི་མི་རིགས་ཤིག;

40 **Zygoma**, *n.* ཟ་མགྲམ་གྱི་རུས་པའི་གཞུ་དབྱིབས;

41 **Zymosis**, *n.* འབྲུ་འབྲས་བུ་སོགས་ཆང་ལ་འགྱུར་བའི་ཚུལ; འབྲུ་འབྲས་བུ་སོགས་རྫོད་འབར་འཐབ་པ;

42 **Zymotic**, *a.* རྫོད་རླངས་འཐབ་པའི་ནད་རིགས་ཀྱི་སྐོར;

END.